고객지향적
마케팅

안광호

customer-driven MARKETING

MARKET
ING

북넷

들어가는 말

21세기 들어 급격한 마케팅환경변화가 일어나고 있다. 마케팅환경이 변하면, 이에 맞추어 기업도 변해야 한다. 디지털시대의 도래와 기업의 윤리성과 사회적 책임에 대한 사회적 요구는 마케팅전략의 변신을 요구하는 두 가지 주요 환경요인이다.

디지털기술의 폭발적 성장은 기업과 소비자들이 커뮤니케이션하고 관계를 형성하는 방식을 크게 변화시켰다. 기업들은 이제 이메일, 웹사이트, 블로그, 휴대전화, 동영상 공유에서부터 페이스북, 유튜브, 트위터 같은 소셜 네트워크 서비스에 이르기까지 디지털기술에 기반한 다양한 관계형성 도구를 활용하고 있다. 그리고 소비자들은 더 많은 마케팅정보에 쉽게 접근할 수 있고, 기업과 제품브랜드에 대한 자신의 의견을 다른 사람들에게 알리고 이를 공유할 수 있게 되었다. 이에 따라 기업들은 소비자가 주도하는 마케팅을 적극적으로 받아들이고 있다. 기업들은 블로그, 동영상 공유사이트, 온라인브랜드 커뮤니티, 소셜 네트워크 서비스 등을 통해 소비자들이 의견을 교환할 기회를 제공하고 브랜드관련 메시지를 형성하는데 그들이 적극적으로 참여하도록 장려하고 있다. 어떤 기업은 소비자들에게 신제품 아이디어를 제공해주도록 요청하고 다른 기업들은 광고물을 만드는데 고객들이 적극적으로 참여하도록 한다. 고객들은 이제 제품개발과 패키징, 가격책정, 유통관리, 광고를 포함한 촉진에 이르기까지 모든 마케팅영역에서 자신의 목소리를 더욱더 많이 내고 있다. 디지털시대가 초래한 소비자주도 마케팅은 높은 마케팅성과를 실현하는데 있어 핵심성공요인이 되고 있다. 그리고 소비자주의와 환경보호주의 운동이 전 세계적으로 확산됨에 따라, 사회는 기업들에게 더 많은 사회적 책임을 요구하고 있다. 기업윤리와 기업의 사회적 책임은 거의 모든 사업영역에서 주요 주제가 되고 있다. 오늘날의 고객은 기업들이 사회적/환경적으로 책임있는 방식으로 고객가치를 실현하기를 원한다. 이에 따라 사회적 가치실현을 통해 장기적 수익을 추구하는 기업들이 늘어나고 있다. 현명한 기업은 지속가능 마케팅을 추구함으로써 고객욕구를 충족시키고 사회구성원들의 장기적 이해에 도움을 주면서 장기적 이익을 실현할 방안을 찾으려고 한다.

마케팅의 목표는 우리회사 제품을 이용하는 고객들이 일상생활에서 소비행복을 경험하는데 도움을 주는 것이라고 저자는 믿는다. 어떻게 하면 소비자는 우리회사 브랜드를 소비하면서 행복을 느낄 수 있을까? 소비행복경험은 브랜드가 탁월한 고객가치를 제공하고 고객이 브랜드와 깊고 강한 정서적 유대감을 형성할 때 얻어진다. 고객들은 특정 제품브랜드로부터 뛰어난 기능적 가치 그 이상을 기대한다. 고객의 사랑을 받는 브랜드는 기능적 가치뿐 아니라 정서적 가치와 상징적 가치를 함께 제공한다. 전세계 애플 충성고객들이 이 회사의 제품에 열광하는 것은 그들에게 기능적 가치, 정서적 가치와 상징적 가치를 잘 결합한 제품과 서비스를 제공했기 때문이다. 애플 매니아층은 아이팟, 아이폰, 아이패드의 우수한 제품성능뿐 아니라 그들의 취향에 맞춘 멋있는 디자인, 다양한 앱과 액세서리를 사용하면서 느끼는 즐거움, 그리고 애플 브랜드커뮤니티를 통해 다른 애플제품 소유자들과 형성하는 정서적 공감대를 경험하기 때문에 애플브랜드를 사랑하고 그 제품을 사용하는 과정에서 행복을 느끼는 것이다.

따라서 기업의 마케팅전략과 프로그램은 뛰어난 고객가치를 창출하고 깊은 브랜드-고객관계를 형성하는데 초점을 맞추어야 한다. 고객지향적 마케팅은 선정된 표적시장 고객들에게 경쟁자보다 탁월한 가치제안을 개발하고 실행하는 과정이다. 기업이 마케팅전략을 통해 개발한 차별적 가치제안은 마케팅프로그램을 통해 실제로 표적소비자들에게 제공되어야 한다. 그러나 고객의 사랑을 받기 위해서는 고객가치창출만으로는 부족하다. 기업은 소비자들로 하여금 자사브랜드를 자신의 일부분으로 생각하거나 친구나 가족처럼 느끼도록 만들어야 한다. 친구나 가족 같은 관계형성을 통해 브랜드에 대해 애정과 애착을 느끼는 고객들은 자발적으로 브랜드 홍보대사를 자처하고 제2의 영업사원이 되기를 마다하지 않는다.

이에 맞추어 저자는 이 책의 주요 고객인 학생과 기업실무자 입장에서 고객지향적 마케팅교재를 개발하기 위해 노력을 기울였다. 저자는 마케팅을 학습하려는 학생과 기업실무자들이 마케팅원리와 주요 마케팅개념들을 깊이 있게 잘 이해할 수 있도록 교재를 구성하고 서술하였다. 이 교재의 목적은 시장에서 존경받고 탁월한 마케팅성과를 거두는 기업들이 고객가치를 창출하고 강력한 고객관계를 구축하기 위해 어떻게 마케팅전략과 마케팅실행 프로그램을 개발하는지를 독자들이 흥미를 가지고 쉽게 학습할 수 있도록 하는데 있다.

이 책의 차별적 특징과 주요 내용은 다음과 같다.

첫째, 이 책은 교재전반에 걸쳐 고객가치창출과 기업-고객관계 구축이라는 개념적 틀을 토대로 하여 마케팅 주요 개념들을 일관성 있게 설명하고 있다. 독자들은 이 교재를 읽으면서 고객가치를 창출하고 깊은 기업-고객관계를 형성하기 위해 어떤 마케팅노력을 기울여야 할지를 학습하게 될 것이다.

둘째, 책 전반에 걸쳐 디지털시대의 도래가 기업의 마케팅의사결정에 어떤 영향을 미치고 있는지를 소개하고 있다. 기업들이 자사브랜드를 소비자들의 대화에서, 그리고 일상적인 삶에서 의미있는 부분이 되도록 하기위해 새로운 고객관계구축 및 마케팅커뮤니케이션 도구인 웹사이트, 블로그, 온라인커뮤니티, 소셜 네트워크 서비스 같은 광범위한 디지털도구들을 어떻게 활용하고 있는지에 대해 자세히 설명한다.

셋째, 차별적 포지션을 토대로 강력한 파워를 구축한 브랜드는 수익성 있는 고객관계를 구축하는데 기본이 된다. 이 책의 7장과 8장은 강력한 제품브랜드를 구축하는 방안에 초점을 맞춰 이에 대해 깊이 있게 다루고 있다.

넷째, 독자들이 마케팅 주요 개념을 더 잘 이해하는데 도움을 주기위해 다양한 학습도구들을 활용했다. 각장 도입부에서 소개하는 학습목표, 그 장에서 다루게 될 주요 개념들의 사전학습, 그리고 도입사례는 해당 장에서 다루게 될 주요 내용과 이들이 마케팅현장에 어떻게 적용되는지를 미리 이해하는데 큰 도움을 줄 것이다. 그리고 각 장의 본문에 소개되는 자세한 마케팅사례들과 〈마케팅 Highlight〉는 이 책에서 다루고 있는 주요 마케팅개념들이 실제로 기업현장에서 어떻게 적용되는지를 이해하는데 도움을 준다. 〈마케팅 Highlight〉는 특정 마케팅주제, 그리고 특정 기업과 제품브랜드의 사례들을 깊이 있게 다루고 있는데, 기업들이 고객가치 창출을 위해 이 책에서 다루고 있는 마케팅개념들을 마케팅의 사결정에 어떻게 적용해야 하는지를 이해하는데 도움을 줄 것이다.

이 책은 저자 혼자만의 노력으로 만들어진 것은 아니다. 저자는 이 책을 출판하는데 도움을 준 모든 분들에게 진심으로 감사드린다. 저자는 Kotler, Armstrong 교수와 Introduction to Marketing 한국어판 「마케팅입문」과 동국대 권익현, 인하대 임병훈 교수와 「마케팅-관리적 접근」을 저술한 적이 있다. 이런저런 이유로 더 이상 이들과 공동작업을 하기 어렵게 됨에 따라 저자 단독으로 마케팅 교재를 출판하기로 했다. 저자는 이들과 작업하면서 많은 것을 배울 수 있었고, 그런 기회를 준 이들에게 진심으로 감사의 말씀을 드린다. 끝으로 북넷의 류재식 사장님은 이 책이 완성도 있게 출간될 수 있도록 집필과정에서 모든 지원을 아끼지 않았다. 디자이너 백승주씨는 멋있고 세련된 표지디자인을 해주셨다. 이들에게도 감사의 마음을 전하고 싶다.

마케팅의 본질은 고객들에게 소비행복을 경험할 기회를 꾸준히 제공함으로써 그들로부터 사랑을 받는 것이다. 기업의 마케팅전략이 그래야 하듯이 독자들이 이 책을 통해 마케팅의 기본원리를 학습하면서 행복감을 경험하고 그 보상으로 독자들로부터 사랑을 받는 교재가 되기를 기원한다.

2017년 6월

안 광 호

차 례

1부 마케팅의 본질

제 1 장 마케팅의 의미

01 마케팅이란? 9
1.1 마케팅에 대한 정의와 마케팅과정 9
1.2 마케팅의 범위 11
02 마케팅관련 주요개념 12
2.1 욕구(Needs and Wants) 12
2.2 수요(Demands) 13
2.3 시장(Markets) 14
2.4 시장제공물 - 제품, 서비스, 그리고 경험 16
2.5 고객가치와 고객만족 20
2.6 교환과 관계 21
03 마케팅관리 21
3.1 마케팅관리의 정의 21
3.2 마케팅관리 철학의 변천 22
3.3 고객관계의 구축: 고객관계관리와 파트너 관계관리 29
▪ 생각해볼 문제 36

2부 시장과 소비자에 대한 이해

제 2 장 마케팅환경분석

01 마케팅환경분석의 전략적 중요성 43

02 미시적 환경 44

2.1 미시적 환경요인 44

2.2 미시적 환경분석: 산업구조분석 47

03 거시적 환경 48

3.1 거시적 환경요인 48

3.2 거시적 환경분석과 마케팅전략 65

▪생각해볼 문제 67

제 3 장 소비자행동분석

01 소비자행동분석의 의의 73

02 관여도 73

03 소비자 의사결정과정 75

04 소비자 정보처리과정 81

05 소비자행동에 영향을 미치는 요인 83

5.1 문화적 요인(Cultural Factors) 83

5.2 사회적 요인(Social Factors) 87

5.3 개인적 요인(Personal Factor) 92

5.4 심리적 요인(Psychological Factors) 97

06 산업재 시장과 산업재 구매자행동 101

6.1 산업재 시장(Business Markets) 103

6.2 산업재 구매행동 106

6.3 산업재 구매과정 108

▪생각해볼 문제 111

제 4 장 마케팅조사와 마케팅정보시스템

01 마케팅의사결정과 마케팅조사 117

02 자료의 종류와 수집방법 118

2.1 2차자료의 수집 118
2.2 1차자료의 수집방법 121

03 마케팅조사의 진행과정 130
3.1 조사계획의 수립 및 조사착수 130
3.2 설문지의 작성 131
3.3 표본추출 133
3.4 자료의 수집 및 분석 135
3.5 전략적 대안의 도출 135

04 마케팅정보시스템 136
4.1 마케팅정보시스템의 구성 136

▪ 생각해볼 문제 141

3부 마케팅전략의 수립

제 5 장 기업전략 : 기업수준의 전략계획수립

01 기업수준의 전략계획수립 : 마케팅역할의 정의 150
1.1 시장지향적 기업사명의 정의 151
1.2 기업목표의 설정 157
1.3 사업포트폴리오의 설계 157

02 경쟁우위전략 170

03 제품수준에서의 마케팅전략과 마케팅프로그램 173
3.1 고객지향적 마케팅전략 174

▪ 생각해볼 문제 178

제 6 장 마케팅전략 : 표적시장선정과 제품포지셔닝

01 시장세분화 186
1.1 시장세분화의 의미와 목적 186
1.2 시장세분화과정 187

02 표적시장선정(Market Targeting) 205
2.1 각 세분시장의 평가 205
2.2 표적세분 시장의 선정 206

2.3 표적시장 선정전략 선택시 고려요인 214
2.4 사회적으로 바람직한 표적시장 마케팅 215

03 포지셔닝전략 216
3.1 포지셔닝전략의 유형 216
3.2 제품포지셔닝에 대한 계획수립과 실행 218

▪ 생각해볼 문제 229

4부 마케팅믹스관리

제 7 장 제품관리 I : 제품의 개념 및 관리

01 제품의 개념과 분류 238
1.1 제품의 개념 238
1.2 제품의 분류와 마케팅 전략적 시사점 241

02 개별제품관리 246
2.1 제품품질 246
2.2 제품디자인 247
2.3 패키징(Packaging) 250
2.4 고객지원 서비스 253

03 제품라인관리(Product Line Management) 255
3.1 제품라인을 구성하는 기존 품목들에 대한 분석 255
3.2 제품라인 길이에 대한 의사결정 256

04 제품믹스관리(Product Mix Management) 264

05 서비스마케팅 267
5.1 서비스의 의미와 종류 267
5.2 서비스의 특징 269
5.3 서비스기업의 마케팅전략과 서비스-이익연쇄 272
5.4 서비스마케팅 전략의 최근 추세 275

▪ 생각해볼 문제 283

제 8 장 제품관리 Ⅱ : 브랜드 의사결정과 브랜드자산관리

01 브랜드의 개념과 역할 289

1.1 브랜드의 개념 289

1.2 브랜드의 역할(중요성) 290

02 브랜드 의사결정과정 292

2.1 브랜드주체의 결정(Brand Sponsor Decision) 292

2.2 브랜드명 전략(Brand Strategy) 297

2.3 브랜드명의 개발 308

03 브랜드자산관리 312

3.1 브랜드자산의 의미와 중요성 312

3.2 브랜드인지도의 구축 316

3.3 브랜드연상의 구축 319

■ 생각해볼 문제 322

제 9 장 신제품개발과 제품수명 주기관리

01 신제품의 정의 327

02 제품실패의 원인 330

03 신제품개발과정 333

3.1 아이디어 창출(Idea Generation) 333

3.2 아이디어 선별(Idea Screening) 337

3.3 제품컨셉의 개발 및 테스트(Development and Test of Product Concept) 339

3.4 마케팅전략의 개발 341

3.5 사업성분석 343

3.6 시제품개발(Product Development) 343

3.7 테스트마케팅(Test Marketing) 344

3.8 상업화(Commercialization) 347

04 신제품개발관리(Managing New-Product Development) 347

05 신제품수용과 확산 348

5.1 수용과정모델 349

5.2 신제품수용자의 유형 349

5.3 S자형의 확산곡선(Diffusion Curve) 351

06 제품수명주기와 단계별 마케팅전략 ········· 351
6.1 제품수명주기의 형태 354
6.2 제품수명주기의 분석수준 355
6.3 제품수명주기 단계별 특징과 마케팅전략 357
6.4 제품수명주기의 전략적 시사점 : 시장진입 시점에 따른 마케팅전략 364
▪생각해볼 문제 371

제10장 가격관리

01 가격의 의미와 중요성 ········· 377
1.1 가격의 의미 377
1.2 가격결정의 중요성 378
02 가격결정을 위한 고려요인들 ········· 379
03 마케팅전략의 검토 ········· 380
3.1 제품포트폴리오상에서 각 제품의 전략적 역할 380
3.2 제품포지셔닝 맵상에서의 제품의 위치 380
3.3 제품군 내에서 각 제품의 상대적 위치 382
04 마케팅목표 ········· 382
4.1 단기이익의 극대화 383
4.2 매출 또는 시장점유율의 극대화 383
4.3 최고의 제품품질 추구 384
4.4 생존(Survival) 384
05 소비자 반응의 검토 ········· 385
06 제품원가 구조의 분석 ········· 388
07 경쟁제품 가격의 검토 ········· 391
08 가격의 결정과 조정 ········· 392
8.1 실무적 가격결정 392
8.2 제품믹스에 대한 가격결정 399
8.3 가격의 조정 401
8.4 신제품에 대한 가격결정전략 403
8.5 가격변경 404
▪생각해볼 문제 406

제11장 유통의 성격과 도·소매상의 유형

01 유통경로의 정의 및 중간상의 필요성 411

02 유통경로의 유형 412

03 소매상(Retailer) 416

3.1 소매상의 성격과 기능 416

3.2 소매상의 유형 417

04 소매상 마케팅전략 444

4.1 표적시장의 선정 446

4.2 소매점포 믹스에 대한 결정 447

05 도매상(Wholesaler) 452

5.1 상인도매상(Merchant Wholesaler) 452

5.2 대리도매상(Agent Wholesaler) 453

5.3 제조업체 직영영업점(Manufacturer's sales branches and sales offices) 453

■ 생각해볼 문제 454

제12장 유통경로관리

01 공급체인과 가치전달 네트워크 461

02 유통경로의 설계과정 462

2.1 경로서비스에 대한 고객욕구의 분석 463

2.2 유통경로목표의 설정 464

2.3 경로커버리지와 경로구조(경로길이)의 결정 466

2.4 개별 경로구성원의 결정 469

03 경로갈등의 관리 470

3.1 경로갈등의 유형 470

3.2 경로갈등과 경로성과 간의 관계 471

3.3 경로갈등의 원인 472

3.4 갈등해결 메커니즘 472

04 유통경로의 계열화 473

4.1 전통적 마케팅경로(Conventional Marketing Channel) 473

4.2 수직적 마케팅시스템(VMS : Vertical Marketing System) 474

4.3 수평적 마케팅시스템(Horizontal Marketing System) 479

05 물적유통 480
5.1 물적유통(Physical Distribution)의 개념 481
5.2 물적유통의 영역과 기능 481
5.3 물적유통관리 482
5.4 최근의 로지스틱스 추세: 통합적 로지스틱스 관리와 제3자 로지스틱스 493
■ 생각해볼 문제 498

제13장 마케팅 커뮤니케이션 과정과 광고
01 촉진믹스(마케팅커뮤니케이션 믹스) 505
02 커뮤니케이션 과정모형(Communication Process Model) 506
2.1 발신자와 부호화 507
2.2 메시지 508
2.3 커뮤니케이션 채널 511
2.4 수신자와 해독화 512
2.5 잡음(Noise) 512
2.6 반응(Response) 513
2.7 피드백(Feedback) 515
03 디지털시대의 마케팅 커뮤니케이션 모형과 통합적 마케팅커뮤니케이션 516
3.1 디지털시대의 새로운 마케팅 커뮤니케이션 모형 516
3.2 통합적 마케팅 커뮤니케이션 도입의 필요성 518
3.3 구체적인 촉진믹스의 결정 520
04 광고관리(Advertising Management) 522
4.1 광고의 개념과 역할 522
4.2 광고전략의 수립과정 523
4.3 광고조직 546
■ 생각해볼 문제 549

제14장 판매촉진 · PR · 인적판매
01 판매촉진(Sales Promotion) 555
1.1 판매촉진의 의의 555
1.2 주요 판매촉진 도구들 558
1.3 판매촉진의 효과와 한계 566
1.4 판매촉진 프로그램의 개발과 실행 568

02 공중관계(PR: Public Relations) 569
2.1 공중관계의 정의와 역할 569
2.2 공중관계의 효과 573
2.3 주요 공중관계 도구들 575
03 인적판매(Personal Selling) 580
3.1 인적판매의 본질 582
3.2 인적판매의 역할 583
3.3 영업관리(sales force management) 587
3.4 인적판매과정 597
■ 생각해볼 문제 602

찾아보기 603

제1부

마케팅의 본질

제1장 마케팅의 의미

제1부

제1장 마케팅의 의미

01 마케팅이란?
02 마케팅관련 주요개념
03 마케팅관리

학습목표

1. 마케팅에 대한 정의와 마케팅과정의 단계들을 이해한다.
2. 고객과 마케팅의 본질을 이해하는데 필요한 핵심개념들을 살펴본다.
3. 마케팅 관리과정을 이해하고 마케팅전략의 지침이 되는 마케팅 관리철학의 변천을 살펴본다.
4. 마케팅의 주요영역인 수익성 있는 고객관계관리에 대해 학습한다.

주요개념에 대한 사전학습

이제부터 여러분은 마케팅을 학습하기 위한 긴 여정을 시작하게 될 것이다. 이 장에서는 여러분이 충분한 준비를 하고 여행을 시작할 수 있도록 마케팅의 기본개념들에 대해 살펴볼 것이다.

제 1장은 더 바디샵 사례로부터 시작한다. 친환경 화장품브랜드인 더 바디샵은 고객에게 품질이 우수한 화장품을 개발/판매하는 그 이상의 노력을 기울인다. 더 바디샵은 소비자의 피부와 건강을 향상시키고 사회적 가치를 실현하는 데 도움이 되는 제품과 마케팅활동을 개발/제공하는 것을 목표로 삼는다. 더 바디샵의 제품과 마케팅활동은 피부건강과 관련해 소비자들이 당면한 문제들을 해결해 주고 환경보호와 동물실험반대 등과 같은 사회적 가치실현에 공헌함으로써 소비자를 포함한 전체 사회구성원을 위한 공유가치를 창출하고자 한다. 여러분은 1장과 나머지 장들을 공부하면서 고객이 바라는 가치의 창출과 진정성 있는 고객관계구축을 통해 고객들이 행복한 소비경험을 하도록 하는 것이 마케팅이 추구해야 할 궁극적 목표라는 것을 알게 될 것이다.

도입사례

마케팅의 미래: 소비자 및 사회구성원의 행복을 함께 추구하는 착한 마케팅

◆ 환경보호 등 사회적 가치추구를 기반으로 지속적인 성장을 실현하려고 하는 더바디샵

베트남 중부 케누옥트롱 숲지대에서 더바디샵과 현지 환경단체 비엣네이처 관계자들이 이 지역 식생을 조사하고 있다. 더바디샵과 영국 환경단체 월드랜드트러스트, 비엣네이처 등 3개 기관은 30년간이 숲의 관리를 맡아 무분별한 벌목과 밀엽 활동을 막고 훼손된 삼림을 복원할 계획이다.

지난달 23일 베트남 중부 케누옥트롱의 삼림지대에서 녹색 유니폼에 모자를 쓴 이들이 두세 명씩 조를 이뤄 울창한 수풀 속에서 밀렵꾼이 설치해 놓은 덫을 제거하고 있었다. 또 나무에 매달아 놓은 적외선 카메라에 찍힌 희귀동물과 밀렵꾼들의 동선 데이터를 체크하고, 벌목으로 야생동물이 살기 어려워진 곳을 꼼꼼하게 기록했다.

이들은 영국의 글로벌 화장품 브랜드 더바디샵과 영국 환경단체 월드랜드트러스트, 베트남 환경단체 비엣네이처가 손잡고 진행하는 '바이오브리지' 프로젝트의 순찰대원들이다. 숲 곳곳에는 330㎡(약 100평) 남짓한 구멍들이 뻥뻥 뚫려 있었는데, 벌목으로 황폐해진 땅이다. 이 지역주민 1000여 명 중 절반가량이 나무를 베서 생계를 유지하고, 나머지 절반은 밀렵으로 먹고 산다. 바이오브리지 프로젝트는 이 지역일대의 삼림을 2045년까지 30년 동안 비영리 목적으로 관리하는 것이다. 쉽게 말하면 삼림 가운데 뻥뚫린 구멍을 메워주는 복원프로젝트다. 주민들의 벌목을 막는 한편, 야생동물을 사냥하려는 밀렵꾼의 활동을 막는 것이 임무다. 이 프로젝트에 2016년에만 27만 5000파운드(약 4억 1300만원)가 투입되었다. 그런데 환경단체의 숲 복원사업에 왜 화장품기업이 참여한 것일까.

1976년 설립한 더바디샵은 '기업이 선(善)을 위한 동력원이 될 수 있다'는 획기적 기업철학을 표방하며 '희생없는 풍요로움(Enrich not Exploit)'을 브랜드가치로 내세워왔다. 동물실험반대, 지구환경보호, 인권보호, 공정무역 등 사회적 선을 추구하고 이것이 다시 브랜드파워로 돌아오는 선순환 구조를 만든 것이다. 제품의 우수성을 강조하는 것이 아니라 기업의 가치관을 내세운 접근이 소비자들의 공감을 이끌어 냈다. 영국 소비자연합이 뽑은 가장 신뢰할 수 있는 브랜드 2위로 꼽혔고, 매장도 2011년 2657개에서 2015년

65개국 3300여개로 늘었다. 소비자가 신발 한 켤레를 사면 제3세계 어린이에게 신발 한 켤레를 기증하는 '탐스', "(환경을 위해) 옷을 사지 말고 수선해 입으라"고 광고하는 아웃도어 기업 '파타고니아' 등 사회적 선을 기업철학을 내세우는 '착한기업'의 원조 격이다.

케누옥트롱 지역주민들은 나무를 베고 사냥을 해도 한 달에 110만 동(약 5만 7000원)밖에 벌지 못한다. 때문에 더바디샵은 주민들의 생계를 보장하는 방식으로 자연보호정책을 세웠다. 벌목하는 주민에게 돈벌이가 더 좋은 농작물을 키우게 한 뒤 이를 매입해 샴푸·바디워시 등의 제품원료로 사용하는 식이다. 지금까지 네팔·에콰도르·가나 등 21개국(27곳)에서 이런 방식으로 성공을 거뒀다. 2015년 11월 더바디샵의 글로벌소싱팀 연구원들이 케누옥트롱을 방문해 이곳의 식생을 연구했다. 케이트 업션 더바디샵 CSR담당 매니저는 "효능·안전도 테스트 등을 거쳐 오는 2019년이면 이곳의 농작물로 만드는 제품을 출시할 수 있을 것"이라고 말했다. 그때까지는 일부보조금을 주면서 교육을 진행한다. 주민 중 30명은 아예 벌목과 밀렵을 감시하는 순찰대원으로 채용했다.

더바디샵은 인도·인도네시아·말레이시아 등지에서도 바이오브리지 프로젝트를 진행한다. 2020년까지 75만 파운드(11억 2600만원)를 들여 7500만㎡(2269만 평)의 숲을 복원할 계획이다.

더바디샵의 '녹색 사회공헌'

THE BODY SHOP

- **더바디샵재단**
  1989년부터 2200만 파운드(약 331억원) 조성, 동물·환경·인권 보호 활동
- **바이오브리지**
  2020년까지 7500만㎡ 규모의 숲 복원 활동
- **해피빈 산양펀딩**
  제품 판매액 기부해 800여 마리 밖에 안남은 한국 산양 보호 활동
- **공정 무역**
  화장품 업계 최초로 공정 무역도입해21개국서제 값 치르고원료 구매

자료:더바디샵

◆ 농업과 기업의 상생을 통해 동반성장을 추구하는 네슬레와 다논

에티오피아의 수도 아디스아바바에서 500㎞ 떨어진 '하마마을'에서는 현존 커피원두 가운데 가장 우수한 품종 중 하나로 알려진 이르가체페 아라비카 종이 재배된다. 부드러운 신맛과 향이 풍부해 커피의 귀부인이라 불리는 품종이다. 그러나 천혜의 환경가운데 최고급 커피가 자라나는 곳에서 정작 농민들의 생활은 비참했다. 과다한 생산비용탓에 출하 후에도 손에 쥐는 돈이 없게되자 생산량이 급속히 줄어들었고 빚은 불어났다. 커피농사를 포기하는 농가도 속출하기 시작했다. 농민들의 문제에 눈길을 돌린 것은 이곳에서 재배한 원두로 커피를 만들어온 식품기업 네슬레였다. 회사는 문제해결을 위해 농가의 현금흐름을 개선하고 생산비를 낮춰 이윤을 확보하는 것이 시급하다고 판단했다. 먼저 커피과육을 처리하는 데 쓰이는 낙후한 장비를 현대식으로 교체하여 물 소비를 줄이고 과육을 퇴비재료로 활용할 수 있도록 지원했다. 생산비를 줄이는 데 성공한 농민들은 여유자금을 바탕으로 재배작물을 늘리고 가축사육에 나서는 등 수익원을 다양화했다. 중간 유통단계를 없앤 직거래를 통해 원두판매 수입이 늘어난 것도 큰 소득이었다. 네슬레도 얻는 게 많았다. 무엇보다 커피생산에 차질을 빚을 수 있는 원두의 공급불안정이 해소되면서 최고품질의 원두를 안정적으로 확보하게 됐다. 생산자와의 관계가 한층 더 긴밀해지면서 양측의 공동노력으로 원두품질도 개선됐다. 농민들과의 협업을 통해 브랜드 이미지가 동반상승한 것도 무시할 수 없는 효과였다. 커피농가지원에 적지않은 자금이 들어갔지만 돌아온 것은 그 이상이었다. '네스카페 플랜'으로 불

리는 이 사업은 에티오피아 뿐만 아니라 브라질, 과테말라, 태국 등 전 세계 커피산지에서 폭넓게 진행되고 있다.

프랑스 유제품기업 다농의 사례도 눈여겨볼 만하다. 방글라데시 아동들의 영양실조문제에 주목했던 회사는 빈민들을 위한 소액대출 금융기관인 그라민은행과 함께 '그라민-다농'이라는 유제품 생산기업을 설립했다. 아이들의 성장에 필수적인 영양소가 담긴 요구르트를 개발해 적정가격으로 공급하는 것이 목표였다. 이를 위해 방글라데시 전역에 소규모 요구르트 공장을 짓고 현지인들을 고용해 생산을 시작했다. 우유와 설탕 등 원료는 공장이 위치한 지역농가에서 조달하고 생산된 제품도 인근지역을 중심으로 공급했다. 일차수혜자는 농민이었다. 가난한 농가라도 그라민은행에서 소액대출을 받아 우유를 생산해 판매했다. 중간상을 통하지 않고 회사가 직접 사주는 덕분에 농가소득은 전보다 높아졌다. 공장에서 일하게 된 농민들은 적지않은 임금을 받게됐고, 주로 여성으로 이뤄진 판매사원들 역시 안정적인 소득원을 얻게 됐다. 회사가 얻은 결실도 상당했다. 요구르트 판매과정에서 취약한 유통망을 정비한 데다 긍정적 기업평판으로 소비자들의 마음을 얻었다. 실제로 이사업 이후 서남아시아에서 다농이 생산하는 다른 제품의 매출이 덩달아 뛰어올랐다.

위의 두 사례는 기업과 농업의 상생이 어떻게 구체화될 수 있는지를 보여준다. 기업입장에서는 그간 주를 이뤄왔던 돕기위주의 사회공헌활동에서 벗어나 새로운 성장동력을 발굴하는 기회가 될 수 있다는 점에서 주의깊게 지켜볼 사례이다.

● 자료원 : 중앙일보, 2016.7.13; 매경, 2016.11.16

많은 실무자들은 그 표현은 조금씩 달리하지만 막연하게나마 '마케팅은 시장에서 상품을 잘 파는 행위'라는 생각을 가지고 있다. 기업들이 행하는 마케팅활동의 궁극적인 목적이 시장에서의 생존과 성장이라고 본다면 마케팅에 대한 이러한 정의가 적절할 수 있다. 그러나 마케팅에 대한 이러한 이해는 마케팅의 한 단면만을 반영한 것이다. 마케팅의 핵심은 바로 고객지향적 사고와 실행이다.

마케팅은 소비자 혹은 고객의 관점에서 생각하고 행동하는 과정이다. 이러한 맥락에서 경영분야의 석학 고(故) 피터 드러커(Peter Drucker)교수는 마케팅의 목적을 "소비자를 잘 이해하여 제품이나 서비스가 그들의 욕구를 적절히 충족시킴으로써 자발적인 구매가 이루어지도록 하는 것(to know and understand the customer so well that the product or service fits him and sells itself)"으로 제안하였다.[1] 기업은 소비자의 욕구를 정확히 파악하고 경쟁기업보다 우월한 가치를 제공해 그 욕구를 매우 잘 충족시켜 주어야만 시장에서 생존하고 성장할 수 있다. 최근 들어 소비자의 욕구가 더욱 고도화, 다양화되어가고 경쟁환경 또한 갈수록 치열해져 가고 있으며, 정보통신기술 등 마케팅환경도 급속도로 변화되고 있다. 이러한 급속한 시장환경변화는 지속적 경쟁우위를 창출/유지함에 있어 마케팅의 전략적 역할을 더욱 부각시키고 있다.

기업이 소비자 혹은 고객의 관점에서 생각하고 행동할 수 있도록 하기 위해서는 모든 구성원들이 마케팅을 단순히 특정부서에서 수행해야 할 기능이 아니라 기업을 경영하는 철학으로 인식해야 한다.[2] 즉, 마케팅은 단순한 기능이 아니라, 모든 구성원들이 공유해야 할 고객에 대한 마음가짐인 것이다. 마케팅을 특정부서가 수행하는 기능이 아니라 고객을 진심으로 대하는 마음가짐이라는 관점에서 바라본다면 이를 실제로 잘 실행하기는 쉽지 않다.

마케팅은 고객가치를 창출하고 고객과의 관계를 형성하고 키워나가는 과정을 다루고 있다는 점에서 다른 어떤 경영기능보다 중요하다. 마케팅의 정의에 대해 더 깊이있게 다루게 되겠지만, 마케팅은 탁월한 고객가치를 창출하고 진정성 있는 고객관계를 관리해 장기적인 수익을 실현하는 과정으로 정의될 수 있다. 마케팅의 두 가지 목표는 탁월한 고객가치를 제공하여 신규고객을 확보하는 것과 높은 고객만족과 감동을 제공하여 기존 고객을 키워나가는 것이다. 우량기업들은 고객을 잘 섬긴 결과로 자연스럽게 높은 점유율과 이익을 실현한다. 예를 들어, McDonald's는 전세계에 걸쳐 고객들이 좋아하는 장소이면서 그들이 선호하는 식사방식의 하나가 됨으로써 광고에서 주장하는 'i'm lovin' it'를 실현하고 있으며, 그 결과로 주요 경쟁사들 보다 훨씬높은 점유율을 차지하고 있다. 마케팅에서 뛰어난 핵심역량을 확보하는 것은 조직의 유형에 상관없이 성공을 거두는 데 핵심요소이다. Google, P&G, LG생활건강, 현대자동차, 삼성전자, LG전자, Toyota, Apple 등의 대규모 영리기업뿐 아니라 대학, 병원, 박물관, 교향악단 같은 비영리 조직도 마케팅을 활용한다.

기업을 포함한 모든 조직이 수행하는 마케팅은 고객을 끊임없이 행복하게 만들기 위한 긴 여정이다. 기업의 마케팅노력은 고객들이 일상생활에서 행복을 경험하는데 자사제품과 서비스가 도움을 주는데 초점을 맞추어야 한다. 고객행복감은 어떻게 창출될까? 고객의 행복경험은 자사 브랜드제품이

---

1) Peter F, Drucker, Management : Tasks, Responsibilities, Practices Harper & Row, 1973.

2) Regis Mckenna, Relationship Marketing, Addison-Wesley, 1991.

고객들에게 의미를 제공하고 긍정적 감정을 갖게 할 때 창출된다. 고객은 삶의 의미를 찾고 일상생활에서 긍정적인 감정을 느끼는데 있어 특정회사의 제품과 서비스가 도움을 줄 때 그 브랜드에 대해 사랑과 애착을 갖게 되며, 그 제품브랜드의 소유와 소비로부터 행복을 경험한다.

브랜드의 의미는 고객이 추구하는 주요가치를 자사브랜드가 잘 충족시킬 때 창출되는데, 고객이 추구하는 주요가치는 실용적 가치, 상징적 가치, 쾌락적(정서적) 가치를 포함한다. 가령, 애플 아이폰은 고객들에게 어떤 브랜드 의미를 가질까? 고객들은 아이폰 브랜드에 대해 사용하기 편리하고 휴대하기 용이하기 때문에 실용적 가치를 잘 충족시키는 제품으로 의미를 부여할 수 있다. 혹은 어떤 고객들은 디지털영역에서 최신유행을 선도하고 세련된 사람으로 자신을 표현하는데 있어 아이폰을 유용한 수단으로 간주해 상징적 가치를 가장 잘 충족시키는 제품으로 브랜드의미를 부여할 수 있다. 또다른 고객들은 멋있고 세련된 디자인, 손에서 느껴지는 부드러운 촉감, 쉽게 접속할 수 있고 생생한 음질과 화질을 제공하는 다양한 음악과 비디오를 통해 경험하는 긍정적 감정을 유발하기 때문에 쾌락적(정서적) 가치를 가장 잘 충족시키는 디지털 휴대기기라는 의미를 부여할 수도 있다.

기업은 넓은 관점에서 고객을 바라볼 필요가 있는데, 그런 관점에서 보면 고객은 모든 이해관계자를 포함한다. 고객은 기업의 경영성과에 영향을 미치는 소비자, 종업원, 원자재 공급업체와 유통업체 같은 협력업체, 주주, 커뮤니티, 나아가 모든 사회구성원을 포함한다. 따라서 탁월한 고객가치를 창출하고 키워나가는 것을 목표로 하는 기업의 마케팅은 결국 탁월한 이해관계자 가치를 창출하고 이들과의 파트너십을 키워나가는 과정으로 볼 수 있으며, 이에 대한 보상으로 이해관계자들의 전폭적 지지와 적절한 수익성을 얻게 되는 것이다.

이 책은 여러분에게 마케팅의 기본개념과 실행에 대해 깊이 있게 소개할 것이다. 이 장은 먼저 마케팅의 정의와 마케팅과정을 설명하는 것으로부터 마케팅학습에 대한 긴 여정을 시작한다.

01 마케팅이란?

1.1 마케팅에 대한 정의와 마케팅과정

많은 사람들이 마케팅하면 판매와 광고를 주로 떠올린다. 일상적으로 TV광고, 직접우편광고, 판매원 방문, 인터넷광고의 홍수 속에 사는 우리들이 마케팅에 대해 그렇게 생각하는 것이 당연해 보일 수 있다. 그러나 판매와 광고는 마케팅이라는 빙산의 일각일 뿐이다. 판매와 광고는 고객욕구를 충족시키고 고객관계를 구축시키기 위해 기업이 사용하는 마케팅도구들 가운데 일부분일 뿐이다.

마케팅은 판매를 하는 행위라는 오래된 사고에서 벗어나 고객욕구를 충족시키는 과정이라는 새로운 관점에서 바라보아야 한다. 경영학 분야의 석학이었던 Peter Drucker교수는 “마케팅의 목적은 판매노력을 불필요하게 만드는 것이다"라고 주장했다.

넓은 의미에서 보면 마케팅은 개인 혹은 조직이 가치를 창출해 이를 거래상대방과 교환함으로써 자신들이 원하는 것을 얻는 과정이다. 개인이나 조직은 자신의 제공물(offerings)과 그 반대급부로 획득하기를 원하는 것과의 교환에 의해 자신의 목적을 달성할 수 있는데, 제공물은 개인이나 조직이 교환을 위해 거래상대방에 제공하는 것으로서 유형의 제품, 무형의 서비스, 사람, 조직, 아이디어 등 거래상대방에게 제공할 수 있는 모든 것을 의미한다. 기업과 관련시켜 상대적으로 좁은 의미에서 본다면 **마케팅**은 기업이 고객을 위해 가치를 창출하고 강력한 고객관계를 구축함으로써 그 대가로 고객들로부터 적절한 보상을 얻는 과정으로 정의될 수 있다. 본서는 협의의 관점에서 마케팅을 정의하기로 한다.

시장은 교환의 상대방을 의미하며 단일 개인 혹은 조직이거나 이들의 집합으로 구성될 수 있다. 시장은 현존하는 시장과 앞으로 창출될 수 있는 시장을 포함한다. 창출될 수 있는 시장이란 현재 존재하는 제공물로는 충족될 수 없는 미래의 시장을 말한다. 그러므로 마케터는 경쟁자와 같은 종류의 제공물로써 현존하는 시장을 대상으로 소구할 수도 있고 전혀 새로운 제공물을 개발해 새로운 시장을 창출하고 이에 소구할 수도 있다.

마케팅에 대한 정의에서 언급했듯이 마케팅은 기업을 포함한 조직체가 고객을 위해 탁월한 가치를 창출하고 강력한 고객관계를 구축함으로써 그 대가로 수익을 얻는 과정이다. 따라서 기업은 경쟁사보다 나은 시장제공물의 개발을 통해 높은 고객가치와 고객만족을 일관성 있게 전달함으로써 고객들과 강력한 유대관계를 유지/강화시키는 것을 마케팅목표로 삼아야 한다. 여기서 **시장제공물**(market offering)이란 고객의 욕구를 충족시키기 위해 조직이 시장에 제공하는 제품, 서비스, 정보, 그리고 경험의 조합을 말한다. 따라서 시장제공물이란 긍정적인 브랜드경험에 기여하는 모든 브랜드접촉점들을 의미한다.

한국야쿠르트가 '순수 천연원료 비타민'이라는 개념으로 vfood를 출시하며 고착화된 비타민 시장에서 새로운 고객가치를 창출하려는 노력이 바로 기업의 마케팅활동이다.

그림 1-1 **마케팅과정 모형**

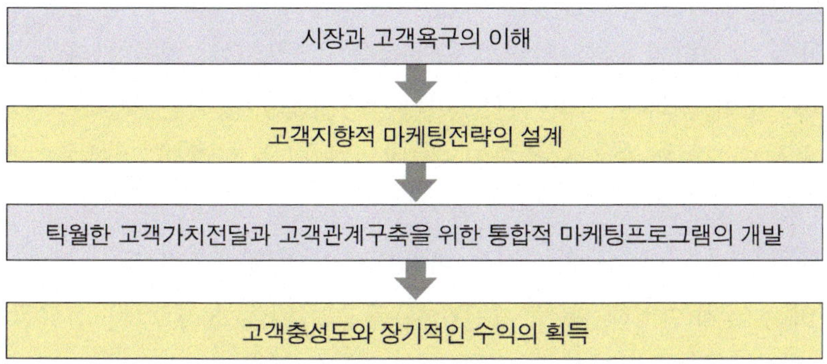

앞에서 설명했듯이 마케팅은 고객을 위해 탁월한 가치를 창출하고 강력한 고객관계를 구축하는 과정인데, [그림 1-1]은 세 단계로 구성된 마케팅과정모형을 보여준다. 기업은 고객을 이해하고, 고객가치를 창출하고 강력한 고객관계를 구축하기 위해 고객지향적 마케팅전략을 수립하고, 이를 고객에게 실제로 전달하기 위한 통합적 마케팅프로그램을 개발/실행해야 한다. 기업은 탁월한 고객가치창출과 강력한 고객관계구축에 대한 대가로 적절한 보상(높은 매출과 수익, 고객충성도 등)을 받게 된다.

1.2 마케팅의 범위

마케팅의 범위는 누가 어떤 유형의 제품을 누구를 대상으로 하느냐에 의해 결정된다. 과거 마케팅은 주로 영리기업이 유형제품 구매자를 상대로 수행하는 활동으로 비교적 활동범위를 좁게 보았다. 그러나 미국마케팅학회와 한국마케팅학회는 마케팅에 대한 정의에서 제품을 유형의 제품, 무형의 서비스뿐만 아니라 아이디어를 포함하는 것으로, 그리고 영리기업뿐 아니라 비영리 조직도 마케팅행위의 주체에 포함시킴으로써 마케팅의 적용범위를 넓게 확대시켰다. 마케팅은 그 행위의 주체가 누구냐에 따라 **영리마케팅**과 **비영리 마케팅**으로, 그리고 그 대상에 따라서 **소비재 마케팅**(consumer goods marketing), **산업재 마케팅**(industrial goods marketing), **서비스 마케팅**(service marketing) 등으로 구분될 수 있다.

마케팅행위의 주체와 그 대상이 누구이든 마케팅의 본질이 고객의 관점에서 사고하고 행동하는 것이라는 면에서는 별 차이가 없다. 특히 제품을 대상으로 하는 마케팅과 서비스를 대상으로 하는 마케팅은 더 이상 그 구별이 필요없을 정도로 중복되어 가는 추세이다. 따라서 '맥도날드'를 유형제품인 햄버거를 생산/판매하는 제조업체로 보느냐 혹은 빠르고 친절한 서비스를 생산/판매하는 서비스기업으로 간주하느냐 하는 문제는 더 이상 의미없는 분류일 수 있다. 이는 많은 제품이나 서비스시장이 치열한 경쟁상황에 처함에 따라 제조업체는 서비스에 의한 차별화를, 서비스업체는 제품에 의한 차별화를 시도함으로써 나타나는 현상이다.

위에서 설명했듯이 마케팅은 마케팅행위의 주체가 영리조직이냐 비영리 조직이냐에 따라 영리마케팅(profit marketing)과 비영리 마케팅(non-profit marketing)으로 구분된다. 1960년대 초반까지는 마케팅을 영리를 추구하는 기업의 목적달성을 위한 기능으로 간주하였다. 그러나 1970년대 들어 조직 혹은 개인 간의 교환을 창출하기 위한 일련의 활동들을 마케팅으로 봐야한다는 주장이 제기되었다. 이에 따라 학교, 정부, 교회 등의 비영리기관도 마케팅행위를 수행하는 것으로 마케팅의 범위가 확장되었다. 이제 마케팅은 개개인의 일상으로까지 그 범위가 더욱 확장되고 있다. 예컨대, 신입사원 모집을 위한 면접에서 많은 지원자들은 단정한 몸가짐과 명쾌한 의사소통능력 및 당당한 자신감 등을 부각시킴으로써 지원기업(즉, 고객)에게 자신을 마케팅하려고 노력한다. 즉, 신입사원 지원자는 채용기업(타겟고객)이 원하는 가치(단정함, 능력, 자신감 등)를 찾아내어 실제로 잘 전달함으로써 채용되고자 노력하는(교환을 창출하고자 하는) 것이다.

02 마케팅관련 주요개념

마케팅의 본질은 기업이 고객의 욕구를 파악하여 이를 경쟁제품보다 더 잘 충족시켜 주는 제품을 판매하여, 즉 교환을 창출하여 기업의 목적을 달성하는 행위 및 과정이다. 본 절에서는 이러한 마케팅의 본질을 이해하기 위해 필요한 마케팅관련 기초개념들을 살펴본다.

2.1 욕구(Needs and Wants)

마케팅을 이해하는 데 있어 가장 기본적인 개념은 인간의 욕구이다. 인간의 욕구는 그 구체성에 따라 본원적 욕구(needs)와 구체적 욕구(wants)로 구별된다. **본원적 욕구**는 사람이 살아가는 데 필요한 본원적인 것들의 부족함에서 느끼는 욕구를 말한다. 배고플 때의 음식에 대한 욕구와 같은 의, 식, 주에 대한 욕구가 이에 해당된다. 반면에 **구체적 욕구**는 본원적 욕구를 해결하기 위한 구체적인 수단에 대한 욕구를 말한다. 이러한 욕구는 개인이 속한 사회나 문화 혹은 개인의 취향에 따라 다르게 나타난다. 한국인과 미국인은 점심을 위한 메뉴의 선택에서 완연히 다른 욕구(냉면과 햄버거)를 가질 것이며, 우리나라 사람들 중에서도 한식을 선호하는 사람과 중국음식을 선호하는 사람 등 개인의 취향에 따라 구체적 욕구에서 차이를 보일 수 있다.

이렇게 소비자욕구의 파악과 충족은 마케팅의 기본이며 그 출발점이 된다. 일반적으로 소비자욕구는 자발적인 의지에 의해 발생되지만 마케터의 자극에 의해서도 창출될 수 있다. 아모레퍼시픽의 주름개선용 화장품 아이오페는 중년에 들어선 배우 고소영과 장동건을 광고모델로 출연시켜 이 화장품을 사용하면 나이가 들어도 젊어 보일 수 있음을 보여줌으로써 고객의 기본적 욕구와 구체적 욕구를 자극한다. 화장품브랜드들은 아름다워지고 싶은 여성의 기본욕구를 충족시키기 위해 개발된다. 모든

아모레퍼시픽의 아이오페 광고는 여성용 화장품 모델에 고소영을, 그리고 남성용 화장품 모델에 장동건을 사용함으로써 주름으로 고민하는 연령층의 소비자들이 이 화장품을 사용하면 젊어 보일 수 있다고 강조한다.

여성은 아름다워지고 싶은 기본적 욕구를 가지고 있고 나이가 듦에 따라 생기는 눈가의 주름에 대한 우려의 마음도 가지고 있다. '아이오페'와 같은 기능성 화장품은 나이 들어가는 소비자들의 이러한 고민에 대한 해결방안이 됨으로써 새로운 시장을 창출했다. 아모레퍼시픽 아이오페는 나이 들어가는 여성의 피부를 위해 개발된 제품이라는 차별적 메시지를 통해 모든 여성이 갖는 아름다워지고 싶은 기본적 욕구(need)와 눈가의 주름을 예방하고 싶은 중년층 여성의 구체적 욕구(want)를 동시에 자극하고 있다.

2.2 수요(Demands)

사람의 욕구는 그 대상에 따라 무한하지만 욕구충족을 위한 현실적 수단(재무적 상태)은 사람에 따라 다르다. 많은 사람들이 최고급 승용차의 소유에 대한 욕구는 가지고 있으나 실질적인 구매력을 가진 사람은 한정되어 있다. 또한 소비자가 어떤 제품에 대한 욕구가 있고 구매력을 지니고 있다고 해서 반드시 구매로 이어지는 것은 아니다. 바로 구매의지(willingness to buy)가 뒷받침되어야 비로소 그 제품에 대한 구매가 이루어진다.

이렇게 어떤 제품에 대한 소비자의 욕구가 구매력과 구매의지에 의하여 뒷받침된 것을 **수요**라고 한다. 때때로 정부는 경기침체로 인하여 가라앉아 있는 시장수요를 활성화하기 위하여 한시적으로 세금감면의 혜택을 제공하기도 한다. 이러한 정책은 제품가격의 인하효과를 가져다 주어 소비자들의 구매력을 상대적으로 증가시킨다. 결과적으로 소비자의 구매욕구가 구매력과 구매의지에 의해 뒷받침되어 수요로 전환되는 효과를 만들어 내는 것이다. 따라서 기업은 자사제품에 대한 실질적인 수요를 창출하기 위해서 이 세 가지 요소를 모두 자극하는 마케팅활동을 실행하여야 한다.

마케팅역량이 탁월한 기업은 고객의 본원적 욕구, 구체적 욕구, 그리고 수요를 배우고 이해하기 위해 전력을 다한다. 그들은 고객조사를 실시하고 이를 통해 수집된 고객자료를 분석한다. 그리고 조직의 전 구성원들이 고객을 이해하기(고객과 가까이 있기) 위해 노력한다. 가령, 초우량 항공사인 미국의 사우스웨스트 항공(Southwest Airlines)의 임원진들은 분기에 한 번씩 수화물을 처리하고 발권업무에 참여하며 승무원의 역할을 직접 수행한다. 모터사이클 시장의 글로벌기업 Harley-Davidson의 회장은 정기적으로 Harley 고객들과 함께 Harley 모터사이클을 타고, 그들로부터 피드백과 아이디어를 얻는다.

2.3 시장(Markets)

시장은 자사제품에 대한 욕구와 구매력, 그리고 구매의지를 가지고 있는 사람들, 즉 자사제품에 대한 수요가 있는 사람들의 집합을 말한다. 이러한 사람들은 현재 이미 자사제품을 구입하고 있는 소비자들과 향후 구입가능성이 높은 소비자들(potential buyers)을 포함한다.

기업의 마케팅노력은 시장에서 이루어지고 그 성패 또한 시장에서 결정된다. 따라서 시장의 범위를 어디까지로 할 것이냐 하는 문제는 기업의 마케팅노력의 성공여부를 결정하는 중요한 출발점이다. 이러한 관점에서 지금은 고전이 된 하버드 경영대학원 교수 Theodore Levitt가 1960년도 「마케팅 근시안(marketing myopia)」라는 논문에서 한 지적은 여전히 시사하는 바가 크다. 그는 미국철도산업의 몰락을 자동차산업에서 비롯된 것으로 보았다. 기차와 자동차는 물리적 속성면에서는 다른 제품이지만 소비자가 그들로부터 얻고자 하는 혜택이 운송이라는 점에서는 서로 경쟁관계에 있고, 특히 자동차가 철도에 비해서 (시간, 장소 등에 대한) 통제가능성과 door-to-door 배송가능성 등에서 상대적 우월성을 갖고 있음을 철도산업관계자가 간과한 것이 철도산업의 쇠퇴를 가져온 원인이라고 지적하였다.[3)]

광고물에 제시된 캠벨수프 사례도 같은 맥락에서 설명될 수 있다. 감기약이라고 하더라도 적지 않은 소비자들이 약을 복용하는 것에 대해 심리적으로 불편함을 느낀다. 그들은 약을 복용하는 것보다 민간요법이나 대체요법(가령, 감기에 효과적인 따뜻한 식품)을 선호할 수 있다. 캠벨수프는 이러한 소비자심리를 이용해서 물리적 제품속성에서 전혀 다른 제품인 따뜻한 캠벨수프를 감기약을 대체할 수 있는 제품으로 포지션한 광고캠페인을 전개했다. 이렇게 자사제품의 시장을 어떻게 정의할 것인가는 마케팅의사결정에 있어 가장 중요한 첫 걸음이다.

기업은 시장을 마케팅시스템 관점에서 바라 볼 수 있는데. 이렇게 보면 시장경쟁은 각 기업이 구축한 마케팅시스템 간의 경쟁으로 간주할 수 있다. [그림1-2]는 마케팅시스템의 주요 구성요소들을 보여준다. 마케팅은 우리기업과 경쟁자들이 고객들을 획득하고 유지하기 위해 벌이는 활동이다. 자사와 경쟁사들은 각각 자신이 개발한 제공물과 메시지를 고객들에게 전달하는데, 이러한 노력은 유통업체

---

3) Theodore Levitt, Marketing Myopia,?Harvard Business Review, July-August 1960, pp. 45~56.

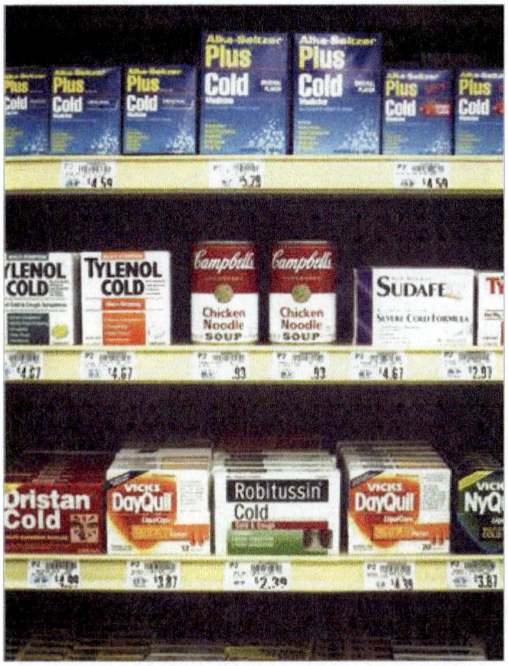

캠벨수프는 감기약 복용에 대해 불편함을 느끼는 소비자 심리를 이용해서 물리적 제품속성에서 전혀 다른 제품인 따뜻한 캠벨수프를 감기약을 대체할 수 있는 제품으로 포지션한 광고캠페인을 전개했다.

같은 마케팅 중간상(marketing intermediaries)을 통해 이루어지거나 직접 이루어진다. 마케팅시스템의 모든 구성원들은 주요 환경요인(인구통계적, 경제적, 기술적, 정치적, 법적, 사회적, 그리고 문화적 요인)에 의해 영향을 받는다. 마케팅시스템의 각 구성원은 가치체인의 다음 단계에 위치한 구성원을 위해 부가가치를 창출한다. [그림1-2]의 화살표는 각 구성원이 구축해야 할 관계의 상대방을 나타낸다. 따라서 한 기업의 수익성 있는 고객관계구축의 성공여부는 자신의 마케팅활동뿐 아니라 최종 사용자의 욕구를 충족시키기 위해 구축된 전체 마케팅시스템의 구성요소들이 얼마나 긴밀하게 상호협력을 하는지에 의해 결정된다. 이마트는 협력업체들이 저비용으로 상품을 공급해 주지 못하면 저가격을 실현하겠다는 고객과의 약속을 지킬 수 없으며, 현대자동차는 대리점들이 탁월한 판매활동과 서비스를 제공하지 못하면 승용차 구매자들에게 고품질의 승용차 소유경험을 실제로 전달할 수 없다.

그림 1-2 마케팅시스템의 주요 구성요소

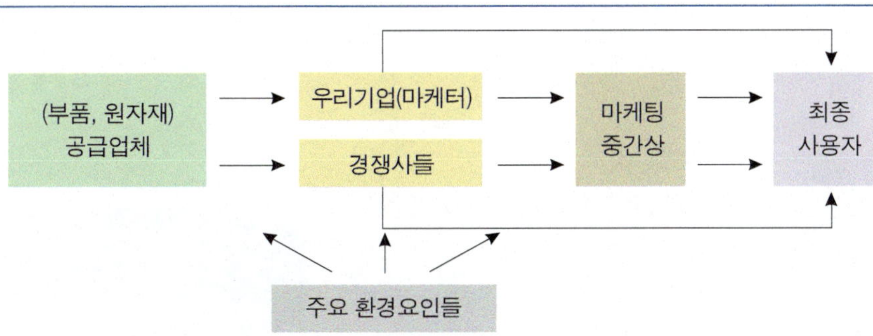

2.4 시장제공물 – 제품, 서비스, 그리고 경험

소비자는 욕구를 충족시키기 위하여 시장제공물을 구매하는데, **시장제공물**(market offering)은 고객의 욕구를 충족시키기 위해 제공하는 제품, 서비스, 정보, 혹은 경험의 조합을 말한다. 시장제공물은 유형적 제품에 국한되는 것은 아니며, 판매과정에서 제공되는 무형적 활동 혹은 편익인 서비스도 포함한다. 따라서 넓은 의미의 제품에는 유형의 제품(tangible product)과 무형의 서비스(intangible service)가 포함된다. 그러나 소비자가 욕구충족을 위하여 구매하는 것이 유형의 제품이건 무형의 서비스이건, 소비자는 제품자체를 구매하는 것이 아니라 제품으로부터 얻게 되는 삶의 체험(experience)을 구매하는 것이다. 즉, 여성은 화장품자체를 원하는 것이 아니라 아름다움이란 편익을 원하는 것이며 나아가서는 자신있는 삶 자체를 추구하는 것이다. 마찬가지로 소비자는 치약의 구취제거성분을 구입하는 것이 아니고 입안의 개운함을 원하는 것이며 자신있고 편안한 대화나 혹은 입맞춤 같은 긍정적 사용경험을 위해서 치약을 구매하는 것이다.

따라서 현명한 마케터들은 제품과 서비스의 속성 그 이상에 주의를 기울인다. 그들은 제품과 서비스를 잘 조합하여 **브랜드경험**(brand experience)을 창출하려고 노력한다. 가령 Harley–Davidson 모터사이클을 타는 것, 그리고 용인에버랜드와 Starbucks 커피점을 방문하는 것은 경험이다.

마케팅 Highlight

브랜드경험의 시대– 운동량을 SNS로 공유하는 나이키 퓨얼밴드, 채소키우는 모바일게임 유행시킨 패스트푸드 브랜드

언제부터였을까. 페이스북에서 지인들의 운동기록을 심심치 않게 보게 된다. “3.5㎞를 달렸습니다. 1100퓨얼을 획득했습니다.” 사람들은 조깅을 마치자마자 실시간으로 그날의 운동경로와 운동량을 SNS를 통해 공유한다. 나이키의 퓨얼밴드(FuelBand)라는 제품덕분이다.

퓨얼밴드는 팔에 착용하면 걷기, 계단오르기 등 일상의 모든 운동량을 빠짐없이 수치화해 주는 팔찌형태의 디지털기기다. 매일의 운동량은 ‘퓨얼’이라는 단위로 환산돼 쌓이며, 온라인을 통해 사람들이 얼마나 많은 퓨얼을 모았는지 비교할 수 있다. 자연스럽게 사용자들 간에 경쟁심리가 발동하고, 더 열심히 운동하게 만드는 동기부여의 효과도 나타나게 된다.

퓨얼밴드를 사용하며 삶을 건강하게 관리하는 사람들이 전 세계 800만명에 달한다니 아마도 세계에서 가장 거대한 스포츠관련 커뮤니티가 아닐까 싶다.

보다 흥미로운 것은 퓨얼밴드의 탄생과정이다. 최신 기술들이 집약되어 있을 것 같은 이 제품을 개발하기 위해 나이키가 손을 잡은 곳은 전자회사가 아니라 놀랍게도 광고회사였다. 미국 뉴욕에 위치한 이 광고회사는 나이키와 함께 2년간의 공

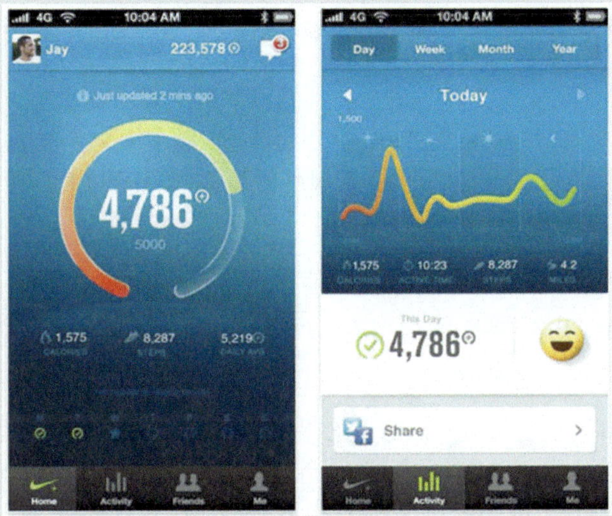

동작업을 거쳐 퓨얼밴드를 창조해 냈다. 이 회사대표는 "퓨얼밴드는 소비자가 나이키와 인터랙션(상호작용)할 이유를 제공하고 브랜드 경험을 심화시킨다"고 설명했다.

실제로 퓨얼밴드는 이를 착용하고, 움직이고, 공유하는 모든 과정을 통해 소비자가 나이키라는 브랜드와 함께하게 만들었다. 광고회사 입장에서 보면 혁신적인 기기하나가 그 어떤 광고물보다도 효과적으로 브랜드를 소비자들의 삶 속에 위치시킨 셈이다.

마찬가지로 새로운 방식을 통해 브랜드 경험을 증대시킨 미국의 멕시칸 패스트푸드 브랜드 치폴레(Chipotle)의 사례를 보자. 치폴레는 농장에서 직접 재배한 농작물로 환경친화적인 음식을 만든다는 브랜드 철학을 알리기 위해 다양한 노력을 해왔다. 2011년에는 이를 주제로 한 단편 애니메이션을 제작한 데 이어 올해에는 모바일게임을 제작하기에 이르렀다. 게임속 주인공은 처음에는 어두운 공장에서 컨베이어벨트를 따라 이동하며 음식상자를 옮기는 등의 일을 한다. 하지만 이후에는 공장을 벗어나 농장에서 채소를 키우기도 하고, 건강한 먹거리를 도시로 가져와 사람들에게 전달하기도 한다. 삭막한 공장을 벗어나 건강한 음식을 만들도록 게임 캐릭터를 조종하면서 소비자들은 자연스럽게 치폴레의 브랜드 철학을 체험하게 된다. 물론 게임의 각 레벨을 완료할 때마다 1+1 음식쿠폰을 제공하여 고객을 유인하는 센스도 잊지 않았다.

식품업계가 외식업계로 진출하는 사례들도 비슷한 맥락에서 이해할 수 있겠다. 이미 적지 않은 식품브랜드가 음식점, 카페, 바 등 외식업계의 틀을 차용하여 소비자들과 실제로 접촉하고 긍정적인 브랜드 경험을 심어 주려고 하고 있다. CJ는 '제일제면소'라는 면 브랜드를 론칭하면서 동시에 같은 이름의 음식점을 열었다. 면에 대한 장인정신을 표방한 이 음식점은 반죽, 숙성 등에서 차별화된 면 요리를 제공하며 인기를 끌었고, 음식점의 인기는 자연스럽게 '제일제면소'라는 식품브랜드로 이어지게 되었다. 캡슐커피를 만드는 네스프레소가 자사의 캡슐커피를 즐길 수 있는 카페인 '네스프레소 플래그십 스토어'를 연다든가, 초콜릿 브랜드 고디바가 가로수길에 최초로 플래그십 스토어를 열어 소비자들과 만나는 것도 마찬가지이다. 세계적인 식음료 기업인 다논(Danone)은 뉴욕 한복판에 'Yogurt Culture Co.'라는 그리스식 요구르트 카페를 론칭했는데, 이것 역시 다논이 가진 요구르트 브랜드를 강화하는 효과적인 방법이 되고 있다.

마케팅 영역에서의 이러한 흐름은 가히 장르파괴라고 부를만하다. 광고가 음악이나 드라마, 웹툰 등 대중문화의 탈을 쓰는 사례는 어렵지 않게 찾아볼 수 있다. 브랜드 경험을 제공하기 위해 별도의 축제나 이벤트를 개최하기도 한다. 광고·마케팅회사가 전에 없던 제품이나 서비스를 만들어 내는 사례도 생기고 있다. 업(業)의 경계를 뛰어넘고 전혀 다른 업종과의 융합을 통해 새로운 가능성을 발견하는 단계에 이른 것이다. 이러한 시대적 상황은 소비자들에게 더 나은 브랜드 경험을 선사하는 기회일 수도 있다.

• 자료원 : 매일경제, 2013.12.14

이러한 관점에서 마케터는 제품을 단순히 속성들의 집합체(a bundle of attributes)로만 보아서는 안 되며 편익들의 집합체(a bundle of benefits), 나아가 가치들의 집합체(a bundle of values)로 폭넓게 해석해야 한다. 예를 들어, 승용차구매는 그 승용차로부터 얻게 되는 수송서비스를 통해 편안한 일상생활을 구매하는 것이며, 식기세척기 구매는 단순히 설거지 기계를 구매하는 것이 아니라 싫은 일로부터의 해방과 삶의 여유를 구매하는 것이다. "우리는 제품을 파는 것이 아니라 해결방안을 판다(We sell solutions and answers rather than just products)"는 GE의 전 회장이었던 잭웰치의 말은 이러한 관점을 강조한 표현이다.

많은 기업들이 **마케팅 근시안**(marketing myopia)으로 인해 지속적으로 마케팅성과를 높이는 데 어려움을 겪는데, 이는 고객들이 진정으로 원하는 것은 제품이 아니라 그 제품에 의해 고객이 얻게 될 편익과 경험임을 인식하지 못하는 실수를 말한다. 그들은 제품자체와 고객의 구체적 욕구에 지나치게 집중함으로써 고객이 제품구매로부터 충족시키고 싶은 본원적 욕구가 무엇인지를 소홀히 한다. 즉 특정제품은 소비자가 당면한 문제를 해결하는 한 수단에 불과할 뿐임을 잊고 있는 것이다. 드릴공구 제조업체는 고객이 원하는 것이 드릴제품인 것으로 생각 할 수 있지만, 고객이 진정으로 원하는 것은 드릴사용으로 얻게 될 구멍이다. 마케팅 근시안에 사로잡힌 대다수 기업들은 고객의 본원적 욕구를 더 잘 혹은 더 저렴하게 충족시키는 혁신제품이 나타나면 시장생존에 어려움을 겪게 된다. 기업들은 고객들이 본원적 욕구를 충족시키는데 더 나은 대안을 원한다는 것(가령, 소비자들은 더 나은 승용차가 아니라 더 나은 운송수단을 원함)을 명심해야 한다.

마케팅 Highlight

마케팅 근시안에서 벗어나기 위해 노력하는 시장선도적 기업들

신세계백화점이 들어서는 동대구 복합환승센터를 기획하고 있는 손기언(55) 상무는 지난달 초 두바이행 비행기에 올랐다. 현지에서 그가 가장 많은 시간을 투자해 살펴본 곳은 상어 300마리 등 3만마리 이상의 해양생물이 들어있는 두바이몰의 수족관과 7성급 아틀란티스 호텔의 수족관이었다. 판매매장분석은 2순위로 밀렸다.

손 상무의 동선은 신세계의 새 출점전략과 관계있다. 손 상무는 "단순히 상품을 구매하는 공간에서 벗어나 주말과 휴일을 맞아 놀이동산·동물원·야구장 등 야외로 나가는 고객들의 발길을 돌릴 수 있는 백화점으로 개발하고자 한다"고 설명했다. 이

공룡모형들이 설치된 신세계 부산 센텀시티점 9층의 테마파크 '주라지'. 센텀시티점은 3967㎡(약 1200평) 규모의 공간에 온 가족이 즐길 수 있는 공원을 만들었다.

직장인들이 스타벅스 서울 소공동점에서 회의를 하고 있다.

의 일환으로 2016년 12월 완공된 동대구 복합환승센터에는 국내유통업계 최초로 대형수족관이 만들어졌다. 기획부서에서는 3년 전부터 전 세계의 수족관을 둘러보면서 이 센터에 맞는 적정규모, 동선형태 등을 수집해왔다. 동대구 환승센터에는 9917평방미터(3000평) 규모의 테마파크도 들어선다. 손 상무는 "테마파크나 수족관 대신 판매대를 설치하면 당장은 연간 4000억원 정도 더 벌수 있다는 계산이 나왔지만 더 장기적으로 내다보고 있다"고 말했다.

이런 쇼핑공간의 테마파크화는 정용진(46) 신세계부회장의 비전과 연계돼 있다. 그는 2013년 10월 경기도 하남 유니온스퀘어 착공식에서 "국민소득증가로 가족단위외출이 늘어나는 만큼 앞으로 유통업의 경쟁상대는 테마파크나 야구장이 될 것"이라고 강조했다. 또 "백화점은 쇼핑과 함께 체험과 엔터테인먼트가 어우러진 생활·문화공간을 만드는 데 주력해야 한다"고 주문했다. 같은 백화점끼리 경쟁하는 것이 아닌 그것을 뛰어넘어 다른 업종의 장점을 도입한 하이브리드형 백화점으로 진화해야 향후 살아남을 수 있다는 의미다.

신세계의 전략변화는 테오도르 레빗 전 하버드대 교수의 '마케팅 마이오피아(근시안)'를 경계하라는 지적에 기반한다. 마케팅 근시안(Marketing Myopia)은 근시안(Myopia)적인 마케팅을 뜻하는데, 하버드대 교수였던 테오도르 레빗(Theodore Levitt) 교수가 1975년『하버드 비즈니스 리뷰』에 이 제목의 논문을 발표했다. 근시안적인 시각을 지닌 기업이나 조직은 생명력이 오래가지 못한다는 것이 주요내용이다. 레빗 교수는 1800년대와 1900년대 중반까지 미국에서 가장 번성했던 철도사업이 1970년대 들어 줄파산하며 위기에 처한 상황을 예로 들었다. 그는 철도회사가 위기에 당면하고 있는 것은 그 사업을 고객에게 서비스를 제공하는 교통수단중 하나로 생각한 것이 아니라 철도사업 자체에만 국한해버렸기 때문이라고 평가했다. 이런 이유로 철도회사들은 서비스·비용체계를 개선하지 못하고 고객들을 비행기나 버스 등 다른 운송수단에 빼앗겼다는 것이다. 레빗교수는 한 때 잘 나가던 기업이나 산업이 쇠퇴하지 않기 위해서는 새로운 고객들을 지속적으로 만들어내야 한다고 지적했다.

2011년 1월 경영위기로 법원에 파산보호신청을 한 코닥역시 마케팅 근시안을 극복하지 못한 대표적 사례다. 1889년 설립돼 세계 최고기업이라는 명성을 누리기도 했던 코닥은 디지털카메라의 등장에도 불구하고 필름산업에 집중하다 무너졌다. 정작 1975년 디지털카메라를 개발한 건 코닥의 한 연구원이었음에도 이를 상용화하지 않고 가만히 뒀다. 대신 필름카메라의 가격을 최대한 낮게 책정해서 카메라의 보급을 확산시킴으로써 필름에 대한 수요를 증대시켰다. 필름에 마진을 높게 책정해서 이익을 내는 영업을 한 것이다. 반면 후지필름은 디지털카메라 시대에 적응하기 위해 사업다각화를 추진했다. 카메라용 필름부문의 인력을 대대적으로 감축했고, 보유하고 있는 화학기술을 활용해 화장품사업 등에 진출했다. 코닥이 근시안적 시각에 갇혀있는 동안 후지필름은 새 시장을 만들며 새로운 소비자를 확충했다. 98년 한국시장에 진출했던 세계 1위 소매업체 월마트 역시 교훈을 얻었다. 2006년 이마트에 한국사업 지분을 넘기고 철수한 이 회사는 한국 소비자가 원하는 복합적인 서비스를 무시한 것으로 평가받았다. 월마트는 창고형 할인매장답게 물건을 높은 위치까지 가득 쌓아 진열했다. 한국 소비자의 손이 닿지않는 물건들이 많았다. '싸게만 팔면 고객이 몰릴 것'이라는 판단에 내부 인테리어에 집중하지 않았다. 반면 이마트는 제품의 진열높이를 소비자의 손이 직접 닿을 수 있게 했다. 내부도 밝고 화사한 분위기로 꾸몄다. 이주희 이마트 상무는 "사기 편리하게 포장을 소량으로 하고, 신선제품의 경우 소비자가 직접 만져보며 살 수 있는 제품들을 늘리면서 창고형 할인매장과 차별성을 강화했다"고 말했다.

경쟁상대를 단순히 같은 업종에 제한하지 않고 영역을 넓히며 성장을 지속하는 눈에 띄는 기업들도 나타났다. 스포츠용품 세계 1위 기업인 나이키는 1994~98년 5년 연속 3배 이상의 매출 성장세를 이어갔다. 한데 이후 성장률이 둔화됐다. 원인은 전자게임기였다. 분석결과 용돈의 절반 이상을 스포츠용품을 사는데 쓰던 청소년들이 게임에 몰두하면서 회사의 매출이 줄어든 것이다. 나이키는 이후 닌텐도로 대표되는 게임기업체들을 경쟁상대로 삼았다. 다른 전자기술(IT) 업체들과 손잡고 운동화에 게임기 센서를 달고, 웹사이트와 소셜 네트워크서비스(SNS)를 통해 친구들과 그 기록으로 경쟁하는 시스템을 만들었다. 2012년에는 걷거나 뛰는 움직임을 칼로리 소모량, 운동거리 등으로 측정해 발광다이오드(LED)화면에 띄워주는 손목밴드도 출시했다. 나이키는 경쟁상대를 리복이나 아디다스가 아닌 애플이라고 선언하기도 했다. 코카콜라의 혁신사례는 2014년 초 삼성전자 임직원들에 '고정관념을 깨라'는 메시지를 통해 소개됐다. 80년대 초 코카콜라는 미국 음료시장의 35%를 점하며 업계 선두기업으로 이름을 날렸다. 임직원들이 음료업계 최고의 기업이라는 기분에 취해있을 즈음, 81년 회장에 취임한 로베르토 고이주에타(Roberto Goizueta)는 "한 사람이 하루에 마시는 액체 중 코카콜라 비중이 얼마나 될까"라는 질문을 던졌다. 음료업계 점유율 1위였지만 물 시장 전체로 보면 3%에 지나지 않는다는 점을 상기시킨 것이다. 이후 코카콜라는 다른 음료회사가 아닌 물 시장까지를 경쟁상대로 상정하고 변화를 해 왔다. 커피업계에서는 스타벅스코리아의 변신이 주목을 끌었다. 초기 커피전문점이지만 단순히 커피만을 판매하는 것은 아니라 휴식공간의 역할을 강조하며 국내에서 성장세를 이었다. "스타벅스의 경쟁상대는 영화관·도서관 등 편안한 시간을 가질 수 있는 모든 곳"이라는 해석도 나왔다. 최근에는 IT기술을 접목하며 서비스 방식을 확대하고 있다. 전세계 스타벅스 최초로 모바일 앱(애플리케이션)을 통해 편리하게 음료를 선택하고 결제할 수 있는 '사이렌 오더' 서비스를 도입했다. 자동차를 몰고와 차안에서 매장밖에 설치된 화상을 보면서 주문할 수 있는 드라이브 스루(Drive Thru) 매장도 확대하고 있다. 이석구 대표는 "다른 커피업계가 경쟁상대가 아니라 현재 스타벅스가 제공하고 있는 서비스를 끊임없이 극복하며 새로운 경험을 찾는 게 목표"라고 말했다.

• 자료원 : 중앙일보, 2014.7.15

2.5 고객가치와 고객만족

소비자는 자신의 욕구를 충족시킬 수 있는 수많은 제품 및 서비스대안들에 직면한다. 그들은 수많은 제품 혹은 서비스 가운데 특정대안을 어떻게 선택할까? 고객은 각 제품이 제공할 가치와 만족수준에 대한 기대를 형성하고 가장 높은 가치와 만족수준을 제공할 것으로 기대하는 제품을 구매한다. 사용경험을 통해 만족한 고객은 반복구매를 하고 다른 소비자들에게 자신의 긍정적 경험을 이야기할 것이다. 불만족한 고객은 경쟁제품으로 전환하고 자신의 부정적 경험을 다른 사람들에게 전달한다.

따라서 마케터는 자사제품이 고객에게 제공할 가치에 대해 올바른 기대수준을 설정하도록 주의를 기울여야 한다. 기대수준을 너무 낮게 설정하면 자사제품의 구매자를 쉽게 만족시킬 수 있지만 충분한 수의 고객을 끌어들이지 못할 것이다. 이에 반해 고객의 기대수준을 너무 높이면, 구매자들은 실망할 가능성이 높다. 고객가치와 고객만족은 고객관계를 구축/관리하는데 토대가 된다. 이 두 가지 핵심개념은 이 장의 후반부에서 다시 자세히 설명될 것이다.

2.6 교환과 관계

마케팅은 사람들이 교환관계를 통해 자신의 욕구를 충족시키고자 할 때 발생된다. **교환**(exchange)이란 거래상대방으로부터 자신이 원하는 대상물을 얻는 대가로 이에 상응하는 대상물을 제공하는 행위로 정의된다. 넓은 의미에서 보면 마케터는 교환을 창출하기 위해 시장제공물에 대한 고객의 반응을 이끌어 내려 노력한다. 고객반응은 제품과 서비스의 구매만을 의미하는 것은 아니다다. 예를 들어, 정치후보자들이 고객인 유권자로 하여금 자신에게 투표해 주도록 유도하고, 교회가 신자의 가입을, 오케스트라가 청중의 관람을, 그리고 사회운동이 아이디어(이념)에 대한 사회구성원들의 수용을 이끌어 내는 것도 고객반응에 해당된다. 마케팅은 목표청중들과 바람직한 교환관계를 구축/유지하기 위해 취하는 활동이다. 마케팅의 목적은 단순히 새로운 고객을 유인하고 거래를 창출하는 것뿐 아니라 고객과의 관계를 유지하고 그들과의 거래관계를 키워나가는 노력도 포함한다. 따라서 현명한 마케터들은 탁월한 고객가치를 일관성 있게 제공함으로써 강력한 고객관계를 구축하려고 한다. 이 장의 후반부는 고객관계관리라는 중요한 주제에 대해 보다 자세히 살펴 볼 것이다.

03 마케팅관리

3.1 마케팅관리의 정의

마케팅이란 결국 고객의 개인적/사회적 욕구를 파악해, 수익을 창출할 수 있는 방식으로 이들의 욕구를 충족시키는 과정이다. 이러한 관점에 따라 본서는 **마케팅관리**를 고객의 욕구충족과 기업의 목적을 달성하기 위해 관련자료를 수집·분석하여 마케팅전략을 수립/실행하며 그 성과를 평가하고 통제하는 과정으로 정의한다.

마케팅관리는 마케팅상황의 분석에서부터 출발한다. 마케팅의 본질이 고객의 관점에서 생각하고 행동하는 것이라면, 마케팅관리는 소비자 및 시장과 관련된 각종자료를 수집/분석하는 것으로부터 시작되어야 한다. 즉, 기업의 목적(가령, 목표이익이나 목표매출의 달성)을 달성시켜 주면서 파악된 소비자욕구를 경쟁사보다 우월하게 충족시키기 위해서는 마케팅환경분석, 소비자분석(consumer analysis), 자사분석(company analysis), 경쟁사(대체재 포함)분석(competitor analysis) 및 협력업체분석(collaborator analysis) 등을 포함하는 상황분석(situation analysis)에 기초한 마케팅전략이 수립되어야 하는 것이다.

마케팅관리의 다음 단계는 마케팅전략의 수립과 실행이다. **마케팅전략**은 시장세분화, 표적시장선정, 그리고 제품포지셔닝의 3단계로 구성된다. 마케팅전략은 소비자행동에 대한 이해에 근거하여 하나의 제품시장을 동질적인 욕구를 가진 복수의 소비자집단들로 세분화하고, 각 세분시장에 대한 평가를 토대로 가장 매력적인 표적세분시장을 선정하며, 선정된 표적시장 내에서 경쟁제품과 차별화되고 경쟁우위를 제공하는 위치에 자사제품을 자리매김하는 과정으로 구성된다.

마케팅전략은 **마케팅믹스**(marketing mix), 즉 제품(product), 가격(price), 촉진(promotion), 유통(place) 등 마케팅 4P로 불리우는 마케팅수단들의 집합에 의해 구체화되고 실행된다. 시장세분화, 표적세분시장 선정, 제품포지셔닝으로 구성되는 마케팅전략이 수립되면, 다음 단계로 기업은 수립된 마케팅전략을 실행에 옮기기 위해 마케팅믹스 프로그램을 개발한다. 마케팅믹스 프로그램개발은 고객의 욕구를 경쟁사보다 잘 충족시켜주는 제품을 개발하고(제품결정), 기업의 장·단기적 이윤과 고객의 구매력을 감안한 적정의 가격을 설정하며(가격결정), 이를 현재고객 및 잠재고객에게 잘 의사소통하고(촉진결정), 시장에서 쉽게 구매할 수 있도록 하는(유통결정) 노력을 말한다.

끝으로 마케팅관리자는 실행한 마케팅전략의 성과를 평가/통제해야 한다. 기업의 영속성을 전제로 한다면 마케팅관리는 한번 수립/실행되고 끝나는 것이 아니라 **계획–실행–통제**라는 순환성을 갖고 끊임없이 반복된다. 마케팅관리자는 상황분석을 통해 현재의 자사제품 위치(시장성과, 자사제품에 대한 소비자 인지도)와 그 원인을 규명하고, 이를 토대로 차기 마케팅목표를 설정하며, 설정된 목표를 달성하기 위한 마케팅전략과 마케팅믹스 프로그램을 수립하고 이를 실행한다. 다음 단계에서 이루어지는 당기의 마케팅성과에 대한 평가 및 통제는 다음기의 마케팅목표와 마케팅전략을 수립하는 데 기초자료로 활용된다. 예를 들어, 자사제품에 대한 소비자의 인지도를 현재의 20%에서 30%로 증가시키기 위해 TV와 신문에 광고비를 집행했다면, 매체별 광고비가 마케팅성과에 미친 효과(즉, 목표 브랜드인지도 달성정도)에 대한 평가는 차후의 광고매체 선정과 광고예산책정을 위한 과학적 근거가 된다.

3.2 마케팅관리 철학의 변천

최근 들어 많은 기업들이 고객지향적 마케팅노력을 당연한 것으로 받아들이고 있다. 그러나 마케팅관리철학이 고객지향적인 것이 되기까지는 오랜 기간 동안 여러 단계를 거쳐 왔다. 즉, 생산개념, 제품개념, 판매개념의 단계를 거쳐서 지금의 고객지향적인 마케팅개념과 사회지향적 마케팅개념에 이르게 된 것이다. 마케팅개념은 이전의 세 가지 개념과 완전히 상이한 것이라기보다 그것들을 포함하는 개념이라고 보아야 한다. 각각의 개념에 대해 살펴보면 다음과 같다.

생산개념(Production Concept)

마케팅 관리철학 중에서 가장 오래된 **생산개념**은 소비자들이 저렴한 제품을 선호한다는 가정에서 대량생산과 대량유통을 통해 낮은 제품원가를 실현해야 한다는 관리철학을 말한다. 생산개념은 소비자들이 제품구매에서 가격을 매우 중요하게 고려할 때 유용한데, 이러한 상황은 크게 두 가지로 나누어 볼 수 있다. 첫째, 수요가 공급을 초과하는 상황이다. 이러한 경우에 기업은 생산만하면 쉽게 판매되므로 기업의 관심은 대량생산과 생산량의 증대에 주어진다. 둘째, 공급이 수요를 초과하지만 경쟁제품들이 차별화가 안 되고 가격경쟁에 의존하는 경우이다. 이때 기업은 생산 및 유통효율성의 제고를 통해 비용우위(cost leadership)를 가지려고 한다.

현재와 같이 소비자의 욕구가 다양화, 고도화된 상황에서 생산개념은 성공을 보장받기 어려운 마케팅관리 철학이지만, 극심한 경제불황 때문에 많은 소비자가 기본기능에 충실한 저렴한 제품을 원하거나, 제품특성상 제품차별화보다는 비용우위전략이 효과적일 때는 여전히 전략적으로 효과적이다.

제품개념(Product Concept)

제품개념은 소비자가 제품의 품질, 성능, 독특한 제품특성(feature) 등을 원한다는 관점에서 출발하며, 지속적인 제품개선을 통해 보다 우수한 제품을 개발하는 데 관심을 기울이는 사고를 말한다. 연구개발부서에서 성공을 자신한 많은 제품들이 시장에서 실패하는 경우를 우리는 자주본다. 이는 흔히 제품의 개선이 소비자의 관점에서 이루어지지 않고 R&D의 관점에서 이루어지기 때문이다.

이러한 맥락에서 마케팅컨설턴트인 알 리스(Al Ries)와 잭 트라우트(Jack Trout)의 '마케팅은 제품이 아니라 인식의 싸움이다(Marketing is not a battle of products, it is a battle of perceptions).[4]'는 주장은 시사하는 바가 크다. 이는 연구개발의 관점에서는 놀라운 제품개선이나 개발도 소비자의 관점에서는 추가적인 효용을 주지 못하는 공허한 것일 수 있으며, 연구개발의 관점에서는 지극히 사소한 변화도 소비자에게는 커다란 혜택이 될 수도 있음을 말한다. 제품개념을 추구하는 기업이 빠지기 쉬운 또 다른 함정은 시장을 협의로 보게 되는 것이다. 앞서 설명한 미국 철도산업의 쇠퇴가 여기에 해당된다. 즉, 기차산업은 대체재이면서 경쟁관계에 있는 자동차나 비행기 같은 더 나은 운송수단을 고려하지 않고 단지 보다 나은 기차를 만들려는 노력에 집착했기 때문에 실패한 것이다.

판매개념(Selling Concept)

판매개념은 적극적인 판매/촉진노력이 이루어지지 않으면 소비자들은 충분한 양의 제품을 구매하지 않을 것이라는 사고를 말한다. 판매개념은 시장에서의 경쟁이 치열해지면서 시장상황이 판매자 시장(seller's market)에서 구매자 시장(buyer's market)으로 바뀌면서 생겨난 관리철학이다. 구매자 시장은 공급이 수요를 초과하는 시장을 말하는데, 이러한 시장상황에서 기업은 판매증대를 위해 광고와 판매촉진을 강화하고 영업력 확대를 모색한다. 이 개념은 **비탐색재**(unsought goods: 보험, 헌혈 등과 같이 평상시에 구매에 대해 별 생각을 하지 않는 제품들)를 취급하는 업체들에 의해 종종 채택된다. 이러

4) Al Ries and Jack Trout, The 22 Immutable Laws of Marketing, Harper Collins Publishers, New York, 1993.

한 산업들은 가망고객을 찾아내어 그들에게 제품편익에 대해 적극적으로 설득해야 하는 특징을 갖기 때문이다.

그러나 공격적인 판매방식은 상당한 위험을 수반한다. 판매개념은 장기적이고 수익성 있는 고객관계를 구축하기 보다는 단순히 거래를 성사시키는데 초점을 맞추기 때문이다. 이 개념을 수용하는 기업은 시장이 원하는 것을 만들기보다는 기업이 만든 것을 적극적인 영업활동을 통해 판매하는 것을 목표로 삼는다. 판매개념은 설득된 고객이 제품을 구매하면 그 제품을 좋아할 것으로 가정하거나 구입한 제품을 별로 좋아하지 않더라도 제품에 대한 실망감을 망각하여 그 제품을 다시 구매할 수도 있다고 가정한다. 이러한 생각은 대체로 기업에 부정적인 결과를 초래할 수 있는 가정이다. [그림 1-3]에 제시된 바와 같이 판매원의 노력이 고객만족에 있지 않고 판매증대에 맞추어져 있기 때문이다.

■ 마케팅개념(Marketing Concept)

마케팅개념은 표적시장의 욕구를 파악하고 경쟁사보다 그들의 욕구를 더 잘 충족시켜야만 조직의 목표가 실현된다는 믿음이다. 마케팅개념을 추구하는 기업들은 모든 마케팅행위의 중심에 고객을 위치시킨다. 마케팅개념을 추구하는 기업은 고객의 욕구를 파악하여 이를 경쟁사보다 더 잘 충족시키기 위해 노력하는데, 이러한 기업을 고객지향적(customer-oriented)이라 한다. 고객지향적이라 함은 고객의 욕구파악에서부터 충족에 이르는 모든 과정을 기업의 관점이 아닌 고객의 관점에서 접근하는 것이다.

[그림 1-3]은 판매개념과 마케팅개념을 비교하여 보여준다. 판매개념은 기업내부적 시각(inside-out perspective)을 취하는데, 이는 공장에서 생산된 기존 제품을 가지고 상당한 규모의 판매활동과 촉진을 통해 수익성 있는 매출을 실현할 수 있다는 믿음이다. 판매개념은 고객정보, 즉 누가 왜 구매하는지에 대한 별 관심없이 단기적 매출을 올리는 것에만 신경을 쓴다. 이에 반해 마케팅개념은 외부적 시각(outside-in perspective)을 취한다. 마케팅개념은 잘 정의된 시장으로부터 출발하여 고객욕구를 충족시키기 위해 모든 유형의 마케팅활동을 통합한다. 이러한 노력을 통해 실현된 고객가치와 고

그림 1-3 판매개념과 마케팅개념의 비교

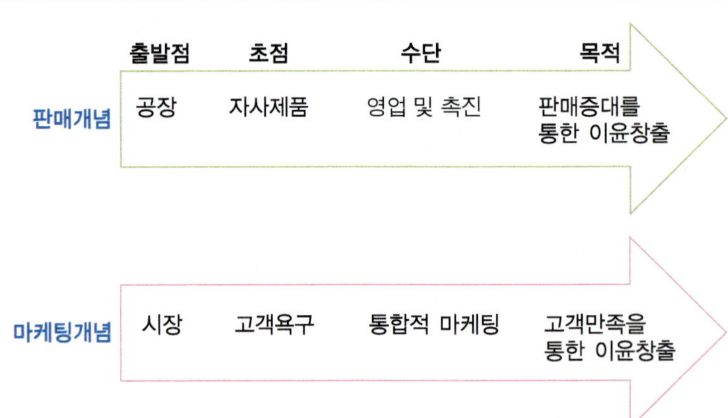

객만족을 토대로 올바른 고객들과의 지속적 관계를 창출함으로써 이익을 얻는다.

마케팅개념의 실행은 고객이 표현한 욕구에 단순히 대응하는 것 이상의 노력을 뜻한다. 고객지향적(customer-driven) 기업은 기존 고객의 욕구를 깊이 이해하기 위해 시장조사를 실시하고, 신제품/새로운 서비스 아이디어를 수집하고, 제품개선 시안을 테스트한다. 이와 같은 고객지향적 마케팅은 통상적으로 명확한 고객욕구가 존재하고 고객들이 자신의 욕구를 알고 있을 때 효과를 거둔다. 아마존의 최고경영자 제프 베조스는 회의를 할 때 고객이 앉아야 할 의자 하나를 반드시 준비한다고 한다. 이 빈 의자를 보면서 고객의 입장에서 생각해 본다는 취지다.

그러나 많은 경우 고객은 자신이 원하는 것을 모르며, 경우에 따라 무엇이 가능한지에 대해서조차 모를 수 있다. 예를 들어, 20년전만 하더라도, 지금은 일상의 한 부분이 된 스마트폰, 노트북, 아이팟(iPod), 디지털카메라, 24시간 온라인구매, 차에 장착된 네비게이션시스템 등을 이용하게 될 것으로 생각한 소비자들이 몇이나 되었겠는가? 따라서 고객지향적 기업들은 고객자신보다 고객욕구를 더 잘 이해하고 고객의 현존욕구와 잠재욕구를 충족시키는 제품과 서비스를 창출하려는 노력이 필요하다.

근래에 와서 많은 국내기업들이 고객지향적 관리철학을 슬로건(slogan)으로 표방하고 있지만, 이를 제대로 실행하는 기업은 상대적으로 적다. 마케팅개념은 [그림 1-3]에 제시된 바와 같이 고객을 단순히 단기성과 달성을 위한 거래대상이 아니라 장기적인 성과를 거두기 위한 관계의 대상으로 볼 때에만 실현가능하다.

■ 사회적 마케팅개념(Societal Marketing Concept)

사회적 마케팅개념은 소비자욕구, 기업의 목표, 사회의 복리간에 균형을 맞춘 현명한 마케팅의사결정을 내려야 한다는 믿음이다. 사회적 마케팅개념은 기업이 이윤을 추구함에 있어 고객욕구의 충족뿐 아니라 사회전체의 복리도 고려해야 한다는 것이다. 사회적 마케팅개념은 마케팅개념이 소비자의 단기적 욕구와 장기적 복리간의 상충관계를 간과할 가능성에 대해 문제를 제기한다. 소비자의 즉각적인 욕구를 충족시키는 기업이 장기적인 관점에서 그들에게 최선을 다하는 것인가? 사회적 마케팅개념을 수용하는 기업은 마케팅전략이 소비자와 사회의 복리를 모두 유지/향상시키는 방식으로 고객에게 가치를 전달해야 한다고 주장한다.

현대사회는 지역사회들의 불균형 발전, 자원고갈, 환경오염 등 많은 사회적 문제를 안고 있으며 사회구성원들은 기업이 이러한 사회적 문제를 개선/해결하는데 앞서 주기를 원한다. 생수산업에 대해 한번 생각해 보자. 여러분들은 생수판매기업을 편리하고, 맛있고, 건강에 좋은 제품을 제공하는 것으로 볼 수 있다. 그러나 엄청난 량의 플라스틱 병을 생산하고, 생수를 주입하고, 생수병을 선적하는 과정은 대량의 이산화탄소를 배출하고, 이는 지구온난화에 상당한 영향을 미친다. 나아가 플라스틱 병은 재활용과 폐기물 처리과정에서 상당한 문제를 야기한다. 이에 따라 단기적인 소비자욕구를 충족시키는 과정에서 생수산업은 사회의 장기적 이해에 역행하는 환경적 문제를 유발할 수 있다.

특히 최근 들어 소비자단체, 환경단체의 발언권이 강화되면서 이들은 기업의 사회적 책임을 더욱 강조하고 있다. 이러한 요구에 대응해 기업은 고객욕구의 충족과 사회전체의 복리를 고려한 장기적 이윤창출을 실현하는 경영 및 마케팅활동에 관심을 갖게 되었다. 친환경마케팅(eco-friendly

그림 1-4 사회적 마케팅 개념의 근간이 되는 세 가지 고려요인

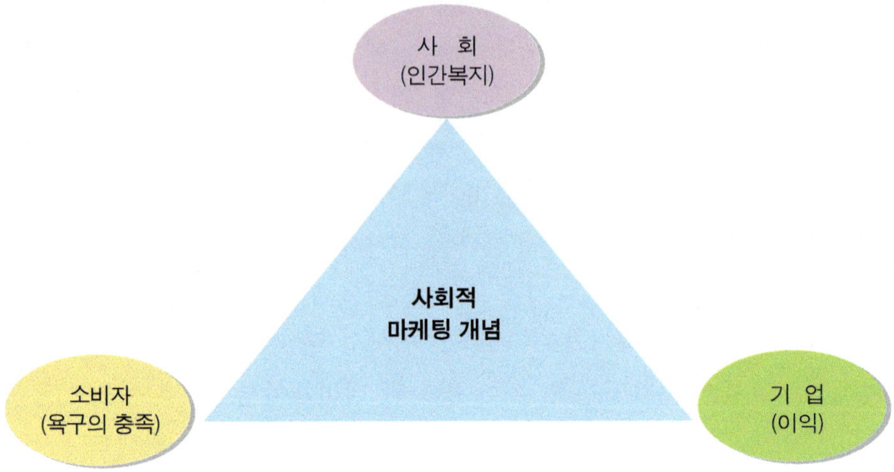

마케팅 Highlight

우수고객을 겨냥한 행사에서 벗어나 잠재적 고객을 창출하고 고급스러운 기업이미지를 형성하기 위해 수행되는 문화예술마케팅

최근 기업들은 뮤지컬, 클래식 등 다양한 공연문화행사 프로그램에 초점을 맞춘 문화예술마케팅에 관심을 보이고 있다. 경제성장과 함께 삶의 수준이 높아지면서 오페라·뮤지컬, 미술전시회 등 문화예술행사에 대한 소비자의 욕구와 관심이 크게 증가했는데, 다양한 문화예술 프로그램의 개발과 실행은 기존 고객과 사회구성원으로부터 긍정적 반응을 얻을 가능성을 높일 수 있다. 음악영재나 문화예술 단체후원은 문화예술마케팅의 한 유형인데, 금호아시아나그룹이 그 한 예이다. 금호아시아나그룹은 1977년 문화재단을 설립한 이후 음악영재와 신진 음악가를 발굴하고 그들이 세계적인 연주자로 성장할 수 있도록 고가의 명품 악기대여, 콘서트 개최 등을 지원하고 있다. 오페라하우스나 콘서트홀을 지어 기업이미지를 높이려는 노력도 문화예술마케팅의 또다른 접근방식이다. 서울 한남동 블루스퀘어의 '삼성카드홀'과 '삼성생명홀', 예술의전당의 'CJ토월극장'과 'IBK챔버홀'처럼 기업이 공연장을 짓거나 리모델링하는 비용을 지원하는 대신 건물이름에 기업명을 붙이는 것은 긍정적 기업이미지를 형성하는데 도움을 줄 수 있다. 미국 로스앤젤레스의 월트디즈니콘서트홀, 일본 도쿄의 산토리홀은 지역을 대표하는 오페라하우스나 콘서트홀 건립을 통해 기업이미지를 높이고 지역경제를 활성화하는데 공헌한 대표적 사례이다.

잠재고객을 창출하고 고급스러운 기업이미지를 형성하기 위해 사회적 마케팅개념을 실현하기 위한 노력의 일환으로 문화예술마케팅을 도입한 기업이 늘고 있다.

marketing), 그린마케팅, 지속가능경영(sustainability management), 기업의 사회적 책임(CSR: Corporate Social Responsibility)실현 등은 사회적 마케팅개념을 반영한 기업의 경영접근방법의 대표적 예이다. 가령, 문화예술마케팅은 기업의 사회적 책임을 실현하기 위한 기업의 노력의 한 예로서, 이를 통해 사회전체의 이익과 고급스러운 기업이미지 창출이라는 두 마리 토끼를 잡을 수 있다. 과거 뮤지컬 공연과 클래식 공연후원 등 문화예술마케팅은 주로 최우수(VIP) 고객 등 특정 고객집단을 겨냥해 수행되어 왔다. 그러나 최근 들어 기업들은 사회지향적 마케팅개념을 실현하기 위한 노력의 일환으로 일반고객과 지역사회 구성원들에게도 클래식공연, 미술전시회 등 다양한 문화예술행사를 경험할 기회를 제공하고 있다 다. 즉 경품추첨·사은품제공 등 단기적인 판촉이벤트에서 벗어나 문화예술경험의 제공을 통해 새로운 고객가치를 창출하려고 한다.

최근 들어 많은 업계 및 마케팅 선도자들은 사회적 마케팅개념을 더욱 확대시켜 **공유가치**(shared value)개념을 주창하고 있는데, 이 개념은 경제적 욕구가 아니라 사회적 욕구가 시장을 정의한다고 본다. 공유가치개념은 사회를 위한 가치를 창출하는 방식으로 경제적 가치를 창출하는 것에 역점을 둔다. CJ제일제당, 삼성전자, LG생활건강, 유한킴벌리, Johnson & Johnson, Nestle같은 견실하게 사업을 영위하는 많은 우량기업들이 사회와 기업성과 간의 공유점을 모색하기 위해 경제적 가치와 사회적 가치의 공유를 창출하기 위한 적극적 노력을 기울이기 시작했다. 그들은 단순히 단기적인 경제적 이득이 아니라 고객의 복지, 그들의 사업에 중요한 천연자원의 고갈방지, 주요 공급업체의 역량제고, 그들이 생산/판매하는 지역사회의 경제적 복리 등에 관심을 기울인다. Kotler 교수는 이러한 추세를 마케팅3.0이라고 불렀는데, 마케팅3.0 조직은 기능적 가치, 정서적 가치, 영성적 가치 등 복수의 가치를 추구해야 하며 이러한 가치는 이 세상이 더 나아지도록 신경을 쓰는 것이어야 한다고 주장한다. 미국 캘리포니아에 본사를 두고 있는 신발업체인 탐스슈즈는 경제적 가치와 사회적 가치를 함께 창출해 성공한 예로서, 블레이크 마이코스키가 2006년 6월 설립했다. 그는 다양한 디자인과 편한 착용감으로 고객에게 경제적 가치를 제공하는 동시에 1 대 1 기부공식(소비자가 한 켤레의 탐스슈즈를 구이바면 한 켤레의 신발을 제3세계 어린이들에게 기부함)이라는 사회적 가치를 실현함으로써 공중의 강

마케팅 Highlight

공유가치창출(CSV; Creating Shared Value) 개념을 기업경영에 도입해 사회적 마케팅개념을 실천하고 있는 CJ제일제당과 유한킴벌리

CJ제일제당은 농민과 중소기업, 지역사회와 함께 하는 경영활동을 벌이고 있다. 이 회사는 새로운 종자 보급과 재배기술 지도를 통해 안정적인 생산량을 확보하면서 재배비용을 절감하도록 돕고 있다. 농민에게는 안정적 수익을 보장하고 CJ제일제당은 더 좋은 품질의 국산 농산물을 확보할 수 있는 윈윈모델이다. 농가뿐 아니라 중소기업과의 공유가치창출활동도 활발하다. '즐거운 동행'은 전국 각지의 우수 전통식품과 유망식품 중소기업을 발굴하는 상생 프로그램이다. 지역 중소기업의 연구개발(R&D), 품질관리, 유통, 마케팅 등을 지원해서 해당 기업은 판로확대와 성장기반 확보라는 기회를 얻고, CJ제일제당은 제품포트폴리오 다양화와 매출증대기회를 갖는다. CJ제일제당은 최근 CSV 활동을 해외로 확장하고 있다. 한국국제협력단과 손잡고 베트남 닌투언 성에 농업소득 증대와 자생력 강화를 목표로 '새마을운동'을 전파하고 있다. 현지농가는 선진 농업기술을 익혀 안정적인 소득을 올릴 수 있고 CJ는 신뢰할 수 있는 해외농산물을 안정적으로 공급받을 수 있다.

한국의 민둥산이 숲으로 변화한 것은 정부뿐 아니라 민간단체와 기업의 노력도 있었는데, 대표적인 것이 1984년 시작해 지금까지 지속되고 있는 유한킴벌리의 '우리 강산 푸르게 푸르게' 캠페인이다. 펄프를 원료로 하는 화장지·기저귀 등이 주력제품인 유한킴벌리가 이 캠페인을 시작했을 때 일시적인 기업이미지 개선사업으로 그칠 것이라는 견해도 적지 않았고, 유한킴벌리 내에서도 나무심기나 숲 가꾸기에 회의적인 일부 경영진이나 주주를 설득하기가 쉽지 않았다. 당시만 해도 기업의 사회공헌이 보편화되지 않았기 때문이다. 유한킴벌리는 2013년 말까지 이 캠페인을 통해 4800만 그루의 나무를 심었다. 유한킴벌리는 이 캠페인을 전개하는 과정에서 국민이 나무심는 데 참여하도록 했다. 매년 봄 유한킴벌리는 신혼부부를 숲으로 초청해 나무를 심도록 했는데, 2014년까지 약 1만 9000명의 신혼부부가 나무를 심으며 새 인생을 출발했다. 그리고 88년부터 매년 여름 여고생을 대상으로 자연체험교육 그린캠프를 운영하고 있는데, 이 프로그램은 실제 숲에 들어가서 환경교육을 받고 문화·예술분야 전문가와 만날 기회를 제공한다. 캠프에 참여했던 많은 여고생들은 여대생이 되어 그린캠프 자원봉사자로 다시 참여한다. 이 캠페인은 84년부터 조성한 숲 보호기금을 재원으로 나무심기외에 솎아베기, 가지치기, 거름주기 등 숲 가꾸기 활동도 함께 수행한다. 나무 심기가 어느 정도 단계에 오른 98년 이후 우리 강산 푸르게 푸르게 캠페인은 산을 벗어나 도시를 대상으로 그 범위를 확대하고 있다. 흙먼지가 날리는 운동장과 콘크리트 건물로 둘러싸인 학교에 숲을 가꾸는 '학교 숲 만들기' 운동을 98년부터 생명의숲·산림청과 협력해 펼쳤는데, 2013년 말까지 전국 735개 학교에 87만 2000㎡의 초록공간이 생성되었다. 나악 2005년부터 시민단체인 서울그린트러스트와 함께 동네 자투리 공간을 활용한 '도시 숲 운동' 도 실시하고 있다.

숲 가꾸기는 해외로도 확장되었는데, 유한킴벌리는 황사현상의 원인인 중국과 몽골의 사막화를 막기위해 99년부터 해당지역의 숲 복원운동을 벌이고 있다. 2003년 몽골 토진나르스 지역에서 시작한 '100만 그루 나무심기'는 2014년들어 1000만 그루를 넘어섰다. 최근에는 '작은 숲 모여 큰 숲으로'라는 새로운 캠페인을 수행하고 있는데, 지금까지 해온 국내 나무심기와 숲가꾸기, 학교숲·마을숲 등을 연결해 숲과 사람이 공존하는 환경을 만들겠다는 것이 목적이다. 국내의 작은 숲들이 모여 이룬 큰숲이 북한의 황폐한 산까지 이어져서 한반도 생태계를 복원하려는 것이다.

• 자료원 : 동아일보, 2014.12.3; 중앙일보, 2014.4.3

한 호의적 반응을 이끌어 냈다.

3.3 고객관계의 구축: 고객관계관리와 파트너 관계관리

앞에서 마케팅이 추구하는 두 가지 목표는 고객가치창출과 이를 기반으로 한 장기적 고객관계구축이라고 설명했다. 마케터는 탁월한 고객가치를 제공하여 신규고객을 확보하고 그들에게 지속적으로 높은 고객만족을 제공하여 강력한 고객관계를 구축하고 강화해 나가야 한다.

그러나 마케터 혼자의 힘으로 탁월한 고객가치를 만들어낼 수 없다. 마케터가 이의 창출과정에 주도적 역할을 하지만, 마케터는 고객을 유치, 유지, 육성하는데 있어 한 파트너에 불과할 수 있다. 따라서 마케터들은 고객관계관리(customer relationship management)뿐 아니라 이해관계자 집단들과의 파트너 관계관리(partner relationship management)도 잘 실행해야 한다. 그들은 고객을 위해 효과적인 가치체인을 형성하기 위해 기업 내 다른 부서의 파트너들과 긴밀하게 공조해야 한다. 나아가 경쟁사보다 탁월한 가치전달 네트워크(value delivery network)를 형성하기 위해 마케팅시스템 내의 다른 기업들과도 효과적인 파트너관계를 구축해야 한다. 이하에서는 고객관계관리와 파트너 관계관리에 대해 자세히 살펴보기로 한다

(1) 고객관계관리

기업은 시장과 고객욕구의 이해, 고객지향적 마케팅전략의 개발, 통합적 마케팅프로그램의 개발을 통해 수익성 있는 고객관계를 구축한다. 이에 따라 고객관계관리(CRM; customer relationship management)는 현대마케팅에서 가장 중요한 개념이다. 과거 CRM은 고객자료를 효율적이고 효과적으로 관리하는 활동으로 좁게 정의되어 왔다. 그러나 최근 들어 고객관계관리는 보다 넓은 의미로 받아들여지고 있다. 이러한 관점에서 보면 **고객관계관리**는 탁월한 고객가치와 고객만족을 제공함으로써 수익성 있는 고객관계를 구축/유지하는 전반적 과정으로 정의되며, 고객의 획득, 유지, 육성 모두를 포함한다.

장기적인 고객관계를 구축하는데 핵심이 되는 것은 탁월한 고객가치와 높은 고객만족을 창출하는 것이다. 만족한 고객은 충성고객이 되어 자사제품을 반복적으로, 그리고 많이 구매할 가능성이 높아진다. 고객을 획득/유지함에 있어 핵심적인 마케팅과업은 고객에게 탁월한 제품가치를 제공하는 것이다. 고객은 여러 제품/서비스대안들 중 하나를 선택하게 되는데, 대체로 지각된 고객가치가 가장 높은 제품을 구매한다. **지각된 고객가치**(customer perceived value)는 한 기업의 시장제공물로부터 얻게 될 모든 편익과 이를 위해 지불해야 할 모든 비용 간의 차이를 경쟁사의 제공물과 비교평가한 것으로 정의된다. 고객들은 종종 제품의 가치와 비용을 정확하게 혹은 객관적으로 판단하지 못할 수 있다. 즉, 그들은 지각된 가치(perceived value)에 근거하여 행동한다. 어떤 소비자들에게 있어 가치는 지불가능한 가격대에서 실용성이 매우 높은(즉, 가성비가 높은) 제품을 의미한다. 그러나 다른 소비자들은 더 많은 비용을 지불하고서라도 더 많은 것(가령, 매우 높은 품질과 긍정적인 사회적 이미지)을 얻는

것을 가치가 있다고 생각할 수 있다. 가령, Channel 핸드백은 판매가격이 500만원 이상인데, 이는 경쟁제품에 비해 훨씬 비싸다. 샤넬 핸드백은 최고 품질의 소재, 멋있고 세련된 디자인을 갖춘 명품 브랜드이다. 샤넬은 광고를 통해 자사제품이 가격은 비싸지만 충분한 가치를 갖고 있다고 제안한다. 많은 소비자들은 이에 동의하지 않겠지만, 부유하고 이 브랜드에 대해 강한 애착을 보이는 소수의 샤넬제품 애용고객들은 그렇다고 대답할 것이다.

고객이 자사제품을 반복구매하고 지속적인 관계를 유지할 것인지의 여부는 결국 기업이 제공한 가치에 고객들이 어느정도 만족하느냐에 달려있다. **고객만족**(customer satisfaction)은 제품의 지각된 성과(성능)가 구매자의 기대와 일치하는 정도를 말한다. 구매한 제품의 성과가 기대에 미치지 못하면 불만족할 것이고, 지각된 성과가 기대와 일치하면 소비자는 만족해할 것이다. 만약 지각된 성과가 기대보다 높으면 고객은 매우 만족하거나 감동할 것이다.

탁월한 마케팅기업들은 주요고객들을 지속적으로 만족시키는데 전력을 다한다. 왜냐하면 더 높은 수준의 고객만족은 더 높은 고객충성도, 나아가 더 나은 마케팅성과를 발생시키기 때문이다. 현명한 기업들은 그들이 제공할 수 있는 것만을 약속하고, 나아가 약속한 것 보다 더 많은 것을 실제로 제공함으로써 고객들을 감동시킨다. 소비경험을 통해 기쁨을 경험한(감동한) 고객은 반복구매를 할 뿐 아니라 **고객전도사**(customer evangelists)가 되어 주위의 사람들에게 구전을 통해 긍정적인 사용경험을 전파한다.

고객을 감동시키기 위해 노력하는 우량기업들의 경우 높은 품질의 제품과 서비스를 토대로 탁월한 고객가치를 제공하는 것은 기업문화의 일부분으로 자리잡고 있다. 가령, 매년 Ritz-Carlton호텔은 숙박산업을 대상으로 하는 고객만족평가에서 최고의 순위를 차지하고 있다. 고객을 만족시키기 위한 이 호텔의 열정은 기업신조에 잘 나타나 있는데, 이 기업의 신조는 진정으로 기억에 남는 경험, 즉 오감을 즐겁게 하고, 고객의 복리를 추구하고, 숙박객이 표현하지 않은 바램과 욕구까지도 충족시켜주는 경험을 전달해 주겠다고 약속하는 것이다. 전세계에 있는 Ritz-Carlton호텔에 숙박하는 투숙객은 자신의 그 어떤 사소한 요구도 미리예상해서 이를 충족시키기 위해 전력을 다하는 것에 놀라게 된다. 요청하지 않아도, 그들은 고객이 땅콩알레르기를 갖고 있고, 킹사이즈 침대와 알레르기를 유발하지 않는 베개를 원한다는 것을 알고 있으며, 고객이 도착하기 전에 객실블라인드를 열어놓고, 객실에 무카페인 커피와 아침식사를 제공한다. 각 호텔은 이전에 Ritz-Carlton호텔에 머문적이 있는 투숙객의 파일을 검토하고, 각 투숙객을 감동시킬 추가적 서비스를 준비한다. 고객의 특별한 요구가 확인되면, Ritz-Carlton 종업원들은 이를 충족시키기 위해 최선의 노력을 기울인다. 예컨데, 음식알레르기가 있는 한 고객의 욕구를 충족시키기 위해 인도네시아 발리의 Ritz-Carlton호텔 주방장은 다른 지역의 작은 식료품점에서 그 고객에 맞는 계란과 우유를 찾아내 배달하도록 했다. 고객서비스와 관련된 이와 같은 전설적인 이야기에 힘입어, 호텔을 떠나는 고객 중 무려 95퍼센트가 호텔투숙 기간 동안 매우 기억에 남는 경험을 가졌다고 응답한다. 그리고 감동을 받은 고객중 90퍼센트 이상이 이 호텔을 다시 방문한다.

그러나 고객중심적 기업이 경쟁사에 비해 더 높은 고객만족을 제공하려고 노력하더라도, 반드시 고객만족감을 최대화하는데 전력을 기울이는 것은 아니다. 기업은 가격을 낮추거나 서비스를 증대시킴으로써 고객만족을 높일 수 있지만, 이러한 조치가 이익의 하락을 초래할 수 있다. 그러므로 마케터는 이익을 실현하는 수준에서 높은 고객가치를 창출하려고 노력한다. 마케터는 손해를 보지 않고 고객가치와 고객만족을 창출하는 정교한 마케팅노력을 지속적으로 기울여야 한다.

마케터는 고객들과 구축된 유대관계를 더욱 강화하기 위해 다양한 마케팅도구를 활용할 수 있다. 예를 들어, 많은 기업들이 자주 구매하거나 대량구매를 하는 고객들에게 보상을 제공하는 정책인 **상용고객우대 마케팅프로그램**(frequency marketing program)을 운영한다. 항공사는 누적점수 기반의 보상프로그램(frequency-flyer program)을 제공하며, 호텔은 상용고객들에게 업그레이드된 방을 제공하고, 슈퍼마켓은 단골고객들에게 할인을 제공한다. 예를 들어, 대한항공은 SKYPASS 회원들에게 누적점수를 제공하는데, 그들은 이 점수를 이용해 모든 대한항공 운항노선에 대해 무료탑승권이나 좌석업그레이드를 요청할 수 있다.

기업들은 고객충성 프로그램의 일환으로 **클럽마케팅 프로그램**(club marketing program)을 운영하는데, 이 프로그램은 클럽에 가입한 회원들에게 특별혜택을 제공하거나 이들로 하여금 회원커뮤니티를 만들도록 유도하는데 그 목적을 둔다. 예를 들어, Harley-Davidson은 Harley 모터사이클 소유자들의 모임인 HOG(Harley Owners Group)을 후원함으로써 그들이 다른 고객들과 Harley 브랜드에 대한 열정을 공유하고 자긍심을 느끼도록 만든다. HOG 회원들은 다양한 혜택을 제공받는데, Hog Tales와 Enthusiast라는 두 종류의 잡지, HOG 여행용 핸드북, Harley 고객에 맞추어 설계된 보험프로그램, 도난보상서비스, 여행센터, 휴가 중 Harleys 모터사이클을 빌릴 수 있는 Fly&Ride 프로그램 등을 포함한다. 전 세계에 퍼져있는 이 클럽은 1,500개 이상의 지역 HOG와 백만명 이상의 회원을 보유하고 있다. 현대자동차의 클럽마케팅 프로그램도 또다른 예이다. 외국차 공세로 국내시장 점유율 유지에 어려움을 겪고 있는 현대자동차는 기존 고객이 신차를 재구매할 때 가격을 최대 3%까지 할인해주는 클럽마케팅 프로그램을 도입했다. 현대차 멤버십 서비스인 블루멤버스는 가입회원의 재구매 빈도에 따라 포인트 적립비율을 차등화해서 적용하는데, 1회 구매시 차량가격의 0.7%, 2회 구매시 1.1%, 3회 구매시 1.5%, 4회 구매시 2.0% 5회 구매시 2.5% , 6회 이상 구매시 3.0%이다. 예를 들어 현대차를 다섯 번 구매한 경력이 있는 고객이 신형 제네시스(3.3프리미엄 5260만원 기준)를 구입할 경우 판매가격의 3%에 해당하는 157만 8000원이 적립된다.

그러나 최근 들어 기업들이 고객과의 관계를 형성하는 방식에서 상당한 변화가 일어나고 있다. 과거에는 모든 고객을 대상으로 대량마케팅을 실시했으나, 최근 들어 신중하게 선택된 고객을 대상으로 보다 직접적이고 지속적인 관계를 구축하고 있다. 기업들은 모든 고객과 관계를 형성하기보다는 수익성이 높은 소수의 고객을 대상으로 관계를 구축하려고 한다. 상당수 기업들이 고객수익성 분석을 통해 손실을 발생시키는 고객을 제거하거나 사전에 걸러내고 이익에 공헌하는 고객들만을 타겟으로 삼는다.

타겟고객들을 보다 신중하게 선별하는 것에서 한걸음 더 나아가 기업들은 선택된 고객들과 보다 더 깊고 의미있는 방식으로 관계를 형성하기 위해 상호작용적인 마케팅커뮤니케이션 방식을 채택하고

마케팅 Highlight

고객관계강화를 위한 상용고객우대 마케팅프로그램 : 이용실적에 따라 청구할인을 제공하는 현대카드 X 에디션2

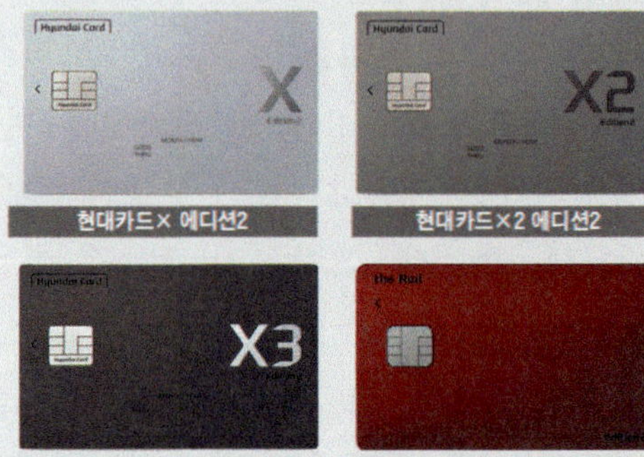

현대카드× 에디션2 / 현대카드×2 에디션2 / 현대카드×3 에디션2 / 레드 에디션2(할인형)

현대카드는 'X 에디션2' 4종 출시를 통해 실용성과 디자인에서 차별적 우위를 구축했다. X 에디션2는 캐시백 적립 혜택을 갖췄던 현대카드X(이하 X), X2를 업그레이드 한 카드인데, 캐시백은 사용금액 중 일정비율을 적립해 줘 이를 현금으로 전환하거나 결제수단으로 쓸 수 있게 한 서비스를 뜻한다. 현대카드는 X와 X2의 캐시백 혜택을 간편한 청구할인 혜택으로 변경했고, 여기에 플래티넘 카드 'X3 에디션2'와 프리미엄 카드 '레드 에디션2(할인형)'를 추가해 4종의 X 에디션2 시리즈를 내놓았다. 해당 시리즈는 할인금액에 제한이 없는 게 장점인데, 연간 할인한도와 횟수가 무제한이다. 카드를 이용하면 모든 가맹점에서 당월 이용실적에 따라 청구할인을 해주는데, 고객은 이용금액 50만원 이상 시 0.5%, 100만원 이상 시 1% 할인을 받을 수 있다. 시즌 스페셜할인도 차별적 서비스 중 하나인데, 이는 분기별로 고객이 자주 이용하는 가맹점을 선정해서 5% 할인(월 3만원 한도) 혜택을 제공하는 서비스이다. 'X3 에디션2'는 당월 이용금액이 200만원 이상이면 결제액의 10%를 청구할인해 준다.

한편 현대카드는 매 분기 고객들의 반응과 신용카드 사용패턴을 분석해 시즌 스페셜 할인가맹점을 선정한다. 1분기(1~3월)에는 대중교통, SK에너지, 이마트, 이케아에서 5~10% 할인혜택을 받을 수 있는데, 대중교통에는 전국 시내·외 버스와 지하철, 택시, 고속버스, 철도가 포함된다. 4~6월에는 전국 백화점과 SK에너지, 11번가, ZARA가 스페셜할인 가맹점에 포함된다.

X 에디션2 시리즈는 현대카드만의 특별한 고객서비스를 기본으로 제공한다. 슈퍼콘서트, 컬처프로젝트 등 현대카드가 진행하는 컬처이벤트에 대한 할인과 현대카드 라이브러리 무료입장 등이다. 현대카드는 각 카드별로 차별적 혜택도 제공한다. 가령, 플래티넘 카드(X2 에디션2·X3 에디션2)는 커피·영화·아울렛 할인뿐 아니라 주말 무료 주차서비스 등을 제공하며, 레드 에디션2는 쇼핑, 여행 바우처와 함께 전 세계 공항라운지 이용이 가능한 PP(Priority Pass)카드 등 프리미엄 서비스를 제공한다. 현대카드 관계자는 "X 에디션2 시리즈의 가장 큰 특징은 주요 혜택을 캐시백에서 할인으로 업그레이드 한 것"이라며 "앞으로 고객이 자주 이용하는 가맹점을 스페셜 할인처로 선정하는 등 실질적인 혜택을 강화해 나갈계획이다"라고 말했다.

• 자료원 : 조선일보, 2016.1.29

있다. 최근 새로운 디지털기술의 출현과 확산은 타겟고객들과 양방향적인 관계를 구축하는데 도움을 주고 있다. 새로운 디지털기술의 출현으로 이메일, 웹사이트, 블로그, 스마트폰, 동영상공유에서부터 Facebook, YouTube, Tweeter 같은 소셜 네트워크 서비스에 이르기까지 고객들 간 그리고 기업–

고객 간 관계형성도구가 매우 다양해졌다.

이러한 마케팅커뮤니케이션 환경변화는 기업과 제품브랜드가 고객들과 관계를 형성하는 방식에 상당한 영향을 미쳤다. 디지털에 기반한 새로운 커뮤니케이션 방식의 출현에 맞추어 마케터들은 자사브랜드를 소비자들의 대화와 삶에서 의미있는 부분으로 만들어 그들이 자발적으로 자사브랜드에 대한 의견을 제시하고 이를 공유하도록 하는 **고객관여 마케팅**(customer engagement marketing)을 도입하고 있다. 기업은 자사브랜드가 소비자들 사이에서 이루어지는 대화의 일부분이 되도록 만드는 것이 TV광고나 인쇄매체 광고같은 대중매체를 이용한 전통적인 광고를 통해 마케팅정보를 전달하는 것에 비해 훨씬 강력한 마케팅효과를 거둔다는 것을 인식하고 있다.

그러나 디지털기술의 확산은 기업들에게 도전적 과제를 낳기도 한다. 디지털기술의 확산에 따라 이제 소비자들이 기업에 비해 거래관계와 정보교환에서 더 많은 파워와 통제력을 갖게 되었다. 소비자들은 과거에 비해 더 많은 브랜드정보를 갖게되었고, 다른 소비자들에게 브랜드에 대한 자신의 의견을 알리고 이를 공유할 수 있는 다양한 디지털플랫폼을 이용할 수 있게 되었다. 이에 따라 그들은 소비자들이 브랜드를 경험하는 과정에서 자신의 목소리와 역할이 반영되기를 원할 뿐 아니라 기업이 바라는 브랜드경험의 공동창출자가 되기를 원한다. 따라서 기업은 자신이 주도하는 고객관계관리뿐 아니라 고객이 주도하는 기업–고객 간 관계형성(customer–managed relationships)도 받아들이고 있다. 즉 소비자들에게 일방적으로 마케팅정보를 전달하는 것이 아니라 시장제공물과 마케팅메시지를 창출하는 과정에서 그들을 관여시키고 그들의 관심을 이끌어 내려고 한다. 가령, 많은 기업들이 자체 홈페이지 혹은 온라인 소셜 네트워크를 통해 소비자와의 대화를 창출하고 있다. 전통적인 대중매체기반의 브랜드마케팅 캠페인을 보완하기 위해 기업들은 동영상 공유사이트에 최신 광고물과 웹용 동영상을 정규적으로 올리고 소셜 네트워크에도 참여한다. 기업은 Facebook, YouTube 같은 소셜 미디어에 자사페이지를 개설해 소비자들이 자사브랜드에 깊이 관여되고 브랜드에 대해 서로 이야기를 나눌 수 있게 유도한다. 예를 들어, 상당수 기업들이 Facebook을 활용하고 있는데, Starbucks는 6백만명 이상의 Facebook 팬을, 그리고 Coca–Cola는 5백만명 이상의 팬을 갖고 있다.

(2) 파트너 관계관리

기업은 고객가치의 창출과 강력한 고객관계의 구축이 혼자만의 노력으로 실현될 수 없음을 잘 안다. 이를 실현하기 위해 기업은 다양한 마케팅 파트너들과 긴밀한 협력관계를 구축해야 한다. 마케터들은 고객관계관리뿐 아니라 파트너 관계관리도 잘 해야 한다. **파트너 관계관리**(partner relationship management)란 더 나은 고객가치를 창출하기 위해 기업 내·외부의 이해관계자들과 긴밀하게 협력을 하는 것이다.

전통적으로 마케터들은 기업내 여러 부서들에게 고객들의 욕구를 대변하는 역할을 맡아왔다. 그러나 연결성의 시대에 살고있는 오늘날 기업내 모든 부서들이 고객가치를 창출하고 고객관계를 구축하기 위해 긴밀하게 협력해야 한다. 즉, 회사에서 맡고 있는 직무가 무엇이든 고객에 초점을 맞추어야 한다는 것이다. 기업은 각 부서가 자신의 고유업무를 독립적으로 수행하도록 내버려 둘것이 아니라 고객가치를 창출하기 위해 마케팅을 포함한 모든 부서를 상호연결시켜야 한다. 예를 들어, 영업 및 마케팅 담당자에게 고객관계를 전담시키기 보다는 여러 부서가 참여하는 복합적(cross-functional) 고객관계팀을 도입하는 것을 고려할 수 있다. 가령, P&G는 주요 거래소매업체와의 파트너십을 강화하기 위해 고객개발팀을 도입했다. 영업/ 마케팅 담당자, 생산팀, 시장 및 재무분석가 등으로 구성된 고객개발팀은 거래소매업체들이 더 높은 성과를 올릴 수 있도록 하기 위해 P&G내 여러 부서들이 수행하는 지원노력들을 조정/통제한다.

마케터는 내부구성원들뿐 아니라 원자재 공급업체, 유통채널, 그리고 기타 기업외부 협력업체들과도 파트너관계를 형성해야 한다. 이에 따라 오늘날의 기업들은 공급체인관리를 통해 공급체인을 구성하는 파트너들과의 협력관계를 강화하고 있다. 고객가치창출을 통해 높은 매출과 이익을 실현하는 것이 자신들의 노력으로만 이루어질 수 없음을 잘 알고 있기 때문이다. 고객가치를 고객들에게 잘 전달하기 위해서는 자사를 포함한 전체공급체인이 경쟁자의 공급체인에 비해 마케팅활동을 더 잘 수행해야 한다. 오늘날의 기업간 시장경쟁은 각 기업이 부품공급업체, 유통업체, 그리고 고객들과 함께 구축한 **가치전달 네트워크**(value delivery network) 간의 경쟁양상을 띤다. 따라서 Toyota와 비교된 현대자동차의 마케팅성과는 Toyota와 비교된 현대자동차 가치전달 네트워크의 경쟁력에 의해 결정된다. 현대자동차가 최고의 승용차를 만든다고 하더라도, 만약 Toyota의 딜러들이 현대차 딜러보다 더 높은 고객만족을 낳는 서비스를 제공한다면, 현대자동차는 시장에서 높은 마케팅성과를 거두지 못할 것이다.

마케팅 Highlight

도레이 등 소수협력사에 대한 파트너십 관리를 통해 협력사들과 동반성장하고 있는 유니클로

일본 도쿄에서 가장 노른자위 상권으로 꼽히는 긴자거리에는 루이비통과 샤넬 등 유명 명품브랜드들이 즐비하지만, 이 골목에서 단연 눈에 띄는 건 12층짜리 일본토종 SPA(생산유통일괄) 브랜드 유니클로의 초대형 매장이다. 이 점포는 모든 층이 중국인은 물론 한국, 미국, 인도 등 세계 각국에서 몰려온 관광객들로 북새통을 이루며, 한 사람이 100만원어치 이상을 사가는 장면도 더러 눈에 띈다. 유니클로 성공의 핵심요인은 2003년 출시한 발열내의 '히트텍'과 2012년 출시한 냉감의류 '에어리즘' 등 고기능성 특수소재 의류이다. 스페인 자라 등과 더불어 유니클로를 세계적인 'SPA의 황제'로 끌어올린 이들 히트작은 일본의 간판급 섬유화학업체인 도레이와 아사히카세이까지 재기하게 만들었다. 1990년대 말 엔고로 수출길이 막히고 중국업체의 공세까지 겹쳐 사양길에 접어들었던 일본 섬유소재 산업을 부활시키는데 유니클로가 큰 역할을 한 것이다. 일본 최대 섬유화학업체 도레이는 1999년 창사 이래 첫 적자를 내는 등 심각한 경영위기에 빠졌다. 그러다 2003년 유니클로와 함께 공전의 히트상품 '히트텍'을 개발하면서 활기를 되찾았다. 땀이 잘 마르는 여름용 이너웨어 '에어리즘'을 유니클로, 도레이와 공동개발한 아사히카세이도 유니클로 덕분에 사세를 회복했다.

매출규모나 기업 역사측면에서 도레이와 아사히카세이가 유니클로보다 앞서지만 두 업체 모두 의류용 일반섬유와 직물 비중이 각각 43%와 48%에 달한다. 이 때문에 1983년 창립 후 일본 최대 의류업체로 무섭게 성장한 유니클로와 협력관계를 맺어 신성장동력을 찾지 못했다면 쇠락기에서 쉽게 벗어나지 못했을 것이라고 도레이와 아사히카세이 측도 인정한다.

2002년 50대 초반이었던 야나이 다다시 유니클로 회장이 도쿄 니혼바시에 위치한 일본 최대 섬유화학회사인 도레이 본사를 방문했다. 일본에서 '경영의 신'으로 불리며 노조로부터 '제발 경영일선에 복귀해달라'는 요청까지 받았던 70대의 마에다 가쓰노스케 도레이 회장에게 그는 당찬 제안을 던졌다. "일본 의류산업이 극심한 정체에 빠져 있습니다. 제조업체와 제휴해 옷 소재를 안정적으로 확보하는 게 절대적으로 필요한 시기입니다. 반드시 유니클로를 세계적인 회사로 키울테니 최상의 소재를 공급해 주십시오."

마에다 회장은 당시 일본 기업문화에선 상상하기 어려웠던 '유니클로 전담실'을 즉각 만드는 것으로 이에 화답했다. 이후 야나이 회장은 초기작 실패로 도레이 창고에 수북이 쌓여 있었던 유니클로 '후리스' 옷 원단을 모두 구매하는 등 어려울 때일수록 협력사와 더욱 신뢰를 쌓았다. 한번 입고 버리는 옷이 아니라, 두고두고 활용가능한 첨단소재로 승부해보자는 패션회사와 섬유업체의 역사적인 의기투합은 이렇게 시작됐다.

두 회사는 즉각 이너웨어 '히트텍' 공동개발에 착수했다. 히트텍은 겨울용 내의로 이미 보편화된 아이템이었다. 관건은 기존에 없던 소재로 얇고 가벼우면서도 보온성이 높은 옷을 어떻게 만들어내느냐는 것이었다. 그러면서도 가격까지 확 낮춰야 했다. 니시카와 마사아키 유니클로 전략소재개발실 이사는 "종전 일본 의류·섬유업체들은 자신들이 개발한 소재만 사용하려고 했다"며 "하지만 유니클로는 '우리 소재'에 집착하지 않고 최고의 소재업체와 파트너십을 맺으면서 세상에 없던 제품을 창조해냈다"고 설명했다. 구니이 요시히로 유니클로 생산총괄 부회장은 "소수의 협력사와 아주 오랫동안 긴밀한 관계를 맺기 때문에 대량의 물량을 저렴한 단가에 공급받을 수 있게 됐다"며 "의류 원단 한 가지를 1만장 만드는 것과 100만장 만드는 것은 원가차이가 날 수밖에 없지 않으냐"고 설명했다.

유니클로와 도레이가 마치 한 회사처럼 움직이는 체제를 유지한 덕분에 히트텍은 나온 지 12년이 지났지만 매년 제품 업그레이드와 신소재 대체가 가능해졌다. 원래 레이온, 아크릴, 폴리우레탄, 폴리에스테르

일본 도쿄 신주쿠에 있는 유니클로와 빅 카메라의 컬래버레이션 매장인 '빅클로'에서 외국인 관광객들이 유니클로 옷을 고르고 있다.

등 네 가지 각기 다른 특성을 가진 화학섬유를 혼합한 게 히트텍의 뼈대였다. 하지만 이후 여성용엔 동백 오일을 추가해 건조함을 막아주고, 남성과 어린이용에는 흡·방습기능을 추가해 땀 건조가 더 잘되도록 했다. 도레이의 연구개발팀은 지금도 매주 월요일 아침 유니클로 직원들과 함께 매장을 방문해 소비자 반응을 조사한다. 도레이 관계자는 "소재개발회사는 B2B(기업 간 상거래) 위주다 보니 최종 소비자들을 소홀히 하는 경향이 있었는데 유니클로와 일하면서 마인드가 확 바뀌었다"고 말했다.

• 자료원 : 매경, 2015.7.22

01 참고문헌

- Philip Kotler, 안광호, Gary Armstrong, 마케팅 입문, Pearson, 2013.
- Thedore Levitt, Marketing Myopia, Harvard Business Review, July-August 1960, pp. 45~56.
- Regis Mckenna, Relationship Marketing, Addison-Wesley, 1991.
- Al Ries and Jack Trout, The 22 Immutable Law of Marketing, Harper Collins Publishers, New York, 1993.
- Don E. Shultz, Stanley I. Tannenbaum, Robert F. Lauterborn, The New Marketing Paradigm : Integrated Marketing Communications, NTC Publishing Group, 1996.

01 생각해볼 문제

1. 고객지향적 마케팅의 의미와 접근방식에 대해 토의해 보자.
2. 영리마케팅과 비영리 마케팅은 차이가 있는가?
3. 마케팅믹스의 구성요소에 대해 설명하고 마케팅믹스가 의미하는 바에 대해 토의해 보자.
4. 마케팅 근시안이란 무엇인가? 이에 대한 마케팅사례를 제시하고 전략적 시사점에 대해 생각해 보자.
5. 마케팅 관리철학의 유형을 제시하고 마케팅 관리철학의 변천과정에 대하여 토의해 보자.

제2부

시장과 소비자에 대한 이해

제2장 마케팅환경분석

제3장 소비자행동분석

제4장 마케팅조사와 마케팅정보시스템

제2부

제2장

마케팅환경분석

01 마케팅환경분석의 전략적 중요성
02 미시적 환경
03 거시적 환경

학습목표

1. 기업의 마케팅역량에 영향을 미치는 주요 환경적 요인들을 살펴본다.
2. 회사내 다른 부서, 공급자, 중간상, 고객, 경쟁자, 다양한 공중 같은 미시환경적 요인이 마케팅의사결정에 미치는 영향에 대해 설명한다.
3. 거시환경적 요인인 인구통계적, 경제적 환경이 마케팅의사결정에 미치는 영향을 설명한다.
4. 거시환경적 요인인 자연적, 기술적 환경의 주요추세를 파악하고 이의 마케팅시사점을 살펴본다.
5. 거시환경적 요인인 정치적, 문화적 환경이 마케팅의사결정에 미치는 영향에 대해 살펴본다.
6. 기업이 마케팅환경변화에 어떻게 대응해야 하는 지를 설명한다.

주요개념에 대한 사전학습

1장에서 여러분은 마케팅의 기본개념과 표적고객과의 수익성 있는 관계를 구축하기 위한 마케팅과정에 대해 배웠다. 이제 우리는 이 장에서 마케팅과정의 첫 번째 단계인 시장과 소비자욕구를 이해하는 작업에 대해 살펴볼 것이다. 이 장을 학습하고 나면 기업의 마케팅활동이 복잡하고 변화하는 환경 속에서 이루어지고 있다는 것을 알게 될 것이다. 공급업체, 중간상, 고객, 경쟁자, 공공기관 등과 같은 이해관계자 집단은 회사와 함께 활동하거나 회사의 이익에 반하는 활동을 하기도 한다. 인구통계적 요인, 경제적 요인, 자연환경적 요인, 기술적 요인, 정치적 요인, 문화적 요인 등으로 구성되는 주요 환경요인들은 기업에게 마케팅기회를 제공하기도 하고 위협이 되기도 한다. 효과적인 마케팅전략을 수립하기 위해 여러분은 무엇보다 먼저 마케팅활동이 이루어지고 있는 환경을 잘 이해해야 한다.

2장 도입사례는 디지털세상으로 대변되는 마케팅환경변화에 대응해 유명 패션브랜드 버버리가 어떻게 브랜드마케팅전략과 프로그램을 성공적으로 변화시켰는지를 살펴본다. 디지털기술의 확산은 소비자들의 패션제품에 대한 구매 및 소비행동을 혁신적으로 변화시킬 것이며, 이는 버버리를 포함한 패션기업들에게 시장기회와 위협을 동시에 제공할 것이다.

도입사례

마케팅환경 변화에 맞추어 기존의 마케팅의사결정 관행을 파괴하는 혁신을 추구하고 있는 패션업체 버버리

버버리는 한때 나이든 브랜드로 인식됐다. 고객들의 이러한 브랜드인식은 체크무늬와 트렌치코트만을 고집하고 변화를 추구하지 않는다는 생각이 널리 퍼져 있던 때였다. 그러나 요즘 패션업계에서 버버리는 가장 혁신적인 브랜드로 통한다. 가치체인을 혁신하고 유통과 물류과정을 단축하면서 패션업계의 전통적 사업관행을 파괴했다. 패션쇼의 기준을 다시 제시하고 생산공장을 통합하기로 하는 등 변신에 속도를 내고 있다. 패션업계는 버버리의 혁신적 브랜드마케팅 전략에서 무엇을 배울 수 있을까.

버버리는 2010년대 초부터 온라인 환경에서는 속도가 중요하다고 강조하면서 이에 맞추어 브랜드 마케팅프로그램을 개발/실행하고 있다. 가령, 버버리가 실시한 2017년 2월 컬렉션에서도 이러한 변신이 나타난다. 다른 패션브랜드들이 2월 패션위크 기간에 가을·겨울 컬렉션을 선보이는 것과 달리 '2월 컬렉션'이라고 이름붙여 컬렉션 기간을 단축했다. 버버리 관계자는 이를 두고 "온라인 중심 사고방식"이라고 설명했다. 패션흐름이 빨리 변한다는 점을 반영했다는 것이다. 이 쇼는 런웨이에서 선보인 패션제품을 쇼가 끝난 직후 버버리매장 및 디지털스토어에서 곧바로 구입할 수 있는 '스트레잇 투 커스터머(straight two customer)' 컬렉션이었다.

2016년 버버리는 패션제품의 전 개발공정을 효율화해 제조속도를 높였다. 패션쇼에서 곧바로 판매까지 이어지도록 하기 위해서였다. 그렇게 해서 탄생한 것이 2016년 9월 '시나우 바이나우(see now buy now)' 컬렉션이다. 런웨이 패션쇼에 오른 신제품이 오프라인 매장에 도착하는 데 걸리는 기간을 3개월에서 3일로 획기적으로 줄였다. 2017년에는 한 단계 더 나아가, 쇼가 끝나자마자 곧바로 온·오프라인 매장에서 구입할 수 있도록 했다. 가령, 2월 컬렉션에 소개된 하늘색 개버딘 트렌치코트는 패션쇼가 끝난 후 곧바로 런던 버버리 플래그십 스토어에 전시되었다. 그리고 2월초부터 온라인과 오프라인을 통해 2월 컬렉션을 부분적으로 선공개해 소비자에게 신제품의 브랜드콘셉트를 알렸다. 이렇게 하면 신제품에 대한 기대감을 높이는 효과도 있다고 회사측은 설명했다.

버버리는 디지털중심의 기술적 환경변화에 맞추어 온라인–오프라인을 결합한 브랜드마케팅을 추구하고 있다.

버버리는 제조공정 및 브랜드마케팅 프로그램 통합전략을 통해 제조효율을 높이고 브랜드가치를 강화하고 있다. 2017년 영국 버버리 본사는 버버리 공장 두 곳을 하나로 합쳐 제조공정 간 효율을 높이기로 했다. 원래 공장 한 곳에서는 직물만 담당하고 다른 한 곳에서는 의류를 생산해왔다. 그리고 2016년 9월부터는 여성 쇼와 남성 쇼를 통합해 보여주고 있다. 남성과 여성이 모두 입을 수 있는 케이프(망토)를 출시했고, 트렌치코트도 사이즈만 다를 뿐 남녀 모두 입을 수 있도록 했다.

버버리는 제품개발을 할 때 의류, 가방, 화장품, 향수 등 모든 제품군에 걸쳐 브랜드아이덴티티의 일관성을 유지하도록 기획한다. 버버리 대표원단인 개버딘 직물의 질감과 색상을 트렌치코트에 표현하고 아이섀도에도 나타내는 식이다. 영국 버버리 관계자는 "향수, 화장품, 의류, 잡화 등의 브랜드콘셉트가 모두 다르다면 브랜드가 고객에게 제시하는 가치가 무엇인지 소비자는 이해하기 어렵다. 마치 여러 명의 연설자가 각각 자기가 하고 싶은 말만 주장하는 것과 마찬가지"라고 설명했다.

2016년 버버리는 선택과 집중을 추구하면서 시계부문을 정리했다. 대부분 패션브랜드가 시계라인을 확장한 것과 다른 전략적 마케팅의사결정이었다. 명품업체는 자신의 브랜드파워를 과시하기 위해 품목을 최대한 늘리고 싶어 한다. 하지만 버버리는 지나친 상품라인 확장을 피하고 핵심제품에 주력했다. 명품브랜드가 여기저기 흔하게 붙어있는 걸 소비자가 반기지 않는다고 판단해서다.

버버리는 앞으로 가방품목을 강화하려고 한다. 가방을 '넥스트 트렌치코트'라고 소개할 정도다. 2017년 새로 내놓은 손잡이 달린 가방인 '톱 핸들 백'은 트렌치코트 질감을 살린 가죽을 활용해 제작함으로써 버버리의 브랜드 정체성을 쉽게 알아볼 수 있게 디자인했다. 기존 인기품목인 트렌치코트는 기능성 소재를 활용하고 디자인에 변화를 주는 식으로 꾸준히 인기를 이어나갈 계획이다.

• 자료원 : 한경, 2017.3.20

기업의 마케팅환경은 표적고객과의 관계를 성공적으로 구축하고 유지하는 마케터의 능력에 영향을 미치는 여러 요인들로 구성된다. 도입사례에서 소개한 버버리를 포함한 모든 기업들은 변화하는 마케팅환경을 지속적으로 추적하고 이에 적응하려고 노력한다. 기업 내 그 어떤 구성원보다도 마케터는 마케팅환경에서의 추세를 면밀히 추적하고 시장기회를 추구할 수 있어야 한다. 이를 위해 마케터는 두 가지 특별한 자질을 갖추어야 한다. 마케팅환경에 관한 정보를 수집하기 위한 마케팅조사 및 마케팅 인텔리전스에 정통해야 하고, 고객과 경쟁자를 파악하는데 보다 많은 시간을 투자해야 하는 것이 바로 그 것이다. 마케터는 마케팅환경을 신중하게 탐색하고 분석함으로써 새로운 시장기회와 위협을 포착하고 이에 잘 대처해야 한다.

01 마케팅환경분석의 전략적 중요성

마케팅환경(marketing environment)은 기업의 마케팅목표 달성과 마케팅전략수립에 영향을 미치는 기업 내·외부요인들의 집합을 말한다. 마케팅환경 변화로부터 시장 및 고객요구 변화에 대한 통찰력을 이끌어내지 못하거나 변화에 적절히 대응하지 못하면 기업은 마케팅성과 나아가 존립에 결정적인 부정적 영향을 받을 수 있다. 예를 들어, IMF사태나 2008년 발생한 세계적 금융위기와 같은 경제적 요인의 변화는 소비자의 구매력을 감소시켜 기업의 매출목표 달성에 타격을 입히고 마케팅전략을 변경하는데 영향을 미친 요인이 되었다. 아모레 퍼시픽, LG생활건강 같은 시장선도 화장품회사들은 저가화장품의 확산에 대응하기 위해 마케팅전략을 수정하였으며, 이의 일환으로 LG생활건강은 대표적인 저가화장품 브랜드 더페이스샵을 인수하였다.

여성의 사회진출확대, Facebook, YouTube, Tweeter 등 소셜 네트워크 서비스를 기반으로 한 소셜 네트워크 문화출현과 같은 라이프스타일의 변화는 기업에게 새로운 시장기회를 제공하기도 한다. 그리고 IT기술의 발전은 자율주행자동차, 네비게이션 같은 새로운 제품 및 서비스개발과 시장형성의 직접적인 영향요인으로 작용한다.

기업이 마케팅환경의 변화를 분석하고 이에 대응하는 마케팅전략을 수립해야 하는 이유는 환경적 변화가 기업에게 시장위협과 시장기회 요인으로 작용하여 마케팅성과에 큰 영향을 미치기 때문이다. 예를 들어, 내수시장에서 보호를 받아온 국내자동차 생산업체들은 시장개방으로 인하여 외국의 유명자동차회사들과 본격적인 경쟁시대에 진입하게 되었다. 상품권 발행에 대한 법률적 규제가 풀려 백화점, 정유사 등에서 상품권을 자유롭게 발행하게 됨으로써 독점적으로 상품권을 발행해왔던 제화업계는 매출에 큰 타격을 받았고, 제화업계 선도브랜드였던 에스콰이어와 엘칸토가 도산하는 결과를 초래했다. 한편 마케팅환경변화는 기업에게 시장기회를 제공하기도 한다. 소득수준의 향상과 구매력 증대는 양문형 냉장고, 에어컨, 디지털TV 등과 같은 새로운 제품시장을 창출할 기회를 제공했다. 자통법

그림 2-1 **마케팅전략에 영향을 미치는 주요 환경요인들**

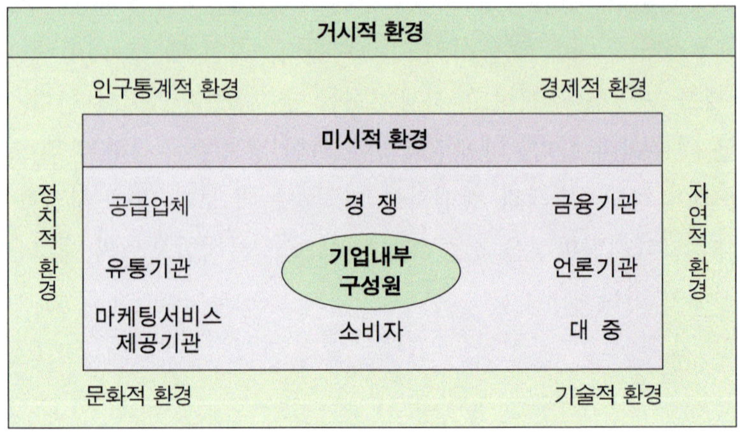

(자본시장통합법)의 시행으로 금융기관의 사업영역에 대한 규제가 풀리면서 증권사와 은행은 다양한 금융상품을 출시할 수 있게 되었다. 따라서 기업은 중장기적인 마케팅목표를 달성하기 위해 지속적으로 환경변화에 관심을 기울이고 이에 능동적으로 대처해야 한다.

마케팅활동에 영향을 미치는 환경요인들은 [그림 2–1]에 제시된 대로 미시적 환경과 거시적 환경으로 분류될 수 있다. **미시적 환경**(micro environment)이란 기업이 속한 산업의 주요 구성요소들을 말하는데, 마케팅성과에 직접적인 영향을 미치는 기업내 구성원, 원재료 공급업체, 유통업체를 포함한 마케팅 중간상, 소비자, 경쟁자 등을 포함한다. **거시적 환경**(macro environment)은 인구통계적·경제적·자연적·기술적·정치적·문화적 요인 등과 같이 미시적 환경에 영향을 미치는 보다 큰 사회적 요인들로 구성된다.

마케터는 다양한 환경요인 중 고객가치창출과 마케팅성과에 영향을 미칠 수 있는 주요요인들을 찾아내고, 이들의 변화에 대한 지속적인 추적과 대응방안을 모색해야 할 것이다. 이하에서는 각 환경요인들이 마케팅활동에 미치는 영향, 그리고 대응방안에 대해 자세히 살펴보기로 한다.

02 미시적 환경

2.1 미시적 환경요인

마케터의 주요과업은 고객가치와 고객만족을 창출함으로써 고객과의 관계를 구축하는 것이다. 그러나 마케터는 혼자서 이 일을 수행할 수 없으며, 미시적 환경의 주요 구성요소들과의 협력을 필요로

그림 2-2 **미시적 환경의 주요 구성요소**

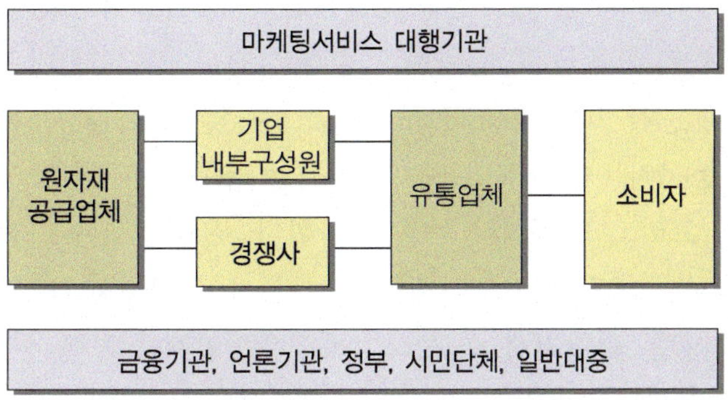

한다. 미시적 환경은 기업 가까이에 위치해 있으면서 고객가치를 창출하고 고객과의 관계를 형성하는 기업의 능력에 긍정적 혹은 부정적으로 영향을 미치는 모든 참여자들(이해관계자 집단)을 포함한다. [그림 2-2]는 기업을 둘러싼 미시적 환경의 주요 구성요소들을 보여준다. 마케팅이 성공을 거두기 위해서 마케터는 가치전달 네트워크의 구성원인 기업내 다른 부서, 공급업체, 유통업체를 포함한 마케팅 중간상, 경쟁자, 다양한 공중, 그리고 고객과의 관계를 잘 구축해야 한다.

- **기업내 구성원들**(기업내부환경) : 마케팅계획을 수립함에 있어 마케팅관리자는 내부환경을 형성하는 회사내 다른 구성원들(예: 최고경영자, 재무, R&D, 구매, 생산, 회계 등)을 고려해야 한다. 마케터는 고객욕구를 이해하고 고객가치를 창출하는데 주도적인 역할을 수행하기 위해 기업내부의 다른 부서들의 협조를 필요로 한다. 제품개발을 위해 R&D부서의 도움을 받아야 하며, 제품납기를 맞추기 위해 생산부서의 협조가 필요하다. 새로운 영업사원은 인사부서를 통해 채용되며, 마케팅과 관련한 예산은 재무팀을 통해서 집행된다. 또 회계팀은 마케팅부서의 이익과 매출에 대한 자료를 제공한다. 최고경영층의 의사결정은 마케팅전략과 활동의 방향을 결정한다.
- **공급업체** : 공급업체(suppliers)는 회사의 고객가치창출과 전달에서 중요한 역할을 한다. 그들은 기업이 제품과 서비스를 생산하는데 필요한 원자재와 부품을 제공한다. 공급업체들에서 문제가 발생되면, 기업의 마케팅에 심각한 영향을 줄 수 있다. 따라서 마케팅관리자는 공급업체의 납품가능성과 공급비용을 주시해야 한다. 공급업체의 원자재공급부족, 공급의 지연, 파업, 자연재해, 그리고 기타 사건 등은 단기적으로 매출에 부정적 영향을 미치고, 장기적으로 고객만족과 고객관계유지에 타격을 줄 수 있다. 그리고 마케팅관리자는 주요부품과 원자재의 가격추세를 추적해야 한다. 공급단가의 인상은 제품가격 인상을 초래할 수 있고, 이는 회사의 매출에 타격을 줄 수 있다.

  마케터는 공급업체들을 고객가치를 창출/전달하는데 있어 동반자 혹은 파트너로 생각하고 그들과 긴밀하게 협력해야 한다. 예를 들어, Maybelline, Kiehl's, Lancome 등을 보유하고 있는 글로벌 화장품 회사인 L'Oreal은 폴리머, 유지같은 재료에서부터 스프레이 캔, 포장용기, 생산설비, 사무실 소모품 등을 공급하는 광범위한 공급업체 네트워크와 긴밀한 관계를 구축하는 것이 글로벌 화장품시장에서 핵심 성공요인임을 알고 있다. 이에 따라 L'Oreal은 공급업체들을 진정한 파트너로 대한다. L'Oreal은 디자인 혁신, 품질, 지속가능경영 등에서 설정한 엄격한 표준을 공급업체들이 맞추는데 도움을 주기 위해 그들과 긴밀하게 협력한다.

- **마케팅 중간상** : 마케팅 중간상(marketing intermediaries)은 회사가 자사제품을 최종고객에게 촉진하고, 판매하고, 유통시키는데 도움을 준다. 이들은 유통업체, 물적 유통회사, 광고회사 같은 마케팅서비스 대행사, 그리고 금융회사 등을 포함한다. 유통업체는 기업이 고객을 찾거나 그들에게 판매가 이루어지도록 도와주는 조직체로서, 상품을 구매해서 재판매하는 도매상과 소매상 등을 포함한다. 제조업체는 과거처럼 소규모의 독립유통업체들 중에서 선택하고 이들과 파트너십을 형성하는 일은 더 이상 쉽지 않게 되었다. 제조업체들은 이제 이마트, 홈플러스, 롯데마트, Costco, 하이마트 등과 같이 갈수록 매출규모가 커져가는 대규모 유통조직과 거래하고 있다. 이러한 유통조직은 거래조건을 주도하거나 중소규모의 제조업체를 좌지우지할 정도로 강한 경로파워를 갖고 있다. 물적유통회사는 기업이 원산지에서 목적지에 이르기까지 제품을 저장하고 이동시키는 것을 도와준다. 창고업자, 수송회사와 함께 일하면서, 기업은 물류비용, 배달속도, 안전 등을 고려해 제품을 저장/선적하는데 있어 최적의 방안을 결정해야 한다. 마케팅서비스 조직은 기업이 적절한 고객집단을 표적시장으로 정하고 그들에게 자사제품을 촉진할 수 있도록 도와주는 마케팅조사회사, 광고대행사, 매체사, 그리고 마케팅 컨설팅회사 등을 말한다. 금융회사는 은행, 신용보증회사, 보험회사, 기타 관련기업들을 포함하는데, 이들은 기업 간 거래에서 자금조달을 돕고, 제품의 구매/판매에 따른 위험을 보증해 주는 기능을 수행한다. 공급업체와 마찬가지로 마케팅 중간상들도 회사의 가치전달시스템의 중요한 구성요소이므로, 기업은 전체 가치전달시스템의 성과를 최적화하기 위하여 마케팅 중간상들과 긴밀히 협력하는 동반자관계를 구축/유지해야 한다. 가령, Coca-Cola는 McDonald's, Wendy's, Subway 같은 패스트푸드 체인을 위한 독점적인 음료공급업체로 선정될 경우 이들에게 음료 이외에 청량음료판매와 이익을 개선하는데 도움을 주는 마케팅프로그램, 경영솔루션, 그리고 머천다이징과 관련된 조언 등을 제공한다.
- **경쟁자** : 기업은 시장에서 성공을 거두기 위해 경쟁자보다 더 나은 고객가치와 고객만족을 제공해야 한다. 따라서 마케터는 표적고객의 마음속에 자사 제공물을 경쟁사의 것보다 더 강하게 포지셔닝함으로써 전략적 경쟁우위를 확보해야 한다. 모든 기업에게 최선인 단 하나의 경쟁적 마케팅전략은 존재하지 않는다. 각 기업은 마케팅전략수립시 경쟁사와 비교한 자사의 기업규모와 산업내 위치를 고려해야 한다. 산업내에서 지배적인 위치를 차지하고 있는 대기업은 중소기업이 채택하기 어려운 마케팅전략을 사용할 수 있다. 소규모 기업은 대기업보다 더 높은 투자수익률을 낼 수 있는 마케팅전략을 개발할 필요가 있다.
- **공중** : 기업의 마케팅환경은 다양한 공중을 포함한다. 공중(publics)은 조직의 목표달성 능력에 영향을 미치거나 실제적/잠재적으로 이에 관심을 갖고 있는 집단이다. 공중에는 금융기관(은행, 투자회사 및 주주 등), 미디어(신문사, 잡지사, TV 방송국, 블로그, 기타 인터넷 미디어 등), 정부, 시민

단체, 지역커뮤니티, 일반공중(general publics) 등이 있다.

기업은 고객시장뿐 아니라 위에서 언급한 주요 공중들을 위한 마케팅프로그램도 계획해야 한다. 기업은 특정 공중들로부터 호의(good will), 긍정적 구전, 시간 혹은 돈의 기부 등과 같은 구체적인 반응을 이끌어 낼 수 있을 만큼 매력적인 홍보프로그램을 개발해야 한다.

- **고객** : 고객은 기업의 미시환경에서 가장 중요한 구성요소이다. 전체 가치전달 네트워크의 목적은 타겟고객들을 잘 섬기고 그들과 강력한 관계를 창출하는 것이다. 기업은 다음의 다섯 가지 유형의 고객시장들 중 하나 혹은 그 이상을 타겟으로 삼을 수 있다. 소비자시장(consumer markets)은 개인적 소비를 위해 제품이나 서비스를 구매하는 개인이나 가구로 구성된다. 비즈니스 시장(business markets)은 추가적인 가공을 위해 또는 생산과정에 사용하기 위해 제품이나 서비스를 구매하는 반면, 재판매시장(reseller markets)은 재판매해서 이익을 얻기 위해 제품이나 서비스를 구매한다. 정부시장(government markets)은 공공서비스를 생산하거나 혹은 제품이나 서비스를 필요로 하는 기관이나 사람들에게 전달하기 위해 제품과 서비스를 구매하는 정부기관들로 구성된다. 마지막으로 국제시장(international markets)은 여러 나라의 구매자들로 구성되는데, 이들은 다른 나라의 소비자, 생산자, 재판매업자, 그리고 정부들을 포함한다. 각 시장유형은 고유한 특징들을 갖고 있기 때문에 이에 대한 세심한 분석과 차별적 접근이 요구된다.

2.2 미시적 환경분석: 산업구조분석

미시적 환경, 즉 제품시장의 구성요소가 우리기업에게 매력적인지를 분석하는데 유용한 분석도구 중 하나가 산업구조분석이다. 마케터는 우리 기업이 속한 산업(혹은 제품시장)이 얼마나 매력적인지를 파악할 필요가 있는데, 산업 혹은 제품시장은 자사 및 경쟁자, 공급업체, 구매자(고객) 등으로 구성된다. 산업구조분석이란 경쟁자, 공급업체, 구매자 등 산업의 주요 구성원들의 상대적 영향력을 분석하여 이를 토대로 산업의 전반적인 매력도를 평가하는 것이다. 하버드대학 경영대학원의 마이클 포터(Michael Porter) 교수가 제시한 산업구조 분석모형에 의하면 산업의 매력도는 [그림 2-3]과 같이 5개

그림 2-3 **산업매력도에 영향을 미치는 5요인**

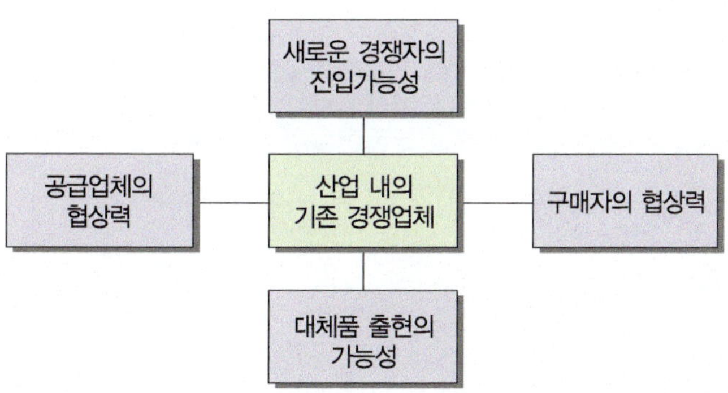

의 요인에 의해 영향을 받는다.

산업의 매력도에 영향을 미치는 첫 번째 요인은 기존 경쟁업체 간의 경쟁정도이다. 기존 경쟁자 간의 경쟁정도가 높을 수록 산업매력도는 낮아진다. 대체로 시장의 크기가 작을 수록, 경쟁자의 수가 많을 수록, 초기 자본투자가 많이 이루어질수록, 투자된 자본에 대한 매각이나 처분이 힘들어 퇴출이 어려울수록, 그리고 제품간에 차이가 없을수록, 기존 기업 간 경쟁이 치열해져 산업의 매력도가 낮아진다. 산업의 매력도에 영향을 미치는 두 번째 요인은 기존 경쟁자외에 잠재적 경쟁업체의 출현가능성이다. 투자규모가 클수록, 유통업체 및 원자재 공급업체를 확보하기 어려울수록, 전환장벽이 존재할수록 잠재적 경쟁업체의 진출가능성은 낮아지며, 기존 업체들의 입장에서 산업매력도가 높아진다. 예를 들어, '한글'프로그램에 익숙한 사용자들은 보다 나은 새로운 워드프로세서가 출시되더라도 기존의 모든 작업파일을 수정해야 하는 번거로움 때문에 경쟁신제품 구매를 주저할 수 있는데, 이는 전환장벽의 예이다. 산업의 매력도에 영향을 미치는 세 번째 요인은 대체품 출현의 가능성으로, 이는 기존에 판매되는 제품외에 새로운 기능의 대체제품이 출현하여 현 시장을 잠식할 가능성을 의미한다. 예를 들어, 필름을 이용하는 기존 카메라시장은 디지털카메라의 개발로 인해, 그리고 디지털카메라는 스마트폰의 출현으로 시장수요가 잠식당했다. 신기술의 도입이나 소비자 라이프스타일의 변화에 따른 대체품의 출현으로 현재 산업이 위협받을 가능성이 있다면 그 산업의 매력도는 감소하게 된다.

산업의 매력도에 영향을 미치는 네 번째 요인은 공급업체의 협상력인데, 이는 원자재나 부품을 공급하는 업체들이 거래기업의 수익성에 얼마나 큰 영향력을 발휘할 수 있는지를 의미한다. 소수의 공급업체들이 부품이나 원자재의 공급을 지배하는 경우 제조업체들은 부품가격의 인상에 대처할 수 있는 대안이 없기 때문에 산업의 전반적인 수익성에 부정적인 영향을 미치게 된다. 예를 들어, 미국의 퀄컴사가 국내 휴대전화 제조업체들에게 핵심부품을 독점적으로 공급하고 있는데, 이 회사의 부품가격결정이 휴대전화 제조업체의 수익성에 영향을 미친다. 산업의 매력도에 영향을 미치는 다섯 번째 요인은 구매자의 협상력이다. 구매자의 수가 적고 각 구매자의 구매량이 많다면, 이들은 기업에게 가격인하를 요구하므로 산업매력도가 낮아진다. 이러한 경우는 기업고객의 수가 제한된 산업재에서 자주 발생한다. 삼성전자 반도체사업의 경우 HP, Apple 같은 대규모 구매자들에 대해서는 전담팀을 구성하여 그들의 가격인하 요구에 적극적으로 대응한다.

03 거시적 환경

3.1 거시적 환경요인

거시적 환경은 미시적 환경의 구성원들에게 영향을 미치는 보다 광범위한 요인들로 구성된다. 기업

그림 2-4 주요 거시적 환경요인

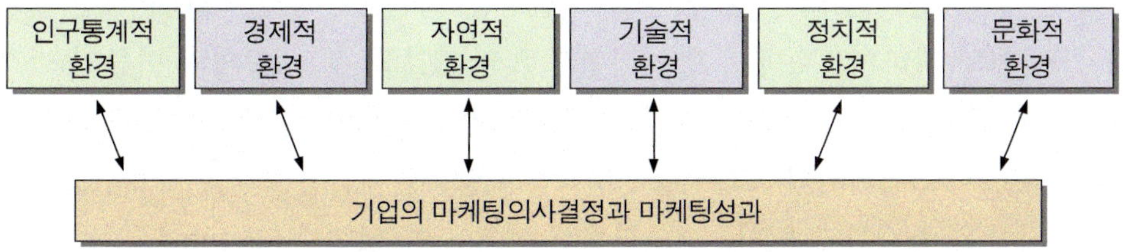

과 모든 이해관계자들은 기회와 위협을 제공하는 거시적 환경요인들 속에서 활동한다. [그림 2-4]는 거시적 환경의 주요 구성요인을 보여준다. 이하에서 각 환경요인을 분석하고, 이들이 마케팅전략에 미치는 영향을 살펴본다.

(1) 인구통계적 환경

인구통계적 환경은 마케팅활동의 대상이 되는 소비자들을 포함하기 때문에 소비자의 인구통계적 특성 변화는 마케터의 주요 관심사가 된다. 세계인구는 기하급수적으로 증가하고 있다. 현재 세계인구는 74억명을 넘어섰고, 2030년까지 80억명 이상이 될 것으로 추산되고 있다. 전세계의 크고 매우 다양한 인구집단은 기회이자 동시에 도전이 된다.

인구통계적 환경의 변화는 기업에 많은 마케팅 시사점을 제공한다. 인구통계적 요인의 변화는 시장의 변화를 의미하므로 마케터에게 매우 중요하다. 따라서 마케터는 국내외 시장을 구성하는 소비자들의 인구통계적 추세와 변화에 주의를 기울여야 한다. 기업은 연령구조, 가족구조, 지리적 인구이동, 교육관련 특징, 인구의 다양성 등의 변화를 지속적으로 추적해야 한다.

■ 연령구조의 변화

2016년 기준으로 한국의 인구는 약 5,150만명이며, 연평균 0.4% 정도의 낮은 성장을 보이고 있다. 반면 추정가 구수는 2012년 약 1,795만에서 2016년 2,120만 가구로 빠르게 증가하며, 가구당 인구

그림 2-5 한국의 연령별 인구구조의 변화

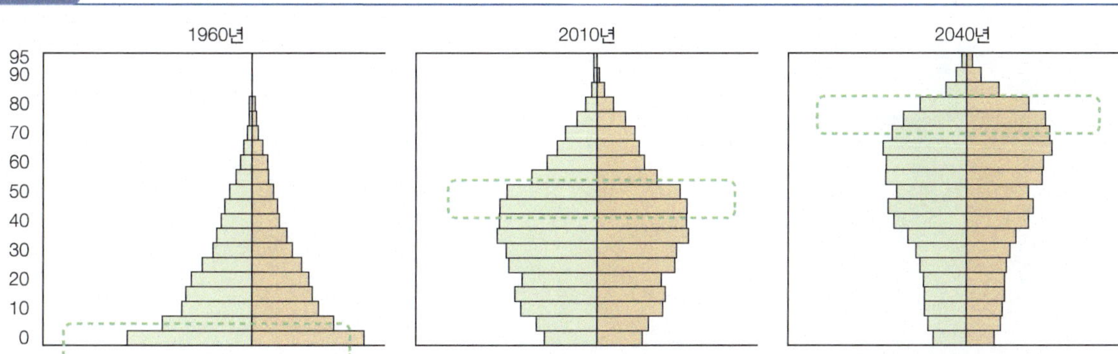

자료 : 통계청, 「장래인구추계(2006)」, 국가통계포탈(KOSIS), 2010년 통계청 인구총조사

는 2.45명으로 핵가족화가 가속화되고 있다. 성별구성에 있어서는 전체적으로 남자와 여자의 비중이 거의 같지만, 노인층에서는 여성의 비중이 높고 저연령층에서는 남성의 비율이 약간 높다. 연령층의 구조는 1960~70년대의 피라미드형에서 항아리형으로 바뀌었고, 30~40대의 비중이 가장 높고 20대와 50대가 다음으로 큰 비중을 차지하고 있다. 기업은 이러한 연령구조 변화에 대응한 마케팅전략을 수립해야 한다. 가령, 아모레퍼시픽, LG생활건강 등 화장품업체들은 시니어 고객을 타겟으로 한 각종 한방기능성 화장품을 출시하고 있다. 고급화장품 브랜드인 설화수, Estee Lauder, Sisley의 경우 전체매출의 30~40%를 50대 이상 시니어 고객이 차지하고 있다.

■ 가구의 변화추세

전통적인 가정은 남편, 부인과 아이들, 경우에 따라 할아버지 및 할머니로 구성되었다. 그러나 지금은 이러한 모습을 잃어가고 있다.

오늘날 들어 이혼하거나 별거하고 있고, 결혼하지 않으려 하고, 늦게 결혼하거나 결혼 후에도 자녀를 갖지 않으려 하는 사람들이 갈수록 늘어나고 있다. 비전형적인 가정이 전형적인 가정보다 더 빨리 늘어나고 있기 때문에 마케터는 그들의 고유한 욕구와 구매습관을 고려해야 한다.

가구의 주요변화 중 하나는 주부의 사회적 진출이 크게 증가한 것이다. 최근 들어 직장여성의 숫자가 매우 빠르게 증가하고 있다. 2016년 기준으로 전체여성 취업자는 1,110만명에 달하며, 이 중 30세 이상의 비중이 80% 정도를 차지한다. 직장여성 숫자의 증가는 기업에게 새로운 시장기회를 제공한다. 직장용 여성의류, 금융서비스, 편의 식품 및 서비스, 자녀보육 서비스에 대한 수요의 증가가 그것이다. 직장여성의 증가는 가정의 소비생활에 많은 변화를 초래한다. 예를 들면, 관리에 어려움이 따르는 단독주택보다 아파트를 선호하며, 편리함에 대한 욕구증대로 배달서비스, 포장이사, 즉석식품에 대한 수요가 증가한다. 일본 산요전기의 절반생활시리즈 제품들은 주부들이 가사에 투입되는 시간을 줄이는 데 초점을 맞추고 있다. 압력밥솥은 취사시간을 45분에서 15분으로, 열풍토스터는 빵굽는 시간을 3분에서 1분 35초로, 세탁기는 빨래에 드는 시간을 90분에서 50분으로 단축시켰다.

가구구조 변화의 또다른 주요추세는 1인 가구 혹은 싱글(single)족의 빠른 증가이다. 통계청에 따르면 1990년만 해도 국내 1인 가구비중은 9.0%에 불과했다. 그러다 1995년 처음으로 두 자리수를 넘어서더니 2013년 25.3%에서 2016년 34.8%(전체 2,120만 가구 중에서 739만 가구)까지 치솟았다. 3가구당 1가구가 혼자사는 가구인 셈이다. 이들 싱글족은 대학교육을 받고, 대부분 직업을 갖고 있으며, 경제적 여유를 바탕으로 독특한 라이프스타일과 소비성향을

1인 가구를 겨냥해 출시된 LG전자의 상냉장 · 하냉동 방식의 유럽형 냉장고

마케팅 Highlight

솔로마케팅 시대–많은 기업들이 1인 가구를 겨냥한 마케팅을 도입하고 있다.

쌍림동 면요리 전문점 제일제면소에서 1인 고객들이 샤부샤부를 즐기고 있다.

토요일 저녁 서울 여의도 제일제면소에는 4인용 테이블에 삼삼오오 모여있는 가족 · 친구 · 연인 손님 말고 유독 눈에 띄는 고객 한 명이 있다. 여의도에 있는 자산운용사에서 근무하는 한철용 씨(가명 · 37)가 그 주인공이다. 주말저녁을 때우기 위해 혼자 제일제면소를 찾은 한씨는 4인용이 아닌 바(Bar) 테이블에 앉아 회전식 샤부샤부를 주문했다. 한씨가 앉은 자리엔 개인용 인덕션(전기레인지)이 설치돼 있었고 1인용 냄비가 제공됐다. 한씨는 회전식 레일위를 흘러다니는 쇠고기와 각종 해산물, 채소, 어묵, 유부주머니를 차례로 냄비에 담은 후 인덕션으로 끓이기 시작한다. 제일제면소를 운영하는 CJ푸드빌 관계자는 "한씨와 같은 1인 손님이 최근 들어 급증하기 시작했다"고 밝혔다.

1인 가구가 급증함에 따라 혼자 식당을 찾는 손님도 크게 증가하고 있다. 혼자 끼니를 때울 땐 주로 후미진 골목 분식점을 찾던 풍경은 오간 데 없다. 당당히 혼자 레스토랑을 찾아 제대로 된 만찬을 즐기려는 1인 다이닝시대가 나타나고 있다. 외식업계도 이런 추세에 맞춰 발 빠르게 대응하고 있다. 2014년 들어 주요 음식점에 1인 손님이 눈에 띄게 증가했고 이에 발맞춰 혼자 온 손님을 위한 메뉴와 자리배치에 신경을 쓰는 음식점이 늘어났다. CJ푸드빌 관계자는 "제일제면소 회전식 샤부샤부는 고객 한 분마다 샤부샤부 냄비를 놓을 수 있는 개인 인덕션이 별도로 설치돼 있어 입소문을 타면서 1인 고객비중이 매월 꾸준히 늘어나는 추세"라고 밝혔다. TGI프라이데이는 싱글족을 위한 간편메뉴를 선보였다. 보통 패밀리레스토랑은 다양한 요리를 여럿이 나눠먹는 문화가 주류였다. 하지만 요즘 들어 혼자 레스토랑을 찾는 고객들이 늘어나면서 이에 대응해 1인 간편메뉴를 내놓은 것이다. TGI프라이데이의 1인 심플메뉴는 메인요리(스테이크류)와 샐러드, 사이드 메뉴(포테이토 등)를 1인분 분량으로 한 접시에 담아 제공하며, 가격도 1만 3000~1만 5000원으로 부담이 작다.

이처럼 혼자만의 소비생활과 행동에 거부감이 없는 솔로족이 많아지면서 여러 제품과 서비스 시장에서 변화의 바람이 불고 있다. 삼삼오오 손잡고 나가던 해외여행에서 솔로족은 더 이상 낯선 장면이 아니다. TV홈쇼핑 여행상품 판매시간에는 '1인 예약' 전화신청이 몰린다. 가전업계에도 소형화 바람이 불고 있는데, 롯데하이마트에서는 핸디형 청소기, 세탁용량이 3~3.5㎏으로 일반 가정용의 절반인 소형세탁기, TV와 컴퓨터 모니터기능을 동시에 갖춘 TV 겸용 모니터, 소형전기밥솥 등이 인기다. 2010년 23.9%였던 1인 가구 비율은 2035년 34.3%까지 상승할 것으로 예상됨에 따라 소비시장에서 큰 변화가 일어 날 것이다.

• 자료원 : 매일경제, 2016.10.22; 한국경제, 2014.7.19

보인다. 그리고 젊은 싱글족은 온라인쇼핑을 즐긴다. 저렴하고 품질 좋은 제품을 손쉽게 구매할 수 있기 때문이다. 이에 따라 많은 기업들이 1인 가구를 겨냥한 솔로마케팅을 도입하고 있다. 예를 들어, 전자업계는 이른바 '혼밥·혼술족'으로 불리는 1인 가구를 타겟으로 한 전자제품을 출시하고 있다. LG전자는 1인 가구를 겨냥해 상냉장·하냉동방식 유럽형 냉장고를 출시했다. 이 냉장고는 320ℓ 용량에 에너지 소비효율 1등급을 갖추고, 문 전면에 고급스러운 메탈디자인을 적용하고, 식재료에 따라 최적의 온도와 습도로 맞춤보관 기능을 제공하는 등 이들의 욕구를 충족시킬 수 있는 제품특성을 갖추었다. 대유위니아는 2016년 신혼부부와 1인 가구를 위한 소형김치냉장고 '딤채 쁘띠'를 출시했다. 작은 크기이지만 냉동·냉장·주류보관 기능을 상황에 맞게 변경할 수 있고 김치냉장고 하단에 신선보관 야채실이 별도로 있어 야채와 과일을 신선하게 분리보관할 수 있다.

(2) 경제적 환경(economic environment)

시장이 형성되기 위해서는 제품을 구매할 사람뿐 아니라 구매력을 필요로 한다. 경제적 환경은 소비자의 구매력과 소비패턴에 영향을 미치는 경제적 요인들로 구성된다. 마케터는 국내외 시장의 주요 추세와 소비자의 소비패턴에 주의를 기울여야 한다.

각 국가는 서로 다른 소득수준과 소득분포를 갖고 있다. 어떤 국가는 자신들이 만든 농산물 및 산업산출물의 대부분을 스스로 소비하는 자립경제 국가여서 마케팅기회가 별로 없는 반면 산업이 발달한 선진경제국가는 다양한 제품들에 걸쳐 풍부한 시장을 갖고 있다. 다음에서는 주요 경제적 요인의 추세에 대해 살펴보기로 한다.

■ 소비자 지출패턴의 변화

1990년대 호황기 동안 소비자들은 부채를 두려워하지 않고 무분별하게 과다소비를 했다. 그러나 90년대 후반 IMF사태와 2008년 글로벌 금융위기로 인한 경제불황의 여파로 경제적으로 압박을 받는 소비자시대를 맞이하고 있다. 일부 세분시장은 소득이 증가하기도 하지만 재무적 부담도 증가되고 있다. 소비자들은 소비과잉시기에 주택마련과 승용차구입을 위해 빌린 부채를 갚아야 하고, 가계지출은 꾸준히 증가하며, 자녀의 학자금과 은퇴 후를 대비한 자금을 저축해야 한다.

이처럼 재정적으로 넉넉하지 않은 재정상황에 맞추어 소비자들은 더 신중히 소비하고 있다. 이러한 소비추세에 대응해 많은 기업들이 **가치마케팅**(value marketing)을 추구하고 있다. 비싸고 품질이 우수한 제품보다는 품질이 조금 떨어지더라도 값이 저렴한 제품을 제공함으로써 마케터는 재정적으로 매우 보수적이 된 소비자들에게 더 좋은 가치를 제공할 방안을 추구하고 있다. 즉, 적절한 품질과 적당한 가격 간에 균형을 맞춘 제품이나 서비스를 개발하고 있는 것이다. 가령, 초저가(超低價)매장 다이소는 제품 3만여종을 500원부터 5000원까지 6가지 균일가로 판매한다. 1000원짜리로는 1회용 비닐백·면봉·수세미·밀폐용기가, 2000원짜리로는 머그컵·고무장갑·발매트가 가장 많이 판매되는데, 평균 판매가격은 1200원이다. 패스트패션(저렴하고 소비주기가 짧은 옷) 브랜드 유니클로에서는 9900원짜리 내복, 2만 9900원짜리 청바지 등 초저가 제품판매가 급증하고 있다.

경제불황에 인기를 끌고 있는 초저가 매장 다이소: 서울 강남구 삼성동에 있는 코엑스 다이소 매장에서 손님들이 물건을 고르고 있다.

■ 소득의 변화

마케터는 평균 소득수준 뿐만 아니라 소득분포에도 관심을 기울여야 한다. 소득수준에 따라 소비자들은 크게 상류층, 중산층, 하류층으로 분류될 수 있다. 중산층에 대한 정의는 국가에 따라 다르다. 한국(한국개발연구원)은 부채없는 아파트 30평이상 소유, 월급여 500만원 이상, 자동차는 2000cc급 중형차 소유 등을 중산층의 기준으로 꼽았다. 주로 보유자산의 많고 적음에 따라 중산층이냐 아니냐를 가르는 것이다. 경제협력개발기구(OECD · 1995)는 가구소득을 기준으로 '중위소득(전체가구를 소득순으로 나열했을 때 중간소득)'의 50% 미만을 빈곤층으로, 50~150%를 중산층으로, 150% 이상을 상류층으로 구분한다. 사회중위 소득자의 소득수준이 월 100만원일 경우, 월 50만~150만원을 버는 가구를 중산층으로 분류하는 것이다. 그러나 지속되는 경제불황은 우리국민에게 중산층이란 의식을 크게 저하시켰다. 매경이코노미가 2012년 12월 실시한 한 · 중 · 일 3개국 국민대상 설문조사에서 본인이 중산층에 속한다고 생각한다는 한국인이 16%에 그치는 것으로 나타났다. 통계청이 전체가구 가처분소득을 기준으로 조사한 결과 2011년 말 우리나라 중산층의 비중은 64.0%에 달하지만, 중산층 중 4분의 3이 자신을 경제적 낙오자로 생각하고 있어 이들의 상대적 박탈감이 매우 큰 것을 보여준다.

소득분포의 상단에 위치한 상류층은 경기에 영향을 받지 않으며, 이들은 사치품의 주요시장이 된다. 그리고 중산층은 소비에 대하여 신중하지만 어느 정도의 삶의 질을 추구할 수 있다. 노동자 층(working class)은 음식, 의류, 거주 등의 기본생계를 유지하면서, 절약하기 위해 많은 노력을 기울인다. 마지막으로 하급계층은 사회복지에 의존하거나 은퇴한 층으로 이들은 가장 기본적인 구매에 대해서조차 고민해야 한다. 지난 수십년간 부자들은 더 부자가 되어왔고, 중산층은 줄어들고 있으며, 가난한 사람들은 가난한 상태로 머물러 있다.

기업은 소득분포에 따라 몇개의 세분시장으로 분류하고, 특정 세분시장을 타겟으로 마케팅을 한다. 롯데 에비뉴엘, 신세계 명품관 등은 부유층을 겨냥하며, 이랜드 NC백화점과 애경백화점 같은 소매점은 중산층을 겨냥한다. 또다른 회사들은 부유층에서부터 중산층에 이르기까지 여러 세분시장에 맞추어 다양한 구색을 제공한다. 예를 들어, 매우 비싼 가격을 감당할 수 있는 부유층 고객들에게 제품을 판매하는 최고급 패션디자이너 브랜드들은 일반대중들이 구매할 수 있도록 부담없는 가격에 상품을 판매하기도 한다. 스텔라 맥카트니 같은 최고급 패션디자이너는 H&M에 덜 비싼 가격대의 패션라인들을 개발/제공했다.

소득, 생활비, 이자율, 저축 및 대출패턴 등과 같은 주요 경제적 변수의 변화는 시장에 커다란 영향을 미친다. 회사는 경기예측을 통해 이러한 변수를 관찰해야 한다. 기업은 경제적인 부침에 지나치게 좌지우지될 필요는 없으며, 경제적 변수의 변화가 주는 경고신호에 주의를 기울이면서 경제적 환경의 변화를 자사에 유리하게 활용할 수 있다.

(3) 자연환경(Natural Environment)

자연환경은 마케터가 투입요소로 활용하거나 또는 마케팅활동에 의해 영향을 받는 천연자원들로 구성된다. 자연환경에 대한 관심은 과거 수십년간 지속적으로 증가해 왔다. 세계의 많은 도시에서 공기와 물의 오염은 위험수준에 도달해 있다. 지구온난화 가능성에 대한 전 세계적 우려가 높아지고 있고, 환경보호론자들은 지구가 쓰레기 더미에 덮일 것이라고 경고한다.

마케터는 자연환경의 주요추세를 잘 파악하고 이에 대처해야 한다. 첫번째 추세는 천연자원의 지속적 고갈이다. 공기와 물은 무한한 자원인 것처럼 보이지만, 일부단체들은 장기적으로 문제가 발생할 것으로 본다. 대기오염은 이미 전세계 대도시들을 질식시키고 있고, 물의 부족은 세계의 일부지역에서 큰 문제가 되고 있다. 2030년이 되면 전세계 인구의 3명 중 1명 이상이 물을 충분히 마실수 없는 상황에 직면할 것이다. 산림이나 음식과 같은 재생가능한 자원들도 현명하게 사용되어야 한다. 기름, 석탄 및 기타 광물자원과 같이 재생이 불가능한 자원들은 기업과 사회에 심각한 문제를 야기한다. 비록 이러한 자원들이 이용가능하다고 할지라도 이를 이용해 제품을 만드는 회사들은 현격한 비용증가를 피할 수 없다.

두 번째 환경추세는 증가하는 오염이다. 모든 국가에서 진행되는 산업화는 자연환경의 질을 훼손시킨다. 화학 및 핵폐기물의 처리, 위험수준에 달한 대양의 수은 함유량, 토양속 및 음식물 공급에서 나오는 화학오염물질의 양, 분해 불가능한 병, 플라스틱, 기타 패키지 물질에서 나오는 환경쓰레기 문제를 한번 생각해 보라.

세 번째는 자연환경관리에 있어 정부의 개입이 증가하는 것이다. 각국 정부들은 깨끗한 환경을 만들기 위한 관심과 노력에서 차이를 보인다. 독일정부와 같은 일부나라들은 매우 적극적으로 환경의 질을 추구한다. 반면 가난한 나라들은 필요한 자금과 정치적 의지가 부족하기 때문에 오염에 대해 어떤 조치를 취할 수 없다. 부유한 나라들조차도 세계적인 환경보호 노력에 필요한 방대한 자금창출과 정치적인 공감대가 부족하다. 이러한 한계점을 개선하는 한 방안은 전세계 기업들이 더 많은 사회적 책임을 수용하고, 환경오염을 통제하거나 줄이기 위한 보다 저렴한 방안들을 찾는 것이다. 기업들은 앞으로 정부나 압력단체들로부터 오는 더 강한 압력을 예상해야 할 것이다. 따라서 기업들은 세계가 직면하고 있는 자원과 에너지 문제들에 대한 해결책을 개발하는데 앞장서야 할 것이다. 이제 현명한 기업들은 지구를 영구히 보존할 수 있는 세계경제를 만들기 위한 노력의 일환으로 환경적으로 지속가능한 전략을 개발하고 있다.

자연환경에 대한 사회적 관심의 증가에 대응해 지속가능경영을 추구하는 기업들은 단순히 정부규제를 따르는 것 그 이상의 노력을 기울이고 있다. 그들은 **환경의 지속가능성**(environmental sustainability)을 지원하는 마케팅전략이나 실행 프로그램을 개발함으로써 건강한 지구를 만들기 위해 노력한다. 한 예로 최근 글로벌 자동차회사들은 자연친화적 시설을 갖춘 자동차공장을 도입하려고 노력한다. 일본 아이치(愛知)현 도요타(豊田)시에 자리한 Toyota자동차의 쓰쓰미 공장에선 하루 약 5000t의 폐수를 깨끗이 정화해서 바깥으로 내보낸다. 정화과정을 거친 폐수는 주변논과 밭에서 농업용수로 사용되기도 한다. 또한 쓰쓰미 공장은 태양광을 비롯한 신재생에너지를 이용해 원유 약 50만 리터(유조차 25대 분량)에 해당하는 에너지를 절감한다. 쓰쓰미 공장지붕과 곳곳에 설치된 태양광전지판에서는 약 1300가구가 하루동안 쓸 수 있는 2000킬로와트의 전기가 생산되는데, 이 전기는 차량 조립라인을 가동하는 것은 물론 공장 주변지역에 설치된 가로등을 밝히는 데 사용된다.

그리고 많은 기업들이 보다 환경친화적인 제품을 만들어 소비자와 환경단체의 요구에 대응하고 있다. 예를 들어, GE는 더 좋은 세상을 위한 제품들(예: 더 깨끗한 항공기엔진, 깨끗한 기관차, 깨끗한 연료기술 등)을 개발하기 위해 "에코메지네이션(ecomagination)"을 추구하고 있다. 예를 들어 240만 미국 가정을 위한 동력을 생산할 수 있는 풍력터빈, 이전에 만들어진 자동차에 비해 연료소비를 5%, 배출물을 40% 감소시킬 수 있는 Evolution시리즈 디젤엔진, 오늘날 사용되는 자동차에 비해 연료소비를 15%, 배출량을 50% 절감하게 될 GE 하이브리드 디젤/전기자동차 등을 개발하려는 노력이 이에 해당한다. 다른 기업들은 재활용이 가능하거나 미생물분해가 가능한 제품패키지, 재활용 가능한 원료나 부품, 또는 오염을 잘 통제하고 에너지 측면에서 보다 효율적인 작동방법을 개발하고 있다. 예를 들어, Frito-Lay, Pepsi, Quaker, 게토레이, Tropicana 등의 파워브랜드를 소유한 PepsiCo는 환경발자국(environment footprint)을 현격히 줄이기 위해 노력하고 있다. Frito-Lay의 캘리포니아 SunChips생산공장에서 사용되는 열량의 3/4은 태양광 패널발전시설을 이용해 얻어지며, SunChips 제품은 세계에서 처음으로 100% 가연성 패키지로 만들어 진다. 기업들은 이제 환경적으로 책임있는

일본 도요타자동차는 아이치현 도요타시의 쓰쓰미 공장에 자연학습장을 설치했다(왼쪽). 이곳에선 정화된 폐수를 활용해 인공연못을 만들어 물고기와 물수세미 등 수생생물을 키우고 있다. 또 공장의 지붕과 공터에는 태양광 전지판을 설치해 하루 2000kW의 전기를 생산하고 있다(오른쪽).

활동을 수행하는 것이 사업에도 좋다는 것을 깨닫고 있다.

(4) 기술적 환경(technological Environment)

기술적 환경은 기업과 사람들의 삶의 운명을 결정짓는 가장 드라마틱한 환경요인일 것이다. 기술은 항생물질, 로봇을 이용한 수술, 소형의 전자제품, 스마트 컴퓨터, 인터넷 등과 같은 경이로운 것을 창조했다. 또한 기술은 핵미사일, 화학무기, 고성능 자동소총과 같이 공포스러운 발명품도 선보였다. 나아가 기술은 자동차, TV, 신용카드와 같이 유익하면서도 해로울 수 있는 제품들도 등장시켰다. 기술에 대한 우리의 태도는 이를 통해 탄생한 혁신제품에 대해 어떻게 느끼느냐에 달려있다.

새로운 기술은 마케터에게 엄청난 시장기회를 제공할 수 있다. 예를 들어, 우리가 사는 모든 제품들에 부착된 작은 전송장치가 생산시점에서부터 사용과 폐기에 이르기까지 제품의 이동과정을 추적할 수 있다. 여러분이 슈퍼마켓에서 쇼핑하는 동안 매대의 센서는 당신이 무엇을 선택하고 있는지를 탐지하고, 쇼핑카트 스크린에 이와 관련된 광고를 보여주며 관련제품의 특별할인을 안내한다. 여러분이 가게를 떠날 때 출구에 설치된 스캐너가 구매한 금액을 합산해서 자동적으로 신용카드에서 계산한다. 집에 오면 매장의 판독기가 냉장고에서 무엇이 빠져나가고 들어왔는지를 추적하고, 재고가 떨어지면 이를 알려 당신의 쇼핑리스트를 갱신하도록 한다. 이러한 쇼핑행동은 먼 미래의 일이 아니다. 여러분이 구매하는 제품에 부착되어 있는 작은 RFID(radio-frequency identification; 무선주파수 인식기술) 장치 또는 "smart chip" 덕분에 이는 이미 현실이 되고 있다. 많은 기업은 이미 유통채널 상에서 자사제품 흐름을 추적하기 위해 RFID기술을 이용하고 있다. 예를 들어, 의류업체 빈폴은 RFID 등 디지털기술을 이용해 고객들에게 다양한 체험형 서비스를 제공하고 있다. 서울 강남역 삼성타운에 있

서울 강남역 삼성타운에 있는 빈폴 딜라이트점은 RFID 등 디지털기술을 이용해 고객들에게 다양한 체험형 서비스를 제공하고 있다. RFID(무선주파수 인식기술)를 접목한 디지털 옷걸이를 집어들면 옷 제품에 대한 가격이나 소재 등 다양한 정보가 대형화면에 뜬다.

는 빈폴(BEAN POLE) 딜라이트점을 방문한 고객이 패딩점퍼의 옷걸이를 집어들면, 패딩점퍼의 가격과 소재, 모델이 입은 사진까지 바로 앞에 달려있는 대형 TV모니터에 모두 나타난다. 그가 패딩점퍼를 입고 거울앞에 서서 한 바퀴돌면 거울은 옷을 입은 뒷모습까지 보여준다. 고객이 집어든 디지털 옷걸이는 고객이 옷걸이에 걸린 제품을 드는 순간 옷걸이에 장착된 RFID를 통해 대형화면에서 해당제품의 정보를 확인할 수 있도록 한 것이다. 디지털거울은 거울에 비치는 자신의 3초전 모습을 녹화해 옷을 입은 뒷모습까지 볼 수 있도록 했다. 빈폴 아웃도어 광고속 모델이 되는 가상체험공간 '포토존', 그리고 빈폴모델인 김수현과 함께 사진을 찍고 그 사진을 휴대전화로 다운받을 수 있는 포토 키오스크까지 마련했다.

신기술들은 새로운 시장기회를 만들어주지만, 기존의 기술을 대체해 버려 기업의 존립자체를 위협하기도 한다. 트랜지스터는 진공튜브 산업에, 복사기는 인쇄사업에, CD는 축음기사업에, 디지털사진은 필름사업에, 그리고 MP3 플레이어와 디지털 다운로드는 CD사업에 결정적 타격을 주었다. 기존 산업이 새로운 기술에 맞서 싸우거나 이를 무시할 때 그 산업은 쇠퇴기를 걷는다. 따라서 마케터는 기술적 환경의 변화를 주도면밀하게 관찰해야 한다. 이를 따라잡지 못하는 기업은 조만간 자신들의 제품이 낙후되었음을 뒤늦게 알게 될 것이다. 이러한 일이 일어나면, 그들은 신제품개발 기회와 시장기회 모두를 잃을 것이다. 가령, 삼성전자는 스마트가전 혁명을 통해 앞으로 다가올 사물인터넷(IoT; Internet of Things) 세상을 선점하려고 한다. 이에 따라 최근 삼성전자는 '스마트홈'이라는 IoT 기반 홈솔루션 서비스를 선보였다. 스마트홈은 냉장고, 세탁기, 에어컨, 오븐, 로봇청소기, TV, 조명 같은 가전제품들을 스마트폰과 웨어러블 기기 등의 애플리케이션(앱)으로 언제 어디서든 편리하게 쓸 수 있는 통합플랫폼이다. 삼성전자의 에어컨, 세탁기, 오븐, 스마트TV, 사운드바, 갤럭시S, 기어 등 대부분 전자제품에서 스마트홈 서비스가 돌아가는데, 고객들은 스마트폰 등을 간단히 터치하거나 가전제품과 대화하듯 문자채팅으로 연결된 제품과 기기를 움직일 수 있다. 삼성전자는 스마트홈의 플랫폼을 개방하고 다양한 운영체제를 지원해 외부기업과 개발자들도 참여할 수 있게 하려고 한다.

시장지향적인 기업은 R&D팀에 마케팅전문가를 보강해 기술적 환경의 변화가 주는 시장기회와 위

입는 컴퓨터 시대: 2054년을 배경으로 한 공상과학(SF)영화 '마이너리티 리포트'에서 주연배우 톰 크루즈가 양손에 키보드와 마우스 역할을 하는 장갑을 낀 채 허공에 뜨는 가상자판 앞에서 손과 팔을 현란하게 움직여 컴퓨터작업을 한다.

협을 함께 분석한다. 기술적 환경변화와 관련해 과학자와 기업들이 직면하는 도전적 과제는 기술 상용화의 문제를 해결하는 것이다. 즉, 실용적이고 적절한 가격으로 구매가능한 제품을 만드는 기술을 개발하는 것이다.

제품과 기술이 갈수록 복잡해짐에 따라, 일반공중은 이들이 안전한지를 알고 싶어한다. 따라서 정부기관들은 조사를 통해 안전에 위협을 줄 가능성이 있는 제품의 유통을 금지한다. 한국의 식약청은 제품을 위한 안전표준을 세워놓고 이 기준에 미달하는 회사들에 대해 제재를 가한다. 이러한 규제들로 인해, 회사들은 더 많은 연구비를 지출하고, 신제품 아이디어개발에서 시판까지의 소요기간이 더 길어지게 되었다. 마케터는 새로운 기술을 적용하고 신제품을 개발할 때 이러한 규제를 잘 숙지해야 한다.

(5) 정치적 환경(political environment)

마케팅의사결정은 정치적 환경변화에 의해 크게 영향을 받는다. 정치적 환경은 한 사회의 구성원인 다양한 기관과 개인에게 영향을 미치거나 이들의 활동을 제한하는 법, 정부기관, 압력단체 등으로 구성된다. 정치적 환경변화 중에서 마케터가 특히 관심을 기울여야하는 영역은 사업규제 법규의 변화와 기업윤리 및 사회적 책임에 대한 요구의 증가이다

■ 사업규제 법규

자유시장경제의 지지자들도 약간의 규제가 있을때 경제시스템이 잘 돌아간다는 것에 동의한다. 잘 개발된 규제는 기업간 경쟁을 촉진시키고, 공정한 시장거래를 보장한다. 따라서 정부는 사회적 선을 위해 사업에 제한을 가하는 법과 규제의 집합인 **공공정책**을 개발하며, 대다수 마케팅활동은 광범위한 법과 규제의 테두리에서 이루어진다.

사업에 영향을 미치는 입법조치는 지속적으로 증가하였다. 각국은 경쟁, 공정한 거래관행, 환경보호, 제품안전, 광고의 진실성, 소비자 사생활보호, 제품패키지와 레이블, 가격, 그리고 기타 주요이슈에 걸쳐 다양한 법규를 제정하고 있다. 공정거래위원회는 경쟁활동, 제품표준, 생산자책임 등을 다루는 법규의 틀을 세우기 위해 노력한다.

공공정책이 기업의 특정 마케팅활동에 미치는 영향을 정확히 이해하는 것은 간단한 일이 아니다. 더 나아가 이러한 규제는 계속 바뀐다. 즉, 작년에 허용된 것이 올해 금지되기도 하고 과거에 금지되었던 것이 다시 허용되기도 한다. 따라서 마케터는 규제 및 이에 대한 해석의 변화를 따라잡기 위하여 열심히 노력해야 한다.

사업에 관한 규제법안은 여러 가지 이유로 도입되어 왔다. 첫째는 기업을 보호하기 위한 것이다. 기업경영자들은 경쟁을 찬성하지만, 경쟁이 그들을 위협할 경우 때에따라 이를 억제시키려고 한다. 그래서 불공정경쟁을 정의하고 이를 방지하기 위한 법규들이 도입되었다. 한국의 경우 이러한 법규는 공정거래위원회에 의해 시행된다. 가령, 2014년 안경렌즈 시장의 글로벌 및 국내 1위 업체인 프랑스 에실로(Essilor)사가 국내 2위 업체인 대명광학을 인수하려다 공정거래위원회로부터 제지를 받았다.

마케팅 Highlight

자동차 공유기업 우버에 대한 잇단 불법판결

2008년 세계 금융위기 이후 중산층이 무너지고 소비를 줄이려는 욕구가 커지면서 우버(UBER), 에어비엔비(Airbnb) 등 공유경제기업들이 주목받기 시작했다. 우버는 콜택시와 유사한 서비스로 스마트폰 앱으로 차량을 부르면 가까운 곳에 있는 우버등록 운전기사가 자기차량을 몰고와 목적지까지 데려다 준다. 에어비앤비는 빈방 등 주거지 일부를 민박처럼 다른 사람에게 빌려주는 서비스다. 공유경제 제공자는 남는 시간, 방, 차량 등을 활용해 돈을 벌 수 있고, 소비자는 비교적 저렴한 택시 서비스와 숙박시설을 구할 수 있다.

공유경제는 2008년 로런스 레식(Lessig) 하버드대 교수가 처음 사용한 용어로서, 물품과 자원, 재능 등을 소유하지 않고 타인과 나눠 쓰는 새로운 경제모델을 말한다. 예컨대 집에서 아무도 사용하지 않는 방이나, 자동차를 누군가에게 잠시 빌려주는 대가로 이용료를 받는 것이다. 공유경제가 처음 활성화된 분야는 주거지다. 2006년 미국의 홈익스체인지닷컴(www.homeexchange.com)을 시작으로 자신의 집을 여행객들에게 저렴한 가격으로 빌려주는 사업이 시작되었다. 이후 2008년에 사업을 시작한 '에어비앤비'는 호텔을 위협하는 수준으로 성장했다.

그러나 공유경제 사업모델에 대한 비판이 제기되기 시작했다. 우선 택시나 숙박면허없이 영업을 하는 사업방식자체가 문제가 됐다. 우버는 택시면허없이 각국에서 영업을 하면서 기존의 택시업계와 충돌했다. 면허가 없는 만큼 사건·사고가 날 위험 역시 상대적으로 높고, 이럴 경우 보험이나 보상 등에서 문제가 됐다. 이에 따라 공유경제모델의 대표기업인 우버는 네덜란드, 스페인, 프랑스, 독일 등에서 영업이 금지됐다. 한국에서도 무면허 영업을 한 사업자들이 경찰에 입건되는 사태끝에 영업을 중지했다. 그리고 미국에서는 노동문제가 제기되어 우버는 운전자들에게 배상금을 물게 됐다. 미국 샌프란시스코 지방법원은 우버 운전자들이 제기한 소송에서 우버가 그동안 운전자들을 부당 대우했다고 판결했다. 우버는 그동안 우버 운전자들을 직원처럼 업무를 수행하도록 하였지만 자비로 차량 유지비, 수리비, 보험금 등을 부담하도록 해왔다. 법원은 우버가 운전자들에게 비용과 위험, 책임을 모두 떠넘겼다고 판단했다. 그리고 우버나 에어비앤비를 통해 서비스를 제공하는 개인사업자들은 회사에 수수료를 지불하기 때문에, 세계 여러 나라에서 저임금으로 벌어들인 돈이 미국 실리콘밸리로 들어가 국제적 양극화를 만들어낸다는 비판도 제기되었다.

• 자료원 : 조선일보, 2015.4.11

공정위가 인수합병에 제동을 건 이유는 그동안 중저가로 렌즈를 공급해 호야·칼자이스·에실로 등 해외 고가(高價)브랜드의 가격인상을 견제해 온 대명광학이 에실로에 인수되면 독점구도가 형성돼 렌즈가격이 크게 오를 것으로 판단했기 때문이다.

정부규제의 두 번째 목적은 공정하지 않은(unfair) 사업활동으로부터 소비자들을 보호하는 것이다. 일부기업은 위조품을 만들고, 소비자 사생활을 침해하고, 소비자를 오도하는 광고를 집행하고, 패키지와 가격의 조작을 통해 소비자를 기만한다. 다양한 정부기관들이 공정하지 않는 사업관행들을 정의

표 2-1 마케팅의사결정에 영향을 주는 한국의 주요 법규

법 률	목 적
독점규제 및 공정거래에 관한 법률(2012)	시장구조의 독과점화를 억제하고 경쟁을 제한하거나 불공정한 거래행위를 규제하여 공정하고 자유로운 경쟁질서를 확립함
식품위생법 (2011)	식품 또는 식품첨가물, 기구 및 용기·포장의 제조 등의 기준과 규격을 정하여 고시하여야 하며, 그 표시에 관한 기준과 유전자재조합기술을 활용한 원료로 제조·가공한 식품 또는 식품첨가물의 표시에 관한 기준을 고시해야 함. 이에 따라 식품의약품안전청, 특별시·광역시·도 또는 시·군·구에 식품위생 감시원을 둠
공정거래위원회(1981)	독점규제 및 공정거래에 관한 법률 제1조에 따라 부당한 공동행위 및 불공정거래행위를 규제하기 위하여 위원회를 설치함
소비자보호법(1980)	상품·서비스에 대한 위해의 방지, 계량·규격표시의 적정화, 공정자유경쟁의 확보, 소비자 계발활동과 교육의 추진, 소비자 의견의 시책에의 반영 등에 대해 규정함
소비자기본법(2007)	소비자의 권리와 책무, 국가·지방자치단체 및 사업자의 책무, 소비자 단체의 역할 및 자유시장경제에서 소비자와 사업자 사이의 관계를 규정함과 아울러 소비자 정책의 종합적 추진을 위한 기본적인 사항을 규정함. 이전의 소비자보호법을 전부개정 함.
전자상거래 등에서의 소비자보호에 관한 법률(2012)	전자문서 및 전자서명에 법적 효력을 부여함과 동시에 전자문서의 법률관계, 전자거래의 안전성 확보, 공인인증기관의 운용지침, 전자거래촉진정책의 수립과 추진 기반조성에 따른 제반 내용을 규정함
표시·광고의 공정화에 관한 법률(2012)	표시·광고법은 소비자를 오인시키는 부당한 표시·광고를 방지하고 소비자에게 바르고 유용한 정보제공을 촉진함으로써, 공정거래질서를 확립하고 소비자를 보호함
방송광고판매대행등에 관한 법률(2012)	방송광고 판매시장의 경쟁을 촉진하고, 공정한 거래질서를 확립하여 방송광고시장 활성화와 방송의 공공성, 공익성 및 다양성을 구현함
옥외광고물 등 관리법(2011)	옥외광고물의 설치·유지 등에 관한 사항을 규정함
상표법(2011)	상표를 보호함으로써 상표사용자의 업무상의 신용유지를 도모하여 산업발전에 이바지함과 아울러 수요자의 이익을 보호함
자동차관리법(2012)	자동차의 등록, 안전기준, 자기인증, 제작결함 시정, 점검, 정비, 검사 및 자동차관리사업 등에 관한 사항을 규정함
담배사업법(2012)	담배의 제조 및 판매 등에 관한 사항을 정함
환격정책기본법(2011)	환경의 오염과 훼손을 예방하고, 적정하게 관리·보전하는 것을 목적으로 함
청소년보호법(2012)	청소년 유해매체물의 규제, 청소년 유해약물·물건의 규제, 청소년 유해업소 출입의 규제, 청소년 유해행위 등에 관한 규제
장애인복지법(2012)	장애발생예방, 의료·재활치료, 교육, 문화환경의 정비 등을 위한 시책과 제도를 강구하고 실시함

하고 이를 방지하기 위한 법규와 시행령을 도입/집행한다. 정부규제의 세 번째 목적은 규제받지 않는 사업활동으로부터 사회의 이익을 보호하는 것이다. 수익을 추구하는 기업의 비즈니스 활동이 더 나은 삶의 질을 보장하는 것은 아니다. 기업의 생산활동 또는 제품으로 인해 발생되는 사회적 비용에 대해 기업이 책임을 지도록 하기 위해 규제가 만들어진다.

새로운 법규의 도입과 관련 정부기관에 의한 이의 시행은 더욱 증가할 것이다. 기업경영자들은 제품과 마케팅프로그램을 계획할 때 이러한 전개과정을 관찰해야 한다. 마케터는 경쟁, 소비자, 사회

등을 보호하는 주요법규에 대하여 잘 알 필요가 있다. 그들은 국가, 도, 지방자치단체 수준에서 이러한 법규를 이해해야 한다.

■ 기업윤리와 기업의 사회적 책임에 대한 요구의 증가

성문화된 법적 규제만으로 모든 마케팅남용을 통제하지 못할 수 있으며, 기존 법규들도 때때로 시행하는데 어려움이 있을 수 있다. 그러나 성문화된 법규나 규제를 넘어서 비즈니스는 사회적 윤리강령이나 전문직종의 윤리지침에 의해 제약을 받기도 한다.

현명한 기업은 규제시스템이 허용하는 것과 단순히 올바르게 행동하는 것에서 한걸음 더 나아가기를 원한다. 이와 같이 사회적으로 책임있는 행동을 하는 기업은 소비자와 환경의 장기적 이익을 보호하기 위한 다양한 방안을 적극적으로 강구한다.

연이어 발생된 비즈니스 스캔들과 환경에 대한 우려의 증가는 기업의 윤리와 사회적 책임이라는 이슈에 대한 큰 관심을 끌어냈다. 마케팅의 거의 모든 측면이 이러한 이슈와 관련된다. 불행하게도 이러한 이슈들은 상충된 이해관계를 야기시키기 때문에 선량한 사람이라고 하더라도 특정 상황에서는 올바른 행동을 하는 것에 대해 부정적 자세를 취할 수 있다. 따라서 많은 유관산업협회와 전문가협회들이 윤리강령을 제정해 왔다. 그리고 복잡한 사회적 책임이슈에 대해 관련정책, 가이드라인, 그리고 다양한 대응책들을 개발하는 기업이 늘어나고 있다.

온라인 마케팅붐은 새로운 사회적, 윤리적 이슈들을 만들었다. 많은 비판자들이 온라인 사생활침해에 대해 우려를 표명한다. 이용가능한 개인적인 디지털정보의 양은 폭발적으로 증가해 왔다. 사용자들은 스스로 이러한 정보의 일부를 제공하기도 한다. 이들은 Facebook 같은 소셜 네트워킹 사이트에 매우 개인적인 정보를 자발적으로 올린다.

그러나 정보의 상당부분이 고객에 대해 더 잘 알려고 하는 사업자들에 의해 개발되며, 종종 고객들은 자신들이 기업에 의해 엄밀하게 관찰/분석되고 있다는 것을 모르고 있다. 사업자들은 소비자들의 PC에 쿠키를 심어놓고 그들이 웹사이트에서 클릭을 할 때마다 생성된 디지털정보를 수집/분석/공유한다. 비판자들이 우려하는 것은 기업이 소비자들에게 대해 너무 많이 알고 있고, 디지털정보를 이용해 불공정하게 그들을 이용할 수 있다는 점이다. 대다수 기업이 자사의 인터넷 사생활보호정책을 공개하고 소비자에게 편익을 제공하기 위해 고객자료를 사용하려고 노력하지만, 일부기업에 의한 고객정보도용과 남용도 일어나고 있다. 그결과 소비자보호단체와 정책입안자들은 소비자 사생활을 보호하기 위한 활동을 전개하고 있다.

최근 들어 기업의 윤리와 사회적 책임을 요구하는 이해관계자들이 갈수록 늘어남에 따라 마케터들은 사회적 책임을 수행하고 보다 호의적인 기업이미지를 형성하기 위한 노력의 일환으로 자신들의 사업을 가치있는 명분에 연결시키는 **대의명분 마케팅**(cause-related marketing)을 수행하고 있다.

대의명분 마케팅은 기업기부의 주요형태로 자리잡고 있는데, 이 방식은 회사제품과 서비스에 대한 소비자의 구매를 가치있는 명분 혹은 자선기관에게 혜택을 제공하는 것과 연결시키는 것이다. 많은 기업이 매년 다양한 대의명분 마케팅캠페인들을 후원하며, 다른 마케팅활동들을 함께 수행함으로써 이를 지원한다. 그 대표적인 예가 탐스슈즈(TOMS Shoes)이다. 블레이크 마이코스키가 개발한 '탐스

탐스슈즈(TOMS shoes)의 창업자 블레이크 마이코스키가 아르헨티나 빈민가에서 어린이에게 100만번째 기부신발을 신겨주고 있다. 2006년에 설립된 미국회사 탐스슈즈는 소비자가 신발 한 켤레를 구입하면 한 켤레의 신발을 제3세계 어린이에게 기부하는 일대일 기부방식을 도입해 착한 소비열풍을 일으켰다.

슈즈'브랜드는 '하나 사면 하나를 기부하는' 착한 상품으로 시장에서 큰 호응을 얻었다. 탐스슈즈는 신발이 한 켤레 팔릴때마다 빈민국 아이들에게 한 켤레 신발을 기부한다. 2006년 아르헨티나를 여행하던 미국의 여행가 블레이크 마이코스키는 신발이 없어 다치고 병에 걸린 아이들을 만나고 충격을 받았다. 마이코스키는 신발이 없는 아르헨티나 아이들에게 운동화를 신겨주고 싶다는 생각으로 2006년 탐스슈즈라는 회사를 만들었다. 그는 세계인구 10억명이 흙을 통해 질병에 걸릴 위험에 처해있으며, 단순히 신발을 신는 것만으로도 질병을 예방할 수 있음을 알게됐고, 이에 아르헨티나의 전통신발을 변형한 탐스슈즈를 만들었다. 고객이 신발 한 켤레를 살 때마다 가난과 질병에 고통받는 맨발의 아이들에게 신발 한 켤레를 기부하는 그의 '원 포 원(one for one)' 캠페인은 큰 성공을 거뒀다. "신발이 한 켤레 팔릴때마다 빈민국 아이들에게 한 켤레 신발을 기부한다"는 그의 이야기는 언론에 대서특필됐고, 소비자들의 반응도 뜨거웠다.

대의명분 마케팅은 약간의 논란을 불러일으키기도 한다. 비판자들은 대의명분 마케팅이 기부전략이기 보다는 판매전략에 더 가깝다고 지적한다. 즉, 대의명분 마케팅은 명분을 경영성과를 올리는데 활용하는 마케팅이라는 것이다. 따라서 대의명분 마케팅을 활용하는 회사들은 사회를 위해 좋은 일을 하는 것과 매출증대 및 기업이미지 개선을 위해 대의명분을 이용한다는 비난 사이에서 살얼음을 걷고 있다고 볼 수도 있다.

그러나 잘 운용된다면, 대의명분 마케팅은 회사와 사회에 모두 도움을 줄 수 있다. 회사는 보다 호의적인 기업이미지를 구축하면서 마케팅성과를 올릴 수 있으며, 자선단체 혹은 대의명분은 인지도 증대, 그리고 모금과 지지의 주요원천을 얻게 된다.

(6) 문화적 환경(cultural environment)

문화적 환경은 사회구성원들의 기본적 가치, 지각, 선호 및 행동에 영향을 주는 기관과 요인들로 구성된다. 특정사회에서 살아가면서 사람들은 자신의 기본적 신념과 가치를 형성하고, 다른 사람들과의 관계를 정의하는 세계관을 몸에 익히게 된다. 다음과 같은 문화적 특징은 기업의 마케팅의사결정에 영향을 준다.

■ 문화적 가치의 지속성

특정 사회를 구성하는 사람들은 다양한 믿음과 가치를 갖고 있다. 그들이 갖고 있는 핵심적인 믿음과 가치는 오랜기간 지속된다. 예를 들어 대부분의 한국인들은 근면, 성취와 성공, 겸손 등을 중요하게 생각한다. 이러한 믿음은 일상적인 생활에서 나타나는 구체적인 태도와 행동의 토대가 된다. 핵심 믿음(혹은 신념)과 가치(core beliefs and values)는 부모에서 자녀로 전달되며, 학교, 교회, 직장, 그리고 정부 등에 의해 강화된다. 반면 2차적 믿음과 가치는 살아가면서 변할 여지가 많다. 결혼에 대한 믿음은 핵심믿음(신념)이지만, 늦게 결혼해야 한다는 믿음은 2차적이다. 마케터가 2차적 믿음(신념)을 변화시킬 가능성은 어느 정도 있지만, 핵심믿음(신념)을 변화시킬 가능성은 거의 없다.

핵심가치는 장기간 지속되지만, 급격한 가치변화가 일어나기도 한다. 인기가수, 영화주인공이 보여주는 개성적 특성, 기타 유명인들이 젊은 사람들의 머리스타일 및 의상규범에 미치는 영향을 한번 생각해 보라. 마케터는 새로운 기회와 위협을 파악하기 위해 문화적 추세의 변화를 예측하고 싶어한다. 이에 따라 여러 연구소와 컨설팅업체들이 문화적 추세에 대한 미래예측정보를 제공하고 있다. 가령, 서울대 김난도 교수가 주도하는 생활과학연구소 소비트렌드 분석센터는 국내외 소비트렌드를 분석해 매년 트렌드보고서를 발간하고 있다. 소비트렌드 분석센터는 연구원들이 수집한 국내외의 각종 트렌드자료 등을 취합해 1,000개가 넘는 키워드를 추출하고 키워드에 숨어 있는 소비가치를 분류, 분석, 재정의해, 매년 10대 트렌드키워드를 발표하고 있다. 이러한 트렌드보고서는 기업의 마케팅전략과 마케팅프로그램 계획수립의 주요 정보원천이 되고 있다. 사회의 주요 문화적 가치는 자신과 주위사람들을 바라보는 사람들의 관점뿐만 아니라 사회, 자연에 대한 그들의 관점에서 표현된다. 가령, 동양문화권의 사람들은 다른 사람들과 잘 어울리는 것을 가치있게 생각하는 반면 서구문화권의 사람은 독립적이고 개인주의 지향적인 것을 가치있다고 생각한다. 사람들은 자아표현의 수단으로 제품, 브랜드, 서비스를 사용하며, 자아와 어울리는 제품과 서비스를 구매한다. 따라서 마케터는 목표소비자들이 자신에 대해 갖고 있는 관점에 맞춰 제품이나 서비스를 제공할 수 있다. 예를 들어 탐스슈즈(TOMS Shoes)는 소비자 자신을 보다 넓은 세계공동체의 일원으로 생각하는 사람들에게 소구하는 반면 페라가모 구두는 패션성을 추구하는 개인주의적 성향이 강한 사람들을 겨냥한다.

디지털시대에 들어서 사람들의 상호작용방식이 변하고 있는데, 다른 사람들과 직접 상호작용하기보다는 이메일과 텍스트메시지를 통해 다른 사람들과 상호작용하는 것을 선호하는 사람들이 늘어나고 있다. 새로운 방식의 이같은 상호작용은 기업이 브랜드를 마케팅하고 고객들과 커뮤니케이션하는 방식에 큰 영향을 미친다. 이제 많은 소비자들이 제품과 서비스를 탐색하고 이에 대해 이야기를 나누고 이를 구매하는 과정에서 친구, 팬, 팔로워 네트워크에 의존함에 따라 기업은 자사브랜드를 이러한 소셜 네트워크와 연결되도록 하는 것이 그 어느때 보다 중요하게 되었다.

문화권에 따라 사람들이 자연을 바라보는 태도에서 차이를 보이기도 한다. 어떤 문화권의 사람은 자연에 의해 지배당한다고 생각하며, 다른 문화권의 사람들은 자연과 조화를 느끼며, 또다른 문화권

마케팅 Highlight

죄책감에서 자유로운 소비추구를 통해 더 좋은 사람이 되고 싶은 열망을 충족시키려는 현대 소비자(영적 소비자)

누구나 좋은 사람이 되려는 열망이 있다. 앞으로 더 좋은 사람이 되려는 열망을 만족시킬 수 있는, 소위 죄책감으로부터 '자유로운 소비(Guilt Free Consumption)'가 전 세계 소비트렌드의 키워드가 될 것으로 전문가들은 전망한다. '죄책감으로부터 자유로운 소비'는 트렌드 와칭(Trendwatching.com)이 2013년 11월 트렌트 리포트를 통해 처음 도입한 이래 많은 마켓전문가들의 지지를 받고 있는 개념이다.

죄책감으로부터 자유로운 소비가 주장하는 바는 이렇다. 인간을 인간이게 하는 가장 커다란 원동력 중 하나는 자기 자신을 스스로 좋은 사람으로 여기고자 하는 것이다. 그리고 인간은 자신이 마음속 깊이 믿고 있는 가치와 염원에 걸맞게 살아갈 때 자부심을 느낀다. 하지만 인터넷으로 촉발된 소셜 네트워크 확산으로 소비자들은 자신이 좋아하는 많은 가공식품과 음료가 가져오는 건강상의 문제와 자신이 소비하고 있는 브랜드가 저지르는 옳지 않은 비즈니스 프로세스와 비윤리적 행위에 관한 정보를 매일매일 더 많이 듣게 된다. 그런 까닭에 어떤 개인이든 자신의 소비가 초래해 온 그리고 초래하고 있는 혼란을 무시한다는 것은 거의 불가능해졌다.

자신이 하는 소비와 좋은 사람이 되려는 열망 사이의 충돌을 점점 더 분명하게 인식하는 탓에 소비자들은 점점 더 죄책감에 시달리게 됐다. 그 결과, 계속해서 소비하면서도 그 부정적인 영향에 관해서는 걱정할 필요가 없는, 적어도 걱정을 덜 해도 되는 제품에 대한 욕구가 증가하게 됐다. 소비자들은 이제 '죄책감으로부터 자유로운 소비`에 목말라하고 있는 것이다.

브랜드들은 죄책감으로부터 자유로운 소비를 추구하는 소비자들을 위한 솔루션을 찾는 데 고심하고 있다. 버거킹은 맥도널드의 경쟁제품보다 지방이 40%, 열량이 30% 감소한 감자튀김 새티스프라이(Satisfries)를 출시했고, 맥도널드는 더 건강한 세대를 위한 연합(the Alliance for a Healthier Generation)과 손잡고 세트메뉴에 항상 샐러드나 과일을 감자튀김 대신 선택할 수 있는 메뉴를 선보였다. 로스앤젤레스에 개장한 페들러스 크리머리(Peddler's Creamery)라는 아이스크림 가게는 고객들에게 매장 안의 자전거 페달을 밟아 아이스크림 기계를 돌리도록 했다.

고객들이 자전거 페달을 밟아 아이스크림 기계를 돌리는 페들러스 크리머리(Peddler's Creamery).

유니레버가 론칭했던 글로벌 캠페인 '프로젝트 선라이트(Project Sunlight)'도 맥을 같이 하고 있다. 프로젝트 선라이트는 유니레버가 월드푸드프로그램, 세이브 더 칠드런, 유니세프와 손잡고 전 세계 200만 어린이들의 급식후원 및 깨끗하고 안전한 식수공급, 위생증진을 도모하는 것이다. 유니레버는 소비자들이 더욱더 지속가능한 행동을 일상 속에서 자연스럽고 쉽게 할 수 있길 바라는 욕구를 포착해 이같은 캠페인을 전개함으로써 유니레버의 제품을 사는 것 자체가 수많은 아이들에게 도움이 되고, 이들에게 더 나은 환경을 물려주는 것이 된다는 메시지를 던졌다.

• 자료원 : 매경, 2014.1.4

의 사람들은 이를 정복하려고 한다. 기술을 통해 자연을 지배하기 위한 사람들의 능력이 증대되어 왔고 자연은 풍부하다는 믿음이 오랜기간 지속되어 왔다. 그러나 최근 들어 문화권에 상관없이 자연이 유한하고 인간의 활동에 의해 파괴되고 망가질 수 있음을 인식하는 사람들이 늘어나고 있다.

이에 따라 최근 들어 큰 규모의 LOHAS(lifestyles of health and sustainability) 시장이 형성되고 있는데, 이 시장은 천연식품, 유기농제품 및 영양이 풍부한 제품에서 연비가 효율적인 자동차와 대체의약에 이르기까지 자연적인 것을 추구하는 소비자들을 말한다. 마케터는 이러한 문화적 추세를 추적하고 이에 대응할 필요가 있다. 가령, 청정원은 오푸드(O'food; Organic Food)라는 유기농제품 전문브랜드를 런칭했는데, 오푸드는 Safe, Healthful, Reliable이라는 브랜드철학에 따라 신선하고 안전한 원료만을 사용하여, 건강에 좋은 식품만을 제공하고 있다. 청정원 오푸드는 유기농 가공식품 관련법과 제도가 아직없는 상황에서 국제유기농업운동연맹(IFOAM: International Federation of Organic Agriculture Movements)의 인증기관 중 하나인 OFDC(Organic Food Development Center)로부터 유기농 고추장, 식초, 참기름 등 8개 제품에 대한 유기가공식품 인증마크를 획득함으로써 건강한 먹거리를 원하는 소비자에게 좋은 반응을 얻고 있다.

3.2 거시적 환경분석과 마케팅전략

앞에서 거시적 환경을 구성하는 주요요인들에 대해 설명했다. 마케터는 이러한 요인들의 변화가 마케팅전략에 미치는 영향을 예측하고 대응책을 세워야 한다. 그러나 거시적 환경변화에 대한 대응은 다음과 같은 이유에서 쉽지 않다. 첫째, 고려해야 할 환경요인들이 너무나 많다. 경제적, 법률적, 기술적 환경 등 모든 환경구성 요인들을 추적한다는 것은 현실적으로 불가능하다. 둘째, 이러한 변화들은 장기간에 걸쳐 서서히 이루어지는 경우가 많기 때문에 기업이 환경변화에 따른 대응책을 개발/도입할 시기를 결정하기가 쉽지 않다. 예를 들어, 2017년 대비 2018년의 인구가 약 0.4% 증가하는 것이 음료매출에 어떤 영향을 미칠지, 직장여성의 수가 1% 늘어나는 것이 숙녀복 매출에 어떤 영향을 미칠지를 정확히 파악하기란 쉽지 않다. 그러나 이러한 마케팅환경 변화는 기업에게 상당한 기회와 위협이 될 수 있으므로 가능한 한 마케팅환경에 대한 체계적 분석과 대응이 이루어져야 한다. 거시적 환경분석은 다음과 같은 과정을 거치며, 분석결과는 마케팅전략 수립의 기초자료로 활용된다.

■ 외부환경 추세에 대한 지속적인 추적

거시적 환경분석의 첫 번째 단계는 기업외부에서 발생하는 다양한 환경변화에 관심을 갖고 이에 관한 정보를 수집하는 것이다. 기업은 TV, 신문과 같은 대중매체, 인터넷, 경쟁사 홈페이지, 정부기관 또는 다양한 연구소의 보고서 등 주요 정보원천들로부터 정보를 수집해야 한다. 이러한 외부환경정보에 대해 기업의 모든 구성원들이 관심을 가져야 하지만, 효율적인 정보의 수집과 활용을 위해 전담부서를 운영하는 것이 바람직하다.

■ 마케팅성과에 영향을 미칠 주요 환경요인의 선별

환경분석의 두 번째 단계는 수집된 많은 환경정보들 중 우리기업의 마케팅성과에 상당한 영향을 미칠 주요 환경정보를 그렇지 않은 것과 분류하는 것이다. 마케터는 우리기업의 마케팅성과에 미치는 영향력의 상대적 중요도에 따라 환경요인 정보를 분류·정리해야 한다.

■ 선정된 주요 환경요인에 대한 심층분석

거시적 환경변화 중에서 우리기업의 마케팅활동과 성과에 상당한 영향을 미칠 것으로 판단되는 요인들이 선정되면, 이들에 대한 깊이 있는 분석이 이루어져야 한다. 주요 환경요인에 대한 심층분석은 '만일 우리회사가 환경변화에 대응을 하지 않을 경우, 어떤 결과가 초래될 것인가?'에 대한 대답을 찾는 과정에서 시작된다. 거시적 환경은 일반적으로 장기간에 걸쳐 서서히 그 영향이 발생되는 경우가 많기 때문에 마케터는 이러한 환경적 변화가 우리기업에게 얼마나 빨리, 그리고 강력하게 영향을 미칠지를 분석해야 한다. 예를 들어, 미국정부는 환경오염방지를 위해 시판되는 자동차의 일정부분은 전기자동차와 같은 무공해차량이 차지해야 한다는 법령을 제정하고 환경오염규제의 강도를 더욱 높이고 있다. 이러한 규제강화에 대응해 일본의 자동차회사들은 이미 1997년부터 하이브리드 차량을 개발/판매했다. 미국시장에서의 이러한 마케팅환경 변화가 한국산 승용차판매에 상당한 부정적 영향을 미칠 수 있으므로, 현대자동차는 상당한 기간이 소요되는 친환경승용차 개발과정을 감안해 적절한 단기적/중·장기적 대응책을 마련해야 할 것이다. 심층분석의 다음 단계는 경쟁사에 비해 얼마나 신속하게 환경변화에 대응해야 할 것인지를 결정하는 것이다. 거시적 환경변화가 소비자의 구매에 영향을 미치는 데는 어느 정도 시간이 걸릴 수 있으므로 경쟁자보다 빨리 신제품을 출시하는 것이 항상 바람직하지 않을 수도 있다. 예를 들어, 글로벌 TV시장에서 선도기업이었던 미국의 RCA사는 1960년대 중반 많은 투자비를 들여 현재의 DVD와 유사한 LDP기술을 상용화했지만 이러한 제품시장을 개척하는 데 실패함으로써 막대한 손실을 보았다. 이 제품은 1990년대 들어서야 비로소 시장형성이 이루어졌다.

■ 마케팅전략의 개발과 수정

심층분석 결과를 토대로 기업은 중장기적 마케팅전략을 개발/수정한다. 마케터는 심층분석 결과를 토대로 표적시장을 선정/변경하고 새로운 시장기회에 맞는 제품과 시장제공물을 개발한다. 예를 들어, 경제적 불황의 장기화와 환경규제의 강화가 예상되면 현대자동차는 경제성이 높으며 친환경적인 소형차시장을 주요 목표시장으로 삼음으로써 중대형차 중심의 기존 마케팅전략을 수정할 수 있다.

마케터는 항상 환경적 요인을 통제할 수는 없다. 많은 경우 마케팅환경을 관찰하고 이에 대응함으로써 사태를 해결해야 한다. 예를 들어, 어떤 회사는 지리적 인구이동, 경제적 환경, 주요 문화적 가치 등에 영향을 미치고자 하는데, 이러한 적극적인 시도는 별 성공을 거두지 못할 수 있다. 그러나 할 수만 있다면, 현명한 마케팅관리자는 마케팅환경에 수동적으로 반응하는 접근방식보다는 능동적인 접근방식을 선택하려고 한다. 마케팅환경에 대해 능동적인 자세를 취하는 기업은 현재의 환경적 제약에 맞추어 전략대안을 개발하는 대신 환경을 변화시키기 위한 마케팅전략을 개발한다. 포드자동차의 모델 T에서부터 애플의 스마트폰에 이르기까지 시장을 바꾸려는 창의적인 마케팅전략이 새로운 산업과 시장을 창출한 수많은 사례가 존재한다.

02 참고문헌

- Philip Kotler and Gary Armstrong, Principles of Marketing, 16th ed., Pearson, 2016.
- Philip Kotler, 안광호, Gary Armstrong, 마케팅 입문, Pearson, 2013.
- 안광호 · 김동훈 · 김영찬, 시장지향적 비즈니스 & 마케팅전략, 학현사, 2011.
- Aaker, David A., Strategic Market Management, 9th ed. John Wiley & Sons, Inc., 2009.

02 생각해볼 문제

1. 유가인상이 소비자의 자동차선택과 사용행태에 미치는 영향을 생각하고, 이러한 변화가 자동차기업의 마케팅전략에 미치는 영향에 대해 논의해 보시오.

2. 10~20대 디지털 소비계층을 의미하는 Y세대가 등장하고 있다. 이들은 경제발전의 혜택속에 풍요롭게 자라난 세대이며, 컴퓨터를 비롯하여 많은 제품의 실질적인 구매자로 주목을 받고 있다. Y세대의 등장이 국내 가전산업에 미치는 영향에 대해 살펴보시오.

3. 현재 국내의 백화점산업에는 많은 변화가 일어나고 있다. 할인점이 성장하면서 백화점매출을 따라잡았고, 최근의 경기침체는 백화점업계를 선도하고 있는 롯데백화점의 영업에 많은 영향을 미치고 있다. 롯데백화점의 마케팅전략을 수립함에 있어 경쟁기업을 정의하고 대응방안을 수립해 보시오.

제2부

제3장

소비자행동분석

01 소비자행동분석의 의의
02 관여도
03 소비자 의사결정과정
04 소비자 정보처리과정
05 소비자행동에 영향을 미치는 요인
06 산업재 시장과 산업재 구매자행동

학습목표

1. 소비자 관여도를 이해하고 소비자의 제품에 대한 관여수준이 마케팅전략에 주는 시사점을 살펴본다.
2. 소비자행동의 두 구성요소인 구매의사결정과정과 소비자 정보처리과정에 대해 학습한다.
3.소비자의 구매의사결정 과정에 영향을 미치는 주요요인들을 이해한다.
4. 산업재 시장의 특성을 살펴보고 산업재 구매행동에 영향을 미치는 주요요인들을 이해한다.
5. 산업재 구매의사결정 과정의 각 단계에 대해 살펴본다.

주요개념에 대한 사전학습

앞 장에서 우리는 마케팅전략과 프로그램 개발에 영향을 미치는 다양한 마케팅환경 요인들에 대해 살펴보았다. 이번 장에서는 계속해서 마케팅환경에서 제일 중요한 요소인 고객에 대해 자세히 알아볼 것이다. 마케팅의 목표는 기업의 시장제공물에 대해 고객이 생각하고 느끼고 행동하는 과정에 영향을 미치는 것이다. 고객의 구매행동유형, 구매행동이 이루어지는 시점, 그리고 구매행동이 이루어지는 과정에 영향을 미치기 위해, 마케터는 구매행동이 왜 일어나는지를 먼저 이해해야 한다. 이 장에서는 최종 소비자의 구매에 영향을 미치는 주요요인과 구매과정, 그리고 B to B 고객의 구매행동에 대해서 학습하게 될 것이다.

소비자행동을 이해하는 것이 탁월한 고객가치를 창출하기 위한 마케팅전략 개발에 중요함을 보여 주기 위해 본장은 쉐이크쉑(Shake Shack)사례를 살펴보는 것으로부터 시작한다. 쉐이크쉑 고객들을 그렇게 열렬한 충성고객으로 만든 요인은 무엇인가? 부분적 이유로 햄버거의 맛을 들 수 있을 것이다. 그러나 고객들이 쉐이크쉑 햄버거 브랜드를 구매하는 보다 중요한 이유는 그 브랜드가 자신의 자아표현과 라이프스타일의 일부분이라는 것이다. 그 브랜드는 충성고객의 정체성을 구성하는데 있어 중요한 한 부분이다.

도입사례

트렌드를 먹고 인증놀이를 즐기는 소비행동을 보이는 현대 소비자를 잘 이해하고 있는 쉐이크쉑 햄버거

◆ "3시간 기다려 먹을 가치가 있다" vs. "그 정도 굶으면 돌멩이도 맛 있겠다"

쉐이크쉑(Shake Shack) 1호점이 한국에 개점하면서 대소동이 벌어졌다. 아무리 그래도 땡볕더위에 햄버거 하나 먹으려고 3시간을 줄 선다는 게 말이되나. 미국 뉴욕의 프리미엄 버거인 쉐이크쉑을 들여온 SPC그룹 관계자는 "첫날과 마찬가지로 하루 3000개씩 5일 동안 1만 5000개 가까이 팔려나갔다"고 했다. 이 열풍의 커튼뒤에는 어떤 문화적·심리적 이유가 숨어있는 것일까.

정신과 의사 하지현씨는 젊은 세대가 줄서기 그 자체를 하나의 놀이로 여기는 것 같다고 분석했다. "새로운 것을 처음 경험하는 즐거움, 그리고 이를 위한 줄서기가 하나의 엔터테인먼트가 됐다"는 것이다. 한국의 20대 소비자들은 경험을 선점하고 공유하고픈 욕구가 큰 세대이다. 하씨는 "쉐이크쉑 버거는 대한민국에서는 처음 경험하는 것"이라며 "증강현실(AR) 스마트폰게임 '포켓몬 고'에 열광하며 속초·울산으로 젊은이들이 몰리는 현상과 매우 비슷하다"고 했다.

고스펙 저소득의 청년세대가 누리는 소박한 사치라는 해석도 있다. 인터넷과 SNS로 전 세계정보를 실시간 흡수하지만, 경제적 여유는 많지않은 청년세대의 새로운 소비트렌드라는 것이다. 레스토랑 컨설턴트 김아린씨는 "학자금 대출 등 부채는 많지만 그래도 인스타그램이나 페이스북 등 SNS는 해야겠다는 밀레니얼 세대(베이비붐 세대의 자식세대·현재의 20대)에게 매우 좋은 아이템"이라고 했고, 문화평론가 하재근씨는 "너무 비싼 물건은 소비하기 어렵지만, 몇만원 정도의 음식은 스몰 럭셔리(small luxury), 즉 일상 속 작은 사치로 젊은 세대가 향유할 수 있는 것 아니냐"고 언급했다.

2016년 7월 22일 서울 강남역 부근에 문을 연 '쉐이크쉑' 매장에 버거를 먹기 위해 몰려든 사람들로 일대가 혼잡을 빚었다.

고기 대신 치즈로 속을 채워 바삭하게 튀긴 버섯패티를 사용한 슈룸버거

쉐이크쉑 버거는 번(빵)이 차별점 중 하나이다. 쉐이크쉑의 '포테이토 번'은 밀가루와 감자가루를 섞어 만든다. 전분함량이 높은 감자가루 때문인지 떡처럼 쫀득한데, 한국인이 좋아하고 익숙한 식감이다. 햄버거를 먹다보면 패티(고기)·치즈·채소 등 속재료가 따로 놀기 십상이지만, 이 쫀득한 번은 속재료를 감싸 안아 삐져나오지 않는다. 직접 맛을 본 음식 평론가들의 평은 "맛있지만 그렇게 오래 줄서서 먹을 만한지는 모르겠다"로 요약된다. 쉐이크쉑은 '가성비(가격 대비 성능)'가 뛰어난 것은 아니다. 맛은 개인별로 호불호가 갈리고 버거크기가 작은 반면 가격대는 높기 때문이다. 쉑버거 단품가격은 6900원으로 일반버거들과 큰 차이는 없다. 하지만 쉐이크쉑을 찾는 손님들이 감자튀김(3900원), 밀크쉐이크(5900원)와 묶어서 1만 6700원을 지불한다는 점을 감안하면 일반버거 세트보다 3배 가까이 비싸다. 맥도날드 빅맥세트의 경우 5500원이다.

그럼에도 불구하고 소비자들은 왜 찜통 더위속에 3~4시간씩 줄을 서가면서 쉐이크쉑 버거를 맛보려고 하는 것일까. 전문가들은 쉐이크쉑 버거인기의 원인은 '맛'이 아니라 '멋'에 있다고 설명한다. 이는 젊은 세대의 소비성향과 관련이 있다. 쉐이크쉑이 미국뉴욕의 명물이라는 입소문이 돌자, 유행에 민감하고 자신들의 경험을 SNS를 통해 공유하기 좋아하는 20~30대가 몰려갔다는 것이다.

미국뉴욕의 수제(手製)햄버거 매장인 쉐이크쉑(Shake Shack·일명 쉑쉑버거)의 대표메뉴인 '쉑버거'는 항생제와 호르몬제를 쓰지 않은 소고기로 패티를 만드는 등 건강한 식재료를 사용한 명품 수제버거로, 햄버거 마니아들 사이에서 정평이 났다. 뉴욕을 찾는 전 세계 관광객이 반드시 맛봐야 하는(must eat) 대표음식이다. 쉐이크쉑은 2002년 미국의 식당사업가인 대니 마이어(Meyer)가 뉴욕의 매디슨 스퀘어 공원에서 작은 카트로 시작해 '미국 3대 버거'로 유명해졌다. 키오스크 형태의 정식매장을 연 시점은 2004년인데, 이 매장이 허름한 판잣집(shack)처럼 생겼다고 해서 쉐이크쉑이라는 상호가 붙었다. 맛있다는 소문이 퍼지면서 뉴욕의 명물이 됐다. 쉐이크쉑의 국내매장은 파리바게뜨를 운영하는 SPC그룹이 맡고 있다.

• 자료원 : 조선일보, 2016.7.27

01 소비자행동분석의 의의

마케팅의 본질은 기업의 구성원들이 소비자의 관점에서 생각하고 행동하는 과정이라 하였다. 그러나 마케터가 기업의 관점이 아닌 소비자관점에서 생각하고 행동하는 것이 실제에 있어 그렇게 용이한 일은 아니다. 예컨대, 많은 부모들이 자신의 주장을 자녀들에게 관철시키기 전에 자녀의 입장에서 그들이 진정으로 원하는 바가 무엇이며, 무엇이 그들을 위하는 것인가에 대해 생각해 본다. 그러나 대다수 부모들은 자신의 결정이 자녀들에게도 최상이라는 결론에 다다르게 된다. 즉, 많은 부모들이 이미 자신의 결정이 옳다는 가정 아래 형식적으로 자녀의 입장에 서보려는 노력을 기울이는 것이다.

기업의 마케팅관리자도 마찬가지인데, 자신들이 판단한 자사제품의 강점을 잠재적으로 머리에 간직한 채 소비자에 대한 분석을 실행하는 실수를 자주 저지른다. 마케터는 실질적으로 고객이 원하는, 즉 고객의 구매욕구를 진정으로 충족시킬 수 있는 제공물이 아니라 기업이 제공하고 싶은 제품이나 마케팅 커뮤니케이션만을 전달하는 것이다.

급변하는 시장환경, 보다 다양한 소비자욕구의 출현, 보다 치열해지는 시장경쟁으로 인해 소비자에 대한 체계적인 이해가 더욱 중요해지고 있다. 성공적인 마케팅전략의 출발점은 소비자를 잘 이해하는 것이다. 소비자(욕구, 라이프스타일, 구매행동 등)를 정확히 파악하지 못한 상황에서 개발된 신제품과 마케팅커뮤니케이션 프로그램은 실패할 가능성이 높다.

소비자행동은 소비자 의사결정 과정과 정보처리 과정을 토대로 이루어지며 그 과정에서 소비자의 인구통계적 특성과 심리묘사적 특성(소비자 개성, 라이프스타일 등) 같은 개인적 요인과 소비자가 처한 사회문화적 특성으로부터 영향을 받는다. 그리고 소비자의 의사결정과정과 정보처리과정 등은 소비자가 제품에 대해 갖는 관여도(involvement)에 따라 달라질 수 있다. [그림 3-1]은 소비자행동모형을 보여준다. 본 장에서는 소비자행동을 설명하는데 중요한 개념인 관여도를 먼저 소개하고 소비자행동의 주요 구성요소인 소비자 의사결정 과정과 정보처리 과정을 설명한다. 그리고 이에 영향을 미치는 문화적 요인, 사회적 요인, 그리고 심리적 요인에 대해 살펴본다.

02 관여도

소비자는 승용차를 구매할 때는 열심히 정보탐색을 하고 이 대안과 저 대안을 신중하게 살펴보는 등 해당제품 구매에 대해 높은 관여수준을 보이는 반면 치약을 구매할 때는 슈퍼마켓에 들러 별 생각없이 자신에게 친숙한 브랜드를 구매하는 등 제품구매에 대해 낮은 관여수준을 보인다. **관여도**(involvement)는 특정의 상황에서 특정의 대상에 대한 개인의 관련성 지각정도(perceived personal relevance) 혹은 중요성 지각정도(perceived personal importance)라고 정의되는데, 이러한 관여도는 소비자의 구매의사결정과정이나 정보처리과정에 큰 영향을 미친다.

제품에 대한 관여도가 높은 소비자는 낮은 소비자에 비해 신중하게 구매결정을 내린다. 여기서 '신중하게'라 함은 보다 많은 제품정보를 수집하기 위해 많은 시간과 노력을 투자하며 여러 대안들을 신중하게 비교, 평가하여 가장 나은 제품을 선택/구매하는 것을 의미한다. 즉, 고관여(high involvement) 구매상황의 소비자는 저관여(low involvement) 구매상황에 비해 더 포괄적이고 복잡한 의사결정과정과 더 정교하고 세밀한 정보처리과정을 거친다.

소비자의 제품에 대한 관여도가 높고 낮음은 절대적인 것이 아니라 상대적인 것인데, 관여도의 정도는 개인, 제품, 그리고 구매상황에 따라 달라진다. 먼저 제품에 대한 관여도는 개인에 따라 다를 수 있다. 예를 들어 와인에 대한 관여수준이 높은 와인애호가는 와인제품의 맛과 향에 매우 민감한 반면 와인에 대한 선호가 낮은 소비자는 맛과 향의 차이에 대해 그렇게 민감하지 않으며 대중적인 와인브랜드를 구매할 가능성이 높다. 관여도는 제품에 따라 달라지는데, 대체로 가격이 싼 제품보다 비싼 제품을 구매할 때 해당제품의 구매에 대한 소비자의 관여수준이 높아진다. 가령, 소비자는 치약을 구매할 경우에 비해 승용차를 구매하려는 경우에 더 높은 관여수준을 보인다.

제품에 대한 관여도에서 주목할 점은 실질적으로 관여도에 영향을 미치는 요인은 가격이 아니라 제품에 대한 지각된 위험(perceived risk)이다. 지각된 위험이 높을수록, 해당제품에 대한 관여수준이 높아진다. 지각된 위험에는 다양한 유형이 있는데, 재무적 위험, 심리적 위험, 사회적 위험 등이 대표적인 예이다. 재무적 위험(financial risk)은 잘못된 구매의사결정으로 인해 투입된 비용(제품가격도 포함함)을 상실할 가능성을 말하며, 소비자는 재무적 위험이 높은 것으로 지각되는 제품구매에 대해 관여도가 높아진다. 또한 제품구매가 자아표현에 중요하거나(즉, 심리적 위험(psychological risk)을 수반하거나) 혹은 다른 사람들로부터 받게 되는 부정적 평가와 같은 사회적 위험(social risk)을 수반할 경우도 해당제품에 대한 소비자의 관여도는 높아진다. 관여도는 상황에 따라 달라지기도 한다. 소비자는 같은 제품일지라도 본인이 사용하기 위한 경우와 누군가에게 선물을 하기 위해 구매하는 경우 그 제품에 대한 관여정도가 다를 수 있다.

관여도는 **지속적 관여도**(enduring involvement)와 **상황적 관여도**(situational involvement)로 구분된다. 지속적 관여도란 개인이 평소에 특정 제품군에 대해 큰 관심을 보여 오랜 기간 동안 지속적으로 관심을 갖는 것을 말하며, 상황적 관여도란 특정의 구매상황에서 어떤 제품에 대하여 일시적으로 높은 관심을 보이는 것을 말한다. 가령, 와인애호가는 와인에 대해 높은 지속적 관여도를 보이는 반면, 와인을 별로 좋아하지 않는 소비자가 직장상사에게 선물을 하기 위해 와인을 구매하는 경우에는 일시적으로 와인구매에 대해 높은 관여도를 보인다(즉, 높은 상황적 관여도를 보인다).

03 소비자 의사결정과정

소비자들은 매일 여러 가지 제품이나 서비스를 구매한다. 아침에 출근하기 위해 버스를 탈것인가 지하철을 이용할 것인가 아니면 택시를 이용할 것인가에 대한 의사결정을 내리는 것을 시작으로 점심 식사를 위한 음식점 및 메뉴의 선택, 퇴근 후 백화점에 가서 어떤 옷을 살것인가에 대한 결정, 슈퍼마켓에서 다음날 아침에 마실 오렌지주스 선택을 위한 구매의사결정 등 다양한 제품 및 서비스에 대한 구매의사결정 상황에 직면한다. 기업들은 설문조사, 소비자관찰 등 여러 가지 방법을 통하여 소비자들이 제품을 구매하는 과정을 이해하려고 노력한다.

소비자들의 구매의사결정 과정은 [그림 3-1]과 같이 욕구(문제)의 인식, 정보탐색, 대안의 평가, 구매, 구매 후 행동의 5단계로 구성된다. 소비자는 충족시키고 싶은 욕구가 환기(arousal)되면 이러한 욕구를 충족시키는 최선의 대안을 선택하기 위하여 관련정보를 탐색한다. 탐색된 제품정보에 근거하여 여러 대안들을 비교·평가하고, 이중 가장 나은 특정의 브랜드를 선택/구매하며 구매 후 사용경험를 통해 구매한 제품에 대한 만족/불만족 수준을 형성하여 기억에 저장한다. 구매한 제품에 대한 만족/불만족 수준은 추후 재구매여부, 즉 브랜드충성도에 큰 영향을 미친다.

그림 3-1 고관여 구매상황에서의 소비자행동모형

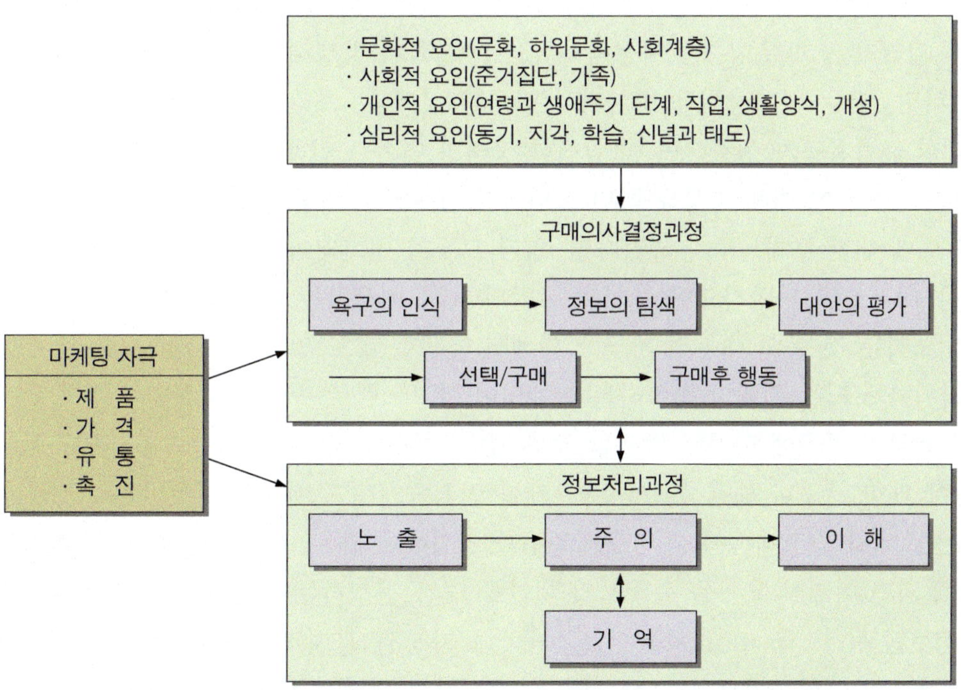

소비자 구매의사결정 과정은 구매행동 이전부터 구매 후 행동에 이르기까지 지속적으로 연결되어 있다. 따라서 마케팅관리자들은 소비자들의 욕구인식 단계에서부터 구매 후 행동에 이르기까지 전 과정에 대한 깊은 이해를 가져야 한다. 대체로 소비자들은 신제품을 구매하거나 고가격이거나 지각된 위험이 수반되는 제품을 구매하려는 고관여 상황 하에서는 구매의사결정과정의 모든 단계를 거치는 경향이 있기 때문에 다음에서는 이러한 구매상황을 가정하고 각 단계에 대하여 살펴보기로 한다.

■ 구매의사결정 과정(The Buying Decision Making Process)

구매의사결정과정은 **욕구의 인식**(need recognition)에서 시작된다. 소비자들은 일상생활에서 여러 가지 제품을 구매하는데, 이와 같은 구매행동은 구매당시의 특정 욕구(needs)를 충족시키기 위한 것이다. 그러므로 소비자의 구매행동을 유발하는 출발점은 바로 욕구라고 할 수 있다. 욕구는 안전, 편안함, 배부름 등 본원적(generic)이거나 그러한 본원적 욕구를 충족시킬 수 있는 현실적 수단, 즉 기업이 제공하는 특정제품에 대한 욕구와 같이 보다 구체적인(specific) 것일 수 있다. 예를 들어, 소비자는 추위를 느낄 때 따뜻한 것에 대한 욕구(needs)를 가지게 되며 보다 구체적으로 패딩점퍼에 대한 욕구(wants)를 가질 수도 있다. 그러나 추울때 따뜻한 옷에 대한 욕구와 같은 근본적 욕구(fundamental needs)는 누구에게나 동일하지만, 따뜻한 옷의 여러 대안인 패딩점퍼, 모직반코트, 가죽점퍼 중 특정대안에 대해 발생하는 구체적 욕구(specific wants)는 개인마다 다른데, 이는 바로 그 소비자의 취향이나 그가 속한 사회의 문화가 다르기 때문이다.

소비자는 자신이 처해있는 현 상황과 바라는 이상적인 상황과의 차이가 클때 욕구가 환기(arousal)된다. 이러한 구매욕구의 환기는 문제인식(problem recognition)이라고도 하는데, 구매의사결정과정의 출발점이다. 욕구인식 혹은 문제인식은 실제상태가 변하거나, 바람직한 상태가 변화하거나, 혹은 양자 모두가 변해 실제상태와 바람직한 상태 간에 상당한 차이가 날 때 일어난다. 예를 들어, 자동차의 시동이 잘 걸리지 않고 운행중에 자동차가 멈추는 상황이 발생해 새로운 승용차를 구매하려는 욕구가 환기되었다면, 이는 실제상태가 변화되어 일어난 것이다. 그리고 영화애호가가 영화광고를 보고 새 영화에 대한 관람욕구가 생겼다면, 바람직한 상태의 변화로 인해 욕구가 발생된 것이다. 그리고 눈가에 생겨나는 잔주름에 대해 속상해 하던 소비자가 잔주름 제거를 위한 첨단바이오 기능성 화장품의 출시를 보고 이에 대한 구매욕구가 생겼다면, 양자 모두가 변화되어 욕구가 환기된 경우라고 하겠다.

욕구인식은 내적요인과 외적요인에 의해 유발된다. 구매욕구는 배고픔, 계절의 변화에 따라 더위 혹은 추위를 느끼는 것 등의 내부적 자극에 의해서 발생할 수도 있고, 친구의 새로 산 옷이나 액세서리 등을 부러워하게 되는 것이나 좋아하는 연예인이 광고모델로 출연한 패션의류 잡지광고를 보게 된 경우와 같이 외부적 자극에 의하여 발생할 수도 있다. 이러한 내부적 또는 외부적 자극들은 소비자로 하여금 제품에 대한 욕구나 해결하고 싶은 문제를 인식하게해 구매행동을 유발할 수 있다. 따라서 마케팅관리자는 소비자들이 제품에 대한 구매욕구를 인식하게 하는 요인과 상황을 잘 이해해야 한다.

욕구가 발생되면 이러한 욕구를 충족시킬 대안을 평가/선택하는데 필요한 정보를 탐색하는 단계로 들어간다. **정보탐색**(information search)은 기억에 저장된 관련정보를 떠올리는 **내적탐색**(internal search)과 외부에서 대안평가에 필요한 관련정보를 찾는 **외적탐색**(external search)으로 나누어진다.

구매욕구를 느낀 소비자는 만약 욕구가 강하고 그 욕구를 채울 수 있을 만큼 만족스러운 대안이 머리에 떠오른다면, 내적탐색만으로 곧바로 그 제품을 구매할 것이다. 따라서 마케팅관리자는 자사브랜드 정보가 소비자의 기억에 저장되도록 하기 위해 많은 마케팅노력을 기울인다. 왜냐하면 소비자는 기존에 알고 있던 브랜드들 중 일부만을 회상하고 이들 중에서 선택하기 때문이다. 내적탐색과정에서 회상된 몇 개 브랜드들의 집합을 **환기브랜드군**(evoked set)이라 한다. 소비자는 환기브랜드군 내에 있는 브랜드대안들 중 하나를 선택할 가능성이 높기 때문에 마케팅관리자는 자사제품이 목표고객집단이 구매시점에 고려하는 환기브랜드군에 포함되도록 하기 위해 마케팅노력을 기울여야 하며, 환기브랜드군 내에 자사브랜드가 포함되어 있는지를 정기적으로 조사해야 한다.

그러나 일반적으로 소비자들은 자신의 욕구를 만족시킬 수 있는 대안을 찾는데 필요한 제품정보를 기억 속에 충분히 갖고 있지 못한 경우가 많은데, 그런 경우 외부에서 제품정보를 찾는 외적탐색에 나서게 된다. 만약 새로운 스타일의 정장제품이 유행함에 따라 새로운 정장의류에 대한 필요성이 인식되면 그 소비자는 이와 관련된 정보에 대해 보다 많은 주의를 기울이고 받아들인다. 이에 따라 TV나 잡지 등의 의류광고에 대하여 높은 주의를 기울이며 또한 주변사람들이 입고 다니는 정장의류들을 깊은 관심을 갖고 살펴보게 된다. 뿐만 아니라 주위사람들과 정장의류와 관련된 주제를 가지고 많은 대화를 나누기도 한다. 어떤 경우에는 보다 적극적인 정보획득 행동을 보이기도 하는데, 온라인으로 정장의류 관련자료를 찾아 읽거나, 친구들에게 전화를 걸어 정보를 얻고, 직접 백화점 의류매장에 들러 새로운 유행제품을 자세히 살펴보거나 판매원에게 질문을 하기도 한다. 정보탐색을 통해 많은 패션정보를 획득할수록 소비자들은 구매의사결정에 유용한 패션브랜드에 대한 인지도와 지식수준은 증가하게 되는데, 소비자들은 과거에 몰랐던 여러 브랜드들을 알게 되기도 하고 경우에 따라 고려대안에서 어떤 패션브랜드를 제거할 수 있는 지식을 얻기도 한다.

소비자가 외적탐색과정에서 의존하는 외부정보원천(external information source)에는 기업제공원천, 소비자원천 그리고 중립적 원천이 있다. 기업제공 정보원천에는 광고, 판매원, 포장과 매장내의 정보 등이 있으며, 소비자원천은 가족, 친지, 친구 등의 주변사람으로부터 얻게 되는 구전정보를 말한다. 중립적 원천에는 소비자보호원 같은 공공기관이나 언론기관의 발행물 등이 있다. 대체로 소비자는 소비자원천과 중립적 원천으로부터 얻는 정보를 기업제공원천보다 신뢰하는 경향이 있기 때문에 마케터는 자사제품에 대한 긍정적 구전이 이루어지도록 고객만족관리에 유의하고 정부기관, 언론기관과의 공중관계(public relations)구축에 노력을 기울여야 한다.

소비자들은 정보탐색과정을 거친 뒤 **대안평가**(alternative evaluation)단계로 들어가는데, 소비자는 브랜드선택에 도달하기 위하여 주요 평가기준을 토대로 어떤 브랜드대안이 더 바람직한지를 평가하게 된다. 평가대상이 되는 대안들은 제품군들일 수도 있고, 한 제품군 내의 브랜드들일 수도 있다. 예를 들어, 겨울용 상의 구매를 위한 대안들로 패딩점퍼, 모직반코트, 가죽점퍼 등을 고려한다면 전자에 해당하고, 노스페이스, K2, 네파 패딩점퍼를 고려한다면 후자에 해당한다. 소비자는 대안을 평가함에 있어 제품속성을 평가기준으로 사용하는데, 의류구매의 경우 제품속성으로는 바느질의 완전성, 원단의 비구김성, 디자인, 색상, 가격 등의 제품속성을 평가기준으로 사용할 수 있다. 그리고 소비자는 각 속성의 중요도와 각각의 대안이 각 속성상에서 어떤 위치를 차지하고 있는지에 대한 브랜드속성신념(brand beliefs)을 기반으로 대안을 평가하게 된다.

평가기준과 관련해 마케터가 유의해야 할 점은 소비자가 중요하게 생각하는 제품속성(평가기준)이 반드시 대안을 선택하는데 있어 결정적 속성이 되지 않을 수 있다는 것이다. 예를 들어, 승용차구매시 소비자가 중요하게 생각하는 평가기준인 안전성에서 경쟁브랜드들 간에 차이가 없다면, 그 평가기준은 변별력이 없어 브랜드를 선택하는데 별 영향을 미치지 못하며, 오히려 오디오시스템의 성능이 브랜드선택에 결정적 역할을 할 수 있다.

마케팅 Highlight

"커피믹스의 새로운 평가기준: 카제인나트륨"

커피에 첨가한 성분을 둘러싼 광고로 시작한 동서식품과 남양유업 간의 품질논쟁은 업계와 소비자의 주목을 끌었다. 인스턴트 커피 시장의 점유율만을 놓고 보면 동서식품과 남양유업은 비교가 '불가능한 수준'이다. 시장의 80% 가까이를 동서식품이 차지하고 남양유업은 10~20%의 점유율을 차지하기 때문이다.

도전 브랜드인 남양유업은 광고를 통해 소비자들이 그동안 아무렇지 않게 생각했던 카제인나트륨에 문제가 있는 것으로 생각하도록 유도하고, 남양유업 프렌치카페 카페믹스는 카제인나트륨이 들어간 프림 대신 무지방 우유를 사용했다는 것을 부각시켰다. 대형마트의 커피매장을 찾은 정 모씨(34, 여)는 "마트에서 커피를 시음행사를 하는데, 문득 저 제품에 무엇을 넣었지라는 생각이 들었다. 우유를 넣은 건지, 아니면 저지방우유를 넣은 건지 궁금했다. 아무래도 최근 광고 때문에 이런 생각을 하게 되는 것 같다"고 말했다. 동서식품은 카제인나트륨 논란을 종식시키기 위해 우유를 넣은 커피를 출시했다. 하지만 이는 오히려 상대방에게 공격의 기회를 제공했다. 남양유업이 동서식품의 신제품에 대해서 또다시 간접적인 비교광고를 시도한 것이다. 남양유업은 광고에서 '요즘은 왜 다들 프림에 카제인나트륨 대신 우유를 넣을까요'라는 카피를 통해 시장선도자인 동서식품이 남양유업의 제품을 모방했다는 메시지를 소비자들에게 전달했다.

그러나 공격을 당하고 있는 동서식품으로서는 불쾌할 수밖에 없다. 동서식품 관계자는 "사실 남양유업의 광고가 문제이다. 카제인나트륨은 아무런 문제가 없는 첨가물이다. 그럼에도 남양유업의 광고로 인해 소비자들의 오해만 키우게 됐다"며 말했다. 즉, 남양유업의 광고가 소비자들에게 '카제인나트륨=유해한 첨가물'이라는 인식을 심어주었다는 것이다.

새로운 제품평가기준을 도입해 자사 브랜드에 대한 긍정적 태도형성을 유도한 남양유업: 남양유업 프렌치카페 카페믹스 광고는 소비자들로 하여금 기존의 카페믹스제품들이 재료로 사용한 카제인나트륨에 문제가 있는 것으로 생각하도록 유도하고, 남양유업 제품은 카제인나트륨이 들어간 프림대신 무지방우유를 사용했다는 것을 부각시켰다.

소비자들은 모든 구매상황에 적용되는 단일의 평가과정과 평가방식을 사용하지 않는다. 대신 구매상황에 따라 몇 가지 유형의 평가방식 중 하나를 이용한다. 소비자들은 특정의 평가방식을 토대로 각 브랜드대안에 대한 태도를 형성한다. 소비자들이 어떻게 각 대안들을 평가하는지는 개인마다, 그리고 구체적인 구매상황에 따라 달라진다. 경우에 따라 소비자들은 신중한 계산과 논리적 사고를 동원한다. 또 다른 경우에는 거의 평가를 하지 않고 충동적으로 구매하거나 감(intuition)에 의존한다. 때로는 소비자들 스스로 구매결정을 할 때도 있고, 때로는 친구, 온라인 리뷰, 또는 판매원으로부터 구매에 관해 조언을 구할 때도 있다.

만일 어떤 소비자가 자동차선택대안을 세 가지(가령, 쏘나타, K5, SM5)로 좁혀 놓고, 그 세 가지 자동차대안을 평가하는데 네 가지 제품속성(스타일, 유지비, 품질보증, 그리고 가격)을 평가기준으로 고려한다고 가정하자. 이 시점에 이르면 그 소비자는 이미 각 브랜드대안이 개별제품 속성에서 어떤 평가점수를 얻을 것인지에 대한 신념을 형성하고 있을 것이다. 만약 한 자동차대안(가령, 쏘나타)이 확실하게 모든 속성들에서 최고로 평가됐다면, 그 소비자는 그 승용차대안을 당연히 선택할 것으로 예측할 수 있다. 하지만 현실적으로 각 브랜드는 어떤 속성에서는 높은 평가점수를 받지만 다른 속성에서는 낮은 평가점수를 받을 가능성이 높다. 만약 소비자가 특정 제품속성을 중요하게 생각하고 그 속성을 기준으로 구매의사결정을 내린다면, 그 소비자가 선택할 대안은 쉽게 예측될 수 있다. 예를 들어, 다른 모든 평가기준을 제쳐두고 스타일을 제일 중요하게 여기고, K5가 스타일에서 가장 높은 평가점수를 받았다면, 그 소비자는 스타일이 제일좋다고 생각되는 차, 즉 K5를 구매할 것이다. 하지만 대부분의 구매자들은 몇 가지 제품속성들을 함께 고려하면서 각 속성에 대한 상대적 중요도에 대해 차이를 두는 방식으로 각 대안들을 평가할 것이다. 만약 타겟소비자가 네 가지 제품속성 각각에 대해 부여하

선택대안 평가시 소비자들이 자사브랜드를 고려대상으로 삼도록 하기 위해 후발브랜드들이 자주 활용하는 비교광고: 기업은 유사한 경쟁 브랜드와 비교하여 자사 브랜드에 대한 표적집단 고객의 선호도를 높이기 위해 비교광고를 시행하기도 한다. 사진은 후발 브랜드인 헤지스가 경쟁브랜드인 빈폴과 폴로에 대해 시도한 비교광고로 빈폴의 심볼인 자전거와 폴로의 말을 버리고 헤지스 점포로 들어오는 고객의 모습을 표현하고 있다.

는 상대적 중요도를 알 수 있다면, 그 소비자의 승용차 선택확률을 보다 신뢰성 있게 예측할 수 있다.

마케터들은 구매자들이 실제로 브랜드대안을 어떻게 평가하는지에 대해 알기 위해 마케팅조사를 통해 구매자들의 평가과정을 연구해야 한다. 어떠한 평가과정을 거치고 어떤 평가방식을 사용하는지를 안다면, 마케터들은 구매자의 대안평가와 선택에 영향을 미칠 마케팅방안을 개발할 수 있다.

평가단계에서 각 브랜드대안에 대한 평가를 통해 각 대안에 대한 태도가 형성되면 소비자는 특정 대안을 선택하는 구매의사결정을 내리게 된다. 일반적으로 소비자의 선택, 즉 **구매의사결정**은 가장 선호하는(태도점수가 가장 높은) 브랜드를 구매하는 것을 말한다. 그러나 소비자는 다음과 같은 두 가지 요인으로 인해 자신이 구매하기를 원하는 제품과 다른 제품을 구매할 수 있다. 그 첫 번째 요인은 주변사람들의 대안에 대한 태도이다. 의류 구매의사결정 단계에서 만약 어떤 여성구매자의 남편이 보다 보수적인 디자인의 의류를 구매하기 원한다면 그 여성구매자는 주위의 이목을 끄는 트렌디한 의류를 구매할 가능성은 적어지게 된다. 이러한 경우 구매자는 특히 자기와 가깝거나 영향력을 갖고 있는 가족, 친지, 동료 등의 다른 사람들(significant others)의 의견에 의해 영향을 받게 되었다고 할 수 있다. 두 번째로 구매는 예기치 않은 상황변수들에 의해서도 영향을 받는다. 예를 들어 명품핸드백을 구매하기로 한 어떤 소비자가 갑자기 직장을 잃을 수도 있고, 집장만 등 더 긴급한 다른 구매가 필요하게 될 수도 있다. 또한 자신이 구매하려고 마음먹은 브랜드가 품절되어 살 수 없게 되어 다른 브랜드의 제품을 구입하게 되는 경우도 있다.

제품을 구매한 후 소비자들은 제품에 대하여 만족 또는 불만족 등의 반응을 나타내는 등 **구매 후 행동**(postpurchase behavior)으로 이어지게 된다. 소비자들의 구매에 대한 만족, 불만족은 소비자들의 성능에 대한 기대와 제품의 지각된 성능 간의 관계에 의하여 결정된다. 만약 구매한 제품의 성능이 그 제품을 구매하기 전에 가지고 있던 기대에 못미치게 된다면 소비자는 불만족하게 될 것이고, 제품의 성능이 기대에 부응하게 되면 소비자는 만족을 느끼게 되며 더 나아가서 제품의 성능이 기대했던 것보다 뛰어나면 소비자는 매우 기뻐할 것이다.

소비자들은 제품성능에 대한 기대를 판매자, 친구 및 다른 정보원천으로부터 획득한 정보에 근거하여 형성한다. 지나치게 높은 기대의 형성은 오히려 구매 후 불만족의 원인으로 작용할 수도 있는데, 만약 판매자가 제품의 성능을 과장해서 광고하면 소비자는 기대를 높게 형성하고 제품을 구입하기 때문에 불만족을 느낄 가능성이 높다. 기대와 지각된 실제성능 간의 차이가 크면 클수록 소비자들의 불만족은 높아지기 때문에 소비자의 만족을 높이기 위해서는 판매자들이 제품의 성능을 솔직하게 밝히는 것이 효과적이다. 어떤 판매자들은 소비자의 만족을 높이기 위해서 제품의 성능을 일부러 낮추어 전달하기도 한다. 그 이유는 소비자들은 기대보다 높은 성능을 얻게 되면 재구매가 쉽게 일어나고 잠재적 소비자들에게 호의적 구전을 전달하는 효과를 얻을 수도 있기 때문이다.

제품의 구매 후, 특히 고가 패션제품을 구매한 소비자의 대부분은 자기의 의사결정이 옳았는지에 대한 확신의 부족으로 **인지부조화**(cognitive dissonance) 또는 심리적인 불편(psychological discomfort)을 경험한다. 구매한 제품에 대하여 완전히 만족하는 소비자는 자신이 구매하지 않은 제품의 결점을 회피할 수 있었던 것에 대해 다행으로 생각하겠지만, 대부분의 제품이 결점과 장점을 동시에 갖고 있기 때문에 소비자들이 자신이 구매한 제품에 대해 완전히 만족하는 경우는 드물다. 따라서 소비자들은 거의 모든 구매에 있어서 어느 정도의 구매 후 인지부조화를 느끼게 된다. 따라서 기업은 자사제품 구매자의 불만족을 극소화하기 위한 노력을 게을리 해서는 안 된다.

기업의 매출은 신규구매와 반복구매로부터 발생하는데, 반복구매 여부를 결정하는 소비자의 만족/불만족은 기업에게 매우 중요하다. 일반적으로 기존 고객들을 유지하는 것보다는 신규고객을 유치하는 것이 훨씬 더 어렵고 비용도 많이 든다. 따라서 기존 고객들을 유지하는 것이 신규고객을 유인하는 것보다 더 중요한데, 이를 위해서는 기존 소비자들이 자사제품에 만족을 느끼게 하는 것이 가장 좋은 방법이다. 만족한 소비자는 재구매를 할 가능성이 높으며 다른 사람들에게 호의적인 구전을 행하고 경쟁브랜드의 광고에 관심을 덜 갖는 경향이 있으며 자사에서 나온 다른 제품도 구매하게 된다.

앞에서 설명한 소비자의 구매의사결정 과정을 이해하는 것은 성공적인 마케팅의 기초가 된다. 소비자가 어떻게 구매욕구를 느끼게 되고, 어떤 제품정보를 어떻게 탐색하며, 브랜드대안들을 어떻게 평가해 구매의사결정을 내리고, 어떤 구매 후 행동을 하는지를 이해하는 것은 표적시장을 대상으로 효과적인 마케팅프로그램을 개발하는데 토대가 된다.

04 소비자 정보처리과정

소비자는 자신이 원하든 원하지 않든 거의 매일광고를 포함한 수많은 마케팅자극에 노출된다. 신문을 펴거나 TV를 틀거나 잡지를 보거나 PC나 스마트폰을 통해 인터넷을 하거나 지하철을 타면 수많은 광고에 저절로 노출된다. 소비자는 한번의 광고노출만으로 광고된 제품을 바로 구매하는 것은 아니다. 소비자는 광고에 노출되어 여러 단계의 반응과정(response process)을 거치게 된다. 우연적이든 의도적이든 간에 소비자가 광고에 노출되어 그 광고에 주의를 기울이고 나름대로 광고를 해석(이해)하여 이를 토대로 새로운 브랜드 속성신념과 브랜드태도를 형성하거나 기존의 브랜드 속성신념과 태도를 변화시켜 이를 기억속에 저장시키는 과정을 **정보처리과정**(information processing)이라고 한다. 정보처리과정은 노출, 주의, 이해(지각)로 구성된다.

정보처리과정은 소비자가 마케팅정보에 노출되는 것으로부터 시작된다. **노출**(exposure)은 소비자가 감각기관을 통해 마케팅자극(제품정보)을 받아들이는 것이다, 노출은 **우연적 노출**(accidental exposure)과 **의도적 노출**(intentional exposure)로 나눌 수 있다. 우연적 노출은 TV를 시청할 때나 잡지를 읽는 동안 광고에 노출되는 것과 같이, 소비자가 의도하지 않은 상태에서 정보에 노출되는 것이다. 이에 반해 의도적 노출은 욕구를 인식한 소비자가 구매의사결정과정에서 외적탐색에 의해 관련정보를 접하는 것을 말한다. 기업은 그들의 매체습관을 잘 분석해 그들이 많이 이용하는 매체에 제품정보를 제공함으로써 노출유형에 상관없이 표적소비자들이 자사브랜드 정보에 노출될 기회를 높여야

버스 렙핑 광고는 표적 소비자에게 자사 브랜드를 노출시킬 수 있는 유용한 마케팅커뮤니케이션 수단 중 하나이이다

할 것이다.

노출된 자극에 흥미를 느끼면 소비자는 추가적인 정보처리를 위해 그 제품정보에 주의를 기울이는 단계로 넘어간다. **주의**(attention)는 마케팅정보에 주목하는 과정이다. 소비자는 자신이 노출된 모든 자극에 주의를 기울이지는 않는데, 이를 **선택적 주의**(selective attention)라 한다. 즉, 소비자가 마케팅 자극에 의도적으로 자신을 노출시킨 경우에는 자연스럽게 주의를 기울이지만, 우연적으로 노출되었을 때는 그 정보에 어느 정도 관여되어 있을 때에만 주의를 기울인다. 대체로 제품에 고관여된 소비자는 노출된 마케팅정보에 상당한 주의를 기울일 것이지만, 구매하려는 제품에 대한 관여수준이 낮은 소비자는 이에 별로 주의를 기울이지 않게 된다. 가령, 평소에 골프에 관심이 많은 소비자는 그렇지 않은 소비자에 비해 새로운 골프용품 정보에 대해 주의를 기울일 가능성이 더 높을 것이다. 따라서 마케터는 재미있고 타겟소비자의 관심을 끄는 광고물을 개발함으로써 자사 브랜드정보에 대한 주의를 높여야 할 것이다. 광고물이 소비자의 주의를 끄는 정도를 주목환기력(stopping power)이라 하는데, 마케팅관리자는 자사 광고물의 주목 환기력을 높이기 위해 노력해야 한다. 예를 들어, 유명연예인(celebrity)을 광고모델로 이용하거나 성적 소구(sex appeal)와 같은 표현전략을 쓰는 것이 이에 해당한다. 마지막으로 **이해**단계는 마케팅정보의 내용을 조직화하고 그 정보의 의미를 해석하는 과정으로, 소비자는 이를 토대로 마케팅정보에 대하여 긍정적 혹은 부정적 평가를 내리게 된다. 가령, 소비자들은 샤넬제품의 원단, 부자재, 스타일, 매장내 디스플레이 등의 자극요소들을 통합해 우아하고 고급스러운 느낌을 주는 프랑스 최고급 패션브랜드라고 생각(해석)할 수 있다. **지각적 조직화**(perceptual organization)는 정보처리 대상의 여러 요소들을 따로 따로 지각하지 않고 통합하여 지각하는 메커니즘을 말한다. 예를 들어, 샹들리에, 샴페인, 턱시도를 입은 남성들, 맛있는 음식 등으로 구성된 멋진 파티장소를 배경으로 특정의 패션브랜드를 입은 여성모델이 아름다운 배경음악과 함께 메시지를 전하는 TV광고에 노출되면 소비자는 모든 자극적 요소들을 통합·조직화하여 전체적으로 그 패션브랜드가 매력적이고 우아한 이미지를 갖고 있는 것으로 받아들인다(지각한다). **지각적 해석**(perceptual interpretation)은 통합된 지각대상에 주관적으로 의미를 부여하는 것이다. 소비자는 마케팅자극(정보)을 지각하고 해석할 때 유입된 자극물과 관련하여 기억에 저장되어 있는 정보를 자연스럽게 인출한다. 즉 유입정보와 기억에 저장된 관련정보를 결합하여 그 대상물을 해석하는 것이다. 예를 들어, 어떤 소비자가 나이키 골프웨어 광고를 접하게 되면 기억에 저장되어 있던 나이키와 골프에 관한 정보

가 인출되어 유입된 광고정보를 처리하는데 활용된다.

정보처리과정을 통하여 형성 혹은 변화된 브랜드속성신념과 태도는 브랜드대안을 평가하는 과정에 바로 이용되거나 차후의 구매의사결정을 위해 기억속에 저장된다. 기억(memory)은 단기기억과 장기기억으로 나누어지는데, **단기기억**은 유입된 마케팅정보를 처리하는 기능을 가지며 **장기기억**은 처리된 정보를 저장하는 기능을 갖는다. 소비자는 제품을 구매·사용하는 과정에서 긍정적 혹은 부정적 경험(제품속성신념, 긍정적/부정적 태도, 혹은 만족/불만족 정도 등)을 하며, 이는 소비자의 장기기억에 저장된다. 또한 단기기억에서 처리된 새로운 제품정보들도 장기기억에 저장된다. 마케터는 자사제품정보가 소비자의 기억속에 잘 저장될 수 있도록 함과 동시에 구매의사결정상황에서 저장된 자사제품 정보가 쉽게 떠올려질 수 있도록 정보의 인출가능성을 높이는 마케팅노력도 함께 기울여야 한다.

05 소비자행동에 영향을 미치는 요인

소비자행동은 의사결정과정과 정보처리과정을 통해 이루어지지만, 환경적 요인들에 의해서도 많은 영향을 받는다. 환경적 요인에는 문화적 요인, 사회적 요인, 개인적 요인, 그리고 심리적 요인이 있다. 소비자의 제품과 브랜드 선택행동은 문화적, 사회적, 개인적, 그리고 심리적 요인의 복합적 상호작용에 의한 결과이다.

5.1 문화적 요인(Cultural Factors)

문화적 요소는 소비자행동에 폭넓고 깊은 영향을 끼친다. 마케터는 구매자가 속한 문화, 하위문화, 그리고 사회계층이 소비자 의사결정과정과 정보처리과정에 미치는 영향을 이해해야 한다.

■ 문화(Culture)와 하위문화(Subculture)

문화는 소비자가 속해 있는 국가나 사회의 구성원들이 공유하는 관습, 가치관, 도덕 등의 복합체로서 여러 시대를 거쳐오면서 생성/변화되어 온 생활방식을 반영한다. 따라서 문화는 소비자 욕구충족의 기준이 되고 행동의 규범을 제공한다. 사람들은 사회의 테두리 안에서 성장하면서 기본적 가치관, 기호, 욕구, 그리고 행동에 대해 가족 또는 다른 중요한 사회구성원들로부터 배운다. 모든 집단과 사회는 고유의 문화를 갖고 있는데, 문화가 구매행동에 미치는 영향은 각 국가 혹은 지역마다 다를 수 있다. 이 차이에 대해 적응하지 못하면, 기업들은 비효율적인 마케팅 또는 황당한 실수를 초래할 수 있다. 가령, 미국인들은 성장하면서 성취와 성공, 활동과 참여, 효율성과 실용성, 물질적 안락, 개인주의, 자유, 젊음 등과 같은 가치들이 중요하다고 학습하거나 그것들에 노출되어 있다. 우리나라는

맥도날드는 어린이 햄버거 세트인 해피밀을 판매하면서 슈퍼마리오 피규어 8종을 함께 증정하는 어린이를 위한 판촉이벤트를 실시했는데, 정장에 넥타이를 맨 2~30대 샐러리맨들이 이를 소장하기 위해 행렬을 이루기도 했다.

다른 나라에 비해 자녀에 대한 교육열이 높아서 학습지나 학원에 대한 수요가 매우 크다. 이러한 문화적 요인은 시간의 흐름에 따라 변화하는데, 미국이나 일본에서 이미 오래전부터 행해지던 '장례대행'이 최근 들어 유교문화의 퇴색으로 우리나라에서도 주목받는 산업으로 자리매김하고 있는 것이 한 예이다.

마케터들은 소비자들이 원하는 제품을 발견하기 위해서 문화적 추세의 변화를 알아내려고 한다. 예를 들어, 최근 건강과 체력단련쪽으로 문화적 추세가 이동하면서 건강과 체력단련 서비스업체, 운동기구와 운동복, 자연산 식품과 갖가지 식이요법과 같은 사업분야들이 성장하고 있다. 격식을 차리지 않는 쪽으로 추세가 기울면서, 캐주얼 의류와 심플한 가구들에 대한 수요가 늘어났다.

각 문화는 더 작은 하위문화들(subcultures)을 포함하는데, **하위문화**는 공통적인 인생경험과 상황에 기반하여 서로 비슷한 가치관을 갖고 있는 사람들로 구성된 집단들로 정의된다. 하위문화는 국적, 종교, 인종, 지리적 범위 등을 포함한다. 많은 하위문화들은 중요한 세분시장을 이루고 있고, 종종 마케터들은 그들의 필요에 맞추어 제품과 마케팅프로그램을 설계한다. 가령, 국내기업들이 다문화가정을 타켓으로 마케팅을 수행하는 것이 이에 해당한다. 경기도 안산 다문화거리 중심부에 위치한 우리은행 원곡동 외환송금센터는 개점인사를 하는 직원이 한국어로 시작한 인사말을 영어·중국어·방글라데시어·캄보디아어·러시아어 등 8개 외국어로 되풀이 한다. 이 센터는 이용고객의 99%가 외국인이므로 고향에 온 느낌을 주려고 노력한다. 은행안에는 손바닥만 한 상품책자부터 환율고시까지 모든 안내문이 4~5개 국어로 적혀 있다. 다문화마케팅 전략에 힘입어 센터는 2년만에 크게 성장했다. 2012년 1000여명이던 고객 수가 2014년 말 2만여명으로 20배 증가하고, 수신액도 10억원에서 150여억원으로 15배가 됐다.

마케팅 Highlight

아시아 무슬림 문화권의 여성을 겨냥해 할랄 화장품 마케팅을 강화하는 화장품업체

할랄(Halal)시장이 점차 커지면서 할랄 대표기업 자리를 놓고 경쟁이 한층 치열해지고 있다.

미국, 일본, 유럽 등 비무슬림 국가들의 다국적기업들이 이 시장을 선점한 가운데 최근 들어 동남아시아 국가연합(ASEAN · 아세안) 현지기업들이 점차 도전장을 내고 있는 추세다. 무슬림 인구분포가 가장 많은 아세안에서 현지 소비자 성향에 맞는 '할랄 제품특성화' 에 성공하면서 명성을 점차 얻어가고 있다. 전 세계 무슬림 인구의 62%는 아세안에 거주하고 있다. 할랄이란 이슬람법(Shariah)에 따라 무슬림이 먹고, 사용할 수 있도록 허용되는 것을 뜻한다. 그동안 할랄이라고 하면 주로 식품만을 의미했는데 최근에는 의약품, 화장품 등을 비롯해 금융, 관광 등으로 확대되고 있다.

최근 들어선 콜라겐(돼지에서 추출), 글리세린(알코올 성분) 등의 성분이 들어가지 않은 '할랄 화장품' 을 개발하고 무슬림 생활에 맞춘 화장품마케팅을 강화하려는 업계의 움직임이 활발하다. 가장 큰 특징은 무슬림 생활에 적합하게 만들어졌다는 점이다. 무슬림은 하루에 다섯 번 기도해야 하는 의무가 있다. 또 기도시간에 앞서 깨끗한 물로 얼굴, 손, 발을 닦아야 한다. 아울러 무슬림 여성 대부분이 얼굴을 부분적으로 가리는 히잡을 착용한다. 이러한 특성상 눈 화장을 중요시하는 경향이 두드러지며, 빠르게 마르고 쉽게 지울 수 있는 매니큐어에 대한 선호도가 높다.

이러한 특성에 집중해 성공한 대표적인 할랄 화장품 회사로는 인도네시아 현지업체 와다(Wardah)가 꼽힌다. 와다는 '히잡을 쓴 무슬림 여성에게 가장 잘 맞는 화장품' 이라는 점을 적극 내세우고 있다. 예를 들어 이 회사는 히잡을 쓴 여성을 모델로 쓰는 것은 물론 모든 판매원이 회사 트레이드마크인 파랑 · 녹색 색상의 히잡을 착용하도록 하면서 '할랄 화장품' 대표회사로서 입지를 강화하고 있다. 이 회사의 버팀목은 인도네시아 본토시장이다. 인도네시아는 세계에서 네 번째로 많은 인구를 자랑하는 2억 5000만명의 인구대국인데, 이 중 88%가 무슬림이다. 중산층은 우리나라 전체인구와 비슷한 5000만명 정도로 추산된다. 특히 소득수준 향상과 사회진출 여성의 증가로 화장품 수요가 꾸준히 높아지고 있다. 1995년 창업한 와다가 할랄 화장품 대표회사로 입지를 다지게 된 계기는 2013년 인도네시아에서 대박을 친 영화 '유럽하늘에 99개 등불(99 Lights in the European Sky)' 을 공식 후원하면서 부터다. 히잡을 쓴 여주인공이 와다 화장품을 사용하면서 제품이 불티나게 팔려나갔다. 이 모멘텀을 이어가기 위해 이후에도 TV 광고는 물론 무슬림 의류 패션쇼 공식후원 등 공격적인 마케팅을 펼치면서 '와다=할랄 대표 화장품' 이라는 인식을 확산시켰다. 이러한 노력에 힘입어 와다 연간 매출액은 50%씩 급증하면서 국내 시장점유율 5%를 차지하게 됐다. 화장품 종류는 300여 개에 달하며 인도네시아와 말레이시아에 2만 2000개 매장을 운영하고 있다.

히잡을 착용한 무슬림 여성 고객들이 인도네시아 대표 화장품 회사인 와다의 매장에서 할랄인증을 받은 화장품을 사용해보고 있다.

• 자료원 : 매경, 2016.7.26

■ 사회계층(Social Class)

거의 모든 사회는 어떤 형태의 사회계층구조를 가지고 있다. **사회계층**은 한 사회내에서 비교적 동등한 지위에 있는 사람들로 구성된 집단으로, 같은 계층에 속한 사람들은 가치관, 관심사와 행동을 공유한다.

사회계층은 직업, 소득수준, 교육수준, 재산의 정도 등 여러 요인들이 결합되어 결정된다. 각 요인의 상대적인 중요도에 대한 판단은 그 사회가 속한 문화에 영향을 받는다. 예를 들어, 우리나라 사람들이 생각하는 중산층이라고 불리는 계층은 주로 소득수준과 재산수준에 의해 분류된 것이다. 인도처럼 계층마다 특정의 역할이 주어져 있고 계층을 바꿀 수 없는 사회도 있지만 미국처럼 사회계층을 나누는 명확한 선이 없기 때문에 신분상승이나 하락 등 계층간 이동이 자유로운 사회도 있다.

사회계층은 크게 상, 중, 하로 분류되거나, ① 상상, ② 상하, ③ 중상, ④ 중하, ⑤ 하상, ⑥ 하하 등 보다 세밀하게 구분된다. 동일한 사회계층내의 사람들은 대체로 동일한 가치관, 활동, 관심 및 행동패턴 등을 공유한다. 우리나라의 경우 특정의 사회계층에 속하는 사람들은 지켜야 하는 행동기준이나 규범을 공유하는 성향이 강하기 때문에 소비자들은 구매에 앞서 자신이 속한 사회계층의 가치관과 규범을 고려한다.

마케터들이 사회계층에 관심을 가지는 이유는, 특정계층에 속한 사람들은 비슷한 선호와 구매행동을 보이기 때문이다. 사회계층에 따라 소비자들은 의류, 가구, 레저활동, 자동차 등의 영역에서 제품/브랜드 선호도에서 차이를 보인다. 하나은행의 중국 현지법인인 중국 하나은행은 상류층 고객들을 공략하기 위해 초우량 고객(VVIP)용 직불카드인 다이아몬드카드를 출시했다. 하나은행은 중국 부유층의 심리를 반영한 마케팅기법을 도입함으로써 PB(프라이빗뱅킹) 영업의 토대를 마련하고자 했다. 하나은행은 거액을 예치한 고객들에게 '아주 특별한' 카드를 제공하기로 했는데, 옛 귀족의 전유물이었던 천연 다이아몬드를 박은 카드가 바로 그것이다. 카드발급 때 다이아몬드 보증서까지 함께 제공했다. 카드를 지갑에 넣었을 때 다른 카드보다 돋보이게 하기 위해 카드우측 상단에는 VVIP라는 글자를 새겼다. 서비스도 차별화했는데, 한국을 찾는 중국의 고액자산가들이 늘어나는 점을 감안해 방한전 항공, 리무진, 호텔, 스파, 통역, 건강검진 등을 예약해 주는 서비스를 제공한다.

상류층 고객을 타겟으로 한 마케팅: 중국 하나은행은 현지 부유층을 공략하기 위해 초우량 고객(VVIP)용 직불카드인 다이아몬드카드를 출시해 큰 호응을 얻었다.

5.2 사회적 요인(Social Factors)

소비자행동은 소비자가 속한 소집단, 가족 같은 사회적 요인에 의해 영향을 받기도 한다.

■ 집단(Groups)과 사회적 네트워크(Social Networks)

사람의 행동은 많은 소집단에 의해 영향을 받는다. 집단은 개인적 혹은 상호 공통적 목표를 성취하기 위해 상호작용을 하는 두명 혹은 그 이상의 사람들을 말한다. 한 개인에게 직접적인 영향을 주며 그 사람이 속해있는 소집단을 **회원집단**(membership group)이라고 한다. 이에 반해 **준거집단**(reference group)은 한 사람의 성격과 행동을 형성하는데 직접적 혹은 간접적인 비교점 혹은 준거점의 역할을 하는 소집단을 말한다. 사람들은 종종 자신이 속하지 않는 준거집단인 이상적(혹은 열망) 집단에 의해 영향을 받는다. **이상적**(혹은 **열망**) **집단**(aspiration group)은 어린 야구선수가 언젠가는 프로야구선수 류현진에 필적하는 선수가 되어 MLB(미국프로야구)에서 뛰게 되길 희망하는 것과 같이 한 개인이 속하고 싶어하는 집단 혹은 사람을 말한다.

마케터들은 표적시장의 준거집단이 누구인지를 파악하려 한다. 준거집단은 사람들로 하여금 새로운 행동과 생활방식에 노출되도록 하고, 그들의 성격과 자아에 영향을 주고, 제품 및 브랜드선택에 영향을 미친다. 준거집단이 얼마나 큰 영향을 미치게 되는지는 제품과 브랜드에 따라 차이가 있다. 소비자가 존경하는 사람이 특정 제품을 갖고 있음을 발견했을 때 그 영향력은 강하게 나타난다.

구전영향(word-of-mouth influence)은 소비자구매행동에 큰 영향을 미칠 수 있다. 신뢰하는 친구, 동료, 그리고 다른 소비자들이 하는 말과 추천은 광고 혹은 영업사원 같은 상업적 원천으로부터 얻는 정보에 비해 더 신뢰성이 높다. 대부분의 구전영향은 자연스럽게 일어난다. 대화과정에서 소비자들은 자신이 사용하고 있거나 좋고 나쁜 감정을 갖고 있는 특정 브랜드에 대해 이야기를 늘어놓는다. 그러나 종종 마케터는 이를 그냥그대로 내버려 두기보다는, 자사브랜드에 대한 긍정적 대화를 이끌어내기 위해 이를 지원하기도 한다.

패션의류나 스포츠용품같이 준거집단의 영향력이 강한 제품과 브랜드의 마케터들은 의견선도자를 파악하고 이들에게 접근하는 방법을 알아야 한다. **의견선도자**(opinion leaders)는 특별한 기술, 지식, 개성 혹은 다른 특성을 갖고 있기 때문에 다른 사람에게 영향을 끼치는 준거집단 내의 사람들을 말하며, **'영향력 행사자**(influentials)' 또는 '선도적 수용자(leading adopters)'라 불리우기도 한다. 영향력 행사자가 특정기업이나 제품에 대한 의견을 이야기하면 소비자들은 이를 귀담아 듣고 수용하는 경향을 보인다. 따라서 마케터는 자사제품의 의견선도자를 파악해 이들을 대상으로 마케팅노력을 기울이려고 한다.

의견선도자의 구전영향을 활용하기 위해 버즈마케팅을 도입하는 기업들이 늘어나고 있다. **버즈마케팅**(buzz marketing)은 온라인에서 자사제품에 대한 긍정적인 말을 퍼뜨리는 브랜드전도사 역할을 할 의견선도자들을 모집하거나 창출하는 활동을 말한다. 최근 들어 많은 기업들이 영향력이 있는 기존 고객들을 브랜드전도사(brand evangelist)로 전환시키기 위한 **브랜드 홍보대사 프로그램**(brand

마케팅 Highlight

제품을 파는 게 아니라 전도하는 것이라는 믿음에서 에반젤리즘(브랜드전도사) 마케팅을 추구하는 애플

'애플 에반젤리스트'로 이름 날린 가이 가와사키

에반젤리스트(evangelist)는 본래 종교를 전도하는 사람이라는 뜻이다. 애플이 1984년 매킨토시 컴퓨터 마케팅을 펼치며 '테크 에반젤리스트'란 직책을 만들었다. 에반젤리스트들은 IT 신기술을 전파하고, 그 기술을 열렬하게 지지하고 따르는 사람들을 모으는 역할을 한다. 가이 가와사키는 1990년대 애플 맥(Mac) 컴퓨터 사용자들 사이에서 영웅처럼 여겨진 인물이다. 그는 다른 IT기업과 차별된 팬덤(특정한 인물이나 분야를 열성적으로 따르는 현상)을 만들어냈다. 팬 중 한 명이 '우리 회사가 맥 컴퓨터에 이런 기능이 없다고 윈도 컴퓨터로 바꾸려고 해요. 도와주세요'라고 호소하면, 가와사키가 곧 회사에 알려 해당 기능을 제공하게 했다. 길 아멜리오(1996~1997년 애플 CEO)가 퇴출됐을 때 일부 애플팬은 가와사키를 CEO에 앉혀야 한다고 온라인 서명을 벌이기도 했다.

에반젤리스트가 중요한 마케팅도구가 되기 위해서는 에반젤리스트가 지지하는 기업이 정말 대단한 제품을 만들어야 하고 에반젤리스트는 그 제품이 대단한 제품이란 걸 진정으로 믿어야 한다. 그리고 에반젤리스트는 다른 고객들을 개종시키기보다 전도를 하는 역할을 수행해야 한다. 가령, 삼성전자의 최고 마케팅 책임자는 아이폰 사용자에게 갤럭시 S7엣지가 좋다고 설득하는 것보다는 안드로이드폰을 쓰는 다른 소비자들에게 '안드로이드폰 중에선 갤럭시 S7엣지가 제일 좋다'고 설득하는 게 더 효과적이라는 것이다. 에반젤리스트와 일반적인 세일즈맨의 차이는 그 제품이 소비자에게 혜택이 갈 것이라고 스스로가 믿느냐 여부에 있다. 에반젤리스트는 '당신이 이 제품을 쓰면 당신에게 큰 혜택이 돌아가고, 진짜 좋은 선택'이라고 진심으로 믿는 데서 시작하는 반면 세일즈맨은 판매실적을 올리기 위해 최고 제품이든 아니든 일단 판매하려고 한다. 에반젤리스트는 본인이라면 쓰지도, 사지도 않을 제품을 남들에게 구매하도록 설득하지 않는다. 따라서 기업이 판매하는 제품이 아주 혁신적인 제품이란 걸 기업 스스로 믿지 못한다면, 에반젤리즘 이외의 마케팅 도구를 사용해야 한다. 가와사키는 처음으로 에반젤리스트라는 직책이 생겼을 때를 회상하며 "그때는 매킨토시가 미래의 컴퓨터라고 믿었다. 엔지니어들, 소프트웨어 개발자들, 스티브 잡스도 그것을 절대적으로 믿었다"고 말한다. 이후 에반젤리스트는 많은 IT 기업에서 하나의 마케팅 직책으로 자리 잡았다. 대표적으로 빈트 서프(구글 인터넷 에반젤리스트), 로버트 스코블(마이크로소프트 에반젤리스트) 등이 있다. 우버와 에어비앤비는 에반젤리즘(전도)에 기반한 마케팅을 효과적으로 수행하고 있는 또다른 예이다. 우버는 소프트웨어 개발자들을 상대로 마케팅을 하는 에반젤리스트를 두고 있고, 에어비앤비는 방을 빌려주는 사람과 방을 빌리는 두 부류 소비자들의 구전(word of mouth)을 적극 활용해 마음을 움직이는 에반젤리즘을 실천하고 있다. 마케팅은 한 번 거래하는 걸로 끝나는 일회성 이벤트가 아니다. 상대방을 오랫동안 내 편, 내 고객으로 만들려면 그들의 마음을 움직여야 한다. 기업은 자신이 추구하는 대의명분과 목적을 고객의 가슴속에 깊이 새겨주고, 처음에 말했던 약속을 항상 지켜야 한다.

• 자료원 : 조선일보, 2016.4.30

ambassador programs)를 개발하고 있다.

지난 수년간 새로운 유형의 사회적 상호작용이 폭발적으로 이루어지고 있는데, 온라인 소셜 네트워킹이 대표적이다. **온라인 소셜 네트워크**(online social networks)는 친교를 나누고 정보와 의견을 교환하는 온라인 커뮤니티를 말한다. 이와 같은 새로운 유형의 소비자-소비자, 그리고 기업-소비자 커뮤니케이션은 마케터에게 큰 시사점을 준다. 이제 마케터들은 자사제품을 촉진하고 더 긴밀한 고객관계를 구축하기 위해 이와 같은 새로운 온라인 소셜 네트워크와 다른 온라인 구전매체들의 영향력을 활용하고 있다. 단순히 일방적인 상업적 메시지를 소비자에게 던지는 것을 지양하고, 그들은 소비자들과 상호작용하고 그들의 대화와 삶의 일부분이 되기 위해 인터넷과 소셜 네트워크를 활용하려고 한다. 예를 들어, 환경친화적 아웃도어 브랜드 Timberland는 비슷한 생각을 가진 지구 지킴이들이 웹사이트, Faccebook페이지, YouTube채널, Bootmakers블로그, 이메일 뉴스레터, Twitter 등을 포함한 온라인 네트워크를 통해 접속하거나 브랜드와 서로 의견을 나눌 수 있도록 온라인 커뮤니티(http://community.timberland.com)를 만들었다.

그러나 마케터는 온라인 소셜 네트워크를 활용할 때 주의를 기울여야 한다. 그 결과를 예측하기 어렵고 통제하기 어렵기 때문이다. 결국 사용자들이 컨텐츠를 통제하기 때문에 소셜 네트워크 마케팅은 쉽게 기업에게 부정적 결과를 초래할 수 있다. 예를 들어, 기업들이 실시간으로 자사제품에 관한 의견을 트윗할 수 있도록 웹사이트를 설계했을 때, 일부 이용자들이 장난삼아 불경스런 말들로 트윗을 할 수 있다. 현대자동차는 2013년 11월 1일부터 5일간 페이스북을 통해 4행시 짓기 캠페인을 실시했다. '제네시스'라는 네 글자로 멋진 4행시를 지은 고객에게 스타벅스 커피를 제공하는 행사였다. 그러나 페이스북에 올라온 4행시는 현대차의 예상과 달랐다. 제네시스에 대한 불만을 토로한 4행시가 상당수였다. 페이스북이 현대차에 대한 불만을 토로하는 공간이 되어버림으로써 결국 현대차의 4행시 캠페인은 실패했다는 평가를 받았다.

마케팅 Highlight

毒(독)이 되고 하고 藥(약)이 되기도 하는 SNS 마케팅

소셜 네트워크 서비스(SNS)를 마케팅에 활용하려다 실패한 사례는 매우 많다. JP모건, 맥도널드, 영국가스, 콴타스항공 등 여러 업종의 유명기업들이 같은 실수를 저질렀다. SNS 마케팅실패가 반복되는 원인과 교훈을 찾아본다.

맥도널드의 트위터 마케팅 실패사례는 재난수준이었다. 전문가들이 꼽는 SNS 실패사례 랭킹에 단골손님으로 등장한다. 첫 의도는 좋았다. 맥도널드는 고객들이 자사 햄버거에 대한 즐거운 스토리를 트위터를 통해 전파하기를 바랐다. 그래서 2012년 1월 트위터상에 '#McDStories(맥도널드 스토리)'라는 '해시태그'를 개설했다. 해시태그는 '#' 뒤에 붙은 단어를 주제로 하는 글이라는 뜻이다. 따라서 '#McDStories'

라는 해시태그가 붙은 트위터 글은 '맥도널드에 대한 고객들의 스토리'를 주제로 하는 글이 된다. 맥도널드는 고객들이 "막내가 맥도널드 햄버거를 맛있게 먹었다. #McDStories"라는 식으로 트위터에 올리기를 기대했다.

그러나 상황은 정반대로 흘러갔다. 고객들은 맥도널드를 혹평하는 스토리를 집중적으로 올렸다. "나는 몇 년째 맥도널드에 가지 않는다. 차라리 내가 토한 것을 먹겠다. #McDStories" "나는 비위생적인 직원들과 함께 맥도널드에서 일했다. 머리카락을 햄버거에 넣는 직원도 있었다. #McDStories" 등과 같은 글이 쏟아졌다. 맥도널드는 당황했지만, 때늦은 후회가 됐다. 지금도 인터넷에서 '#McDStories'로 검색하면 맥도널드를 비난하는 글을 쉽게 찾을 수 있다.

콴타스항공·JP모건 등도 해시태그를 개설한 뒤에 고객들의 역풍을 맞았다. 이에 대해 전문가들은 맥도널드 등이 분노·불만이 유발하는 엄청난 구전효과를 무시했기 때문이라는 진단을 내놓는다. 조너 버그 미국 와튼스쿨 교수는 "분노는 감정적으로 사람을 각성시키는 효과가 있다"고 말한다. 이 때문에 분노감을 일으킨 사건을 다른 사람에게 알리고 싶어 안달이 난다는 것이다. 예를 들어 유나이티드항공의 서비스에 불만을 품은 한 고객이 유튜브에 올린 동영상은 열흘만에 130만건의 조회 수를 기록하기도 했다.

해시태그 개설 당시, 고객들은 맥도널드 음식이 건강에 좋지 않다는 불만을 갖고 있었고, 이를 남들에게 알리고 싶은 심리적 각성상태에 있었다. 해시태그 개설은 고객의 이같은 구전욕구에 기름을 부었다. 고객들에게 적절한 인센티브를 제공하지 않았다는 점도 문제다. 체이스 플래밍 콘텐트로(Content Row) 창립자는 "고객들이 맥도널드에 유리한 경험담을 올릴 인센티브가 없었다"고 말했다. 충분한 당근을 제공해 성공한 사례로는 패스트푸드 기업 웬디스(Wendy's)가 꼽힌다. 웬디스의 해시태그 '#twEATfor1k'는 1000달러의 상금을 내걸어 큰 효과를 보았다. 치킨 샌드위치 신제품의 사진을 멋지게 찍어 트위터에 올린 고객은 1000달러의 상금을 받았다.

맥도널드의 해시태그는 고객들에게 분명한 방향을 제시하지 못했다는 점도 문제였다. 'McDStories'는 단지 스토리를 뜻할 뿐이다. 그 결과, 나쁜 경험담을 담은 스토리까지도 포함하고 말았다. 반면 나이키는 방향성이 명확한 해시태그로 크게 성공했다. '지금 이 순간을 소중히'라는 뜻을 담은 '#MakeItCount' 해시태그 캠페인이 그런 예다. 2011년 말 나이키는 캠페인을 시작하면서 11명의 스포츠 스타들에게 "2012년의 순간순간을 소중히 하기 위해 어떻게 할 것입니까?(How will you #MakeItCount in 2012?)"라는 질문을 던졌다. 스타들이 트위터에 올린 답글은 고객들이 어떤 글을 써야 하는지에 대한 지침이 됐다. 나이키에 대한 비판 글을 올리는 고객은 거의 없었다.

맥도널드의 해시태그 캠페인은 진정성을 보여주는 데도 부족했다. '#McDStories' 캠페인에서 맥도널드가 고객의 긍정적인 스토리를 끌어내기 위해 어떤 노력을 하고 있는지가 불분명했다. 반대로 맥도널드 캐나다의 'Our Food. Your Questions(우리의 음식에 대한 당신의 질문)' 캠페인은 진정성 있는 접근으로 성공을 거두었다. '맥도널드의 계란머핀은 진짜 계란을 쓰느냐' 등의 질문에 답하는 다큐멘터리 형식의 동영상을 만들어 유튜브에 올렸다. 이 캠페인은 브랜드 투명성을 높인 공로를 인정받아 '애드 에이지 바이럴 비디오 어워드(Ad Age Viral Video Award)'를 수상하기도 했다.

• 자료원 : 매일경제, 2013.12.14

가족(Family)

가족은 구매행동에 강한 영향을 준다. 가족은 사회에서 가장 중요한 소비자 구매조직이며, 이 분야는 광범위하게 연구되어 왔다. 마케터들은 제품과 서비스에 대한 구매과정에서 남편, 아내, 그리고 아이들의 역할과 상대적 영향력에 대해 관심을 갖는다.

남편-아내의 구매관여도는 제품범주와 구매과정의 단계에 따라 다르다. 가족구성원들의 구매역할은 소비자 라이프스타일이 진화함에 따라 바뀐다. 전통적으로 아내가 가족의 식품, 가정용 제품, 그리고 옷의 구매를 도맡아 왔다. 하지만 직업을 가진 여성들의 수가 늘어나고 남편들이 자진해서 식료품 쇼핑을 맡아서 하는 등 가족을 위한 구매에서 더 많은 역할을 수행하려함에 따라 모든 것이 바뀌고 있다. 이러한 역할변화는 마케팅에서의 새로운 변화를 발생시켰다. 식료품과 개인 케어용품에서 승용차와 소비자 전자제품에 이르기까지 전통적으로 여성 혹은 남성에게만 제품을 판매하는데 주력해온 마케터들이 이제 다른 성별을 타겟으로 마케팅활동을 벌이고 있다. 장난감시장이 그 한 예이다. 최근 남성육아가 증가함에 따라 아빠들이 사내아이들이 갖고 노는 것과 비슷한 장난감을 딸아이에게 사주면서 이를 반영한 장난감이 개발/출시되고 있다. 바비인형으로 유명한 완구업체 마텔이 레고형태의 조립식 블록제품을 출시했는데, 이 제품은 바비가 사는 분홍색의 럭셔리 맨션을 아이들이 직접 조립하도록 되어 있다. 신제품에 등장하는 바비는 어른 손가락 크기만 한 아기자기한 모습이다. 8등신의 대명사인 바비인형의 이같은 변신은 남자가 가사와 육아에 보다 적극적으로 개입하고 아빠들이 일찍부터 딸아이의 수학, 과학능력을 길러주기 위해 남자 아이들이 갖고 노는 것과 비슷한 장난감을 사주려고 하는 추세를 반영한 결과이다.

어린자녀들 또한 가족구매결정에 큰 영향을 미칠 수 있다. 그들은 또한 가족이 그들을 위해 지출하는 제품들(음식, 옷, 엔터테인먼트, 개인용품 등)에 간접적으로 영향을 미친다. 이에 따라 캐주얼 레스토랑은 가족들이 자녀들과 외식하도록 독려하기 위해 세련된 어린이용 메뉴와 특별할인가, 그리고 아이들에 초점을 맞춘 다양한 활동 등을 제공함으로써 어린이들을 유인하고 있다. 어떤 레스토랑은 어린

최근 들어 남성육아가 증가하고 아빠들이 사내아이들이 갖고 노는 것과 비슷한 장난감을 딸아이에게 사주는 추세에 맞추어 유명한 완구업체 마텔은 바비인형이 등장하는 레고형태의 조립식 블록제품을 출시했다.

이들에게 밀가루 반죽, 페퍼로니 조각, 치즈 등을 나누어주고 그들이 테이블에서 자신만의 피자를 만들 수 있도록 하기도 한다.

불황에 따른 프리미엄 제품수요의 감소는 키즈산업에는 적용되지 않는다. 이에 따라 경기침체로 매출증대에 어려움을 겪는 국내유통업계는 어린이 전용상품을 개발하고 이들을 겨냥해 다양한 마케팅 활동을 벌임으로써 부모의 점포방문을 유도하고 있다.

자녀들은 소비자 사회화를 통해 적절한 소비자행동을 학습하는 과정에서 부모들로부터 큰 영향을 받는데, 돈을 어떻게 효율적으로 사용해야 하는지, 좋은 품질의 제품을 어떻게 선택할 수 있는지, 세일을 어떻게 이용할 수 있는지 등에 대한 학습이 그 한 예이다. **소비자 사회화**(consumer socialization)는 유년기 아이들이 소비자로서의 기능을 수행하는 데 적합한 기술, 지식, 그리고 태도를 습득하는 과정을 말한다. 유년기 자녀들은 TV를 통해서 제품지식을 얻기도 하지만 구매나 소비와 관련된 여러 가지 지식이나 합리적 판단력은 부모에게서 주로 배우게 된다.

5.3 개인적 요인(Personal Factor)

구매자의 의사결정은 문화적·사회적 요인뿐 아니라 구매자의 나이와 생애주기단계, 직업 같은 인구통계적 요인, 라이프스타일, 성격과 자아 등 개인적 특성에 의해 영향을 받기도 한다.

■ 인구통계적 요인(Demographic Factor)

나이와 생애주기단계, 성별, 소득, 직업, 교육수준 등의 인구통계적 요인은 그 자체로서 소비자행동에 영향을 미칠뿐 심리적 변수에 의해 분류된 소비자집단의 프로파일을 설명하는데 유용한 변수이기도 하다. 마케터는 구매행동이나 심리적 변수에 기반해 시장을 세분화한 다음 인구통계적 요인을 기반으로 한 소비자 프로파일을 만들어 그들에게 보다 효율적으로 접근할 마케팅프로그램을 개발한다. 이하에서는 여러 인구통계적 요인들 중에서 연령과 생애주기 단계(Life-Cycle Stage)를 중심으로 설명하고 이의 마케팅 시사점을 다루기로 한다.

사람들은 일생동안 구매하는 제품과 서비스를 지속적으로 바꾸는데, 음식, 옷, 가구, 그리고 레크리에이션에 대한 취향의 변화는 주로 나이와 관계가 있다. 최근 들어 전체인구의 연령이 전반적으로 높아지면서, 고연령층 소비자들이 매력적인 세분시장으로 부상하고 있다. 최근의 경제불황에도 불구하고 고연령층 소비자들은 제약, 가구, 식료품, 미용제품, 의류, 가전제품, 여행 및 오락, 재무서비스 등 많은 산업에서 여전히 매력적인 시장이다.

오랜 동안 많은 기업들이 고연령층 소비자들은 브랜드전환을 꺼려하며 허약하고 집에 틀어박혀 지내는 사람이라는 고정관념을 가졌다. 가령, 나이가 젊은 마케터들은 50대 이상의 소비자를 타겟으로 한 광고를 만들도록 요청하면, 나이든 사냥개를 끌고 교외에서 생활하는 회색 머리칼의 노인을 보여준다. 마케터는 실제나이에서 고연령층에 속한 사람이라고 하더라도 그들은 나이든 사람같이 행동하지 않으며 자신을 그렇게 보지도 않는다는 것에 유의해야 한다. 수명이 연장됨에 따라 사람들은 노년기 삶의 의미를 재정의하고 있다. 그들은 자신을 노년층이라고 생각하지 않으며 제2의 중년기를 맞이하고 있다고 말한다. 따라서 마케터는 활력이 넘치고 진정성이 있는 방식으로 이들 소비자들에게 소구할 필요가 있다.

오늘날의 고연령층 소비자들은 편의서비스 영역에서 매력적인 타겟시장이다. 그리고 활동적이고 젊어보이고 싶은 욕구로 인해 고연령층 소비자들은 노화방지에 효과적인 화장품, 건강식품, 피트니스제품 등에 대한 유망고객이다. 이들을 겨냥한 최고의 마케팅커뮤니케이션 전략은 활동적이고 다차원적인 삶에 소구하는 것이다. 가령, Jeep광고는 나이가 들었다고 전혀 생각할 수 없는 고연령층 소비자를 등장시켜, "나는 여전히 30대라고 느낀다. 손자들은 내가 진짜 멋있다고 말하지만, 내가 항상 그랬다는 것을 그들이 몰랐던 것 같다. 나는 인생을 즐기고 Jeep을 타며, Jeep이 바로 나다."고 말한다.

또한 시간이 지나면서 생애주기 단계에서 변화가 일어남에 따라 서로 다른 구매가 이루어진다. 가족이 겪는 생애단계의 변화는 보통 인구통계적 특성과 삶을 변화시키는 사건들, 즉 결혼, 자녀를 가짐, 주택구입, 이혼, 대학에 진학하는 자녀, 개인소득의 변화, 이사, 은퇴 등에 의해 발생된다. 마케터들은 종종 자신의 표적시장을 생애주기 단계에 의해 정의를 내리고, 각 단계에 적합한 제품과 마케팅 계획을 세운다. 최근 초중고생이 줄어들어 입시위주의 사교육시장이 침체되면서 직장인과 취업준비생이 교육업체의 주요 표적고객으로 떠오르고 있다. 이에 따라 새로운 표적세분시장 개척에 나선 교육업체들은 외국어·편입·자격증 등 성인대상 교육과정을 확대하고 있다. 가령, 입시전문 대형교육업체 메가스터디는 성인대상 교육사업확대와 요리·목공·육아 같은 생활관련 온라인 강의개설을 통해 생애주기 단계에 기반해 새로운 세분시장을 개척하려고 한다. 외국어 학원으로 유명한 파고다아카데미는 외국어 자격시험은 물론이고 기업체 인성·적성검사, 취업서류작성, 면접전략 등을 도와주는 취업준비반을 운영한다.

이와 같이 소비자들은 살아가는 동안 생애주기 상에서 여러 단계를 거치게 되는데, 생애단계변화에 따라 그들의 소비행동과 구매선호도 달라진다. 고객들의 생애단계변화의 발생시점과 그들의 생애단계가 어떻게 구성되어 있는지를 이해하는데 도움이 될 자료를 갖고 있는 마케터는 차별적 경쟁우위를 갖게 될 것이다.

생애주기 단계의 변화에 따른 고객행동의 변화: 직장인과 취업 준비생들이 학원에서 영어수업을 듣고 있다. 입시위주 사교육 시장이 침체된 반면 직장인과 취업준비생이 교육업체의 주요 표적고객으로 떠올랐다.

■ 라이프스타일(lifestyle)

같은 하위문화, 사회계층, 그리고 직업에 속한 사람들도 개인마다 라이프스타일이 다를 수 있다. **라이프스타일**은 개인의 삶을 살아가는 방식을 말하는데, 그 사람의 사이코그래픽 특성들(psychographics)로 표현된다. 개인의 라이프스타일은 사람들의 생활유형을 나타내는 AIO의 주요차원들–활동(Activity: 일, 취미, 쇼핑, 스포츠, 사교모임 등), 관심영역(Interest: 음식, 패션, 가족, 레크리에이션 등), 그리고 의견(Opinion: 자기자신, 사회적 이슈, 비즈니스, 제품 등에 관한 생각과 믿음)–을 사용하여 측정된다. 라이프스타일은 사람의 사회적 계층이나 성격보다 더 많은 것을 파악할 수 있게 해 준다. 또한 라이프스타일은 사람의 행동 및 세상과의 상호작용의 전반적 패턴을 설명하는데 유용하다. 라이프스타일이라는 개념을 잘 활용함으로써 기업은 고객들의 가치체계의 변화와 그 변화가 어떻게 구매행동에 영향을 주는지를 이해하는데 도움을 받을 수 있다. 예를 들어, 아웃도어 시장선도 브랜드 노스페이스는 '도전은 멈추지 않는다'라는 브랜드슬로건을 통해 야외로 나가 도전적 삶을 즐기라고 말하고, K2는 거친 야외활동을 통해 자사제품의 우수한 기능성과 정통성을 직접 경험해 보라고 제안한다.

이와 같이 사람들의 제품선택이 점점 더 자신이 추구하는 가치를 반영하는 추세를 보이고 있다. 즉 이 음료의 맛이 좋아서 선택하는 것이 아니라 '이 음료브랜드와 일체가 된 느낌을 주기 때문에 혹은 이 음료브랜드는 나의 정체성을 반영하기 때문에' 선택하는 것이다.

노스페이스, K2 등 아웃도어 브랜드들은 광고캠페인에서 도전적 라이프스타일을 강조한다.

마케팅 Highlight

유니클로가 바꾼 대한민국 라이프스타일 – 화장품 · 생활용품 전반으로 확산되는 SPA 문화

유니클로를 위시한 SPA(제조유통 일괄 의류)가 대한민국 라이프스타일을 바꿔놓고 있다. SPA(제조유통 일괄의류 · Specialty store retailer of Private label Apparel)는 의류기획, 디자인, 제조는 물론 판매까지 일괄적으로 취급하는 패션기업을 말하는데, 최신 유행옷을 싸게 대량판매한다는 게 강점이다. SPA 브랜드의 급성장으로 '좋은 옷 사서 오래 입는다' 는 개념대신 '최신유행옷 여러 벌 싸게 사서 입고 버린다' 는 트렌드가 부상되고 있다. 남자들조차 SPA매장을 기웃거리며 시간을 때우고 속옷이나 양말 등 간단한 소품류는 직접 쇼핑한다. 가격거품을 걷어낸 화장품과 생활용품이 등장해 큰 인기를 끌고 있다. 이처럼 국내 SPA 의류시장은 패션시장 불황 속에서도 높은 성장을 거듭하고 있다.

이러한 SPA의 급성장은 옷을 넘어 생활양식이나 문화까지 바꿔놓고 있다. 엔터테인먼트 회사에 다니는 김가영 씨(27)는 SPA 마니아다. 패션에 민감한 그는 필요한 옷이 생기면 H&M이나 자라 매장을 찾아 쇼핑한다. 예전에는 월급 절반을 명품가방이나 옷을 사는 데 쓰던 그다. 김씨는 "친구들도 요즘은 누가 촌스럽게 명품브랜드 따지냐며 자라나 H&M에서 샀다고 하면 자기네들도 물건 동나기 전에 가보겠다고 한다"며 "최신 폰으로 바꾸고 해외여행도 가야 하는데 SPA가 유행이라 너무 좋다"고 말한다. 디자인을 중시하는 젊은 여성들은 유럽 브랜드인 자라나 H&M을 선호하는 경향이다. 자라의 경우 매년 3만개 이상의 상품을 시즌별로 새롭게 선보인다. 자라 디자이너 200여 명이 만든 신상품을 전 세계 매장에 일주일에 두 번씩 공급하고 있다. 기본 4계절 상품으로 구분되는 기존 브랜드와 신선도 면에서 게임이 안 되는 장사다.

저렴한 가격과 괜찮은 제품품질도 SPA브랜드를 선호하는 이유이다. 백화점에서 30만~40만원하는 옷 한 벌 값으로 비슷한 최신 디자인 옷 3~4벌을 살 수 있다. 유니클로의 경우 겨울엔 보온성이 뛰어난 히트텍을, 여름에는 냉감소재를 사용한 에어리즘 옷을 크게 히트시켰다. 유니클로 관계자는 "전 세계의 소재 메이커와 직접 협상함으로써 대량의 소재를 안정적으로 조달한다. 대량으로 소재를 발주함으로써 규모의 경제가 발생해 저렴한 가격에 좋은 품질의 제품을 공급할 수 있는 것"이라고 설명한다.

무역회사에 다니는 심성훈 씨(31)는 서점이나 카페로 정하던 약속장소를 SPA 매장으로 바꿨다. 기다리는 시간에 옷을 피팅룸으로 가져가 마음껏 입어보고 속옷이나 양말처럼 간단한 소품을 즉석에서 구입하기

서울 명동 유니클로 매장에서 손님들이 색상과 사이즈별로 정리된 진열대에서 옷을 고르고 있다.

도 한다. SPA 매장들을 가보면 대부분 백화점 서너 개 층을 붙여놓은 것처럼 크고 고급스럽다. 옷을 갈아입을 수 있는 피팅룸이 10개가 넘는 곳도 많다. 무엇보다 쳐다보거나 제품구매를 종용하는 듯한 점원들 눈치를 볼 필요가 없다. 원하는 만큼의 옷을 골라 입어보고 안 사도 그만이어서 요즘 젊은 남성 직장인들도 SPA 매장에서 시간 때우기를 즐긴다.

라이프스타일 변화에 따라 의류에 이어 화장품과 생활용품까지 SPA 브랜드가 대세를 이루고 있다. 2014년 말 자라홈과 H&M홈이 가정에서 쓰는 각종 소품들을 한자리에 모아놓은 라이프스타일 매장을 열었다. 자라홈의 경우 6000원대 저렴한 문고리 장식부터 10만원대 후반 베드룸 제품까지 다양한 품목을 판매하고 있다. 의류매장처럼 매주 신상품을 내놓고 있다.

• 자료원 : 매일경제, 2015.2.7

■ 개성과 자아개념(Personality and Self-Concept)

개인은 독특한 개성에 어울리는 브랜드를 선호한다는 점에서 구매행동에 영향을 끼친다. **개성** 혹은 **성격**(personality)이란 자신을 둘러싼 환경에 대해 비교적 일관성 있고 영구적인 반응을 보이도록 이끄는 독특한 심리적 특성들을 말한다. 한 개인의 개성은 자신감(self-confidence), 지배성(dominance), 사교성, 자율성, 방어성, 융통성(adaptability), 공격성 같은 개성특성들에 의해 설명된다. 이러한 소비자개성은 특정 제품이나 브랜드의 선택을 분석하는데 유용하다. 예를 들어, 커피마케터들은 조사를 통해 커피를 많이 마시는 소비자들이 사교성이 강하다는 것을 발견할 수 있다. 이러한 조사결과를 토대로 스타벅스 같은 커피점들은 사람들이 커피한잔을 마시며 쉬면서 사람들과 교제할 수 있는 환경을 만들었다.

사람과 마찬가지로 브랜드도 개성을 가질 수 있는데, 소비자들은 자신의 개성과 맞는 브랜드를 선호하거나 선택하는 경향을 보인다. **브랜드개성**(brand personality)은 특정 브랜드가 갖고 있는 인간특성들의 집합을 말한다. 한 연구자는 다음과 같이 다섯 가지 유형의 브랜드개성을 발견했다.

1. 성실함(Sincerity)(현실적인, 정직한, 건전한, 쾌활한)
2. 흥분(Excitement)(모험적인, 생기있는, 상상력이 풍부한, 현대적인)
3. 능력(Competence)(신뢰성 있는, 지적인, 성공적인)
4. 세련됨(Sophistication)(상류층이고 매력있는)
5. 거침(Ruggedness)(야외를 좋아하는, 터프한)

대부분의 유명 브랜드들은 특정의 성격특성과 강하게 연관되어 있다. 가령, Levi's는 "거침," 페라리 스포츠카는 "흥분," 매일경제신문은 "능력," 풀무원은 "성실함"과 강하게 연관되어 있다. 따라서 이러한 브랜드들은 자신과 동일한 성격특성을 소유한 소비자들의 관심을 끌 가능성이 높다. LG전자는 서로 다른 성격을 소유한 스마트폰 제품을 출시해 소비자들로 하여금 자신의 성격에 맞는 스마트

LG전자는 성격(퍼스낼리티)을 담은 스마트폰브랜드 아카(AKA)를 출시했다.

폰제품을 선택하도록 했다. 2014년 LG전자는 성격(퍼스낼리티)을 담은 스마트폰 브랜드 아카(AKA)를 출시했다. 스마트폰 화면 윗부분에 눈 모양의 움직이는 이모티콘이 나타나고, 이를 통해 사용자와 기기가 감성적으로 소통할 수 있게 했다. 개성을 중시하는 고객층을 겨냥해 처음 구매할 때부터 자신의 성격을 닮은 기기를 선택하도록 한 일종의 틈새시장 제품이다. 아카는 화면상단에 네 가지 모양의 눈동자 디자인을 도입해 서로 다른 성격(퍼스낼리티)을 표현했다. 예컨대 노란색 케이스에 눈을 부릅뜬 '에기(Eggy)'는 늘 사랑에 빠지는 사랑꾼, 흰색 케이스에 눈동자를 동그랗게 굴리는 '우키(Wooky)'는 늘 욱하는 악동, 남색케이스에 선한 눈망울의 '소울(Soul)'은 음악을 좋아하는 소심이, 분홍색에 고양이처럼 눈을 뜬 '요요(YoYo)'는 다이어트에 한창인 식탐이다.

마케터들은 개성과 관련된 개념인 개인의 **자아개념**(self-concept) 혹은 **자아이미지**(self-image)를 활용한다. 자아개념이 시사하는 바는 사람들의 소유물들이 자신의 정체성 형성에 기여하고 정체성을 반영한다는 것이다. 즉 사람들이 갖고 있는 것이 그 사람를 나타낸다는 것이다. 그러므로 소비자행동을 깊이 이해하기 위해서 마케터들은 소비자 자아개념과 소유물 간의 관계를 파악할 필요가 있다.

5.4 심리적 요인(Psychological Factors)

소비자의 구매행동은 네 가지 심리적 요인(동기, 지각, 학습, 그리고 신념과 태도)에 의해 영향을 받는다.

■ 동기(Motivation)

사람은 특정 시점에 여러 유형의 욕구(needs)를 가진다. 그 중 대표적인 것이 배고픔, 목마름, 또는 신체적 불편함 같은 생리적 욕구인데, 이는 생리적 긴장상태 혹은 결핍상태의 발생에 의해 유발된다. 다른 것에는 인정, 존경, 또는 소속욕구 등과 같이 심리적인 것도 있다. 욕구의 강도가 충분한 수준에 도달했을 때 그 욕구는 구매행동과 같이 특정의 행동을 하게 하는 동기가 된다. 동기(motive) 또는 동인(drive)은 적극적으로 만족스러운 행동을 추구하도록 압박하는 강력한 욕구를 말한다. 심리학자들은 다양한 인간동기이론을 개발했다. 그 중 대표적인 것이 Sigmund Freud 이론과 Abraham Maslow 이론인데, 이들은 소비자행동을 이해하고 마케팅전략을 수립하는데 유용한 시사점을 제공한다.

Sigmund Freud(프로이드)에 의하면 사람들은 종종 자신의 행동에 영향을 미치는 실제적 심리요인들이 무엇인지에 대해 의식하지 못한다고 한다. 그는 인간을 성장하면서 충동을 억제하는 존재로 보고 있다. 그러나 이런 충동들(urges)은 완전히 제거되거나 통제되지 못하기 때문에, 이들은 꿈에, 혹은 무심히 입밖으로, 신경과민적 또는 강박적 행동으로 나타날 수 있으며, 극단적으로는 정신이상 상태에서 나타날 수 있다고 주장한다. Freud이론이 시사하는 바는 소비자의 구매결정이 자신도 완전히 이해하기 힘든 혹은 의식하지 못한 잠재동기에 의해 영향을 받는다는 것이다. 가령, 스포티한 BMW Z4 Roadster 오픈카를 구매하는 나이들어 가는 베이비 붐 세대사람들은 그 브랜드를 구매한 이유가 머리를 스치는 바람의 느낌이 좋아서라고 설명할 수 있다. 그러나 더 깊이 파고들어가 보면 자신의 성공을 과시하고 싶거나 이 차의 소유를 통해 다시 젊고 자유로워지고 싶어서 일수 있다.

소비자의 숨어있는 무의식적 동기를 캐내기위해 설계된 정성조사를 **동기조사**(motivation research)라고 한다. 기업들이 마케팅조사의 일환으로 동기조사를 활용하는 이유는 소비자들은 종종 왜 그들이 그렇게 행동했는지에 대해 설명하지 못하거나 알지 못하기 때문이다. 마케터와 조사전문가들은 소수의 소비자들로 구성된 실험집단으로부터 특정브랜드의 구매에 잠재되어 있는 정서 및 태도를 발견하기 위해 다양한 심층면접(probing)기법들을 활용한다. 기업들은 이러한 동기조사를 수행하고 그 결과를 분석하기 위해 심리학자, 인류학자, 그리고 다른 사회과학자들을 고용하기도 한다. 소비자심리에 대해 깊게 탐구하기 위해 일대 일의 심리치료형식의(therapy-like) 인터뷰를 실시하거나, 여러 브랜드들의 명성수준에 대해 평가하기 위하여 소비자에게 자신이 매우 좋아하는 브랜드를 동물 또는 자동차(예를 들어 현대 그랜져 대 기아 K7)에 비교해서 설명하게 하거나, 소비자의 어둡고 깊숙한 정신세계를 탐구하기 위해 최면, 꿈치료법, 또는 부드러운 조명과 무드있는 음악 등을 활용하는 것이 그 일례

그림 3-2 매슬로우의 욕구단계론

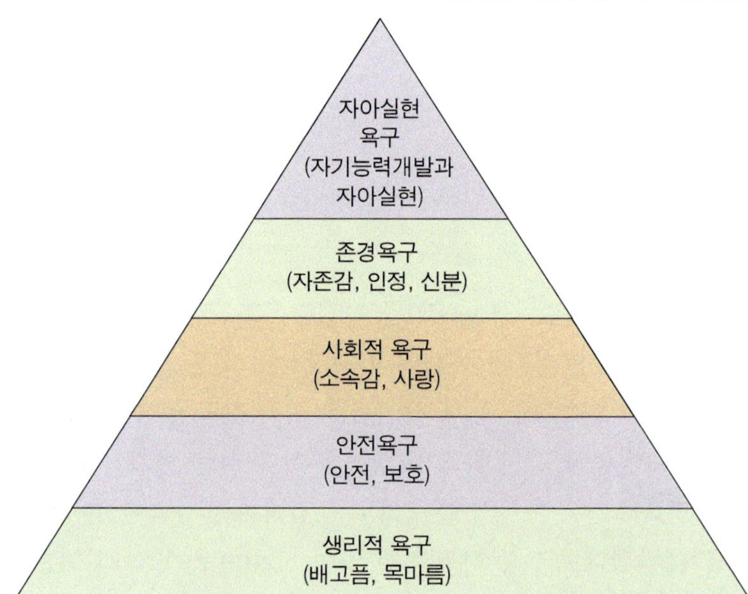

이다. 일부기업들은 이런 투사적 기법(projective techniques)의 객관성에 대해 부정적 의견을 보일 수 있지만, 소비자의 심리를 더 파고들고 더 좋은 마케팅방안을 개발하기 위해 소비자 마음깊이 감춰져 있는 이런 감정을 파악하려는 접근방식인 **해석적 소비자조사**(interpretive consumer research)를 도입하는 마케터가 늘고 있다.

Abraham Maslow(매슬로우)는 사람들이 왜 특정시점에 특정한 욕구를 느끼는지에 대해 설명하려고 했다. 왜 어떤 사람은 개인적 안전을 확보하기 위해 시간과 에너지를 소비하며, 또 다른 사람은 존경을 얻으려 시간과 에너지를 소비하는 것일까? Maslow의 답은 인간의 욕구는 [그림 3-2]에서 나타난 바와 같이 가장 긴급한 것이 가장 밑에, 그리고 가장 긴급하지 않은 것이 최상층에 위치하도록 계층별로 구성되어 있다는 것이다. 그는 인간욕구를 **생리적 욕구**(physiological needs), **안전욕구**(safety needs), **사회적 욕구**(social needs), **존경욕구**(esteem needs), 그리고 **자아실현욕구**(self-actualization needs)로 분류했다.

그에 의하면 사람은 제일 긴급하고 중요하게 여기는 욕구부터 먼저 충족하려 한다. 그것이 충족되면 그 욕구는 더 이상 동기요인이 되지 않을 것이며, 사람은 다음으로 중요하게 느끼는 욕구를 충족하려 할 것이다. 예를 들어, 배고픈 사람들(생리적 욕구)은 최신유행을 수용하거나 클래식 공연을 관람하는 것(자아실현의 욕구) 또는 자신이 타인에게 어떻게 비추어지는지 또는 존경을 받고있는지(사회적 욕구와 존경욕구), 또한 자신이 깨끗한 공기를 마시고 있는지(안전욕구)에 대해 별 관심을 갖지 않을 것이다. 하지만 가장 중요한 욕구가 충족되면, 다음으로 중요한 욕구가 작동하기 시작한다고 주장한다.

■ 지각(Perception)

동기부여가 이루어진 사람은 행동할 준비가 되어 있다. 사람이 어떻게 행동하는지는 그 사람의 상황에 대한 주관적 지각에 의해 영향을 받는다. 우리 모두는 오감(시각, 청각, 후각, 촉각, 그리고 미각)을 통해 정보들을 학습한다. 하지만 우리들 각자는 이러한 감각정보들을 우리 자신의 방식으로 받아들이고, 조직화하고 해석한다. 사람들이 세상에 대한 의미있는 그림을 형성할 수 있게 정보를 선택하고, 조직화하고, 해석하는 과정을 **지각**(perception)이라고 한다.

사람들은 지각과정의 세 가지 특징인 선택적 주의, 선택적 왜곡, 그리고 선택적 보유때문에 동일한 자극물에 대해 각기 다르게 지각한다. 사람들은 매일 매우 많은 양의 자극에 노출된다. 개인이 이 많은 자극들 모두에 주의를 기울이는 것은 불가능하다. **선택적 주의**(selective attention)는 노출된 정보들 중 대부분을 걸러내는 성향을 말하는데, 이는 마케터들이 소비자의 관심을 얻기 위해서 특별한 마케팅노력을 기울여야함을 의미한다.

노출된 자극도 마케터들이 의도한 바대로 받아들여지는 것은 아니다. 각 개인은 들어오는 정보를 현재의 사고방식(mind-set)에 맞춰 받아들인다. **선택적 왜곡**(selective distortion)은 사람들이 자신의 신념을 지지하는 방식으로 정보를 해석하는 성향을 말한다. 예를 들어, 당신이 특정 회사를 신뢰하지 않는다면, 당신은 그 회사의 광고가 사실에 입각해 만들어졌더라도 이를 의심하게 될 것이다. 선택적 왜곡이 시사하는 바는 마케터들이 소비자들의 사고방식과 이러한 사고방식이 광고와 판매정보를 해석하는데 어떻게 영향을 미치는지에 대해 이해해야 한다는 것이다.

사람들은 자신이 학습하는 것 중 많은 부분을 망각한다. 그들은 자신의 태도와 신념을 지지하는 정보만을 기억속에 보유하는 성향이 있는데, 이러한 **선택적 보유**(selective retention)때문에 소비자들은 자신이 선호하는 브랜드의 장점은 기억하지만 경쟁브랜드들의 장점은 기억하지 못하는 경향이 있다. 선택적 노출, 왜곡 그리고 보유 때문에 마케터들은 자신이 전하고자 하는 메시지가 소비자의 마음속에 도달되도록 하기 위해 열심히 노력해야 한다. 그리고 지각과정의 이러한 세 가지 특징은 마케터들이 목표시장에 메시지를 전달하기 위해 반복광고를 이용하는 이유를 설명해준다.

■ 학습(Learning)

행동을 통해 사람은 학습한다. **학습**은 경험에 의한 신념, 태도, 개인행동의 변화이다. 학습이론가들은 거의 모든 인간행동은 학습된 것이라고 말한다. 학습은 동인, 자극, 단서, 반응, 그리고 강화(reinforcement)의 상호작용에 의해 일어난다.

동인(drive)은 행동을 불러일으키는 강렬한 내적자극이다. 동인이 특정의 자극대상물(stimulus objects)로 유도됐을 때, 그 동인은 **동기**(motive)로 변한다. 예를 들어, 자아실현을 하려는 동인이 그 개인으로 하여금 디지털카메라를 구입하게끔 동기화시킬 수 있다. 카메라를 구매하려는 욕구에 대한 소비자의 반응은 주변단서에 의해 조절 혹은 조건화(conditioned)된다. **단서**(cues)란 소비자가 언제, 어디서, 그리고 어떻게 반응하는지를 결정하는데 영향을 주는 작은 자극요소들이다. 예를 들어, 한 개인은 상점 창너머로 몇 가지 종류의 카메라브랜드를 발견하거나, 특별 가격할인 정보에 대해 듣거나, 친구와 카메라에 대해 이야기를 나눌 수 있다. 이 모든 것이 제품구매의도나 특정 브랜드선택 같은 소비자의 반응(response)에 영향을 주는 단서들이다.

소비자가 Nikon 디지털카메라를 구입한다고 가정해 보자. 이 구매경험이 보람이 있었다면, 즉 보상을 제공한다면(rewarding), 그 소비자는 계속해서 그 카메라를 사용할 것이고, 그 결과로 그의 반응(가령, Nikon 제품들에 대한 태도와 구매의도)은 강화될(reinforced) 것이다. 이러한 **긍정적 강화**는 다음에 그 소비자가 카메라 또는 망원경 같은 것을 구입할 때, Nikon제품을 구입할 확률을 더 높게 만들 것이다. 학습이론이 마케터에게 시사하는 바는 자사제품을 강한 동인과 연계시키거나(가령, 디지털카메라 제품을 사회적 욕구충족과 연계시킴), 동기를 유발시키는 마케팅단서를 활용하거나(가령, 광고에 출연한 유명모델의 사진을 자사제품 패키지에 부착함), 그리고 긍정적 강화를 제공함으로써(가령, 구매량에 따라 차별적인 판촉물을 제공함) 제품수요를 증진시킬 수 있다는 것이다.

■ 신념과 태도(Belief and Attitudes)

구매행동과 학습을 통해 소비자들은 신념과 태도를 습득하며, 이들은 다시 소비자의 구매행동에 영향을 끼친다. **신념**(belief)이란 사람이 어떤 대상에 대해 갖고 있는 서술적 생각을 말한다. 가령, 죽염치약은 잇몸강화에 효과적이라는 생각은 브랜드신념에 해당한다. 신념은 실제지식, 의견 또는 확신에 근거하여 형성될 수 있으며, 감정이 개입될 수도 있고 그렇지 않을 수도 있다. 마케터들은 사람들이 특정제품, 또는 서비스에 대해 형성하는 신념에 대해 관심있어 한다. 그 이유는 이 신념들이 합해져 구매행동에 영향을 끼치는 제품이미지 및 브랜드이미지를 형성하기 때문이다. 가령, 신념들 중 일부가 잘못되어서 자사제품의 구매를 방해한다면, 마케터들은 이를 고치기 위한 마케팅캠페인을 내보내려고 할 것이다.

사람들은 종교, 정치, 의, 음악, 음식 등 거의 모든 것들에 대한 태도를 갖고 있다. **태도**(attitude)는 어떤 대상에 대해 한 개인이 갖고 있는 비교적 일관된 평가, 느낌, 그리고 행동성향을 말한다. 태도는 사람들이 어떤 대상물을 좋아하거나 싫어하거나 또는 가까이 하려거나 멀리하려는 마음의 틀을 갖게 한다. 가령, 어떤 전자제품 구매자는 "최고의 제품을 사는것이 최선이다," "전자제품은 일본이 제일 잘 만든다."라는 태도를 갖고 있을 수 있다. 만약에 그렇다면, Nikon카메라는 이 소비자의 현재태도에 부합되는 것이다.

한번 형성된 태도는 바꾸기 힘들다. 사람의 태도는 특정의 행동이나 사고패턴에 맞추어져 있으므로 태도를 바꾸는 데에는 많은 다른 부분들에서 힘든 조정노력이 요구될 수 있다. 그러므로 마케터는 소비자의 기존 태도를 바꾸려 하기 보다는 현재 갖고 있는 태도에 자신의 제품을 맞추도록 노력하는 것이 비용효과적일 수 있다. 예를 들어, 최근 청량음료 제조업체들은 건강과 웰빙에 대한 사람들의 새로운 태도에 맞추어 단순히 맛이 좋거나 갈증을 해소하는 것 그 이상을 제공하는 음료임을 강조하려고 한다.

06 산업재 시장과 산업재 구매자행동

어떤 방식으로든 대다수의 기업들은 다른 조직체에게도 제품을 판매한다. 두산중공업, 현대중공업, 포스코, 제일모직, 보잉, IBM, Caterpillar 등 많은 기업들이 그들의 제품을 다른 사업체에 판매한다. 심지어 최종 소비자가 사용하는 제품을 만드는 소비재기업들도 다른 사업체에 그들의 제품을 판매한다. 예를 들어, 미국의 글로벌 식품제조업체 General Mills는 Cheerios시리얼, Yoplait 요거트, 하겐다즈 아이스크림 등 전세계 소비자들에게 친숙한 소비재브랜드를 생산한다. 이러한 제품을 소비자들에게 판매하기 위하여 General Mills는 먼저 자사제품들을 도매상과 소매상에게 판매해야 하고, 이들이 다시 최종 소비자시장에서 제품을 판매한다.

산업재 구매자행동(business buyer behavior)은 타인에게 공급되거나, 빌려주거나, 혹은 판매할 제품과 서비스를 생산할 용도로 재화나 서비스를 구매하는 조직의 구매행동을 일컫는다. 이외에도 수익을 목적으로 재화를 타인에게 재판매하거나 빌려주기 위하여 재화를 구입하는 소매업체나 도매업체의 행위도 산업재 구매자행동에 포함된다. **산업재 구매과정**(business buying process)은 산업재 구매자가 구매할 제품과 서비스의 종류를 결정하고, 가능한 공급업체나 브랜드대안을 찾아내고, 평가해서, 최적의 대안을 선택하는 의사결정과정을 말한다. BtoB 마케터는 산업재 시장과 산업재 구매자행동을 이해하는데 최선의 노력을 기울어야 한다. 그리고 최종 구매자에게 판매를 하는 사업체와 마찬가지로, 우월한 고객가치를 창조함으로써 산업재 고객들과 수익성 있는 관계를 구축해야 한다.

마케팅 Highlight

품질이 뛰어난 색조화장품 개발을 통해 세계 1위 화장품업체 로레알과 거래관계를 구축한 코스맥스

'K뷰티 열풍'의 숨은 주역인 이경수 코스맥스 회장이 본격적인 미국시장 공략에 나섰다. 중국에 이어 세계 최대시장인 미국에서 인정받아 글로벌 1위 화장품 제조업자 개발생산(ODM)업체로 도약하는 기반을 닦겠다는 것이다. 이 회장은 "2016년 미국공장을 본격 가동해 현지에서 4000만 달러의 매출을 올리겠다. 화장품산업도 전자산업처럼 미국에서 1위를 해야 글로벌 1위 기업이 될 수 있다"고 말한다. 코스맥스는 미국공략과 함께 5년 정도 앞선 중국과의 격차를 더 벌리기 위해 중국공장 생산량을 대폭 늘리기로 했다. 이 회장은 맨손으로 창업해 매출 1조원에 육박하는 중견기업을 일궜을 뿐 아니라 한국산 화장품 세계화에도 성공했다. 또 화장품 공급을 통해 수백개에 달하는 국내 화장품업체가 중국 등 해외에 진출할 수 있도록 하는 B to B 산업에서도 선도적 역할을 하고 있다.

2004년 초 코스맥스 직원들은 지쳐가고 있었고, "아무리 로레알이라도 너무 심한 거 아니야."라는 불만이 터져 나왔다. 세계 1위 프랑스 화장품업체 로레알이 코스맥스를 찾아온 건 2년 전이다. 홍콩 박람회에서 코스맥스 제품을 보고 관심을 보였다. 한국공장을 찾은 이들은 생산설비 등을 살폈다. 비포장도로에서 장시간 배송해도 포장에 문제가 없는지, 열대지역에서도 변질되지 않는지까지 조사했다. 이렇게 2년이 지났지만 화장품 샘플만 주고받을 뿐 성과는 없었다. 직원들은 이경수 회장을 찾아갔다. "언제까지 로레알의 검사만 받고 있어야 하는 겁니까." 이 회장은 "다른 회사는 돈주고 컨설팅도 받지 않습니까. 우리는 공짜수업을 받고 있어요"라고 말했다. 이어 "로레알의 테스트를 통과하면 글로벌 회사로 발돋움할 수 있으니 끝까지 가봅시다"며 직원들을 돌려보냈다.

그해 말 코스맥스는 로레알과 공급계약을 맺었고, 지금은 랑콤, 이브생로랑, 슈에무라 등 로레알의 7개 대표 브랜드 화장품을 제조한다. 2013년엔 로레알 인도네시아, 미국 공장을 차례로 인수했다. 로레알과 코스맥스 간의 신뢰는 두텁다. 이 회장은 "로레알이 원하는 수준에 도달하니 글로벌 회사로 성장해 있었다"고 말했다. 그 결과로 다른 업체들로부터 주문이 밀려들었다. 존슨앤드존슨, 아모레퍼시픽 등 국내외 300여개 브랜드가 코스맥스가 개발해 공급한 화장품을 판매하고 있다. 로레알에 제품을 공급하게 된 비결에 대해 이 회장은 "위기는 항상 기회였고, 도전은 항상 특별한 보상으로 돌아왔다"고 했다.

대학을 졸업하고 동아제약의 영업사원으로 취직해 대웅제약에서 전무까지 승진한 이 회장은 1992년 제조업자 개발생산(ODM)방식의 화장품사업을 하기로 했다. 당시 국내 화장품시장에 브랜드 화장품 제조사들은 몇 개 있었지만, 제조업자 개발생산(ODM)업체는 한국콜마뿐이었다. 수입개방으로 글로벌 화장품브랜드가 국내로 밀려들어올 때였다. 이 회장은 ODM 기업의 생명은 기술력과 품질이라고 판단하고 연구개발(R&D)의 방향을 찾기 시작했다. 한국 화장품산업의 약점이 무엇인지를 분석했다. 스킨 등 기초화장품은 강했다. 제조가 상대적으로 쉬웠기 때문이다. 그러나 색조화장품에는 별로 손대지 않고 있었는데, 제조과정이 복잡했기 때문이다. 차별화된 색을 내야해 창의성도 필요했다. 차별적 경쟁우위분야로 이 회장은 색조화장품으로 방향을 잡았다. 끈질긴 R&D를 통해 코스맥스는 마스카라, 아이섀도 등 색조화장품 시장의 강자가 됐다. 코스맥스 매출의 55%는 색조부문에서 나온다. 코스맥스는 2005년 세계 최초로 개발한 젤 아이라이너를 비롯해 아이섀도, 마스카라 등으로 색조부문에서 뛰어난 경쟁우위를 있다. 세계 1위로레알그룹의 랑콤, 이브생로랑, 슈에무라 등의 색조화장품도 코스맥스가 만들어 공급하고 있다.

코스맥스는 고객관계강화를 통해 외환위기를 기회로 삼았다. 당시 주요 고객사들은 부도위기에 몰렸다. 화장품 원자재 가격은 급등한 데 반해 판매량은 급감했다. 이 회장은 임직원을 불러 세 가지 지시를 내렸다. 원가상승에 대한 고통을 분담하기 위해 고객기업에 대한 공급가격을 동결하자고 했다. 이전까지 정했던 최소 생산수량도 없앴다. 그리고 손해를 보더라도 고객이 원하는 시기에 무조건 제품을 공급하기로 했다. 직원들은 반대했지만 밀어붙였다.

로레알과 전략적 제휴를 맺은 비결도 고객기업과 형성한 신뢰였다. 이 회장은 "문제가 생기면 로레알에 솔직히 설명한다"고 했다. 이 과정에서 핵심 노하우인 재료, 배합비율 등 제조기법도 모두 공개했다. 파트너 관계에 기반한 이러한 협력을 통해 2년 걸리던 신제품 제조기간을 9개월로 줄일 수 있었다.

• 자료원 : 한국경제, 2016.1.19

6.1 산업재 시장(Business Markets)

산업재 시장은 그 규모가 매우 크다. 실제로 산업재 시장은 소비재 시장보다 훨씬 큰 판매규모와 훨씬 많은 아이템을 갖고 있다. 예를 들어, 한국타이어가 생산하는 한 세트의 타이어 생산과 판매에 연관된 수많은 산업재 거래를 생각해 보자. 다양한 공급업체들이 한국타이어에게 타이어 생산에 필요한 고무, 스틸(steel), 장비, 기타 재화들을 판매한다. 그 다음 한국타이어는 완제품 타이어를 소매상에게 판매하고, 소매상은 다시 그 타이어를 소비자에게 판매한다. 즉, 소비자가 한 세트의 타이어를 구매하도록 하기 위해 다양한 산업재 구매(business purchase)가 이루어진다. 또한 한국타이어는 타이어를 장착할 운송기기 제조업체들에게 자사타이어를 최초 장착물(original equipment)의 형태로 판매하고, 기업들이 보유한 회사차, 트럭, 버스, 기타 운송기기 등과 같은 차량의 유지를 목적으로 이들에게 교체타이어를 판매한다.

산업재 시장은 시장구조와 시장수요(marketing sturcutre and demand), 구매단위(unit)의 성격(nature of buying unit), 의사결정의 유형과 의사결정과정(types of decision and the decision process) 등에서 소비재 시장과 다른, 고유한 특성을 갖고 있다.

첫째, 산업재 시장은 시장구조와 시장수요에서 소비재 시장과 다른 특징을 갖고 있다. 대체로 산업재 마케터들은 소비재 시장에 비해 적은 수의 그러나 더 큰 규모의 구매자들과 거래한다. 심지어 규모가 큰 산업재 시장에서도, 소수의 구매자들이 구매의 대부분을 차지한다. 예를 들어, 한국타이어가 최종 소비자들에게 교체타이어를 판매하는 경우에도, 한국타이어의 잠재시장은 한국을 포함한 세계 전역에서 현재 자동차를 사용중인 수많은 자동차 소유자들을 포함한다. 그러나 산업재 시장에서의 한국타이어의 운명은 소수의 자동차 제조회사로부터 받는 주문량에 달려있다.

나아가 산업재 수요는 파생된 수요이다. 즉, 산업재 수요는 궁극적으로 소비재에 대한 수요로부터

표 3-1 산업재 시장의 특성

시장구조와 수요

산업재 시장은 소비재시장에 비해 적은 수의 그러나 더 큰 규모의 구매자를 갖고 있다.
산업재 구매자의 수요는 최종 소비자 수요로부터 나온다.
산업재 시장의 수요는 소비재시장에 비해 비탄력적이다. 즉 수요가 단기적 가격변화에 덜 영향을 받는다.
산업재 시장의 수요는 더 변동이 심하고, 더 빨리 변동한다.

구매단위의 특징

더 많은 구매의사결정자들이 산업재 구매과정에 참여한다.
더 전문적인 구매노력이 요구된다.

의사결정유형과 의사결정과정

산업재 구매자는 대체로 보다 복잡한 구매의사결정에 직면한다.
산업재 구매절차는 보다 더 공식화되어 있다.
구매자와 판매자가 긴밀하게 협력하며 장기간 관계를 형성한다.

파생된다. 예를 들어, W. L. Gore & Associates는 방수, 투습, 방풍소재인 Gore-Tex원단을 사용해 아웃도어 의류를 생산/판매하는 패션업체들에게 Gore-Tex 브랜드를 판매한다. 아웃도어 의류의 수요가 증가하면, 이에 따라 Gore-Tex 원단에 대한 수요도 증가할 것이다. 따라서 BtoB 마케터는 가끔 산업재 수요를 증대시키기 위하여 최종 소비자들에게 직접 그들제품의 유용성을 광고하기도 한다. 가령, Gore-Tex에 대한 수요를 증대시키기 위해, Gore사는 아웃도어 의류를 구매하는 최종 소비자들에게 Gore-Tex원단을 사용해 만든 아웃도어 의류가 어떤 편익을 제공하는지를 알리기 위해 그들을 대상으로 광고를 한다. 이와 함께 Gore사는 The North Face, Burton 등의 아웃도어 의류브랜드들에게 자사 웹사이트를 통해 직접 판매활동을 벌인다. 그리고 Gore사는 브랜드 라이센스계약을 맺은 제휴업체의 최종제품에 Gore-Tex 브랜드를 표시하도록 하는 공동브랜드 전략을 추구한다. 제휴업체들은 아웃도어 분야의 콜롬비아, 에델바이스, 스포츠용품 분야의 휠라, 리복, 의류 분야의 마에스트로, 빈폴, 제화분야의 소다, 금강 등 매우 다양하다.

파생된 수요를 창출하기 위한 마케팅활동: Gore사는 브랜드 라이센스 계약을 맺은 제휴업체의 최종제품에 Gore-Tex 브랜드를 표시하도록 하는 공동브랜드전략을 추구한다.

많은 산업재 시장의 수요는 비탄력적(inelastic)이며, 대체로 산업재 제품에 대한 총수요는 가격변화에 (특히 단기적으로) 큰 영향을 받지 않는다. 가죽가격의 하락이 신발에 대한 소비자수요를 증가시킬 만큼 신발가격 인하를 유발시키지 않는 한, 이것이 곧 신발제조업자로 하여금 더 많은 가죽을 구매하도록 하지는 않을 것이다. 그리고 많은 산업재 재화와 서비스에 대한 수요는 소비재 재화와 서비스에 비해 더 많이, 그리고 더 빨리 변화하는 경향이 있다. 따라서 소비재 수요의 작은 증가가 산업재 수요의 큰 증가를 유발할 수 있다. 즉, 소비재 수요의 10퍼센트 증가가 다음 기간 동안 산업재 수요를 최대 200퍼센트 증가시킬 수 있다.

둘째, 산업재 시장은 구매단위(unit)의 성격에서 소비재 시장과 차이를 보인다. 소비재 구매와 비교하여, 산업재 구매는 더 많은 의사결정 참여자와 더 전문적인 구매노력을 수반한다. 산업재 구매는 더 나은 조건에 구매할 수 있는 방법을 전문적으로 학습한, 잘 훈련된 구매관리자에 의해 수행된다. 구매가 더 복잡할수록, 의사결정과정에 다수의 사람이 참여할 가능성이 커진다. 주요설비와 원자재 구매는 종종 기술전문가와 경영층으로 구성된 구매위원회에서 이루어진다. BtoB 기업은 잘 훈련되고 제품지식 수준이 높은 원자재 구매관리자들과 거래해야 하기 때문에 이들과 상대하기 위해 마케터와 영업사원을 잘 훈련시켜야 한다.

셋째, 산업재 시장은 의사결정형태(types of decisions)와 의사결정과정(decision process)에서 소비재 시장과 다른 특징을 보인다. 대체로 산업재 구매자들은 소비재 구매자보다 더 복잡한 구매의사결정에 직면한다. 산업재 구매는 종종 많은 자금과 복잡한 기술적·경제적 고려사항, 구매조직내 여러 계층 사람들 간의 상호작용을 수반한다. 또한 산업재 구매과정은 보다 많은 결제단계와 공식적인 절차를 거친다. 큰 규모의 산업재 구매는 통상 자세한 제품규격, 문서화된 구매주문, 신중한 공급업체 탐색, 공식적 승인을 수반한다. 그리고 산업재 구매과정에서는 소비재 구매과정에 비해 구매자와 판매자가 서로에게 더 많이 의존한다. BtoB 마케터는 기업고객의 구매과정의 모든 단계(고객이 문제를 정의할 수 있게 도와주는 것부터, 솔루션을 찾고, 판매후 지원을 제공하는 것까지)에 걸쳐 고객과 긴밀하게 협력한다. 때에 따라 BtoB 마케터는 제공물들을 기업고객 개개인의 요구에 맞추어 준다. 단기적인 측면에서 보면, 구매자가 제품 및 서비스를 필요할 때 곧바로 제공하는 공급업체들이 판매에 유리할 것이다. 그러나 장기적으로 BtoB 마케터들은 고객의 현재 요구를 충족시킴과 동시에 고객이 당면한 문제를 해결하는데 도움을 주기 위해 파트너십을 형성해야만 기존 고객을 계속 유지할 수 있다.

이에 따라 최근 들어 기업고객과 공급업체 간의 거래관계는 적대적 관계에서 가깝고 우호적인 관계로 변하고 있다. 실제로 많은 기업고객들(customer companies)은 신뢰할 만한 공급업체들과 파트너십 네트워크를 구축하고 있다. 예를 들어, 스웨덴의 글로벌가구 전문점인 IKEA는 공급업체로부터 단지 가구제품을 구매하는 것이 아니라, 고객가치 창출과정에 그들을 깊이 관여시킨다. IKEA는 매장의 진열공간을 채우기 위해 55개국 1,220개 공급업체들과 일하고 있다. IKEA는 9,500개 이상의 아이템을 제공할 수 있는 강력한 공급자들과 파트너 네트워크시스템을 구축했다. IKEA의 디자이너는 기본적인 고객가치를 제안한다. 그런 다음 이러한 가치제안을 실현시키는 가구를 시장에 출시하기 위해 핵심공급업체와 긴밀하게 협력한다. IKEA는 단지 공급업체로부터 생산된 가구를 구매하는 것을 넘어, 고객이 계속 찾아올 수 있도록 세련되면서도 적절한 가격의 가구제품을 디자인하고 제작하는 과정을 공급업체와 함께 한다.

6.2 산업재 구매행동

산업재 마케터들은 산업재 구매자들이 다양한 마케팅자극에 어떻게 반응할 것인지에 대해 알고 싶어 한다. [그림 3-3]은 산업재 구매행동 모델을 보여준다. 이 모델에서 보는 바와 같이, 마케팅자극과 기타 자극은 구매조직에 영향을 미쳐 구매자반응을 초래한다. 적절한 마케팅믹스 전략을 설계하기 위하여, 마케터는 마케팅자극이 구매반응으로 나타나기 위해 조직 내에서 어떤 일이 일어나는지 이해해야 한다.

조직 내에서 구매활동은 크게 두 부분으로 구성되는데, 구매의사결정에 관여하는 모든 사람들로 구성된 구매센터(buying center)와 구매의사결정과정이 그것이다. 이 모델은 구매센터와 구매의사결정과정이 외부의 환경적 요인뿐만 아니라 기업내부의 조직적 요인, 대인관계적 요인, 개인적 요인에 의해 영향을 받는 것을 보여준다.

[그림 3-3]의 산업재 구매행동모델은 산업재 구매행동과 관련해 네 가지 질문을 제시하는데, 산업재 구매자들이 어떠한 구매의사결정을 하는가? 구매과정에 누가 참여하는가? 구매자에게 영향을 미치는 주요요인은 무엇인가? 산업재 구매자들은 구매의사결정을 어떻게 내리는가? 등이 그것이다.

■ 구매상황의 주요유형(Major Types of Buying Situations)

구매상황에는 세 가지 주요유형이 있는데, 매우 일상적인 의사결정인 단순재구매, 어느 정도의 조사와 평가가 필요한 수정재구매, 그리고 철저한 조사와 평가가 요구되는 신규구매가 그것이다.

단순재구매(straight rebuy)상황은 구매자가 어떠한 변경사항도 만들지 않고 재주문을 하는 경우를 말한다. 이러한 단순재구매는 구매부서에서 일상적으로 처리된다. 과거구매에 대한 만족도에 기반해

그림 3-3 산업재 구매행동모델

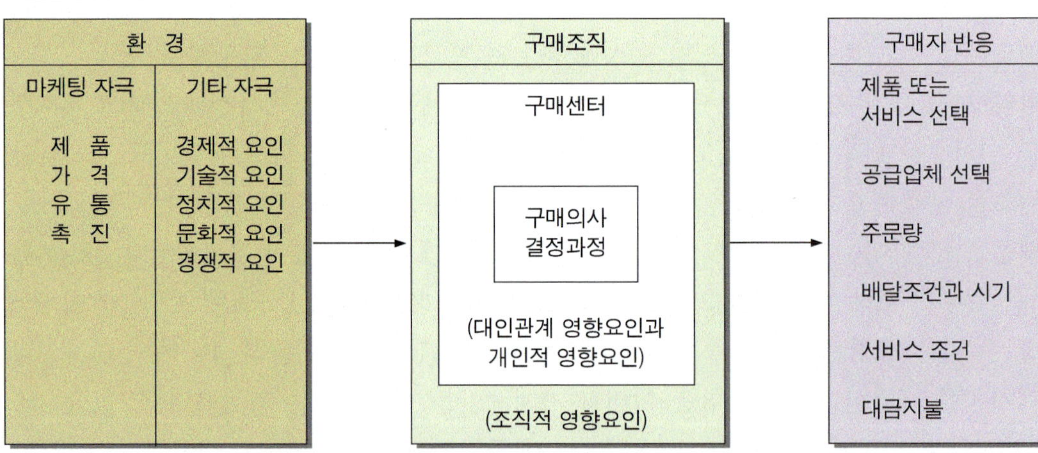

구매자는 리스트에 올라와 있는 다양한 공급자 가운데서 한 곳을 선택한다. 기존 공급업체들은 거래를 유지하기 위해 제품과 서비스의 품질을 유지하려고 노력한다. 제외된 공급업체들은 구매자가 자신들을 고려할 수 있도록 부가가치를 창출하거나 기존 공급업체에 대한 구매자의 불만족을 기회로 삼을 새로운 제안들을 강구하려고 한다.

수정재구매(modified rebuy)상황은 구매자가 시장상황의 변화에 따라 제품규격, 가격, 거래조건, 혹은 공급업체 등을 수정하기를 원하는 경우이다. 수정재구매는 단순재구매보다 더 많은 의사결정 참여자를 수반한다. 기존 공급업체들은 거래를 유지하기 위해 최선을 다해 노력해야 하며 긴장감을 유지해야 할 것이다. 공급업체 선정에서 제외된 공급업체들은 수정 재구매상황을 기회로 간주하고 구매자에게 보다 나은 제안을 하여 새로운 거래처를 개발하려 할 것이다.

신규구매(new task)상황은 기업이 제품이나 서비스를 처음으로 구매하는 경우에 해당된다. 이 때 구매비용이나 지각된 위험이 클수록 의사결정 참여자의 숫자는 늘어나고, 정보를 수집하기 위한 노력도 커진다. 신규구매 상황은 BtoB 마케터에게 가장 큰 기회이자 도전이다. 마케터는 기업의 신규구매에 영향을 미치는 조직구성원들을 가능한 많이 접촉하려고 할 뿐 아니라 구매기업이 당면한 문제를 해결하는데 도움이 될 지원과 정보를 제공하려고 노력한다.

많은 산업재 구매자들은 여러 공급업체로부터 제품과 서비스를 따로 구매해 이들을 결합시키는 것보다는 단일의 공급업체로부터 문제에 대한 완벽한 솔루션을 구매하는 것을 선호한다. 따라서 고객의 요구에 부합하고 당면한 문제를 해결하는데 가장 완벽한 시스템을 제공하는 회사에게 판매계약이 돌아갈 것이다. 그러한 **시스템판매**(system selling)(혹은 **솔루션판매**(solutions selling))는 계약을 따내고 유지할 수 있는데 있어 중요한 산업재 마케팅전략이다. 그러므로 운송과 물류의 거대기업인 UPS는 UPS를 이용하는 기업고객들을 위해 운송패키지 이상의 서비스를 제공하고 있다. UPS는 기업고객들의 운송과 물류상의 문제들에 대한 통합솔루션을 개발/공급한다. 예를 들어 UPS는 거래고객인 Nikon의 소비자 제품공급망(즉, 물류, 운송, 화물, 통관서비스 등)을 지원하는 완벽한 통합 솔루션시스템을 제공한다. Nikon의 전자제품들은 이틀내에 아시아 제조센터에서 미국전역 소매상 진열대로 공급되며, UPS는 모든 이동과정을 전담한다. 이 과정에서 UPS는 제품의 이동을 추적하고 전체 공급망의 현황을 Nikon에게 알려줌으로써, Nikon이 거래 소매상들에게 배달예정 시간에 대한 정보를 계속 알려주고 필요한 경우에 이를 조정하는데 도움을 준다. 또 다른 예로 포스코도 솔루션판매의 도입을 통해 기업고객들에게 차별적 가치를 제공하려고 한다. 최근 포스코는 글로벌기업을 대상으로 솔루션 마케팅을 추구하고 있는데, 솔루션 마케팅은 철강재 제품을 파는데 그치지 않고 기술노하우 및 영업지원방안까지 종합적으로 제공하는 것이다. 포스코는 단순한 철강 공급사가 아니라 기업고객들과 솔루션파트너가 되기 위해 자동차, 에너지, 조선·해양, 건설, 전기·전자 등의 기업고객들이 필요로 하는 철강재와 이용기술을 결합한 솔루션을 만들어 전달하고 있다. 가령, 포스코는 르노의 하이브리드 콘셉트카 '이오랩'개발과정에서 자체개발한 경량 신소재인 마그네슘 패널과 에너지 흡수력을 높인 트윕강 등을 공급했다.

■ **산업재 구매과정의 참여자(Participants in the Business Buying Process)**

기업에게 필요한 수백억 혹은 수천억원 가치의 재화와 서비스구매를 누가결정하는가? 이는 주로 구매조직의 의사결정단위인 구매센터에 의해 이루어지는데, **구매센터**는 구매의사결정 과정에서 특정 역할을 하는 조직내 모든 개인과 단위부서들로 구성된다. 이 그룹은 제품이나 서비스의 실제사용자, 구매의사결정을 내리는 사람들, 구매의사결정에 영향을 미치는 사람들, 구매를 실제로 담당하는 사람들, 구매정보를 통제하는 사람들을 포함한다.

구매센터는 고정되어 있거나 구매조직 내에서 공식적으로 확인될 수 있는 조직단위가 아니다. 구매센터는 각기 다른 구매를 위해 서로 다른 조직구성원들이 담당하는 구매역할들의 집합이다. 조직 내에서, 구매센터의 크기와 구성은 구매하는 제품이나 구매상황에 따라 달라진다. 일상적인 구매상황에서는, 한 사람(예를 들어, 구매담당자)이 구매센터의 모든 역할을 맡고, 모든 구매의사결정을 한다. 반면 좀 더 복잡한 구매상황의 경우 구매센터는 수십명의 각기 다른 직급과 부서사람들로 구성된다.

구매센터라는 개념은 중요한 마케팅 도전과제를 제시한다. 산업재 마케팅담당자는 누가 의사결정에 참여하는지, 각 참여자들의 상대적인 영향은 어떠한지, 각 의사결정 참여자가 사용하는 평가기준은 무엇인지 등을 알아야 하지만, 이를 파악하는 것이 어려울 수 있다.

일반적으로 구매센터는 공식적으로 구매의사결정에 관여하는 참여자들을 포함한다. 예를 들어, 회사용 헬스기기 구입에 대한 의사결정에는 CEO, 헬스트레이너, 구매담당자, 법무팀 직원, 최고경영층의 임원, 그리고 여타 공식적으로 이 구매의사결정에 관여하는 사람들이 포함된다. 또한 이 의사결정에는 공식적으로 드러나지 않는 사람들도 포함되는데, 이들이 실제로 의사결정을 내리거나, 의사결정에 강하게 영향을 미칠 수 있다. 때에 따라 구매센터의 구성원들이 모든 구매참여자들을 알고 있지 못하는 경우도 있다. 예를 들어, 회사용 헬스기기 구매는 운동에 대한 관심이 있고 헬스기기에 대하여 많이 알고 있는 이사회의 한 구성원에 의해 이루어질 수 있고, 이 사람은 배후에서 의사결정을 조정할 수도 있다. 많은 산업재 구매의사결정은 상시 변하는 구매센터 참여자들 간의 복잡한 상호작용을 통해 이루어진다.

산업재 구매의사결정 과정의 참여자들은 각각의 개인적인 동기, 상황에 대한 개인적 이해, 개인적 선호를 갖고 있다. 이러한 개인적 요인(individual factors)은 개인적 특성, 즉 나이, 소득, 교육수준, 개성, 그리고 위험에 대한 태도 등에 의해 영향을 받는다. 또한 구매자들은 서로 다른 구매스타일을 가지고 있다. 어떤 구매자는 전문적 성향을 갖고 있어, 공급자를 선택하기 전에 경쟁제안서를 꼼꼼히 분석한다. 다른 구매자는 최고의 거래를 위하여 판매자들끼리 서로 경쟁을 붙이는 데 능숙한 직관적 협상자일 수 있다.

6.3 산업재 구매과정

[그림 3-4]는 산업재 구매과정의 8단계를 보여준다. 신규 구매상황에 직면한 산업재 구매자들은 보통 구매프로세스의 모든 단계를 거친다. 수정 재구매 혹은 단순 재구매상황의 구매자는 몇몇 단계

그림 3-4 **산업재 구매과정에서의 각 단계**

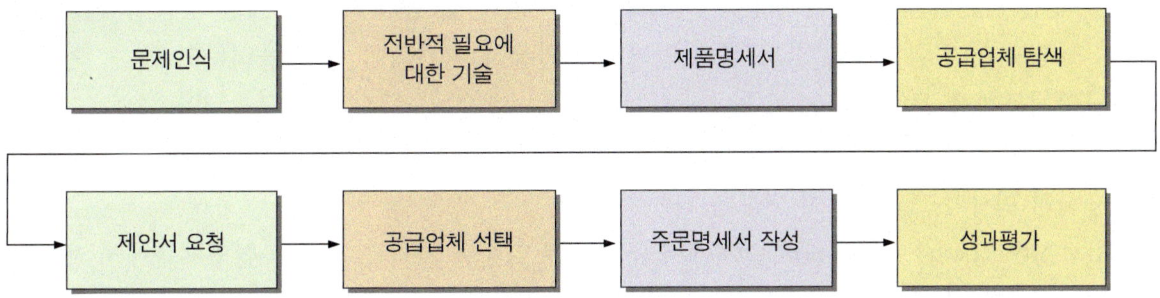

를 건너뛰기도 한다. 이하에서는 전형적인 신규 구매상황을 가정하여 각 단계들을 설명하기로 한다.

구매프로세스는 기업의 구성원 중 누군가가 특정설비나 부품 혹은 서비스의 구입을 통해 충족될 수 있는 문제나 필요를 느끼는 문제인식(problem recognition)과 함께 시작된다. 문제인식은 기업내부자극이나 외부자극에 의해 이루어진다. 내부적 자극으로는, 기업이 새로운 생산설비나 재료가 필요한 신제품출시를 결정한 경우를 들 수 있다. 혹은 기계가 고장나서 새 부품이 필요할 수도 있다. 그리고 구매부서 관리자가 현 공급업체의 제품의 질, 서비스, 가격에 대해 불만족을 표현하는 경우를 들 수 있다. 외부적 자극요인으로는, 구매자가 전시회를 참관하는 과정에서 새로운 아이디어를 얻거나, 광고를 보거나, 혹은 더 좋은 제품이나 혹은 낮은 가격을 제공하는 세일즈맨으로부터 제의를 받는 경우이다. 산업재 마케터들은 종종 광고를 통해 기업고객들에게 잠재적인 문제들을 환기시킨 다음 자사제품이 어떻게 그 문제의 해결책을 제공하는지 보여준다. 가령, 2017년 포스코는 차세대 자동차용 철강 소재인 기가스틸의 우수성을 소개하는 제품광고를 TV, 홈페이지, 블로그, SNS(유튜브, 페이스북 등) 등 여러 채널을 통해 실시했다.

산업재 구매의 필요성을 인식한 구매자는 필요한 품목이나 솔루션의 특징과 수량에 대해 서술한 전반적인 필요에 대한 기술서(general need description)를 준비한다. 표준화된 품목인 경우에는 이 단계에서 별 문제가 발생하지 않지만, 복잡한 품목인 경우에는 필요로하는 것이 무엇인지를 정의하기 위해 구매자는 엔지니어, 사용자, 컨설턴트 등 다른 사람들과 함께 논의한다. 또한 아이템에 요구되는 신뢰성, 내구성, 가격, 기타 특징에 대한 중요도의 순서를 결정해야 한다.

구매조직이 필요한 것에 대한 정의를 내리면, 다음 단계로 구매조직은 품목의 기술적 특성을 서술한 제품명세서(product specifications)를 만든다. 이때 종종 가치분석 엔지니어링 팀의 도움을 받기도 한다. **제품가치분석**은 비용절감을 위한 한 접근법인데, 고객에게 더 많은 가치를 제공하기 위해 부품이 재설계될 수 있는지, 보다 효과적이고 효율적으로 만들어 질 수 있는지를 결정하기 위해 제품이나 서비스의 구성요소를 면밀히 분석하는 것이다. 이 팀은 가장 좋은 제품특징을 결정하고 그에 따라 명세서를 만든다. 판매자 역시 새로운 계약을 확보하기 위한 마케팅도구로서 가치분석을 활용할 수 있다. 고객가치를 향상시키고 고객들이 보다 비용효과적인 솔루션을 찾도록 도와주는 것은 산업재 마케터가 기존 고객의 충성도를 유지하고 새로운 거래처를 개발하는데 주요한 경쟁우위요소가 된다.

이제 구매자는 가장 나은 공급업체를 찾기위해 공급업체 후보에 대한 탐색을 실시한다. 구매자는 업계회원 목록, 컴퓨터탐색, 혹은 다른 회사로부터의 추천 등을 통해 자격을 갖춘 공급업체를 탐색할 수 있다. 최근 들어 공급업체를 찾기 위해 인터넷을 활용하는 기업이 점점 늘어나고 있다. 인터넷은 모든 공급업체들에게 공평한 경쟁의 장(場)이다. 즉, 인터넷은 큰 규모의 공급업체와 작은 규모의 공급자 모두에게 동일한 이점을 제공한다. 공급업체의 과업은 구매자의 공급업체에 대한 탐색과정을 이해하고 자신의 회사가 고려대상이 되도록 하는 것이다.

제안서 요청(proposal solicitation)단계에서 구매자는 일정한 자격을 갖춘 공급업체들에게 제안서를 제출할 것을 요청한다. 구매품목이 복잡하거나 고가일 경우에는, 구매자는 각각의 잠재공급자에게 자세한 서면제안서나 공식적인 프리젠테이션을 요청할 것이다. 이에 대처하기 위해 산업재 마케터들은 조사, 제안서 작성, 그리고 발표(presenting) 등의 역량을 향상시켜야 한다. 제안서는 단지 기술적인 서류가 아니라 마케팅서류이어야 한다. 산업재 마케터들은 자사의 솔루션이 경쟁자의 솔루션에 비해 더 나은 고객가치를 제공한다는 것을 명확히 보여주어야 한다.

다음 단계에서 구매자는 제안서를 검토하고 공급업체를 선정한다. 공급업체 선정과정에서, 구매센터는 여러 공급업체 특성과 이들의 상대적 중요도를 고려할 것이다. 이러한 특성들은 제품과 서비스의 질, 정시 인도, 윤리적 기업행동, 정직한 커뮤니케이션, 경쟁적 가격 등을 포함한다. 구매자는 이러한 특성들을 기반으로 하나 혹은 그 이상의 공급업체를 선정한다.

그 다음 단계에서 구매자는 주문명세서(order-routine specification)를 준비한다. 주문명세서에는 선정된 공급자(들)에 대한 최종주문, 기술명세서, 필요한 수량, 원하는 배달시기, 반품정책, 품질보증 등이 포함된다. 최근 들어 많은 대규모 구매자들은 공급업체에 의한 재고관리(vendor-managed inventory)를 실행하고 있는데, 이것은 주문과 재고에 대한 책임을 공급업체에게 넘기는 시스템이다. 이러한 시스템에서는 구매자는 판매와 재고정보를 주요 공급업체들과 직접적으로 공유한다. 공급업체는 재고상태를 감시하고 자동으로 필요한 만큼 보충한다. 예를 들어, Walmart 같은 대형소매업체에 상품을 공급하는 주요 협력업체들은 자신들이 재고관리에 대한 책임을 진다.

산업재 구매과정의 최종단계는 공급자 업체성과에 대한 평가(performance review)인데, 이 단계에서 구매자는 공급업체의 성과를 평가하고 그 결과를 공급업체에게 알려준다. 예를 들어, 미국의 주택개선용 자재전문점 Home Depot는 공급업체관리를 위한 지침과 정책을 마련하고 정기적으로 품질, 배달, 그리고 다른 성과변수 등을 토대로 각 공급업체를 평가한다. 이러한 평가결과는 성과평가표로 만들어져 온라인으로 공급업체에게 바로 제공되는데, 이는 공급업체의 성과를 향상시키는데 도움을 준다. 성과평가 단계는 구매자가 공급업체와 계약을 계속 유지하거나, 조정하거나, 중단하는 근거가 된다. 따라서 공급업체는 구매자가 기대하는 만족수준을 충족시키고 있는 지를 확인하기 위해 구매자가 성과평가에 사용하고 있는 것과 동일한 평가요인들을 토대로 자사성과를 추적조사해야 한다.

03 참고문헌

- Philip Kotler and Gary Armstrong, Principles of Marketing, 16th ed., Pearson, 2016.
- Philip Kotler, 안광호, Gary Armstrong, 마케팅 입문, Pearson, 2013.
- James R. Bettman, An Information Processing Theory of Consumer Choice, Addison-Wesley, 1979.
- 이학식, 안광호, 하영원, 소비자행동 6판, 집현재, 2016.

03 생각해볼 문제

1. 관여도의 개념을 설명하고 관여도가 소비자의 구매의사결정 과정에 미치는 영향에 대하여 설명하시오.

2. 치약 구매의사결정을 내릴때와 승용차를 구매할 때 내리는 의사결정은 다른가?

3. 소비자행동에 영향을 미치는 요인을 문화적 요인, 사회적 요인, 개인적 요인으로 나누어 설명하시오.

4. 산업재 구매자가 직면한 시장구조는 소비재 기업과 어떻게 차이가 나는가?

5. 산업재 구매과정의 각 단계에 대해 설명하시오.

제2부

제4장
마케팅조사와 마케팅정보시스템

01 마케팅의사결정과 마케팅조사
02 자료의 종류와 수집방법
03 마케팅조사의 진행과정
04 마케팅정보시스템

학습목표

1. 마케팅의사결정을 내리는데 있어 마케팅정보의 중요성을 설명한다.
2. 마케팅조사에서 수집되는 자료의 유형을 살펴보고, 1차자료를 수집하는 방법들에 대해 설명한다.
3. 여러 가지 마케팅조사방법에 대해 살펴보고, 어떤 목적으로 각 조사방법이 수행되는지 설명한다.
4. 마케팅조사 과정의 단계들을 살펴본다.
5. 마케팅정보시스템을 정의하고 이의 구성요소들을 설명한다.

주요개념에 대한 사전학습

3장에서 여러분은 소비자들이 구매의사결정을 내리는 과정과 구매결정에 필요한 제품정보를 탐색하는 과정, 그리고 구매행동에 영향을 미치는 요인들에 대해 대하여 배웠다. 이 장에서 우리는 마케터들이 소비자의 구매행동을 이해하고 예측하기 위해, 그리고 올바른 마케팅의사결정을 내리기 위해 어떤 노력을 기울이는지를 살펴볼 것이다. 이 장은 기업들이 어떻게 마케팅정보(예: 고객, 경쟁자, 자사 및 경쟁자 제품과 마케팅프로그램 등에 관한 정보)를 수집하고 관리하고 있는지를 살펴 볼 것이다. 그리고 기업구성원들의 마케팅정보 욕구를 진단하고, 필요한 정보를 개발하고, 마케팅관리자들이 그 정보를 활용하여 고객 및 시장에 대한 통찰력을 확보하는 것을 도와주기 위하여 개발된 마케팅정보시스템에 대해서도 설명할 것이다.

우리는 엄청난 규모의 고객정보를 담은 빅데이터 분석을 통해 고객관계를 강화하는 마케팅프로그램을 개발하는데 성공한 신한은행 사례로 이 장을 시작할 것이다. 신한은행은 고객지향적 마케팅프로그램을 개발하기 위한 첫 번째 단계로 빅데이터를 기반으로 소비자들을 진정으로 이해하려고 했다. 그런 다음 신한은행은 정교한 고객분석을 통해 얻은 깊은 통찰력을 바탕으로 단골고객과의 관계를 강화하고 고객충성도와 수익성을 높여주는 고객가치를 창출하는 마케팅프로그램을 개발했다.

도입사례

빅데이터 워룸(war room) 도입으로 빅데이터 기반 경영의사결정을 더욱 강화하는 신한은행

신한은행이 국내 최초로 임원진이 경영관련 빅데이터를 실시간으로 확인하면서 바로바로 의사결정을 내릴 수 있는 '빅데이터 워룸(war room)'을 도입하기로 했다. 신한은행은 서울 중구 본점에 군대 지휘관들의 전시작전 상황실처럼 지역별 점포실적과 고객현황 등 경영관련 빅데이터를 실시간으로 대형모니터에 띄워 임원진이 경영 의사결정에 활용할 수 있도록 하는 회의실인 'D3(Data Driven Decision·데이터기반결정) 상황실'을 설치한다. 디지털시대들어 은행 간 무한경쟁 속에서 살아남기 위해 신한은행은 870여 곳의 점포와 2400만명에 달하는 고객정보를 총망라해 보여주는 종합상황실을 꾸리고 본격적인 빅데이터 기반경영을 추구하려고 하는 것이다.

기존에 일간 혹은 월 단위로 취합해 임원진에게 보고했던 경영관련 정보를 5~10분 단위 실시간으로 취합한 뒤 이를 각종 그래프와 지도 이미지 등으로 시각화한 빅데이터가 이곳으로 공급된다. 어느 누구나 한눈에 핵심경영정보를 알아볼 수 있도록 시각화한 빅데이터를 상황실에 설치된 여러 개의 스크린에 띄우면 행장과 부행장 등 주요 임원진은 이를 토대로 신속하게 경영전략을 세워 현장에 전달한다. 빅데이터는 개별점포, 지역단위별 금융상품 판매실적부터 고객관련 정보를 총망라 한다.

빅데이터 워룸(war room)은 단순히 영업실적만 보여주는 데 그치지 않는다. 고객관련 정보를 대폭강화해 각 점포에 들르는 고객 수와 대기시간을 시간대, 요일·날씨별로 파악한 후 특히 많이 붐비는 점포는 같은 시간대에 상대적으로 손님이 적은 영업점에서 해당 점포로 지원인력을 보내는 등의 유연한 대응이 가능하다. 단골고객에게는 'A점포는 ○요일 ○시간대가 붐비니 인근 B점포를 이용해 달라'고 공지해 방문날짜를 분산할 수 있다.

많은 자산을 은행에 맡길 가능성이 높은 예비 VIP고객을 발굴하는데 활용할 수도 있다. 전체고객 중 의사와 변호사 등 전문직 종사자나 매매가 10억원 이상 고가아파트에 거주하고 있어 투자여력이 크다고 판단되는 고객 빅데이터를 분류해 어느 점포부근에 이들 고객이 집중적으로 거주하는지를 지도상에 표시하면 해당 점포의 VIP 유치마케팅을 강화하는 전략을 펼칠 수 있다. 통장에 찍히는 '적요(자세한 입출금 내용)'란에 자주 등장하는 키워드를 분석해 고객들의 소비트렌드를 파악하는 것도 가능하다. 가령, 최근 6개월 사이에 '전자제품 렌탈'이 많이 나온 것으로 집계되면 렌탈비 일부를 포인트로 돌려주는 마케팅에 나서는 식으로 대응할 수 있다.

신한은행의 빅데이터 워룸은 글로벌 생활용품 기업 P&G가 운영하는 데이터 시각화 회의실인 '비즈니스 스피어(business sphere)'를 벤치마킹한 것이다. 본사뿐만 아니라 현지법인이 있는 50여 개국에 설치된 이 시설은 벽면을 가득채운 대형스크린에 전 세계 80여곳 사업장, 40억명의 소비자로부터 취합한 시장관련 지표와 경쟁사 상황 등을 빅데이터로 가공해 실시간으로 띄운다. 이곳에서 그룹핵심 경영진은 매주 경영회의를 열어 주요 경영의사결정을 내리고 있다. P&G의 신제품 출시주기는 비즈니스 스피어를 도입한 후 경쟁사보다 2배 짧아졌고, 시가총액 역시 배 이상 늘었다.

◆ 고객의 소비패턴을 파악해 그 소비패턴에 맞춰 자동할인 서비스를 제공하는 신한카드 샐리

금융권 중 빅데이터가 비즈니스에 적극적으로 활용되는 곳은 신용카드업계다. 신용카드 사용자의 소비패턴 등에 대한 방대한 데이터를 기반으로 새롭고 효과적인 서비스개발이 무궁무진하기 때문이다. 국내 카드업계 1위인 신한카드는 빅데이터를 활용해 높은 마케팅성과를 거두었다.

신한카드가 빅데이터를 사업에 본격 적용하기 시작한 시점은 2013년 12월이었다. 업계최초로 빅데이터센터를 구축하고 빅데이터경영을 선포했다. 2014년 5월에는 빅데이터기반 고객분류체계인 '코드나인(Code9)'을 토대로 해 신상품을 출시했다. 이후 1년간 성과를 측정해본 결과, 시장점유율과 추가취급액이 증가하는 효과를 거둔 것으로 나타났다. 가장 주목할 만한 변화는 시장점유율 상승이다. 카드업계에서는 시장점유율을 1% 끌어올리려면 1조원의 마케팅비용이 필요하다는 속설이 있을 만큼, 시장점유율 경쟁이 치열하다. 2015년 8월 기준 신한카드의 개인신용카드 시장점유율은 23.1%로 2014년 말 22.7%에서 0.4%포인트 상승했다.

신한카드는 2015년 초부터 빅데이터 기반 고객분석도구인 '코드나인 매칭 솔루션'을 마케팅프로그램 개발에 활용했다. 코드나인 매칭 솔루션이란 신규고객에게는 성, 연령, 지역별 이용패턴에 맞춰 그 고객의 욕구에 맞춘 카드를 추천하고, 기존 회원에게는 이용패턴에 따른 우선순위를 적용하는 알고리즘을 적용해 고객에게 맞춤형 최적상품을 매칭하는 것이다.

신한카드가 높은 마케팅성과를 거둔 것은 고객 2200만명의 방대한 데이터를 기반으로 한 플랫폼을 구축한데 있다. 270만개 가맹점에서 이루어지는 월평균 2억건의 카드결제내역정보는 고객이 원하는 최적의 플랫폼을 제공할 수 있다. 신한카드가 도입한 마케팅 플랫폼인 '샐리(sally)'가 이에 해당한다. 주요 업종 대표기업들과 공유하는 빅데이터기반 서비스인 샐리는 별도의 할인쿠폰 없이 자동으로 할인해 주는 개인별 맞춤형 서비스다. 2200만 빅데이터를 기반으로 최적의 할인서비스를 고객의 라이프스타일과 소비패턴 등을 감안해 제공하는 것이 특징이다. 빅데이터가 각광받는 주요 이유 중 하나는 비용이 크게 들지 않는다는 데 있다. 새로운 마케팅자원을 투입하지 않더라도, 고객니즈에 맞추어 마케팅혜택을 재조정하고 최적화된 신상품을 제안할 수 있다. 최적상품 매칭은 고객의 카드이용률을 증가시켰는데, 신규고객의 경우 빅데이터 매칭 솔루션 도입 이후 이용률은 5.5%포인트 증가했고, 기존 고객은 6.8%포인트 늘어났다.

신한카드는 빅데이터 기반경영를 위해 기업문화도 개선했다. 과거 부서 간 장벽이 있어 내부데이터가 통합관리되지 않고, 조각조각 취급되는 바람에 데이터가치를 제대로 평가받지 못했다. 이에 신한카드는 부서 간 장벽을 없애고 빅데이터 적합형 기업문화로 바꾸기 위해 '셀(cell)' 단위의 비공식 조직을 만들었다. 기존 부서와 직급을 무시하고 일종의 사내 동창회같은 새로운 형태의 커뮤니티를 구축했다. 8~10명으로 구성된 셀과 3개의 셀로 구성된 '유닛'으로 재편했다. 그결과 비공식소통이 활발해지면서, 부서간 장벽이 허물어지고 원활한 커뮤니케이션이 가능해졌다.

• 자료원 : 매경, 2017.1.2; 매경, 2015.9.18

신한은행 사례가 보여주듯이 좋은 금융상품과 마케팅프로그램 개발은 유용한 소비자 정보로 시작된다. 나아가 기업들은 마케팅환경, 경쟁사, 그리고 소비자 이외의 다른 이해관계자에 대한 풍부한 정보를 필요로 한다. 그러나 마케터들은 단순히 마케팅정보를 수집하는 것을 넘어서 그 정보를 기반으로 마케팅프로그램 개발에 도움이 되는 소비자 및 시장통찰력을 이끌어 내야 한다.

고객을 위한 가치를 창출하고 그들과 의미있는 관계를 형성하기 위해서는 우선 고객들의 욕구에 대한 깊은 통찰력을 가져야 한다. 이러한 통찰력은 좋은 마케팅정보에서 나온다. 기업들은 지속적인 경쟁우위를 갖기 위해 시의적절하고 좋은 마케팅정보를 수집하고 이를 통해 얻은 고객통찰력을 마케팅 전략수립에 활용해야 한다.

01 마케팅의사결정과 마케팅조사

마케터는 변화하는 마케팅환경에 대응하기 위해 다양한 의사결정을 내리게 된다. 환율, 유가를 포함한 경제적 환경의 변화, 법률적 변화, 경쟁자의 새로운 가격정책, 소비자 라이프스타일 및 구매패턴의 변화 같은 마케팅환경요인의 변화에 대응하기 위해 마케터는 시의적절한 의사결정을 내려야 한다. 잘못된 의사결정은 금전적 손실뿐 아니라 기업이미지 추락, 고객이탈 등을 초래할 수 있다.

기업은 잘못된 마케팅의사결정에 따른 위험을 최소화하기 위해 마케터의 직관이나 경험에 근거한 주관적 판단보다는 객관적인 정보에 근거해 의사결정을 내려야 한다. 예를 들어 설문조사 자료를 분석한 결과 소비자들이 유류가격의 인상에 매우 민감한 반응을 보이는 것으로 나타났다면, 정유회사의 마케터는 유가인상폭을 최소화하는 의사결정을 내려야 할 것이다.

마케터들은 고객들의 욕구에 대한 참신하고 깊은 통찰력을 얻기 위해 마케팅조사를 실시한다. **마케팅조사**(marketing research)는 조직이 당면한 특정 마케팅상황과 관련된 자료를 얻기 위해 이루어지는 체계적인 조사설계, 자료수집, 자료분석, 그리고 보고서 작성 등의 활동을 말한다. 예를 들어, 애플은 마케팅조사를 통해 얻은 고객통찰력을 기반으로 아이팟을 포함한 글로벌 히트제품을 개발하는데 성공했다. 애플사의 아이팟(iPod)은 최초의 디지털 음악플레이어 제품은 아니었다. 그러나 애플은 조사를 통해 두가지 핵심적인 통찰력을 발견하였다. 소비자들은 자신이 원하는 모든 음악을 갖고 다닐 수 있는 휴대용 음악플레이어를 원했고, 남에게 부담을 주지않고 음악을 들을 수 있기를 원했다. 이러한 통찰력에 기반해 애플은 디자인과 사용용이성을 갖춘 메가히트작 아이팟을 개발했다. 애플의 아이팟 및 아이팟 Touch제품라인은 미국 MP3 플레이어 시장에서 75% 이상의 시장점유율을 차지했다. 그리고 아이팟에서 얻은 통찰은 애플의 다른 메가히트 작품인 아이폰과 아이패드 개발의 토대가 되었다.

다음에서는 마케팅의사결정을 지원하는 마케팅자료의 수집방법 및 활용방안에 대해 살펴본다. 먼저 자료의 종류와 마케팅조사의 수행과정을 설명하고, 체계적이고 지속적인 자료의 수집과 분석을 위해 기업이 도입하는 마케팅정보시스템에 대해 살펴본다.

02 자료의 종류와 수집방법

마케팅조사에서 수집되는 자료는 1차자료와 2차자료로 나누어진다. **1차자료**(primary data)는 조사자가 당면한 의사결정문제를 해결하기 위해 직접 수집한 자료이다. **2차자료**(secondary data)는 다른 조사자에 의해 다른 조사목적으로 이미 수집된 자료를 말하며, 사내자료, 정부기관의 발행물, 다양한 연구기관의 보고서, 전문조사기관에 의한 상업서비스 자료 등이 이에 포함된다. 보통 마케팅조사라 하면 설문지 기반 서베이 조사를 수행하는 것과 같이 1차자료를 수집하는 방법을 주로 생각하기 쉽다. 그러나 실제로 기업에서 이루어지는 많은 의사결정은 2차자료에 의존하는 비중이 높은데, 그 이유는 1차자료를 수집하는데 많은 시간과 비용이 소요되기 때문이다. 이에 따라 수시로 발생하는 마케팅의사결정문제에 신속하고 경제적으로 대처하기 위해 2차자료가 많이 활용된다.

2.1 2차자료의 수집

2차자료는 크게 기업내부자료와 기업외부자료로 나누어진다. 기업내부자료란 기업을 경영하는 과정에서 기업내부에 축적된 자료로써 회계자료, 영업관련자료, 조직현황, 기존의 시장조사자료 등이 이에 포함된다. 기업외부자료란 외부기관으로부터 유·무상으로 입수할 수 있는 자료로서, 통계청과 같은 정부기관, 정부의 국책연구소, 민간경제연구소, 경제신문사, 상공회의소, 산업별 협회, 대학연구소 등에서 발간한 자료들이 이에 해당된다. 최근에는 이러한 자료들이 해당 기관들의 홈페이지에 공개되어 인터넷을 통한 국내외 2차자료에 대한 접근이 용이해지고 있다.

전문조사기관이 정기적으로 수집·분석하여 회원사들에게 유료로 제공되는 자료들도 중요한 기업외부자료에 포함된다. 예를 들어, 닐슨컴퍼니의 경우 소매점 수준에서 다양한 제품의 시장점유율 자료를 정기적으로 파악해 기업의 제품담당자들에게 판매하며(그림 4-1 참조), TNS미디어나 닐슨컴퍼니는 텔레비전의 시청률 자료를 광고대행사나 기업의 광고담당자들에게 판매한다. 그리고 통계청이나 중소기업청에서 제공하는 상권분석시스템을 이용하면 소매점이나 식당 등의 입지를 선정하기 위한 상권분석에 유용한 정보를 얻을 수 있다(그림 4-2 참조). 〈표 4-1〉은 마케팅담당자들이 활용할 수 있는 2차자료의 대표적인 예를 정리한 것이다.

마케팅조사자는 마케팅과 관련된 문제가 발생하는 경우 1차자료보다 2차자료를 먼저 검토하게 된다. 의사결정문제에 도움이 되는 2차자료를 입수할 수 있다면 조사자는 시간과 비용을 상당히 절감할 수 있기 때문이다. 그러나 2차자료는 다른 목적을 위해 수집된 자료이므로 당면한 의사결정 문제에

그림 4-1 닐슨컴퍼니에서 제공하는 Retail Index 자료의 예

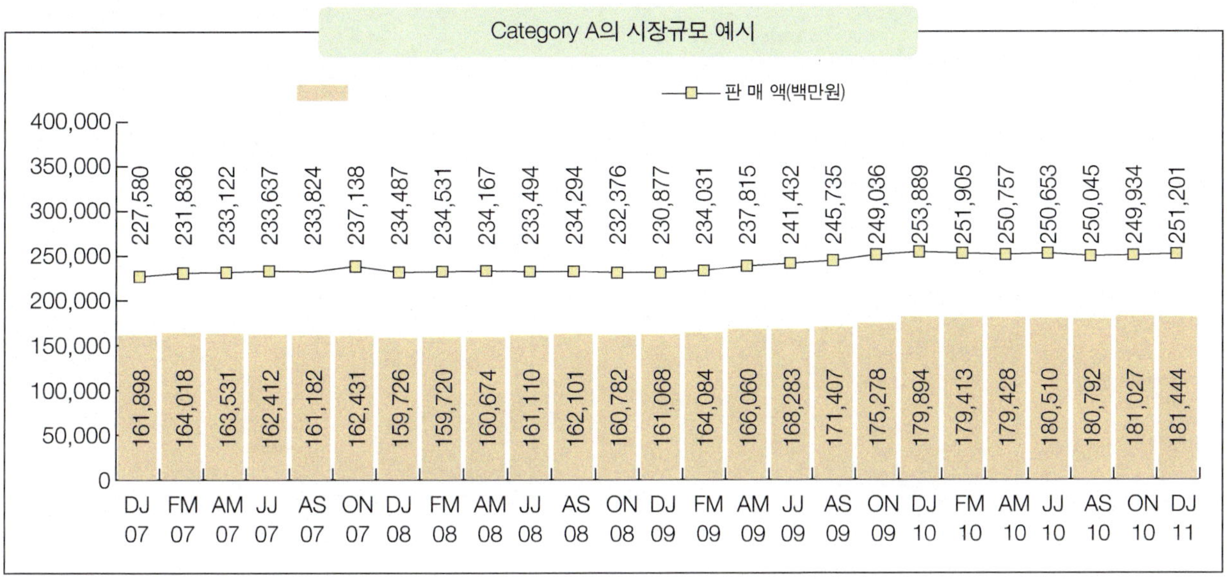

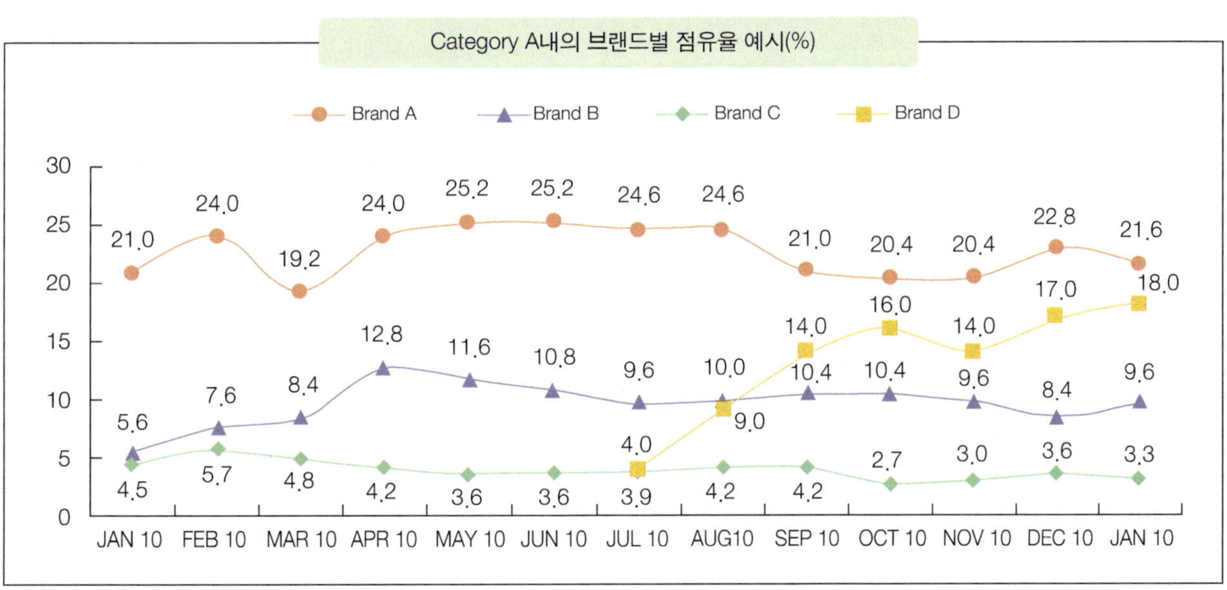

그림 4-2 중소기업청 상권분석시스템에서 상권을 분석한 화면의 예

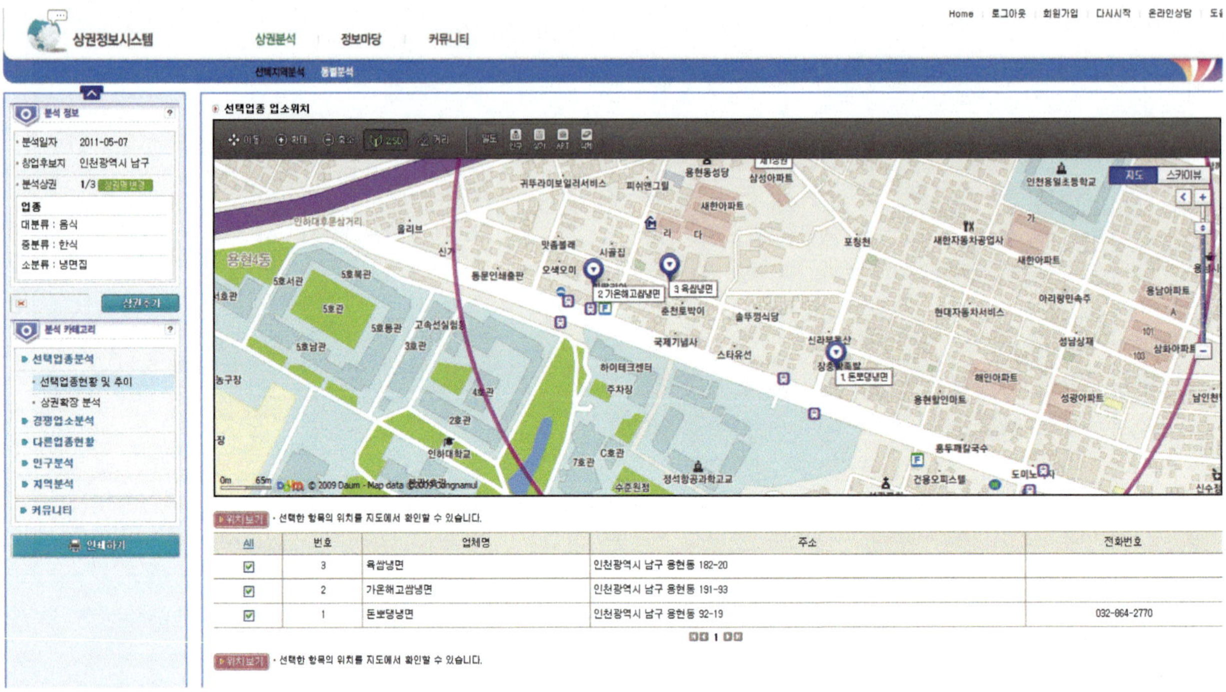

표 4-1 마케팅조사에 활용가능한 2차자료의 종류

1. 정부기관에서 제공하는 자료

재정경제부 : 경제동향

통계청 : 경기동향, 경기종합지수, 한국경제지표, 인구, 물가 및 가계, 노동 및 자금, 가구소비실태 조사보고서

대한상공회의소 : 소매점경영동태 조사보고, 한국의 상권, 유통통계자료집, POS정보

한국은행 : 국민총생산경제경영문헌속보, 경제동향주요지표

한국산업기술연구원(KIET) : 경제경영문헌속보, 경제동향주요지표

2. 주요 연구기관 및 언론기관의 홈페이지에서 제공되는 자료

LG경제연구원, 삼성경제연구소(SERI)

매일경제신문, 중앙일보, 조선일보 등 신문사의 기사검색 등

Naver나 Daum과 같은 인터넷사이트의 검색서비스

3. 정기간행물 및 서적

마케팅관련 논문집 : 경영학연구(한국경영학회), 마케팅연구(한국마케팅학회), 소비자학연구(한국소비자학회), 광고연구(한국방송공사)

연구소 및 광고대행사의 간행물

경제신문 : 매일경제, 한국경제, 내외경제, 서울경제

협회지 : 유통저널(한국백화점협회), 체인스토아(한국슈퍼체인협회), 해외경제(한국무역협회), 중소기업경영실태 및 동향(중소기업협동조합중앙회), KKA(한국광고주협회), 상품정보(한국물가협회), 물가자료(한국물가협회), 소매점경영(전국중소상인연쇄협회), QC서클(한국규격협회)

일반적인 기업관련 서적 및 잡지 : 시장규모총람(국제산업정보연구소), 회사연감(매일경제신문사), 한국기업총람(한국신용평가(주)), 유통업체 연감(한국슈퍼체인협회), 전국통계총람(한국도시행정연구소), 한국통계연감(대한통계협회), 매경이코노미(매일경제신문사), 이코노미스트(중앙일보), 한경비지니스(한국경제신문사), 월간상품아이디어뱅크(월간상품아이디어뱅크사), 광고연감(제일기획), 광고정보(한국방송공사), 광고통계동향분석보고서(한국광고단체협회), 마케팅(한국마케팅연구원), 월간마케팅과 세일즈(한국M&S 컨설팅그룹프로세일즈전문대학), 물류시대(코리아 쉬핑 가제트), 마케팅시대(란체스터전략연구소)

4. 전문적인 마케팅조사회사에서 판매하는 자료

닐슨컴퍼니 : 소매점에서 판매되는 주요 생활용품의 점유율 자료
소비자패널조사 자료
TV시청률 자료
TNS미디어 : 소비자패널조사 자료 및 TV시청률 자료

5. 해외시장조사

주요 국가별 통계청 홈페이지
각 국가별 주요 신문 및 경제신문 홈페이지

· 자료원 : 안광호 · 임병훈, 마케팅조사원론, 창명, 6판, 2017

적절한 정보를 제공하지 못할 수도 있으며, 관련된 정보라고 하더라도 시간이 경과하여 의미가 없는 경우가 많다. 이 경우 마케팅담당자는 1차자료에 의존하게 된다. 이하에서는 1차자료의 수집방법에 대해 설명하기로 한다.

2.2 1차자료의 수집방법

국내기업들이 많이 이용하는 1차자료 수집방법은 [그림 4-3]에 제시된 것과 같이 크게 기업내부에서 진행하는 마케팅조사, 신제품개발을 위한 마케팅조사, 그리고 전반적인 시장상황 파악과 마케팅전략 도출을 위한 마케팅조사로 구분된다.

(1) 기업내부조사

의사결정 문제가 발생해 이를 해결함에 있어 마케터는 사내외에 있는 2차자료를 우선적으로 활용하며, 2차자료만으로 의사결정에 필요한 정보가 충분치 않을 경우 1차자료를 수집하게 된다. 마케터는 1차자료를 수집하기 위해 바로 외부의 전문조사기관에 조사용역을 발주하는 것은 아니다. 대부분의 의사결정상황에서 마케터들은 소비자나 유통점주 또는 의사결정 문제의 해결에 필요한 정보를 갖고 있을 것으로 판단되는 전문가를 직접 만나 의견을 물어보는 면접조사방법을 널리 이용한다.

최근에는 외부의 조사기관을 이용하지 않고 기업들이 직접 마케팅조사를 실시하는 빈도가 늘어나고 있다. 예를 들면 홈페이지 상에서 방문고객들을 대상으로 간단한 서베이 조사를 실시하거나, CRM (Customer Relationship Management)의 일환으로 고객DB에 있는 고객들을 선별하여 정기적으로 서

그림 4-3 1차자료를 수집하기 위한 마케팅조사 기법의 종류

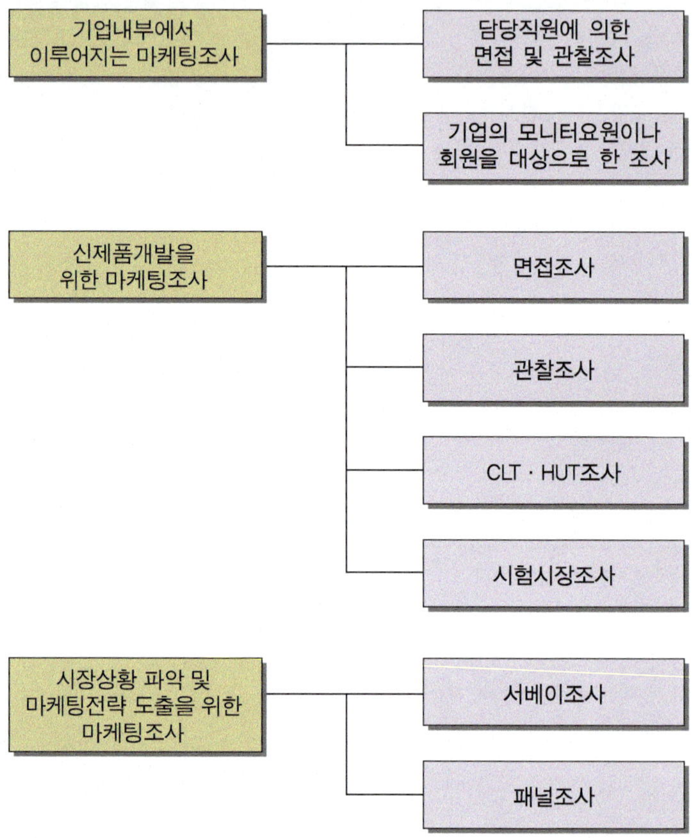

베이 조사를 실시하는 것이 이에 해당된다. 또 일부고객을 모니터요원으로 선발하여 정기적으로 마케팅조사를 실시하기도 한다. 그러나 기업이 자체적으로 시행하는 마케팅조사는 대부분 간단한 서베이조사나 면접조사에 한정되며, 많은 경우 전문조사기관의 협조를 필요로 한다.

(2) 신제품개발을 위한 마케팅조사

■ 표적집단면접법

표적집단면접법(FGI : Focus Group Interview)은 면접진행자가 소수의 응답자(대개 6~10명)들을 한 장소에 모이게 한 후, 자연스러운 분위기 속에서 조사목적과 관련된 대화를 유도하고 응답자들이 의견을 표시하는 과정을 통해서 자료를 수집하는 조사방법이다.

표적집단면접법의 목적은 소수의 응답자들 간의 자연스러운 대화과정에서 조사목적과 관련된 유용한 정보를 얻거나 설문조사에서 기대하지 못한 결과를 발견하는 데 있다. 응답자들은 대화과정에서 한 응답자의 의사표시에 자극을 받아 부담없이 의견을 표시하게 되며, 다른 응답자의 생각으로부터 새로운 생각을 떠올리기도 하여 양질의 정보를 제공해 준다. 이러한 장점으로 우리나라의 많은 기업들이 신제품 아이디어의 도출, 소비자들의 제품구매 및 사용실태에 대한 전반적 이해, 설문지 작성에

마케팅담당자는 표적집단면접법을 통해 소비자의 제품구매동기를 파악하고 신제품에 대한 아이디어를 얻고 있다.

필요한 기본정보의 수집 등을 위해 표적집단면접법을 널리 활용한다.

■ 관찰조사

관찰조사는 소비자가 실제제품을 구매하는 과정이나 사용하는 과정을 관찰하고, 이 내용을 체계적으로 정리하면서 전략적 시사점을 찾아내는 방법이다. 예를 들면 냉장고를 개발하는 가전업체에서 가정 내 냉장고의 사용실태를 파악하기 위해 특정가구를 선정하여 하루 동안 냉장고 앞에 비디오촬영기를 설치해 냉장고 이용 상황을 녹화한 후 그 내용을 분석하는 관찰조사를 실시하였다. 조사결과, 국내 소비자들이 냉장고를 여닫는 주된 이유는 음료수를 마시기 위한 것임을 알 수 있었다. 이에 따라 최근 출시되는 대형냉장고는 대부분 전체문을 열지 않고도 음료수를 꺼낼 수 있게 음료수 보관용 홈바를 설치하고 있다. 이와 같이 관찰방법은 실제상황에서 소비자의 행동과 표정을 관찰함으로써 회상과 기억에 의존하는 면접조사에서 찾지 못하는 새로운 아이디어를 찾는 데 도움을 주는 조사기법이다. 최근에는 고객들의 제품사용과정을 스스로 기록하고 제품사용 상황을 디지털카메라로 찍어 정리하는 방식의 자기관찰(self observation)기법도 널리 활용되고 있다.

■ CLT 및 HUT조사

CLT(Central Location Test)조사란 응답자를 일정한 장소에 모이게 한 후, 시제품이나 광고카피 등을 제시하면서 소비자반응을 조사하여 이를 제품개발이나 광고전략에 활용하는 조사기법이다. 예를 들어, 저지방, 저콜레스테롤의 마요네즈를 개발하는 경우 우선 실험실에서 다양한 성분과 맛을 내는 시제품을 개발하게 된다. 다음 이러한 시제품 중 소비자들이 어떤 맛을 선호하는지, 가격은 어느 정도가 적정한지를 파악하기 위해 CLT조사를 실시하게 된다. 이를 위해 표적시장에 해당되는 주부들을 모집한 후 각 시제품을 시식하면서 맛, 향, 색깔, 포장, 가격 등에 대해 경쟁제품들과 함께 비교평가를 내리도록 하며 이를 근거로 최종적인 제품구성, 가격, 광고 등의 마케팅프로그램을 개발한다.

마케팅 Highlight

체계적인 관찰조사로 차별화에 성공한 LG전자 인사이트 마케팅팀

LG전자는 관찰조사를 수행하기 위해 '인사이트 마케팅팀'을 수도권 내 전자제품 매장에 투입했다. 이들에게 주어진 임무는 고객의 동선과 시선을 면밀히 분석하는 것이다. 이들은 고객의 양해를 얻어 특수한 안경을 씌웠는데, 이 안경에는 소형카메라가 부착되어 고객의 시선에 따라 매장내 모습을 컴퓨터로 전송해 저장하는 기능을 갖고 있다.

매장내 관찰조사를 위해 이용되는 특수안경과 안경을 통해 본 매장의 모습(자료 : www.eyetracker.co.uk)

3개월 간에 걸친 매장관찰과 이에 대한 분석을 통해 인사이트 마케팅팀은 기존 전시방법에 큰 문제가 있다는 것을 찾아냈다. 소비자들은 각 통로 끝쪽에 진열된 제품에는 전혀 시선을 주지 않았고, 통로입구에서 한번 훑어본 뒤 다른 통로로 넘어가는 사람이 대부분이었던 것이다. 천장이나 제품에 붙인 화려한 문양의 알림판(POP)도 무용지물에 가까웠다. 인사이트 마케팅팀의 보고서를 토대로 LG전자는 매장의 구조를 바꾸었다. LG전자는 서울 서초구 양재동 하이프라자 매장을 시작으로 각 대리점의 제품배열을 모두 'ㄷ자형'으로 바꾸고, POP물의 숫자도 대폭 줄였다.

인도에 출시된 '야채 칸 냉장고'도 관찰조사를 통해 현지 시장의 특징을 찾아내 성공을 거둔 경우이다. 인사이트 마케팅팀은 수십가정에 관찰용 카메라를 설치하고 인도주부들의 이용패턴을 몇 달간 살펴봤다. 이를 통해 "인도에서는 고기가 아닌 야채 신선도를 높여주는 냉장고가 핵심성공요인"임을 발견했다. 이에 따라 야채칸을 편히 사용할 수 있는 높이에 하나 더 만든 냉장고를 개발함으로써 인도 소비자들로부터 큰 인기를 끌었다.

HUT(home usage test)조사는 응답자가 실제 소비상황에서 제품을 장기간 사용하여 보게 한 후 소비자반응을 조사하는 방법으로 가정유치조사(home placement test)라고도 한다. 가령, 새로운 화장품의 개발과정에서 응답자가 시제품을 집으로 갖고 가서 실제 소비상황에서 다른 화장품들과 함께 사용해 본 후, 제품성능에 대한 반응을 조사하고 이를 제품개발에 반영하는 것이 이에 해당한다.

■ 시험시장조사

시험시장(test market)이란 시제품이 완성되고 브랜드명, 포장, 광고와 같은 마케팅변수들에 대한

자기관찰을 위한 기록지의 예

5월 (15)일 토요일

일과 세부내용은 되도록 6하원칙(언제, 어디서, 누구와, 무엇을, 어떻게, 왜)에 따라 자세히 적어주시고, 돈이 지출된 경우 총 지출액도 적어주세요

시간대	시간대	일과세부내용
Am 4:00		(1) 집에 있는 밥과 국은 왠지 먹기가 싫어서 김치 볶음밥을 해먹음
5:00		
6:00		(2) 사야겠다고 마음먹었던 건강보조제를 사기 위해 종로 5가로 감 버스를 타고 30분 정도 걸림. 비가 와서 여러 약국 중에 제일 가까운 곳으로 들어감. 종합비타민 6개월분(52,000원)과 피부 미백보조제 3개월 분(53,000원)의 약을 샀음. 105,000원이었는데 약사 아저씨께 깎아달라고 해서 5,000원 정도 깎았음
7:00		
8:00		
9:00		
10:00		
11:00		(3) 버스 타러 가는 길쪽에 있는 종로 5가 주변의 화초시장을 둘러봄 예쁜 꽃들과 꽃나무들을 둘러봄. 보기에는 좋으나 아직 키울 만큼의 부지런함이 없어서 구경만 함. 잡화상과 특이한 물건을 파는 상인들도 있어서 흥미있게 구경함. 지나가는 길에 의료도매상이 있어서 그곳에서 지압안마기를 구입함(3,000원) 컴퓨터를 하루 종일하고 타이핑치는 일이 많아서 어깨가 아프고 결릴 때 쓰려고 함
Pm 12:00	기상	
1:00	TV 시청	
2:00	점심식사(1)	
3:00	종로 5가 약국에 감(2)	
4:00	종로 5가 주변 화초시장 둘러봄(3)	
5:00	귀가 후 휴식 및 TV 시청	
6:00		(4) 어제 과음과 과로를 한 탓에 하루 종일 피곤함. 잠깐 졸려서 누웠는데, 제법 푹 잠. 일어난 후에는 잠이 오지 않아 늦게까지 TV를 봄 강아지와 놀아줌
7:00	저녁식사	
8:00	취침(4)	
9:00		

의사결정이 어느 정도 이루어진 상태에서, 전국적인 출시에 앞서 일부지역에 먼저 제품을 출시하여 소비자들의 반응을 검토하는 시장조사기법이다. 미국의 많은 소비재 회사들은 시험시장을 널리 이용하고 있는데, 그 이유는 시험시장을 통한 신제품의 성공가능성에 대한 검토가 전국시장에서의 실패위험과 비용손실을 크게 줄여줄 수 있기 때문이다. 연구결과에 의하면 시험시장을 통과한 제품이라도 세 개의 제품 중 하나만이 실제시장에서 성공하는 것으로 나타나 신제품개발에 따른 실패위험을 방지하기 위해 시험시장을 실시하게 된다.

그러나 우리나라 기업들은 그간 시험시장을 별로 실시하지 않았는데, 그 이유는 우선 시험시장실시에 따른 비용과 시간상의 제약때문이다. 현재 미국의 경우 한 번의 시험시장을 운영하는 데 약 100만 달러 이상의 비용과 6개월 정도의 시간이 소요된다고 한다. 두 번째 이유는 시험시장의 실시기간 동안 경쟁자들에게 신제품과 관련된 정보가 노출될 수 있기 때문이었다.

최근에는 국내기업들도 시험시장을 활용하고 있는데, 시험시장의 단점을 보완하기 위해 실험실(또

마케팅 Highlight

CLT조사를 활용해 제품개량을 추구하는 OB 라거맥주

하이트의 돌풍으로 시장선도 자리를 내주었던 OB맥주는 젊은 층을 표적시장으로 하는 라거맥주를 출시하고 지속적인 제품개량을 통해 시장점유율을 회복하고 있다. 이러한 노력의 일환으로 라거맥주의 담당자들은 경쟁상표들과 비교한 라거의 맛에 대한 재검토를 통해 시장 내 경쟁력을 강화시키기 위해 CLT조사를 시도했다.

CLT조사를 위해 우선 현재 판매되고 있는 라거맥주, 기존 라거맥주의 맛을 개선한 신제품, 그리고 비교평가를 위해 하이트와 카스맥주를 조사대상 제품으로 선정하였다. 다음 수도권지역에 거주하는 맥주의 주소비자인 25~35세 사이의 남녀 약 300명을 할당표본추출방법을 이용하여 조사대상으로 선정했다. 조사대상자의 조건으로 성별과 연령 외에도 매주 1회 이상 맥주를 마시며, 30분 동안 3잔 이상 맥주를 마실 수 있는 응답자들을 선발했다.

CLT조사의 현장진행을 위해 서울시내 4개의 주요상권(종로, 대학로, 강남, 신촌)별로 1층에 소재한 주방시설이 갖추어진 카페를 낮 시간(2시~6시) 동안 임대했다. 맥주의 맛을 평가하는 데 있어 온도가 중요한 변수가 됨에 따라 일정한 온도를 유지하기 위한 아이스박스와 전자온도계 등을 준비했다. 응답자들은 조사원들과의 사전약속을 통하여 지정된 시간에 약속장소로 와서 조사에 참여토록 했다. 실제 조사의 진행과정에서 먼저 각 참여자들로 하여금 현재의 맥주음용실태에 대한 간단한 설문지에 응답하도록 했다. 다음 조사대상 제품을 순서대로(순서는 각 응답자마다 다르게 배정함) 1컵 정도 마시고, 5점 척도를 이용하여 제품의 다양한 속성 (순한 맛, 톡쏘는 맛, 부드러운 목넘김 등)을 평가토록 했다. 다음 제품을 마시기에 앞서 전에 앞서 마신 제품의 영향을 없애기 위해 물을 조금씩 먹도록 했다. 이러한 과정을 통해 라거맥주의 담당자는 경쟁맥주들과 비교한 라거맥주의 강약점을 파악하고, 이를 통해 제품개선에 반영할 수 있었다.

는 모의점포) 내에 점포상황을 재현해 소비자들에게 구매를 하도록 하여 향후의 시장반응을 예측하는 조사기법인 모의시험 시장조사(simulated test market)를 활용하기도 한다.

(3) 시장상황 파악과 마케팅전략 도출을 위한 시장조사

■ 서베이 조사

서베이(survey) 조사법은 설문지를 이용하여 조사대상자들로부터 자료를 수집하는 방법으로 마케팅 조사에서 가장 널리 이용되는 자료수집방법이다(서베이 조사의 자세한 진행과정은 3절에서 설명하기로 한다). 서베이 조사는 마케팅의 다양한 의사결정과정에 필요한 자료를 수집하고 이를 이용해 전략적 대안을 도출하는데 활용되며, 마케팅의 주요의사결정 영역별로 많이 활용되는 서베이 조사는 다음과 같다.

- **A&U(Attitude & Usage)조사** : 이는 설문조사를 통하여 소비자들이 특정 제품을 구매하는 과정, 즉 브랜드대안들 간의 비교(브랜드별 속성수준의 평가와 브랜드태도형성), 특정 브랜드대안 선택, 사용경험 등 일련의 단계를 확인하는 것이다. 이를 통해 마케팅관리자는 소비자의 제품구매와 사용과정을 이해하고, 자사 브랜드의 문제점과 개선방안을 찾는데 도움을 얻을 수 있다. 예를 들어 A&U조사를 통해 나타난 브랜드인지도, 제품속성별 평가와 브랜드태도, 구매의사, 점유율 등 자사 브랜드의 마케팅 성과지표를 경쟁브랜드와 비교함으로써 자사 브랜드의 문제점을 확인하고 새로운 마케팅믹스 프로그램을 개발할 수 있다. 또한 소비자들이 제품으로부터 추구하는 편익(benefit)이나 제품구매량 자료를 토대로 시장을 세분화하고 표적세분시장을 선정하는데 활용할 수 있다.
- **미디어조사** : 이는 설문조사를 통하여 소비자들의 온라인을 포함한 다양한 매체들의 이용행태와 매체별 광고나 판촉활동이 제품구매에 어떠한 영향을 미치는 지를 파악하는 조사이다. 미디어조사는 각 매체의 효율성을 감안한 최적의 매체믹스전략을 수립하고, 각 매체에 적합한 효과적인 광고메시지 개발이나 광고모델 선정에 필요한 정보를 제공한다.
- **신제품개발 및 출시 후 Tracking 조사** : 이는 제품개발 시 소비자가 원하는 제품속성 별 수준(예를 들면 스마트폰의 크기, 카메라의 화소나 가격대 등)을 파악하여 제품개발과정에 반영하고, 신제품출시 후에는 시장반응을 초기에 확인하여 문제점을 해결하는데 활용하기 위한 조사방법이다. 제품조사에서는 일반소비자, 제품특성을 잘 아는 전문가, 제품을 판매하는 판매사원들을 대상으로 설문조사가 이루어지며, 심층적인 제품정보를 얻기 위해 면접조사가 병행되기도 한다.
- **고객만족조사** : 이 조사방법은 소비자가 제품구매와 사용과정에서 느끼는 만족 또는 불만족의 정도를 조사하여 기업이 제공하는 서비스수준을 개선하는데 활용된다. 제품차별화가 갈수록 어려워지면서 기업들은 서비스 차별화를 통해 추구하고 있으며, 이에 따라 서비스프로세스의 문제점을 확인하고 해결하는데 고객만족 조사를 많이 활용한다. 최근에는 정부부처와 같은 공공기관들도 서비스개선을 위하여 고객만족 조사를 널리 활용한다.

서베이 조사는 응답자의 접촉방법에 따라 크게 대인면접법, 전화면접법, 우편조사법, 그리고 인터넷 서베이의 네 가지 방법으로 구분된다.

- **대인면접법**(Personal Interview) : 이는 교육을 받은 조사원이 직접 응답자와의 대면접촉을 통해 자료를 수집하는 방법으로, 거리나 사무실에서 조사원들이 설문지를 이용해 자료를 수집하는 방법이 바로 이에 해당된다. 대인면접법에서는 응답자들이 질문내용을 이해하지 못하는 경우 자세히 설명해 줄 수 있어 양질의 정보를 얻어낼 수 있다는 장점을 갖고 있다. 또 사례품 증정 등의 동기부여를 통해 응답률을 높이고 성실한 답변을 얻을 수 있다. 그러나 비용이 많이 들고 시간이 많이 소요되며 질문과정에서 면접원이 응답자의 응답에 영향을 미칠 수 있다는 단점이 있다.
- **전화면접법**(Telephone Interview) : 이는 조사원이 응답자를 직접 만나는 대신에 전화를 통하여 응답자로부터 자료를 수집하는 방법이다. 전화면접법에서 응답자들은 전화번호부를 이용하여

선정되는데, 현재 우리나라의 전화보급률은 약 95%에 달하고 있어 어느 정도 대표성을 확보할 수 있는 상태이다. 전화면접은 빠른 시간 내에 저렴한 비용으로 조사를 실시할 수 있다는 장점을 갖고 있다. 반면에 전화면접은 질문내용이 어렵고 면접시간이 길어지면(5~10분 이상) 응답자들로부터 협조를 얻기가 어렵다는 단점을 갖고 있다. 또한 전화번호부에 전화번호가 등재되어 있지않거나, 부재중이어서 통화가 불가능하거나 응답을 거부하는 응답자들이 표본추출에서 제외되는 문제점을 갖고 있다.

- **우편조사법**(Mail Survey) : 이는 응답자에게 우편으로 설문지를 발송한 후 응답내용을 반송용 봉투를 이용하여 회수함으로써 자료를 수집하는 방법이다. 이 방법은 응답자 1인당 조사비가 적게 들며, 응답자가 조사문제에 대해 관심이 있는 경우에는 설문지의 양이 길어도 대답을 해 준다는 장점이 있다. 그러나 응답자가 질문내용을 이해하지 못할 경우 보충설명이 불가능하며 응답률이 낮다는 단점이 있다. 대개 우편조사에 대한 응답률은 10~20% 정도로 낮은 편이다. 특히 응답자와 비응답자 간에 제품구매나 소비특성에 차이로 인해 응답자의 대표성에 문제가 있다면 신뢰성 있는 조사결과를 얻기가 어렵다. 이에 따라 상업적 마케팅조사에서 우편조사법은 활용이 제한적인 상태이다.
- **인터넷서베이**(Internet Survey) : 이는 인터넷기술의 발달과 사용자의 증대에 따라 2000년대 이후 새로 도입된 조사기법으로, 메일이나 문자 메시지를 통해 조사참여를 유도하고 조사업체의 사이트에 들어와 설문지에 응답하도록 하는 조사방법이다. 인터넷조사가 도입된 초기에는 접근할 수 있는 소비자계층이 한정적이라는 한계점이 있었지만 인터넷사용자의 확산으로 제품의 주사용자가 40대까지인 경우에는 인터넷조사방법이 의미있는 대안으로 받아들여지고 있다. 인터넷을 통한 조사비용과 조사기간은 전화조사와 유사한 수준이다. 최근에는 동영상이나 그래픽자료를 이용하여 응답자의 흥미를 유도할 수 있도록 설문지를 구성하면서 전화조사보다 많은 정보를 수집할 수 있다는 장점으로 전체 서베이 조사 중 비중이 확대되고 있다. 〈표 4-2〉는 네 가지 서베이 조사방법의 특성을 비교한 것이다.

■ 패널조사

소비자 패널(panel)이란 조사회사 또는 기업과 계약을 맺고 지속적으로 자료를 제공하기로 한 소비

표 4-2 서베이 조사에서의 응답자 접근방법 간의 비교

기 준	우 편	전 화	대인면접	인터넷조사
1. 응답자로부터 수집된 자료의 정확성	제한됨	보통임	좋음	보통
2. 수집될 수 있는 자료의 양	보통	제한됨	우수함	보통
3. 조사의 유연성	나쁨	보통	우수함	우수함
4. 표본오류(응답률)	나쁨	보통	우수함	보통
5. 비용	낮음	낮음	높음	낮음
6. 소요시간	느림	빠름	느림	빠름

그림 4-4 **패널조사에서 이용되는 기록지의 예**

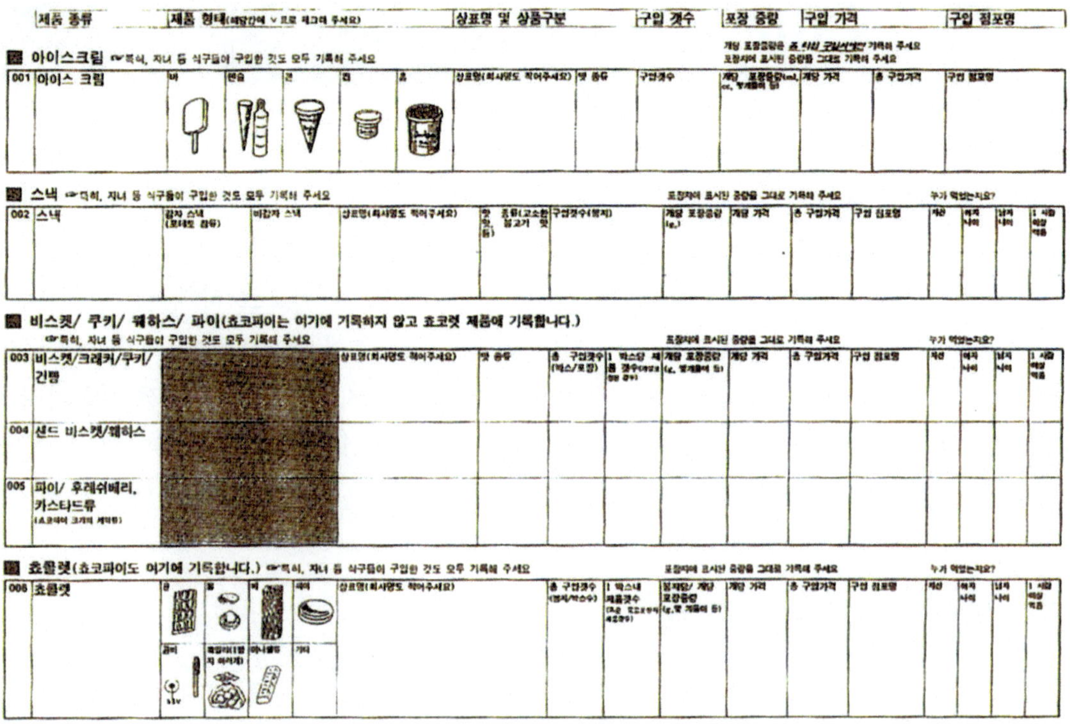

자집단을 의미하며, 소비자들은 그 대가로 사례비, 선물 또는 제품에 대한 정보를 제공받는다. 패널조사란 조사회사 또는 제조회사에서 소비자패널을 구축한 후, 패널내의 소비자들로부터 정기적으로 제품구매 또는 제품사용과 관련된 자료를 수집하여 그 변화를 추적하는 조사방법이다. 패널조사는 동일 표본으로부터 자료를 반복적으로 수집하기 때문에 시장점유율의 변화나 마케팅변수(예:새로운 광고)의 효과를 지속적이고 정확히 파악할 수 있는 장점을 갖는다.

현재 국내에서는 TV시청률 조사나 소비자의 제품구매와 관련된 패널조사가 운영되고 있다. 패널조사에서는 체계적인 표본추출과정을 통해 전체 소비자를 대표할 수 있는 패널이 먼저 구축되어야 한다. 각 패널가구는 일정 기간별로 (통상적으로 1주일 간격) 가족의 구매내용을 기록지에 적어 조사회사로 보내며, 조사회사에서는 전체패널의 구매기록을 종합하여 그 내용을 기업들에 판매한다(그림 4-4 참조).

이상으로 현재 기업들이 흔히 활용하고 있는 마케팅조사 기법들에 대해 설명하였다. 다음은 대표적인 마케팅조사 기법인 서베이 조사를 중심으로 마케팅조사의 진행과정에 대해 설명하도록 한다.

03 마케팅조사의 진행과정

마케팅조사의 진행은 마케팅담당자에게 새로운 의사결정이 필요한 상황이 발생함으로써 시작된다. 예를 들어, 경쟁자가 새로운 제품을 출시하거나 가격을 인하한 경우 마케팅담당자는 이에 대응하는 적절한 의사결정을 내려야 하며, 이를 위해 객관적인 자료나 정보를 필요로 하게 된다. 이 때 기존에 사내에 축적되어 있는 자료를 이용하거나 자체적인 면접조사를 통해 의사결정이 이루어질 수 있다면 본격적인 마케팅조사는 실시되지 않아도 될 것이다. 그러나 기존 자료만으로 의사결정이 어려운 경우 1차자료를 수집하기 위한 마케팅조사를 시작하게 된다. [그림 4-5]는 마케팅조사에서 가장 많이 이용되는 서베이 조사를 중심으로 마케팅조사의 일반적인 진행과정을 제시하고 있다.

3.1 조사계획의 수립 및 조사착수

마케팅조사의 첫 단계는 조사계획을 수립하고 기업내부의 조사담당자에 의해 혹은 외부의 조사기관을 선정하여 조사를 착수하는 과정이다. 이를 위해 먼저 마케팅담당자는 직면한 문제점이 무엇이고, 이에 대한 해결을 위해 어떤 자료가 필요한지를 정리하여야 한다. 기업이 처한 문제가 정확히 무엇인지를 파악하기는 그리 쉬운 일이 아니다. 예를 들어, 기업의 매출이 감소할 경우 그 이유를 명확

그림 4-5 마케팅조사의 일반적 진행순서

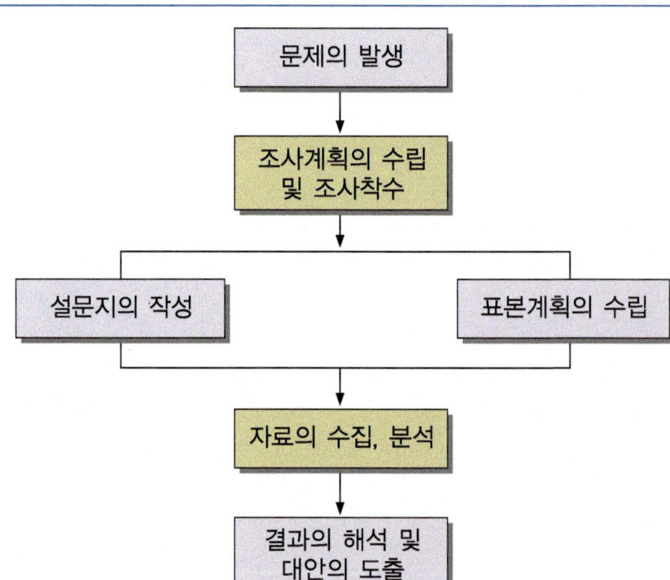

히 파악하는 것 자체가 조사의 목적이 될 수도 있다.

3.2 설문지의 작성

마케팅조사의 두 번째 단계는 소비자들로부터 표준화된 자료를 수집하기 위한 설문지(questionnaire)를 작성하는 것이다. 설문지를 작성하기 위해서는 우선 수집해야 할 정보의 내용이 확정되어야 한다. 다음으로 이들 정보를 수집하기 위한 개별문항을 완성하여야 한다. 개별문항은 질문과 이에 대한 응답부분으로 구성되며, 질문방식에 따라 개방형 질문과 선택형 질문으로 나누어진다. 개방형(open-ended) 질문이란 응답자가 자유스럽게 생각나는 답변을 하도록 하는 질문방법이다. 선택형(choice) 질문이란 응답자로 하여금 주어진 응답항목들 중 하나 또는 그 이상을 선택하도록 하는 질문방법이다. 개방형 및 선택형 질문의 예들은 〈표 4-3〉과 〈표 4-4〉에 제시되어 있다.

개별문항이 완성되면 조사자는 질문항목들의 순서를 결정하고, 설문지를 소책자 형태로 만들어 설문지의 초안을 완성한다. 설문지 작성의 마지막 단계는 본조사에 들어가기에 앞서 설문지 초안에 대한 사전조사(pretest)를 실시하는 것이다. 설문지를 작성하는 조사회사의 연구원이나 기업의 담당자는 질문의 내용이나 제품에 대한 풍부한 배경지식을 갖고 있지만, 자료를 제공하는 응답자들은 질문내용이나 질문방식을 제대로 이해하지 못하는 경우가 흔히 발생한다. 의미있는 자료의 수집을 위해서는 충분한 사전조사의 실시를 통해 응답자가 명확히 이해할 수 있는 설문지를 작성하도록 하여야 한다.

3.3 표본추출

표본조사는 전체 조사대상인 모집단의 특성을 잘 나타낼 수 있는 전체 모집단으로부터 일부대상자들을 추출하여 이들로부터 자료를 수집하고, 이를 근거로 전체 모집단의 특성을 추정하는 것이다. 표

표 4-3 개방형 질문의 예

질문 1. 귀하가 가장 최근에 방문하신 주유소는 어느 회사의 주유소였습니까?

질문 2. 그 주유소를 이용하시면서 느끼셨던 좋은 점 또는 나빴던 점을 각각 두 개만 말씀하여 주시기 바랍니다.

(1) 좋았던 점
1. __________
2. __________

(2) 나빴던 점
1. __________
2. __________

표 4-4 선택형 질문의 예

질문 3. 귀하(운전자)가 가장 최근에 이용한 주유소는 어느 회사의 주유소입니까?
다음의 보기 중에서 골라 주시기 바랍니다. (　　　　　　)
1) SK 주유소　　2) GS 주유소　　3) S-Oil　　4) 오일뱅크
5) 기타 (　　　　　)　　6) 모르겠다

질문 4. (주유소에서 나오는 운전자를 대상으로) 지금 이 주유소를 이용하신 이유는 무엇입니까? 해당란에 모두 ㅁ표하여 주시기 바랍니다.
(　　　　) 1) 항상 가기 때문에
(　　　　) 2) 가격이 싸다
(　　　　) 3) 위치가 편리하다
(　　　　) 4) 주유소가 넓다
(　　　　) 5) 기다리지 않는다
(　　　　) 6) 직원들이 친절하다
(　　　　) 7) 내가 좋아하는 회사의 주유소이기 때문이다
(　　　　) 8) 괜찮은 판촉물을 준다
(　　　　) 9) 세차를 해준다
(　　　　) 10) 주유소가 깨끗하다
(　　　　) 11) 기타 (　　　　)

질문`5. 당신이 최근에 방문한 주유소에 대한 만족도는 어느 정도입니까?
1) 불만족　　2) 조금 불만족　　3) 보통　　4) 조금 만족　　5) 만족

본조사를 실시하는 이유는 모집단 내의 대상의 수가 너무 많을 경우 이들을 모두 조사한다는 것이 어렵고 비용이 많이 들기 때문이다.

표본의 추출과정은 [그림 4-6]과 같이 우선 조사대상인 모집단(population)을 정하는 것으로부터 시작된다. 모집단은 자료수집의 대상이 되는 사람, 기업 등의 집합체(set)로 마케팅담당자의 입장에서는 연구결과를 적용할 표적시장을 의미한다.

모집단이 정의되면 조사자는 실제로 표본추출이 이루어질 표본프레임을 선정하여야 한다.

표본프레임(sample frame)이란 모집단 내에 포함된 조사대상들의 명단이 수록된 목록을 의미한다. 전화번호부나 행정구역편람에 수록된 우리나라의 동, 읍, 면의 목록, 또는 기업연감에 수록된 상장기업들의 목록이 표본프레임의 예들이다. 그러나 표본추출을 위해서 반드시 표본프레임이 필요한 것은 아니며, 소비자를 대상으로 하는 마케팅조사의 경우 대부분 표본프레임이 없이 조사가 진행된다. 예를 들어, 20대 후반의 신혼주부를 모집단으로 선정하는 경우 이들의 명단을 모두 구하기는 현실적으로 어렵기 때문이다.

표본추출의 다음 단계는 표본추출방법을 결정하는 것으로, 표본추출방법은 크게 **확률 표본추출방법**(probability sampling)과 **비확률 표본추출방법**(nonprobability sampling)으로 나누어진다. 확률 표본추출방법은 표본프레임을 이용하여 표본을 추출하는 방법으로 추출된 표본이 모집단을 잘 대표한다는

그림 4-6 **표본추출계획의 수립과정**

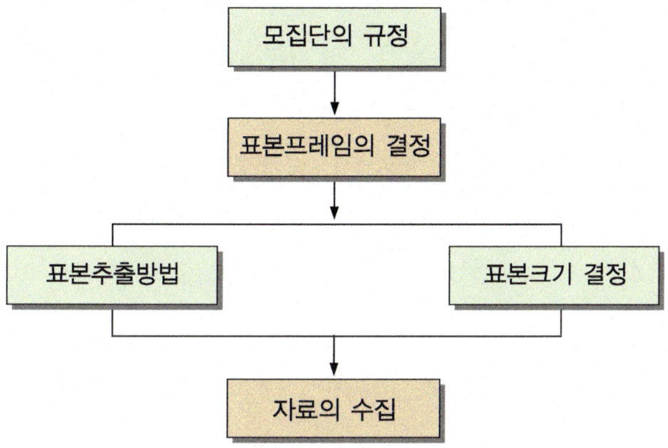

장점을 갖고 있다. 대표적인 확률 표본추출방법으로는 **무작위추출방법**(random sampling)을 예로 들 수 있다.

반면에 비확률 표본추출방법은 표본프레임이 없는 상태에서 표본을 선정하는 것으로 추출된 표본의 대표성에 다소의 문제가 있을 수 있는 방법이다. 그러나 현실적으로 표적시장에 속한 소비자들의 명단을 구할 수 없는 경우가 대부분이므로 마케팅조사에서는 비확률 표본추출방법이 주로 활용된다. 비확률 표본추출방법 중에서 가장 흔히 사용되는 것이 할당 표본추출방법과 판단 표본추출방법이다. 서베이 조사나 CLT 및 HUT조사의 경우 **할당 표본추출방법**(quota sampling)이 가장 널리 활용된다. 이 방법은 〈표 4-5〉에 제시된 예와 같이 모집단의 특성을 감안하여 일정한 기준(예:성별, 연령별, 지역별)에 의해 전체표본을 여러 집단으로 구분하고, 각 집단별로 필요한 대상을 추출함으로써 추출된 표본에 모집단의 대표성이 적절히 반영될 수 있도록 하는 방법이다.

표적집단면접법에서는 비확률 표본추출방법 중 **판단 표본추출방법**(judgement sampling)이 주로 사

표 4-5 **주요 대도시에 대한 할당 표본추출방법의 예**

조사대상지역	표본의 수	조사대상지역	표본의 수
서울 명동	100	부산 남포동	130
영등포	100	서면	130
상계동	100	대구	150
잠실	100	인천	100
논현동	100	대전	100
		광주	50
계	1,200명		

(단위 : 명)

1) Quota 할당기준 1 → 지역
2) Quota 할당기준 2 → 성별할당 (남 : 여=50% : 50%)
3) Quota 할당기준 3 → 연령별 할당(20대 : 30대 : 40대 이상 40% : 40% : 20%)

용된다. 판단 표본추출방법은 모집단의 대표성보다는 면접과정에서 풍부한 정보를 수집하기 위해 제품이나 산업에 대해 많은 정보를 갖고 있는 표본을 선정하는 방법이다. 예를 들어, 향후의 경제전망에 대한 면접조사를 실시하는 경우 일반인보다는 경제부분의 전문가들을 선별적으로 골라 면접에 참여하도록 하는 방법이 그 예이다.

표본추출방법과 함께 표본의 크기(sample size)도 결정되어야 한다. 표본의 크기를 결정하는 데 있어 고려사항은 표본의 대표성과 조사예산의 제약이다. 표본의 크기를 늘려 많은 수의 표본을 조사한다면 자료의 대표성과 신뢰성은 높아지지만 비용이 많이 든다는 문제가 발생하므로 두 가지 요인을 적절히 조절하여야 한다. 일반적으로 서베이 조사에 있어 전국조사의 경우 600~1,200명을 표본으로 선정하며, CLT나 HUT조사의 경우 수도권에서 100~300명 정도를 표본으로 조사를 진행한다.

3.4 자료의 수집 및 분석

설문지가 완성되고 표본계획이 세워지면, 다음 단계는 실제로 자료를 수집하는 실사의 과정으로 들어간다. 실사란 조사원들을 뽑아 교육을 시키고, 조사원들이 표본계획에 맞는 응답자들을 찾아 실제로 자료를 수집하는 과정을 의미한다. 또 수집된 자료에 대한 코딩(응답내용을 숫자로 전환하는 작업) 및 펀칭(코딩된 자료를 컴퓨터파일에 입력시키는 작업)의 과정을 거쳐 컴퓨터에서 분석가능한 상태로까지 만드는 과정이 실사에 포함된다.

마케팅조사에서 실사가 중요한 이유는 마케팅조사에서 발생할 수 있는 오류의 상당부분이 실사과정 동안에 발생하게 되며, 이러한 오류의 적절한 통제를 통해 양질의 자료가 수집된 경우에만 조사결과가 기업의 의사결정에 도움을 줄 수 있기 때문이다. 조사내용이 자료처리과정을 거쳐 컴퓨터에 입력되면, 통계기법이나 마케팅에서 사용되는 다양한 분석기법 등을 적용하여 의사결정에 이용가능한 정보가 추출된다.

3.5 전략적 대안의 도출

마케팅조사의 마지막 단계는 조사결과를 토대로 의사결정대안을 도출하는 것이다. 마케팅관리자는 '어떤 마케팅의사결정을 내려야 하는가?'에 대한 해답을 얻기 위해 마케팅조사를 수행한다. 의미 있는 대안을 도출하기 위해서는 기업의 마케팅관리자와 조사회사의 연구원 간에 긴밀한 협조관계가 이루어져야 한다. 마케팅관리자의 산업과 제품에 대한 지식과 조사회사의 담당연구원이 갖고 있는 통계학, 조사방법, 마케팅기법에 대한 전문성을 상호 보완적으로 활용하여 의미 있는 마케팅대안을 도출할 수 있도록 해야 한다.

이상으로 마케팅조사의 일반적인 진행과정에 대해 살펴보았다. 기업은 특정 마케팅문제를 해결하기 위한 조사프로젝트을 진행하며, 새로운 문제가 발생하면 또 다른 조사프로젝트를 실시한다. 이러한 조사프로젝트 수행에서 발생하는 문제점은 실시된 조사들 간의 연결이 제대로 이루어지지 않는다는 것이다. 많은 경우 마케팅조사를 통해 축적된 중요한 마케팅정보가 기업내의 여러 부서에 분산되어 있어 관련 마케팅조사들 간에 혹은 조사결과와 사내의 다른 2차자료 간의 연계분석이 이루어지지 않고 있다. 이러한 문제를 해결하기 위해 일부기업들은 자료의 수집, 분석 및 정보의 공유를 체계적으로 수행하기 위한 마케팅정보시스템을 도입하고 있다.

04 마케팅정보시스템

오늘날 마케터들은 풍부한 정보에 접속되어 있다. 정보기술의 폭발적 증가로 기업들은 엄청난 양의 정보를 만들어 내고 있다, 나아가 소비자 자신들도 엄청난 양의 마케팅정보를 만들어 내고 있다. 이메일, 텍스트 메시징, 블로깅, 페이스북, 트위터 등의 디지털채널을 통해 기업들에게, 그리고 상호간에 엄청난 양의 정보를 자발적으로 만들어 내고 있는 것이다.

대부분의 마케팅관리자들은 정보가 부족한 것이 아니라 지나치게 많은 자료에 둘러 쌓여있고 종종 이러한 자료에 압도당하기도 한다. 따라서 마케터들은 더 많은 정보가 아니라 더 좋은 정보를 필요로 한다. 그리고 그들은 가지고 있는 정보를 더 잘 활용할 필요가 있다.

일반적으로 마케팅관리자는 사내에 있는 기존 자료에 의존하여 의사결정을 내리게 되는데, 기업내부 자료가 제대로 정리되어 있지 않은 경우가 많다. 즉, 기업내의 정보들은 체계적으로 정리가 되어 있지 않고 각 담당자의 파일이나 캐비닛에 분산되어 있는 경우가 많다. 그리고 부서간, 담당자간 정보의 교환과 공유가 이루어지지 않음으로 인해 정보활용도가 낮고 어떤 경우에는 중복된 조사를 실시하는 경우도 발생한다.

따라서 기업은 효과적인 마케팅정보시스템을 개발하여 관리자들에게 적절한 정보를 적절한 형태로 적절한 시기에 제공하고, 그들로 하여금 이 정보를 이용해 고객가치와 더 강력한 고객관계를 구축할 수 있도록 도와주어야 한다. **마케팅정보시스템**(marketing information system: MIS)은 정보욕구를 평가하고, 필요한 정보를 개발하고, 의사결정자들이 실행 가능한 고객 및 마케팅 통찰력을 만들어내고 이를 검증하는데 그 정보들을 사용하도록 지원하는 사람과 절차들로 구성된다.

4.1 마케팅정보시스템의 구성

마케팅정보시스템의 주요 역할은 마케터의 의사결정을 지원하는 것이다. 기업들은 최근에 이러한 마케팅의사결정 지원을 체계적으로 수행하는 공식적 기구인 마케팅정보센터(Marketing Information Center)를 설치·운영하고 있다. 마케팅정보 센터의 주요업무는 [그림 4-7]에 제시된 바와 같이 크게 자료수집기능, 자료의 분석을 통한 정보생산 및 정보제공 기능으로 이루어진다.

그림 4-7 마케팅정보시스템의 구성

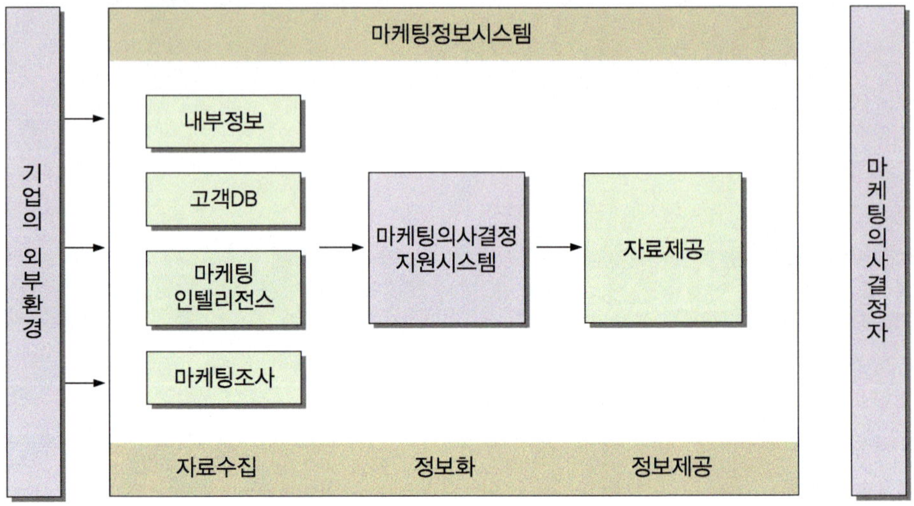

(1) 자료의 수집기능

마케팅정보시스템의 첫 번째 역할은 기업내·외부요인들의 변화에 대한 자료를 수집해서 체계적으로 정리하는 것인데, 이를 위해 다음과 같은 네 가지 자료수집 시스템을 활용한다.

■ 내부정보시스템(Internal Information System)

내부정보란 기업의 통상적인 경영활동과 관련되어 기업내부에서 발생하는 정보를 의미한다. 예를 들어, 매일매일의 영업활동과 관련하여 제품별, 브랜드별, 포장용기별, 포장용량별, 지역별, 점포형태별 매출자료가 집계되며, 생산부서, 구매부서, 연구개발부서 등에서도 다양한 보고서 형태의 자료가 발생된다. 마케팅담당자는 이러한 자료를 분석하여 제품개발의 방향을 설정하고, 경쟁브랜드에 대한 대응방안이나 유통전략을 결정하게 된다. 그러나 많은 기업에서 이러한 정보가 수집되는 데는 오랜시간이 걸리며, 정보가 정확하지 않거나 필요한 정보가 제대로 전달되지 않는 경우가 빈번히 발생한다. 이러한 문제를 해결하기 위해 마케팅정보시스템은 기업내부의 자료를 신속·정확히 수집, 정리하여 배분하는 기능을 수행한다.

■ 마케팅 인텔리전스시스템(Marketing Intelligence System)

마케팅 인텔리전스(competitive marketing intelligence)는 소비자, 경쟁자, 그리고 시장에서 벌어지는 일들에 관한 공개적으로 수집가능한 정보를 체계적으로 수집/분석하는 것이다. 마케팅 인텔리전스의 목적은 소비자환경을 이해하고, 경쟁자의 활동을 추적/평가하고, 시장기회와 위협수준을 파악할 수 있게 함으로써 전략적 의사결정을 향상시키는데 있다. 기업은 마케팅 인텔리전스의 중요성을 사원들에게 교육하여 이에 관심을 기울이도록 하고, 업무수행 중 접한 인텔리전스를 수집해 보고할 수 있는 환경을 조성해야 한다.

표 4-6 마케팅 인텔리전스의 원천

■ 소비자들의 의견, 불평	■ 판매원(고객과의 접점)으로부터의 정보
■ 유통단계 또는 공급자로부터의 정보	■ 경쟁업체의 직원
■ 대중매체정보	■ 정부기관 연구소들로부터의 보고서
■ 정부의 정책, 규제	

마케팅 인테리전스 기법들은 소비자를 직접 관찰하는 것에서부터 사내종업원에게 자세히 알아보는 것, 경쟁사 제품을 벤치마킹하는 것, 인터넷을 탐색하는 것, 인터넷 입소문을 추적하는 것, 산업트레이드 쇼에 참가하는 것에 이르기까지 다양하다.

우수한 마케팅 인텔리전스는 소비자들이 자사브랜드에 대해 어떻게 이야기하고 자사브랜드와 관련해 다른 소비자들과 어떻게 연결되어 있는지에 관해 마케터가 통찰력을 얻는데 도움을 줄 수 있다. 많은 기업들은 잘 훈련된 관찰팀을 보내 소비자와 섞여 어울리는 과정에서 소비자들이 자사제품을 어떻게 사용하고 이야기하는 지를 관찰하도록 한다. 또 다른 기업들은 고객들의 온라인 잡담을 정기적으로 조사하기도 한다. 예를 들어, PepsiCo의 게토레이 스포츠음료 브랜드는 브랜드관련 소셜 미디어 활동을 추적하기 위해 통제센터를 도입했다. 이 회사의 시카고 본사에 위치한 Gatorade Mission Control Center는 4명의 Mission Control 팀원들이 실시간으로 소셜 미디어에서 자사브랜드와 관련된 정보를 추적하는 임무를 수행하는 곳이다. 어떤 사람이 트위트, 페이스북, 블로그 등의 소셜 미디어에서 게토레이와 관련된 어떤 것(경쟁제품, 게토레이를 애용하는 운동선수, 운동시 공급되어야 할 영양과 관련된 주제 등)을 언급하면, 이러한 정보는 곧바로 Mission Control 내에 설치된 6개의 대형스크린 중 한 곳에 다양한 사진/그림과 계기판 정보형태로 떠오른다. 팀원들은 온라인 광고와 웹사이트 트래픽도 추적해 인터넷상에서 형성된 전반적 브랜드이미지를 파악한다. 게토레이는 제품, 마케팅, 그리고 고객과의 상호작용 등을 향상시키기 위해 Mission Control에서 보고 배운 것을 활용한다. Mission Control 팀원들은 소셜 미디어에서 일어난 대화를 추적할뿐 아니라 때에 따라 대화에 직접 참여하기도 한다.

기업들은 또한 적극적으로 경쟁사들의 활동을 추적하는데 관심을 기울인다. 기업들은 경쟁사의 조치와 전략, 신제품 시판, 새로운 또는 변하는 시장, 그리고 잠재경쟁자들의 강점과 약점 등에 관한 정보 및 위협정도 등의 정보를 얻기 위하여 마케팅 인텔리전스를 활용한다. 경쟁자관련 인텔리전스의 많은 부분은 회사내부에 있는 사람들(예: 임원진, 엔지니어와 과학자, 구매담당자, 그리고 영업사원)로부터 수집될 수 있다. 회사는 또한 원자재 공급업체, 유통업체, 그리고 고객으로부터도 중요한 인텔리전스 정보를 수집할 수 있다. 기업은 경쟁자 웹사이트를 추적하고 특정 경쟁자의 이름, 이벤트, 혹은 트렌드를 검색하기 위해 인터넷을 이용해 어떤 내용이 뜨는지를 살펴볼 수도 있다. 그리고 소비자들이 경쟁브랜드에 대해 나누는 대화를 추적하는 것은 자사브랜드에 대한 대화를 추적하는 것 못지 않게 몰랐던 내용을 드러낼 수 있다.

그러나 마케팅 인텔리전스 이용의 증가는 윤리적 문제를 야기한다. 앞서 언급한 기법들이 합법적이기는 하지만, 윤리적으로 문제가 있는 기법들도 있을 수 있다. 회사들은 공개적으로 수집가능한 정보를 활용해야 하지만, 경쟁사 정보를 훔치기 위해 수단과 방법을 가리지 않는 행동을 해서는 안된다.

■ 마케팅조사시스템(Marketing Research System)

마케터는 일반소비자, 경쟁사, 그리고 시장에서 일어나는 것 등에 관한 마케팅 인텔리전스정보뿐 아니라 종종 특정 마케팅상황과 의사결정에 필요한 고객 및 시장통찰력을 제공하는 공식적인 마케팅 조사를 필요로 한다. 예를 들어, 현대자동차는 새로 출시할 쏘나타 승용차광고에서 어떤 소구양식(appeals)이 가장 효과적인지를 알기 원한다. 혹은 삼성전자는 얼마나 많은 사람들이, 그리고 어떤 사람들이 차세대 OLED TV를 구매할 것인지를 알고 싶어한다. 이러한 상황에서 마케팅관리자들은 마케팅조사를 필요로 할 것이다.

앞에서 설명했듯이 마케팅조사(marketing research)는 조직이 당면한 특정 마케팅상황과 관련된 자료를 얻기 위해 이루어지는 체계적인 조사설계, 자료수집, 자료분석, 그리고 보고서 작성 등의 활동이다. 회사들은 다양한 상황에서 마케팅조사를 활용한다. 예를 들어, 마케팅조사는 마케터들에게 고객의 구매동기, 구매행동, 그리고 만족/불만족에 대한 통찰력을 제공한다. 또한 마케팅조사는 시장잠재력과 시장점유율을 평가하거나 가격, 제품, 유통 및 촉진활동의 효과성을 측정하는데 도움을 준다. 마케팅조사 시스템은 많은 예산을 들여 수집한 마케팅조사 자료들을 데이터베이스화 하여 추후에 이루어지는 마케팅조사와 마케팅의사결정에 활용할 수 있도록 한다.

■ 고객 DB시스템

마케팅정보시스템에서 관리되는 또 다른 주요 마케팅자료는 고객정보이다. 과거에는 거래고객의 수가 많은 경우 이들에 대한 정보를 수집하고 관리하는 것이 불가능했지만, 현재는 컴퓨터기술의 발전에 따라 고객에 대한 개별적인 관리가 가능해졌다. 기업이 고객정보의 수집/관리에 노력을 기울이는 것은 제한된 시장규모와 치열한 경쟁상황에서 개별고객에 대한 차별적 서비스제공을 통해 고객충성도를 확보하는 것의 중요성을 인식하기 때문이다. 전통적인 대량마케팅이나 세분화 마케팅만으로는 경쟁사에 비해 차별적 우위를 확보하기 어려워지면서 기업은 개별고객 수준에서 욕구를 파악하고 차별적 프로그램을 제공함으로써 고객충성도를 확보하려고 한다.

고객정보시스템은 고객정보를 수집하여 이를 데이터베이스화 한다. DB마케팅을 운영하는데 필요한 고객정보는 고객의 인구통계적 정보와 고객별 구매정보이다. 이를 위해 백화점, 항공사, 주유소 등은 고객별 구매행동정보를 수집하기 위한 수단으로 고객카드를 발급한다. 다음으로 고객들이 자사제품을 구매할 때마다 구매이력을 추가해 각 고객의 회사에 대한 공헌도를 평가하고 이에 따라 차별적인 고객관리를 실시한다.

(2) 자료의 분석 및 정보화기능

마케팅정보시스템의 두 번째 기능은 수집된 자료를 심층적으로 분석하여 의미있는 정보로 전환하는 것으로, 이는 마케팅의사결정 지원시스템(MDSS : Marketing Decision Support System)에 의해 수행

마케팅 Highlight

내가 건성피부인지 어떻게 알았지? – 고객의 피부타입을 파악하고 이에 맞추어 화장품 샘플을 제공하는 아모레퍼시픽

인터넷과 정보기술(IT)의 발달로 다양한 형태의 데이터가 급증하고 있다. 데이터가 폭발적으로 늘어나는 빅데이터 현상이 비즈니스 현장을 바꾸고 있다.

김민경(가명 · 30)씨는 최근 아모레퍼시픽의 신제품 샘플을 우편으로 받았다. 건성피부를 위한 기능성 크림이었다. 우편물 안에는 "나이가 들면서 지성피부였던 사람도 건성피부로 변한다"며 "얼마 전 피부트러블 때문에 지성피부용 크림을 환불한 것은 이같은 변화를 드러내는 징후일 수 있다"고 적혀 있었다. 김씨는 며칠 뒤 매장을 방문해 피부검사를 받은 후 샘플로 받은 제품을 추가로 구매했다. 이르면 3월부터 아모레퍼시픽 제품을 구매하는 고객은 이런 서비스를 받을 수 있게 된다.

화장품, 과자 등을 파는 소비재 기업은 일대일 맞춤 마케팅을 벌이기 힘들다. 어떤 제품이 많이 팔리는지는 알 수 있어도 그 제품을 누가 사는지 추적하기 어렵기 때문이다. 개인정보와 연계된 적금, 보험같은 금융상품을 파는 기업과의 차이다. 그럼에도 아모레퍼시픽이 일대일 맞춤마케팅을 도입할 수 있었던 건 빅데이터 덕분이며, 이를 위해 먼저 데이터를 쌓는 작업부터 시작됐다. 백화점, 마트, 전문매장, 인터넷 같은 유통채널별로 운영되던 멤버십 카드를 2008년 통합했다. 그리고 고객들의 구매이력을 3년간 차곡차곡 쌓았다. 기존 시스템으론 저장조차 힘들만큼 데이터 양이 늘자 한국IBM과 손을 잡고 본격적인 분석작업

빅데이터를 활용한 고객 세분화

- **아모레골드족** 구매 금액 가장 높은 고객. 방문판매로 구매. 지방 거주자. 설화수 선호.
- **아모레대표족** 골드족 아래 단계. 수도권 거주자. 헤라·아모레퍼시픽 선호.
- **아모레갈대족** 마트·브랜드숍·방문판매 등 다양한 채널에서 구매.
- **도시형 뷰티헌터** 미용 지식 많은 젊은 층. 온라인 구매. 다양한 브랜드 사용.
- **도시형 알뜰족** 기초제품 구매. 대도시 거주. 중저가 브랜드 선호.
- **잇걸(패션감각 뛰어난 젊은 여성)** 백화점 구매. 대도시 젊은 여성. 아모레퍼시픽 충성도 약함.
- **마이너리그** 체리피커형 고객. 화장솜 같은 소도구나 할인 행사 제품 구매.
- **이니스프리족** 브랜드숍 이니스프리 고객. 다른 제품은 거의 쓰지 않음.

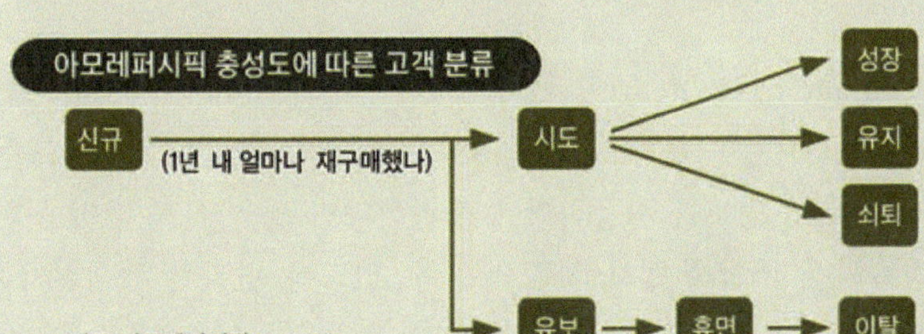

자료:아모레퍼시픽

에 돌입했다. 아모레퍼시픽 로열티 마케팅팀장은 "데이터를 통해 몰랐던 고객의 구매패턴을 알게되는가 하면 막연하게 갖고있던 고객에 대한 감(感)이 맞는지도 확인했다"고 말했다.

가장 큰 성과는 아모레퍼시픽이 한 고객을 얼마나 점유하고 있는지 확인했다는 것이다. 똑같이 연간 100만원어치의 아모레퍼시픽 제품을 구매하는 고객이라도 전체화장품 구매액이 100만원인 사람과 200만원인 사람은 다르다. 각기 다른 접근이 필요하지만 고객에 대해 알 수 없어 적절한 대응방법이 없었다. 아모레퍼시픽은 '화장대 지수'를 만들어 이 문제를 해결했다. 5세 단위, 구(區) 단위로 모든 고객을 나눴다. 같은 지역에 거주하는 비슷한 연령대 여성은 소득과 소비면에서 유사한 성향을 갖는다고 전제한 것이다. 그리고 한 그룹에서 연간 구매금액이 가장 많은 고객을 준거집단으로 잡은 뒤 다른 고객을 구매액에 따라 백분율로 표시했다. 서울 강남구에 사는 31~35세 여성 중 연간 100만원어치의 아모레퍼시픽 제품을 사는 여성이 준거집단이면, 70만원어치를 사는 사람은 70%로 표시하는 식이다. 이 고객은 나머지 30%를 타사 제품을 구매한다고 간주하고 마케팅을 벌이겠다는 취지다. 과거엔 신규, 기존, 우수 세 단계로 나눴던 고객분류도 세분화했다. 화장대 지수, 구매금액과 구매횟수, 구매처, 구매브랜드를 고려해 아모레 골드족(최우수고객)에서 마이너리그족(체리피커형 고객)까지 총 11개 그룹으로 분류했다. 아모레퍼시픽에 대한 충성도를 기준으로 한 분류법도 만들었다. 신규, 시도, 성장, 유지, 쇠퇴, 유보, 휴면, 이탈 등의 8단계다. 같은 아모레골드족이라고 해도 쇠퇴기냐 성장기냐에 따라 다른 마케팅을 시도할 계획이다.

• 자료원 : 중앙일보, 2012.2.23

된다. 이 시스템의 역할은 수집된 마케팅자료에 대한 전문적인 분석을 통해 마케터가 의사결정을 내리는데 필요한 정보를 생산/제공하는 것이다. 예를 들면, 슈퍼마켓이나 편의점에서 취급제품을 선반에 진열할 때 어떤 제품과 브랜드를, 어느 위치에, 몇 개씩, 어떤 형태(세로로 또는 가로로)로 진열하는 것이 효과적인지 같은 구체적인 의사결정 문제에 대해 여러 분석모형을 이용하여 가능한 최적의 대안들을 제시해 준다. 마케팅의사결정 지원시스템은 수집된 자료에 대한 통계분석, 수요예측(sales forecasting), 시뮬레이션(simulation), 최적화(optimization)같은 정교한 자료분석을 수행하기 위해 다양한 수리적 모형을 활용한다. 마케팅관리자는 이러한 분석업무를 수행하는데 한계가 있으므로 시장지식과 수리적 모형활용능력을 갖춘 전문인력들이 의사결정지원 시스템개발과 운영에 참가한다.

(3) 자료제공 기능

자료제공 시스템(User Interface System)이란 마케팅관리자와 마케팅정보시스템을 연결시켜 주는 기능을 수행한다. 정교한 분석모형을 통해 수집된 자료로부터 의미있는 정보를 도출하더라도, 의사결정을 내리는 마케팅관리자가 이 정보를 사용하기에 불편하다면 별 가치를 갖지 못한다. 이에 따라 마케팅정보센터는 마케팅관리자가 쉽게 정보를 검색할 수 있도록 편리한 검색절차를 제공해야 한다. 즉, 마케팅관리자가 원하는 내용을, 이해하기 쉬운 형태로 정리하여, 상호작용 방식을 통해 활용할 수 있도록 해야 한다. 오리온제과는 각 소매점별 제품판매자료에 대한 분석을 기반으로 판매점관리시스템을 개발해 영업사원들이 소매점관리에 활용하도록 했다. 이 시스템은 각 소매점별로 최근의 판매실적자료를 근거로 일정시점에서의 재고를 예측한 후, 이러한 정보를 휴대용 단말기를 통하여 영업사원들에게 제공한다. 이러한 정보를 활용한 영업사원들은 모든 점포를 일일이 방문하여 재고를 확인하는 대신 단말기를 통해 파악된 재고수준이 낮은 점포만을 우선적으로 방문함으로써 영업생산성을 향상시킬 수 있었다.

04 참고문헌

- 안광호 · 임병훈, 마케팅조사원론, 6판,창명, 2017.
- Churchill, Gilbert A. and Dawn Iacobucci, Marketing Research : Methodological Foundations, South-Western College Pub, 10th edition, 2009.
- Malhotra, Naresh K, Marketing Research : An Applied Orientation, 6th ed., Prentice Hall, 2009.
- Sayre, Shay, Qualitative Methods for Marketplace Research, Sage Publications, 2001.

04 생각해볼 문제

1. 외국자동차에 대한 수입규제가 철폐됨에 따라 많은 외국자동차 회사들이 한국 승용차시장에 진출해 국내승용차 제조업체를 위협하고 있다. 현대자동차의 마케팅담당자 입장에서 이러한 환경변화에 대한 대안을 찾기 위한 조사프로젝트를 진행하는 절차에 대해 생각해 보시오.

2. 동양제과에서 초등학교 학생들을 대상으로 아침식사를 대신할 수 있는 스낵제품을 준비한다고 하자. 이를 위해 재료(쌀, 밀, 귀리 등), 맛(짭짤한 맛, 달콤한 맛, 매콤한 맛), 당분과 기타 첨가된 성분, 모양에서 차이가 있는 10가지의 시제품을 준비하여 소비자의 반응을 검토하려고 한다. 이 경우 적절한 조사방법은 무엇이며, 어떤 방식으로 진행하여야 하는가?

3. 신세계백화점은 신세계카드를 활용하여 고객DB를 구축하고 있다. 향후 이를 이용하여 마케팅정보시스템을 구축하려 할 때 고려사항과 업무추진 계획에 대해 생각해 보시오.

제3부

마케팅전략의 수립

제5장 기업전략 : 기업수준의 전략계획수립
제6장 마케팅전략 : 표적시장선정과 제품포지셔닝

제3부

제5장

기업전략 : 기업수준의 전략계획수립

01 기업수준의 전략계획수립 : 마케팅역할의 정의
02 경쟁우위전략
03 제품수준에서의 마케팅전략과 마케팅프로그램

학습목표

1. 기업전략계획 수립과 그 절차를 설명한다.
2. 사업포트폴리오의 설계와 성장전략 개발에 대해 살펴본다.
3. 각 사업부가 추구할 수 있는 경쟁우위전략에는 어떤 것이 있는지 살펴본다.
4. 고객지향적 마케팅전략의 구성요소와 마케팅믹스 프로그램의 구성요소에 대해 설명한다.

주요개념에 대한 사전학습

앞 장에서 마케팅의 목표는 고객가치를 창출하고 고객관계를 구축한 대가로 고객충성도를 획득하는 것이라고 설명했다. 이 장에서는 고객지향적 마케팅전략의 설계와 마케팅프로그램 개발의 지침이 되는 기업차원의 경영전략과 사업전략을 자세히 살펴 볼 것이다.

먼저 다각화 사업전략을 기반으로 끊임없이 변신을 추구해온 제너럴일렉트릭(GE)의 예를 살펴보자. GE는 세계 일류기업으로 3세기째 생존하고 있는 초우량 기업이다. GE는 세계 175개국에 30만여명의 직원을 거느리고 있고 2015년 매출은 1175억달러(약 135조원)에 달하는 복합제조기업이다. GE는 제트엔진을 비롯한 항공장비와 에너지, 금융, 가스, 헬스케어, 기관차, 오일, 소프트웨어, 물, 무기 등 손대지 않는 분야가 없을 정도로 다양한 사업들에 진출하고 있다. GE가 오랜 기간 글로벌 우량기업을 유지할 수 있었던 핵심 성공요인은 선제적 구조조정과 발빠른 변신이었다. 제프리 이멜트 GE 회장은 "2020년까지 세계 10대 소프트웨어 업체가 되겠다"고 선언하면서 살아남기 위한 변신을 끊임없이 시도하고 있다. 소프트웨어기업으로 가려는 것은 "시장과 고객이 무엇을 원하는지 꾸준하게 살핀 결과"라고 그는 강조한다. 도입사례에서는 GE가 어떻게 기업사명을 정의하고 지속적인 기업성장을 위해 사업포트폴리오를 재구성해 왔는지를 살펴본다.

도입사례

성장성이 높은 신사업 발굴과 수익성이 높은 기존 사업 간의 균형을 끊임없이 유지하는 사업포트폴리오 관리를 통해 글로벌 선도기업 지위를 유지하고 있는 제너럴일렉트릭(GE)

발명왕 토머스 에디슨이 1878년 설립한 GE는 20세기 내내 세계 최대 제조기업으로 명성을 떨쳤다. 그러나 이제 목표는 글로벌 소프트웨어기업이다. 제프 이멜트 GE 회장은 2015년 "2020년까지 세계 10위권 소프트웨어기업으로 발돋움할 것"이라고 선언했다.

제너럴일렉트릭(GE)는 발명왕 토머스 에디슨이 1878년 설립한 전기조명회사가 모체다. 1892년 에디슨 종합전기회사와 톰슨휴스톤전기회사가 합병해 제너럴일렉트릭(GE)이 탄생했다. 1900년 미국 최초로 산업용 연구개발시설을 뉴욕주 스케넥터디에 설립했다. 이후 혁신적인 제품을 개발해 세계 최대의 글로벌 인프라 기업으로 성장했다. 2014년 기준으로 약 170조원의 매출을 올렸으며, 175개국에서 30만 5000명 이상의 직원이 근무하고 있다. 현재사업은 발전과 수처리, 석유와 가스, 에너지관리 등 에너지사업부문, 항공, 운송, 헬스케어 사업과 금융서비스 사업 및 지능플랫폼과 조명가전 사업 등으로 다각화돼 있다.

제프리 이멜트 GE 회장은 "기업의 장기적인 생존과 번영을 위해서는 사업포트폴리오를 자발적으로 변화시켜 나가야 한다. 그룹회장으로서 나의 가장 중요한 역할은 GE사업 포트폴리오의 매니저가 되는 것이다. 즉 수시로 GE의 사업포트폴리오를 재점검해 GE의 비전과 전략의 잣대로 볼 때 강화해야 할 핵심사업, 새로 들어가서 육성해야 할 사업, 그리고 정리, 축소해야 할 사업을 골라내는 것이다"라고 말한다.

기업의 장기적인 생존과 번영을 위해서는 외부환경의 변화, 기업의 중장기 전략적 비전, 핵심사업의 산업수명주기, 경쟁적 지위 및 경쟁역량의 변화 등을 고려해 사업포트폴리오를 자발적으로 변화시켜 나가야 한다. 따라서 기업의 CEO가 수행해야할 가장 중요한 역할은 그룹이나 전사의 사업포트폴리오를 점검해 이를 조정하는 일이다.

실제로 GE는 이멜트 회장취임 후 이익을 잘 내면서 엔지니어링 플라스틱 등 고부가가치 제품에서도 세계적 기술력을 갖췄던 플라스틱 사업을 사우디아라비아의 사빅(SABIC)에 매각했다. GE의 오랜 주력사업으로서 이멜트 회장 본인도 플라스틱사업부문 출신이었다. 하지만, 에코매지네이션(Ecomagination)이라는 GE의 새로운 전략적 비전에 잘 부합하지 않아 비주력 사업으로 재분류된 데다가 아시아, 중동 등에서 새로운 경쟁자들이 뛰어들어 향후 수익성 전망도 그리 밝지않다고 판단했기 때문이다. 대신 이멜트 회장은 에너지, 환경, 수처리사업 등 인프라와 산업기술(industrial technology) 관련 산업을 신성장 동력으로 집중 육성했다.

최근 들어 2008년 글로벌 금융위기과정에서 큰 타격을 입었던 금융사업을 대대적으로 구조조정하고 전통의 가전사업부문을 일렉트로룩스에 매각했다. 대신 프랑스 알스톰의 에너지 사업부문을 인수해 세계 최대의 에너지, 인프라 관련기업으로 자리매김했다. GE의 사업포트폴리오 조정과정에서 인수합병(M&A)은 주요한 수단이었는데 이멜트 회장취임부터 현재까지 약 100조원 규모의 인수와 80조원 규모의 비핵심 사업매각이 동시에 이루어졌다. 2016년 GE는 그룹의 모태로서 한때 북미 가전시장을 지배했

미국 사우스캐롤라이나주 그린빌 가스터빈 공장 내 혁신 작업장의 엔지니어들은 가스터빈 제작 공정에 3D프린터를 자유자재로 활용한다.

지만 월풀과 삼성·LG전자 등에 밀려 점유율 5위권에 머물고 있던 가전사업부를 중국 가전회사 하이얼에 64억달러(약 6조원)에 매각했다. 그리고 전체매출의 25%를 차지하던 GE캐피탈에서도 과감히 손을 떼고, 현대카드지분 43%도 전량매각했다

최근 GE는 사물인터넷과 빅데이터시대를 선도하기 위해 또 다른 변신을 시작했다. 2015년 9월 이멜트 회장은 디지털산업 기업(digital industrial company)이라는 새로운 비전을 선포하고 2020년까지 세계 10대 소프트웨어 회사로 등극하겠다는 목표를 제시했다. 이러한 새 비전의 중심에는 사물인터넷 개념을 GE의 인프라와 산업기술 분야에 접목시키는 산업인터넷 기반 비즈니스모델 혁신이 자리 잡고 있다. 이멜트 회장은 "기업에서 사용하는 모든 기계에 소프트웨어가 실행되고 있다. 우리의 경쟁자는 SAP, IBM같은 정보기술(IT) 기업이다"고 말한다. GE가 주목하는 시장은 각종 하드웨어에 데이터분석을 통합하는 산업인터넷 분야로서, 터빈·엔진 등 핵심제조설비에 사물인터넷(IoT)·빅데이터·소프트웨어 등을 결합해 미래 제조업환경에 유리한 솔루션을 제공하는 기업전략을 추구하려고 한다. 이멜트 회장은 "산업인터넷을 이용하면 생산성을 20~30% 높일 수 있고, 이것이 바로 4차 산업혁명이다"고 강조한다. 가령, GE는 2016년 완공된 미국 사우스캐롤라이나주 그린빌 가스터빈 공장인근의 혁신작업장(Advanced Manufacturing Works·AMW)은 로봇과 3D프린터, 레이저마이크로젯(고강도 금속을 물·레이저로 자를 수 있는 장치) 등을 갖추고 사물인터넷(IoT)망으로 공장설비를 촘촘하게 연결한 스마트 공장이다.

산업인터넷 기반 비즈니스모델 혁신은 2010년대 들어와 새로이 시도됐는데, 발전설비, 항공기 엔진, 의료장비, 철도차량 등 GE의 주력제품에 디지털센서를 부착하고 빅데이터 및 클라우드 기반 소프트웨어 역량을 강화해 고객맞춤형 솔루션을 제공하는 것이 그 핵심이었다. 이를 통해 설비 유지보수비용 및 인건비 절감, 고장확률 감소 및 장비활용도 증가 등의 형태로 고객의 성과가 증진되면 고객성과 증진분의 일부를 GE가 추가수익으로 확보하

GE는 전통적인 제조기업에서 소프트웨어 기업으로 변신하려고 한다. GE 그린빌 공장에서 직원들이 가스터빈을 점검하고 있다. 그린빌 공장은 3D 프린터, 로봇, 클라우드 시스템 등을 적용한 스마트 공장이다. 이곳서 만든 가스터빈은 세계시장 점유율 1위다.

는 새로운 비즈니스모델이다. 이를 위해 GE는 2조원 이상의 자금을 투입해 실리콘밸리에 대규모 소프트웨어센터를 만들고, 2015년 9월에는 'GE디지털'이라는 전사조직을 신설해 회장이 직접 관장하면서 산업인터넷 및 소프트웨어 역량강화에 박차를 가하고 있다. GE디지털에는 2015년 말 현재 약 1만 4000명의 소프트웨어 개발자와 3만명의 디지털관련 직원들이 속해 있다. 이러한 노력이 결실을 맺어 2014년에는 세계 최초의 산업클라우드 솔루션 '프레딕스 클라우드(Predix Cloud)'를 출시했다. 이처럼 그룹차원에서 집중적인 인큐베이션을 함으로써 2015년 50억달러를 조금 넘었던 GE의 산업인터넷·소프트웨어관련 사업규모를 2020년에는 200억달러 규모로 키우는 것을 목표로 하고 있다.

GE는 1896년 다우존스지수 출범 시 편입된 12개 상장사 중 여전히 남아있는 유일한 기업이다. GE가 100년이 넘는 오랜 기간 세계 최고 기업의 자리를 유지할 수 있었던 것은 이처럼 전략적 비전에 따라 사업포트폴리오를 유연하게 조정하면서 패러다임 변화에 따라 비즈니스모델을 혁신해 왔기 때문이다.

GE의 사례에서 잘 나타나듯이 글로벌 일류기업들은 남다른 전략적 민첩성을 바탕으로 환경변화에 기민하게 대응하면서 사업포트폴리오를 자발적, 선제적으로 조정해 왔다. 세계 최대의 기업이라 하더라도 기업이 가지고 있는 재무적, 인적, 기술적 자원은 매우 제한돼 있는 반면 세상에 할 수 있는 사업은 무궁무진하다. 따라서 글로벌 일류기업들은 '선택과 집중'의 원칙하에 핵심사업과 신성장 동력사업을 선정해 투자를 집중하는 한편, 비핵심·한계사업이나 적자사업을 정리하는 방향으로 사업 포트폴리오를 조정해 왔다는 공통점을 갖고 있다. 이러한 과정에서 M&A를 적극적으로 활용해 온 점도 주목할 만하다.

● 자료원 : 중앙일보, 2017.3.10; 서울대 송재용 교수가 삼성에 보내는 경고, 이코노미조선, 2016년 1월호

탁월한 기업은 고객가치와 고객관계를 창출하는 고객지향적 마케팅전략과 프로그램을 사용한다. 그러나 제품별 마케팅전략과 마케팅프로그램은 상위수준에서 이루어지는 기업전략 계획의 통제를 받는다. 최고경영층은 우리 기업이 이루려는 궁극적인 목표는 무엇이며, 이를 위해 전사적으로 어떠한 노력이 이루어져야 하는가? 이러한 노력을 통해 우리 기업은 5년 후 어떤 모습으로 변해 있을까? 등을 질문하고 이에 대한 답을 얻으려고 노력한다. 도입사례에서 보듯이 최고경영자는 변화하는 마케팅환경을 고려해 기업의 장기적 목표와 지속적인 성장을 위해 진출하거나 철수해야할 사업분야를 결정해야 한다. GE는 "2020년까지 세계 10대 소프트웨어 회사가 되겠다"는 기업비전을 세우고 이에 기반한 성장전략을 추구하고 있다. 제조업체, 금융기업을 거쳐 다시 제조업으로 복귀하는가 싶던 GE가 이제는 소프트웨어 기업이 되겠다고 선언하고 나선 것이다. 구체적으로 GE는 전 세계공장과 플랜트, 발전소 등을 연결해 효율성을 높이겠다는 것인데, 2020년까지 이 분야에서 매출 150억달러를 올리겠다는 목표를 세웠다. 이에 맞추어 2010년대 들어서 GE는 소프트웨어센터를 실리콘밸리에 설립하고 전문인력을 공격적으로 확보하기 시작했다. 124년 역사의 연매출 1500억달러 공룡기업 GE가 사업전략의 방향을 대전환하고 있는 것이다.

따라서 기업내에서 마케팅이 갖는 역할을 이해하기 위해서는 기업수준에서 이루어지는 전략계획수립과정을 먼저 이해해야 한다.

01 기업수준의 전략계획수립 : 마케팅역할의 정의

모든 기업은 끊임없이 변화하는 마케팅환경에서 장기적 생존/성장전략을 강구해야 한다. 이를 위해 **기업수준의 전략계획수립**(corporate-level strategic planning) 혹은 **전략적 시장계획**(strategic market planning)이 요구되는데, 기업수준의 전략계획수립이란 조직의 목표 및 역량과 변화하는 마케팅기회간에 전략적 적합성을 개발/유지하는(즉, 높은 적합성을 갖는 전략대안을 개발/유지하는) 과정을 말한다. 기업수준의 전략적 계획은 끊임없이 변화하는 환경에서 포착되는 기회를 유리하게 이용할 수 있도록 기업을 변신시키는(adapting) 작업이다. 기업수준의 전략계획수립은 기업내에서 이루어지는 다른 모든 계획수립의 근간이 된다.

기업수준에서 이루어지는 전략계획수립과정은 기업전반의 목적과 사명을 정의하는 것으로부터 시작된다. [그림 5-1]은 전략계획수립과정의 각 단계를 보여준다. 정의된 기업사명은 기업활동의 방향을 잡아줄 기업목표로 구체화된다. 그 다음 단계로 기업의 기획실(본부)은 어떻게 최선의 사업/제품 포트폴리오를 구성하고 각 사업/제품에 어느 정도의 지원을 해야 할지를 결정한다. 이러한 기업차원에서의 전략적 결정에 맞추어 각 사업부서의 제품별 마케팅관리자는 제품수준에서의 마케팅전략과 실행프로그램을 개발/실행한다.

그림 5-1 **기업수준에서의 전략계획 수립단계**

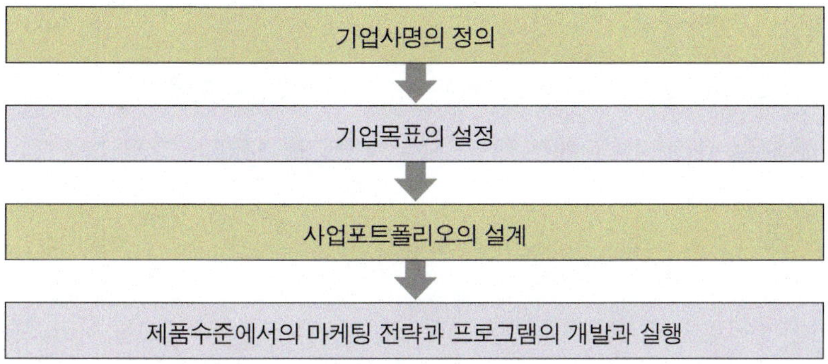

1.1 시장지향적 기업사명의 정의

조직은 어떤 목적을 성취하기 위해 존재한다. 조직은 설립초기에 명확한 조직목적 혹은 사명을 갖지만, 시간이 흘러 조직의 규모가 커지고, 새로운 제품과 시장이 추가되고, 새로운 환경여건에 직면함에 따라 초기에 가졌던 사명이 흐려질 수 있다. 조직이 표류하고 있음을 인식하게 되면 경영자는 조직의 목적을 새로이 정의해야 한다. 즉 우리는 어떤 사업을 하고 있는가? 우리의 고객은 누구인가? 고객이 원하는 가치는 무엇인가? 우리는 어떤 사업을 영위해야 하는가? 등의 근본적 질문에 답해야 하는 것이다. 이와 같은 단순해 보이는 질문에 답을 하는 것은 기업에게 가장 어려운 의사결정영역이다. 성공한 기업들은 끊임없이 이러한 질문을 제기하고 진지하고 완벽하게 이에 답한다.

기업사명은 기업의 구성원들에게 자신이 수행하는 업무에 대한 자부심과 회사의 목표에 대한 공감대를 형성하는 데 기여한다. 또한 주주, 고객, 유통업체, 원료공급업체, 일반인 등 여러 이해관계자 집단에게 기업의 장기적 발전방향을 알려줌으로써 기업활동에 대해 긍정적인 홍보효과를 거둘 수 있게 해준다.

많은 조직체들은 이러한 질문에 대한 답을 담은 공식적 사명문을 개발하는데, **사명문**(mission statement)이란 조직의 목적, 즉 조직이 성취하고 싶은 것을 서술한 것이다. 명확한 사명문은 보이지 않는 손의 역할을 하여 조직구성원들의 생각과 행동의 지침이 된다. 잘 만들어진 기업 사명문은 더 나은 조직성과와 재무성과를 낳게 한다.

일부 기업은 제품 혹은 기술관점에서 근시안적인 기업 사명문을 만든다(가령, 우리회사는 가구를 생산/판매한다. 혹은 우리 회사는 화학가공처리 회사이다). 예를 들어, 모나미는 기업사명을 필기구 생산업체, 혹은 사무용품 생산업체로 정의할 수 있다. 만일 최고경영자가 우리 회사를 필기구 생산업체로 정의한다면, 연필, 볼펜, 수성펜, 만년필 등 다양한 필기구 제품이 사업에 포함될 것이다. 그리고 사무용품 생산업체로 사업을 정의할 경우에는 공책, 복사용지 등과 같은 다양한 사무용품도 사업범위에 포함된다. 그러나 사명문은 시장지향적이고 기본적 고객욕구를 충족시키는 것으로 정의되는 것이 바람직하다. 왜냐하면 제품과 기술은 결국 구식이 되지만, 기본적 시장욕구는 영원히 지속되기 때문이

마케팅 Highlight

시장지향적 기업사명을 추구하는 신세계 – 고객과 직원의 행복을 기업의 존재이유로 삼는 정용진 신세계그룹 부회장

"삶이란 무엇일까요."

2013년 12월 서울 소공로 신세계백화점 본점 10층 대강당. 정용진 신세계그룹 부회장은 계열사 신임임원들을 대상으로 한 강연에서 '삶의 의미'를 물었다. 신임임원들은 잠시 어리둥절한 표정을 지었다. 정 부회장이 경영현안이나 임원의 역할이 아닌 '인생'을 주제로 '선문답'을 하리라고는 미처 예상하지 못한 탓이다. 정 부회장은 "사람은 누구나 행복하게 살기를 원한다"며 "행복의 조건을 충족시켜 주는 것이 기업 경영의 목표가 돼야 한다는 생각을 갖고 있다"고 말했다.

정 부회장의 경영철학은 뚜렷하다. 항상 기업의 존재이유를 '고객과 직원의 행복'에서 찾는다. 기업은 고객을 행복하게 하는 데서 존재이유를 찾아야 하고 고객을 행복하게 하려면 직원이 먼저 행복해야 한다는 것이 그의 지론이다.

정 부회장은 이런 생각을 바탕으로 2009년 말 총괄 대표이사로 경영일선에 나서자마자 임직원 복리후생을 강화했다. 그는 2010년 서울 성수동 이마트 본사 1층에 회사가 운영하는 어린이 집을 만들어 직원들이 이용할 수 있게 하자고 제안했다. 스타벅스 매장이 있던 자리였다. 단위면적당 가장 높은 매출을 낼 수 있는 1층에 어린이 집을 짓는 것에 반대하는 의견도 적지 않았다. 하지만 정 부회장은 사원복지가 우선이라며 스타벅스를 2층으로 옮기고 그 자리에 어린이 집을 만들기로 결정했다.

신세계 임직원은 법으로 보장된 출산휴가(90일)와 육아휴직(1년) 외에 출산휴직과 희망 육아휴직을 합쳐 최장 2년 8개월간 출산 및 육아휴직을 할 수 있다. 20년 이상 근무한 임직원에게는 퇴직 후에도 자녀 학자금을 지원한다. 과장이상 임직원은 1년에 한 번씩 부부동반으로 부산 조선호텔에서 2박 3일간 머물 수 있는 특전을 누린다. 숙박비와 아침식사, 사우나, 피트니스센터 이용권 등을 포함해 100만원이 넘는 비용을 회사가 지원한다. 2014년 4월부터는 양가 부모도 이용할 수 있도록 혜택범위가 확대됐다.

정 부회장은 '고객의 행복'이라는 관점에서 유통업을 재해석하고 있다. 그는 신세계가 단순히 상품을 판매하는 기업에 머무는 것을 거부한다. '고객의 행복한 라이프스타일을 만드는 기업'이 그가 내세우는 신세계의 비전이다. 백화점, 대형마트 등으로 구분되는 기존 유통업의 관점에서 벗어나 쇼핑은 물론 외식, 문화생활을 한 곳에서 즐길 수 있는 '라이프스타일센터'를 만들어야 한다는 것이다. 정 부회장은 평소 "유통업은 야구장, 테마파크와 경쟁해야 한다"는 말을 자주 한다. 업종과 상관없이 누가 소비자의 시간을 더 많이 점유하느냐가 경쟁의 핵심이라는 것이다. 신세계백화점이 본점 옥상에 야외정원을 조성하고 부산 센텀시티점 옥상에 공룡을 주제로 한 쥐라기 공원을 만든 것도 야구장과 테마파크 이상의 즐거운 경험을 고객에게 제공하기 위해서다.

● 인문학·문화예술이 경영의 바탕

정 부회장은 인문학과 음악, 미술 등 문화예술에 관심이 많다. 단순히 취미로 즐기는 것은 아니다. 그는 기회가 있을 때마다 "유통업의 핵심은 사람"이라고 강조한다. 인문학과 문화예술은 사람을 이해하는 바탕이 된다는 것이 그의 생각이다. 최근 인문학을 더욱 중시하게 된 계기가 있었다. 그는 지난 2월 신입사원 면접을 봤다. 면접을 마친 후 그는 "많은 사람들이 한결같이 똑같은 대답만 한다"며 안타까움을 드러냈다. 정 부회장은 "학생들이 취업을 위한 스펙 쌓기에 매몰돼 인간과 세상에 대해 성찰할 시간이 부족했을 것"이라며 인문학을 접할 수 있는 기회를 만들어야겠다고 결심했다. 그렇게 해서 탄생한 것이 인문학 강연 프로그램 '지식향연'이다. 정 부회장은 이 행사에서 강연자로 나서 "사람의 겉만 보는 것이 아니라 마음을 읽으려고 하는 것이 인문학의 시작이라고 생각한다"며 "나 자신을 제대로 알고 인간을 이해하는 사람만이 통찰력과 상상력을 발휘해 미래를 만들어 갈 수 있다"고 강조했다. 정 부회장은 과거 한 인터뷰에서 "경영을 하지 않았으면 피아니스트가 됐을 것"이라고 말한 적이 있다. 취미로 클래식 음악을 감상하던 그는 2007년부터 피아노를 배웠다. 늦은 나이에 시작했지만 모차르트 피아노 협주곡과 베토벤 피아노 소나타를 연주할 수 있는 실력을 갖추게 됐다.

문화예술에 대한 관심은 신세계백화점의 문화마케팅으로 이어졌다. 정 부회장은 2010년 경영일선에 나서면서 문화마케팅을 본격화했다. 그해 10월부터 매주 토요일 VIP고객을 초청해 콘서트를 열기 시작했고 2011년부터는 상·하반기 한 차례씩 국내외 유명 연주자를 초청해 '신세계 클래식 페스티벌'을 개최하고 있다.

● 외할아버지가 물려준 '고객제일'

정 부회장이 멘토로 삼고 있는 사람은 외할아버지인 고(故) 이병철 삼성그룹 회장이다. 신세계백화점 본점 19층 정 부회장 집무실에는 '顧客第一(고객제일)'이라는 외할아버지의 친필 휘호가 걸려 있다. 신세계 한 관계자는 "정 부회장은 선대 회장의 미래를 내다보는 혜안과 직관력을 배우고 싶다는 말을 자주 한다"고 전했다. 정 부회장은 2014년 3월 경기 용인시 신세계 인재개발원에서 열린 신입사원들과의 '공감 토크'에서 "고객의 잠재된 욕구까지 읽어내 고객이 요구하기 전에 한 발 먼저 새로운 가치를 제안하는 것"이라고 고객제일의 의미를 설명했다. 외할아버지의 경영철학을 정 부회장에게 전해 주는 다리역할을 한 사람은 어머니인 이명희 신세계 회장이다. 정 부회장이 어렸을 때부터 "훌륭한 경영자가 되려면 인문학을 공부하고 문화예술에 관심을 가져야 한다"고 조언한 것도 이 회장이다. 아버지인 정재은 신세계 명예회장도 든든한 후원자다. 정 부회장은 신규 점포개설 등 대규모 투자를 결정할 때 정 명예회장에게 조언을 구한다.

● 자료원 : 한경, 2014.4.9

마케팅 Highlight

제품지향적 사업정의로 시장변화를 읽지 못함으로써 생사기로에 선 MP3 플레이어, 내비게이션, 데스크톱PC, 디지털카메라 제조업체들

2005년 1월 미국 라스베이거스. 세계 최대의 소비자 가전 전시회인 CES 기조연설을 맡은 빌 게이츠 마이크로소프트(MS) 회장은 난데없이 한국 중소기업 제품인 '아이리버 H10' MP3플레이어를 들고 나와 제품기능을 시연하며 격찬했다. 한때 그렇게 주목받던 아이리버(옛 레인콤)는 그 이후 어려움을 겪었다. 2007년 600억원을 주고 아이리버를 샀던 보고펀드는 2014년 6월 295억원에 회사를 SK텔레콤에 팔았다. MP3 기능이 포함된 스마트폰이 넘쳐나면서 시장이 붕괴된 탓이다.

스마트폰은 세계인의 일상에 엄청난 변화를 가져온, 21세기 혁신의 상징이다. 언제 어디서나 사회와 소통할 수 있는 최고의 수단이면서 뉴스를 비롯한 각종 정보를 취득하는 원천이고, 때로는 게임기와 MP3, 영화관, TV로 변신한다. 대다수 현대인에게 스마트폰 없는 생활은 상상하기 어려울 정도다.

하지만 적지 않은 제조업 공장이 스마트폰 때문에 생사기로에 서 있다. PC와 게임기, 내비게이션, 디지털카메라, 계산기, 녹음기, MP3, 알람용 시계, 만보기, 다이어리 공장들은 하나둘 스마트폰의 거대한 블랙홀로 빨려 들어가는 중이다. 한 예로 일반 디지털카메라는 2013년 시장규모가 40%나 줄었다. 스마트폰에 내장된 카메라가 일반 디카 이상의 성능을 갖춤으로써 나타난 현상이다. 스마트폰이 만든 블랙홀은 갈수록 커지고 있다. 결제모듈을 내장한 스마트폰은 신용·교통카드를 흡수하고 있고, TV와 영화산업도 위협하고 있다. 수요가 늘어나는 것은 스마트폰과 여기에 들어가는 부품 및 소프트웨어뿐이다. 스마트폰이 지금 일자리와 함께 전통적인 산업지형까지 뒤흔들고 있다.

한때 대표적인 국내기업이었던 팅크웨어(아이나비 내비게이션), 아이리버(MP3), 삼보컴퓨터와 주연컴퓨터(PC) 등이 스마트폰 때문에 휘청거리고 있다. 비단 국내만이 아니다. 일본 닌텐도와 미국 블랙베리, HP, 델 등도 마찬가지다. 또 이들 기업과 공장의 위기는 각종 전자제품 제조에 필수적인 중간재 칩마운터(chip mounter) 시장축소를 불러오고 있다. 전자회로기판에 칩을 얹는 기계인 칩마운터 시장은 2001년 21억달러에서 2008년 40억달러 규모로 급성장했다가 2013년 다시 26억달러 규모로 감소했다. 2000년대 중후반 MP3와 내비게이션, 디지털카메라 생산이 늘면서 수요가 급증했으나, 2010년 무렵 스마트폰이 대중화하면서 상황이 급변한 것이다. 스마트 기기 등 고가제품을 만드는 고속 칩마운터 시장은 커졌지만, 저가 및 범용제품을 만드는 중속 칩마운터 시장규모는 반토막난 상태다.

디지털 기기 제조업체들은 고객들이 더 좋은 품질과 성능의 MP3 플레이어, 내비게이션, 데스크톱 PC, 혹은 디지털카메라를 원하는 것이 아님을 명심해야 한다. 고객의 관점에서 사용하기 매우 편리한 혁신적인 제품이 출현하는 순간 기존 제품시장은 사라지게 되며, 제품지향적으로 사업을 정의한 기업들은 부도 등 엄청난 어려움을 겪게 된다.

• 자료원 : 한경, 2014.7.12

표 5-1 시장지향적 사업정의의 예

기 업	제품지향적 정의	시장지향적 정의
Nike	우리회사는 운동화와 운동복을 판매한다.	우리회사는 전세계 모든 운동선수들에게 영감과 혁신을 제공한다(몸만 있으면, 당신은 운동선수이다).
Facebook	우리는 온라인 소셜 네트워크회사이다.	우리회사는 세상이 보다 더 개방되고 연결된 세계를 공유하고 만들기 위해 사람들에게 파워를 준다.
아모레퍼시픽	우리회사는 화장품을 생산한다.	우리회사는 라이프스타일과 자기표현, 성공과 지위, 그리고 기억, 희망, 꿈을 판매한다.
신라호텔	우리회사는 객실을 빌려준다.	우리회사는 신라호텔 경험을 창출하며, 오감을 즐겁게 하고, 웰빙을 지향하고, 고객이 표현하지 못한 바램과 욕구를 충족시키는 곳이다.
이마트	우리회사는 할인점을 운영한다.	우리회사는 항상 저가격의 상품을 제공하며 일반인들에게 부자들과 동일한 상품을 구매할 기회를 제공한다.

다. 예를 들어, Facebook은 자신을 단순히 온라인 소셜 네트워크로 정의하지 않고 세상이 보다 더 개방되고 연결된 세계를 공유하고 만들기 위해 사람들에게 파워를 주는 기업으로 시장지향적으로 기업사명을 정의하고 있다.

〈표 5-1〉은 제품지향적 사업정의와 시장지향적 사업정의의 몇 가지 예를 보여준다.

바람직한 기업 사명문이 갖추어야 할 조건은 다음과 같다.

첫째, 의미있고 구체적이면서 동기유발적이어야 한다. 많은 기업 사명문들이 홍보목적으로 만들어졌고 구체성이 결여되고 업무수행의 지침이 되지 못한다. 따라서 많은 기업들은 사명문이 갖추어야할 요소를 무시하거나 '우리회사의 사명은 최고의 기업이 되는 것이다'와 같은 애매한 말로 화려하게 꾸미는 것으로 끝난다. Google의 사명문은 "세계에서 최고의 검색엔진이 되는 것"과 같은 애매모호한 것이 아니라 "전세계에 흩어져 있는 정보를 조직화해서 전 세계 사람들이 이에 접속할 수 있고 유용하게 활용할 수 있도록 하는 것"인데, 이러한 사명문은 조직구성원들을 고취시키고, 실현가능하게 하고, 구체적인 내용으로 구성되어 있다.

둘째, 기업사명은 더 많은 매출이나 이익을 올리는 것 보다는 고객 및 고객경험에 초점을 맞추어야 한다. 매출과 이익은 고객을 위해 가치를 창출한 대가로 얻어지는 것일 뿐임을 반드시 인식해야 한다. 따라서 McDonald's의 사명은 전세계 최고의 그리고 이익을 가장 많이 내는 신속서비스 레스토랑이 되는 것이 아니라 고객이 선호하는 장소이면서 식사방식이 되는 것이다. McDonald's는 고객중심 사명을 개발하고 이를 잘 실현한다면 이익은 저절로 따라온다는 것을 잘 알고 있다.

마케팅 Highlight

업무현장에서 실현될 수 있도록 기업의 비전과 가치를 구체적으로 제시한 이케아의 창립자 잉바르 캄프라드

스웨덴 가구업체 이케아는 기업가치와 비젼을 구체적 사례를 토대로 문서화함으로써 직원들이 혼란없이 소통하고 업무현장에서 이를 실현할 수 있도록 했다. '지독한 구두쇠 영감'이라는 별명을 가진 이케아의 창립자 잉바르 캄프라드는 단순한 구두쇠가 아니라 소비자들에게도 비용절감이라는 혜택이 돌아가게 한다는 경영원칙을 갖고 있다. 그는 고객서비스에 대해 남다른 정의를 내린다. 고객을 왕으로 대접하는 데에는 상당한 비용이 들고 결국 그 비용은 고객도 공동부담하게 된다며 고객을 왕으로 떠받들지 않을 것이고, 고객이 직접 가구를 조립해야 한다고 말한다.

1996년 그는 자신의 경영철학과 비전을 담은 '작은 이케아 사전(A Little IKEA Dictionary)'을 발표한다. 캄프라드는 사전을 만든 이유를 이렇게 설명했다. "IKEA는 많은 단어나 문구에 고유한 의미를 붙여왔다. 외부인이 상상하는 것보다 더 특별한 의미를 담은 것들이다. 이렇게 하면 내부 커뮤니케이션과 공유하는 가치에 관련한 위험발생요소를 최소화할 수 있다. 외부인과 새로운 직원은 우리가 사용하는 단어를 잘못 이해할 수 있다. 끊임없이 변화하는 세상에서는 의도하지 않았던 가치에 대해 배워야 할 필요가 있다. 이 작은 사전이 그러한 오해를 막아줄 수 있기를 진심으로 기대한다."

이케아 사전에는 18개 단어가 포함되어 있는데, 그중 '다르게 일하는 것'의 정의를 살펴보자. "(…) 우리가 다르게 생각할 때는, 항상 이유가 있어야 한다. 효율성을 증진시키거나 비용을 절감하거나 그렇지 않다면, 그냥 다르게 생각하는 것 자체로 끝나버리고 만다. 우리가 하는 대부분의 일에 대해 만족스러운 해결책을 찾아왔지만, 그렇다고 해서 우리가 하는 모든 일과 자신 스스로에 대하여 질문을 던지는 것을 멈춰서는 안 된다. '왜?' '왜 안 돼?' '다르게 할 수 있는 방법은 없는가?' 다르게 일하는 것은 이케아의 성공 뒤에 있는 가장 중요한 기준이다. 우리의 사업아이디어에서 가장 중요한 관점들 뒤에 숨어 있는 생각들이다. 몇 가지 예를 보자. 다른 가구유통업자들이 제조업자들의 디자인을 팔 때 우리는 우리 스스로 디자인을 하기 시작했다. 다른 가구유통업자들이 시내중심에 매장을 열 때 우리는 시내밖에 대형매장을 열었다. (…) 다른 이들이 완성된 가구를 팔 때 우리는 고객들이 직접 가구를 조립하도록 했다. (…) 우리에겐 이런 말이 있다. 오로지 잠자는 사람만이 실수하지 않는다…."

이케아 사전을 보면 사례를 들어 설명하는 부분들이 눈에 띈다. 이케아는 예문이 풍부한 이 사전을 통해 기업이 추구해야 할 가치를 구체적 사례를 기반으로 조직구성원들에게 설명한다. 기업의 비전과 가치가 최고경영자의 가치와 비젼을 담은 액자 속에 머물지 않고, 업무현장에서 실현될 수 있도록 하기 위해서이다.

• 자료원 : 조선 위클리비즈, 2014.10.4

스웨덴 스톡홀름에 있는 이케아 매장. 이케아는 '이케아 사전'을 만들어 경영철학과 비전에 대한 정의를 명료하게 사내에 전파해 오고 있다.

1.2 기업목표의 설정

기업은 정의된 기업사명을 실현할 수 있도록 관리자의 수준에 맞추어 이를 구체적인 목표로 전환시켜야 한다. 기업 내 각 관리자는 기업사명을 실현할 수 있는 구체적 목표를 갖고 있어야 하며 이를 실행할 책임을 져야한다. 가령, 대다수의 소비자들은 글로벌 식품회사 KraftHeinz(크래프트 하인즈)하면 케첩을 떠올린다. 이 회사는 매년 6500억개 이상의 케첩을 판매한다. 그러나 KraftHeinz는 Heinz, Ore-Ida, Classico 등 다양한 유명브랜드들과 이 브랜드가 부착된 광범위한 식품들을 보유하고 있다. Heinz는 다음과 같은 기업사명 아래 다양한 제품포트폴리오를 하나로 묶고 있다. “영양과 웰니스(복지)영역에서 신뢰받는 선도자로서 오리지널 순수식품기업 Heinz는 사람, 지구, 그리고 우리회사의 지속가능한 건강을 위해 헌신한다.”

이와 같은 광범위한 기업사명은 계층적 목표를 개발하는 기반이 되는데, 계층적 목표는 사업목표와 마케팅목표 등을 포함한다. Heinz의 전반적 사업목표는 영양과 웰빙 지향적 기업사명에 맞추어 품질, 맛, 영양, 그리고 편의성에서 탁월한 식품을 개발함으로써 수익성 있는 고객관계를 구축하는 것이다. 이 회사는 연구개발에 많은 투자를 함으로써 이러한 목표를 수행한다. 그러나 R&D는 많은 비용이 소요되며, 이익증대를 통해 투자비용이 조달되어야 한다. 따라서 이익의 증대는 Heinz가 추구해야 할 또 다른 주요 사업목표이다. 이익의 향상은 매출증대 혹은 원가절감을 통해 실현될 수 있다. 매출증대는 국내시장과 국제시장에서 자사점유율을 향상시킴으로써 실현될 수 있다. 따라서 점유율 향상에 의한 매출증대와 원가절감 등과 같은 구체적 과업목표들(goals)은 이 회사의 당면한 마케팅목표가 된다.

마케팅전략과 프로그램은 이러한 마케팅목표의 실현을 지원하기 위해 개발되어야 한다. 시장점유율을 향상시키기 위해, Heinz는 제품라인들을 넓히고, 기존 시장에서 제품의 구입용이성(availability)과 제품촉진을 높이고, 신시장으로 시장을 확장할 수 있다. 예컨대, Heinz는 Weight Watchers Smart Ones 브랜드에 아침식사용 제품들을 추가했다. 그리고 이머징 시장에 진출해 두 자리수 매출성장을 올렸으며, 이 시장은 이제 전체 매출성장의 30퍼센트를 차지한다.

이러한 것들은 Heinz의 광범위한 마케팅전략에 해당된다. 각각의 광범위한 마케팅전략은 다시 보다 더 구체적으로 정의되어야 한다. 가령, 제품에 대한 촉진활동의 증대는 더 많은 광고와 홍보활동을 필요로 할 수 있다. 이러한 활동이 요구된다면, 기업은 당해 연도에 수행되어야 할 광고/홍보활동에 대해 구체적으로 명시해야 한다. 이러한 방식으로 추상적인 기업사명은 당해 연도에 실행해야 구체적인 사업/마케팅목표의 집합으로 전환된다.

1.3 사업포트폴리오의 설계

기업 사명문과 기업목표에 맞추어 경영자는 사업포트폴리오를 계획해야 하는데, 사업포트폴리오(business portfolio)는 기업을 구성하는 사업/제품의 집합을 말한다. 최선의 사업포트폴리오는 기업강점에 의해 주어진 시장기회를 가장 잘 살릴 수 있는 사업/제품으로 구성된 것이다. 대다수의 대기업들은 복잡한 사업/브랜드 포트폴리오를 갖고 있다. 이러한 사업포트롤리오에 대한 전략계획수립은 도전적이면서 주요한 과업이다.

사업포트폴리오 계획수립은 두 단계의 과정을 거친다. 첫 번째 단계는 기존 사업포트폴리오의 건전성을 분석하여 각 사업에 대해 어느 정도의 투자를 해야하는지를 결정하는 것이다. 두 번째 단계는 성장전략과 축소전략(downsizing)의 개발을 통해 미래의 사업포트폴리오를 구성하는 것이다.

1. 기존 사업포트폴리오의 분석

전략계획수립에서 이루어지는 주요활동의 하나가 사업포트폴리오 분석인데, **사업포트폴리오 분석**(business portfolio analysis)은 경영자가 기업을 구성하는 제품/사업들의 매력도를 평가하는 과정이다. 기업은 더 많은 이익을 낳는 사업에 더 많은 자원을 투입하고, 경쟁력이 약한 사업에 대한 지원을 줄이거나 이러한 사업에서 철수하기를 원할 것이다.

사업포트폴리오 분석을 진행하기 위해 경영자는 먼저 기업을 구성하는 주요(핵심)사업, 즉 전략사업단위(사업부)들을 파악하는 작업을 수행해야 한다.

(1) 전략사업부의 결정

기업수준전략수립의 다음 단계는 관련사업(제품)들을 묶어 전략사업부(SBU : Strategic Business Unit)로 나누고, 각 사업부의 매력도를 평가하는 것이다. **전략사업부**(SBU : Strategic Business Unit)는 대개 최고경영자로부터 제품의 개발, 생산과 판매에 대한 권한을 위임받고 경영성과에 대한 책임을 지는 독립적 사업단위를 말한다. 하나의 사업(또는 제품군)만을 운영하는 기업은 한 개의 전략사업부를 갖지만, 많은 사업(제품)을 보유한 기업들은 전략수립과 집행이 용이하도록 관련된 사업이나 제품들을 묶어 복수의 사업부를 운영하게 된다.

사업부의 규모나 범위는 기업의 전체규모, 취급하는 제품들의 특성에 따라 차이가 난다. 그러면 기업은 어느 수준에서 사업부의 범위를 정하는 것이 바람직할까? 예를 들어, 전략사업부는 테크, 수퍼타이, 한스푼과 같이 브랜드수준(brand level) 혹은 분말세제, 액체세제, 섬유유연제와 같이 제품수준에서 정해질 수도 있고, 이들 단위제품들을 함께 묶어 주방생활용품이나 목욕생활용품과 같은 제품범주(product category)수준에서 정해질 수도 있다. 더 나아가 생활용품, 화장품, 의약품 등과 같은 제품범주군(the set of relevant product categories) 수준까지 확대되어 결정될 수도 있다. 대체로 전략사업부는 하나의 제품범주를 대상으로 하며, 전략사업부 속에 다양한 제품범주들이 포함되는 경우에는 공동의 마케팅목표 및 경쟁사들을 갖는 제품범주들을 하나의 사업부 속에 포함시키기도 한다. 예를 들어, CJ에서 취급하는 사업(또는 제품)들을 식품사업부, 음료사업부, 생활용품사업부, 제약사업부, 영상사업부 등으로 분류한다면, 이는 제품범주군에 따라 전략사업부를 나눈 예이다. 만약 CJ에서 취급하는 사업들을 제당, 제분, 조미료, 식용유, 육가공, 음료, 세제, 사료 등으로 구분한다면, 이는 제품범주 수준에서 전략사업부를 분류한 것이다.

표 5-2 CJ의 국내 사업부의 구성

사업군	계열회사
식품과 식품서비스	CJ제일제당, CJ푸드빌, CJ프레시웨이, CJ엠디원, CJ엔시티
생명공학	CJ제일제당 바이오, CJ제일제당 제약
신유통	CJ오쇼핑, CJ GLS, CJ텔레닉스, CJ올리브영
엔터테인먼트 & 미디어	CJ E&M, CJ CGV, CJ파워캐스트, CJ헬로비전
인프라	CJ 시스템즈, CJ건설

자료원 : CJ 홈페이지

이와 같이 기업이 거느리고 있는 각 전략사업부의 범위는 개별사업(제품)들 간의 관련성 정도에 의해 결정된다. 전략사업부를 너무 넓게 정의하면, 즉 사업부 속에 너무 많은 사업 혹은 제품군들이 포함되면, 개별사업에 맞는 차별적인 마케팅전략을 수립하는 데 어려움을 겪게 된다. 반대로 전략사업부를 좁게 정의하면 너무 많은 수의 전략사업부를 갖게 되어 최고경영자가 각 사업부를 평가하고 전략적 방향을 제시하는 데 많은 시간과 노력을 투입해야 한다. 그러므로 기업 내 각 전략사업부들은 다음과 같은 바람직한 조건을 갖도록 구성되어야 한다. 첫째, 각 전략사업부는 잘 정의된 고객과 경쟁자를 갖고 있어야 한다. 둘째, 독자적인 마케팅전략의 수립과 실행이 이루어져야 한다. 셋째, 이익과 비용에 대한 측정을 통해 각 전략사업부에 대한 책임경영이 가능하여야 한다.

(2) 기존 사업부의 매력도에 대한 평가

사업포트폴리오 분석의 다음단계는 각 사업부의 매력도를 평가하여 각 사업부에 대한 지원수준을 결정하는 것이다. 각 사업부의 수와 각 사업부에 포함된 사업 혹은 제품들의 범위가 결정되면, 경영자는 각 사업부의 경영성과와 앞으로의 전망을 평가하여 기업목표의 달성에 기여할 수 있는 사업부들을 선별적으로 지원해야 한다.

사업포트폴리오를 설계할 때, 기업은 기업의 주요철학과 핵심역량에 잘 부합되는 제품과 사업을 추가하고 지원하는 것이 바람직하다. 전략계획수립의 목적은 매력적인 시장기회를 자사에 유리하게 만들기 위해 기업의 강점을 가장 잘 활용할 수 있는 방법을 찾는 데 있다. 따라서 대부분의 포트폴리오 분석 기법들은 각 사업부를 두 가지 주요 평가기준을 토대로 하여 평가하는데, 사업부가 속해있는 시장 혹은 산업의 매력도와 해당시장 혹은 산업 내에서 사업부의 경쟁적 강점이 그 것이다. 가장 많이 알려진 포트폴리오 분석기법은 글로벌 경영컨설팅 기업인 Boston Consulting Group(BCG)에 의해 개발된 성장-점유모형이다.

■ BCG의 성장-점유모형

BCG의 **성장-점유모형**(Growth-Share Model)은 미국의 대표적 경영자문회사인 BCG(Boston Consulting Group)에 의해 개발된 이후 많은 기업들에 의해 활용되어 온 사업부 평가모형이다. 이 모형에서는 사업부가 소속된 해당산업의 매력도와 사업부의 경쟁력을 토대로 그 사업부가 기업의 경영성과에 어느 정도 기여할지를 평가한다. BCG모형에서는 사업부가 소속된 산업(시장)이 매력적인지를 평가하는 지표로 **산업(시장)성장률**(market growth rate)을 이용하고 있는데, 시장성장률이 높을수록 산업의 매력도가 높은 것으로 평가된다. 다음으로 해당산업 내에서 우리사업부가 어느 정도의 경쟁력이 있는지를 평가하기 위한 지표로 **상대적 시장점유율**(relative market share)을 이용하며, 사업부의 시장점유율이 높을 수록 그 사업부의 경쟁력이 높은 것으로 평가된다. [그림 5-2]는 BCG 성장-점유모형을 나타낸 것이다.

[그림 5-2]에서 수직축은 각 사업부가 속한 해당산업의 전년 대비 금년의 시장성장률을 의미하며, 대개 10~15% 정도를 중심으로 산업성장률이 높고 낮음으로 구분한다. 수평축은 특정 사업부의 해당산업내에서의 상대적 점유율을 의미하는데, 상대적 시장점유율이란 산업내의 가장 큰(매출기준) 경쟁자에 대비한 자사의 매출비율이다. 우리사업부가 산업의 리더인 경우에는 우리사업부의 매출을 두 번째 매출을 갖는 경쟁자와 비교하게 되므로 상대적 시장점유율은 1보다 큰 값을 갖게 되며, 그렇지 않은 경우에는 1보다 적은 값을 갖게 된다. 가령, 상대적 시장점유율이 0.25라는 것은 우리사업부의 매출이 시장선도기업(매출이 가장 높은 경쟁업체) 매출의 1/4 수준임을 의미하며, 시장점유율이 2라는 것은 산업의 리더인 우리사업부의 매출이 2위 경쟁업체의 매출보다 2배 수준임을 의미한다. 대개 이 값은 10~0.1의 범위를 갖게 되지만, 편의를 위하여 log값을 취하여 1이 중심에 오도록 하며, 일반적으로 1.0을 기준으로 상대적 시장점유율이 높고 낮음으로 구분된다. BCG모형은 각 사업부의 기업에 대한 공헌도를 위에서 설명한 두 기준에 의해 평가하며, 그 결과는 [그림 5-2]와 같은 BCG 매트릭스 상에 표시된다. 이 그림에서 각 원들은 기업이 보유한 개별사업부를 의미하며, 원의 크기는 사업부의 매출에 비례한다.

BCG모형은 시장점유율과 수익성 간에 양(+)의 상관관계가 있다는 논리에 바탕을 두고 있다. 즉,

그림 5-2 **BCG 성장-점유 매트릭스**

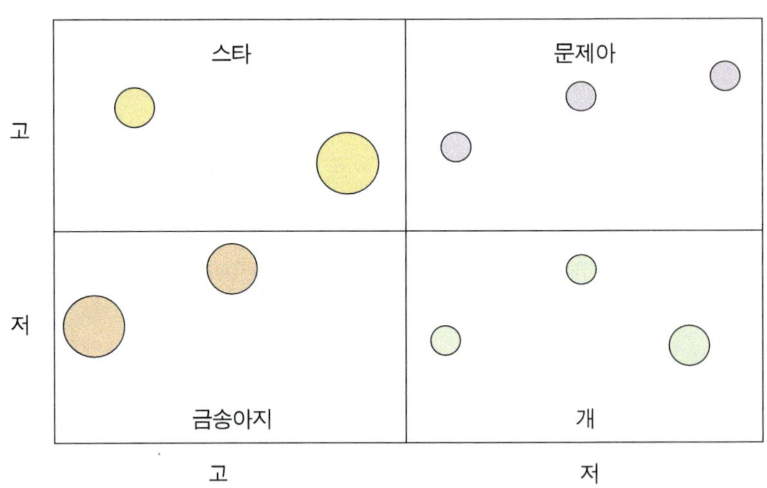

시장점유율이 커질수록 수익성도 증가한다는 실증적 연구결과에 근거해 가능한 높은 점유율과 성장률을 갖는 사업부를 우선적인 투자(또는 전략적 지원)대상으로 삼을 것을 권유한다. 그러나 장기적으로 지속적인 기업성장을 위해서는 현재 성장률이 높더라도 향후 산업규모가 축소되어 해당 사업부의 매출이 줄어들 것에 대비하여 새로운 유망사업에도 투자함으로써 건전한 사업포트폴리오를 구성해야 한다. 또한 성장률이 높은 산업은 많은 투자가 소요되어 기업의 현금흐름에 크게 기여하지 못할 수 있으므로 성장률이 다소 낮더라도 자금원이 될 수 있는 사업도 유지할 필요가 있다. BCG의 성장-점유 모형이 제시하는 각 사업부의 특징과 이에 따른 전략적 방향은 BCG 매트릭스상의 위치에 의해 결정된다. BCG모형은 산업성장률과 상대적 시장점유율의 높고 낮음에 의해 기업내 각 사업부들을 다음과 같이 네 가지 유형으로 구분된다.

- **스타**(Star) **사업부** : 이는 고성장-고점유율 사업부로서, 점유율 유지를 위해 지속적인 마케팅투자와 지원이 요구된다. 대개 스타 사업부는 제품시장의 급성장에 따라 많은 경쟁자들이 산업에 진출할 것이 예상되므로 기존의 높은 시장점유율을 계속 유지하기 위하여 연구개발, 생산설비확장, 소비자를 대상으로 한 촉진활동 등에 상당한 투자를 필요로 한다. 따라서 현재 높은 매출을 통해 자체적으로 자금이 유입되기는 하지만, 생산시설을 확장하거나 경쟁자에 대응하기 위해 지속적인 투자가 요구되므로 현시점에서 기업의 전체 자금흐름에 대한 공헌은 그리 크지 않다. 그러나 향후 산업의 성장률이 감소해 성숙기로 접어들 경우 기업의 주요 자금원으로 활용될 수 있다.
- **금송아지**(Cash Cow) **사업부** : 이는 낮은 산업성장률과 높은 상대적 시장점유율의 사업부로서, 산업이 성숙기로 접어듦에 따라 전반적인 매출증가세가 둔화되고 있지만 그간의 투자로 인해 산업 내에서 높은 점유율을 유지하는 사업영역이다. 금송아지 사업부는 높은 점유율과 매출로 인하여 많은 자금이 유입되는 반면, 생산시설에 대한 투자나 유통망확보를 위한 투자가 어느 정도 진행되어 지출은 그리 크지 않다. 이에 따라 잉여재원이 발생하며, 이는 유망한 신규사업에 대한 투자재원으로 활용된다.
- **문제아**(Problem Child) **사업부** : 이는 높은 산업성장률과 낮은 상대적 시장점유율의 사업부를 말하는 데, 산업이 급성장함에 따라 많은 경쟁자들이 시장에 진출해 있지만, 자사의 사업부는 제품개발의 지연이나 소극적 마케팅투자 등으로 인해 점유율이 미미한 상태이다. 시장점유율과 매출을 높이기 위해서는 기술개발 및 마케팅활동에 상당한 투자가 요구되므로 기업은 문제아군에 속한 사업부들 가운데 성공의 가능성이 높은 제품들만을 잘 선별하여 투자를 해야 한다. 문제아 사업부는 자체적으로 자금을 충당할 여력이 없으므로 금송아지 사업부와 같은 다른 사업부들로부터의 자금지원이 이루어져야 한다.
- **개**(Dogs)**군 사업부** : 이는 낮은 산업성장률과 낮은 상대적 시장점유율을 가진 사업부를 말하는데, 개군에 위치한 사업부는 해당산업이 이미 성숙기를 거쳐 쇠퇴기에 진입했고 그 산업 내에서 우리사업부의 시장점유율도 낮은 경우이다. 따라서 새로운 투자도 없지만 매출도 미미해 기업에 대한 공헌이 높지 않다. 해당산업이 다시 회복될 가능성이 적을 것으로 판단될 경우, 사업부 자

체에 대한 정리를 고려해야 한다. 그러나 소규모지만 기존 제품에 높은 충성도(loyalty)를 보이는 고객집단이 남아 있다면, 최소한의 투자로 일정수준의 매출을 유지할 수도 있다.

성장-점유율 매트릭스 상의 열 개의 원은 기업이 현재 보유한 사업부를 나타내는데, 이 기업은 두 개의 스타, 두 개의 금송아지, 세 개의 문제아, 그리고 세 개의 개 사업단위를 갖고 있다. 원의 크기는 사업부의 매출액에 비례한다. 이 기업의 사업구조는 아주 좋지는 않지만 괜찮은 편이다. 이 회사는 전망이 있는 문제아 사업에 투자하여 스타사업단위로 전환시키고, 스타사업을 잘 유지하여 시장성숙기에 들어서 금송아지가 될 수 있도록 관리하고 싶을 것이다. 다행스럽게 상당규모의 금송아지 사업을 2개 보유하고 있으므로 이들로부터 벌어들인 현금은 문제아, 스타, 개 사업단위들을 자금지원하는데 도움을 줄 것이다. 회사경영자는 개 사업과 문제아 사업과 관련하여 중대한 조치를 취해야 한다. 만약 회사가 스타 사업을 보유하고 있지 않거나, 너무 많은 개 사업을 가지고 있거나 혹은 현금창출능력이 약한 하나의 금송아지 사업만을 갖고 있다면, 기업의 사업전망은 부정적일 것이다.

각 사업부의 매력도를 분석/분류한 다음, 경영자는 각 사업부가 수행할 역할을 결정해야 한다. 기업은 각 사업부에 대해 네 가지 전략대안 가운데 하나를 선택할 수 있다. 첫 번째는 점유율을 높이기 위해 사업부에 더 많은 투자를 하는 것으로(build), 유망한 문제아 사업이나 스타사업에 적절하다. 사업단위의 두 번째 전략대안은 현재의 수준에서 사업부의 점유율을 유지하는데 필요한 만큼만 투자를 하는 것으로(hold), 금송아지 사업단위에 적절하다, 세 번째는 사업부를 수확하는 것으로(harvest), 이는 기업에 미치는 장기적 효과에 상관없이 단기적 현금흐름(현금유입)을 높이는 것을 말한다. 네 번째 전략대안은 사업부를 철수시키는 것으로(divest), 이는 사업부를 매각하거나 투자된 자원을 서서히 회수하여 그 자금을 다른 용도로 사용하는 것이다(개 사업단위에 적절함). 개 사업부는 가능한 한 처분하는 것이 바람직하지만, 원매자를 찾는 것이 쉽지 않을 수 있다. 그러므로 유망한 문제아 사업에 투자하는데 필요한 자금을 확보하기 위해 많은 수의 금송아지 사업들을 보유한 기업은 일부 금송아지 사업을 처분하는 것도 고려해 볼 수 있다. 왜냐하면 이러한 사업부들은 다른 기업의 관심을 끌만큼 충분히 매력적이므로 비싼 가격으로 쉽게 처분할 수 있기 때문이다. 두산그룹이 구조조정과정에서 금송아지 사업이었던 코카콜라, 코닥필름, OB맥주 등을 처분하여 두산중공업 등 유망한 사업에 투자하기 위한 자금을 쉽게 확보한 것을 그 예로 들 수 있다.

시간이 흐름에 따라 각 사업부의 위치는 성장률-점유율 매트릭스 상에서 변화된다. 각 사업부는 수명주기를 갖는데, 많은 사업부들이 문제아에서 시작하며, 시장에서 성공을 거둔 문제아 사업부들은 스타의 위치로 이동한다. 시간이 경과해 시장성장률이 둔화되면 스타사업은 금송아지가 되고, 최종적으로 시장에서 철수하거나 개 사업단위로 전환됨으로써 수명을 마치게 된다. 기업은 새로운 제품과 사업을 계속 추가할 필요가 있는데, 그 이유는 이들 중 일부가 스타, 나아가 금송아지 사업부가 되어 다른 사업부들을 자금지원하는데 도움을 줄 수 있기 때문이다.

기업이 장기적으로 성장을 지속하기 위해서는 문제아, 스타, 금송아지군에 속하는 복수의 사업부들을 균형있게 유지해야 한다. 현재의 자금흐름만을 고려한다면 금송아지 사업부만으로 구성되는 것이

표 5-3 각 사업부의 전략적 역할

사업부	자금유입	자금지출	역 할
스 타	+++	---	점유율 확대 자체수입의 재투자
금송아지	+++	-	현재의 점유율 유지 잉여재원으로 문제아 사업지원
문제아	+	---	점유율 확대 또는 철수 금송아지 사업으로부터의 지원
개	+		틈새(niche)시장 유지 또는 철수 문제아 사업에 대한 지원

바람직한 사업포트폴리오인 것처럼 보일지 모르지만, 장기적인 관점에서 보면 다양한 유형의 사업부들을 적절히 조합하여 기업의 사업포트폴리오를 구성하는 것이 지속적인 기업성장 및 원활한 현금흐름을 가능케 해준다. 예를 들어, 필름생산업체로 유명한 이스트만 코닥(Eastman Kodak)사의 경우 매출규모가 크고 시장이 성장하던 필름사업에만 집중하였다. 그러나 필름산업 자체의 성장률이 감소하고 경쟁업체들이 시장에 진입하면서 1990년대 이후 수익성악화로 심각한 구조조정을 겪게 되었다. 자금흐름의 측면에서 각 사업부들의 역할은 〈표 5-3〉과 같다.

마케팅 Highlight

금송아지 사업인 KFC 등 소비재 브랜드의 매각을 통해 중공업중심의 사업으로 재편작업을 수행한 두산그룹

두산이 창립 118년 만에 그룹의 모태였던 소비재와 식품사업 분야에서 철수했다. 외환위기 이후 30건 이상의 사업부 매각과 인수합병(M&A)을 통해 그룹의 체질을 중공업위주로 완전히 뜯어고친 결과다. 두산그룹은 2012년 버킹관련 사업들을 보고펀드에, 그리고 2014년 5월 치킨 패스트푸드업체 KFC를 유럽계 사모펀드인 시티벤처캐피털(CVC)에 매각했다.

KFC 매각은 두산그룹이 지난 18년간 지속적으로 추진해온 중공업 그룹으로의 변신작업이 끝난다는 것을 의미한다. 두산그룹의 모태는 1896년 설립된 박승직 상점이다. 여성용 화장품 '박가분'으로 히트 친 데 이어 1952년 동양맥주(OB맥주)를 설립한 뒤 소비재·식품분야를 기반으로 성장했다. 그룹명도 1978년까지는 'OB그룹'이어서 1990년대 중반에 이르기까지 '두산=맥주회사'로 기억하는 이들이 적지 않았다. 두산이 변신에 나선 것은 창업 100주년이던 1996년부터다. 과잉설비 투자와 출혈경쟁으로 연간 1조원 가량의 적자를 기록하는 등 그룹이 위기에 몰리자 생존차원에서 사업구조조정에 나선 것이다. 2001년 당시 그룹을 이끌던 박용성 회장은 "소비재 위주의 사업구조를 중공업 중심으로 바꾸겠다"고 선포했다. 개인고객을 상대하는 회사(B2C)에서 기업고객을 상대하는 회사(B2B)로 단시일 내 변신하기 위해 두산이 택한 방법은 M&A였다.

1997년 음료사업부문을 미국 코크사에 매각한 것을 시작으로 OB맥주, 전분당 사업, 종가집김치 등 그룹의 뼈대를 이루던 식품·소비재관련 자금젖소 사업들을 연속적으로 매각했다. '알짜사업(자금젖소 사업)부터 팔아야 팔린다'는 지론을 고수한 박용성 회장이 사석에서 했다는 "나한테 걸레(안 좋은 사업)는 남에게도 걸레"라는 직설적인 표현은 M&A 업계에서 회자되는 명언이다. 1996년부터 2014년 까지 두산그룹이 판 주요 사업부만 15개에 이르며, 매각시점에서 단순합산한 매각금액만 3조 3500억원 정도다.

수익성이 좋은 사업을 매각해 유입된 자금은 고스란히 미래 성장사업을 매입하는데 데 투자했다. 90년대 후반 IMF 외환위기를 넘기고 난 2001년부터 시장에 나온 매물을 꾸준히 사들였다. 한국중공업(현 두산중공업), 대우종합기계(현 두산인프라코어), 영국 미쓰이밥콕(현 두산밥콕), 미국 밥캣 등 인수한 사업의 대부분이 중공업분야 핵심기술을 가진 회사들이었으며, 주요 12개 회사를 사들이는 데 쓴 돈은 8조원(단순합산)에 이른다. 2008년 글로벌 금융위기 전 사들여 재무부담이 지나치게 늘어나 한때 '승자의 저주'로 꼽혔던 밥캣도 최근엔 흑자폭이 날로 커지는 자금젖소사업이 됐다. 두산의 사업구조조정을 진두지휘한 이는 박용만 두산그룹 회장으로, 당시에는 그룹구조 조정실장을 맡았다. 그는 최근 사석에서 "소비재에서 중공업 중심기업으로 탈바꿈한 것을 정말 잘했다고 생각한다"며 "다시 소비재로 돌아가고 싶지는 않다"고 말한 것으로 알려졌다. 내수시장보다 세계시장을 염두에 둔 사업전략이 주효했다는 의미다. 두산그룹 관계자는 "30대 그룹 가운데 100년 이상의 역사를 가진 것은 두산그룹이 유일하다"며 "그룹이 어려움에 처했을 때 선제적으로 사업 구조조정을 단행해 최적의 사업포트폴리오를 마련한 덕분"이라고 말했다.

• 자료원 : 한국경제, 2014.5.9

■ 사업포트폴리오 분석기법의 문제점

BCG의 성장률-점유율 모형과 같은 사업포트폴리오 계획수립기법은 전략계획수립에 큰 변화를 가져다 주었다. 그러나 이러한 분석기법들은 몇 가지 한계점을 갖고 있다. 그들은 실행하기 어렵고, 분석에 많은 시간이 소요되고, 비용이 많이 든다. 또한 사업부(SBU)를 정의하는데 어려움을 겪거나 시장점유율과 시장성장율을 측정하기 어려울 수 있다. 그리고 이러한 기법들은 기존 사업의 매력도를 분류하는데 초점을 맞추고 있기 때문에 미래를 위한 계획수립에 별 도움을 주지 못한다.

BCG 포트폴리오 계획수립기법과 같은 공식화된 계획수립도구는 시장점유율 증대, 매력적인 신규시장진출을 통한 매출성장 등과 같이 매출증대를 지나치게 강조한다. 이에 따라 많은 기업들이 기존사업들과 관련성이 없지만 성장률이 높은 신규사업들에 뛰어들었고 그 사업을 운영할 역량의 부족으로 매우 저조한 성과를 거두고 말았다. 뿐만 아니라 기업은 양호한 성숙사업들을 너무 빨리 포기하거나, 매각하거나, 그들의 현금유동성을 높이는 실수를 자주 저지른다. 공식적인 포트폴리오 계획수립 기법에 근거하여 지나친 사업다각화를 추구했던 많은 기업들이 최근 들어 사업범위를 좁히고 자신이 잘 아는 하나 혹은 소수의 산업에 사업을 집중시키는 방향으로 전환하고 있다.

2. 성장전략과 축소전략의 개발

사업포트폴리오 설계는 기존 사업들에 대한 평가뿐 아니라 앞으로 진출해야 할 사업과 제품을 찾아내는 작업도 포함한다. 기업은 더 효과적으로 경쟁하고, 이해관계자 집단을 만족시키고, 능력있는 사원들을 유인하기 위해서 지속적인 성장을 필요로 한다. 성장은 산소와 같아서 활기차고 열정적인 기업을 만들며, 종업원들로 하여금 진정한 기회가 있는 것으로 지각하게 만든다. 그러나 기업은 성장자체를 목표로 삼지 않아야 한다. 기업의 목표는 수익성 있는 성장이어야 하는 것이다. 마케터는 수익성 있는 기업성장을 달성하는 데 있어 중추적 역할을 담당한다. 마케터는 시장기회를 파악, 평가, 선택하고, 이러한 기회를 포착할 전략을 개발해야 한다. 성장전략을 파악하는데 유용한 도구 중 하나는 앤소프(Ansoff) 교수가 제시한 **제품/시장 확장매트릭스**(product/market expansion grid)이다. 그는 시장침투전략, 제품개발전략, 시장개발전략, 그리고 다각화전략 등 네 가지 성장전략 대안을 제시했다(그림 5-3 참조).

시장침투전략(market penetration strategy)은 기존 제품을 기존 시장내에서 보다 많이 판매하여 성장을 추구하는 것이다. 시장침투전략에는 크게 현재 자사제품을 사용하지 않는 고객들에게 자사제품을 사용토록 하는 방법과 기존 고객의 제품사용률(usage rate)을 높이는 방법이 있다. 경쟁사의 고객이나 비사용자에 대해서는 광고를 통해 브랜드인지도를 높이거나 판매촉진(샘플증정이나 일정기간 무료로 제품을 사용하도록 하는 방법) 등을 통해 사용(trial) 기회를 제공함으로써 매출을 높일 수 있을 것이다. 제품사용률을 높이는 방법은 다시 세 가지로 나누어 질 수 있는데, 첫째는 사용빈도(usage frequency)를 높이는 것이고, 둘째는 1회 사용량을 높이는 것이고, 셋째는 새로운 용도를 개발하는 것이다. 사용빈도를 높이기 위해서는 가끔씩 사용하던 것을 자주 사용하도록 하는 광고캠페인을 도입하거나(가령, 우유회사가 하루에 세 잔의 우유를 마시는 것이 좋다든가, 치약브랜드가 자주 양치질을 하도록 하는 캠페인을 벌이는 경우), 소비의 빈도를 증대시키기 위해 인센티브를 제공한다(예를 들어, 피자구매시

그림 5-3 **제품/시장 확장매트릭스**

	현제품	신제품
현시장	시장침투전략	제품개발전략
신시장	시장개발전략	다각화전략

다음 구매에 이용할 수 있는 할인쿠폰을 주거나, 라면을 5개씩 묶어 특별가로 판매하거나, 항공사나 주유소에서 마일리지 카드를 발급하는 경우). 1회 사용량을 증가시키는 방법으로 고객에게 인센티브를 제공하거나(가령, 햄버거와 함께 음료, 프렌치프라이를 주문하면 특별가로 판매하는 경우) 신제품(예를 들어, 비만에 대한 염려를 없애도록 한 저칼로리의 샐러드 드레싱)을 개발하여 사용량을 늘리게 한다. 새로운 용도의 개발을 통해 성공을 거둔 고전적인 사례로는 Arm & Hammer(암&해머) 베이킹소다가 있는데, 이 브랜드는 베이킹소다를 냉장고, 쓰레기통, 주방 등의 탈취제로 사용하도록 하는 광고캠페인을 통해 크게

마케팅 Highlight

스포츠의류 메이커 Under Armour의 사례에 적용한 제품/시장확장 매트릭스

Under Armour는 편안하고 습기를 흡수하는 특성을 가진 혁신적 셔츠/반바지(shorts)라인을 개발했다. 그 이후 기능성 스포츠웨어 틈새시장에서 급속한 성장을 보여 왔다. 이 기업은 지속적 성장을 위해 새로운 방안을 강구해야 한다. Under Armour는 제품/시장 확장매트릭스를 활용해 다음과 같은 성장전략을 수립할 수 있다.

첫째, Under Armour는 시장침투(market penetration) 수준을 더 깊게 할 수 있는지를 검토할 수 있는데, 시장침투전략은 기존 제품에 변화를 주지않고 더 많은 매출을 올릴 수 있는 방안을 모색하는 것이다. Under Armour는 마케팅믹스를 향상시킴으로써 더 많은 매출성장을 실현할 수 있는데, 제품디자인, 광고, 가격정책, 그리고 유통활동 등의 조정이 그것이다. 가령, Under Armour는 기존 의류라인에서 더 다양한 스타일과 색상을 제공한다. 또한 경기력과 진정성(authenticity) 포지셔닝을 강화하기(drive home) 위해 최근 들어 촉진비용을 증가시켰다. 그리고 소비자 직판 유통채널을 새로이 추가했는데, 직영 소매점, 웹사이트, 수신자부담 콜센터 등이 그것이다.

둘째, Under Armour는 시장개발전략(market development)을 고려할 수 있는데, 이는 기존 제품을 가지고 신규시장을 개발하는 것이다. 가령, 이 회사는 최근 들어 여성소비자 집단을 강화하고 있으며, 여성 의류사업이 남성 의류사업보다 그 규모가 더 커질 것으로 예측한다. The Under Armour의 'Atheles Run' 광고캠페인은 여성을 타겟으로 한 30초짜리 광고물을 포함한다. Under Armour는 또한 새로운 지리적 시장을 추구할 수 있는데, 이 브랜드는 국제적으로 시장의 범위를 확대하려고 한다.

셋째, Under Armour는 제품개발전략(product development)을 고려할 수 있는데, 이는 기존 고객에게 수정된 혹은 신규제품을 제공하는 것이다. 2008년 들어 틈새시장 추구브랜드로부터 주류브랜드로 전환하려는 노력의 일환으로 Under Armour는 복수의 운동을 하는 사람을 위한 신발라인을 가지고 190억 달러 규모의 운동화시장에 진출했다. 2010년에는 고기능성 운동화를 출시했다. 이러한 노력은 스포츠제품 거대기업인 나이키, 아디다스와의 직접적인 경쟁을 피할 수 없게 하지만 더 큰 성장기회를 제공하기도 한다.

넷째, Under Armour는 다각화전략(diversification)을 고려할 수 있는데, 이는 기존 제품과 고객을 벗어나 새로운 사업을 시작하거나 인수하는 것이다. 가령, 이 회사는 운동경기 이외의 레저웨어 사업으로 진출하거나 Under Armour피트니스 기구를 생산/마케팅 할 수 있다. 다각화를 시도할 때 유의해야 할 점은 브랜드의 포지셔닝을 지나치게 확대하지 않아야 한다는 것이다.

SPC그룹의 던킨 도너츠는 제품개발전략을 통해 기존 고객들에게 새로운 제품을 개발, 판매함으로써 성장을 추구한다.

성장할 수 있었다.

제품개발전략(product development strategy)은 기존 고객들에게 새로운 제품을 개발, 판매함으로써 성장을 추구하는 전략이다. 제품개발전략의 구체적인 방법으로는 첫째, 제품특징(feature)의 추가(가령, 스마트폰에 음성인식기능, 다양한 카메라기능을 추가함), 둘째, 제품계열확장(예를 들어, 청정원 브랜드에 순창고추장, 순창쌈장, 된장, 햇살 담은 조림간장, 진육수, 불고기양념, 국물내기, 화영식초, 마요네즈 등의 제품종류를 추가시키는 경우), 셋째, 차세대 제품의 개발(가령, 정체된 TV시장에서 3D 스마트 TV를 개발하거나, 닌텐도에서 성인용 게임기를 개발하여 판매하는 경우) 등이 있다.

시장개발전략(market development strategy)은 기존 제품을 새로운 시장에 판매함으로써 성장을 추구하는 전략이다. 시장개발전략의 구체적인 방법으로 첫째, 지리적으로 시장의 범위를 확대하거나(가령, KFC, 맥도날드, 코카콜라 등은 세계적으로 사업영역을 확대하여 성공했고, 삼성전자는 중동, 남미, 아프리카 등지로 시장을 확대하여 글로벌 TV시장에서 선도적 지위를 차지했음), 둘째, 새로운 세분시장으로 진출하는 것이다(가령, Johnson & Johnson의 베이비샴푸가 유아용 시장에서 머리를 자주감고 부드러운 머리결을 원하는 성인시장으로 진출함으로써 큰 성공을 거둠).

다각화전략(diversification strategy)이란 기존의 고객이나 제품과 전혀 관계가 없는 새로운 사업영역으로 진출하는 것이다. 예를 들어, CJ제일제당이 극장사업이나 외식사업에 진출하는 것이 그 예이다. SK그룹은 사업다각화를 통해 글로벌기업으로 변신하고 있는데, 에너지·화학과 정보통신이라는 양대 사업축 외에 하이닉스 인수를 통해 반도체라는 새로운 성장사업을 추가했다

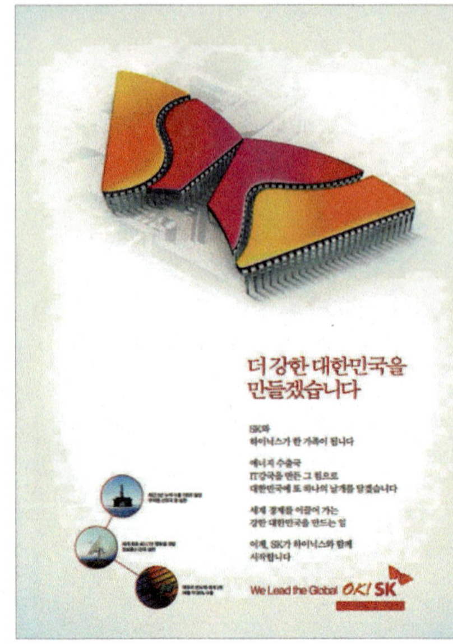

SK그룹은 사업다각화를 통해 글로벌기업으로 변신하고 있는데, 에너지 · 화학과 정보통신이라는 양대 사업축 외에 하이닉스 인수를 통해 반도체라는 새로운 성장사업을 추가했다.

한편 기업은 사업포트폴리오를 성장시키는 전략뿐 아니라 이를 축소시키는 전략도 개발해야 한다. 기업은 여러 가지 이유로 일부제품과 시장을 포기하고 싶을 수 있다. 가령, 시장환경이 변하여 일부제품과 시장을 포기하고 싶을 수 있다. 가령, 시장환경이 변하여 일부제품과 시장이 과거에 비해 수익성이 떨어질 수 있고, 경험이 부족한 제품시장으로 진출하거나 기업의 성장속도가 너무 빠를 수 있다. 이러한 문제는 탁월한 고객가치를 제공하지 못하는 신제품을 출시하거나 혹은 적절한 조사를 거치지 않고 너무 많은 해외시장에 진출할 경우에 발생될 수 있다. 또한 일부제품이나 사업은 단순히 시간이 오래 경과되어 수명주기를 마감할 수도 있다.

기업이 이익을 내지 못하거나 전반적인 기업경영전략에 적합하지 않은 브랜드나 사업을 발견하면, 이들을 정비하거나, 투자자금을 회수하거나, 혹은 처분해야 할지를 신중히 검토해야 한다. 예를 들어, 최근 GM은 자사의 사업포트폴리오에서 실적이 나쁜 몇 개의 브랜드들을 처분했는데, Oldsmobile, Pontiac, Saturn, Hummer 승용차 브랜드와 Goodwrench 부품라인이 이에 해당된다. 마찬가지로 Ford 자동차도 Mercury 브랜드를 포기하고 Jaguar, Land Rover, Volvo 등을 매각했다. 경쟁력이 약한 사업들은 필요이상으로 경영자의 시간과 노력을 투입해야 할 경우가 많다. 관리자들은 경쟁력이 없는 사업들을 회생시키는 것보다는 성장기회가 높은 사업을 키우는데 시간과 노력을 집중시켜야 한다.

마케팅 Highlight

성장기회가 높은 신규사업개발과 육성에 실패해 몰락한 코닥

사진왕국이었던 코닥은 시장변화에 맞추어 성장기회가 높은 사업을 개발/육성하는데 실패해 몰락했다. 1888년 코닥(Kodak)이라는 상표는 '버튼만 누르세요. 나머지는 우리가 다합니다(You press the button, we do the rest)'는 유명한 슬로건과 함께 탄생했고, 이후 코닥은 사진의 대명사가 되었다. 1976년 코닥의 미국시장 점유율은 필름에서 90%, 카메라에서 85%에 이르렀다. 1990년대까지 코닥은 세계에서 가장 가치있는 5대 브랜드에 들었다. 그런 코닥이 2012년 1월 파산보호신청을 했다. 코닥이 파산에 이르게 된 가장 큰 이유는 디지털시대에 대비하지 못했기 때문이다. 사실 디지털카메라는 코닥이 제일 먼저 개발했다. 1975년 코닥 연구소에서 세계 최초의 디지털카메라를 개발한 것이다. 하지만 이에 대한 코닥임원들의 반응은 부정적이었다. 개발초기단계였던 디지털카메라 기술은 아날로그 사진기술에 비해 형편없는 수준이었고 무엇보다도 필름이 필요없는 카메라였기 때문이다. 필름으로 수익을 창출하는 코닥에게 디지털카메라는 회사의 존재 자체를 부정하는 것이었다. 코닥은 다른 업체들보다 한발 앞서 소비자용 디지털카메라를 출시할 수 있었지만 주력인 필름시장이 잠식 당할까봐 주저하다 결국 다른 기업들이 디지털카메라를 이미 출시한 1994년에서야 뒤늦게 진출했다. 그러나 후발주자로 디지털카메라 시장에 진출한 코닥은 일찍부터 디지털카메라 시장진출을 준비해왔던 캐논과 니콘 등과의 경쟁에서 밀렸다. 코닥의 디지털카메라는 Cannon과 Nikon 제품에 비해 디자인과 기술(적목현상없애기, 얼굴인식 등)에서 뒤떨어졌다. 코닥은 결국 구식 필름카메라를 만드는 기업이라는 이미지를 바꾸는데 실패한 것이다. 코닥의 몰락은 근본적으로 소비자들이 찍은 사진을 그냥 지워버리거나 인쇄하지 않는 세상이 올 것을 예측하지 못한데 있다. 즉, 소비자들의 사진사용 패턴변화를 정확히 읽지 못한 것이다.

02 경쟁우위전략

기업은 경쟁사들에 대비한 자사의 차별점을 찾아내고, 이를 근거로 경쟁우위전략을 선택해야 한다. Porter(포터)교수는 기업이 경쟁우위를 확보하기 위한 방안을 본원적 전략(generic strategy)이라고 불렀으며, 크게 [그림 5-4]와 같이 두 가지로 나누어질 수 있다고 하였다. 첫 번째는 동일한 제품을 경쟁자보다 싸게 만들어 판매하는 방법이며, 다른 하나는 다소 비싸더라도 경쟁자에 비해 우수한 제품을 만들어 높은 마진을 실현하는 것이다. 전자를 **원가우위전략**(cost-leadership strategy)이라 하며, 후자를 **차별화전략**(differentiation strategy)이라고 한다.

원가우위전략은 대량생산과 대량판매가 가능한 경우에 유용한 경쟁전략이다. 즉, 대량생산을 위한 효율적 생산능력, 저렴한 원자재 공급원의 확보, 비용을 최소화하기 위한 관리시스템의 구축, 대량판매를 위한 판매망과 물류망의 확보 등을 통해 규모의 경제가 실현될 경우에 효과적이다. 이를 통해 경쟁사에 비해 저가로 제품을 생산, 판매하고 박리다매를 통해 매출과 이익목표를 달성한다. 예를 들어, 국내의 대형할인점들은 수도권지역에서 지방으로 점포를 확장하며 점포수를 지속적으로 늘리고 있는데, 이러한 점포확장전략은 대량구매를 통한 구입원가의 절감, 광고, 교육비와 같은 간접비의 분산 등을 통해 원가우위를 확보하기 위한 의도에서 비롯된 것이다.

차별화전략은 신기술, 디자인, 성능, 브랜드, 광고, 서비스 등에서 경쟁사에 비해 차별적 우위를 확보함으로써 고객의 충성도를 창출하려고 하는 것이다. 이 경우 제품이 다소 비싸지더라도 소비자들이 차별화요인의 가치를 인정하여 기꺼이 고가격을 지불하려고 하므로 높은 마진과 이윤을 확보할 수 있다. 기업규모가 적어 원가우위를 확보하기 어렵거나, 기업의 규모가 크더라도 소비자의 욕구가 다양하고 지속적으로 변화하는 경우에는 무리한 원가절감보다는 품질과 서비스 차별화를 통해 경쟁우위를 확보할 수 있다. 예를 들어, 20세기 초 세계최대의 자동차 생산업체였던 Ford사의 경우 고객의 변화하는 욕구를 무시하고 원가우위만을 강조하며 한 가지 모델의 승용차만을 생산하다 GM에 시장선

그림 5-4 경쟁우위 확보방안

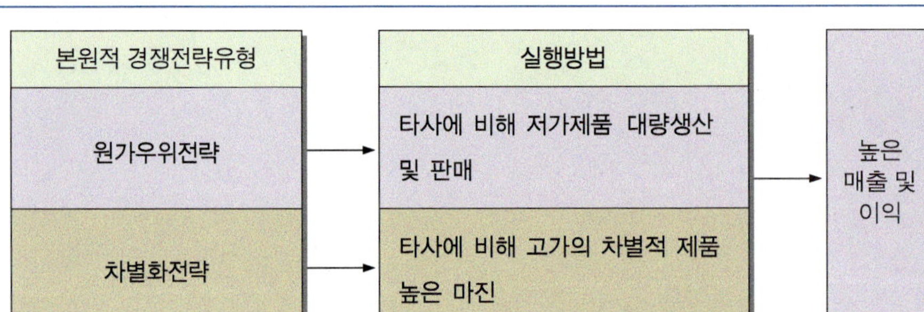

마케팅 Highlight

규모의 경제와 경험효과를 통한 원가우위전략

① 규모의 경제

규모의 경제(Economy of Scale)란 대량생산을 통하여 단위당 투입비용을 줄임으로써 원가를 절감하는 것이다. 예를 들어, 1990년대 중반 현대자동차의 국내 판매대수는 대우자동차의 3배에 달하였다. 그러나 광고비 지출에 있어서는 양사가 동일한 수준을 유지하였다. 이 경우 현대자동차의 대당 광고비는 대우자동차의 1/3 수준에 불과하여 원가우위를 확보하는 요인으로 작용하였다.

이와 같이 규모의 경제란 산업 내 소수의 대기업들이 대량생산을 통해 단위당 생산비용을 절감하는 것으로, 이러한 효과는 원자재 획득, 물류, 광고 등 다양한 영역에서 발생한다. 예를 들어, 원자재를 다량으로 구매함으로써 타사에 비해 유리한 구입가격으로 구매하고, 대량판매를 통해 단위당 광고, 물류비를 절약할 수 있다. 가령, 슈퍼마켓에 하나의 제품을 배달하는 것보다 다양한 제품을 한 번에 배달할 경우 단위당 물류비용을 줄일 수 있다. 규모의 경제에 의한 비용절감 효과는 주로 대기업에서 가능한 원가절감 요인이지만, 다음에 소개하는 경험곡선은 기업의 규모에 관계없이 생산과 관련한 경험을 축적함으로써 비용절감 효과를 거둘 수 있음을 보여준다.

② 경험곡선

〈80% 경험곡선의 예〉

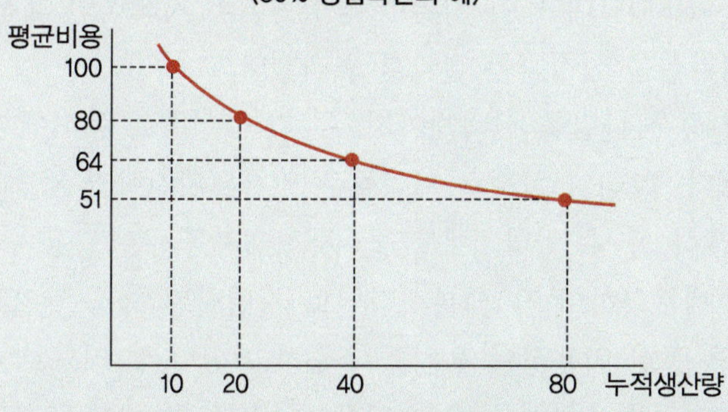

공장의 생산라인에서 고참직원은 새로 배치된 신입직원보다 일을 잘한다. 군대식 표현으로 짠밥 수가 늘어난 고참직원은 여러 시행착오를 거치면서 많은 것을 배우면서 생산성이 높아지는데, 이러한 현상을 학습효과(learning effect)라 한다. 이 개념은 1925년경 미국의 한 항공기 제작회사에서 제품의 생산이 늘어남에 따라 단위당 노동비용이 줄어드는 현상에 대해 붙여진 용어이다. 그 후 글로벌 경영컨설팅 기업 Boston Consulting Group은 기업경영자문과정에서 이러한 현상이 인건비뿐만 아니라 제품생산과 관련한 다양한 영역에서 발생되는 것을 발견했고, 기존의 학습효과를 확장하여 경험효과(experience effect)라 명명했다. 즉, 생산경험이 축적됨에 따라 근로자의 숙련도가 증가하고, 생산프로세스의 문제점이 개선되며, 반복된 원자재 구입과정에서 많은 정보가 축적되어 유리한 조건의 구매가 가능해지는 등 여러 부분에서 비용절감이 가능해진다.

다양한 산업에 대한 관찰을 통해 BCG(Boston Consulting Group)는 누적생산량이 2배씩 증가할 때마다 일정한 비율로 단위당 제품원가가 떨어진다는 사실을 발견하였다. 즉, 누적된 생산량이 2배씩 증가할 때마다 단위당 생산비용이 일정한 비율로 감소한다는 것인데, 이러한 그래프를 경험곡선(experience curve)이라 한다. 가령, 80% 경험곡선은 누적된 생산량이 2배씩 증가할 때마다 단위당 생산비용이 20%씩 하락하는 것을 말한다. 경험곡선의 기울기, 즉 원가가 감소하는 폭은 노동력이 많이 투입되거나, 생산공정이 복잡하고, 부품의 수가 많을수록 크게 나타난다. 가령, 조선업, 항공기제작, 반도체산업에서 경험효과가 크게 나타난다.

③ 경험곡선과 사업부전략

경험곡선이 기업의 전략수립에 중요한 이유는 시장점유율과 기업의 수익성 간에 높은 상관관계가 있고, 나아가 점유율과 누적생산량 간에도 높은 상관관계가 있다는 연구결과를 통해 설명될 수 있다. 누적생산량이 증가해 원가가 하락하면 그 결과로 가격경쟁력을 갖게되어 점유율이 증가하기 때문에 가능한 빨리 많은 제품을 생산하는 것이 점유율을 높여 기업수익성에 기여한다는 것이다.

경쟁상황 하에서 경험곡선의 효과를 체계적으로 활용하기 위해서는 자사뿐만이 아니라 경쟁사의 경험곡선에 대한 정보도 필요하다. 경험곡선 효과를 토대로 자사에서 가격을 인하하는 경우 이러한 가격정책이 성공하기 위해서는 경쟁사에서 가격을 인하하지 않을 것이라는 전제가 확보되어야 한다. 따라서 경쟁사의 원가와 경험곡선에 대한 정보를 알고 이에 따라 경쟁사의 반응을 예측할 수 있다면 가격인하의 성공 가능성을 증대시킬 수 있을 것이다. 경험효과를 이용한 매출증대 정책은 시장이 성장하는 시기가 바람직하다. 시장이 성장하는 동안에는 경쟁사들은 점유율이 다소 하락하더라도 매출이 증대되고 있기 때문에 우리 기업의 저가격전략에 대해 적극적으로 대응하지 않을 수 있다.

도 자리를 내주고 말았다. 그러나 GM자동차는 2000년대 들어 치열한 경쟁속에서 지속적인 제품 차별화를 실현하는 데 실패함으로써 2009년 기업파산을 신청하는 결과를 초래했다.

Porter 교수는 원가우위전략이나 차별화전략 중 하나만을 선택해야지, 두 가지 전략을 동시에 추구하는 기업은 높은 수익률을 거두지 못한다고 했다. 그러나 실제로 기업들은 원가우위전략과 차별화전략을 동시에 추구하여 성공을 거두는 경우를 흔히 볼 수 있다. 예를 들어, 현대자동차는 승용차시장을 소형, 준중형, 중형, 중대형, 대형시장으로 세분화하여 각 세분시장별로 차별화된 제품을 출시하여 높은 점유율을 확보하면서 동시에 원가절감을 통한 비용상의 우위를 추구하고 있다. 그러므로 마케터는 원가우위전략과 차별화전략을 상호보완적으로 활용하여 높은 수익률을 올리도록 해야 한다. 즉, 표적시장에 대한 차별적인 마케팅 프로그램(차별화전략)을 통해 시장점유율을 높이고, 이러한 매출증대는 다시 규모의 경제를 통해 원가를 낮춤(원가우위전략)으로써 경쟁우위를 확보할 수 있게 된다.

앞에서 설명한 두 가지 본원적 전략외에 기업자원이 한정되어 있는 경우 또는 주어진 자원을 보다 효율적으로 활용하기 위해 전체소비자를 대상으로 하기보다 특정 세분시장(niche segment)에 기업의 자원을 집중시키는 **집중화전략**(focus strategy)을 택할 수도 있다. 가령, 세계 산업용청소기 시장의 60%를 점유하는 독일의 세계 최대 청소장비 전문업체 '카처'는 틈새시장을 공략하는 집중화전략을 통해 성공을 거두었다. 카처는 유리창청소기 WV50 Plus와 가정용 고압세척기 K4를 통해 한국의 가정용 틈새시장에 진출해 좋은 고객반응을 얻었다. 실내에 쌓인 오염물질을 제거하는데 효과적인 이 제품들은 원래 자영업자나 전원주택 거주자, 세차장, 산업현장 등에서 주로 사용되던 제품이었지만,

집중화전략의 예: 산업용으로 쓰던 고성능 청소기를 가정용으로 만든 카처 유리창 청소기 WV50 Plus

최근 미세먼지와 황사가 기승을 부리면서 보다 확실한 세척을 원하는 소비자들을 겨냥한 틈새시장 전략을 통해 성공을 거둔 것이다.

03 제품수준에서의 마케팅전략과 마케팅프로그램

기업수준에서의 전략계획은 기업의 전반적 사명과 목표의 결정, 그리고 최적의 사업포트폴리오 구성을 포함한다. 기업수준에서의 전략계획과 경쟁전략이 수립되면, 다음으로 사업단위 내의 주요 기능부서(마케팅, 재무, 회계, 구매, 생산, 정보시스템)는 기업수준에서 결정된 목표를 달성하기 위해 함께 노력한다. 마케터의 주 역할은 고객지향적 마케팅전략을 수립하고 마케팅믹스 프로그램을 개발/관리하는 것이다. 고객은 모든 마케팅의사결정의 중심에 있다. 따라서 마케팅의 목표는 고객가치를 창출하고, 수익성 있으면서 강력한 고객관계를 구축하는 것이어야 한다. 마케터는 이러한 목표를 달성하기 위해 마케팅전략을 수립한다. 마케팅전략(marketing strategy)은 고객가치창출과 수익성 있는 고객관계의 구축을 위해 마케팅활동의 기본방향을 정하는 것인데, 구체적으로 어떤 고객을 대상으로(시장세분화와 목표시장의 선택) 어떻게 차별화된 마케팅 제공물을 개발할 것인가(차별화와 포지셔닝)를 결정하는 것이다. 마케터는 제품시장범위를 정의하고, 그 시장을 유사한 특성을 가진 세분시장들로 나눈 후 가장 매력적인 세분시장을 표적세분시장으로 선택하고, 그 세분시장 내 고객을 경쟁사보다 더 잘 만족시킬 수 있는 차별화방안을 강구한다. 기업은 마케팅전략에 근거하여 통합적 마케팅믹스프로그램을 설계하는데, 마케팅믹스는 마케터가 통제할 수 있는 수단들인 제품, 가격, 유통, 촉진들로 구성된다. 최적의 마케팅전략과 마케팅믹스프로그램을 개발하기 위해 마케터는 마케팅환경분석, 마케팅계획수립, 마케팅실행, 마케팅통제로 구성되는 마케팅관리기능을 잘 수행해야 한다. 이러한 일련의 마케팅활동을 통해 기업은 주요 마케팅환경 요인들의 변화와 추세를 탐색하고 이에 적응한다. 이하에서는 마케팅전략과 마케팅믹스 프로그램에 대해 개략적으로 살펴본다.

3.1 고객지향적 마케팅전략

1장에서 강조하였듯이, 치열한 시장경쟁에서 성공을 거두기 위해 기업들은 고객중심적이어야 한다. 즉, 경쟁사보다 더 많은 가치를 제공해, 고객들을 획득하고, 이들을 유지, 육성시켜야 하는 것이다. 그러나 고객을 만족시키기 위한 마케팅노력을 기울이기 앞서, 기업은 먼저 그들의 욕구를 이해해야 한다. 훌륭한 마케팅은 신중한 고객분석에서 출발한다.

기업들은 주어진 제품시장의 모든 소비자들을 대상으로 마케팅활동을 수행하여 이익을 실현할 수 없음을 잘 안다. 너무 많은 특성과 욕구를 가진 소비자들이 시장에 존재하므로 대부분의 기업들은 특정 세분시장의 고객욕구를 다른 세분시장보다 더 잘 충족시키려고 한다. 따라서 기업은 전체시장을 세분화한 다음 자사에게 가장 유리한 세분시장들을 선택하고 그 시장의 고객을 만족시켜 이익을 창출하는 차별화전략을 개발해야 한다. 마케팅전략 수립과정은 시장세분화, 시장표적화, 제품차별화 및 제품포지셔닝으로 구성된다.

(1) 시장세분화

제품시장은 여러 유형의 고객, 제품, 욕구들로 구성된다. 따라서 마케터는 어떤 세분시장이 가장 좋은 시장기회를 제공하는지를 파악해야 한다. 소비자들은 다양한 집단으로 세분화될 수 있는데, 소비자들을 세분화하는데 이용될 수 있는 기준에는 지리적 변수, 인구통계적 변수, 심리묘사적(psychographic) 변수, 행동적(behavioral) 변수 등이 있다. 전체시장을 욕구, 특성, 구매행동 등에서 유사한 구매자집단들로 나누는 과정을 **시장세분화**(market segmentation)라고 하는데, 기업은 각 구매자집단(세분시장)에 대해 서로 다른 제품 혹은 마케팅프로그램을 제공할 수 있다.

제품시장을 여러 세분시장들로 구분함에 있어 마케터는 마케팅프로그램을 개발하는데 유용한 시장세분화기준을 선택해야 한다. 가령, 타이레놀이 진통제 구매자들을 고소득 진통제 사용자와 저소득 진통제 사용자로 나누었는데 각 세분시장이 타이레놀의 브랜드마케팅 활동에 동일한 반응을 보인다면, 소득수준에 근거한 시장세분화는 효과적인 마케팅프로그램을 개발하는데 별 도움이 되지 않는다. **세분시장**(market segment)은 기업의 마케팅노력에 대해 유사한 반응을 보이는 고객집단을 말한다. 가령, 승용차시장에서 가격에 상관없이 가장 크고 편안한 승용차를 원하는 소비자집단이 한 세분시장이 될 수 있고, 저가격과 낮은 유지비용을 선호하는 소비자집단은 다른 세분시장이 될 수 있다. 승용차 제조업체가 하나의 승용차모델로 두 세분시장이 원하는 것을 동시에 충족시키기 어려울 것으로 판단한다면, 각 세분시장의 상이한 욕구에 맞추어 차별화된 마케팅노력을 기울이는 것이 현명하다.

(2) 시장표적화(표적세분시장 선정)

전체시장을 복수의 세분시장으로 나눈 후, 기업은 이들 중 하나 혹은 그 이상의 세분시장을 선택할 수 있다. **시장표적화**(market targeting)는 각 세분시장의 매력도를 평가하고 하나 혹은 그 이상의 표적세분시장(들)을 선택하는 과정이다. 기업은 이익을 실현하는 수준에서 가장 큰 고객가치를 창출하고 이를 계속 유지할 수 있는 세분시장을 표적시장으로 삼아야 한다. 기업은 한정된 자원을 가졌기 때문에 하나 혹은 소수의 세분시장 혹은 틈새시장(market niches)만을 대상으로 삼을 수 있다. 예를 들어, 페라리(Ferrari) 자동차는 최고의 고성능 승용차를 원하는 극소수의 소비자집단을 겨냥해 엄청나게 고가격으로 판매한다.

한편 기업은 몇 개의 관련 세분시장들을 (다른 특징을 가지지만 기본적인 욕구는 동일한 고객)을 타겟으로 삼을 수도 있다. 가령, 미국의 캐주얼 의류업체 에버크롬비&피치(Abercrombie&Fitch)는 오리지널 에버크롬비&피치, 홀리스터(Hollister) 그리고 에버크롬비 등의 서로 다른 의류브랜드를 도입하여 대학생, 10대 청소년, 그리고 어린이를 표적세분시장으로 삼고 있는데, 각 브랜드의 공통점은 상류지향적인 캐주얼 의류와 액세서리 등 동일한 성격의 제품을 판매한다는 것이다. 혹은 또 다른 대안으로 대규모 기업(가령, 현대자동차, 도요타)은 모든 세분시장을 대상으로 다양한 제품을 제공할 수 있다.

대부분의 기업들은 한 세분시장을 타겟으로 하여 제품시장에 진입한다. 만약 그 시장에서 성공을 거두면, 점차 세분시장의 수를 늘려간다. 가령, Nike는 열성적 달리기 선수를 위해 혁신적인 운동화를 판매하는 것으로 시작했다. 이제 Nike는 어떤 수준에 있는 운동선수인지 상관없이 자신의 역량을 발휘할 수 있도록 돕는 것을 목표로 모든 운동선수를 대상으로 넓은 범위의 스포츠용품을 판매한다. 이에 따라 현재 이 회사는 각 세분시장의 특정 욕구를 충족시키기 위해 설계된 서로 다른 제품들을 개발한다.

(3) 제품차별화와 제품포지셔닝

기업은 표적세분시장들을 결정한 다음 각 세분시장에 제공될 시장제공물을 어떻게 차별화하고 그 시장 내에서 차지하고 싶은 경쟁적 포지션이 무엇인지를 결정해야 한다. **제품포지션**(product position)은 소비자 마음속에서 경쟁사들과 비교하여 자사제품이 차지하는 위치를 말한다. 마케터들은 자사제품에 대해 경쟁우위를 제공하는 차별적 포지션을 개발하고 싶어한다. 만약 자사제품이 시장 내 다른 경쟁제품들과 차이가 없는 것으로 지각된다면, 소비자는 자사제품을 구매해야 할 이유가 없을 것이다.

포지셔닝(positioning)이란 목표소비자의 마음속에 경쟁제품들과 비교하여 차별화되고 바람직한 위치에 자사제품이 자리잡도록 하려는 노력을 말한다. 마케터들은 자사제품을 경쟁브랜드들과 차별화시키고 목표시장 내에서 최대의 우위를 제공하는 위치를 계획해야 한다. 가령, BMW는 '이 시대 최고의 승용차(the ultimate driving machine)'를 약속한다. Neutrogena는 유명피부과 전문의가 추천하는 피부세안제이다. 이러한 간단명료한 포지셔닝 서술문은 마케팅프로그램을 개발하는데 있어 토대가 된다. 가령, 나이키는 'Just do it'라는 포지셔닝을 기반으로 TV광고, 인쇄광고, 웹사이트 커뮤니케이션을 포함한 글로벌 통합마케팅 캠페인을 전개한다.

제품을 포지셔닝함에 있어 마케터는 우선 어떤 차별점을 토대로 경쟁우위를 실현할 것인지를 파악해야하는데, 차별점 파악은 제품포지션의 근간이 된다. 기업은 경쟁사보다 더 낮은 가격을 책정하거나 혹은 더 비싼 가격에 더 많은 혜택을 제공함으로써 경쟁제품보다 더 높은 고객가치를 제공할 수 있다. 그러나 기업이 더 많은 가치를 제공하겠다고 약속한다면, 반드시 이를 고객들에게 전달해야 한다. 따라서 효과적 포지셔닝은 제품차별화에서 시작되는데, **차별화**(differentiation)는 고객에게 더 많은 가치를 줄 수 있도록 실제로 기업의 시장제공물을 경쟁사와 차이가 나도록 하는 것이다. 성취하기를 원하는 제품포지션을 선택하면, 기업은 목표소비자들에게 그 포지션에 맞는 제품과 서비스를 실제로 전달하고 마케팅커뮤니케이션 활동을 통해 잠재고객들에게 제품포지션을 알리는 노력을 기울여야 한다. 즉 기업의 마케팅프로그램이 제품포지셔닝 전략을 실제로 지원해야 하는 것이다.

(4) 통합적 마케팅믹스 프로그램의 개발

전반적 마케팅전략이 결정되면, 기업은 마케팅믹스 프로그램을 구체적으로 계획하는 단계로 들어간다. **마케팅믹스**(marketing mix)는 기업이 표적시장의 고객으로부터 기대하는 반응을 창출하기 위해 사용하는 통제가능하고 전술적인 마케팅 도구들의 집합이다. 마케팅믹스는 기업이 제품에 대한 고객의 수요에 영향을 미치기 위해 사용하는 모든 마케팅도구들을 포함하지만, 대체로 제품(product), 가격(price), 유통(place), 촉진(promotion)으로 구성되는 4Ps로 분류할 수 있다. [그림 5-5]는 마케팅 프로그램을 개발하는데 사용되는 마케팅도구들을 4P를 중심으로 정리한 예를 보여준다.

제품은 기업이 표적시장에 제공하는 재화 및 서비스의 묶음을 의미한다. 한국GM의 말리부 승용차는 나사, 점화플러그, 피스톤, 헤드라이트 등 수많은 부품들로 구성되며, 고객들에게 몇 가지 유형의 말리부모델들과 다양한 옵션들을 제공한다. 뿐만 아니라 한국GM은 우수한 구매후 서비스와 보증 등

그림 5-5 4P에 기반한 마케팅믹스 프로그램

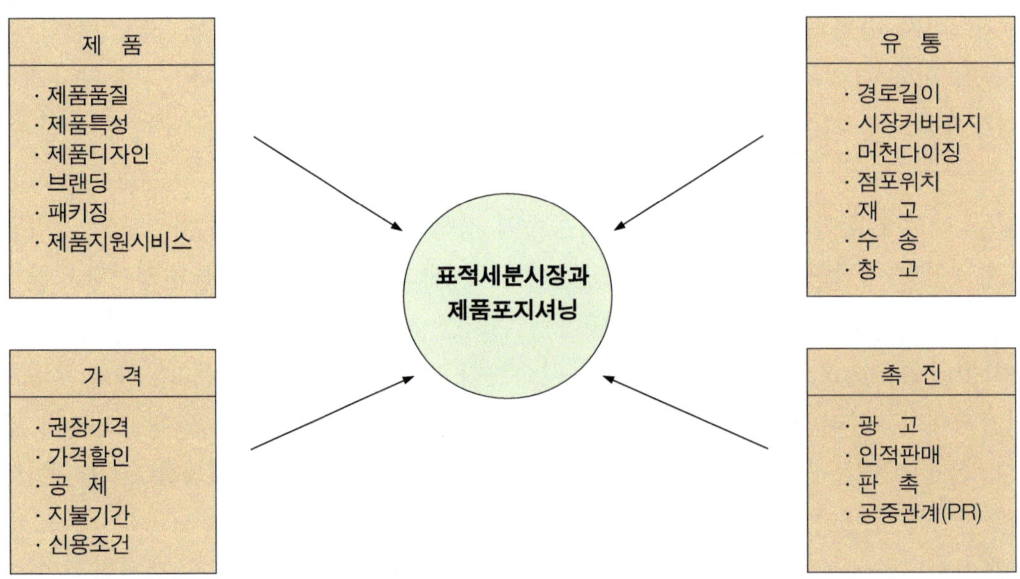

도 제공하는데, 이들도 제품구성요소에 포함된다.

가격은 제품을 획득한 대가로 구매자가 지불해야 할 금액이다. 한국GM은 딜러가 말리부모델에 적용할 판매가격을 책정한다. 그러나 딜러들은 한국GM이 권장하는 가격으로 승용차를 판매하기보다는 가격할인, 보상판매(trade-in allowances), 신용공여 같은 인센티브제공을 통해 각 고객과 가격협상을 벌인다. 이러한 노력을 통해 한국GM은 현재의 경쟁상황을 고려한 가격을 책정함으로써 구매자의 지각된 승용차 가치에 맞추려고 한다.

유통은 목표소비자들이 제품을 쉽게 이용할 수 있도록 하는 기업활동을 말한다. 한국GM은 많은 수의 독립딜러들을 확보하고 이들을 통해 말리부를 포함한 GM자동차가 생산하는 여러 승용차모델들을 판매한다. 한국GM은 역량을 갖춘 딜러를 선정하고 이들에게 다양한 마케팅지원을 제공한다. 딜러들은 한국GM이 생산하는 승용차들을 재고로 보유하고, 잠재구매자들이 살펴볼 수 있도록 이들을 매장에 진열하고 시승해 볼 기회를 제공하며, 가격을 협상하고, 판매종결과 판매 후 서비스를 제공하는 등 다양한 유통활동을 수행한다.

촉진은 제품의 장점을 알리고 목표고객들이 자사제품을 구매하도록 설득하기 위한 커뮤니케이션 활동들을 말한다. 한국GM은 회사 및 여러 승용차모델에 대한 정보를 소비자들에게 제공하기 위해 매년 많은 광고/판촉비용을 지출한다. 또한 각 딜러의 영업사원들은 잠재구매자들이 GM 승용차모델을 선택대안으로 고려하도록 유도하고 한국GM의 말리부모델이 경쟁중형차들 중에서 가장 우수하다고 그들을 설득한다. 한국GM과 딜러들은 세일, 현금리베이트, 저이자율의 신용공여 등과 같은 구매유발 인센티브를 추가적으로 제공한다.

효과적 마케팅프로그램은 모든 마케팅믹스 구성요소를 잘 결합한 통합적 마케팅프로그램의 개발을 통해 고객가치를 전달함으로써 마케팅목표를 실현하는 것이다. 마케팅믹스는 표적시장 내에 강력한 포지션을 구축하는데 활용되는 전술적 도구들이다.

05 참고문헌

- Philip Kotler, 안광호, Gary Armstrong, 마케팅 입문, Pearson, 2013.
- 안광호 · 김동훈 · 김영찬, 시장지향적 비즈니스 & 마케팅전략, 학현사, 2011.
- David A. Aaker, Strategic Market Management, 9th ed. John Wiley & Sons, Inc., 2009.
- Michael E. Porter, Competitive Strategy, Simon & Schuster, 2004.

05 생각해볼 문제

1. LG생활건강의 생활용품 사업부를 예로 들어 사업부수준의 전략과 제품수준의 전략 간의 차이점을 논의해 보시오.

2. 삼성전자에서 생산하는 주력제품인 가전제품, 스마트폰 제품, 컴퓨터제품, 디지털미디어 제품에 대해 BCG모형을 적용하여 각 사업부의 역할을 살펴보시오.

3. BCG모형 같은 사업매력도 평가모형을 이용하는데 있어 문제점에 대해 논의해 보시오.

4. 모든 기업이 원가우위전략이나 차별화전략을 택할 수 있는가, 만일 아니라면 어떠한 조건이 충족될 때 이들 전략을 택할 수 있는 것인지에 대해 논의해 보시오.

5. 시장선도 기업인 대한항공과 후발 시장진입자 제주항공의 경쟁우위전략을 비교해 보시오.

제3부

제6장

마케팅전략 : 표적시장선정과 제품포지셔닝

01 시장세분화
02 표적시장선정
03 포지셔닝전략

학습목표

1. 고객지향적 마케팅전략의 세 단계인 시장세분화, 표적시장선정, 제품포지셔닝을 살펴본다.
2. 제품시장을 세분화하는데 사용할 수 있는 주요변수들을 살펴보고 이에 대해 설명한다.
3. 매력적인 세분시장이 갖추어야 할 조건을 살펴보고 표적시장 선정전략의 유형에 대해 설명한다.
4. 기업이 경쟁우위를 얻기 위해 자사제품을 차별화하고 포지셔닝하는 방안에 대해 살펴본다.

주요개념에 대한 사전학습

지금까지 마케팅이 무엇이고 고객과 시장환경을 이해하는 것이 왜 중요한지에 대하여 배웠다. 이를 토대로 여러분은 이제 마케팅전략과 전술에 대해 보다 깊게 학습하게 될 것이다. 6장은 고객지향적 마케팅전략에 대해 상세하게 다루게 되는데, 마케팅전략수립을 위한 의사결정은 어떻게 시장을 의미있는 고객집단으로 나누고(시장세분화), 어떤 고객집단을 선택하고(표적시장의 선정), 어떻게 표적고객들을 가장 잘 만족시키는 시장제공물을 만들어 고객의 마음속에 자리매김할(포지셔닝) 것인가 등을 포함한다. 그 다음에 이어지는 장들은 4P로 불리우는 전술적인 마케팅도구에 대해 다루게 되는데, 마케터는 수립된 마케팅전략을 실행에 옮기기 위해 이들을 이용한다.

먼저 시장세분화, 표적시장의 선정, 차별화, 그리고 포지셔닝을 이해할 수 있는 도입사례로 커피업계의 애플 '블루보틀' 스페셜티 커피전문점을 살펴보기로 한다. 블루보틀은 차별적인 가치제안을 기반으로 짧은 시간내에 커피시장에서 아이콘 브랜드로 자리 잡았다. 이 커피전문점은 높은 품질의 스페셜티 커피(원두의 고유한 맛을 살린 커피)와 탁월한 손님환대를 기반으로 스타벅스를 포함한 다른 경쟁 커피전문점들과 차별화된 고객가치를 창출함으로써 강력한 브랜드를 구축했다. 블루보틀의 마케팅전략에 대해 자세히 살펴보기로 하자.

도입사례

최고의 커피품질에 집착하는 차별화 마케팅전략으로 시장선도자 스타벅스에 도전하는 커피업계의 애플 '블루보틀' 스페셜티 커피전문점

1950~1960년대 미국에서 커피는 따뜻한 물에 가루와 설탕을 타서 달착지근하게 마시는 음료였다. 1970~1990년대에는 스타벅스, 커피빈 같은 대형 커피체인점들이 커피시장을 주도했다. 커피원두를 강하게 볶으면 생두품종과 무관하게 맛이 비슷해지는데 이런 방식으로 커피맛이 획일화됐다. 최근 미국 커피업계에는 제3의 물결이 일고 있다. 스타벅스가 대표하는 '획일화된 맛의 체인점 커피' 대신, 커피의 고유한 풍미와 맛을 살린 스페셜티 커피를 선호하는 움직임이 활발해지고 있다. 과거엔 커피업체들이 스타벅스 같은 대형 커피체인을 모방하려고 했다면, 이제는 반대로 체인점들이 스페셜티 커피업체를 따라하는 현상이 나타나고 있다. 미국의 대표적인 스페셜티 커피전문업체 중 하나가 바로 제임스 프리먼이 창업한 블루보틀이다,

해마다 10만㎞씩 순회공연을 다니던 클라리넷 연주자 제임스 프리먼(Freeman · 49)에게 2001년 위기가 찾아왔다. 갈수록 공연이 지겨웠고, 더 이상 음악을 하고 싶지 않았다. 평소 커피원두와 추출도구를 사모을 정도로 커피에 관심이 많았던 프리먼은 교향악단을 그만두고 커피사업에 뛰어들었다. 샌프란시스코 북쪽 오클랜드에 작은 창고를 빌리고 커피원두를 볶는 로스팅 기계를 장만했다. 커피원두(생두)는 산지(產地)는 물론 로스팅하는 온도와 시간, 추출하는 방법에 따라 그 맛이 크게 달라진다. 그는 하루종일 몇 초 간격으로 로스팅 시간과 온도를 달리하며 자신만의 커피개발에 몰두했다.

근처에 파머스마켓(농산물 직거래 장터)이 열리는 토요일엔 손수레에 직접 만든 커피추출기(드립바)를 싣고 나갔다. 주문을 받으면 그때부터 원두를 분쇄하고 추출도구를 이용해 한 번에 한 잔씩 천천히 커피를 내렸다. 커피를 주문하면 1분안에 받는 것에 익숙했던 소비자들은 그를 미쳤다고 했다. 하지만 프리먼의 커피를 한번 맛본 사람들은 다시 그를 찾았다. 차츰 프리먼의 커피수레앞엔 사람들이 길게 줄을 서기 시작했다. 수레를 끌며 로스팅에 매진하던 프리먼은 2005년 샌프란시스코 해이즈밸리의 친구집 차고에 첫 매장을 냈다. '커피업계의 애플' '스타벅스를 능가할 차세대 커피'로 불리는 '블루보틀(Blue

'파란 병' 블루보틀 로고(좌). 제임스 프리먼 블루보틀 창업자(우)

Bottle)'의 시작이었다.

당시 해이즈밸리는 치안이 나빠 샌프란시스코에서 가장 위험한 지역으로 꼽혔다. 그러나 블루보틀이 문을 연 후 커피를 마시려는 사람들이 매일 몰리면서 거리가 깨끗해지고 크고 작은 패션 상점들이 들어섰다. 블루보틀이 입맛 까다로운 샌프란시스코의 젊은 벤처기업인들이 즐기는 커피로 알려지면서 실리콘밸리의 투자자들도 관심을 갖기 시작했다. 트위터 공동창업자 에반 윌리엄스, 인스타그램 창업자 케빈 시스트롬 등 내로라하는 IT거물들이 투자자로 참여했다. 토니 콘래드 트루벤처스 파트너는 "스타벅스가 마이크로소프트라면, 블루보틀은 '커피계의 애플'"이라고 말했다. 월스트리트저널(WSJ)은 "블루보틀이 커피산업에 '제3의 물결'을 일으켰다"고 분석했다.

미국 커피 산업 시기별 특징

시기	특징	대표 제품·회사
제1의 물결 (1950~1960년대)	가루로 된 인스턴트 커피의 대중화	맥스웰, 네슬레
제2의 물결 (1970~1990년대)	에스프레소를 활용한 커피 맛의 획일화	스타벅스, 커피빈 앤 티리프
제3의 물결 (2000년~현재)	커피 맛의 개성화, 원두 재배부터 로스팅, 추출까지 전 과정 혁신	블루보틀커피(샌프란시스코), 인텔리젠시아(시카고), 스텀프타운커피(포틀랜드), 필즈커피(샌프란시스코)

세계에서 가장 혁신적인 기업들이 탄생하는 실리콘밸리에서 투자가치를 인정받은 블루보틀의 경쟁력은 무엇일까. 콘래드 파트너를 포함한 여러 투자자는 "프리먼의 남다른 창업 마인드를 보고 투자했다"고 입을 모은다. 메이커봇(3D 프린팅), 핏비트(손목형 스마트기기) 같은 성공한 IT 벤처의 창업가에게서 볼 수 있는 완벽주의와 디테일(세부사항)에 대한 집착을 프리먼에게서 봤다는 것이다. 더 높은 경지에 오르려는 집념과 작은 성공에 안주하지 않는 프리먼의 고집에 투자한 셈이다. 그래서 투자자들은 그를 '광적인 완벽주의자(control freak)'라고 부른다. 블루보틀 창업자 제임스 프리먼 최고경영자(CEO)는 "회사규모나 매장 수보다 품질향상을 먼저 생각한다. 매일 더 좋아져야 한다는 강박감이 나의 원동력이다"라고 말한다.

그는 품질에 엄청나게 집착하는데, 이는 토요일마다 혼자 파머스마켓에 수레를 끌고나가 커피를 팔 때부터 세운원칙이다. 그는 투자금을 받을 때마다 품질향상에 집중적으로 투자했는데, 품질투자가 당장의 이윤보다 장기적으로 이익이 될 것으로 판단했기 때문이다. 커피품질에 대한 신념을 지키기 위해 제임스 프리먼은 수익이 안정적인 원두도매사업을 중단했다. 대부분 커피회사는 직접 볶은 원두를 중소카페에 대량으로 공급하는 도매사업으로 안정적인 수익을 창출한다. 블루보틀 역시 원두도매로 돈을 벌었지만, 2015년 6월 프리먼 창업자는 주요 수익원인 도매사업을 중단한 것이다. "우리처럼 원두를 정성스럽게 로스팅해서 카페에 도매로 공급하는 인텔리젠시아라는 커피업체가 있었다. 그런데 한 카페에 갔다가 인텔리젠시아 커피를 팔면서 메뉴판에 철자를 잘못 쓴 것을 봤다. 그 순간 깨달은 것이 있었다. 도매사업의 가장 큰 위험은 블루보틀의 이름으로 팔리는 제품을 끝까지 책임지지 못한다는 것이다. 그래서 도매사업의 수익성이 크지만 중단하기로 결정했다"고 말한다.

블루보틀은 가맹점(프랜차이즈)을 내고 싶다는 대기업들의 제안이 들어와도 아직까지 가맹점을 내지 않았다. 일본 도쿄 매장 5개를 포함한 총 30개 매장은 모두 블루보틀이 직접 자금을 대고 운영하며, 직원도 직접 채용한다. 바리스타들은 예술학교 입학면접처럼 프리먼 창업자 앞에서 커피를 추출하는 모습을 여러 번 시연해야 한다.

클레이 맥라클런/텐스피드프레스
블루보틀 이틀에 한 번씩 원두를 로스팅해 커피를 만든다.

클레이 맥라클런
푸어오버커피(드립커피)를 만드는 모습.

앤드루 페인터
뜨거운 증기(스팀)로 데운 우유를 붓는 모습.

블루보틀
일본 도쿄 나카메구로에 있는 블루보틀 매장.

블루보틀은 커피품질을 철저하게 관리하기 위해 품질관리자가 최고경영자인 제임스 프리먼에게 직접 보고한다. 최고 의사결정권자가 품질을 가장 우선시한다는 점을 모두 알고 있기 때문에 직원들도 품질에 관해선 절대 타협하지 않는다. 대형 커피회사는 품질관리자가 판매담당자에게 보고하고, 판매담당자는 최고 재무책임자나 최고 경영자에게 보고하는 경우가 많은 것과는 대조가 된다. 이런 조직은 직원들에게 품질이 다소 떨어지더라도 매출이 더 중요하다는 인식을 심어준다.

실리콘밸리 소비자들 사이에 블루보틀은 디자인과 마케팅측면에서 애플과 자주 비교된다. 파란색 병 그림인 블루보틀 로고는 애플제품의 사과로고처럼 앞서가는 느낌을 준다는 것이다. 도쿄(東京)매장과 미국 UC버클리 앞 블루보틀 카페는 전면유리와 원목가구, 단순한 내부디자인이 애플스토어를 연상시킨다는 평가를 받았다. 전문가들은 소비자들의 기호가 점점 더 다양해지고 고급커피가 하나의 문화로 자리잡으면서 이 시장이 크게 성장할 것으로 본다.

2005년 첫 매장을 열었을 때 블루보틀은 기존의 샌프란시스코 카페들과 차별화된 제품관리를 도입했다. 스페셜티 커피(원두의 고유한 맛을 살린 커피)를 제공하기 위해 제임스 프리먼 창업주는 메뉴를 단순화해 6가지 메뉴로 시작했다. 커피를 추출하는 데 시간이 오래 걸리는 만큼 메뉴 가지수는 줄이고 품질을 높이는 데 집중한 것이다. 대다수 커피체인점은 컵 크기를 소·중·대로 나눠서 판매했지만, 커피 컵 사이즈도 한 가지로 통일했다. 또 커피의 가장 순수한 맛을 살리기 위해 첨가물을 넣지 않는다는 원칙을 세웠다.

스타벅스는 전 세계 체인점이 2만 3000개나 되지만, 블루보틀은 30개밖에 안 된다. 스타벅스 같은 대형 커피체인점 덕분에 커피시장이 이렇게 커졌다. 하지만 블루보틀은 스타벅스와 완전히 차별화된 마케팅을 추구하고 있다. 스타벅스에 들어가 메뉴판을 보면 커피의 가장 기본이 되는 에스프레소를 쉽게 찾기 어려운 반면 블루보틀은 메뉴판 맨 위에 에스프레소가 있다. 이는 블루보틀이 가장 중요하게 생각하는 것이 무엇인지 보여주는 예이다.

블루보틀은 커피맛 다음으로 손님환대의 중요성을 강조한다. 상당수 스페셜티 커피카페의 직원들은 손님들이 커피에 대해 잘 모른다고 여기고 다소 무시하는 태도를 보인다. 블루보틀은 손님들이 커피에 대해 질문하면 친절하고 쉽게 설명하도록 직원들을 반복해서 교육하고 있다.

미국 대도시 중에 진출하지 않은 곳이 많은데, 블루보틀은 2015년 일본에 첫 해외매장을 냈다. 제임스 프리먼 창업자는 일본의 커피추출방식과 고객서비스 정신에 감명을 받고 이를 매장운영에 적용했다. "일본을 오가며 커피에 대해 많이 배웠다. 커피의 깊은 풍미를 표현하기 위해 기계를 쓰지 않고 손으로 직접 커피를 추출하는 것은 사실 일본업체들이 더 잘한다. 블루보틀은 2007년부터 일본의 커피기구와 추출기법을 도입했다. 여기에 일본인들의 몸에 밴 친절과 직원들의 투철한 직업정신은 미국 사람입장에선 입이 벌어질 정도다. 일본의 찻집과 카페를 갈 때마다 큰 감동을 받는다. 배울점이 많다고 판단해 일본에 일찍 진출했다."고 말한다.

아무리 회사가 커져도 결국 커피전문점은 지역소비자를 상대로 하는 업종이므로, 다른 나라에 진출했다고 해서 글로벌기업이 된 것처럼 행동하면 안 된다고 그는 믿는다. "미국 하원의장을 지낸 정치인 팁 오닐은 '모든 정치는 지역을 기반으로 한다'고 말했다. 나는 이것이 커피시장에도 그대로 적용된다고 생각한다. 모든 커피숍은 인근 몇 블록 안에서 성공이 결정된다. 미국 내 다른 도시나 해외로 확장하더라도 커피숍은 결국 그 지역소비자를 대상으로 하는 사업임을 잊지 말아야 한다."고 프리먼 창업자는 말한다. 스페셜티 업체들이 커피품질을 포기하지 않고도 계속 수익성을 유지할 수 있을지를 지켜보는 것도 흥미롭다.

블루보틀 이외에 스텀프타운, 필즈커피, 인텔리젠시아, 카운터컬처 같은 강소 스셜티 커피전문업체들의 급성장에 대응해 최근 스타벅스 같은 대형 커피체인점들이 스페셜티 커피업체의 마케팅전략을 모방하고 있다. 미국에서 200개 커피체인을 운영하는 피츠커피는 스텀프타운과 인텔리젠시아를 인수했다. 빠르게 성장하는 스페셜티 커피시장에 자연스럽게 진출하기 위해 두 업체를 인수한 것으로 알려졌다. 스타벅스도 대기업 이미지를 벗으려는 노력을 하고 있다. 스타벅스는 일반커피와 달리 특정지역에서 극소량만 재배된 고급커피를 판매하는 공간인 '리저브 커피바'를 매장 내 설치하고 커피 애호가들을 끌어들이고 있으며, 2017년 말까지 1000개 매장에 리저브 커피바를 만들 계획이다.

• 자료원 : 조선 위클리 비즈, 2016.11.26

블루보틀 사례에서 볼 수 있듯이 오늘날 대다수 기업들은 시장 내 모든 구매자를 대상으로 판매하거나 혹은 모든 구매자들에게 동일한 마케팅방식으로 접근할 수 없다는 것을 인식하고 있다. 구매자들은 그 수가 너무 많고, 광범위하게 흩어져 있고, 그들의 욕구와 구매패턴도 매우 다양하다. 더구나 각 세분시장을 공략하려는 회사들의 역량도 서로 다르다. 이에 따라 기업은 자신이 가장 잘 역량을 발휘하고 수익을 낼 수 있는 세분시장을 파악하려고 한다. 마케터는 적절한 고객을 선정해 이들과 올바른 관계를 키워 나갈 수 있도록 고객지향적 마케팅전략을 설계해야 한다.

이에 따라 대다수 기업들이 대량마케팅에서 표적시장 마케팅(target marketing)으로 마케팅전략의 방향을 바꾸고 있다. **표적시장 마케팅**은 전체시장을 복수의 세분시장으로 나누고, 이들 중 하나 혹은 그 이상의 세분시장을 표적시장으로 선정해, 각 표적시장에 맞는 제품 및 마케팅프로그램을 개발하는 것이다.

[그림 6-1]은 고객지향적 마케팅전략을 설계하는데 있어 세 가지 주요단계를 보여주는데, 이러한 전략적 마케팅 의사결정과정은 세 단계의 앞 글자를 따서 STP전략 또는 표적(또는 목표)마케팅(target marketing)전략이라 불리기도 한다. 기업은 첫 번째와 두 번째 단계에서 타겟으로 할 고객을 선정한다. **시장세분화**(market segmentation)는 전체시장을 욕구, 특징 및 행동 등에서 서로 다른 구매자집단들로 나누는 과정을 말한다. 기업은 최적의 시장세분화 기준이 어떤 것인지를 파악하고, 그에 따라 분류된 각 세분시장의 프로파일(구체적인 특징들)을 개발한다. **표적시장선정**(market targeting 또는 타겟팅)은 각 세분시장의 매력도를 평가하고, 진출할 하나 또는 그 이상의 세분시장을 선정하는 과정이다.

마케팅전략 수립의 마지막 단계는 제품포지션을 개발하는 것이다. **포지셔닝**(positioning)은 표적소비자들의 마음속에 경쟁제품과 비교하여 상대적으로 차별화되고 바람직한(고객의 마음을 끄는) 위치를 차지하는 시장제공물을 계획하는 것이다. 기업은 포지셔닝을 통해 표적고객에게 제공할 차별적 가치제안(즉, 표적고객들을 위해 어떻게 경쟁자들 보다 우월한 가치를 창출할 것인가)을 결정한다. 그 다음으로 마케터는 제품, 유통, 광고, 판촉 등으로 구성되는 구체적 마케팅프로그램을 개발해 표적시장 고객들에게 실제로 접근한다. 이하에서는 마케팅전략 수립의 각 단계에 대해 자세히 설명하기로 한다.

그림 6-1 **STP마케팅 전략의 진행단계**

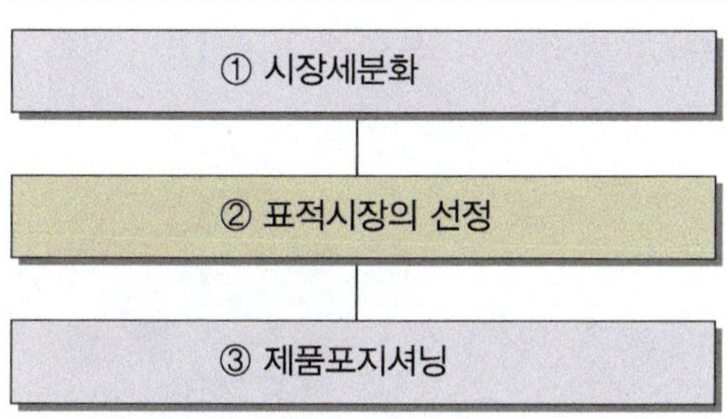

01 시장세분화

1.1 시장세분화의 의미와 목적

시장세분화 개념은 너무나 단순해 보이는 첫 번째 마케팅질문인 '어떤 고객을 상대로 제품을 판매할 것인가'라는 질문에서 나온 것이다. 시장은 많은 구매자들로 구성되며, 그들은 필요, 자원, 입지, 구매태도, 구매습관 등에서 서로 다르다. **시장세분화**(market segmentation)란 전체시장을 특정의 세분화 기준을 사용해 동질적인 세분시장(homogeneous segments)으로 나누는 과정이다. 전체시장을 복수의 세분시장으로 나누는 이유는 다양한 소비자욕구를 고려하지 않고 하나의 시장제공물만으로 제품시장에서 경쟁우위를 확보하기가 어렵기 때문이다. 시장세분화를 통해 기업들은 규모가 크고 이질적인 소비자들로 구성된 전체시장을 작은 규모의 동질적인 세분시장들로 나눔으로써, 각 세분시장의 독특한 욕구에 맞는 제품과 마케팅프로그램을 가지고 보다 효율적이고 효과적으로 이들 세분시장에 접근할 수 있다.

그러나 지나치게 고객지향적 사고에 집착해 개별고객의 요구를 모두 충족시켜 주려한다면 기업이 추구하는 이익목표를 달성하기 어려워지게 될 것이다. 이에 따라 많은 마케터들이 두 가지 극단적인 시장접근방법을 절충한 대안으로 전체시장을 욕구가 비슷한 고객집단으로 구분하고, 이 중 하나 또는 그 이상을 표적세분시장으로 삼아 차별적 마케팅을 추구하는 전략을 사용한다.

시장세분화를 실시하는 구체적 목적은 다음과 같다.

① 기업은 시장세분화를 통해 다양한 소비자욕구를 보다 잘 충족시킬 수 있다. 즉, 하나의 시장제공물로 전체시장을 공략하기보다 각 세분시장이 원하는 차별적인 시장제공물의 개발을 통해 소비자의 다양한 욕구를 충족시켜 줄 수 있는 것이다. 예를 들어, 현대자동차는 제네시스, 그랜져, 쏘나타, i40, i30, 아반떼, 엑센트와 같이 각 세분시장의 욕구에 맞는 차별화된 승용차모델들을 출시함으로써 전체 승용차시장에서 선도적 지위를 유지하고 있다.

새로운 맛을 추구하는 젊은 소비자요구에 맞추어 출시되어 한 때 큰 인기를 끌었던 하얀국물 라면

② 기업은 시장세분화를 통해 충족되지 않은 소비자욕구를 발견함으로써 새로운 시장기회를 포착할 수 있다. 2011년 라면시장에서 일시적 돌풍을 일으켰던 꼬꼬면, 나가사끼 짬뽕과 같은 하얀 국물라면은 일본식 라면이나 서양식 파스타를 접하면서 새로운 맛에 익숙해진 젊은 소비자들을 표적시장으로 해 성공을 거둔 한 예이다. 2016년 농심은 중국요리 맛을 선호하는 소비자층을 타겟으로 고가격, 굵은 면발의 짬뽕라면 브랜드 맛짬뽕과 짜장라면 브랜드 짜왕을 출시해 성공을 거두었다.

③ 마케터는 각 세분시장에 적합한 브랜드를 개발함으로써 제품시장에서 높은 매출과 점유율을 실현할 수 있다. 기업은 각 브랜드별로 표적세분시장과 차별점을 구분함으로써 자사 브랜드들 간에 발생할 수 있는 불필요한 경쟁을 피하고 전체 제품시장에서 높은 매출을 실현할 수 있다. 예를 들어, 유산균 발효유를 생산하는 한국야쿠르트는 위에 좋은 윌, 장에 좋은 메치니코프, 간에 좋은 쿠퍼스 등 발효유 세분시장별로 차별점을 가진 복수의 브랜드를 개발함으로써 제품시장을 확대하고 시장선도적 지위를 유지하는데 성공했다.

1.2 시장세분화과정

시장세분화를 실시하는 과정은 [그림 6-2]와 같다. 시장세분화는 제품시장에 대한 세분화 수준(level)을 결정하는 것으로부터 출발한다. 즉, 얼마나 많은 수의 소비자를 하나의 집단으로 묶고, 몇 개의 세분시장으로 나눌 것인지를 먼저 고려해야 한다. 다음으로 적절한 세분화 변수를 선정하여 전체시장을 세분화한 다음, 각 세분시장의 특성을 파악하는 단계를 거치게 된다.

(1) 시장세분화 수준의 결정

각 소비자들은 구매하려는 제품에 대해 독특한 욕구를 갖고 있다. 이러한 고객욕구를 잘 충족시키기 위해 기업은 각 소비자를 별도의 세분시장으로 보고 그들의 고유한 욕구에 맞춘 차별적 제품을 제

그림 6-2 시장세분화의 절차

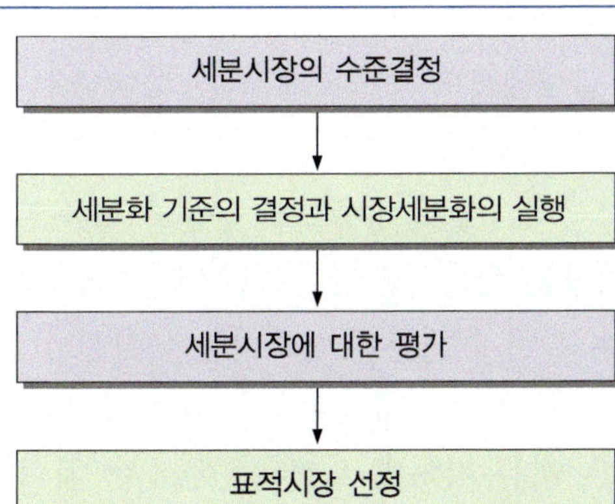

공하는 것이 이상적이지만, 이는 한정된 마케팅자원을 효율적으로 투자하려는 기업목표와 상충된다. 그러므로 기업은 일정규모의 동질적 소비자들을 하나의 집단으로 묶고 각 집단별로 상이한 마케팅프로그램을 제공함으로써 기업목표와 소비자욕구를 동시에 충족시키려고 한다. 이에 따라 마케터는 시장세분화 과정에서 우선 어느 수준에서(또는 몇명의 고객들을) 하나의 세분시장으로 묶을 것인지, 즉 전체시장을 몇 개의 세분시장들로 나눌 것인지에 대한 결정을 내려야 한다. 기업은 모든 소비자를 하나의 세분시장으로 보고 접근할 수도 있고 반대로 각각의 소비자를 별도의 세분시장으로 간주할 수도 있다. 그러나 이러한 극단적인 시장접근방식 대신 실제로 많은 기업들은 두 방법의 중간적 형태로 일정 수의 동질적 소비자들을 한 집단으로 묶어 복수의 세분시장으로 나누는 방법을 채택한다.

(2) 시장세분화 변수의 선정

시장세분화는 연령, 성별, 거주지역, 제품사용량 등 다양한 소비자특성을 토대로 이루어진다. 그러나 모든 소비자특성이 세분화 기준으로 유용하게 사용될 수 있는 것은 아니다. 마케터는 제품구매나 사용에서 세분시장들 간에 유의한 차이를 보이는 변수를 세분화 기준으로 사용하는 것이 바람직하다. 예를 들어, 오디오시장에 있어 소비자소득은 세분화 기준으로 활용될 수 있지만, 종교는 오디오제품의 구매와 별 관련이 없기 때문에 세분화 기준으로 적합하지 못하다. 시장세분화 기준을 선정하는 데 있어 마케팅관리자는 고객욕구의 차이, 세분시장의 크기, 기업의 재원 등을 함께 고려해야 한다. 예를 들어, 고객욕구들 간에 큰 차이가 없음에도 불구하고 너무 많은 수의 세분시장으로 분류한다면, 각 세분시장의 규모가 너무 작아지거나 혹은 불필요한 제품차별화로 인해 마케팅비용이 크게 증가할 수 있다.

그러나 소비자시장을 잘 나누는 최선의 유일한 세분화 방법이나 시장세분화 변수는 없다. 마케터는 최선의 시장세분화 방안을 찾기 위해 각 시장세분화 변수를 사용해 시장을 세분화해 보거나 혹은 이들을 결합해 세분화시켜 보는 등 다양하게 시장세분화를 시도해 보아야 한다. 〈표 6-1〉은 소비자시장을 세분화하는데 사용될 수 있는 주요 세분화 변수들을 요약한 것이다. 이하에서는 지리적, 인구통계적, 심리묘사적, 행동적 세분화 변수 등 주요 세분화 변수에 대해 살펴보기로 한다.

■ 지리적 세분화

지리적 세분화(geographic segmentation)는 소비자가 거주하는 지역의 특성을 세분화 기준으로 사용해 시장을 나누는 것이다. 회사는 하나 또는 여러 개의 지리적 구역에서 사업을 할 것인지, 또는 모든 지역에서 사업하면서 욕구와 필요에서의 지리적 차이를 고려할 것인지를 결정할 수 있다. 글로벌 기업은 세계시장을 국가단위나 지역단위로 세분화하고, 각 해외시장의 사회·문화적 특성에 맞는 마케팅프로그램을 개발할 수 있다. 국내시장을 대상으로 하는 기업들은 서울특별시, 부산광역시, 제주도 등과 같이 행정구역에 따라 시장을 세분화할 수 있다. 가령, 국내 의류업체들은 남쪽의 따뜻한 지역과 북쪽의 추운지역에 거주하는 소비자들 간에 선호하는 색상이나 디자인에서 차이가 있을 경우에 지역별로 서로 다른 제품을 출시할 수 있다. 대체로 국내의 주요산업에 있어 지역별로 제품소비에서 별 차이가 없지만, 특정제품에 있어서는 지역별로 점유율에서 큰 차이를 보이는 경우도 있다. 진로소주는 전국적으로 평균 50%대의 높은 점유율을 갖고 있지만 영남지역에서는 C1소주에 대한 선호도가

표 6-1 소비재 시장을 위한 주요 세분화 변수

지리적 변수	
세계 지역/ 나라	북미, 중남미, 서유럽, 중동, 환태평양, 동남아, 극동, 아프리카
국가내 지역	수도권, 광역도시, 충청권, 호남권, 영남권, 영동권, 도, 시, 군
도시크기	5,000명 미만; 5,000-20,000명 미만; 20,000-50,000명 미만; 50,000-100,000명 미만; 100,000-250,000명미만; 250,000-500,000명미만; 500,000-1,000,000명 미만; 1,000,000-4,000,000명 미만; 4,000,000명 이상
밀 도	도시, 교외, 시골
기 후	북반부, 남반부
인구통계적 변수	
나 이	6세 이하, 6-11세, 12-19세, 20-34세, 35-49세, 50-64세, 65+
성별	남, 여
가족 구성원 수	1-2, 3-4, 5+
가족생애주기	청년, 미혼; 기혼, 자녀 없음; 기혼, 자녀 있음; 편부모; 미혼 동거인; 장년, 기혼, 18세 이하 자녀 없음; 장년 독신; 기타
소 득	월100만원 미만; 월100-200만원 미만; 월200-300만원 미만; 월300-500만원 미만; 월500-1,000만원미만; 월1000만원 이상
직 업	자영업, 영업직, 기능직, 공무원, 사무직, 경영자, 전문직, 자유직, 농림/수산업, 대학(원)생, 중고등학생, 주부
교 육	중졸이하, 고졸미만, 고졸, 대학중퇴, 대졸
종 교	가톨릭, 개신교, 불교, 유대교, 이슬람교, 힌두교, 기타
인 종	아시안, 라틴, 히스패닉, 흑인, 백인
세 대	베이비붐세대, X세대, Y세대
국 적	한국, 중국, 미국, 영국, 프랑스, 독일, 이탈리아, 일본 등
심리묘사적 변수	
사회계층	최하위층, 하위층, 노동자층, 중산층, 중상층, 상위층, 최상위층
생활양식	원칙지향적, 지위지향적, 행동지향적
개 성	충동적인, 사교적인, 권위적인, 야심에 찬
행동적 변수	
상 황	일반적인 사용상황, 특별한 사용상황(결혼기념일, 생일, 발렌타인데이 등)
혜 택	품질, 서비스, 경제성, 편리성, 신속성
사용자 상태	비사용자, 과거 사용자, 잠재적 사용자, 첫 번째 사용자, 정기적 사용자
충성도 수준	없음, 중간, 강함, 절대적임
구매반응단계	인지하지 못함, 인지함, 관심 있음, 원함, 구매의사 있음
제품에 대한 태도	열정적, 긍정적, 무관심, 부정적, 적대적

진로소주는 전국적으로 평균 50%대의 높은 점유율을 갖고 있지만 영남지역에서는 C1소주에 대한 선호도가 높아 지역 간에 브랜드선호도에서 상당한 차이를 보인다.

높아 지역간에 브랜드 선호도에서 상당한 차이를 보인다.

또한 기업은 거주지역의 크기에 따라 대도시지역, 중소도시지역, 농촌지역으로 시장을 세분화할 수 있다. 도시의 크기는 바로 시장구매력을 의미하므로 명품과 같이 회전율이 높지 않은 제품이나 적은 마진으로 인해 충분한 매출을 확보해야 하는 대형할인점은 대도시지역, 나아가 대도시 내에서 대규모 아파트단지와 같이 상권이 밀집한 지역을 표적시장으로 선정한다. 최근 소매기업들은 경쟁이 치열하고 입지확보가 어려운 대도시에서 벗어나 소도시에 매장을 개설하거나 대도시 내에 새로운 개념의 점포를 도입하고 있다. 예를 들어, 홈플러스는 규모가 큰 표준매장을 오픈하기 힘든 도시지역에 소규모 슈퍼마켓 형태의 홈플러스 익스프레스를 오픈해 기존의 대규모 할인점을 보완하고 있다.

■ 인구통계적 세분화

인구통계적 세분화(demographic segmentation)는 제품시장을 연령, 생애주기 단계, 성별, 소득, 직업, 교육수준, 종교, 인종, 세대 등과 같은 인구통계적 변수를 토대로 나누는 것이다. 인구통계적 변수는 고객집단을 세분화하는데 가장 많이 사용된다. 그 이유 중 하나는 소비자의 욕구, 사용량 등이 종종 인구통계적 변수와 밀접하게 관련이 있기 때문이다. 또 다른 이유는 인구통계적 변수가 다른 세분화 변수에 비해 세분시장을 측정하기 쉽기 때문이다. 설령 고객이 추구하는 제품편익이나 구매행동 등과 같은 다른 세분화 변수를 토대로 세분시장을 분류한다고 하더라도, 마케터가 표적시장의 크기를 평가하고 그 시장에 효율적으로 도달하기 위해서는 그 세분시장의 인구통계적 특징을 알아야 한다. 한국야쿠르트가 천연원료로 만든 비타민 제품인 브이푸드는 인구통계적 변수들을 토대로 시장을 세분화한 후 각 세분시장별로 맞춤형 건강기능 식품을 제공하고 있다. 브이푸드는 중년남성과 중년여성, 60대 이상, 그리고 청소년 소비자계층으로 고객을 세분화한 후 각 세분시장에 맞추어 성인용 브이푸드 맨 프로그램, 성인용 브이푸드 우먼프로그램, 성인용 브이푸드 실버프로그램, 그리고 브이푸드 청소년 프로그램 등의 천연 멀티 비타민/미네랄 제품을 출시했다.

인구통계적 세분화의 예: 한국야쿠르트는 수험생인 청소년을 타겟으로 천연 멀티 비타민제품인 브이푸드 청소년 프로그램을 출시했다.

- **연령과 생애주기** : 소비자들의 욕구는 나이에 따라 변화된다. 어떤 회사들은 다른 연령대와 생애주기단계에 있는 소비자집단들을 타겟으로 서로 다른 제품과 마케팅 접근방식을 제공하기 위해, 나이와 생애주기에 기반한 세분화(age and life-cycle segmentation)를 추구한다.

시장세분화에 널리 활용되는 인구통계적 변수 가운데 하나가 연령인데, 많은 브랜드들이 연령에 따라 시장을 세분화하여 표적시장을 선정한다. 롯데백화점은 젊은층을 겨냥해 '미니백화점' 엘큐브를 도입했다. 롯데백화점의 매출 중에서 40대 이상 고객이 올린 매출은 전체매출의 60.8%에 달하고 20대 이하 고객의 매출비중이 10%로 하락함에 따라 롯데백화점은 기존 백화점

20대 이하 세분시장을 겨냥해 서울 신사동에 문을 연 롯데 미니백화점 엘큐브 가로수길점

생애주기에 기반한 세분화: Disney Cruise Lines는 부모와 자녀들을 우선적으로 겨냥한다. 유람선의 대부분의 목적지와 배 안에서의 활동은 부모와 자녀들을 염두에 두고 설계된다.

입점브랜드 중 10~20대가 선호하는 브랜드 20여개를 추려 엘큐브를 론칭했다.

어떤 기업들은 생애주기상의 특정 연령대에 있는 고객집단에 초점을 맞춘다. 예를 들어 모든 연령대의 소비자들이 Disney 유람선을 좋아하지만, Disney Cruise Lines의 목적지와 선상활동들은 부모와 자녀를 특히 염두에 두고 설계된다. Disney는 배안에서 어린아이들이 놀이하는 것을 도와주는 훈련된 직원들을 배치하고, 조금 더 나이가 든 아이들을 위해 10대만의 공간을 마련하고, 부모와 다른 성인들을 위해 가족과 함께 하는 시간이나 개인시간을 위한 선택대안을 마련한다. 반면 고급형의 소규모 유람선인 Viking River Cruises는 나이든 성인부부와 독신자들을 타겟으로 한다. 따라서 Viking 광고나 웹 페이지에서는 아이를 볼 수 없다.

마케터들은 연령이나 생애주기 세분화를 표적시장 마케팅에 이용할 때 고정관념에 영향을 받지 않도록 주의해야 한다. 예를 들어, 80세가 넘는 사람들 중의 일부는 휠체어가 필요하지만, 어떤 사람들은 스키와 테니스를 즐기기도 한다. 마찬가지로 40대 부부들은 자녀들을 고등학교로 보내기도 하지만, 이제 막 결혼하여 새로운 가정을 시작하는 경우도 있다. 따라서 연령은 종종

아메리칸어패럴은 프리미엄 속옷 모델로 노년층의 재키 오쇼네시(62)를 기용했다.

개인의 생애주기, 건강, 일, 욕구, 그리고 구매력을 예측하는데 있어 좋은 지표가 되지 못할 수 있다. 예를 들어, 요즘의 노년층 중 상당수는 더 이상 전통적인 어르신 같은 옷을 입지 않으려 하며, 30~40대와 비슷하게, 혹은 최신 유행하는 옷을 입으려 한다. 나이 든 베이비 붐 세대들은 자신의 방식대로 세상을 즐기고 싶어한다. 자녀양육의 부담에서 벗어난 그들은 인생의 즐거움을 다시 발견하고, 이를 즐길수단을 찾고 있는 것이다. 그동안 노년층을 겨냥한 제품은 염색약, 성인용 기저귀, 치아관리용품, 건강식품 정도에 머물러 있었지만, 이제는 노년층의 지갑을 열기 위해 다양한 제품과 그 나이에 대한 긍정적인 이미지와 소구방식을 사용한 마케팅기법이 도입되고 있다. 예를 들어, 전통적으로 야외지향적이고 활동적인 젊은 소비자들을 주고객으로 하는 RV자동차가 최근 들어 나이 든 베이비 붐 세대를 타겟으로 해 마케팅활동을 벌이고 있다. 그리고 미국과 영국 패션업계에서는 '60대 모델'을 브랜드후원자로 사용하고 있다. 미국정통 의류브랜드

마케팅 Highlight

성인용 기저귀 세분시장을 타겟으로 성장을 추구하는 유한킴벌리와 LG생활건강

1983년 국내에 처음으로 일회용 아기 기저귀가 출시됐다. 천 기저귀를 빨아 쓰는 것이 당연하던 시절이라 일회용 제품에 대한 거부감이 컸다. 88 서울올림픽 등을 거치면서 사회가 개방되고, 여성의 사회진출이 늘면서 일회용 아기 기저귀는 필수품이 됐다. 2000년대 초반까지 이 시장은 연평균 10%대 성장하며 6000억원이 넘는 규모로 커졌다. 하지만 출산율이 떨어지면서 지난 10년간 일회용 아기 기저귀 시장의 연평균 성장률은 1%에도 못 미쳤다.

아기 기저귀 시장의 성장세가 주춤해진 사이 성인용 기저귀 시장이 빠르게 커지고 있다. 업계에 따르면 2015년 국내 성인용 기저귀 시장은 30%가량 성장했다. 고령화로 소변이 의지와 무관하게 새는 요실금을 겪는 성인이 늘고 있기 때문이다. 2015년 말 150억원대이던 성인용 기저귀 시장은 2020년 2500억원대로 커질 것으로 전망된다. 김영일 유한킴벌리 팀장은 "일본에선 이미 2년 전 성인용 기저귀 시장이 아기 기저귀 시장규모를 추월했다"며 "한국은 일본보다 고령화가 빠르게 진행되고 있어 성인용 기저귀 시장의 고성장이 당분간 지속될 것"이라고 말했다. 한국의 65세 이상 노인인구가 차지하는 비중은 1995년 6%에서 2015년 13.1%로 높아졌고 2017년에는 14%를 넘어선다. 노인들에게 요실금은 흔히 나타난다. 대한배뇨장애요실금학회에 따르면 출산경험이 있는 여성의 40%가 요실금을 경험했다. 60대 이상 남성도 24%가 요실금 증상이 있는 것으로 집계됐다.

이에 따라 생활용품업체들은 잇따라 성인용 기저귀를 출시하고 있다. 가장 유명한 제품은 유한킴벌리가 2012년 선보인 디펜드 언더웨어다. 기저귀에 대한 거부감을 고려해 속옷이라고 이름 붙였다. 겉옷을 입을 때 표시가 나지 않고, 활동하는 데 불편이 없도록 얇게 만들었다. LG생활건강은 일본 유니참과의 합작법인인 LG유니참을 통해 2012년부터 성인용 기저귀인 라이프리를 선보이고 있다. 깨끗한 나라도 봄날이란 브랜드로 판매 중이다.

• 자료원 : 한경, 2016.5.25

아메리칸어패럴은 프리미엄 속옷모델로 재키 오쇼네시(62)를 파격기용했고, 명품 브랜드마크 제이콥스는 영화배우 제시카 랭(65)을 화장품모델로 사용했다.

- **성별** : 성별 세분화(gender segmentation)는 의류, 화장품, 화장실용품, 그리고 잡지 등에서 오래 전부터 사용되어 왔다. 전자제품에서부터 오토바이에 이르기까지 여러 제품범주에서 그동안 경시되어 왔던 남성 혹은 여성세분시장은 새로운 시장기회를 제공한다. 여성의 의사결정권과 경제력이 커짐에 따라 주택, 자동차, 일반가전제품, 주류, 담배와 같이 전통적으로 남성을 주 타겟으로 해 판매된 제품들도 여성 소비자들을 표적으로 한 제품과 광고캠페인을 도입하고 있다. 최근 자동차회사들이 화장용 거울, 쇼핑백 걸이, 자외선차단 유리창, 운전석밑에 하이힐을 벗어 놓을 수 있는 수납함 등 여성 운전자들의 편의를 고려한 다양한 소품들을 갖춘 승용차를 출시하는 경우가 이에 해당된다. Harley-Davidson 오토바이는 전통적으로 35세-55세 사이의 남성들을 표적시장으로 삼아왔지만, 이제 여성들이 가장 빠르게 성장하는 세분시장 중 하나가 되고 있다. 이에 따라 이 기업은 여성 구매자를 상대로 제품소구력을 높이기 위해 노력하고 있다. Harley-Davidson은 최근 여성고객에 맞추어 오토바이의 차체높이를 낮추고 보다 가벼운 SuperLow 모델을 출시했다. 그리고 여성전용 웹 마이크로사이트는 여성들의 감동적인 오토바이 운전경험담을 서로 공유하도록 권장하고 있다. 소니코리아, 올림푸스 등 카메라회사들은 렌즈교환이 가능한 '미러리스 카메라' 신제품을 출시하면서 여성 소비자를 타겟으로 셀카(셀프카메라 · self camera)촬영이 용이하다는 점을 집중적으로 홍보했다. 가령, 소니코리아는 여성 소비자를 타겟으로 '알파 A5000'을 출시하면서 가벼운 몸체를 탑재한 초경량 카메라라는 점을 강조하고, 스타 배우 송혜교가 셀카를 촬영하는 광고를 만들었다.
- **소득**: 자동차, 의류, 화장품, 금융서비스, 여행과 같은 제품/서비스를 판매하는 기업들은 오래 전부터 소득세분화(income segmentation)를 사용해 왔다. 특히 생필품보다는 가격과 브랜드에 따라 제품특성에서 차이가 많은 주택, 자동차, 가구, 의류, 레저용품, 금융상품 등의 고관여 제품

여성 소비자를 타겟으로 셀카기능을 부각시키는 미러리스 카메라 브랜드 – "송혜교처럼 예쁘게 찍혀요"라는 메시지와 함께 스타 배우 송혜교가 셀카를 촬영하는 장면을 보여주는 소니 미러리스 카메라 광고

저소득 소비자층을 타겟으로 해 성장한 美 저가할인점 Dollar General

에서 소득수준은 주요 세분화 기준으로 활용된다. 사치품과 편의서비스(convenience service)를 판매하는 기업들은 부유층 소비자를 겨냥한다. 예를 들어, 삼성생명은 금융자산 30억원 이상의 고소득층 고객들을 타겟으로 전용 PB(Private Banking)센터를 개발했다. 이 센터는 은행·증권사 PB센터처럼 부자들의 자산을 예금·펀드·보험·채권 같은 상품에 투자하고 관리해 주는 업무를 맡는다. 이와 같은 매우 개인적인 마케팅활동은 브랜드 전도사(brand evangelists)라는 고객커뮤니티를 만들어 주는데, 이들은 부유한 가망고객이나 친구들(이들이 바로 표적고객 집단임)에게 제품에 대한 이야기를 전해 준다.

최근 전반적 경기침체에 따라 경제성을 강조하는 제품들이 각광을 받지만, 경제적 상황에 영향을 별로 받지않는 고소득 소비자집단을 겨냥한 마케팅도 활발히 이루어지고 있다. 그러나 부유층을 포함하는 모든 소득층의 소비자들이 소비지출을 줄이고 구매과정에서 더 좋은 가치를 추구하는 추세를 보임에 따라 고소득층을 겨냥하는 사치품 브랜드들이 상당한 타격을 받고 있다.

한편 소득세분화를 이용하는 모든 기업들이 부유층을 겨냥하는 것은 아니다. 예를 들어, 미국의 저가할인점 Dollar General은 저소득 및 중산층 소비자집단을 겨냥한다. 이 소매체인은 새로운 매장입지를 탐색할 때, 중산층 이하의 사람들이 거주하는 동네를 찾는다. Dollar General이 취급하는 제품은 대부분 1달러 이하로, 한 고객이 한 번 매장을 방문해 쓰는 금액은 평균 8달러가 채 안된다. Dollar General의 매장크기는 628㎡(약 190평)로, 할인점치고는 상당히 작은 규모다. Dollar General을 찾는 주 고객은 3~4명의 가족이 있는 저소득층 여성이고 평균연령은 49세 정도인데, 연령이 비교적 높고 시간적 여유는 적은 그들에게 대형매장은 오히려 불편할 것으로 판단한 것이다. 그리고 Dollar General은 단순한 가격정책을 도입했는데, 99센트 단위로 가격을 책정해 소비자를 현혹하는 가격전술을 버리고 1달러 단위로 가격을 책정했다. 예를 들어 '엽서 2장에 1달러' '비누 5개에 2달러'식이다.

이상으로 기업이 시장세분화에 활용하는 주요 인구통계적 변수들에 대해 살펴보았다. 그러나 실제에 있어 마케터는 각 변수 하나만을 시장세분화에 이용하기보다는 몇 개의 세분화 변수를 동시에 고려해 시장을 세분화 한다. 예를 들어, 하겐다즈 아이스크림은 20대 중후반의, 미혼, 중상층, 직장여성을 목표시장으로 삼는다. 마케터는 소비자의 인구통계적 특성에 따라 전체시장을 복수의 세분시장으로 나눈 후, 각 세분시장 내 소비자들의 제품특성에 대한 선호, 구매 혹은 사용과정이 세분시장별로 어떤 차이를 보이는지에 대한 추가분석을 실시해야 한다. 분석결과 세분시장별로 제품선호나 사용패턴에서 차이가 있는 것으로 나타나면, 각 세분시장별로 서로 다른 마케팅접근방식이 고려되어야 할 것이다. 그러나 특정의 인구통계적 변수를 사용해 나누어진 세분시장간에 제품구매나 사용행태에서 차이가 발견되지 않는다면, 또 다른 인구통계적 변수를 이용해 시장세분화를 시도해야 한다. 가령, 젊은 소비자를 겨냥해 소형의 SUV 승용차를 개발하려는 자동차업체가 시장조사를 실시한 결과 20~30대와 40~50대 소비자 집단간에 SUV 승용차의 크기에 대한 선호에서 차이가 없는 것으로 나타났다면, 연령에 기반한 시장세분화는 별 의미가 없을 수 있다. 따라서 인구통계적 변수에 기반한 시장세분화는 전체시장을 각 세분시장으로 분류하기 용이하다는 이점을 갖고 있지만, 최적의 세분시장을 발견하기 위해 여러번의 시행착오를 겪어야 하는 문제점도 갖고 있다.

■ 사이코그래픽 세분화

사이코그래픽(심리묘사적) 세분화(psychographic segmentation)는 사회계층, 라이프스타일(생활양식), 개성 같은 심리묘사적 특징을 토대로 구매자들을 서로 다른 세분시장으로 나누는 것이다. 같은 인구통계적 집단에 속하는 사람들이라고 하더라도 심리묘사적 특징에서 서로 상당히 다를 수 있다(이들 변수들에 대한 상세한 설명은 제3장 소비자행동 분석을 참고하기 바란다).

사회계층은 소득, 직업, 재산수준, 교육수준 등을 복합적으로 고려해 소비자의 사회적 지위를 구분하는 데 사용되는 변수로, 상류층, 중산층, 하류층 등으로 구분된다. 1990년대 후반 IMF사태가 발생하기 전 우리나라 소비자의 50~60% 이상이 자신을 중산층이라고 생각했고 이들이 제품시장의 중심을 차지했다. 그러나 90년대 후반 IMF사태와 2008년 말 발생한 글로벌 금융위기 이후 중산층 비중이 감소되었다. 이에 대응해 많은 기업들이 경기에 별 영향을 받지않는 상류층을 타겟으로 한 마케팅활동을 강화했다. 가령, 수입자동차, 고가의 보석, 가구 등은 상류층을 겨냥해 판촉활동을 수행한다. 금융권에서도 많은 금융자산을 보유한 VIP고객들을 타겟으로 PB센터를 운영하면서 차별적 서비스를 제공한다.

라이프스타일 혹은 **생활양식**(lifestyle)이란 소비자들이 살아가는 방식을 말하는데, 소비자들의 활동(activity), 관심사(interest), 의견(opinion)을 통해 나타난다. 소비자 라이프스타일에 대한 조사는 이들의 앞자를 따서 AIO분석이라고 하기도 한다.

마케터들은 종종 제품시장을 소비자의 라이프스타일에 따라 세분화하고, 특정 라이프스타일을 강조하는 마케팅전략을 추구한다. 글로벌패션기업 VF Corporation은 30가지 이상의 프리엄 라이프스타일브랜드를 판매하는데, 이들은 통근 직장인, 카우보이에서부터 사커 맘, 스포츠 팬, 그리고 락 스타에 이르기까지 전세계 소비자의 다양한 삶에 맞는 패션용품을 제공한다. VF는 패션시장을 Jeans-wear브랜드, Imagewear(workwear)브랜드, Outdoor브랜드, Sportswear브랜드, 그리고 Contemporary브랜드 등의 5개 주요 라이프스타일 세분시장으로 나누고, 이들 브랜드들을 각 세분시장에 맞추어 분류한다. Outdoor 사업부에 속해있는 The North Face는 열혈 야외매니아층, 특히 추운날씨에 야외활동을 즐기는 고객층을 위해 최고급 장비 및 의복을 제공한다. Sportswear 사업부에 속한 Nautica는 항해와 바다에서 모티브를 얻어 제작된 고급캐주얼 의류를 즐기는 사람들에게 초점을 맞춘다. 그리고 Vans는 스케이트 신발전문 브랜드로 시작되었으며, Reef는 서핑(surfing)을 모티브로 한 신발과 복장전문 브랜드로 포지션되어 있다. Contemporary브랜드 사업부에 속한 Lucy는 부유층의 활동복을 강조하며, 7 for All Mankind는 부티크매장과 Saks, Nordstrom 백화점 같은 고급백화점에서 판매되는 프리미엄 데님과 액세서리 제품을 제공한다. 이에 반해 Imagewear 사업부에 속한 Sentinel은 경비원들을 위한 유니폼을 판매한다. 소비자들이 어떤 삶을 영위하든 VF사는 이들의 라이프스타일에 맞춘 패션제품을 제공한다. 현대자동차는 젊은층을 타겟으로 한 라이프스타일 브랜드 PYL (프리미엄 유니크 라이프스타일, Premium Younique Lifestyle)을 도입하고 표적고객층에 맞춘 마케팅활동을 벌이고 있다. 'Younique(유니크)'는 고객을 의미하는 '당신(You)'과 독특함을 뜻하는 '유니크(Unique)'를 조합해 만든 합성어로서, PYL은 '당신만을 위한 유니크한 라이프스타일 승용차'라는 의미를 갖고 있다. 현대차 PYL 브랜드에는 벨로스터, 프리미엄 준중형 해치백 i30, 유럽의 감성을 담은 프리미엄 중형 i40' 등 3차종이 포함되어 있다. 현대차 PYL 브랜드는 젊은 세대를 타깃으로 한 유니크한 승용차를 출시하면서 이들이 선호하는 타업종과의 협업을 통해 브랜드정체성을 알리려고 했다. 독특한 개성과 스타일을 추구하는 표적고객집단과 소통하기 위해 PYL브랜드는 대형 뮤직페스티벌 고객초청행사, PYL 고객대상 할로윈파티 등 젊은 세대의 라이프스타일에 부합되는 대형 이벤트를 개최했다. 그리고 SM 엔터테인먼트 소속 인기가수들을 참여시켜 각 차종의 특징이 담긴 벨로스터, i30, i40 주제곡을 발표했다. 또한 오디션프로그램의 우승자들이 PYL의 테마곡을 불러 경연하는 SNS연계형 온라인 이벤트도 개최했다.

국내 소비재기업들은 정기적으로 소비자 라이프스타일 변화를 추적함으로써 이에 대응한 마케팅프로그램을 개발한다. 국내 소비자의 라이프스타일 변화는 마케터의 신제품개발에 영향을 미친다. 예를 들어 최근 혼자 사는 싱글가구의 수가 지속적으로 증가함에 따라 이들을 겨냥해 전자레인지에 간편하게 조리할 수 있는 햇반과 같은 인스턴트 식품시장, 소형가전제품 등이 개발되었다. LG전자는 독신자들을 대상으로 90리터급 소형냉장고 뉴렌과 소형TV 네티를, 그리고 동부대우일렉에서는 소형벽걸이 세탁기를 출시하여 좋은 반응을 얻었다. 최근 들어 세상의 중심을 자신에게 두고 개인의 가치를 높

현대자동차는 젊은층을 타겟으로 한 라이프스타일 브랜드 PYL (프리미엄 유니크 라이프스타일, Premium Younique Lifestyle)을 도입해 목표고객층에 맞춘 마케팅활동을 수행했다.

마케팅 Highlight

상류지향적 여성 고객집단을 겨냥해 최고품질을 추구하는 미국 패션브랜드 센존

센존은 1962년 패션모델 마리 세인트 존 그레이(Marie St. John Gray)가 미국 캘리포니아에서 니트 기계를 사들여 직접 옷을 만들면서 시작된 패션회사다. 처음엔 20~30달러짜리 옷을 만들어 파는 작은 회사였지만, 지금은 전 세계 26개국 230여개 매장을 거느린 고급 브랜드로 성장했다. 니트기계로 짜낸 재킷 하나가 보통 2000~4000달러씩 한다. 미국 영부인였던 미셸 오바마, 방송인 오프라 윈프리, 미국 대선 경선 후보였던 힐러리 클린턴 등이 즐겨 입는 옷으로도 유명하다.

매우 비싼가격에 판매되는 센존의 목표고객은 경제적, 사회적으로 힘과 능력을 자랑하는 여성들이다. 따라서 센존은 여성의 사회지위가 올라갈수록 있도록 열심히 지원한다. 가령, 센존은 매년 어바인을 비롯한 미국 내 수십여개 커뮤니티에 센존의 옷 수백벌씩을 기부한다. 그는 '취업면접시험을 보려는 여성들에게 옷을 빌려주기 위한 것이다. 여성들이 취업을 하고 진급하고 매니저가 되고 사장이 되고 회장이 돼야 한다. 그래야 그들이 우리 옷을 살 수 있다. 그렇지 않겠는가? 우리는 하이힐을 신고 달려나가는 여성들, 그들의 속도만큼 성장하는 회사이다.'고 말한다. 센존이 최근 미국에서 활동하는 IT기업 여성리더 75명을 선정해 이들을 위한 포럼을 열고 옷을 협찬한 것도 비슷한 이유다. 페터대표는 "우리 옷을 앤젤리나 졸리나 케이트 윈슬렛 같은 할리우드 배우가 입을 때도 기쁘지만, 힐러리 클린턴이나 칼리 피오리나 같은 여성들이 현장에서 바쁘게 일하기 위해 입을 때 또한 즐겁다. 이들이 우리 옷을 입고 나가 바쁘게 할 일이 많을수록 미국이 한 걸음 또 앞으로 나아간다고 믿는다"고 말한다. 페터씨는 "1998년 한국에 첫 매장을 냈다. 센존의 첫 아시아 진출이기도 했다. 한국고객들은 유행을 주도할 줄 안다. 한국고객들이 입어야 다른 아시아 고객들도 따라 입는다. 우리가 종종 한국고객만을 위한 상품(exclusive item)을 내놓는 이유도 여기에 있다"고 말한다.

미국 할리우드 배우 앤젤리나 졸리가 센존의 이브닝드레스를 입고 있는 모습. 센존의 이브닝드레스는 5000~7000달러에 이르는 비싼가격에 판매된다.

• 자료원 : 조선일보, 2016.2.1

이려는 개인화(individualism) 추구, SNS를 통해 타인들과 온라인소통을 즐기는 온라인 사교(e-socializing), 스마트폰 등 모바일기기를 일과 삶에서 적극활용하는 이동성(mobility) 추구 등의 라이프스타일이 젊은층에서 두드러지게 나타나는 것은 온라인 기반 마케팅프로그램 도입의 중요성을 시사한다.

마케터들은 또한 개성변수를 사용해 제품시장을 세분화하기도 한다. 예를 들어, 탄산음료 Mountain Dew 브랜드는 '젊음이 넘치고, 반항적이며, 자신의 방식을 고집하는' 등의 개성적 특성을 부각함으로써 이러한 개성을 가진 소비자집단을 겨냥한다. 이에 반해 Coca-Cola Zero는 '보다 성숙되고, 실용적이고, 이성적이면서 싹싹한' 등의 개성적 특성을 가진 소비자를 타겟으로 한다.

■ 행동적 세분화

행동적 세분화(behavioral segmentation)는 사용상황, 추구하는 편익, 사용률, 브랜드충성수준 등 행동관련 변수들을 토대로 전체구매자를 세분시장들로 나누는 것이다. 마케터는 제품구매행동과 관련된 변수에 기반해 소비자들을 동질적 집단으로 세분화한 후 각 세분시장 소비자의 인구통계적 특성을 분석할 수 있다. 예를 들면 제품사용량이나 우리 브랜드에 충성하는(brand loyal) 정도와 같이 제품사용 행동을 기준으로 복수의 세분시장으로 구분한 후, 각 세분시장의 인구통계적 특성을 분석하는 것이 이에 해당된다.

- **사용상황** : 기업은 언제 제품을 사야겠다는 생각이 드는지, 언제 실제로 구매하는지, 또는 언제 구매한 제품을 사용하는지 등의 사용상황(usage occasions)에 따라 구매자를 여러 집단으로 나눌 수 있다. 사용상황에 기반한 세분화(occasion segmentation)는 기업이 제품용도를 개발하는 데 도움을 준다. 예를 들어, 대부분의 소비자들은 오렌지 주스를 아침에 마시지만, 오렌지 주스를 판매하는 회사들은 아침 이외의 시간대에도 시원하고 몸에 좋은 재충전 음료로서 오렌지 주스를 마실것을 촉진해 왔다. 캔디, 꽃, 카드, 그리고 선물관련 업체들은 자사제품의 매출을 증가시킬 의도로 어머니날, 아버지날과 같은 기념일에 맞추어 특별한 제공물과 촉진활동을 개발하는 등 사용상황에 기반한 세분화 마케팅을 추구한다. 예를 들어, 롯데 가나초콜릿은 일년내내 광고를 하지만 크리스마스, 발렌타인 데이, 화이트 데이 등의 휴일이나 이벤트 일에 판매증대를 위해 특별광고와 제품패키징을 준비한다. 롯데제과가 빼빼로데이를 개발해 빼빼로 매출을 크게 증대시킨 것도 사용상황 세분화의 한 예이다. 1990년대 부산지역 여고생들이 11월 11일을 맞이하여 날씬한 몸매가 되라며 친구에게 롯데 빼빼로를 선물하는 것에서 아이디어를 얻어 롯데제과는 빼빼로의 매출을 높이기 위해 그날을 빼빼로데이라는 기념일로 정했다. 특별 이벤트를 통해 빼빼로 매출을 증대시킬 의도로 개발된 빼빼로데이는 이제 전국민이 다 아는 기념일이 되었다. 다이어트 성공을 기원하며 11월 11일에 여학생들끼리 빼빼로를 주고 받던 이벤트가 빼빼로를 선물로 주고 받으며 누구에게나 감사와 애정을 표현하는 날로 자리잡은 것이다. 패스트푸드 브랜드가 아침대용식 세분시장을 키우기 위해 노력하는 것도 사용상황기반 세분화의 마케팅 예이다. 1인가구 증가추세에 따라 패스트푸드점은 아침메뉴 도입과 확대를 통해 아침대용식 세분시장을

1인가구 증가추세에 따라 패스트푸드점은 아침메뉴 도입과 확대를 통해 아침 대용식 세분시장을 적극적으로 공략하고 있다.

적극적으로 공략하고 있다. 맥도날드는 패스트푸드점 최초로 오전 4시부터 10시 30분까지 판매하는 맥모닝메뉴를 도입해 성공을 거둔 후 아침메뉴를 확대하고 있는데, 1000~2000원의 합리적인 가격으로 판매되는 행복의 나라 아침메뉴(토마토 에그랩, 소시지 맥머핀과 핫케이크 등) 도입을 통해 아침메뉴를 강화했다.

- **사용량**(usage rate) : 사용량에 기반한 시장세분화는 소비자를 제품사용량에 따라 다량소비자(heavy users), 보통사용자(medium users), 소량소비자(light users), 그리고 비사용자(non users) 집단으로 구분하는 것이다. 다량소비자들(heavy user)은 숫자로 보면 얼마되지 않지만, 전체 소비량에서 차지하는 비율은 매우 높은 경우가 많다. 예를 들어 Burger King의 경우, 슈퍼팬이라고 불리는 젊고(18세~34세) Whopper를 엄청나게 소비하는 남성들은 체인전체 고객의 18%정도에 해당하지만, 전체 구매량의 50%를 차지한다. 이들은 Burger King을 한 달에 평균 16번 방문한다. 사용량에 기반한 시장세분화가 마케팅전략수립에 중요한 이유는 [그림 6-4]에서 제시된 바와 같이 많은 제품군에 있어 적은 수의 소비자가 제품소비의 상당부분을 차지하는 것으로 알려졌기 때문이다. 가령, 조사에 참여한 소비자 중 41%가 맥주를 마시는 것으로 나타났는데, 이들을 다량소비자와 소량소비자로 반반씩 나누었을 경우 다량소비자가 전체 맥주구매량의 87%를 차지했다. 대량소비자들(heavy user)은 숫자로 보면 얼마되지 않지만, 전체소비량에서 차지하는 비율은 매우 높은 경우가 많다. 20%의 소비자가 80%의 제품소비를 한다는 파레토의 '20/80법칙'에 따라 마케팅담당자는 다량소비자의 인구통계적 특성, 라이프스타일, 매체습관 등을 분석하는 데 최우선 순위를 두어야 한다.
- **추구하는 편익(혜택)** : **편익(혜택)세분화**(benefit segmentation)는 제품사용으로부터 추구하는 혜택 혹은 편익(benefit)을 토대로 제품시장을 세분화하는 것이다. 혜택(편익)세분화는 소비자들이 제품군에서 추구하는 주요 혜택들, 각 혜택을 추구하는 소비자의 특성들, 그리고 이 혜택을 제공하는 주요 브랜드들을 파악하기 위해 수행된다. 가령 소비자들은 특정브랜드의 치약을 선택할

그림 6-4 **일반소비재에 있어서 다량소비자와 소량소비자의 구매비중**

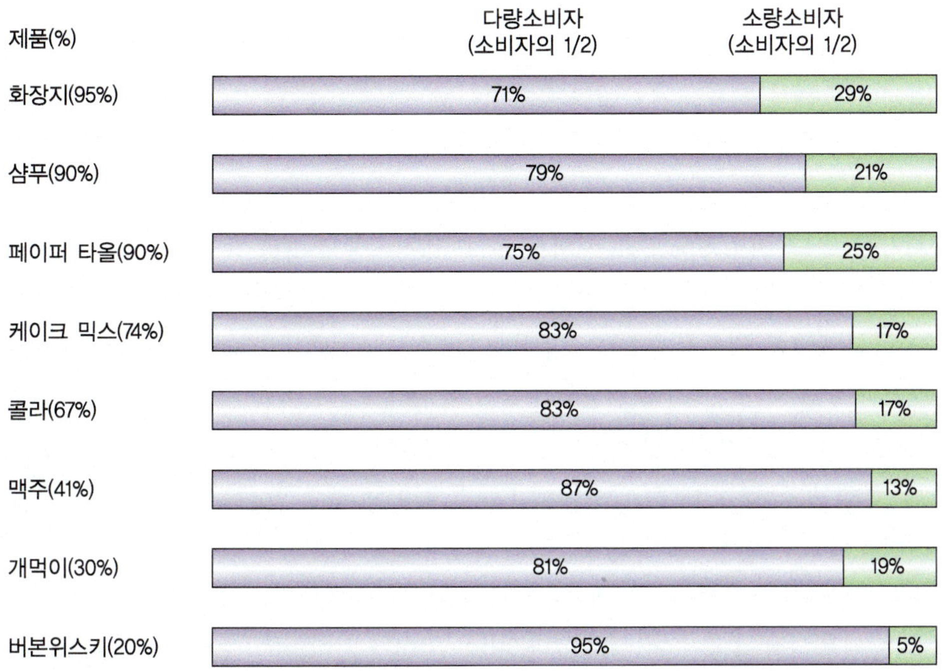

자료원 : Victor J. Cook and William A. Mindak, "A Search for Constants : The 'Heavy User' Revisited!" *Journal of Consumer Marketing*, Vol.1, No.4, Spring 1984, p.80

때 '충치예방을 위해', '이를 하얗게 하기 위해', '치주염 치료를 위해', '맛과 향이 좋아서', '경제적이기 때문에'와 같은 다양한 이유를 가질 수 있다. 마케터는 유사한 구매이유를 갖는 소비자들끼리 같은 세분시장으로 묶고, 각 세분시장이 원하는 편익을 충족시켜줄 수 있는 차별적 제품을 개발/출시할 수 있다. 가령, LG생활건강 페리오46㎝는 독특한 브랜드명으로 구취제거와 예방이라는 제품편익을 효과적으로 전달했다. 페리오46㎝는 12시간 지속되는 구취예방효과, 구취균 99.9%제거, 플라크지수 개선효과 3배와 같은 물리적 제품속성을 강조하는 대신 46㎝라는 거리를 브랜드명에 활용함으로써 사회생활에서 구취예방의 중요성을 부각시켰다. 사람들이 상대방에게서 구취가 나면 가까이 가기 꺼려하는 것에서 아이디어를 얻어, 페리오46㎝는 구취를 사람 간 관계의 거리로 치환했다. 페리오46㎝는 사람과 사람이 가장 친밀함을 느끼는 46㎝ 거리까지 더 가까이 자신있게 다가갈 수 있도록 도움을 줌으로써 사람들 사이에 친밀감과 유대감을 형성하는데 도움을

LG생활건강 페리오46㎝는 독특한 브랜드명으로 구취제거와 예방이라는 제품편익을 효과적으로 전달했다.

편익세분화의 예: Gillette는 여성 면도기 Venus를 여성 소비자들이 추구하는 편익에 따라 몇 개의 세분시장으로 나누고 이에 맞추어 제품을 설계했다.

주는 구취케어 브랜드로 포지션시켰다.

편익기반 시장세분화의 다른 예로 Gillette를 들 수 있는데, Gillette는 여성 면도기 시장을 추구하는 편익에 따라 세분화하고 각 세분시장에 맞는 면도기제품을 개발했다. Gillette가 수행한 마케팅조사의 결과에 의하면 여성용 면도기 시장은 추구하는 혜택에 따라 서로 다른 4개의 세분시장으로 구분되는 것으로 나타났다. 완벽한 면도를 원하는 여성 소비자(잔털이 전혀 남지 않게 완벽하게 면도가 이루어지기를 원함), 편의성추구 여성 소비자(빠르고 편리한 면도를 원함), 피부보호추구 여성 소비자(피부에 부담을 주지 않고 좋은 면도기를 원함), 실용성추구 여성 소비자(적당한 가격대의 기본적 성능을 갖춘 면도기를 원함)가 그것이다. 이에 따라 Gillette는 여성 면도기 Venus를 각 세분시장에 맞추어 설계했다. the Venus Embrace는 모든 잔털을 완벽하게 없애줄 수 있도록 신체굴곡에 따라 부드럽게 작동되도록 설계된 5중 면도날의 면도기로서, 완벽한 면도를 추구하는 여성 소비자를 타겟으로 한다. the Venus Breeze는 면도날 상단에 면도용 젤이 발라져 있어, 따로 면도용 젤을 바를 필요없이 단번에 면도를 할 수 있게 설계된 제품으로, 편의성추구 여성 소비자집단을 타겟으로 한다. the Venus Divine은 피부를 매우 부드럽게 만들어 주도록 면도날 상단에 고농축보습용 성분을 바른 제품으로, 피부보호추구 여성들을 겨냥한다. 그리고 the Simply Venus는 적정 가격대에서 면도가 잘되도록 설계된 3중 면도날의 제품으로서, 실용성추구 여성들을 타겟으로 한다.

- **충성도수준**(loyalty status) : 기업은 제품시장을 소비자의 브랜드충성도에 따라 세분화될 수 있다. **브랜드충성도**(brand loyalty)란 소비자가 동일브랜드를 반복구매하는 성향을 말하는데, 기업은 소비자들을 '자사브랜드에 충성하는(loyal) 소비자집단', '다른 브랜드와 자사브랜드를 돌아가면서 구매하는 소비자집단(switchers)', '자사브랜드를 구매하지 않고 다른 브랜드들을 구매하는 비구매자 집단(non buyers)'로 구분할 수 있다.

소비자들은 제품브랜드(페리오), 소매점 브랜드(신세계), 그리고 기업브랜드(현대자동차)에 대해 충성도를 가질 수 있다. 기업은 소비자들을 충성도 수준에 따라 '자사브랜드에 충성하는(loyal) 소비자집단', '다른 브랜드와 자사브랜드를 돌아가면서 구매하는 브랜드전환 소비자집단(switchers)', '자사브랜드를 구매하지 않고 다른 브랜드들을 구매하는 비충성 소비자집단(non buyers)' 등 몇 개의 집단으로 나눌 수 있다.

어떤 소비자들은 항상 한 브랜드만을 구매하고 다른 사람들에게 그 브랜드에 대해 적극적으로 이야기할 정도로 매우 높은 충성도를 갖는다. 예를 들어, Apple은 규모가 작지만 Apple을 숭배하는 수준의(cult-like) 충성고객을 갖고 있다. 가령, macolytes는 Mac의 숭배자이다. Urbandictionary.com은 "macolytes"를 애플제품, 특히 매킨토시 컴퓨터에 열광적인 사람들로 정의하는데, "Mac Zealot"으로도 알려져 있다. 이들은 Apple제품을 자신의 분신이라고 생각하며 자신의 몸에 기꺼이 Apple 문신을 새긴다 . 이들은 모든 Apple제품이 멋있고 섹시하다고 생각한다. Apple 열성팬인 macolytes는 Apple이 사업적으로 어려운 시기에 버틸 수 있도록 도왔고, Apple제국 구축의 선봉에 있다.

한편 다른 소비자들은 적당한 수준의 브랜드충성도를 갖고 있다. 이들은 주어진 제품군 내에서 2-3개의 브랜드에 대해 충성도를 갖고 있거나 혹은 한 브랜드를 선호하지만 때때로 다른 브랜드들도 구입하기도 한다. 또다른 구매자들은 어떤 브랜드에 대해서도 충성도를 갖지 않는다. 이들은 구매할 때마다 다른 브랜드를 원하거나 어떤 브랜드든 상관하지 않고 세일중인 브랜드를 구매한다.

기업은 고객의 충성도 패턴을 분석함으로써 많은 것을 배울 수 있다. 마케터는 우선 자사제품에 충성적인 고객들을 연구하는 것으로부터 시작해야 한다. 예를 들어, Apple은 "macolytes(애플 충성고객집단)"를 분석함으로써 보다 나은 제품과 광고소구방식을 개발할 수 있다. 충성도가 매우 높은 고객들에 대한 연구에 의하면 그들의 브랜드열정은 전염성이 강하며, 블로그, 웹 팬사이트, 유튜브 동영상, 그리고 구전활동을 통해 자신이 좋아하는 브랜드를 촉진하는 것으로 나타났다. 많은 기업들이 이들을 겨냥한 특별한 제품, 소구방식, 이벤트를 개발함으로써 열성팬들을 타겟으로 한 마케팅활동을 수행한다. 예를 들어, 아웃웨어 패션업체 Patagonia는 거친 자연환경에서 제품성능을 테스트 하기 위해 충성도가 높고 자사 브랜드를 진정으로 사랑하는 고객들을 활용했다. 한편 충성도가 상대적으로 낮은 고객집단을 분석함으로써 기업은 어떤 브랜드들이 자사와 가장 경쟁관계에 있는지와 자신의 마케팅약점이 무엇인지를 발견할 수 있다.

마케터는 브랜드충성도에 따라 분류된 각 세분시장에 대해 차별적 마케팅전략을 추구해야 한다. 첫째, 자사브랜드를 구매하지 않는 비구매자 집단에 대해서는 샘플을 증정하거나 자사에서 판매하는 다른 제품에 할인권이나 쿠폰을 끼워넣는 판촉행사를 통해 자사브랜드를 사용할 기회를 제공한다. 둘째, 여러 브랜드를 돌아가면서 구매하는 고객들에게는 경쟁업체로의 브랜드전환을 방지하기 위해 동일제품군 내에 다양한 품목을 개발하거나, 다음 구매 시 할인을 해주는 쿠폰을 제공하는 판촉활동을 벌인다. 과자나 라면류의 제조업체는 다양한 종류의 제품브랜드들을 계속개발하는데, 이는 고객이 브랜드를 전환하더라도 우리회사의 브랜드들 중에서 구매가 일어나도록 하기 위한 의도이다.

- **사용자 수준**(user status) : 제품시장은 비사용자, 과거사용자, 잠재사용자, 첫번째 사용자, 정규사용자로 세분화될 수 있다. 마케터들은 정규 사용자집단을 유지/강화하고, 타겟으로 정한 비사용자 집단을 새로 유치하고, 이전 사용자들과의 관계를 부활시키기를 원한다.

생애주기상에서 새로운 변화를 경험하는 소비자들(가령, 갓 결혼한 부부나 출산으로 부모가 된 부부)은 후에 대량소비자로 바뀔 가능성이 있는 잠재사용자 집단에 속한다. 예를 들어, 새로 부모가 된 부부를 고객으로 만들기 위해 P&G는 Pampers Swaddlers 브랜드가 대다수의 산부인과 병원에서 갓 태어난 애기들에게 제공하는 기저귀라는 것을 강조한다. 조만간 새로운 부엌용품을 장만하게 될, 새로 약혼한 쌍들을 고객으로 만들기 위해, 고급부엌용품 및 취사도구를 판매하는 미국의 전문소매점인 William-Sonoma는 친구와 친척들이 선물할 수 있도록 신부가 작성한 선물목록(bridal registry)에서 최우선 순위를 차지하기 위해 노력한다. "이 매장은 여러분의 것입니다(The Store Is Yours)."라는 프로그램을 도입해, 직접 매장을 방문해서 원하는 선물목록을 만들려고 하는 쌍들을 위해 예약에 의해 매장문을 닫은 시간 이후에도 방문할 수 있도록 한다. 이 세분시장은 Williams-Sonoma에게 매우 중요한데, 예약을 신청한 사람들 중 절반가량은 Williams-Sonoma 브랜드를 처음으로 구매한 고객이기 때문이다.

■ 바람직한 시장세분화가 갖추어야 할 조건

마케터는 다양한 시장세분화 기준을 이용해 제품시장을 세분화할 수 있다. 시장을 세분화하는 방법은 많지만, 모든 세분화가 효과적이지는 않다. 예를 들어, 식용소금 구매자들은 머리칼의 색상을 토대로 소비자들을 구분할 수 있지만, 머리색깔이 소금의 구매에 영향을 미치지는 않는다. 나아가 만일 모든 소금구매자들이 매달 같은 양을 구매하고, 모든 소금제품들이 동일하다고 믿고, 같은 가격을 지불하기를 원한다면, 회사는 시장세분화를 할 필요가 없다.

시장세분화가 마케팅전략에 유용하게 사용되기 위해서는 세분시장들은 다음과 같은 조건을 갖추어야 한다.

첫째, 각 세분시장은 서로 이질적(heterogeneous)인 소비자욕구를 가져야 한다. 기업은 전체시장을 세분화하고 선정된 세분시장에서 제품개발, 광고 및 판촉, 유통망 개척 등을 실행하는 데 있어 많은 투자를 필요로 한다. 따라서 한 세분시장의 고객욕구가 다른 세분시장과 별 차이가 없다면 구태여 시장을 구분하여 별도의 마케팅노력을 기울일 필요가 없다. 그러므로 특정 세분시장의 소비자욕구가 다른 세분시장을 겨냥한 제품으로 충족시킬 수 없을 정도로 상이한 경우에만 세분시장으로서 의미를 갖게 된다.

둘째, 각 세분시장은 충분한(substantial) 시장규모를 가져야 한다. 특정 세분시장의 고객욕구가 다른 세분시장과 상이하다 하더라도 고객의 수나 예상되는 매출이 충분치 못하다면 세분시장으로서의 매력도를 상실하게 된다. 〈표 6-2〉에서 볼 수 있듯이 코카콜라는 다양한 제품을 생산할 수 있지만,

표 6-2 맛과 성분에 따른 콜라시장 세분화의 예

Original	New Coke	Coke Classic	Cherry New Coke	Cherry Coke Classic
Diet	Diet New Coke	Diet Coke Classic	Diet Cherry New Coke	Diet Cherry Coke Classic
Low Caffeine	Low Caf New Coke	Low Caf Coke Classic	Low Caf Cherry New Coke	Low Caf Cherry Coke Classic
Low Diet Caffeine	Low Caf Diet New Coke	Low Caf Diet Coke Classic	Low Caf Diet Cherry New Coke	Low Caf Diet Cherry Coke Classic
No Caffeine	No Caf New Coke	No Caf Coke Classic	No Caf Cherry New Coke	No Caf Cherry Coke Classic
Diet No Caffeine	No Caf Diet New Coke	No Caf Diet Coke Classic	No Caf Diet Cherry New Coke	No Caf Diet Cherry Coke Classic

카페인 함량이 적고, 저칼로리의, 체리향 콜라(Diet Low-caffaine Cherry Coke)를 얼마나 많은 소비자들이 구매할지를 확신할 수 없다면 이 세분시장을 겨냥한 신제품을 개발할 수 없을 것이다.

셋째, 각 세분시장에 대한 접근이 용이하도록(accessible) 시장세분화가 이루어져야 한다. 세분시장 내 고객들에게 자사제품정보를 전달하기 위한 마케팅커뮤니케이션 방법을 개발할 수 없다면, 적절한 시장세분화가 이루어진 것으로 보기 어렵다. 예를 들어, 30세 전후의 직장을 갖고 있는 싱글 여성집단에 접근하기 위해서는 이들의 관심사가 무엇이며, 이들이 즐겨보는 TV프로그램이나 즐겨찾는 인터넷사이트가 어떤 것인지가 파악되어야 한다. 그들이 즐겨 이용하는 매체를 통해 자사제품의 차별적 특성을 전달하지 못한다면, 연령, 직업, 결혼여부 및 성별을 토대로 나누어 시장을 세분화하는 것(30세 전후의 직장을 갖고 있는 싱글여성집단)은 별 의미를 갖지 못할 것이다.

넷째, 각 세분시장의 특징과 크기를 측정할 수(measurable) 있어야 한다. 마케터는 각 세분시장 내 소비자의 인구통계적 특성이나 라이프스타일 등을 파악할 수 있어야 표적시장에 대한 차별적 마케팅 전략수립이 가능하다. 만약 세분시장 내 고객의 수가 얼마나 되고, 어떤 특성을 갖고 있는지를 모른다면, 고객의 욕구에 맞는 제품개발이나 판촉전략을 세우는 것이 불가능하며, 제품이 개발되더라도 소비자에게 효과적으로 접근할 수 없을 것이다. 예를 들어, 프리미엄 아이스크림을 즐겨먹는 고객들의 규모는 어느 정도이며, 일반 아이스크림을 주로 먹는 고객들과 인구통계적 특성에서 어떤 차이가 있는지를 알아야, 이 세분시장에 대한 적절한 마케팅전략을 수립할 수 있다.

02 표적시장선정(Market Targeting)

시장을 복수의 세분시장들로 나누었다면, 다음으로 '어떤 고객을 상대로 마케팅노력을 기울일 것인가?'에 답을 할 차례이다. 시장세분화를 통하여 전체 제품시장을 복수의 세분시장들로 구분했다면, 마케터는 그 다음 단계로 각 세분시장의 상대적 매력도를 평가하고 이들 중 하나 또는 그 이상을 표적시장으로 선정한다. 다음에서는 기업이 각 세분시장들을 평가하고 표적시장을 선정하는 과정에 대해 자세히 살펴보기로 한다.

2.1 각 세분시장의 평가

세분시장들을 평가할 때 기업은 각 세분시장의 크기와 성장성, 구조적 매력도, 그리고 기업의 목표와 자원 등 세 가지 요인을 고려해야 한다. 첫째, 기업은 각 세분시장의 현재 매출, 성장률, 기대수익 등과 관련된 자료를 수집/분석해야 한다. 기업은 적절한 규모와 성장성을 갖춘 세분시장을 선정하고 싶을 것이다. 그러나 적정 규모와 성장성은 상대적인 개념이다. 가장 규모가 크고 성장속도가 빠른 세분시장이 항상 모든 기업에게 가장 매력적인 것은 아니다. 규모가 작은 기업들은 규모가 큰 세분시장을 공략하는 데 필요한 역량과 자원이 부족할 수 있다. 혹은 이 세분시장에서 기업 간 경쟁이 너무 치열한 것으로 판단할 수도 있다. 이런 기업들은 보다 규모가 작고 덜 매력적이지만 수익가능성이 높은 세분시장을 타겟으로 할 수 있다.

기업은 또한 세분시장의 장기적 매력도에 영향을 미치는 구조적 요인들을 검토할 필요가 있다. 예를 들어, 만일 세분시장 내에 이미 강력하고 공격적인 여러 경쟁자들이 진출해 있다면, 이 세분시장은 덜 매력적이다. 그리고 실제로 또는 가능한 대체품들이 많이 존재한다면, 이 세분시장에서 실현할 수 있는 가격과 수익을 제한할 것이다. 구매자들의 상대적 힘도 세분시장의 매력도에 영향을 미친다. 만약 구매자들이 판매자에 비해 상대적으로 강한 교섭력을 갖고 있다면, 이들은 가격을 인하하도록, 그리고 더 많은 서비스를 제공하도록 요구하고, 경쟁자들끼리 경합을 붙임으로써 판매자의 수익성을 악화시킬 수 있다. 마지막으로, 만일 시장에 원자재 공급가격을 통제하거나 주문한 제품과 서비스의 품질과 양을 낮출 수 있는 강력한 공급업자들이 존재한다면, 그 세분시장은 덜 매력적일 것이다.

세분시장이 적정규모와 성장가능성을 갖고 있고 구조적으로 매력적일지라도, 기업은 자신의 목표와 자원이 적절한지를 고려해야 한다. 일부 매력적인 세분시장들은 회사의 장기적인 목표와 부합되지 않기 때문에 곧바로 고려대상에서 제외될 수 있다. 혹은 기업은 매력적인 세분시장에서 성공하기 위한 역량과 자원이 부족할 수도 있다. 예를 들어, 승용차시장에서 경제성추구 세분시장이 시장규모가 크고 빠르게 성장하고 있다고 하자. 그러나 고성능의 최고급 승용차를 생산하는 BMW가 이 세분시장에 진출하는 것은 기업의 목표와 보유자원이라는 측면에서 합당하지 않을 수 있다. 기업은 탁월한 고객가치를 창출하고 경쟁우위를 갖는 세분시장에만 진입해야 한다.

2.2 표적세분 시장의 선정

각 세분시장의 매력도를 평가한 후, 기업은 어떤 세분시장, 그리고 얼마나 많은 세분시장들을 표적시장으로 삼을 것인지를 결정해야 한다. 표적시장(target market)은 기업이 진출하기로 결정한, 그리고 공통의 욕구 혹은 특징을 갖고 있는 구매자들의 집합을 말한다.

표적시장선정은 서로 다른 수준에서 이루어질 수 있다. [그림 6-5]에서 볼 수 있듯이 표적시장 선정전략은 표적시장의 크기와 수에 따라 비차별적 마케팅전략, 차별적 마케팅(혹은 세분화 마케팅)전략, 집중(틈새) 마케팅전략, 그리고 미시마케팅 전략으로 구분될 수 있다 .

그림 6-5 시장세분화의 수준

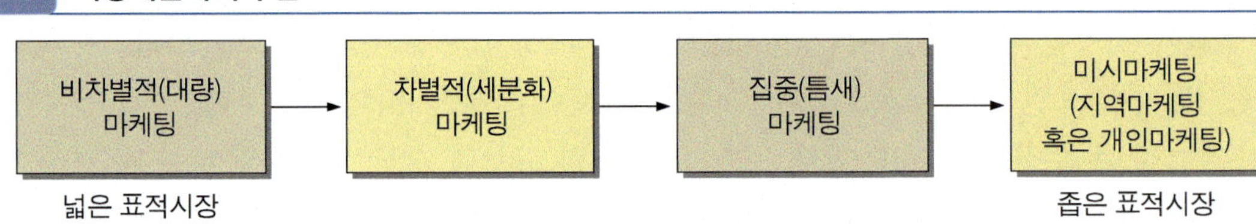

마케팅 Highlight

하나의 제품으로 모든 고객을?

Ford 의 모델 T

1908년 포드(Ford)사는 T형 승용차를 그 당시로는 저렴한 가격인 850달러에 시장에 내놓음으로써 승용차시장을 석권했다. 그 후 이 회사는 대량생산을 통해 가격을 낮추고 이를 통해 시장을 확대하겠다는 생산중심적인 경영원칙하에 T모델만을 한 가지 색깔(검정색)로 집중적으로 생산, 판매하였다. 1926년 제품가격은 260달러 수준으로 떨어졌으며, 1927년까지 단일 차종으로는 기록적인 1,500만 대를 판매하였다. 그러나 이 제품은 화려한 시작에 비해 끝이 그다지 좋지는 않았는데, 그 이유는 소비자들이 동일한 차종에 대해 싫증을 느끼고 구매를 기피했기 때문이었다. 즉, 다양한 소비자특성 — 성별, 연령, 직업, 인종 — 과 상이한 구매욕구를 무시하고 단일 승용차모델만을 강요함에 따라 소비자들이 식상하기 시작했고, 이 틈을 이용해 후발업체인 GM사가 시장을 잠식해 들어간 것이다. 결국 포드사는 1927년에 이 모델의 생산을 중단했고, 6만명의 직원을 해고하는 불행한 사태를 맞게 되었다. 포드는 이 때 GM에 빼앗긴 시장의 수위자리를 아직도 회복하지 못하고 있다.

●개별 고객별로 원하는 유형의 제품을?

1980년대 초반 미국의 자동차회사들은 소비자들의 제품성능에 대한 불신과 이를 틈탄 일본자동차의 시장잠식으로 많은 어려움을 겪고 있었다. 경영수지를 악화시킨 또 하나의 문제점은 다양한 소비자욕구를 만족시키기 위해 너무 많은 종류의 제품을 생산했던 것이다. 1982년 포드의 Thunderbird라는 승용차는 소비자들로 하여금 색상, 스타일, 변속기 등과 같은 사양들을 자유롭게 선택하도록 함으로써 무려 69,120 종류를 주문제작하는 생산방식을 유지하고 있었다. 이에 따라 단위당 생산비는 올라가고 제품을 판매할수록 적자가 확대되는 사태가 발생했다. 반면에 경쟁사인 일본 혼다의 Accord는 색상을 포함해서 단지 32개의 모델만을 가지고 높은 판매수준을 유지했다.

Ford자동차의 1982년형 Thunderbird

비차별적 마케팅(undifferentiated marketing) 혹은 **대량마케팅**(mass-marketing) 전략은 세분시장간 차이를 무시하고 전체시장 혹은 가장 규모가 큰 대중시장을 표적으로 하나의 제공물을 제공하는 것이다. 이러한 전략은 고객욕구의 차이점보다는 공통점에 초점을 맞춘다. 기업은 대다수의 구매자들에게 어필할 수 있는 제품과 마케팅프로그램을 설계한다. 비차별화 마케팅전략은 제품수명주기의 도입기나 시장이 명확하게 세분화되지 않은 경우에 적절하다. 예를 들어, 과거 Ford 자동차가 미국 내 전체 소비자들을 대상으로 T형 승용차 하나만을 시장에 내놓은 경우가 이에 해당된다. 실제로 세계의 유수한 기업들이 오랜 기간 동안 하나의 제품만을 생산한 적이 있으며(예를 들면, 코카콜라도 1970년대 중반까지 한 종류의 콜라제품만을 생산했음), 럭키치약, 농심라면, 기아자동차의 승합차 봉고와 같이 국내의 많은 기업들도 한때 하나의 제품만으로 높은 시장점유율을 유지하기도 했다.

앞 장에서 언급했듯이 대부분의 현대 마케터들은 이러한 표적시장 선정전략에 대해 의구심을 갖는다. 모든 고객들을 만족시키는 한 가지 제품이나 브랜드를 개발하는 것이 어렵기 때문이다. 나아가 대량마케터들은 종종 보다 집중화된 마케팅프로그램을 사용해 특정 세분시장이나 틈새시장(niche)의 욕구를 더 잘 충족시키는 기업들과 경쟁하는데 어려움을 겪는다.

차별적 마케팅(differentiated marketing) 혹은 **세분화 마케팅**(segmented marketing)전략은 여러 세분시장을 표적시장으로 선정하고, 각 세분시장별로 서로 다른 시장제공물을 개발하는 시장커버리지 전략을 말한다. 차별적 마케팅전략은 여러 세분시장에 동시에 투자를 해야 하므로 재원이 뒷받침될 수 있을 정도로 규모가 큰 기업들에 적절하다. 현대자동차는 소형차 엑센트, 준중형차 아반테, 중형차 쏘나타, 중대형차 그랜져, 대형차 제네시스, 럭셔리 제네시스 등 승용차 세분시장별로 제품라인을 차별화하고 있다. 기아자동차도 K3에서부터 K9에 이르기 까지 서로 다른 승용차 브랜드를 갖고 있는데, 각 브랜드는 서로 다른 특성의 세분시장을 타겟으로 한다. Gap은 서로 다른 패션세분시장들의 다양한 욕구를 충족시키기 위하여 Gap, Banana Republic, Old Navy, 그리고 Forth & Towne이라는 네 개의 패션브랜드를 갖고 있다.

차별적 마케팅전략을 채택한 기업들은 흔히 한두 개의 세분시장을 집중적으로 공략하여 경쟁우위를 확보한 후, 유통이나 생산시설 등의 공유를 통해 경쟁자보다 비교우위를 가질 수 있는 세분시장으로 표적시장의 범위를 넓혀가게 된다. 예를 들어, CJ는 식품류와 생활용품 판매를 통해 슈퍼마켓 유통을 확보한 후 동일한 유통경로를 통해 화장품을 판매함으로써 유통망 개척에 소요되는 비용을 줄이고 가격경쟁력을 확보할 수 있었다.

차별적 마케팅전략은 세분시장에 따라 제품과 마케팅프로그램을 달리 함으로써 기업은 각 세분시장에서 더 높은 매출과 더 강력한 포지션을 기대할 수 있다. 여러 세분시장에서 강력한 포지션을 구축하는 것은 모든 세분시장들을 대상으로 비차별적 마케팅을 수행하는 것 보다 더 많은 총매출을 실현할 수 있도록 한다. 차별적 마케팅을 추구하는 Hallmark는 미국 축하카드 시장에서 50퍼센트의 점유율을 차지한다. 이와 비슷하게 서로 다른 세분시장을 타겟으로 하는 6개 세탁세제 브랜드를 보유한 Procter & Gamble은 가장 강력한 경쟁자인 Unilever보다 4배의 시장점유율을 차지하고 있다.

그러나 차별적 마케팅의 도입은 사업운영 비용을 증가시킨다. 말하자면, 각 세분시장에 맞추어 10

미국시장에서 MP3로 음악을 듣고 싶어하는 30-40대의 욕구에 잘 대응하는 차별적 마케팅으로 성공한 Apple사의 iPod 제품: Apple의 iPod은 사업초기에 이미 많은 경쟁제품들이 포진한 10대-20대 시장 대신 30대-40대 고객들을 표적시장으로 시장에 진입하였다. iPod은 30-40대 소비자들이 원하는 컨텐츠(음악파일)를 iTunes를 통해 쉽게, 그리고 저렴하게 구매할 수 있도록 해 높은 호응을 얻을 수 있었다.

개 제품을 각각 10개씩 만드는데 드는 비용은 한 제품을 100개 만드는데 드는 비용보다 훨씬 높을 것이다. 또한 각 세분시장별로 서로 다른 마케팅계획을 개발해야 하므로 추가적인 마케팅조사, 판매예측분석, 촉진계획, 유통관리가 요구된다. 그리고 세분시장 별로 서로 다른 광고캠페인을 실행해야 하므로 촉진비용이 증가한다. 따라서 기업은 차별적 마케팅전략 도입여부를 결정할 때 그로 인한 매출의 증가와 비용의 증가를 비교분석해 보아야 한다.

집중적 마케팅(concentrated marketing) 혹은 **틈새시장 마케팅**(niche marketing)전략은 큰 시장에서 작은 점유율을 추구하는 대신 하나 혹은 소수의 작은 세분시장 또는 틈새시장에서 높은 점유율을 추구하는 시장커버리지 전략이다. 틈새시장(niche market)이란 세분시장을 더욱 세분화한 보다 작은 규모의 소비자집단(subsegment)을 말하는데, 유아용 우유시장을 다시 연령대에 따라 3개월 미만, 그리고 3~6개월 사이의 유아로 구분하거나, 30대 여성고객을 겨냥한 화장품을 다시 주름살을 제거하는 화장품을 원하는 30대 여성고객과 기미를 제거하는 화장품을 원하는 30대 여성고객 등으로 구분하는 경우가 이에 해당한다. 집중적 마케팅전략은 자원이 제한되어 있는 기업이 주로 사용하는 표적시장 선정전략이다. 예를 들어, 미국의 Whole Foods Market은 Kroger, Walmart와 같은 대규모 소매업체들에 비해 상대적으로 규모는 작지만 고급식료품을 원하는 식도락가 집단을 타겟으로 함으로써 규모가 큰 경쟁사보다 더 빠르게 성장하고 더 많은 수익을 내고 있다. Whole Foods는 Walmart가 제대로 된 서비스를 제공하기 어려운 부유층을 타겟으로 유기농식품, 천연식품, 식도락가를 위한 식품 등을 취급한다. 쿠쿠로 유명한 성광전자는 가전제품 중 전기밥솥에 집중한다. 그리고 양말전문업체 인따르시아는 패션입체양말, 향기양말 등 차별화된 제품들을 개발해 양말시장에서 선도업체로 성장했다.

집중적 마케팅을 추구하는 기업은 틈새시장에서의 소비자욕구에 대한 풍부한 지식과 이 시장에서 쌓은 높은 명성을 이용하여 강력한 시장포지션을 확보할 수 있다. 기업은 주의깊게 정의된 세분시장들의 욕구에 맞추어 제품, 가격, 그리고 촉진프로그램을 조율함으로써 보다 효과적으로 제품을 판매할 수 있다. 또한 기업은 제품과 서비스, 유통채널, 그리고 커뮤니케이션 프로그램을 자신이 가장 잘 만족시킬 수 있고 가장 많은 수익을 낼 수 있는 소비자들에게만 겨냥함으로써 보다 효율적으로 제품을 판매할 수 있다. 가령, 듀오백은 기능성 의자라는 틈새시장에서 선도적 지위를 구축했다. 듀오백은 단순히 디자인적 요소만 가미되던 국내 의자시장에 인간공학이라는 기능성을 차별점으로 내세운 기능성 의자를 개발/출시했다. 단순히 앉는 용도로만 사용되는 의자가 아닌, 앉았을 때 가장 편안함을 느낄 수 있는 제품을 만들어 차별화를 추구한 것이다.

틈새시장 전략은 소규모 기업들로 하여금 대규모 경쟁자들이 중요하게 여기지 않거나 간과할 수 있는 틈새시장을 상대로 제한된 자원을 집중할 수 있게 한다. 많은 회사들이 규모가 크고 자원이 풍부한 경쟁사들에 대항하기 위한 교두보를 마련하기 위하여 틈새시장 사업자(nicher)로 사업을 시작하지만, 어느 정도 성장하게 되면 보다 넓은 시장에서 경쟁하게 된다. 예를 들어, Southwest Airline은 텍사스에서 식음료제공 등의 부가서비스가 제공되지 않는 주(州)내 통근자들을 대상으로 항공사업을 시작했지만, 지금은 미국에서 가장 큰 항공사들 중 하나이다. 그리고 Enterpise Rent-A-Car는 공항 등의 입지에서 Hertz나 Avis와 같은 대기업과 경쟁하는 대신 동네사무실 네트워크를 구축하면서 사업을 시작했다. Enterprise는 지금 미국에서 가장 큰 렌트카 회사가운데 하나로 성장했다.

차별적 마케팅은 틈새시장에서 경쟁우위를 확보함으로써 높은 수익을 창출할 수 있는 장점을 갖지만, 고객욕구가 변하거나 유통, 생산, 광고 등에서 규모의 경제를 갖는 대기업이 진출할 경우 이에 대처하기 어렵다는 단점을 갖는다. 이런 이유들 때문에 많은 기업들이 하나의 세분시장에 의존하기 보다는 복수의 세분시장들로 자신의 사업을 다각화하는 것을 선호한다.

차별적 마케팅과 집중적 마케팅을 사용하는 마케터들은 각각 여러 세분시장과 틈새시장의 고객욕구에 맞춰 제공물과 마케팅프로그램을 조정한다. 그러나 이들은 각 개별소비자에 맞추어 그들의 제공물을 고객화하지는 않는다. **미시마케팅**(micro marketing) 혹은 **개인마케팅**(individual marketing)은 특정개인이나 지역의 기호에 맞추어 제품과 마케팅프로그램을 조정하는 것이다. 개인마케팅은 일대일

마케팅 Highlight

표적시장 전략의 일환으로 수행되는 데이터베이스 마케팅

1) DB마케팅의 등장배경

기업들은 제한된 자원으로 고객들에게 효과적으로 접근하기 위해 표적시장 전략을 시행하고 있다. 그러나 시장이 성숙기에 접어들고 경쟁이 심화되자, 기업들은 그동안 작은 시장규모 때문에 접근하지 않던 고객집단에서 시장기회를 찾는 틈새시장 마케팅(niche marketing), 나아가 개별고객의 요구에 맞춘 마케팅프로그램을 제공하는 데이터베이스(database) 또는 DB마케팅 전략을 도입하고 있다.

DB마케팅이란 개별고객에게 차별적 서비스를 제공함으로써 고객을 확보하려는 시도이다. 세분화 마케팅으로는 유사한 전략을 구사하는 경쟁사에 비해 차별성을 확보하기 어려워지자, 이에 대한 해결책으로

개별고객수준에서 욕구를 파악하고 차별적 마케팅프로그램을 개발하려고 하는 것이다.

2) DB마케팅의 정의와 목적

DB마케팅은 ① 고객정보를 컴퓨터를 이용하여 고객정보를 데이터베이스화 하고, ② 이를 바탕으로 개별고객의 욕구에 맞는 차별화된 마케팅전략을 수립하고 집행하는 과정으로 정의된다. DB마케팅은 고객과의 관계를 구축하고 이를 바탕으로 고객의 평생가치를 극대화하려는 시도로서 관계마케팅(relationship marketing)으로 불리어지기도 한다. 일반적으로 DB마케팅은 세분시장 마케팅에 비해 더 많은 비용이 투입되어야 하지만, 고객이 기업에 평생동안 제공하는 가치를 감안한다면 그렇게 무리한 투자가 아닐 수 있다. 예를 들어, 30세의 주부가 어떤 백화점에서 1주에 2회, 1회당 3만원 어치의 쇼핑을 한다고 하자. 이 경우 이 주부가 65세까지 쇼핑을 한다고 가정할 때 그 가치는 312만원×35년=1억 920만원에 달한다.

3) DB마케팅의 수립과정

① 고객정보의 수집과 DB구축

DB마케팅의 첫 번째 단계는 고객정보를 수집하여 이를 데이터베이스화 하는 과정이다. DB마케팅 운영에 필요한 주요 고객정보는 고객의 인구통계적 정보와 고객별 구매정보이다. 이를 위해 백화점, 항공사, 주유소 등은 고객카드를 발급하고 이를 통해 고객별 기본정보를 수집한다. 고객들이 자사제품을 구매할 때마다 구매이력이 추가되며 고객의 불만처리나 A/S처리 등에 대한 정보도 고객별로 입력된다.

② 고객공헌도 평가

고객정보를 수집한 후 마케터는 고객의 자사에 대한 공헌정도를 평가하고, 이에 기반해 고객들에게 차별적인 마케팅프로그램을 제공한다. 예를 들어, 백화점에 오는 고객 중 주로 지하슈퍼마켓에서 찬거리를 구매하는 주부와 고급승용차를 타고와 명품을 수시로 구매하는 주부에 대해 차별적 관리가 필요한데, 이를 위해 기업은 고객정보를 바탕으로 각 고객에 대한 관리등급을 평가한다. 기업은 고객등급을 분류하기 위해 RFM 포인트 분석법을 흔히 활용한다. 이는 고객이 자사제품을 얼마나 최근에(recency), 자주(frequency), 그리고 많이(monetary) 구매하였는지를 분석해 고객별 점수를 계산하고, 이를 토대로 각 고객의 등급을 정하는 것이다.

③ 고객에 대한 차별적 접근

기업은 고객등급에 따라 차별적인 마케팅 접근방법을 개발해야 한다. DB마케팅에서 널리 이용되는 고객관리방법은 평가점수, 즉 사용실적에 따라 차별적인 판촉프로그램을 제공하는 것이다. 예를 들어, 대한항공의 FTBS(Frequent Traveler Bonus System)는 이용거리에 따라 무료항공권을 제공하거나 보다 좋은 좌석으로 upgrade 시켜준다. DB마케팅에서 널리 활용되는 또 다른 고객관리방법은 고객특성에 따라 차별적 고객서비스를 제공하는 것이다. 예를 들어, 롯데백화점은 고객정보에 근거해 개개인에 적합한 행사내용을 선별하여 알려준다. 신라호텔은 한 번이라도 투숙하거나 식당을 이용한 고객정보를 DB화하여 1년 전 방문한 식당에서 그 고객이 원하는 서비스를 받을 수 있도록 한다. 기념일에 축하카드를 보내거나 안부전화를 하는 것은 이보편화된 고객관리방법이다.

● 자료원 : 박찬욱, 금융기관의 데이터베이스마케팅

마케팅(one–to–one marketing), 대량 개별고객화(mass customization) 혹은 개인시장 마케팅(markets–of–one marketing), 데이터베이스(DB, 빅데이터) 마케팅 등으로 불리기도 한다.

대량마케팅이 광범위하게 사용됨에 따라 과거 수세기 동안 소비자들이 개별고객으로 서비스를 받아왔다는 사실이 우리 기억에서 사라지게 되었다. 과거 재단사는 맞춤형 양복을 만들었고, 구두수선공은 개인을 위한 신발을 디자인했고, 진열장 메이커는 주문을 받아 가구를 만들었다. 그러나 오늘날 새로운 기술의 등장은 많은 기업들로 하여금 개별화된 마케팅으로 회귀할 수 있도록 해주고 있다. 보다 상세해진 고객정보를 담은 데이터베이스, 로봇을 이용한 자동생산(robotic production)과 유연생산방식, 그리고 이메일과 인터넷과 같은 상호작용적 커뮤니케이션 미디어 등이 결합되어 대량 개별고객화가 가속화 되었다. **대량 개별고객화**(mass customization)는 기업이 고객의 개별욕구에 맞춰진 제품이나 서비스를 디자인하기 위해 다수의 고객들과 일대일로 상호작용하는 과정이다. 소비자들은 www.myMMs.com에 자신의 사진을 올리고 각 캔디에 자신의 얼굴과 개별적인 메시지를 인쇄한 채로 M&M 초콜렛 묶음을 주문할 수 있다. 또한 소비자들은 NikeID 웹사이트를 방문해 수백가지 색상들 중에서 하나를 선택하고 원하는 단어나 문구를 신발에 새김으로써 개별화된 나이키 운동화를 제공받을 수 있다.

이제 컴퓨터, 캔디, 의상 및 골프채 등 모든 유형의 제품을 판매하는 회사들은 개별구매자의 욕구에 맞추어 제공물을 개별화하고 있다. 가령, Lego회사는 LEGO Factory라는 웹사이트(LEGOFactory.com)를 설치했는데, 레고팬들은 그곳에서 자신만의 레고모형을 설계할 수 있다. 무료로 다운로드가 가능한 디지털다자이너 소프트웨어를 이용하여 소비자들은 그들이 상상하는 어떤 구조물도 창출할 수 있다. 만일 고객들이 고유한 구조물을 만들기로 결정하면, 어떤 조각(block)들이 필요한 지를 추적하는 소프트웨어가 이를 파악해 Lego창고로 주문을 보낸다. 창고에서 종업원은 필요한 레고블락들을 박스에 넣고 이를 발송한다. 이 소프트웨어는 자신이 개발한 구조물 작품을 자랑하고 싶은 사용자들로 하여금 이 작품을 LEGO 커뮤니티의 다른 사람들과 공유할 수 있게 해 주는데, 이 커뮤니티는 고객충성도를 구축하는데 있어 주요기반의 하나이다. LEGO Factory Gallery는 수상작품을 전시하는데, 사용자들은 이를 살펴보고 맘에 드는 다른 사람들의 디자인을 주문할 수 있다. 페이스북도 이용자들에게 개인화된 제공물을 보냄으로써 그들로부터 긍정적 반응을 얻었다.

BtoB 마케터들도 자사의 제공물을 개별화하기 위한 새로운 방안들을 고안하고 있다. 예를 들어, John Deere는 개별고객이 원하는 규격에 맞추어 2백만 개가 넘는 여러 버전(version)의 씨뿌리기 장비를 생산한다. 그 장비는 한 생산라인에서 차례차례로 한 번에 한 개씩 생산된다. 대량 개별고객화는 경쟁사와의 경쟁에서 살아남는데 유용한 방안이 되고 있다.

대량생산이 20세기의 마케팅원리였다면, 대량 개별고객화는 21세기의 마케팅원리가 되고 있다. 고객을 개별적으로 모셨던 과거의 좋은 시절에서 어떤 기업도 개별고객의 이름을 몰랐던 대량마케팅으로, 그리고 다시 개별화시대로 되돌아가는 순환과정을 거치고 있는 것이다.

마케팅 Highlight

내가 원할 만한 것을 알아서 척척 제공해주는 맞춤형 서비스시대

2014년 구글은 음악 서비스업체 송자(Songza)를 1500만달러(약 153억원)에 인수했다. 이 업체는 사용자가 있는 곳의 위치와 날씨, 시간 등을 파악해 어울리는 음악을 추천해준다. 예를 들어 프랑스 파리에서 비오는 밤에 이 서비스에 접속하면 운치있는 샹송(chanson)을 추천해 주는 식이다. 구글은 세계 최대 동영상 사이트인 유튜브에도 이같은 맞춤형 서비스를 적용할 것으로 알려졌다. 구글뿐만이 아니다. 페이스북·애플·아마존 등 글로벌 IT 기업은 물론이고 SK플래닛·LG유플러스 같은 국내기업도 사용자의 온라인 활동내역과 주변소리, 시선, 뇌파정보 등을 수집·분석해 맞춤형 서비스를 제공한다. 이렇게 모은 정보는 각각의 개인에게 최적화된 맞춤정보와 편의를 제공하는 이점이 있다. 내 취향을 나보다 더 잘 파악하는 맞춤형 서비스는 사용하기에 따라서 매우 편리할 수 있다. 아무 약속이 없는 일요일에 '오늘 뭐하지'라고 생각하는 순간 스마트폰이 심심할 때 볼만한 영화나 책을 슬그머니 내민다. 인터넷TV는 이용자의 성별·나이, 평소 즐겨보던 취향 등을 분석해 거기에 맞는 영화나 드라마를 추천해 준다.

SK플래닛의 온라인 쇼핑몰 11번가는 자체개발한 '레코픽'이라는 맞춤형 서비스를 운영한다. 예를 들어 프라이팬이나 부엌칼 같은 주방용품을 자주 클릭했다면 관련신상품이 나올 경우 PC 화면옆에 작은 광고창을 띄워서 알려준다. 또 사용자가 올린 상품구매 후기나 댓글을 분석해 제품을 추천해 주기도 한다. 특정상품에 대해 쓴 글의 내용이 긍정적인지 부정적인지에 따라서 추천하는 제품도 달라진다. LG유플러스의 스마트폰용 무료 앱(응용프로그램) 'U스푼'은 똑똑한 개인비서역할을 해준다. 사용자의 위치·성별·나이·일정 등을 바탕으로 사용자의 일정을 관리하는 것이 특징이다. 예를 들어 새벽에 폭설(暴雪)이 내렸을 경우 전날밤에 맞춰놓은 기상시각보다 한 시간 정도 일찍 알람을 울려 직장이나 학교에 지각하지 않게 해준다.

문제는 이런 서비스가 지나칠 경우 사생활을 침해하고 사용자의 생활행태나 사고방식에도 큰 영향을 미칠 수 있다는 것이다. 실제로 2012년 미국의 대형마트 타깃(Target)이 부모 몰래 임신한 여고생에게 임부복(妊婦服) 할인쿠폰을 보냈다가 말썽을 빚었다. 이 여고생이 타깃에서 임산부들이 먹는 음식이나 옷 등을 사는 것을 알고는 '지금쯤 임산부복이 필요한 시기'라고 판단해 쿠폰을 발송한 것이다. 타깃의 과도한

CJ헬로비전의 디지털 케이블방송 서비스 '**헬**로TV'에서 시청자의 시청습관에 맞춰 관심을 가질 만한 영화를 추천해주는 모습. 사용자의 활동내역과 주변소리, 시선, 뇌파정보 등을 수집·분석해 맞춤형 서비스를 제공하는 기업이 늘고 있다.

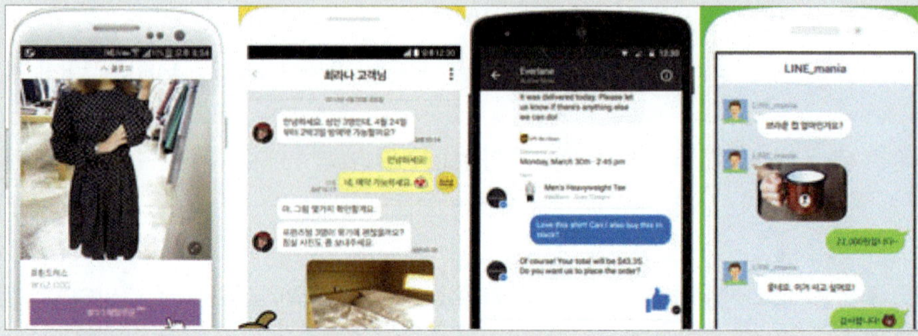

네이버 샵윈　　다음카카오 옐로아이디　　페이스북 비지니스 온 메신저　　네이버 라인@

마케팅은 지나친 사생활간섭이라는 비판을 받았고, 결국 해당 여고생의 부모에게 공개사과하기에 이르렀다. 사람들이 뭔가를 고민해서 선택하는 과정을 건너뛰게 만드는 것도 맞춤형 서비스의 부작용으로 꼽힌다. 일단 맞춤형 서비스에 의존하기 시작하면 늘 비슷한 것을 구매하고, 같은 생각만 하게 돼 사고(思考)를 확장할 기회를 박탈당한다는 것이다. 예를 들어 늘 아마존에서 권해주는 책만 사서 읽다보면 오프라인 서점에 가서 이책 저책을 뒤적여보고 자신이 미처 생각하지 못했던 분야의 책을 살 기회도 사라진다.

네이버의 모바일쇼핑몰 샵윈도는 '1:1쇼핑톡' 기능을 도입해 입점업체와 개별고객이 1:1 메신저로 상품을 사고팔 수 있도록 해 매출증대효과를 거두었다. 부산 금정구 장전동에 있는 옷가게 '리틀마켓'은 2015년 3월 월 매출 1억원을 돌파했다. 네이버의 모바일쇼핑몰 샵윈도에 입점한지 3개월 만이다. 리틀마켓이 샵윈도에 올린 의류사진들을 보고 단골로 등록한 고객 1만 2000명이 '1:1쇼핑톡' 기능으로 주문한 '채팅매출'이다. 샵윈도 채팅응대를 맡고 있는 이 가게의 황민경(34) 매니저는 "샵윈도 입점 전보다 거래량이 4~5배 늘었다"며 "손님의 채팅질문에 빠르게 피드백하고, '가격 네고'(협상)도 오프라인 매정처럼 진행하니 거래량이 급증했다"고 말했다. 네이버 샵윈도는 모바일쇼핑몰에 메신저 기능을 끌어들여 효과를 본 경우다. 2014년 12월초 오픈한 샵윈도는 채팅기능을 추가해 이용자들로부터 좋은 반응을 얻었다. 소비자들은 샵윈도에 입점한 업체들과 채팅창을 통해 주문상담부터 가격협상, 결제까지 일사천리로 끝낼 수 있다.

• 자료원 : 조선경제, 2014.7.21; 중앙일보, 2015.5.19

2.3 표적시장 선정전략 선택시 고려요인

기업은 시장표적화 전략 혹은 표적시장 선정전략(market targeting strategy)을 선택함에 있어 많은 요인들을 고려할 필요가 있다. 어떤 전략이 가장 좋은지는 회사의 보유자원에 달려있다. 회사의 자원이 제한적일 때, 집중적 마케팅이 합리적일 것이다. 그리고 가장 좋은 표적시장 선정전략은 제품의 변형성(product variability)에 의해서도 영향을 받는다. 비차별화 마케팅은 포도나 강철 같은 표준화된 제품에 적합하다. 카메라, 자동차와 같이 디자인에 있어서 차이가 많은 제품은 차별적 마케팅 혹은 집중적 마케팅이 적합하다. 제품수명주기도 고려되어야 한다. 회사가 신제품을 소개할 때는 하나의 버전을 시판하는 것이 실용적이므로, 비차별적 마케팅이나 집중적 마케팅전략이 합리적일 것이다. 그러나 제품수명주기 상에서 성숙단계에 있는 경우에는 고객의 다양한 요구에 맞추어 다양한 제품을 제공하는 차별적 마케팅이 보다 합리적인 대안이 될 것이다.

또 다른 요인은 시장다양성(market variability)이다. 만일 모든 구매자가 동일한 기호를 갖고, 같은 양을 구입하고, 마케팅활동에 대해 같은 방식으로 반응한다면, 비차별적 마케팅이 적절하다. 마지막으로 경쟁사들의 표적시장 선정전략도 중요하다. 경쟁사가 차별적 마케팅이나 집중적 마케팅을 사용하고 있는 경우, 비차별적 마케팅은 자살행위나 다름없다. 반대로 경쟁사가 비차별적 마케팅을 사용할 경우에는, 기업은 세분시장들의 상이한 구매자욕구에 초점을 맞추는 차별적 마케팅 또는 집중적 마케팅을 사용함으로써 경쟁우위를 얻을 수 있다.

2.4 사회적으로 바람직한 표적시장 마케팅

현명한 표적시장 전략은 가장 잘 만족시킬 수 있고 수익성이 높은 세분시장들에 마케팅활동을 집중함으로써 효과적이고 효율적으로 회사를 운영할 수 있도록 도와준다. 회사는 표적시장 전략을 통해 고객에게도 혜택을 줄 수 있다. 기업이 고객의 욕구를 만족시킬 수 있도록 맞춰진 제공물을 갖고 특정 소비자집단들에게 다가갈 수 있기 때문이다. 그러나 표적시장 마케팅은 때때로 논란과 우려를 초래한다. 가장 큰 이슈는 논쟁의 여지가 있거나 잠재적으로 고객에게 해를 끼칠 수 있는 제품을 가지고 불리한 조건의 취약소비계층을 표적으로 하는 경우이다. 예를 들어, 오랫동안 시리얼, 장난감에서 패스트푸드와 패션에 이르기 까지 다양한 산업의 마케터들이 아동을 대상으로 한 마케팅노력에 대해 비판을 받아 왔다. 비판은 의인화된 사랑스러운 캐릭터의 입을 통해 전달되는 프리미엄 제안과 광고소구가 아이들을 무방비상태로 만든다는 것이다. 다른 문제는 의도적이든 우연이든 성인용품에 대한 마케팅이 아이들에게 영향을 끼칠 수 있다는 것이다. 예를 들어 성인여성용 란제리브랜드 Victoria's Secret은 18세에서 30세의 여성을 타겟으로 참신하고, 유행에 앞서가며, 섹시한 의상으로 구성된 Pink라인을 출시해 큰 성공을 거두었다. 그러나 비판가들은 Pink라인이 10대 초반의 어린소녀들에게도 큰 인기를 끌고있다는 점에 대해 비난한다. Victoria's Secret의 섹시한 디자인과 마케팅 메시지에 반응하여 10~12세의 어린소녀들이 부모와 함께 또는 혼자매장으로 몰려와 Pink라인을 구매하고 있다. 비판가들은 란제리, 화장품에서 부터 Barbie 인형에 이르기까지 거의 모든 제품의 마케터들이 직간접적으로 어린 여성을 타겟으로 자극적인 제품을 판매함으로써 성숙되지 않은 상태에서 성과 외모에 관심을 갖도록 부추기고 있다고 우려한다.

표적시장 마케팅수행에 대한 논란은 마케터들이 표적세분시장의 희생으로 수익을 얻으려고 할 때 생겨난다. 즉, 마케터들이 정당하지 않게 취약한 세분시장을 표적시장으로 삼거나 혹은 그들에게 의심스러운 제품 혹은 마케팅전술을 제공할 때 논란이 발생되는 것이다. 사회적으로 바람직한 마케팅을 실행하기 위해 마케터들은 기업과 고객모두에게 혜택을 가져다 줄 수 있는 시장세분화와 표적시장 선정전략을 추구해야 한다.

03 포지셔닝전략

표적세분 시장이 선정되면, 마케터는 그 다음 단계로 표적시장 고객들에게 자사제품이 경쟁제품에 비해 어떤 차별점을 갖고 있는지를 전달하기 위해 제품포지셔닝 전략을 개발해야 한다. **제품포지셔닝**(product positioning)이란 타겟소비자의 마음속에 자사제품의 차별적 우위를 구축하기 위한 노력을 말한다. **제품포지션**(product position)은 표적소비자의 마음속에 경쟁제품들과 비교해 자사제품들이 차지하는 상대적 위치인데, 결정된 제품포지션은 제품개발, 광고, 판촉 등과 같은 마케팅믹스 수단들의 통합적 관리를 통해 실현된다. Method 세탁세제는 경쟁제품에 비해 현명하고, 사용하기 쉬우며, 환경친화적인 제품으로 포지션된 반면 P&G의 Tide세제는 세척력이 강하면서 다용도의 가족용 세제로 포지션되어 있다. 자동차시장에서 기아자동차의 모닝은 경제적인 차로 포지션되고, Mercedes와 Cadilac, 제네시스 EQ는 최고급 승용차로, 그리고 Porsche와 BMW는 고성능으로 포지션되어 있다.

제품은 공장에서 만들어지지만, 브랜드포지션은 소비자의 마음속에서 만들어진다. 소비자들은 제품과 서비스에 대한 너무 많은 정보로 인해 과부하 상태에 있다. 소비자들은 제품을 구매할 때마다 그 제품을 재평가할 수 없다. 구매과정을 단순화하기 위하여 소비자들은 제품, 서비스, 회사들을 몇 개의 카테고리로 분류한 다음, 이들을 자신의 마음속에 포지션시킨다. 소비자들은 마케터의 도움을 받아 또는 도움이 없이도 제품을 포지션한다. 기업은 제품포지션이 소비자의 손에 의해 좌우되도록 내버려 두어서는 안된다. 마케터는 선정된 표적시장에서 자사제품에게 경쟁우위를 제공하는 차별적 포지션을 기획하고, 계획된 포지션을 실제로 창출하기 위한 마케팅믹스를 설계해야 한다.

3.1 포지셔닝전략의 유형

브랜드의 전반적인 포지셔닝은 브랜드 가치제안(brand value proposition)이라고도 불리는데, **브랜드 가치제안**은 브랜드를 차별화시키고 포지션시키는데 근간이 되는 혜택들을 말한다. 이는 왜 이 브랜드를 사야하는가라는 고객의 질문에 대한 기업의 대답이다. 볼보의 가치제안은 핵심혜택인 안전성뿐만 아니라 신뢰성, 공간성, 그리고 스타일링 등의 혜택도 포함하는데, 지불해야 하는 가격은 평균보다 높지만 이러한 혜택들의 조합을 고려하면 그 가격을 받을만 해 보인다.

기업은 소비자의 마음속에 자사제품을 포지션(position)시키는데 있어 다음과 같은 대안들을 고려할 수 있다.

(1) 가격과 제품속성에 기반한 포지셔닝

이는 표적소비자들이 중요하게 생각하는 제품속성에서 자사 제품이 차별적 우위를 갖고 있음을 강

독특한 디자인으로 차별화를 시도한 기아자동차 '소울'

조하는 것이다. 가령, 이마트, 홈플러스 같은 할인점과 신사복 메이커인 파크랜드는 경제성을 추구하는 소비자들에게 소구한다. Volvo자동차는 안전성을 강조하며, LG전자의 OLED TV는 뛰어난 화질을 강조한다. 롯데제과의 자이리톨껌은 특별한 성분을 부각시켜 차별화를 시도했으며, BBQ치킨은 엑스트라버진 올리브유를 사용해 트랜스지방을 대폭줄였음을 강조한다. 발효유제품들은 '유산균이 캡슐에 싸여 장까지 간다', '위질환의 원인이 되는 헬리코박터균을 억제한다'와 같이 기능적 차별점을 강조한다. 기아자동차의 소울은 독특한 디자인으로 차별화를 추구했했다.

(2) 사용상황에 따른 포지셔닝

이는 제품이 사용될 수 있는 적절한 상황과 용도를 자사제품과 연계시키는 것이다. 예컨대, 술마시기 전후에 마시는 컨디션, 주말이나 캐주얼한 분위기에 신는 캐쥬얼화 랜드로바, 또는 김치보관전용 냉장고 딤채 등이 이에 해당된다. 딤채 김치냉장고의 성공으로 최근에는 화장품이나 와인을 보관하는 냉장고도 출시되었다. 도로나 겨울에 도로사정이 좋지 못할 때 안전하게 주행할 수 있음을 강조하는 SUV(Sports Utility Vehicle) 자동차도 사용상황에 기반한 포지셔닝을 시도한 예이다.

김치전용 냉장고 시장을 만들어낸 대유 위니아의 딤채

(3) 제품사용자에 기반한 포지셔닝

이는 표적시장 내 전형적 소비자를 겨냥해 자사제품이 그들에게 적절한 제품인 것으로 소구하는 방법이다. 가전회사나 가구회사는 연간 약 30만 쌍에 달하는 신혼부부를 대상으로 판촉활동을 벌인다. 명품이나 수입자동차는 특별한 분을 위한 제품이라는 포지션으로 상류층에 소구하며, 도브는 제품성분 중 보습제가 1/4만큼 함유되어 있어 피부가 건조한 소비자들에게 적합한 비누로 포지션했다.

(4) 경쟁제품에 기반한 포지셔닝

이는 소비자 마음속에 강하게 인식되어 있는 경쟁제품에 대비한 자사제품의 차별점을 제시하는 것이다. 가령, 맥도날드는 스타벅스와 같은 커피전문점을 겨냥해 커피에 대한 소비자선호도 조사결과를

소비자 조사결과를 제시하면서 경쟁제품 대비 자사커피의 우수성을 강조하는 맥도날드

제시하면서 경쟁자에 비해 가격은 저렴하면서 맛이 더 좋은 커피로 포지션된 '맥카페'라는 새로운 브랜드를 출시했다. 칠성사이다는 경쟁사인 코카콜라를 겨냥해 카페인, 색소, 로열티가 없음을 강조하면서 자사제품의 우수성을 강조했다. 기업들 간의 경쟁이 갈수록 치열해지고 비교광고가 허용됨에 따라, 경쟁제품을 자사제품과 직접적으로 비교하는 경쟁적 포지셔닝이 국내시장에서도 점차 증가하고 있다.

3.2 제품포지셔닝에 대한 계획수립과 실행

마케터는 여러 포지셔닝 방법 중 하나를 선택해 이를 표적소비자의 마음속에 자리잡도록 해야 한다. 그러나 많은 브랜드들이 동일한 고객을 대상으로 경쟁하는 상황에서 경쟁자가 쉽게 모방할 수 없는 독특한 포지셔닝 대안을 찾아내는 것이 쉬운 일이 아니다. 마케터는 표적시장 고객들이 중요하게 생각하면서 경쟁브랜드에 비해 비교우위를 갖는 차별점을 찾아내어 이를 표적고객들에게 정확하게 전달할 수 있도록 포지셔닝 계획을 수립·실행해야 한다(그림 6-6 참조).

그림 6-6 포지셔닝전략의 수립 및 집행과정

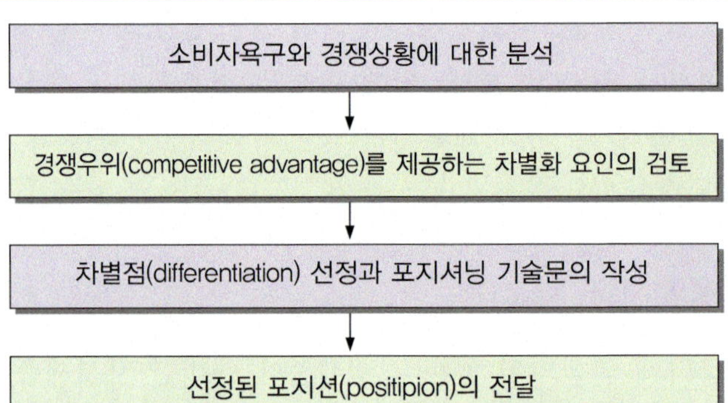

이하에서는 제품포지셔닝의 수립과정에 대해 설명하기로 한다.

(1) 소비자욕구 및 제품편익과 주요 경쟁자의 파악

포지셔닝 계획수립의 첫 번째 단계는 표적고객의 욕구와 그들이 원하는 제품편익을 파악하는 것이다. 성공적 포지셔닝전략의 출발점은 표적시장 고객들이 중요하게 생각하면서 현재 충족되지 않은 욕구(제품편익)를 찾아내는 것이다. 마케터가 자사브랜드의 차별점을 찾아 고객에게 정확하게 전달하는 데 성공하더라도 그 차별점이 표적고객에게 중요하지 않은 것이라면 기업의 마케팅노력은 허사가 된다. 예를 들어, 싱가포르의 한 호텔은 아시아에서 가장 높은 호텔임을 강조했지만, 이는 호텔을 이용하는 고객에게 큰 의미를 갖지 못해 실패한 포지셔닝전략이 되고 말았다.

마케터는 주요 고객욕구와 함께 경쟁브랜드에 대한 정보도 수집해야 한다. 이를 위해 기업은 먼저 누구를 경쟁자로 볼 것인가를 규명해야 한다. 즉, 어떤 브랜드들이 현재 우리와 동일한 세분시장을 표적으로 하고 있고, 추가진입이 예상되는 경쟁자는 누구인지에 대한 분석이 이루어져야 한다. 경쟁브랜드들이 파악되면, 소비자들의 각 브랜드에 대한 인식을 조사·분석해야 한다.

(2) 가능한 차별화 요인의 검토

기업들은 포지션에 이용할 차별점을 개발해야 한다. 예를 들어, 표적세분시장 내 많은 고객들이 우수한 품질을 추구한다면 제품품질을 기반으로 제품을 포지션할 수 있다. 문제는 많은 경우 둘 이상의 경쟁기업들이 동일한 포지션을 추구한다는 것이다. 그러므로 마케터는 표적고객집단에게 소구할 수 있는 독특한 혜택(편익)들의 조합을 만듦으로써 자신의 제공물을 차별화시켜야 한다. 그러므로 포지셔닝 전략수립의 두 번째 단계는 경쟁제품과 비교해 경쟁우위(competitive advantage)를 제공하는 차별점을 찾아내는 것이다. 기업은 제품, 서비스, 유통경로, 종업원, 그리고 브랜드이미지 등에서의 차별화를 고려할 수 있다.

① 제품차별화(Product Differentiation)

기업은 제품의 물리적 속성에서 차별화를 추구함으로써 경쟁우위를 구축할 수 있다. 마케터는 제품

첨단의 제품성능으로 경쟁제품과의 차별화를 추구하는 삼성전자의 갤럭시 스마트폰 브랜드

마케팅 Highlight

제품차별화를 통해 글로벌 오디오시장에서 매니아 고객층을 구축한 뱅앤올룹슨: 2등석을 1등석으로 만드는 스피커- 뱅앤올룹슨 '베오랩 90'

2015년 10월 덴마크 오디오 기기 회사 '뱅앤올룹슨(Bang & Olufsen)'은 창립 90주년을 맞아 신제품 베오랩90(Beolab 90)을 출시했다. 이 회사 CEO 튜 만토니(Mantoni · 40)는 호텔 기자회견장에서 육중하게 서 있는 베오랩 90을 가리키며 이렇게 말했다. "여러분은 오직 '한 걸음 더 앞으로 나아가겠다'는 괴짜들의 지독한 열망이 빚어낸 스피커를 보고 있습니다."

베오랩90은 1925년 창립한 뱅앤올룹슨의 가장 크고 비싼 디지털 스피커로서, 가격은 9900만원이다. 65kg의 덴마크산(産) 알루미늄 틀이 강력한 뼈대처럼 이 스피커의 바깥 몸체를 지탱하고 있다. 스피커 표면은 튼튼하고 촘촘한 검은색 그물망이다. 이 그물망 속에 컨트롤 부품과 확성기를 품은 또 다른 육중한 알루미늄 몸체가 숨겨져 있다. 뱅앤올룹슨의 음향기술자 거트 뭉크(Munch)와 음향 디렉터 조프 마틴(Martin)은 "어떤 공간에서도 누구나 낭비없이 음악을 즐길 수 있는 스피커를 꿈꿨다"고 했다. 여기서 이들이 말하는 '낭비'란 소리의 흩어짐을 말한다. 보통 스피커에서 음악이 새어나오면 그 방의 크기와 가구의 위치에 따라 소리의 공명이 달라진다. 이에 따라 소리가 가장 아름답게 들리는 이른바 '1등석(first class)' 자리가 자연적으로 생겨난다. 조프 마틴은 이걸 '스위트 스폿(sweet spot · 최고의 자리)'이라고 불렀다. "소리를 잘 듣고 싶으면 스위트 스폿에 앉아서 움직이질 말아야 합니다. 하지만 우리가 집에서 음악을 들을 때 늘 앉아만 있나요. 친구를 초대해서 같이 수다를 떨면서 음악을 듣기도 하고, 파티를 열고 이리저리 다니면서 들을 때도 있죠. 우리는 그래서 이 스위트 스폿을 마음대로 옮길 수 있는 스피커를 만들어 보기로 했습니다." 다시 말해 음폭과 소리의 방향을 원하는 대로 바꿀 수 있는 스피커를 만들었다는 얘기다.

뱅앤올룹슨 공장에서 이루어지는 모든 작업은 철저히 분업화 되어 있다. 알루미늄 틀을 만드는 직원, 조립하는 직원, 로봇을 조종하는 직원이 따로 있으며, 소리를 수십만 수백만 번 테스트해 보는 곳이라는 '음향고문실(torture chamber)'에도 전담 직원들이 따로 있다. 이들은 베오랩90을 공중에 매달고 1년이 넘도록 소리공명실험만 한다.

CEO 튜 만토니는 "이렇게 비싼 스피커가 쉽게 팔리겠느냐"는 질문에 대해 "이상하게 들리겠지만 우리는 지금껏 시장조사를 하고 물건을 만든 적이 없습니다. '이걸 내놓으면 팔리겠다'는 계산은 애초에 안 합니다. '이젠 무엇을 만들어야 새로울까'만 생각하죠. 우리는 항상 '남들이 아무도 해보지 않았던 것'에 욕심을 내왔다. 그만큼 우리가 내놓은 제품 중 실패한 것도 제법 많다. 그렇지만 우리는 늘 개의치 않고 신제품을 냈고, 이번 스피커가 설령 시장에서 외면받는다고 해도 후회하지 않을 것이다 우리는 도전 자체가 성취라고 믿는다"고 말한다.

• 자료원 : 조선일보, 2015.12.5

의 다양한 기능, 가격, 디자인 등을 경쟁제품들과 비교해 자사제품이 상대적으로 우수한 속성을 찾아내 이를 포지셔닝에 활용할 수 있다. 예를 들어, 삼성전자의 스마트폰 갤럭시는 스마트 화면유지, S보이스, 팝업플레이, 20장 연속촬영과 HD급 동영상 촬영이 가능한 카메라 등 첨단의 제품성능을 제공함으로써 소비자들에게 차별적으로 접근했다. 매일유업은 우유를 신선하게 유지해주는 공정인 ESL(Extended Shelf Life)로 매일우유를 제조하기 때문에 맛이 신선하다는 것을 강조함으로써 차별화를 추구한다. ESL시스템은 우유의 전 제조공정을 무균화하여 우유본래의 맛과 영양을 신선하게 유지해주는 공법인데, 매일유업은 대부분의 매일우유 제품에 ESL로고를 붙임으로써 신선함에서 차별화되었다는 것을 소비자들에게 전달하려고 한다.

② **서비스 차별화**(Service Differentiation)

기업은 유형적 제품을 차별화하는 것을 넘어서 제품관련 서비스에서 차별화를 추구할 수 있다. 어떤 기업들은 신속하고 편리한 상품배달 등을 통하여 서비스 차별화(service differentiation)를 추구한다. 양념치킨 시장에서 BBQ는 외국의 유명경쟁사와 비교해 차별적인 맛과 배달서비스를 제공함으로써 가정시장을 잠식할 수 있었다. 다른 기업들은 고품질의 고객서비스를 토대로 서비스 차별화를 추구한다. 항공서비스에 대한 고객만족이 갈수록 감소해 가는 상황에서 Singapore Airlines는 탁월한 고객섬김과 승무원의 우아한 태도를 토대로 자신을 차별화시켰다. Lexus는 멋진 차를 만들지만, 차의 오너들에게 탁월한 소유경험을 갖도록 하는 우수한 서비스로 더 잘 알려져 있다. 많은 병원들이 야간진료나 주말진료를 실시하고, 재활전문, 치매전문 등의 세부의료 서비스영역에 특화하는 경우도 이에 해당된다.

마케팅 Highlight

이색 서비스에 기반해 브랜드 차별화를 추구하는 저가항공사들

2016년 에어서울의 운항개시로, 총 6개로 늘어난 국적 저가항공사(LCC · Low Cost Carrier)들이 대형항공사들 못지않은 서비스를 속속 도입하고 있다. 항공업계 관계자는 "저가항공사들의 티켓가격은 비슷비슷하기 때문에, 고객들은 사소한 서비스 하나에도 마음이 움직인다. 재미와 편의를 제공하기 위해 이색 이벤트를 열거나, 좌석 · 기내식 · 수하물 등에서 차별화를 시도하고 있다"고 말했다.

최근 LCC들은 '펀(fun) 서비스' 도입으로 브랜드차별화를 추구하고 있다. 지난달 인천에서 괌으로 가는 제주항공 기내에서는 요일마다 색다른 이벤트가 펼쳐졌다. 월요일엔 승무원들이 어린이 승객들 얼굴을 캐리커처로 그려줬고, 수요일엔 승무원들이 승객들과 '가위바위보' 게임을 해 이긴 승객들에게 작은 선물을 줬다. 목요일엔 승무원들의 우쿨렐레 · 멜로디언 · 실로폰 합주공연, 토요일엔 마술공연이 펼쳐졌다. 제주항공 관계자는 "승무원들이 14개분야 이벤트팀을 운영하며 매달 특정노선에서 화장법 강의, 사투리 방송, 프러포즈 이벤트 등을 하고 있다"고 말했다.

이스타항공은 인천-방콕노선을 중심으로 매주 한 번씩 승무원들이 이벤트를 벌인다. 승무원들이 LED

제주항공 승무원들이 어린이 승객의 얼굴을 그린 캐리커처(위 왼쪽). 에어부산 승무원이 승객에게 제공할 커피를 내리고 있다(위 오른쪽). 이스타항공 기내에서는 한 승무원이 반짝이는 무대의상을 입고 춤을 추고 있다(아래).

조명이 달린 옷을 입고 춤을 추기도 하고, 승객들에게 퀴즈를 내 맞히면 선물을 주기도 한다. 크리스마스나 어버이날 같은 기념일에는 승객들이 동승한 가족들에게 전할 감사메시지 등을 미리 접수해 기내방송으로 전달한다. 에어부산은 일부 국제선에서 승객들에게 타로 점을 봐주거나, 승객들에게 마스크팩이나 핸드팩을 해주는 서비스를 제공한다. 진에어는 대형항공사들이 제공하는 영화·음악 등을 자신의 모바일 기기로 즐길 수 있는 '지니 플레이' 서비스를 구축, 유료로 선보이고 있다. 대부분 LCC가 개인 모니터가 없다는 점에서 차별화를 시도한 것이다.

LCC들은 좌석·기내식·수하물 등 부가서비스에서도 경쟁적으로 차별화를 추구하고 있다. 회사원 김진현(37)씨 부부는 제주항공으로 제주여행을 가면서 좌석하나를 1만원에 추가 구매했다. 비수기에 여유 좌석을 판매하는 서비스를 이용해 가운데 좌석에 짐을 놓고 편하게 간 것이다. 대형항공사들은 좌석이 남아도 싼값에 판매를 하지는 않는다. 김씨는 3000원을 내고 수하물 우선처리 서비스도 이용, 제주공항에 도착하자마자 짐을 찾을 수 있었다.

좌석이나 기내식, 수하물 등과 관련해 승객 편의성을 높여주기 위한 서비스도 다양하다. 제주항공·이스타항공은 비수기에 옆좌석을 5만원 이하에 판매한다. 제주항공은 국내선 1만원, 일본·중국 2만 5000원, 동남아·대양주는 5만원이다. 이스타항공도 국내선 1만원, 국제선 1만 5000~2만원에 판매한다. 이스타항공 관계자는 "양옆 좌석을 모두 구매해 누워가는 승객도 있다"고 말했다. 에어서울은 전 기종의 좌석간격이 타 LCC 기종에 비해 2~3인치 넓고, 개인 모니터를 갖췄다는 점을 내세우고 있다. 에어서울 관계자는 "모회사인 아시아나 항공과 같은 넓이인 31~33인치 좌석을 제공한다"며 "타 LCC에는 없는 개인 모니터에서는 웹툰으로 만든 기내안전방송이나 간단한 영상물을 시청할 수 있다"고 말했다. 티웨이항공은 기내식으로 승부를 걸고 있다. 영양불고기·비빔밥·굴소스 해물볶음 등 LCC 중 최다인 22가지 메뉴를 갖췄다. 에어부산은 기내식을 판매하는 타 LCC와는 달리, 국제선(후쿠오카행 제외) 기내식을 무료로 제공한다. 또 다른 LCC들이 국제선 수하물을 최대 15㎏까지 허용하는 것과는 달리, 20㎏까지 허용한다. 진에어는 저가항공 최초로 반려동물 운송서비스를 최근 도입했다. 양성진 제주항공 전무는 "각종 부가서비스에 대한 고객반응이 좋아, 부가서비스 매출이 전체매출에서 차지하는 비중이 2010년 0.9%에서 지난해엔 7.7%까지 상승했다"며 "LCC들의 서비스 경쟁은 갈수록 더 치열해질 것"이라고 말했다.

• 자료원 : 조선일보, 2017.2.2

③ **유통경로 차별화**(channel differentiation)

유통경로 차별화를 추구하는 기업은 경로의 시장커버리지, 전문성, 고객접근 용이성 등을 통해 경쟁우위를 획득한다. Amazon.com은 잘 작동되는 직접 경로구축을 통해 차별화를 추구했다. 건설장비산업에서 Caterpillar의 성공은 탁월한 유통경로 구축에서 비롯되었는데, 이 회사의 전 세계 딜러들은 최상급의 서비스를 제공하는 것으로 명성이 높다.

④ **인적 차별화**(People Differentiation)

기업은 종업원의 친절한 고객서비스와 같은 인적 차별화를 통해 경쟁우위를 추구할 수도 있다. 높은 마케팅실적을 보이는 자동차, 보험, 가전제품 판매원들은 개별고객에 대해 많은 관심을 갖고 특별한 날을 기억해 주는 등 고객들과 인간적 유대관계를 형성·유지하는 공통점을 갖는다. 최근 금융기관, 백화점 등 많은 산업에서 VIP고객의 중요성이 높아지면서 전문상담사들의 개별고객에 대한 맞춤형 서비스 제공, 고객접점 직원들에 대한 교육의 강화 등을 도입하고 있다. Disney World에서 일하는 사람들은 상냥하고 명랑한 것으로 널리 알려져 있다. Disney는 모든 놀이공원 종업원들(호텔 체크인 담당자, 모노레일 운전자, 놀이기구 안내원에서 Main Street USA를 청소하는 사람에 이르기까지)을 유능하고, 예의바르며, 그리고 친절하도록 만들기 위해 철저하게 훈련시킨다.

⑤ **이미지 차별화**(Image Differentiation)

경쟁제품들 간에 차이가 없어 보이는 경우에도 구매자들은 회사 혹은 브랜드이미지 차별화(image differentiation)를 토대로 차이가 있다고 지각할 수 있다. 가령 성능에서 동일한 제품이라고 하더라도 소비자들은 기업 혹은 제품브랜드의 이미지에 영향을 받아 제품성능에 대한 지각과 브랜드 태도에서 차이를 보일 수 있다. 예를 들어 자판기 커피는 300원이고, 스타벅스에서는 커피한잔에 4,000원이 넘지만 많은 소비자들이 스타벅스를 찾는다. 그 이유는 스타벅스가 현대적이고 편안한 분위기에서, 친절한 종업원들의 서비스를 받으며, 여유있게 맛있는 커피를 즐길 수 있다는 차별적 브랜드이미지를 구축하는 데 성공했기 때문이다.

강력하고 고유한 브랜드이미지를 개발하기 위해서는 창의성과 종업원들의 헌신적 노력이 요구된다. 회사는 단지 몇 개의 광고를 집행함으로써 공중의 마음에 브랜드이미지를 단기간 내에 형성시킬

우수고객들에게 차별적인 서비스를 제공하는 롯데백화점 VIP 라운지

스타벅스는 현대적이고 편안한 분위기에서, 친절한 종업원들의 서비스를 받으며, 여유 있게 맛있는 커피를 즐길 수 있다는 차별적 브랜드이미지를 구축했다.

수 없다. 만일 Ritz-Carlton 호텔이 품질을 의미한다면, 이러한 이미지는 호텔이 말하고 행동하는 모든 것에 의하여 지원되어야 한다.

McDonald의 금빛아치(golden arch), Nike의 swoosh 마크, Appled의 깨물은 자국의 사과 등과 같은 심벌들은 강력한 브랜드인지도 구축과 이미지 차별화에 도움을 줄 수 있다. Nike가 미국의 프로농구 스타들인 Michael Jordan, LeBron James(르블론 제임스) 농구화와 의류컬렉션을 개발하듯이, 기업은 유명인의 후원을 이용해 브랜드이미지를 구축할 수 있다. IBM(파랑), 코카콜라(빨강), 삼성(파랑), 오뚜기(노랑) 처럼 어떤 기업은 특정의 색상을 브랜드이미지 구축에 활용한다. 선택된 심벌, 캐릭터, 그리고 기타 이미지 요소들은 기업 혹은 제품브랜드의 개성적 이미지를 전달하는 마케팅커뮤니케이션 활동을 통해 반복적으로 노출되어야 한다. 메리츠화재가 도입한 걱정인형 캐릭터는 기업브랜드의 인지도를 높이는데 크게 기여했다. 에쓰오일은 캐릭터 구도일을 활용한 마케팅활동을 수행해 '좋은 오일(good oil)'이라는 브랜드포지션을 소비자들에게 효과적으로 전달하고 긍정적인 브랜드태도를 형성하는데 성공했다.

에쓰오일은 에쓰오일은 캐릭터 구도일을 활용한 마케팅활동을 수행해 차별적 브랜드이미지를 형성하는데 성공했다.

(3) 제품포지셔닝에 사용할 차별점의 선정과 포지셔닝 기술문의 작성

마케터가 경쟁우위를 갖게 될 몇 개의 잠재적인 차별화 요소를 발견했다고 가정해 보자. 기업은 이제 경쟁브랜드와 비교해 자사브랜드에 지속적 경쟁우위를 제공할 하나 또는 그 이상의 차별점을 선택해야 한다. 마케터는 앞에서 설명한 다섯 가지 차별화 요인에서 자사브랜드가 경쟁브랜드보다 우수하다고 해서 이들 모두를 제품포지션에 활용할 수 있는 것은 아님을 명심해야 한다. 선택된 제품포지션을 실행하기 위해 기업은 제품개발, 생산시설의 변경, 광고캠페인, 직원교육 등에 많은 마케팅비용을 투자해야 하기 때문이다. 그러므로 마케터는 얼마나 많은 차별점들을, 그리고 어떤 차별점들을 촉진해야할지 신중하게 결정해야 한다.

기업은 브랜드포지션을 결정할 때 얼마나 많은 수의 차별점을 포함시킬지를 고려해야 한다. 많은 마케터들은 표적시장 고객들에게 한 가지의 혜택(편익)을 차별점으로 부각시켜야 한다고 생각한다. 예를 들어, 광고인 Rosser Reeves는 각 브랜드에 대해 고유한 판매제안(unique selling proposition: USP)을 개발하고 이를 고수해야 한다고 제안했다. 브랜드는 한 가지 제품속성이나 혜택을 선정한 후 이 점에서 자신이 최고임을 강조해야 한다는 것이다. 구매자들은 정보가 넘쳐나는 마케팅환경에서 특정 혜택에서 대표브랜드를 더 잘 기억하는 경향이 있기 때문이다. 가령, 이마트는 가장 싼 가격을, 페리오 치약은 충치예방을 차별점으로 촉진한다.

한편 다른 마케터들은 한 개 이상의 차별점을 토대로 브랜드를 포지션해야 한다고 생각한다. 만일 두개 이상의 경쟁브랜드들이 동일한 제품속성에서 자신이 최고임을 주장하고 있다면, 이러한 방식의 포지션은 필수적이다. 이에 따라 제품시장이 여러 개의 작은 세분시장들로 쪼개지고 있는 오늘날의 시장상황에서 기업들은 더 많은 세분시장들에게 소구하기 위해 브랜드포지션의 범위를 넓히려고 한다. 예를 들어, LG생활건강은 충치, 구취, 잇몸, 치석, 미백, 안티프라그 등 여러 기능으로 세분화된 치약시장에서 자신에게 맞는 치약선택에 어려움을 경험한 고객들에게 구강에 필요한 7가지 구강케어 기능을 한 개의 치약에 모두 담은 토탈기능성 치약 '페리오 토탈7'을 출시했다. 립스틱도 복합형 립

한 개 이상의 차별점을 토대로 브랜드포지션을 구축한 예: LG생활건강은 구강에 필요한 7가지 구강케어기능을 한 개의 치약에 모두 담은 토탈기능성 치약 '페리오 토탈7'을 출시했다. 이 치약브랜드는 구강상태가 건강하면서 강한 향을 선호하는 고객을 위한 '스트롱(Strong)' 보통 구강상태의 온가족이 사용할 수 있는 '오리지널(Original)', 민감한 구강상태를 가진 고객을 위한 '센서티브(Sensitive)' 등 3종으로 구성됐다.

랑콤은 립글로스의 광택과 립틴트의 착색력을 결합한 립 복합제품인 립 러버를 출시했다.

제품이 인기를 끌고 있는데, 립 복합제품은 립스틱과 립글로스, 립틴트와 립밤 등 서로 다른 유형의 입술용 제품을 융합한 화장품을 말한다. 랑콤은 립글로스의 광택과 립틴트의 착색력을 결합한 립 복합제품인 립 러버를 출시했다. 대체로 소비자들은 복수의 혜택을 제공하는 제품을 원할 수 있지만, 한 브랜드가 복수의 혜택을 동시에 잘 제공할 수 있음을 소비자들에게 설득시킬 수 있느냐가 도전적 과제이다.

다음으로 기업은 어떤 차별점을 토대로 브랜드를 포지션시키킬 것인지를 결정해야 한다. 모든 차별점이 의미 있거나 가치 있는 것은 아니며, 각 차별점은 고객에게는 혜택을 제공하지만 기업에게는 비용을 발생시킬 수 있다. 기업은 다음과 같은 기준을 충족시키는 차별점을 브랜드 포지션에 사용해야 한다.

- **중요성**(important) : 차별점은 목표구매자에게 매우 가치 있는 혜택을 제공해야 한다.
- **독특성**(distinctive) : 경쟁사가 제공하지 않거나 우리회사가 경쟁사보다 더 독특한 방식으로 제공할 수 있는 차별점이어야 한다.
- **우월성**(superior) : 소비자들이 동일한 혜택을 얻을 수 있는 다른 방식들보다 우월한 차별점이어야 한다.
- **의사소통 가능성**(communicable) : 차별점은 구매자들에게 의사소통될 수 있고 눈에 띌 수 있어야 한다.
- **선점가능성**(preemptive) : 경쟁사들이 쉽게 차별점을 모방할 수 없어야 한다.
- **가격의 적정성**(affordable) : 구매자들은 차별점에 대해 지불할 여력을 가질 수 있어야 한다.
- **수익가능성**(profitable) : 회사는 이익을 내면서 차별점을 제공할 수 있어야 한다.

종종 많은 기업들이 이러한 기준을 충족시키지 못하는 차별점을 토대로 비효과적인 브랜드포지션을 추구한다. 싱가포르에 있는 Westin Stamford Hotel은 한 때 세계에서 가장 높은 호텔임을 광고해 왔지만, 이는 대부분의 여행자들에게는 중요하지 않은 차별점이었다.

따라서 올바른 차별점을 선택하는 것은 시장성공에 결정적일 수 있다. 예를 들어, Nissan자동차가

Nissan자동차의 소형 승용차모델 Cube는 제품 속성에 기반해 차별화를 추구하기 보다는 오늘날의 디지털 라이프스타일에 맞는 모바일 디바이스로 브랜드를 포지션했다.

독특한 외양의 소형승용차 Cube를 출시할 때, 부담없는 가격, 옵션의 고객화 등 경쟁모델과 공유되는 제품속성에서 브랜드 차별화를 추구하기 보다는 오늘날의 디지털 라이프스타일에 맞는 모바일 디바이스라는 차별점으로 Cube를 포지션해 시장에서 성공을 거두었다.

■ 포지셔닝 기술문의 개발

기업 혹은 제품브랜드 포지셔닝은 포지셔닝 기술문(positioning statement)으로 표현되어야 한다. **포지셔닝 기술문**은 "우리 (브랜드)는 특정 대상(표적세분시장과 특정 욕구)에게 (경쟁자 대비 어떤 차별점)을 가져다 주는 다음과 같은 (컨셉트)를 갖고 있다"라는 양식을 사용해 기업 혹은 제품브랜드 포지셔닝을 요약해 서술한 것이다. 예를 들어, 삼성 갤럭시 스마트폰 포지셔닝 기술문은 다음과 같이 요약될 수 있다. "항상 접속된 상태에 있기를 원하는 사람들을 표적으로 하여 쉽고 신뢰할 수 있게 자료, 사람, 자원에 접속되어 즐겁고 유용한 시간을 보낼 수 있는 무선접속 솔루션이다." 때때로 포지셔닝 기술문은 이보다 더 상세히 기술되기도 한다.

포지셔닝 기술문은 자사제품이 어떤 제품군에 속하는지(membership)를 정의하고(Moutain Dew는 청량음료임), 그 제품군에 속한 다른 구성원들(경쟁사들)과의 차별점이 무엇인지(Moutain Dew는 더 많은 카페인을 함유하고 있음)를 보여 주고 있음에 주목할 필요가 있다. 자사브랜드가 특정제품 카테고리에 속한다고 기술하는 것은 그 카테고리 내의 다른 제품들과 공유할 수 있는 유사점도 존재함을 시사한다. 그러나 브랜드의 우월성은 차별점을 기반으로 만들어 진다.

(4) 선택된 제품포지션의 실행

포지셔닝 전략수립의 마지막 단계는 선정된 차별점 또는 제품포지션(position)을 표적고객들에게 실제로 전달하는 과정이다. 브랜드 포지션은 공허한 약속만으로 구축될 수는 없다. 만일 브랜드를 가장 우수한 품질과 서비스를 제공하는 제품으로 포지션시키려면, 마케터는 고객에게 약속한 품질과 서비스를 전달할 수 있도록 제품을 실제로 차별화시켜야 한다. 기업은 광고슬로건을 통해 자신의 차별점과 포지션을 큰 소리로 알리는 것 그 이상으로 많은 노력을 기울여야 한다. 그들은 슬로건을 실천에 옮기기 위해 통합적 마케팅노력을 기울여야 하는 것이다.

브랜드 포지션이 선정되면, 기업은 표적소비자들에게 선정한 차별적 포지션을 전달하기 위해 적극적인 마케팅활동을 수행해야 한다. 회사의 모든 마케팅믹스 노력들은 포지셔닝전략을 지원해야 한다. 더 좋은 품질과 서비스라는 포지션을 구축하기로 결정했다면, 기업은 그 포지션을 마케팅믹스 프로그램을 통해 실제로 전달해야 한다. 제품, 가격, 유통 및 촉진과 같은 마케팅믹스를 설계하는 것은 포지셔닝전략의 전술적 요소들을 계획/실행하는 것을 말한다. 따라서 "더 비싼 가격에 더 많은 제품혜택을 제공한다"는 포지션을 추구하는 기업은 반드시 최고품질의 제품을 개발/생산하고, 가격을 높게 책정하고, 우수하고 수준이 높은 딜러들을 통해 제품을 유통시키고, 고품격 미디어를 통해 광고해야 한다. 그리고 더 많은 서비스직원들을 선발하고 훈련시켜야 하며, 서비스에 대한 좋은 명성을 갖고 있는 소매상들을 찾아야 하고, 우월한 서비스를 널리 알릴 판매 및 광고메시지를 개발해야 한다. 예를 들어, LG전자가 미국시장에 OLED TV를 출시하면서 '최고화질의 TV'로 제품포지션을 정했다면, 이에 맞는 우수한 화질의 TV가 실제로 개발되어야 한다. 그리고 삼성전자, SONY, Panasonic 등과 같은 경쟁제품가격 대비 높은 품질수준에 맞게 대등한 또는 더 높은 가격이 책정되어야 한다. 또한 고급백화점, Best Buy 같은 전자제품 전문매장을 중심으로 유통망을 구축하고, 판매원들에게 제품의 우수성에 대한 교육을 실시해야 한다. 나아가 제품의 우수성을 알리기 위한 광고 및 홍보활동과 고가의 제품을 구매할 능력을 갖춘 잠재고객들의 명단을 확보해 데이터베이스 마케팅을 수행하는 등의 촉진활동도 수행해야 할 것이다. 이러한 통합적 마케팅노력을 통해 자사제품의 차별점을 표적고객들에게 제대로 설득시킬 수 있을 때 기업이 의도한 브랜드 포지션이 시장에서 성공을 거둘 수 있다.

브랜드 포지션을 구축하거나 바꾸는 데는 많은 시간이 걸리지만, 구축한 포지션은 마케팅실행에서의 몇 번의 실수로 단번에 상실될 수 있다. 따라서 기업은 일관성 있는 마케팅성과와 커뮤니케이션을 통하여 브랜드 포지션을 유지하도록 노력해야 한다. 이와 함께 고객의 욕구와 경쟁사 전략의 변화에 대응하기 위해 계속 브랜드 포지션에 대한 고객의 반응을 추적하고 시장변화에 기존의 포지션을 적응시키는 노력도 기울여야 한다. 기업은 고객을 혼란스럽게 만들 수 있는 갑작스러운 변화를 피하고 변화하는 마케팅환경에 맞추어 제품포지션을 점진적으로 진화시켜야 한다.

06 참고문헌

- Philip Kotler, 안광호, Gary Armstrong, 마케팅 입문, Pearson, 2013.
- 박찬욱, 금융기관의 데이터베이스 마케팅, 시그마컨설팅그룹, 2002.
- 번트 H. 슈미트 지음, 박성연 · 윤성준 · 홍성태 번역, 체험마케팅, 세종서적, 2002.
- 안광호 · 한상만 · 전성률, 전략적브랜드관리, 3판, 학현사, 2008.
- Kotler, Philip, Kevin Keller, Marketing Management, 13th ed. Prentice Hall Inc., 2011.
- Aaker, David A., Strategic Market Management, 9th ed., John Wiley & Sons, Inc., 2009.
- Wind, Yoram, Issues and Advances in Segmentation Research,?Journal of Marketing Research, August, 1978, pp. 317~337.

06 생각해볼 문제

1. 인구통계적 변수를 이용한 시장세분화 방법과 제품소비행태에 따른 시장세분화 방법의 장단점을 비교해 보시오.

2. 마케팅담당자들이 사용량(usage rate)과 브랜드충성도(brand loyalty)에 의한 시장세분화 방법을 중요하게 생각하는 이유에 대해 생각해 보시오.

3. 표적시장을 선정할 때 고려해야 할 요인들에 대해 생각해 보시오.

4. 국내에 진입한 외국 화장품 회사 중 Body Shop의 표적시장에 대해 생각해 보시오.

5. 현대자동차에서 새롭게 출시한 전기차 아이오닉의 포지셔닝전략을 구상해 보시오.

제4부

마케팅믹스관리

제7장 제품관리 I : 제품의 개념 및 관리
제8장 제품관리 II : 브랜드의사결정과 브랜드자산관리
제9장 신제품개발과 제품수명주기관리
제10장 가격관리
제11장 유통의 성격과 도 · 소매상의 유형
제12장 유통경로관리
제13장 마케팅커뮤니케이션 과정과 광고
제14장 판매촉진 · PR · 인적판매

제4부

제7장

제품관리 I : 제품의 개념 및 관리

01 제품의 개념과 분류
02 개별제품관리
03 제품라인관리
04 제품믹스관리
05 서비스마케팅

학습목표

1. 다차원적 관점에서 제품을 정의하고 제품유형의 분류방법과 이의 마케팅 시사점에 대해 설명한다.
2. 개별제품, 제품라인, 제품믹스에 관한 의사결정에 대해 살펴본다.
3. 서비스의 네 가지 차별적 특징과 이러한 특성이 마케팅의사결정에 주는 시사점에 대해 살펴보고, 서비스-이익연쇄 모형에 기반한 서비스마케팅 전략에 대해 설명한다.

주요개념에 대한 사전학습

앞 장에서 마케팅전략에 대해 다루었으므로, 지금부터는 이를 실행하기 위해 사용되는 전술적 도구인 마케팅믹스에 대해 자세히 살펴보기로 한다. 이 장과 다음 장에서는 제품과 브랜드를 개발/관리하는 과정에 대해 살펴보고, 이어지는 장들에서 가격결정, 유통, 마케팅커뮤니케이션을 다루게 된다. 제품과 브랜드는 마케팅에서 첫 번째로 고려되는 가장 기본적인 마케팅도구이다. 이 장은 제품이 무엇인지에 대한 질문으로부터 시작한다. 이 질문은 매우 단순해 보이지만 답하기 쉽지 않다.

이 장을 시작하기 앞서 덴마크의 천원숍 브랜드 플라잉타이거코펜하겐에 대해 먼저 살펴본다. 마케터는 무엇보다 고객의 욕구와 기대를 충족시키는 훌륭한 제품을 개발하기 위해 노력해야 한다. 플라잉타이거코펜하겐은 쇼핑재미와 저렴하면서도 멋있는 디자인의 생활용품을 결합해 소비행복이라는 차별적 제품개념을 판매해 성공을 거두었다. 여러분은 플라잉타이거코펜하겐 사례를 읽으면서 제품관리에 주는 시사점이 무엇인지를 이해하게 될 것이다.

도입사례

소소한 소비행복 경험이라는 제품개념을 판매하는 덴마크 천원숍 브랜드 플라잉타이거코펜하겐

사무용품, 주방용품 등 일상에서 필요한 제품을 모두 1000원에 파는 천원숍들이 저렴하면서도 좋은 품질의 제품으로 고객들로부터 호응을 얻고 있다. 하지만 한 가지 아쉬운 것이 있는데, 바로 매력적이지 않은 디자인이다. 디자인이 좋은 제품을 사고 싶다면 높은 가격을 감수해야 한다는 것이 일반적인 생각이다.

이런 고정관념에 도전한 소매기업이 있는데, 바로 덴마크의 디자인 브랜드 스토어 '플라잉타이거코펜하겐(Flying Tiger Copenhagen)'이다. 플라잉타이거코펜하겐은 고급스러운 디자인으로 이름 높은 북유럽 디자인을 접목한 천원숍 콘셉트의 브랜드 스토어로서, '북유럽의 다이소', '이케아의 천원숍 버전' 등으로 불리어진다.

플라잉타이거코펜하겐은 일상생활에 필요한, 다양한 종류의 제품을 판매한다. 플라잉타이거코펜하겐은 세련되면서도 시선을 끄는 독특한 디자인으로 평범한 제품을 특별한 제품으로 탈바꿈시켰다. 제품의 가격은 대부분 1000~1만원 수준이고 가장 비싼제품도 4만원대다. 미샤엘 헤우게 쇠렌센 플라잉타이거코펜하겐 최고경영자(CEO)는 "우리는 소매업계의 통념에 도전하고 싶다. 또 소비자들에게 놀라운 경험을 선사하고 싶다. 우리 비즈니스의 핵심은 가격이 낮으면 상품의 질도 낮고 디자인도 별 볼일없다는 공식을 깨는 것"이라고 말한다.

플라잉타이거코펜하겐이 디자인을 중요시하는 건 멋진 디자인이 고객들을 행복하게 만든다는 신념을 갖고 있기 때문이다. 쇠렌센 CEO는 "우리의 매장은 쇼핑하는 사람들을 위한 놀이터이다. 고객들은 저렴한 가격에 높은 품질을 갖춘 제품들을 탐험하며 재미있는 시간을 보낼 수 있어야 한다"고 말한다. 플라잉타이거코펜하겐의 제품으로 고객들이 평상시의 삶을 더 편리하고, 재밌게 만들었으면 한다는 것이다. 계절이 바뀌거나 축제나 기념일 등 특별한 날이 다가오면 플라잉타이거코펜하겐은 이에 맞는 특별한 상품을 준비한다. 쇠렌센 CEO는 "플라잉타이거코펜하겐은 생일이나 부활절 등 특별한 날에 필요한 장식품이나 파티소품을 살 수 있는 곳이며, 평소에도 그냥 좀 특이한 도구를 사고 싶을 때 찾는 곳이 우리 매장이라고 생각한다"고 말한다. 예를 들어 2월 밸런타인데이에 맞춰 새로 디자인된 하트모양의 머그잔과 쿠션 등이 출시되고, 부활절에 맞춰 양 인형과 부활절 달걀장식 소품이 출시되는 식이다. 파티용 가면, 요정모자와 왕관 등 아이와 어른들을 위한 파티소품도 많다.

플라잉타이거코펜하겐은 창업초기부터 고객의 행복을 추구했다. 창업자 렌나르트 라이보시츠는 가게를 찾은 손님들에게 커피와 쿠키를 나눠주고, 토요일에는 어린이들을 위한 마술쇼를 열기도 했다. 그는 가게를 단순히 물건을 파는 공간이 아니라 고객들이 사랑하는 가족, 친구들과 함께 특별한 시간을 보내는 곳으로 정의했다.

매장 이름이 타이거(호랑이)가 된 데는 사연이 있다. 창업자 라이보시츠와 그의 아내는 1988년 코펜하겐 근교에 우산과 양말 등 잡화를 파는 가게 '지브라(Zebra)'를 열었다. 그러던 어느 날 창업자 동생의 여자친구에게 잠시 가게를 맡겼는데, 물건의 가격을 찾지 못해 당황한 그녀가 라이보시츠에게 전화를 걸었다. 그녀의 물음에 라이보시츠는 "그냥 모든 물건을 개당 10크로네(약 1600원)에 팔아라"고 말했는데, 타이거라는 이름은 여기서 비롯됐다. 10크로네를 뜻하는 덴마크어(tier)가 타이거의 덴마크어 발음(tee'-yuh)과 비슷하기 때문이다. 여기서 아이디어를 얻은 라이보시츠는 1995년 코펜하겐에 모든 물건을 10크로네에 파는 가게 '타이거(Tiger)'를 열었다.

플라잉타이거코펜하겐은 빠르게 성장해왔다. 2000년까지 덴마크에 38개 매장을 열었고 2010년에는 10개국 100개 매장규모로 성장했으며, 2017년 3월 현재 30개국 740여개 매장을 갖춘 디자인 브랜드스토어가 됐다. 2015년 기준매출은 35억 7200만 덴마크크로네(약 5900억원)로 전년 대비 45% 성장했고 순이익은 2억 4300만크로네(약 400억원)를 기록했다. 한국에서는 2016년 9월 처음으로 진출했는데, 한국 소비자들로부터 좋은 반응을 얻고 있다.

멋있는(cool) 디자인의 제품을 저렴한 가격에 판매하면서 이익을 낼 수 있는 비결은 무엇일까. 플라잉타이거코펜하겐은 끊임없이 새로운 디자인의 제품을 내놓는 방법으로 소비자들을 유혹하고 있다. 매달 신제품이 나오기 때문에 흥미를 느끼는 고객들이 매장을 자주 방문하게 되는 것이다. 쇠렌센 CEO는 "매달 우리는 몇백 개의 신제품을 매장에 선보이고 이 중 상당수는 오로지 4~5주 동안만 매대에 진열된다"고 말한다. 제품의 재고가 다 떨어지면 더 이상 추가생산을 하지 않기 때문에 그 제품을 다시 파는 일은 거의 없다. 고객들은 꼭 필요한 물건이 있을 때가 아니더라도 플라잉타이거코펜하겐 매장에 놀러와 새로운 제품들을 구경하고, 이것이 구매로 이어지면서 회사매출도 함께 올라간다.

제품의 디자인은 모두 코펜하겐 본사의 디자인팀이 담당한다. 디자인의 질을 높게 유지하기 위해서다. 쇠렌센 CEO는 "우리는 정말 많은 제품을 팔고 있고 지난 20년간 가격을 낮추기 위해 노력해왔다. 그렇게 노력해온 결과 신제품을 개발하고 시장에 선보이는 데 있어 굉장히 효율적인 운영시스템을 갖추게 됐다고 생각한다"고 말했다.

플라잉타이거코펜하겐 매장은 사람들이 만나고 다양한 활동이 일어나는 도시의 중앙광장이나 사람이 붐비는

2016년 'iF 디자인 어워드'와 '굿 디자인 어워드'에서 수상한 'Tea Bird' 찻주전자.

flying tiger copenhagen

2016년 '굿 디자인 어워드'에서 수상한 '버터보드와 나이프(Wooden Buttering Board with Knife)'

2016년 'iF 디자인 어워드'에서 수상한 'Hi Haj' 물병.

보도, 인기가 많은 쇼핑센터 등에 주로 들어선다. 플라잉타이거코펜하겐은 판매공간이 150~250㎡ 정도되는 넓은 매장을 선호한다. 고객들이 제품들을 마음껏 구경하고 매달 나오는 신제품을 살펴보도록 하기 위해서는 이 정도 크기의 매장이 필요하다고 판단한 것이다. 매장바닥은 목재로, 벽은 하얀색으로 꾸민다. 따뜻한 조명, 플라잉타이거코펜하겐에서 엄선한 매장음악과 친절한 매장직원들까지 매장의 모든 요소에 신경쓴다. 이런 요소들을 통합적으로 잘 관리하는 것이 고객들에게 특별한 쇼핑경험을 안겨준다고 생각하기 때문이다.

플라잉타이거코펜하겐은 쇼핑경험의 재미와 저렴하면서 매력적인 디자인의 제품을 구매/소유함에 따른 높은 만족감을 제공함으로써 고객들에게 소비행복을 느끼도록 만드는 것을 제일 중요하게 생각한다. 이에 따라 고객을 최우선으로 생각하며, 고객의 목소리에 귀 기울이고 기발하고 장난스러운 제품으로 고객을 깜짝 놀라게 하고자 한다. 플라잉타이거코펜하겐은 고객을 행복하게 만들기 위해 다음의 두 가지에 특별히 신경을 쓴다. 첫번째는 매력적이고 기발한 제품들을 계속 개발한다. 두 번째는 고객들에게 특별한 쇼핑경험을 선사하려고 한다. 매장을 방문한 고객들을 미소짓게 하면 고객들이 플라잉타이거코펜하겐 매장을 더 자주 방문하게 될 거라고 믿기 때문이다.

● 자료원 : 매경, 2017.3.1

소비자는 어떤 제품을 원할까? 이러한 질문을 받을 때 대부분의 소비자는 좋은 제품을 원한다고 답할 것이다. 성공적인 마케터라면 반드시 이러한 질문을 제기할 것이고, 이러한 질문에 대한 소비자의 반응을 귀담아 들어, 그러한 소비자정보를 제품관리 과정에 반영시킬 것이다. 소비자는 어떠한 제품을 좋은 제품이라고 하는 것일까? 삼성 센스노트북, LG 트롬세탁기를 구매하는 소비자는 고장이 안 나고 성능이 우수한 제품이어서 구매한다고 답할 것이다. 폴로를 좋아하는 소비자는 이 제품이 자신의 이미지에 잘 맞는 제품이기 때문에 구매한다고 대답할 것이다. 가그린, 물먹는 하마, 비타 500, 2080치약과 같은 제품들은 다른 경쟁제품과 비교해 특성에서는 큰 차이가 없으나 브랜드명이 좋아 성공한 제품들이다. 가전제품의 경우 2000년대 이전에는 제품이 튼튼하면 시장에서 팔렸다. 그러나 이제는 튼튼하기만 해서는 경쟁제품을 압도할 수 없게 되었다. 튼튼하면서도 개성있고 디자인이 멋있어야 팔리는 시대로 들어선 것이다. 소비자가 원하는 좋은 제품을 만들기 위해 마케터는 어떤 마케팅 노력이 필요할까? 무엇보다도 마케터는 마케팅전략을 통하여 제품의 나아갈 방향에 대한 기본적인 설계도를 그리고 그 설계도에 따라 좋은 제품을 만드는 데 필요한 핵심 제품구성 요소들을 파악하고, 이들간에 조화가 이루어지도록 체계적인 제품관리가 필요할 것이다.

다음에서는 먼저 제품관리의 출발점이면서 중요한 이슈인 제품의 개념을 알아본 후, 소비재의 분류와 이의 전략적 시사점을 검토한다. 이러한 내용을 토대로 개별제품관리, 제품라인관리, 제품믹스관리의 순으로, 즉 미시적 제품관리에서 거시적 제품관리의 순서로 서술하기로 한 다음 무형제품인 서비스에 초점을 맞춘 서비스마케팅에 대해 설명한다. 브랜드의 개념과 역할, 브랜드의사결정, 브랜드자산관리 등의 주제를 다루는 브랜드관리에 관해서는 제8장에서 다루기로 한다.

01 제품의 개념과 분류

1.1 제품의 개념

우리는 처음 소개받은 여자친구에게 잘 보이기 위해 서울 강남의 고급카페에서 8,000원짜리 커피를 마시는 경우도 있고, 친한 친구와 함께 전문커피점에서 2,000원짜리 커피를 마시기도 한다. 위의 두 경우에 우리는 똑같은 커피를 구매한 것일까? 이러한 질문에 대한 적절한 대답은 마케팅관리자가 자사제품을 어떻게 정의할 것인가의 문제와 밀접한 관계가 있다. 만약 제품을 협의로 단순히 물리적(유형적) 요소들의 결합으로 본다면 소비자는 동일한 제품(커피)을 구매한 것으로 볼 수 있다. 그러나 제품을 보다 넓은 의미에서 본다면 그 소비자는 서로 다른 제품(커피+고급스러운 분위기와 브랜드이미지)을 구매했다고 할 수 있다. 기업은 어떠한 관점에서 제품을 보아야 하는가? 마케터는 보다 많은 마케팅기회를 포착하기 위해서 소비자의 관점에서 제품을 정의하고, 제품을 단순히 물리적 요소들의 집합이상의 것으로 광의의 정의를 내릴 필요가 있다.

예를 들어, 소비자가 애플 아이팟을 구매한다고 할 때 그가 실제로 구매하고자 하는 것은 무엇일까?

우선 그 소비자는 반도체, 메모리, 전선 등 여러 부품으로 구성된 전자제품을 구매하는 것으로 볼 수 있다. 그러나 이를 보다 깊이 생각하면 실제로 소비자가 구입하는 것은 외형적 제품자체가 아니라 이를 통해 오락을 즐길 수 있는 수단을 구매하는 것이다. 나아가 그 소비자는 다음과 같은 유형적·무형적 특성들을 구매한다고 볼 수 있다.

① 동영상 접속, 라디오, 녹음기능 등의 부가적 특성
② 제조업체 브랜드명
③ 품질보증
④ 판매서비스(모델결정시 판매원의 도움, 신용제공, 제품사용설명)

이와 같이 볼 때 마케터는 제품을 정의할 때 단순히 외형적으로 나타난 물건 자체보다는 다차원적으로 제품을 이해하고 정의할 필요가 있다. 이러한 맥락에서 마케터는 제품을 [그림 7-1]과 같이 핵심제품, 유형제품, 확장제품으로 구성되는 다차원적 개념으로 바라볼 수 있다.

다차원적 제품정의를 자동차구매의 예를 가지고 설명해 보기로 한다.

첫째, 소비자는 핵심제품을 구매한다. **핵심제품**(core product)이란 소비자가 그 제품으로부터 원하는 편익(가치)을 말한다. 즉, 핵심제품 차원에서 소비자의 자동차구매를 설명한다면 그 소비자는 출·

그림 7-1 다차원적 제품정의

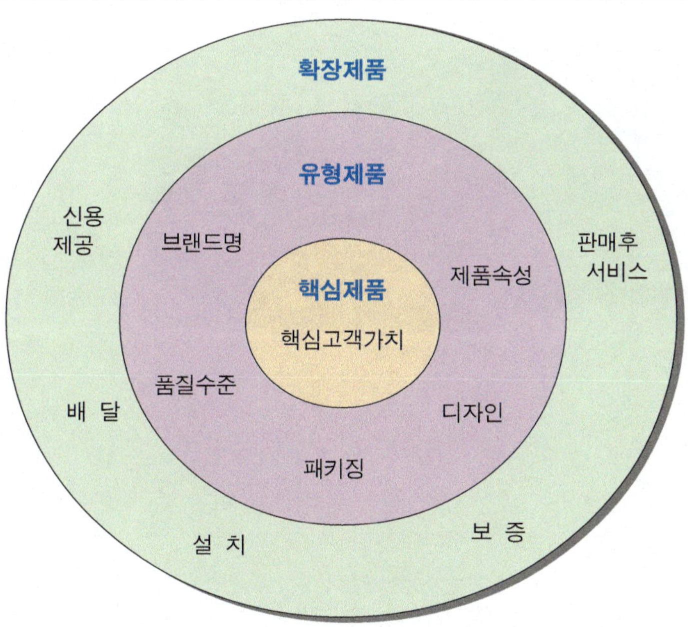

마케팅 Highlight

유형제품과 확장제품의 차별화를 통해 높은 고객충성도를 확보한 현대자동차의 최고급 승용차브랜드 제네시스

현대자동차의 최고급 브랜드 제네시스는 유형제품과 확장제품의 차별화를 통해 높은 고객충성도를 확보했다. 높은 디자인 완성도, 부분자율주행 등 첨단 신기술 적용, 브랜드에 대한 높은 신뢰도 등 유형제품에서의 차별화가 핵심성공요인 중 하나이다.

나아가 현대차는 확장제품에서의 차별화를 통해 브랜드경쟁력을 더욱 높이려고 한다. 제네시스 고객전용 서비스인 아너스G 프로그램이 그 한 예이다. 제네시스는 아너스G 프로그램의 일환으로 서울 장충동 신라호텔 영빈관에서 EQ900 보유자 150여명을 초청해 'EQ900 리더스포럼'을 열었다. 고급차를 산 소비자에게 지식과 품격도 제공해야 한다는 취지로 제네시스가 국내 자동차업계에서 처음 시도한 지식충전행사다. 이 포럼에서 송호근 서울대 사회학과 교수가 '리딩 소사이어티를 위한 책임과 역할'이라는 주제로 강연했다. 제네시스는 현대차그룹이 중역대상 리더십 교육에서 가장 호평받은 송 교수 강연을 첫 포럼의 특강으로 선별했다. 강연이 열리는 동안 제네시스는 행사장에 온 EQ900을 무상으로 점검하는 서비스를 제공했다. 참석자들은 "특강이나 문화공연은 다른 수입차업체도 종종 열지만 강연을 들으면서 차량점검까지 동시에 받을 수 있는 서비스는 처음이다. 교양도 쌓고 정비시간도 아끼는 1석 2조 행사"라고 입을 모았다.

뿐만아니라 제네시스는 일반부품의 보증기간을 기존 3년 · 6만㎞에서 5년 · 10만㎞로 확대했고, 전문 탁송기사나 엔지니어가 원하는 시간과 장소에 차를 수거하고 정비한 다음 다시 가져다주는 프라이빗 딜리버리 서비스, 제주 해비치호텔에 전용층과 라운지를 운영하는 아너스G 인비테이션 서비스 등도 제공한다.

현대 제네시스 G80 : 현대자동차의 최고급 브랜드 제네시스는 유형제품과 확장제품에서의 차별화를 통해 높은 고객충성도를 확보했다.

• 자료원 : 한경, 2016.6.22

퇴근용으로 편리하고 안전한 수송수단을 구매하기를 원할 수 있다.

둘째, 마케터의 입장에서 소비자는 유형제품을 구매하는 것으로 볼 수 있다. **유형제품**(tangible product)은 소비자가 제품으로부터 추구하는 편익을 구체적인 물리적 속성(특성)들의 집합으로 유형화시킨 것이다. 즉, 소비자는 파워핸들, 강력한 엔진, 제동력이 높은 브레이크와 타이어, 다양한 선택사양을 부착한 계기판과 같은 물리적 속성들로 구성된 자동차를 구매하려고 하는 것이다.

셋째, 더 넓은 관점에서 제품을 본다면 소비자는 확장제품을 구매하는 것이다. **확장제품**(augmented product)이란 유형제품에다 친절한 판매원서비스, 낮은 이자율의 신용조건, 24시간 자동차 정비서비스, 1년 간의 품질보증 등의 여러 서비스들이 부가된 것을 말한다. 최근 들어 제조업체들은 경쟁이 치열해지면서 이에 대한 대응방안으로 서비스의 차별화를 추구하고 있다. 자동차업체들은 긴급출동과 순회정비 서비스, 고객대상 정비교육, 서비스 매니저제도, 정비실명제, 예약정비 등 다양한 고객서비스를 도입함으로써 확장제품에서의 차별화를 통해 경쟁우위를 실현하려고 한다.

앞에서 제품을 정의할 때 마케터는 소비자의 관점에서 제품을 광의로 이해하여야 함을 강조하였다. 대부분의 소비용품들이 성숙기에 들어섰기 때문에 브랜드 간의 제품차별화가 어렵고 시장경쟁이 갈수록 치열하다. 따라서 단순히 성능이 우수한 유형제품만을 판매하는 것만으로는 마케터는 경쟁적 우위를 유지하기 어렵다. 경쟁우위를 확보하기 위해 마케터는 높은 품질의 물리적 제품(즉, 유형제품)은 물론 다양한 서비스들이 추가된 확장제품을 계속 제공해야 하는 것이다. 예를 들어, 애플은 유형제품인 하드웨어뿐 아니라 소프트웨어와 콘텐츠 등이 포함된 확장제품의 개발을 통해 디지털시장에서 높은 고객충성도를 가진 글로벌 선도기업이 될 수 있었다. 아이폰, 아이패드, 아이팟 등 애플의 주력제품 브랜드들은 우수한 하드웨어 제품(멋있는 디자인, 사용하기 편한 제품설계 등)을 앱스토어(신문 · 잡지 · 게임 · 지도 · 교육 등 응용프로그램(앱)을 사고파는 온라인 장터), 아이튠즈(노래와 영화를 판매하는 온라인 음반가게) 등과 같은 소프트웨어/컨텐츠 서비스와 결합시킴으로써 확장제품 수준에서 경쟁업체를 압도한 것이다.

기업은 제품개념을 확장할 수 있는 기회를 넓히기 위해 ① 세분시장별 고객분석을 통해 독특한 욕구나 충족되지 않은 욕구를 발견해야 하며 ② 구매 전, 구매시점, 그리고 구매 후의 제품사용과 처분에 이르기까지 고객의 구매의사결정 과정의 모든 단계에 대한 분석을 통해 차별화의 기회를 파악해야 한다.

1.2 제품의 분류와 마케팅 전략적 시사점

제품을 분류하는 방식은 제품의 특성에 따라 다양하지만, 좋은 제품분류가 이루어지기 위한 기본요건은 분류된 제품들로부터 유용한 마케팅전략이 도출될 수 있어야 한다는 점이다. 제품은 크게 소비재와 산업재로 분류된다. **소비재**는 최종소비자가 소비를 목적으로 구매하는 제품인 데 반해, **산업재**는 기업이 제품이나 서비스를 생산하는 데 투입하기 위해 구매하는 제품이다. 다음에서는 소비재와 산업재의 유형에 대해 자세히 설명하기로 한다.

(1) 소비재의 분류

소비재를 분류하는 여러 방법들 중 쇼핑습관(shopping habits)에 따른 소비재 분류방식이 널리 받아 들여지고 있다. 이러한 분류방법은 마케팅관리자에게 유용한 전략적 시사점을 제공한다는 이점이 있다. 소비자의 쇼핑습관에 따라 소비재는 편의품(convenience goods), 선매품(shopping goods), 전문품(specialty goods)으로 분류된다.

편의품이란 자주 구매되고 소비자가 제품구매에 최소한의 시간과 노력을 투입하는 제품을 말한다. 편의품에는 비누, 치약, 샴푸 등 일상생활 용품이 포함된다. 편의품은 저렴하며 소비자는 구매전에 이미 충분한 제품지식을 가지고 있으므로 쇼핑에 많은 노력을 기울이지 않는다. 또한 특정 브랜드에 대한 충성도가 높지 않으므로 소비자는 소수의 친숙한 브랜드들 중 어느 것을 구매하더라도 마찬가지라고 생각한다. 따라서 편의품은 소비자들이 편리한 위치(입지)에서 손쉽게 구매할 수 있도록 가능한 한 많은 점포에 자사제품을 유통시켜야 한다. 예를 들어, 중국의 국민음료 회사로 불리는 와하하그룹은 유통지배력으로 중국 최대의 음료기업이 되었다. 와하하는 농촌에서 성공을 거둔 뒤 도시를 포위하는 마오쩌둥식 시장공략전략으로 중국전역에 유통망을 구축했다. 와하하는 동쪽에서 서쪽까지 5000㎞가 넘는 중국영토 어느 곳의 시골상점에도 1주일 내 제품을 공급하는 물류망을 갖추고 있다.

선매품은 고객이 구매하기 전에 몇 개의 점포들을 방문하여 브랜드대안들의 가격, 품질, 스타일 등을 비교한 후 구매하는 제품이다. 예컨대, 의류, 가구, 가전제품 및 자동차 등의 주요 내구재가 선매품에 속하며 가시성이 높은 제품들이 많다. 선매품은 구매빈도가 낮고 편의품보다 가격이 높다. 선매품은 편의품과는 다른 마케팅전략이 필요하다. 소비자는 제품구매 전에 원하는 점포들을 탐색해 방문하기 때문에 마케터는 편의품 만큼 자사제품을 취급하는 점포를 많이 가질 필요는 없다. 그러나 점포 내의 디스플레이와 디자인 등이 자사제품 선택에 상당한 영향을 미친다. 또한 소비자는 제품구매과정의 초기단계에 광범위한 정보탐색을 하므로 마케터는 소비자에게 자사제품의 특징과 가격에 대한 정보를 제공하는 광고전략을 사용해야 한다.

전문품은 브랜드마다 독특한 차별적 특성을 가지고 있고 소비자가 브랜드 간의 차이를 쉽게 식별할 수 있으며 대체재가 별로 없는 제품이다. 예를 들어, 스테레오 오디오시스템, 카메라, 디자이너 패션의류, 유명 레스토랑 등이 이에 속한다. 소비자는 전문품을 구매하기 위해 정보수집 등에 많은 노력을 기울인다. 전문품에 대한 소비자의 브랜드충성도는 매우 높으며 프리미엄가격을 기꺼이 지불하고자 한다. 전문품은 편의품 및 선매품과 비교하여 유통이 크게 중요하지 않으며 소수의 점포만으로도 충분하다. 왜냐하면 소비자가 선호하는 브랜드를 취급하는 점포가 먼 거리에 위치하더라도 기꺼이 방문하려고 하기 때문이다. 그러나 자사제품을 취급하는 점포의 위치를 알리는 광고는 필요하며, 촉진비용은 소매업자와 제조업자가 공동부담하는 경우가 많다.

〈표 7-1〉은 소비재의 분류와 전략적 시사점을 보여주고 있다.

표 7-1 소비재의 분류와 마케팅전략

구매관여 수준	편의품	선매품	전문품
구매빈도	높음	비교적 낮음	매우 낮음
구매관여 수준	낮은 관여수준	비교적 높은 관여수준	매우 높은 관여수준
문제해결방식	습관적 구매	복잡한 의사결정에 의한 구매	브랜드충성도에 의한 구매
제품유형	치약 세제 커피 비누	가전제품 의류 승용차 가구	로렉스 시계 니콘 카메라 구찌 핸드백 전문적 의료서비스
마케팅전략	저가격 광범위한 유통 낮은 제품 차별성 빈번한 판매촉진 높은 광고비 지출 빈번한 이미지 광고	고가격 선택적 유통 제품 차별성 강조 제품특징을 강조하는 광고 인적판매의 중요성	매우 높은 가격 독점적(전속적) 유통 높은 브랜드 독특성 구매자의 지위를 강조하는 광고 인적판매의 중요성

(2) 산업재의 분류

산업재는 제품 또는 서비스를 생산하기 위해 또는 업무를 수행하기 위하여 구매되는 제품이다. 다양한 산업재의 분류방법이 있지만, 마케팅전략수립에 유용한 산업재 분류방법의 하나는 생산공정에 투입되는 정도와 상대적 원가에 의한 분류이다. 산업재는 생산공정에 투입되는 정도와 상대적 원가에 따라 원자재와 부품(materials and parts), 자본재(capital items), 소모품과 서비스(supplies and services)로 나누어진다.

원자재와 부품은 제조업자의 제품생산에 완전히 투입되는 제품이며, 다시 원료(raw material), 가공재(manufactured or processed material)와 부품(component parts)으로 세분될 수 있다. 원료에는 농산물(밀, 면, 채소)과 채취원료(원유, 원목, 철강) 등이 포함되며, 가공재는 원료에 추가적인 가공처리가 이루어진 제품으로 다른 제품의 생산에 투입될 경우 원형을 잃게 된다. 철강, 설탕, 철선, 가죽 등이 그 예이다. 부품은 더 이상 형태의 변화없이 완제품의 형태로 다른 제품의 생산에 투입되며, 타이어, 베어링, 렌즈, 소형모터 등이 그 예이다.

자본재는 완제품생산에 부분적으로 투입되는 제품으로, 기자재(equipment)와 설비(installation)로 다시 나누어진다. 기자재는 최종제품의 일부분으로 들어가지 않고 생산과정을 돕게 된다. 타자기, 책상, 건설장비 등이 그 예이다. 기자재는 구매자의 수가 많고 지리적으로 분산되어 있으며, 품질, 특성, 가격, 서비스 등이 공급자 선택의 주요기준이다. 설비는 건물, 공장의 부분으로 부착되어 제거하기 용이하지 않은 제품과 건물을 말하며, 컴퓨터, 엘리베이터, 자동기계, 공장 등이 포함된다. 설비는 협상과정을 거쳐 공급자로부터 직접구매되며, 공급자는 고객이 원하는 명세에 맞추어 제품설계를 하며 충분한 판매 후 서비스를 제공한다.

소모품과 서비스는 최종 제품생산에 투입되지 않는 제품으로 윤활유, 타이프용지, 필기구, 페인트,

산업재의 예: 삼성전자는 최종소비자들을 대상으로 자사가 공급하는 LED 제품이 우수한 디지털제품을 생산하는 데 기여함을 알리는 광고를 실시하고 있다.

못 등의 업무 및 유지보수에 필요한 소모품, 유지·보수서비스(창문닦기), 경영자문 등의 서비스 등이 포함된다. 소모품은 구매단위 가격이 낮으며 자주 구매되므로, 중간상을 통해 구매되며 가격과 서비스가 중요 고려요인이다. 유지·보수서비스는 계약에 의해 이루어지며 설비제조 업체에 의해 직접 제공되는 것이 일반적이다. 경영자문 서비스는 공급자의 명성과 개인능력에 의해 결정된다.

산업재 생산기업은 주로 기술개발과 원가관리에 주력하며 제품에 대한 마케팅활동에는 비용을 많이 투자하지 않는 경향이 있다. 그리고 생산된 제품에는 주로 제조업체명을 붙여 판매한다. 그러나 최근 들어 생산제품에 대해 제품브랜드명을 개발하고 지속적인 브랜드 자산구축 노력을 통해 차별화를 추구하려는 기업들이 늘어나고 있다.

마케팅 Highlight

최근 들어 제품브랜드 마케팅을 통해 차별화를 추구하는 산업재 기업들

2000년 12월, 현대중공업은 10년 연구끝에 국내 최초로 선박용 엔진개발에 성공한 후 힘센엔진(HIMSEN ENGINE)이라는 제품브랜드를 붙였다. 일반적으로 엔진제품에는 지멘스, 미쓰비시 등 제조업체 이름을 붙인다. 그러나 현대중공업은 전 세계 엔진시장에 독자모델을 널리 알리기 위해 관행과는 다르게 제품브랜드명을 도입하기로 했고, 직원들을 상대로 새로운 엔진제품 브랜드명을 공모했다. 그다음 해 1월 응모이름 300여건 중에서 고른 브랜드는 힘센엔진(HIMSEN ENGINE)이었다. 이 브랜드명은 우리

말의 '힘센'이라는 의미와 함께 '실용적이고 작동이 편리하게 고도의 첨단기술로 만든 중형엔진(High-Touch Medium Speed Engine)'이란 뜻을 담고 있다.

현대중공업의 엔진제품 브랜드화 전략은 그대로 들어맞았다. 외국 바이어들은 한국말로 된 '힘센엔진'이란 브랜드를 언급하기 시작했고, 힘센엔진은 2010년대 들어서 2000대 이상을 판매하면서 전 세계 중형엔진 시장의 약 35%를 점유한 것이다.

최근 들어 화학, 반도체, 조선업 등 B2B(기업 간 거래) 기업들도 소비자를 상대하는 B2C(기업과 소비자 간 거래) 기업처럼 자사제품에 대한 브랜드전략을 구사하는 사례가 늘고 있다. B2B 제품의 브랜드화는 기존 범용제품에 비해 기술과 성능을 차별화하는데 도움을 준다.

B2B 기업 중에서도 특히 첨단부품, 소재기업이 브랜드에 관심이 높다. LG화학은 국내 순수독자기술로 개발한 고부가 합성수지 엘라스토머(Elastomer·탄성중합체)를 개발했는데, 고무와 플라스틱 성질을 모두 가진 고부가가치 합성수지로, 자동차용 범퍼 등에 사용하는 제품이다. 이 제품에 루신(LUCENE)이란 브랜드를 붙인 LG화학은 "아무나 만들 수 없는 차별화된 프리미엄 제품임을 강조하기 위해서 제품 브랜드화는 필수"라고 말했다. 첨단부품 소재기업들도 부품브랜드를 도입하고 있다. 한화케미칼은 2차전지 소재사업의 자체 브랜드인 SafEnPoTM(세이프앤포)를 개발하고 특허출원을 마쳤다. Safe(안전)·Energy(에너지)·Power(힘)의 합성어다. 이 브랜드를 부착한 첫 제품은 2차전지 소재인 양극재(LFP)로, 한화케미칼은 이를 자체 기술력으로 개발해 국내외 메이저 자동차 회사에 공급한다.

부품 브랜드는 완제품 소비에도 영향을 미친다. 소비자가 자동차를 사면서 자동차에 장착한 오디오부품을 따지고, 스마트폰을 사면서 스마트폰 CPU(중앙처리장치)의 제조브랜드를 살펴보는 것이 대표적이다. 삼성전자가 스마트폰 CPU인 모바일 애플리케이션프로세서(AP) 제품에 엑시노스(Exynos) 브랜드를 부착해 퀄컴의 스냅드래곤, 엔비디아의 테그라, 텍사스인스트루먼트(TI)의 오맵 등 다른 모바일 AP 브랜드와 경쟁하려고 한 것이 한 예이다. 영리한 소비자들은 부품을 따져 완제품을 구입하기 때문에 기술력 있는 B2B 기업일수록 부품 브랜드구축을 통해 경쟁우위를 구축할 필요가 있다.

02 개별제품관리

제품에 대한 의사결정은 세 가지 수준에서 이루어지는데, 개별제품에 대한 의사결정, 제품라인에 대한 의사결정, 그리고 제품믹스에 대한 의사결정이 그것이다.

마케터는 개별제품을 개발하고 관리하는 과정에서 브랜딩, 제품품질, 디자인과 패키징, 제품지원 서비스 등에 대한 의사결정을 내려야 한다. 모든 제품관련 의사결정의 초점은 핵심 고객가치를 창출하는 데 맞추어야 한다. 소비자들은 브랜드를 제품의 주요 구성요소로 간주하며, 좋은 브랜딩은 제품에 가치를 부가할 수 있다. 고객들은 우수한 제품성능 때문에 특정 제품브랜드를 구매할 뿐 아니라 그 브랜드에 의미를 부여하고 브랜드관계를 형성하기도 한다. 브랜드의 구축과 관리는 마케터가 수행해야 할 과업가운데 가장 중요할 수 있다. 따라서 브랜딩전략에 대해서는 제8장에서 보다 자세하게 다룰 것이다. 이하에서는 제품의 다른 구성요소들인 제품품질, 디자인과 패키징, 고객지원 서비스에 대한 의사결정에 대해 자세히 설명하기로 한다.

2.1 제품품질

제품품질(product quality)은 마케터가 제품포지셔닝에 이용하는 주요도구 중 하나이다. 탁월한 제품품질은 고객이 추구하는 가장 중요한 가치차원 중 하나로서, 고객만족과 충성도에 밀접하게 연결되어 있다. 좁은 의미로 보면 품질은 결점이 없는 정도로 정의될 수 있다. 미국품질협회(The American Society for Quality)는 품질을 표현된 혹은 암시적인 고객욕구를 충족시키는 능력을 가진 제품 혹은 서비스특성들로 정의한다. 품질지향적 기업들은 반품되지 않은 우수한 제품품질이 고객들을 다시 찾아오도록 만든다고 믿는다.

그러나 대부분의 고객지향적 기업들은 품질의 의미를 좁게 보지 않으며, 이를 고객가치와 고객만족을 창출하기 위한 전사적 노력의 과정과 수준으로 확대해서 본다. 이에 따라 많은 기업들이 품질경영 혹은 전사적 품질관리 같은 표현을 사용하며, 품질을 전략적 도구로 활용하고 있다. **전사적 품질관리**(TQM : Total Quality Management)는 기업의 모든 구성원들이 제품, 서비스, 비즈니스프로세스의 품질수준을 끊임없이 향상시키려는 노력이다. 대부분의 시장선도적 기업들에게 있어 전사수준에서의 고객지향적 품질관리는 모든 경영활동의 기반이 되고 있다. 이에 따라 기업들은 품질수익률(return on quality)이라는 개념을 도입하고 있는데, 이는 품질을 투자로 보고 제품품질을 유지하기 위한 지속적 노력을 기업의 주요 성과지표로 간주하는 것이다.

제품품질은 품질수준과 품질의 일관성이라는 두 개의 차원으로 나눌 수 있다. 제품개발 과정에서 마케터는 먼저 제품포지셔닝을 지원해 줄 품질수준을 선택해야 하는데, 여기서 품질수준(quality level)이란 제품이 그 기능들을 제대로 수행할 능력, 즉 **성능품질**(performance quality)을 의미한다. 예를 들어, 제네시스EQ 승용차는 쏘나타보다 더 우수한 성능품질을 제공하는데, 이 승용차 브랜드는 더 부드러운 운전, 더 나은 승차감, 더 높은 내구성 등을 제공한다. 그러나 최고의 성능품질 수준을 제공하려고 하는 기업들은 그렇게 많지 않는데, 그 이유는 소수의 고객들만이 제네시스EQ 승용차, Rolex시계 등과 같이 매우 높은 수준의 품질을 제공하는 제품들을 원하거나 혹은 이를 구매할 여력이 있기 때문이다. 그러므로 기업들은 표적세분 시장의 욕구와 경쟁제품의 품질수준을 고려해 이에 상응한 품질수준을 선택한다.

높은 제품품질은 높은 수준의 성능품질뿐 아니라 목표로 삼은 품질수준을 일관되게 제공하는 적합성 품질도 포함한다. **적합성 품질**(conformance quality)은 결점(제품불량)이 없고 목표로 삼은 성능수준을 일관되게 전달하는 정도를 의미한다. 모든 기업들은 높은 수준의 적합성 품질을 갖도록 노력해야 한다. 적합성 품질차원에서 보면 쏘나타승용차는 제네시스EQ와 대등한 품질을 가진 것으로 볼 수 있다. 쏘나타가 제네시스EQ만큼 우수한 성능품질을 갖고 있지는 않지만, 고객들이 지불하는 가격과 그들의 기대에 상응하는 품질을 일관성 있게 전달하고 있기 때문이다.

2.2 제품디자인

최근 들어 많은 기업들이 고객가치를 추가하거나 제품차별화를 추구하는데 있어 독특한 제품디자인(design)을 활용하고 있다. 한샘은 단순히 가구단품을 파는 데 머물지 않고 집안에서 삶을 편리하게 해주는 다양한 제품으로 소비자의 생활자체를 설계하는 라이프스타일기반 디자인전략을 통해 차별적인 고객가치를 추구함으로써 가구업계에서 선도적 지위를 유지하고 있다. 좋은 디자인은 사람들의 주의를 끌고 미적 즐거움을 줄 수 있을 뿐 아니라 제품성능을 더 우수하게 만드는데 기여한다. 즉, 좋은

한샘은 라이프스타일기반 디자인 전략을 통해 차별적인 고객가치를 추구함으로써 가구업계에서 선도적 지위를 유지하고 있다.

마케팅 Highlight

즐거움과 행복을 주는 제품디자인– 경쟁우위구축의 새로운 원천

21세기 들어 대부분의 글로벌기업이 자사제품과 서비스의 경쟁력 제고를 위해 전면에 디자인 경영을 내세웠다. 이전까지 기업들은 제품을 예쁘고 눈에 띄게 만들고 훌륭한 기능을 많이 넣어 팔면 되는 줄 알았다. 하지만 그게 아니었다. 작고 예쁜 디자인에 다양한 기능까지 탑재했던 수많은 MP3플레이어는 직사각형의 아이팟에 밀려 소리소문 없이 사라져 갔다.

고풍스러운 디자인으로 소비자를 유혹했던 에스프레소 기계도, 여러 기능을 첨가해 첨단기기로 거듭났던 커피메이커도 단순한 모양의 캡슐커피 기계에 밀려나는 것을 보면서 생각이 완전히 달라졌다. '감성 디자인'의 대가인 도널드 노먼 박사는 "사람을 행복하게 만드는 디자인을 구현해야 물건이나 서비스가 팔리는 시대"라며 대표적 캡슐커피 메이커인 네스프레소를 사례로 들었다.

제아무리 우아한 디자인에 첨단기술을 응용한 기능을 부가해도 에스프레소 기계에는 언제나 두 가지 문제가 있었다. 하나는 커피를 만드는 과정을 반드시 학습해야 한다는 것이고, 다른 하나는 주기적으로 청소를 해야 하는 번거로움이 있다는 것이다. 캡슐커피 기계가 시장에 등장하면서 두 가지 문제는 동시에 해결됐다. 우선 외양자체도 사무실이나 거실에 자랑스럽게 둘 만큼 단순하고 예뻤지만 그게 전부는 아니었다. 조작이 간편했고 청소부담도 사라졌다. 누군가가 커피를 만들어 타다 주길 바랐던 사람들은 캡슐을 뚫는 경쾌한 소리와 스스로 기분에 따라 커피를 선택하고 물을 조절해가며 자신만의 커피를 만드는 재미에 빠졌다. 그리고 커피맛도 훌륭했다. 그 결과 커피를 마시는 라이프스타일이 바뀌었다. 물론 기계와 캡슐의 디자인과 색깔도 일관된 디자인으로 구현했고 여기에 캡슐커피를 마시는 모습 그 자체가 디자인의 일부가 되는 형태다.

이성적으로 판단해봤을 때 더 좋은 에스프레소 기계는 분명히 따로 존재했지만 캡슐커피 기계는 사람들에게 혹은 다른 사무실에 자랑하고 싶은 물건이었고 보는 사람마다 만져보고 직접 사용해보고 싶은 물건이었다. 아이팟처럼 사용자들의 마음을 움직인 감성디자인의 대표적 사례가 됐다.

캡슐커피 기계의 성공스토리는 또 다른 감성 디자인의 대표적 성공사례인 아이팟 신화와 정확하게 일치한다. 노먼 박사는 "이전에도 훨씬 작고 예쁘면서 기능이 뛰어난 MP3플레이어는 많았지만 고객들은 그런 제품에 만족했을 뿐 행복해지지는 않았다"고 했다. 그는 "아이팟이 행복을 준 이유는 언제 어디서든 원하는 음악을 내려받아 저장하고 들을 수 있는 환경을 제공했고, 심플하면서도 감각적인 디자인으로 구매자들에게 '나는 아이팟 유저다'라는 자부심을 심어줬기 때문"이라고 설명했다. 또 간단한 장착으로 스피커와 연결할 수 있는 등 여러 부가적인 기능이 통일된 디자인 속에서 적절하게 구현됨으로써 라이프스타일을 지배하는 디자인이 됐고 이것이 사람들의 마음을 움직였다는 것이다. 이후 아이폰, 아이패드 등 후속 상품들의 연이은 성공 역시 이 같은 맥락에서 이뤄졌다.

제품을 꺼내들고 사람들에게 보여주고 만지작거리면서 노는 모든 행위, 캡슐을 꺼내 기계에 넣고 맛있는 커피를 직접 만들어 먹는 일련의 행위가 사람들에게 행복감과 즐거움(pleasure)을 줬다는 얘기다.

• 자료원 : 매경, 2011.7.23

디자인은 제품의 외관과 제품의 유용성 모두에 기여한다. 애플의 아이맥(imac)이 그 한 예이다. 모니터와 본체를 하나로 연결한 이 컴퓨터는 사용자들을 심란하게 했던 수많은 연결선들을 모두 없애고 파워코드 딱 하나만 연결하도록 디자인되었다. 모니터에는 음량이나 화면밝기 조절버튼은 물론 전원버튼조차 없다. 전원버튼은 모니터뒷면 아래에 잘 숨겨져 있다. 아이맥은 소비자들이 어떤 감정적 거슬림도 없이 단번에 제품의 단순함과 순수함을 느낄 수 있도록 디자인되었다.

좋은 디자인은 고객욕구를 잘 이해하는 것에서 시작된다. 좋은 디자인은 고객이 원하는 제품 혹은 서비스속성과 긍정적 제품사용 경험을 창출하는데 기여한다. 따라서 제품디자이너는 디자인개발과정에서 제품속성과 기술적 사양보다는 고객이 제품을 어떻게 사용하고 제품으로부터 어떤 편익을 얻을 것인지에 대해 더 많이 생각해야 한다.

성공적인 제품디자인은 기능적인 면이나 미적인 면에서 다른 제품들과 차별화된 특성을 지닌다. 그러므로 제품디자인을 계획할 때 디자이너나 마케터들은 먼저 이 제품의 디자인이 기능적·미적 측면에서 표적소비자들에게 소구될 수 있는지를 고려해야 한다. 또한 제품디자인의 개발·제작에 소요되는 비용과 그 대가로 소비자가 지불하고자 하는 가격 간에 균형을 이루는지도 고려하여야 한다.

최근 들어 제품차별화에서 디자인의 중요성을 인식한 기업들이 단순히 제품의 한 구성요소로서 좋은 디자인을 개발하는 단계에서 진일보해 기업차원에서 디자인역량을 키우기 위한 노력인 **디자인경영**으로 그 개념을 확대하고 있다. 최고경영자의 전폭적인 지원을 토대로 디자인경영전략을 추구하는 LG전자가 그 대표적 예이다. 제품차별화를 위해 디자인을 강조하는 LG전자는 '선(先) 디자인, 후(後) 제품개발'을 추구하고 있다. 이를 실현하기 위해 최고 경영진과 사내디자인 전문가들로 구성된 디자인위원회를 도입했는데, 이 위원회는 처음 구상한 제품디자인이 제품화과정에서 변경되지 않도록 하는 역할을 담당한다. LG전자의 디자인 우선주의가 성공을 거둔 한 예로 프리미엄 가전브랜드 LG 시

디자인 경영전략을 추구하는 LG전자는 예술적 수준으로 디자인역량을 키우기 위한 시도로서 세계 최대규모의 디자인전시회 '밀라노 디자인위크 2017'에서 LG 전시관을 열었다. 최고의 화질이라는 평가를 받는 LG의 올레드(OLED·유기발광다이오드) 디스플레이가 이 전시회에서 의자로 변신했는데, 일본의 세계적 산업디자이너인 요시오카 도쿠진과 협력해 55인치(약 140㎝) 크기의 올레드 디스플레이로 17개의 의자를 만들어 전시한 것이다.

그니처를 들 수 있다. LG시그니처는 속이 들여다 보이는 냉장고, 두께 4㎜로 벽지처럼 얇은 TV 등 디자인을 강조한 고급 가전제품을 출시해 좋은 시장반응을 얻었다.

2.3 패키징(Packaging)

패키징이란 제품의 포장물을 설계하고 생산하는 활동을 말한다. 패키지는 제품의 얼굴이다. 패키지는 제품의 내용물을 보호하는 단순한 기능적 역할뿐 아니라 제품정보의 제공 및 제품이미지의 전달 등 커뮤니케이션 역할을 수행한다. 대부분의 소비재가 제품수명주기상의 성숙기에 들어서 경쟁제품들이 물리적 특성에서 표준화되어 있을 뿐 아니라, 슈퍼마켓과 편의점의 성장에 따른 self-service의 확대에 따라 패키지가 갖는 마케팅커뮤니케이션 역할의 중요성이 갈수록 커지고 있다.

(1) 패키지디자인의 중요성

패키지는 브랜드자산형성의 주요원천이 될 수 있다. 종종 소비자들이 특정 기업이나 브랜드에 대해 갖고 있는 강력한 연상 중의 하나는 패키지와 관련된 것이다. 예를 들어, 소비자들에게 하이네켄 맥주를 생각할 때 무엇이 떠오르는지를 물어보면, 초록색 병이라고 대답할 것이다. 이와 같이 패키지의 외양은 브랜드인지도를 높이거나 브랜드연상을 창출·강화하는 데 중요한 수단이 될 수 있다. 최근 들어 신제품의 수가 급증함에 따라 제품차별화에서 패키지디자인이 갖는 중요성이 더욱 커지고 있다. 패키지는 진열대에 놓인 수많은 경쟁브랜드들 중 자사브랜드를 두드러지게 보이게 하는 데 효과적인 마케팅수단이 될 수 있다. 슈퍼마켓에서 구매하는 소비자들이 상당수의 품목들을 비계획적으로 구매한다는 사실은 구매시점에서 소비자의 주의를 끄는 패키지의 중요성을 시사한다.

과거에는 패키지디자인이 비체계적으로 개발되었다. 예를 들어, 빨강색과 흰색으로 구성된 캠벨수프(Cambell soup)캔의 디자인은 회사의 한 간부가 코넬(Cornell)대학 미식축구팀의 빨갛고 하얀유니폼을 좋아했기 때문에 채택되었다고 한다. 그러나 최근 들어 고객의 브랜드선택에서 패키지디자인의 중요성이 커짐에 따라 기업들은 제품개발비용의 상당부분을 패키지개발에 할애하며 전문적인 패키지디자이너를 이용하여 체계적이고 과학적으로 패키지를 디자인하고 있다.

패키지구성 요소(브랜드명, 제품정보, 그래픽요소, 색상, 재료 등)에 대한 결정은 브랜드인지도를 향상시키고 브랜드연상의 형성을 용이하도록 이루어져야 한다. 패키지의 구성요소 가운데 특히 중요한 것이 색상이다. 소비자들은 특정 유형의 제품은 특정의 색상을 갖게 될 것으로 기대한다. 즉 색상과 관련된 언어적 연상(color vocabulary)을 갖는 것이다. 예를 들어, 우유는 하얀색상의 종이팩을 사용해야 한다거나 사이다는 초록색의 병이나 캔을 사용해야 한다고 믿는 것이다. Ritz크랙커와 Coca콜라의 빨간색, 오뚜기 식품과 롯데 쥬시후레쉬 껌의 노란색, 7UP 사이다의 초록색, Pepsi콜라의 파란색은 브랜드가치 형성에 기여한 패키지색상의 몇 가지 예이다.

패키지의 색상은 제품특성에 대한 소비자지각에 영향을 줄 수 있다. 가령, 커피병이나 캔에 보다 진한 갈색의 패키지색상이 사용될수록, 소비자들은 커피음료의 맛이 더욱 진할 것으로 인식할 수 있

마케팅 Highlight

코카콜라 브랜드자산의 주요원천인 제품패키지

2017년들어 탄생 130년을 넘긴 코카콜라가 패키지 혁신을 거듭하고 있다. 여성의 아름다운 곡선을 닮았다며 출시 때부터 화제를 낳았던 코카콜라 유리병 '컨투어 병'은 1915년 유사품과 차별화하기 위해 미 본사 인디애나루트 유리공장의 알렉산더 새뮤얼슨이 고안했다. 실제로는 여성의 곡선이 아닌, 코코넛 열매를 본떠 만들었다. 이 병 모양은 약 4조원의 가치를 지니고 있는 것으로 평가받고 있다. 35회 생일을 맞은 1950년 소비재로는 처음으로 '타임'지 표지를 장식하기도 했다. 코카콜라 병은 세계적인 아티스트들에게 많은 영감을 불러일으키기도 했다. 팝 아티스트 앤디 워홀이 작품소재로 삼은 것은 물론, 명품 패션브랜드 샤넬의 수석 디자이너 카를 라거펠트를 비롯해 장 폴 고티에, 장 샤를 카스텔 바작, 겐조 다카다, 로베르토 카발리 등 세계적 패션 디자이너들이 만든 한정판 병도 선보였다. 국내에서도 카를 라거펠트 컬래버레이션(협업) 작품이 2011년 4월, 장 폴 고티에 컬래버레이션 작품이 2012년 7월 선보여 화제를 낳았다.

알루미늄 메탈 재질의 미래형 패키지 '알루미늄 컨투어 에디션'도 패키지 혁신의 한 사례다. 2008년 글로벌 패키지디자인상인 '펜타어워즈' 최고상을 받았고, 2013년 한국내에서 세계 두 번째로 출시됐다.

환경을 생각하는 플랜트 보틀 역시 패키지 진화의 한 단면이다. 페트병의 30%가량을 식물성 소재로 만들어 이산화탄소 배출을 줄인 병이다. 첫 검토에서 출시까지 40여 년의 기간이 걸렸다. 식물소재를 넣고도 내구성·가벼움·재활용 등 기존 페트용기가 가진 장점은 100% 똑같이 갖춰야 했기 때문이다. 이 병은 2009년 11월 덴마크 코펜하겐에서 열린 제15차 유엔기후변화협약에서 첫선을 보였고, 한국내엔 2012년 5월 출시됐다. 코카콜라는 2020년까지 200여 개국 코카콜라 모든 제품을 플랜트 보틀로 대체한다는 것을 목표로 삼고 있다.

128년 동안 변화를 거듭해 온 코카콜라의 패키지(포장). 곡선모양 유리병은 디자인 가치만 4조원대인 것으로 평가받고 있다. 오른쪽은 특별한 메시지를 담은 밸런타인용 코카콜라 패키지.[사진 : 코카콜라]

● 자료원 : 중앙일보, 2014.2.7

다. Miller High Life 맥주는 투명한 맥주병 때문에 매출에 어려움을 겪었는데, 그 이유는 많은 소비자들이 진한 갈색병을 사용한 시장선도 브랜드인 Budweiser 맥주에 비해 맥주맛이 진하지 않을 것으로 지각했기 때문이다.

기업은 여러 가지 이유(제품가격의 인상, 유통경로의 변경)로 인해 패키지디자인을 변경한다. 패키지디자인을 변경하는 가장 일반적인 이유는 기존의 패키지가 시대에 뒤떨어져 보이기 때문일 것이다. 패키지를 변경함에 있어 기업은 브랜드자산의 구축에 기여한 주요 패키지요소들의 자산적 가치가 상실되지 않도록 유의해야 한다. 패키지디자인을 변경할 때 마케터는 보다 현대적인 느낌을 갖도록 하는 것과 구축한 기존의 패키지자산을 유지하는 것 간에 적절한 조화를 유지하도록 해야 한다. 그러나 젊은 소비자층을 표적시장으로 하는 경우에는 항상 최신의 제품으로 보이도록 하기 위해 패키지디자인을 자주 변경시킬 수 있다.

(2) 좋은 패키지가 갖추어야 할 특징

좋은 패키지가 갖추어야 할 특징은 시각성(visibility), 정보제공능력(information), 감정적 소구력(emotional appeal), 기능수행력(workability) 등이 있는데, 이는 VIEW라는 약자로 표현된다.

첫째, 패키지는 시각성이 있어 구매시점에 주의를 유발할 수 있어야 한다. 패키지는 브랜드이미지를 살리면서 진열공간에 진열된 경쟁브랜드들 가운데 자사브랜드가 두드러지도록 하여야 한다. 강렬한 색상의 패키지나 색다른 그림, 형태, 사이즈의 패키지는 시각을 강화시킬 수 있다. 목소리를 담은 칩을 패키지에 장치하거나 입체사진을 부착하는 등의 패키징 기술혁신은 주의유발에 도움을 준다.

둘째, 패키지는 정보제공능력을 가져야 한다. 즉, 패키지는 제품사용법, 제품이 제공하는 편익, 슬로건, 기타 제품정보(요리법, 판매촉진 제공물) 등을 효과적으로 제공할 수 있어야 한다. 패키지에 실린 정보는 시용구매를 자극하거나 반복구매를 유발하고, 나아가 정확한 제품사용법을 제공할 수 있다는

패키지는 제품의 얼굴이며 제품이미지를 전달하는 역할을 한다.

점에서 유용하다. 패키지는 정확한 제품정보를 적정량으로 제공할 수 있어야 한다. 과다한 정보제공은 소비자가 필요한 정보를 처리하는 데 방해가 될 뿐 아니라 값싼 이미지를 줄 수 있다. 그리고 "새로운", "향상된", "무료" 등의 문구가 자주 패키지에 부착되는데, 이는 즉각적인 시용구매를 자극하거나 다른 브랜드로 전환한 고객을 다시 끌어들이기 위한 목적에서 사용된다.

셋째, 패키지는 감정적 소구능력이 있어야 한다. 즉, 패키지는 소비자가 원하는 느낌이나 무드를 유발할 수 있어야 한다. 패키지디자이너는 독특한 컬러, 형태(shape), 소재 등을 이용해 다양한 느낌들(우아함, 즐거움, 향수, 위신 등)을 불러일으키려고 한다. 감정적 요소를 배제하고 제품정보만을 강조하는 제품패키지가 있는가 하면 제품정보는 거의 제공하지 않고 감정적 요소만을 강조한 제품패키지도 있다. 만약 소비자가 신중한 의사결정을 거쳐 최선의 브랜드를 선택한다면, 소비자가 필요한 정보를 제공받을 수 있도록 구체적이고 충분한 제품정보를 제공하여야 할 것이다. 이에 반해 소비자가 즐거움, 환타지, 쾌감을 얻기 위해 제품을 구매한다면, 패키지는 감정유발적 요소를 제공함으로써 구매행동을 유발하여야 한다.

넷째, 패키지는 제품내용을 보호하고, 유통업체와 소비자가 저장하기 용이하도록, 제품사용을 용이하게, 그리고 환경을 보호할 수 있도록 디자인되어야 한다. 붓기에 용이하도록 설계된 식용유와 설탕용기, 튜브형의 치약, zip로 봉합된 비닐패키징 등은 기능성을 갖춘 패키지의 한 예이다. 최근 환경적으로 안전한 패키지의 개발에 관심이 증대되고 있다. 즉, 플라스틱 용기로부터 재활용이 가능한 종이패키지를 이용하는 방향으로 패키지소재의 추세가 변화되고 있다. 패키지디자이너가 기능성과 관련하여 해결해야 할 문제는 충분한 기능성을 갖추면서 기업과 소비자에게 모두 비용절약적인 패키지를 설계하는 일이다. 예를 들어, 소비자는 전혀 부패되지 않는 식품패키지를 원하지만 마케터는 비용상의 문제로 이러한 높은 기능성을 갖춘 패키지를 제공하는 데 어려움이 있을 것이다. 어떤 제조업체는 디자인 없이 값싼 패키지를 이용함으로써 소비자의 불만을 사게되는 경우도 종종 있다.

마케터가 VIEW기준을 모두 충족시키는 패키지를 개발하기는 어려울 것이므로 제품범주에 따라 각 기준의 상대적 중요도를 평가하여 이를 적절히 반영하여야 할 것이다. 예를 들어, 패키지의 기능성은 모든 제품범주에 요구되는 기준이지만, 향수같은 제품은 감정적 소구를 강조한 패키지개발이 중요할 것이며, 식품은 제품정보를 강조한 패키지개발이 이루어져야 할 것이다. 그러나 마케터는 정보제공적 요소와 감정유발적 요소를 효과적으로 결합해 소비자의 실용적 욕구와 정서적 욕구를 함께 충족시킬 수 있는 패키지디자인을 개발하기 위해 노력해야 한다.

2.4 고객지원 서비스

구매후 제품관련 고객서비스는 제품관리에서 고려해야 할 또 다른 주요요인이다. 기업이 고객에게 전달하는 제공물은 통상적으로 지원서비스를 포함하는데, 이는 전체제공물 중에서 사소한 부분같이 보일 수 있지만 고객관계형성과 브랜드충성도 구축에서 중요한 부분일 수 있다.

고객지원서비스(support service)는 고객의 전반적인 브랜드경험에서, 그리고 브랜드충성도 구축에서 중요한 부분을 차지한다. 가령, 국내 자동차시장의 선도기업 현대자동차는 승용차판매를 실현하는 것으로 마케팅활동이 끝나는 것이 아님을 잘 알고 있다. 판매 후에도 차별화된 고객지원서비스를 통해 지속적으로 고객관계를 구축/유지하는 것이 수입차와의 시장경쟁에서 핵심 성공요인임을 인식하고 있는 것이다. 현대차는 생애처음으로 신차를 구입한 고객들에게 1회에 한해 무상으로 범퍼를 수리해주는 서비스를 도입했다. 차를 처음 모는 운전자들이 초기에 접촉사고를 많이 내 범퍼손상이 많다는 점에 착안해 시작한 서비스로서, 차량을 구입한 지 3~6개월 내 범퍼에 흠집이 나면 정비센터에서 무상으로 고쳐준다. 매달 현대차를 처음 구입하는 고객 중 500명에게 직원이 직접 찾아가 AS를 해주는 생애 첫차 고객대상 방문서비스에 이어 도입한 고객지원 서비스정책이다. 그리고 세계 최초로 고객맞춤형 차량관리 애플리케이션(앱 · 응용프로그램)을 내놓았다. 현대차는 차량관련 지식과 정보가 부족한 여성과 젊은 고객을 위해 스마트폰용 앱을 개발했는데, 스마트폰에 현대차 모바일 앱을 깔면 차량의 주행거리와 보증기간 뿐만 아니라 부품별 점검시기도 파악할 수 있다. 또한 소모품 교환주기를 자동으로 알려주고 정비이력도 확인할 수 있으며, 앱을 통해 긴급출동 서비스를 신청하고 차량정비도 예약할 수 있다. 현대차는 여성전용 서비스센터도 확대했다. 2013년 서울 도곡동에 여성고객만 이용할 수 있는 공간인 '블루미' 1호점을 연 데 이어 부산, 경기 분당 등에도 블루미를 만들어 여성들이 편안하게 자동차관련 서비스를 받도록 했다. 직영 정비센터에 만든 여성고객 전용쉼터도 그 수를 늘리고 있다. 나아가 정비서비스에 대한 고객신뢰도를 높이기 위해 과잉정비를 줄여나가는 노력도 기울이고 있다. 현대차 제휴정비센터인 블루핸즈에서 과잉정비가 발생하면 과다청구금액의 300%를 현대차 본사가 직접 보상해주고 있다. 현대차는 차량고장을 예방할 수 있는 사전점검 서비스인 '비포(before)서비스'도 도입했는데, 아파트와 일반 기업체를 돌아다니며 소모부품 교체여부를 알려주고 주요 부품상태를 확인해 준다.

차별적인 고객지원 서비스를 수행하기 위해서는 체계적인 노력이 필요한데, 그 첫 번째 단계는 기존 지원서비스들에 대해 고객들이 지각하는 가치와 품질수준을 평가하고 새로운 지원서비스 아이디

차별화된 고객지원서비스를 통해 수입차와의 경쟁에서 우위를 추구하는 현대차: 여성전용 서비스센터 '블루미'

어를 얻기 위해, 정기적으로 고객서베이를 실시하는 것이다. 그 다음 단계는 기존 고객서비스의 문제점을 개선하고, 고객을 감동시키면서 수익창출에 기여할 신규 고객지원 서비스를 추가하는 방안을 강구하는 것이다. 많은 기업들은 과거에는 불가능했던 고객지원 서비스를 제공하기위해 전화, 이메일, 팩스, 인터넷, 인터렉티브 보이스(voice) 등을 통합적으로 활용한다. 가령, HP는 완벽한 판매서비스와 판매 후 서비스를 제공하기 위해 컴퓨터 수명주기의 모든 단계에 걸쳐 전문가적인 도움을 주는 HP Total Care 서비스를 도입하고 있다. 고객들은 HP Total Care포탈에 접속해 HP제품에 대한 온라인 지원 서비스를 제공받거나 이메일, 즉석 온라인상담, 전화를 통해 연중무휴로 기술지원 서비스를 제공받을 수 있다.

03 제품라인관리(Product Line Management)

제품전략은 개별제품/서비스에 대한 의사결정뿐 아니라 제품라인(제품계열)관리와 관련된 의사결정도 포함한다. **제품라인**(product line)은 서로 밀접하게 관련된 제품들의 집합을 말하는데, 이들은 유사한 기능을 수행하거나(가령, 비누, 샴푸, 린스, 치약 같은 화장실용품), 동일한 고객집단에게 판매되거나(가령, 샤넬의류, 핸드백, 향수제품들), 동일한 유통경로를 통해 판매되거나(가령, 한국야쿠르트 아줌마 같은 방문판매사원에 의해 판매되는 제품들) 혹은 비슷한 가격대에서 판매되기 때문에 하나의 제품라인에 포함될 수 있다. 예를 들어, 나이키는 운동화 및 운동복에서 몇 가지 제품라인을 생산/판매하며, Marriott도 여행자를 타겟으로 하는 호텔체인, 출장고객을 타겟으로 하는 호텔체인 등 복수의 호텔라인을 거느리고 있다.

제품라인에서의 주요 의사결정은 **제품라인 길이**(product line length)에 관한 것이다. 제품라인 관리자는 먼저 제품라인을 구성하는 품목들의 수익성과 경쟁력을 분석한 후, 새로운 품목들을 추가하거나 기존 품목을 수정 또는 철수하는 등의 제품라인 길이에 대한 의사결정을 하게 된다. 제품라인의 길이가 너무 짧다면, 품목의 추가를 통해 이익을 증대시킬 수 있다. 이에 반해 라인의 길이가 너무 길다면, 품목의 제거를 통해 제품라인의 전반적 수익성을 증대시킬 수 있다. 따라서 제품관리자는 정기적으로 제품라인 내 각 품목의 매출과 이익을 평가하고 각 품목이 제품라인의 전반적 시장성과에 어느 정도 공헌하는지를 파악하는 등 제품라인 길이가 적절한지를 분석해야 한다 .

3.1 제품라인을 구성하는 기존 품목들에 대한 분석

제품라인 관리자는 ① 각 품목의 수익성에 대한 분석, ② 자사품목과 경쟁사 제품 간의 경쟁분석을 통해 기존 제품라인의 마케팅성과를 파악해야 한다.

동서식품 마케팅관리자는 최적의 커피제품 라인길이를 유지하기 위해 각 커피 품목의 전체 수익성에 대한 기여도와 자사브랜드들에 대한 잠식정도를 분석한다.

첫째, 품목의 수익성에 대한 분석에서는, 각 품목의 총 매출액상의 점유비와 총 이익상의 점유비를 조사하여 문제가 되는 품목들을 파악해야 한다. 예를 들어, 동서식품 냉동건조커피 제품라인에서, 맥심오리지널 브랜드와 맥심모카골드 마일드를 합한 매출액과 이익이 각각 전체의 70%와 75%를 점유하고 있다고 가정하자. 만약 이들 제품이 경쟁사의 위협을 받으면 회사의 시장성과에 상당한 영향을 줄 수 있으므로 촉진활동의 강화나 제품개선 등에 의해 지속적인 방어가 필요하다. 한편 전체매출액과 이익에서 차지하는 비율이 낮은 품목은 회사에 대한 기여도가 낮으므로 제품의 개선, 포지셔닝의 변경 또는 제품철수 등의 전략적 조치를 고려해 보아야 할 것이다. 가령, 동서식품은 레귤러 인스턴트커피 제품라인에서 맥스웰 화인과 맥스웰 그래뉼을 보유하고 있었지만, 맥스웰 그래뉼의 제품경쟁력이 낮아 시장에서 철수시켰다.

둘째, 자사의 제품라인 구성품목들이 경쟁사와 대비하여 포지션이 잘되어 있는지를 확인하여야 한다. 동서식품의 커피제품라인 관리자는 기존 품목의 경쟁적 포지션을 변경하거나 한국네슬레나 남양유업이 제공하고 있지만 자사가 진출하지 않은 품목을 추가하거나 혹은 경쟁사가 아직 진출하지 않은 품목을 추가하는 대안을 고려해 볼 수 있다.

3.2 제품라인 길이에 대한 의사결정

제품라인을 구성하는 기존 품목들의 수익성과 경쟁력을 분석한 후 이를 토대로 제품라인 내에 새로운 품목을 추가하거나 기존 품목의 일부를 철수시키는 등의 제품라인 길이에 대한 결정을 하게 된다.

첫째, 제품라인의 길이를 결정하는 주요요인의 하나는 회사의 경영목표이다. 즉, 최고경영자가 시장점유율 증대와 수익성(profitability) 중 어떤 경영목표에 우선순위를 두는가에 따라 제품라인의 길이가 달라진다. 시장점유율의 증대에 우선순위를 두는 기업은 비록 일부품목들이 수익성에 문제가 있다고 하더라도 다양한 품목들로 제품라인을 구성하므로 제품라인의 길이가 길어진다. 반면에 수익성을 강조하는 기업은 이익이 확실한 품목만으로 제품라인을 구성할 것이므로 제품라인의 길이가 짧을 것이다.

둘째, 기업목표에 상관없이 시간이 경과함에 따라 제품라인의 길이가 길어지는 경향이 있다. 제품들 간의 경쟁이 치열해짐에 따라 영업사원들과 자사제품을 취급하는 유통업체들은 고객의 다양한 욕구를 충족시키기 위해 여러 품목들을 제공해 주도록 요구한다. 예를 들어, 카운테스마라는 전통적인 흰색 와이셔츠 이외에 다양한 색상 및 디자인의 와이셔츠를 도입해 다양한 고객욕구를 충족시키려고 한다. 따라서 제품라인 관리자는 제품라인 길이의 확대에 따른 매출액 증대와 비용증가의 비교분석을 통하여 적정한 제품라인 길이를 유지할 수 있도록 해야 한다.

셋째, 제품라인내에 새로운 품목을 추가할 경우 기존 제품들과의 대체관계를 고려해야 한다. 동일 제품라인 내의 한 품목의 판매가 증대함에 따라 다른 품목의 판매가 감소할 경우, 이 두 제품은 서로 대체관계에 있다. 같은 제품라인내에 대체관계에 있는 둘 이상의 품목들이 있을 경우 경쟁사 고객이 아니라 자사고객을 뺏기위해 서로 경쟁하는 자사브랜드 잠식현상(brand cannibalization)이 발생할 수 있다. 자사브랜드 잠식현상이 심각하다고 판단되면, 마케터는 대체관계에 있는 품목들 하나하나가 제품라인 전체의 매출과 이익에 미치는 영향을 고려하여 품목의 추가 혹은 철수를 고려해야 한다.

기업은 두 가지 방식으로 제품라인의 길이를 늘릴 수 있는데, 라인충원전략과 라인확대전략이 그것이다. **제품라인 충원전략**(product line filling)은 기존의 제품라인 범위내에서 더 많은 품목들을 추가하는 것이다. 가령, LG생활건강은 죽염치약 라인내에서 성분과 제품편익에서 차이가 나는 다양한 치약 품목들을 개발/제공하고 있다. 카스맥주는 제품라인 충원전략을 통해 20~30대 전체고객을 공략해

제품라인 충원전략을 통해 매출증대를 추구하는 카스맥주

마케팅 Highlight

스마트폰 시장에서 제품라인 길이를 확대하는 전략을 추구하는 삼성전자와 제품라인 축소전략을 추구하는 애플 중 누가 더 수익성이 높을까?

2015년 글로벌 스마트폰 시장에서 발생한 이익의 84%를 미국 애플이 독차지 했고 삼성전자는 전체이익 중 16%를 가져갔다. 스마트폰 판매량은 삼성전자가 애플보다 40% 더 많은데도 실속은 애플이 거의 다 챙긴 셈이다. 스마트폰 판매량은 삼성전자가 3억 2950만대로 애플(2억 3390만대)보다 1억대가량 더 많았다. 그러나 애플은 스마트폰 한 대를 팔 때마다 208달러(약 24만 6000원)의 이익을 남기지만, 삼성은 28달러(약 3만 3000원)만의 이익을 냈다.

이런 차이는 양사의 사업모델과 제품마케팅 전략자체가 근본적으로 다르기 때문에 발생한다. 애플은 하드웨어와 핵심 소프트웨어인 운영체제(OS)를 모두 자체개발한다. 이를 바탕으로 매년 고가의 신제품 1~2개만 내놓아 제품완성도가 뛰어나다. 이에 반해 하드웨어 중심인 삼성전자는 구글의 OS를 가져와서 고급폰에서 중저가폰까지 1년에 100종이 넘는 신제품을 내놓는 제품다양성 전략을 추구한다. 애플은 삼성전자보다 생산단가가 훨씬 낮기 때문에 수익성이 좋을 수밖에 없다.

삼성전자가 애플보다 1억대가량 더 많은 스마트폰을 판매하고도 이를 통한 이익규모는 애플의 5분의 1에 불과한 것은 양사 스마트폰 사업 및 마케팅전략의 구조적 차이를 대변한다. 이를 극명히 보여주는 것이 두 회사의 주력제품인 '아이폰6s플러스'와 '갤럭시S6 엣지'의 생산단가와 판매가격 간의 차이 이다. 시장에서 서로 경쟁하는 이 두 제품의 성능차이는 그리 크지 않다. 하지만 아이폰의 생산단가(單價)는 대당 240달러에 불과한 반면, 갤럭시는 290달러로 20%나 높다. 반대로 출시가격은 아이폰6플러스가 850달러, 갤럭시S6엣지가 800달러로 아이폰이 50달러 더 높았다. 한마디로 애플이 삼성전자보다 더 싸게 만들어서 훨씬 비싸게 팔고 있는 것이다.

애플과 삼성전자는 제품을 개발하고, 만들어 파는 기본적인 제품전략에서 큰 차이를 보인다. 애플은

애플은 삼성전자보다 더 싸게 스마트폰을 만들어서 훨씬 비싸게 판매하는 제품전략을 통해 높은 수익성을 실현하고 있다.

2007년 아이폰을 처음 발표할 때부터 스마트폰의 하드웨어와 소프트웨어(운영체제)를 직접 개발하고 있다. 이를 토대로 애플은 하드웨어와 소프트웨어의 조화가 잘 이뤄진 확장제품을 내놓는다는 긍정적 평가를 받았다. 확장제품관점에서 제품의 완성도를 높이기 위해 제품모델 수를 1~2개로 줄이는 선택과 집중도 추구한다. 스마트폰 업계관계자는 "애플의 아이폰이 삼성전자 갤럭시보다 사양이 약간 떨어지는 듯해도 앱(응용프로그램) 실행속도가 빠르고 오류도 잘 발생하지 않는 것처럼 느껴진다"고 평가한다. 이에 반해 삼성전자의 경우에는 소프트웨어는 구글에 의존하고, 하드웨어중심의 개발을 해 지역·가격대별로 100여 가지가 넘는 다양한 모델을 내놓는다.

애플은 설계와 디자인을 제외한 부품과 제품조립을 모두 외부의 전문업체에 맡기지만, 삼성전자는 주로 내부에서 해결하는 것도 차이점이다. 애플은 설계와 생산, 부품 등 모든 기술분야의 최고 엔지니어를 영입해 이들이 중국·대만·한국의 전문업체들을 이끌어 가면서 협업(協業)을 한다. 이른바 애플 생태계를 통한 열린 혁신을 추구한다. 이에 반해 삼성전자는 스마트폰의 두뇌격인 AP(응용프로세서)와 메모리, 화면 등 핵심부품을 회사 내부 혹은 계열사를 통해 조달하는 수직계열화를 추구하고 있다.

● 자료원 : 조선경제, 2015.12.19

브랜드인지도와 매출을 넓혀가고 있다. 카스맥주는 톡 쏘는 청량감의 카스후레쉬, 고발효 DRY공법을 사용해 기존 맥주 대비 탄수화물 함량을 반으로 줄인 카스라이트, 고알콜 발효공법을 통해 상쾌한 맛을 살리고 도수 6.9도의 강하고 풍부한 맛을 표현한 카스레드, 천연레몬을 함유한 카스레몬, 고탄산·저알콜로 짜릿하고 깔끔한 맛을 살린 카스 2X 등을 출시하는 등 라인길이 확대를 통해 제품차별화를 더욱 강화시키고 있다.

제품라인 충원전략을 추구하는 데는 몇 가지 이유가 있는데, 추가이익의 실현, 대리점요구의 충족, 과잉생산 능력의 활용, 선도적인 완전제품 라인기업이 되는 것, 그리고 경쟁자가 진입할 가능성이 있는 틈새를 사전에 봉쇄하는 것 등이 그것이다. 그러나 자기시장 잠식현상과 품목간 차이에 대한 고객의 혼란을 초래한다면 지나친 제품라인 충원이 이루어진 것이다. 따라서 새로운 품목을 추가하려는

그림 7-2 **제품라인 확대전략의 유형**

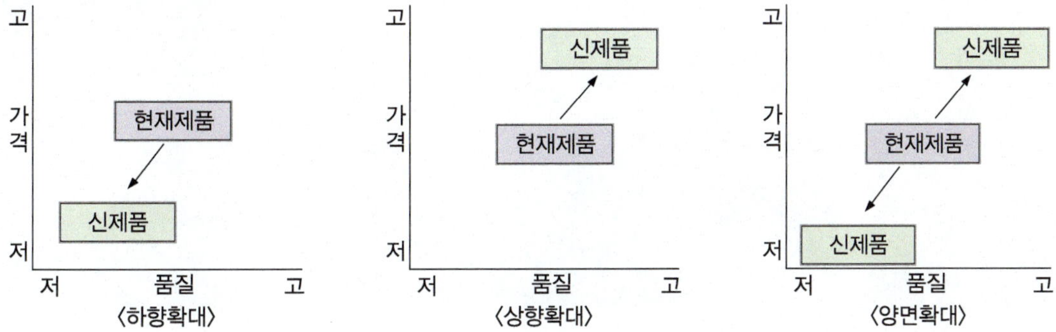

기업은 마케팅조사를 통해 새로운 품목이 기존 품목들과 지각적으로 차이가 있는지를(noticeably different) 반드시 파악해야 한다.

제품라인 확대전략(product line stretching)은 가격대와 품질수준에서 현재의 제품라인이 커버하는 범위이상으로 제품라인의 길이를 늘리는 것으로서, 하향확대(downward stretching), 상향확대(upward stretching), 쌍방향확대(both directions stretching)의 세 가지 대안이 있다.

하향확대전략은 기존의 고품질-고가격 제품에다 중·저가제품을 추가하는 전략이다. 고급시장을 대상으로 영업을 해온 기업들은 제품라인을 하향확대해 보다 저렴한 가격대의 품목들을 개발/판매할 수 있다. 애플은 2007년 아이폰을 출시한 이후 고가격 프리미엄 제품전략(한번에 한 개의 프리미엄 신제품만을 출시함)을 유지해 왔으나, 최대 스마트폰시장인 중국을 겨냥하고 고가격과 저가격 제품전략을 동시에 추구해온 삼성전자에 대응하기 위해 중저가형 아이폰 C를 함께 출시하는 하향확대전략을 추구하고 있다. 독일의 최고급 자동차제조업체인 BMW는 영국 코미디언 로언 앳킨슨이 연기한 미스터 빈에 웃음거리로 등장하는 영국 로버 자동차소유의 초미니 자동차미니를 인수하는 하향확대전략을 통해 크게 성공했다. 2000년대 초반 BMW는 미니원(Mini One), 미니쿠퍼 S(Mini Cooper) 등 미니시리즈의 개발을 통해 고급자동차인 BMW를 찾는 고객과 라이프스타일이 다르기 때문에 새로운 시장을 개척함으로써 성공을 거둔 것이다.

마케터는 다음과 같은 동기(이유)에서 하향확대전략을 추구한다.

① 중·저가시장이 급성장하는 경우로서 고가격대의 패션제품를 생산해 온 프라다는 중산층 소비자들을 겨냥한 중가명품(이를 매스티지(masstige)라 부름)인 미우미우를 출시하였는데, 미우미우제품의 평균가격은 프라다에 비해 30%정도 저렴하다.

② 경쟁사가 자사제품이 위치한 고급시장을 공격함에 따라 이에 대한 반격으로 중·저가시장에 진출할 때. Mercedes-Benz사는 전통적으로 최고가의 고급승용차에 포지셔닝되어 왔으나 최근 일본이 고급승용차 시장(Toyota의 Lexus, Nissan의 Infiniti)에 진출하여 그 시장을 위협함에 따라 벤츠사도 C-Class의 개발을 통해 중가의 대중승용차 시장으로 진출하기로 결정하였다.

③ 고급시장의 성장이 둔화되기 시작할 때

소형 승용차 미니시리즈 개발을 통한 하향확대전략으로 성공한 BMW

하향확대전략의 예: 벤츠사는 최고가의 고급승용차 시장으로부터 중가의 승용차시장으로 제품시장의 범위를 확대하고 있다.

④ 장기적인 마케팅전략의 일환으로 먼저 고급시장에 진출하여 소비자에게 고품질 이미지를 심어 준 다음 중저가 시장에 진출하여 기존의 제품이미지를 활용하려고 할 때

⑤ 신규경쟁자가 진입하기 전에 미리 비어있는 중저가 시장을 선점하고자 할 때

그러나 하향확대전략을 채택하는 기업은 중·저급(또는 중·소형) 제품의 추가가 기존의 고급제품 품목들의 시장을 잠식할 위험성(cannibalization)이 있으므로 이에 대한 충분한 분석이 이루어져야 한다. 또한 고급제품을 취급해 온 기존의 중간상들이 저가제품의 취급을 거부할 가능성이 있으며, 저가제품 경쟁자들이 이에 대한 반격으로 고급제품 시장으로 진출할 수 있다.

상향확대전략은 기존의 대중제품에다 고급(대형)제품을 추가하는 전략이다. 중저가 시장에 위치한 기업들은 상향확대를 통해 제품라인 길이를 늘릴 수 있다. 경우에 따라 기업들은 기존 제품에다 고급제품을 새로이 추가함으로써 제품라인의 이미지를 제고시키려고 한다. 혹은 고급시장의 급속한 성장률 혹은 높은 마진때문에 상향확대를 추구할 수 있다. 국내 커피전문점 브랜드 할리스 커피는 핸드드립 커피위주의 프리미엄 커피제품을 판매하는 할리스 커피클럽을 오픈함으로써 상향확대전략을 추구했다. 다른 예로 2000년대 들어 고급부엌 가구시장이 급성장함에 따라 그동안 중가제품시장을 겨냥한 영업에 치중한 선도적 부엌가구업체 한샘은 3,000만원대 이상의 고가제품 시장으로 진출하였다. 한샘은 중저가 제품브랜드인 밀란 외에 초고가 브랜드인 유로를 출시하였다.

상향확대전략을 추구하려는 기업은 이에 수반되는 위험도 고려해야 한다. 고급제품 시장에 이미 진출해 있는 기존 기업들이 이미 브랜드 충성도가 높은 고객들을 확보하고 있으므로 이들과의 경쟁이 쉽지 않을 뿐 아니라 대응전략의 하나로 중저가 시장에 진출하여 반격을 가할 수 있다. 또한 소비자들이 품질을 신뢰하지 않을 수 있다. 그동안 저가(소형)의 제품을 취급하던 판매원과 유통업체들에게 고급제품을 취급할 역량을 갖추게 하는 것도 용이하지 않다.

마케팅 Highlight

중저가 주력제품에서 프리미엄 제품으로 상향확대전략을 추구해 성공을 거둔 중소기업들

서울 서초동 교보문고 강남점에서 중학생쯤 돼 보이는 까까머리 학생 세 명이 반짝거리는 볼펜앞을 계속 기웃거리고 있다. 그 중 한 명이 직원에게 이것저것 묻더니 육각형 볼펜 한 자루를 손에 쥐고 계산대로 향했다. 문구업체 모나미가 최근 선보인 프리미엄 볼펜 '모나미 153ID'였다. 한 자루 가격은 1만 5000원이다. 모양은 300원짜리 '모나미 153볼펜'과 흡사한데 가격은 50배나 된다. 흰 플라스틱 몸통 대신 아이보리·군청·붉은색의 메탈을 사용하고, 앞뒤의 까만플라스틱 부분도 은색 금속재질을 써 고급스러운 느낌을 주게 만들었다. 모나미 153이란 로고도 레이저로 새겼다.

가전·의류·액세서리 등 고가(高價)의 프리미엄 제품은 대기업이나 외국계 회사의 전유물처럼 여겨졌다. 중소·중견기업들은 이들과 직접적인 경쟁을 피해 중저가 틈새시장을 노렸다. 탄탄한 기술력과 친숙한 브랜드로 무장한 중소·중견기업이 최근 들어 프리미엄 제품시장에서 높은 마케팅성과를 거두고 있는 것이다.

내의 전문업체 쌍방울은 고급 양복업체 못지 않은 '210수(壽) 러닝셔츠'를 2013년 처음으로 개발했다. 1수는 솜 1g으로 1.69m의 실을 뽑아낸 정도의 굵기로, 210수는 솜 1g에서 356m 실을 뽑은 것을 말한다. 숫자가 높을수록 실이 가늘고 섬세해 착용감이 부드럽고 흡수성·통기(通氣)성이 뛰어나다. 일반적으로 러닝셔츠는 20~40수, 고급정장은 120~150수 원사(原絲)를 사용하는데, 쌍방울은 내의에 210수짜리를 사용한 것이다. 가격은 한 장에 4000원 안팎인 일반제품의 50배 수준인 21만원이다. 쌍방울 김주열 마케팅팀장은 "머리카락보다 얇은 210수 원사를 다루려면 고도의 편직(編織)기술이 필요하다. 전문기업이 보유한 기술력과 경쟁력을 알리고, 가치소비를 하는 고객을 잡기 위한 것"이라고 출시배경을 설명했다.

풀스테인리스 2.0 에코 풀스크린 LCD 전기밥솥 64만 8000원

모나미 153ID 볼펜 1만 5000원

트라이 210수 러닝셔츠21만원

국내 전기밥솥시장 1위인 쿠쿠전자는 60만원대 프리미엄 전기밥솥을 출시했다. 우리나라에서 팔리는 밥솥으로는 최고가(最高價) 수준이다. 내솥·밥솥커버 등 밥알이 닿는 모든 부위에 고온·고압에 강한 100% 스테인리스 재질을 써 내구성이 강하고, 가마솥에 지은 것 같은 밥맛을 내는 것이 특징이다. 이 제품은 20만~40만원대 일반 전기밥솥보다 2~3배 비싸지만, 월 1만대 이상 꾸준히 팔린다는 것이 업체의 설명이다.

무조건 값비싼 제품을 내놓는다고 시장에서 잘 팔리는 것은 아니다. 프리미엄 제품전략은 그 회사 기술력과 품질에 대한 고객의 깊은 신뢰가 있어야 가능하다. 1963년 처음 출시된 모나미 153볼펜은 누적판매량이 36억 자루에 이르는 장기 베스트셀러다. 2014년 들어 저가(低價)시장에 머물지 않고 '파카' 같은 외국 유명 브랜드와 경쟁할 만한 고급제품으로 시장을 확대하기로 했다. 모나미 관계자는 "기술력은 자신있지만 '중소기업제품이 과연 비싸게 팔릴까'에 대한 의구심 때문에 프리미엄 시장에 도전하지 못했다"며 "2014년 1월 시험 삼아내놓은 2만원짜리 한정판 볼펜이 이틀 만에 매진된 데 자신감을 얻어 프리미엄 볼펜을 출시했다"고 설명했다. 고객이 특별한 대우를 받는다는 느낌을 갖게끔 서비스도 강화했다. 고급 만년필처럼 제품마다 고유의 일련번호를 매기고 사용자 이름까지 레이저로 새겨준다. 홈페이지에 회원등록을 하면 독일제 볼펜 심을 무료로 준다. 이렇게 확보한 고객정보는 개인 맞춤형 서비스에 활용한다는 것이 모나미의 전략이다.

쿠쿠전자는 '밥솥은 밥만 잘하면 된다'는 고정관념을 깨고 첨단기술을 과감하게 도입했다. 스마트폰에나 들어갈 법한 컬러 액정(LCD) 화면과 터치스크린 기술이 밥솥에 처음으로 적용됐다. 무선통신 기능이 탑재돼 있어 스마트폰으로 기능을 조절하는 것도 가능하다. 쿠쿠전자 천승국 마케팅팀장은 "기본기능에 충실하면서도 요즘 젊은이들이 스마트폰으로 모든 일을 처리하는 것을 선호하는 트렌드를 고려했다"고 말했다.

• 자료원 : 조선경제, 2014.6.2

양면확대전략이란 중가(중형)시장에 포지션된 기업이 저가와 고가제품들을 추가하는 전략이다. Marriott는 기존의 Marriott호텔에다 고급호텔시장을 겨냥한 Renaissance호텔과 중·저가격대의 호텔시장을 겨냥한 TownPlace Suites호텔 등을 추가하여 상이한 욕구를 가진 모든 세분시장에 진출함으로써 호텔시장에서 선도적 위치를 확보하고자 하였다.기업들은 양방향으로 기존의 제품라인을 확대할 수 있다. 최근 BMW는 Mini Cooper, I-Series 컴팩트모델 도입을 통해 제품라인을 하향확대시켰을 뿐 아니라 Rolls-Royce를 추가해 상향확대도 추구하는 쌍방향 확대전략을 통해 제품라인의 범위를 더욱 확대시키고 있다.

한편 **라인길이축소**(line-retrenchment)전략은 특정 제품군 내의 품목의 수를 줄이는 것이다. 기업은 영업부서의 요구에 의해 소비자를 만족시킬 수 있는 다양한 품목들을 시장에 내놓게 된다. 그러나 품목의 추가와 함께 디자인개발비, 재고비, 주문처리비 등도 함께 증가하여 제품라인의 수익성이 악화될 것이다. 이 경우 라인길이 축소전략이 고려되어야 한다. 일본의 아지노모도는 계속되는 제품계열의 확대에 의해 늘어난 4,000여 종류의 자사의 제품들 중 매출에 크게 기여하지 않는 800여 품목을 철수시킨 결과 매출액이 0.4%밖에 감소하지 않는 것을 발견하고 추가로 1,200품목을 철수시켰으나 매출액 감소는 불과 4%에 불과하였다. 2015년 삼성전자는 스마트폰 제품계열 내에서 스마트폰 종류의 수를 25%~30% 정도 줄이는 라인길이 축소전략을 실시했다. 그동안 각 현지시장에 맞춰 다양한 종류의 스마트를 생산/공급해 왔지만, 갤럭시S, 갤럭시노트 등 핵심제품위주로 품목을 재구성하기로 한 것이다. 이러한 제품라인 전략의 변화는 매년 100여종 출시해오던 것을 65~75 여종으로 줄여 개발비용을 낮추는 대신 품질이 좋은 중저가 스마트폰을 강화해 중국 제조업체를 견제하는데 그 목적이 있다.

다음과 같은 상황에서 라인길이축소전략을 실시하는 것이 효과적이다.

① 계열내 품목들 중 일부품목의 매출액이 낮거나 상호간 경쟁이 심화되어 이익기여도가 낮다고 판단될 때
② 매출액이 낮은 품목에 제조 및 유통관련 자원이 과다하게 할당되었을 때
③ 제품품질향상으로 기존 품목들이 진부화되었을 때

04 제품믹스관리(Product Mix Management)

많은 경우 기업들은 몇 개의 제품라인들로 구성된 제품믹스를 갖고 있다. **제품믹스**(product mix) 혹은 **제품포트폴리오**(product portfolio)는 한 기업이 판매용으로 시장에 제공하는 제품라인과 품목들을 합한 것을 말한다. 가령, LG생활건강의 제품믹스는 생활용품, 화장품, 음료 등 세 가지 주요 제품라인으로 구성된다. 각 제품라인은 다시 몇 가지 하위제품라인(subline)으로 구성되는데, 생활용품이 치약, 세탁세제, 주방세제, 섬유유연제, 샴푸/헤어제품 등의 하위라인으로 구성되는 경우가 이에 해당된다. 각 제품라인과 하위제품라인은 다시 많은 개별품목들을 거느린다. 따라서 LG생활건강의 제품믹스는 수백 가지 이상의 품목들로 구성된다.

〈표 7-2〉는 LG생활건강 생활용품 사업부의 제품믹스 구조에 대한 한 예를 보여준다.

기업의 제품믹스는 네 가지 주요차원을 가지는데, 제품믹스의 넓이, 길이, 깊이, 그리고 일관성이 그것이다. **제품믹스 넓이**(product mix width)는 기업이 보유한 제품라인의 수를 말한다. 제품믹스 넓이의 수준은 기업에 따라 다르다. 가령, LG생활건강은 사람들의 일상 삶에 편리함을 제공하겠다는

표 7-2 LG생활건강 제품믹스구조의 예

	제품믹스의 넓이			
	세 제	치 약	비 누	샴 푸
제품믹스의 길이	테크 테크드럼 수퍼타이 샤프란 에센 natural OPA	페리오 죽염 클라렌 럭키 럭키스타	세이 드봉 비욘드 나나스비 살구마사지 알뜨랑비누 솔 죽염미용종가	엘라스틴 큐레어 더블리치 모앤모아 리앤

LG생활건강의 제품믹스구조의 예

기업사명을 실현시키는 제품라인들로 구성된 적정수준의 제품믹스를 갖는다. 이에 반해 GE는 전구에서 제트엔진과 디젤기관차에 이르기까지 250,000개 이상의 엄청나게 많은 품목들을 생산한다.

제품믹스 길이(product mix length)는 각 제품라인을 구성하는 브랜드제품들의 총수를 말한다. LG생활건강의 생활용품 사업부는 각 제품라인 내에서 복수의 브랜드제품들을 보유한다. 예를 들어, 치약 제품라인은 페리오(PERIOE) 치약, 죽염치약, 럭키(후레쉬)치약 등을 포함한다.

제품믹스 깊이(product mix depth)는 제품라인 내의 각 제품이 제공하는 품목들(versions)의 수를 말한다. 가령, LG생활건강 생활용품 사업부의 페리오치약 브랜드는 페리오 46cm, 페리오 A, 페리오 B, 페리오 C, 페리오 토탈케어, 페리오 덴탈쿨링시스템 등 서로 다른 품목들을 제공한다. 또한 각 품목들은 다시 다양한 모양(form)과 구성성분(formulation)을 가진 제품들을 포함한다. 예를 들어, 소비자는 페리오 46cm 치약 내에서도 페리오 46cm 와일드 쿨민트, 페리오 46cm 롱래스팅 쿨민트, 페리오 46cm 롱래스팅 스피아민트, 페리오 46cm화이트 나우민트, 페리오 46cm 화이트 나우허브 등의 여러 변형제품들 가운데 하나를 선택할 수 있다.

〈표 7-3〉은 페리오치약이 성분, 향, 용도에 따라 다양한 치약품목들을 출시하고 있어 페리오치약의 제품믹스가 매우 깊다는 것을 보여준다.

마지막으로 **제품믹스 일관성**(product mix consistency)은 다양한 제품라인들이 최종용도, 생산요건, 유통경로 등에서 얼마나 밀접하게 관련성이 있는지를 말한다. LG생활건강 생활용품 사업부가 보유한 제품라인들은 동일한 유통경로를 통해 판매되는 소비용품이라는 점에서 일관성을 갖는다.

이러한 제품믹스 차원들은 제품전략의 기본방향을 결정하는 근간이 된다. 제품믹스 관리자는 각 제품라인의 매력도를 분석한 후 각 제품라인을 키울것인가(build), 현상유지할 것인가(maintain), 단기

표 7-3 페리오 치약브랜드의 제품믹스 깊이의 예

페리오치약	
페리오 알카액션 치약 A	(산성화된 입속을 알칼리 성분으로 빠르게 중화시켜 충치를 차단, 예방하는 치약)
페리오 브레쓰볼 치약 B	(고기능성 향기볼로 강력한 입속 구취 제거치약)
페리오 콤비클리닉 치약 C	(이중아미노산으로 잇몸건강을 스크럽 알갱이로 하얀치아를 유지하는 치약)
페리오 브레쓰케어	(양치 후 상쾌하고 개운함을 오래 유지시켜주는 입 냄새 제거 치약)
페리오 검케어	(레몬계열 시트러스향이 양치 시 상큼한 느낌을 주는 잇몸완화 치약)
페리오 캐비티케어	(고급스러운 천연 민트향이 양치 시 부드러운 느낌을 주는 충치예방치약)
페리오 토탈케어	(구강 유해 균을 억제하여 구강질환을 종합적으로 예방하는 기능성 치약)
페리오 토탈케어 화이트닝	(치아와 뼈를 구성하는 주성분 HAP를 통한 치아미백효과를 가진 기능성 치약)
페리오 덴탈쿨링시스템 치약	(구강 청정작용과 흡열효과를 통해, 항상 청정하고 건강한 입안을 만들어 주는 치약)
페리오 덴탈쿨링시스템 오렌지 샤워	(마우스 워터링 효과로 끈적한 입안을 촉촉하고 시원하게 만들어주는 치약)
페리오 덴탈쿨링시스템 아이스카모마일	(마우스 워터링 효과로 끈적한 입안을 촉촉하고 시원하게 만들어 주는 치약)
페리오 하얀이 프로젝트 치약	(충치, 잇몸, 구취는 물론 미백기능 강화를 제공하는 치약)
페리오 센서티브 치약	(시린이 증상완화 및 예방에 효과적인 치약)
페리오 클링스 치약	(기능성 알갱이가 칫솔이 닿지 않는 치아 사이의 프라그를 제거해 주어 스케일링한 느낌을 주는 치약)
페리오키즈 딸기맛, 메론맛	(치아구성 성분인 칼슘과 인이 이를 희고 튼튼하게 해주는 어린이 치약)

현금흐름을 증대시킬 것인가(harvest), 혹은 철수시킬 것인가(divest) 등의 전략적 결정을 내리게 된다. 기업은 네 가지 방법을 통해 제품믹스를 확대할 수 있다. 첫 번째는 새로운 제품라인들을 추가하여 제품믹스의 폭을 넓히는 것이다. 두 번째는 기존 제품라인의 길이를 늘여서 완전한 제품라인을 갖춘 기업이 되는 것이다. 세 번째는 제품라인내 각 제품들을 변형시켜 보다 다양한 품목들을 추가함으로써 제품믹스를 더욱 깊게 만드는 것이다. 네 번째는 제품라인들 간의 일관성을 더욱 강화하거나 혹은 완화하는 제품전략을 추구하는 것인데, 이는 기업이 한 사업영역에서 강력한 명성을 추구하느냐 혹은 복수의 사업영역에서 이를 추구하느냐에 의해 결정된다.

때에 따라 기업은 성과가 신통치 않은 제품라인과 제품모델을 정리하고 가치제안을 보다 명확히 하기 위해 제품믹스를 축소할 수 있다. 예를 들어, 최근 구조조정의 일환으로 Ford 자동차는 제품믹스를 대폭 축소시켰다. Ford자동차는 97개의 브랜드를 20개 이하로 줄였다. Ford Mercury라인을 없애고 Volvo라인을 매각했다. 세계 최대 생활용품 업체인 프록터앤갬블(P&G)도 성장속도가 느리거나 수익성이 낮은 브랜드를 처분하기로 결정하고, 2014년 배터리사업 부문인 듀라셀을 워런 버핏의 버크셔해서웨이에 47억 달러에 매각했고, 비누 등을 생산하는 제스트와 카메이 브랜드를 경쟁사인 유니레버에 매각했다. 그리고 SK Ⅱ 와 팬틴샴푸 등 미용관련 유명브랜드들도 처분하기로 했다

05 서비스마케팅

일반적으로 마케팅활동하면 자동차, 음료, 가구 등과 같이 유형제품을 대상으로 한 마케팅을 주로 연상한다. 그러나 실제로 국민총생산이나 종사자 수에 있어 무형적인 서비스제품이 차지하는 비중은 유형제품보다 높으며, 서비스부분의 마케팅활동은 유형제품에 못지 않게 활발하게 이루어지고 있다. 유형제품을 대상으로 한 마케팅, 즉 마케팅환경분석, STP 마케팅전략수립, 그리고 마케팅믹스관리 등은 서비스에도 그대로 적용된다. 그러나 유형제품에 비해 서비스만이 갖는 차별적 특성으로 인해 서비스기업의 마케팅관리자는 이를 추가적으로 고려해 마케팅을 수행해야 한다.

5.1 서비스의 의미와 종류

서비스는 통신, 여행, 법률적 자문, 교육, 금융서비스, 자동차수리 등과 같이 특정한 소비자욕구를 충족시키기 위해 개인 또는 조직에 의해 제공되는 무형의 활동을 말하며, 이러한 서비스를 제공하는 개인이나 조직의 마케팅활동을 서비스마케팅이라고 한다.

서비스유형은 서비스전달이 사람의 노력을 통해서 이루어지는가, 시설이나 설비를 통해서 이루어지는가, 혹은 이 둘을 동시에 이용해 이루어지는지를 기준으로 분류될 수 있다(표 7-4 참조). 예를 들어, 자동판매기와 같이 전적으로 설비에 의존하는 서비스에서부터 변호사의 자문과 같이 사람의 노력에 의한 서비스, 그리고 항공여행과 같이 이 둘을 동시에 활용하는 서비스 등 다양환 형태의 서비스를 생각해 볼 수 있다.

한편 서비스는 순수하게 무형의 서비스만을 제공하는 경우와 유형의 제품과 연관되어 제공되는 서비스로 구분될 수도 있다. 예를 들면, 유형제품구매에 포함되는 일정기간의 보증, 애프터서비스, 배달, 설치 등은 제품과 연계하여 제공되는 서비스에 해당된다.

표 7-4 서비스의 종류

시설, 설비중심의 서비스	자동화된 서비스	자동세차기, 자동판매기
	비숙련자의 조작을 통한 서비스	택시, 영화관, 호텔, 놀이동산
	숙련자의 조작을 통한 서비스	비행기, 중장비, 통신서비스
사람중심의 서비스	비숙련된 노동에 기반한 서비스	식당, 아파트 경비
	숙련된 노동에 기반한 서비스	자동차수리, 배관수리
	전문가를 통한 서비스	법률자문교육

마케팅 Highlight

유형의 제품에 무형의 서비스가 추가된 융합제품에 기반한 차별적 우위추구: 스스로를 진단하는 지능적 의료기기

A병원은 지난 겨울 환자를 진단할 때 사용되는 자기공명영상(MRI) 기기가 고장나는 바람에 골머리를 앓았다. 환자예약이 빽빽하게 차 있는 건강검진 시즌에 장비고장은 큰 경제적 손실을 의미할 뿐 아니라 환자들에게도 피해를 주기 때문이다. 결국 의료기기를 손볼 전문엔지니어가 병원까지 직접와서 장비를 진단하고, 필요한 부품을 주문해 고치는 데 수일이 걸렸다. 진료가 예정되어 있던 환자들은 검진을 미루는 등 큰 불편을 겪을 수밖에 없었고 병원도 늘어난 예약취소로 큰 손실을 봤다.

한편 비슷한 시기에 동일한 경험을 한 B병원의 사정은 완전히 달랐다. 어느 날 의료기기 서비스 엔지니어로부터 24시간 실행되는 원격모니터링 중 오류가 발견되었다며 연락이 왔다. 의료진이 기기고장을 알아채기도 전이었다. 엔지니어는 병원에 방문하지 않고도 즉시 인터넷으로 장비에 접근해 문제점을 찾아냈고, 원격으로 3시간만에 원상복구가 가능했다. 빠른 문제해결덕분에 환자들도 큰 불편없이 제때에 검진을 받을 수 있었고, 병원입장에서도 시간적, 비용적 손실을 크게 줄일 수 있었다.

위 두 사례는 산업인터넷(Industrial internet)이 첨단의료장비에 기반한 의료서비스를 차별화시키는 데 어떤 도움을 주는지를 잘 보여준다. 산업인터넷은 소프트웨어, 센서, 그리고 데이터를 통해 기계들을 연결시키는 네트워크를 의미한다.

GE헬스케어의 병원운용관리(HOM) 솔루션은 헬스케어 산업인터넷의 시작을 알리고 있다. 이 솔루션을 통해 병원운용관리에 혁신을 기하면 궁극적으로 병원시설비용의 15~30%를 절감할 수 있을 뿐 아니라, 의료종사자들은 매 회진당 한 시간을 절약할 수 있다. 또한 병원이 보유하고 있는 기존 설비들의 생산성은 획기적으로 높아질 뿐 아니라, 15~20%의 환자를 더 많이 수용할 수 있게 될 전망이다. 산업인터넷을 통한 이러한 변혁은 오랜 시간 헬스케어 공급시스템에 만연해 있던 비효율성에 종지부를 찍을 것으로 기대된다.

의료기기를 점검하고 있는 GE헬스케어 엔지니어. 환자를 진단하는 의료기기가 스스로를 검진할 수준으로 진화하고 있다.

병원에서의 기계결함은 곧 환자의 안전과 직결된다. 가까운 미래에 의사가 아닌 로봇이 수술집도의 주체가 될 것으로 전망될 정도로 기계에 대한 의존도가 높아진 만큼 기계결함이 발생할 경우에 이에 따른 위험도 클 수밖에 없다. 이에 의료기기 자체의 성능만큼이나 의료기기의 안정성과 효율성을 보장하는 유지보수 및 관리시스템의 중요성이 부각되고 있으며, 이에 따라 장비의 유지관리 패러다임을 바꾸고 있는 산업인터넷의 역할이 주목되고 있다.

GE헬스케어는 의료기기를 산업인터넷에 연결하는 방식으로 서비스 2.0이라는 새로운 패러다임을 창조했는데, 과거에는 고객이 서비스를 요청하면 현장에 엔지니어를 파견하여 문제를 확인, 해결했지만, 이제는 원격온라인 플랫폼에 기반한 서비스 2.0을 통해, 원격으로 문제를 사전에 진단, 확인하고 온라인 상으로 수리하거나 필요할 경우 엔지니어를 현장에 파견하는 서비스가 가능해진 것이다. 서비스 2.0 하에서는 의료기기의 연결을 통해 원격으로 전문 엔지니어들이 지속적으로 장비와 커뮤니케이션해 엔지니어링 빅데이터를 구축하며, 기계의 결함발견과 해결방안을 공유해 시간과 비용을 절감한다. 한국에 상주하고 있는 엔지니어뿐 아니라 글로벌 서비스 조직이 전 세계적으로 축적된 GE장비 서비스이력 데이터베이스를 공유하고 네트워크를 통해 활발히 교류하여 유기적인 협업과 지원시스템을 가동하고 있다. 점검한 데이터를 전 세계 전문가들이 공유해 기계결함과 해결방안에 대한 그들의 의견을 수렴함으로써 최적의 의사결정을 도출하는 것이다. 이는 의료진들 간의 원격진료와 흡사한 메커니즘이다. 예를 들어, 스웨덴 지방병원의 의사들은 GE시스템이 지원하는 원격진료시스템을 활용해 중심병원의 전문가들과 X-레이사진과 같은 환자정보와 진단자료를 빠르게 공유해, 불필요한 중복검사를 줄이고 최적의 치료법을 찾아내고 있다.

아직까지 헬스케어 산업에 있어서 산업인터넷은 다른 산업분야에 비해 초기단계인 것이 사실이다. 그러나 그만큼 앞으로 빠른 속도로 발전할 여지가 크며, 궁극적으로는 인간의 삶의 질을 높이는 주요한 근간이 될 것으로 기대된다.

• 자료원 : 조선 위클리비즈, 2014.10.4

5.2 서비스의 특징

서비스는 유형의 제품들과는 다른 특징을 갖고 있다. 서비스 기업은 마케팅프로그램을 설계할 때 서비스가 갖고 있는 네 가지 차별적 특성인 무형성, 비분리성, 변동성, 소멸성을 고려해야 한다.

서비스 무형성(service intangibility)은 소비자가 이를 구매하기 전에는 보거나, 맛을 알거나, 느끼거나, 소리를 듣거나, 혹은 냄새를 맡을 수 없다는 것을 의미한다. 예를 들어, 성형수술을 받는 사람은 이를 구매하기 전에는 그 결과를 볼 수 없다. 항공 이용객들은 그들과 짐들이 함께 도착예정지에 안전하게 운송될 것이라는 약속과 티켓만을 갖는다.

무형성으로 인한 불확실성을 감소시키기 위해 구매자는 서비스품질을 알려주는 단서(signals)를 얻고 싶어 한다. 그들은 눈으로 직접 목격할 수 있는 장소, 가격, 장비, 커뮤니케이션 등을 통해 품질을 추론한다. 의사들은 종종 자신이 우수한 의료서비스를 제공할 수 있음을 보여주기 위해 유명 의과대학에서 받은 의학박사 학위증을 진료실에 부착한다. 따라서 서비스제공자는 서비스를 유형화시키는 방안들을 찾고, 우수한 품질의 서비스를 제공할 수 있음을 보여주는 올바른 신호(signals)를 보내는 등 **증거관리**(evidence management)에 능숙해야 한다. 탁월한 글로벌 의료서비스 기관인 Mayo Clinic은 증거관리를 훌륭하게 실천한다. 평균적인 환자는 병원이 제공하는 의료서비스라는 제품의 품질을 판단하기 매우 어렵다. 시용구매를 해볼 수도 없고, 마음에 들지 않는다고 반품할 수도 없으며, 이를 이해하기 위해 고도의 교육과 전문지식이 요구된다. 의료시설을 이용하려고 할 때, 우리들 대부분은 무의식적으로 능력, 친절성, 품격 등에 대한 증거를 찾는다. Mayo Clinic은 이러한 증거를 체계적으로 관리한다. 시각적, 체험적 단서들을 신중하게 관리함으로써, Mayo는 환자 및 가족들에게 병원의 장점과 가치를 보여주는 구체적 증거를 제시한다. Mayo의 물리적 시설들은 올바른 품질단서를 환자들에게 보내는데, 이들은 환자들에게 안식처를 제공하고, 환자에 대한 배려와 존경심을 전달하고, 능력을 보여주도록 설계되어 있다. 그리고 Mayo Clinic은 환자경험을 강화하기 위해 블로그, 페이스북, 유튜브 등 소셜 네트워킹을 활용하고 있다. 가령, Sharing Mayo Clinic 블로그(sharing. mayoclinic.org)에서 환자와 그 가족들은 Mayo에서의 의료경험을 이야기하고 Mayo 종업원들은 의료서비스 제공과정에서 드러나지 않은 자세한 내용들을 전달한다.

나아가 서비스기업들은 본원적 서비스(가령, 의료서비스, 항공여행서비스 등) 자체의 차별화뿐 아니라 본원적 서비스자체에 부수되는 요인들, 특히 가시화될 수 있는 부분을 찾아 이에 대한 차별화를 시도하여야 한다. 예컨대, 미국 항공사들은 인터넷서비스의 확대를 통해 서비스 제공물의 차별화를 추구한다. 미국 항공사 제트블루(JetBlue Airways)는 미국지상에 설치된 송신탑을 통해 인터넷을 제공한다. 송신탑 기반 인터넷서비스의 장점은 무엇보다 초기 투자비용이 위성인터넷보다 적게 든다는 것인데, 비행기 한 대당 10만달러 이하다. 승객은 비행 중 노트북이나 블랙베리 등 스마트폰을 사용해 이메일과 메신저를 이용할 수 있는데, 제트블루는 인터넷서비스를 무료로 제공한다

유형제품(physical goods)은 생산 → 저장 → 판매 → 소비의 과정을 거치지만 서비스는 판매가 먼저 이루어진 후 생산과 소비가 동시에 이루어진다. **서비스 비분리성**(service inseparability)이란 서비스가 서비스제공자와 분리될 수 없음을 의미한다. 서비스를 제공하는 과정에서, 서비스담당 종업원은

그림 7-3 서비스제품의 네 가지 특징

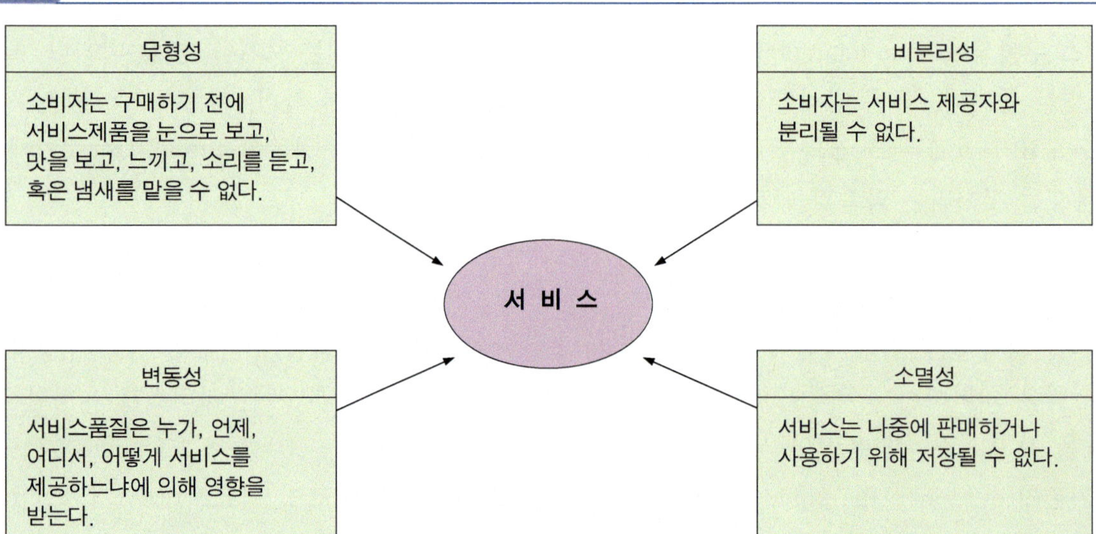

서비스의 한 부분이 된다. 뿐만 아니라 서비스가 생산되는 과정에 고객도 참여하기 때문에, 서비스제공자-고객상호작용(provider-customer interaction)은 서비스마케팅의 차별적 특징이다. 따라서 서비스 제공자와 고객 모두가 서비스 산출물에 영향을 미친다.

서비스 변동성(service variability)은 누가, 언제, 어디서, 어떻게 서비스를 제공하느냐에 따라 서비스품질이 달라진다는 것을 의미한다. 예를 들어 Marriott같은 일부호텔들은 다른 호텔들에 비해 더 우수한 서비스를 제공한다는 명성을 갖고 있다. 그러나 특정의 Marriott호텔에 근무하는 한 예약담당자는 상냥하고 효율적인 반면 바로 옆에 있는 다른 근무자는 불쾌감을 주고 업무처리가 느릴 수 있다. 뿐만 아니라 특정 종업원의 서비스품질도 각 고객접점에서 자신이 갖고 있는 열정과 마음자세에 따라 달라질 수 있다.

서비스 소멸성(service perishability)은 나중에 판매하거나 사용하기 위해 서비스를 저장할 수 없음을 의미한다. 어떤 의사는 진료약속을 지키지 않은 환자에게 비용을 부과하는데, 그 이유는 진료서비

마케팅 Highlight

서비스의 소멸성을 고려해 버스비보다 싼 비행기표를 판매하기도 하는 LCC

2016년 2월 저비용항공사(LCC)들 간에 특가 항공권 대전(大戰)이 벌어졌다. 김포~제주 노선엔 1900원짜리 편도 항공권까지 등장한 것이다. 좌석버스 요금과 비슷한 수준이다. 노선 할인율이 94~98%에 달해 공항사용료(4000원)를 포함하더라도 사실상 공짜 티켓과 다름없다. 제주항공은 6~11월 탑승권 4만 3000장을 특가에 내놓았는데, 편도기준 '김포~제주' 노선이 5900원(공항 사용료 포함)으로 항공업계 역대 최저가다.

LCC가 파격적인 가격에 특가 항공권을 내놓더라도 밑지는 장사가 아니다. 항공기는 좌석을 비워둔 채 운항할수록 손해다. 탑승권에 재고가 없기 때문이다. 비수기 평일엔 탑승률이 낮아 좌석을 비운 채 운항하는 경우도 많다. 그럴 경우 원가 아래로라도 판매해 공석(空席)을 줄이는 게 낫다. 항공권을 미리 판매하면 현금을 미리 확보할 수 있어 자금흐름에도 유리하다. 진에어 관계자는 "안정적으로 좌석 점유율을 높이기 위해 특가판매에 나섰다"고 말했다. 특가판매가 주는 마케팅커뮤니케이션 효과도 무시 못한다. 선착순으로 진행하는 특가 항공권 이벤트가 열리는 시간에는 인터넷 홈페이지가 마비될 정도로 접속자가 폭주한다. 제주항공은 판매를 시작하자마자 21만 명이 동시 접속해 홈페이지가 다운됐다. 하지만 이벤트 덕분에 신규회원 12만명을 확보했다. 한번의 판촉행사를 통해 큰 마케팅커뮤니케이션 효과를 거둔 것이다.

싼 만큼 좋은 서비스를 기대하긴 어렵다. LCC는 같은 항공기에 대형항공사보다 많은 승객을 태우기 때문에 좌석간격이 좁다. 기내식이나 좌석 지정서비스는 대부분 유료다. 국제선의 경우 밤늦은 시간이나 새벽시간에 이착륙하는 경우가 많다. 게다가 특가 항공권엔 조건을 거는 경우가 많다. 주말·평일 피크타임 시간대엔 물량이 적다. 환불이 불가능하고 여정을 바꿀 때는 비싼 수수료를 내야 한다.

● 자료원 : 중앙일보, 2016.2.26

스 가치는 약속시점에만 존재하며 약속한 환자가 나타나지 않으면 그 가치가 사라지기 때문이다. 서비스 소멸성은 수요가 안정적일 때는 큰 문제가 되지 않는다. 그러나 수요가 변동적일 경우에는 서비스기업은 서비스 소멸성의 특성때문에 어려움을 겪는다. 예를 들어, 출·퇴근 시간대에 대중교통 회사들은 다른 시간대에 비해 훨씬 더 많은 수의 운송차량을 가져야 한다. 따라서 서비스기업들은 수요와 공급 간에 균형을 맞추기 위한 전략들을 설계한다. 호텔과 리조트들은 비수기에 더 많은 고객들을 유인하기 위해 그 기간동안 저가격과 다양한 부가서비스를 제공한다. 또한 레스토랑은 피크시간대에 파트타임 종업원을 고용한다.

5.3 서비스기업의 마케팅전략과 서비스-이익연쇄

제조업체와 마찬가지로 훌륭한 서비스기업들은 선택한 표적시장에서 차별적 포지션을 구축하기 위해 마케팅을 사용한다. 대한항공, 삼성병원, 국민은행 같은 서비스기업들은 전통적인 마케팅믹스활동들을 토대로 차별적 포지션을 구축한다. 가령, 삼성병원은 가격이 다소 비싸더라도 기다리지 않고 친절한 의료서비스를 제공하는 병원으로 포지셔닝을 하고 있다. 씨티은행은 이자율은 다소 비싸더라도 대출절차가 간편한 은행으로 소비자들에게 인식되고 있다. 대한항공은 전세계에 여러 도시를 운항하기 때문에 갈아타는 불편함이 없는 편리한 항공사로 차별적 포지션을 구축했다. 그러나 서비스제품은 유형제품과 다른 특징을 갖기 때문에, 추가적인 마케팅접근방식이 요구된다.

고객과 현장서비스 종업원들은 서비스를 창출하는 과정에서 상호작용이 이루어진다. 효과적인 상호작용이 이루어지기 위해 현장서비스 종업원들의 숙련된 기술과 이들을 지원하는 지원과정(support processes)이 필요하다. 성공적인 서비스기업들은 고객과 종업원 모두에 주의를 기울인다. 그들은 종업원 만족과 고객만족을 통해 높은 수익성이 창출되는 과정을 보여주는 **서비스-이익연쇄**(service-profit chain)를 이해하고 이에 기반해 서비스마케팅을 수행한다. 즉, 만족을 느끼고, 회사에 충성적이고, 열심히 일하는 종업원이 만족한 고객을 만들고, 만족한 고객이 반복구매를 하고 다른 고객들을 추천함으로써 높은 이익을 낳는다는 것이다.

따라서 서비스기업이 이익 및 성장목표를 실현하는 것은 고객을 돌보는 종업원들을 만족시키는 노력에서부터 시작된다. 예를 들어, 뛰어난 명성이 높은 Four Seasons 호텔은 행복한 고객은 행복하고, 헌신적이고, 에너지 넘치는 종업원으로부터 시작됨을 알고 있다. 이에 따라 Four Seasons는 최고의 인재를 고용해 신중히 교육시키고, 그들의 마음속에 자긍심을 고취시키고, 뛰어난 서비스실적에 대한 인정과 보상을 통해 그들을 동기부여시킨다. 이 호텔은 시작부터 올바른 사람을 고용하려고 한다. 즉 Four Seasons 문화에 맞는 사람을 고용한다. 담당업무가 세탁물을 개는 일이든 요가를 가르치는 것이든 모든 지원자들은 적어도 4회의 면접을 거친다. 선발된 모든 신규종업원들은 3개월 간의 훈련을 받는데, 고객의 욕구와 행동을 완벽히 이해하는데 도움이 되는 즉흥연습을 포함한다. Four Seasons는 끊임없이 종업원들을 훈련시킨다. 나아가 Four Seasons는 올바르게 선발된 종업원들을 가장 소중한 손님처럼 대한다. 경쟁호텔과 비교했을 때, Four Seasons의 봉급은 75~90% 정도 되지

마케팅 Highlight

가격 대비 우수한 고객서비스에 기반한 호텔포지셔닝으로 특급호텔과의 차별화를 추구하는 비즈니스호텔

뜨거운 물에 몸을 담그고 남산타워를 바라보며 봄바람을 맞을 수 있는 미니 노천탕, 서울 도심의 야경을 21층 야외에서 내려다 보며 술잔을 기울일 수 있는 루프탑(옥상) 호텔 바…. 서울 명동에 새로 문을 연 비즈니스호텔 이비스 스타일 앰배서더가 선보인 부대시설이다.

비즈니스호텔은 출장 온 회사원이나 개인 관광객을 주고객으로 서비스와 시설을 최소한으로 줄이는 대신 하룻밤 10만~20만원 초반대로 가격을 맞춘다. 이비스 스타일도 하룻밤 10만원(1인 최저가 기준) 수준이다. 그런데도 부티크호텔(독특한 디자인과 인테리어로 차별화한 호텔)처럼 화려한 인테리어와 독특한 서비스를 내세우고 있다. 객실요금만 내면 공짜 조식·체육시설·무선인터넷, 가운·슬리퍼·세면용품까지 제공한다. 아코르앰배서더코리아는 "지금 서울 도심 비즈니스호텔은 과잉공급돼 출혈경쟁이 우려되는 상황이다. 확실한 차별화를 통해 경쟁력을 확보하기 위해서 국내 최초로 '부티크 비즈니스호텔'을 들여왔다"고 말했다. 토종 호텔전문기업인 앰배서더호텔그룹은 프랑스의 세계적인 호텔기업 아코르와 합작해 전국 16개 호텔을 운영하고 있다. 이비스 스타일은 아코르의 비즈니스호텔 '이비스'의 부티크 컨셉트 브랜드다.

부티크 비즈니스호텔이라는 컨셉트가 등장할 정도로 '비즈니스호텔 전쟁'이 커지고 있다. 롯데호텔도 이비스 스타일 근처에 '라이프스타일호텔' 컨셉트로 옥상에 스파와 바를 갖춘 특2급 호텔을 열 예정이다. 세련된 시설을 통해 젊고 감각적인 20~30대 중국·동남아 관광객의 마음을 잡겠다는 전략이다.

호텔업계에서는 '고급스러운 비즈니스호텔'이 중국·동남아 관광객뿐 아니라 최근 화폐가치가 하락해 지갑이 얇아진 일본·유럽관광객들도 특급호텔 대신 택할 수 있는 대안이 될 것으로 기대하고 있다.

비즈니스호텔 이비스 스타일 앰배서더는 가격 대비 우수한 고객서비스를 토대로 특급호텔과의 차별화를 추구하고 있다. '부티크 비즈니스호텔'로 포지셔된 이비스 스타일 앰배서더 서울명동은 남산타워가 보이는 미니노천탕을 갖추고 있다.

• 자료원 : 중앙일보, 2015.3.12

만 후한 퇴직금과 이익공유 플랜을 제공한다. 담당업무에 상관없이 모든 종업원들은 호텔카페테리아에서 무료로 식사한다. 입사 후 6달이 지나면, 종업원들은 모든 Four Seasons 호텔에서 1년 중 3일간 무료숙박을 할 수 있다. 1년이 지나면 무료숙박 일수는 6일로 늘어나고, 무료숙박 일수는 근무년수에 따라 증가한다.

따라서 서비스마케팅은 4P를 사용하는 전통적 외부마케팅 이상의 노력을 필요로 한다. [그림 7-4]를 보면 서비스마케팅은 외부마케팅뿐 아니라 내부마케팅과 상호작용 마케팅이 함께 요구됨을 보여준다. **내부마케팅**(internal marketing)은 서비스기업이 고객접촉점에 있는 현장종업원과 지원서비스 종사자들이 고객만족을 제공하기 위해 하나의 팀으로 일하도록 유도하고 동기부여시키는 노력을 말한다. 마케터들은 모든 조직구성원들이 고객중심적이 되도록 유의해야 한다. 따라서 서비스기업은 내부마케팅을 외부마케팅보다 먼저 실시해야 한다. 예를 들어, 페덱스는 화물기에 사원이름을 새기고 배달원을 교육시켜 사장으로 만드는 등 내부마케팅을 통해 종업원(내부고객)의 충성도를 높여 글로벌 물류회사로 성장했다. 창업주 프레드릭 스미스 회장이 가장 중요하게 생각하는 경영방침 중 하나는 직원들을 격려하는 것이다. 그는 직원들이 좋은 아이디어를 내놓거나 높은 성과를 거뒀을 때는 화물수송기에 본인이나 자녀의 이름을 새기도록 함으로써 애사심을 높인다. 페덱스의 이직률은 5% 미만으로 업계 최저수준인데, 스미스 회장은 이같은 철학을 'PSP'라고 요약한다. 즉, 내부고객인 직원들(People)이 만족하면 이들의 고객서비스(Service) 질이 향상되고 이를 통해 소비자가 만족하면 회사의 수익(Profit)이 늘어난다는 것이다. 직원들에게 '당신은 우리 회사에서 매우 중요한 사람'이라는 메시지를 지속적으로 전달하면 혁신적인 서비스가 나올 수 있다는 것이다. 스미스 회장은 직원교육에도 투자를 아끼지 않는다. 모든 페덱스 직원들은 연간 2500달러까지 교육비를 지원받는데, 연간 페덱스가 직원교육에 투자하는 비용은 약 2000만달러에 이른다. 대학이나 대학원에 진학하면 추가로 학비를 지원한다. 또한 페덱스는 말단직원을 경영진으로 키워내는 페덱스 특유의 인사시스템을 갖고 있는데, 임원의 약 60%가 말단직원부터 차근차근 승진한 사람들이다. 그리고 누구에게나 문은 열려있지

그림 7-4 세 가지 유형의 서비스마케팅

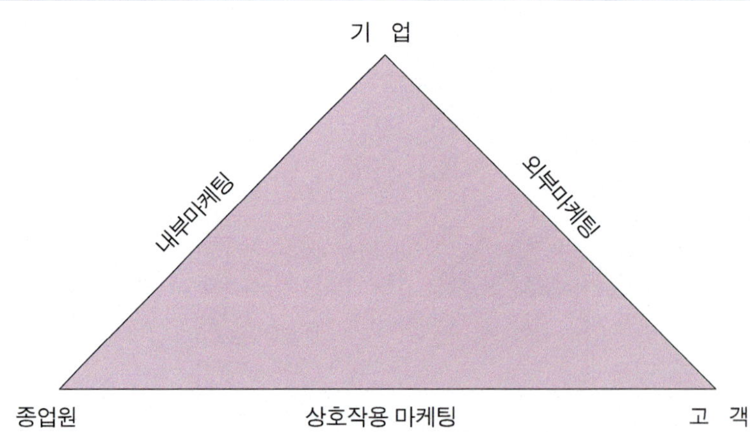

상호작용 마케팅의 예: 스타벅스의 한국형 고객서비스 '콜 마이 네임'은 음료수가 나왔을 때 대기번호 대신 미리 홈페이지에 등록한 별명을 불러주는 서비스다.

만 아무나 임원이 될 수는 없다. 평직원에서 중간관리자급인 매니저로 승진하면 미국 멤피스 본사에 있는 리더십연구소에서 혹독한 교육을 받는다. 관리자에 대한 평가도 엄격한데, 직원들이 매니저, 경영진 및 회사를 총체적으로 평가한다.

상호작용 마케팅(interactive marketing)은 서비스접점(service encounter)에서 구매자–판매자 상호작용의 품질을 제고시켜 우수한 서비스품질을 실현하는 노력을 말한다. 제품마케팅의 경우, 제품품질은 고객이 제품을 획득하는 과정에 의해 별 영향을 받지 않는다. 그러나 서비스마케팅의 경우에는, 서비스품질이 서비스전달자와 그들이 제공하는 서비스 전달활동의 품질수준에 의해 크게 영향을 받는다. 따라서 서비스마케터들은 상호작용 마케팅관련 기술을 완벽히 습득해야 한다. Four Seasons 호텔은 선천적으로 다른 사람들을 배려하는 성격을 가진 사람들만을 선발하며, 고객들의 모든 욕구를 충족시키기 위해 그들과 상호작용하는 방법을 종업원들에게 철저하게 교육시킨다. 직위에 상관없이 모든 신규 채용자들은 3개월 동안 고객충성도 구축을 위한 훈련프로그램을 이수해야 한다.

스타벅스 코리아는 고객과의 교감을 높이기 위해 '콜 마이 네임'이라는 고객서비스를 도입했다. '콜 마이 네임'은 음료수가 나왔을 때 대기번호 대신 미리 홈페이지에 등록한 별명을 불러주는 서비스이다. 스타벅스는 '여배우 전지현,' '꼴에 스벅오신,' '지옥에서 오신,' '김수현의 여친' 등 고객이 원하는 이름이나 별명을 6자 이내로 홈페이지에 등록하면 스타벅스 어느 매장에서나 음료주문 때 이를 불러주는 서비스를 도입함으로써 고객과의 교감을 늘리려고 했다.

5.4 서비스마케팅 전략의 최근 추세

경쟁과 비용이 증가하고 생산성과 품질이 감소하는 오늘날에 있어 서비스기업은 보다 정교화된 서비스마케팅을 개발/수행해야 한다. 서비스 차별화의 강화, 서비스품질의 증대, 그리고 서비스 생산성의 향상은 서비스기업이 실현해야할 주요 마케팅과업이다.

■ 서비스차별화의 관리

치열한 가격경쟁이 벌어지는 오늘날의 서비스시장에서, 서비스마케터는 경쟁사와 차별화된 서비스를 제공하기 어려워지고 있다고 토로한다. 고객들이 여러 서비스기업들이 제공하는 서비스들을 유사한 것으로 지각한다면, 서비스가격에만 주로 신경을 쓸 것이다.

가격경쟁을 피하는 해결책은 차별화된 서비스 제공물, 서비스전달, 호의적 기업이미지 등을 개발하는 것이다. 가령, 일부 소매업체들은 취급상품 그 이상의 것에서 차별화를 추구한다. 미국 뉴욕주 Binghamton에서 단독점포로 시작한 Dick's Sporting Goods는 일반적인 스포츠용품 점포와 차별화된 상호작용 서비스를 제공함으로써 거대 스포츠용품 소매업체로 성장했다. 고객들은 Dick's의 실내트랙에서 신발을 시험해보고, 현장의 골프스윙 분석가와 함께 골프클럽을 테스트해 보거나 양궁사격장에서 활을 쏘아볼 수 있고, 점포 내 휘트니스 전문가팀의 도움을 받아 자신에게 적합한 휘트니스 제품에 대한 추천을 받을 수 있다. 이러한 차별화된 서비스는 Dick's를 유명운동선수와 야외운동 애호가들이 찾는 최고의 스포츠용품 점포로 만드는데 도움을 주었다.

서비스기업은 실제 서비스전달(service delivery)에서 차별화를 추구할 수 있는데, 더 능력있고 신뢰성 있는 고객접촉 담당자의 확보, 탁월한 물리적 서비스환경의 개발, 탁월한 서비스 전달과정의 설계 등이 그 예이다. 최근 들어 많은 식료품체인들은 고객들이 직접 운전을 하고 와, 주차하고, 줄을 서서 기다리고, 구매한 식료품을 집으로 나르는 등의 번거로움을 해소시켜 주는 방안으로 온라인쇼핑과 가정배달 서비스를 제공한다.

마지막으로 서비스기업들은 심벌과 브랜딩, 문화마케팅 등을 통해 이미지에서 차별화를 추구할 수 있다. 잘 알려진 서비스회사 캐릭터와 심벌에는 메리츠화재의 걱정인형 캐릭터, Google의 안드로이드(소스 개방형 모바일OS) 로봇캐릭터, GEICO 보험의 도마뱀(gecko), McDonald의 황금색 아치 등이 있다. 메리츠화재는 광고물에 사용되는 심벌로서 걱정인형 캐릭터를 채택했다. 걱정인형 심벌은 규모는 크지만 비교적 덜 알려졌던 보험회사를 소비자들이 쉽게 기억할 수 있고 편하게 접근할 수 있게 만드는데 도움을 주었다. 대한항공은 지속적인 문화마케팅을 통해 호의적이고 차별적인 기업이미지를 구축/강화하고 있다.

메리츠화재의 걱정인형 캐릭터: 걱정인형 캐릭터는 메리츠화재에 대한 긍정적인 이미지를 구축하는데 도움을 주었다.

마케팅 Highlight

세계 3대 박물관에 대해 한국어 작품안내 서비스를 후원함으로써 차별적 기업이미지를 구축한 대한항공

한국인들이 가족과 유럽여행을 가서 프랑스 루브르박물관을 방문하더라도 언어문제로 걱정할 필요가 없다. 한국어 안내서비스가 제공되기 때문이다. 루브르의 한국어 안내서비스가 가능해진 데는 조양호 한진그룹 회장(60)의 공이 컸다.

대한항공이 루브르박물관 오디오 안내장비를 신형 개인휴대단말기(PDA)로 교체하는 사업을 후원하는 과정에서 조양호 회장이 한국어가 서비스될 수 있도록 적극적으로 박물관 측에 요구하면서 이뤄지게 된 것이다. 현재 루브르박물관에선 'Korean Air' 로고가 새겨진 최신형 PDA를 이용해 루브르박물관 작품 중 대표작으로 꼽히는 600점에 대해 작품 안내서비스가 제공되고 있다.

런던 대영박물관과 러시아 상트페테르부르크 에르미타슈박물관에서도 한국어 작품 안내서비스가 제공되고 있다. 대영박물관의 한국어 안내서비스는 10번째 언어가 되고, 에르미타슈박물관은 7번째다. 에르미타슈박물관 한국어 안내서비스는 아시아 언어 중 첫 번째이다. 우리보다 중국, 일본 관람객 비중이 더 높다는 점을 감안하면 한국관광객뿐 아니라 러시아에 사는 한인동포들의 자긍심을 높이는 계기가 될 것으로 평가된다. 특히 대영박물관의 경우는 한국기업이 전 세계인을 대상으로 문화전령사 역할을 하게 됐다. 대영박물관은 대한항공의 후원으로 50여개 작품에 대해서만 안내서비스가 제공되던 안내서비스 구형기기를 최신형으로 업그레이드하면서 작품안내 숫자를 200여개로 늘렸다. '세계 문화유산의 보고'로 불리는 이 박물관은 고대 이집트 예술품부터 아시리아의 부조, 고대의 대리석 조각들과 파르테논 신전의 조각 등 진귀한 유물들이 소장돼 있어 인류문명의 현장으로 불린다.

대한항공관계자는 "세계 3대 박물관으로 불리는 루브르, 대영, 에르미타슈에서 한국어 서비스가 가능하게 됐다"면서 "박물관은 국가의 문화구심점인 만큼 이러한 문화후원 노력은 한국민의 국민적 자긍심을 높이는데 기여할 것이다"라고 밝혔다. 조양호 회장은 개인적으로도 루브르와 대영박물관, 에르미타슈 등 세계 3대 박물관에 한국어 안내서비스를 후원한 CEO라는 자랑스러운 타이틀을 얻게 된다. 그리고 이러한 문화마케팅은 긍정적인 기업이미지를 구축하는데 큰 도움을 준다.

■ 서비스품질의 관리

서비스기업은 경쟁사 보다 더 높은 품질을 일관성 있게 전달함으로써 차별화를 추구할 수 있다. 과거에 제조업체들이 그랬듯이, 대부분의 서비스산업들도 이제 고객지향적 품질운동을 전개하고 있다. 제품마케터와 마찬가지로 서비스기업들도 표적고객들이 서비스품질에서 기대하는 것이 무엇인지를 파악할 필요가 있다.

불행하게도 서비스품질은 제품품질에 비해 정의를 내리고 판단하는 것이 더 어렵다. 가령, 헤어드라이기의 품질보다는 헤어컷 서비스의 품질을 판단하는 것이 더 어렵다. 서비스기업의 고객유지 수준은 그 기업의 서비스품질을 측정하는 최고의 척도일 수 있는데, 서비스기업의 고객유지능력은 그 기업이 고객들에게 어느 정도 일관성 있게 가치를 전달하느냐에 달려 있다.

최고의 서비스기업들은 높은 서비스품질표준을 설정하고, 자사 및 경쟁사의 서비스성과를 면밀하게 살펴본다. 그들은 단순히 좋은 서비스를 제공하는데 만족하지 않고, 100% 무결점서비스를 지향한다. 98% 무결점서비스 성과를 표준으로 하는 것은 괜찮은 것으로 보일 수 있다. 그러나 이러한 표준을 채택한다면, 미국 UPS는 매일 296,000건의 우편물을 분실하거나 잘못 전달할 것이며, 미국의 약사들은 매주 140만개의 처방전에 대해 잘못된 약배합을 발생시킨다.

제품제조업체들은 모든 것이 완벽해질 때까지 기계설비와 재료를 조정할 수 있지만, 서비스품질은 종업원과 고객 간의 상호작용이 어떻게 이루어지는지에 따라 항상 달라질 수 있다. 최선을 다하는 최고의 서비스기업이라고 하더라도 소비자들은 때에 따라 배달의 지체, 너무 구운 스테이크, 무뚝뚝한 종업원 등과 같은 부정적 경험을 할 수 있다. 그러나 신속하고 훌륭한 **서비스회복**(service recovery)은 분노한 고객을 충성고객으로 전환시킬 수 있다. 실제로 훌륭한 서비스회복은 처음에 잘하는 것보다 더 많은 구매와 더 높은 고객충성도를 획득하게 할 수 있다.

서비스 품질관리가 유형제품에 대한 품질관리에 비해 상대적으로 어려운 이유는 고객이 지각하는 서비스품질이 이를 제공하는 사람과 상황에 따라 차이가 발생하기 때문이다. 그러나 고객이 지각하는 서비스품질은 위에서 설명했듯이 고객만족과 서비스브랜드 충성도에 큰 영향을 미친다는 점에서 중요하다. [그림 7-5]에서 볼 수 있듯이 서비스제품에 대한 고객만족은 구매 전에 갖고 있던 서비스품질에 대한 기대수준에 비해 실제로 제공받는 서비스품질이 크거나 별 차이가 없을 경우에 발생한다. 서비스품질에 대한 고객만족/불만족은 재구매와 직결되기 때문에 서비스 품질관리는 고객충성도 형성의 핵심 성공요인이 된다. 이에 따라 서비스기업은 서비스품질에 대한 고객의 기대수준과 실제로 제공되는 서비스와의 차이를 줄이기 위해 다각적인 노력을 기울인다.

Parasuraman, Zeithamal과 Berry 교수가 제안한 서비스품질 갭(gap: 차이) 분석모형은 실천적인 서비스품질 관리방안을 개발하는데 유용하다. 갭 분석모형에 의하면 소비자의 서비스품질에 대한 기대수준과 지각된 서비스 품질수준 간의 차이는 다음과 같은 네 가지 요인에 의해 발생된다.

① 관리자들이 소비자의 욕구를 제대로 파악하지 못하는 경우(갭 1)

② 관리자들이 고객의 욕구를 파악하고 있더라도 구체적으로 이를 어떻게 만족시켜 주어야 할지를

그림 7-5 서비스 품질관리를 위한 갭 분석모형

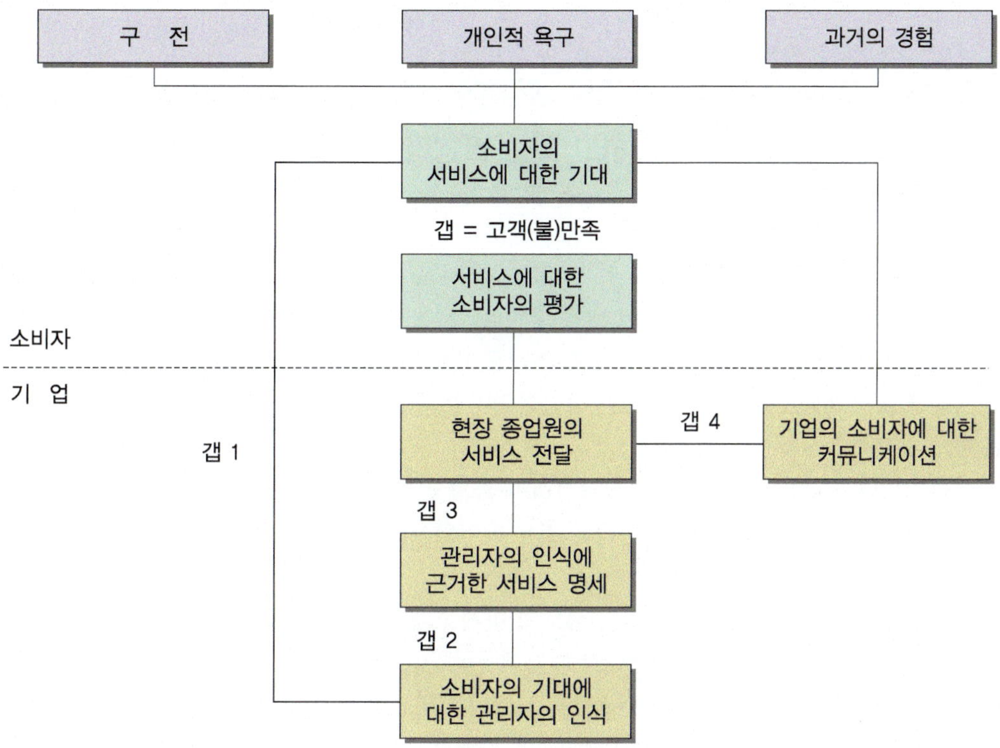

잘 모르는 경우(갭 2)

③ 서비스를 전달하는 현장직원이 정해진 지침을 제대로 따르지 않는 경우(갭 3)

④ 기업이 광고 등을 통해 약속한 서비스품질과 실제 제공되는 서비스품질 간에 차이가 발생하는 경우(갭 4)

서비스 품질향상을 위해 마케터는 이러한 갭을 줄이기 위한 노력을 기울여야 하는데, 구체적으로 다음과 같은 대안들을 고려할 수 있다.

첫째, 정기적인 마케팅조사를 통해 고객욕구를 제대로 파악하고, 고객접점에 있는 직원들의 제언을 수용할 수 있는 원활한 의사소통 체계가 구축되어야 한다.

둘째, 고객욕구를 만족시키기 위한 운영지침을 개발하고 현장에서 서비스를 전달하기 위한 표준화된 절차를 마련해야 한다.

셋째, 현장 직원들이 정해진 지침에 따라 고객들에게 탁월한 서비스를 전달하도록 하기 위해 지속적인 교육을 실시해야 한다. 특히 최고경영층의 지원으로 서비스 품질향상을 기업문화로 정착시키는 것은 현장 직원들이 우수한 서비스를 전달하는데 필요조건이 된다.

넷째, 기업은 실제로 제공되는 서비스를 고객들에게 정확히 알림으로써 고객들이 불필요하게 높은 기대를 갖지 않도록 해야 한다.

마케팅 Highlight

환자(고객)를 최우선으로 생각하는 높은 의료서비스 품질로 연매출 11조원을 실현하고 있는 비영리 의료법인 메이오클리닉

미국 미네소타주 로체스터시 1번가에 자리 잡은 메이오클리닉은 미국 존스홉킨스대 병원과 함께 세계 병원평가에서 항상 1, 2위를 다툴 정도로 유명하다. 허허벌판에 자리 잡은 인구 10만명의 소규모 도시에 국제공항까지 갖추고 있다. 세계 각지에서 왕족과 슈퍼리치들이 자가용 비행기를 타고 메이오클리닉에서 진찰을 받기 위해 날아들기 때문이다. 메이오클리닉은 151년의 역사를 가지고 있다. 창업자 윌리엄 메이오가 남북전쟁 당시 미네소타주의 작고 외딴 마을이었던 로체스터에 군의관으로 왔다가 정착해 1864년 진료소를 연게 시작이다.

2014년 메이오클리닉은 94억달러(약 11조원)의 매출을 거두었고, 이 중 4%에 가까운 3억 7000만달러(4300억원)가 순이익으로 남았다. 정작 놀라운 것은 메이오클리닉이 영리법인이 아니라 비영리 법인이라는 점이다.

비영리 법인이 초대형 영리법인과 맞먹을 정도의 마케팅성과를 내는 비결은 어디에 있을까. 우선 수입원의 약 50%는 메디케어·메디케이드 형태로 정부에서 나온다. 나머지는 일반 사보험 및 외국인 환자, 기부금으로 충당한다. 특히 메이오클리닉에서 받은 치료와 서비스에서 감명을 받은 부자들이 내놓은 기부금만 무려 2600억원에 달한다. 순익의 절반 이상이 기부금에서 나온 셈이다. 메이오클리닉 관계자는 “비영리 법인이기 때문에 이익에 대해 세금을 내지는 않지만 세율에 상응하는 금액을 사회공익을 위해 반드시 써야 한다”며 “메이오클릭닉은 나머지 순이익에 기부금까지 합쳐 매년 4000억~5000억원을 병원에 재투자한다”고 밝혔다.

메이오클리닉이 비영리 의료기관임에도 불구하고 전 세계환자들을 고객으로 유치할 수 있는 비결은 다양하다. 메이오는 환자 최우선과 팀워크를 내세우며 유명해졌다. 메이오는 다른 병원들과 달리 종합대학을 가지고 있지 않고 5개의 단과(의대)대학만을 소유하고 있다. 이런 점에서 대학이 없는 종합병원들의 롤 모델이다. 메이오는 로체스터와 함께 애리조나, 플로리다 등에도 병원이 있다. 이들 병원에는 4000명 이상의 의사와 과학자, 5만 5000명의 협력의료기관 의료진이 있다. 총 5만 9000여 명의 의료전문가가 협력을 통한 진료에 참여하는 셈이다. 메이오클리닉은 이를 환자중심 통합 의료서비스로 이름을 붙였다. 미국 최초로 도입한 서비스다. 메이오클리닉은 한국과 달리 병원 내에서 환자의 진료기록을 공개한다. 통합의료서비스의 일부분이다. 오진이나 구태의연한 처방은 곧바로 동료들의 지적이 쏟아진다. 환자를 최우선하는 사고는 메이오클리닉을 세계 각국의 환자들이 가장 신뢰하고 찾는 병원을 만드는 밑거름이 됐다. 메이오클리닉의 한 이비인후과 의사는 “내가 진료한 환자의 기록을 본 동료의사가 약 처방을 다르게 하면 좋겠다는 지적

미국 미네소타주 로체스터시에는 개원때부터 150년 넘게 ‘환자 최우선’ 철학을 유지해온 메이오클리닉이 자리 잡고 있다. 사진은 메이오클리닉 본관 로비 모습.

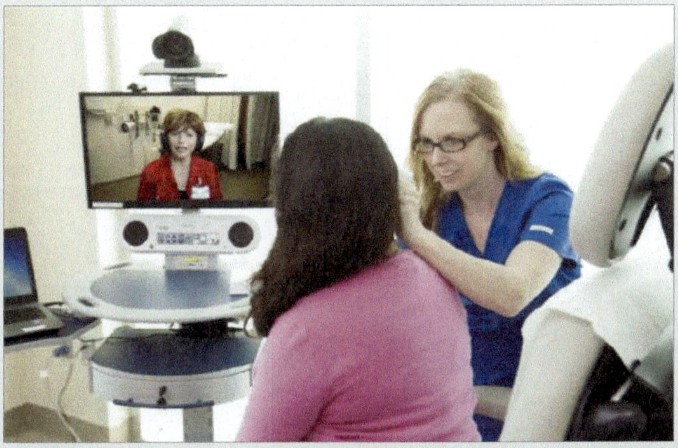

메이오클리닉을 방문한 한 환자가 원격의료시스템을 통해 다른 곳의 계열병원에 소속된 의사의 조언을 들으며 진료를 받고 있다.

을 해와서 깜짝 놀란 경험이 있다"며 "환자중심의 크로스 체크를 통해 인간적인 실수를 줄일 수 있다는 장점이 있다"고 말한다.

환자들에게 보다 편리하고 편안한 치료 분위기를 제공하기 위해 메이오클리닉은 병원 인프라구축과 운영에 디자이너들을 참여시키고 있다는 것도 특징적이다. 미국 미네소타주 로체스터시 1번가 곤다빌딩 16층에 자리 잡은 혁신센터 한쪽에는 '메이오 통합진료 클리닉 디자인센터'가 있다. 병원과 전혀 어울릴 것 같지 않은 디자인을 접목하기 위한 공간이다. 디자인센터 관계자는 "의사중심이 아닌 환자입장에서 가장 편안한 진료실이 될 수 있도록 디자이너 60명이 실제 상황처럼 진료실을 꾸며놓고 디자인 실험을 한다"며 "여기에서 나온 결과는 1만m^2 넓이의 병원전체 공간에서 파격적용이 이뤄지며 메이오클리닉의 혁신을 주도한다"고 밝혔다.

메이오클리닉 혁신센터(Center For Innovation)에서는 원격진료를 준비하고 있다. 혁신센터에서는 환자가 집이나 직장에 있으면서 스마트폰이나 비디오를 활용해 질병을 치료 및 예방, 관리하는 '미래형 사이버병원'을 현실화하는 실험이 진행되고 있다. '고령화 쓰나미'를 대비해 고혈압, 당뇨 등 만성질환을 앓고 있는 노년층이 양로원이 아닌 집에서 머물면서 원격영상을 통해 질병관리 및 예방교육을 받고 꼭 필요할 때만 병원을 찾도록 하는 것이다.

혁신센터 임상실에는 2대의 컴퓨터와 카메라, TV가 설치돼 있다. 이 시스템을 통해 메이오클리닉은 로체스터시 본원 의료진과 미국 각지에 위치한 계열병원 의료진 간 협진을 통해 진단과 진료가 이뤄진다. 의사 1명이 진단을 내리기 전에 동료의사들과의 토론·자문을 통해 오진을 최소화하기 위한 방안이다. 환자 앞에 놓인 카메라는 360도 회전이 가능해 환자와 가족들이 통합진료에 참여한 의료진과 번갈아 대화하면서 궁금증을 해소한다. 미국에서 메이오클리닉의 진료를 받고 싶은 환자는 미네소타 시골구석까지 굳이 갈 필요가 없어졌다. 플로리다 계열병원을 방문하면 본원에 있는 의사에게 도움을 받을 수 있다. 원격의료시스템 덕분에 메이오클리닉을 찾아간 환자는 자신이 만난 의사 1명이 아니라 이곳에 소속된 의료전문가 5만 7000여 명에게 도움을 받아 병을 고치는 셈이다.

원격진료 서비스는 '환자 최우선(Patient comes first)' 가치를 150년 넘게 유지해온 메이오클리닉이 스마트폰이 일반화된 트렌드 변화에 맞춰 사이버공간에서 환자중심 통합진료를 제공하기 위해 마련한 것이다. 바바라 슈피리어 행정원장은 "원격의료를 통해 세계 어느 병원환자와도 대화가 가능하며 사물인터넷(IoT)과 빅데이터를 활용하면 세계 각국에서 더 많은 환자들이 온라인상에서 진료와 치료, 질병 예방교육을 받게 될 것"이라고 말한다.

• 자료원 : 매경, 2015.11.21, 2015.11.24

■ 서비스 생산성의 관리

최근 들어 급속한 비용상승을 경험하고 원가우위를 추구하려는 서비스기업들은 서비스 생산성을 향상시키기 위해 고심한다. 이에 따라 서비스기업들은 서비스 생산성을 향상시키기 위한 방안들을 강구하고 있다. 그들은 기존 종업원들을 더 잘 교육시키거나 혹은 더 열심히 일하거나 더 요령있게 일할 수 있는 신규 종업원을 채용할 수 있다. 혹은 서비스품질을 어느 정도 희생시키고 서비스 생산량을 증대시킬 수 있다. 가령, McDonald's가 패스트푸드산업에 도입한 조립생산공정(assembly-line approach)과 같이 자동설비를 추가하고 생산과정을 표준화함으로써 서비스 산업화(대량생산화)를 추구하는 것이 한 예이다. 사람들은 주로 제조업체들이 생산시간과 비용을 절감하기 위해 테크놀로지의 힘을 빌린다고 생각하지만, 서비스기업들도 생산성을 높이기 위해 테크놀로지를 활용할 수 있다.

그러나 기업들은 서비스 생산성을 높이는데 너무 집착하여 서비스품질을 저하시키는 상황이 발생되지 않도록 유의해야 한다. 서비스의 대량생산화와 비용절감 노력은 단기적으로 서비스기업의 효율성을 높일 수 있다. 그러나 서비스생산의 효율성을 높이기 위한 노력은 혁신추구, 높은 서비스 품질유지, 고객욕구변화에 대한 대응 등의 장기적 역량을 감소시킬 수 있다. 가령, 일부 항공사들은 비용상승에 대처하기 위해 경제성을 추구하는 과정에서 이같은 교훈을 배우고 있다. 그들은 기내스낵과 같은 작은 것들에 대해서도 무료로 제공하는 것을 중단하고, 기내수화물, 복도좌석 등 모든 서비스제공물에 대해 추가비용을 부과하기 시작했다. 그 결과로 항공편을 이용하고 싶지 않은 불만고객들을 양산하게 되었다. 생산성을 향상시키려다 고객서비스를 엉망으로 만들어 버린 것이다.

따라서 서비스 생산성을 향상시키려고 하는 기업들은 고객가치를 창출/전달하는 방안을 함께 고려해야 한다. 즉 생산성 추구로 인해 서비스품질이 저하되지 않도록 유의해야 하는 것이다.

07 참고문헌

- 안광호 · 이진용, 브랜드파워, 한 · 언, 1997.
- David A. Aaker, Managing Brand Equity, New York : Free Press, 1991.
- Philip Kotler, 안광호, Gary Armstrong, 마케팅입문, Pearson, 2013.
- Philip Kotler, Marketing Management, 10th ed., Englewood Cliffs, NJ : Prentice Hall, 2000.
- Donald R. Lehmann and Russell S. Winer, Product Management, 2nd ed., Irwin, 1997.
- Dik Warren Twedt, "How Much Value Can Be Added Through Packaging?" Journal of Marketing, 32, January 1968, pp. 61-65.
- Kevin Lane Keller, Strategic Brand Management, 3th ed., Pearson, 2008.

07 생각해볼 문제

1. 마케팅전문가들은 보다 광의의 관점에서 제품을 바라볼 필요가 있다고 주장한다. 적절한 제품을 선택하여 이러한 주장에 대해 설명해 보시오.

2. 당신이 선호하는 향수나 화장품의 브랜드를 선택하여 핵심제품, 유형제품, 확장제품을 설명하시오.

3. 기업은 제품라인을 확대하여 성장을 추구할 수 있는데, 구체적인 방법을 제시하고 각 방법을 도입하는 이유에 대해 논하시오.

4. LG전자의 OLED TV는 편의품, 선매품, 전문품 중에서 어느 것에 해당되며, 그 이유는?

5. 편의품, 선매품, 전문품을 유통시키는 데 있어 각각 어느 정도의 소매점이 필요하며, 그 이유는 무엇인가?

제4부

제8장

제품관리 II : 브랜드의사결정과 브랜드자산관리

01 브랜드의 개념과 역할
02 브랜드의사결정과정
03 브랜드자산관리

학습목표

1. 브랜드를 정의하고 브랜드구축이 차별적 경쟁우위를 실현하는데 왜 중요한지를 살펴본다.
2. 브랜드의사결정과정의 각 단계에 대해 살펴본다.
3. 좋은 브랜드명이 갖추어야 할 조건에 대해 이해한다.
4. 브랜드 자산형성의 두 축인 브랜드인지도 관리와 브랜드 연상관리에 대해 설명한다.

주요개념에 대한 사전학습

브랜드는 제품이나 서비스가 의미하는 모든 것을 대변한다. 그런 점에서 브랜드는 기업에게 소중한 자산이다. 예를 들어, 어떤 사람이 코카콜라에 대해 이야기하는 것을 들었을 때, 당신은 어떤 생각이 들고, 어떤 느낌을 갖고, 어떤 것을 기억하는가? 혹은 갤럭시 스마트폰에 대해서는? McDonald's의 전 CEO는 '우리가 소유한 모든 자산, 건물, 설비 등이 큰 자연재해로 인해 파괴되더라도, 브랜드의 높은 가치로 인해 우리는 이를 신속하게 복구하는데 필요한 모든 자금을 대출받을 수 있을 것이다. 브랜드는 이러한 자산들을 모두 합한 것보다 더 가치가 있다.'라고 이야기했다.

브랜드는 신중하게 개발/관리되어야 할 강력한 무형자산이다. 이 장은 아웃도어용품 브랜드 컬럼비아의 브랜드구축 사례를 살펴보는 것으로부터 시작한다. 콜럼비아는 '강한 엄마'가 만든 강한 아웃도어 브랜드라는 핵심가치를 유지/강화하기 위한 일관된 마케팅노력을 통해 브랜드자산을 구축하는데 성공했다.

도입사례

'강한 엄마'가 만든 강한 아웃도어 브랜드라는 연상을 기반으로 브랜드파워를 구축한 아웃도어용품 브랜드 컬럼비아

미국의 아웃도어용품 기업인 컬럼비아 스포츠웨어는 2014년 21억달러(약 2조 4300억원)의 매출을 기록했다. 2011년부터 3년 연속 16억달러 수준에서 정체돼 있던 매출이 껑충 뛴 것이다. 중국에 세운 합작사가 가세하면서 아시아 지역의 판매가 70% 급증한 덕분이었다. 미국(26%) 캐나다(34%) 등 북미시장 매출도 대폭 늘었다. 미국 경제잡지 포브스는 "2000년대 초반 경쟁업체들에 밀리면서 고전했던 컬럼비아가 기술혁신을 앞세워 완전히 부활했다"고 평가했다.

컬럼비아는 1938년 미국 북서부 오리건주의 포틀랜드에서 모자가게 '컬럼비아 햇 컴퍼니(Columbia Hat Company)'로 출발했다. 워싱턴주와 오리건주 사이를 흐르는 컬럼비아강에서 이름을 땄다. 포틀랜드에는 나이키 본사도 있어서 미국 아웃도어 산업의 메카로 통한다.

컬럼비아 모자가게는 팀 보일 CEO의 외할아버지 폴 람프롬이 열었다. 독일 아우크스부르크에서 셔츠공장을 운영하던 람프롬은 1937년 사업을 정리하고 미국으로 이민하기로 결심했다. 셔츠사업에는 아무런 문제가 없었다. 유대인인 그는 인근에서 가장 큰 공장을 운영하며 셔츠를 팔아 상당한 부를 쌓았다. 하지만 어느 날 아침 자신의 집 담벼락에 '여기 유대인이 산다'는 낙서가 쓰인 것을 발견하고 독일을 떠나기로 마음먹었다. 람프롬은 독일 나치정권을 뒤로 하고 13세 딸 거트를 데리고 미국으로 건너갔다.

팀 보일 CEO의 어머니인 거트는 컬럼비아 역사 그 자체라고 할 만하다. 1964년 장인으로부터 모자가게를 물려받은 거트의 남편 닐 보일은 사냥, 낚시, 스키 등 아웃도어 용품으로 제품을 확장하면서 사세를 키웠다. 닐이 직접 디자인한 낚시용 조끼가 큰 인기를 얻으면서 컬럼비아의 이름이 본격적으로 알려지기 시작했다. 여러 개의 주머니를 달아 편의성을 높인 컬럼비아의 제품은 낚시조끼의 대명사로 자리 잡았다. 하지만 1970년 닐이 47세의 나이로 갑작스럽게 세상을 떠나면서 시련이 닥쳤다. 가정주부였던 거트는 고민끝에 장남 팀과 함께 회사경영을 대신 맡았다. 오리건주립대에 다니던 팀은 가업을 물려받기 위해 학교까지 중퇴했다.

거트와 팀 모자(母子)가 구원등판한 컬럼비아호는 휘청댔다. 적자를 내면서 파산위기까지 몰렸다. 거트는 평상복으로도 입을 수 있는 아웃도어 의류에 초점을 맞추고 회사를 재정비했다. 1975년 의류업체로

'터프 맘(tough mom · 강한 엄마)' 이미지를 내세워 브랜드 파워구축에 크게 기여한 거트 보일 컬럼비아 회장과 엄격한 품질검사를 거쳤다는 표시로 제품에 부착하는 '테스티드 터프' 라벨.

오리건의 겨울 산에서 제품테스트를 하고 있는 것을 보여주는 코믹한 광고장면

는 처음으로 기능성 소재인 고어텍스를 사용한 파카를 선보이면서 컬럼비아는 다시 주목받기 시작했다. 거트는 1984년 아들 팀과 광고에 직접 등장하면서 미국 소비자들에게 강한 인상을 남겼다. 거트는 팔뚝에 문신을 새기고 '터프 맘(tough mom·강한 엄마)' 이미지를 내세웠다. 아들을 오리건의 겨울산에 보내 제품테스트를 시키는 코믹한 장면은 컬럼비아에 대한 신뢰를 높이는 데 결정적인 역할을 했다. 컬럼비아는 이때부터 거친 자연환경에서 엄격한 품질검사를 거쳤다는 뜻의 '테스티드 터프(tested tough)' 라벨을 모든 제품에 달았다. 이 문구는 컬럼비아의 상징이 됐다.

노스페이스, 파타고니아 등과 치열한 경쟁을 벌이던 컬럼비아는 팀 보일 CEO가 2007년 과학자 출신인 우디 블랙포드를 신기술개발담당 부사장으로 영입하면서 브랜드강화의 새로운 돌파구를 찾았다. 블랙포드는 포틀랜드 본사에 세운 '퍼포먼스 이노베이션 팀(PIT)'을 이끌면서 컬럼비아의 기술혁신을 이끌었다. 은색점이 새겨진 안감으로 보온력을 극대화한 '옴니히트', 땀을 빠르게 흡수해 여름철 야외활동을 돕는 '옴니프리즈 제로', 통기성이 좋으면서 습기를 막아주는 기능이 탁월한 '아웃드라이' 등 컬럼비아가 자랑하는 첨단기술이 모두 이 팀의 작품이다. 블랙포드 부사장은 "소비자들이 컬럼비아를 기술혁신의 선두주자로 인식하도록 하는 것이 목표"라며 "컬럼비아 브랜드의 힘을 키우는 것은 기술력"이라고 강조한다. PIT는 우주복 재킷, 쿨링 셔츠 등 각종 아웃도어 소재에 사용되는 특허 200여건을 쏟아내며 컬럼비아의 기술혁신을 주도했다. 컬럼비아의 마케팅담당 임원인 블레인 페린은 미국언론과의 인터뷰에서 "컬럼비아 제품을 구매하는 소비자들을 설문조사한 결과 기술과 혁신을 중시한다는 반응이 최근 4년 새 두 배가량 늘었다"며 "브랜드가 핵심가치를 유지/강화하려면 끊임없이 신기술을 추가해야 한다"고 설명했다.

올해 91세인 거트는 회장직책을 맡아 여전히 왕성하게 활동하고 있다. 컬럼비아는 2015년 하반기 '강한 엄마' 거트를 다시 내세운 광고를 시작했다. 함박눈이 내리는 스키장 리프트에 앉은 직원 두 명이 컬럼비아 제품을 착용하고 추운날씨를 얼마나 잘 견딜 수 있는지 실험하고 있다. 어디선가 나타난 거트. "이제 됐다"는 말을 기대했던 직원들에게 거트는 조용히 피자한판을 건네며 더 실험할 것을 요구한다. '테스티드 터프'. 거트의 철학을 상징적으로 보여주는 장면이다.

• 자료원 : 한국경제, 2015.12.4

소비자는 매일매일 브랜드의 홍수 속에서 살아간다. 그러나 불행히도 소비자는 노출된 수많은 브랜드광고 가운데 극히 일부분에만 주의와 관심을 보이고 여러 경쟁브랜드들 중에서 3~4개 정도만 구매대상으로 고려하는 것이 보통이다. 여러분들도 슈퍼마켓에 들르면 진열대에서 일상적으로 보는 수십 개의 치약브랜드 중에서 몇 개를 떠올릴 수 있는지 한번 테스트해보라. 따라서 치열한 시장경쟁에서 생존하기 위해 마케터는 자사브랜드가 경쟁브랜드보다 먼저 주의를 끌게해야함은 물론 경쟁브랜드보다 더 기억하기 쉽도록 마케팅노력을 기울여야 한다. 마케팅노력에 의해 형성된 브랜드력이 마케팅성과에 큰 영향을 미침을 고려할 때 기업이 체계적인 브랜드관리를 할 능력이 없다면 장기적으로 시장경쟁에서 생존할 가능성이 희박할 것이다. 농심라면, 갤럭시, 코카콜라, 진로소주 등의 브랜드는 강력한 브랜드력을 지니고 있기 때문에 소비자의 높은 브랜드충성도와 높은 시장점유율을 유지하고 있다. 이러한 결과는 브랜드들이 오랫동안의 마케팅활동을 통해 무형자산으로서의 가치가 창출되었기 때문이다. 좋은 브랜드이미지에 의해서 형성된 브랜드자산(brand equity)은 높은 시장점유율과 수익성을 실현하는 것은 물론 브랜드 사용자로부터 비싼 로열티를 받아내는 등의 부가적 가치를 창출할 수 있다.

본장에서는 먼저 브랜드의 개념과 역할을 설명하고 브랜드에 관련된 중요한 의사결정들과 브랜드자산관리에 대해서 다루기로 한다.

01 브랜드의 개념과 역할

1.1 브랜드의 개념

브랜드(brand)란 특정기업의 제품이나 서비스를 소비자에게 식별시키고 경쟁자들의 것과 차별화하기 위하여 사용되는 독특한 이름과 상징물(로고, 디자인 등)들의 결합체를 의미한다. 우선 브랜드와 관련된 용어들을 알아보기로 한다. **브랜드명**(brand name)은 브랜드를 구성하는 요소들 중 말로 표현될 수 있는 부분(즉, 글자, 단어, 숫자 등)으로, 예를 들어 코카콜라, 페리오, 맥도날드 등이다. **브랜드마크**(brand mark)는 브랜드 구성요소들 중 말로 표현되지 않고 눈으로 볼 수 있는 부분으로 로고, 디자인, 특이한 글자들의 조합 등이 포함된다. 예를 들어, 라코스테의 악어, 빈폴의 자전거 모양의 로고 등이다. 브랜드 구성요소 전체 또는 일부분이 특허청에 상표등록이 되었다면, 이를 등록상표(trade mark)라고 부른다. 등록상표는 브랜드명일 수도 있고, 브랜드마크일 수도 있으며, 혹은 둘을 모두 포함한 것일 수도 있다. 등록상표는 보통 등록되었다(registered)는 뜻을 나타내는 영문자의 첫머리를 따서 ®이라 표시하거나 TM(trade mark)으로 표시한다. 등록상표는 법적인 보호를 받아 상표등록을 한 기업만이 독점적으로 사용할 수 있다. 브랜드와 등록상표는 동일한 의미로 사용될 수 있는데, 단지 차이점은 브랜드는 일상적으로 사용되는 용어인 반면에 등록상표는 법률적 의미를 갖는다는 점이다.

기업이 사용하는 브랜드의 종류는 기업브랜드/공동브랜드/개별브랜드/브랜드 수식어로 나눌 수 있는데, 이를 **브랜드 계층구조**(brand hierarchy)라고 부르기도 한다. **기업브랜드**는 삼성, LG, 오뚜기 등과 같이 기업명이 브랜드로 사용되는 경우이며, **공동브랜드**(family brand)는 디오스, 청정원 등과 같이 관련성이 있는 여러 제품들에 부착되는 브랜드를 말한다. **개별브랜드**는 아이폰, 페리오 등 한 가지 제품에 부착되는 브랜드를 말하며, **브랜드 수식어**(brand modifier)는 구형모델과 구별하기 위해 부착되는 숫자(쏘나타 new rise)나 품질이 개선되었음을 보여주기 위해 사용되는 단어(골드, 플러스 등)를 말한다. 기업은 계층구조의 모든 단계를 사용하여 브랜드명을 만들기도 하지만 이중 일부 단계만을 사용하여 브랜드명을 구성하는 경우도 많다. 가령, LG디오스 냉장고는 기업브랜드와 개별브랜드로 구성된 제품브랜드명이다.

1.2 브랜드의 역할(중요성)

브랜드는 소비자에게 제품생산자(혹은 판매자)를 알려주어 유사제품을 판매하는 경쟁자들로부터 소비자와 생산자를 보호한다. 중세유럽의 상인조합은 고객들에게 제품품질을 확신시키고 생산자들을 법적으로 보호하기위해 브랜드를 사용하는 등 브랜드가 오래전부터 시장거래에서 중요한 역할을 해왔지만, 국내에서 실제로 브랜드가 시장경쟁에서 중요한 요소로 인식된 것은 1980년대 이후부터라고 할 수 있다. 근래에 와서 다음과 같은 원인으로 인해 브랜드를 구축하는 것이 과거보다 훨씬 어려워졌다. 첫째, 과거보다 광고와 유통비용이 훨씬 높으며, 둘째, 수많은 브랜드들이 시장에 쏟아져 나와 경쟁이 보다 심화되었다. 이와 같이 브랜드를 성공적으로 구축하는 데 많은 어려움이 있기 때문에 기업들은 막대한 비용을 투자하여 타사의 좋은 브랜드를 매입하려고 한다. 한 예로 미국계 다국적기업의 한국지사인 한국존슨이 우리나라 살충제시장의 선도브랜드인 삼성제약의 에프킬라를 387억원에 사들였다. 당시 삼성제약의 자산가치는 90억원에 불과했으므로 그 차액인 297억원은 에프킬라라는 브랜드의 자산적 가치를 반영한 것이다. 세계 1위 맥주회사인 안호이저-부시 인베브(AB인베브)는 2009

파워브랜드의 예: 스타벅스는 치열한 시장경쟁 속에서도 시장선도브랜드로 계속 남아 있다.

년 7월 OB맥주를 콜버그 크래비스 로버츠(KKR)와 어피너티 에쿼티 파트너스에 매각한 후 2014년 4월 팔때보다 세배 이상 비싼 가격인 58억달러(약 6조 1680억원)에 재매입했다. 브리토 CEO는 "2009년 매각때도 기회만 된다면 반드시 OB맥주를 되살 것이라 생각하고 있었다, 글로벌금융위기가 닥쳐 회사가 위기에 처하자 어쩔 수 없이 가장 가치있는 브랜드를 팔아야 했고, 그 기업브랜드가 OB맥주였다"고 설명한다. 그는 OB맥주 인수의 가장 큰 이유로 OB맥주의 브랜드 경쟁력을 무기로 한국을 아시아 시장공략의 교두보로 삼을 수 있다는 점을 들었다. 브리토 CEO는 "OB맥주의 성장동력이 된 카스는 한국시장에서 점유율 최고의 맥주브랜드인 만큼 한류를 타고 아시아시장에서도 인기를 얻을 것"으로 판단한다.

과거 기업의 시장경쟁력의 주요요인이 제품간의 기술격차였으나 이제는 대부분의 경쟁사들이 유사한 제품을 생산할 수 있는 능력을 갖추게 되었다. 이러한 시장상황 하에서 강력한 브랜드의 구축은 경쟁사들이 쉽게 모방할 수 없는 효과적인 마케팅수단이 될 수 있다. 강력한 브랜드를 구축하기 위해서는 마케터는 단기간의 이익을 기대하기 어렵더라도 지속적인 마케팅투자가 요구된다. 이러한 지속적 마케팅노력에 의해 고객으로부터 우수한 제품력을 인정받은 브랜드는 치열한 시장경쟁 상황속에서도 시장선도 브랜드로 계속 남아있게 된다. 예를 들면, 국내의 진로소주(1924), 칠성사이다(1950), OB맥주(1952), 미원(1956), 다시다(1975), 박카스(1963), 신라면(1986) 등과 미국의 Coca Cola(1886), Levi's(1873), Campbell 수프(1898), Budweiser맥주(1876), Hershey초콜릿(1900), Ivory비누(1879) 등이 대표적인 예이다.

강력한 브랜드를 가진 기업은 소비자와 기업모두에게 여러 가지 이점을 제공한다.

먼저 소비자 측면에서 볼 때 브랜드는 소비자에게 다양한 가치를 제공한다. 첫째, 브랜드는 소비자의 구매효율성을 높인다. 즉, 특정 브랜드에 대한 브랜드충성도(brand loyalty)를 가진 소비자는 슈퍼마켓에 진열된 수많은 유사경쟁제품들을 평가할 필요없이 자신이 원하는 브랜드를 반복구매할 수 있다. 둘째, 좋은 브랜드는 소비자에게 일관성 있는 제품품질을 제공함을 의미하므로, 소비자는 신뢰하고 제품을 구입할 수 있다.

한편 강력한 브랜드는 기업에게도 많은 이점을 제공한다. 첫째, 강력한 브랜드는 진입장벽을 구축함으로써 기업에게 경쟁우위를 제공한다. 즉, 강력한 브랜드는 소비자의 브랜드충성도를 높이고 그 결과 소비자의 자사브랜드에 대한 가격민감도를 낮게 한다. 따라서 경쟁브랜드의 공격적인 촉진활동 또는 저가격전략에도 불구하고 소비자의 브랜드전환이 쉽게 이루어지지 않는다. 또한 경쟁사가 경쟁력이 있는 혁신제품을 개발하더라도 고객의 자사브랜드에 대한 높은 브랜드충성도로 인해 이에 대응할 시간적 여유를 가질 수 있다. 둘째, 강력한 브랜드의 구축은 신제품의 도입을 보다 용이하게 한다. 하인즈는 높은 브랜드인지도로 인하여 케찹, 마요네즈 등의 신제품을 큰 마케팅노력없이 시장에 내놓을 수 있다. 그러나 만일 하인즈라는 브랜드가 없었더라면 신제품의 시장진입에 많은 비용이 들었을 것이다. 셋째, 강력한 브랜드는 유통업체와의 거래에서 우위를 제공한다. 즉, 중간상의 협조를 쉽게 얻을 수 있으므로 경쟁사보다 나은 위치에 진열공간을 확보할 수 있으며, 중간상들의 가격할인 또는 촉진활동 등의 요구로부터 보호를 받을 수 있다. 넷째, 좋은 브랜드이미지를 가진 제품은 고가격을 책정할 수 있으므로 높은 이익을 창출할 수 있다. 그러나 브랜드력이 약한 제품은 소비자와 중간상에 대한 촉진활동에 많은 투자를 해야 하므로 높은 이익을 실현하기가 어렵다.

다섯째, 등록상표는 법적보호를 받을 수 있다.

02 브랜드의사결정과정

브랜드는 제품구성요소 중에서 가장 중요한 부분의 하나이므로 마케터는 체계적인 브랜드의사결정을 내려야 한다. 브랜드에 관한 의사결정은 크게 ① 브랜드주체의 결정, ② 브랜드전략, ③ 브랜드명 결정으로 나누어진다. [그림 8-1]은 브랜드의사결정과정의 주요단계들을 보여준다. 이하에서는 각 단계에 대해 자세히 살펴보기로 한다.

2.1 브랜드주체의 결정(Brand Sponsor Decision)

마케터는 먼저 브랜드를 부착할 것인가의 여부와 부착한다면 브랜드의 소유자를 누구로 할 것인가 등의 브랜드에 대한 기본방향을 결정해야 한다.

오늘날 브랜드의 중요성을 인식한 대부분의 기업들은 브랜드를 부착하고 있다. 생활용품, 서비스제품, 산업용품뿐 아니라 쌀, 과일, 채소(가령, 이천 청정미, Sunkist 오렌지, Chiquita 바나나) 등에도 브랜드가 부착되고 있다. 한편 제조업체는 생산된 제품에 브랜드를 붙이지 않는 **무상표품**(generic brand) 전략을 고려할 수도 있다. 무상표품은 생산된 제품에 브랜드를 붙이지 않고, 맥주, 콜라, 설탕 등과 같이 단지 제품의 내용만을 패키지에 표시한다. 무상표품은 평범하게 포장되어 있고 제품광고를 하지 않으므로, 제조업체 브랜드나 유통업체 브랜드보다 훨씬 저렴한 가격에 판매된다. 1976년 프랑스의 carrefour(까르푸) 슈퍼마켓체인이 최초로 무상표품을 도입한 후, 1978년 미국의 대형 슈퍼마켓체인인 Jewel Food가 미국시장에 처음으로 무상표품을 진열대에 진열하였다. 1970년대 후반부터 1980년대 초반 경제불황의 여파로 미국 소비자들이 제품가격에 민감해 짐에 따라 종이제품, 쓰레기용 비

그림 8-1 브랜드의사결정의 주요단계

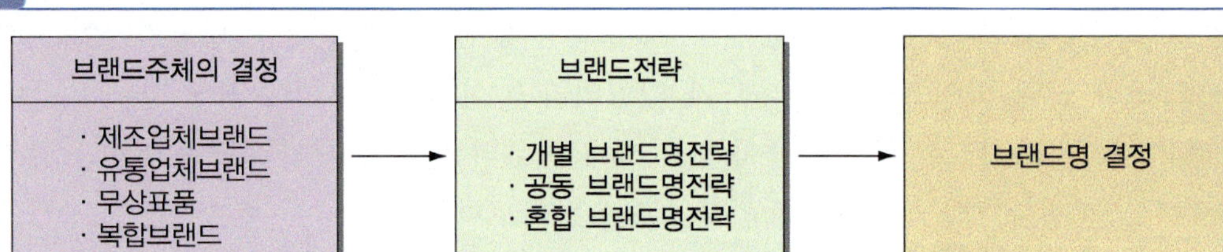

닐봉지, 1회용 기저귀, 커피필터 등의 비식품 생활용품 분야에서 무상표품의 수요가 급증하였다. 그러나 경기가 회복됨에 따라 무상표품의 시장점유율은 크게 감소했다. 한국의 경우 남대문 및 동대문 의류상가의 저가의류, 할인점의 식료품, 잡화 및 의류 등은 무상표품의 대표적 예이다.

마케팅 Highlight

취급제품들에 브랜드명이 부착되지 않은 '노브랜드' 제품전략을 통해 원가절감과 매출증대를 추구하는 신세계 이마트

2015년 12월 문을 연 이마트 베트남 호찌민 '고밥점'에서 소비자들이 노브랜드 감자칩·계란과자를 시식하고 있다.

신세계그룹이 이마트 자체 브랜드(PB)인 노브랜드 제품만 따로 파는 독립된 '노브랜드숍' 매장을 연다. 식품과 생필품위주인 상품종류를 주방·인테리어·생활소품 등으로 확대하고, 이마트와는 별개의 단독매장에서 파는 것이다. 정용진 부회장은 경기도 하남의 초대형 복합쇼핑몰인 하남유니온스퀘어에 1호점을 열기로 했다. 정 부회장은 "이마트가 해외에서 성공하려면 현지업체가 유리한 신선식품보다 라이프스타일 쪽을 더 강화해야 한다. 노브랜드로 '무인양품(MUJI·일본의 생활용품 브랜드)'을 잡겠다"고 말했다. 신세계 고위관계자는 "노브랜드숍은 주방·인테리어 홈스타일링 전반에 초점을 맞춘 매장이다. 품질 대비 가격을 획기적으로 낮춘 노브랜드의 전략을 그대로 적용할 것"이라고 밝혔다. 이에 따라 이케아·무인양품·자라홈·H&M홈·모던하우스 같은 국내외 브랜드가 경쟁하고 있는 홈퍼니싱(집 꾸미기) 시장이 한층 뜨거워질 것으로 보인다.

노브랜드숍은 노브랜드의 예상보다 높은 인기에 따른 것이다. 2015년 4월 처음 출시된 노브랜드는 정 부회장이 직접 이름을 짓고 제품개발에 참여했다. 품질은 유지하되 동종 제품보다 가격을 40~60% 낮췄다. 이마트가 국내외 공장을 찾아다니며 직접 수주를 하고 제품에 상관없이 포장 디자인을 규격화한 결과다.

정 부회장은 소셜 네트워크 서비스(SNS)를 통해 "불필요한 것과 디자인·브랜드를 덜어내 만든 가격이라는 점을 기억해 달라"고 강조하기도 했다. 감자칩·버터쿠키·초콜릿·물티슈·비누 같은 제품범주에서 노브랜드 매출은 출시 9개월 만에 78억원(2016년 1월 기준)을 기록하며 고성장 중이다. 개수로는 1000만개 이상 팔렸다.

정 부회장이 노브랜드에 공을 들이는 이유는 이 콘셉트가 내수 저성장 국면에서 유통업의 활로가 될 수 있다고 봤기 때문이다. 이마트는 대형마트 국내 1위지만 영업이익률이 2011년 8.2%에서 2015년 5.6%로 급감했다. 롯데마트·홈플러스는 2~3%대에 그친다. 여기에 온라인과 소셜 커머스의 강세로 소비자와 제조사를 연결해 이윤을 취하는 유통기업은 운신의 폭이 날로 좁아지고 있다. 신세계 관계자는 "노브랜드는 결국 유통기업이 (직접 제조에 나서는) 제조기업으로 변신할 수밖에 없다는 인식에서 출발했다"고 설명했다. 노란바탕에 검정글씨로 포장을 규격화하고 해시태그('#')로 제품을 설명하는 등 '합리적 소비'를 선호하는 소비자들을 겨냥했다.

이마트는 노브랜드 상품종류를 2016년 여름까지 400~500가지로 늘리고, 2020년까지 1000개 이상 개발하려고 한다. 신세계 관계자는 "노브랜드숍에 대한 소비자 반응을 지켜본 뒤 거품을 뺀 노브랜드 헬스장, 노브랜드 의류 등을 도입하는 방안도 검토하고 있다"고 말했다. 브랜드명이 없는 제품들인 노브랜드 제품 자체를 하나의 브랜드로 삼겠다는 전략이다.

● 자료원 : 중앙일보, 2016.2.19

브랜드를 부착하기로 결정했다면, 기업은 다음 단계로 브랜드의 소유자를 누구로 할 것인가를 결정해야 한다. 이를 위해 마케터가 고려할 수 있는 대안에는 ① 제조업체 브랜드, ② 유통업체 브랜드, ③ 복합브랜드 등이 있을 수 있다.

제조업체 브랜드(manufacturer brand; national brand)는 제조업체가 브랜드명을 소유하며, 생산된 제품의 마케팅전략을 제조업체가 직접 통제하는 브랜드전략이다. 이 경우 제조업체는 브랜드인지도 구축과 브랜드이미지의 차별화를 위해 마케팅 커뮤니케이 션활동에 많은 비용을 투입한다. 대체로 제조업체 브랜드들이 제품시장에서 선도적 지위를 차지하는데, 코카콜라, 애플 아이폰, 농심라면, 청정원 등은 널리 알려진 제조업체 브랜드의 예이다.

유통업체 브랜드(private brand, distributor brand, private label)는 도소매업체가 하청을 주어 생산된 제품에 도소매업체가 개발한 브랜드명을 부착하는 전략으로 도소매업체들이 제품에 대한 마케팅을 통제한다. 유통업체 브랜드는 유통업계에서 PB 혹은 PL이라는 약어로 흔히 불리워진다. 최근 들어 대형소매상들이 점포차별화와 수익성제고의 일환으로 유통업체 브랜드의 비중을 높이려고 함에 따라 제조업체 브랜드와 유통업체 브랜드 간에 치열한 브랜드전쟁(battle of the brands)이 벌어지고 있다. 소매업체들이 유통업체 브랜드를 강화하게 된 배경은 다음과 같다. 첫째, 많은 소비용품들이 제품수명주기상의 성숙기에 들어서 경쟁제품 간에 성능에서 거의 차이가 없게 됨에 따라 가격경쟁이 치열해졌다. 이에 따라 소비자는 가격에 민감하게 되었다. 둘째, 소매업체는 잉여생산능력을 가진 기업이나 마케팅자원이 제한된 중소제조업체로부터 낮은 원가에 하청생산된 제품을 공급받아 더 많은 이익을 얻을 수 있게 되었다.

캐나다에서 가장 큰 식품유통업체인 Loblaws는 유통업체 브랜드를 마케팅하는데 있어 시장개척자였다. 1978년 Loblaws는 캐나다에서 처음으로 유통업체 브랜드를 도입했는데, 6개 제품범주에서 높은 품질과 제품가치 이미지를 구축하기 위해 신중하게 설계된 브랜드 마케팅전략을 사용했다. 1983년 Loblaws는 500개의 제품에 걸쳐 유통업체 브랜드를 사용했는데, 이들의 매출은 점포전체 매출의

10%를 차지했다. 이러한 성공은 혁신적 마케팅, 낮은 원가, 대규모의 유통업체 브랜드 제품공급업체(협력업체) 네트워크 등에서 비롯되었다. 1984년 Loblaws는 매우 우수한 품질과 적절한 가격대를 토대로 고유가치(unique value)를 제공하도록 설계된 유통업체 브랜드 President's Choice를 도입했다. 이 브랜드명은 초콜릿 칩 쿠키, 콜라, 시리얼 등 기본적인 슈퍼마켓 제품에서부터 영국산 Devonshire 커스터드 과자, 러시아산 고급겨자와 같은 이국적인 제품범주에 걸쳐 적용되었다. 이러한 제품들은 현대적 느낌을 주는 글자체와 화려한 색상의 라벨과 미사여구를 사용한 제품명(고혹적인(decadent) 쿠키, 최고의(ultimate) 냉동피자, 진정으로 맛있는(too good to be true) 피넛버터 등)을 갖춘 독특하면서 매력적인 패키징을 사용했다. Loblaws는 점포 내 머천다이징을 토대로 강력한 판촉프로그램도 도입하고, 자체 유통업체 브랜드를 소개하고 소비자에게 쇼핑 아이디어(tips)를 제공하는 계간잡지 Insider's Report를 도입했다.

국내 소매기업의 유통업체 브랜드(PB)개발은 초기에는 백화점, 슈퍼마켓, 편의점에 의해 이루어져 왔으나, 최근 들어 할인점이 급성장하면서 유통업체 브랜드의 개발에 가세하고 있다. 백화점의 유통업체 브랜드개발은 1965년에 신세계백화점이 피코크라는 브랜드명의 와이셔츠를 개발한 것이 그 효시로서 주로 의류를 중심으로 이루어져 왔다. 최근 들어 국내 대형할인점들이 유통업체 브랜드를 강화하고 있는데, 품목도 생필품에서 의류, 가전에 이르기까지 매우 다양하다. 가령, 이마트가 개발한 유통업체 브랜드 상품은 6개 브랜드에 걸쳐 3,000개 이상의 품목에 이른다. 신선식품에 적용되는 후레쉬, 프리미엄 생활용품 등에 적용되는 베스트셀렉트, 가공식품과 일상용품에 붙는 이마트, 저가 실속형 브랜드인 해피초이스, 가정주방용품인 러빙홈, 가전문화상품에 부착되는 플러스메이트 등이 그것이다. 이중 베스트셀렉트는 유명제조업체 브랜드에 못지 않게 품질이 우수한 브랜드며, 해피초이스는 가장 가격이 저렴한 실속형 브랜드이다. 이들 상품은 같은 급의 제조업체 브랜드상품보다 20~40% 저렴하다. 구미 소매산업의 경우에는 소매업체들의 유통업체 브랜드 상품비중은 미국의 월마트가 40%, 영국의 테스코가 50%, 영국 백화점 막스앤드스펜서가 100%에 이른다

브랜드전쟁에서 유통업체 브랜드는 제조업체 브랜드보다 다음과 같은 요인으로 인해 경쟁우위를 가지게 된다.

첫째, 소매업체는 진열공간을 직접 통제할 수 있으므로 유통업체 브랜드를 제조업체 브랜드보다 좋은 위치에 진열할 수 있다.

둘째, 유통업체 브랜드는 제조업체 브랜드보다 저렴한 가격에 판매되므로 가격에 민감한 고객집단에 소구할 수 있다. 예를 들어, 신세계, 롯데 등 대형백화점은 직접기획과 하청생산에 의해 유통업체 브랜드상품을 매입하므로 제조업체 마진을 줄일 수 있다. 따라서 유통업체 브랜드는 제조업체 브랜드보다 훨씬 가격경쟁력이 있다. 가령, 이마트·홈플러스 PB 사이다와 콜라(1.5ℓ)는 각각 850원, 롯데마트 PB 초이스엘 콜라는 930원으로 제조업체 브랜드인 칠성사이다(1.5ℓ·1900원), 코카콜라(1.8ℓ·1620원)의 절반수준이다.

셋째, 소매업체들이 유통업체 브랜드의 판매비중을 점차 늘리게 됨에 따라 제조업체는 한정된 진열공간을 확보하기가 더욱 어렵게 되었다. 예를 들어, 신세계, 롯데 등 대형백화점은 유통업체 브랜드

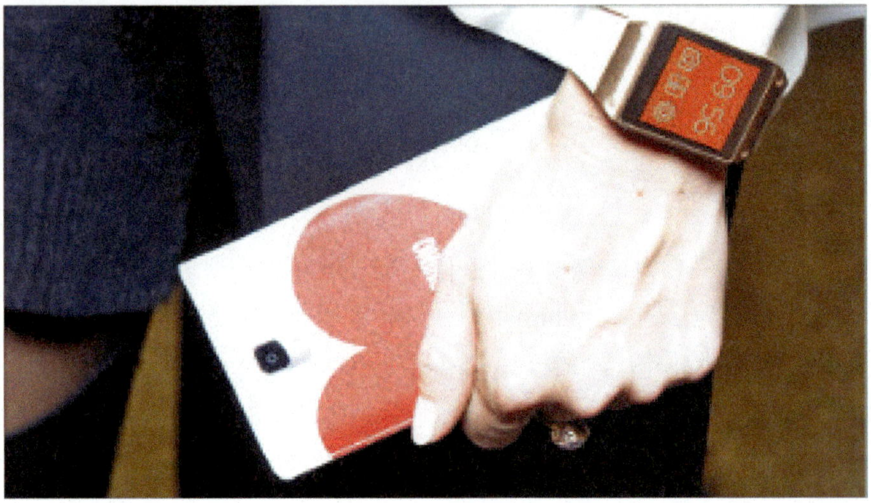

복합브랜드의 예: 삼성전자가 모스키노와 함께 선보인 갤럭시노트3 전용 액세서리.

의 판매비중을 전체 매출액의 30% 이상 수준으로 끌어올리려는 노력을 하고 있다. 따라서 제조업체는 진열공간확보를 위해 광고보다 중간상 촉진에 더 많은 마케팅비용을 투입하게 되었다. 즉, 유통업체들에게 과거보다 더 큰 마진을 제공하며, 촉진지원비를 증대시키고 있다.

복합브랜드(co-branding)는 한 제품에 두 가지 이상의 유명브랜드들이 함께 부착되는 것을 말한다.

예를 들어, 과거 LG전자는 명품 패션브랜드 프라다와 제휴하여 LG프라다폰을 내놓았는데, 이는 LG의 강한 유통력과 프라다의 고품격 브랜드이미지와 높은 브랜드신뢰도를 활용하기 위한 것이다. 최근 삼성전자도 패션업체와의 협업(컬래버레이션)을 통해 복합브랜드를 도입했다. 삼성전자는 모스키노, 스와로브스키 등 패션브랜드와 협업해 스마트폰 갤럭시노트, 스마트밴드 '기어 핏'의 밴드스트랩과 관련해 다양한 디자인의 제품을 출시했다. 마찬가지로 시리얼제품 분야의 선도기업인 미국의 Kellogg사는 자신이 판매하는 시리얼제품에 ConAgra사의 건강저칼로리 식품브랜드인 Healthy Choice를 함께 부착함으로써 두 브랜드 간의 시너지효과를 거둘 수 있었다. 즉, ConAgra사는 Kellogg사에게 Healthy Choice라는 브랜드명을 라이센싱 함으로써 이미 확고한 시장기반을 구축하고 있는 Kellogg사의 아침식사용 세분시장에 손쉽게 진출할 수 있었으며, Kellogg사는 Healthy Choice라는 브랜드명의 부착을 통해 건강식품 이미지를 보다 강화할 수 있었던 것이다.

복합브랜드 전략은 다음과 같은 장점을 갖는다. 첫째, 기업은 서로 다른 제품범주의 유명브랜드들을 결합함으로써 보다 많은 소비자들을 유인하고 브랜드의 자산적 가치를 더욱 강화할 수 있다. 둘째, 독자적으로 진출하기 어려운 제품범주에 자사브랜드를 비교적 용이하게 진출시킬 수 있다. 그러나 복합브랜드 전략은 법적계약이 복잡하고 복합브랜드 참여기업 간에 광고·판매촉진 등에 대한 조정이 어려울 수 있는 단점을 가진다.

공동브랜드 전략의 예

2.2 브랜드명 전략(Brand Strategy)

마케터가 고려할 수 있는 브랜드명 전략은 크게 공동브랜드 전략, 개별브랜드 전략, 혼합브랜드 전략으로 나누어진다.

이하에서는 공동브랜드 전략, 개별브랜드 전략, 그리고 혼합브랜드 전략에 대해 자세히 설명하기로 한다.

(1) 공동브랜드 전략

공동브랜드 전략(family brand strategy)은 생산된 제품들에 기존의 기업명 또는 브랜드명을 사용하는 것이다. 예를 들어, 오뚜기식품은 오뚜기카레, 오뚜기마요네즈, 오뚜기케찹 등 모든 제품에 동일한 브랜드명을 부착하고 있다. 공동브랜드명의 이점은 신제품도입시 저렴한 마케팅비용으로 소비자들에게 브랜드명을 쉽게 인식시킬 수 있다는 것이다. 특히 기존의 브랜드명이나 기업명이 제공하는 편익(benefit)이나 이미지가 신제품과 유사하거나 관련성이 높을 때는 공동브랜드명을 사용하는 것이 효과적이다. 그러나 공동브랜드 전략을 채택할 때의 문제점도 이해하여야 한다.

그림 8-2 공동브랜드 전략의 유형

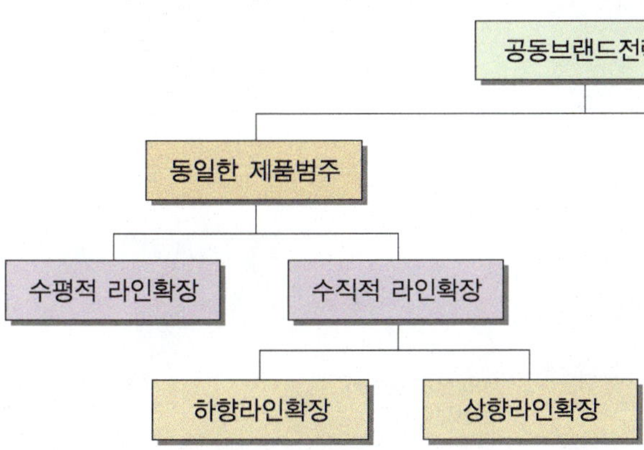

첫째, 서로 다른 유형(또는 제품범주)의 제품들을 생산하는 기업이 동일한 브랜드명을 사용할 경우 제품 간의 연계성에 대해 소비자의 혼돈을 초래하게 되고, 그 결과 제품의 신뢰성을 의심할 수 있다.

둘째, 같은 제품범주내의 여러 제품들에 대해 공동브랜드명을 사용할 경우, 소비자는 각 제품 간의 차이를 구분하지 못할 수 있고, 그 결과 브랜드이미지에 부정적인 영향을 미칠 수 있다.

공동브랜드 전략은 동일한 제품범주에 새로 추가된 신제품에 기존 브랜드를 사용하는 라인확장전략과 새로운 제품범주에 속하는 신제품에 기존 브랜드를 부착하는 브랜드확장전략으로 다시 나누어진다.

(2) 라인확장전략(Line Extension strategy)

라인확장은 다시 수평적 라인확장전략과 수직적 라인확장전략으로 분류된다.

■ 수평적 라인확장전략

수평적 라인확장전략(horizontal line extension strategy)은 동일한 제품범주 내에서 새로운 맛, 향, 성분의 신제품을 추가적으로 도입하면서 기존의 브랜드명을 부착하는 경우를 말한다. 해태음료가 갈아 만든 사과가 성공을 거두면서 복숭아, 배, 당근 등의 과일음료에 '갈아 만든' 브랜드를 공동으로 사용했던 경우가 이에 해당된다. 비슷한 예로 빙그레는 빙과제품인 멜론맛 메로나가 성공을 거두면서 바나나맛, 딸기맛 등의 빙과제품에도 메로나브랜드를 붙였다. 기업은 다양한 소비자기호의 충족, 과잉생산설비의 활용, 소매점에서의 보다 넓은 진열공간의 확보를 위해 라인확장전략을 도입한다. 그러나 마케터는 라인확장전략을 도입할 때, 다음과 같은 문제점을 고려해야 한다. 첫째, 지나친 라인확장은 브랜드의 고유한 의미를 상실할 수 있다. 과거에는 소비자들이 Coke를 구매할 때, 자연스럽게 6온스짜리 병을 연상했지만, 이제는 Classic Coke 혹은 Cherry Coke, 다이어트용 Coke 혹은 무카페인 Coke, 병 혹은 캔 중 어느 것을 원하는지를 점원들에게 구체적으로 밝혀야 한다. 둘째, 지나친

칸타타 캔커피, 커피믹스

불가리스 마시는 발효유, 떠먹는 발효유

하늘보리 보리차, 탄산보리차

메로나 멜론맛, 바나나맛

라인확장전략을 통해 매출증대에 성공한 식음료 신제품

라인확장은 동일 제품계열내의 다른 품목들의 매출을 희생시킬 수 있다. 그러므로 마케팅관리자는 동일 제품계열내의 다른 품목들을 지나치게 잠식하지 않으면서 경쟁브랜드의 고객들을 끌어들일 수 있도록 적정수준의 라인확장을 유지해야 할 것이다.

■ 수직적 라인확장전략

기존 제품시장이 정체되면 마케터는 기존의 브랜드를 가지고 동일한 제품범주 내에서 현재위치보다 상급이나 하급시장으로 진출하고자 하는데, 이를 **수직적 라인확장전략**(vertical line extension strategy)이라고 한다.

수직적 라인확장은 기존 브랜드를 가지고 하급시장(낮은 가격대의 제품시장)으로 이동하는 **하향 라인확장**(downward line extension)과 상급시장(높은 가격대의 제품시장)으로 이동하는 **상향 라인확장**(upward line extension)으로 다시 나눌 수 있다. 마케터는 신중하게 수직적 라인확장을 진행해야 하는데, 이는 상급 혹은 하급시장으로 확대된 신제품과 기존 제품브랜드의 브랜드컨셉트가 서로 일치하지 않아 소비자들에게 혼란을 불러일으키는 경우가 흔히 있기 때문이다.

기존 브랜드를 가지고 염가형(하급) 시장에 진출하는 하향 라인확장은 염가형 세분시장이나 저비용 유통경로(가령, 할인점)의 급속한 성장에 의해 시장기회가 나타날 때 도입된다. 하향 라인확장은 시장규모가 상당히 크고 지속적으로 성장하고 있는 염가형 시장으로의 진출을 통해 매출증대와 규모의 경제를 실현할 수 있는 이점을 갖는다. 또한 유통업체 브랜드와 저가경쟁제품의 위협에 대한 대비책이 되기도 한다. 그러나 하향 라인확장의 문제점은 브랜드가 하급품의 품질과 연계됨으로 인해 고가(고품질)브랜드로서의 기존 포지션을 상실할 수 있다는 것이다.

하향 라인확장의 문제점을 피할 수 있는 유용한 브랜드전략 대안의 하나는 부가형 브랜드 혹은 서브브랜드(subbrand)를 도입하는 것이다. 부가형 브랜드(서브브랜드)란 조니워크가 고급 소비자층을 겨냥해 조니워크 블랙과 블루를 도입한 경우나 매리어트호텔이 '매리어트 코트야드(Courtyard from Marriott)'라는 저가형의 호텔을 도입하거나 질레트가 '질레트 굿 뉴스(Gillette Good News)'라는 1회용 면도기를 도입하는 경우와 같이, 기존 브랜드(가령, 매리어트나 질레트)를 사용하여 그 브랜드(core

하향 라인확장전략의 예: BMW는 가격지향적인 경쟁업체와의 경쟁에서 우위를 확보하기 위해 가격이 인하된 3시리즈 모델을 도입하였다.

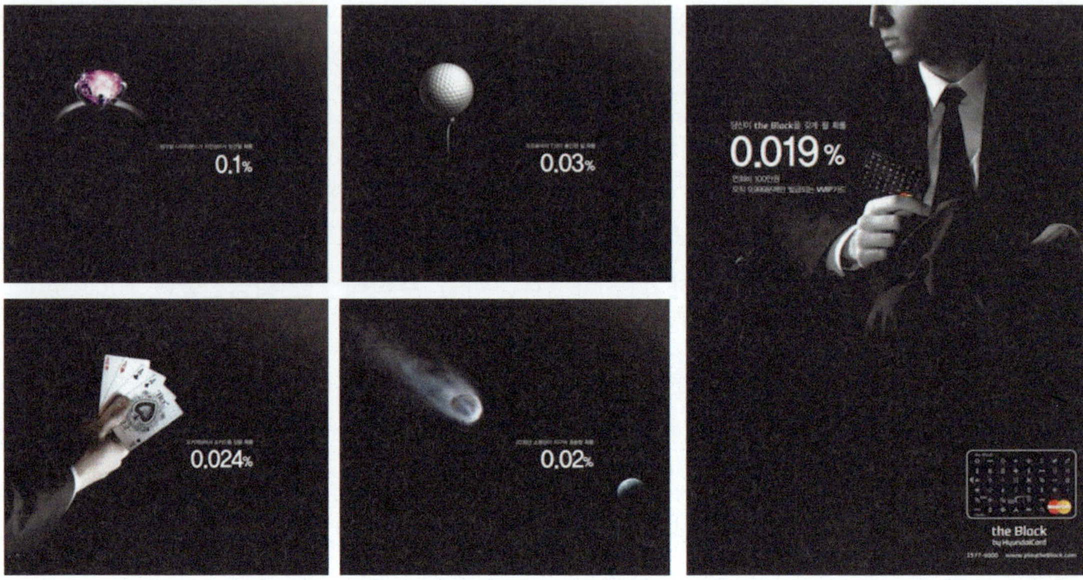

부가형 브랜드의 도입을 통한 상향 라인확장전략의 예

brand)의 자산적 가치를 활용하면서 동시에 저가형 제품에 대한 고유브랜드명(예를 들어, 코트야드나 굿뉴스)을 부가하는 전략을 말한다.

부가형 브랜드는 하급시장 고객들을 끌어들이기 위해 기존 브랜드의 자산적 가치를 활용하면서 이와 동시에 기존 브랜드와의 차별화를 추구하려는 것이 주목적이다. 이 경우 기존 브랜드는 부가형 브랜드의 시장성과에 상관없이 기존의 높은 신뢰도와 명성을 유지하면서 자기시장을 잠식당하지 않을 수 있는 것이다.

한편 상향 라인확장은 기존 브랜드를 대중시장에서 상급시장으로 확대하는 것으로, 대중시장보다 더 높은 마진을 얻을 수 있고 성장하는 고급세분시장으로의 진출을 통해 진부해진 기존 제품계열을 재활성화시킬 수 있는 이점을 갖는다. 상향 라인확장의 문제점은 상급시장으로 진출한 기존 브랜드에 대해 고객신뢰성을 확보하기 어렵다는 것이다. 즉, 소비자들은 이전까지 가격이 저렴했던 브랜드가 상급시장 고객들이 기대하는 기능적·정서적 혜택을 갖춘 고급제품을 제공할 능력이 있을 것인지에 대해 의문을 제기할 수 있다.

따라서 상향 라인확장전략을 도입하려고 하는 마케터는 하향 라인확장전략의 경우와 마찬가지로 부가형 브랜드를 사용하는 대안을 고려할 수 있다. 상급시장에 적절한 부가형 브랜드(subbrand)의 도입은 하향 라인확장전략의 경우와 마찬가지로 기존 브랜드의 자산적 가치와 호의적 이미지를 활용하여 소비자의 구매의사결정에 긍정적인 영향을 미침과 동시에 부가형 브랜드 고유의 아이덴티티를 구축함으로써 새로운 (고급)제품을 기존 브랜드와 차별화시키는 데 도움을 준다. 고급제품에 대해 부가형 브랜드를 도입하는 데 있어 가장 안전한 방법은 기존 브랜드를 주력브랜드(driver brand)로 사용하고 설명식의 부가형 브랜드를 기존 브랜드에 추가하는 것인데, 쿠어스 골드(Coors Gold)맥주, 비자 플레티넘(Visa Platinum)카드 등이 그 예이다.

마케팅 Highlight

럭셔리 가전시장을 겨냥한 부가형 브랜드(subbrand) LG 시그니처를 출시해 상향 라인확장전략을 추구하는 LG전자

LG전자는 상위 5% 내 소비자층을 공략하기 위해 럭셔리제품 전용브랜드인 'LG 시그니처(SIGNATURE)'를 도입했다. 일본 도요타가 렉서스를 통해 벤츠, BMW 등 고급 브랜드 자동차와 경쟁하는 것처럼 브랜드 이원화 전략을 펼치려고 하는 것이다. LG 시그니처 브랜드를 부착한 TV, 냉장고, 세탁기, 공기청정기 등은 기존 프리미엄 제품보다도 기능과 디자인을 업그레이드하고, 가격도 비싸게 책정되었다. LG시그니처 올레드TV는 본질적 제품속성인 화면에 철저하게 집중했으며, 유기발광 다이오드(OLED)의 강점인 화질을 돋보이게 할 수 있는 디자인으로 바꾸었다. LG시그니처 세탁기는 '트윈워시'를 기반으로 내구성과 편의성, 나아가 디자인까지 강화된 제품을 내놓는다. 냉장고는 '냉장고 속 미니냉장고'로 불리는 신개념 수납공간인 매직스페이스를 투명하게 제작한 것이 특징인데, 냉장고 내부에 들어있는 제품과 공기를 깨끗하게 하는 과정을 실시간으로 보여주기 위해서 이다. 공기청정기도 공기를 정화하는 과정을 눈으로 직접 확인할 수 있도록 투명한 디자인을 채택했다. LG전자는 LG시그니처용 제품의 개발을 위해 제품당 200억~300억원의 개발비를 별도로 책정했다.

LG전자가 초 프리미엄 가전시장 공략을 위해 별도의 럭셔리 브랜드(subbrand)를 선보인 것은 경기불황으로 중저가 시장규모가 줄어들고 있고 중국업체들과의 경쟁이 심해지고 있기 때문이다. LG전자는 그간 에어컨의 휘센, 공기청정기의 퓨리케어 등 제품별 브랜드를 사용해 왔는데, LG 시그니처는 TV를 포함한 LG전자의 소비자 가전제품을 아우르는 럭셔리 가젼제품 브랜드다. 그리고 TV전면을 장식하던 원형 LG 심볼을 사용하지 않고 별도의 로고를 쓰기로 했다. 일반 LG전자 제품과 최고급품 브랜드이미지를 추구하는 LG 시그니처를 분리하겠다는 것이다. 현대자동차가 제네시스에 현대차 로고를 쓰지 않는 것이나, 삼성이 전자제품에 그룹로고인 '오벌마크'를 붙이지 않는 것과 같은 맥락이다.

LG 시그니처의 브랜드콘셉트는 제품본질에서의 최고성능, 정제된 아름다움, 혁신적 사용성을 포함하며, 소비자 마음속에 최고의 제품성능과 간결하고 고급스러운 디자인을 핵심 브랜드연상으로 구축하려고 한다.

LG전자는 럭셔리 가전시장을 겨냥해 부가형 브랜드(subbrand) LG 시그니처를 도입함으로써 상향 라인확장전략을 추구하고 있다.

해외에서는 부엌가전을 중심으로 GE의 모노그램 등 최고급 브랜드를 따로 선보이기는 하지만 전체 가전제품들을 아울러는 고급브랜드를 내놓은 것은 LG전자가 처음이다. LG전자 관계자는 "브랜드의 프리미엄 이미지가 굳어지면 덩달아 중저가 제품의 판매도 늘어난다"며 "프리미엄 시장 선두자리를 놓고 업체 간 경쟁이 치열하게 전개될 것"으로 내다봤다.

• 자료원 : 한경, 2015.12.24

(3) 브랜드 확장전략

공동브랜드 전략의 일환으로 최근 기업이 많은 관심을 보이는 것이 브랜드 확장전략이다. **브랜드 확장전략**(brand extension strategy)은 한 제품시장에서 성공을 거둔 기존 브랜드명을 다른 제품범주의 신제품에도 사용하는 브랜드전략이다. 킴벌리-클라크는 1회용 기저귀 시장에서 선도적 브랜드인 하기스를 유아용 샴푸, 로션, 기저귀 착용때문에 생기는 발진에 바르는 연고, 유아용 목욕비누, 1회용 세수수건과 가슴받이 등에 이르기까지 모든 유아용 화장실 용품으로 확장하였다.

The GAP은 캐주얼 의류시장에서의 높은 브랜드인지도를 이용하여 비누, 로션, 샴푸, 컨디셔너, 샤워용품, 향수와 같은 다른 제품범주에도 The GAP이라는 브랜드명을 부착하고 있다.

브랜드 확장전략은 다음과 같은 이점을 갖는다. 첫째, 소비자들이 기존의 브랜드명에 친숙하기 때문에 이 브랜드명을 이용한 신제품을 즉시 인지할 수 있다. 따라서 신제품도입의 실패위험을 상당한 수준까지 감소시킬 수 있다. 둘째, 유통경로개척비용이 적게들며, 촉진비의 효율이 증대된다. 셋째, 광고를 통해 확장된 신제품에 대한 인지도와 긍정적 이미지가 형성되면 역으로 기존 브랜드에도 긍정적인 영향을 미쳐 기존 브랜드의 이미지 강화와 판매에 도움을 준다.

이처럼 브랜드확장은 새로운 브랜드의 개발에 비해 여러 가지 이점을 제공하지만 다음과 같은 부정적 결과를 초래할 수도 있다.

첫째, 신제품들에 브랜드확장을 지나치게 사용할 경우 기존의 브랜드가 갖는 고유의 의미가 상실되어 고객의 브랜드충성도가 감소될 수 있다. 기존 브랜드가 소비자에게 너무 친숙해지면 그 브랜드명은 특정 제품군을 가리키는 보통명사가 되는 경우가 있다. 예를 들어, 소비자들이 소매점에서 크리넥스, 미원 등과 같이 이미 보통명사화된 브랜드들을 달라고 할 때 이것이 반드시 그 특정브랜드만을 지칭하는 것은 아니다. 즉, 소비자가 미원을 달라고 하는 것은 조미료를 구매한다는 의미일 수도 있다. 이와 같이 특정 제품군(조미료)과 브랜드(미원) 간의 관계가 매우 강하게 연결되어 있을 경우 신제품들

브랜드 확장전략의 예: 캐주얼 의류에서 성공한 폴로 랄프로렌은 향수제품에도 동일한 브랜드명을 부착하고 있다.

마케팅 Highlight

모브랜드의 명성에 지나치게 의존한 브랜드확장의 위험성

● 하이트사례

과거 조선맥주의 하이트는 계속 사용해오던 크라운이나 조선맥주를 사용하지 않고 하이트라는 브랜드만을 소비자에게 각인시켜 성공한 대표적 브랜드다. 이는 이전까지 조선맥주, 크라운맥주에서 소비자가 느꼈던 부정적 이미지가 신제품에 전이되지 않도록 브랜드 확장을 배제한 좋은 사례다.

반면 하이트 프라임 맥주는 동일제품군에서 라인 브랜드확장을 시도하였으나 만족스러운 시장성과를 보이지 못했다. 맥주는 보통 보리 70퍼센트와 옥수수 30퍼센트를 혼합하여 만드는데, 하이트 프라임은 보리 100퍼센트로 만들어진 프리미엄 맥주였다. 다시 말해 하이트 프라임은 기존의 하이트와 차별화한 제품이었지만, 성공한 하이트의 명성에 기대어 무임승차하려다 하이트의 아류작으로 전락하고 만 것이다.

100퍼센트 천연암반수 하이트가 소비자에게 새롭게 다가왔듯이, 100퍼센트 보리맥주를 새로운 브랜드네임으로 결정했다면 그것 역시 소비자에게 차별적 가치를 제공해줄 수 있었을 것이다. 동일제품군일지라도 기존의 제품과 차별화된 가치를 제공할 수 있다면, 브랜드인지도를 올리는 데 시간이 좀더 걸리고 비용이 좀더 들어갈지라도 새로운 브랜드를 사용하는 것이 옳은 방법이다.

● LG드봉사례

LG생활건강의 화장비누 브랜드인 드봉은 1981년에 출시되어 지금까지도 시장점유율 10퍼센트가 넘는 장수브랜드 중 하나다. 지금은 사용하지 않지만 LG생활건강이 화장품사업을 시작하면서 처음 사용했던 브랜드 역시 드봉이다.

드봉 비누가 향이 좋은 비누로 포지셔닝되어 성공적으로 시장에 정착하면서, LG생활건강은 1985년에 드봉 브랜드를 사용한 드봉 치약과 드봉 칫솔을 출시했다. 그러나 불행하게도 드봉치약과 드봉칫솔은 현재 시장에 존재하지 않는 브랜드다.

사람들의 머릿속에 드봉하면 화장비누, 그것도 향이 좋은 비누로 각인되어 있는데 브랜드를 치약, 칫솔 카테고리로까지 확장하자 소비자들은 혼란스러웠던 것이다. 치약과 칫솔은 서로 떼어놓을 수 없는 관계, 즉 항상 같이 사용하는 보완적 제품군으로 '2080치약—2080칫솔', '메디안치약—메디안칫솔'과 같이 동일 브랜드를 사용하는 것이 시너지 측면에서 효과가 있다고 할 수 있다. 그러나 화장비누와 치약, 칫솔은 연관성이 전혀없는 제품군이고 그것도 향으로 강하게 포지셔닝되어 있는 브랜드를 치약과 칫솔로까지 확장한 것은 지나친 카테고리 브랜드확장이었다고 할 수 있다.

드봉치약과 칫솔의 실패는 한 제품이 시장에서 성공하자 경제성만을 고려하여 브랜드를 확장한 결과의 산물이다. 그러나 브랜드 확장의 실패로 아픔을 겪었음에도 드봉 비누만큼은 아직도 시장에서 일정수준의 시장지위를 유지하고 있다.

● 마프러스사례

비누제품 사용에 대한 소비자의 인식이 변하면서 고형비누시장은 계속 감소추세를 보이고 있지만, 반대로 바디샤워시장은 성장잠재력이 매우 높은 제품군이다. 1990년대 초반, 아무도 바디샤워 제품에 관심을 보이지 않을 때 피죤은 이 시장의 성장잠재력을 예견하고 마프러스라는 브랜드명으로 바디샤워 제품을 출시하여 시장선도자의 지위를 확실히 차지했다. 그런데 시대가 변하면서 시장이 점차 성장하자 다국적기업인 유니레버와 LG생활건강, 아모레퍼시픽 등 대기업들도 속속 바디샤워 시장에 참여하기 시작했다.

그 무렵 선도자 자리를 확실히 지키고 있던 마프러스는 제품을 계속 확장해 나갔으나 결과는 좋지 못했다. 마프러스 밀크샤워, 신마프러스, 키즈 마프러스, 마프러스 Q10 등 지속적으로 제품확장을 꾀했지만, 제품간의 차별화가 뚜렷하지 못했기 때문에 소비자에게 혼란만 가져다 주었던 것이다. 결국 지나친 제품확장과 확장제품들의 실패는 모브랜드인 마프러스에까지 부정적 영향을 미쳐 1992년에 40 퍼센트에 달했던 점유율이 2000년대 중반들어 5 퍼센트 정도까지 떨어졌다. 전체 시장규모는 지속적으로 높은 성장률을 보인 것을 고려할 때 지나친 제품확장은 피죤에게 상당한 손실을 안겨준 셈이다.

● 자료원 : 조원익, 실패한 마케팅에서 배우는 12가지 교훈, 위즈덤하우스, pp.160~165

에 기존 브랜드명을 계속 확장한다면 기존 브랜드의 고유한 의미가 상실되어 소비자의 혼란을 야기하게 된다.

둘째, 브랜드확장을 한 신제품이 실패하는 경우에 기존 브랜드명의 이미지 혹은 매출액에 상당히 부정적인 영향을 미칠 수 있다. 가장 흔한 예가 기존 브랜드의 고품질 이미지가 새로운 품목의 저품질에 의해 손상되는 경우이다.

성공적인 브랜드 확장전략을 수립하기 위해서는 마케팅관리자는 브랜드확장을 소비자들이 어떻게 평가하는지를 알아야 한다. 일반적으로 기존 제품과 브랜드확장을 한 신제품이 서로 유사하다고 지각될 때 소비자들은 확장된 신제품에 호의적인 태도를 갖게 된다. 예를 들어, 피에르가르댕은 지나친 브랜드확장으로 인해 결국 고객들로부터 외면당했다. 피에르가르댕 의류, 피에르가르댕 액세서리, 피에르가르댕 화장품 등은 서로 관련된 제품들이므로 피에르가르댕 의류에 호의적인 태도를 가진 소비자는 확장된 각 제품에 대해 호의적으로 평가할 것이다. 그러나 피에르가르댕은 브랜드 자산가치를 남용해 피에르가르댕 후라이팬 등으로까지 브랜드확장을 추구했다. 이 제품을 본 소비자들은 제품품질에 대하여 회의를 가질뿐 아니라 기존의 피에르가르댕 제품들에 대해서도 부정적인 반응을 보일 가능성이 높다.

브랜드확장은 브랜드가 한 제품군에서 성공을 거둔 다음 그 브랜드를 부착하기에 적절한 다른 제품군들을 탐색하는 사후적(ad hoc) 브랜드확장의 방법으로 이루어지거나 혹은 확장이 가능한 제품군들의 범위를 사전에 결정하고 이들에게 공동으로 적용될 수 있는 아이덴티티를 가진 범위형 브랜드를 도입하는 방법을 통해 이루어질 수 있다. 삼성전자는 '셰프컬렉션'이라는 럭셔리 생활가전 브랜드를 도입했는데, 100만원 안팎이면 살 수 있는 냉장고에 700만원이 넘는 가격을 책정함으로써 최고급 브랜드이미지를 구축했다. 삼성은 셰프컬렉션 브랜드를 적용하는 범위를 대형가전에서 신혼부부 가정에 알맞은 중형가전까지 넓히고 있다.

(4) 개별브랜드 전략

개별브랜드 전략(individual brand strategy)은 생산된 제품에 각각 다른 브랜드명을 부착시키는 전략이다. 예를 들어, S. C. Johnson & Johnson사는 가구용 광택제에는 Pledge, 공기청정제에는 Glade, 벌레살충용 스프레이에는 Raid, 젤리형태의 면도용 크림에는 Edge 등의 각기 다른 브랜드명을 사용하고 있다. 마찬가지로 미국의 코카콜라사도 신제품을 출시할 때 네스카페, 파워레이드, 환타 등 별개의 브랜드명을 도입함으로써 개별브랜드명 전략을 추구하고 있다. 개별브랜드명의 이점은 한 브랜드가 시장에서 실패하더라도 다른 브랜드에 별로 영향을 미치지 않는다는 것과 각 브랜드별로 차별화된 브랜드이미지를 구축함으로써 보다 다양한 고객욕구를 충족시킬 수 있다는 점이다. 개별브랜드 전략은 여러 제품들에 대해 각기 다른 브랜드명을 사용함에 따라 마케팅자원이 분산되는 한계점을 가질 수 있다. 이에 따라 전통적으로 개별브랜드명 전략을 추구해 오던 P&G(Proctor & Gamble)는 최근 들어 초우량 브랜드(megabrand)전략을 도입하고 있는데, 이는 경쟁력이 약한 브랜드들을 제거하고 각 제품범주에서 1위나 2위의 시장점유율을 확보할 수 있는 브랜드에 마케팅자원을 집중시키는 것을 말한다.

기업이 동일한 제품범주 내에서 두 개 이상의 서로 다른 브랜드명을 사용하는 전략을 **복수브랜드 전략**(multibrand strategy)이라고 한다. LG생활건강이 세탁세제 내에서 수퍼타이, 테크, 한스푼 등 서로 다른 브랜드명을 사용하는 경우가 그 예이다. 마케터가 복수브랜드 전략을 채택하는 이유는 다음과 같다. 첫째, 각 세분시장에 맞는 브랜드를 개발하여 더 많은 고객을 흡수할 수 있다. 둘째, 소매점에서의 진열공간을 확보하는 수단으로 활용할 수 있다. 예를 들어, LG생활건강은 비누에 드봉비누, 살구맛사지비누, 죽염비누, 알뜨랑비누, 한방숙성비누 등 여러 제품브랜드를 도입하여 비누제품 진열대에서 넓은 진열공간을 확보함으로써 경쟁브랜드들의 진입을 저지할 수 있다. 셋째, 특정브랜드에 대한 충성도가 높지 않은 브랜드 전환고객이 자사제품의 다른 브랜드를 구매하도록 유인할 수 있다. 넷째, 동일 제품군 내에서 복수의 브랜드를 도입함으로써 브랜드관리자 상호간에 매출증대를 위한 경쟁을 유발할 수 있다.

그러나 복수브랜드 전략은 다음과 같은 단점을 가질 수 있다. 첫째, 같은 제품범주 내에서 자사브랜드들 간의 경쟁으로 인해 각각의 브랜드가 낮은 시장점유율만을 확보하거나 이익을 전혀 실현하지 못할 수 있다. 이는 기업이 내놓은 신규브랜드가 경쟁브랜드의 고객이 아닌 자사브랜드의 기존 고객을 주로 빼앗는 자기시장 잠식현상(cannibalization)의 위험성이 존재하기 때문이다. 예를 들어, LG생활건강의 농축세제 한스푼은 CJ나 애경의 고객이 아니라 다른 자사브랜드인 수퍼타이, 테크 등의 고객을 빼앗아 올 수 있다. 그러므로 마케터는 복수브랜드의 도입을 고려할 때 브랜드들 간의 자기시장 잠식현상의 정도를 신중히 판단해야 한다. 만약 신브랜드가 기존 브랜드들과 차별화된 제품이어서 기존 브랜드고객들보다 경쟁사고객을 더 많이 유인할 가능성이 높다고 판단되면, 어느 정도의 자기잠식현상이 발생하더라도 새 브랜드(복수브랜드)를 도입하는 것이 바람직할 것이다. 둘째, 기업은 여러 브랜드에 마케팅자원을 분산함에 따라 소비자 선호도가 높은(수익성이 높은) 소수의 브랜드들에 마케팅 노력을 집중할 수 없게 된다.

(5) 혼합브랜드 전략

복수의 제품계열에서 여러 제품들을 생산하는 많은 기업들은 흔히 개별브랜드명과 공동브랜드명을 조합하여 사용하는 혼합브랜드 전략을 채택하기도 한다. 혼합브랜드명 전략은 다시 제품계열별 공동브랜드 전략과 개별/공동브랜드 혼용전략으로 나눌 수 있다.

제품계열별 공동브랜드 전략은 여러 제품계열들을 생산하는 기업이 각 제품계열에 대해 상이한 브랜드명을 부착하고, 각 제품계열 내의 모든 제품들에는 공동브랜드명을 이용하는 전략이다. 이러한 브랜드명을 채택하는 기업의 예로는 미국의 대중백화점인 Sears백화점을 들 수 있는데, Sears는 가정용 내구제품에는 Kenmore, 여성의류에는 Kerry brook, 공구류에는 Craftsman이라는 브랜드명을 사용한다. 국내에서는 CJ제일제당과 (주)대상(과거의 미원그룹)이 제품계열별 공동브랜드명 전략을 사용하고 있다. CJ제일제당은 식혜·수정과·당면 등의 전통식품에는 본가, 햄과 설탕에는 백설표, 조미식품에는 레또 등의 공동브랜드명을 사용하고 있다. 마찬가지로 (주)대상은 조미료에는 미원, 장류·식초·액체양념·농수산품 등 일반식품에는 청정원, 커피류에는 로즈버드, 냉동식품에는 쿡 앤 조이라는 공동브랜드명을 사용한다.

개별/공동브랜드 전략은 소비자에게 이미 친숙한 기업명을 개별브랜드명과 결합시키는 브랜드명 전략이다. 이러한 브랜드전략은 관련성이 없는 다양한 사업들을 거느리고 있는 국내 재벌기업들이 높은 소비자 인지도와 신뢰성을 이미 구축한 기업명을 활용하기 위해 흔히 사용한다. 예를 들어, 농심은 농심신라면, 농심안성탕면, 농심너구리, 농심해물탕의 경우와 같이 각 제품의 독특성을 반영한 브랜드명과 소비자의 인지도가 높은 기업명을 연계시킴으로써 상승효과를 얻는 브랜드명 전략을 채택하고 있다.

혼합브랜드 전략에서는 공동브랜드명과 개별브랜드명 간의 역할관계를 명확히 설정하는 것이 중요한데, 이는 공동브랜드명과 개별브랜드명 중 어느 것이 주도적인 역할 혹은 후원자의 역할을 수행하는가에 따라 소비자들의 구매의사결정과 제품사용경험에 미치는 영향의 정도가 달라지기 때문이다. 예를 들어, 소비자들은 현대, 쏘나타 혹은 이 두 가지 중에서 주로 어느 것에 의존하여 구매를 하는가? 즉, 현대 쏘나타를 구매하려는 소비자들이 스타일과 성능에 대한 기대수준을 형성할 때, 현대와

제품계열별 공동브랜드 전략의 예: (주)대상은 장류, 식초, 액체양념, 육류 등에 청정원이라는 공동브랜드를 사용하고 있다.

쏘나타 두 가지 브랜드 중에서 어느 것에 주로 의존하는가? 소비자들이 현대(자동차)를 구매하기로 결정할 때 기대하는 것은 무엇이며, 쏘나타를 구매하기로 결정할 때 기대하는 것은 무엇인가? 등에 대한 이해는 혼합브랜드 전략의 도입·관리에 매우 중요하다.

혼합브랜드 전략에서 공동브랜드명(기존 브랜드)과 개별브랜드명 간의 역할관계는 다음과 같은 세 가지 형태 중의 하나가 될 수 있다.

첫째, 공동브랜드명(혹은 기존 브랜드명이나 기업명)이 개별브랜드명의 후원자(endorser brand)가 되고 개별브랜드명이 주력브랜드(driver brand)가 된다. 이 경우에 개별브랜드명은 공동브랜드명에 비해 눈에 두드러질(훨씬 부각될) 뿐 아니라 소비자들의 제품구매결정과 사용경험에 주도적인 역할을 한다. 예를 들어, 글로벌 호텔체인 매리어트 인터내셔널(Marriott International)이 출장여행자와 염가형 가족여행자 시장에 진출하면서 각각 매리어트 코트야드(Courtyard from Marriott)와 매리어트 페어필드(Fairfield from Marriott)라는 브랜드의 호텔체인을 도입한 경우가 이에 해당된다. 이 경우 코트야드나 페어필드 같은 개별브랜드명은 공동(혹은 기존)브랜드인 매리어트와는 위치, 분위기, 서비스 등에서 차이가 있음을 부각시키고, 후원자로서의 매리어트는 소비자들에게 이러한 염가형 호텔체인도 기존의 매리어트와 동일한 품질의 고객서비스를 제공할 것이라는 확신을 심어주는 역할을 수행한다.

둘째, 공동브랜드명과 개별브랜드명이 소비자에게 대등한 영향력을 행사한다(dual brand). LG디오스 냉장고는 이중 주력브랜드전략(dual brand strategy)의 한 예에 해당된다. LG는 공동브랜드명으로 고객지향성과 신뢰성을 기반으로 고객들에게 LG제품은 믿고 살 수 있다는 기업이미지를 제공하고 디오스는 가전제품고유의 차별적 제품특성, 최상의 제품품질, 차별적 브랜드개성 등 가전제품고유의 브랜드연상을 구축할 수 있다. 따라서 공동브랜드 역할을 하는 기업브랜드 LG와 제품브랜드 디오스가 대등하게 고객의 제품구매의사결정에 영향을 미치고 있다.

셋째, 공동브랜드명이 주력브랜드(driver brand)가 되고 개별브랜드명이 후원브랜드가 된다. 즉, 공동브랜드명이 소비자들에게 주도적인 영향력을 행사하고, 개별브랜드명은 자사제품의 독특한 특성을 잘 반영하는 단어나 어구를 사용하는 설명형의 브랜드명을 사용함으로써 보조적 역할을 하는 것이다. 이러한 예로는 메르세데스 벤츠를 들 수 있는데, 1980년대 초 메르세데스(Mercedes)는 아쿠라

(Acura: 일본 혼다자동차의 고급승용차 브랜드), 렉서스(Lexus: 일본 도요타자동차의 고급승용차 브랜드), BMW3 시리즈 등과 경쟁하기 위해 전통적인 메르세데스 벤츠자동차보다는 크기가 작은 모델인 C클래스(C Class)를 출시하였다. 이 경우 메르세데스라는 브랜드의 명성이 주도적인 역할을 수행하며 C 클래스라는 설명형의 (개별)브랜드명은 약간 다른 층(젊은 구매층)의 소비자를 유인할 정도의 차별성을 제공하고 있지만 소비자의 구매의사결정을 주도하지는 않고 있다.

2.3 브랜드명의 개발

소비자들은 갤럭시, 이가탄, 속청과 같은 브랜드명들을 듣게 되면 인터넷을 사용하기 편리한 스마트폰, 잇몸을 튼튼하게 만드는데 효과적인 잇몸강화약품, 속이 쓰릴 때 먹는 약 등의 생각이 자연스럽게 떠오를 것이다. 이러한 예는 좋은 브랜드명이 제품시장에서 성공하는 데 중요함을 명확히 보여준다. 위의 브랜드들은 제품편익을 잘 설명해 주며, 기억하기 용이하다는 특성을 공통적으로 갖고 있음을 알 수 있을 것이다.

좋은 브랜드명이 되기 위해서는 다음과 같은 조건들이 충족되는 것이 바람직하다.

마케팅 Highlight

단기적 관점에서 브랜드명을 결정하여 어려움을 겪은 농축세탁세제 한스푼

브랜드네임을 결정하는 데는 제품콘셉트와의 일치성, 발음 및 어감의 양호성, 기억 용이성, 글로벌 지향성 등 여러 가지 사항을 고려해야 한다. 또한 미래에도 브랜드가 가치를 지닐 수 있도록 장기적 관점에서의 접근이 필요하다.

농축세제 한스푼은 초기에는 브랜드를 알리기 쉬운 훌륭한 브랜드명이었지만 시간이 지남에 따라 아이러니컬하게도 브랜드명 때문에 곤란을 겪게 되었다.

LG생활건강은 하이타이, 수퍼타이 등을 개발할 때 쌓은 노하우를 바탕으로 농축세제 제품개발에 착수하여 CJ가 농축세탁세제를 출시하기 한 달 전에 먼저 농축세제를 국내에 선보였다. 농축세제는 계면활성제 성분이 기존 세제에 비해 약 2배 정도 더 함유된 제품으로 조금만 사용해도 세척력이 우수하다는 특징을 지니고 있는데, 그 무렵 국내에는 처음 소개되는 제품이었다.

LG생활건강은 농축세제의 브랜드명을 '한스푼'으로 결정하였고, CJ는 농축세제의 브랜드명을 '비트'로 결정했다. 사실 한스푼은 농축세제의 의미를 아주 쉽게 전달할 수 있는 좋은 브랜드명이었다. 즉, 국내에 처음 소개되는 제품임을 감안할 때 조금만 사용해도 세척력이 우수한 농축제품이라는 콘셉트와 딱 어울리는 브랜드명이다. 더욱이 당시 브랜드 슬로건이었던 '요만큼'이라는 말과 어우러져 소비자로부터 쉽게 공감을 얻을 수 있었고, 브랜드명만 보고도 조금만 사용해도 되는 세제라는 것을 누구나 쉽게 알 수 있는 좋은 브랜드명이었다.

그러나 세제를 과다사용하는 우리나라 소비자의 소비습관과 큰 것을 선호하는 문화적 이유 등을 고려할

때 한스푼은 농축세제 브랜드로는 적절하지 않은 브랜드명이었다. 실제로 농축세제가 시장에 등장한 초기에는 소비자가 조금만 사용해도 된다는 것에 관심을 보였지만, 몇 년이 지난 뒤에 조사해본 결과 소비자는 농축세제를 더 이상 농축제품으로 인식하지 않고 그저 세척력이 우수한 고급세제로만 인식하고 있었다.

이에 따라 출시초기에는 농축세탁세제의 크기가 1.2킬로그램의 작은 규격이었으나 출시 후 10여 년이 지난 지금은 작은 규격은 찾아볼 수 없고 4킬로그램이 넘는 규격이 주류를 이루고 있다.

그러다 보니 '한스푼'이라는 브랜드명은 더 이상 소비자에게 매력적으로 다가서지 못했다. 왜냐하면 소비자가 원하는 세제의 가장 중요한 속성은 세척력이기 때문이다.

반면, 비트는 초기에는 농축세제로서의 이미지가 한스푼에 비해 약했으나 브랜드명에서 오는 세척력에 대한 이미지가 점차 강해졌고 여기에 세련된 이미지까지 부가되어 소비자들은 그것을 긍정적으로 인식하기 시작했다. 실제로 10여 년이 지난 현재 한스푼과 비트의 브랜드 가치를 조사해보면 이미지요소와 품질요소에서 한스푼은 비트에 비해 모두 열세를 나타내고 있다.

만약 우리나라 시장에서 농축제품이 소비자에게 받아들여지지 않는다면 한스푼은 더 이상 '좋은 브랜드'라고 말하기 어렵다. 또한 농축세제를 일본에 대량 수출하는 LG 생활건강은 한스푼이 아닌 스피드파워워시라는 브랜드명을 사용하고 있다. 한스푼이라는 브랜드 자체가 마치 갓 쓰고 양복 입은 것처럼 다른 나라에는 통할 수 없는, 즉 글로벌 관점에서 선정된 브랜드가 아니기 때문이다.

그 동안 광고비로만 300억 원 이상을 투자했던 한스푼은 브랜드명의 선정과정에서 장기적, 글로벌 관점에서 체계적으로 접근하지 못한 탓에 경쟁력을 잃게 되었고, LG생활건강은 새로운 브랜드 테크(Tech)로 세제시장에서의 선도적 지위를 회복하려고 하고 있다. 테크는 세탁세제의 기본속성인 세척력을 강조한 새로운 개념의 표백세제로 세척력이 좋은 제품임을 강조하여 시장에서 좋은 반응을 얻고 있으며, 2005년에 들어서면서 비트를 능가하는 마케팅 성과를 보이고 있다.

• 자료원 : 조원익, 실패한 마케팅에서 배우는 12가지 교훈, 위즈덤하우스, pp.92~97

① 브랜드명은 제품내용과 조화가 이루어져야 하며 경쟁사 제품과 차별화될 수 있어야 한다. 브랜드명은 제품과 잘 어울려야 한다. 즉, 브랜드명은 시각적 및 언어적(verbally)으로 제품과 잘 어울리고 매력적이어야 한다. 예를 들어, 풀무원이라는 브랜드명은 생산되는 제품이 자연식품들이라는 사실을 암시하며, 경쟁이 치열한 식품업계에서 경쟁자와 쉽게 차별화될 수 있다는 이점이 있다.

② 제품의 기능이나 편익을 잘 전달할 수 있어야 한다. 구강청정제 가그린, 샴푸와 린스공용의 하나로, 농축세제 한스푼, 스마트폰 아이폰 등과 같은 브랜드명은 제품의 기능이나 편익을 잘 묘사하므로 소비자들이 브랜드명을 인지하기 용이할 것이다.

③ 기억하기 용이하고 발음하기 쉬워야 한다. 일반적으로 관심을 끌만큼 특이한 이름이거나(Google 인터넷검색, YouTube 동영상사이트, Guess청바지), 시각적인 이미지를 연상시키는 단어이거나(Apple컴퓨터, 폴로티셔츠, 오뚜기식품), 어떤 감정을 유발하는 단어이거나(Joy향수, Obsession향수), 짧고 단순한 단어(Internation Business Machine보다는 IBM이, Coca Cola보다는 Coke이 기억하기 쉬움)일수록 기억하기 쉽다고 한다. 그러나 식품과 음료를 중심으로 긴 브랜드명이 종종 도입되기도 한다. 긴 브랜드명은 기억하기 어렵다는 단점이 있지만 주의를 쉽게 끌 수 있고 제품특성을 열거함으로써 소비자에게 생생한 이미지를 전달할 수 있는 이점도 있다. 예를 들어 남양유업의 '우유속 진짜 딸기과즙 듬뿍', LG전자의 '둥글이 청소기 쓸고 닦고' 등이 그 예이다.

④ 부정적인 연상을 유발하지 않아야 한다. 브랜드명이 주는 부정적 이미지는 특히 기업이 세계시장을 무대로 사업을 할 때 문제가 된다. 즉, 브랜드명이 자국내에서는 좋은 의미의 단어이지만 다른 나라에서는 부정적인 이미지를 연상시키거나 욕이 될 수 있다. 따라서 세계적인 다국적기업은 각 나라의 언어 및 문화적 요소 등을 고려하여 기업명이나 브랜드명을 선정하고 있다. 일본에서 판매되던 음료수 중에 '칼피스'라는 제품이 있었다. 우리나라에서도 한때 인기를 끌었던 이 제품은 우유를 넣어 만든 일종의 탄산음료이다. 이 제품이 일본에서는 '칼피스'라는 브랜드로 팔렸지만, 미국에는 원래의 브랜드 대신 다른 브랜드로 바뀌어 수출되었다. 브랜드는 이름에서 연상되는 어감, 다시 말해 칼피스라는 이름에서 연상되는 이미지가 미국에서 그대로 사용하기에는 적합하지 못했다. 칼피스는 미국사람들에게 자칫 '카우피스'에 가깝게 발음될 수 있다. 음료수인 '칼피스'를 혹시 카우피스(cow piss)로 발음하게 되면 아주 곤란한 사태가 발생한다. 'cow'는 암소를 나타내고, 'piss'는 오줌이라는 뜻이다. 따라서 '칼피스'라는 브랜드이름에서 카우피스를 연상하게 된다면 미국인 소비자들로 하여금 이 음료수를 마실 때마다 소의 오줌을 마신다는 생각이 들게 만드는 결과가 된다. 결국 미국에 이 제품을 수출할 때는 '칼피스' 대신 '칼피코'라는 다른 브랜드로 내보낼 수밖에 없었다.

물론 이러한 조건들이 부합되지 않음에도 불구하고 시장에서 성공한 브랜드들도 많이 있으므로 앞에서 언급된 기준들을 브랜드명 선정의 절대적 기준으로 이용하기보다는 하나의 지침으로 보는 것이 적절하다.

마케팅 Highlight

섹시함을 연상시키는 제품브랜드명으로 여심을 훔치는데 성공한 메이커업 브랜드 나스

나스가 만든 독특한 제품브랜드명: 왼쪽부터 어데이셔스 립스틱, 멀티플, 벨벳 섀도 스틱, 섹스어필 블러셔.

서울 주요 백화점에서 한 시간 만에 완판(완전판매)된 화장품이 있다. 미국의 메이크업 브랜드 나스가 한정 출시한 2017 '봄·여름 팝 고우즈 더 이즘 컬렉션' 블러셔다. 나스는 각 제품이름을 핍 쇼 스리섬 미스컨덕트로 다소 민망하게 지었다. 하지만 출시일인 지난달 6일 백화점이 문을 열자마자 소비자들은 나스 매장으로 달려갔다. 이 블러셔는 비슷한 시기에 출시된 영국에서도 1주일 만에 셀프리지 등 백화점에서 모두 팔렸다.

1994년 프랑수아 나스가 창업한 나스는 등장하자마자 색조화장품 시장에서 돌풍을 일으켰다. 12색상의 립스틱만 팔았는데 '퍼니 페이스' '상하이 익스프레스' 등 독특한 이름이 소비자들의 눈길을 끌었다.

나스는 1999년 블러셔 제품을 내놓으면서부터 제품브랜드명을 도발적으로 짓기 시작했다. 나스의 대표 블러셔 제품브랜드명은 '오르가즘'이다. 이 블러셔는 미국가수인 마돈나가 가장 좋아하는 제품으로도 유명하다. 또 다른 인기 블러셔제품은 '섹스어필'이다.

나스에서 크리에이티브 디렉터(CD)로 재직 중인 창업자 나스는 2014년 미국 인디펜던트와의 인터뷰에서 "여성들이 화장하는 동안 섹시해진다는 기분을 느낄 수 있도록 제품브랜드명을 지었다"고 설명했다. 우려하는 목소리도 있었지만 그의 제품브랜드명 전략은 먹혀들었다. 2002년부터 2008년까지 나스의 오르가즘 블러셔는 화장품 편집숍 세포라에서 블러셔 판매 1위를 기록했다. 2014년 출시한 '어데이셔스 립스틱'에는 제품 각각에 유명 여배우 이름을 붙였다. 각 립스틱 색상을 통해 그들의 개성적 이미지를 그려냈다. 진한 빨간색 립스틱에는 '마릴린'이라는 이름을, 발랄한 산호색 립스틱에는 '나탈리'를 붙였다. 이외에도 오드리, 브리짓, 비비안, 샬롯 등을 제품브랜드명으로 내세웠다. 회사측은 "각 립스틱에 인격(personality)을 부여했다"고 설명한다. 립스틱 색상을 통해 구체적인 여성상을 그려내려고 한 것이다. 같은 해 나스는 어데이셔스 립스틱 제품명에 등장하는 영국 배우 샬롯 램플링을 브랜드 광고모델로 내세웠다. 당시 68세였던 샬롯 램플링은 화장품 광고모델로 나와 이목을 끌기도 했다. 나스의 튀는 제품브랜드명은 차별적 브랜딩 전략의 일환이다. 나스를 창립할 당시 화장품업계에선 관례적으로 각 제품을 구별하기 위해 숫자와 알파벳 조합으로 이름을 정해왔다. 직원들만 알아볼 수 있는 용도였다. 의미가 통하는 이름을 붙일 때는 제품색상을 보여주는 명칭이 대다수였다. 분홍색 립스틱에는 '핑크 로즈', 펄이 들어간 오렌지 립글로스에는 '펄 오렌지'라는 이름이 붙는 식이다.그러나 나스는 제품의 감성적 가치를 전달하는 제품브랜드명을 붙였다는 점에서 달랐다. 단순히 제품기능을 나타내는 제품브랜드명 보다는 문화·성격·가치를 전달하는 제품브랜드명이 소비자의 마음에 더 강력하게 소구한다고 판단한 것이다.

• 자료원 : 한경, 2017.2.7

03 브랜드자산관리

브랜드는 신중하게 개발/관리되어야 할 강력한 무형자산이다. 이하에서는 브랜드를 구축/관리하기 위한 방안들에 대해 설명하기로 한다.

3.1 브랜드자산의 의미와 중요성

기업이 공장에서 제조하는 것은 (유형적) 제품이지만 소비자가 구매하는 것은 브랜드이다. 제품은 경쟁사들에 의해 쉽게 모방될 수 있지만 잘 구축된 브랜드이미지는 모방되기가 어렵다. 제품은 소비자 기호의 변화에 따라 보다 나은 제품으로 쉽게 대체될 수 있지만 성공한 브랜드는 오랜 기간 소비자의 사랑을 받는다. 이는 소비자의 신뢰감을 얻어 구축한 브랜드파워가 시장경쟁에서 얼마나 중요한지를 시사하는 것이다. 브랜드파워의 중요성은 P&G(Procter & Gamble)의 Ivory비누가 그 좋은 예가 될 수 있다. 현대적인 의미의 브랜드는 Ivory비누가 그 효시로 알려지고 있다. 1800년대 후반까지는 비누를 엿가락처럼 잘라서 무게로 달아 팔았던 시절이었다. 그러나 1881년에 탄생된 Ivory비누는 당시의 다른 비누들에 대해 차별화를 시도하였다. P&G는 순수하고 깨끗함을 브랜드개념(제품포지션)으로 설정하고, 이를 뒷받침하기 위해 흰색깔의 제품, 상아라는 브랜드명과 깔끔한 느낌의 포장, 「물에 뜨며 99.44%의 순도를 가진다」라는 광고슬로건 등의 일관성 있는 마케팅관리를 통해 소비자의 마음 속에 순하고 부드러운 비누라는 브랜드이미지를 강하게 심어 주었다. P&G의 브랜드자산을 구축하기 위한 고집스럽고 일관성 있는 마케팅노력의 결과로 출시된 지 110년이 넘은 Ivory비누는 여전히 비누시장에서 선도적 지위를 유지하고 있다.

브랜드는 브랜드명과 심벌 그 이상을 의미한다. 브랜드는 기업이 고객과의 관계를 구축하는데 핵심요소이다. 브랜드는 제품 및 제품성과에 대한 소비자들의 지각과 느낌을 상징하는 것이다. 즉 제품 혹은 서비스가 소비자들에게 의미하는 모든 것을 나타낸다.

강력한 브랜드는 높은 브랜드자산을 갖는다. **브랜드자산**(brand equity)은 특정브랜드명을 알고 있는 것이 그 브랜드가 부착된 제품 혹은 서비스에 대한 고객반응에 미치는 긍정적이고 차별적인 효과를 말한다. 가령, 소비자들이 금복주가 부착된 소주제품보다 참이슬이 부착된 소주제품에 대해 더 높은 긍정적 태도와 구매의도를 보인다면, 참이슬 브랜드는 금복주에 비해 더 높은 자산적 가치를 갖는 것이다. 브랜드자산은 소비의 브랜드선호도와 충성도를 얻는 브랜드능력을 나타내는 한 척도이다. 브랜드가 부착되지 않은 제품에 비해 브랜드가 부착된 동일제품에 대해 더 호의적인 반응을 보인다면, 그 브랜드는 긍정적 브랜드자산을 갖는다. 그리고 무브랜드제품에 비해 덜 호의적인 반응을 보인다면, 그 브랜드는 부정적 브랜드자산을 갖는다.

마케팅 Highlight

애플 브랜드파워의 주요원천–미국 소비자의 브랜드사랑과 브랜드충성도

세계 시가총액 1위인 애플은 미국인들이 사랑하는 기업이다. 애플엔 한국기업들이 부러워할 요소가 많지만, 한 가지만 꼽으라면 애플브랜드에 대한 미국인들의 사랑을 들 수 있다. 애플제품만 골라 쓰는 브랜드충성도 뿐만이 아니다. 세계 최고 혁신기업으로 꼽히는 애플이 자국기업이라는 사실에 대한 자부심도 대단하다. 미국인들의 유별난 애플브랜드 사랑은 애플이 2014년 9월 아이폰6와 아이폰6플러스, 애플워치를 내놓았을 때 확인됐다. 제품이 나오기도 전에 수많은 매체가 카운트다운을 하며 기대감 넘치는 기사를 쏟아냈다. 마침내 제품이 공개되자 "애플의 혁신역량이 살아있음이 입증됐다"는 찬양에 주요 언론들까지 가세했다.

그런데 자세히 살펴보면 "혁신맞나" 하는 의문이 드는 부분을 여럿 발견할 수 있다. 아이폰6와 아이폰6플러스의 가장 큰 변화는 화면크기를 대화면으로 바꾼 것인데, 대화면은 오래전부터 삼성전자가 주도해왔다. 애플워치 역시 이미 시장에 제품이 쏟아지고 있는 스마트시계의 일종이다. 팀 쿡 CEO가 "사람들의 구매방식을 영원히 바꿔놓을 것"이라고 공언한 모바일 결제기능인 애플페이도 '새로운 것'과는 거리가 멀다. 한국내에선 지하철이나 버스에 이미 상용화돼 있는 기능이고, 미국내에서도 구글 등이 몇 년 전에 선보인 바 있다. 그래도 미국인들은 애플이 소비자들의 욕구를 받아들여 변신했다는 점을 후하게 평가했다. 자사 스마트폰 기술을 베꼈다며 삼성을 상대로 천문학적 특허소송을 걸었던 애플이 삼성스마트폰의 특징인 대화면을 따라하는 반전을 꼬집은 언론은 극소수에 불과했다.

그리고 신제품들에서 문제가 발생했음에도 불구하고 미국소비자들의 애플제품에 대한 사랑은 줄어들지 않았다. 아이폰6플러스는 힘을 가하면 구부러지는 문제점이 발견됐고, 신제품을 위해 내놓은 운영체제 업데이트는 몇몇 기능에 문제가 생겨 배포를 중단해야 했다. 급기야 미국언론들도 '벤드게이트(Bendgate)'와 '업데이트게이트(Updategate)'라고 이름 붙이고 문제삼기 시작했다. 아이폰6플러스가 어떻게 휘어지는지를 보여주는 유튜브 동영상은 조회수 3000만 건을 넘었다. 그런데도 신제품 구매열기는 식을 줄 모른다. 미국을 포함해 판매를 시작한 지역의 첫 주말 판매량은 1000만 대를 넘기는 기록을 세웠다. 문제가 있어도 일단 구매하고 본다는 식이다. 소비자들의 브랜드충성도가 그만큼 높은 셈이다. 애플이 구축해 놓은 IT 생태계 역시 든든한 지원군이다. 수많은 앱 개발업체와 IT 보안업체가 애플과 공동운명체가 됐다. 한때 "GM에 좋은 것은 미국에도 좋다"는 말이 있었다. 미국 자동차산업이 번성하던 1950년대 이야기다. 그 말이 이제는 "애플에 좋은 것이 미국에도 좋다"로 치환될 판이다. 글로벌시장에서 애플과 치열하게 경합 중인 한국업체들엔 이런 '애플브랜드 매니아 현상'은 넘어야 할 높은 산이다. 애플과의 경쟁에서 밀리면 국내 IT 생태계와 부품업계도 위태로워진다. 이쯤에서 질문 한 가지. 한국기업들은 언제쯤, 어떻게 하면 고객들로부터 애플과 같은 사랑을 받을 수 있을까.

• 자료원 : 중앙일보, 2014.9.27

브랜드가 시장에서 갖는 파워와 가치는 브랜드에 따라 매우 다양하다. 신라면, 오리온 초코파이, OB맥주, 국민은행, 대한항공, Coca-Cola, Nike, McDonald's 등의 브랜드들은 오랜 세월동안 시장에서 파워를 유지해온 아이콘 브랜드들이다.

최근 들어 짧은 기간동안 급속히 브랜드파워를 구축한 갤럭시, Google, YouTube, 아이폰 같은 브랜드들은 소비자들에게 신선한 흥분감과 충성심을 창출했다.

이들 브랜드의 공통점은 단순히 독특한 편익이나 신뢰성 있는 서비스를 전달했기 때문에 시장에서 우위를 차지한 것이 아니라 고객들과 깊은 상호관계를 구축했기 때문에 성공을 거두었다는 것이다. 예를 들어, 스타벅스의 열성팬들에게 한잔의 스타벅스커피는 단순히 커피가 아니라 다른 브랜드들이 전달할 수 없는, 매우 만족스러운 소비경험이다. 때에 따라 소비자들은 특정브랜드와 매우 긴밀한 유대감을 갖는다. 브랜드헌신의 강력한 표현방식으로 Harley-Davidson 팬을 포함해 상당수의 사람들이 좋아하는 브랜드를 자신의 몸에다 문신으로 새긴다.

높은 브랜드자산은 기업에게 많은 경쟁우위를 제공한다. 강력한 브랜드는 높은 수준의 브랜드인지도와 소비자 충성도를 갖는다. 소비자들은 소매점들이 강력한 브랜드를 취급할 것으로 기대하기 때문에, 그 브랜드를 소유한 기업은 유통업체와의 거래조건협상에서 우위를 갖는다. 브랜드 자산가치가 높은 브랜드명은 높은 신뢰성을 갖기 때문에, 그 브랜드를 가진 기업은 신규제품라인과 브랜드 확장제품을 성공적으로 출시하기에 용이하다. Apple은 아이팟에서 높은 브랜드신뢰성을 구축했기 때문에 아이폰과 아이패드 등의 새로운 확장제품 브랜드들을 별 어려움없이 성공적으로 출시할 수 있었다. 강력한 브랜드는 치열한 가격경쟁에서 기업의 보호막을 제공한다.

마케팅 Highlight

은제품, 그리고 자연지향적 제품개발에 집중함으로써 지속적인 성장을 보이고 있는 티파니

미국에는 소비흐름을 가늠할 수 있는 몇몇 기업브랜드가 있다. 코카콜라, 월마트, 애플 등이 대표적이다. 조금 이질적인 기업브랜드도 있는데, 바로 177년 역사의 명품 보석회사 '티파니'다. 사람들은 티파니의 경영실적이 공개되면 '소비자들이 지갑을 열었다' 또는 '소비심리가 얼어붙었다'와 같은 진단을 내놓는다. 주가, 고용, 소비지수같은 공식적인 지표보다 더 생생하게 실물경제의 상황을 보여준다는 이유에서다. 마릴린 먼로가 사랑한 128.54캐럿의 옐로 다이아몬드, 세계에서 가장 사랑받는 청혼반지로 유명한 명품브랜드가 어떻게 대중의 소비흐름을 알려주는 가늠자가 됐을까. 해답은 1983년 입사 이후 30년 넘게 티파니에 몸담아 왔던 마이클 코왈스키 티파니 최고경영자(CEO)겸 회장(62)의 경영전략에서 찾을 수 있다. 그는 CEO의 수명이 길어야 5년인 명품업계 관행을 깨고 15년간 재임한 보기 드문 장수 CEO다.

코왈스키 회장은 1999년 티파니 수장이 된 이후 성장이 정체된 미국시장 대신 일본, 중국, 한국 등 아시아로 눈을 돌리고 소재를 다양화해 티파니를 성공의 길로 이끌었다. 그가 취임하던 당시 주당 15달러 선을 오르내리던 티파니의 주가는 2014년 8월 100달러 수준이다. 연매출은 2013년 기준 40억달러(약 4조 700억원)에 이른다. 코왈스키 회장은 "세계 5대 보석업체 중 4곳은 프랑스 기업이고 유일하게 티파니만 미국기업이다. 장기적 안목과 강력한 비전, 선택과 집중이 티파니의 명성을 이어가는 비결이다"고 말한다. 코왈스키 회장은 "우리는 어떤 위기가 찾아와도 우리가 가장 잘하는 것에 집중했다"고 회고한다. 소비자의 신뢰를 얻지 못하는 다른 분야로 무분별하게 확장하는 것을 경계했다. 매출증대도 중요하지만 그보다 브랜드의 미래를 고민하는 게 경영인이 가져야 할 기본자세라는 생각에서다.

1999년 CEO에 오른 그는 고가와 저가제품을 동시에 공략하는 '멀티 스펙트럼 전략'을 내놨다. 당시 다른 보석업체들은 불황타개책으로 경쟁적으로 가격을 내리고 있었다. 코왈스키 회장은 저가와 고가품을 동시에 공략하는 제품전략을 과감히 전개했다. 그는 CEO가 되자마자 티파니 고유의 로고를 제품 전면에 새겨넣은 '리턴 투 티파니(Return to Tiffany)' 제품을 출시했다. 또 2002년 회장선임 직후에는 가격재조정을 선언했다. 브랜드이미지를 떨어뜨릴 수 있는 일부 초저가 제품의 판매를 중단하고 중산층 이상이 구매할 수 있는 고급제품군 '프랭크 게리 라인(2004)' 등을 확보했다. 또 모든 제품을 자체 제작하겠다는 비전을 내걸고 20년 전 20%였던 자체제작비중을 2014년 들어 80%까지 끌어올렸다. 그는 "자체생산비중을 늘리면서 경기의 흐름에 따라 유연하게 생산량을 조절할 수 있었고, 위기 때 큰 방패막이 됐다"고 말했다.

티파니는 전통적으로 최상급 다이아몬드가 가장 유명하다. 전 세계 상위 1%도 안되는 최상급 다이아몬드 중 엄격한 기준에 따라 선별된 다이아몬드만을 사용하는 티파니는 다이아몬드가 가진 광채와 아름다움을 극대화한 디자인으로 보석업계의 선두에 섰다. 177년 역사를 거치는 동안 변함없이 여성들이 가장 받고 싶은 프러포즈 반지로 꼽혀왔다. 코왈스키 회장은 티파니의 다이아몬드 명성을 지키면서 은 제품의 품질을 높이기 위해 노력했다. 티파니의 베스트셀러인 러빙하트, 티어드롭, X펜던트, 열쇠 펜던트는 모두 은으로도 제작된다. 코왈스키 회장은 "은은 굉장히 훌륭하고, 합리적이고, 고급스러운 금속"이라고 자부한다. 그는 세계 최고의 디자이너를 티파니에 영입한 후 그들에게 가장 먼저 은을 소재로 제품을 만들 것을 주문한다. 디자이너들이 초고가 원석을 이용한 디자인을 뽐내려고 할 때 코왈스키 회장은 거꾸로 저가상품에 최고의 디자인을 적용하게 한 것이다. 그는 "영화 '티파니에서의 아침'에서 오드리 햅번이 티파니의 보석을 동경하는 것처럼 티파니 드림을 갖고 있는 여성들이 최상의 디자인을 공유하게 할 수 있도록 했다"고 말한다. 코왈스키 회장은 은 세공품매출을 2014년 현재 티파니의 총매출의 20%로 높였는데, 다른 명품업체들이 이 같은 엔트리 제품(브랜드 접근성을 높인 저렴한 가격대의 상품) 비율이 5%대인 것과 대비된다.

코왈스키 회장은 소문난 환경운동가이자 다이버다. 그는 카리브해에서 태국까지 지구곳곳을 여행하며 바다속을 탐험한다. 1990년대 다이빙을 처음 시작한 그는 가라앉은 배와 그 주위를 탐험하는 난파선 다이빙을 하던 중 해양생태계 보존과 수중 고고학분야에 눈을 떴다. '태초의 아름다움'을 모티브로 삼는 티파니의 경영철학처럼 코왈스키 회장 역시 자연이 최고의 디자이너라고 믿는다. 코왈스키 회장은 바다탐험을 하면서 점점 환경파괴의 심각성을 깨닫고 2002년부터 산호제품 생산을 중단했다. 금과 다이아몬드도 환경적, 도덕적, 사회적으로 책임있는 방법으로 생산하는 곳에서 공급받았고, 다른 기업을 향해 환경캠페인을 주도했다. 그는 "지구에는 보석보다 더 아름답고 가치있는 곳이 많은데, 산호초와 해양생태계가 파괴되면 다시는 복원이 안된다"고 강조한다. 그의 생각에 디자이너들도 공감한 걸까. 티파니의 보석디자인은 자연과 매우 닮았다. 자연스러운 곡선이 살아있는 원석 고유의 아름다움에 다른 거추장스러운 장식은 최대한 뺀다. 그는 티파니 최고의 자산으로 자연을 꼽는다. 다이아몬드, 금, 루비 등 보석과 귀금속이 자연으로부터 온 선물이고, 디자인 역시 자연에서 영감을 얻기 때문이다.

그는 "티파니를 만드는 건 절반이 예술, 절반이 과학"이라고 말한다. 다이아몬드의 광채와 티파니만의 커팅법, 장인들의 디자인이 어울러져 나오는 결과물이기 때문이다. 내로라하는 보석업체 직원들도 결국 보석업계 종사자의 종착역은 티파니라고 할 정도다. 티파니가 창업이래 남북전쟁, 두 번의 세계대전, 대공황과 금융위기를 모두 겪고도 더 아름답게 빛났듯 앞으로의 날을 기대해도 좋다 자신감을 드러낸다.

• 자료원 : 한경, 2014.8.29

높은 브랜드자산은 소비자가 브랜드에 대해 높은 인지도를 갖고 그 브랜드에 대해 긍정적이고 강력하면서 차별적인 이미지(연상들)를 형성할 때 갖는 창출된다. 따라서 기업은 강력한 브랜드자산을 창출하기 위해 높은 브랜드인지도와 긍정적 브랜드이미지를 형성하는 노력을 기울여야 한다. 이하에서는 브랜드인지도와 브랜드이미지를 형성하기 위한 전략에 대해 살펴보기로 한다.

3.2 브랜드인지도의 구축

브랜드인지도(brand awarness)란 소비자가 한 제품범주에 속한 특정브랜드를 재인(再認)하거나 회상할 수 있는 능력을 말한다. 브랜드인지도는 '그 브랜드를 들어 본 것 같다'는 약한 인지도부터 '제품시장내에서 그 브랜드만 존재하는 것으로 알고 있다'는 매우 강한 인지도에 이르기까지 그 강도의 범위가 광범위하지만, 크게 세 가지 수준으로 나눌 수 있다(그림 8-3 참조).

브랜드재인(brand recognition)은 가장 약한 수준의 브랜드인지로서, 어떤 제품범주내 여러 브랜드명들이 주어진 상황에서 각 브랜드명을 과거에 들어본 적이 있는지를 조사하는 것이다. 브랜드재인은 샴푸, 비누, 치약과 같은 일상생활용품을 구매하는 소비자가 점포내에서 특정브랜드를 선택하는 경우에 매우 중요하다. 즉, 가격이 저렴하고 구매빈도가 높은 저관여제품(가령, 세제, 비누, 샴푸 등)의 경우 소비자들은 인지도가 없는 브랜드보다는 잘 알려진 브랜드를 선택할 가능성이 높다.

그림 8-3 **브랜드인지도의 수준**

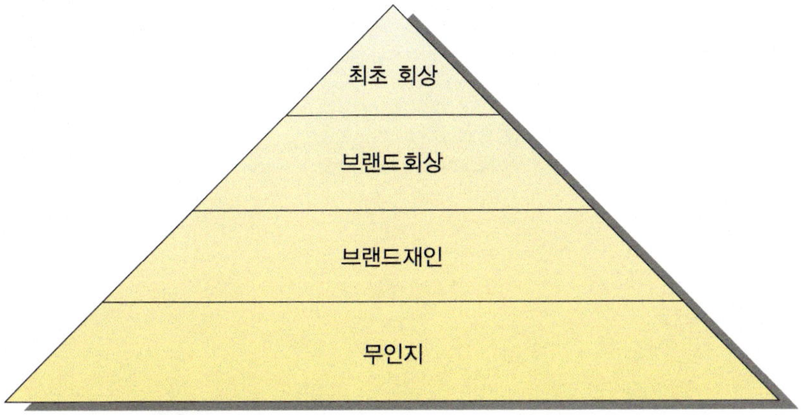

브랜드회상(brand recall)은 어떤 제품범주가 주어졌을 때 주위의 도움을 받지 않고 특정브랜드(들)를 열거할 수 있는 경우를 말하며, 브랜드재인보다 훨씬 강도가 높다. 그러므로 시장에서 브랜드의 경쟁적 지위가 강할수록 그 브랜드가 쉽게 상기될 가능성이 높아진다.

소비자가 생각나는 브랜드를 열거할 때 가장 먼저 떠올리는 브랜드를 **최초 회상브랜드**(top of mind brand)라고 하는데, 그 브랜드는 시장선도 브랜드일 가능성이 높다. 예를 들어, 소주하면 진로소주가, 천연조미료하면 다시다가, 미용휴지하면 크리넥스가 가장 먼저 상기되는데, 이들은 각 제품시장에서 가장 높은 시장점유율을 차지하고 있다. 브랜드인지도가 높은 브랜드는 다음과 같은 이유에서 브랜드자산의 형성에 기여한다. 첫째, 브랜드인지도가 높은 브랜드는 소비자들에게 브랜드 친숙성을 제공하며, 소비자들은 친숙한(브랜드인지도가 높은) 브랜드를 보다 선호한다. 일반적으로 사람들은 친숙한 것을 좋아하는 성향이 있으므로, 소비자들은 보거나 들은 경험이 많은(즉, 브랜드인지도가 높은) 브랜드를 보다 선호할 가능성이 높다. 특히 비누, 샴푸, 화장지 등과 같은 소비자들이 구매과정에 별로 노력을 기울이지 않는 제품의 경우, 특정브랜드가 소비자에게 친숙하다는 이유만으로 자연스럽게 그 브랜드가 선택될 수 있다. 둘째, 소비자인지도가 높은 브랜드는 구매고려 브랜드군(consideration set)에 포함될 가능성이 높다. 소비자는 제품구매과정에서 제품범주내의 여러 브랜드들 중에서 일부만을 대안으로 고려한다. 세탁세제, 커피, 치약 등의 구매빈도가 높은 제품이나 점포를 방문하기전에 구매할 브랜드가 결정되는 제품(가령, 두통약이나 위장약)의 경우 브랜드재인이나 최초 브랜드상기는 브랜드선택에 큰 영향을 미친다(가령, 두통약에서 타이레놀, 위장약에서 겔포스). 이와 같이 가격이 저렴하고 구매빈도가 높은 저관여제품의 경우 소비자들은 잘 알려진 소수의 브랜드들만을 구매대상으로 하기 때문에 브랜드인지도가 없거나 낮은 브랜드들은 구매고려 브랜드군에서 제외될 가능성이 높다.

브랜드인지도를 높이기 위해서 기업은 ① 소비자의 마음속에 브랜드명의 존재(혹은 의미)를 명확히 심어주고, ② 자사브랜드와 그 브랜드가 소속된 제품범주 간의 연상관계를 확립해야 한다. 예를 들어, 일동제약이 센스타임이라는 브랜드명으로 구강청정제 시장에 진출한다면, 표적소비자의 기억속

라코스테의 악어모양의 심벌은 브랜드인지도를 높이는 데 도움을 준다.

에 센스타임이라는 브랜드명의 존재를 인식시켜야 하며, 나아가 센스타임이 구강청정제임이 자연스럽게 연상될 수 있도록 만들어야 할 것이다.

브랜드인지도를 증대시키기 위한 방법에는 다음과 같은 것들이 있다.

첫째, 광고에 슬로건이나 로고송을 사용한다. 기억하기 쉬운 슬로건(가령, "Coke Is It(오직 그것뿐)," Nike의 "Just Do It")이나 로고송(가령, LG전자의 '사랑해요 LG')은 소비자의 브랜드인지도를 높이는 데 매우 효과적이다.

둘째, 심벌을 이용한다. 대체로 그림(시각적 제품정보)은 글(언어적 정보)보다 회상하기가 훨씬 쉽다. 그러므로 KFC의 Colonel Sanders 할아버지 인형, Apple컴퓨터의 사과모양 등과 같이 시각적 이미지를 동반하는 심벌은 브랜드인지도를 높이는 데 도움을 준다.

셋째, 이벤트후원(event sponsorship)을 활용한다. 삼성전자나 LG전자 등은 올림픽, 월드컵축구대회 같은 국제적인 스포츠행사나 스포츠팀을 후원함으로써 경기에 참석한 관객이나 TV시청자의 주의를 끌뿐 아니라 경기를 전후하여 관련기사의 보도를 통해 브랜드인지도를 높일 수 있다.

넷째, 브랜드관련 단서(cue)를 제공한다. 구매시점에 제공되는 자사브랜드와 관련되는 단서는 소비자의 기억 속에 저장된 브랜드명과 제품정보를 쉽게 떠올릴 수 있는 유용한 수단이 된다. 기업은 제품포장에 광고에서 이용했던 문구(혹은 슬로건)나 광고모델의 사진(가령, 질레트 제품패키지에 인쇄된 축구선수 박지성의 사진)을 인쇄함으로써 제품구매시 자사브랜드와 관련된 제품정보를 쉽게 상기시킬 수 있도록 한다.

3.3 브랜드연상(Brand Associations)의 구축

브랜드자산이 창출되기 위해서는 높은 브랜드인지도 뿐 아니라 호의적인 브랜드이미지를 형성해야 한다. 긍정적 브랜드이미지는 소비자 기억속에 자사브랜드에 대해 긍정적이고 강력하면서 독특한 연상들을 심어줄 때 만들어진다. 소비자의 기억 속에는 특정브랜드를 중심으로 하여 이 브랜드와 관련된 연상(이미지)들이 그물처럼 연결되어 있다. 브랜드연상들은 크게 제품속성과 관련된 연상들과 이와 직접적인 관련이 없는 연상들로 구성된다. 예를 들어, 소비자는 나이키 브랜드하면 고급운동화, 마이클 조던, 타이거 우즈, Just Do It, 스워시 로고, 오래 신는다, 발이 편하다, 비싸다 등이 떠오를 것이다. 이러한 나이키관련 브랜드연상들 중에서 대다수는 브랜드 이미지형성에 긍정적인 영향을 주는 반면, 비싼 가격같은 일부연상들은 브랜드이미지에 부정적 영향을 줄 수 있다. 전세계의 많은 소비자들이 나이키 스포츠화를 특히 선호하는 것은 많은 브랜드연상들 중에서 호의적이고 강력하면서 독특한 연상들이 먼저 떠오르기 때문일 것이다.

그러므로 기업은 표적고객의 마음 속에 바람직한 브랜드연상들을 심도록 노력해야 한다. 기업이 원하는 바람직한 브랜드연상은 크게 제품속성과 직접 관련된 연상, 제품속성과 직접 관련이 없는 연상, 그리고 기업과 관련된 연상들로 구성된다(그림 8-4 참조).

제품속성과 직접 관련된 연상은 다시 제품범주(product class)에 대한 연상, 제품의 물리적 속성, 그리고 품질에 대한 연상으로 나눌 수 있다. 제품범주에 대한 연상의 예로는 아이스크림하면 하겐다즈(Haagen Dazs)를, 스포츠카하면 페라리(Ferrari)를, 신용카드하면 비자를, 그리고 화장지하면 크리넥스가 즉각적으로 떠오르는 경우를 들 수 있다.

제품의 물리적 속성들에 대한 연상은 소비자들이 특정브랜드를 보거나 들었을 때 주로 기능적 편익(경우에 따라서 경험적 편익)을 충족시키는 구체적인 제품속성들이 떠오르는 경우이다. 가령, Volvo하면 안전성이, BMW하면 우수한 성능이, 죽염치약은 잇몸보호가 자연스럽게 떠오른다. 최근 남양유업은 프렌치카페 커피믹스 브랜드를 출시하면서 화학성분인 카제인나트륨 대신 무지방우유를 넣었다는 것을 광고를 통해 부각시킴으로써(즉, 제품의 물리적 속성에 대한 강한 연상을 소비자마음에 구축함으로써), 단기간 내에 커피믹스 시장에서 2위로 올라서는데 성공했다.

그림 8-4 나이키와 관련된 브랜드연상들

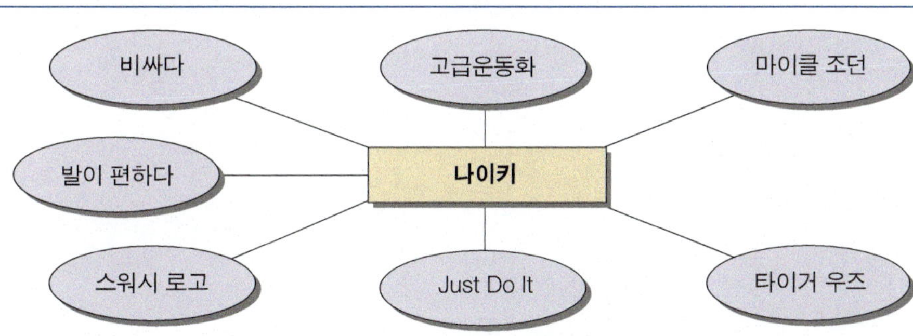

제품속성에 대한 연상을 토대로 한 브랜드 자산구축의 예: 소비자들은 VOLVO하면 안전을 자연스럽게 떠올린다.

제품속성과 관련하여 소비자들이 갖는 연상들중에 특히 중요한 것이 지각된 제품품질이다. 소비자들이 특정브랜드에 대해 갖는 지각된 품질은 그 브랜드의 전반적인 우수성에 관한 주관적인 생각이다. 특정브랜드에 대한 지각된 품질은 제품의 신뢰성이나 성능 등과 같은 제품의 물리적 특성에 기초하여 형성된다. 소비자들은 한 제품범주내 여러 브랜드들을 최고급, 고급, 대중적(경제적), 저급브랜드로 나누어 생각하며 특정브랜드가 동일 제품범주내 다른 경쟁브랜드들보다 얼마나 우수한 품질의 제품인지를 평가한다. 가령, 소비자는 자연스럽게 제네시스하면 최고급승용차로, 모닝은 경제적인 승용차로, 롯데명품관하면 최고급의 백화점인 것으로 연상한다. 소비자들이 자사브랜드에 대해 지각하고 있는 품질은 시장에서의 성공을 결정하는 중요한 요인의 하나인데, 이는 지각된 제품품질이 고객들의 브랜드충성도와 기업의 마케팅성과에 직접적인 영향을 미치기 때문이다.

한편 제품속성과 관련이 없는 연상은 소비자들이 특정브랜드와 관련하여 브랜드 퍼스낼리티, 사용자유형, 용도, 원산지 등을 떠올리는 경우이다. 가령, 리바이스 청바지하면 강인하고 거침(ruggedness)이라는 개성적 특성이 떠오를 것이다. 기업과 관련된 연상은 특정브랜드를 듣거나 보았을 때 소비자들이 그 브랜드를 생산하는 기업의 문화, 최고경영자의 특성 등이 머리속에서 떠오르는 경우를 말한다. 가령, 현대자동차하면 정주영 창업주의 도전정신이 자연스럽게 떠오른다.

마케팅 Highlight

원산지 연상이 해외시장에서 기업의 제품판매에 부정적 영향을 미칠 수 있다

2005년 9월 덴마크의 한 신문은 이슬람의 예언자인 마호메트를 부정적으로 묘사한 풍자만화를 게재했다. 예언자들을 그림으로 그리지 않는 이슬람의 규범을 어겼을 뿐 아니라 마호메트를 테러리스트에 비견하기까지 한 이 만화는 표현의 자유라는 기치아래 벨기에, 프랑스, 독일, 네덜란드, 노르웨이를 포함한 22개국의 매체에 번역돼 실렸다. 이슬람 각지에선 당연히 항의시위가 일어났다. 흥분한 군중들은 덴마크 국기를 불태웠고 서방대사관을 공격했다. 아프가니스탄에서는 시위진압과정에서 10명 이상이 사망했다. 이슬람 정부들의 항의도 이어졌다. 이란, 리비아, 사우디아라비아, 시리아 정부는 덴마크에 파견한 대사를 불러들였다. 아랍에미리트 정부는 "이것은 표현의 자유가 아니라 문화적 테러"라고 일갈했다.

결국 이 신문의 편집장이 이슬람인들의 감정을 상하게 했다며 유감을 표명했지만 때늦은 사과였다. 이슬람권에 진출한 덴마크 기업들은 처참한 결과를 맞았다. 덴마크의 대표적 낙농회사인 알라 푸드(Arla Foods)의 중동지역 매출은 연간 4억 6500만 달러에서 '0'으로 뚝 떨어졌다. 이 회사가 중동지역에서 40년 동안 쌓아온 브랜드이미지도, 부랴부랴 게재한 사과광고도 소용없었다. 칼스버그, 레고 등 대표적인 덴마크 회사들의 매출도 급감했다.

급기야 일부 덴마크 기업들은 'Made in Denmark' 라벨을 'Made in European Union'으로 바꿔다는 원산지 물타기까지 시도했다. 머스크와 같은 덴마크 해운사들은 이슬람 국가의 항구에 들어갈 때 덴마크 국기를 내리기도 했다. 하지만 이슬람인들의 분노는 쉽게 수그러들지 않고 있다. 덴마크는 전체수출의 3%를 차지하는 중동시장과 함께 자국 내 일자리 1만 개를 잃을 것으로 예상된다. 2차대전 후 덴마크가 맞은 최대의 위기라고까지 불리는 이 사태는 현재 진행형이다.

• 자료원 : 동아비즈니스리뷰, 81호, 2011.5.15, p.90

08 참고문헌

- 안광호 · 이진용, 브랜드파워, 한 · 언, 1997.
- 안광호 · 한상만 · 전성률, 전략적 브랜드관리, 제4판, 학현사, 2013.
- David A. Aaker, Managing Brand Equity, New York : Free Press, 1991.
- David A. Aaker, Building Strong Brands, New York : Free Press, 1996.
- David A. Aaker and Kevin Lane Keller, "Consumer Evaluations of Brand Extensions," Journal of Marketing, January 1990, pp. 27-41.
- Jean-Noel Kapferer, Strategic Brand Management: New Approaches to Creating and Evaluating Brand Equity, London : Kogan Page, 1992.
- Kevin Lane Keller, "Conceptualizing, Measuring, and Managing Customer-Based Brand Equity," Journal of Marketing, January 1993, pp. 1-23.
- Philip Kotler, Marketing Management, 13th ed., Pearson Prentice Hall, 2009.
- Al Ries, Focus, New York : Harper Collins Publishers, 1996.

08 생각해볼 문제

1. 기업은 신제품을 출시하면서 다양한 형태의 브랜드(명)전략을 고려할 수 있다. 기업이 고려할 수 있는 브랜드전략에 대해 설명하시오.

2. 브랜드자산을 구축하는 데 있어 브랜드인지도의 역할은 무엇이며, 브랜드인지도를 높이기 위한 마케팅커뮤니케이션 전략에는 어떤 것이 있는가?

3. 최근 들어 많은 기업들이 브랜드 확장전략을 도입하고 있다. 이 전략이 갖는 장단점을 설명하고, 어떤 경우에 브랜드 확장전략이 적절한지를 논하시오.

4. 당신이 청정원 브랜드의 마케팅관리자라고 가정하자. 기존 제품군 내에서 포지션을 강화하기 위해 활용되어야 할 브랜드연상은 무엇이며, 어떤 제품군으로 확장하는 것이 바람직하며 그 이유는 무엇인가?

5. 마케터가 브랜드확장을 실행하는 데 있어 고려해야 할 요인들에는 어떠한 것이 있으며 이를 기준으로 하여 성공한 사례와 실패한 사례를 제시하시오.

제4부

제9장

신제품개발과 제품수명 주기관리

01 신제품의 정의
02 제품실패의 원인
03 신제품개발과정
04 신제품개발관리
05 신제품수용과 확산
06 제품수명주기와 단계별 마케팅전략

학습목표

1. 신제품을 정의하고 신제품의 성공요인과 실패요인에 대해 살펴본다.에 대한 아이디어를 찾고 개발하는지에 대해 설명한다.
2. 신제품개발과정의 단계들을 학습하고 각 단계에 대한 관리에서 기업이 고려해야 할 요소들과 이의 마케팅 시사점을 설명한다.
3. 신제품수용과 확산과정과 이의 마케팅 시사점에 대해 살펴본다.
4. 제품수명주기의 단계들을 제시하고, 각 단계에 따라 마케팅전략과 마케팅프로그램을 어떻게 변화시켜야 할지를 설명한다.

주요개념에 대한 사전학습

앞 장에서 우리는 기업이 개별제품, 제품믹스, 그리고 브랜드를 어떻게 관리하는지 살펴보았다. 이 장에서 우리는 어떻게 신제품을 개발하고, 제품수명주기의 여러 단계에 따라 어떻게 제품을 관리할 것인지에 대해 살펴 볼 것이다. 신제품은 기업성장의 원동력이다. 하지만 신제품개발은 실패할 위험성이 크며, 실제로 많은 신제품들이 시장에서 실패한다. 본 장의 전반부는 성공적인 신제품을 개발하는 과정을 자세히 살펴본다. 대부분의 마케터들은 신제품이 출시되면 오랜 동안 시장에서 고객들에게 사랑받기를 희망한다. 본 장의 후반부에서는 모든 제품은 몇 개의 수명주기단계(life-cycle stages)를 거치며, 각 단계별로 서로 다른 마케팅전략과 전술이 요구된다는 것을 설명한다.

도입부에서는 다이슨의 혁신적 가전제품개발 사례를 살펴볼 것이다. 글로벌 소형가전 제품시장에서 창의적인 혁신기업으로 인정받고 있는 영국의 가전기업 다이슨은 고객의 요구 및 불만을 파악하고, 고정관념을 뒤엎는 혁신제품을 개발하기 위해 끊임없는 노력을 기울인다. 다이슨이 개발한 먼지봉투 없는 진공청소기, 날개없는 선풍기, 초음속 헤어드라이어 등은 전세계 고객들과 전문가들로부터 뜨거운 호응을 얻었다.

도입사례

고정관념을 뒤엎고 먼지봉투 없는 진공청소기, 날개 없는 선풍기, 초음속 헤어드라이어 등 고정관념을 뒤엎는 혁신제품을 개발해 큰 성공을 거둔 다이슨 창업자 제임스 다이슨

"새로운 기술을 개발한다고 생각하면 즐겁고 열정이 생겨요."

올해 나이 일흔인 다이슨의 창업자 제임스 다이슨에게 여전히 현역 엔지니어로 왕성하게 활동하는 비법을 물었을 때, 그가 한 대답이다. 그는 수석 엔지니어로서 매일아침 영국 남부 윌트셔 주에 있는 다이슨 본사 연구소로 출근해 오후 6시쯤 퇴근한다. 그는 기술개발에 전념하기 위해 2012년 최고경영자(CEO)에서 물러나 전문경영인에게 회사운영을 맡겼다. 요즘은 AI(인공지능)와 머신러닝(기계학습)을 생활가전에 적용시키는 연구에 집중하고 있다.

그가 창업한 다이슨은 2016년 매출 25억파운드(약 3조 6250억원)에 영업이익 6억 3100만파운드(약 9150억원)를 기록했다. 1993년 창업이래 매출·영업이익 모두 사상 최고치다. 최근 2년사이 글로벌 직원수는 5227명에서 8500명으로, 글로벌제품 판매량은 800만대에서 1300만대로 늘었다.

고속성장의 비결은 바로 창의적인 기술력과 독특한 디자인이 결합한 신제품개발이다. '영국의 애플'로 불리는 다이슨은 창업이래 먼지봉투 없는 진공청소기, 날개없는 선풍기 같은 제품으로 세상을 놀라게 했다. 그리고 2016년 8월 출시한 초음속 헤어드라이어로 또 한 번 선풍적인 고객반응을 불러 일으켰다. 가격이 무려 55만원이 넘는데도 출시 6개월만에 높은 매출을 실현했다.

다이슨의 헤어드라이어는 망치처럼 생긴 헤드부분이 없다. 대신 1분당 11만번 회전하는 500원짜리 크기의 초고속모터가 손잡이에 들어가고 본체에 구멍을 뚫었다. 초당 13L에 이르는 풍량(風量)을 만들어 낸다. '가볍고, 조용하고, 뜨겁지 않은' 헤어드라이어의 비결이다. 이 독보적인 소형모터 기술덕분에 모방제품도 나오지 않고 있다. 다이슨은 이 제품의 연구비로 5000만파운드(약 690억원)를 투자했다. 다이슨 창업자는 "4년동안 엔지니어 103명이 총 1625㎞ 길이의 머리카락을 테스트해가며 매달렸다"고 말했다.

제임스 다이슨 창업자가 영국본사에 전시된 비행기 터보엔진 RB211 옆에 앉아 있다. 롤스로이스에서 1970년대 개발한 것으로, 항공기 엔진의 클래식 모델이다. 창업 초기부터 모터성능 혁신에 주력해온 그는 "비행기엔진을 보며 신기술의 영감을 얻는다"고 말한다.

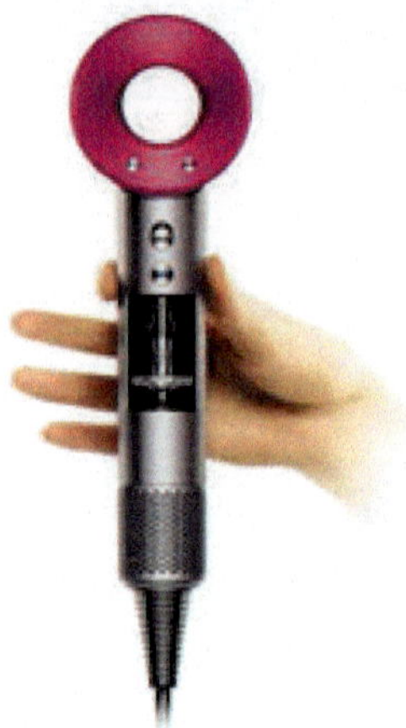

다이슨이 2016년 출시해 큰 성공을 거둔 초음속 헤어드라이어

'엔지니어 퍼스트'를 고집하는 그는 매주 700만파운드(약 98억원) 이상 연구개발비를 쓰는 규칙을 세웠다. 2017년 2월 싱가포르에 AI기술센터를 열었고, 영국본사 연구디자인 개발(RDD)센터를 15억파운드(약 2조 1000억원)들여 확장하고 있다. 또 고급엔지니어를 양성하기위해 다이슨기술학교(Dyson Institute of Technology)를 본사 연구개발(R&D) 캠퍼스 안에 세웠다. 이곳은 다이슨 엔지니어 3000명의 실무경험이 농축된 교육기관으로 일하면서 공학사 학위를 딸 수 있다. 그는 "기계에서 출발한 다이슨은 이제 AI와 머신러닝, 영상시스템 등 엄청나게 넓은 범위의 공학을 다루는 회사로 성장했다. 뛰어난 엔지니어를 찾기 힘들어 연간 45주씩 4년동안 교육받으며 일도 하는 새로운 프로그램의 대학을 직접 설립했다"고 설명했다.

"머잖아 AI와 머신러닝 알고리즘은 우리가 생산하는 거의 모든 제품에 필요해집니다. 지금 로봇개발에도 열중하고 있는데, 기계가 직접 판단하고 행동하는 시대가 곧 열릴 겁니다. 그 시대를 위해 오늘도 노력하고 있습니다." 그 시대에 필요한 자질에 대해 언급하면서 그는 "열정, 호기심, 용기, 끈기. 이게 창의적인 사람을 만든다"고 했다.

• 자료원 : 조선경제, 2017.3.30

소비자 기호, 기술의 급속한 변화와 치열한 시장경쟁으로 인해 제품수명주기가 갈수록 짧아짐에 따라 기업은 기존의 자사제품을 가지고는 기업성장을 계속 유지할 수 없게 되었다. 기업은 지속적인 성장을 위해 성숙기 또는 쇠퇴기 제품을 대체할 신제품을 정기적으로 개발해야 한다. 3M과 Johnson & Johnson사와 같은 혁신기업들은 매출액 중 최근 5년간 개발된 신제품의 매출액이 차지하는 비율이 25% 이상에 달한다. 일본의 대표적인 가정용품 전문기업인 카오(花王)사는 혁신제품의 개발을 위해 23,000명에 이르는 직원 중 3분의 1을 연구개발에 투입하며, 매출액 중 10% 이상을 연구개발과 제품성능개선에 투자한다. 또한 1년에 약 10만건에 이르는 소비자 피드백을 받아 이를 제품개발과 브랜드관리에 적극적으로 활용한다.

신제품이 시장에서 성공을 거두면 기업의 성장에 큰 기여를 하지만 높은 실패위험도 수반한다. 미국시장에 대한 한 연구결과에 의하면 신제품 실패율은 소비재의 경우 40%, 산업재는 20%, 서비스제품은 18%에 이르는 것으로 나타났다. 이러한 현상은 한국의 경우도 예외가 아닐 것이다. 또한 미국에서 출시된 2,500개의 신제품을 조사한 바에 따르면 그 중 90% 정도가 3년을 버티지 못한 것으로 나타났다.

다이슨의 혁신제품개발 사례에서 볼 수 있듯이, 기업은 신제품을 개발하고 관리하는 일에 능숙해야 한다. 모든 제품은 출시된 후 몇 단계를 거치다가 소비자의 요구를 더 잘 충족시키는 새로운 경쟁제품에 밀려 시장에서 소멸된다. 이러한 제품수명주기(product life cycle)는 기업에게 두 가지 중요한 도전적 과제를 제시한다. 첫째, 모든 제품은 결국 쇠퇴하게 되므로, 기업은 경쟁력을 잃은 기존 제품을 대체할 수 있는 신제품을 개발하는데 능해야 한다. 둘째, 각 제품수명주기 단계별로 변화된 소비자 취향, 기술, 경쟁상황에 적응하기 위한 마케팅전략을 개발하는데 능해야 한다. 이하에서는 먼저 신제품개발과정에 대해 살펴보고, 다음으로 제품수명주기 단계별로 신제품을 어떻게 성공적으로 관리할 것인지에 대해 알아본다.

01 신제품의 정의

마케터는 신제품개발과정에 들어가기에 앞서 신제품이 무엇인지를 정확히 이해할 필요가 있다. 왜냐하면 신제품에 대한 정의는 바로 신제품개발전략과 직결되기 때문이다. 즉, 마케터가 개발될 제품을 완전히 새로운 제품으로 보느냐 또는 단순히 기존 제품의 확장으로 보느냐에 따라 개발과정 및 마케팅전략이 달라지기 때문이다. 예를 들어, 코카콜라가 Diet Coke를 도입했을 때 마케터는 이를 신제품으로 보거나 또는 기존의 Coke제품의 확장으로 볼 수 있을 것이다. 마케터는 이를 신제품으로 보고 개발 및 시험과정을 엄격히 하였다. 왜냐하면 Diet Coke는 새로운 세분시장에 소구하는 제품으로 포지션되었을 뿐 아니라 Coke이라는 기존의 선도적 브랜드를 신제품에 부착한 첫 번째 제품이었

그림 9-1 **신제품분류**

기업에 새로운 제품 \ 소비자에게 새로운 제품	예	아니오
예	혁신제품	모방신제품
아니오	· 제품확장 · 기존제품의 수정 · 제품의 추가 · 재포지셔닝	신제품이 아님

기 때문이었다.

신제품유형은 기업에게 새로운 제품인가, 소비자에게 새로운 제품인가, 또는 기업과 소비자 모두에게 새로운 제품인가의 기준에 따라 분류될 수 있다(그림 9-1 참조). 여기서 기업에게 새로운 제품인가의 여부는 그 기업이 제품시장에 처음으로 진출한 것인가 또는 이미 제품시장에 진출하였는지에 의해 분류된다. 즉, 기업이 특정 제품시장에 처음으로 진출하면 기업에게 새로운 제품으로, 이미 진출한 제품시장에서 개선된 신제품을 개발하는 경우는 기업에게 새로운 제품이 아닌 것으로 분류된다.

소비자와 기업에게 모두 새로운 제품을 **혁신제품**(innovation)이라고 한다. 과거 Sony가 휴대용 오디오제품 Walkman을 시장에 처음 소개한 경우가 그 예이다. 최근 삼성전자는 기존의 상식을 뛰어넘는 혁신 가전제품으로 가전제품시장에서 경쟁우위를 확보하려고 한다. 이의 일환으로 삼성전자는 바람 없는 에어컨을 개발했다.

마케팅 Highlight

삼성전자가 개발한 혁신제품 – 무풍에어컨

2016년 삼성전자는 소비자들의 상식을 깨는, 혁신적인 에어컨 신제품을 출시했는데, 에어컨에서 차가운 바람이 나오지 않는데도 집 안이 시원해지는 신기술이 적용된 무풍(無風)에어컨(Q9500)이다. 무풍에어컨은 에어컨에 대한 상식을 뛰어넘은 114년만의 혁신제품이라고 삼성전자는 말한다.

세계 최초로 에어컨이 개발된 1902년 이후 바람없는 에어컨은 처음이란 뜻이다. 무풍에어컨이 바람을 전혀 쓰지않는 것은 아니다. 처음 에어컨을 틀면 강력한 회오리 바람이 쏟아져 나오면서, 설정한 온도까지 빠르게 냉방을 시작한다. 설정온도에 도달하면 그때부터 바람이 나오는 문(門)을 닫고, 무풍냉방을 시작한다. 바람 대신 제품전면(前面)에 달린 약 13만 5000개의 미세한 구멍에서 뭉글뭉글 냉기가 새어 나오면서, 집안의 시원함을 유지시키는 것이다.

삼성전자 관계자는 "마치 한여름 동굴에 들어갔을 때와 같은 시원함"이라고 표현했다. 바람없는 에어컨을 개발한 것은 "시원한 건 좋은데 바람을 계속 쐬니 춥고 머리가 아프다"는 소비자불만 때문이었다. 무풍냉방은 바람을 쓰지 않아 최고 85%의 절전효과을 거두는 혜택도 제공한다.

혁신제품의 예: 바람없이 냉방하는 삼성전자의 무풍에어컨(Q9500)은 세 개의 동그란 바람문(門) 주위에 달린 13만 5000개의 미세한 구멍에서 냉기가 뿜어져 나온다.

• 자료원 : 조선경제, 2016.1.27

소비자에게는 이미 알려진 제품이지만 기업에게는 새로운 제품을 **모방신제품**(new-product duplication)이라고 한다. 김치냉장고 시장에서 LG전자와 삼성전자가 딤채에 대항하기 위해 김치냉장고 제품을 시장에 내놓은 경우가 이에 해당한다. 소비자는 딤채가 처음으로 개발한 김치냉장고를 이미 알고 있지만 LG전자와 삼성전자의 입장에서 보면 처음으로 시장에 내놓는 제품이다. 기업이 제품시장에 이미 진출하여 개발된 신제품이 제조방법 등에서 기업에게 새로운 것은 아니지만 소비자에게는 새로운 제품을 **제품확장**(product extension)이라고 하는데, 제품수정(product revision), 제품추가(product addition), 제품재포지셔닝(product repositioning) 등의 세 가지 형태의 제품확장이 있다. **제품수정**이란 기존 제품을 수정한 것으로 삼성전자가 스마트폰 갤럭시의 기존 모델을 수정해 신모델 갤럭시S8을 출시하는 것이 그 한 예이다. **제품추가**란 기존 제품계열 내에서 신제품(확장제품)을 도입하는 것으로, Head가 신소재를 이용한 테니스라켓을 개발하거나 농심이 웰치(Welch's) 그레이프 맛 이외에 스트로베리, 후르츠펀치 맛 등의 탄산음료제품을 개발·판매하는 경우이다. **제품재포지셔닝**은 제품의 물리적 특성을 변경하지 않고 브랜드의 새로운 특징을 강조하는 것이다. 예를 들어, 대부분의 소비자들이 카페인을 함유한 청량음료들이 많다는 사실을 모르고 있음을 발견하고, 7-Up은 카페인 없는 청량음료로 새롭게 포지션하였다.

제품수정의 예

제품추가의 예

02 제품실패의 원인

시장에 나온 많은 신제품들이 실패로 끝난다. 따라서 만약 마케터가 신제품개발에 막대한 비용을 투입했을 경우에 기업에 상당한 타격을 줄 수 있다. Booz, Allen & Hamilton의 조사결과에 의하면 시장에 나온 신제품 3개 중 하나 정도는 실패하는 것으로 밝혀졌다. 신제품의 성공 또는 실패를 정의하는 명확한 기준은 없지만, 신제품이 마케터와 소비자의 기대를 충족시키지 못하면 실패한 것으로 볼 수 있다. 많이 언급되는 신제품실패 요인들을 살펴보면 소비자 욕구파악의 실패, 잘못된 포지셔닝, 우수하지 못한 제품성능, 부정확한 시장조사, 불충분한 경쟁분석 등을 들 수 있다.

마케팅 Highlight

최근 시장에서 성공을 거둔 신제품들의 핵심성공요인: 명품급 디자인과 실속가격

"굳이 100만원짜리 폰 살 필요 없다. 비슷한 사양에 값은 절반이다."

2015년 9월 출시된 스마트폰 루나를 써본 소비자들이 소셜 네트워크 서비스(SNS)에 쏟아낸 후기다. 5.5인치 풀HD 디스플레이, 1300만화소 카메라 등을 달고도 출고가는 44만 9900원으로 낮춘 루나는 연말까지 15만대 판매를 넘어섰다

"디자인은 에르메스인데 값은 유니클로다." 유니클로가 에르메스 디자이너 출신 크리스토퍼 르메르와 만든 '유니클로&르메르 컬렉션' 한정판은 발매 첫날인 10월 2일 전국 매장에 1000여명이 줄을 서는 진풍경을 연출했다. 유니클로는 2015년 국내 패션업계 최초로 연 매출 1조원을 돌파했다.

최근 시장에서 성공을 거둔 신제품들의 공통점은 높은 가성비(가격 대비 품질)이다. 불황이 지속되면서 자신이 만족감을 느끼는 곳에만 지갑을 여는 가치소비가 자리잡고 있는 것이다. 최근 히트제품들의 핵심 성공요인을 살펴보면 다음과 같다.

(1) 불필요한 제품성능을 줄이고 가격을 낮추어라: 루나폰, 티볼리

루나는 뛰어난 제품사양과 낮은 가격을 기반으로 보급형 중저가폰 시장을 개척했다. 광고모델인 걸그룹 멤버 이름을 따 일명 '설현폰'으로 불리는 이 제품은 SK텔레콤과 TG앤컴퍼니가 기획단계부터 협업해 1년여의 연구를 거쳐 개발했다. 세계 최강은 아니지만 일반 사용자들은 80만~100만원대 고가제품과 별다른 차이를 느끼지 못할 수준의 사양을 갖췄다. 제조원가를 낮추기 위해 아이폰 협력업체인 대만 폭스콘에 생산을 맡겼다. 가격은 아이폰6플러스(92만4000원 · 16GB 기준)의 절반도 안 된다. SK텔레콤 관계자는 "10~30대 젊은 소비자들이 주로 찾는 루나는 가격은 저렴하지만 하드웨어 성능은 밀리지 않는다. 실속형 제품이 인정받고 있다는 의미이다"고 평가했다. 쌍용자동차가 2015년 1월 출시한 소형 스포츠유틸리티차량(SUV) 티볼리도 세련된 디자인에 1606만원에서 시작하는 저렴한 가격으로 인기를 누렸다. SUV는 통상 같은 급의 세단보다 비싸지만 티볼리는 이와 비슷한 가격을 책정하고 '내 생애 첫 차'를 제품콘셉트로 잡아 젊은 층을 적극 공략했다.

(2) 숨어있는 수요를 개척하라: 드럼+통돌이, 빅 요구르트

기존 시장의 고정관념을 깨고 소비자의 새로운 수요를 발굴한 신제품도 주목받았다. 편의점 CU의 '빅 요구르트'는 일반 요구르트(60mL) 4.5개 분량인 270mL 제품이다. 흔히 요구르트는 "많이 마시면 질린다"고 해서 소용량 제품만 시장에 나와 있었다. CU는 과거 3년치 음료매출을 분석한 결과 요구르트의

주 구매층이 어린이나 청소년이 아닌 20~30대 여성이고, 이들은 여러 개를 사 한꺼번에 마신다는 점을 찾아냈다. CU 측은 "빅 요구르트는 출시 한 달 만에 유제품 부문 1위에 올라 꾸준히 자리를 지키고 있다. 우유보다 큰 요구르트에 대한 수요가 숨어있는 점을 발굴한 게 주효했다"고 전했다. LG전자 세탁기 '트롬 트윈워시'는 속옷이나 아이옷, 운동화 등을 따로 빨기 원하는 주부들의 수요에 맞추어 개발됐다. 세계 최초로 드럼세탁기 밑에 통돌이 세탁기를 붙여 두 대 중 한 대만 쓰거나 동시에 사용할 수 있도록 했다. 주부들 사이에서 "뛰어난 아이디어 상품"이란 호평을 받으며 280만원의 고가에도 하루 최대 700대 판매기록도 세웠다.

(3) 사치보다 가치를 추구하는 소비자를 목표시장으로 삼아라: SPA의류 유니클로

브랜드 이름값만으로 판매가 잘 되는 시대는 저물고 있다. 2005년 한국진출 이후 10년 만에 매출 1조원을 돌파한 제조·직매형 의류(SPA) 브랜드 유니클로는 의류소비방식의 변화를 보여주는 대표적인 사례로 꼽힌다. 유니클로는 옷에 브랜드 로고를 찍어넣지 않는다. 대신 도레이 등 유명 섬유업체와 공동개발한 고품질의 소재로 '오랫동안 편안하게 입는 옷'임을 강조한다. 그동안 가격을 틈틈이 올렸음에도 불구하고 여전히 웬만한 셔츠나 바지는 2만~4만원대, 두툼한 겨울 외투조차 10만원 안팎에 판매하고 있다. 반면 고급 이미지를 반영하는 로고를 앞세운 명품브랜드들은 매출면에서 고전하고 있고, 최근 들어 제품디자인에서 로고를 숨기는 쪽으로 바꾸는 추세이다. 패션업계 관계자는 "SPA의 성장은 패션시장 소비자들이 더 이상 과시용 소비에 집착하지 않음을 보여준다. 기본적인 의류는 저렴한 SPA를 활용하고, 고가명품은 희소성 있는 브랜드로 몰리는 추세"라고 말했다.

(4) SNS파워를 활용하라: 시식후기 덕을 본 진짬뽕

여러 히트상품들이 탄생하는 과정을 살펴보면 인스타그램, 페이스북 등 SNS를 통해 소비자들의 온라인 구전을 타고 전해지는 사용후기가 강력한 영향을 미쳤다. 2014년 허니버터칩, 2015년 라면업계의 히트상품인 농심 짜왕과 오뚜기 진짬뽕이 대표적 사례이다. 짜왕은 인기 TV 예능 프로그램에 등장한 뒤 SNS상에서 '짜장면보다 맛있는 라면'으로 불리면서 월 매출 기준 신라면에 이어 라면시장 2위에 올랐다. 진짬뽕은 대형마트 시식행사 후기가 SNS를 통해 확산한 경우이다. 오뚜기 관계자는 "마트 시식행사 뿐만 아니라 이슈가 재생산되는 현상이 나타나며 두 달 만에 2000만개 판매를 돌파했다"고 설명했다.

• 자료원 : 한경, 2015.12.29

03 신제품개발과정

신제품개발에 대한 자문을 전문으로 하는 경영자문회사인 미국의 Booz, Allen & Hamilton 회사는 수십 년간 여러 회사의 신제품개발과정을 연구하였다. 이들의 연구결과에 의하면 많은 기업이 이용하는 신제품개발과정은 [그림 9-2]에 나타난 8단계로 요약될 수 있다. 즉, 아이디어 창출, 아이디어 선별, 제품컨셉의 개발 및 테스트, 마케팅전략의 개발, 사업성분석, 시제품개발, 시험마케팅, 상업화이다.

이러한 여러 단계를 거쳐 신제품을 개발하는 과정을 단계적(sequential) 신제품개발이라고 하는데, 단계적 신제품개발에서는 한 부서가 특정단계를 완료한 후에 다음 부서가 그 다음 단계를 진행하기 때문에 복잡하고 위험한 프로젝트를 체계적으로 수행할 수 있는 장점이 있지만 개발과정에 많은 시간을 필요로 한다. 이를 대체할 수 있는 신제품개발과정으로서 미국과 일본의 자동차회사가 많이 이용하는 평행적(parallel) 신제품개발이 있다. 이는 급변하는 마케팅환경과 치열한 경쟁에 대처하기 위해 개발과정을 단축하고 보다 신속하게 신제품을 개발할 필요성에 따라, 여러 부서가 긴밀히 협조하여 동시에 진행이 가능한 분야를 평행적으로 실시하여 개발기간을 단축하는 것이다. 이하에서는 단계적 신제품개발의 내용을 각 단계별로 설명한다.

3.1 아이디어 창출(Idea Generation)

신제품개발과정은 기업의 마케팅목표와 부합되는 신제품 아이디어를 탐색하는 단계로부터 시작된다. 기업은 좋은 신제품 아이디어를 찾아내기 위해 가능한 한 많은 아이디어들을 창출하여야 한다. 기업은 다양한 아이디어 원천들로부터 신제품 아이디어를 수집할 수 있다. 중요한 아이디어 원천들에

그림 9-2 신제품개발과정

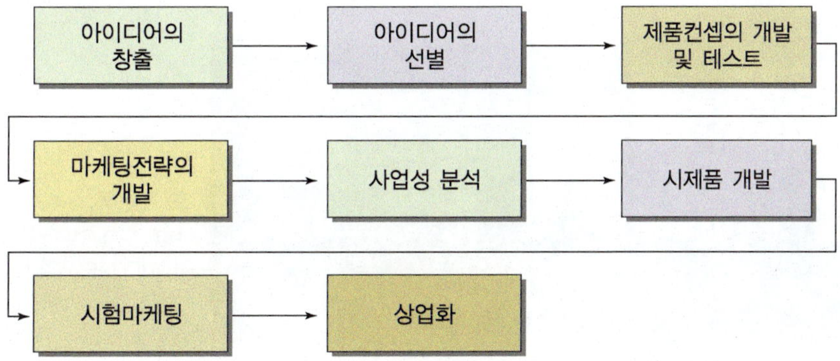

는 기업내부의 사원, 고객, 유통업자, 경쟁사 등이 포함된다.

첫째, 기업은 기업내 R&D부서의 연구원, 영업사원을 포함한 종업원들로부터 신제품 아이디어들을 수집할 수 있다. 예를 들어, Procter & Gamble의 1회용 종이 기저귀인 Pampers, 3M의 접착가능 메모지 Post-it Notes, Texas Instruments의 말하는 계산기 등의 제품아이디어는 회사 종업원들로부터 제안된 것들이었다. 3M은 직원들에 의한 신제품 아이디어 제안을 권장하기 위해 15% 규칙(15 percent rule)을 도입하고 있는데, 이는 사원들에게 근무시간의 15%를 회사와 직접적인 관련이 있거나 없거나에 관련없이 개인적으로 관심있는 프로젝트를 수행하는데 활용할 수 있도록 하는 것이다. 국내의 많은 기업들도 제안함 등을 이용하여 종업원들의 아이디어를 공식적으로 수집하고 있다. 가령, 삼성전자는 2013년부터 집단지성 프로그램인 모자이크(MOSAIC)를 통해 직원들의 아이디어를 모아 기업혁신에 반영하고 있다.

마케팅 Highlight

시장선도제품의 개발을 위해 사내 혁신창출 프로그램을 통해 임직원들의 창의적인 아이디어 제안을 장려하는 LG전자

전호일 LG전자 H&A디자인연구소 수석연구원은 한동안 사무실에 나오지 않았다. "고객을 만나야 아이디어가 나온다"는 신념으로 사무실 밖으로 나갔기 때문이다. 수많은 고객을 직접 만나 이야기를 들은 결과 세탁은 보통 1~2시간 정도 소요되지만 흰옷과 색깔옷을 분리해 세탁하는 과정에서 시간이 두 배 이상 걸린다는 사실을 발견했다. 그는 고민에 빠졌다. 시간을 줄이면서 더 편리하게 세탁할 방법은 없을까. 그가 고민끝에 낸 아이디어는 세탁기 두 대를 하나로 합치는 것이었다. 하단에 통돌이 세탁기를, 상단에 드럼세탁기를 놓으면 동시에 다른 세탁물을 세탁할 수 있고, 시간도 그만큼 단축된다. 2015년 LG전자 최고 히트상품인 트롬 트윈워시는 이렇게 탄생했다. 여기서 중요한 사실이 있다. LG그룹 임직원은 대부분 트윈워시가 이 같은 배경으로 탄생했다는 것을 잘 알고 있다. LG그룹에는 창의·혁신적인 사례를 공유하는 소통의 장이 마련돼 있기 때문이다. 대표적인 것이 LG 임직원이 직접 다양한 주제로 혁신아이디어를 발표하는 LG판 테드(TED)인 'LG 오픈톡스(Open Talks)'다. 전 수석연구원은 2015년 9월 열린 '제10

여의도 LG트윈타워에서 열린 제10회 LG오픈톡스에서 전호일 LG전자 수석연구원이 강연을 하고 있다.

LG전자 임직원 중에서 선발된 아이디어 컨설턴트들이 논의를 통해 임직원이 제안한 아이디어를 구체화하고 있다.

회 LG 오픈톡스'에서 트윈워시를 개발하게 된 비결을 자세히 밝힌 바 있다. 그는 당시 "궁금증과 고민을 반복하는 과정에서 열정과 용기가 더해지면 세상에 없던 아이디어가 나올 수 있다"고 강조했다. LG 관계자는 "LG 오픈톡스는 그룹차원에서 혁신과 아이디어를 창출하는 비법을 모든 임직원이 서로 공유하는 자리"라며 "이를 통해 실제 혁신적인 제품을 개발하기도 하고 사내 조직문화를 효율적으로 변화시킨다"고 말했다. LG 오픈톡스는 남이 안 하는 생각이나 도전을 이뤄낸 자신만의 성공담이나 고객의 삶을 바꾸기 위한 특별한 아이디어, 지식 등 시장선도 LG를 위해 공유할 가치가 있는 모든 소재를 함께 나누는 자리다. 임직원의 혁신아이디어를 서로 공유하고, 한 분야에서 나온 아이디어를 다른 분야에도 적용해보는 기회를 통해 시각을 넓히고 통찰력도 키워 더욱 창의적인 제품과 서비스 개발로 연결시키는 것이 LG 오픈톡스 목표다. LG 오픈톡스 강연자는 임직원 추천으로 선정되며 청중은 LG-LIFE 게시판을 통해 선착순 100~200명으로 구성된다.

한편 LG-LIFE는 사내직원들이 창의적인 아이디어를 제안하는 창구이다. LG는 2013년 10월 그룹차원에서 시장선도 사내포털 LG-LIFE를 오픈하고 직원들의 혁신적인 아이디어를 발판삼아 시장선도 제품개발에 적극 나서고 있다. LG-LIFE에는 2015년 말까지 창의적인 아이디어가 총 1만 7000여 건 제안되었다.

LG 임직원이라면 LG-LIFE를 통해 누구나 참여할 수 있는 아이디어 제안 프로그램은 크게 세 가지로 나뉜다. 고객의 삶을 바꿀 수 있는 시장선도 제품 아이디어를 직접 제안하고 시제품개발을 통해 타당성을 검증해보는 도전 프로그램인 퓨처 챌린저(Future Challenger), 해당 사업부에서 임직원의 집단지성을 빌려 제품이나 사업의 개선사항 등을 모으는 Big Questions(주제제안), 시장선도를 위해 시도해야 할 아이디어를 자유롭게 제안하는 LG Dots(자유제안) 등이 바로 그것이다. LG Dots에는 하루에도 수십건에 이르는 다양하고 자유로운 아이디어가 쏟아지고 있으며, 이 아이디어들은 다양한 직군과 직급으로 구성된 사내 아이디어 컨설턴트 150명에게 매달 평가를 받고 사업화 단계까지 보완되고 있다. 또 2013년 처음 실시된 퓨처 챌린저에는 총 1000여 개의 임직원 아이디어가 쏟아졌다. 이들 아이디어는 두 차례 심사과정을 통해 6개 우수아이디어로 압축돼 6개월의 시제품개발단계를 거쳤다. 실제로 2015년 대리급 직원의 아이디어 제안으로 매직 미러(Magic Mirror)라는 제품이 출시됐다. 매직 미러는 거울이 고객의 피부타입을 측정해 결과를 보여주고 현재 상태에 맞는 맞춤형 피부관리법과 미용제품까지 추천해주는 제품이다.

LG그룹이 임직원 간의 혁신공유에 이처럼 앞장서는 것은 최고경영진 경영철학에 따른 것이다. 구본무 LG그룹 회장은 수시로 "구성원 스스로가 고객이 돼서 의견을 내고 새로운 방법을 찾아 실행하며 해냈다는 성취감이 조직 내에 가득해야 한다"고 주문하고 "시장선도 상품의 개발과 유지에 대해 치열하게 고민하고, 하기로 결정한 일은 반드시 끝까지 집요하게 실행하라"고 강조하고 있다.

• 자료원 : 매일경제, 2016.1.29

둘째, 기업은 소비자조사를 통해 발견된 소비자욕구, 고객의 불만 등을 분석하여 신제품 아이디어를 구할 수 있다. 2016년 삼성전자는 "냉동실에 고기를 보관하면 하얗게 얼음이 끼고, 수분이 다 빠져 퍽퍽해요"라는 소비자불만을 해결하기 위해 냉장고 온도를 일정하게 유지하는 미세정온(定溫)기술을 적용해 온도편차에 따른 식재료의 손상을 최소화한 신형 '셰프컬렉션' 냉장고를 출시했다.

마케터는 소비자들이 제품을 구매하고 사용하는 과정을 직접 관찰하거나, 표적집단면접법 등을 통하여 신제품 아이디어를 얻을 수 있다. 표적집단면접법(focus group interview)을 이용하여 조사자는 참가자들에게 제품사용방법, 제품구매시점, 각 제품에 대한 선호도 등을 이야기하도록 유도한다. IBM과 같은 컴퓨터회사들은 최고경영자들이 1년에 최소한 30일 정도 주요고객들과 접촉을 가지거나 고객만족조사 또는 기타 각종 마케팅조사를 통해 신제품 아이디어를 수집한다. 삼성전자, LG전자 등도 주부모니터제를 통하여 소비자로부터 신제품 아이디어를 수집하고 있다.

셋째, 기업은 중간상이나 부품공급업체들이 제공하는 경쟁기업정보, 고객불만, 신소재 등의 정보를 신제품개발에 활용할 수 있다.

넷째, 기업은 경쟁제품을 구입하여 이를 분석하거나 경쟁사의 성공요인과 개발전략을 분석함으로써 신제품 아이디어를 도출할 수 있다. 만약 기업이 산업내 시장선도자라면 혁신제품개발을 선점하거나 경쟁사의 신제품보다 향상된 제품을 개발하여 기존 시장지위를 방어해야 한다. 예를 들어, 현대자동차는 최고급 세단브랜드 제네시스를 개발하는 과정에서 벤츠, BMW, 아우디 등의 경쟁제품들을 분석하여 이들의 장점을 신제품개발과정에 반영하였다.

삼성전자는 주부모니터제 등의 도입을 통해 소비자들로부터 신제품 아이디어를 수집하고 있다.

다섯째, 최근 들어 기업들은 크라우드소싱 또는 열린혁신(open-innovation)을 통해 신제품 아이디어를 수집하고 있다. **크라우드소싱**(crowdsourcing)은 소비자, 직원, 독립과학자와 연구자, 일반대중에 이르기까지 폭넓은 인적 커뮤니티를 신제품혁신과정에 초대하는 것이다. 이 아이디어의 요점은 제품, 서비스, 웹사이트 또는 마케팅활동을 향상시키는 데 있어 한 명보다는 두 명, 또는 2천명이나 2만명이 더 낫다는 것이다. 예를 들어, Dell컴퓨터의 IdeaStorm 웹사이트는 소비자 혹은 그밖의 누구든 간에 기업이 제공하는 제품을 향상시킬 제안을 제시하도록 한다. 사용자가 제안을 올리면 커뮤니티가 투표를 하는데, 가장 인기있는 아이디어가 상위에 올라간다.

산업재의 경우 R&D부서나 공급업자의 제안들에서 신제품 아이디어를 주로 수집하는 반면, 소비재의 경우에는 경쟁사제품의 분석이나 고객욕구의 조사 등을 통해 수집되는 경우가 많다.

3.2 아이디어 선별(Idea Screening)

마케터는 여러 아이디어 원천들로부터 수집된 신제품 아이디어들 중 소수의 최적 아이디어만을 선별하여야 한다. 개발과정의 후반단계로 진행될수록 더 많은 비용이 소요되므로 초기단계에서 가능성이 있는 아이디어만을 선별하는 것이 중요하다. 그러나 아이디어 선별단계에서 기업은 성공할 가능성이 낮은 제품아이디어를 계속 진행시키거나 성공할 가능성이 높은 신제품 아이디어를 기각하는 오류를 범하지 않도록 유의해야 한다. 가령, 일본에서 가장 큰 소비재 회사 가운데 하나인 가오(Kao)는 신제품위원회를 운영하고 있는데, 이 위원회는 다음과 같은 질문을 토대로 유용한 신제품 아이디어를 선별한다. 이 제품이 진짜로 소비자와 사회에게 유용한가? 우리 회사에 도움을 주는 제품인가? 우리 회사의 목적과 전략에 잘 부합하는가? 이 제품을 성공적으로 만들 수 있는 인적, 기술적 자원을 확보하고 있는가?

아이디어 선별의 목표는 성공할 가능성이 낮은 제품아이디어를 제거하고 최선의 아이디어만을 선택하는 것이다. 이러한 목표를 달성하기 위해 많은 기업들이 신제품 아이디어를 선별하기 위한 잘 설계된 시스템을 개발하려고 한다. 마케팅관리자는 신제품 아이디어들을 평가·선별하는 방법의 하나로 **제품특성분석**(product profile analysis)을 이용할 수 있다. 제품특성 분석에서는 먼저 신제품평가에 사용될 기준들을 결정하고 각 제품아이디어들이 이러한 기준들에 얼마나 부합되는지를 판단하기 위한 점검표(checklist)를 작성한다. 예컨대, 기업이 원하는 제품유형과 부합되는가, 기존의 유통경로를 이용할 수 있는가, 시장의 규모는 충분한지 등의 기준에 대해 각 신제품 아이디어를 평가해서 가능성이 없는 아이디어를 제거한다. 어린이용 블록제조회사 레고는 아이디어 점검표를 이용해 시장성이 있는 아이디어를 선별한다. 이 회사는 아이들이 싫증을 내지 않도록 새로운 제품을 꾸준히 시장에 내놓아야 하지만 변화무쌍한 아이들의 취향을 정확히 분석하기란 쉬운 일이 아니다. 그래서 레고는 다음과 같은 몇 가지 원칙을 정해놓고 그 기준에 맞춰 새로운 제품을 개발한다. 첫째, 제품만 봐도 레고가 만든 것인지 알아볼 수 있는가? 둘째, 어린이들이 놀면서 배울점이 있는가? 셋째, 경쟁사보다 우수한 품질인가? 넷째, 아이들이 가지고 놀 수 있도록 부모들이 주저하지 않고 허락할 수 있는가? 다섯째,

표 9-1 신제품 아이디어 평가표

신제품성공요인	상대적 중요도	신제품 아이디어와 성공요인 간의 적합도	아이디어 평점
마케팅전략	.20	0.8	.160
마케팅경험	.20	0.9	.180
재무자원	.15	0.7	.105
유통경로	.15	0.8	.120
생산능력	.10	0.8	.080
R&D	.10	0.7	.070
(부품)구매	.10	0.5	.050
합 계	1.00	147	.765

아이디어에 대한 평가 척도 : .00~0.40 빈약함, .50~.75 보통임, .76~1.00 우수함, 최소수용점수 : .70

아이들의 창의성을 자극할 수 있는가?

〈표 9-1〉은 신제품 아이디어를 평가하기 위한 점검표의 한 예이다. 이 표에서 각 신제품 아이디어와 성공요인과의 적합도는 0.0에서 1.0 사이의 척도를 이용하여 평가한다. 각 아이디어의 평점은 각 신제품 성공요인의 상대적 중요도와 적합도를 곱한 후 이들을 합산한 값이다. 〈표 9-1〉에서 특정 아이디어의 총평점은 .765이며, 이는 기업이 설정한 기준과 비교할 때 적절한 제품아이디어로 판단된다.

기업이 개발할 제품의 특성이나 기업의 특성에 따라 평가기준과 이의 상대적 중요도가 달라진다. 참고로 〈표 9-2〉는 광택제전문 생산회사인 Johnson Wax사의 신제품 아이디어 평가기준을, 그리고 〈표 9-3〉은 국내 한 소비용품 제조회사의 신제품 아이디어 평가표의 예를 보여주고 있다.

표 9-2 Johnson Wax사의 신제품 아이디어 선별기준

제품기준	마케팅기준	재무적 기준
안전도	마케팅능력 활용가능성	수익잠재력
환경에의 영향	기존 영업사원 활용가능성	이익-위험비율
기존 기술과의 적합도	광고의 비중	운전자본 소요량
부가가치 정도	해외로의 확장기회	자본투입량
소비자 이용면에서의 현저한 향상	기존 유통망 이용	긍정적 현금흐름에 소요되는 시간
패키징의 용이성	업계에서의 선도적 지위 가능성	
자산화 가능 정도	시장성장력	
브랜드확장 가능성		
노동집약도		
제품수명주기 연장정도		

표 9-3 국내 한 소비용품 회사의 신제품 아이디어 평가표

	평가요소	가중치	점수(5점척도)	가중평가치
전 략	ㅇ기업이미지 일치성/기여도 ㅇ중장기 계획과의 부합성 ㅇ법적제약성 ㅇ수익성			
기 술	ㅇ기술개발 어려움 정도 ㅇ기술개발기간/개발비 ㅇ기술응용성/축적효과 ㅇ원료확보 용이성			
마케팅	ㅇ타제품과의 충돌여부 ㅇ제품의 수명정도 ㅇ판매능력 ㅇ광고, 판촉능력 ㅇ경쟁상황 ㅇ시장성 ㅇ차별성 ㅇ매출기여도			
생 산	ㅇ생산인력 ㅇ시설비(신규투자여부) ㅇ생산기술 ㅇ원자재조달			

3.3 제품컨셉의 개발 및 테스트(Development and Test of Product Concept)

매력적인 제품아이디어는 제품컨셉으로 구체화되어야 한다. 제품아이디어, 제품컨셉, 제품이미지에 대해 개념적 혼동이 있으므로 이들간의 차이를 이해할 필요가 있다. **제품아이디어**는 제품으로 개발되어 시장에 내놓을 만한 것으로 생각되는 아이디어를 말하며, **제품컨셉**은 소비자들이 사용하는 용어에 기반하여 제품아이디어를 구체화시킨 것이다. 제품이미지는 실제의 또는 가상의 제품에 대해 소비자들이 지각하는 방식을 말한다.

이하에서는 무공해 전기자동차를 개발하려는 현대자동차의 예를 가지고 기업들이 제품컨셉을 개발하고 테스트하는 과정에 대해 설명하기로 한다.

(1) 제품컨셉의 개발

현대자동차는 자동차의 환경오염에 대한 정부규제의 강화에 따라 무공해 연료전지를 이용한 전기자동차를 개발하여 상업화하려는 계획을 수립하고 있다. 무공해 연료전지시스템(fuel-cell system)은 메탄올연료에 의해 공급되는 수소에 의해 작동되며 단지 물만이 부산물로 산출된다. 이 시스템은 연료효율성이 가솔린엔진에 비해 더 높고 기존의 가솔린-전기복합 자동차보다 환경보호 차원에서 더 우위를 갖는다.

현대자동차의 과업목표는 이와 같은 새로운 형태의 승용차에 대한 제품컨셉대안들을 개발한 다음 고객의 관점에서 어떤 대안이 더 매력적인지를 파악하려는 것이다. 개발팀은 조사를 통해 다음과 같은 세 가지 제품컨셉 대안으로 압축하였다.

- **제품컨셉 1** : 집 근처에서 주로 사용하기 위한 가족용 세컨카(second car)로서 적정수준의 가격대를 가진 소형차(second family subcompact car)로 장을 보거나 친구를 방문하는 데 적합하다.
- **제품컨셉 2** : 어느 정도의 운영비가 드는 스포츠형 소형차로서 젊은층에 소구될 수 있다(sporty compact car).
- **제품컨셉 3** : 실용적이면서 오염정도가 낮은 운송수단을 선호하는 친환경적 소비자에게 소구될 수 있는 저렴한 가격대의 환경보호 소형차(green subcompact car).

(2) 제품컨셉의 테스트

현대자동차는 표적소비자집단을 대상으로 세 가지 대안의 신제품컨셉에 대한 테스트를 실시하였다. 각 제품컨셉은 테스트에 참여하는 소비자들이 각 컨셉의 특징을 쉽게 이해할 수 있도록 재구성되었다. 가령, 제품컨셉 3은 다음과 같은 구체적 설명으로 제시되었다.

> "효율적이고, 운전하기 재미있고, 연료전지로 작동되는 전기소형차이며 4개의 좌석을 가지고 있다. 메탄올로 작동되는 이같은 최첨단 승용차는 환경오염을 전혀 유발하지 않으면서 실용적이고 신뢰할 만한 운송수단이다. 이 승용차는 시속 900마일을 달리며, 배터리충전 전기승용차와 달리 재충전이 필요없으며, 가격대는 풀옵션으로 2,000만원이다."

어떤 컨셉테스트의 경우에는 글로 서술되거나 또는 그림으로 된 컨셉대안을 소비자들에게 제시하는 것으로 충분할 수 있다. 그러나 컨셉을 실물의 형태로 보다 구체적으로 제시한다면, 컨셉테스트의 신뢰성이 향상될 수 있을 것이다. 이에 따라 일부기업들은 소비자들에게 보다 현실감 있게 느껴질 수 있는 제품컨셉을 개발하기 위한 혁신적 방법을 강구하고 있다. 어떤 기업들은 제품컨셉을 개발하기 위해 가상현실을 활용하고 있다. 즉 컴퓨터와 감각인식 도구(가령, 장갑이나 고글(goggles)형 안경)를 사용하는 가상현실 프로그램은 현실감을 느끼도록 시뮬레이션한 것이다. 가령, 부엌가구시스템을 개발하는 디자이너는 가상현실 프로그램을 활용함으로써 소비자들이 자사제품으로 부엌을 재구성했을 경우에 부엌의 모습은 어떻고 부엌에서의 업무가 어떻게 수행될 수 있는지를 파악하는 데 도움을 줄 수 있다. 마찬가지로 미용사들은 새로운 헤어스타일이 소비자들에게 어떤 모습을 줄지를 그들에게 보여주기 위해 가상현실을 활용하고 있다. 가상현실(AI)의 활용이 아직 초보단계에 있지만, 활용의 빈도가 점차 늘어나고 있다.

제품컨셉에 노출된 소비자들은 〈표 9-4〉와 같은 질문에 응답하는 방식으로 컨셉에 대한 자신의 반응에 대해 응답하게 된다. 기업은 소비자들의 응답을 토대로 어떤 컨셉대안이 가장 매력적인지를 결정

표 9-4 연료전지로 작동되는 전기승용차의 제품컨셉 대안들을 테스트하기 위한 질문항목들

1. 연료전지로 작동되는 전기승용차라는 개념을 이해하십니까?
2. 제품컨셉이 제시하는 차의 성능에 대해 믿음이 가십니까?
3. 전통적인 승용차와 비교할 때 연료전지로 작동되는 전기승용차의 주요 장점은 무엇이라고 생각을 합니까?
4. 배터리로 작동되는 전기승용차와 비교할 때 상대적 장점은 무엇입니까?
5. 승용차의 특징이 어떻게 개선되어야 한다고 생각하십니까?
6. 어떤 용도에서 연료전지로 작동되는 전기승용차를 전통적인 승용차보다 더 선호합니까?
7. 차의 적정가격은 얼마라 생각하십니까?
8. 이러한 형태의 승용차에 대한 구매결정에 당신 이외에 누가 참여할 것으로 생각하십니까?
9. 이러한 컨셉의 승용차를 구매하시겠습니까?(반드시 구매, 아마 구매, 아마 비구매, 반드시 비구매)

할 수 있다. 예를 들어, 소비자의 구매의도를 묻는 설문항목에서 응답자의 10%가 반드시 구매하겠다고 답했고 5%의 응답자가 아마 구매할 것이라고 말했다면, 기업은 이들의 응답을 토대로 전체 표적소비자들로부터 예상되는 추정판매량을 계산해 볼 수 있다. 그러나 이러한 추정치는 불확실성이 매우 높은데, 그 이유는 소비자들이 항상 자신이 진술한 구매의도에 따라 행동하는 것이 아니기 때문이다.

많은 기업들이 통상적으로 신제품을 실제로 개발하기에 앞서 소비자들을 상대로 제품컨셉을 테스트하고 있다. 가령, 미국 Richard Saunders사의 Acu-Poll 조사시스템은 매달 35개의 제품컨셉에 대한 테스트를 전국적으로 대표성을 가진 100명의 식료품점 쇼핑객을 대상으로 실시하고 있는데, 응답자들은 우수한 컨셉(pure gold) 또는 매력적이지 않은 컨셉(fool's gold) 등으로 컨셉대안에 대한 평가를 내린다. 가령, Nabisco의 Oreo Chocolate Cones라는 컨셉은 소비자들로부터 A+의 평가를 받았는데, 이는 컨셉이 매력적인 것으로 생각되어 시용구매를 해보거나 구매할 것임을 의미하는 것이다.

3.4 마케팅전략의 개발

현대자동차가 연료전지로 작동되는 전기승용차의 제품컨셉들 가운데 제품컨셉 3이 가장 바람직하다는 것을 확인하였다면, 다음 단계는 마케팅전략의 개발이다. 마케팅전략개발은 이러한 컨셉의 승용차를 출시하기 위한 초기 마케팅전략을 설계하는 것이다.

마케팅전략 진술서는 크게 세 부분으로 구성된다.

마케팅전략의 첫 번째 부분은 ① 표적시장, ② 계획된 제품포지셔닝, ③ 출시후 몇년 간의 판매량, 시장점유율, 이익목표 등에 대한 진술을 포함한다. 예를 들어 다음과 같이 서술될 수 있다.

> "표적시장은 젊고, 교육수준이 높으며, 소득수준이 중간이거나 높은 개별소비자, 커플, 또는 소규모 가족으로서, 실용적이고 친환경적 운송수단을 선호하는 소비자층이다. 이 승용차는 가솔린-전기 하이브리드 승용차에 비해 경제적이고, 운전하기에 재미있고, 오염도가 낮으며, 정규적으로 재충전

을 해야 하는 배터리기반 전기승용차에 비해 더 편리한 운송수단으로 포지션될 것이다. 기업은 판매 초년도에 100,000대의 판매와 손실의 규모를 150억원 이내로 유지한다는 목표를 세운다. 2년차에 들어서, 120,000대의 판매와 250억원의 이익을 실현하는 것을 목표로 한다."

마케팅전략 진술서의 두 번째 부분은 제품의 예상가격, 유통구조, 출시년도의 마케팅예산 등을 포함한다.

"연료전지로 작동되는 전기승용차는 빨간색, 흰색, 푸른색의 세 가지 색상으로 판매되며 에어컨과 파워드라이브는 선택사양으로 공급될 것이다. 승용차의 판매가격은 2,000만원으로 책정되었으며, 매달 100대 이상을 판매한 영업대리점에 대해 추가판매당 판매가격의 5%를 인센티브로 제공한다. 광고예산은 300억원으로 책정될 것이며 전국광고와 지역광고에 대한 비중은 60:40으로 구성될 것이다. 광고는 승용차를 타는 재미와 낮은 배기가스를 강조하는 메시지를 담을 것이다. 출시 당해 연도에는 마케팅조사에 1억원의 비용을 투입하여 승용차를 구매하는 고객의 특성과 그들의 만족수준을 파악할 것이다."

마케팅전략 진술서의 세 번째 부분은 중장기 매출 및 이익목표와 마케팅믹스전략을 다룬다.

"현대자동차는 전체 자동차시장에서 3%의 점유율 달성과 15%의 세후 투자수익률 실현을 장기적 목표로 삼는다. 이러한 장기적 목표를 달성하기 위해, 제품의 품질수준을 처음부터 높게 잡고 이를 계속 향상시키려고 한다. 시장상황이 허락하면 매년 10%씩 증가될 것이다. 출시년도 이후 마케팅조사 예산은 6,000만원으로 축소될 것이다."

현대자동차의 전기차브랜드 아이오닉 일렉트릭

3.5 사업성분석

제품컨셉과 마케팅전략에 대한 결정이 완료되면, 마케터는 신제품의 사업매력도(충분한 매출과 이익을 실현할 수 있는지)에 대해 평가하는 단계로 넘어간다. 사업성분석은 신제품의 예상판매량, 원가, 이익 등이 기업의 목표를 충족시키는지를 검토하는 것이다. 만약 제품컨셉과 마케팅전략이 사업성이 있는 것으로 판단되면, 제품개발단계로 들어간다. 기업은 유사한 제품의 과거 판매기록을 살펴보거나 고객과 전문가의 의견을 묻기위한 서베이를 실시하여 이를 토대로 예상판매량을 추정하며, 시장의 불확실성을 고려하여 최소 예상판매량과 최대 예상판매량을 함께 추정한다. 이러한 예상판매량을 토대로 예상비용(마케팅비용, R&D비용 생산비용, 재무비용 등)과 이익이 추정된다. 기업은 이러한 판매량 및 비용자료를 사용하여 신제품의 재무적 매력도를 분석한다.

3.6 시제품개발(Product Development)

만약 글로 서술되거나 그림으로 표현되거나 모형의 형태로 개발된 제품컨셉이 사업성분석을 통과하게 되면, 시제품개발의 단계로 넘어간다. 제품개발단계에서 R&D부서는 제품컨셉을 토대로 실물의 제품을 제작하게 된다. 시제품개발단계는 대규모의 투자비가 요구되는 시점이며, 제품아이디어가 작동가능한 제품으로 전환될 수 있는지를 결정한다. R&D부서는 제품컨셉을 토대로 몇 개의 실물제품을 개발·테스트하게 되는데, 그들은 소비자의 관심과 만족을 얻으면서 저비용으로 신속한 생산이 가능한 시제품(prototype)을 설계하려고 한다. 만족스러운 시제품의 개발은 수일, 수주, 수개월, 때에 따라 수년의 시간이 소요된다.

가령, P&G는 매년 4,000~5,000개의 신제품개발·테스트에 1억달러 이상의 비용을 지출하는데, 샴푸병을 집어드는 동작과 같은 인간공학에서부터 여성소비자들이 비누거품물에 손을 담그고 일을 할 수 있는 가능한 시간에 이르기까지 다양한 테스트를 실시한다. 특정한 날짜에 소비자들은 표적집단면접이 이루어지는 장소에 참가하여 때묻은 세탁물을 P&G 연구원들에게 판매하기도 하고, 아기에게 기저귀제품을 채우거나 개발중인 크림을 얼굴에 발라보기도 한다. 다른 예로 삼성전자는 내구성 있는 스마트폰을 만들기 위해 실험실에서 엄격한 시제품성능 테스트를 실시한다. 경기도 수원시 삼성전자 디지털시티(수원사업장) 내 1000여평 규모 파일럿센터는 300명 이상이 장비 수백개를 사용해 낙하내구성을 포함해 테스트공정 30개 이상을 진행한다. 이곳에서는 수십회에서 수백회씩 휴대전화를 계속 바닥으로 투하하는 낙하내구성(耐久性) 테스트를 실시한다. 그리고 온도·습도 테스트실에서는 휴대전화를 다양한 온도와 습도조건에 드러낸 뒤 이상없이 작동하는지를 실험한다. 휴대전화를 꺼놓은 상태에선 영하 40℃ 조건에서, 켠상태에선 영하 20℃에서 몇 시간씩 놓아뒀다가 나중에 꺼내 정상작동되는지를 점검하는 것이다. 비가 시간당 수십mL씩 많이 오는 상황에서도 통화나 인터넷이 제대로 작동하는지를 실험하는 방도 있다. 삼성전자에서 기획하는 모든 휴대전화는 파일럿센터내 수십개 실험실로 나누어 진행하는 각종실험을 모두 통과해야만 생산할 수 있다 만약 시제품이 내구성테스

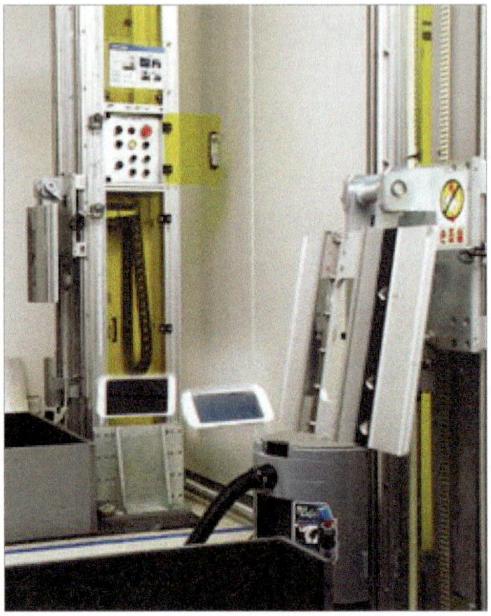

휴대전화를 일정 높이에서 바닥에 떨어뜨려 낙하내구성을 실험하는 삼성전자의 파일럿센터

트에서 불합격하면 즉각 설계에 재반영되고, 양산모델에도 이상이 있을 땐 즉시 생산현장에 문제점이 피드백된다.

시제품은 필수적인 기능적 특성을 갖추어야 하며 의도한 심리적 특성이 소비자들에게 전달되어야 한다. 예를 들어, 연료전지로 작동되는 전기승용차는 소비자의 눈에 잘 만들어졌고, 편안하며, 안전하다고 비춰져야 한다. 따라서 시제품개발과정에서 기업은 소비자들이 잘 만들어졌다는 결정을 내리는 데 영향을 주는 요소들이 무엇인지를 파악해야 한다. 어떤 소비자들은 닫을 때 견고한 느낌을 주는 소리를 내는 문을 생각할 수도 있고, 충돌테스트에서 잘 견디는 것을 생각할 수도 있을 것이다. 이를 파악하기 위해 기업은 소비자들이 시운전을 통해 승용차의 속성들을 하도록 하는 소비자테스트를 실시할 수 있다.

3.7 테스트마케팅(Test Marketing)

개발된 신제품을 표적시장에 출시하기 앞서 테스트마케팅에 의하여 소규모 실제시장에 신제품을 도입하고 소비자의 반응과 매출가능성을 조사할 필요가 있다. 마케터는 시험시장에서의 소비자 반응 결과를 토대로 표적시장에의 출시여부를 결정한다. 만약 제품이나 마케팅프로그램의 수정을 필요로 하면 제품개발단계로 다시 돌아간다.

신제품을 테스트할 시험시장은 다음과 같은 특성을 갖는 것이 바람직하다. ① 나이, 소득, 직업 등의 인구통계적 특성에서 표적시장을 충분히 대표할 수 있는 지역이 선정되어야 한다. ② 시험시장 내의 경쟁제품들이 전국시장에서의 실제 경쟁상태를 충분히 반영하는 지역이 선정되어야 한다. 만약 경쟁제품들의 판매력이 취약한 지역을 시험시장으로 선정하여 제품을 도입할 경우, 매출액이 실제보다 높게 나타날 수 있다. 마케터는 전국적 매출액을 예측하기 위해서 반복구매가 이루어질 정도의 충분한 기간 동안 시험시장에 제품을 유통시켜야 한다. ③ 시험시장이 경쟁사의 영향으로부터 격리되어야만 마케터는 신제품의 유통과 매체노출을 통제할 수 있고 경쟁사의 방해를 예방할 수 있으므로 보다 효과적인 시험결과를 얻게 될 것이다.

테스트마케팅은 많은 비용과 시간이 소요된다. 기업이 시험시장에서 너무 오랜 기간 동안 테스트마케팅을 수행할 경우, 신제품개발정보가 경쟁사에 누출될 가능성이 높아진다. 경쟁사는 자사의 신제품이 전국시장에 출시되기전에 빨리 모방제품을 개발하여 먼저 전국시장을 선점하게 될 것이다. 이와 같이 테스트마케팅은 위험을 수반하지만 철저한 테스트마케팅 없이 전국시장에 신제품을 도입하여 입게 될 비용과 비교한다면 그렇게 많은 비용이라고는 볼 수 없다. 그러나 기업은 신제품시장에 대한 경험을 가지고 있어 성공에 대한 확신을 가지거나 제품개발 및 시장도입 비용이 크지 않을 경우, 테스트마케팅을 생략하고 바로 전국시장에 진출할 수 있다.

실제로 소비용품 기업들의 테스트마케팅 활용빈도가 최근 들어 감소하고 있다. 많은 경우 기업들은 단순한 라인확장이나 경쟁제품을 모방한 제품에 대해서는 테스트마케팅을 실시하지 않는다. 그러나 제품이나 마케팅프로그램의 성공여부에 대한 확신이 없을 경우에는 기업은 상당규모의 테스트마케팅을 실시할 수 있다. 예를 들어, 한국 맥도날드는 커피전문점 맥카페를 국내에 들여오기 전에 대구에 위치한 맥도날드 매장에서 국내시장 성공가능성을 보기 위해 테스트마케팅을 실시했다. 커피전문점 맥카페는 국내 맥도날드 매장에서 운영중인 맥카페와는 전혀 다른 개념이다. 맥도날드 매장안에 설치된 맥카페는 커피, 음료와 아이스크림 등을 구매하려는 고객들의 쇼핑편의성을 높이기 위해 별도로 작은 공간을 설치해둔 곳인 반면 커피전문점 맥카페는 커피와 케이크 등을 판매하며 내부인테리어 역시 맥도날드라는 느낌이 들지 않을 정도로 전형적인 커피전문점 모습을 띠고 있다. 이곳에서 사용하는 커피는 맥도날드에서 판매하는 커피와는 다른 고급원두를 로스팅한 제품이다. 한국 맥도날드는 대구 테스트매장에서 커피외에 케이크 7종을 판매하고 바리스타가 상주하며 직접 로스팅한 커피를 고객들에게 제공하면서 고객반응을 조사했다.

테스트마케팅은 상당한 비용을 필요로 하지만, 전국시장에서 중요한 실수를 저지름으로 인해 발생되는 비용과 비교하면 그렇게 크지 않을 수 있다. 예를 들어, McDonald's는 지역체인점을 통해 통상적으로 실시했던 테스트과정을 거치지 않고 저지방 버거제품인 McLean Deluxe를 전국시장에 곧바로 출시하는 실수를 저지름으로써 큰 비용손실을 경험하였다.

소비재 기업들은 테스트마케팅을 실시하는 데 있어 전통적 시험시장법, 통제시험시장법, 모의시험시장법 중의 하나를 선택할 수 있다.

전통적 시험시장법(traditional test market)은 전체 표적시장을 대표할 수 있는 몇 개의 지역을 선정하여 그 지역내 소매상들의 협조를 받아 신제품을 진열공간에 진열하고, 표적시장에 사용될 광고 및 판촉캠페인과 유사한 캠페인을 실시한 후, 소비자의 반응 및 판매성과를 조사하는 방법이다. 전통적 시험시장법은 조사에 많은 시간과 비용이 소요되고, 자사제품이 표적시장에 도입되기 전에 경쟁사들에게 노출되어 이들이 방어전략을 수립할 시간을 줄 수 있다는 결점이 있다.

우리나라의 경우 시장규모가 작고 지리적으로 협소하기 때문에 미국과 같이 대규모의 시험시장(일반적으로 미국기업들이 이용하는 시험시장법은 300만 달러 정도의 비용에 6~12개월의 기간이 소요됨)이 실시되는 경우는 별로 없다. 이러한 문제점에도 불구하고 전통적 시험시장법은 여전히 테스트마케팅의 한 방법으로 널리 사용되고 있다. 그러나 최근에는 소규모의 소비자 집단을 대상으로 하는 시험시장이나 보다 비용이 저렴하고 실시기간이 짧은 통제시험시장법이나 모의시험 시장법으로 전환하는 기업들이 늘어나고 있다.

통제시험시장법(controlled test market)은 **미니시장시험법**(mini-market test)이라고도 하는데, 마케팅 조사회사가 시험시장으로 사용되는 지역에 소매점포들로 구성된 패널을 유지하면서, 이들을 이용하여 테스트마케팅을 실시한다. 테스트마케팅에 참여하는 소매점포들은 그 대가로 일정 수수료를 받는다. 즉, 신제품을 개발한 기업이 테스트마케팅을 실시할 지역과 제품을 진열할 점포수를 지정하면, 조사회사는 해당점포들에게 신제품을 공급하고 신제품의 진열위치, 구매시점 광고, 가격 등을 계획에 의해 통제한 후 매출액 추이를 조사한다.

통제시험시장법은 신제품개발회사의 영업사원이 아니라 조사회사가 유통과정을 직접 통제하기 때문에 중간상의 반응에 관한 정보가 정확하지 않을 수 있다는 한계가 있다. 통제시험시장법을 활용하는 조사회사로는 미국의 IRI(Information Resources Inc.)가 유명하다. IRI가 개발한 Behavior Scan이라는 프로그램은 점포내 계산대에 설치된 스캐너(optical scanner)를 이용하여 개별소비자의 구매행동 및 구매내용을 추적·조사할 수 있다. 패널구성원들은 IRI와 계약이 된 점포에서 생활용품들을 구매한 후 계산대에서 ID카드를 제출하면 각 구성원들의 구매내용이 스캐너를 통해 컴퓨터에 기록된다. 이와 함께 IRI는 8개 도시에 3,000명으로 구성된 소비자패널을 이용하여 각 구성원들의 TV시청을 측정하며, 이들에게 실험용으로 제작된 광고를 내보낸 후 반응(상표인지도, 광고선호도 등)을 조사하기도 한다. 컴퓨터에 저장된 고객의 구매정보는 인구통계적 특성과 TV시청정보와 함께 결합되어, 고객의 반복구매정보, 신제품 및 광고에 대한 반응, 시험중인 신제품의 점포별 및 주간별 매출액 등을 조사하는 데 이용된다.

모의시험시장법(simulated test markets)은 **사전시험시장법**(pre-test markets)이라고도 불리는데, 실험에 참가한 소비자들에게 신제품을 포함한 여러 제품들의 광고를 보여준 후, 실험에 참가한 대가로 받은 소정의 금액으로 실험을 위해 설치된 가상의 점포(또는 실제점포)에서 실제로 제품을 구매하도록 하는 방법이다. 모의시험시장법의 목적은 실험실상황 하에서 제품에 대한 인지도, 시용구매, 반복구매를 측정함으로써 시험시장에서 얻은 것과 동일한 수준의 예측력과 관련정보를 획득하고자 하는 것이다. 실험에 참가한 소비자들이 구매한 신제품과 경쟁사 제품의 구매량을 기록하여, 소비자의 시용구매 및 신제품광고의 효과 등을 조사한다. 또한 신제품을 구매한 또는 구매하지 않은 이유도 조사한다. 구매된 제품을 가정에서 사용하도록 한 후, 전화면접을 이용해 제품에 대한 태도, 만족도, 재구매의도 등을 조사한다. 모의시험시장은 저렴하고도 신속하게 소비자반응을 예측할 수 있는 장점이 있지만, 실험점포에서 조사가 이루어지기 때문에 유통업체들의 신제품에 대한 반응을 알기가 어려우며 자료의 신뢰성에서 한계가 있다.

3.8 상업화(Commercialization)

미국시장의 경우 시험시장에서 시험마케팅을 실시한 신제품들 중 절반정도만이 전국시장에 출시된다고 한다. 이러한 결과는 체계적인 신제품개발과정의 도입, 성공가능성이 높은 신제품 아이디어에 대한 집중적 투자 등에서 기인한다. 아직까지 시장조사, 신제품개발과정 등이 체계적이지 못한 우리나라의 경우, 신제품실패율에 대한 정확한 조사자료는 없지만 이보다 훨씬 높을 것이다.

전국시장에 동시에 신제품을 도입할 경우 생산과 마케팅에 상당한 투자가 따르기 때문에, 마케터는 전국시장에 동시에 시판할 것인가 또는 지역에 따라 단계적 도입(roll out)을 할 것인지를 신중히 고려해야 한다. 전국 동시시판 혹은 지역별 단계적 시판의 채택은 그 기업의 경쟁력과 위험수용 정도에 의해 결정된다. 위험을 최소화하기 위해 많은 기업들이 경쟁이 가장 약한 지역부터 출시하는 등의 단계적 시장도입 전략을 채택하고 있다. 가령, 한국에 지사를 둔 글로벌 식품업체들이 신제품을 한국시장에 먼저 출시하고 반응을 분석한 뒤 해외로 확장하는 사례가 늘고 있다. 보통 신제품반응은 본사에서 먼저 살펴본 뒤 수출지역을 넓혀가는 게 일반적이지만, 변화가 빠르고 트렌드에 민감한 한국시장을 주요거점으로 삼아 테스트마켓으로 활용하고 있는 것이다. 농심켈로그가 그 한 예인데, 이 회사의 '스페셜K 고구마 & 바나나'는 원래 고구마를 좋아하는 한국인들을 타깃으로 한국에 단독출시된 제품이었지만 이후 해외에서 많은 관심을 받아 대만에 수출됐다. 한국단독출시 제품인 첵스초코, 통곡물 현미 등도 중국, 대만 등에 수출됐다. 다른 예로 2016년 봄 한국에만 출시된 프링글스의 버터카라멜이 3개월 만에 100만캔 이상 판매되며 인기를 모으자 이후 대만에 수출됐고, 현지에서 좋은 반응을 얻었다. 이에 고무된 프링글스 측은 사과와 카라멜 향이 조화를 이룬 프링글스 애플카라멜 신제품도 한국에서 가장 먼저 선보이고 한국에서 반응을 살펴본 후 출시지역을 늘려갔다.

04 신제품개발관리(Managing New-Product Development)

신제품개발은 단순히 신제품 아이디어를 찾고, 신제품을 개발/출시하는 일련의 활동만을 의미하는 것은 아니다. 기업은 성공적인 신제품개발을 위해 소비자 중심적이고, 팀에 기반을 둔 신제품개발 노력을 필요로 한다.

첫째, 신제품개발은 고객중심적이어야 한다. 신제품 아이디어를 찾고 신제품을 개발할 때, 기업들은 회사 내 R&D 부서의 기술적 연구에 지나치게 의존하는 경향이 있다. 그러나 성공적인 신제품개발은 고객이 필요로 하는 것과 고객이 원하는 가치를 철저하게 이해하는 것에서 출발한다. 예를 들어, 소비자 패키지용품 산업의 신제품성공률은 15~20퍼센트 정도밖에 되지 않는데, P&G의 성공률은 50퍼센트를 넘어선다. P&G의 전 최고경영자인 A.G Lafley에 의하면, 이같은 성공의 가장 중요한 요소는 소비자의 욕구를 이해하는 것이다. P&G는 Living It(고객과 함께 살아보기) 프로젝트를 채택해, 소비자욕구에 기반한 신제품 아이디어를 생각해내기 위해 직원들로 하여금 소비자들과 함께 며칠동안 지내도록 한다. 또한 P&G 직원들은 Working It(현장에서 일해보기)라는 프로그램을 통해 매장에서 시간을 보내기도 한다.

오늘날의 혁신적 기업들은 연구소 밖으로 나와 고객욕구를 충족시킬 참신한 방안을 찾기 위해 고객들과 접촉한다. 고객중심적 신제품개발은 고객을 이해하고 신제품개발과정에 그들을 관여시키는 것으로 시작해서 끝을 맺는다.

둘째, 좋은 신제품개발이란 기업전체, 부서상호 간의 노력을 필요로 한다. 대다수 기업들은 아이디어 창출로부터 출발하여 상품화로 끝맺는 신제품개발순서에 맞추어 신제품개발과정을 조직한다. 이런 **순차적 제품개발**(sequential product development) 방식 아래에서는 회사내의 각각의 부서가 개별적으로 일을 진행시키고, 한 부서는 신제품개발과정에서 다음 단계를 맡고 있는 다른 부서로 자신이 수행한 개발업무를 넘기면 자신의 일이 완성된다. 그러나 이러한 신제품개발과정은 진행속도가 매우 느릴 수 있다. 단계적 제품개발방법은 빨리 변화하고 경쟁이 치열한 오늘날의 시장환경에서는 신제품 실패, 시장선도적 포지션의 추락 등을 초래할 수 있다.

신제품을 시장에 좀 더 빨리 내놓기 위해, 최근 들어 일부기업들은 **팀 기반의 신제품개발 방식**(team-based new-product development)을 도입하고 있다. 이 접근법에서는 회사 내 여러 부서들이 복합기능팀(cross-functional teams)의 구성원이 되어 서로 긴밀히 협조하며 때때로 시간을 절약하고 효율성을 높이기 위해 제품개발과정에서 두 가지 이상의 단계들이 동시에 진행되기도 한다. 신제품을 이 부서에서 저 부서로 넘기는 것이 아니라, 다양한 부서의 사람들이 팀을 구성하여 신제품개발의 처음부터 끝까지 공동으로 작업한다. 가령, IBM은 2012년 이후 제품개발 프로세스를 전면 개편하고 있다. 시장을 거쳐 제품컨셉을 잡고 이를 토대로 신제품을 개발/출시하는 신제품개발방식으로는 시장의 빠른 변화를 따라 잡을 수 있다고 판단한 것이다. 이에 따라 시장조사과정을 없애는 대신 디자이너를 대폭 보강해 이들이 현장에서 직접 제품컨셉을 정하고 신제품개발자들과 협업하도록 하고 있다.

갈수록 제품수명주기가 짧아지는 등 산업이 급박하게 변화하는 현실에서, 고객중심의 접근법과 팀중심의 신제품개발을 모두 갖춘 기업은 올바른 신제품을 시장에 보다 신속하게 내놓음으로써 경쟁적 우위를 점할 수 있다.

05 신제품수용과 확산

소비자는 신제품에 노출되었을 때 바로 구매에 들어가는 것은 아니다. 소비자는 최초로 신제품 또는 혁신에 노출되는 순간부터 최종구매에 도달할 때까지 여러 단계의 심리적 과정을 거치게 된다. 이러한 심리적 과정을 **수용과정**(adoption process)이라고 한다. 한편 신제품이 표적시장 소비자들에게 확산되는 과정을 신제품확산이라고 한다. 본절에서는 신제품의 수용과 확산에 관련된 내용을 설명한다.

5.1 수용과정모델

전통적인 수용과정모델에 의하면 소비자는 최종적으로 신제품을 수용하기까지 인지, 관심, 평가, 시용, 수용의 다섯 단계를 거친다.

① 인지(Awareness)

소비자는 광고 또는 구전에 의하여 신제품에 대한 정보를 처음으로 접하게 된다. 이 단계에서는 추가적인 제품정보를 탐색할 만큼 그 제품에 대한 충분한 관심을 보이지 않는다.

② 관심(Interest)

소비자는 신제품광고나 구전에 반복노출됨에 따라, 제품에 대한 관심을 보이게 된다. 이에 따라 신제품이 어떠한 혜택을 제공하는지에 대한 추가적인 정보를 탐색한다.

③ 평가(Evaluation)

소비자는 신제품을 구매할 가치가 있는지, 그리고 신제품이 자신의 욕구를 어느 정도 충족시켜 줄 것인지를 판단하게 되며, 이러한 판단에 의해 신제품에 대한 태도를 형성하고 시용구매의 여부를 결정한다. 만약 시용할 가치가 없다고 판단되면 제품구매를 포기할 것이다.

④ 시용구매(Trial)

신제품구매시, 소비자는 구매에 수반되는 위험을 인식하기 때문에 신제품의 성능에 대한 확신이 설 때까지 시용구매를 하게 된다.

⑤ 수용(Adoption)

시용구매된 신제품을 사용하여 얻은 경험을 토대로 그 제품을 다시 평가하게 된다. 만약 신제품에 대해 긍정적인 평가(만족)를 하게 되면 그 제품을 수용하게 될 것이며(정규적으로 구매를 한다), 신제품에 부정적인 평가(불만족)를 하게 되면 앞으로 제품을 수용하지 않기로 결정하게 될 것이다.

5.2 신제품수용자의 유형

소비자들이 신제품을 수용하더라도 모두 같은 시점에서 신제품을 수용하지는 않는다. 예를 들어, 스마트폰이 처음 출시되었을 때 어떤 소비자는 남보다 먼저 수용하지만 다른 소비자는 그보다 훨씬 나중에 수용한다. 만약 특정시점에서 신제품을 수용할 가능성이 가장 높은 소비자를 알 수 있다면, 마케터는 그들을 표적시장으로 하여 집중적인 마케팅노력을 투입할 수 있을 것이다.

[그림 9-3]에서는 소비자가 신제품을 수용하는 시점에 따라 이들을 5개의 수용자범주(adopter

그림 9-3 수용시점에 따른 수용자의 분류

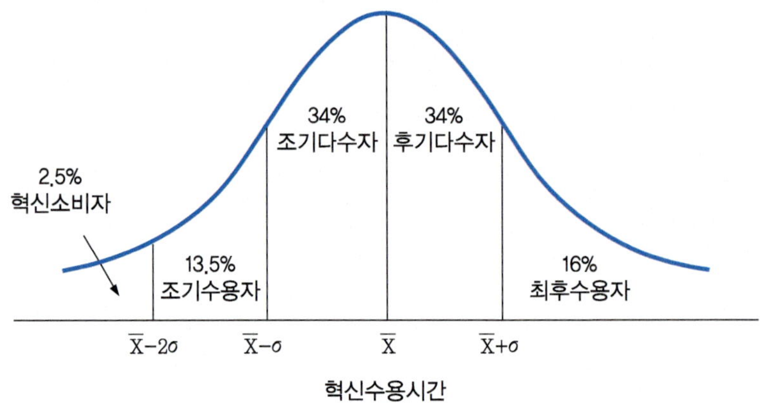

categories)로 나누고 각 범주에 해당하는 수용자의 수를 정규분포의 비율에 따라 할당하고 있다. 즉, 신제품도입 초기에는 소수의 소비자만이 구매하며, 점차 수용자의 수가 증가함에 따라 전체수용자의 수는 증가하지만 어느 시점을 지나면 수용자의 증가율이 감소하기 시작한다. 신제품도입 초기에 제품을 수용하는 소비자를 혁신소비자(innovators)라고 하며, 이러한 혁신소비자는 전체수용자의 약 2.5%를 점유한다. 혁신소비자 다음으로 구매하는 소비자집단을 조기수용자(early adopters)라고 하며, 전체수용자의 약 13.5%를 차지한다. 조기수용자 다음으로 수용하는 대부분의 일반소비자 집단을 조기다수자(early majority)와 후기다수자(late majority)라고 부르며, 각각 전체수용자의 약 34%씩을 각각 점유한다. 가장 나중에 수용하는 소비자집단을 최후수용자(laggards)라고 하는데, 이들은 전체수용자의 약 16%를 차지한다.

각각의 수용자범주는 특성면에서 다음과 같은 차이가 있다. 혁신소비자들은 모험적이기(venturesome) 때문에 신제품수용에 수반되는 위험을 기꺼이 감수하려는 성향을 가지고 있다. 조기수용자는 소속집단의 존경을 받는 자들로서, 그들은 사회에서 의견선도자의 역할을 한다. 휴대폰 전화기를 처음으로 구매한 사람들은 대체로 이 제품에 대한 혁신소비자나 조기수용자에 해당한다. 한편 조기다수자는 신중한(deliberate) 반면, 후기다수자는 신제품수용에 의심이 많은(skeptical) 자들로서 많은 사람들이 신제품을 수용한 후에야 구입하는 경향이 있다. 최후수용자는 전통에 얽매인 소비자들로서 변화를 거부하며 전통에 집착한다. 따라서 신제품이 대다수의 소비자에 의해 수용되어야만 그 제품을 구매하게 된다. 예를 들어, 스마트폰 수용을 거부하는 소비자들이 이에 해당한다. KT올레는 3G 통신서비스가 전면적으로 실시되었음에도 불구하고 구형 2G 핸드폰(피쳐폰)을 계속 사용하는 고객들의 3G 서비스로의 전환을 유도하기 위해 최신 3G 스마트폰 무료제공, 기존 2G번호 사용가능, 기존 요금제 수준으로 사용가능, 가입비 및 유심카드무료 등의 다양한 혜택을 제공했다.

그림 9-4 S자형의 확산곡선

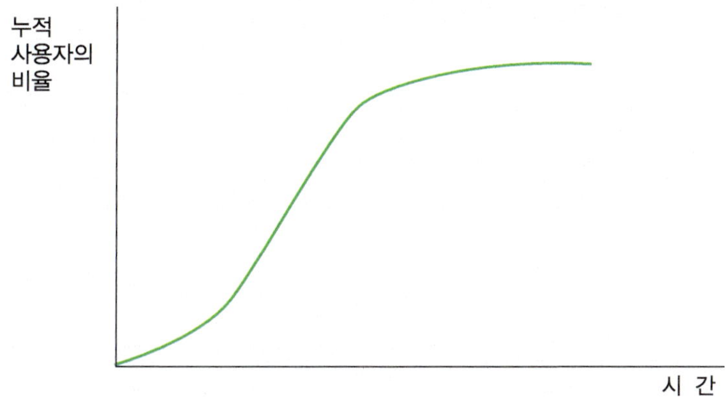

5.3 S자형의 확산곡선(Diffusion Curve)

정규분포에 따라 신제품수용자의 유형을 나눈다는 것은 시간의 경과에 따라 신제품의 잠재소비자들에게 확산되는 과정이 [그림 9-4]와 같이 S자형을 가짐을 시사한다. 즉, 신제품이 출시된 후 처음에는 소수의 혁신소비자들에 의하여 느린 속도로 수용되다가 점차 조기수용자가 제품을 구매함에 따라 급속한 시장확산이 이루어진다. 조기다수자와 후기다수자의 신제품수용이 계속 이루어짐에 따라 수용자의 수는 계속증가하지만 증가율은 점차로 감소한다. 만약 신제품확산곡선(diffusion curve)의 정확한 형태를 추정할 수 있다면, 시간의 경과에 따른 매출액예측과 마케팅계획수립에 활용될 수 있을 것이다.

06 제품수명주기와 단계별 마케팅전략

제품시장은 끊임없이 변하고 있다. 시장변화에 적절히 대응하여 오랜 기간 동안 시장에 남아있는 제품이 있는 반면, 시장변화에 신속히 대응하지 못하거나 시장변화의 방향을 잘못 판단하여 단시일 내에 시장에서 사라지는 제품도 있다. 예를 들어, 진로소주, 다시다, 코카콜라, 새우깡 등은 국내시장에 소개된 지 몇 십년이 지난 오늘까지 장수하지만, 맥콜처럼 시장도입 후 몇 년간 급속한 성장을 하다가 바로 쇠퇴기에 들어서는 제품도 있다.

마케터는 신제품을 출시한 후 소비자들에게 빠른 시간내에 수용된 후 오랜 기간 동안 소비자에 의해 선택되기를 원한다. 그러나 소비자요인, 기술적 요인, 혹은 경쟁요인 등으로 인해 마케터가 기대한 만큼 장기간 제품수명을 유지하는 상표는 그렇게 많지 않다.

신제품이 시장에 나온후의 진화과정을 설명하는 데 유용한 분석틀이 바로 제품수명주기(PLC ; product life cycle)개념이다. 제품수명주기 이론에 의하면 생물의 성장과정과 마찬가지로 제품도 시장에 처음으로 진입하여 판매량이 급성장하다가 성숙기를 거쳐 시장에서 사라지게 된다는 것이다. 제품수명주기 이론은 도입기에서 쇠퇴기까지의 자연스러운 제품진화과정을 보여주며 각 단계에서의 마케팅전략적 시사점을 제공한다는 점에서 유용하다. 물론 많은 제품들이 반드시 이러한 형태로 진화되는 것은 아니다. 신제품은 도입직후 바로 성장단계로 갈 수 있으며, 쇠퇴기 후 재도약기를 맞이할 수도 있는 것이다.

마케팅 Highlight

장수 식품브랜드 빅3(박카스, 동원참치, 신라면)의 핵심 성공요인

2015년 동아제약은 박카스가 제약업계 단일제품으로는 처음 연 매출 2000억원을 돌파했다. 단일제품이 2000억원 넘게 팔린 것은 식품업계에서 농심 신라면(4800억원), 동원F&B 동원참치캔(3500억원) 정도뿐이다. 신제품이 빠르게 쏟아지는 시장에서 출시된 지 30년 이상 된 제품들이 2000억원 넘는 매출을 달성할 수 있었던 비결은 무엇일까. 업계관계자들은 마케팅의 기본을 지키면서 끊임없이 변신해 온 것이라고 말한다.

1961년 최초의 박카스는 알약모습이었으나 이후 앰플형태로, 다시 병 형태로 모양이 바뀌었다.

1961년 출시 이후 박카스는 피로 회복제라는 브랜드이미지를 꾸준히 유지해왔다. "진짜 피로 회복제는 약국에 있습니다"라는 광고문구는 박카스 매출을 끌어올리는데 크게 공헌했다. 반면 박카스의 외형은 계속해서 변화했다. 초창기 박카스는 알약 형태였지만 당시만 해도 제제(製劑)기술이 미숙해 알약 껍데기가 녹는 문제가 발생했다. 결국 1년 뒤인 1962년 8월 박카스는 20cc 앰플형태로 바뀌었다. 하지만 이번엔 소비자들이 앰플용기 사용에 익숙하지 못해 안전사고가 자주 일어나고 제품운반과정 중에 많이 파손되는 문제가 발생했다. 이를 해결하기 위해 동아제약은 1963년 8월 현재와 같은 병 형태의 박카스D(드링크)를 출시했다.

1982년 출시된 동원참치는 박카스와는 정반대되는 제품관리를 했다. 제품외형은 거의 그대로 유지하면서 제품연상의 차별화를 통해 지속적으로 브랜드파워를 유지해왔다. 출시 초기에는 참치가 고급어류였던

1980년대 고급식품으로 인식되던 동원참치는 2000년대 들어 건강식품으로 제품포지션을 변경했다.

점에 착안해 참치캔을 '고급식품'으로 포지셔닝하고 중·상류층을 공략했다. 광고에도 어군 탐지용 헬리콥터를 탑재한 참치선망선을 등장시켜 값비싼 제품이미지를 부각했고 참치캔 선물세트를 만들어 제품구매를 유도했다. 이후 국민소득이 높아짐에 따라 고추·야채참치 등 제품종류의 다양화를 통해 참치캔을 반찬으로 쉽게 먹을 수 있는 식품으로 재포지션했다. 2000년대 들어 편의식품 종류가 늘어나 참치캔 시장이 정체됨에 따라 칼슘·오메가6 등이 들어 있다는 점을 부각시켜 건강식품으로 포지션을 다시변경시켰다. 최근에는 1인 가구를 위한 맞춤형 참치캔을 개발함으로써 브랜드파워를 유지하려는 마케팅노력을 기울이고 있다.

신라면은 다른 두 제품브랜드들과 비교하면 변화가 적은 편이다. 1986년 출시 이후부터 비슷한 패키지 디자인에 동일한 맛을 유지해왔다. 역설적으로 신라면은 같은 맛을 유지하기 위해 변신해온 것이다. 농심 관계자는 "신라면 수프는 버섯·고추 등 약 50가지 농산물을 배합해서 만드는데 농산물 출하시기나 그해 작황에 따라 조금씩 맛이 변한다. 농산물의 맛을 공산품처럼 동일하게 만들어낼 수는 없으니 재료배합 비율을 달리해 수프맛을 동일하게 유지해야 했다. 개발팀이 가장 두려워하는 말은 '맛이 달라졌다'는 말이다. 20여 명의 맛 감별단이 투입되어 한 달 전, 일 년 전의 맛과 똑같은지 늘 맛보고 평가한다"고 말한다. 120여 명의 개발팀 연구원 중 정예부대로 선발된 이들은 미각을 최대한 끌어올리기 위해 담배와 술도 하지 않는다. 농심 홍보팀 관계자는 "젊은 층이 좋아하는 톡 쏘는 매운맛을 내기 위해 2014년 수프맛을 바꾼 것을 제외하고는 초기의 맛을 그대로 지키려고 노력해왔다"고 말한다.

1986년 출시한 신라면(왼쪽)과 2014년 맛과 포장지를 바꾼 신라면. 매운맛을 강조하며 '신(辛)'자를 키웠다.

• 자료원 : 조선일보, 2016.1.30

이 절에서는 제품수명주기의 형태와 수명주기분석에 적절한 제품수준에 대하여 살펴본 후 제품수명주기의 단계별 특징과 마케팅전략에 대하여 설명한다. 마지막으로 제품수명주기의 전략적 시사점을 다루기로 한다.

6.1 제품수명주기의 형태

제품수명주기는 다양한 형태를 가질 수 있지만 전형적인 제품수명주기는 S자형을 가진다. S자형의 제품수명주기에 의하면 제품은 판매량변화에 따라 도입기, 성장기, 성숙기, 쇠퇴기의 4단계를 거치며 제품단위당 평균이익은 제품수명주기 단계가 진행됨에 따라 증가하다가 점차 감소하게 된다. 전형적인 제품수명주기의 형태는 [그림 9-5]와 같다.

그러나 모든 제품수명주기의 형태가 S자형인 것은 아니다. 어떤 제품은 시장에 도입된 후 바로 사라지지만, 매우 오랫동안 성숙기에 머물러 있는 제품도 있다. 또 다른 제품은 새로운 용도 혹은 사용자를 개발하거나 기존 고객의 소비량을 증대시킴으로써 제품수명이 계속 연장되기도 한다. 제품수명주기는 이와 같이 다양한 형태를 가질 수 있지만, S자형 외에 흔히 볼 수 있는 제품수명주기의 형태는 주기-재주기형과 연속성장형의 제품수명주기 곡선이다(그림 9-6 참조).

주기-재주기형(cycle-recycle pattern)의 제품수명주기는 제품이 쇠퇴기에 접어들었다가 촉진활동의 강화나 재포지셔닝에 의해 다시 한 번 성장기를 맞는 경우를 말한다. 많은 일상 생활용품들이 이러한 형태의 수명주기곡선을 가진다. **연속성장형**(scalloped pattern)의 수명주기곡선은 새로운 제품특성이나 용도, 사용자 등을 계속 발견함으로써 수명주기가 연속적으로 이어지는 것이다. 예를 들어, Johnson & Johnson사의 베이비샴푸는 유아용샴푸에서 부드러운 머리를 원하는 성인용샴푸로 사용자층을 확대함으로써 매출액이 증대하였으며, Du Pont사의 나일론제품의 경우 낙하산, 양말, 셔츠, 카페트 등의 새로운 용도를 계속 개발함으로써 연속적인 매출액 성장을 이룩하였다. 물먹는 하마도 습

그림 9-5 전형적인 제품수명주기 형태

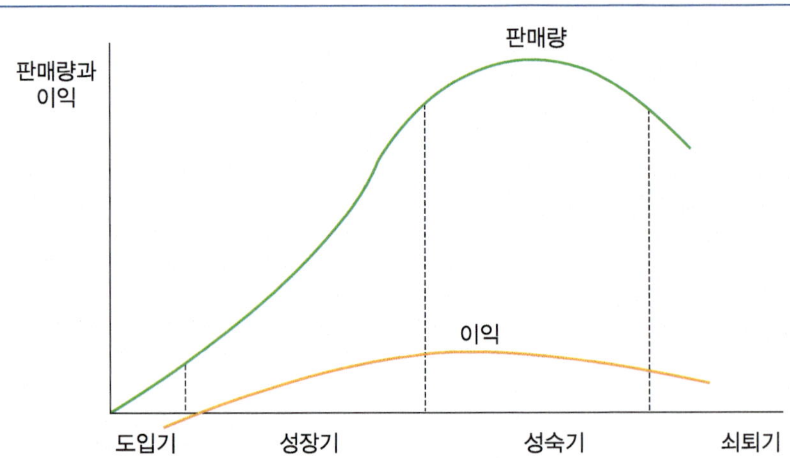

그림 9-6 특수한 제품수명주기 형태

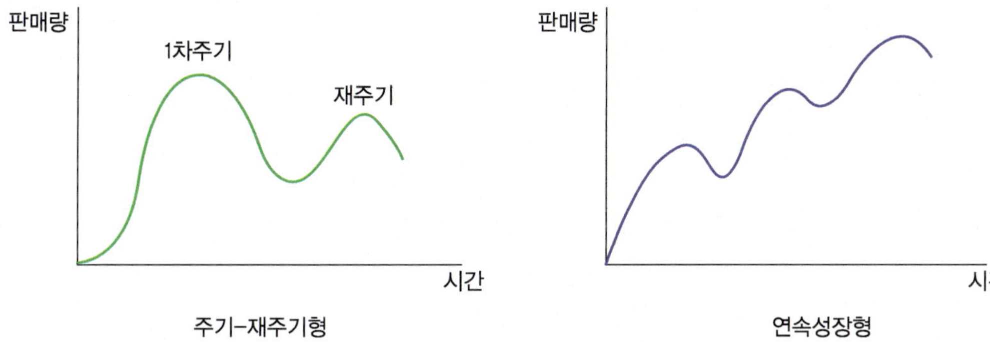

기제거가 필요한 용도(옷장, 신발장 등)를 계속 개발함으로써 연속적인 성장을 이루는데 성공했다.

6.2 제품수명주기의 분석수준

제품수명주기는 여러 제품수준에서 분석될 수 있으므로, 마케터는 마케팅전략수립시 적절한 제품수준의 선택을 고려해야 할 것이다. 제품수명주기는 제품군, 제품형태 및 브랜드수준에서 분석될 수 있다.

첫째, 제품군(product class)에서의 제품수명주기(예를 들어, 맥주, 전화기, 세탁기의 수명주기)는 매우 오랜 기간 지속된다. 여러 제품군들의 판매량이 성숙기에서 오랫동안 지속되는 경우가 많은데 이는 계속적인 신제품개발, 인구증가 등이 그 요인이다. 둘째, 제품형태(product type)에서의 제품수명주기(예를 들어, 비열처리 맥주, 무선전화기, 자동세탁기의 수명주기)는 일반적으로 S자형의 전형적인 제품수명주기를 가진다. 뒤에서 설명될 제품수명주기 단계별 특징과 전략은 제품형태 수준에서의 제품수명주기를 전제로 하여 설명된다. 셋째, 브랜드(brand)수준에서의 제품수명주기(예를 들어, OB라거, 롯데자일리톨, 삼성 센스노트북)는 제품군이나 제품형태에 적용된 제품수명주기보다 짧다. 특정브랜드의 수명주기는 자사와 경쟁제품의 마케팅전략에 의해 즉각적인 영향을 받아 매우 불규칙한 수명주기곡선을 가진다. 한국에서 7-Up 같은 브랜드는 매우 짧은 수명주기를 거치는가 하면 진로소주, 새우깡 같은 브랜드는 수십 년 동안 계속해서 성숙기를 지속하고 있다.

마케팅 Highlight

제품형태 수명주기곡선에서 쇠퇴기에 들어선 커피믹스 시장에 대응해 커피전문점 메뉴제품의 개발을 통해 매출성장을 추구하는 인스턴트커피 제조업체

한국야쿠르트는 2016년 11월 초 스틱에 담은 액상형 콜드브루 레드를 출시했다. 겨울철을 앞두고 커피 시장의 유행을 이끌었던 콜드브루 커피를 따뜻하게 마실 수 있도록 한 제품이다. 남양유업은 이에 앞선 9월에 카페라테 믹스제품인 남양 루카스나인 라테를 내놨다. '커피전문점 카페라테와 경쟁하겠다'는 목표로 1년 가까이 제품개발에 매달려 커피원두와 농축 건조시킨 우유만으로 라테맛이 나도록 했다.

인스턴트커피 제조업체들이 아메리카노 제품에 이어 카페라테, 콜드브루 등 커피전문점 메뉴를 잇따라 신제품으로 내놓고 있다. 커피시장이 고급화되고 원두커피를 즐기는 사람이 급증하는 반면 커피믹스 등 인스턴트 커피시장은 위축되고 있기 때문이다.

커피전문점 메뉴를 처음 제품화한 기업은 동서식품이었다. 동서는 2011년 아메리카노를 제품화한 카누를 출시했고, 남양유업의 루카스나인 등 비슷한 제품이 잇따라 출시됐다. 인스턴트 원두커피는 성공적이었다. 2011년 200억원 규모였던 시장이 2016년 1800억원으로 9배로 늘어났다.

가능성을 본 인스턴트커피 제조업체들은 커피제품의 메뉴를 다양화하고 있다. 남양유업은 루카스나인 카페라테를 개발하는 과정에서 2015년 10월부터 인스턴트 카페라테의 이상적인 우유량을 찾기 위해 우유 비율을 바꿔가며 수천 번 이상 실험을 했다. 실험에 사용한 우유만 10만L가 넘는다. 남양유업관계자는 "신제품출시를 앞두고 20~30대 여성 200명을 대상으로 블라인드 테스트를 실시했는데, 113명이 커피전문점 라테보다 남양유업의 카페라테가 맛있다고 답했다. 2016년 9월 출시 후 목표보다 80% 이상 더 판매될 정도로 인기를 끌고 있다"고 설명했다. 커피믹스 시장 1위인 동서식품도 2017년 초 카누를 활용한 카페라테를 내놓는다. 한국야쿠르트가 판매중인 액상형 콜드브루 레드는 커피전문점에서 에스프레소샷을 내려 물에 섞거나(아메리카노), 우유에 넣어(카페라테) 제품을 만들듯 집에서도 다양한 방법으로 마실 수 있다. 업계 관계자는 "아메리카노의 성공은 고급화한 인스턴트커피의 경쟁력이 증명된 것"이라며 "커피전문점 시장이 커지면서 함께 성장할 것으로 보고 있다"고 말했다.

인스턴트커피 제조업체들이 이처럼 다양한 신제품을 내놓는 것은 인스턴트 커피믹스 시장이 쇠퇴기로 들어섬에 따라 커피전문점 수요를 끌어오지 않으면 살아남을 수 없다는 절박함 때문이다. 인스턴트커피 시장을 주도하던 커피믹스 시장은 위축되고 있다. 2012년 시장규모가 1조 3500억원에 달했으나 2016년 1조원 미만으로 계속 감소세를 보이고 있다. 반면 커피전문점 시장은 매년 커지고 있어 2014년 2조 6000억원 규모에서 2016년 4조원을 넘어설 전망이다.

인스턴트 커피의 장점은 가격이 싸다는 것이다. '남양 루카스나인 라떼'의 가격은 스틱 하나당 380원으로 커피전문점 라테의 10분의 1도 안 된다. 맛은 아직 커피전문점 제품과 차이가 있다. 업체들이 가장 신경쓰고 연구하는 부분이다. 동서는 소비자가 선호하는 원두커피맛을 찾기 위해 매년 원두배합 등을 다르게 해 제품을 선보인다. 남양유업은 좀 더 진한 카페라테 맛을 원하는 소비자를 위해 '더블샷 라떼'도 출시했다. 전건욱 남양유업 연구개발팀 담당은 "커피전문점 메뉴를 저렴한 가격에 편리하게 마실 수 있다면 커피전문점을 찾는 소비자 중 일부가 인스턴트 커피로 돌아서지 않을까 기대한다"고 말한다.

• 자료원 : 한경, 2016.11.29

6.3 제품수명주기 단계별 특징과 마케팅전략

(1) 도입기(Introduction Stage)

① 도입기의 특징

신제품이 시장에 출시된 후 소비자들과 중간상들의 반응을 유도하기까지 상당한 시간이 소요되므로 도입기는 일반적으로 판매량이 매우 적다. 판매량은 낮은 반면, 중간상들을 설득하고 소비자에게 제품의 특징을 교육시키기 위해 유통비와 촉진비가 많이 소요되므로 이익은 없거나 적자가 발생한다. 경쟁사는 없거나 소수의 경쟁자만이 있다. 일반적으로 도입기의 제품가격은 높은데 그 이유는 적은 생산량으로 인해 규모의 경제를 실현하지 못하고, 높은 제품개발비용, 초기시설 투자비용, 촉진비용 등을 조기에 회수하고자 하기 때문이다. 이러한 예로 4칙연산 기능만을 갖춘 휴대용계산기가 도입시 600달러를 넘었으며, 간단한 마이크로 웨이브오븐이 도입기에 1,000달러 이상의 고가에 판매되었다.

신제품이 얼마나 빠른 시간내에 잠재소비자들에게 확산되어 시장에서 성공을 거두느냐 하는 것은 신제품자체의 특성에 달려 있다. 신제품의 특성은 신제품 확산율과 확산속도에 영향을 미치게 되는데 제품의 특성에 따라 어떤 제품은 아주 짧은 시간내에 수용되는 반면, 어떤 제품은 시장에서 수용되는데 상당한 시간이 걸린다. 신제품의 성공에 영향을 미치는 중요한 제품특성으로 다음의 다섯 가지를 들 수 있다.

- **상대적 이점**(Relative Advantage) : 신제품이 기존의 제품보다 소비자에게 얼마나 더 큰 이점을 제공하는가이다. 일반적으로 신제품의 상대적 이점이 클수록 더욱더 빨리 수용될 것이다. 치과의사협회의 추천을 받은 최초의 불소치약인 Crest치약이나 운동후 빠른 시간에 수분흡수를 가능하게 하는 게토레이 등이 그 예이다.
- **단순성**(Simplicity) : 신제품을 이해하고 사용하는 데 있어 상대적으로 용이한 정도로서, 사용하기 용이한 신제품일수록 빠른 시간내에 확산된다. 예를 들어, 개인용 컴퓨터는 복잡하기 때문에 소비자시장에 침투하는 데 비교적 시간이 걸렸다.
- **커뮤니케이션 가능성**(Communicability) : 신제품의 특성이 잠재소비자에게 용이하게 전달될 수

있는 정도이다. 예를 들어, 자동차, 전화, TV 등과 같은 신제품은 복잡하지만 제품의 특성과 편익(benefits)을 쉽게 전달할 수 있기 때문에 소비자들에게 빠르게 수용되었다. 그러나 에너지절약 내구용품 등과 같이 제품의 편익을 단시일내에 쉽게 파악할 수 없는 제품은 시장에서의 확산에 오랜 시간이 걸린다.

- **부합성**(Compatibility) : 신제품이 잠재소비자의 기존 신념과 관습에 부합되는 정도이다. 예를 들어, 회교국가에서는 서구에서 개발된 많은 신제품이 문화적 가치체계나 관습 등과 양립되지 않기 때문에 확신에 꽤 오랜 시간이 걸린다. 게토레이, 팸퍼스 일회용 기저귀 등은 기존 소비자의 사용패턴과 부합되기 때문에 쉽게 수용된다.
- **시용가능성**(Trialability) : 소비자가 수용하기 전에 적은 양으로 사용할 수 있는 정도이다. 예를 들어, 죽염 치약, 팸퍼스 일회용 기저귀 등은 소비자들이 쉽게 사용해 볼 수 있기 때문에 확산이 빨리 이루어지는 반면, 내구재 등은 구매 전에 완전히 사용해 보기가 쉽지 않으므로 확산에 상당한 시간이 걸리게 된다.

② 도입기의 마케팅전략

도입기의 기본전략은 브랜드구축(brand establishment)전략이다. 즉, 유통경로를 확보하여 소비자들이 자사제품을 쉽게 구매할 수 있어야 하며, 소비자의 시용구매를 유도하여야 한다. 도입기의 제품전략에서는 고급제품에 대한 수요가 형성되어 있지 않으므로 기본적인 형태의 제품(basic version)을 생산하며, 품질이나 원가면에서 기존 제품보다 경쟁우위를 가져야 한다. 도입기 촉진전략은 광고전략과 판매촉진전략으로 나누어진다. 광고전략의 목표는 혁신소비자들(innovators)에게 자사제품의 편익을 알림으로써 브랜드인지도를 구축하는 것이다. 도입기의 판매촉진전략에서는 중간상촉진(수량할인, 소매광고에 대한 지원금 제공 등)을 제공하여 자사제품의 진열을 유도하고, 소비자촉진(무료샘플, 쿠폰제

서울우유는 신제품 「지방을 줄여서 더 담백한 슬라이스」 치즈와 「GoodNight」 우유를 도입하면서 자사제품이 제공하는 편익을 알림으로써 브랜드 인지도를 구축하려고 한다.

표 9-5 제품수명주기 단계별 특징과 전략적 시사점

〈특 징〉

특 징 \ 단 계	도입기	성장기	성숙기	쇠퇴기
판매량	적음	고성장	저성장	쇠퇴
원 가	높음	도입기보다 낮음	낮음	낮음
이 익	—	점점 높아짐	높음(감소시작)	더 낮아짐
고 객	혁신층	조기수용자	중기다수자	보수층
경쟁자	소수	증가	다수(감소시작)	감소

〈전 략〉

특 징 \ 단 계	도입기	성장기	성숙기	쇠퇴기
마케팅 목표	제품인지와 시용구매의 창출	시장점유율 확대	기존 점유율 유지	마케팅 지출 축소
제 품	기본형태의 제품제공	품질개선 및 서비스 향상, 품질보증의 도입	브랜드, 모델의 다양화	경쟁력 없는 제품 단계적 철수
가 격	고가격(혹은 저가격)	시장침투가격(저가격)	경쟁사 대응의 방어적 가격	저가격
유통경로	선택적 유통	집중적 유통	집중적 유통	선택적 유통
광 고	조기구매자와 중간상의 제품인지도 구축	일반소비자층의 인지도와 관심의 제고	브랜드 간의 차이와 제품편익 강조	핵심고객의 유지만을 위한 최소한의 광고
판매촉진	시용구매를 유도하기 위한 강력한 판매촉진 시행	수요의 급성장에 따라 판매촉진의 비중이 감소	자사브랜드로의 브랜드 전환을 유도하기 위한 판매촉진의 증대	최저수준으로 감소

자료원 : George S. Day, *Analysis for Strategic Market Decisions*, West Publishing Company, 1986, p.90

공 등)을 실시하여 혁신소비자층의 시용구매를 촉진한다. 도입기의 유통전략에서는 자사제품을 대량으로 취급할 수 있는 소수의 중간상들을 선별하여 이들에게 적극적인 지원을 함으로써 유통망을 구축하여 나간다.

도입기의 가격전략은 경쟁자의 수가 적고 제품단위당 생산 및 마케팅비용이 높기 때문에 고소득층을 상대로 고가격을 책정하는 것(skimming pricing)이 일반적이며, 가격결정방법에는 생산원가에 높은 이익을 더하여 제품가격을 정하는 원가가산법(cost-plus)이 효과적이다. 그러나 경쟁사의 시장진입 가능성이 높고 경험곡선 효과를 크게 기대할 수 있을 때는 저가격전략(penetration pricing)을 채택하여 초기에 시장점유율을 높여야 할 것이다.

(2) 성장기(Growth Stage)

① 성장기의 특징

신제품이 소비자의 욕구를 충족시켜 다수 소비자에게 급속히 수용되면 성장단계로 들어서게 된다.

제품원가는 생산량의 급격한 증가에 따라 도입기보다 급격하게 하락하게 된다. 성장기에서의 지속적인 판매량 성장은 단위당 유통비와 촉진비를 하락시켜 이익이 점점 늘어나게되며 대체로 성장후기(혹은 성숙초기)에 최대의 이익이 실현된다. 판매량성장과 이익의 확대에 따라 새로운 경쟁자들이 새로운 특징을 추가한 모방제품을 가지고 시장에 진입하게 되며, 이에 따라 시장은 더욱 성장한다. 동원참치가 참치시장의 주도적 브랜드로 오랜 기간 시장을 지배하였으나, 사조산업이 참치시장에 진출하여 두 기업이 경쟁적으로 막대한 촉진비를 투입함에 따라 일반소비자들의 참치통조림에 대한 인지도가 늘어났다. 이에 따라 참치통조림 시장은 급속한 시장성장기에 들어설 수 있었다.

성장기에 제품을 구매하는 소비자층을 조기수용자(early adopters)라고 하는데 이들에 의한 긍정적 구전효과(word-of-mouth effect)는 시장확대의 성공요인이 된다. 즉, 신제품을 구매한 조기수용자가 내린 좋은 평가가 온라인이나 오프라인을 통해 확산되면, 이는 다른 소비자들의 구매를 촉진시키는 것이다.

② 성장기의 마케팅전략

성장기 제품의 마케팅전략은 브랜드강화(brand reinforcement)를 통해 시장점유율을 급속히 확대시키는 전략(market penetration strategy)이 효과적이다. 즉, 브랜드의 경쟁적 포지션을 더욱 강화시켜, 기존 소비자의 반복구매를 유도하고 새로운 소비자의 구매를 유도한다. 성장기에 시장점유율 확대전략을 채택하는 중요이유는 성장기에는 시장점유율의 획득이 비교적 쉽기 때문이다. 왜냐하면 첫째, 최초구매자들은 브랜드 충성도가 아직 형성되어 있지 않으므로 이들을 유인하기가 성숙단계보다 쉬우며 둘째, 경쟁사들은 그들의 매출액이 만족할 만한 정도로 성장하는 한, 타기업에 의한 시장점유율 잠식에 대해 공격적인 대응을 하지 않기 때문이다. 시장점유율 확대전략의 논리적 근거는 성장기에 확보된 시장점유율은 시간이 지나 성숙기에도 계속 유지되어 수익으로 실현된다는 가정에 토대를 두고 있다. 즉, 한 번 획득한 고객은 상대적으로 유지하기가 쉽고 이를 기반으로 새로운 고객을 보다 많이 확보할 수 있다는 것이다.

그러나 이러한 가정은 몇 가지 문제점을 가지고 있음에 유의할 필요가 있다.

첫째, 일시적으로 시장점유율이 증가한다 하더라도, 이러한 점유율향상이 지속적 경쟁우위(sustainable competitive advantage)에서 나온 것이 아니면 계속적으로 높은 시장점유율을 유지하기 어렵다. 즉, 점유율의 증대가 품질력 혹은 새로운 유통경로의 창출이 아닌 중간상에 대한 판촉, 가격할인 같은 단기적인 가격정책 등의 결과로 얻어진 것이라면 이를 계속유지하기가 어려울 것이다. 가령, 미샤는 가격파괴전략을 기반으로 저가 화장품시장에 성공적으로 진입했으나 제품특성의 차별화보다는 단순히 가격이 저렴하다는 것에 너무 의존함으로써 후발진입자인 더페이스샵, 스킨푸드 등과의 경쟁에서 밀리게 되었다. 둘째, 시장이 성장함에 따라 핵심 성공요인도 변할 수 있다. 예를 들어, 소비재에서는 촉진과 유통경로확보가 도입기와 성장기의 핵심 성공요인이지만, 성숙기에는 서비스지원과 제조기술이 핵심 성공요인으로 작용한다. 셋째, 경쟁사의 대응이 예상보다 강력할 수 있다. 잘 알려져 있지 않던 기업들이 예상치 않게 시장에 진입할 수 있으며, 시장진입장벽이 낮을 경우 많은 경쟁기업들이 새로이 시장에 진입할 수 있다. 넷째, 제품시장 규모가 커짐에 따라 전체시장이 제품, 유통경로, 서비스면에서 전문화된 소규모 세분시장으로 나누어지게 된다. 결국 기업은 점점 작은 규모의 세분시장에서 경쟁하게 되는 것이다.

마케터는 시장점유율 확대전략을 실행하기 위해 다음과 같은 마케팅믹스 프로그램을 도입할 수 있다. 제품전략의 일환으로 마케팅관리자는 품질을 향상시키고 새로운 특성과 서비스를 추가한다. 성장기의 가격전략은 초과수요가 존재하기 때문에 고가격 정책을 계속유지할 수 있지만, 경쟁사보다 시장점유율을 먼저 확보하기 위해서는 저가격전략을 채택하는 것이 바람직할 수 있다. 왜냐하면 고가격에 의한 높은 이윤의 획득은 경쟁업자들의 시장진입을 촉진하게 되어 오히려 이윤을 떨어뜨리는 결과를 초래하며, 저가격정책을 택한 경쟁업체들이 조기에 경험곡선의 이점을 누리게 되어 지속적인 경쟁우위를 확보하게 되기 때문이다. 저가격전략을 채택할 경우의 이점은 다음과 같다. 첫째, 저가격전략의 채택은 매출액을 증가시켜 조기에 경험곡선의 이점을 실현할 수 있기 때문에 높은 시장점유율을 확보할 수 있다. 둘째, 잠재적 경쟁업자들의 시장진입의도를 사전에 봉쇄할 수 있다. 즉, 저가격전략은 경쟁업자들이 얻을 수 있는 이윤의 폭을 떨어뜨리게 되므로 경쟁업자들에게 시장진입장벽을 형성하게 된다.

유통전략에서는 자사제품을 취급하는 점포의 수를 대폭확대하는 집중적 유통(intensive distribution)을 택한다. 즉, 기존의 유통업자와의 관계를 견고히 하면서 매출실적이 취약한 지역에 자사제품을 취급하는 점포를 추가하여 점포의 수를 대폭확대한다.

도입기의 촉진전략은 소비자의 브랜드인지도를 구축하고 시용구매를 유도하는 것이 주목적이지만, 성장기의 촉진전략 중 광고전략의 주목표는 제품성능에 대한 구체적 정보를 제공하고, 일반소비자의 자사제품에 대한 인지 및 관심을 증대시키는 것이다. 판매촉진전략에서는 일반소비자층의 시용구매를 확대하기 위해 판매촉진비가 계속지출되지만, 매출액에서 판매촉진비기 차지하는 비율은 다른 수명주기단계와 비교할 때 상당히 낮다. 동원참치가 참치시장의 주도적 브랜드로 오랜 기간 동안 시장을 지배하였으나, 사조산업이 참치시장에 진출하여 두 기업이 경쟁적으로 막대한 촉진비를 투입함에 따라 일반소비자들의 참치통조림에 대한 인지도가 늘어났다. 이에 따라 참치통조림 시장은 급속한 시장성장기에 들어설 수 있었다.

(3) 성숙기(Maturity Stage)

① 성숙기의 특징

높은 판매량성장을 계속하던 제품이 어느 시점에서 판매량 성장률이 둔화되기 시작하는데, 이 때가 제품의 성숙기이다. 마케터는 제품이 제품수명주기상 성숙기에 진입하였는지를 판단하기 위해 산업전체 판매량과 수익률의 변화추세를 파악할 필요가 있다. 예를 들어, 소주시장이 과거 20년 동안 매년 15% 이상의 성장을 한 후, 최근 몇 년 동안 연속적으로 연 4%의 완만한 성장률을 보였다면 이는 제품이 성숙기에 들어선 것으로 해석할 수 있다. 물론 판매량 성장률의 감소가 불황과 같은 일시적인 외부요인에 의한 것인지 또는 계절적 요인에 의한 것인지를 분석할 필요가 있다.

성숙기는 도입기나 성장기보다 상당히 오랜 기간 동안 지속되는 것이 보통이며, 많은 제품들이 성숙기에 위치하고 있는 경우가 많다. 제품의 표준화와 대량생산으로 인해 제품원가가 다른 수명주기단계보다 가장 낮다. 제품가격의 인하와 함께 판매촉진비와 광고비도 늘어나게 됨에 따라 이익은 성장기보다 하락하게 된다. 최초구매자 수의 감소에 따라 판매량 성장률이 둔화됨에 따라 기업간에 격심한 경쟁이 발생된다. 따라서 경쟁력이 약한 기업들은 시장에서 도태되며 경쟁력이 강한 기업들만이 살아 남게되어, 경쟁자 수가 감소하기 시작한다.

② 성숙기의 마케팅전략

마케터는 기존의 시장점유율을 방어하면서 적정이윤을 계속 유지하여야 한다. 기존의 시장점유율을 유지하기 위해서 마케터는 적극적인 브랜드 재활성화(brand revitalization)전략이 필요하다. 브랜드 재활성화를 위한 방법으로 ⓐ 시장확대(market expansion)전략, ⓑ 제품수정(product modification)전략, ⓒ 브랜드 재포지셔닝(repositioning)전략 등이 있다.

시장확대전략은 신규사용자 혹은 새로운 제품용도를 개발하거나 기존 고객의 제품사용빈도(또는 사용량)를 늘림으로써 매출액을 늘리는 것이다. Johnson & Johnson사는 성숙기에 들어선 베이비샴푸를 자주 머리를 감으면서 부드러운 머리결을 원하는 성인층이 사용할 수 있는 샴푸로 전환시켜 신규사용자를 늘렸다. 오랫동안 빵을 만드는 데 들어가는 소다로 사용된 Arm & Hammer는 냉장고의 악취제거, 씽크대의 냄새제거, 수영장의 냄새제거, 치약재료 등 다양한 용도를 새로이 개발함으로써 엄청난 매출액 증대를 실현하였다. 한편 많은 기업들이 고객의 제품사용빈도나 사용량을 늘림으로써 매출액을 증가시키기도 한다. 샴푸제조업자들은 소비자들에게 자주머리를 감도록 유인하며, 조미료, 양념제품 제조업체들은 다양한 요리법을 개발하여 사용빈도를 높이도록 한다. 치약이나 구강청결제품

성숙기 시장에서의 시장확대전략의 예: 정식품의 베지밀은 새로운 제품용도의 개발을 통해 성숙기 시장에서 지속적인 매출성장을 추구한다.

제조업체는 하루에 여러 번 입안을 깨끗이 하도록 하는 광고전략을 수행한다. 한편 맥주회사는 라이트맥주가 도수와 칼로리가 낮기 때문에 다른 맥주와는 달리 취하지 않는다는 점을 강조하여 더 많은 맥주를 마시도록 유도한다. 사용량을 증가시키기 위해 기업들은 저가격을 책정하거나 판촉물을 제공하기도 한다.

제품수정전략은 기존 제품의 품질, 특징, 스타일 등을 변화시켜 수요를 증가시키는 것이다. 과거 두산주류(현 롯데칠성음료)의 '처음처럼'이 젊은 세대의 입맛에 맞는 낮은 도수의 소주를 출시했을 때, 이에 대응하여 시장선도 브랜드였던 진로 참이슬도 이들의 입맛에 맞춘 낮은 도수의 소주인 fresh를 새로이 출시했다. 다른 예로 기존의 수퍼타이 가루세탁세제에 효소를 첨가한 신제품을 시장에 내놓거나, 기존의 (LG불소)치약에 민트향을 추가한 신제품을 개발하여 새로운 고객을 유치하거나 기존 고객의 소비량을 증대시키는 노력도 제품수정전략의 하나이다. **브랜드 재포지셔닝전략**은 새로운 세분시장을 겨냥하여 브랜드의 소구점을 변경시키는 방법이다. 마케터는 제품의 특성을 변화시킴으로써 브랜드 재포지션을 하거나, 특성의 변화없이 단지 광고메시지를 변화시켜 브랜드 재포지션을 할 수 있다. 코란도는 원래 험한길이나 공사장에서 이용될 수 있는 지프차로 포지션되었으나 소비자기호의 변화에 맞춰 출퇴근용 승용차 또는 야성적인 라이프스타일을 반영하는 도시형 승용차로 재포지션하였다.

성숙기 제품을 재활성화(revitalize)하기 위하여 위에서 언급한 전략 이외에도 다음과 같은 마케팅믹스전략을 이용할 수 있다. 성숙기의 가격전략은 경쟁사와의 가격경쟁이 치열한 시점이므로 경쟁사의 가격이 자사제품가격결정의 기준이 되며, 다른 수명주기단계보다 제품가격을 낮게 한다. 유통전략에서는 광범위한 유통망을 구축하여 제품의 유통을 더욱 강화하여야만 기존의 시장점유율을 유지할 수 있다. 광고전략에서는 제품특성 면에서 제품들 간에 차이가 없으므로 이미지를 이용한 브랜드차별화 또는 소비자편익을 이용한 브랜드차별화를 추구한다. 성숙기에는 판매촉진에 대한 지출이 다시 증대되는데, 이는 경쟁사제품의 고객을 자사브랜드로 전환시키기 위한 노력이다.

(4) 쇠퇴기(Decline Stage)

① 쇠퇴기의 특징

한때 시장에서 성공을 거두었던 많은 제품들도 소비자취향의 변화나 기술진보에 의한 대체품의 출현으로 점차 쇠퇴하게 된다. 예를 들어, 다이얼식 전화기는 터치식전화기로 대체되면서 쇠퇴기를 맞이했고, 터치식전화기는 다시 무선전화기로 대체됨으로써 쇠퇴기를 맞이했다.

제품이 수명주기상 쇠퇴기에 들어서면 절대판매량이 감소하기 시작한다. 제품원가는 불필요한 비용의 절감으로 인해 낮다. 수요의 격감에 따라 제품판매를 위해 저가격을 유지해야 하므로 일반적으로 이익이 매우 낮다. 경쟁력이 없는 대부분의 기업들이 시장에서 철수하기 때문에 경쟁자 수는 더욱 감소한다.

② 쇠퇴기의 마케팅전략

쇠퇴기의 기본적 마케팅전략은 투자를 줄이고 현금흐름을 증가시키는 것이다. 그러나 대부분의 경쟁사들이 시장에서 철수하고 시장에 남아 있는 기업들도 신규투자를 하지 않기 때문에, 이 시장에 잔류하여 투자를 강화할 경우 높은 수익을 올릴 수도 있다. 구체적 대안으로 쇠퇴기에 들어선 전체시장 중에서 부분적으로 판매량이 증가하는 성장세분시장에 집중하거나 비교적 저렴한 가격으로 경쟁사들을 인수·합병하는 방법을 통해 높은 수익을 올릴 수 있다. 예를 들어, 미국내 인스턴트커피의 전체매출액은 감소하고 있지만, 스타벅스 커피전문점의 성공에 따라 프리미엄 원두커피의 판매량은 오히려 증가하고 있다.

쇠퇴기 제품의 마케팅믹스 전략을 살펴보면 매출액이 저조한 품목들을 제거하며 최소한의 이익을 유지하는 수준에서 저가격을 택한다. 유통전략에서는 선택적 유통전략을 채택한다. 즉, 매출실적이 저조하거나 불량채권을 가진 취약한 중간상들을 제거함으로써 적정수의 점포만을 유지한다. 자사브랜드를 특히 선호하는 고객(loyal customers)에 대해 자사브랜드를 상기시키는 수준에서 최소한의 광고만을 하며 판매촉진비용도 줄인다.

6.4 제품수명주기의 전략적 시사점 : 시장진입 시점에 따른 마케팅전략

제품수명주기가 진행되는 과정에서 기업이 제품시장에 진출하는 시점에 따라 처음으로 시장에 진입한 **시장개척자**(market pioneer)와 **후발기업**(market follower)으로 시장진입 유형이 나누어진다. 이하에서는 시장개척자와 후발기업이 취할 마케팅전략을 중심으로 설명하기로 한다.

(1) 시장개척자의 마케팅전략

시장개척자는 높은 시장위험을 수반하지만 일단 제품시장에서 살아 남을 경우 상당한 보상을 얻게 된다. 성숙기의 소비재 시장에 대한 한 연구에 의하면 성숙기에서 시장개척자의 평균 시장점유율은 29%인 반면, 초기 진입기업이 17%, 후발 진입기업이 13%를 점하는 것으로 나타났다.

시장개척자가 후발기업보다 경쟁우위를 갖는 데 기여하는 핵심 성공요인은 다음과 같다.

중형자동차 시장의 시장개척 브랜드인 현대 쏘나타는 오랜 기간 동안 높은 시장점유율을 유지하고 있다.

- **경쟁에서의 선점** : 시장개척자는 규모가 크고 수익성이 높은 세분시장에 경쟁사들보다 먼저 포지션할 수 있는 반면, 후발기업은 상대적으로 규모가 작고 매력도가 낮은 세분시장으로 진출할 수밖에 없다. 또한 시장개척자는 가장 높은 판매력을 가진 중간상들을 먼저 확보하기 때문에 후발진출기업이 이들을 설득하는 데 많은 투자를 필요로 한다. 많은 제품시장에서 후발진입기업이 직면하는 문제의 하나는 선발 대규모기업들이 유통점의 진열공간을 이미 선점한 결과 자사제품을 위한 진열공간을 확보할 수 없다는 점이다.
- **시장선도자로서의 명성** : 시장개척자는 강력한 제품포지션으로 인해 후발기업들이 가질 수 없는 시장선도자 이미지를 누리게 된다. 그러나 이러한 명성의 지속성 여부는 소비자와 중간상들로부

마케팅 Highlight

시장선점 브랜드는 항상 경쟁우위를 갖는가?

제품전략수립에서 마케터가 고심하는 과제의 하나는 경쟁사보다 먼저 시장에 진출할 것인가의 문제와 먼저 진출한다면 어느 정도의 이득을 추구할 것인가 하는 점이다. 만약 초기시장 진입이 나중에 진입하는 것보다 더 높은 시장점유율을 차지하거나 낮은 상대적 원가 또는 고가격 프리미엄 등의 경쟁우위를 획득할 수 있을 것으로 판단한다면 기업은 위험을 감수하고 먼저 시장에 진출할 것이다.

일반적으로 시장개척자는 후발진입기업보다 지속적 경쟁우위를 가진다. 많은 실증연구결과에 의하면 시장개척자는 후발진입기업보다 훨씬 높은 시장점유율을 차지하는 것으로 밝혀졌다. 성숙기의 소비재시장에 대한 연구에 의하면 평균적으로 시장개척자는 29%의 시장점유율을, 조기진입자는 17%, 후기진입자는 13%의 시장점유율을 차지하였다. 성숙기의 산업재 시장에 대한 연구에서도 같은 결과가 나왔는데, 시장개척자는 29%의 점유율을, 조기진입자는 21%, 후기진입자는 15%의 점유율을 가지는 것으로 나타났다.

실증연구결과에 의하면 시장개척자가 후발진입기업보다 지속적 경쟁우위를 갖는 이유는 다음과 같다. 첫째, 시장개척자는 후발진입기업보다 제품품질이 우수하고 판매되는 제품계열의 폭이 넓으며, 더 많은 광고비를 지출할 수 있다. 둘째, 시장개척자는 시장에 진입한 첫 번째 기업으로 소비자의 마음 속에 강하게 자리잡고 있으므로 높은 브랜드 인지도에서 경쟁우위를 갖는다. 치약, 세제, 비누 등의 습관적으로 구매되는 편의용품의 경우 이러한 요인은 특히 중요하다.

일반적으로 시장개척 브랜드는 나중에 진입한 경쟁브랜드들의 수에 상관없이 점유율상의 우위를 계속 유지하지만 후발브랜드가 효과적인 제품포지셔닝과 보다 공격적인 마케팅에 의해 시장개척 브랜드보다 높은 점유율을 얻는 경우도 있다. 후발브랜드는 시장선점 브랜드보다 낮은 점유율을 차지하는 불리한 점도 있지만, 시장선점 브랜드의 핵심 성공요인을 분석해 시장선점 브랜드보다 짧은 시간내에 이러한 점유율을 획득할 수 있다는 이점도 있다.

- 자료원 : William T. Robinson, "Source of Market Pioneer Advantages: The Case of Industrial Good Industries," Journal of Marketing Research, Feb. 1988, pp.87–94; Glen L. Urban, Theresa Carter, Steven Gaskin, and Zofin Mucha "Market share Rewards to Pioneering Brands: An Empirical Analysis and Implications," Management Science, June 1986, pp.645–659.

마케팅 Highlight

신(新) 라면전쟁에 접어들면서 점유율이 하락하고 있는 시장개척자 농심과 점유율을 계속 높이고 있는 후발진입기업 오뚜기

1963년 삼양라면이 처음 출시되었다. 이후 20년 가까이 삼양이 라면시장을 지배했다. 1980년대 초 경쟁 구도가 바뀌기 시작했다. 강력한 도전자 농심이 치고 올라왔다. 1982년 너구리, 1983년 안성탕면, 1984년 짜파게티 등을 잇따라 출시하며 삼양을 압박했다. 1986년 도전자 역사에 마침표를 찍은 제품이 나왔는데, 바로 신라면이다. 신라면은 이후 30년간 라면시장을 지배했다. 농심의 점유율은 최고 80%에 육박하기도 했다.

하지만 2010년 이후 농심의 점유율은 하락세를 보이고 있다. 진짬뽕을 앞세운 후발기업 오뚜기가 치고 올라오고 있다. 농심의 점유율은 50%대 초반까지 떨어졌다. '신(辛)라면의 시대'에서 '신(新)라면 전쟁 시대'로 접어들었다는 분석이 나온다. 농심의 라면시장 점유율은 2016년 7월 53.8%였는데, 2015년 말과 비교하면 7.6%포인트 떨어졌다. 1997년 농심이 사업보고서에 점유율 정보를 공개한 이후 가장 낮은 수준이다. 처음 점유율 50%를 넘긴 1988년으로 돌아갔다는 얘기가 나온다. 신라면의 국내매출은 2013년 4800억원에서 2015년 4450억원으로 7.3% 줄었다.

시장선도자 농심을 위협하는 회사는 후발기업 오뚜기다. 진짬뽕을 앞세운 오뚜기의 시장점유율은 23.7%로 높아졌다. 오뚜기의 시장점유율은 2014년 16.3%, 2015년 18.3%였다. 농심이 잃어버린 시장을 오뚜기가 차지한 셈이다. 오뚜기의 경쟁전략은 공격적인 마케팅활동과 신제품개발이었다. 메이저리거 류현진을 앞세운 대대적 마케팅커뮤니케이션 활동을 토대로 진라면의 브랜드 인지도를 높이고, 2015년 진짬뽕을 출시했다.

짬뽕라면은 원래 있었다. 농심의 오징어짬뽕이 원조라고 할 수 있다. 하지만 오뚜기는 2015년 여름 짜장면 열풍에서 힌트를 얻었다. '짜장면이 유행하면 짬뽕도 많이 팔리지 않을까'라는 생각이었다. 중국음식점에서 먹는 짬뽕과 가장 가까운 맛을 내기 위해 불맛을 강화하고 건더기도 많이 넣었다. 그리고 일반짬뽕의 3분의 1 가격인 1370원에 먹을 수 있는 '가성비(가격 대비 품질만족도)'를 강조한 것도 시장성공의 한 요인이다. 오뚜기는 한발 더 나아갔다. 국물없는 짬뽕라면 시장을 선점하기 위해 2016년 7월 볶음진짬뽕을 곧바로 내놓았다. 신제품출시는 높은 마케팅성과로 이어졌다. 2016년 2분기 오뚜기 매출은 4880억원, 영업이익은 405억원으로 각각 전년 같은 기간에 비해 7.1%, 9.0% 증가했다. 이에 반해 농심의 2분기 매출과 영업이익은 각각 5272억원과 124억원으로 0.4%, 48.7% 줄었다.

2015년 4년 만에 영업흑자로 돌아선 여름 라면시장의 강자 팔도도 점유율 확대를 노리고 있다. 2016년 초 양을 늘린 비빔면 제품을 선보인 데 이어 김치도시락을 내놓았다. 삼양도 불닭볶음탕면을 내놓고 매운

맛 시장공략에 나섰다.

농심이 오뚜기에 점유율을 내준 과정은 과거 삼양이 농심에 공격당하던 과정과 비슷한데, 1등과 다른 혁신적 제품을 개발한 것이 무기였다. 삼양이 닭고기로 라면스프를 만들 때 농심은 소고기 스프로 도전했다. 이어 면발이 굵은 너구리를 내놓으면서 라면시장에서도 혁신이 가능하다는 것을 보여줬다. 1983년 안성탕면, 이듬해 짜파게티로 새로운 라면제품시장을 창출했다. 1985년 점유율 1등이 된 뒤 내놓은 신라면은 농심의 혁신 DNA를 상징하는 제품이라는 평가를 받았다.

하지만 최근엔 이런 혁신제품을 찾아보기 힘들고, '1위의 함정'에 빠졌다는 평가를 받는다. 농심은 신라면 외에 많은 1등 브랜드를 가지고 있다. 짜장라면에서 짜파게티, 소고기 라면에서 안성탕면, 두꺼운 면발 라면으로는 너구리가 여전히 1위를 차지하고 있다. 1등 브랜드를 가진 것이 독이 됐다는 것이다. 농심이 시장수요를 제대로 반영하지 못하고 있다는 평가도 받는다. 신라면 이후 새로운 시장을 창출했다고 할만한 제품은 2015년 출시한 짜왕이 유일하다. 이에 대해 농심 관계자는 "지난해 굵은 면발 제품으로 시장을 선도했다. 2016년 상반기엔 경쟁심화로 마케팅 비용이 증가해 일시적으로 영업이익이 하락했지만 신제품을 바탕으로 성장세를 회복할 것" 이라고 말했다.

• 자료원 : 한경, 2016.8.25

터 얻는 기업신뢰도와 마케팅능력에 달려있다.

- **고객충성도** : 일반적으로 고객은 수명주기 초기에 진입한 기업의 제품에 높은 충성도를 보이는데 그 이유는 타제품으로의 전환비용이 높기 때문이다. 한 예로 안드로이드라는 스마트폰 운영시스템을 개발한 구글은 이용자들에게 이를 무료로 이용하게 함으로써 이들이 다른 스마트폰 운영시스템으로 전환하는 데 높은 비용이 발생하도록 하였다.
- **자산화된 경험효과** : 시장개척자는 후발기업보다 빨리 누적경험을 쌓게되므로 제품원가상에서 우위를 갖게 된다. 경험효과에 의한 원가우위의 지속성 여부는 경쟁사가 이를 쉽게 모방할 수 있느냐와 경쟁사의 기술이 경험효과를 상쇄할 수 있느냐에 의해 결정된다. 만약 경쟁자가 경험곡선효과를 쉽게 얻을 수 있거나 새로운 기술개발에 의해 경험곡선 효과를 무력화시킨다면 시장개척자는 지속적인 원가우위를 유지하기 어려울 것이다.
- **희소자원의 선점** : 시장개척자는 최상의 상권에 위치한 소매점이나 희소한 원자재 공급처를 먼저 확보함으로써 경쟁우위를 얻게 된다.
- **기술우위의 확보** : 경쟁사가 기술을 모방할 능력이 없거나 시장개척자가 경쟁사보다 먼저 계속적인 기술개선을 한다면, 시장개척자는 지속적으로 경쟁우위를 가질 수 있다.

시장개척자의 마케팅전략은 크게 경쟁자가 없는 상황에서의 초기 진입전략과 경쟁사가 진입한 후의 대응전략으로 나눌 수 있다. 초기진입전략은 **시장침투전략**(market penetration strategy)과 단계별 시장확대전략(market skimming strategy) 중의 하나를 선택할 수 있다. 시장침투전략은 저가격으로 급속한 시장확장을 추구하는 전략으로서 경험곡선효과가 강하게 나타나는 제품시장에 적절하다. 시장침투전략은 시장규모가 크고 치열한 시장경쟁이 예상되며 표적소비자들이 가격에 민감할 경우 효과적이다. **단계별 시장확대전략**은 투자비용을 단기간내에 회수하기 위하여 초기에 고가격을 책정한 후 점차 가격을 인하함으로써 단계적으로 시장을 확장하는 것이다. 단계별 시장확대전략이 추구하는 초기 고가격정책은 투자비용을 단시간 내에 회수하고 높은 이익을 얻을 수 있는 이점이 있지만 경쟁사의 시장진입을 가속화시켜 장기적으로 시장점유율을 희생해야 하는 단점을 갖는다. 단계별 시장확대전략은 제품개발비용이 높고, 기술지원, 고객서비스, 마케팅커뮤니케이션에 많은 비용이 지출되어야 하는 제품시장에 효과적이다. 스카치테이프 생산업체로 유명한 3M은 단계별 시장개발전략을 자주 이용하는 기업의 하나이다. 3M은 개발된 신제품에 대해 고가격을 책정함으로써 단기간에 이익을 극대화한다. 그러나 경쟁제품이 시장에 진출하여 경쟁이 격화되면 다른 신제품을 시장에 내놓는 방법으로 높은 이익을 계속 유지한다.

제품수명주기가 진행되어 경쟁사가 제품시장에 진입하면 시장개척자는 적절한 대응전략을 취해야 한다. 대응전략은 정면공격전략(fight)과 도약전략(flight) 중의 하나를 택할 수 있다. 정면공격전략은 기존의 시장지위를 유지하기 위해 경쟁사의 마케팅전략에 정면대처하는 방법으로, 시장확장을 위해 충분한 투자지원을 보유하고 있어야 성공을 거둘 수 있다.

도약(flight)전략은 새로운 기술의 제품을 개발하거나 신규시장을 개척하는 것으로, 제품수명주기가 계속 짧아지거나 전세계적으로 가격경쟁이 치열한 제품시장에 효과적이다. 도약전략이 성공을 거두기 위해서는 고객을 파악 · 창출하는 능력과 지속적 혁신을 유지할 수 있는 역량을 갖추어야 한다.

그림 9-8 시장진입 시점에 따른 마케팅전략

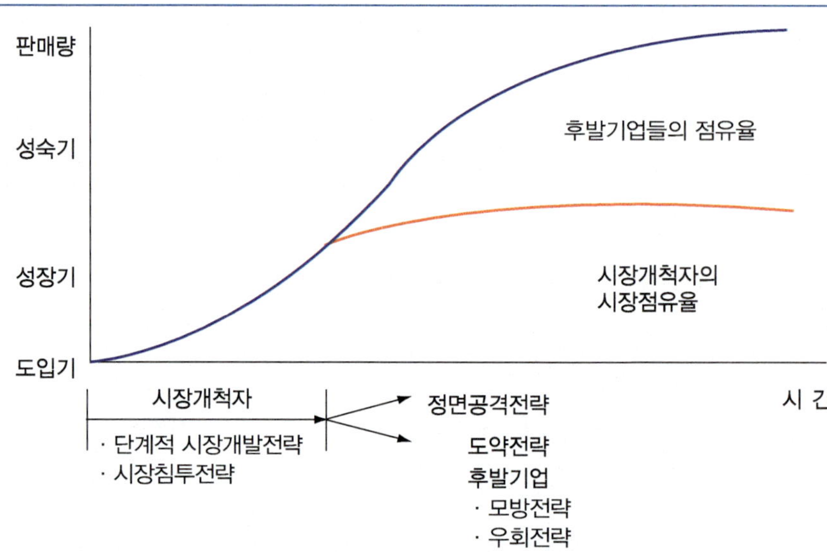

마케팅 Highlight

캐주얼 의류시장에서 시장선도적 지위를 구축한 빈폴

우리나라 의류산업은 수입업체가 시장의 상당부분을 잠식하고 있는 전형적인 예다. 이런 가운데 빈폴은 국내 고유브랜드로서 확고한 시장점유율을 기록한 대표적 사례이다. 제일모직의 대표브랜드 빈폴은 특히 트래디셔널(traditional) 캐주얼의 대명사로 자리잡은 폴로를 추월하여 거둔 마케팅성과여서 더 큰 의미가 있다. 1989년에 첫선을 보인 빈폴은 첫해 68억원 매출로 시작해 매년 30% 이상 성장을 거듭했다. 꾸준히 시장점유율 2위를 유지하다 2001년부터 1위로 올라섰다.

빈폴의 강점은 디자인 차별화와 고급 브랜드이미지 구축이다. 폴로가 영국의 정통성에 기초를 두고 이를 미국식으로 바꾼 스타일이라면, 빈폴은 폴로 스타일을 한국 소비자에 맞게 변형한 디자인이라고 할 수 있다. 한국의 고급 캐주얼 소비자를 겨냥해 자연친화적 소재를 사용한 것도 특징이다. 빈빈한 세일을 실시한 대다수의 국내 의류브랜드와 달리 정기세일 이외의 가격판촉행사를 자제함으로써 고급 브랜드로서의 명성을 이어온 것도 주요 성공요인 중 하나이다.

빈폴은 폴로 등 세계적인 브랜드업체들이 사용하는 브랜드확장전략도 시도했다. 기존 브랜드의 명성을 바탕으로 다른 의류제품에도 동일브랜드를 사용하는 전략인 브랜드확장전략은 강력한 브랜드력이 바탕이 되지 않으면 시도하기 어렵다. 빈폴은 캐주얼 의류시장에서 구축한 브랜드파워를 토대로 빈폴 레이디스에 이어 빈폴 옴므, 빈폴 골프, 빈폴 진, 빈폴 키즈, 빈폴 액세서리, 빈폴 아웃도어 등으로 지속적인 브랜드확장을 추구했다.

(2) 후발기업의 마케팅전략

시장개척자가 초기시장개발에 수반되는 불확실성을 제거하여 제품매출액이 급속한 성장을 보이게 되면 후발기업은 이 제품시장에 진출하게 된다. 가령, 시장선도자인 빈폴과 폴로 2강(强)체제를 유지해온 정통 캐주얼 의류시장이 라코스테, 헤지스, 타미힐피거 등 후발브랜드들이 경쟁력강화를 통해 점유율을 높임에 따라 춘추전국시대로 재편되었다. 후발기업의 마케팅전략은 시장개척자의 제품을 모방하는 전략(out-imitating)과 개선된 신제품을 개발하거나 새로운 시장에 진출하는 우회전략(leapfrog) 중 하나를 택할 수 있다. **모방전략**(out-imitating)은 고객이 중요하게 생각하는 제품속성에서 우수한 제품을 개발하여 기존 세분시장을 공략하는 방법이다. 모방전략을 택하는 후발기업은 제품수명주기의 초기에 진입함으로써 얻게 될 시장선도적 위치를 의도적으로 포기하고 시장개척자가 출시한 기존 제품의 문제점을 파악하고 소비자의 욕구를 보다 잘 충족시킬 수 있는 제품을 개발할 때까지 기다린다. 모방전략이 성공하기 위해서 후발기업은 응용기술과 공정개선 분야에서 경쟁우위를 갖추고 효과적인 영업조직과 생산시스템을 구축하고 있어야 한다.

우회전략(leap frogging)은 기술상의 우위나 시장개척자가 진출하지 않은 세분시장진출을 통해 경쟁우위를 얻으려는 방법이다. 2000년대 중반 애플의 아이팟은 아이리버 등의 경쟁업체들에 비해 늦게 MP3플레이어 시장에 진출했지만, 우수한 제품디자인, 사용편이성, 저렴한 가격 등을 기반으로 MP3플레이어 시장에서 선도브랜드가 되었다. 애플은 이를 기반으로 스마트폰 시장에서 아이폰으로, 태블릿PC 시장에서 아이패드로 성공을 거둠으로써 2010년 들어 디지털제품시장에서 글로벌선도기업으로 부상했다. 우회전략이 성공을 거두기 위해서는 후발기업은 시장개척자보다 제품혁신에서 확실한 우위를 점해야 한다. 우회전략은 시장개척자가 초기의 기술만으로 계속적인 이익을 얻고자 하거나 후발기업의 공격에 대응할 자원이 없는 경우에 효과적이다.

09 참고문헌

- Philip Kotler and Gary Armstrong, Principles of Marketing, 16th ed., Pearson, 2016.
- Philip Kotler, 안광호, Gary Armstrong, 마케팅 입문, Pearson, 2013.
- George S. Day, Analysis for Strategic Market Decisions, West Publishing Company, 1986, pp. 105-107.
- George S. Day, "The Product Life Cycle: Analysis and Application Issues,"Journal of Marketing, Fall 1981, pp. 60-67.
- William L. Moore, "Concept Testing," Journal of Business Research, Vol. 10, 1982, pp. 279-294.
- Glen L. Urban and John R. Hauser, Design and Marketing of New Product, 2nd ed., Englewood Cliffs, NJ: Prentice-Hall, 1993.

09 생각해볼 문제

1. 아이디어 심사는 신제품 아이디어의 수를 적절한 수준으로 줄이는 것이다. 이를 위해 고려되어야 할 원칙은 무엇인가?

2. 신제품 아이디어의 1/3 정도가 고객으로부터 나온다. 이와 같이 낮은 비율이 고객의 욕구를 발견하여 이를 충족시켜야 한다는 마케팅컨셉트와 상치되는가? 그리고 이에 대한 이유는?

3. 새로운 스낵제품의 테스트마케팅을 실시할 도시를 선택할 때 고려해야 할 요인들은 무엇인가?

4. 제품수명주기의 단계별로 촉진(광고 및 판촉)의 역할과 이의 중요성을 설명하시오.

5. 당신이 성숙기에 들어선 샴푸제품의 마케팅관리자라고 가정하자. 자사브랜드의 시장지위를 유지·확대하기 위한 마케팅전략에 대해 생각해 보시오.

제4부

제10장 가격관리

01 가격의 의미와 중요성
02 가격결정을 위한 고려요인들
03 마케팅전략의 검토
04 마케팅목표
05 소비자반응의 검토
06 제품원가구조의 분석
07 경쟁제품 가격의 검토
08 가격의 결정과 조정

학습목표

1. 이익, 매출 등 마케팅성과를 실현하는데 있어 가격의 중요성에 대해 이해한다.
2. 고객가치지각과 기업원가를 포함해 가격결정에 영향을 미치는 기업 내·외부 주요요인들에 대해 살펴본다.
3. 기업이 실제로 제품가격을 결정하는 데 활용하는 가격결정방법인 원가중심적인 가격결정, 소비자중심의 가격결정, 경쟁제품 중심의 가격결정에 대해 설명한다.
4. 제품믹스로부터 최대의 이익을 거두기 위해 기업이 고려하는 주요 가격결정들을 살펴본다. 구체적으로 제품계열에 대한 가격결정, 사양제품에 대한 가격결정, 종속제품에 대한 가격결정, 묶음제품에 대한 가격결정 등에 대해 설명한다.
5. 신제품에 대한 주요 가격결정전략과 고객 및 상황의 변화에 따라 어떻게 가격을 조정하는 지에 대해 설명한다.

주요개념에 대한 사전학습

이 장에서는 또다른 주요 마케팅믹스 도구인 가격에 대해 살펴 볼 것이다. 가격은 기업이 고객을 위해 가치를 창출한 대가로 받는 것이다. 효과적인 제품개발, 촉진, 유통 등 다른 마케팅믹스 활동들을 통해 고객가치를 창출하는데 성공하더라도 기업은 창출된 가치의 일부를 가격을 통해 가져와 이익을 창출해야 한다.

도입사례를 통해 경쟁이 치열한 침대·냉장고·오디오 등의 내구재시장에서 수익과 브랜드이미지 창출에서 가격결정의 중요성에 대해 살펴보기로 한다. 경쟁이 치열한 성숙기 제품시장에서 경쟁우위를 유지하는 것이 어려운 일 일수 있지만, 침대브랜드 시몬스와 LG전자는 프리미엄 가격정책과 차별화된 제품특성을 기반으로 이를 성공적으로 이루어냈다.

도입사례

경제불황 속에서 고소득층 고객시장을 타겟으로 초고가 제품 출시를 통해 수익성을 높이려는 침대·냉장고·오디오 제조업체들

금요일 오후 서울 강남구 논현동에 있는 4층 건물 침대매장 시몬스 갤러리에서는 매장직원 5명이 같은 시간대에 몰려든 고객 50~60명에게 침대를 설명하느라 각 층을 정신없이 돌아다녔다. 이 매장은 시몬스의 프리미엄 신제품 '뷰티레스트 블랙' 10여 종을 전시한 이후 내방객이 이전보다 3배 정도 늘었다. 신제품은 600만~1500만원 정도 하는 초고가 프리미엄제품이다. 한 매장직원은 "고객들이 몰리는 바람에 바로 상담을 못 하고 30분~1시간 기다리기도 한다. 가구나 침대매장에서 상담대기자가 생기는 일은 처음 본다"고 말했다.

소비재 시장에서 초고가 제품이 인기를 끌고 있다. 경기침체가 길어지면서 침대, 냉장고, 세탁기, 오디오 등의 내구재 제조업체들은 구매력이 강한 상위 1% 고객들을 대상으로 하는 초고가제품을 출시해 수익성과 브랜드이미지를 향상시키려고 한다.

프리미엄제품이 가장 주목받는 제품시장 중 하나는 침대이다. 2016년 시몬스는 덕시아나·해스텐스·바이스프링과 같은 외국산이 지배해온 프리미엄 침대시장에 '뷰티레스트 블랙'브랜드로 진입해 좋은 고객반응을 얻고 있다.

침대, 냉장고, 세탁기, 오디오 등 각 제품군에서 초고가 프리미엄 신제품이 인기를 끌고 있다. LG전자가 미국 뉴욕 맨해튼에 있는 록펠러센터에 마련한 'LG시그니처 갤러리'에서 미국고객들이 800만원이 넘는 프리미엄 냉장고를 둘러보고 있다(위). 시몬스 침대 매장을 방문한 고객들이 직원에게서 프리미엄 침대 '뷰티레스트 블랙'에 대한 설명을 듣고 있다.

가전시장에서는 LG전자가 약진하고 있다. 2016년 LG전자는 초고가 가전제품 'LG시그니처' 신제품을 국내에 처음 선보였다. 'LG 시그니처 냉장고'는 905리터 대용량으로, 냉장고 문을 손가락으로 톡톡 두 번 두드리면 안이 환해지면서 밖에서 내부를 볼 수 있다. 가격은 850만원에 이른다. LG시그니처 세탁기는 320만~390만원, LG시그니처 공기청정기는 149만원이다.

국내 오디오시장에서는 아이리버가 '아스텔앤컨'이라는 브랜드로 프리미엄 오디오를 출시했는데, 휴대형 오디오로 428만원짜리 제품(모델명 AK380)을, 거실용 대형 오디오로는 2500만원(AK500NAP)짜리 제품을 내놓았다.

경기불황이 오래 이어지면서 소비자들이 평상시에는 가성비(가격 대비 성능) 위주로 제품을 선택하면서도, 개인적으로 선호하는 한두 품목에 대해서는 금액을 아끼지 않고 최고제품을 구매하는 현상이 나타나고 있다. 따라서 경기불황이 이어지는 상황에서 아주 싼 초저가 제품이나 반대로 초고가 제품이 좋은 시장성과를 보이고 있다. 프리미엄시장에서의 성공은 브랜드의 낙수효과도 창출한다. 예를 들어 LG전자의 경우 시그너처 제품군(群)의 판매가 호조를 보이면서 가격대가 이보다 낮은 세탁기·냉장고도 판매가 크게 늘어나고 있다. LG전자 관계자는 "LG시그니처 세탁기의 판매호조로 중가(中價)모델인 트윈워시 월 판매량도 전년도보다 50% 정도 늘었다"고 말했다.

• 자료원 : 조선일보, 2016.11.9

의류나 구두와 같은 패션산업을 중심으로 시작된 중저가 제품의 등장과 90년대 중반이후 급성장한 할인점과 인터넷쇼핑몰의 확산은 국내기업들이 가격을 중요한 전략적 도구로 인식한 계기가 되었다. 2000년대 후반들어 경기침체를 겪으면서 소비자들이 가격에 민감해지고 가격변수가 마케팅성과에 직접적인 영향을 미치게 되자 기업들의 가격에 대한 관심은 그 어느 때보다 높아졌다. 기업들은 서로에게 부정적인 마케팅성과만을 초래하는 지나친 가격경쟁보다는 제품특성의 차별화, 브랜드이미지 구축, 효과적인 마케팅커뮤니케이션 등의 비가격경쟁을 통하여 경쟁우위를 추구해야 함을 인식하지만, 실제 기업경영에 있어서는 단기적인 시장점유율과 수익성 확보를 위해 더욱더 가격정책에 의존하고 있다. 그러나 가격의 중요성에도 불구하고 많은 기업들이 가격결정 문제를 잘 다루지 못하고 있다. 이 장에서 우리는 가격이 무엇인지에 대한 질문에서 시작한다. 그리고 세 가지 주요 가격결정전략인 고객가치기반 가격결정, 원가기반 가격결정, 그리고 경쟁기반 가격결정에 대해 살펴본 다음, 마지막으로 신제품가격결정, 제품믹스 가격결정, 가격의 조정과 변경전략 등에 대해 설명한다.

01 가격의 의미와 중요성

1.1 가격의 의미

등록금, 이자, 집세, 차비, 통행료, 진료비. 이들은 모두 어떤 제품이나 서비스에 대해 소비자가 지불하는 가격의 다른 명칭들이다. 학교교육을 받기 위해 등록금을 납부하며, 은행차입금에 대해 이자를 지불하고, 주거공간을 빌리는 대가로 집세를 내며, 교통수단에 의한 장소이동 서비스에 대해 버스요금 또는 택시요금을 지불한다. 또한 고속도로를 이용하는 대가로 통행료를 지불하며, 의사의 진료에 대해 환자들은 진료비를 낸다. 이상과 같이 가격이란 모든 제품이나 서비스를 소유 또는 사용하는 대가로 지불해야 하는 금전적 가치를 포괄하는 개념이다.

경제학적 측면에서 가격은 제품이나 서비스의 가치를 화폐단위로 나타낸 것 또는 이러한 제품이나 서비스를 소유·사용하기 위해 지불해야 하는 화폐의 양으로 정의된다. 마케팅관리자에게 있어 적정한 제품가격을 결정하는 일은 어려운 과제인데, 이는 제품브랜드의 가치를 평가하는 것이 간단하지 않기 때문이다. 예를 들어, 같은 회사에서 생산한 동일한 냉장고라 하더라도 롯데백화점에서의 판매가격과 용산전자상가에서의 판매가격은 상당한 차이가 난다. 백화점에서 냉장고를 구매하는 소비자는 쇼핑의 편리함, 문제발생 시 즉각적인 처리 혹은 교환, 제품선택에 소요되는 시간의 절약 등과 같은 서비스를 제공받기 때문에 할인점에 비해 높은 가격을 지불한다. 그러나 이러한 추가적 서비스에 대해 특별한 가치를 부여하지 않는 소비자들은 전자상가에서 싸게 제품을 구매함으로써 추가적 서비스를 저렴한 가격으로 대체하려고 할 것이다. 이상의 예에서 보는 바와 같이 마케터가 가격결정에 있어 당면하는 어려움 중의 하나는 동일한 제품에 대해 소비자들이 주관적으로 부여하는 가치가 상이하다는 것이다.

다양화되는 소비자욕구를 충족시키기 위해 기업들은 다양한 제품을 출시한다. 가령, 현대자동차와 기아자동차는 각각 다양한 차종을 생산하며 각 모델을 매년 조금씩 변화시킨다. 또한 하나의 모델내에서도 변속기의 종류(수동, 자동), 에어컨설치여부, 파워핸들 등 선택사양에 따라 다양한 제품이 생산되며, 각각에 대해 서로 다른 가격이 책정된다.

이상에서 설명한 제품들은 비교적 가격결정이 용이한 제품에 관한 것이다. 서비스제품에 대한 가격결정은 더욱 어려운데, 이는 지각된 품질에 기반한 가치평가가 유형제품에 비해 소비자와 판매자의 주관적 판단에 의해 주로 이루어지기 때문이다. 가격결정의 이러한 어려움에도 불구하고 가격은 전략적으로, 그리고 기업의 수익을 실현하는 데 있어 중요한 의사결정 영역이기 때문에, 합리적인 가격정책수립을 위해 많은 노력이 요구된다.

1.2 가격결정의 중요성

전통적으로 기업경영에 있어서 가격의 중요성은 마케팅믹스변수들 중에서 유일하게 수익을 실현시키는 변수라는 점에서 찾을 수 있다. 즉, "이익＝수익－비용＝(단위당 가격×판매량)－비용"이라는 공식에서, 제품, 유통, 촉진과 같은 다른 마케팅믹스변수들은 모두 비용유발요인인데 비해 가격은 수익에 직접적인 영향을 미치며, 궁극적으로 기업의 이익을 결정하는 요인이다. 그럼에도 불구하고 많은 기업들이 보수적 관점에서 물가상승률을 고려해 지난 해보다 몇 %정도 가격을 인상하거나, 경쟁자들이 몇 %정도 올리니까 우리도 그와 비슷한 수준으로 올리는 식으로 비체계적인 가격결정을 실시하고 있다.

그러나 1990년대 후반 IMF사태와 2008년 글로벌 경기침체 이후 국내소비자들이 가격에 민감해지고 기업들이 재고관리와 매출증대를 위해 가격할인을 적극 활용하면서 가격결정의 전략적 중요성이 더욱 커지고 있다. 최근 들어 권장 소비자가격이 철폐되고 제조업체들이 최종 소비가격을 통제할 수 없게 되면서 점포 간 가격경쟁이 심화되고 있는 것도 또다른 이유이다. 예를 들어, 오일프라이스워치사에서 조사한 결과에 의하면 주유소간 휘발유 가격이 리터당 최고 671원이나 차이가 나는 것으로 나타났다. 이러한 변화에 따라 소비자들은 가격에 민감하게 반응하며, 가격경쟁은 더욱 가속화될 것이다.

소비자들이 브랜드를 선택하는 과정에서 가격을 중요한 고려요인으로 인식함에 따라 기업은 브랜드관리에 많은 어려움을 겪고 있다. 경쟁브랜드들의 가격할인에 대해 브랜드담당자는 매출하락을 막기 위해 유사한 가격으로 대응할 수밖에 없기 때문이다. 이렇게 가격중심의 시장경쟁을 추구하면 브랜드가치 증대를 위한 장기적 마케팅노력을 실행하기 어려워진다.

이하에서는 체계적 가격의사결정을 위해 가격결정 시에 고려해야 할 요인들을 살펴본 후 구체적 가격결정방법에 대해 설명하기로 한다.

02 가격결정을 위한 고려요인들

기업의 입장에서 볼 때 제품가격은 이익이 보장되지 않을 정도로 지나치게 낮아서도 안 되고 수요가 없을 정도로 너무 높아서도 안 된다. 이렇게 볼 때 제품원가는 가격의 하한선이 되고 제품에 대한 소비자들의 지각된 가치(perceived value)는 가격의 상한선이 될 것이다. 마케터는 이러한 양극단의 가격사이에서 최적가격을 결정하기 위해 제품원가와 지각된 가치, 그리고 경쟁제품의 가격과 기업 내·외부요인들을 고려해야 한다. [그림 10-1]은 제품가격결정 시 고려해야 할 요인들을 보여준다.

가격결정은 먼저 기업의 마케팅전략을 토대로 이루어진다. 즉, 표적시장의 선정과 포지셔닝전략, 회사 내 제품포트폴리오상에서 각 제품에게 주어진 역할(가령, 주력제품 브랜드인가 혹은 주력브랜드를 방어하기 위한 투사형 제품브랜드인가) 등을 결정하는 마케팅전략에 따라 제품가격의 기본방향이 결정된다. 이와 함께 가격결정자는 마케팅목표도 고려해야 한다. 즉, 기업이 이익의 극대화, 매출의 극대화, 품질에서의 선도적 지위추구, 생존 등의 마케팅목표들 가운데 어느 것을 지향하느냐에 따라 제품가격 결정의 지침이 달라지게 된다.

마케팅전략과 가격전략의 기본목표 뿐 아니라 가격결정의 직접적 영향요인인 수요, 제품원가구조, 경쟁제품가격에 대한 분석도 이루어져야 한다. 마케터는 가격에 대한 소비자반응을 파악하기 위해 수요의 가격탄력성을 추정해야 한다. 이와 함께 자사제품의 원가구조를 분석해 목표이익을 달성하는 데 필요한 매출수준을 파악하고, 경쟁자가격에 대한 대응전략도 고려해야 한다. 즉, 경쟁제품보다 가격을 높게 할 것인지, 낮게 할 것인지를 결정해야 한다.

마케팅전략과 가격결정의 직접적인 영향요인들에 대한 분석을 통해 가격대에 대한 윤곽이 잡히면, 마케터는 업계나 자사에서 실제로 활용하는 가격결정방법을 사용해 제품가격을 책정한다. 현재 기업

그림 10-1 가격결정 시 고려요인

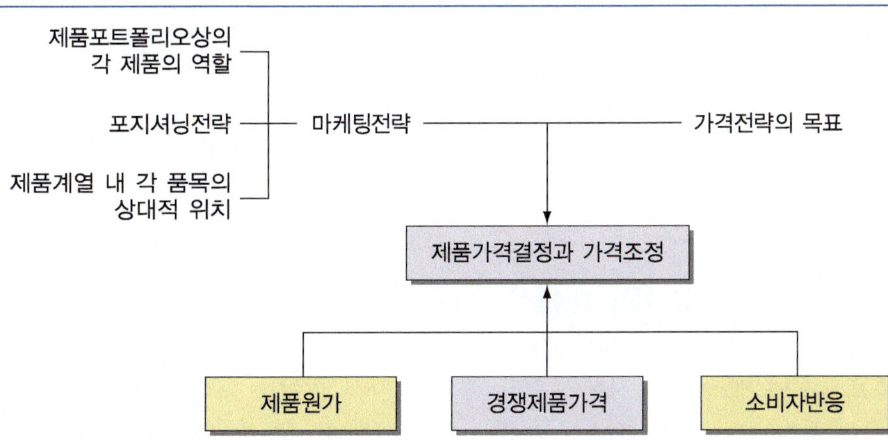

들은 원가와 마진을 이용한 가격결정방법, 소비자의 지각된 가치에 기반한 가격결정방법 등과 같은 실무적 가격결정방법을 이용하여 가격을 결정하고 있다. 끝으로 결정된 제품가격은 판매지역까지의 운송비, 그리고 세일과 같은 판촉 등에 따라 다소 조정된다.

이하에서는 기업의 마케팅전략, 가격결정의 목표설정, 그리고 가격결정에 영향을 미치는 직접적 요인들을 먼저 설명하고, 실무적 가격결정방법과 가격조정방법을 차례로 살펴보기로 한다.

03 마케팅전략의 검토

기업은 제품가격을 결정하는 데 있어 전반적인 마케팅전략을 고려해야 한다. 마케팅전략의 구성요소 중에서 가격결정에 중요한 영향을 미치는 것에는 제품포트폴리오상에서 각 제품이 갖는 전략적 역할, 제품포지셔닝 전략, 제품계열 내에서의 각 품목들의 상대적 위치 등이 있다.

3.1 제품포트폴리오상에서 각 제품의 전략적 역할

일반적으로 기업은 여러 개의 제품을 판매하며 기업자원의 효율적 운영을 위해 각 제품별로 상이한 역할을 부여한다. 이에 따라 개별제품에 대한 가격결정은 그 제품에 대해 요구되는 전략적 역할을 반영해야 한다. 예를 들어, 5장에서 다루었던 BCG 성장률-점유율 매트릭스에서 스타제품에 대해서는 단기적 이익의 극대화보다는 시장점유율의 지속적 유지(혹은 확대)를 목표로 가격이 결정되어야 한다. **금송아지**(cash cow)제품은 다른 제품에 대한 자금지원의 역할이 요구된다. 따라서 현재의 시장점유율을 유지하는 수준에서 최소한의 마케팅비용을 지출하면서 이익을 극대화시킬 수 있도록 가격결정이 이루어져야 한다. 시장전망이 밝은 문제아(problem child)제품에 대해서는 단기적 이익을 실현하는 것보다는 장기적 관점에서 지원이 이루어져야 한다. 가령, 장기적으로 높은 시장점유율의 확보를 위해 단기적 손실을 감수하더라도 저가격정책으로(특히, 경험곡선효과가 크게 기대되는 경우) 시장점유율을 늘리는 것을 고려할 수 있다. 이에 반해 전망이 어두워 기업이 더 이상 지원하지 않기로 결정한 문제아와 개(Dog)제품은 수확전략(harvest strategy)에 따라 단기적 이익을 극대화하는 방향으로 가격결정이 이루어질 수 있다.

3.2 제품포지셔닝 맵상에서의 제품의 위치

마케터는 제품포지셔닝 맵상에서 경쟁제품과 비교해 자사제품이 차지하는 위치를 고려해 이에 상응한 가격을 선정해야 한다. 제품포지션은 자사제품이 경쟁제품에 비하여 소비자의 마음속에 차지하

동서식품 카누와 스타벅스 비아는 서로 다른 제품포지션을 추구하고 있다. 동서식품의 카누는 스타벅스의 비아와 품질이 유사하지만 스타벅스 비아(VIA) 가격에 비해 1/3 수준으로 판매하는 반면 스타벅스 비아는 인스턴트커피 시장에서 매우 비싼 가격으로 슈퍼프리미엄 커피카테고리를 공략하고 있다.

고 있는 상대적 위치라고 설명했다(6장 참조). 가령, 동서식품 카누와 스타벅스 비아의 제품포지션은 서로 다르다. 동서식품의 카누는 원두를 미세분쇄로 갈아 스타벅스의 비아와 품질이 유사하지만 개당 320원으로 스타벅스 비아(VIA)가격의 1/3 수준에도 미치지 못하는 가격으로 판매한다. 커피전문점에서 판매하는 커피에 비교하면 1/10 수준에 불과하다. 반면 스타벅스 비아는 개당 1067원으로 인스턴트 커피시장에서 슈퍼프리미엄 커피카테고리를 공략하고 있다.

[그림 10-2]는 소비자가 중요하게 생각하는 속성인 가격과 품질을 토대로 경쟁브랜드들의 상대적 위치를 나타낸 포지셔닝 맵의 한 예이다. 일반적으로 대부분의 제품들은 포지셔닝 맵상에서 45도 선상에 위치한다. 즉, 품질이 좋아지면 그에 따라 가격도 올라가는 것이다. 그러나 실제로 소비자들의 가격과 품질수준에 대한 요구는 다양하게 나타난다. 그러므로 마케터는 가격과 품질의 가능한 여러 조합들 중에서 표적소비자의 욕구를 충족시키면서 경쟁우위를 가질 수 있는 대안을 선택하고 이를 제

그림 10-2 포지셔닝 맵

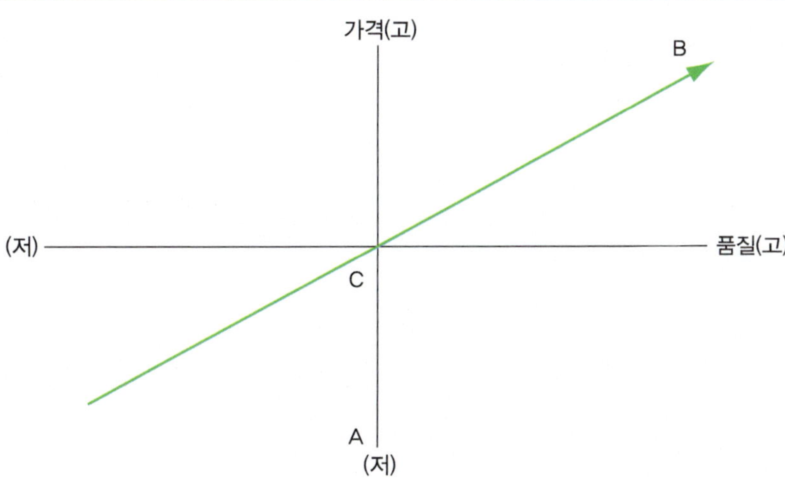

현대자동차는 아반테 신모델을 출시하면서 중형 차의 성능을 갖고 있음을 강조하고 이에 맞는 가격을 책정하였다.

품가격에 반영해야 한다. 예를 들어, 기아자동차는 경차인 모닝을 경제적이면서 품질이 괜찮은 차(포지션 맵상의 A)로 포지션했다. 이와 반대로 마케터는 포지션 맵상의 우측상단(B)을 겨냥하기도 한다. 예를 들어, 제네시스EQ, K9, 벤츠 등은 포지션 맵상에서 최고급 포지션을 지향하고 있다.

한편 기업은 중가시장을 겨냥한 제품포지션(포지셔닝 맵상의 C)을 추구할 수 있는데, 현대자동차의 아반떼 등이 그 예이다. 이와 같이 포지셔닝 맵상에서 마케터가 설정한 제품포지션이 제품가격의 결정에 중요한 영향을 미치며 가격결정의 기본적 지침을 제공한다.

3.3 제품군 내에서 각 제품의 상대적 위치

다양한 소비자욕구를 만족시키기 위해서 기업들은 동일 제품군(혹은 제품계열) 내에 다양한 종류의 제품들을 시장에 내놓게 된다. 예를 들어, 현대자동차는 경차에서 최고급차까지 다양한 제품을 동시에 판매한다. 이 경우 문제가 되는 것은 제품들 간에 표적소비자와 제품품질에서 차이가 나므로 각 제품의 가격은 이러한 차이를 충분히 반영할 수 있도록 결정되어야 한다는 것이다. 다시 말해 쏘나타의 가격대와 아반테의 가격대에 명확한 차이를 두어 자사 브랜드간 시장잠식을 줄이는 가격전략이 필요한 것이다. 마케터는 신제품가격을 기존 제품보다 높게 책정함과 동시에 기존 제품과 포지셔닝 맵상에서 가능하면 멀리 떨어지도록 마케팅커뮤니케이션 노력을 수행함으로써 자사브랜드 간에 시장잠식이 일어나는 것을 줄일 수 있도록 해야 한다.

04 마케팅목표

마케터는 가격결정 시 마케팅목표를 고려해야 한다. 기업의 마케팅목표가 명확할수록 가격결정은 보다 쉽게 이루어질 수 있는데, 대표적인 마케팅목표들에는 단기이익의 극대화, 시장점유율의 극대화, 최상의 제품품질의 추구, 시장에서의 생존 등이 있다.

4.1 단기이익의 극대화

현대 기업경영에서 이익 극대화는 사회적 비난을 받을 수 있지만 현실적으로 많은 기업들이 추구하는 기업목표이다. 이익극대화를 목표로 가격결정을 하는 기업은 여러 가격대안별로 수요와 비용을 추정한 다음 단기이익을 극대화하는 가격을 선택하게 된다. 이 경우 각각의 가격대안에 대한 수요와 비용을 추정해야 하는데, 실제로 기업이 수요와 비용함수를 정확하게 추정하는 일은 매우 어려운 과제이다. 이에 따라 마케터는 과거경험을 바탕으로 가격결정을 하게 되는데, 예를 들면 연말이 다가오면 많은 기업들이 이번 영업연도의 이익목표를 실현하기 위해 가격인하를 통해 재고를 정리하고 매출을 높이려고 한다.

4.2 매출 또는 시장점유율의 극대화

많은 기업들은 마케팅목표를 매출액 또는 시장점유율의 극대화에 두는데, 이를 위해 저가격으로 시장내 점유율을 높이는 시장침투(market penetration)전략을 채택한다. 이러한 전략을 사용하는 이론적 근거는 단기적으로는 저가격으로 인해 이익이 감소하지만, 판매증대와 누적생산량의 증가로 단위당 원가가 급속히 하락함으로써 장기적으로 이익이 오히려 커질 수 있다는 데 있다.

이러한 전략을 채택하여 성공한 대표적 기업으로 삼성전자를 들 수 있다. 이 회사의 가격전략 중 하나는 경험곡선(experience curve)효과를 이용한 저원가, 저가격, 시장점유율 확대전략이다. **경험곡선효과**는 [그림 10-3]에서 보는 바와 같이 누적생산량(cummulative production)이 증가됨에 따라 단위당 원가가 일정비율로 하락하는 현상을 말한다. 경험곡선효과는 생산이 증가됨에 따라 규모의 경제(economy of scale)가 실현되며 종업원들의 숙련도가 높아지는데 기인한다. 또한 누적생산량이 증가됨에 따라 원료구매에 있어서 효율성을 기할 수 있고 광고비와 유통비 등 마케팅비용도 하락한다. 삼성전자는 이러한 경험곡선상에서 현재의 원가수준인 A점이 아니라 향후의 원가수준인 B점을 예상하

그림 10-3 경험곡선

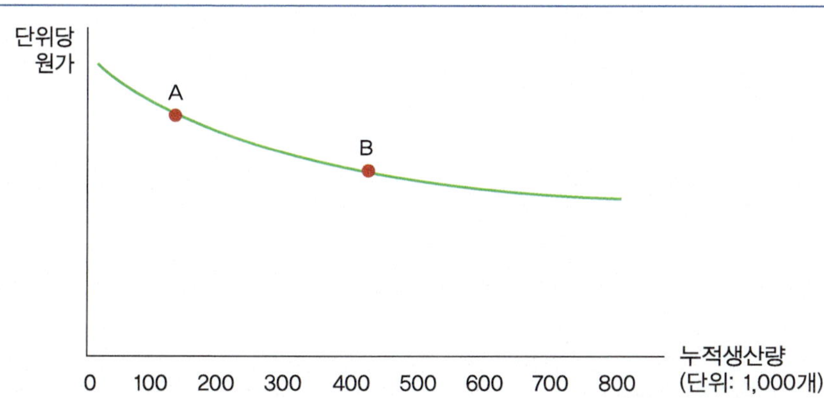

최고품질 · 고가격전략을 추구하는 렉서스

고 처음부터 저가격으로 제품을 판매한다. 이에 따라 판매량은 급속히 증대되고 빠른 시간 내에 B점을 통과하여 원가가 낮아짐에 따라 장기적으로 이익을 실현할 수 있다.

4.3 최고의 제품품질 추구

기업은 업계내에서 최고품질의 제품을 개발/판매하는 것을 마케팅목표로 삼을 수 있다. 이러한 경우에 연구개발, 신규 유통망개척, 고객에 대한 마케팅커뮤니케이션 등에 대한 많은 투자로 인해 제품원가가 높아지며, 이에 따라 고가격을 책정하는 것이 일반적이다. 예를 들어, 렉서스는 고급승용차 시장에서, LG시그니처는 가전제품 시장에서 최고의 품질을 추구하며 제품가격도 경쟁사들보다 높은 수준에서 책정된다.

4.4 생존(Survival)

무리한 시설투자로 인한 과잉재고 발생과 치열한 경쟁상황에 따른 판매촉진으로 기업들이 적정이익을 고려한 가격결정이 어려울 때 기업은 생존을 최우선 목표로 가격을 결정할 수 있다. 이러한 상황에서 기업은 이익의 창출보다는 기업생존을 위해 필요한 변동비와 고정비 일부를 회수하는 선까지 가격을 내리기도 한다. 2008년 글로벌 경기침체로 인한 구매력 감소에 직면한 많은 국내기업들이 시장생존을 목표로 경쟁적으로 가격을 인하한 경우가 이에 해당된다.

05 소비자 반응의 검토

각 제품별로 가격정책의 목표가 결정되면 가격결정에 직접적 영향을 미치는 소비자반응, 자사의 원가구조 및 경쟁제품의 가격을 검토해야 한다. 소비자는 자신이 원하는 가격수준보다 비싼 제품을 구매하지 않을 것이므로 기업은 가격책정에 있어 가격변화에 따른 소비자반응(수요)을 우선적으로 검토해야 한다. 소비자의 제품에 대한 수요는 제품가격의 상한선을 결정한다는 점에서 중요하다.

(1) 가격탄력성 분석

소비자의 가격에 대한 반응정도는 수요곡선과 이를 통해 얻어지는 수요의 가격탄력성을 이용해 파악될 수 있다. **수요곡선**이란 제품가격과 소비자 구매량 간의 관계를 나타낸 것이다(그림 10-4 참조).

수요곡선 (A)는 수요의 가격탄력성(price elasticity)이 낮은 경우로서 가격의 증감에 따라 수요가 크게 변하지 않는다. 수욕곡선 (B)는 수요의 가격탄력성이 높은 경우로서 가격의 변화에 따라 수요가 매우 민감하게 변한다. 소비자의 가격에 대한 민감도를 반영하는 지표인 **수요의 가격탄력성**은 가격의 변화에 따른 소비자수요의 변화로 정의된다.

$$\text{가격탄력성(E)} = \frac{\text{수요의 변화치/원래수요}}{\text{가격의 변화치/원래가격}} = \frac{\text{수요의 변화율(\%)}}{\text{가격의 변화율(\%)}}$$

일반적으로 가격이 증가함에 따라 수요는 감소하는 경향이 있으므로, 수요의 가격탄력성은 음(−)

그림 10-4 수요곡선의 예

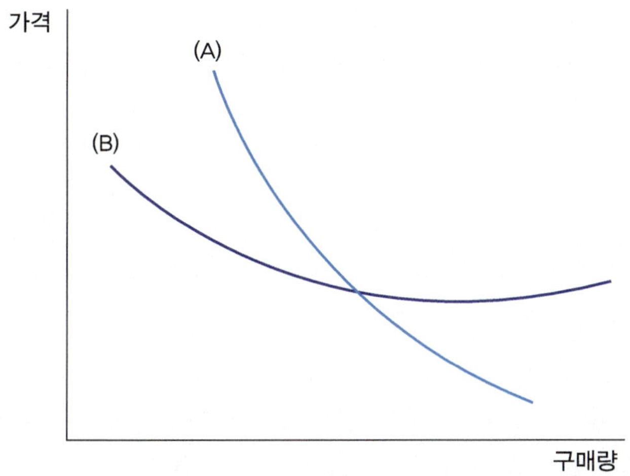

의 값을 갖는다. 수요의 가격탄력성과 기업매출액 간의 관계는 다음과 같다.

① 수요의 가격탄력성이 낮은 경우(즉, $-1 < E < 0$)에는 기업이 가격을 인상하여도 수요의 감소율이 가격인상률에 비해 작기 때문에 기업의 총매출액은 증가한다. 예를 들어, 제품가격을 2% 인상할 경우 수요가 1% 감소한다면, 탄력성은 $-1/2$이 되어 가격탄력성은 낮다. 이 경우 소비자의 가격민감도(가격탄력성)가 낮으므로 가격인상이 기업의 매출액을 증가시킨다.

다음은 수요의 가격탄력성이 낮을 것으로 판단되는 경우이다.

- 경쟁제품 혹은 대체품이 없거나 소수일 때
- 소비자가 제품가격이 높음을 인식하지 못할 때
- 자사제품이 경쟁제품과 비교해 독특한 제품특성을 가질 때
- 소비자의 구매습관변화가 서서히 발생될 때 – 가령, 사용자에게 편리한 컴퓨터 소프트웨어가 개발되더라도 기존의 소프트웨어에 익숙한 소비자는 단기간내에 신제품으로의 전환이 어려울 것이다.
- 소비자들이 고가격을 고품질과 연관시켜 고가격제품을 기꺼이 구매하고자할 때

② 수요의 가격탄력성이 큰 경우(즉, $E < -1$인)에는 가격인상율에 비해 수요감소율이 상대적으로 크기 때문에 매출은 감소하게 된다. 예를 들어, 제품가격을 2% 인상했을 때 수요가 6% 감소한다면, 그 제품에 대한 수요의 가격탄력성은 -3이다. 따라서 소비자의 가격민감도가 높으므로 가격을 인상할 경우 매출이 감소한다.

③ 수요의 가격탄력성이 양(+)인 경우에는 가격인상이 매출과 이익을 증대시킨다. 이러한 경우는 소비자가 가격을 품질의 척도로 인식해 고가격제품이 품질이 우수할 것으로 지각할 때 발생된다.

실제로 기업은 가격변화에 따른 매출변화에 대한 과거자료를 검토하거나 실험실에서 소비자들에게 여러 가격대에서 제품구매의도를 물어봄으로써 제품의 가격탄력성을 추정할 수 있다. 국내시장에서 생활용품에 대한 가격탄력성을 측정한 결과 대개 -1에서 -5 수준으로 나타났지만 일부제품에서 양의 값을 보이는 브랜드들도 있는 것으로 나타났다.

가격탄력성은 고정된 것이 아니라 제품수명주기에 따라 변한다. 사이먼(Simon) 교수는 가격탄력성이 제품수명주기의 각 단계에서 어떻게 달라지는지를 알아보기 위해 35개 상표의 가격탄력성에 대한 실증연구를 했다. [그림 10-5]는 그의 연구결과 중 세척제와 약품의 수명주기 단계별 가격탄력성을 보여준다. 이 그림에서 보면 판매가 증가하는 도입기와 성장기에는 가격탄력성이 비교적 높고 성숙기에는 가장 낮은 값을 가지며, 판매가 감소하는 쇠퇴기에는 가격탄력성이 다시 증가한다. 도입기와 성장기는 성숙기에 비해 가격탄력성이 높으므로(소비자가 가격에 민감하므로), 높은 경험곡선효과가 기대될 경우 저가격을 책정함으로써 높은 수요와 시장점유율을 실현할 수 있다. 이에 반해 성숙기는 제품수명주기의 다른 단계에 비해 가격탄력성이 제일 낮으므로(소비자가 가격변화에 민감하지 않으므로) 가격에 의한 경쟁보다는 광고, 새로운 제품특성 추가에 의한 브랜드차별화를 통해 비가격경쟁을 추구하

그림 10-5 제품수명주기 단계별 가격탄력성의 변화

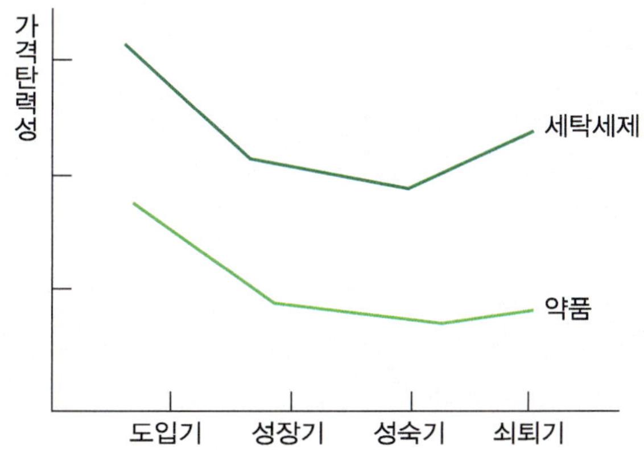

는 것이 효과적이다.

(2) 개별소비자의 가격에 대한 심리적 반응검토

앞서 살펴본 가격탄력성은 가격변화에 대한 전체소비자의 반응이다. 따라서 마케터는 개별소비자들이 책정된 가격을 어떻게 지각하는지에 대해서도 분석해야 한다. 일반적으로 소비자는 준거가격을 기준으로 가격이 싼지 혹은 비싼지를 판단한다.

■ 준거가격

준거가격(reference price)이란 소비자들이 제품가격의 고·저를 평가할 때 비교기준으로 사용하는 가격이다. 소비자는 자주구매하는 브랜드의 가격, 과거에 지불했던 가격, 유사제품의 평균가격 등을 이용하여 준거가격을 형성한다. 소비자는 어떤 제품의 시장가격이 자신의 준거가격보다 높으면 비싼 것으로 지각하고, 반대로 준거가격보다 낮으면 싸다고 지각할 것이다.

마케터는 고객들이 형성한 준거가격을 파악해 이를 가격결정에 활용해야 한다. 예를 들어 할인행사에서 가격할인을 기존 가격과 함께 제시하는 것(예: 10,000원 → 7,000원)은 기존 가격을 준거가격으로 사용하도록 유도함으로써 매출증대를 실현하려는 데 그 목적이 있다.

■ 유보가격과 최저수용가격

유보가격(reservation price)이란 소비자가 어떤 제품에 대해 지불할 의사가 있는 최고가격을 말한다. 이에 따라 구매 전에 소비자가 생각하고 있었던 유보가격보다 제시된 제품가격이 높으면 소비자는 구매를 유보하게 된다. 유보가격도 준거가격과 마찬가지로 소비자의 과거 구매경험과 지각된 제품품질에 따라 브랜드·소비자 간에 차이가 있다. 반면 제품가격이 너무 싸면 소비자는 제품에 하자가 있는 것으로 판단하고 구매를 거부하게 되는 데, 이러한 가격을 최저수용가격(lowest acceptable price)이라 한다. 일반적으로 소비자는 준거가격을 중심으로 유보가격과 최저수용가격내에서 제품을 구매하는데, 최근 인터넷상에서 쉽게 접근할 수 있는 가격비교 사이트는 소비자들의 준거가격 형성에 영향을 미친다.

06 제품원가 구조의 분석

기업은 소비자의 가격에 대한 반응과 함께 자사제품의 원가수준을 검토해야 한다. 가격은 제품원가와 일정비율의 마진으로 구성되므로 제품의 원가구조도 가격결정에서 주요 고려요인이다.

기업은 제품판매를 통해 제품의 생산과 판매에 소요되는 비용을 회수하고 추가적으로 적정수준의 이윤을 확보해야 한다. 이에 따라 적정이윤을 포함한 제품원가는 가격의 하한선이 된다. 제품원가는 크게 두 가지 요소로 구성되는데, 제품의 재료비, 노무비, 로열티 등과 같이 판매량의 증대에 따라 비례적으로 증가하는 **변동비**(variable cost)와 건물 또는 공장의 임대료, 본사 직원들에 대한 고정월급, 광열비, 이자, 광고비 등과 같이 판매량에 영향을 받지않는 **고정비**(fixed cost)가 그것이다. 변동비는 다시 직접재료비, 직접노무비, 제조간접비를 포함하는 제조원가와 판매원에 대한 인센티브나 판매경비 등으로 구성되는 마케팅비용으로 나누어진다.

마케팅 Highlight

높은 고정비로 인한 높은 제품가격으로 어려움에 처한 피자회사들

도미노피자, 미스터피자, 피자헛 등 피자 빅3 회사가 흔들리고 있다. 대형 매장에서 판매하는 높은 가격의 피자가 더 이상 소비자에게 매력적으로 다가오지 않게 됐기 때문이다. 10여년 전 연매출 3000억원을 돌파했던 피자헛의 2014년 매출은 1142억원까지 줄었다. 피자헛은 2015년 들어 직영점 75곳 중 61곳을 가맹점으로 전환하거나 폐점했고, 남은 14개도 같은 방식으로 정리할 방침이다. 2013년 1,767억원의 매출을 올려 피자업계 1위에 오른 미스터피자는 2년 새 매출이 20% 가까이 감소했다.

피자전문점이 어려움을 겪고 있는 주요원인 중 하나는 높은 가격이다. 피자 라지 사이즈 한 판의 가격은 3만원이 넘는다. 피자업계 관계자는 "광고비와 매장 임대료 등 고정비를 고려하면 가격을 낮추기 어렵다"고 말한다. 취급메뉴에 대한 선호도와 관심이 떨어졌다는 점도 원인으로 지적된다. 외식업계 관계자는

"2000년대 중반에는 서양식 메뉴를 판매하는 음식점이 많지 않아 피자가 특식이나 별미로 여겨졌지만 최근에는 너무 흔해졌다"고 분석했다.

피자회사들은 위기극복을 위해 전략적 대안을 강구하고 있다. 도미노 피자를 운영하는 법인인 한국도미노피자는 사업 다각화를 추구하기 위해 최근 회사명을 '청오디피케이'로 바꿨다. 외식업계에서는 도미노 피자가 새로운 외식브랜드를 확대하기 위해 법인명을 바꾼 것으로 보고 있다. 이미 피자 외에도 면 전문점 씨젠과 커피 브랜드 야쿤 등을 운영 중이다. 그리고 미스터피자는 대형매장을 배달전문매장으로 바꾸고 있다. 미스터피자 관계자는 "고정비를 줄여야 수익이 난다는 점을 들어 가맹점주들을 설득하고 있다"고 말했다.

• 자료원 : 한경, 2015.12.28

기업은 매출과 원가구조 간의 관계를 분석하기 위해 손익분기분석(break-even analysis)을 주로 활용하는데, 이를 통해 가격, 원가, 그리고 판매량 간의 관계를 파악할 수 있다. **손익분기분석**이란 주어진 고정비와 변동비 수준에서 생산과 판매에 들어간 투자비용을 회수하는데(즉, 순이익이 0이 되는데) 필요한 가격 및 매출수준을 추정하는 것이다. 손익분기분석을 수행하기 위해 먼저 손익분기점(break–even point)을 구해야 한다. **손익분기점**이란 수익과 비용이 일치하여 순이익이 0이 되는 판매량 또는 매출액을 말한다. 손익분기 판매량은 다음과 같은 공식으로 구해질 수 있다.

$$\text{손익분기점(판매량)} = \frac{\text{고정비}}{\text{가격} - \text{단위당 변동비}}$$

그림 10-6 손익분기점 분석(Ⅰ)

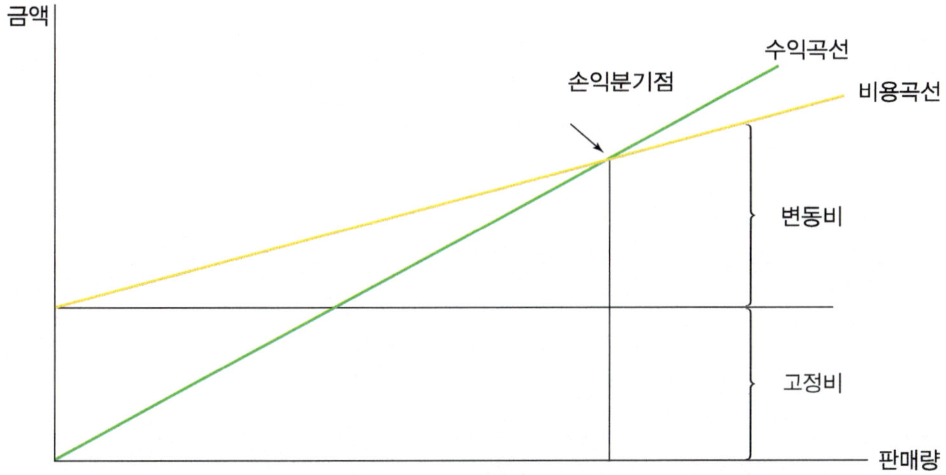

[그림 10-6]에 나타난 바와 같이 손익분기분석은 주어진 고정비와 변동비 수준 및 가격수준하에서 이익이 0이 되는 데 필요한 매출수준을 알려준다. 예를 들어, 단위당 변동비를 6,000원, 고정비를 10,000,000원, 그리고 제품가격을 8,000원으로 결정했다면, 이익이 0이 되는 손익분기 매출량은 5,000개이다.

$$\text{손익분기 매출량} = \frac{10{,}000{,}000\text{원}}{8{,}000\text{원} - 6{,}000\text{원}} = 5{,}000\text{개}$$

이 경우 마케팅관리자가 염두에 두어야 할 것은 손익분기 매출량과 가격은 단지 기업이 실현하고자 하는 매출수준과 가격이므로 소비자들이 실제로 그 가격에서 손익분기 매출량 만큼의 구매를 할 것인지에 대한 추가분석을 실시해야 한다. 가령, 위의 예에서 소비자가 8,000원의 제품가격에서 구매함으로써 5,000개의 손익분기 매출량을 실현시켜 줄지를 파악하기 위해 수요곡선과 수요의 가격탄력성 자료를 토대로 손익분기 매출이 실현가능한지를 검토해야 한다. 만약 이러한 매출실현이 불가능할 것으로 판단되면, 기업은 목표매출량을 수정하던지 혹은 [그림 10-7]에서 볼 수 있듯이 가격을 낮추어 예상되는 매출수준을 실현할 수 있도록 해야 한다. 즉, 수요분석결과 8,000원의 제품가격에서 5,000개의 손익분기 매출량을 실현할 수 없다면, 제품가격을 낮추거나 목표매출량을 보다 낮게 책정해야 할 것이다.

이와 같이 원가구조와 손익분기점에 대한 분석은 소비자의 실제수요에 대한 분석과 병행하여 이루어질 경우에만 마케팅관리자 또는 회계담당자의 가격결정에 유용한 정보를 제공할 수 있다.

그림 10-7 손익분기점 분석(II)

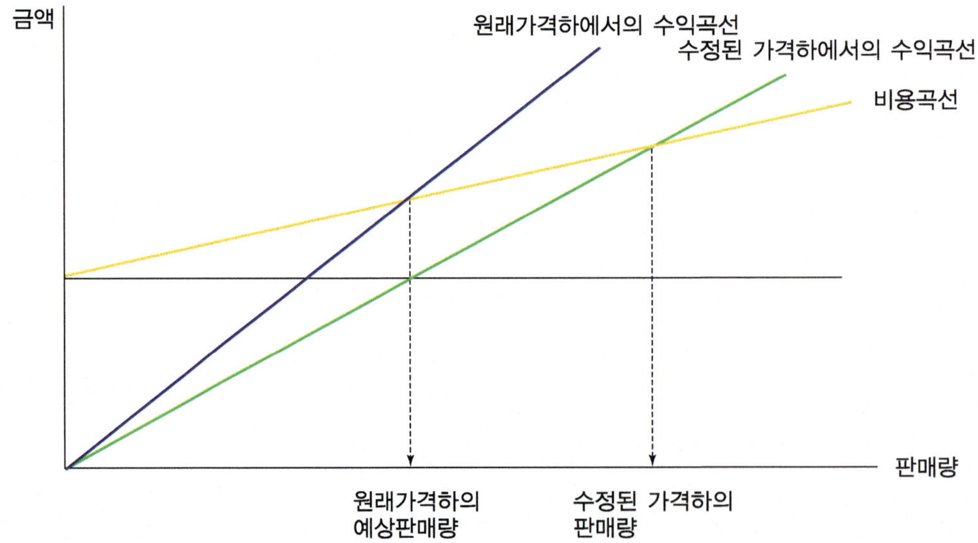

07 경쟁제품 가격의 검토

가격결정 시 고려해야 할 또 다른요인은 경쟁구조와 경쟁자의 가격이다. 기업은 선발주자로 높은 시장점유율을 갖고 있는 경쟁브랜드를 공략하기 위해 저가격정책을 취하거나 고품질 이미지를 소비자들에게 주기위해 고가격정책을 취할 수 있다. 마케터가 경쟁제품의 가격을 자사제품의 가격결정에 고려하는 데 있어 먼저 시장의 경쟁구조를 이해할 필요가 있다.

시장의 경쟁구조는 독점, 독점적 경쟁, 과점경쟁, 완전경쟁 등이 있다. 자유시장 경제하에서 체신, 전력 등 공공산업을 제외하면 순수한 독점은 그리 흔하지 않다. 또한 소비재산업이라고 하더라도 완전경쟁이나 이와 유사한 경쟁구조는 드물다. 따라서 여기서는 마케터가 실제 시장경쟁에서 흔히 접하게 되는 독점적 경쟁과 과점적 경쟁에서의 가격결정을 중심으로 살펴보기로 한다.

독점적 경쟁(monopolistic competition)은 시장 내에 여러 브랜드들이 경쟁하지만 제품차별화를 통해 특정 브랜드가 세분시장 내에서 선도적 위치를 구축한 경우를 말한다. 독점적 경쟁하에서 차별점을 구축한 선도적 브랜드는 독특한 제품의 개발과 차별적 광고 등을 기반으로 경쟁브랜드 대비 고가격을 취함으로써 많은 이익을 얻을 수 있다. 예를 들어, 경쟁이 치열한 고급청바지 시장에서 Guess는 아메리칸 고급패션 청바지로, Diesel은 유럽풍 고급패션 청바지로 차별화된 포지션을 구축해 프리미엄 가격을 받는다.

과점적 경쟁(oligopolistic competition)은 소수의 경쟁자들이 시장의 대부분을 지배하는 경우를 말한다. 과점적 경쟁은 높은 투자비용, 제품개발에 대한 독점적 노하우, 그리고 유통경로의 선점 등과 같은 시장진입장벽으로 인해 새로운 기업들의 시장진출이 어렵기 때문에 발생한다. 대표적인 예로는 우리나라의 세제업계를 들 수 있는데, LG생활건강, 애경, CJ라이언의 3사가 전체 세제시장의 대부분을 차지한다. 맥주(Hite와 OB), 복사기(신도리코와 코리아 제록스), 라면(농심, 오뚜기, 팔도) 시장도 이에 해당한다. 이러한 시장경쟁상황 하에서는 기업은 경쟁회사와 비슷한 가격전략을 채택한다. 이는 한 경쟁회사가 제품가격을 변경시킬(가령, 인하할) 경우 소비자들이 곧바로 그 회사의 제품으로 전환(switching)할 가능성이 높기 때문이다.

가격결정을 위한 경쟁분석에 있어 또 하나 유의해야 할 점은 경쟁범위를 너무 좁게 잡아서는 안 된다는 것이다. 예를 들어, 금호고속의 서울-부산 간 우등고속버스 요금의 결정은 직접적인 경쟁상대인 타사의 우등고속버스 요금뿐만 아니라 일반고속버스의 현행요금, KTX, 새마을호, 그리고 무궁화호 열차요금, 서울-부산 간 항공요금 등도 고려해 이루어져야 할 것이다.

08 가격의 결정과 조정

지금까지 마케팅전략, 가격전략의 목표, 그리고 가격에 직접적인 영향을 미치는 요인인 소비자의 수요, 제품원가, 경쟁자가격에 대해 살펴보았다. 본 절에서는 기업이 실제로 제품가격을 결정하는 데 이용하는 실무적 가격결정방법들과 정해진 가격을 필요에 따라 조정하는 상황에 대해 설명하기로 한다. 이와 함께 신제품에 대한 가격결정과 시장상황 변화에 따른 가격변경에 대해 살펴보기로 한다.

8.1 실무적 가격결정

기업이 실제로 제품가격을 결정하는 데 주로 활용하는 가격결정방법에는 원가중심적인 가격결정, 소비자중심의 가격결정, 그리고 경쟁제품 중심의 가격결정이 있다.

(1) 원가중심 가격결정방법(Cost-Based Pricing)

■ 원가가산 가격결정방법(Cost-Plus Pricing)

원가가산 가격결정방법은 단위당 원가에 일정률의 마진을 더해 판매가를 결정하는 것이다. 예를 들어 원가구조가 다음과 같고, 판매가격 대비 마진율(margin)이 20%라고 가정한다.

단위당 변동비 : 6,000원　고정비 : 10,000,000원　예상판매량 : 100,000개

원가가산법을 이용한 판매가격은 다음과 같은 식을 이용해 구할 수 있다.

$$\text{단위당 원가} = \text{단위당 변동비} + \frac{\text{고정비}}{\text{예상판매량}} = 6{,}000\text{원} + \frac{10{,}000{,}000\text{원}}{100{,}000\text{개}} = 7{,}000\text{원}$$

$$\text{단위 판매가} = \frac{\text{단위당 원가}}{(1-\text{마진율})} = \frac{7{,}000\text{원}}{(1-0.2)} = 8{,}750\text{원}$$

기업들은 원가가산 가격결정방법을 널리 활용하는데, 그 이유는 기업이 원가에 대한 내부자료를 갖고 있으며, 업계관행에 의해 정해진 마진율을 이용할 경우 가격결정이 용이하기 때문이다. 또한 같은 산업내의 모든 기업들이 업계의 관행으로 받아들여지는 마진율을 이용하여 가격을 결정하면 불필요한 가격경쟁을 피할 수 있는 이점도 있다. 기업은 도매상, 소매상 등과 같은 다양한 중간상들을 이용하고 있기 때문에 최종 소비자가격은 [그림 10-8]에서와 같이 각 유통단계별로 원가가산방법을 적용

그림 10-8 **유통단계별 원가가산 가격결정방법**

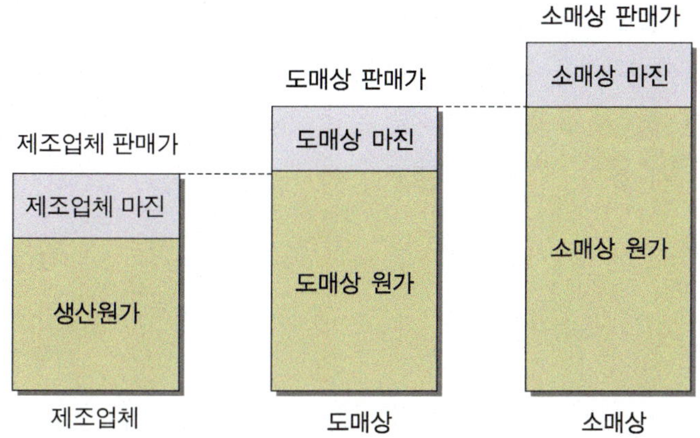

마케팅 Highlight

높은 수수료 지불로 인해 높은 판매가격을 책정해야하는 백화점 입점업체

A백화점에 입점해 있는 화장품업체 B사는 올해 1월부터 3월 사이에 6억 4500만원의 매출을 올렸다. 이 가운데 판매수수료 명목으로 A백화점에 1억 8800만원을 납부했다. 백화점이 책정해 놓은 판매수수료율이 34%(할인행사는 제외)에 달하기 때문이다. 이 업체는 작년에는 인테리어 비용으로 7300만원을 백화점에 냈고, 백화점이 소비자에게 사은품 명목으로 지급하는 상품권 비용도 82만원 정도 부담했다. 여기에 백화점 광고 전단제작 등에 드는 광고비용(52만원)도 백화점에 지급했다. 이처럼 백화점 입주업체들에게 백화점은 갑(甲) 중의 갑(甲)이다. 납품업체가 부담하는 이런 판매수수료와 촉진비용은 고스란히 소비자들에게 전가된다. 소비자들이 백화점에서 100만원짜리 상품을 구매하면, 30만원가량은 판매수수료 명목으로 백화점이 가져간다. TV홈쇼핑도 백화점과 별 차이가 없다. TV홈쇼핑에 납품하는 업체는 100만원당 33만원 이상을 수수료로 내야 하는 것으로 조사됐다.

공정거래위원회가 2015년 상반기 롯데 · 신세계 등 국내 백화점 7곳과 GS · CJ 등 6개 TV홈쇼핑 업체가 납품업체와 맺은 계약서를 분석한 결과에 따르면 백화점에 입점해 있는 업체가 부담해야 하는 평균 판매수수료율은 27.9%로 나타났다. 입주 업체들이 100만원을 팔면 30만원 정도는 백화점에 지불해야 한다는 얘기다. TV홈쇼핑이 납품업체에 부과하는 평균 판매수수료율은 33.5%였다. 홈쇼핑업체 관계자는 "홈쇼핑 업체는 방송을 송출해주는 종합유선방송사(SO) 등에 평균 11.5%의 송출 수수료를 지급해야 하기 때문에 백화점보다 수수료율이 더 높다"고 말했다. 2014년 한 해 동안 백화점 입점업체들은 판매실적에 비례하는 수수료 외에도 인테리어 공사(매장 인테리어를 바꾼 경우)와 광고비, 사은품구매 등의 명목으로 평균 5000만원을 추가 지불한 것으로 조사됐다. 추가비용 대부분은 인테리어 비용(4700만원)이었고, 판매촉진비(220만원)와 광고비(50만원)도 부담한 것으로 조사됐다. 공정위 관계자는 "업체 간 수수료율을 정하는 것에 대해 정부가 개입할 수는 없지만, 계약된 것보다 추가로 부담토록 하는 등의 부당행위는 철저히 조사해 처벌할 것"이라고 말했다.

• 자료원 : 조선경제, 2015.12.29

한 결과로 얻어진다.

■ 목표이익 가격결정방법(Target Profit Pricing)

목표이익 가격결정방법이란 기업이 설정한 목표이익을 실현할 수 있도록 매출수준과 제품가격을 결정하는 것으로, 앞에서 설명한 손익분기분석(breakeven analysis)을 이용한다. 목표이익 가격결정은 손익분기분석을 변형시킨 것으로 다음과 같은 공식으로 구해질 수 있다.

$$\text{목표판매량} = \frac{\text{고정비}+\text{목표이익}}{\text{가격}-\text{단위당 변동비}}$$

여기서 목표판매량과 목표이익이 정해지면 가격을 결정할 수 있다. 예를 들어, 기업의 목표판매량이 10,000개, 목표이익은 10,000,000원이며, 단위당 변동비는 6,000원, 고정비는 10,000,000원이라고 하자. 이 경우 가격은 다음과 같이 계산된다.

$$10{,}000 = \frac{10{,}000{,}000+10{,}000{,}000}{X-6{,}000}$$

$$X=8{,}000\text{원}$$

[그림 10-9]는 손익분기점(5,000개)과 목표이익(10,000,000원)을 함께 실현하는 데 필요한 가격(8,000원)과 매출수준(80,000,000원)을 보여준다.

만약 목표이익(10,000,000원)을 고려한 제품가격(8,000원)에서 당초 기대한 판매량(10,000개)을 실현하기 어려울 것으로 판단되면, 목표이익을 낮추거나 혹은 제품가격을 낮추어 예상되는 매출수준을

그림 10-9 목표이익가격결정

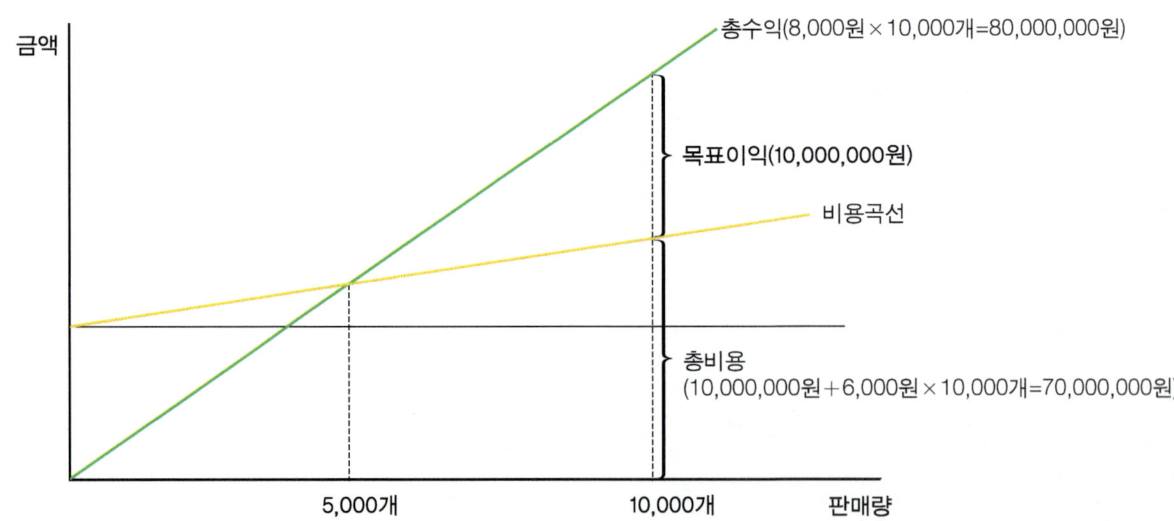

먼저 결정한 다음 목표이익을 수정해야 할 것이다.

원가중심적 가격결정의 문제점은 소비자반응을 고려하지 않고 기업이 자의적으로 가격을 결정한다는 것이다. 또 실제 판매량이 기대수준에 미치지 못할 경우 기업은 목표이익을 실현할 수 없다.

(2) 소비자 중심적 가격결정방법(Buyer-Based Pricing)

최근 많은 기업들이 소비자 중심적 가격결정방법을 도입하고 있는데, 가치중심적 가격결정방법이 대표적 예이다. **가치중심적 가격결정방법**(value-based pricing)이란 고객이 지각하는 제품의 가치에 맞춰 제품가격을 결정하는 것이다. 즉, 가치중심적 가격결정법에서는 소비자들이 경쟁제품 대비 자사 제품에 대해 어느 정도의 가치를 부여하는지를 조사해 이에 상응하는 제품가격을 책정한 다음 그러한 가치를 실현할 수 있도록 제품디자인과 생산원가를 계획하는 과정을 거친다. 반면 원가중심적 가격결정방법은 제품을 만드는 데 소요되는 개발비용, 제조원가, 그리고 목표이익을 실현할 수 있는 수준에서 제품가격을 먼저 결정한 다음, 이 가격대의 제품이 소비자에게 충분한 가치를 제공한다는 것을 확신시키는 과정을 거친다(그림 10-10 참조).

기업이 신제품의 가격을 결정하기 위해 어떻게 가치중심적 가격결정방법을 활용하는지를 LG생활건강을 예를 들어 설명하기로 한다. LG생활건강은 소비자가 지각하는 제품가치에 기반해 주방용세제 신제품의 가격을 결정하려고 한다. 이를 위해 가정주부들을 표본으로 선정하고, 시장선도브랜드와 자사 신제품의 브랜드를 가린 다음 두 제품의 성능을 속성별로 비교평가하도록 했다. 제품성능에 대한 비교평가는 가정유치조사(Home Usage Test : 소비자들로 하여금 실험대상 제품을 가정에서 실제로 사용하게 한 다음 소비자반응을 측정하는 조사기법)를 통해 실시했다. 〈표 10-1〉은 소비자조사결과를 바탕으로 얻어진 제품속성별 중요도와 브랜드별 속성평가점수를 보여준다.

만약 시장선도브랜드의 가격이 1,656원이고 시장선도 브랜드에 대한 속성평가 점수의 합이 540점이라면, 속성평가 점수 1점당 소비자들이 지불하는 가격(Y)은 3.067원으로 계산된다(540점×Y=1,656원, Y=1,656/540=3.067원). 이에 따라 531점의 속성평가점수를 갖는 자사 신제품의 가격은 1,628원(즉, 531점×3.067=1,628원) 수준에서 결정될 수 있다.

그림 10-10 **가치중심의 가격결정방법과 원가중심의 가격결정방법의 비교**

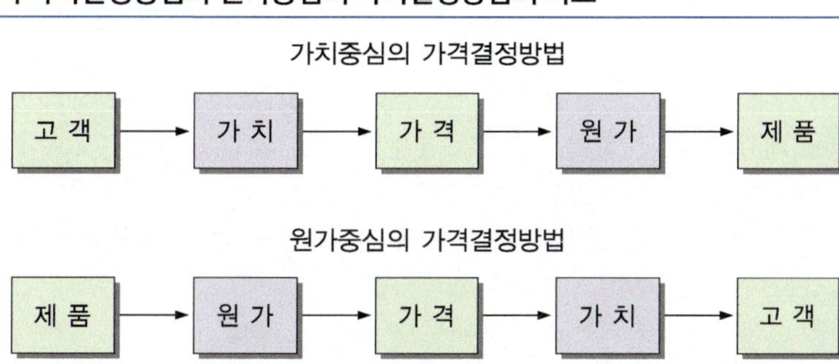

자료원 : Thomas T. Nagle and Reed K. Holden, *The Strategy and Tactics of Pricing*, 2nd ed.(Englewood Cliffs, NJ: Prentice Hall, 1995), p.5

표 10-1 가치중심적 가격결정방법의 예

속 성	중요도	속성평가(7점척도)		속성별 가중평균점수	
		자사 신제품	시장선도 브랜드	자사 신제품	시장선도상표
세척력	35	5.4	5.8	189	203
피부보호	30	5.5	4.9	165	147
향	15	4.8	5.7	72	86
환경보호	10	5.0	5.5	50	55
용기편리성	10	5.5	4.9	55	49
계	100			531	540

마케팅 Highlight

가격경쟁을 지양하고 가치지향적 가격전략을 추구하고 있는 LCC

요즘 해외 여행객 10명 중 3명은 저비용항공사(LCC)를 이용한다. 국내선뿐 아니라 국제선까지 LCC 점유율은 꾸준히 높아지고 있다. 이렇듯 LCC를 찾는 여행객이 늘어나면서 업계에선 LCC 간 경쟁이 더욱 치열해지고 있다. 저마다 LCC 강자가 되기 위해 차별화 마케팅에 나서고 있다.

2016년 국제선 여객 수 4720만 6495명(국적항공사 기준) 중에서 LCC를 이용한 비중은 30.3%(1430만 3717명)를 기록했다. 국내 LCC의 연간 국제선 여객점유율이 30%를 넘어선 것은 이번이 처음이다. LCC의 국제선 여객점유율은 2013년 14.8%에서 2015년 22.7%로 꾸준히 늘었다.

LCC 성장세가 가속화되면서 업계에선 주도권 싸움이 더욱 치열해지고 있다. 국내 LCC는 제주항공, 진에어, 이스타항공, 에어부산, 티웨이항공, 에어서울 등 이다. 2005년 제주항공이 설립된 것을 시작으로 진에어(대한항공 계열), 에어부산(아시아나항공 계열), 이스타항공, 티웨이항공 등이 2000년대 중후반 'LCC 성장기'를 이끌었다. 2016년 아시아나항공의 두 번째 LCC인 에어서울이 출범하면서 6개사 경쟁체제가 됐다.

LCC 간 점유율 격차가 크지 않은 것은 구매결정요인이 가격에 달려 있기 때문이다. LCC는 고객서비스와 인력을 최소화해 대한항공이나 아시아나항공 등 대형 항공사보다 최대 50%까지 낮은 가격에 항공권을 판매한다. 가격대는 LCC 간 차이가 크지 않아 특정 LCC 브랜드를 고집하는 이용객이 적은 편이다. 이런 문제점을 감안해 LCC업계에선 반복구매를 유도할 차별화 전략을 추구하고 있다.

가장 주목받는 차별화전략 중 하나는 신형 항공기 도입이다. LCC는 대부분 항공기를 빌려 쓰는데 노후화된 게 많아 안전성이 우려된다는 지적이 많았다. 제주항공은 2017년 초 보잉 737-800 기종 3대를 구매했다. 기존 운용리스 방식의 항공기 26대에 직접구매를 병행해 기단 운용의 효율성을 높이겠다는 의도이다. 기내식 등 부가서비스의 품질개선에도 경쟁이 붙었다. 티웨이항공은 기내식 용기의 크기를 키우고 새로운 메뉴를 도입하는 등 기내식을 재단장했다. 이스타항공도 신메뉴 6종을 선보였다. 마일리지(포인트) 제도를 개선하거나 도입하는 것도 차별화 마케팅의 하나이다.

LCC가 가격경쟁에서 비가격 경쟁으로 마케팅전략을 전환하는 것에 대해 업계 관계자는 "가치지향적 가격경쟁을 계기로 전반적인 고객서비스 수준이 올라가면 LCC 이용도 늘어날 것이다. 결과적으로는 국내 항공업계의 전반적 경쟁력이 높아지는 효과를 얻을 수 있다"고 말했다.

• 자료원 : 한경, 2017.1.31

표적고객이 지각하는 제품가치를 알기 위해 기업은 고객이 제품으로부터 기대하는 주요편익과 각 편익에 대해 부여하는 가치를 파악해야 한다. 소비자가 자사제품의 가치를 높이 평가한다면, 자사제품의 원가에 상관없이 고가격을 책정할 수 있다. 예를 들어, 샤넬 No.5 향수나 Diesel 청바지가 비싼 가격에 판매되는 이유도 이들 제품의 원가가 얼마이든 상관없이 소비자들이 높은 가격을 지불할 만한 가치가 있다고 지각하기 때문이다. 만약 지각된 가치 이상으로 제품가격을 책정하면 고객으로부터 외면당할 것이며, 지각된 가치보다 낮게 제품가격을 정하면 판매량은 증가하지만 지각된 가치에 맞추어 가격을 책정했을 때보다 수익은 낮아질 것이다.

2008년 글로벌 금융위기를 겪으면서 소비자들의 가격과 품질(즉, 제품가치)에 대한 태도에 많은 변화가 일어나고 있다. 이에 따라 많은 기업들이 새로운 마케팅환경에 맞추어 가격결정방식을 변경시키고 있다. 즉, 품질과 서비스를 유지하거나 향상시키면서 저렴한 가격의 제품을 제공함으로써 소비자가 자사제품에 대해 지각하는 가치를 극대화시키려 노력한다. 맥도날드, 패밀리레스토랑에서 도입한 저렴한 가격대의 메뉴나 할인점의 PB제품들이 그 예이다. Apple사의 iPod는 가격을 낮추기보다는 고객들이 원하는 편익을 추가함으로써 지각된 가치를 높인 경우이다. 즉, 미국 내 20~40대 고객들이 쉽게 음악을 다운받아 음악을 들을 수 있게 해줌으로써 경쟁제품 대비 고가격의 제품이 충분한 가치가 있음을 설득하는데 성공한 것이다.

(3) 경쟁제품 중심의 가격결정법(Competition-Based Pricing)

경쟁제품 중심의 가격결정법은 자사제품의 원가나 소비자 수요보다는 경쟁제품의 가격을 기준으로 자사제품의 가격을 결정하는 것이다. 이는 소비자들이 제품구매과정에서 매장에서 판매되는 주요 브랜드들의 가격을 참고해 자사브랜드의 가치와 적정가격을 판단함을 고려한 것이다. 경쟁제품중심 가격결정법의 대표적 유형으로는 시장가격중심의 가격결정방법(going-rate pricing)과 경쟁입찰에 의한 가격결정방법(sealed-bid pricing)을 들 수 있다.

■ 시장가격 중심의 가격결정방법

시장가격 중심의 가격결정방법은 주요 경쟁제품의 가격과 동일하게 또는 낮거나 높게 가격을 결정하는 것이다.

- **상대적 저가격정책** : 경쟁자보다 낮게 가격을 결정하는 것은 대개 시장점유율을 높이기 위한 공격적 마케팅전략의 일환으로 사용된다. 산업의 후발주자는 시장리더의 점유율을 잠식하기 위해 소비자에게 추가적 가치를 제공해야 하기 때문에 저가격으로 제품을 출시할 수 있다. 후발주자로 국제전화사업에 뛰어든 하나로통신(현재 SK브로드밴드)은 선도기업인 KT보다 저렴한 가격을 차별점으로 해 시장에 진출했으며, 이동통신사업에 후발주자로 진출했던 KT나 LG유플러스도 시장선도 기업인 SK텔레콤보다 저렴한 요금체계를 도입했다. 할인점이 저가격정책으로 유통시장을 잠식한 것도 상대적 저가격정책의 또 다른 예라 할 수 있다.
- **상대적 고가격정책** : 경쟁제품보다 품질이 우수하거나 혹은 이들과 품질에서 별 차이가 없더라도

유명 연예인과 브랜드력을 바탕으로 경쟁브랜드 대비 고가격정책을 펼치고 있는 수입화장품

기업의 명성이 높거나 브랜드인지도가 높은 경우, 기업은 경쟁제품에 비해 높은 가격을 책정할 수 있다. 최근 국내시장에 다국적 기업들이 진출하면서 국내제품들에 비해 상대적으로 고가격전략을 취하는 것을 자주 볼 수 있다. 경우에 따라 경쟁사와 동급의 제품을 고가로 책정함으로써 소비자들이 그 제품의 품질이 우수한 것으로 지각하도록 유도하기도 한다. 이와 같은 소비심리를 가격-품질연상(price-quality association)이라고 하는 데, 이는 소비자가 소비경험이 없어 제품품질을 정확히 파악하기 힘든 경우에 흔히 발생한다.

- **경쟁자와 비슷한 가격정책** : 이는 과점적 경쟁과 같이 한 회사의 가격변화에 대해 소비자가 민감하게 반응하는 상황에서 경쟁자들과 비슷한 가격을 취하는 것이다. 예를 들어 동서식품의 맥심이나 맥심모카골드는 한국네슬레의 테이스터스 초이스와 동일한 가격을 책정한다.

■ 경쟁입찰에 의한 가격결정방법

이는 산업재시장에서 흔히 사용되는 가격결정방법으로, 기업이나 정부가 구매하는 제품(부품이나 원자재)이나 서비스(건설공사)의 가격은 경쟁입찰에 의해 결정된다. 입찰에서 낙찰되기 위해서 입찰에 참가한 기업은 경쟁사보다 낮은 가격을 제시해야 하므로 원가나 수요보다는 경쟁자의 가격을 정확히 예측하는 것이 중요하다. 경쟁입찰에 제시될 자사제품(혹은 서비스)의 가격은 기대이익(expected

표 10-2 경쟁입찰에 따른 가격결정

단위당 입찰가격(원)	비 용	이 익	입찰에 성공할 확률	기대이익
9,000	8,000	1,000	0.7	700
10,000	8,000	2,000	0.5	1,000
11,000	8,000	3,000	0.2	600
12,000	8,000	4,000	0.1	400

profit)에 근거하여 책정될 수 있는데, 기대이익은 입찰가격에서 비용을 차감하여 얻어진 이익에다 낙찰에 성공할 확률을 곱하여 얻어진다. 일반적으로 입찰가격이 높아지면 이익도 커지지만 경쟁사보다 낙찰될 확률은 낮아지게 된다. 따라서 경쟁사의 반응을 고려하여 각 입찰가격 대안별로 입찰에 성공할 확률을 정확히 추정하는 것이 가격결정에서 매우 중요하다. 경쟁입찰에 따른 가격결정과정의 예는 〈표 10-2〉와 같다.

만약 제품단위당 입찰가격을 9,000원으로 정하면, 경쟁사보다 가격이 낮아 입찰에 성공할 확률은 높지만 이익은 높지 않아 기대이익은 700원이 된다. 이에 따라 기업은 10,000원, 11,000원, 12,000원으로 입찰가격을 정할 경우의 기대이익을 추가로 추정한 다음, 기대이익이 가장 높은 10,000원을 입찰가격으로 결정할 수 있다. 입찰기회가 제한된 중소규모의 기업이나 향후의 지속적 거래를 위해 특정의 계약을 반드시 따야하는 경우에는 이익이 적더라도 낙찰될 확률이 높은 입찰가격을 선택하기도 한다.

8.2 제품믹스에 대한 가격결정

지금까지 우리는 단일제품에 대한 가격결정방법을 설명하였다. 그러나 특정제품이 기업이 취급하는 전체 제품믹스의 한 부분을 구성하고 있다면, 마케터는 제품믹스전체의 이익을 극대화할 수 있도록 각 제품에 대한 가격을 결정해야 한다. 제품믹스를 구성하는 특정 제품에 대한 가격결정문제는 제품계열에 대한 가격결정, 사양제품에 대한 가격결정, 종속제품에 대한 가격결정, 묶음제품에 대한 가격결정 등을 포함한다.

(1) 제품계열에 대한 가격결정

제품계열에 대한 가격결정(product line pricing)은 한 제품계열을 구성하는 여러 제품들 간에 어느 정도의 가격차이를 둘 것인가를 결정하는 데 초점이 맞춰진다. 각 제품에 대한 가격은 제품계열 내 다른 제품들의 제조원가와 판매가, 계열 내 각 제품들에 대한 소비자평가, 경쟁사 제품의 가격 등을 고려해 결정되어야 한다. 만일 여성복 의류회사가 저급품, 중급품, 고급품으로 나누어 이에 맞는 제품가격을 책정하려고 한다면, 마케터는 소비자들이 이러한 가격차이를 제품품질의 차이로 지각하는지를 먼저 확인하고 제품별로 가격을 차별화해야 한다. 인텔사는 주력 브랜드인 Pentium 프로세서를 겨냥한 저가격의 경쟁제품들이 출시되자 저가브랜드인 Celeron 제품을 도입해 경쟁제품들에 대응했다.

(2) 사양제품에 대한 가격결정

사양제품에 대한 가격결정(optional-product pricing)은 주력제품과 함께 판매되는 각종 사양제품 혹은 액세서리에 부과되는 가격을 말한다. 예를 들어, 자동차를 구매하려는 소비자는 GPS, CD플레이어가 장착된 오디오, 선루프 등을 옵션으로 추가 구입할 수 있는데, 대체로 자동차회사는 기본제품에 대해서는 저가격을, 옵션으로 제공되는 품목에 대해서는 상대적으로 고마진의 제품가격을 책정하는 경향이 있다. 미국의 자동차회사들은 광고에서는 저가격의 기본모델만을 보여주고 실제 전시장에는 여러 옵션제품들이 장착된 고가격의 자동차를 판매하는 가격전략을 채택한 반면, 일본 자동차회사들은 미국회사들이 옵션으로 판매하는 제품들을 기본모형에 포함시켜 자동차가격을 책정하는 방식을 채택하여 좋은 반응을 얻었다. 최근에는 미국의 자동차회사들도 일본 자동차회사의 가격결정 방식을 따르고 있다.

(3) 종속제품에 대한 가격결정

종속제품에 대한 가격결정(captive-product pricing)은 특정 제품과 반드시 함께 사용되는 제품에 대해 부과되는 가격을 말한다. 면도기와 함께 사용되는 면도날이나 카메라에 넣는 필름 등은 종속제품의 예이다. 기본제품(가령, 면도기, 카메라 등)과 종속제품을 함께 생산·판매하는 제조업체는 기본제품에 대해서는 가격(혹은 이익)을 낮게 책정하고 종속제품에 대해서는 고가격(혹은 고마진)을 책정하는 가격전략을 흔히 사용한다. 예를 들어, Gillette(질레트)는 시장확대를 위해 면도기에 대해서는 저가격을 책정하지만 고가격에 면도날을 판매하여 높은 이익을 실현한다. 마찬가지로 프린터시장의 선도업체인 HP는 프린터제품에 대해서는 원가에 최소한의 마진만을 추가한 가격으로 판매하고 소모용품인 토너, 카트리지 등에 대해 고가격을 책정함으로써 수익을 실현하고 있다.

(4) 묶음제품에 대한 가격결정

기업은 자사에서 판매하는 관련제품들을 함께 묶어 저렴한 가격으로 판매하기도 하는데, 이를 묶음제품가격결정(product-bundle pricing)이라고 한다. 예를 들어 컴퓨터판매시 본체와 모니터, 프린터 등을 하나의 패키지로 만들어 특별가로 파는 경우가 이에 해당된다. 또 프로야구팀이 시즌입장권을 개별티켓보다 훨씬 저렴하게 판매하거나, 특급호텔들이 방, 식사, 헬스클럽, 기타 부대시설을 패키지로 묶어서 저렴하게 판매하는 경우도 그 예이다.

HP는 프린터 자체에 대해서는 저가격을 책정하고, 종속제품인 소모품에 대해서는 고가격을 책정한다.

8.3 가격의 조정

이상의 방법에 의해 결정된 가격은 그대로 최종 소비자가격이 될 수 있지만, 경우에 따라 여러 가지 요인을 고려한 가격조정을 거쳐 최종적인 소비자가격이 확정되기도 한다. 마케팅관리자는 소비자심리와 수송비를 고려하거나 혹은 판매촉진을 위하여 가격할인을 함으로써 최종적인 소비자 가격을 조정할 수 있다.

(1) 소비자심리에 기반한 가격조정

소비자들이 가격에 대해 보이는 반응은 여러 가지 심리적 요인에 의해 영향을 받는다. 소비자들의 심리적 상태나 구매패턴을 감안해 최종 제품가격을 조정하는 방법을 심리적 가격결정방법(psychological pricing)이라고 하는데, 다음과 같은 방법들이 이용된다.

■ **단수가격(odd-pricing)**

단수가격 정책은 제품가격을 100원, 1,000원 등과 같이 현재의 화폐단위에 맞게 책정하는 게 아니라 그보다 조금 낮춘 95원, 950원, 또는 990원으로 책정하는 것이다. 단수가격 정책의 목적은 소비자들에게 제품가격이 정확한 계산에 의해 가장 낮게 책정되었다는 인식을 심어주기 위한 것이다. 이러한 방법을 통해서 기업은 소비자에 의해 지각된 가격이 실제가격과 상당한 차이가 있는 것으로 느끼게 한다. 예를 들어, 승용차가격이 995만원이면 소비자는 900만원대로 지각하여 1,000만원으로 책정한 경우보다 낮은 가격으로 느끼게 만드는 것이다.

■ **관습가격(Customary Pricing)**

관습가격은 실제 제품의 원가가 상승되었음에도 불구하고 소비자들이 오랜 기간 동안 일정금액으로 구매하였기 때문에 기업들이 동일한 가격대를 계속 유지하는 정책이다. 예를 들어, 소비자들은 오랜 기간 껌, 라면, 아이스크림 등의 제품에 대해 동일한 금액을 지불하여 왔기 때문에 이 금액으로부터의 가격변화가 소비자들에게는 상당한 가격인상으로 받아들여질 수 있다. 이 경우 기업들은 원가상승에도 불구하고 어쩔 수 없이 가격인상보다는 내용물의 양을 줄이는 방법을 채택하게 된다. 실제로 '초코파이는 100원'이라는 소비자들의 오래된 인식때문에 동양제과에서 초코파이의 가격을 1996년 150원으로 인상하기까지 무려 20년간 동일한 가격을 유지해야 했다. 97년 롯데제과가 자일리톨 껌을 처음 출시했을 때 기존 제품들에 비해 매우 비싼 500원으로 가격을 책정했는데, 고기능성 제품이라는 강점에도 불구하고 시장에서의 초기반응은 부정적으로 나타났었다.

(2) 거리의 차이에 의한 가격조정

이는 급증하는 물류비에 의해 지역별로 수송비에 차이가 많이 나는 상황에서 수송비를 제조업체, 중간상, 최종소비자 중 누가 부담할 것인지를 고려하는 것으로서, 다음과 같은 방법들이 이용된다.

■ 균일수송가격(Uniform Delivered Pricing)

균일수송가격은 판매지역에 상관없이 모든 소비자에게 동일한 수송비를 부과하는 것으로서, 우리나라와 같이 국토가 넓지 않은 경우나 수송비가 가격에서 차지하는 비중이 낮은 경우에 주로 적용된다. 현재 우리나라의 경우 대부분의 소비재 제품가격에 적용된다.

■ 지역별 가격(Zone Pricing)

지역별 가격은 전국을 몇 개의 지역으로 나누고 각 지역 안에서는 소비자들에게 동일한 수송비를 부과하는 방법으로 지역간의 수송비차이를 어느 정도 반영하면서 가격관리의 효율성도 동시에 취할 수 있는 장점이 있다.

■ FOB가격

FOB(free on board)가격은 균일수송 가격과는 정확히 반대되는 개념으로 모든 수송비를 고객이 부담하는 조건으로 가격을 결정하는 방법이다. 즉, 제조업자의 공장에서 화물을 적재하는 시점을 기준으로 가격을 책정하고 그 이후의 수송, 보험료 등을 고객이 직접 부담하도록 하는 것이다. 그러나 이 방법은 고객의 수가 많은 일반소비재의 경우에는 적용이 어려우며, 거래발생 건수가 그리 많지 않은 산업재나 제조업체와 중간상 간의 거래에 주로 이용된다.

(3) 판매촉진수단으로서의 가격조정

기업은 단기적으로 소비자의 구매를 증대시키기 위한 판매촉진전략의 일환으로 가격을 낮추거나 중간상들에 대한 유인책으로 가격을 조정하기도 한다.

■ 소비자들을 대상으로 한 가격할인

- **유인가격**(loss-leader) : 이는 슈퍼마켓 등에서 잘 알려진 제품의 가격을 매우 저렴한 가격으로 판매함으로써 소비자들에게 그 점포의 가격수준이 매우 낮다는 이미지를 심어주기위한 전략이다. 이때 이 제품은 비록 그 제품자체로서는 손실을 초래하나 다른 제품들에 대한 추가적인 판매를 유도하는 미끼상품으로서의 역할을 하기 때문에 loss-leader라고 불려진다.
- **세일행사**(bargain sale) : 이는 백화점 등에서 일정기간 동안 취급품목의 대부분을 할인가로 판매하는 것으로서 단기적인 매출증대와 높은 상품회전을 통한 재고감소의 효과를 거둘 수 있다. 그러나 너무 빈번한 세일은 소비자들로 하여금 정상가격에서의 구매를 연기하거나 제품품질을 의심하도록 만듦으로써 장기적으로 매출에 부정적 영향을 미친다.
- **계절할인**(seasonal discounts) : 이는 제품판매에 있어 계절성이 있는 경우 비수기에 제품을 구매하는 고객에게 할인혜택을 주는 것으로서, 이를 통해 제조업자는 비수기동안에도 적정수준의 조업도를 유지할 수 있어 자금흐름이나 제품수급상에 혜택을 얻게 된다. 여행사에서 소비자들을 대상으로 성수기와 비성수기의 관광요금을 차별적으로 책정하는 것은 계절할인의 일종이다.
- **보상판매**(trade-in allowances) : 이는 소비자가 자사제품을 구매하면서 중고품을 가져오는 경우 판매가의 일부를 삭감해 주는 것으로 기존 제품에 대한 대체수요를 유도하기 위해 활용된다. PC

유인가격의 예: 롯데마트에서는 '통큰치킨'을 미끼상품으로 활용하여 고객을 매장으로 유인하는데 성공하였다.

나 휴대폰 판매시 많이 이용되는 보상판매제도를 그 예로 들 수 있다.

■ 중간상에 대한 가격할인

제조업자는 제품판매를 원활히 하기 위해 중간상들에게 다음과 같은 다양한 할인정책을 시행한다.

- **현금할인**(cash discounts) : 제조업자와 중간상 간의 거래는 대부분 현금구매가 아닌 어음 등을 이용한 외상거래에 의해 이루어지는데, 이는 물량이 많은 제조업자에게 자금압박의 요인이 되기도 한다. 이를 해결하기 위해 중간상이 제품을 현금으로 구매한 경우 또는 대금지급을 일찍하는 경우 제조업체는 판매대금의 일부를 할인해 준다. 가령, '30일만기, 10일 이내 대금지불시 2%할인' 조건은 30일이내에 제품가를 지불해야 하지만 중간상이 대금을 10일 이내로 앞당겨 지불하면 제품가의 2%할인을 해주는 것을 말한다.
- **거래할인**(trade discounts) : 이는 중간상이 제조업체가 수행하는 마케팅업무의 일부를 대행할 경우(예를 들면 중간상이 운송, 보관, 또는 주요 거래선에 대한 영업활동 등을 수행할 경우) 이에 대한 보상으로 제조업자가 그 경비를 일부 부담하는 것이다.
- **촉진공제**(promotional allowances) : 이는 중간상이 제조업체를 위해 지역내 광고를 하거나 판촉행사를 실시할 경우 중간상들에 대한 보상으로 가격에서 일부금액을 공제하는 것이다.

8.4 신제품에 대한 가격결정전략

기업의 가격전략에서 특히 중요하고 어려운 문제는 신제품을 출시할 경우의 가격결정방법이다. 신제품을 개발한 기업이 고려할 수 있는 가격전략은 크게 초기 고가격전략(market-skimming pricing)과 시장침투가격전략(market-penetration pricing)으로 구분된다.

초기 고가격전략은 처음에는 고가격을 책정하였다가 시간이 지남에 따라 가격을 내리는 것이다. 즉, 초기에는 많은 단기이익을 창출하기 위해 가격민감도가 가장 낮은 고소득 또는 혁신적(innovative) 소비자층을 상대로 고가격을 책정했다가 이들의 구매가 감소하기 시작하면 가격에 민감한 일반소비자층을 표적으로 가격을 인하하여 단계적으로 이익을 극대화하는 것이다. 소니는 가정용 비디오게임기 PS2 (Playstation 2)를 출시하면서 299달러로 판매하다가 일정시간이 지난 후 199달러로 인하해 가격에 민감한 고객층으로 확대했다. 초기 고가격전략은 다음과 같은 상황에서 적절하다.

① 고가격에도 상당수의 소비자가 그 제품을 구매하고자 할 때
② 제품가격이 비싸면 제품품질도 높을 것으로 소비자가 지각할 때
③ 고가격으로 단위당 높은 초기생산비용을 감당해야 할 때
④ 초기 고가격에도 불구하고 당분간 경쟁사의 시장진입이 어려울 때

시장침투 가격전략은 신제품가격을 낮게 책정해 신속히 시장수요를 확산하려고 하는 것이다. 시장침투가격전략은 단기적으로 이익을 희생하는 것을 감수할 수 있을 때 가능하다. 시장침투 가격전략은 다음과 같은 상황에서 적절한 전략이다.

① 소비자들이 가격에 민감하고 낮은 가격으로 빠른 시장성장이 가능할 때
② 생산량이 누적될수록 제조원가와 유통비용이 빨리 하락될 때(경험곡선효과가 클 때)
③ 저가격전략이 경쟁사들의 시장진입을 방지할 수 있을 때

8.5 가격변경

기업은 자사제품의 가격을 결정한 후 경쟁상황이나 시장상황이 변함에 따라 제품가격을 인하하거나 인상하기도 한다.

(1) 가격인하

기업은 강력한 경쟁자가 시장에 진입해 시장점유율을 잠식당하거나 또는 과잉생산으로 재고를 조정해야 하는 경우 제품가격을 인하하게 된다. 예를 들면, 신규 휴대폰제조업체의 시장참여로 과잉공급에 직면한 기존 휴대폰 제조업체들은 가격인하를 통해 이에 대응할 수 있다. 경쟁이나 생산적 요인 때문이 아니더라도 시장수요 증대를 위하여 가격을 인하하기도 한다. 가령 삼성전자나 LG전자가 중국이나 인도시장을 개척하기 위하여 저가의 휴대폰을 개발하는 경우가 이에 해당된다.

(2) 가격인상

기업은 주요부품이나 원자재가격의 상승으로 기존 제품의 가격을 인상하기도 한다. 휘발유나 석유화학제품의 가격은 원료수입 가격에 의해 큰 영향을 받는다. 그러므로 원료수입 가격이 급등하면 최

종제품의 가격이 인상된다. 그러나 가격인상이 고객불만을 발생시킬 가능성이 높으므로 많은 기업들이 간접적인 방법으로 가격을 인상하기도 한다. 예를 들어, 제품의 함량을 줄이거나 저가의 원재료를 사용하여 원가를 줄이는 방법으로 간접적으로 가격을 인상하는 것 등이 그 예이다.

(3) 경쟁사 대응 가격변화

선발기업이 일정기간 동안 시장을 독점하여 높은 이익을 얻게되면 후발경쟁기업들이 저가격으로 시장에 진출하게 된다. 이때 선발기업이 택할 수 있는 가격전략은 ① 경쟁사 진입전 가격인하, ② 경쟁사 진입후 가격인하, ③ 기존 가격유지의 세 가지가 있다.

일반적으로 선발기업의 최적 가격전략은 독점기간 동안에 초기 고가격전략을 사용하다가 경쟁사가 진입하기 전에 미리 가격을 인하하는 것이다. 이 전략은 초기 독점기간 동안에 많은 단기이익을 거두고, 경쟁사가 진입하기 전에 가격을 인하해 시장에서의 기존 포지션을 강화함으로써 장기적 이익을 실현할 수 있다. 저가의 신규경쟁제품에 대응하는 또 다른 방법은 우리회사도 저가의 투사형브랜드(fighter brand)를 새로 출시하는 것인데, 대한항공에서 진에어를 출범시킨 것이 그 예이다.

10 참고문헌

- Philip Kotler, 안광호, Gary Armstrong, 마케팅 입문, Pearson, 2013.
- 사라 맥스웰 (황선영 역), 가격차별의 경제학, 밀리언하우스, 2009.
- Raju, Jagmohan, Z. John Zhang, Smart Pricing: How Google, Priceline, and Leading Businesses Use Pricing Innovation for Profitability, Pearson, 2010,
- Nagle, Thomas T., Reed K. Holden, and Reed Holden, The Strategy and Tactics of Pricing : A Guide to Profitable Decision Making, Prentice Hall, 3rd edition, 2001.
- Robert J. Dolan, How Do You Know When the Price is Right?, Harvard Business Review, September-October, 1995, pp. 174~183.

10 생각해볼 문제

1. 제품, 유통, 촉진과 같은 마케팅믹스의 다른 구성요소들과 비교하여 가격은 기업의 이익창출에 어떤 점에서서 중요한가?

2. 삼성전자는 국내 스마트폰 시장에서 선도적인 지위를 구축하고 있다. 삼성전자의 가격결정의 목표는 무엇이며, 시장점유율에서의 선도적 지위를 유지하기 위한 가격전략은 무엇인가?

3. 수요의 가격탄력성은 무엇이며, 수요의 가격탄력성이 기업의 가격전략에 미치는 효과에 대해 이야기해 보시오.

4. 자동차를 구매하는 과정에서 가격외 비용에는 어떤 것들이 있으며, 이를 줄여 고객가치를 높이는 방안에 대해 생각해 보시오.

제4부

제11장

유통의 성격과 도·소매상의 유형

01 유통경로의 정의 및 중간상의 필요성
02 유통경로의 유형
03 소매상
04 소매상 마케팅전략
05 도매상

학습목표

1. 유통경로에서 중간상의 역할을 설명하고 유통경로의 주요유형에 대해 살펴본다.
2. 소매상의 주요유형을 소개하고 각 유형의 차별적 특징과 소매마케팅 시사점에 대해 설명한다.
3. 소매상의 마케팅전략에 대해 살펴본다.
4. 도매상의 주요 유형과 마케팅의사결정에 대해 설명한다.

주요개념에 대한 사전학습

이 장에서는 유통경로상에서 중간상의 기능을 수행하는 두 가지 주요 유형인 소매업과 도매업을 살펴본다. 우리는 매일 다양한 규모와 형태의 소매상들을 접하고 있고 백화점, 할인점 같은 소매업태에 대해 익숙하다. 그러나 소비자들이 볼 수 없는 곳에서 일하고 있는 여러 유형의 도매상에 관해서는 잘 알지 못할 것이다. 본 장에서는 서로 다른 종류의 소매상과 도매상의 특징, 그들이 내리는 마케팅의사결정, 그리고 미래추세에 대해 알아본다.

이 장은 신세계백화점 강남점 사례를 살펴보는 것으로 시작한다. 신세계백화점은 고객가치창출과 고객관계구축에 기반한 차별적 소매마케팅 전략을 통해 경쟁이 치열한 소매시장에서 선도적 지위를 유지하고 있다. 신세계 강남은 편집매장 형태로 꾸민 전문관 개념의 도입과 다양한 고객경험제공을 통해 백화점 점포들 중에서 최초로 '매출 2조원 점포'가 되겠다는 야심찬 마케팅목표를 세우고 있다. 우리는 이 사례를 통해 경쟁이 치열한 소매환경 속에서 소매기업 마케터들이 차별적 경쟁우위를 구축/유지하기 위해 어떤 마케팅전략과 마케팅프로그램을 추구하는지를 학습하게 될 것이다.

도입사례

체험형 전문관을 기반으로 전국 1위 매장을 지향하는 신세계백화점 강남점

신세계백화점이 36년간 국내 1위 백화점 점포인 서울 소공동 롯데백화점을 꺾겠다고 선전포고 했다. 2016년 2월 1300억원을 투입해 서울 서초구에 있는 신세계백화점 강남점에 대한 증축작업을 끝내고 개장했다. '뉴(New) 신세계 강남점'은 전체영업장 면적이 서울 잠실 올림픽메인스타디움(주 경기장)보다 더 넓은 서울 최대규모 백화점이다. 이를 통해 한국에서 내수소비가 가장 활발한 쇼핑 1번지인 강남을 공략해 강남점에서만 2016년 매출 1조 7000억원에 이어 2019년에 2조원을 달성하겠다는 것이다. 현재 국내에는 연 매출 1조원이 넘는 백화점 점포는 신세계 강남점과 롯데백화점 본점·잠실점 등 3곳인데, 이 중 '1호 매출 2조원 점포'가 되겠다는 것이다.

신세계 강남점은 여러 가지 차별적 우위를 갖고 있다. 먼저 입점브랜드 수가 기존 600여개에서 60% 정도 더 많은 1000개로 늘었다. 그야말로 있을 건 다 있다는 '백화점(百貨店)'의 전형으로 국내 단일백화점

9층 생활전문관에 생활용품들이 마치 가정의 한 공간처럼 꾸며져 전시되어 있다. 왼쪽엔 삼성전자의 갤럭시 S7 스마트폰과 가상현실 기기를 체험할 수 있는 코너가 보인다.

매장 가운데 브랜드 수로는 최다(最多)이다. 영업면적은 8만 6612㎡(약 2만 6200평)로 이전보다 56% 넓어졌다. 이는 지금까지 서울시내 최대 백화점 점포인 롯데백화점 소공동 본점(7만 700㎡)보다 22% 넓다.

과거 백화점들이 한 층에 비슷한 제품군과 가격대의 브랜드들을 모아 선보인 것과 달리 신세계 강남점은 각각의 주제에 맞는 다양한 제품군을 한데 모아 편집매장형태로 꾸민 전문관 개념도 도입했다. 편집매장이란 품목에 따라 다양한 브랜드를 모아놓은 매장이다. 일례로 접시를 사러 온 고객은 여러 브랜드 매장을 찾아다닐 필요없이 접 코너 한 자리에서 모든 가격대와 모양의 접시를 비교해 볼 수 있다. 한 예로 4층 신관에 있는 신발전문관은 하이엔드·캐주얼 등 5개 카테고리를 한 층에 모았는데 나이키·아디다스 등 운동화는 물론 루이비통의 명품구두까지 판매한다. 9층 생활전문관인 '신세계 홈'은 주방·가전·가구·침구 등 140여개 브랜드 제품을 상품종류별로 진열해 놓고 있다. 신세계 강남점에는 이 외에도 컨템포러리, 유아·아동 등 4개분야 전문관이 있다. 고객이 매장과 매장 사이를 자유롭게 통과할 수 있게 한 점도 특징이다. 신세계백화점 생활담당(임원급)은 "직원이 먼저 상품을 권하는 게 아니라, 고객이 자유롭게 상품을 구경하다가 직원에게 문의를 하는 체험형 매장"이라고 설명했다.

신세계백화점 관계자는 "기존 강남점에선 럭셔리 시장에 무게중심을 뒀으나 증축을 계기로 모든 소비자를 포괄할 수 있도록 매장구성을 바꿨다. 강남 고속터미널이 바로 붙어 있어 다른 점포보다 지방고객비중이 10%포인트 이상 높은 점을 감안해 전 국민을 대상으로 한 마케팅을 펼쳐 대한민국 대표백화점이 되겠다"고 말한다.

실제로 신세계그룹은 강남점을 국내 1위 점포로 만들겠다는 마스터플랜을 정해놓고 매장확대와 대대적인 리뉴얼작업을 벌였다. 신세계 강남점은 특히 새로운 쇼핑경험을 제공하는 신세계만의 콘텐츠로 승부한다는 방침이다. 신세계 강남점은 단순한 상품판매를 넘어 다양한 고객경험까지 제공해 미국, 유럽, 일본 등 유통선진국 백화점과 비교해도 뒤지지 않는 세계적인 랜드마크 쇼핑센터로 만들려고 한다. 런던의 해러즈, 파리의 봉마르셰 백화점처럼 외국 관광객들에게 대한민국의 랜드마크 백화점으로 자리잡도록 하겠다는 것이다.

• 자료원 : 조선경제, 2016.2.26

제조업체가 중간상을 거치지 않고 소비자를 상대로 직접 판매한다면 제조업체 본연의 업무인 제품개발 및 생산활동에 전력투구를 할 수 없을 뿐 아니라 유통과정에서 발생하는 많은 비용을 직접 부담하게 된다. 제조업체는 제품생산에 전념하고 중간상을 활용하여 보다 효과적으로 제품을 유통시킴으로써 소비자는 보다 편리하게 그리고 저렴하게 제품을 구매할 수 있는 것이다. 본장에서는 먼저 유통경로를 정의하고 유통경로에서 중간상의 필요성과 기능, 유통경로의 유형 등을 다룬 다음, 소매상과 도매상의 기능과 유형들에 대하여 설명하기로 한다.

01 유통경로의 정의 및 중간상의 필요성

유통경로(channels of distribution)는 "제품이나 서비스를 생산자로부터 최종 소비자에게 이동시키는 과정에 참여하는 기업과 개인들의 집합"으로 정의된다. 제조업체는 자사제품을 판매하는 데 있어 최적의 유통경로를 구성하기 위해 다양한 형태의 중간상들을 이용한다. 제조업체는 중간상의 이용으로 인해 마케팅활동에 대한 통제력이 상실될 수 있음에도 불구하고 왜 마케팅기능의 일부를 그들에게 위임하는 것일까? 그 이유는 중간상을 이용하여 얻는 혜택이 통제력의 상실로 인한 비용보다 크기 때문일 것이다. 가령 롯데제과는 생산된 껌을 직접 소비자에게 판매하는 것보다 중간상을 이용하여 판매하는 것이 보다 효율적임을 알고 있다.

제조업체는 중간상을 이용함으로써 다음과 같은 이점을 얻을 수 있다.

첫째, 중간상은 제조업체와 소비자 간의 거래를 단순화시킨다. 제조업체는 중간상을 이용하여 거래의 경제성을 달성할 수 있다. [그림 11-1]은 중간상을 이용하는 것이 왜 경제적인가를 보여준다. 이

그림 11-1 중간상을 이용할 경우의 거래의 경제성

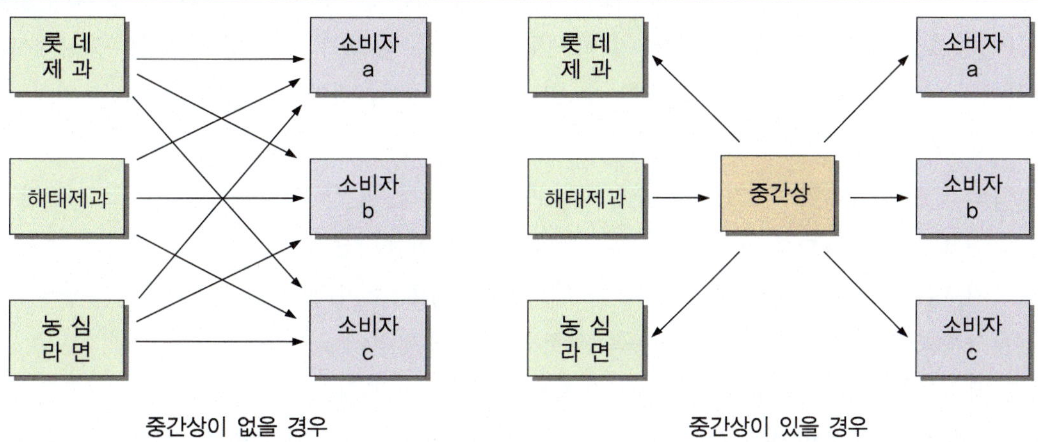

그림에 의하면 중간상이 없는 경우 각 기업은 개별소비자와 직접거래를 해야하므로 총 9번의 거래가 필요하다. 그러나 중간상이 개입될 경우는 제조업체와 소비자는 중간상을 통해 거래가 이루어지므로 총거래수는 6번으로 감소한다. 따라서 제조업체와 소비자사이에 중간상이 개입됨으로써 이들 간의 총거래수가 현저히 감소된다(최소거래수의 원칙).

둘째, 중간상은 제조업체와 소비자에게 시간효용(time utility), 장소효용(place utility) 및 소유효용(possession utility)을 제공한다. 제조업체가 중간상을 이용하면 추가적 비용이 발생되지만 이러한 유통비용의 증가는 중간상이 제공하는 세 가지 효용에 의해 상쇄된다. 시간효용은 소비자들이 원하는 시간에 제품을 구매할 수 있게 함으로써 발생되며, 장소효용은 소비자들이 원하는 장소에서 손쉽게 제품을 구매할 수 있을 때 창출된다. 소유효용은 최종소비자가 제품을 소유할 수 있도록 함으로써 창출된다.

중간상은 제조업체를 대신하여 거래기능(판매, 구매, 재고부담과 같은 위험부담), 물적유통기능(제품의 수송, 보관), 거래촉진기능(금융, 시장정보제공) 등의 마케팅기능을 수행함으로써 이러한 세 가지 효용을 창출한다. 물론 이러한 기능들을 제조업자가 직접 수행할 수 있지만 전문적 능력을 갖춘 중간상들이 대신 수행하는 것이 비용과 성과면에서 훨씬 효율적일 경우가 많다.

일반적으로 제조업체가 이러한 기능을 직접 수행한다면 제품원가와 가격이 증가될 것이다. 따라서 중간상이 마케팅기능을 대신 수행한 대가로 받는 수수료를 포함한 제품가격이 제조업체가 직접 유통에 참여하여 발생된 제품가격보다 낮다면 제조업자는 중간상을 이용해야 할 것이다.

02 유통경로의 유형

어떤 형태의 유통경로가 마케터에게 가장 큰 경쟁우위를 제공할까? 불행하게도 모든 제품과 시장에 통용될 이상적인 유통경로란 존재하지 않는다. 제조업체는 소비자의 욕구를 잘 충족시킬 수 있으면서 동시에 경로구성원을 적절히 통제하여 마케팅전략을 무리없이 수행할 수 있는 형태의 유통경로를 원할 것이다. 그러나 제조업체가 선택할 수 있는 유통경로의 형태는 제품 및 소비자의 특성, 기업의 마케팅목표 및 가용자원에 따라 달라진다.

소비재 제조업체가 선택할 수 있는 유통경로의 형태는 크게 네 가지로 분류될 수 있다(그림 11-2 참조). 그러나 실제로 유통경로를 구축할 때 한 가지 유형만 이용하는 것이 아니라 여러 유형을 함께 이용하는 경우가 많다. 제조업체의 입장에서 볼 때 제조업체와 소비자 사이에 많은 경로구성원(중간상)들이 개입될수록, 즉 경로길이가 길어질수록 제조업체의 통제력이 약해진다.

유통경로 유형1은 **직접 마케팅경로**(direct-marketing channel)라고 불리워지는데, 제조업체가 중간상을 거치지 않고 직접 소비자에게 판매하는 형태이다. 예를 들어, 가정용 학습교재 판매회사 대교,

그림 11-2 **유통경로의 유형**

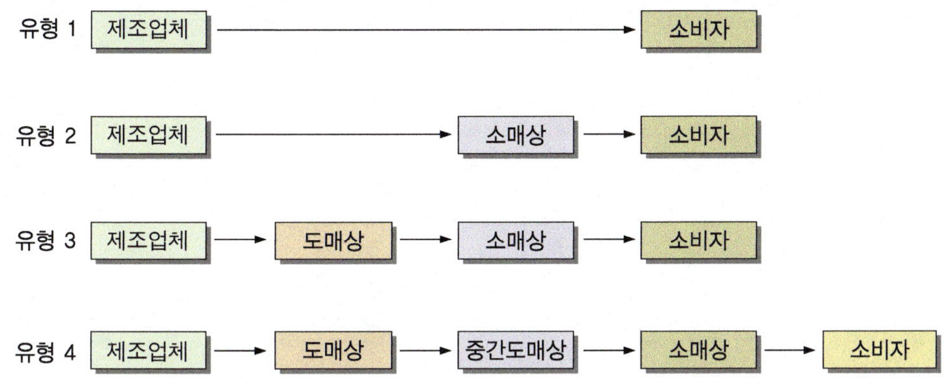

한국야쿠르트, 아모레퍼시픽 등은 가정방문판매를 통해 제품을 판매한다.

유통경로 유형2는 제조업체와 소비자 사이에 소매상이 개입되는 경로형태이다. 즉, 소매상은 제조업체로부터 직접 제품을 공급받아 소비자에게 판매하게 된다. 많은 소비재들이 이러한 유통경로유형을 가진다. 예를 들어, 가전제품, 가구, 구두 제조업체가 대리점을 통하여 자사제품을 판매하는 것이 이러한 유형의 한 예이다. 이러한 유통경로는 제조업체가 도매상의 기능(전국적인 창고, 물류, 및 관리 기능)을 수행할 수 있어야 하므로 대개 대기업들이 이용하는 방식이다.

유통경로 유형3은 제조업체와 최종소비자 사이의 유통과정에 도매상과 소매상이 참여하는 형태로서, 가장 전형적인 유통경로 구조이다. 식품, 의약품 등의 제품을 생산하는 제조업체들이 이러한 유통경로를 이용한다.

직접마케팅 경로의 예: 한국야쿠르트는 가정방문판매를 통해서 제품을 판매한다.

그림 11-3 각 유통경로 유형의 구체적 예

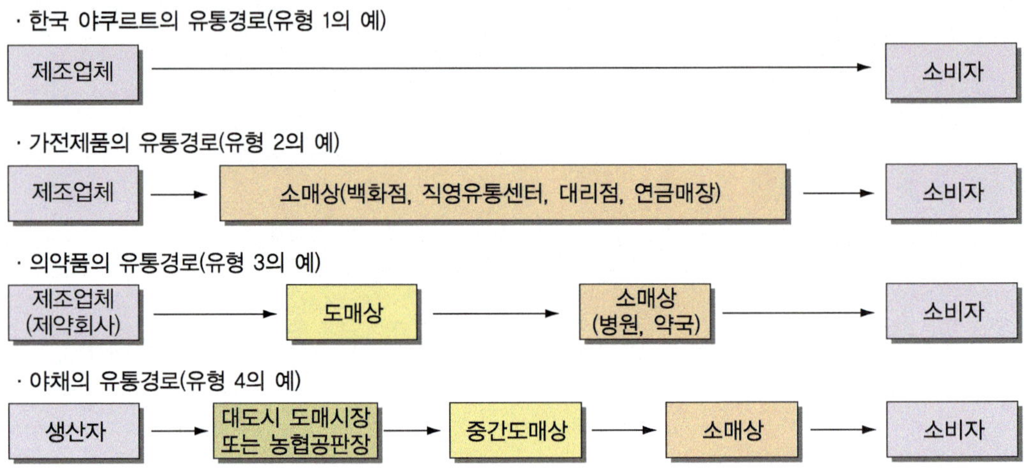

유통경로 유형4는 생산자와 소매상 사이에 여러 유형의 도매상들이 개입되는 형태인데, 주로 생산자가 많은 1차상품(곡물류, 야채, 과일 등)의 유통과정에서 흔히 볼 수 있는 경로유형이다. [그림 11-3]은 각 유통경로유형의 구체적 예를 보여준다.

경쟁이 치열하지 않고 고객의 욕구가 다양화되지 않았을 때는 하나의 유통경로만으로 충분한 판매가 이루어졌다. 그러나 최근 고객욕구의 다양화에 의한 시장세분화 추세에 따라 각 세분시장에의 접근에 적절한 복수 유통경로를 채택하는 기업들이 늘어나고 있다. 예를 들어, LG전자는 대리점을 통해 가전제품을 판매하기도 하고, 대형도매상, 백화점, 연금매장 등을 이용하기도 한다. 복수유통경로를 이용할 경우 제조업자는 매출을 증대시킬 수 있는 이점을 갖는다. 그러나 제조업체가 각 유통경로에 대해 차별적 가격을 책정하거나 유통경로 간에 동일고객 유치를 위한 과당경쟁 등이 발생할 경우, 경로 구성원들 간에 갈등이 심화되어 경로구성원들의 이탈이 발생될 수 있다. 최근 저가로 제품공급을 요구하는 할인점의 등장에 따라 이러한 문제점은 앞으로 지속될 것으로 예상된다.

마케팅 Highlight

탈 중간상화: 새로운 음악유통채널인 iTune과 호흡을 같이 하는 음악산업

음반매장에 들러 음반을 구매하는 것이 당신에게 상당한 좌절감을 경험하게 할 수 있다. 아마도 당신은 다음의 사건이 자신의 이야기라는 생각이 들 것이다.

당신은 최신 음반을 사고 싶어 즐거운 마음으로 교보문고 핫트랙스 음반매장 안으로 들어간다. 그러나 The Essential Bruce Springsteen 앨범을 집어 들었을 때 당신의 체온이 올라가기 시작한다. 그 CD는 세 개가 한 세트로 3만원이었고, 그 세트에는 당신이 이미 가지고 있는 다른 히트앨범들이 포함되어 있었다. 하지만 당신은 이러한 사실에 화를 내는 대신 그나마 그 CD세트에서 당신이 가지고 있지 않은 12곡을 발견했다는 것에 만족해야 할 것이다. 문득 이러한 형태의 음반구매가 부질없는 짓이라는 생각이 든다. iTunes에 가면 자신이 원하는 곡들만 골라서 곡당 1000원에 살 수 있는 시대에 그들은 왜 내게 필요없는 음악들을 모두 담아 비싼 돈을 받고 구입하게 만드는 것일까?'라는 의문이 든다. 상술이란 생각에 당신은 아무것도 사지않고 그대로 매장을 빠져 나온다.

최근 온라인 음악 다운로드 서비스의 출현은 음반유통 및 구매방식에서 혁명적인 변화를 가져 왔다. 요즘은 제한된 상품구색을 갖춘 오프라인 음반매장에서 원치않는 곡까지 포함된 CD를 비싼가격에 사는 대신에, 멜론이나 Apple의 iTunes와 같은 온라인 음악 다운로드 서비스를 이용한다. 소비자들은 온라인에 접속해 수천 수만가지의 노래들 중 마음에 드는 곡을 다운로드 받거나, 이들을 CD로 직접 제작하거나 아이팟 MP3플레이어나 스마트폰에 담아서 언제 어디서든 들을 수 있다. 이에 따라 최근 많은 기업들이 음악 다운로드 사업으로 뛰어들고 있다. 휴대폰 단말기 제조사들은 수천곡의 음악을 저장할 수 있는 스마트폰을 위해 온라인 음악구매 서비스를 시작했다. 또한 MicroSoft도 온라인 뮤직스토어 서비스를 개시했다.

이런 새로운 유통방식은 소비자들에게 매우 유용하다. 그러나 이런 방식은 기존의 오프라인 소매음반상인들에게 상당한 위협이 되고 있다. 이런 현상을 설명하는데 적합한 용어가 바로 탈 중간상화 혹은 직거래(disintermediation)이다. 탈 중간상화는 마케팅채널에서 중간상의 단계를 없앤다는 의미이다. Dell 컴퓨터가 개인들에게 직접 PC를 판매하기 시작했을 때 전통적인 방식의 PC 유통채널에서 소매상을 제거한 것이 한 예이다. 좀 더 넓게 보면, 탈 중간상화는 직접마케팅을 통해 경로단계를 제거함을 의미할 뿐만 아니라 급진적으로 새로운 형태의 중간상들이 전통적인 재판매업자를 대체하는 것도 포함한다. 음반유통구조의 급격한 변화는 전통적인 음반소매상들을 위협하고 있다. 음악 다운로드 사이트의 시초인 Napster가 서비스를 시작한 1999년 이후로 소매 CD매출은 빠르게 하락했다. 1위의 대형 음반소매상이었던 Tower Records와 2인자인 Musicland는 파산을 선언했다. 앞으로 대다수 오프라인 음반매장이 사라질 것이고, CD와 DVD 같은 음반매체들은 구식이 되어버릴 것이다.

전통적인 소매상들은 탈 중간상화의 위협에 어떻게 대처해야 할 것인가? 일부는 "이길 수 없으면, 동참하라"는 원리를 따라 그들만의 다운로드 서비스를 도입하고 있다. Wal-Mart는 점포내와 온라인에서 음악 다운로드 서비스를 제공하고 있다.

음반판매상들은 온라인 경쟁자들에 비해 몇 가지 장점을 가지고 있다. 오프라인 매장은 기존 고객들을 기반으로 하고 있고, 온라인에서 제공하기 힘든 쇼핑경험을 제공할 수 있다. 오프라인 매장들은 판매공간을 변형해서 모임장소로 사용하거나 친구들과 편안하게 대화를 나누거나 음악을 들을 수 공간으로 활용할 수 있다. 편안한 소파, 비디오용 벽, 음향시스템을 설치해 커피를 마시며 음악을 감상할 수 있는 매장 내 매장형태(store-within-store)의 라운지를 만드는 것도 한 예이다.

그러나 전통적인 음반소매상들은 재정적 어려움에 직면하고 있다. CD가격은 떨어진 반면 임대료는 오르고 있다. 그리고 점포를 운영하는데 상당한 운영비용과 재고가 필요하다. 온라인시장에 새로이 진입한 기업들은 이러한 운영비용에 대한 부담이 없다. 게다가 음반매장들은 현재 발매되고 있는 음반들만 제한적으로 판매가 가능하지만, 온라인 사업자들은 지나간 노래들도 무제한 서비스할 수 있다. 온라인상에서는 사용자가 원하는 음악만을 아주 저렴한 가격에 구매할 수 있다. 이제 소비자들은 수천개 이상의 노래를 저장할 수 있는 iPod 같은 멋지고 작은 오디오기기, 스마트폰, 카스테레오, 노트북 등 다양한 형태를 통해

언제 어디서나 다양한 음악을 듣고 싶어 한다.

이러한 욕구를 충족시키는데 있어 탈 중간상화는 최적의 유통방식이다. 그러나 탈 중간상화 혹은 직거래라는 새로운 방식의 유통채널이 기존 방식보다 고객들에게 더 나은 서비스를 제공할 수 있을 때에만 유효하다. 마케터들은 고객가치창출에 기여하는 혁신적인 유통채널의 등장에 적극적으로 대응해야 한다. 그렇지 못한 기업들은 큰 물결에 휩쓸려 익사할 위험이 있다.

이와 같은 유통경로 유형에서 보듯이 제조업체와 소비자를 연결하는 유통경로상에서 도매상과 소매상이 결정적인 역할을 수행하고 있다. 다음에서는 소매상과 도매상의 기능과 유형을 살펴보기로 한다.

03 소매상(Retailer)

롯데나 신세계와 같은 대형백화점은 고객들이 자점포를 재방문하도록 하기 위해 다양한 이벤트와 넓은 휴식공간을 제공한다. 한편 값싸고 질 좋은 제품을 구매하기를 원하는 소비자들을 상대로 상설할인매장이나 할인점이 새롭게 등장하고 있다. 이와 같이 소비자의 욕구나 라이프스타일의 변화에 따라 이를 충족시킬 수 있는 새로운 유통업태가 계속 출현하는 등 소매환경은 빠르게 변화하고 있다. 따라서 제조업체와 소매상들은 소매환경변화에 신속하게 적응하기 위해 새로운 형태의 소매상 출현을 주의깊게 관찰해야 함은 물론 기존의 유통전략을 적절히 변경해 나가야 할 것이다. 이하에서는 소매상의 성격, 기능 및 유형에 대해 살펴보기로 한다.

3.1 소매상의 성격과 기능

소매상(retailer, retail institution)은 제품이나 서비스를 최종소비자에게 직접 판매하는데 관련된 활동을 수행하는 상인이다. 소매상은 유통경로상의 마지막 단계에서 최종소비자와 직접 접촉을 한다는 점에서 제조업자의 판매성과에 큰 영향을 미친다.

소매상은 유통경로상에서 제조업자와 소비자를 위해 다음과 같은 기능을 수행한다.

첫째, 소매상은 제조업자의 제품을 소비자에게 판매하며 제품의 보관 및 운송 등을 담당하여 제조업자와 도매상의 마케팅활동을 지원한다.

둘째, 소매상은 다양한 상품구색을 갖추어, 소비자에게 선택의 폭을 넓혀주고 그들이 원하는 브랜드를 소량으로 구매할 수 있게 한다.

셋째, 소매상은 제조업체와 소비자에게 필요한 정보를 제공한다. 소매업체는 소매광고, 인적판매, 점포디스플레이를 통해 고객에게 제품의 특성, 할인판매여부, 점포이용시간 등에 관한 정보를 제공하며, 제조업체에게는 매출액변동, 고객의 욕구와 불만, 재고회전율에 관한 정보를 제공한다.

3.2 소매상의 유형

소매상의 유형은 매우 다양하며 소매환경의 변화에 따라 계속해서 새로운 형태의 소매상들이 출현하고 있다. 소매상의 유형은 여러 기준에 의해 분류될 수 있지만, 여기서는 소매업체가 점포를 소유하고 있는지의 여부에 따라 점포형 소매업(store retailing)과 무점포형 소매업(nonstore retailing)으로 나누어 설명하기로 한다.

1. 점포형 소매업

점포형 소매업은 그 규모와 형태에 있어서 매우 다양하며, 새로운 소매업태가 계속 나타나고 있다. 점포형 소매업은 제공되는 서비스수준, 상품구색의 폭과 깊이, 상대적 상품가격 등에 따라 다양한 점포형태로 분류될 수 있다. 〈표 11-1〉은 이러한 분류기준에 따른 대표적인 소매상의 유형을 보여준다.

표 11-1 소매업체의 유형

서비스수준	상품구색의 폭과 깊이	상대적 상품가격
셀프서비스 소매상	전문점	할인점
	백화점	양판점
한정서비스 소매상	슈퍼마켓	제조업체 상설할인매장
	편의점	회원제 도매클럽
완전서비스 소매상	슈퍼스토아	카탈로그점

(1) 서비스수준

소매상들은 고객들에게 제공되는 서비스수준에 따라 셀프서비스 소매상, 한정서비스 소매상, 그리고 완전서비스 소매상으로 나눌 수 있다. **셀프서비스 소매상**(self-service retailer)은 1930년대 미국의 대공황 기간에 소비자들이 직접 매장에 가서 상품을 비교해 보고 선택함으로써 구매비용을 절약하려는 추세에 대응하기 위해 등장하였으며, 그 이후 급속도로 성장하였다. 셀프서비스 소매상에는 모든 할인소매업태(할인점, 상설할인매장, 회원제 도매클럽, 하이퍼마켓 등), 편의점, 슈퍼마켓 등이 포함된다.

한정서비스 소매상(limited-service retailer)은 고객들의 구매과정에 상당한 판매지원서비스를 제공하는 소매상을 말하는데, 고객들이 많은 정보를 필요로 하는 선매품(shopping goods)을 주로 취급하는 일반백화점이 대표적인 예이다. **완전서비스 소매상**(full-service retailer)은 고객이 여러 제품을 비교하여 선택하는 전체 구매과정을 판매사원이 지원하며, 고객들이 구매과정에 많은 쇼핑노력을 기울이는 전문품(카메라, 오디오제품)이나 고가의 제품(보석, 디자이너 의류)을 주로 취급한다. 또한 완전서비스 소매상은 자유로운 상품교환, 다양한 신용판매, 무료배달 등의 추가적인 서비스를 제공하므로 상품가격은 상대적으로 비싸다. 전문점이나 상류층 상대의 고급백화점이 그 대표적인 예이다.

(2) 상품구색의 폭과 깊이

점포형 소매상은 취급하는 상품구색의 폭과 깊이에 의해서 분류될 수도 있는데, 전문점, 백화점, 슈퍼마켓, 편의점, 슈퍼스토아 등이 그 예이다.

■ 전문점(Specialty Store)

전문점은 취급되는 상품계열의 수(폭)는 한정되어 있으나(narrow product line), 각 계열 내에서 매우 다양한 상품구색(deep assortment)을 갖추고 있다. 소비자의 가처분소득이 증가되어 소비자의 욕구가 다양화 및 개성화됨에 따라 한정된 상품계열 내에서 깊은 상품구색을 갖춘 의류점, 가구점, 운동구점 등과 같은 다양한 형태의 전문점이 등장하게 되었고 현재 빠른 시장성장을 보이고 있다. 저가격화장품 전문매장인 미샤와 더페이스샵, 가전대리점 LG 베스트 샵, 스포츠용품 전문매장인 나이키,

전문점의 예: 언더아머 스포츠용품 전문매장

마케팅 Highlight

가구전문 할인점 이케아의 국내진출로 차별화를 추구하는 국내 가구전문점

현대리바트는 서울 논현스타일숍의 한 개 층을 생활소품 전문 브랜드 리바트홈을 중심으로 꾸렸다.

세계적인 가구공룡 이케아(IKEA)가 국내 진출한 2014년 12월, 국내 가구전문업체들에게 이케아 공포가 엄습했다. 매출 292억 9300만 유로(약 38조원)에 달하는 엄청난 규모가 문제가 아니었다. 합리적 가격과 세련미, 8600종이 넘는 제품군을 갖춘데다 단순히 가구를 파는 것이 아니라 공간별로 어울리는 가구와 소품의 조합을 제시하며 '라이프스타일을 판다'는 새로운 소매 개념을 앞세운 게 무서웠다. 이케아가 한국에 진출한지 1년이 지나면서 국내 가구업체들은 차별화를 적극적으로 추구하고 있다.

현대백화점그룹의 가구 계열사인 현대리바트는 생활소품 전문브랜드 '리바트홈'을 론칭함으로써 이에 대응했다. 그동안 국내 가구업계에서는 전등·발판·도마·쿠션과 같은 생활소품이 구색맞추기 상품으로 인식됐다. 하지만 2014년 기준 시장규모 10조 5000억원 정도인 국내 가구시장에서 소품분야는 2조 5000억원대로 무시할 수 없는 규모가 됐다. 소품시장이 더욱 주목을 끌게 된 것은 이케아 때문이다. 이 회사는 2014년 12월 경기도 광명에 1호점을 오픈하며 8600가지가 넘는 물건을 전시했다. 소위 '소품의 메카'로 자리매김한 것이다. 이에 맞서 신세계그룹은 2015년 경기도 일산 이마트타운 내에 '정용진판 이케아'라 불리는 소품샵 '더 라이프'를 열었다. 이케아 효과를 가장 크게 누리고 있는 업체는 가구업계 1위인 한샘이다. 2015년 상반기 매출이 역대최대인 7702억원으로 전년동기 대비 30.3%나 늘었다. 한샘은 이케아의 상대적 약점을 집중적으로 노렸다. 이케아에서 물건을 살 경우 직접 실어나르고 조립해야하는 고단함을 느끼는 소비자의 불만을 파악하고 배송과 조립을 한샘에서 모두 해주고 있다. 또한 이케아 매장이 상대적으로 도심권 밖에 위치하고 있는 점에 착안해 도심에 큰 매장을 지어 소비자의 접근성을 키웠다.

에몬스는 이케아의 실용성에 맞서 고품격전략을 선언했다. 김경수(63) 회장은 지난 봄 열린 품평회에서 "가구다운 가구는 분명히 소비자의 인정을 받는다"며 이같은 의지를 표명했다. 대신 타킷층을 40~50대에서 20~30대까지로 확장하고자 온라인·모바일 매장을 열었다. 젊은 층을 겨냥한 제품의 경우 세부장식을 단순화하는 방식으로 가격을 낮췄다. 하지만 고가제품과 동일한 자재를 사용하고 있다. 현재 이 회사의 가구켄셉트는 에코 프레스티지이다. 친환경 소재(Eco-friendly)를 사용한 명품(Prestige) 디자인의 가구라는 뜻이다. 에몬스는 올 상반기 프리미엄 전략을 통해 30%의 매출 신장을 기록했다.

• 자료원 : 중앙일보, 2015.11.26

아디다스, 언더아머 대리점 등이 전문점의 예이다. 소비자 라이프스타일의 변화와 맞벌이 부부의 증가에 따라 고품질의 제품, 편리한 위치, 친절한 서비스를 제공하는 전문점에 대한 수요가 계속 증대될 것이다.

■ 백화점(Department Store)

백화점은 주로 의류, 가정용품, 잡화를 중심으로 다양한(폭넓은) 제품계열을 취급하며 각 제품계열은 전문구매자(specialist buyer)나 머천다이저에 의해 관리된다. 최초의 백화점은 1852년 프랑스 파리에 세워졌던 봉 마르셰(Bon Marche) 백화점이었다. 봉 마르셰 백화점은 그 당시만 해도 혁신적인 다음과 같은 경영방식을 도입하였다. 즉, ① 낮은 마진과 빠른 재고회전, ② 제품가격의 표시, ③ 고객이 구매부담 없이 직접 제품을 구경할 수 있게 함, ④ 자유로운 고객불만 정책의 수용 등이었다.

외국의 유명백화점에는 미국의 Bloomingdale, Macy, Marshall Field, 일본의 미쓰꼬시, 다카시마야, 소고 등이 있다. 미국의 도심백화점은 1940년대까지 계속적인 성장을 하다가 제2차 세계대전 이후 소매점 수명주기상의 쇠퇴기에 들어서게 되었는데, 이는 동종 백화점 간의 경쟁의 심화, 할인점·전문점과 같은 다른 유형의 소매업태와의 경쟁의 격화, 교통혼잡 및 주차의 어려움으로 인한 소비자들의 시내쇼핑의 기피 등과 같은 이유때문이다. 같은 이유로 해서 일본백화점도 수명주기상의 쇠퇴기에 들어가고 있다. 이에 따라 상당수 백화점들은 할인점의 위협에 대처하기 위해 특별할인 매장을 상시 운영하고 있으며, 다른 백화점들은 전문점과 경쟁하기 위해 뷰티크형의 고급백화점(가령, 갤러리아백화점 명품관)으로 포지셔닝하고 있다.

한국에서 최초의 백화점은 1930년 현 명동 신세계백화점 위치에 개점한 일본의 미쓰꼬시 백화점의 경성지점이었다. 우리나라 백화점은 1960년대 후반까지 부동산임대업의 성격을 띤 임대백화점의 형태로 운영되었다. 그러나 1969년 4월 신세계백화점이 정찰제도의 도입, 고객신용 판매제의 실시 등의 현대식 경영기법의 도입과 함께 직영체제를 도입·구축함에 따라 백화점 성장의 새로운 전환기를 맞게 되었다. 그 후 1973년 미도파가 직영체제를 도입하고, 1979년말 한양유통이 한양쇼핑센터를 서울 강남에 개설하였으며, 1979년 12월에 롯데쇼핑이 기존 백화점의 2배 이상의 규모로 명동에 백화점을 개설함에 따라 백화점 대형화 추세의 계기가 되었다. 우리나라 백화점들은 외국의 백화점처럼

갤러리아백화점 명품관은 고급패션백화점으로서의 점포이미지를 추구하고 있다.

마케팅 Highlight

줄폐점하는 미국·중국·일본 백화점과 지속적인 성장세를 보이는 한국 백화점

'미국 메이시스백화점 점포폐점 계획발표, 일본 미쓰코시 백화점 일부지역 철수결정, 중국 백화점 실적 악화.'

해외 백화점업계에서 나오고 있는 뉴스인데, 경쟁자에 밀려 점포 문을 줄줄이 닫고 있다는 내용이다. 최근 해외 백화점들은 잇따라 폐점하고 있다. 미국의 백화점 체인 메이시스는 2017년까지 100개 점포를 폐점하기로 했다. 오프라인 매장의 효율성이 떨어졌다는 판단에 따른 것이다. 뉴욕의 고급 백화점 삭스피프스애비뉴는 34개 백화점을 폐점하고 할인점 사업을 하겠다는 계획을 내놓기도 했다. 일본도 비슷하다. 일본 최대 백화점 미쓰코시이세탄홀딩스는 지바시의 미쓰코시 지바점과 도쿄 변두리의 미쓰코시 다마센터점을 2017년 3월 폐점한다. 중국에서는 복합쇼핑몰에 밀린 홍콩계 팍슨백화점과 노보백화점이 약 20개 매장을 접었다.

하지만 신세계와 현대백화점, 롯데백화점 등 한국 백화점들은 다르다. 불황에도 성장을 거듭하고 있다. 발빠른 체험형 매장으로의 변신과 아울렛 등을 통한 사업다각화, 위기에 강한 구조 등이 그 비결로 꼽힌다.

현대백화점 판교점 6층에서는 아빠와 아이가 함께 드론과 가상현실(VR) 기기를 체험하거나 전시된 캐릭터를 관람하는 모습을 쉽게 볼 수 있다. 최근 확대되고 있는 체험형 백화점의 모습이다. 2016년 9월 개점한 스타필드하남에 입점한 신세계백화점 하남점도 체험형 쇼핑몰 효과를 누리며 방문객들이 몰리고 있다.

저성장과 온라인쇼핑의 확대로 국내 백화점들도 한때 위기를 맞았다. 하지만 변신을 서둘렀다. 백화점이 내놓은 해답은 체험형 쇼핑이었다. 이는 발길을 끊었던 고객들을 다시 불러들였다. 현대백화점은 2016년 1~9월 사이에 백화점 휴면고객(6개월 이상 구매가 없는 고객) 중 5만 5000여명이 백화점으로 돌아왔다. 현대백화점 관계자는 "체험을 내세운 판교점과 송도프리미엄아울렛이 문을 열면서 소비자들이 백화점에 다시 관심을 보이기 시작했다"고 분석했다. 체험형 백화점이 확대되면서 남성고객도 늘고 있다.

한국 백화점이 해외 백화점과 다른 것은 유통그룹을 이루고 있다는 것이다. 한국은 아울렛, 복합쇼핑몰, 온라인쇼핑사업을 백화점 중심의 유통그룹이 직접 하고 있다. 업계관계자는 "해외에서는 백화점이 저가상품을 내세운 아울렛과 온라인몰에 밀리는 경우가 많지만 한국에서는 유통그룹이 모든 유통사업을 하기 때문에 경쟁자의 성장을 막을 수 있다"고 말했다.

운영방식도 강점이 되고 있다. 미국, 일본 백화점은 상품을 직접 매입해 판매하는 비중이 높다. 직매입한 상품이 안 팔리면 곧장 손실이 난다. 그러나 국내 백화점은 브랜드로부터 판매수수료를 받는 형태의 점포운영방식 때문에 매출이 소폭 줄어드는 정도만 타격을 받는다.

• 자료원 : 한경, 2016.10.17

자기책임하에 상품을 직매입·판매하는 것이 아니라, 백화점 매장을 코너별로 각기 다른 제조업체에 빌려주고 입점한 제조업체가 자기책임하에 판매한 부분에 대해 판매가격의 20~35%의 수수료를 징수하는 수수료 매장중심으로 운영되어 왔다. 그러나 최근 들어 백화점업계는 매장의 직영률을 높이기 위해 백화점이 자체개발한 유통업체 브랜드(PB: private brand)의 판매비중을 늘리고 있다. 국내 백화점업계의 경우, 롯데백화점, 신세계백화점, 현대백화점이 매출규모와 점포출점에서 압도적 우위를 보이면서 과점체제를 구축하고 있다. 국내 백화점업계도 미국, 일본의 경우와 마찬가지로 소매수명주기에서 성숙기의 후반으로 진입함에 따라 지속적인 성장에 어려움을 겪고 있다. 이에 따라 소수의 충성고객을 겨냥한 VIP마케팅, 서비스의 차별화, 전체매출에서 명품브랜드가 차지하는 비중의 확대, 백화점의 고급화(가령, 갤러리아 명품관, 롯데 명품관 등), 해외시장진출 등을 통해 경쟁우위를 유지하려고 한다.

■ 슈퍼마켓(Supermarket)

슈퍼마켓은 저원가·저가격의 다양한 제품들을 낮은 마진으로 대량판매하는 점포이며, self-service가 특징이다. 슈퍼마켓은 대개 연쇄점(corporate chain)조직으로 운영된다. 편의품도 취급하지만 주로 식품이 주종을 이룬다. 미국의 슈퍼마켓은 1930년대 급속한 성장기를 맞게 되었는데, 성장배경에는 대공황 후 소비자들의 가격민감성, 자동차소유의 확산에 따라 주거지부근의 소형잡화점을 이용할 필요성의 감소, 냉동기술 및 포장기술의 발달, 그리고 가정용냉장고의 보급 등을 주원인으로 들 수 있다. 그러나 인구성장의 둔화와 편의점, 할인식품점 등의 등장에 따른 경쟁의 격화로 인해 최근 슈퍼마켓의 매출액 성장이 둔화되었다. 슈퍼마켓은 이에 대한 대응방안으로 전통적인 식품중심에서 마진이 높은 비식료 품목을 취급하고 매장면적을 더욱 대형화하고 있다. 이와 함께 즉석 제조베이커리 코너, 미식가용 식품, 신선한 생선과 야채, 조리된 포장식품 등의 제공을 통해 식품의 매출도 유지하려고 한다.

한국은 1964년 탄생된 한남체인이 최초의 슈퍼마켓이며, 1971년에 8개의 슈퍼마켓을 가맹점으로 하여 최초의 가맹점형 체인인 새마을슈퍼체인이 설립되었으며, 1974년 정부가 연쇄화 사업자를 지정

슈퍼마켓의 예: 롯데슈퍼는 주로 편의품과 식료품 등을 낮은 마진으로 대량판매한다.

하면서 럭키슈퍼(현 GS슈퍼마켓), 해태슈퍼, 한화스토어 등 대형 슈퍼마켓체인(연쇄점)이 급속히 늘어나게 되었다.

1974년 럭키슈퍼로 출발한 GS슈퍼마켓은 당시 200평 규모의 대형매장을 선보이며 국내슈퍼마켓 시장을 개척했다. 경쟁업체였던 해태슈퍼와 한화스토어는 할인점과의 경쟁에서 밀려 점포 수를 줄여나가다 결국 롯데슈퍼와 이랜드에 매각되었다. GS슈퍼마켓은 오프라인과 온라인을 연계한 인터넷 슈퍼사업에도 성공적으로 진출했으며, 200평 내외의 중·소형 점포를 신선식품 전문슈퍼로 전환시키는 계획을 수립/실행하고 있다. 현재 기업형 슈퍼마켓(SSM) 시장에서는 롯데슈퍼, 홈플러스 익스프레

마케팅 Highlight

프리미엄 슈퍼마켓 시장에서 경쟁을 벌이는 신세계와 롯데슈퍼

신세계그룹의 SSG푸드마켓이 선점하고 있는 고급 슈퍼마켓 시장에 롯데슈퍼도가 진출했다. 첫 매장의 위치는 프리미엄 슈퍼마켓 특성을 감안해 상대적으로 고급 식재료 등에 대한 수요가 높은 강남 도곡동으로 잡았다. 롯데가 오픈한 프리미엄 슈퍼는 기존의 '롯데슈퍼'라는 점포명 대신 '롯데 프리미엄푸드마켓'이라는 소매브랜드명을 사용함으로써 롯데슈퍼보다 더 업그레이드된 슈퍼마켓 이미지를 표현하려고 했다. 이에 맞추어 매장 인테리어를 백화점 수준으로 고급스럽게 하고 직원을 늘려 고객에게 더욱 편안한 쇼핑환경을 제공한다. 특히 판매되는 상품군도 기존 롯데슈퍼와 차별화를 시도했다. 롯데슈퍼 관계자는 "당일 새벽에 낳은 계란을 바로 공수해 판매하고 닭, 소고기 등 육류제품도 청정지역에서 생산된 제품만 판매하는 등 신선식품군을 업그레이드 한다. 유기농이나 친환경제품이 주로 판매되는 매장이 될 것"이라고 설명했다. 롯데슈퍼측은 온라인에서 쉽게 구하기 힘든 유기농이나 친환경제품 등 고급형 식재료를 대거 취급함으로써 소득수준이 높은 소비자를 오프라인 매장으로 끌어들이겠다는 것이다.

롯데가 새로 진출한 프리미엄 슈퍼마켓 시장의 선도자는 신세계 SSG푸드마켓이다. 신세계는 2012년 부산 해운대구와 서울 청담동, 그리고 목동에 SSG푸드마켓을 오픈해 고급 슈퍼마켓 시장 트렌드를 주도해왔다. SSG푸드마켓은 품질이 뛰어난 식재료는 물론 그동안 국내에서 보기 힘들었던 핑크소금, 트러플 오일 등 이국적인 상품을 한데 모아 판매하면서 새로운 유통시장을 개척했다는 평가를 받았다. 여기에 발레파킹, 포터서비스(장바구니를 주차장이나 택시 승강장까지 운반해주는 서비스), 근거리 배송서비스 등 기존 슈퍼마켓 점포들 보다 한층 업그레이드된 서비스를 제공하고 있다. 특히 해외경험이 있는 고소득층 고객들의 긍정적 구전에 힘입어 고급 슈퍼마켓의 대표 브랜드로 자리 잡았다. SSG푸드마켓과의 차별화를 시도하기 위해 롯데 프리미엄 푸드마켓의 관계자는 "SSG푸드마켓보다는 상대적으로 좀 더 대중적인 프리미엄 슈퍼마켓으로 시장에 자리매김할 계획"이라고 말했다. SSG푸드마켓이 소득 상위 5%를 대상으로 하는 최고급형 슈퍼마켓이라면 롯데 프리미엄 푸드마켓은 상위 20~30%까지 고객층을 넓히겠다는 것이다. SSG푸드마켓이 프리미엄 슈퍼마켓 시장에서 영업점을 크게 늘리지 못하고 있는 이유가 고객군을 지나치게 좁게 설정했기 때문이라는 판단도 깔려 있다.

• 자료원 : 매일경제, 2016.6.7

스, 이마트(에브리데이, 메트로) 등과 매출규모와 점포수에서 우위를 점하기 위해 치열한 경쟁을 벌이고 있는데, 굿모닝마트와 하모니마트를 인수한 롯데슈퍼가 점포수(500개 이상)와 매출(1조원 이상)에서 선도적 지위를 구축하고 있다. 그리고 이마트도 이랜드로부터 킴스클럽마트 54개점을 인수해 기업형 슈퍼마켓 시장에서 규모를 키우고 있다.

기업형 슈퍼마켓 업체들은 상권확보의 한계와 신규 출점에 대한 법적 규제로 인해 직영형태로 SSM 점포 수를 늘리는데 어려움을 겪음에 따라 정상적인 출점보다는 M&A와 가맹점 형태의 출점을 통해 성장을 모색하고 있다.

■ 편의점(Convenience Store)

편의점은 식료품 위주의 상품회전율이 높은 편의품을 주로 취급하는 셀프서비스 방식의 소규모 점포이다. 편의점은 본사가 직영하거나 본사와 계약을 체결한 가맹점에 의해 운영된다. 편의점은 주로 주거지역이나 교통이 편리한 곳에 위치하고 있으며(입지의 편리성), 연중무휴 24시간의 영업을 하며(시간의 편리성), 각 품목에 대해 소비자들이 신뢰할 수 있는 소수의 브랜드만을 취급하는(구색의 편리성) 특징을 가지고 있다.

미국의 편의점은 1927년 South-Land사의 7-Eleven으로 시작되었다. 일본의 경우 1974년 미국 South-Land사와 기술제휴로 도쿄에 개점한 7-Eleven이 설립된 후 급성장하였다. 한국의 편의점은 동화산업이 1988년 세계 최대의 편의점체인 업체인 미국의 South-Land사(7-Eleven)와 기술제휴하여 코리아세븐을 설립함으로써 시작되었다.

장기 저성장 추세가 확연한 국내유통업계에서 편의점업계는 지속적인 성장세를 보이고 있다. 24시간 영업과 편리한 접근성이라는 강점에다 1~2인 가구의 증가와 소량구매패턴의 확산이 더해져 편의점 3만개 시대로 들어섰다. 국내편의점 시장은 CU, GS 25, 세븐일레븐에 의해 주도되고 있다. 편의점은 반경 500m 최근접 상권을 대상으로 하기 때문에 다양한 상품과 부가서비스가 결합된 지역밀착형 유통거점으로 진화하고 있다. 가령, GS25는 이태리 고급 원두커피인 라바짜커피, 베니건스 스파

편의점의 예

마케팅 Highlight

끊임없이 변신을 추구하는 日편의점

일본은 편의점 왕국이다. 한 끼 해결은 물론 현금인출, 택배수령, 고지서 납부 등 웬만한 일은 편의점에서 모두 해결할 수 있다. 골목마다 편의점이 2~3개씩 있는 것은 기본이고, 같은 체인의 편의점이 길 건너 마주하고 있는 경우도 흔하다. 전국 5만 2300여 개 편의점이 매일 영업전쟁을 치른다. 그런데 저출산·고령화로 고객층이 급격히 변하고 있다. 세븐일레븐이 조사한 자료에 따르면 1994년 편의점을 이용한 50대 이상 고객은 전체의 11%였지만, 2011년에는 31%로 3배 가까이 늘었다. 반면 20대미만 젊은 층 비율은 1994년 59%에서 2011년 33%로 절반 가까이 줄었다. 일본 편의점 업체들은 이 같은 시장변화에 이색 아이디어를 쏟아 놓으며 발 빠르게 대응하고 있다.

일본 편의점업계에서 점유율 40%가 넘는 1위 기업 세븐일레븐은 2000년 9월부터 도시락 배달서비스 '세븐 밀(meal)'을 시작했다. 편의점을 직접 방문하기 어려운 사람들을 겨냥한 사업으로, 편의점은 방문고객만 상대한다는 고정관념을 깼다. 현재 전국 1만 3200여 매장에서 실시 중인데, 회원수는 66만명(2015년 3월 기준)이고 그중 60세 이상 고객이 60%를 차지한다. 도시락 이외에도 일용품 등 고객이 원하는 상품을 함께 배달하는 점포도 많다. 세븐일레븐 측은 "고령화 사회에 맞춰 편의점 서비스도 변해야 한다"고 했다.

일본 사이타마현 가와구치시에 있는 로손의 개호(介護) 전문 1호 편의점. '개호'는 곁에서 돌봐준다는 뜻이다. 개호전문 편의점에서는 노인에 필요한 물건을 팔고 필요한 서비스나 시설을 소개하는 역할을 한다. 한 여성고객이 '개호관련 상품코너'를 둘러보고 있다. 로손은 2015년 4월 사이타마현 가와구치시에 '노인돌봄 서비스(개호·介護) 로손 1호점'을 열었다. 노인요양 전문 서비스 업체와 연계해 운영하는 점포다. 전용 진열대에는 성인용 기저귀와 탈취제, 약물섭취 보조기구, 노안경(老眼鏡), 1회용 가운 등 노인이 있는 가정에 필요한 물품 70여 개가 가지런히 전시되어 있다. 이밖에도 치아를 사용하지 않고 먹을 수 있는 수프, 고단백 저칼로리 레토르트 식품 등 노인을 위한 맞춤형 먹거리도 판매한다. 매장통로는 휠체어를 타고도 둘러볼 수 있을 만큼 널찍하고, 계산대 옆에는 별도로 상담창구가 마련돼 직원과 재택요양관련 문의를 할 수 있다. 로손은 고객들의 반응이 뜨거워 향후 3년간 전국 30곳에 노인돌봄 서비스전문 점포를 오픈할 계획을 세웠다.

패밀리마트는 '약국+편의점' 일체형 점포를 운영하고 있다. 2012년 5월에 도쿄와 오사카에 첫 점포를 낸 이후, 현재 지역별 약국 16곳과 제휴해 약국편의점 32개가 영업 중이다. 일반적으로 편의점은 남성과 젊은이들의 이용이 많고, 약국은 여성과 고령자가 자주 찾는다는 점에 착안해 다양한 고객층을 한꺼번에 끌어들이기 위해 개발한 점포다. 2018년까지 약국과 합친 점포 1000곳을 만들겠다는 게 패밀리마트의 목표다. 패밀리마트는 '노래방+편의점' 점포도 시도하고 있다. 작년 4월 도쿄 시나가와구에 첫 점포를 낸 이후 점차 수를 늘려가고 있다. 편의점에서 산 맥주나 안주거리를 노래방으로 바로 들고 가서 즐길 수 있는 것이 이 점포의 특징이다.

일본 편의점 변신의 백미는 면세점이다. 세븐일레븐은 2014년 12월 도쿄, 오사카, 교토 등 전국 30곳에서 면세점포를 시범운영하기 시작해, 2015년 7월 면세 매장을 1000곳으로 늘렸고 연말까지 3000곳으로 확대한다. 세븐일레븐은 기존 계산기에 면세전용 버튼을 달아, 이 버튼만 누르면 5분 내에 면세정산이 끝나는 전용시스템을 도입했다. 매장에서 5000엔 이상의 물품을 구매한 외국인 고객이라면 누구나 8% 소비세 면세 혜택을 누릴 수 있다.

• 자료원 : 조선경제, 2015.8.31

CU는 신한은행과 제휴를 맺고 디지털키오스크를 통해 편의점에서 통장 · 카드를 발급받을 수 있는 금융서비스를 도입했다. 한 고객이 디지털키오스크를 통해 바이오인증을 시도하고 있다

게티 등 GS25에서만 구입할 수 있는 독특한 상품의 개발과 티켓발권서비스 등의 서비스상품의 개발을 통해 단순히 상품만을 판매하는 편의점이 아니라 생활편의를 제공하는 공간으로 전환하고 있다. 세븐일레븐은 드립커피를 판매하는 체험매장 '세븐카페'를 도입하고 편의점안에서 입금까지 가능한 자동화기(ATM기)를 매장에 설치했다.

최근 고객접근성이 좋은 편의점 특성을 활용해 편의점업체들은 은행 및 증권사와의 제휴를 통해 은행창구처럼 업무를 볼 수 있는 미니뱅크 서비스를 도입하고 있다. 가령, 편의점 CU는 신한은행과의 제휴를 통해 영업지점 창구수준의 은행업무가 가능한 디지털키오스크를 점포내에 설치했다. 디지털키오스크는 핀테크기술을 활용해 영업지점 창구에서 운영 중인 100여 개 금융서비스 업무를 지원한다. 고객은 이를 활용해 기존 영업지점에서 실명확인을 통해서만 가능했던 통장 · 체크카드발급, 비밀번호변경, 인터넷뱅킹신청 등을 할 수 있고 생체인식 방식을 통해 카드 등을 소지하지 않아도 출금과 이체 등이 가능하다.

■ 드러그스토어(Drug Store)

드러그스토어(drugstore)는 일반적으로 약품 · 식품 · 생활용품 등을 취급하는 일종의 잡화점을 말하며, 미국 월그린, 영국 부츠, 홍콩 왓슨스가 대표적이다. 한국의 경우 드러그스토어는 화장품, 생활용

국내 드러그스토아 업태의 시장선도자 CJ 올리브영

품, 간단한 먹거리 같은 것을 판매하는데, 최근 쇼핑가·대학가를 중심으로 늘어나고 있다. 국내에는 CJ 올리브영이 1999년 처음으로 드러그스토어 시장에 진출했는데, 올리브 영, 왓슨스 등이 드러그스토아의 대표적인 예이다. 외국과 달리 국내 드러그스토어의 성장은 화장품 같은 뷰티제품이 견인하고 있다. 이처럼 한국의 드러그스토어는 '약국을 바탕으로 한 잡화상' 개념인 외국과 달리 화장품 편집매장 성격이 강하다. 이에 따라 화장품을 기반으로 한 한국형 드러그스토어는 젊은 소비자들의 호응을 얻고 있다. 할인점·슈퍼마켓보다는 고급스럽고 백화점보다는 저렴한 화장품을 판매하기 때문이다.

마케팅 Highlight

미국 2위 드러그스토아(의약품 유통업체) CVS헬스의 차별화된 소매마케팅전략

미국 2위의 대형의약품 유통업체 CVS헬스는 월그린와 함께 미국의 양대 의약품 유통업체로 꼽힌다. 1963년 미국 매사추세츠주 로웰에서 건강 및 미용제품 판매업체로 출발해 지금은 편의점 성격의 드러그스토어 7900여개와 클리닉 1000여개를 보유하고 있다. CVS헬스 이용자들은 연간(중복 계산) 1억명으로 2014회계연도 매출은 1393억달러에 이른다.

2011년 3월 래리먼로가 최고경경자(CEO)에 선임됐는데, 그에게는 다양한 수식어가 따라다닌다. 그는 2014년부터 CVS헬스의 드러그 스토어에서 담배판매를 중단해 '화끈한 금연지원자'라는 별명을 얻었다. 그중에서도 가장 눈길을 끄는 타이틀은 '의약품 유통업계의 연금술사'다. 의약품 오남용을 줄이는 시스템 도입과 과감한 인수합병(M&A)으로 회사의 가치를 크게 높이고 있기 때문이다.

2011년 회사의 지휘봉을 잡게 된 래리 멀로 최고경영자(CEO)는 의약품 판매방식을 전면 개편했다. 멀로는 의약품 오남용 피해가 심각하다는 판단에 따라 소비자들에게 복약지도를 강화하는 프로그램을 마련했다. 소비자가 신청하면 CVS헬스는 제대로 약을 먹고 있는지, 어떤 약을 먹으면 안 되는지 등을 전화문자 메시지 등을 통해 알려준다. 콜레스테롤 과다, 당뇨, 천식 등 꾸준히 먹어야 하는 약을 빼먹지 않도록 경고도 해준다. 의사처방에 따라 약을 판매하는 것에서 벗어나 정확하게 소비하도록 돕겠다는 취지다. 마진을 줄이면서 약값 인하에도 공을 들였다. 멀로의 판단은 적중했다. 소비자들의 호평이 이어지면서 2011년 1070억달러였던 매출이 4년간 40% 가까이 증가했다. 질적변화도 나타났다. 2011년에는 의약품 단순판매 매출이 의약서비스를 근소한 차이로 앞서 있었다. 하지만 2014년에는 의약서비스가 단순판매매출보다 20% 이상 많아졌다.

멀로는 CVS헬스 드러그스토어에서 담배를 판매하지 않기로 결정해 사회적 호감도를 높였다. 멀로는 연간 20억달러의 매출저하가 우려되지만 국민의 건강이 최우선이라고 판단해 2014년 9월 담배판매를 전격 중단했다. 의약품 판매업체다운 판단이었다. 버락 오바마 대통령은 CVS헬스가 담배판매를 중단하자 특별성명을 내고 "CVS헬스는 훌륭한 모범을 보였다"며 찬사를 보냈다. 오바마 대통령은 2015년 연두교서에서도 CVS헬스를 호평했다. 약국보조원 교육제도에 관해서다. CVS헬스는 실습을 통해 업계에서 통용되는 자격증을 발급해주고 심화학습과정을 거치면 학위증까지 취득할 수 있도록 도와준다. 월스트리트 저널은 "CVS헬스가 사회적 책임을 다하는 기업으로 위상이 높아지면서 회사성장에 큰 도움을 받았다"고 분석했다.

멀로는 M&A에도 공을 들였다. 2015년 할인점 타깃의 의약품 관련 사업부문과 제약서비스 대행업체

(PBM) 옴니케어 등 두 개의 회사를 인수했다. CVS헬스는 타깃의 의약품조제 및 클리닉 사업부문을 19억 달러에 인수함으로써 1660개의 약국을 추가로 확보했다. 그리고 옴니케어를 인수하기 위해 127억달러(부채 23억달러 포함)이라는 거금을 투자했다. 멀로는 "옴니케어 인수로 새로운 제약·조제채널이 생기면서 CVS헬스 사업영역이 더욱 확장될 것"이라며 "매출도 크게 증가할 것으로 기대한다"고 말했다.

멀로는 노인시장에도 계속 집중적 투자를 하려고 한다. 그는 "미국에서 65세 이상 인구가 매일 1만명씩 늘어나 '실버 쓰나미'가 몰려온다고 평가할 수 있다. 이들을 충성고객으로 확보할 수 있다면 매출신장에 크게 기여할 수 있다"고 말했다. 그리고 '오바마 케어'로 불리는 의료보험 확대정책을 매출증가로 연결할 수 있는 방법도 고려하고 있다. 의료보험 혜택이 늘어나면 의약품 수요도 그만큼 커지기 때문이다.

• 자료원 : 한경, 2016.1.22

■ 슈퍼스토아(Superstore)

슈퍼스토아는 종래의 슈퍼마켓에서 판매되는 식료품뿐 아니라 일상적으로 빈번히 구매되는 비식료제품도 취급함으로써 소비자의 모든 쇼핑욕구를 충족시키려는 대형점포를 말하는데, 이에는 슈퍼센터, 하이퍼마켓, 대형 전문할인점(카테고리 킬러) 등이 포함된다.

슈퍼센터(supercenter)는 슈퍼마켓과 할인점을 결합한 소매업태로서, 식품, 비식품 뿐만 아니라 세탁소, 사진현상, 자동차부품, 구두수선 등의 다양한 서비스도 제공하지만 식품의 비중이 상대적으로 높다. Wal-Mart Supercenter나 Super Kmart Center 등이 대표적인 예이다.

하이퍼마켓(hypermarket)은 슈퍼마켓, 할인점, 창고소매업을 결합한 소매업태로서 식품, 비식품 생활용품은 물론 가구, 가전제품, 의류 등까지도 취급하는 초대형 슈퍼센터(점포의 크기가 미식축구장 6개를 합한 면적임)를 말하는데, 최초의 하이퍼마켓은 프랑스의 까르푸(Carrefour)이다. 하이퍼마켓은 프

슈퍼센터의 예

랑스, 독일 등 유럽시장과 기타 여러 세계시장(가령, 동남아 및 남미시장)에서 빠른 성장을 보였으나, 미국에서는 별 성공을 거두지 못했다. 미국의 하이퍼마켓이 성공을 거두지 못한 중요한 이유로는 엄청난 규모에도 불구하고 제한된 제품계열 내에서만 다양한 품목들을 취급한다는 것과 고객들이 상품의 구매를 위해 상당히 많은 시간을 투자해야 한다는 사실에 거부감을 보이는 것 등을 들 수 있다. 하이퍼마켓의 상품구색은 주로 슈퍼마켓에서 취급하는 식품과 생활필수품 등인데, 식품과 비식품 간의 구성비는 대략 60:40 정도이다. 취급되는 상품은 구매빈도가 높은 국내외 유명제품과 유통업체 브랜드로 구성된다. 국내의 경우 세계적인 하이퍼마켓 업체인 프랑스의 까르푸가 한국 까르푸를 설립하고 부천, 일산, 대전 등에 개점하는 등 급속한 시장확대를 추구했지만 국내고객들의 욕구에 맞춘 점포관리에 실패함으로써 결국 2006년 이랜드에 매각하고 철수했다. 이랜드에 의해 인수된 까르프는 홈에버로 이름을 변경해 오픈했으나 노사갈등으로 인해 2008년 5월 다시 홈플러스에 의해 인수되었다.

대형 전문할인점(category killer; **카테고리 킬러**)은 전문점과 할인점을 결합한 형태로서 특정제품계열 내에서 매우 다양한 상품구색을 갖추고 저렴한 가격으로 판매하는 소매업태를 말한다. 미국의 대표적인 카테고리 킬러에는 Toys R US(장난감), Staples(사무용품), Circuit City(전자제품) 등이 포함된다. 미국의 경우 대부분의 전문할인점들이 100개 이상의 점포를 가지고 있어 규모의 경제를 최대한 이용하고 있다. 이 업태는 불경기에 성장이 두드러지며, 경기에 상관없이 꾸준하게 성장하고 있다. 국내에도 장난감 전문할인 매장인 토이즈러스(Toys R Us)와 사무용품 전문할인 매장인 오피스디포(Office Depot)가 진출하고, 가전제품 전문할인점인 하이마트가 지속적인 성장을 보이는 등 대형 할인전문점 시장이 확대되고 있다. 2014년 말 세계 1위 가구전문 할인매장인 스웨덴 이케아의 국내진출은 한국 가구업체의 대형화와 가구시장 확대에 긍정적 영향을 미쳤다. 경기도 광명에 첫 매장을 낸 이케아는 비싼 혼수품이 주류를 이루던 국내 가구시장에 세련된 북유럽 디자인의 가구와 생활용품을 합리적 가격에 선보여 인기를 끌었다. 이케아진출의 영향으로 국내에서는 가구와 생활용품, 침구같은 '집을 편안하게 꾸미는' 산업이 성장했다. 한샘·현대리바트 등 국내 선두업체들도 이케아진출에 적극적으로 대응하는 과정에서 규모가 커졌다.

대형할인전문점의 예: 이케아 광명점

마케팅 Highlight

가전제품 대형전문할인점(카테고리 킬러) 유통시장에서 확고한 시장지위를 유지하고 있는 롯데하이마트

국내 최대규모의 전자제품 양판점(量販店) 롯데하이마트는 TV·세탁기·냉장고·노트북 등 전기(電氣)로 움직이는 전자제품은 분야를 막론하고 국내 판매량 1위를 차지하고 있는 대형유통업체다. 전자제품 양판점 시장점유율은 48.6%에 이른다. 2015년 롯데하이마트(이하 하이마트)는 SK텔레콤·KT·LG유플러스 등 이동통신 3사가 그간 장악해온 휴대전화 유통시장으로까지 그 영역을 확장했다. 하이마트는 전국 주요매장에서 휴대전화와 관련 액세서리 코너를 전면(前面)에 확대배치하고 모바일 분야에 대한 신문·TV·전단광고와 지역판촉행사 등을 강화했다.

국내 가전유통시장을 선도하고 있는 롯데하이마트는 전국에 438개(2016년 1월 현재)의 직영매장을 가지고 있어 전자제품 유통업체 중 접근성이 가장 뛰어나다. 그리고 한 매장에 여러 브랜드의 다양한 상품들이 품목별로 진열되어 있어 비교 구매하기도 편하다. 약 80여 명의 바이어가 약 150여 개사, 1만 여 종에 이르는 제품을 소싱한다. 최근에는 고객만족을 더욱 높이기 위해 취급품목을 가정 및 생활용품으로까지 확대해 '홈 앤 라이프 스타일숍'으로 변화하고 있는 중이다. 전자제품과 연관된 생활용품을 함께 진열해 고객이 편리하게 원스톱 쇼핑을 할 수 있도록 고객지향적 쇼핑환경을 제공하려는 것이다.

하이마트의 핵심적인 경쟁력은 우수한 유통인력과 인프라이다. 매장에서는 풍부한 상품지식과 친절마인드를 갖춘 유통 전문인력인 세일즈마스터가 고객을 응대하며, 구입한 제품은 전국 11개 물류센터를 통해 국내 어디든 24시간 내 무료배송된다. 또한 모든 매장에는 서비스 접수코너가 있는데, 중소 가전사의 소형 가전제품수리를 지원한다. 하이마트는 변화하는 시장환경에 대응하기 위해 옴니채널 서비스를 시행하고 있다. 가령, 온라인쇼핑몰에서 구매한 상품을 오프라인 매장에서 수령하는 스마트픽 서비스를 제공하고, 위치기반 서비스를 기반으로 고객에게 할인쿠폰, 이벤트 정보등을 자동발송해 주는 비콘 서비스와 오프라인 매장에서 온라인 전용상품을 구매할 수 있는 옴니세일즈 서비스 등을 제공하는 것이 이에 해당한다.

롯데하이마트는 2015년 전국 휴대폰매장의 진열면적을 확대해, 국내에서 유통되는 휴대폰 60여종과 주변기기 1800여종을 모두 선보이는 방식으로 재오픈했다. 사진은 롯데하이마트의 최대규모인 잠실월드타워점의 휴대폰매장모습.

• 자료원 : 조선경제, 2015.7.13 ; 한경, 2016.1.22

(3) 상대적 가격

소매상들은 판매되는 상품의 가격에 의해서도 분류될 수 있다. 대부분의 소매상들은 표준적인 소매 마진을 더한 상품가격을 제공하거나 고품질의 제품을 비싼 가격으로 판매하지만, 어떤 소매상들은 정상적인 품질의 제품을 저렴한 가격으로 판매하기도 한다. 이하에서는 다른 소매상보다 저렴한 가격으로 상품을 판매하는 소매업태인 할인점, 양판점, 제조업체 상설할인매장, 회원제 도매클럽, 카탈로그점을 중심으로 설명하기로 한다.

■ **할인점**(Discount Store)

할인점은 최근 가장 성장이 빠른 유통업태의 하나로 부상하고 있다. **할인점**이란 지가 및 임대료가 싼 지역에서 유명제조업체 브랜드를 일상적으로 낮은 가격으로 대량판매하는 점포를 말한다. 이런 점에서 재고품을 싸게 판매하는 상설할인매장과 다르다. 할인점은 백화점이나 일반소매점보다 판매관리비, 광고비, 건물 인테리어에 들어가는 비용을 줄이고, 셀프서비스에 의해 인건비를 절감하며, 대량직매입으로 매입단가를 낮춤으로써, 파격적으로 낮은 가격에 제품을 판매할 수 있다. 또한 낱개판매보다는 박스단위의 판매를 유도한다. 할인점은 제한된 고객서비스만을 제공하며 편의품보다는 내구재, 카메라, 스포츠용품, 보석 등의 전문품을 주로 취급한다.

미국에서는 1950년 Korvette가 할인점의 효시이며, K-Mart, Wal-Mart 등이 대표적인 할인점이다. 1960년대부터 유명제조업체 브랜드(national brand)를 매우 저렴하게 판매하는 할인점이 성장을 계속하여, Wal-Mart와 같은 기업은 미국 제1의 소매기업으로 성장하게 된다. 일본의 경우 미국의 종합할인점과 달리 가전·완구 등 전문업종별 할인점이 시장점유율을 넓혀가며 독자적인 소매업태로 자리잡았다. 일본의 경우 종합할인점보다 전문업종별 할인점이 성장한 것은 미국에 비해 높은 땅값과 건축비, 머천다이징 능력의 부족 등에 기인한 것으로 보인다.

한국의 경우 1993년 신세계백화점이 국내처음으로 종합할인점인 E마트를 서울 창동에 개점하였다. E마트 창동점은 독자적인 한국형 할인점으로서, 선진국의 할인점과 달리 식품비중이 높으며 일반소매점보다 평균 20~30% 낮은 가격에 판매하고 있다. 이처럼 할인판매가 가능한 것은 상품을 대량

할인점의 예

직매입함으로써 구매원가를 낮추고 소수의 판매원을 고용하여 인건비를 절감하며 고객들로 하여금 낱개판매보다는 박스나 묶음판매로 구매하도록 유도하기 때문이다.

E마트의 성공에 영향을 받아 국내의 다른 대기업들이 할인점에 진출하였는데, 이는 할인점 시장의 급성장에 기여하였다. 홈플러스, 롯데마트 등이 그 예이다. 최근 들어 할인점들은 지속적 성장을 추구하기 위해 온라인 사업영역을 강화하고 있다. 가령, 홈플러스는 인터넷쇼핑몰 내에 기존의 식품부문 외에 유아동용품, 패션, 가전, 가구 등 비식품을 전문으로 취급하는 '스타일몰'을 추가로 열며 온라인쇼핑몰 확대전략을 추구하고 있다.

한편 세계 최대 글로벌 유통업체 Wal-Mart가 1998년 한국 할인점시장에 진출했지만 적자누적으로 2006년 철수했으며 신세계이마트에 인수됐다. 월마트의 가장 큰 실패원인으로는 현지적응 실패를 들 수 있다. 창고형 할인점 방식을 고수해 한국소비자들의 취향을 제대로 반영하지 못했고 점포 접근성도 다른 할인점에 비해 떨어졌다. 그리고 2000년대 초반 한국경기가 침체기에 들어섰을 때 신규점포를 늘리지 못하고 그 사이 한국할인점이 공격적으로 매장을 늘려가 시장주도권을 빼앗긴 것도 실패

마케팅 Highlight

호텔예약 등 새로운 사업영역 개척을 통해 차별화를 추구하는 한국의 할인점들

휴일 영업규제와 점포확장제한 등으로 성장에 제동이 걸리는 동안 온라인몰, 편의점 등 경쟁업계가 급성장하며 대형마트의 몫을 가져갔다. 이에 따라 대형마트는 치열한 생존경쟁에서 살아남기 위해 서비스·제조업으로까지 사업영역을 넓히고 있다. 2016년 들어 홈플러스는 호텔예약 서비스용 모바일 애플리케이션(앱) '별별호텔'을 서비스업체 '호텔조인'과 제휴해 내놓았다. 대형마트가 자사 쇼핑몰용 앱인 아닌 별도 서비스 상품용 앱을 개발한 것이다. 홈플러스는 인터넷에서 이사·상조·자동차렌탈 등의 서비스를 제공하는 서비스 상품몰로 차별화하고 있는데, 모바일을 기반으로 호텔까지 이 영역을 넓힌 것이다. 홈플러스 관계자는 "서비스 상품은 파격적인 가격으로 내놓는다. 이익을 내기보다는 기존 마트고객의 점포충성도를 높이고 새로운 고객을 유입하기 위한 수단이다"고 말했다. 롯데마트는 미리 주문한 상품을 자동차에 탄 채로 찾을 수 있는 '드라이브 앤 픽' 서비스를 운영 중이다. 온라인주문의 편리함을 살리면서 배송시간이나 상품확인이 어려운 단점을 보완한 것이다. 매장을 차별화하기 위한 노력도 기울이고 있는데, 2015년 경기 일산 킨텍스에 오픈한 '이마트 타운'이 대표적이다. 가전 전문매장인 일렉트로마트, 생활 전문매장인 더라이프 등 대형 쇼핑몰에 각각 들어선 전문매장처럼 만들었다.

대형마트 3사는 가정간편식 시장을 선점하기 위한 차별화 노력도 기울이고 있는데, 각 마트에서 기획하고 위탁생산한 제품으로 차별화를 추구한다. '피코크'로 간편가정식 시장에 가장 먼저 뛰어든 이마트는 '순이네 빈대떡' 등 유명맛집과의 제휴를 통해 다양한 제품을 개발하고 있다. 홈플러스는 바베큐폭립·도가니탕처럼 1인 가구가 집에서 하기 어려운 메뉴로 간편가정식 '싱글즈 프라이드'를 구성했다.

• 자료원 : 중앙일보, 2016.1.11

경기 고양시 이마트 풍산점

요인 중 하나이다.

할인점업체의 공격적인 점포출점으로 대형의 할인점이 진출할 입지가 포화상태에 도달함에 따라, 최근 이들 업체는 점포의 규모를 축소시킨 슈퍼슈퍼마켓(SSM; Super Super Market)을 도입하고 있다. SSM은 식품, 생필품, 의류 등을 취급하는 축소된 할인점을 말하는데, 할인점과 슈퍼마켓을 결합한 소매형태이다.

■ 양판점(GMS : General Merchandising Store)

대중양판점은 식료품, 의류, 잡화 등의 다양한 상품계열을 중저가로 판매하는 실용품중심의 종합점이다. 상품구색 및 매장운영방식은 백화점과 유사하나 체인화를 통한 대량구매, 유통업체 브랜드의 개발, 기획상품개발 등을 통해 가격면에서 백화점보다 저렴하다는 차이가 있다. 따라서 대중양판점은 백화점과 할인점의 중간형태로서 규모는 백화점, 운영은 할인점 형태를 유지하는 소매업체이다. 미국의 대표적인 양판점 체인은 Sears, J. C. Penney, Montgomery Ward이며, 이들은 1920년대부터

대중양판점의 예

1960년대 초까지 지속적인 성장을 보였다. 그러나 1960년대 중반 이후 할인점, 고급백화점, 전문할인점의 성장으로 인한 업태간 경쟁의 심화로 인해 경쟁력을 상실하고 있다. 국내 최초의 GMS는 1988년 11월에 설립된 새나라슈퍼백화점이며, 그 후 한양유통의 잠실점, 해태유통의 해태마트 등이 개점되었다. 그러나 점포운영과 제품구색의 미숙으로 인한 영업부진으로 새나라슈퍼백화점, 해태마트 등은 다른 소매업태로 전환하는 등 업태로의 정착 가능성이 낮은 상황이다.

■ 제조업체 상설할인 매장(Factory Outlet)

제조업체 상설할인 매장은 다양한 재고품목들을 정상소매가격보다 30% 이상으로 저렴하게 판매하는 제조업체 직영점을 말한다. 국내의 경우 제조업체 상설할인매장은 패션업체를 중심으로 활성화되고 있다. 미국의 경우 보통 수십 개의 상설할인 매장들이 한 곳에 집결되어 하나의 제조업체 상설할인몰(factory outlet malls) 또는 할인소매센터(value-retail center)를 형성하고 있다. 미국의 할인매장들

마케팅 Highlight

변형된 제조업체 상설할인매장(팩토리 아울렛)을 도입한 롯데백화점

롯데백화점이 서울 가산동에 오픈한 팩토리 아울렛

팩토리 아울렛은 롯데백화점이 국내 최저가 아울렛을 표방하고 있는 신개념 아울렛으로, 패션기업별로 운영하던 개별 팩토리 아울렛을 하나로 모아 놓은 것이다. 브랜드별로 매장을 설치하지 않고 노스페이스, 네파 등 아웃도어 브랜드로 구성한 아웃도어 팩토리, 아이잗바바, 지고트 등 여성·영패션 브랜드를 모은 바바패션 팩토리 등 종합관을 도입했다. 생산한 지 2년 이상 된 장기재고 비중을 60% 이상으로 늘려 이 점포의 평균할인율은 40~70%로 일반아울렛의 30~50%보다 높다. 가격을 낮출 수 있었던 가장 큰 비결은 재고구성비에 있다. 생산한 지 2년 이상 된 장기재고 비중을 60% 이상으로 늘려 가격을 낮춘 것이다

롯데 팩토리 아울렛 가산점은 지상 1~3층, 1만 1900㎡ 규모인데, 1층은 직수입 편집숍, 잡화, 영패션, 2층은 스포츠, 아웃도어, 남성패션, 3층은 골프, 아동, 생활가전, 식음료 등으로 구성했다. 아디다스, 폴로, 라코스테, 아베크롬비 등 20여개 백화점 입점브랜드의 이월상품을 정상가보다 40~80% 싼 가격에 판다.

• 자료원 : 한경, 2016.1.29

제조업체 상설할인매장의 예

은 고급 의류브랜드들을 포함시킴으로써 점차 고급화되고 있으며, 이는 높은 운영비로 인해 상설할인 매장보다 높은 판매가격을 책정할 수밖에 없는 백화점과 이들 간에 경로갈등을 유발시키는 계기가 되었다. 제조업체는 백화점에게는 신상품을 공급하고 자체 상설할인 매장에는 시즌이 지난 재고상품과 기획상품을 공급함으로써 백화점의 불만에 대처하고 있다.

■ 회원제 도매클럽(Membership Wholesale Club)

회원제 도매클럽은 일정한 연회비를 내는 회원들에게만 정상적인 (유명)제조업체 브랜드들을 매우 저렴하게 판매하는 소매업태를 말하는데, 미국의 Costco, Sam's Club이 대표적인 예이다. 회원제 도매클럽은 실내장식이 거의없는 창고형의 매장과 진열대에 상품을 상자채로 쌓아놓고 고객이 직접 고르게 하는 묶음판매를 통해 운영비를 최소화한다. 취급상품은 가공식품, 잡화, 가정용품, 가구, 전자제품 등 그 범위가 제한되어 있으며, 상품회전율이 높은 상품과 유명브랜드만을 취급한다. 미국의 회원제 도매클럽은 1976년에 설립된 프라이스클럽에 이어 1983년 Wal-Mart가 샘즈클럽(Sam's Club)을 설립하였고, 이어서 코스트코(Costco)(1994년에 프라이스클럽과 합병하여 Price-Costco가 되었음), K-Mart의 자회사인 페이스(Pace) 등이 잇달아 진출하였다. 미국의 회원제 도매클럽은 식품부분을 보강하고 기존의 할인점보다 더 저렴한 가격으로 판매함으로써 1980년대에 걸쳐 크게 성장하였으

회원제 도매클럽의 예

나, 1990년대 이후 회원제 도매클럽 체인점들 간의 경쟁심화와 슈퍼마켓의 효과적 대응에 의해 성장이 둔화되고 있다.

우리나라 회원제 도매클럽의 시초는 1994년에 신세계백화점이 미국의 프라이스 코스트코와의 기술제휴로 설립된 프라이스클럽(현 코스트코 홀세일)이다. 코스트코 홀세일은 국내 할인점시장에서 미국식 초기 할인점 모델(창고형, 회원제, 대량판매)을 고수하고 있다. 코스트코 홀세일은 다른 할인점에서는 구입할 수 없는 다양한 수입상품군을 갖춰 차별화를 추구하는데, 해외 직수입을 확대해 수입상품 비중을 30%대에서 50%로 높이려고 한다. 최근 들어 창고형 할인점이 새로운 성장유통업태로 재부상하고 있다. 주5일제가 정착되면서 주말에 교외로 '나들이 겸 쇼핑'하는 사람들이 크게 증가하고

마케팅 Highlight

한국식 창고형 할인매장 이마트 트레이더스의 고속성장 비결: 코스트코와 상품 차별화, 그리고 대형마트보다 더 싸게

백화점, 대형마트, 기업형 슈퍼마켓 등 기존 유통채널들이 저성장을 보이는 상황에서 '한국식 창고형 할인점'을 내세운 이마트 트레이더스가 빠르게 성장하고 있다. 이마트에 따르면 2016년 1~5월 트레이더스 매출은 전년 동기보다 25% 증가했다. 이마트가 같은 기간 0.8% 성장한 것에 비하면 상당히 높은 수준이다.

상품구색과 가격에서 기존 유통업체와 차별화를 이룬 것이 성공요인이다. 트레이더스는 대형마트보다 더 큰 묶음의 상품을 저렴하게 판매하는 창고형 할인점이며 지방 대도시에 10개 매장을 운영하고 있다. 트레이더스의 소매마케팅전략은 '상품에서는 코스트코와 차별화하고, 가격에선 대형마트보다 저렴하게'로 요약된다. 시장선도 창고형 할인점인 코스트코와 기존 대형마트의 성공모델을 따라가기보다는 새로운 차별화 포인트를 찾은 것이다.

국내에서 가장 인기있는 창고형 할인점은 미국계 코스트코다. 서울 양재동에 있는 코스트코 양재점에선 1년에 약 5000억원의 매출이 발생한다. 세계 코스트코 매장 중 1등 점포다. 주력상품인 생수, 화장지, 세제 등이 박스단위로 팔려나간다. 2009년 시장조사를 하던 정용진 신세계그룹 부회장은 '후발주자인 트레이더스가 코스트코를 따라 해서는 승산이 없다'고 판단했다. 정 부회장은 이마트의 신선식품 유통역량에 주목했고, 코스트코에서는 구색맞추기 수준인 신선식품을 전면에 내세우는 소매마케팅전략을 수립했다. 다

이마트 트레이더스는 정육 등 신선식품을 앞세워 다른 창고형 할인매장과 차별화에 성공했다. 경기 고양시 트레이더스 킨텍스점에서 소비자들이 쇼핑하고 있다.

음에서는 트레이더스의 핵심 성공요인에 대해 자세히 살펴본다.

(1) 코스트코와의 차별화

이마트 트레이더스의 2015년 히트상품을 분석해 보면 상위 10개 품목 중 9개가 신선 정육상품이다. 2㎏ 단위로 판매하는 호주산 척아이롤, 500g~1㎏이 기본단위인 대량포장 냉장삼겹살과 양념 소불고기 등이 그 예이다. 트레이더스 신선팀장은 "가공식품과 공산품 위주인 코스트코와 경쟁하기 위해 전략적으로 신선식품군에 집중했다. 트레이더스의 신선식품 매출비중은 35%에 이른다"고 설명했다. 채소류도 코스트코보다 다양하게 판매한다. 트레이더스는 380~660㎡ 규모의 '쿨링존'에서 상품분류 단위를 기준으로 채소 100여가지를 판매하고 있는데, 45~60개 수준인 코스트코보다 2배가량 많다. 회 등 해산물은 마스터가 직접 관리한다. 코스트코가 기계로 자른 광어회를 판매하는 것과 달리 트레이더스에서는 전문가가 회를 썰어 포장한다.

가공식품 분야에서는 한국인의 입맛에 맞는 제품을 판매하는 전략을 택했다. 코스트코에서 인기가 높은 짠맛이 강한 미국식 피자를 따라 하지 않고 짠맛을 줄인 '레프리노 치즈'를 사용한 피자를 내놨다. 소불고기, 빵, 만두 등 한국인이 좋아하는 즉석조리식품도 판매하고 있다.

트레이더스가 코스트코를 면밀히 분석해 차별화 포인트를 찾을 수 있었던 것은 신세계그룹이 코스트코와 깊은 인연을 갖고 있었기 때문이다. 신세계그룹은 1994년 미국 프라이스와 기술제휴를 통해 창고형 할인매장인 프라이스클럽을 열었다. 신세계가 운영하던 프라이스클럽 5개 점포는 97년 외환위기 때 미국본사에 넘어갔다가 프라이스가 코스트코에 인수되면서 현재의 코스트코가 됐다. 유통업계 관계자는 "신세계의 프라이스클럽을 인수하지 않았다면 코스트코가 한국에 직접 진출하기는 어려웠을 것이다. 이마트는 이후에도 점포 임대 등으로 관계를 유지하며 상대방을 가까이에서 분석한 것으로 안다"고 말했다.

(2) 이마트보다는 싸게

기존 대형마트와는 가격으로 차별화했다. 트레이더스 상품의 평균가격은 이마트에 비해 7~15 % 가량 싸다. 트레이더스가 낮은 가격을 유지할 수 있는 것은 판매상품 종류를 줄여 단일상품에 대한 바잉파워를 극대화하는 전략을 택했기 때문이다. 트레이더스의 상품 수는 4000가지로, 최대 8만개에 이르는 이마트의 5% 수준이다. 이마트에선 생수를 20가지 판매하지만 트레이더스는 7가지만 판매한다. 매장 인테리어를 최소화하고, 별도작업없이 진열하는 것도 가격을 낮춘 비결로 꼽힌다.

(3) 마트 안 오는 2030세대 공략

이마트는 트레이더스가 마트를 찾지않는 젊은 소비자들을 끌어들이는데 역점을 두고 있다. 신세계가 2015년 이마트와 트레이더스의 연령별 구매횟수 증감률을 분석한 결과 20대와 30대 고객의 이마트 구매횟수가 각각 5.6%, 1.8% 감소한 반면 트레이더스에서는 각각 25.6%, 28.9% 증가한 것으로 나타났다.

트레이더스는 젊은 소비자를 사로잡기 위해 초저가 전략상품을 마련한 것이 효과를 거둔 것으로 판단한다. 가령, 2016년에는 일본의 초저가 저도수 맥주인 '발포주'를 전략상품으로 택했는데, 일본에서 한 캔에 70엔(약 790원) 정도에 판매되는 이 상품은 대표적인 불황형 상품으로 꼽힌다. 그리고 2030세대가 좋아할 만한 상품 위주로 로드쇼도 펼쳤다. 로드쇼는 일종의 팝업스토어인데, 상품만 판매하는 것이 아니라 다양한 체험기회를 제공하는 것이 특징이다. 모터보트, F1레이싱카, 할리데이비슨 오토바이, 샤오미 로드쇼가 2015년 큰 인기를 끌었다고 회사측은 설명했다.

● 자료원 : 한경, 2016.6.18

물가급등으로 조금이라도 저렴한 곳에서 물품을 구입하려는 자영업자들이 증가했기 때문이다. 이에 따라 2010년대 들어 이마트, 롯데마트, 홈플러스 등 국내할인점 업체들이 업태다양화 추구의 일환으로 창고형 도매클럽에 경쟁적으로 진출하고 있는데, 이들은 코스트코와 같은 미국형 도매클럽과는 달리 회원제를 고수하지 않는다.

■ **카탈로그점(Catalog Showroom)**

카탈로그점도 일반상품을 판매하는 할인점의 한 형태이며, 고객은 우편으로 보낸 취급품목 카탈로그를 보고 해당 카탈로그점에 우편주문이나 전화주문을 하거나 점포쇼룸을 직접 방문하여 전시된 품목을 주문하는 방식을 통해 저렴한 가격으로 구매할 수 있다. 미국의 경우 카탈로그점은 1960년대 말에 시작되었으며, 잘 알려진 카탈로그 점포로는 Best Products와 Service Merchandise 등이 있다.

2. 무점포형 소매업(Non-store Retailing)

소매업에 있어서의 전통적인 판매방식은 소비자가 이용하기 편리한 위치에 점포가 입지하여 직접 제품을 판매하는 것이었으나, 소비자의 편의성에 대한 욕구가 증대하고 각종매체의 발달에 따른 정보화가 진전되면서 무점포 판매가 새로운 유통경로로 주목을 받고 있다. 한국의 경우 신용카드 회사들이 축적된 고객정보를 이용하여 무점포판매에 참여하고 있으며, 백화점도 점포판매의 보완수단으로서 우편판매 등 무점포판매방식을 강화하고 있다. 고객의 욕구가 다양해지고 소매업태간 또는 업태내의 경쟁이 날이 갈수록 심화됨에 따라 표적소비자의 욕구와 특성에 보다 부합되는 상품을 직접 판매하는 소매형태인 무점포 소매업이 급속한 성장을 보이고 있다. 중요한 무점포형 소매업에는 직접마케팅(direct marketintg), 직접판매(direct selling), 자동판매기(automatic vending machine) 등이 있다.

(1) 직접마케팅(Direct Marketing)

최근 들어 좁게 정의된 목표세분시장을 겨냥한 마케팅 또는 일대일 마케팅을 도입하는 기업들이 늘어남에 따라 직접마케팅이 기업의 핵심 마케팅도구 또는 보완적 마케팅도구로 사용되고 있다. 다이렉트 마케팅은 즉각적인 고객반응(가령, 주문이나 상품문의)을 유도하거나 지속적인 고객관계를 구축하려는 목적을 가지고 신중하게 선택된 개별소비자들과 직접적인 커뮤니케이션을 하려는 노력을 말한다. 직접마케팅의 주요 유형들로는 우편(통신)판매(direct-mail and catalog marketing), 텔레마케팅, 텔레비전 마케팅, e-마케팅 등이 있다.

■ **우편판매**

예상잠재고객에게 우편으로 보내진 광고물, 카탈로그를 이용하여 상품을 판매하는 방식이다. 미국의 대표적인 대중양판점(Mass Merchandiser)인 Montgomery Ward와 Sears는 1872년, 1886년에 각각 우편판매업으로 시작하였다. 한국도 1980년대에 들어 여성의 사회진출이 증가하여 점포 내에서의 쇼핑시간이 줄어들고, 점포의 혼잡과 교통체증을 피하려는 욕구가 증가함에 따라 백화점, 신용카드회사, 항공사, 통신판매 전문업체들이 통신판매 유통시장에 진출했다. 국내에서는 비씨카드, 국민카드, 두산오토(Otto) 등을 예로 들 수 있으며, 아시아나 항공과 대한항공 등은 스카이(항공)통신판매 서비스사업을 하고 있다.

■ 텔레마케팅

텔레마케팅은 전화로 소비자에게 제품정보를 제공한 후 제품판매를 유도하거나 혹은 고객이 TV광고, 라디오 광고, 우편광고를 보고 수신자부담 전화번호(클로버 시스템)를 이용하여 주문을 하는 소매유형이다. 텔레마케팅은 기업이 일반소비자들과 기업고객들에게 전화를 통해 직접 제품과 서비스를 판매하는 **아웃바운드 텔레마케팅**(outbound telephone marketing)과 TV 및 인쇄물광고·직접우편·카탈로그에 기재된 주문전화를 통해 고객의 주문을 유도함으로써 판매가 이루어지는 **인바운드 텔레마케팅**(inbound telephone marketing)으로 나누어진다. 아웃바운드 텔레마케팅을 사용하는 기업들은 전문교환수가 직접 예상고객들에게 제품정보를 제공하고 주문을 유도하거나 또는 자동화된 텔레마케팅 시스템을 이용하여 주문을 유도할 수도 있다. 자동화된 텔레마케팅시스템은 자동다이얼 장치에 의해 자동으로 특정고객의 전화번호를 돌린 후 제품정보를 들려주고 제품에 관심이 있는 고객은 주문을 할 수 있도록 한 장치이다. 인바운드 텔레마케팅을 사용하는 경우 기업들은 소비자들이 통화료의 부담없이 손쉽게 주문이나 문의를 할 수 있도록 080서비스(수신자부담 전화번호)를 도입한다. 미국의 대형소매업체인 J. C. Penny사는 고객의 성명, 주소, 지금까지의 거래명세 등을 포함한 고객데이터베이스를 텔레마케팅에 활용하고 있다. J. C. Penny는 미국전역의 주문수주 센터에 200~300명의 오퍼레이터를 두고 있으며, 고객으로부터 주문이나 제품에 관한 문의전화가 오면 오퍼레이터는 고객에 관한 정보와 문의제품에 관한 정보를 컴퓨터단말기에 호출하여 이와 함께 컴퓨터화면에 나타나는 대화순서에 따라 고객과 대화를 할 수 있는 시스템을 도입하고 있다. 이 시스템을 통해 개별고객에 맞는 판매나 조언을 할 수 있으며, 새로운 고객정보를 데이터베이스에 추가하여 그 후의 판매에 활용한다.

■ 텔레비전 마케팅

텔레비전 마케팅은 TV광고를 통해 제품매를 유도하는 소매방식인데, 크게 직접반응 텔레비전 광고와 홈쇼핑채널로 나누어진다. **직접반응 텔레비전 광고**(direct-response television advertising)는 60초 또는 120초의 비교적 긴 TV광고를 통해 제품특징을 자세히 소개하고 TV광고에 소개된 수신자부담 전화번호를 사용하여 주문을 유도하는 방식이다. 경우에 따라 TV시청자들은 한 제품의 소개에 30분 이상의 긴 시간을 할애하는 광고프로그램에 접하기도 하는데, 이를 **인포머셜**(informercial)이라고 한다. **홈쇼핑**(home shopping)채널은 상품과 서비스를 판매할 목적으로만 방영되는 TV프로그램 또는 TV채널을 말한다. 홈쇼핑채널은 cable TV에 가입한 시청자들에게 cable TV를 통해 24시간 제품정보를 방영하며, 시청자들은 그들이 원하는 제품을 무료전화번호를 이용하여 주문하게 된다. 현재 국내에서는 GS홈쇼핑, CJ오쇼핑, 현대홈쇼핑, 롯데홈쇼핑, NS홈쇼핑 등이 홈쇼핑채널을 운영하고 있다.

최근 들어 홈쇼핑기업들은 타겟고객층의 다양화, 서비스수준의 강화, 해외진출 등을 통해 지속적인 성장을 추구하고 있다. 그동안 주요 소비자타깃이 아니었던 남성고객 및 장년층을 공략하는 사례가 늘고 있다. 롯데홈쇼핑은 남성들이 선호하는 가전제품판매, 장기렌터카 모집방송을 하는 등 남성고객

홈쇼핑의 예: GS홈쇼핑은 고객지향적인 머천다이징 정책으로 홈쇼핑 시장에서 선도적 지위를 구축했다.

집단을 확보하기 위해 노력하고, CJ오쇼핑도 은퇴 후 세대를 위한 맞춤프로그램 '헤리티지 클럽'을 고정편성하는 등의 노력을 통해 신규고객을 늘리려고 한다. 홈쇼핑업체는 상품에서의 차별화도 추구하고 있다. 현대홈쇼핑은 국내여성복 매출 1위 한섬을 인수해 자체상품을 강화하려고 하며, CJ오쇼핑도 경쟁력강화의 일환으로 패션사업을 확대하고 있는데, 베라왕, 국내외 유명디자이너들과 PB(자체유통업체브랜드) 상품을 선보이고 패션전문 온라인몰과 오프라인 편집매장 퍼스트룩마켓을 오픈했다. 또한 홈쇼핑기업들은 서비스강화를 통해 차별화를 추구하고 있다. 롯데홈쇼핑은 업계최초로 전국 세븐일레븐 편의점 매장을 활용해 24시간 언제라도 반품이 가능하도록 했다. 나아가 직장인이나 맞벌이 부부를 배려해 야간시간대(저녁 6~11시) 반품회수 서비스도 도입했다. GS샵은 소파에 한해 배송현장에서 만족도를 확인한 후 바로 반품이 가능하도록 했다. 순금같은 귀금속 상품에 대해서는 고객들이 직접 배송을 통해 실물을 본 뒤 구매를 결정할 수 있는 기회를 제공한다.

최근 들어 홈쇼핑업계는 적극적인 해외진출을 추구하고 있는데, 대표주자는 CJ오쇼핑이다. 합작형식을 통해 일찍 중국 상하이, 톈진 등에 진출한 CJ오쇼핑은 2009년 인도시장 진출에 이어 베트남과 일본 등으로 그 영역을 넓히고 있다. 한편 디지털시대에 발맞춰 홈쇼핑업체는 스마트폰전용 애플리케이션을 도입함으로써 보다 편리한 쇼핑이 가능하도록 하고 있다.

■ 온라인마케팅

기업경쟁의 심화, 시장세분화의 가속화, 새로운 정보기술의 급속한 발전 등과 같은 마케팅환경의 변화에 따라 많은 기업들이 온라인마케팅이란 새로운 유통경로를 도입하고 있다. 온라인마케팅(on-line marketing) 혹은 사이버마케팅(cyber marketing)은 인터넷이라는 가상공간(cyberspace)을 통해 기업과 소비자들이 상거래를 하거나 정보를 교환하는 형태의 유통경로를 말한다.

전자상거래 혹은 온라인마케팅은 다양한 사업영역을 포함하지만, 크게 B2C(business to consumer), B2B(business to business), C2C(consumer to consumer), C2B(consumer to business)의 네 가지 유형으로 구분된다(그림 11-4 참조).

B2C 전자상거래는 온라인상에서 최종소비자들에게 제품과 서비스를 판매하는 것이다. 소비자들이

그림 11-4 온라인 마케팅의 영역

		목표고객	
		최종소비자	기 업
거래의 주도자	기 업	B2C	B2B
	소비자	C2C	C2B

온라인상에서 많이 구매하는 품목들에는 여행서비스, 의류, 컴퓨터 하드웨어와 소프트웨어, 전자제품, 서적, 음반, 비디오, 미용제품, 가정용품, 플라워와 선물, 스포츠용품, 장난감 등과 같이 대체로 표준화된 상품들이 포함된다. B2C 전자상거래의 대표적인 형태가 온라인쇼핑몰이다.

디지털기기를 이용해 인터넷으로 들어가면 다양한 형태의 온라인쇼핑몰이 고객의 방문을 기다리고 있다. 상품가격은 오프라인 소매점보다 대체적으로 저렴하다. 온라인쇼핑몰은 복잡한 백화점에서 시달리지 않아도 되고 마음에 드는 제품을 고르기 위해 넓은 매장을 돌아다닐 필요도 없으며 마우스를 몇번 움직여 원하는 제품을 살 수 있는 이점을 가진다.

인터넷이 일반화되면서 온라인쇼핑몰은 큰 성장을 보이고 있으며, 롯데닷컴, 인터파크, GS SHOP, 신세계 온라인쇼핑몰 SSG닷컴, G마켓 등은 온라인쇼핑몰의 예이다. 가령, 롯데백화점의 온라인쇼핑몰인 엘롯데는 롯데백화점을 인터넷에 옮긴 것처럼 의류, 가전, 가구 등의 제품이 부문별로 전시되어 있다. 관심있는 품목을 선택하면 브랜드별로 상품이 화면에 나타난다. 색상, 외양, 크기 등 상품특징도 함께 소개된다. 실제 백화점에 가는 것보다 더 다양한 정보를 빠르게 얻을 수 있으며, 20~30% 싼 가격에 상품을 구입할 수 있다. 경우에 따라 특별할인 품목을 60% 이상 싸게 살 수도 있다. 롯데백화점의 인터넷쇼핑몰의 운영방법은 소비자들로부터 주문을 받아 해당물품을 가정으로 직접 배달해 주는 형태를 취한다. 최근 들어 롯데는 유통부문 경쟁력 강화를 위해 옴니채널 구축에 역점을 두고 있다. **옴니채널**은 소비자가 마치 하나의 매장을 이용하는 것처럼 느낄 수 있도록 온·오프라인 및 모바일유통망을 융합하는 것이다. 예컨대 온라인쇼핑몰인 롯데닷컴에서 주문한 상품을 롯데백화점이나 편의점인 세븐일레븐 오프라인 매장에서 찾는 것이다. 롯데백화점은 '스마트 쿠폰북' 앱(응용프로그램)을 통해 다양한 쇼핑정보를 소비자에게 모바일로 제공한다. 롯데닷컴에서 구매한 상품을 바로 찾아갈 수 있는 '롯데 온라인픽업 서비스 전용데스크'도 운영하고 있다.

기업과 소비자간 거래뿐 아니라 기업과 기업간 거래(B2B)에도 전자상거래가 폭넓게 활용되고 있다. B2B 전자상거래에 참여하는 기업들은 신규고객의 확보, 기존 고객에 대한 보다 효과적인 서비스 제공, 구매효율성의 증대와 보다 저렴한 구매가격의 실현 등을 목적으로 B2B거래네트워크, 경매사이트, 현물(spot)교환, 온라인 제품카탈로그, 물물교환(barter)사이트 등을 이용하고 있다. 대부분의

롯데백화점 고객들이 스마트폰으로 정보를 검색하고 있다.

B2B 마케터들은 제품정보, 고객들의 제품·서비스구매, 고객지원서비스 등을 온라인으로 제공한다. 예를 들어, 네트워킹설비와 소프트웨어 개발업체인 Cisco Systems는 주문의 상당부분을 인터넷을 통해 받고 있다. 미국 제너럴일렉트릭(GE)은 인터넷구매시스템(TPN)을 구축하여 자재, 수·발주업무를 인터넷으로 처리하고 있다. 국내기업도 수발주업무를 인터넷으로 처리하려는 노력을 하고 있다. 삼성전자, LG전자, 동부대우전자 등 가전업체들은 인터넷공동 수·발주시스템을 구축함으로써 구매비용을 절감하고 여러 부품공급업체를 인터넷으로 연결시켜 보다 싸고 우수한 제품을 고를 수 있다. 또한 부품업체는 거래기업이 원하는 품목을 파악하여 즉각적으로 생산계획에 반영할 수 있으므로 재고비용을 줄일 수 있다.

C2C 전자상거래는 다양한 제품과 주제에 관심이 있는 관련 당사자들에 의해 웹상에서 이루어지는 판매와 커뮤니케이션을 말한다. 경우에 따라 인터넷은 소비자들 간에 상품이나 정보를 직접 사고파는 데 있어 최적의 경로가 된다. 예를 들어, ebay, Amazon.com, Auctions 등과 같은 경매사이트는 예술품, 골동품, 우표, 동전, 보석으로부터 컴퓨터, 전자제품에 이르기까지 거의 모든 유형의 상품들에 대한 소비자간 거래를 촉진시키는 e-마켓이다.이와 같은 C2C 사이트는 오프라인의 벼룩시장이나 신문광고에 비해 훨씬 많은 사람들을 거래에 참여시킬 수 있다.

C2B 전자상거래는 소비자들이 판매자를 탐색하고 그들의 제공물을 알아본 후 구매를 제안하는 형태의 온라인거래방식을 말한다. 인터넷의 도입으로 소비자들은 과거에 비해 기업과의 커뮤니케이션이 용이해졌다. 대부분의 기업들은 잠재고객과 기존 고객들로 하여금 자사의 웹사이트를 통해 의견제안과 질문을 보낼 기회를 제공한다. 이와 같은 기업의 초대에 수동적으로 대응하기도 하지만 소비자들은 웹을 통해 거래를 주도하기도 한다. 예를 들어, Priceline.com은 예상구매자들이 비행기티켓, 호텔룸, 렌트카에 대한 거래조건을 제시하고 판매자들로 하요금 구매자들이 제안한 거래조건의 수용여부를 결정하도록 한다.

(2) 자동판매기(Automatic Vending Machine)

미국의 경우 1950년대 후반 주로 저가의 편의품을 판매하기 위해 도입된 후 널리 퍼지게 되었으며,

한국에서는 1980년대 이후 급성장하면서 무점포형 소매업의 하나로 자리 잡았다. 자동판매기는 점포를 통해 판매하기 어려운 장소와 시간에 제품을 24시간 구매할 수 있게 함으로써 소비자에게 편리함을 제공해 준다. 자동판매기는 담배, 음료, 스낵, 라면, 화장품, 서적, 레코드, 피자 등 다양한 편의품과 충동품을 주로 판매한다.

국내의 경우 자동판매기의 효시는 1975년 대한가족협회가 미국으로부터 남성용 피임기구인 '콘돔' 자동판매기를 도입한 것이 시초였다. 최근 들어 자동판매기의 수요가 증가한 이유는 편의성을 추구하는 소비자욕구의 증대와 점포의 임대료 상승, 그리고 치열한 시장경쟁에서 자체판매망을 구축하려는 기업의 요구가 부합되었기 때문이었다. 대개의 자동판매기는 판매기 제조업체로부터 개인소비자나 판매망을 확보하려는 음료·식품회사가 구매하여 직접 운영하게 된다. 국내자동판매기는 커피, 음료, 담배, 스낵, 기타 일상용품이 주류를 이루고 있지만, 일본, 미국에서는 다양한 자동판매기가 등장하고 있다. 예를 들어, 보석, 내의, 티셔츠, 비디오테이프 렌트용 자동판매기가 보급되고 있다.

(3) 직접판매(Direct Selling)

영업사원을 이용한 직접판매방식은 가장 역사가 오랜 무점포형 소매업이다. 무점포 직접판매방법의 대표적인 회사로는 화장품회사, 가정용 학습교재회사, 그리고 다단계판매 회사를 들 수 있다.

방문판매원을 이용한 직접판매방식은 오랫동안 화장품의 주유통경로였다. 그러나 1980년대 후반 들어 화장품전문점의 급속한 성장에 따라 방문판매원의 수는 지속적으로 감소하였다. 그러나 2000년대 들어 아모레퍼시픽을 포함한 화장품회사는 방문판매원 수를 다시 확대하고 있다. 화장품 방문판매원은 주부들의 유망부업으로 다시 자리잡고 있으며 20~30대 젊은 주부들의 지원이 급증하고 있다.

최근 들어 암웨이, 뉴스킨 등의 다국적 다단계판매회사들이 다단계판매방식과 무점포 직판시스템의 도입을 통해 급성장하고 있다. **다단계판매방식**이란 상품을 사용해 보고 이에 만족한 소비자가 스스로의 의사로 판매원이 되어 주위사람들에게 상품의 사용을 권하며, 이들이 다시 판매원으로 전환되는 과정이 반복됨으로써 상품의 판매범위가 넓어지는 무한연쇄 소개판매의 유통기법이다.

마케팅 Highlight

불황 속에서 강력한 유통경로로 부상하고 있는 방문판매

CJ오쇼핑은 2015년 9월부터 교원과 협약을 맺고 자사의 자체 화장품 브랜드를 방문판매하고 있다. 그 결과 두 달 만에 30만원대의 고가(高價)품인 캐비어 화장품 4000세트 모두를 판매했다.

경기불황의 장기화 속에 한물간 구식(舊式) 영업방식으로 간주되던 방문판매가 부활하고 있다. 방문판매가 주력인 화장품업체는 물론 홈쇼핑과 은행까지 방판에 가세하고 있고 기존 업체들도 방문판매조직을 강화하고 있다. 불경기로 구매력이 약해진 소비자들을 상대로 얼굴을 맞대고 설득하는 방문판매가 효력을 발휘한다고 판단한 것이다.

계좌이동제 실시와 인터넷전문 은행인가 등으로 무한경쟁시대에 돌입한 은행권은 아웃도어세일즈(ODS)라는 방문판매에 주목하고 있다. 한국SC은행은 2014년 7월부터 '찾아가는 뱅킹 서비스'를 도입했다. 전국 950명의 은행원이 태블릿 PC를 들고 고객이 원하는 곳으로 찾아가 2015년 12월 초 까지 7만 2000건의 예금·대출·카드상품을 판매했다. 이 은행 관계자는 "점포에 앉아 있는 직원 1인당 판매한 여신상품 건수에 비해 효율이 29% 높았다. 2015년부터 대형마트에 직원이 태블릿 PC를 들고 서 있는 모바일점포도 운영하고 있다"고 말했다. 점포를 찾는 고객이 줄어 영업기회도 감소함에 따라 KB국민은행은 점포 밖에서 직원이 고객을 만나 스마트폰 앱으로 실명(實名)인증을 하고 예금상품을 판매하는 KB 캠패드 서비스를 도입했다.

방문판매는 특히 단골고객을 확보해 안정적인 매출성장을 하는 데 유력한 수단이다. 한국야쿠르트가 1969년부터 운영하고 있는 야쿠르트 아줌마는 현재 이 회사매출의 95%에 기여하고 있다. 1995년 9000명이던 야쿠르트 아줌마가 1만 6000명이 되는 동안 4000억원이던 이 회사매출은 9000억원대로 커졌다. 업계에서는 우유·발효유업계가 전반적인 매출악화를 겪고있는 와중에 한국야쿠르트가 충격을 덜 받는 원동력으로 야쿠르트 아줌마의 판매능력을 꼽는다. 회사측은 최근 판매력 강화를 위해 카드결제가 가능한 이동형 결제기와 이동이 편한 전동(電動)카트기를 제공해 영업활동을 첨단화했다.

방문판매는 온라인쇼핑이 제공하지 못하는 대면(對面)설명 서비스가 가능한 매우 효과적인 판매방식이기 때문에 불황이 깊어질수록 이를 활용하려는 기업이 늘어날 것으로 예상된다.

● 자료원 : 조선경제, 2015.12.15

04 소매상 마케팅전략

최근 소비자의 가처분소득이 증가함에 따라 소비자의 욕구는 다양화 및 개성화의 추세를 보이며 소매점에 대한 소비자의 기대수준도 소비자집단에 따라 다양하게 나타나고 있다. 이에 따라 소매점들은 전체시장 중 자점포에게 가장 큰 경쟁우위를 제공할 수 있는 세분시장을 표적시장으로 선정하고 그 세분시장내 소비자들에게 경쟁점포보다 나은 소매믹스를 제공하는 마케팅전략적 접근을 도입하게 되었다.

마케팅 Highlight

체계적인 소매마케팅전략을 토대로 파리에 성공적으로 안착한 파리바게뜨

매일 아침 프랑스 파리 1구에 있는 파리바게뜨 샤틀레점은 직장인과 여행객으로 붐빈다. 이들은 이곳에서 샌드위치와 바게트 등으로 아침식사를 해결한다. 한국식 빵인 코팡을 먹는 사람들도 눈에 띈다. 프랑수아즈 자비에 불레 SPC그룹 프랑스법인 운영이사는 "프랑스 특유의 장인정신으로 만든 품질 좋은 빵과 한국식 메뉴가 함께 있다는 게 알려져 찾는 소비자가 늘고 있다"고 했다. 2014년 7월 파리에 진출한 파리바게뜨가 2년 만에 현지에 뿌리내렸다는 평가를 받고 있다. 샤틀레점과 오페라점 등 두 개 매장의 누적 방문객은 70만명을 넘었다. 최근에는 현지 41개 레스토랑에 식사용 빵을 납품하기 시작했다. 빵의 본고장에서 품질을 인정받은 것이다.

'직접 만든 것만 파는 곳'

프랑스 빵집은 고급인 브랑제리와 일반빵집인 스낵매장으로 나뉜다. 브랑제리는 현장에서 밀가루와 물로 빵을 제조하는 과정을 모두 거치는 곳이다. 반죽이 완료된 상태에서 빵을 굽기만 하는 곳은 스낵매장이라고 한다. "처음부터 이류 이미지로 들어가면 안 된다"는 허영인 SPC그룹 회장의 뜻에 따라 파리바게뜨는 브랑제리로 시작했다. 주방에서 새벽 2시부터 반죽을 시작해 오전 7시에 빵을 내놓는다.

파리바게뜨는 현지인 입맛에 맞춰 가장 많이 팔리는 바게트를 구워파는 것으로 시작했다. 또 수백년 된 브랑제리와 차별화하기 위해 원재료 품질을 함께 높이는 전략을 택했다. 다른 회사가 생산한 간식류는 팔지 않는다. 다른 브랑제리가 어린이를 위해 초콜릿과 젤리류를 납품받아 판매하는 것과 다른 점이다. 불레 이사는 "공산품은 설탕류 등 몸에 좋지 않은 성분을 조절할 수 없기 때문에 판매하지 않는다"고 말했다. 그는 "파리바게뜨는 수많은 브랑제리 중 건강을 중시하는 곳으로 인식돼 찾는 사람이 늘고 있다"고 말했다. 고품질 빵을 만들기 위한 노력은 현지 레스토랑 41곳에 매달 6만개의 식사용 빵을 납품하는 성과로 이어졌다. 이 중에는 프랑스 유명배우 제라르 드파르디유가 소유한 레스토랑 '라 퐁텐느 가이용'도 포함돼 있다. 파리바게뜨 관계자는 "파리 브랑제리 중 처음으로 야외에 카페형 공간을 마련하고, 매장 안에 의자

파리바게뜨 파리 샤틀레점

와 테이블을 준비한 공간전략도 성공비결"이라고 덧붙였다.

파리바게뜨에는 다른 브랑제리에서 볼 수 없는 메뉴가 많다. 빙수가 대표적이다. 한국에서 판매하는 망고빙수, 커피빙수, 딸기빙수를 그대로 팔고 있다. 불레 이사는 "빙수라는 새로운 디저트를 맛볼 수 있다는 점 때문에 호기심 많은 프랑스인이 몰려오고 있다"고 말했다. 한국식 빙수는 프랑스 대통령궁인 엘리제궁에도 입소문이 났다. 파브리스 플렌센 엘리제궁 파티시에는 "프랑스에는 없는 매우 독특한 디저트"라고 평가하며 빙수제조기계와 레시피 등을 문의하기도 했다. 이뿐 아니다. 단팥빵과 소보루빵 등 코팡은 매일 70여개가 팔린다. 시폰케이크도 현지인의 입맛을 사로잡은 한국식 메뉴다. 단조로운 다른 브랑제리와 차별화한 포인트다.

오랜 준비도 파리바게뜨가 파리에 안착할 수 있었던 요인이다. 파리바게뜨는 1998년 프랑스에 사무소를 냈다. 북부 노르주에 있는 릴에서 프랑스 밀과 제빵 기계 등을 직접 수입해 제품을 개발했다. 프랑스인의 입맛에 맞는 빵을 만들기 위한 준비였다. 2006년 현지법인을 세워 본격적으로 매장 낼 준비를 하고, 메뉴를 개발했다.

• 자료원 : 한경, 2016.8.2

이하에서는 소매업체가 내려야 할 주요한 마케팅의사결정 영역인 표적시장 선정과 소매점포 믹스 결정에 대해 설명하기로 한다.

4.1 표적시장의 선정

소매업체는 표적시장을 정의하고 그 시장에서 (경쟁적) 포지션을 구축하는 방법을 강구해야 한다. 즉 우리점포는 고급소비자층, 중산소비자층, 가격민감 소비자층들 중 어디에 초점을 맞출 것인가? 표적소비자층은 다양한 상품구색, 깊이 있는 상품구색, 편의성 혹은 저렴한 상품가격들 중 어느 것을 보다 중요하게 생각하는가? 등을 고려하여 잠재고객들을 세분화한 다음 이들 중 가장 매력적인 세분시장을 표적시장으로 선정해야 할 것이다. 표적시장에 대한 정의와 그 시장의 고객특성에 대한 파악이 이루어지지 못하면, 소매업자는 경쟁적 포지션을 구축하는 데 상용되는 수단들인 상품구색, 서비스, 상품가격, 광고, 실내장식 등에 대한 일관성 있는 의사결정을 내릴 수 없다. 많은 소매업체들이 표적시장과 경쟁적 포지션에 대한 명확한 정의를 내리지 못하고 모든 고객들에게 모든 것을 제공하려고 함으로써 어떤 고객들도 만족시키지 못하고 있다. 이와 대조적으로 성공한 소매업체들은 표적시장을 명확히 정의하고 그 시장에서 강력한 포지션을 구축하고 있다.

소매업체는 자신의 마케팅노력이 표적고객들을 만족시키고 있는지를 확인하기 위해 정기적인 마케팅조사를 실시해야 한다. [그림 11-5]는 부유한 소비자층을 표적으로 하는 한 소매점포가 시장조사를 실시한 결과 얻어진 기존의 점포이미지와 전략적 조치를 통해 변경시키고자 하는 새로운 점포이미

그림 11-5 기존 점포이미지와 새로운 점포이미지 간의 비교

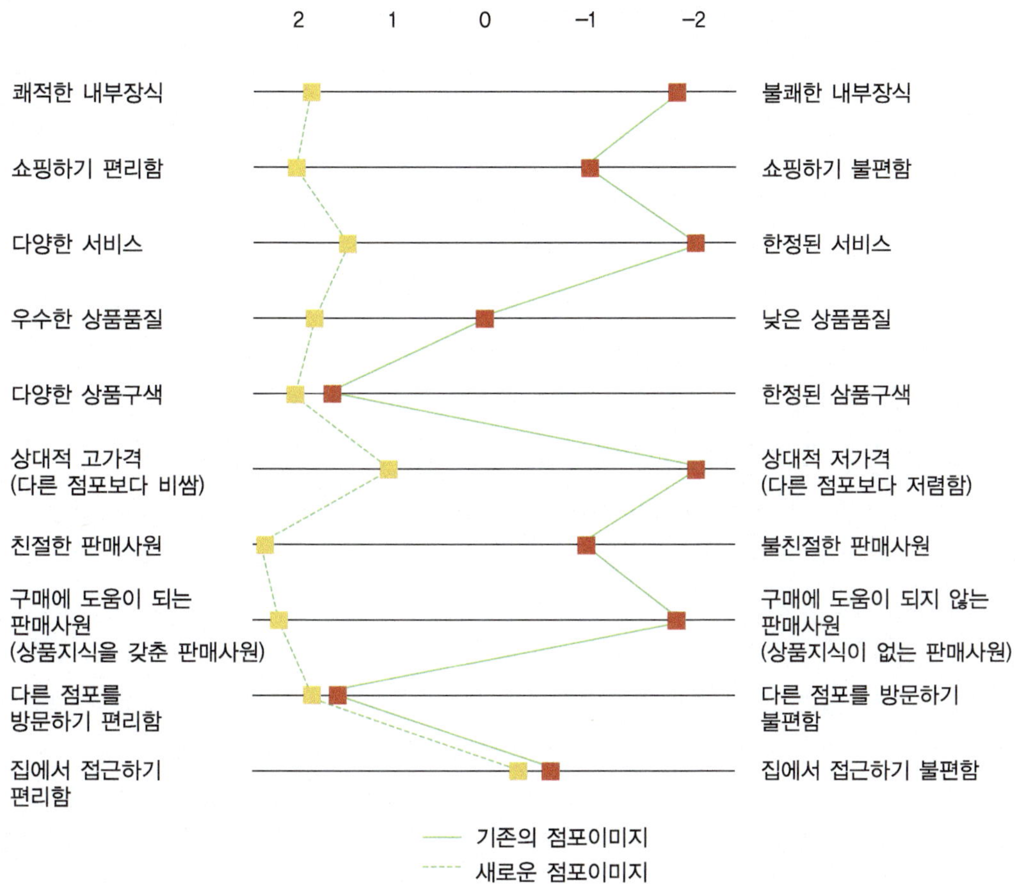

지를 보여주고 있다. 이 점포의 기존 이미지는 표적시장의 기대에 효과적으로 부응하지 못하므로, 이에 대한 전략적 조치가 요구된다. 즉, 마케터는 표적세분시장을 변경하거나 점선으로 표시된 방향으로 기존의 점포이미지를 보다 개선시켜야 할 것이다. 가령, 상품, 서비스 그리고 영업사원의 질을 향상시키고 상품가격을 높이는 것을 고려해 볼 수 있다. 일정한 기간이 경과한 후 고객조사를 다시 실시한 결과 기존의 점포이미지가 점선으로 표시된 위치로 이동되었다면, 그 점포는 표적시장의 기대와 조화를 이루는 포지션을 구축한 것으로 볼 수 있다.

4.2 소매점포 믹스에 대한 결정

표적시장과 그 시장에서의 우리점포의 경쟁적 포지션이 설정되면, 마케터는 이를 실행하기 위해 소매점포믹스에 대한 결정을 내린다. 소매점포믹스 결정은 표적세분시장내 소비자들의 욕구에 맞추어 소매점이 통제가능한 소매믹스변수들의 최적조합을 찾아내는 과정이다. 결국 소매상이 운영하는 점포의 업태 혹은 전략적 방향은 입지, 상품구색 및 서비스, 가격, 촉진 등의 통제가능한 소매믹스 변수

들에 대한 결정에 의해 구체화되는 것이다.

(1) 입 지

소매업은 입지산업이라고 할 정도로 입지는 소매업 성공의 가장 중요한 요소 중의 하나이다. 상권의 범위는 소매점이 취급하는 제품이나 서비스의 성격, 상품구색, 가격뿐 아니라 점포내 특성, 상점의 밀집정도에 의해서도 영향을 받는다. 예를 들면, 점포가 편의품을 판매한다면 상권은 크지 않지만 전문품을 판매하는 점포의 상권은 광범위할 것이다.

기업은 최종적인 점포입지선정에 앞서 가능후보지들을 평가한 후 이들 중 가장 유망한 상권을 가진 후보지를 선택한다. **상권**(trade area)이란 한 점포가 고객을 유인(흡인)할 수 있는 지역범위(geographic area)를 말한다. 점포에 대한 마케팅전략의 수립에 앞서 기업은 자사점포의 상권범위를 어디까지로 할 것인가를 먼저 결정해야 한다.

점포의 상권은 일반적으로 1차상권(primary trading area), 2차상권(secondary trading area), 한계상권(fringe trading area)으로 구성된다. 1차상권은 점포이용 고객의 50~70%를 흡인하는 지역범위이다. 1차상권은 점포에서 가장 가까운 지역들을 포함하며 전체상권 내에서 자사점포 이용고객들이 가장 밀집되어 있기 때문에 고객 1인당 매출액이 가장 높다. 2차상권은 1차상권 외곽에 위치하며, 점포이용고객의 20~25%를 흡인(포함)하는 지역범위이다. 2차상권 내의 고객은 1차상권의 고객들과 비교할 때 지역적으로 넓게 분산되어 있다. 한계상권은 2차상권 외곽을 둘러싼 지역범위를 말하며, 1차상권과 2차상권에 포함되지 않은 나머지 고객들을 흡인하게 된다. 한계상권 내의 점포이용 고객은 점포로부터 상당히 먼 거리에 위치하며, 고객들이 매우 광범위하게 분산되어 있다. 한계상권 내에 위치한 고객들은 1차상권 및 2차상권과 비교할 때 고객의 수와 이들의 구매빈도가 적기 때문에 점포매출액에서 차지하는 비중이 낮다.

(2) 상품구색(머천다이징)과 서비스에 대한 결정

소매업체는 상품과 관련하여 상품구색, 서비스믹스, 점포분위기 등과 같은 주요 의사결정을 내려야 한다.

소매업체는 표적소비자 집단의 기대와 조화를 이룰 수 있도록 상품구색의 폭(width)과 깊이(depth)를 결정해야 한다. 가령, 식당체인은 좁고 얕은 상품구색(설렁탕전문), 좁고 깊은 상품구색(육우전문점), 넓고 얕은 상품구색(뷔페형), 혹은 넓고 깊은 상품구색(가족형 대형식당)을 제공할 수 있다. 상품구색에서 고려되어야 할 다른 요소는 상품의 질이다. 고객은 상품선택의 범위는 물론 제공되는 상품의 질의 범위에 대해서도 관심을 갖는다.

점포가 제공하는 상품구색과 품질의 수준이 어떠하든, 소매시장에는 유사한 구색과 품질수준을 제공하는 경쟁소매 업체가 항상 존재한다. 그러므로 소매업체는 이들과 차별화할 수 있는 다른 마케팅 수단들을 강구해야 한다. 가령, 소매업체는 다음과 같은 상품차별화 전략을 고려할 수 있다. 첫째, 다른 경쟁업체들이 취급하지 않는 상품을 제공한다(가령, 자체 유통업체 브랜드의 개발이나 특정 유명제조업체 브랜드의 독점적 취급). 둘째, 소매업체는 화제성의 머천다이징 이벤트를 기획한다. 가령, 백화점은 특정국가(가령, 중국, 인도)의 상품들에 대한 쇼를 기획하는 등 고객의 관심을 끄는 이벤트를 실시하거나 깜짝 기획상품전을 개최할 수 있다(가령, 과잉재고나 회사정리 상품들에 대한 초염가 판매행사 등의 실시). 셋째, 소매업체는 매우 세분화된 특정 고객집단을 표적으로 한 상품구색의 제공을 통해 차별화를 추구할 수 있다. 가령, 미국의 Lane Bryant는 거대한 체구의 여성고객들을 표적으로 의류를 판매하며, Brookstone은 진귀한 아이디어 상품들을 취급한다(성인용 장난감 가게로 볼 수 있음).

마케팅 Highlight

스마트쇼핑 서비스도입을 통해 점포차별화를 추구하는 할인점

서울 성수동에 있는 이마트 성수점.주부 김정연 씨(35)가 손잡이 부분에 7인치짜리 모니터가 장착된 쇼핑카트를 앞세운 채 매장에 들어섰다. 이마트 멤버십카드를 모니터에 갖다 대자 '김정연님,환영합니다'란 문구가 뜬다.

이제 본격적인 쇼핑에 나설 차례이다. 맥주, 분유, 라면 등 구매할 품목은 스마트폰에 깔아놓은 이마트 스마트카트 애플리케이션(앱 · 응용프로그램)에 있는 '오늘의 쇼핑 리스트'에 미리 등록해 놓았다. 맥주 매대를 지나치자 모니터에 '○○맥주 덤 행사 중,' 'xx 맥주 5% 할인쿠폰 발행 완료' 등의 메시지가 잇따라 나왔다. 맥주를 사자 이번엔 '안주로 오징어, 쥐포는 어떻습니까. 지금 1+1 행사 중입니다'란 글과 함께 건어물 코너로 가는 길을 보여준다.

이마트가 도입한 디지털 기반 쇼핑카트는 위치인식 및 실시간 정보수신이 가능한 태블릿PC를 장착해 해당 코너에서 진행하는 쇼핑정보와 할인정보 등을 알려주는 스마트쇼핑을 구현했다.

스마트카트 사용법은 의외로 간단하다. 스마트폰에 내장된 이마트 멤버십카드나 기존 플라스틱 멤버십카드를 카트에 장착된 태블릿PC에 갖다대면 인증절차가 끝난다. 멤버십카드가 없다면 주민등록번호를 입력하면 된다. 인증을 마친 뒤 평소대로 매장을 돌면 그때그때 해당 코너에서 진행하는 할인정보부터 신상품정보, 추천상품정보, 기존 구매상품에 대한 연관상품안내, 할인쿠폰수령, 포인트 적립에 이르기까지 각종 정보와 서비스가 실시간으로 제공된다.

이마트는 스마트 카트를 통해 수집된 구매패턴을 분석해 고객이 보다 편하게 쇼핑할 수 있도록 상품진열과 매장환경을 바꿔 나갈려고 한다. 그리고 스마트카트에 구입한 물건을 담을 때 태블릿PC를 통해 결제도 함께 이뤄지는 셀프 체크-아웃 기능을 추가하려고 한다.

이마트는 손잡이 부분에 7인치짜리 태블릿PC가 장착된 '스마트 카트'를 선보였는데, 이 카트는 코너별 할인정보와 추천상품정보 등을 실시간으로 모니터에 제공한다.

소매업체는 고객들에게 제공할 서비스믹스(services mix)에 대한 결정도 내려야 한다. 전통적인 구멍가게(mom and pop grocery stores)는 슈퍼마켓이 무시하는 서비스인 가정으로의 상품배달, 신용공여, 고객과의 대화 등을 제공한다. 서비스믹스는 비가격경쟁을 통한 점포차별화에서 활용될 수 있는 중요한 수단이다.

점포분위기(store atmosphere)는 고객들을 끌어들이고 상품의 매력도를 높이는 또 다른 마케팅요소이다. 점포분위기는 긍정적인 정서적 반응이 유발되도록 점포구매환경을 설계하려는 노력을 말한다. 각 점포는 고객의 쇼핑을 편리하게 혹은 불편하게 만드는 점포레이아웃(layout)을 가진다. 어떤 점포는 산만하게, 그리고 또 다른 점포는 쾌적하게 느껴질 수 있는데 고객들은 편안하면서 쾌적한 느낌을 주는 점포를 보다 선호할 것이다. 따라서 점포관리자는 표적고객과 어울리고 고객의 구매를 유도할 수 있는 계획된 분위기를 창출해야 한다. 가령, 은행은 조용하고, 신뢰성이 있도록 느껴져야 되며, 클럽은 조명이 번쩍이고, 시끄러우며, 역동적이어야 한다. 이에 따라 많은 소매업체들이 표적시장과 어울리는 쇼핑환경을 연출하기 위해 노력한다. Gap 같은 캐주얼의류를 판매하는 의류체인점은 흥분을 불러일으키는 분위기를 연출한다.

(3) 가격결정

소매업체의 가격정책은 점포포지션을 결정하는 중요한 요인으로 표적시장, 상품 및 서비스구색, 경쟁점포를 고려하여 결정되어야 한다. 모든 소매업체들이 높은 마진과 대량판매를 실현하기를 기대하지만, 이들을 동시에 만족시키는 것은 현실적으로 매우 어렵다. 대부분의 소매업체들은 고마진 · 낮은 상품판매량(가령, 전문점)을 추구하거나 혹은 저마진 · 대량판매(가령, 할인점)를 추구하게 된다. 갤러리아 명품관의 샤넬은 코트 한 벌을 500만원 이상의 고가격에 판매함으로써 소량판매로 높은 마진을 추구한다. 이에 반해 유니클로는 적정품질의 의류를 저가격으로 판매함으로써 저마진 · 대량판매의 영업방식을 추구한다.

소매상이 원하는 상품가격은 두 가지 중요한 재무적 목표인 마진과 회전율에 대한 결정으로부터 영

그림 11-6 마진과 회전율에 따른 소매상 유형

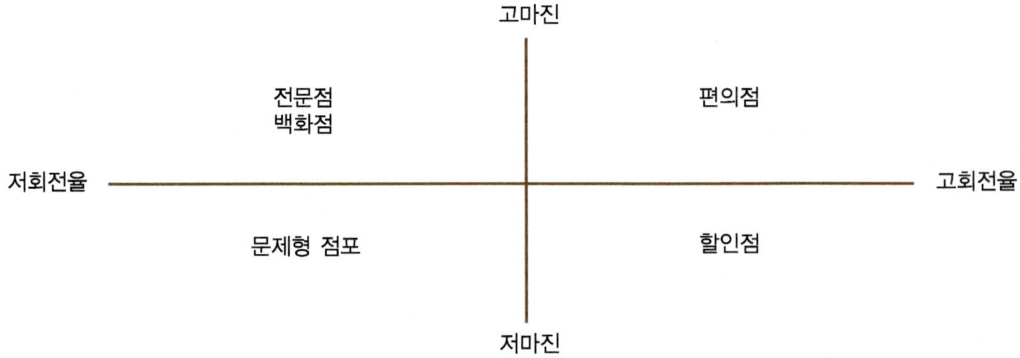

향을 받는다. 여기서 마진이란 소매점이 상품을 판매함으로써 얻을 수 있는 이익의 크기를 의미하며, 회전율이란 일정기간 동안 평균재고가 판매되는 횟수를 말한다.

전통적 소매업태와 근대적 소매업태의 운영방식은 그들이 추구하는 재무적 목표에 의해 설명될 수 있다. 전통적 소매업태는 일반적으로 고마진, 저회전율, 다양한 고객서비스 등의 특징을 갖는 반면, 근대적 소매업태는 저마진, 고회전율, 최소한의 고객서비스 등을 주요특징으로 한다. 소매시장 내에는 두 가지 기본적 유형의 소매업태들이 공존하지만, 최근의 지배적 추세는 저마진, 고회전율, 최소한의 고객서비스를 토대로 규모의 경제를 실현함으로써 점포효율성을 극대화하는 것이다. 이러한 추세는 일상생활용품을 취급하는 소매업계에서 특히 두드러지는데, 창고형 도매클럽, 슈퍼스토아, 전문할인점, 할인점 등 점포효율성을 강조하는 소매업태들이 급성장하고 있는 것이 그 예이다. [그림 11-6]은 유형의 소매업태를 마진과 회전율이라는 두 가지 재무적 차원으로 설명하고 있다. 최근에 급성장하는 저마진-고회전율 소매점은 운영효율성을 극대화하고, 이로부터 발생된 원가절감의 많은 부분을 고객들에게 전가한다. 즉, 원가절감의 많은 부분이 고객서비스 수준의 감소(제한된 상품구색, 불편한 입지, self-service, 현금구매, 무배달 등)를 통해 고객들에게 이전되는 것이다. [그림 11-6]에서 저마진-저회전율의 점포도 현실적으로 존재할 수 있다. 즉, 소매시장 내의 치열한 가격경쟁으로 저마진을 추구하지만, 불리한 점포입지, 경영능력의 부족, 자본부족 등으로 인해 대량판매(즉, 높은 회전율의 상품판매)를 실현할 수 없는 경우이다. 그러나 이러한 유형의 소매점은 경쟁열위로 인해 소매시장에서 생존하기 어려울 것이다.

(4) 촉 진(Promotion)

표적고객의 구매를 유발하기 위해 소매상은 제조업체와 마찬가지로 광고, 인적판매, 판매촉진, PR 등의 촉진믹스를 이용한다. 소매업자는 촉진목적에 따라 각각의 촉진수단의 상대적 중요성이 달라짐을 인식하여야 한다. 소매상의 촉진목적은 [그림 11-7]과 같이 크게 장기적인 것과 단기적인 것으로 구분할 수 있다. 장기성과를 개선하기 위해서는 점포이미지와 점포포지션의 개선과 고객서비스의 확

그림 11-7 소매상의 촉진목적

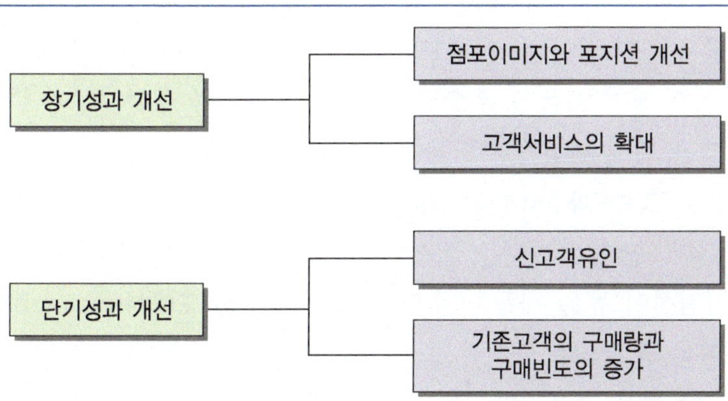

대가 이루어져야 하므로 이미지광고, PR과 인적판매의 강화 등이 중요하다. 소매점포의 단기적 영업 성과를 개선하기 위해서는 새로운 고객을 유인하거나 기존 고객의 구매량(혹은 구매빈도)을 증가시켜야 하므로 소매광고와 판촉이 주요한 촉진수단으로 사용된다.

05 도매상(Wholesaler)

도매상(wholesaler, wholesale institution)이란 제품을 구입하여 소매상, 다른 도매상, 산업재 생산자에게 재판매하는 개인이나 조직체를 의미한다. 따라서 도매상은 최종소비자와는 원칙적으로 거래를 하지 않으며, 거래를 하더라도 그 비중이 매우 적다. 도매상에는 매우 다양한 유형이 있으나 일반적으로 상인도매상(merchant wholesaler), 대리도매상(agent wholesaler), 제조업체 직영영업점(manufacturer's sales branches and sales offices)의 세 가지 유형으로 대별된다.

5.1 상인도매상(Merchant Wholesaler)

상인도매상은 자신들이 취급하는 제품의 소유권을 가지며 제조업체와 소매상과는 독립된 사업체이다. 상인도매상은 크게 **완전기능 도매상**(full-function or service wholesaler)과 **한정기능 도매상**(limited-function or service wholesaler)으로 나누어진다. 완전기능 도매상은 재고유지, 신용제공, 배달, 촉진 등 다양한 마케팅기능을 제공하며, 취급되는 상품계열의 폭과 길이에 따라 일반도매상(general merchandise wholesalers), 단일계열취급 도매상(single-line wholesalers), 전문도매상(specialty wholesaler)으로 구분된다. 한정기능 도매상은 일부 마케팅기능만을 수행하는 도매상으로, 현금판매도매상, 직송도매상, 트럭도매상, 선반도매상 등 다양한 형태의 도매상들이 있다. **현금판매도매상**(cash-and-carry wholesaler)은 회전이 빠른 한정된 계열의 제품만을 현금으로 소매상에게 판매하며 배달서비스를 제공하지 않는다. **직송도매상**(drop shipper)은 제품을 재고로 가지고 있지 않으며, 고객에게 직접 배달을 하지 않는다. 직송도매상은 고객으로부터 주문을 받으면 조건에 맞는 제조업자를 선정해 제조업자가 직접 제품을 운송하도록 한다. 그러나 주문 후 배달까지 제품의 소유권을 가지고 제조업자와 고객을 위해 위험을 부담하게 된다. 주로 석탄, 목재, 중장비, 화학자재 등 부피가 큰 제품을 취급하고 있다. **트럭도매상**(truck jobber)은 트럭에 제품을 싣고 다니며 판매하기 때문에 고객에게 편의성을 제공한다. 판매와 배달을 결합한 도매상 형태이며, 우유, 과일 등 부패성이 높거나, 캔디, 담배, 스낵 등 회전성이 높은 제품을 주로 취급한다. **선반도매상**(rack jobber)은 잡화점이나 슈퍼마켓에 비식품류 분야를 공급하는 도매상으로서 주로 미용관련 제품, 잡지, 레코드 등을 취급한다. 선반도매상은 이러한 상품들을 점포내에 진열하고 제품의 가격을 정하는 등의 서비스를 제공하므로 소매상들의 재고유지 및 제품관리 부담을 덜어준다. 이러한 선반도매상의 출현은 슈퍼마켓이 주로 식료품만을 취급하다가 비식료품을 추가하는 과정에서 부족한 경험과 지식을 보완해 줄 도매상의 필요성에 의해 발생되었다.

5.2 대리도매상(Agent Wholesaler)

대리도매상은 제품의 소유권을 가지지 않고 마케팅기능만을 수행하여 제조업체와 고객간의 거래를 용이하게 한다. 대리도매상은 마케팅서비스 기능을 제공한 대가로 수수료를 받는다.

대리도매상은 크게 브로커(거간, 중개인)와 대리인으로 나누어진다. **브로커**(broker)는 구매자와 판매자 간의 상품매매가 원활히 이루어지도록 중개기능을 수행한다. 즉, 구매자와 판매자의 요구조건, 가격수준 등에 관한 정보를 이들에게 제공하여 거래가 이루어지도록 연결한다. 브로커는 판매자와 구매자 양쪽으로부터 수수료를 받는다. 부동산, 보험 및 증권, 식료품 등의 분야에서 흔히 볼 수 있다. **대리인**(agent)은 구매자와 판매자 중 한쪽을 대표하며, 이들과 지속적인 관계를 유지한다. 대리인에는 제조업체 대리인, 판매대리인, 구매대리인, 수수료 상인 등의 유형이 있다. 제조업체 대리인(manufacturer's agent, manufacturer's representatives)은 제조업체와의 계약에 의해 특정 지역내에서 제조업체 생산제품들을 판매한다. 영업사원에 대한 비용을 충당하기 위해 비경쟁관계에 있는 제조업체들의 제품도 취급한다. 기계, 자동차부품 등의 산업용품이나 의류, 카메라 등에서 흔히 볼 수 있다. 판매대리인(selling agent)은 제조업체의 제품에 대한 마케팅활동을 대신 수행한다는 점에서 제조업체 대리인과 유사하지만, 석탄, 직물, 목재, 금속제품 업체에서 흔히 이용되는 도매상을 말한다. 구매대리인(purchasing agent)은 구매자와 장기적인 관계를 유지하면서, 구매자를 대신하여 제품구매, 검사, 창고보관 등의 기능을 수행하고, 구매자에게 제품을 운송한다. 수수료상인(commission merchant)은 생산자가 위탁한 제품을 보관 및 운송하며, 구매자에게 판매한 대가로 생산자로부터 수수료를 받는다. 주로 농산물시장에서 이용되는 대리도매상이 대표적인 예이다.

5.3 제조업체 직영영업점(Manufacturer's sales branches and sales offices)

제조업체 직영영업점은 제조업자가 소유·운영하는 도매상이다. 제조업체 직영영업점은 자신들이 직접 재고를 보유하여 소매점, 기타 도매상들에게 판매한다. 제조업체 직영영업점은 독립도매상이 고객들에게 기술적 지원을 할 능력이 없거나 재고관리와 판촉활동을 직접 통제하고자 할 때 이용된다. 자동차정비, 농기구, 자동차, 건설자재 분야에서 흔히 볼 수 있다.

11 참고문헌

- 안광호 · 한상린 · 조재운, 유통원론, 학현사, 2014..
- 임영균 · 안광호 · 김상용, 유통관리, 학현사, 2014.
- Philip Kotler, 안광호, Gary Armstrong, 마케팅 입문, Pearson, 2013.
- Martin Christopher, Logistics and Supply Chain Management, Pitman Publishing, 1992.
- Louis W. Stern and Adel I. El-Ansary, Marketing Channels, 4th ed., Englewood Cliffs, NJ: Prentice Hall, 1992.

11 생각해볼 문제

1. 제조업체가 직접 고객들과 거래하지 않고 중간상을 이용함으로써 얻을 수 있는 이점은 무엇인가?

2. 그 동안 높은 성장을 보여왔던 국내백화점의 매출성장이 최근 들어 둔화되고 있다. 그 이유는 무엇이며, 이에 대한 국내백화점의 대응전략은 무엇인가?

3. 소매업체들 간의 가격경쟁이 갈수록 치열해지고 있다. 이에 따라 상대적으로 상품가격을 강조하는 새로운 소매업태들이 계속 출현하고 있다. 이들의 유형에 대해 설명하고, 이들이 경쟁에서의 우위를 확보하는 데 있어 핵심 성공요인은 무엇인지에 대해 생각해 보시오.

4. 최근 들어 무점포형 소매업의 한 형태인 전자상거래 혹은 인터넷마케팅이 급성장하고 있으며 많은 제조업체 · 유통업체들의 관심대상이 되고 있다. 오프라인 소매업체가 온라인마케팅을 도입하려고 할 때 고려해야 할 요인에 대해 생각해 보시오.

5. CJ제일제당이 새로운 형태의 고급훼밀리 레스토랑을 출점시킬 것을 고려하고 있다고 가정하자. 이를 위해 CJ가 고려해야 할 소매마케팅 전략에 대해 논의해 보시오.

제4부

제12장

유통경로관리

01 공급체인과 가치전달 네트워크
02 유통경로의 설계과정
03 경로갈등의 관리
04 유통경로의 계열화
05 물적유통

학습목표

1. 기업이 왜 공급체인과 가치전달 네트워크 관점에서 유통경로를 관리해야 하는지에 대해 설명한다.
2. 제조업체가 유통경로를 어떻게 설계하는 지에 대해 살펴본다.
3. 경로구성원들 간에 갈등이 발생했을 때 이를 어떻게 관리해야 하는지를 설명한다.
4. 경로구성원들이 공통의 경로목표를 실현하기 위해 어떻게 경로활동을 조직화하고 협력하는지 설명한다.
5. 통합적 물적유통(로지스틱스)관리의 중요성과 개별 물류활동에 대한 관리에 대해 살펴본다.

주요개념에 대한 사전학습

이 장에서는 또다른 마케팅믹스 도구인 유통(distribution)에 대한 관리를 살펴보기로 한다. 고객을 위해 가치를 창출하고 고객관계를 구축하려는 노력은 기업단독으로 이루어 질 수 없다. 대다수 기업은 공급망(supply chain)과 마케팅경로(marketing channer)의 한 구성원일 뿐이다. 그러므로 개별기업의 성공은 자신이 마케팅활동을 얼마나 잘 수행하느냐 뿐만 아니라 전체 마케팅채널이 경쟁사의 채널에 비해 얼마나 우수한 경쟁력을 갖느냐에 달려있다. 따라서 기업이 경쟁우위를 갖기 위해서는 최종고객에 대한 관계관리뿐 아니라 전체 마케팅채널의 다른 구성원들, 즉 파트너들에 대한 관계관리도 잘 수행해야 한다.

이 장은 디지털시대의 대표적인 유통강자 아마존과 월마트의 유통전략 사례를 살펴보는 것으로 시작한다. 전통적인 유통강자 월마트는 오프라인을 기반으로 하는 세계에서 가장 큰 규모의 소매기업이다. 이와 대조적으로 디지털 유통혁신을 표방하는 신생업체 아마존은 온라인의 월마트로 불리우며 온라인 유통시장에서 절대적 우위를 구축하고 있다. 최근 온라인 유통시장규모의 급속한 성장에 위협을 느낀 월마트가 온라인유통을 강화함에 따라 온라인 유통시장에서 아마존과 월마트가 주도권을 잡기 위해 치열한 가격전쟁을 벌이고 있다. 도입사례를 통해 두 거대소매기업이 고객가치창출과 고객관계구축을 위해 어떤 유통전략을 추구하는지를 살펴보기로 한다.

도입사례

디지털시대의 유통전략

'구글, 애플, 월마트, 이베이, IBM, HP, MS.'

이들의 공통점은? 아마존을 경쟁기업으로 본다는 점이다. 구글, 애플은 IT플랫폼을 두고 아마존과 싸운다. 월마트와 아마존은 온오프라인 유통패권경쟁이 한창이다. IBM과 HP는 클라우스서버시장에서 소위 '굴러온 돌'인 아마존 때문에 애를 먹는다. 요즘 IT업계에서 회자되는 '아마조니피케이션(Amazonification · 아마존화)'이라는 용어가 있다. 업종불문하고 아마존화 되고 있는 현상을 가리킨다. 아마존이 특정한 분야가 아닌 여러 영역에서 영향력을 발휘하고 있다는 데서 비롯된 용어다. 아마존을 가리켜 영역파괴자, 산업포식자로 부르는 것도 이 때문이다.

2017년 미국잡지 패스트컴퍼니는 글로벌 1위 혁신기업으로 아마존을 꼽았다. 무인점포 아마존고, 드론배송, 음성인식 인공지능 알렉사 등 새로운 기술을 계속해서 선보이는 것을 높이 평가했다. "세상에 있는 모든 물건을 팔겠다"는 제프 베조스 아마존 CEO의 야심은 "세상에 없던 고객서비스를 내놓겠다"는 의지로 바뀌고 있는 듯하다. 아마존이 고속성장을 할 수 있었던 비결은 바로 고객중심을 넘어 고객집착이라 부를 만큼 소비자입장에서 서비스를 제공했다는 점이다. 아마존은 경쟁자를 이기는 것이 아닌 고객감동을 최우선 가치로 두었다. 전자상거래 1위에 올랐음에도 계속해서 다양한 혁신을 시도하는 이유이다. 문제가 발생하기 전에 선제적으로 대응함으로써 소비자로부터 신뢰를 얻었다. '100-1=0'은 아마존이 고객을 대하는 방식이다. 99를 잘해도 1에서 어긋나면 소비자는 다른 선택을 할 수 있다는 것이다. "소비자들

아마존은 계속해서 세상에 없던 서비스를 선보이고 있다. 무인점포 '아마존고'와 드론배송, 음성인식스피커 '에코'

이 아마존을 떠올리면 항상 좋은 기억만 남게 하자"라는 고객지향적 목표를 실현하기 위해 아마존은 구체적으로 세 가지를 중점과제로 삼았는데, 다양한 상품, 저렴한 가격, 빠르고 편리한 배송이 그것이다.

이처럼 온라인 유통시장에서 고속성장을 보이고 있는 아마존은 이제 글로벌 오프라인 유통강자 월마트에게 큰 위협이 되고 있다. 최근 월마트는 온라인으로 유통시장을 확대하면서 '온라인의 월마트'로 불리우는 아마존과 치열한 가격전쟁을 벌이고 있다. 지난해 11월 미국의 블랙 프라이데이부터 성탄절까지 이어진 쇼핑성수기에 아마존은 무려 10억번에 걸쳐 상품가격을 변경했다. 품목당 하루에 최소 4~5차례 판매가격을 바꿔 미국의 치열한 유통경쟁의 단면을 보여준 것이다. 디지털 유통혁신을 표방하는 아마존과 오프라인 유통강자 월마트 간의 최저가를 둘러싼 싸움에 관심이 쏠린다. 10원 전쟁으로 불리는 가격경쟁은 유통의 미래, 그리고 국내유통업체의 소매마케팅전략과 관련해 많은 것을 시사한다. 최종승자가 어느 쪽이 될지도 관심사다.

◆ 최저가 경쟁 대신 빠른 가격변경으로 승부

흔히들 최저가를 제시하는 게 더 많은 고객을 끌어들일 수 있기 때문에 중요하다고 말한다. 이런 이유에서 아마존은 저가전략을 펼치고 이를 통해 증가한 트래픽이 다른 분야의 매출로 이어진다고 생각하기 쉽다. 그러나 반드시 그렇지는 않다. 아마존이 상품가격정책상 항상 최저가 판매를 추구하는 게 아니라는 것이다. 상품판매율이 빠른 고회전 상품군의 경우 아마존은 낮은 가격을 선도하기보다 월마트의 최저가에 빠르게 대응하는 빠른 추격자(fast follower) 전략을 구사한다. 실제로 아마존이 최저가를 선도하는 상품군은 전체의 30%에 불과하다. 판매상품의 40%는 경쟁사 가격과 유사하거나 심지어 비싼 경우도 있다. 아마존 가격정책의 핵심은 동적 가격정책(dynamic pricing)이다. 월마트나 베스트바이와 같은 기존 오프라인 중심 유통업체는 이에 대응하기 어렵다. 상기한 10억차례 상품가격변경은 아마존이 이윤을 극대화하는 몇 가지 마케팅수단 중 하나다.

아마존이 월마트에 비해 성장이 빠른 이유는 가격경쟁이 아니라 웹사이트를 방문한 고객을 실제구매로 연결시키는 전환율 싸움에서 승리하기 때문이다. 컨설팅기업 베인이 외부조사기관과 함께 실시한 미국 소비자조사결과를 보면 소비자들은 월마트의 TV, 소형가전, 장난감가격이 업계 최저임을 알면서도 아마존에서 더 많이, 더 자주 구매하는 것으로 나타났다. 아마존에 유입된 고객의 70%는 아마존이 최저가일때 아마존에서 구매했고, 월마트 온라인에 유입된 고객은 월마트가 최저가라 하더라도 단지 45%만이 월마트에서 구매했다. 월마트가 아마존보다 더 싸다는 것을 알면서도 20%의 소비자는 오히려 아마존에서 구매했다. 고개를 갸우뚱하게 하는 결과다. 즉 소비자들은 아마존의 가격이 최저가가 아니라 하더라도 여전히 상당히 낮은 가격이라는 점을 믿고 있는 것이다. 여기에 아마존이 제공하는 구매의 편리성과 안정성을 고려해 아마존에서 지갑을 연 것이다. 결과적으로 월마트는 '매일매일 최저가'라는 고객과의 약속을 지키고 있음에도 전환율에서는 아마존에 뒤지고 있다.

◆ 데이터기반 추천서비스 통해 오픈마켓 구현

흔히들 디지털유통의 장점은 무한매대(endless shelf)라고 한다. 실제로 아마존은 대략 19개의 카테고리에 3억 7000만개의 상품을 판매한다. 반면 월마트는 재고관리기준으로 약 13만개 상품을 판다. 그러나 온라인기업이 이렇게 많은 상품을 모두 매입해 판매하기는 어렵다. 재고관리는 더더욱 그렇다. 그런데도 아마존이 이렇게 다양한 상품구색을 갖출 수 있는 이유가 있다. 바로 오픈마켓구조를 활용하기 때문이다. 아마존은 데이터에 기반한 추천 서비스를 통해 최적의 상품을 제안하는 방식을 활용하는데, 판매된 물품의 50% 이상이 외부벤더를 통해 이루어진 것이다. 외부벤더 비중은 최근 2년간 배 이상 늘었다. 아마존은 외부벤더운영을 통해 구색과 상품취급액(GMV)을 늘리면서 직매입 대상품목을 미리 시험하는 전략을 취하고 있다.

오프라인 경쟁사는 아마존의 막대한 상품구색에 대한 대책을 마련하는 데 애를 먹고 있다. 여러 대응전략 중 하나는 아마존을 따라하는 것이다. 미국 백화점 시어스의 경우 6년 전 플랫폼을 구축하고, 외부벤더를 활용하고 있다. 그러나 마케팅성과는 여전히 미미하다. 이는 플랫폼의 존재유무보다 실제로 고객을 끌어올 수 있는 가치체계 설계가 더 힘들다는 사실을 보여준다. 또한 직매입한 상품과의 충돌문제, 외부벤더의 품질관리 등도 해결해야 할 과제이다. 두 번째 대책은 오프라인 보완형모델이다. 대표적인 사례가 가전전문 대형유통업체 베스트바이이다. 이 업체는 오프라인에 없는 구색을 보완하기 위해 외부벤더를 선별적으로 활용한다. 또한 판매처리와 배송은 일본의 라쿠텐과 같은 다른 물류전문회사와 협력해 해결한다. 월마트의 온라인 사업구조도 이와 비슷하지만 운영방식은 조금 다르다. 월마트 온라인사업은 2030세대가 가진 특징을 수용하기 위해 이들이 원하는 상품을 선별적으로 온라인에서만 보완하는 롱테일(long tail)을 이용한다. 월마트는 오프라인과 온라인의 장점을 결합해 소비자를 만족시키겠다는 전략적 방향을 명확히 하고 현재 사업모델을 더욱 강화하는 정도에서 대응하고 있다.

결국 상품구색 전쟁은 고객트래픽유도, 상품취급규모확대, 직매입범위의 최적화 등의 싸움이다. 따라서 기존 오프라인 유통업체 입장에서는 직매입 상품군과의 중첩을 피하고 고객의 상품탐색과 검색을 쉽게 만들어 주는 운영체계가 필요할 것이다.

◆ 빠른 배송으로 경쟁력 확보

아마존을 사용한 고객의 60%가 친구와 가족들에게 아마존을 쓰라고 추천할 정도로 아마존은 고객 편의성이 우수하다. 특히 배송편의성은 아마존의 주요 경쟁원천이다. 배송영역의 전쟁은 무료배송에서 시작했지만, 빠른 배송, 더 나아가 고객경험을 개선하는 배송으로까지 이어지고 있다. 디지털유통에서 가장 큰 격전지는 빠른 배송에 있다.

아마존은 더욱 빠른 배송을 위해 막대한 투자를 단행했다. 미국전역에 배송창고를 짓고, 최근에는 임차형식으로 10여 개 대도시 상권인접지역에 소규모 물류창고를 확보했다. 이를 통해 이미 LA 등지에서는 오전에 주문하면 오후에 받아 볼 수 있는 수준이 됐다. 더 빠른 배송을 위한 예측배송시스템도 개발 중이다.

오프라인 유통업체의 입장에서도 배송전쟁을 수행하기 위한 투자가 진행 중이나, 디지털유통기업과는 투자영역이 다르게 진행되고 있다. 점포망이 매우 조밀하기 때문에 물류배송센터 확충보다는 공급망 고도화에 투자를 집중하고 있다. 베스트바이의 경우 온라인 주문의 67%를 점포에서 배송하는데, 이 방식을 이용하면 일부지역에서는 아마존보다 더 빠른 배송이 가능하다. 이러한 경우 온라인과 오프라인 상의 재고를 통합관리하는 등의 역량을 더 확보할 필요가 있다.

디지털유통기업이나 기존 오프라인 유통기업 모두 배송비용을 어떻게 최적화하느냐의 문제가 있다. 빠른 배송역량구축은 매우 큰 투자를 요하고 그 결과가 사업경제성에 미치는 영향이 크기 때문이다. 일단 자체배송망과 택배망 활용 중에서 선택이 필요하다. 배송트럭의 회당 배송빈도와 규모가 일정수준에 도달하기 전에는 택배망 활용이 더 효율적일 수 있다. 마진구조가 높은 패션 잡화류는 택배망 사용이 더 효율적일 것이다. 그러나 마진이 낮은 신선제품은 더욱 정밀한 분석을 통해 수익성을 확보할 수 있는 배송모델을 구축해야 한다.

◆ 점포의 미래는 디지컬 모델 -오프라인 매장과 온라인 장점의 결합

그렇다면 디지털 유통시대에서 점포는 어떤 전략적 의미와 역할을 수행할 수 있을까? 아마존 같은 디지털 유통기업이 오프라인 점포를 열고자 하는 이유는 무얼까? 첫째는 디지털분야의 성장에도 유통업체 판매의 85% 이상은 여전히 점포에서 이뤄진다는 점이다. 둘째, 물리적 점포는 소비자들이 쇼핑할 때 보고, 만지고, 시험해 볼 수 있는 욕구를 더 쉽게 충족시킨다는 점이다. 더구나 급히 물건이 필요할 경우 즉시 가져갈 수 있는 곳이 점포이기 때문에 이러한 욕구충족이 가능한 것이다. 셋째는 유통업체의 입장에서 점포에 들어온 고객은 무엇이든 하나는 구매하는 경우가 많다는 점이다. 조사에 따르면 점포에 들어온 고객의 40%는 충동구매를 경험하는 반면, 온라인 상에서는 이 비율이 25%로 나타났다.

디지털시대에서는 소비자입장에서 매장의 역할을 새롭게 정의해야 한다. 이는 결국 물건을 사는 행위(buying)와 쇼핑(shopping)행위를 구분하고, 매장을 쇼핑을 위한 공간으로 개선해야 함을 의미한다. 오프라인 쇼핑에 대한 소비자의 욕구와 필요가 존재하는 한 디지털유통의 성장에도 오프라인 점포는 계속 필요할 것이다. 최근 백화점이나 일부할인점에서는 입점업체를 활용해 고객을 위해 엔터테인먼트 요소를 강화하고 있다. 오프라인 점포의 이러한 장점을 무시하지 못하기 때문에 디지털 유통기업들이 오프라인 매장에 선별적으로 투자하는 것이다. 결국 유통분야에서의 디지털화라는 것은 오프라인의 장점과 온라인의 장점을 결합시킨, 이른바 디지컬(Digical; Digital+Physical) 사업모델을 수립하고, 점포의 역할과 오퍼레이션을 재정의하는 것이 핵심이 될 것이다.

유통분야에서 디지털화는 거부할 수 없는 근본적인 변화다. 디지털에 기반한 유통업태 간 전쟁은 미래 유통의 진정한 승자를 가려내는 진검승부다. 앞으로 유통은 순수한 IT유통혁신기업, 디지털기술을 통합한 혁신유통기업, 그리고 다수의 그저 그런 기업으로 나뉠 것이다. 기존 오프라인 유통업체가 이러한 패러다임 변화에서 살아남고 지속성장하기 위해서는 디지털유통업체와 경쟁할 수 있는 자신만의 사업방식을 개발해야 한다. 현재 국내에서 진행 중인 유통경쟁은 단순한 저가전쟁이 아니다. 디지털시대에 요구되는 유통산업의 새로운 핵심 성공요인을 찾기 위한 과정이다.

● 자료원 : 베인앤드컴퍼니와 함께 하는 디지털 엔터프라이즈 시대, 매경, 2016.3.11; 매경 이코노미, 2017.3.22

제조업체와 유통업체 간의 경로갈등은 국내의 경우도 예외는 아니다. 이마트, 홈플러스 같은 할인점의 등장과 성장은 제조업체와 유통업체 간에 제품공급 가격을 둘러싸고 심한 갈등을 유발하는 계기가 되었다. 할인점보다 비싸게 팔 수밖에 없는 제조업체 대리점과 백화점들은 할인점에 제품을 공급하는 제조업체들에게 불만을 토로하였고, 판매가격결정권을 고수하려는 제조업체들은 할인점에 대한 제품공급을 중단하는 사태로 까지 발전되었다.

유통경로는 서로 다른 기업들이 공통의 목표를 달성하기 위해 결합된 시스템으로 볼 수 있다. 따라서 각 경로구성원은 다른 경로구성원들에 의존하고 있는 것이다. 예를 들어, 르노삼성자동차는 소비자의 욕구를 충족시키는 자동차를 생산하여 SM5 딜러들에게 공급할 수 있어야 하며, SM5 딜러는 소비자들이 SM5를 구매하도록 적극적인 판매활동과 애프터서비스 등을 수행하여야 한다. 또한 특정 SM5 딜러가 최선의 판매노력을 하더라도 다른 딜러들이 르노삼성자동차의 이미지를 저해하는 행동을 한다면, 경로전체의 경영성과에 부정적 영향을 미치게 되는 것이다. 따라서 SM5의 매출성과는 르노삼성자동차의 유통경로 구성원들이 현대자동차나 GM코리아자동차 등 다른 경쟁자동차 회사들의 경로구성원들과의 경쟁에서 어느 정도의 우위를 확보하느냐에 달려 있다. 유통경로에 대한 결정은 다음과 같은 이유에서 마케터에게 중요한 의사결정문제의 하나이다.

첫째, 기업의 경로결정은 다른 마케팅믹스 요소들에 영향을 미친다. 기업이 직영점과 중간상 중 어느 것을 이용할 것인가의 문제와 중간상을 이용할 경우 고급전문점과 대중상품취급점 중 어느 것을 선택하느냐에 따라 판매원의 질과 교육, 광고의 유형, 제품의 가격 등이 달라지게 된다. 둘째, 유통경로의 결정은 경로구성원들과의 장기적 관계를 설정하는 것이다. 유통경로구성원들과의 계약이 한 번 이루어지면, 시장환경이 변화하더라도 구성원을 바꾸거나 경로유형을 변경하기가 쉽지 않다. 그러므로 마케터는 유통경로를 설계할 때 현재의 여건을 고려하는 것은 물론 미래의 소비자기호 및 유통환경변화도 신중하게 고려하여야 할 것이다.

이 장에서는 유통경로설계과정과 경로구성원들에 대한 갈등관리를 설명하고 유통경로구조의 새로운 추세인 유통경로계열화를 다룬다. 이와 함께 유통비용 중 높은 비중을 차지하는 물류비용을 절감하기 위한 물적유통관리를 설명한다.

01 공급체인과 가치전달 네트워크

고객들이 우수한 제품을 쉽게 구매할 수 있도록 하기 위해 제조업체는 최종 고객과의 관계구축 뿐만 아니라 공급체인을 구성하는 핵심 공급업체 및 유통업체들과의 관계구축을 필요로 한다.

제조업체입장에서 보면 공급체인은 후방거래 파트너(upstream partner)와 전방거래 파트너

(downstream partner)로 구성된다. **후방거래 파트너**들은 제품 혹은 서비스의 생산에 필요한 원료, 부품, 정보, 금융 등을 공급하는 기업들의 집합체이며, **전방거래 파트너**들은 생산된 제품 혹은 서비스를 고객들에게 전달하는 모든 유형의 유통업체들, 즉 유통경로를 말한다. 한 기업의 공급체인은 고객에게 탁월한 가치를 제공할 수 있도록 설계되어야 한다. 개별기업의 성공은 그 기업의 경영성과뿐 아니라 자신이 속한 공급체인이 경쟁사에 비해 갖는 경쟁력에 의해 결정된다.

오늘날의 많은 대기업들은 공급체인의 개념을 더욱 확대시켜 가치전달 네트워크를 구축하는 방향으로 나아가고 있다. **가치전달 네트워크**(value delivering network)는 전체거래시스템의 성과를 향상시키기 위해 파트너 관계를 형성한 제조업체, 공급업체, 유통업체, 고객들의 집합체이다. 예를 들어, 스마트폰 제조업체 애플은 반도체부품, 플라스틱 케이스, LCD 디스플레이, 액세서리의 공급업체 및 조립업체, 오프라인·온라인상의 유통업체, 스마트폰 운영체계를 위해 수천개 이상의 응용프로그램을 개발한 프로그램개발 협력업체 등과 같이 엄청난 수의 거래파트너들과의 거래를 관리한다. 이와 같이 다양한 유형의 파트너들과의 거래관계가 효과적으로 이루어져야만 애플의 최종고객들에게 삼성전자, LG전자 등 경쟁사보다 더 우수한 가치를 제공할 수 있다.

본 장은 가치전달 네트워크상의 전방구성원(downstream partner)인 유통업체를 중심으로 설명하지만 기업들은 유통업체가 전체 가치네트워크상의 일부분에 불과하다는 것을 인식해야 한다. 즉 고객에게 가치를 제공하기 위해서 기업은 전방구성원인 유통업체들뿐 아니라 후방구성원들인 공급업체들의 협력이 필요한 것이다. 예를 들어, KB국민은행은 고객들에게 우수한 금융서비스를 제공하기 위해 ATMs, 거래내역서 출력을 위한 종이, 컴퓨터 등과 같은 설비와 소모품을 구매한다. 또한 고객에게 금융서비스를 제공하고 고객의 거래정보를 얻기 위해, KB국민은행은 은행지점, 웹사이트, 수천 개의 ATMs 등으로 구성된 유통경로를 유지한다. 이에 따라 많은 기업들이 후방 거래활동과 전방 거래활동에 직접 참여하거나 영향력을 행사하고 있다. 즉 단순히 유통업체에 대한 관리로부터 전체 가치네트워크의 관리로 그 범위를 확대하고 있는 것이다.

02 유통경로의 설계과정

최근 많은 기업들이 시장지위를 유지하기 위해 신제품들을 경쟁적으로 출시함에 따라 소매점의 제한된 진열공간에 자사제품을 진열하는 것이 갈수록 어려워지고 있다. 이러한 상황에서 제조업체는 자사제품의 유통과정에 대한 통제력과 고객의 구매편의성을 높이기 위해 유통경로를 보다 체계적으로 설계할 필요성이 갈수록 높아지고 있다.

본 절에서는 먼저 제조업체가 유통경로를 설계하기 위한 과정(그림 12-1 참조)을 제시하고 각 단계에서 분석되어야 할 요인들을 다루기로 한다.

그림 12-1 유통경로 설계과정

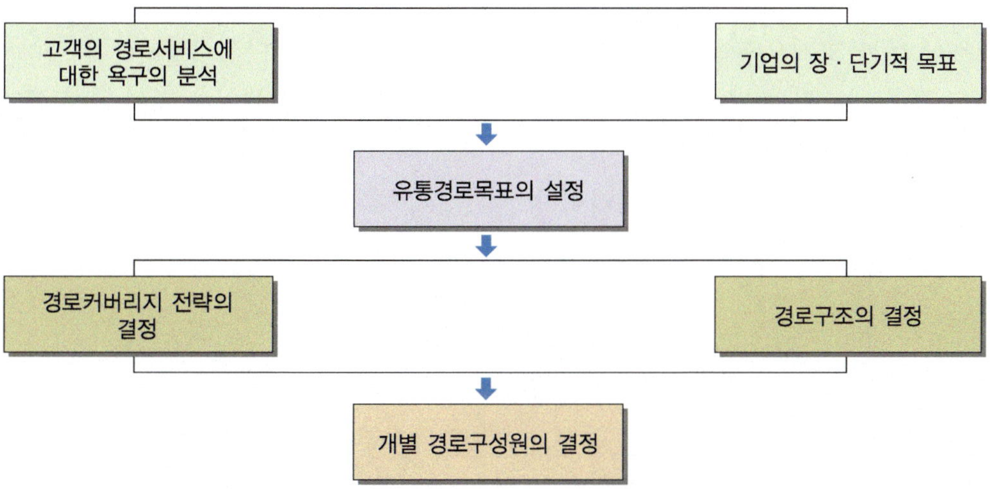

2.1 경로서비스에 대한 고객욕구의 분석

먼저 마케터는 표적시장 소비자들이 유통경로 구성원으로부터 제공받기를 원하는 서비스수준을 조사하여야 한다. 소비자들이 구매과정에서 기대하는 경로서비스로는 입지의 편의성, 최소 구매단위의 크기, 대기시간, 제품의 다양성 등을 들 수 있다. 만약 표적소비자들이 보다 편리한 입지, 작은 최소 구매단위, 짧은 대기시간, 다양한 상품구색을 선호한다면, 마케터는 이러한 고객욕구를 충족시킬 수 있는 유통경로를 설계해야 할 것이다. 그러나 기업이 표적고객들에게 그들이 원하는 경로서비스를 모두 제공한다는 것은 불가능하거나 비현실적일 수 있다. 왜냐하면 제조업체나 유통경로 구성원이 소비자가 원하는 수준의 서비스를 제공할 자원이나 기술을 보유하고 있지 못할 수 있으며, 높은 수준의 경로서비스는 높은 유통비용, 곧 높은 제품가격을 의미하기 때문이다. 최근 들어 제품가격이 저렴하다면 낮은 경로서비스 수준을 기꺼이 감수하려고 하는 고객들이 증가하고 있는데, 할인점과 온라인채널의 급성장은 이러한 소비자추세에서 비롯된 것이다. 유통경로 설계자는 고객이 원하는 경로서비스의 제공과 이에 따른 유통비용(제품가격)의 상승을 비교하여 적정수준의 경로서비스를 결정해야 한다.

한편 원하는 서비스수준이 각기 다른 둘 이상의 세분시장을 표적세분시장으로 결정하였다면, 마케터는 각 세분시장의 욕구를 효과적으로 충족시키기 위해 복수유통경로를 계획하는 것이 바람직할 수 있다. 2000년대 들어 소비자욕구가 다양화 · 개성화되는 추세에 따라 시장세분화가 더욱 가속화되고 있고 오프라인, 온라인, 모바일채널 등 다양한 유통채널 대안들이 등장하고 있다. 이에 대응하여 많은 제조업체들이 복수의 표적세분시장들을 상대로 마케팅활동을 수행하며, 각 세분시장에 맞는 복수의 유통경로를 구축하고 있다.

2.2 유통경로목표의 설정

경로서비스에 대한 고객욕구의 분석과 함께 마케터는 유통경로목표를 설정하여야 한다. 마케터가 자사제품을 유통시키는 것은 결국 기업의 장·단기적 목표를 달성하기 위한 것이다. 유통경로설계자는 유통경로목표를 설정할 때 소비자들이 원하는 서비스수준과 아울러 기업의 장·단기적 목표(투자수익률, 시장점유율, 매출액 성장률 등)를 고려하여야 한다.

마케팅 Highlight

고객욕구의 다양화와 복수의 유통채널 대안의 등장이 유통관리에 미친 효과

고객욕구의 다양화와 다양한 유통채널대안의 개발은 기업의 유통관리에 큰 영향을 미쳤는데, 크게 복수유통시스템의 도입과 유통조직의 재구성으로 나누어 살펴볼 수 있다. 복수유통시스템(multichannel distribution system)은 한 세분시장 혹은 그 이상의 세분시장에 제품을 판매하기 위해 기업이 둘 이상의 마케팅채널을 함께 사용하는 경우를 말한다.

[그림]은 복수유통시스템의 구조를 보여주고 있는데, 제조업체는 카탈로그, 텔레마케팅, 인터넷 등을 통해 소비자 세분시장 1에 직접 판매하거나 소매업체를 통해 소비자 세분시장 2에게 판매하고 있다.

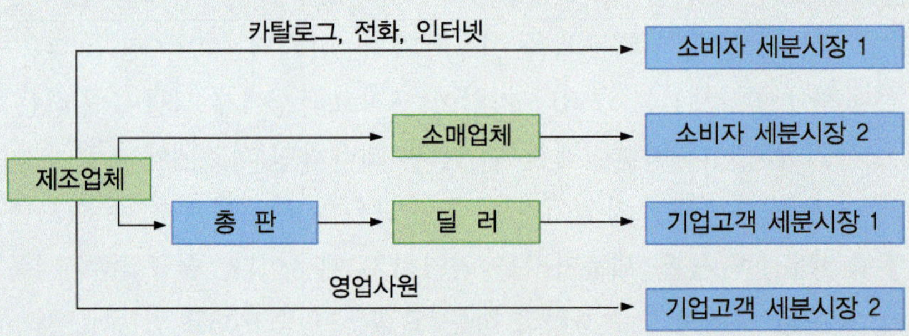

복수유통시스템

오늘날 거의 대부분의 대기업과 많은 중소업체들이 하나 이상의 복수유통채널을 갖고 있다. 사무용품 할인전문점인 Staples는 오프라인 소매점, 인터넷 홈페이지, 수많은 관련 온라인 사이트들과의 링크를 통해 판매한다. IBM은 다양한 사업용 세분시장에 IBM컴퓨터, 시스템, 서비스를 판매하기 위해 자체 영업사원뿐 아니라 총판(도매상)과 부가가치 재판매업체 등과 같은 다양한 판매망을 이용한다.

복수유통시스템은 이를 채택하는 기업에게 몇 가지 이점을 제공한다. 첫째, 복수의 유통채널을 도입함으로써 기업은 매출 및 시장커버리지의 확대를 꾀할 수 있다. 둘째, 기업은 각 고객 세분시장의 특정 욕구에 맞추어 제품과 서비스를 제공할 수 있는 기회를 갖는다. 그러나 복수유통시스템은 통제하기 어렵고, 동일 고객을 상대로 한 판매경쟁으로 인해 경로갈등을 유발시키는 문제점이 있다.

● 유통조직의 재구성

기술혁신과 직접마케팅 및 온라인마케팅의 폭발적 성장은 마케팅경로의 성격과 설계에 큰 영향을 미쳤다. 이들이 기업의 유통조직에 미친 큰 영향의 하나는 탈중간상화(disintermediation)추세이다. 탈중간상화란 점점 더 많은 수의 제품·서비스 생산업체들이 중간상을 경유하지 않고 직접 최종구매자와 거래를 하는 현상 또는 새로운 형태의 혁신적인 중간상이 기존의 전통적 중간상을 대체하는 현상을 말한다. 이에 따라 많은 산업에 걸쳐 전통적인 중간상들이 유통경로상에서 위협을 받고 있다. 예를 들어, Dell컴퓨터 같은 기업들은 최종구매자에게 직접 자사상품을 판매함으로써 기존의 소매업체들을 자사의 마케팅채널에서 배제시켰다. 전자상거래의 급속한 성장도 전통적인 오프라인 소매업체의 영업을 잠식하고 있다. 소비자들은 오프라인 점포를 직접 방문할 필요없이 Amazon.com을 통해 서적, 비디오, CD, 장난감, 전자제품 등을 구매할 수 있다.

탈중간상화는 생산업체와 중간상 모두에게 위협과 기회를 제공한다. 전통적인 오프라인 중간상들은 생존하기 위해 공급체 인상에서 부가가치를 창출하는 새로운 방법을 강구해야 한다. 또한 제품·서비스 생산업체들도 기존의 경쟁력을 유지하기 위해 인터넷, 다른 유형의 직접경쟁을 가져와 경로갈등을 유발시킬 수 있음을 인식해야 한다.

경로갈등을 완화하기 위해, 기업들은 기업자신과 채널파트너 모두에게 이득이 되는 방안을 찾고 있다. 예를 들어 원가절감과 사업기회 확대를 위해 HP는 소비자 대상 웹사이트 Shopping Village, 인가된 재판매업자 대상 웹사이트 HP Commerce Center, 기존의 계약고객들을 위한 웹사이트인 Electronic Solution Now 등의 직접판매 웹사이트를 오픈하였다. 그러나 기존의 재판매 유통채널과의 경로갈등을 피하기 위해, HP는 모든 웹상에서의 주문을 재판매업자들에게 이관하였는데, 이들은 고객들로부터 주문을 받고 선적을 한 대가로 수수료를 받는다. 이러한 방법을 통해 HP는 직접판매의 이점과 재판매업체를 통한 판매의 유지모두를 실현할 수 있었다.

경로목표는 효과적인 경로관리를 위해 가능한 한 계량적으로 서술되어야 한다. 예를 들어, 한 식품제조업체가 고품질의 냉동즉석식품을 새로 개발하여 다음과 같은 경로목표를 설정하였다고 하자: "본사는 직장여성들 중 60%가 5분 이내의 운전으로 신제품을 구매할 수 있도록 유통경로를 구축할 계획이며, 이러한 목표를 신제품 출시후 12개월 이내에 달성하고자 한다." 이 식품제조업체가 설정한 경로목표는 표적시장 소비자들이 원하는 서비스수준(편리한 위치에서 즉시 구매가능함)을 반영하고 있을 뿐 아니라 단기간내에 신제품을 시장에 유통시키려는 기업의 성장목표도 구체적으로 표현하고 있다.

2.3 경로커버리지와 경로구조(경로길이)의 결정

(1) 경로커버리지 전략의 결정

마케터는 유통경로목표를 달성하기 위해 얼마나 많은 점포들이 필요하며, 각 점포는 어느 정도의 경로서비스를 제공해야 할지를 결정해야 한다. **경로(시장)커버리지** 또는 **유통집중도**(distribution intensity)는 특정지역에서 자사제품을 취급하는 점포의 수를 말하며, 제조업체가 선택할 수 있는 경로커버리지 전략에는 집중적 유통, 선택적 유통 및 전속적 유통이 있다.

집중적 유통(intensive distribution)은 가능한 한 많은 점포들이 자사제품을 취급하도록 하는 경로전략이다. 고객들이 자주구매하며 구매시 최소의 노력을 원하는 편의품들을 생산하는 기업들은 집중적 유통전략을 택하는 경우가 많다. 비누, 껌, 캔디, 휘발유, 세제, 문구류 등이 그 예이다. 한편 일정한 지역에서 한 점포가 자사제품을 독점적으로 취급하도록 하는 전략을 **전속적 유통**(exclusive distribution)이라고 한다. 기업이 이러한 유형의 경로커버리지 전략을 채택하는 이유는 ① 점포입지의 편리성이 고객에게 중요한 경로서비스 요인이 아니므로 고객들이 기꺼이 제품구매에 많은 쇼핑노력을 투입하고자 하고, ② 제조업체와 유통업체들 간의 강한 유대(partnership)관계를 통해 자사제품에 대한 적극적인 판매노력을 유도할 수 있기 때문이다. 자동차, 주요 내구재, 패션의류, 가구 등의 제품을 생산하는 기업들은 전속적 유통전략을 채택하고 있다.

선택적 유통(selective distribution)은 집중적 유통과 전속적 유통의 중간형태를 띠는 경로커버리지 전략이다. 즉, 특정지역 내에 자사제품을 적극적으로 취급하기를 원하는 중간상들 중 일정자격을 갖춘 소수의 중간상들에게 자사제품을 취급하도록 한다. 기업은 중간상들에게 적극적인 마케팅지원을 약속함으로써 충분한 시장커버리지가 이루어지도록 해야 할 것이다. 이는 TV, 침대매트리스, 화장품, 의류 등의 유통에 자주 이용되는 전략이다.

경로커버리지 전략을 선택하는 데 있어 마케터는 다음과 같은 요인들을 고려해야 한다.

첫째, 고객들이 자사제품을 어떤 유형의 제품으로 지각하는지를 조사하여야 한다. 제품의 유형(편

집중적 유통의 예

전속적 유통의 예

선택적 유통의 예

의품, 선매품, 전문품)에 따라 고객의 구매(쇼핑)행동이 달라질 수 있는데, 대체로 편의품은 집중적 유통전략을, 선매품은 선택적 유통전략을, 전문품은 전속적 유통전략을 고려해 볼 수 있다.

둘째, 경로커버리지 전략은 제조업체가 경로상에서 수행될 마케팅기능을 어느 정도 통제하고자 하는가에 의해 좌우되기도 한다. 집중적 유통전략을 채택하는 제조업체는 제품의 판매과정에 대한 통제를 상당부분 포기해야 하며, 통제를 증대시킬 수 있는 유일한 방안은 각 경로구성원을 위한 마케팅계획수립, 각 점포에 대한 머천다이징 지도 등을 통해 중간상들에 대한 협력과 지원을 이끌어내는 것이다. 반면에 전속적 유통경로전략을 사용하는 제조업체는 경로구성원이 수행해야 할 마케팅기능을 의도한 대로 통제할 수 있다. 즉, 구성원들 간의 합의에 의해 각 경로구성원들이 수행해야 할 마케팅기능(취급제품, 책임판매지역, 재고수준, 판매목표량, 촉진활동 등)을 명시함으로써 그들의 경로활동에 대한 통제를 극대화할 수 있다.

(2) 경로구조(경로길이)결정

제조업체는 경로목표를 달성하기 위하여 경로길이, 즉 어떤 유형의 중간상들을 경로구성원으로 포함시켜야 하는지를 결정해야 한다. 제조업체는 상황에 따라 중간상들을 배제하고 자신이 고객들과 직접 거래하는, 길이가 짧은 경로구조를 선택할 수도 있고 제품의 유통과정에 많은 유형의 중간상(도·소매상)들을 참여시킴으로써 경로길이가 매우 긴 경로구조를 선택할 수도 있다. 제조업체가 경로길이를 결정할 때는 다음과 같은 요인들을 고려하여야 한다(표 12-1 참조).

① 시장요인

표적시장 고객의 특성은 유통경로길이에 영향을 미친다. 예를 들어, 표적시장의 규모가 크고 특정지역에 고객이 집중되어 있을 경우 제조업체는 직접 마케팅경로를 고려할 가능성이 높다(즉, 마케팅경로의 길이가 짧아질 것이다).

② 제품요인

제품특성도 경로길이에 영향을 미치게 된다. 신선도를 유지해야 하는 부패성 제품과 선적거리와 물

표 12-1 경로구조결정 시의 고려요인

요 인	긴 유통경로구조	짧은 유통경로구조
· 시장요인		
시장규모	소규모	대규모
지리적 분산정도	높음	낮음
구매빈도	낮음	높음
평균 주문단위	소량	대량
· 제품요인		
용량	소규모	대규모
부패가능성	낮음	높음
단위당 가치	낮음	높음
제품표준화	높음	낮음
제품계열의 폭	좁음	넓음
제품계열의 깊이	얕음	깊음
기술적 복잡성	낮음	높음
· 기업요인		
규모	소규모	대규모
재무능력	약함	강함
관리경험	적음	많음
통제욕구	낮음	강함
· 경로구성원 요인		
이용가능성	이용가능	이용불가능
마케팅기능 수행 의지	높음	낮음
수행될 서비스 수	적음	많음
수행될 서비스 질	낮음	높음
경로구성원 이용의 비용	낮음	높음

량공급의 횟수를 최소화해야 하는 대용량 제품(bulky products)의 경우는 짧은 유통경로가 바람직하다. 또한 판매에 전문적 기술을 필요로 하는 복잡한 제품의 경우도 고객에게 정확한 제품정보를 제공하는 데 효과적인 직접 마케팅경로를 선택할 가능성이 높다. 다양한 제품계열을 생산하는 기업은 각 제품계열에 대한 경로구성원들을 구축할 경우 많은 유통비용이 든다. 따라서 유통비용을 줄이기 위해 직접 마케팅경로를 채택할 가능성이 높다.

③ 기업요인

기업의 재무적 능력, 중간상과의 거래경험, 제조업의 마케팅수행능력, 제품의 유통과정에 대한 통제욕구 등과 같은 기업특성들도 경로구조 선택에 영향을 미친다. 즉, 기업이 충분한 재무적 능력이 있고, 스스로 마케팅기능을 수행할 능력이 있으며, 유통과정에서 수행될 마케팅기능을 통제하고자 하는 욕구가 강할수록 경로길이를 단축하는 직접 마케팅경로를 택할 것이다.

④ 경로구성원 요인

제조업체는 경로구조 선택시 다음과 같은 요인들을 고려해야 한다.

첫째, 필요한 마케팅기능을 수행할 수 있는 중간상의 이용가능성(availability)이다. 필요한 마케팅 기능을 수행할 수 있는 중간상들을 구할 수 없거나, 있더라도 이를 수행할 의지가 없는 경우에 제조업체는 직접 마케팅경로를 구축할 수밖에 없다.

둘째, 경로구성원들이 제공해야 할 서비스의 수와 질을 고려해야 한다. 즉, 소비자는 중간상이 제공하는 신용제공, 배달, 품질보증, 판매원의 서비스, 보수 등에 대한 기대를 가진다. 제조업체는 중간상이 제공해야 할 서비스 수가 많거나 서비스의 품질이 제품판매에 중요하다면 직접 마케팅경로를 선택할 것이다.

셋째, 각 경로구성원들과의 거래에서 발생되는 상대적 비용도 고려해야 한다. 예들 들어, 손수건, 지갑, 양말 등 불특정다수의 고객들에게 소량으로 판매되는 제품을 생산하는 제조업체는 대형도매상과 직접 거래하고 대형도매상들이 다수의 소형점포들과 거래하는 것이 자사제품을 취급하고자 하는 각 소매점포들과 개별거래하는 것보다 비용의 경제성을 실현할 수 있다. 따라서 경로길이가 긴 경로구조를 선택할 것이다.

2.4 개별 경로구성원의 결정

시장커버리지와 경로길이에 대한 결정이 이루어지면, 마케터는 경로구성원으로 포함될 개별중간상들을 선택하게 된다. 중간상을 선정할 수 있는 능력은 기업에 따라 다르다. 예를 들어, Toyota는 렉서스(Lexus) 라인을 미국에 처음으로 출시했을 때 새로운 딜러를 확보하는 데 별 어려움을 겪지 않았으며, 오히려 수많은 딜러 후보자를 거절해야 했다. 그러나 충분한 자격을 갖춘 중간상을 확보하기 위해 상당한 노력을 기울여야 하는 제조업체도 있다. 예를 들어, Timex(타이맥스)가 일반 보석상을 통해 자사의 저가시계를 판매하려 했을 때, 대부분의 보석상들이 취급하려 하지 않았기 때문에 양판점을 통해 판매해야 했다. 중소제조업체의 경우에도 자사제품을 취급할 소매점을 확보하기 어렵다.

경로구성원 후보들을 평가하기 위해 흔히 사용되는 평가기준들에는 ① 신용능력, ② 영업사원의 규모, ③ 판매능력, ④ 취급하는 제품의 종류, ⑤ 명성, ⑥ 수익성과 성장잠재력 등이 있다. 신용능력은 중간상의 대금지불능력을 말하는데, 가장 중요한 평가기준의 하나이다. 또한 중간상이 보유하고 있는 영업사원의 수, 판매능력은 푸쉬전략을 사용하는 제조업체에게 매우 중요한 기준이 된다. 제조업체는 자사제품의 이미지를 유지하기 위해 경쟁사의 제품을 취급하는 중간상보다는 호환성이 있거나 보완적인 제품을 취급하는 중간상을 선호하게 된다. 마지막으로 제조업체는 취급하는 품목의 품질이나 고객에 대한 서비스에서 명성이 높거나 수익성과 매출액 성장이 높은 중간상과 거래하기를 원한다.

03 경로갈등의 관리

유통경로는 서로 다른 목표를 가진 경로구성원들로 구성되어 있으며, 개별 구성원들의 목표를 달성하기 위해 다른 경로구성원들의 노력을 필요로 한다. 이와 같이 경로구성원들은 상호 의존적 관계이지만 실제에 있어서는 자신의 경영에 다른 구성원들이 간섭하는 것을 배제하려고 한다. 즉, 경로구성원들은 자신들의 이익을 극대화하고자 하며 경로상에서 자신과 직접 거래하는 경로구성원과의 관계에만 주로 관심을 가진다.

한 제조업체의 유통경로의 성공여부는 다른 경쟁업체의 유통경로보다 얼마나 경쟁우위를 확보하느냐에 달려 있다. 즉, 경로전체의 목표를 달성하기 위해 경로구성원들이 어느 정도 협조하느냐가 유통경로전체 및 개별 경로구성원들의 성과를 좌우한다. 그러나 경로구성원들이 이와 같은 거시적 관점을 가지는 경우가 많지 않다. 따라서 각 구성원들의 목표와 그들이 수행해야 할 역할(과업)에 대해 서로 의견불일치가 발생될 때, 제조업체는 경로전체의 목표를 달성할 수 있도록 각 구성원의 목표와 역할을 조절하는 등의 경로갈등을 관리하여야 한다.

3.1 경로갈등의 유형

경로구성원 간의 의견불일치는 각 경로구성원들이 수행해야 할 과업을 수행하지 않을 때 발생되며, 이로 인해 경로갈등이 야기된다. **경로갈등**(channel conflict)은 크게 수평적 갈등(horizontal conflict)과 수직적 갈등(vertical conflict)으로 나누어진다. **수평적 갈등**이란 유통경로상의 동일한 수준(단계)에 있는 경로구성원들 간의 갈등을 말한다. 예를 들어, 서울 영등포 지역의 가전제품 대리점이 자신의 판매지역을 넘어 부천이나 안양지역의 소비자에게 영업을 한다면, 해당지역 대리점들 간에 갈등을 유발할 것이다. **수직적 갈등**이란 유통경로상의 서로 다른 단계(수준)에 있는 구성원들 간의 갈등을 말하며, 수평적 경로갈등보다 더 빈번하게 발생되는 경로갈등 유형이다. 예를 들어, (주)모닝글로리의 제품을 취급하는 문구소매상들은 모닝글로리가 제조업체이면서 직영점을 운영하여 유통까지 직접 관장함을 비난하고 직영점 폐쇄를 요구하였다. 또한 소비자가격은 타사보다 높으면서 소매상마진은 적게 책정하고 있다고 주장하면서 불매결의대회를 가졌다. 다른 예로 미국의 KFC가맹점들은 KFC의 전통적 메뉴인 후라이드 치킨보다 그릴드 치킨과 샌드위치에 역점을 두는 회사의 결정에 반발하면서 경로갈등을 겪었다. KFC는 건강을 염려하는 소비자들을 끌어들이기 위해 튀긴 것보다는 그릴에 구운 닭요리 등 건강지향적 메뉴를 기반으로 브랜드 재포지셔닝을 추구했다. 그러나 KFC 가맹점들은 KFC가 갖고 있던 미국 남부식 후라이드 치킨이라는 브랜드유산을 포기하는 것은 소비자를 혼란시키고 판매를 하락시킬 것으로 우려해 마케팅캠페인 중지소송을 하는 등 강하게 반발함으로써 경로갈등이 발생했다.

3.2 경로갈등과 경로성과 간의 관계

경로구성원들 간의 갈등은 경로성과(channel performance)에 긍정적 혹은 부정적 영향을 미칠 수 있다. 경로갈등이 경로성과에 미치는 영향에 따라 세 가지로 분류될 수 있다.

첫째, 경로갈등은 경로성과에 부정적인 영향을 미칠 수 있는데, 이를 **역기능적 갈등**(dysfunctional conflict)이라고 한다. 역기능적 경로갈등은 구성원들 간의 협조를 저해하게 된다. 즉, 갈등이 발생되면 경로구성원은 다른 구성원들에 의해 효율적으로 수행되던 마케팅기능을 자신이 직접 수행함에 따라, 업무의 중복이 발생되는 등 경로업무의 비효율성이 증대된다. 또한 경로상에서 발생되는 정보를 자신이 독점하려는 기회주의적 행동이 발생된다.

둘째, 경로갈등으로 인하여 경로내의 문제를 발견하고 이를 해결함으로써 경로성과의 향상을 가져오기도 하는데, 이를 **순기능적 갈등**(functional conflict)이라고 한다.

셋째, 경로갈등이 경로성과에 영향을 미치지 않는 경우도 있는데, 이를 중립적 갈등(neutral conflict)이라고 한다. 중립적 갈등은 경로구성원들 간의 상호 의존정도가 매우 높아, 발생된 분쟁이 경로성과에 부정적인 영향을 미쳐서는 안 된다는 공동의 인식이 형성된 경우에 발생된다.

[그림 12-2]는 경로갈등과 경로성과 간의 관계를 보여준다. C_0과 C_1 사이의 중립적 경로갈등은 경로성과 수준에 별 영향을 미치지 않으며, C_1과 C_2 사이에서는 경로구성원들이 서로 협력하여 갈등을 해소하려는 노력을 함으로써 순기능적 갈등을 나타낸다. 그러나 갈등수준이 C_2이상이 되면 서로 간의 반목이 심해져 역기능적 갈등이 발생된다.

그림 12-2 경로갈등과 경로성과

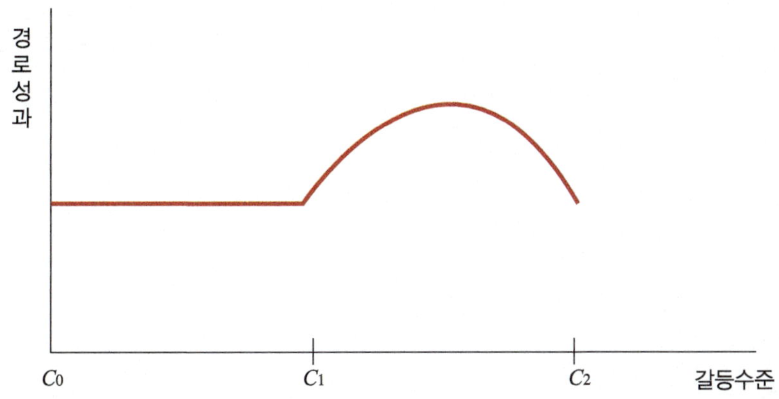

3.2 경로갈등의 원인

경로구성원들 간의 갈등은 여러 가지 원인들로부터 발생된다. 일반적으로 경로갈등이 발생하는 원인으로는 경로구성원들 간의 목표의 불일치(goal incompatibility), 현실인식에서의 차이(perceptual difference), 그리고 각 경로구성원이 수행해야 할 영역의 불일치(domain dissensus)의 세 요인이 있다. 예를 들어, 중간상은 한 제조업체 제품의 판매를 극대화하는 것이 자신의 이익을 감소시킬 것으로 생각하거나(목표불일치의 예), 제조업체 영업사원이 적절한 유통서비스를 제공하지 못한다는 인식을 갖거나 혹은 제조업체가 소매상에 대해 높은 마진이나 촉진지원금에만 관심이 있다는 인식을 가질 수 있으며(현실인식의 차이의 예), 전통적으로 소비용품 제조업체가 수행해 왔던 제품디자인의 개발에 대형도매상이 참여하기를 원할 수 있다(영역불일치의 예).

다음은 경로갈등을 유발하는 대표적인 예들이다.

① 제조업체가 중간상을 우회하여 사용자에게 직접 판매할 때 : 제조업체가 중간상에게 자사제품을 판매하면서 동시에 소비자를 대상으로 직접 판매하는 이중경로(dual distribution)를 채택할 때, 소매상은 제조업체가 동일한 고객을 상대로 자신과 경쟁하는 것으로 위협을 느낄 수 있다.
② 제조업체가 한 상권내에 너무 많은 중간상들을 참여시키는 것으로 생각될 때
③ 경로내 중간상들에게 제공되는 마진에 차이가 있을 때
④ 경로구성원이 다른 구성원들과 고객에 관한 정보를 공유하기를 꺼려할 때 : 중간상들은 제조업체에게 고객에 관한 정보를 제공하기를 꺼려하는 경향이 있다. 이는 제조업체가 고객에 관한 정보를 갖게 되면, 중간상들을 우회하여 고객들과 직접 거래할 것을 우려하기 때문이다.

3.4 갈등해결 메커니즘

기업은 경로갈등을 해결하기 위해 다음과 같은 방법들을 사용할 수 있다.

첫째, 기업은 거래쌍방의 개별적 목표가 아닌 상위목표를 설정함으로써 경로갈등을 해결할 수 있다. 이 방법은 경로구성원 간에 어느 정도 공존의식과 일체감이 형성되어 있는 경우에 효과적이므로 주로 기업형 경로, 계약형 경로, 관리형 경로와 같은 수직적 마케팅시스템에서 효과적인 갈등해소 방법이다. 두 번째는 중재(mediation) 혹은 재정(arbitration)의 방법을 이용하는 것으로, 이는 제3자가 내리는 결정을 거래쌍방이 의무적으로 수용하도록 하는 갈등해결방법이다. 가령, 정부기관(예를 들어, 공정거래위원회)은 제3자로서 제조업체와 소매상 간의 거래에 있어 발생하는 갈등문제(예를 들어, 재판매 가격유지)를 해결하는 과정에 관여한다. 셋째, 인력교환 등을 통해 거래상대방과의 상호작용을 증가시킴으로써 갈등을 해결한다. 인력교환은 경로의사결정에 거래쌍방이 자신 혹은 자신의 대표를 선임하여 참여하는 방법(공식적 방법)과 어느 일방(예를 들어, 제조업체)의 의사결정에 거래상대방(예를 들어, 딜러들)이 자문위원회 등을 통해 간접적으로 참여하는 방법이 있을 수 있다. 넷째, 협상

(bargaining)을 통해 갈등을 해결한다. 이 방법은 의존도가 낮은 유통경로형태에서 갈등해결을 위해 가장 보편적으로 활용된다. 갈등해결에 있어 힘의 행사만으로는 갈등을 해결하기 어려울 것이므로 힘의 행사와 함께 양보도 해야 한다. 협상을 통해 합의점에 이르기 위해서는 상대방으로 하여금 더 이상의 양보가 불가능하다는 인식을 가지게 하는 것이 중요하다. 이러한 인식은 상호신뢰가 조성되어 있는 경우에 가능하다.

04 유통경로의 계열화

제조업체는 서로 다른 목표와 기대를 가진 경로구성원들을 조정·통제하고 갈등이 발생할 때 이를 관리할 수 있는 경로리더십(channel leadership)이 필요하다. 그러나 서로 독립적인 경로구성원들로 구성된 전통적 마케팅경로의 경우 제조업체가 리더십을 행사하는 것이 용이하지 않을 뿐만 아니라 경로구성원에 맞는 역할을 부여할 수 있는 공식적인 권한도 없다. 이러한 전통적 마케팅에 대한 대안으로서 수직적 마케팅시스템(vertical marketing system)이 출현하였다(그림 12-3 참조). 이 절에서는 전통적 마케팅경로와 수직적 마케팅시스템의 여러 유형들의 특성을 설명한다. 끝으로 최근 많은 기업들이 활용하고 있는 수평적 마케팅시스템을 소개한다.

4.1 전통적 마케팅경로(Conventional Marketing Channel)

전통적 마케팅경로는 상호 독립적인 경로구성원들(예를 들어, 제조업체, 도매상, 소매상)로 구성된다. 경로구성원들은 각자의 이익을 추구하며, 다른 경로구성원들의 성과에 별 관심을 두지 않는다. 제조

그림12-3 전통적 마케팅경로와 수직적 마케팅시스템의 비교

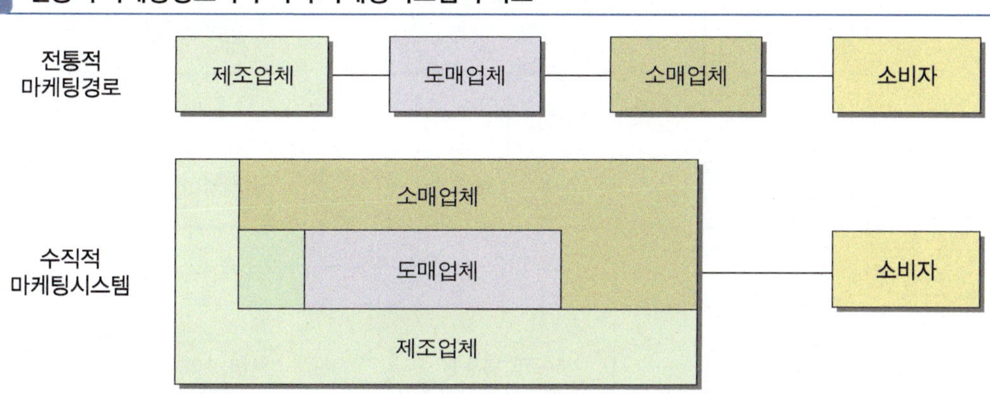

· 자료원 : Philip Kotler and Gary Armstrong, *Principles of Marketing*, Prentice-Hall, 6th ed., 1994, p.402.

업체는 경로구성원들에 대한 통제력을 갖고 있지 않을 뿐 아니라 경로갈등을 해소할 공식적 기구가 존재하지 않으므로 경로구성원들 간의 조정은 리더십과 사전계획보다는 협상과정을 통해 이루어진다. 그결과 전통적 마케팅경로는 빈번한 갈등과 낮은 경로성과를 초래할 가능성이 높다. 전통적 마케팅경로에서 경로구성원들은 경로전체의 목표달성에 관심이 없기 때문에, 만약 제조업체가 경로목표의 달성을 위해 경로구성원들의 기능을 조정·통제하려는 노력을 강화한다면 경로구성원들은 이에 대해 강한 반발을 할 가능성이 높다.

4.2 수직적 마케팅시스템(VMS : Vertical Marketing System)

기업들은 전통적 마케팅경로의 대안으로 경로구성원들의 활동을 효과적으로 관리할 수 있는 수직적 마케팅시스템(VMS)을 도입하게 되었고, 이는 가장 빠른 성장을 하고 있는 유통경로의 유형이다.

수직적 마케팅시스템은 중앙(본부)에서 계획된 프로그램에 의해 경로구성원들을 전문적으로 관리·통제하는 네트워크형태의 경로조직이다. VMS는 생산에서 소비까지의 마케팅흐름을 통합·조정하여 규모의 경제를 달성할 수 있도록 설계된 유통경로형태이다. 따라서 VMS의 주요한 특징의 하나는 중앙집중화된 파워에 의해 경로구성원들을 조정·통제하고 경로갈등을 관리한다는 점이다.

VMS는 경로구성원들에 대한 소유권의 정도(강도)에 따라 기업형 VMS(corporate VMS), 계약형 VMS(contractual VMS), 관리형 VMS(administered VMS)로 나누어진다. 수직적 통합의 정도가 약한 관리형 VMS에서 매우 강한 기업형 VMS로 갈수록 경로구성원들에 대한 통제력이 증가하지만 더 많은 투자를 필요로 하며 유통환경변화에 대응하는 유연성이 약해진다.

그림12-4 수직적 마케팅시스템의 중요유형들

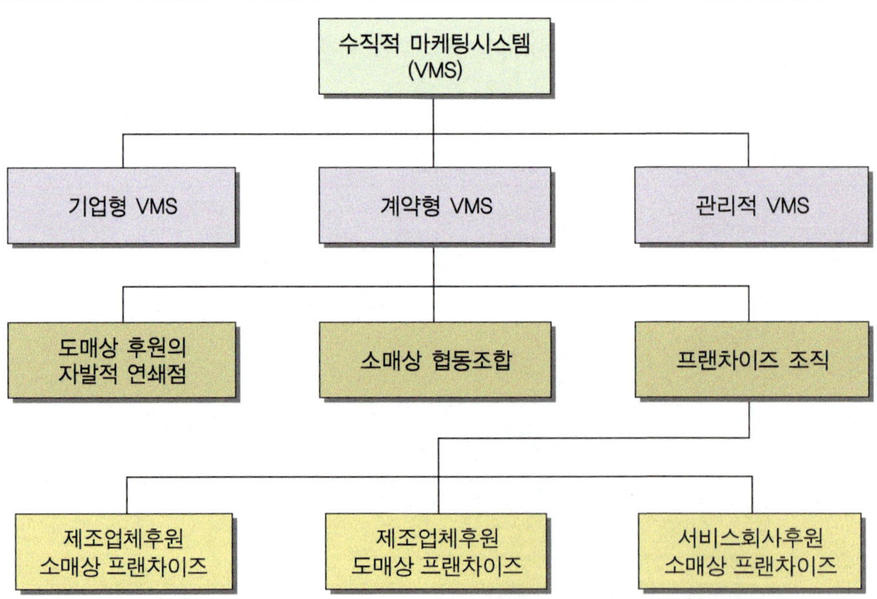

[그림 12-4]는 수직적 마케팅시스템의 중요 유형을 보여주고 있다.

(1) 기업형 VMS(Corporate VMS)

기업형 VMS는 한 기업이 다른 경로구성원들을 법적으로 소유·관리하는 경로유형이다. 제조업체가 도·소매상들을 소유하는 전방통합(forward integration), 소매상들이 그들에게 제품을 공급하는 제조업체를 소유하는 후방통합(backward integration)이 기업형 VMS의 전형적인 형태이다. 제조업체는 자사제품의 유통을 전담할 도·소매점을 100% 소유한 유통망을 형성하거나 또는 주식의 일부를 취득함으로써 부분적인 수직적 통합을 채택할 수 있다. 미국의 Sears 백화점이 판매하는 상품의 50%이상은 자신이 일부지분을 갖고 있거나 소유권을 갖고 있는 거래기업들로부터 구매된 상품들이 차지한다.

스페인의 의류체인인 Zara는 전체유통체인에 대한 직접 통제를 통해 가장 급성장하는 패션소매기업의 하나가 되었다. Zara의 핵심성공요인 가운데 하나는 디자인, 생산, 자사소유의 세계적 유통망에 이르기까지 공급체인의 거의 모든 측면을 직접 통제한 것이다. Zara는 생산에 많은 시간이 소요되는 외부 공급업체와의 거래를 지양하였는데, 완성품의 40%를 자체개발된 원단을 사용하여 생산하고, 완성품의 반이상을 자체생산설비로 생산하였다. 새로운 스타일의 개발은 실시간 판매자료의 지원을 받아 Zara자체의 디자인센터에 의해 이루어진다. 새로운 디자인은 Zara내 생산센터에 넘겨지며, 생산된 의류는 전세계 30개국에 위치한 450개의 Zara 소매점에 직접 공급된다. 이러한 통합된 공급체인 관리를 통해 Zara는 시간절약, 창고소유의 배제, 낮은 재고량 유지 등을 실현할 수 있었다. Zara는 효과적인 수직통합을 통해 국제패션시장에서 Gap, Benetton, 스웨덴의 H&M 등과 같은 경쟁업체에 비해 더 신속하고, 유연하며, 효율적인 경영을 실현할 수 있었던 것이다. Zara는 신규라인의 개발에서 생산에 이르는 과정을 3주만에 완료할 수 있기 때문에 MTV에서 본 새로운 스타일의 패션을 1개월 이내에 Zara점포에 신속하게 공급할 수 있는데, 이는 업계 평균기간인 9개월에 비해 엄청나게 짧은 기간이다. Zara는 저원가 운영을 통해 매우 저렴한 가격으로 멋있는 대중의류를 시장에 공급한다. Zara가 공급하는 구입가능한 가격대의 스타일리쉬한 의류는 많은 매니아 고객층을 유인하며 급속한 매출성장의 원동력이 되었다.

(2) 계약형 VMS(Contractual VMS)

계약형 VMS는 경로구성원들이 각자가 수행해야 할 기능들을 계약에 의해 합의함으로써 공식적인 경로관계를 형성하는 경로시스템을 말한다. 계약적 VMS는 도매상후원의 자발적 연쇄점(wholesaler-sponsored voluntary chain), 소매상 협동조합(retailer cooperative), 프랜차이즈 조직(franchise system)의 세 가지 유형으로 나누어진다.

■ 도매상 후원 자발적 연쇄점(Wholesale-sponsored Voluntary Chain)

도매상 후원 자발적 연쇄점은 독립적인 소매상들이 대형도매상을 중심으로 수직통합된 형태이다. 연쇄점 구성원들은 공동구매와 공동의 촉진(promotion)노력에 의해 규모의 경제성을 얻을 수 있으므로 대규모의 회사형 연쇄점과 가격경쟁이 가능하다.

미국에서 가장 널리 알려진 도매상 후원의 임의연쇄점은 IGA(Independent Grocers Alliance)이다. IGA는 식품소매 분야에서 가장 규모가 큰 도매상 후원의 임의연쇄점이며, IGA를 공동소유하는 33개의 도매상 중 가장 규모가 큰 것이 Fleming과 Wetterau 등이다. 도매상들은 공동광고, 중간상 상표 개발 등을 통해 IGA에 가입한 독립소매상을 지원함으로써, Safeway, Kroger 등의 대형슈퍼마켓 체인과 효율적으로 경쟁할 수 있게 된다. 2011년 롯데슈퍼는 볼런터리 체인점인 하모니마트를 인수했는데, 하모니마트는 가맹본부가 상품만 공급하고 점주의 경영독립성을 100% 보장해 주는 느슨한 형태의 가맹방식으로 운영되고 있다.

소매상 협동조합(Retailer Cooperative)

중소소매상들이 도매기능을 가진 공동소유의 조직체(협회)를 결성하기도 하는데, 이를 소매상 협동조합이라고 한다. 소매상 협동조합은 조합원을 위해 공동구매 및 촉진활동을 수행함으로써 규모의 경제를 달성할 수 있다. 전국 중소상인 연쇄점협회나 한국슈퍼마켓 협동조합 등은 소매상조합의 예이다.

앞에서 설명한 도매상 후원의 자발적 연쇄점과 소매상 협동조합은 소유형태의 차이 이외는 운영에 있어서 유사한 점이 많다. 가입소매점들은 상당량의 상품들을 중앙(본부)으로부터 구입하여야 하며, 표준화된 소매광고와 운영방식 등에 따라야 한다. 가입소매점들은 공동광고비를 분담하며 같은 상호하에 점포를 운영한다. 이와 같은 운영의 표준화는 규모의 경제를 가능하게 한다. 미국의 도매상 후원의 자발적 연쇄점과 소매상 협동조합은 1930년대에 급속히 성장했던 기업형 체인점(corporate chain)의 강력한 구매력에 대처하기 위해 소형점포들 간에 형성되었으나 점차 공동소매광고, 공동머천다이징, 공동종업원 교육 등 광범위한 마케팅프로그램까지 개발하게 되었다. 일반적으로 도매상 후원의 연쇄점이 소매상 협동조합보다 경쟁상의 이점이 있다. 이는 도매상후원의 연쇄점의 경우 도매상들이 전문지식과 시장파워를 이용하여 유통경로 구성원들의 리더가 될 수 있는 반면, 소매상 협동조합에 있어서는 파워가 구성원들에게 분산되어 있기 때문에 구성원들 간에 마케팅경로 기능들을 조정하기가 쉽지 않기 때문이다.

프랜차이즈 조직(Franchise Organization)

프랜차이즈 조직은 프랜차이즈 본부(franchiser)가 계약에 의해 가맹점(franchisee)에게 일정기간 동안 특정 지역내에서 자신들의 상표, 상호, 기업운영방식 등을 사용하여 제품을 판매할 수 있는 권한을 허가해 주며, 가맹점은 이에 대한 대가로 본부에 초기 가입비와 매출액에 대한 일정비율의 로열티(royalty)를 지급하는 유통업태로 정의된다. 법적계약에 의해 프랜차이즈 본부는 가맹점포에게 제품을 판매하거나 설비를 임대 또는 판매할 수 있다. 예를 들어, 맥도날드는 모든 가맹점들이 본부가 지정한 공급업자로부터 구매하기를 요구하며, 본부가 건물과 점포설계에 대한 명세를 규정할 뿐 아니라 가맹점들이 준수해야 할 품질기준을 제시한다.

프랜차이즈 조직은 수직적 마케팅시스템의 여러 유형들 중 최근 가장 급속한 성장을 보이는 경로유형의 하나이다. 미국의 경우 프랜차이즈에 의한 매출액이 총 소매 매출액의 33% 정도를 점유하고 있

제조업체-소매상 프랜차이즈의 예: 혼다자동차는 딜러와의 프랜차이즈계약에 의해 자사제품을 판매할 수 있는 권리를 허락해 준다.

다. 우리나라의 프랜차이즈는 1979년에 등장한 난다랑과 롯데리아가 최초이며, 국내 프랜차이즈 조직은 전체 프랜차이즈 조직의 2/3 이상을 차지하고 있는 패스트푸드점에 의해 주도되고 있다.

프랜차이즈 조직은 크게 세 가지 유형으로 나누어진다.

첫 번째는 **제조업체 후원 소매상 프랜차이즈시스템**(manufacturers-sponsored retailer franchise system)인데, 미국의 자동차 딜러, 주유소 가맹점 등이 대표적인 예이다. 미국의 자동차회사들은 딜러들에게 자사자동차를 판매할 수 있는 권리를 허가하며, 딜러들은 자동차회사가 요구하는 판매, 서비스 조건을 준수하는 형태의 프랜차이즈 조직을 운영하고 있다.

두 번째는 **제조업체 후원 도매상 프랜차이즈시스템**(manufacturers-sponsored wholesaler franchise system)이며, 대표적인 예는 코카콜라, 펩시콜라 등 콜라회사이다. 예를 들어, 미국의 코카콜라사는 bottler라고 불리는 도매상들과 프랜차이즈 계약을 맺고 이들에게 콜라원액을 공급한다. 도매상(보틀러)들은 콜라원액을 탄산음료로 만들어 이들에게 할당된 각 지역 내에서 독점판매하고 있다. 한국에도 한국코카콜라(주)와 한국코카콜라보틀링(주)이 설립되어 있다. 코카콜라는 원액과 시럽을 생산해

제조업체-도매상 프랜차이즈의 예: 코카콜라사는 도매상들과 프랜차이즈계약을 맺고 이들에게 콜라원액을 공급한다.

보틀러에게 공급하고, 보틀러는 이 원액과 시럽에 물과 탄산가스 등을 넣어 콜라 완제품을 만들어 국내시장에 판매한다. 코카콜라가 일반소비자를 상대로 하는 것과 달리 코카콜라보틀링은 도·소매유통을 상대로 마케팅을 수행한다.

세 번째는 **서비스회사 후원 소매상 프랜차이즈시스템**(service firm-sponsored retailer franchise system)인데, 이는 본사가 가맹점에 운영과 관련된 서비스를 제공하는 제도로서 매우 다양한 형태의 프랜차이즈 조직이 있다. 대표적인 예로는 자동차대여업(Hertz, Avis), 패스트푸드점 체인(맥도날드, 롯데리아, 피자헛, 파리바게뜨), 호텔체인(Holiday Inn, 쉐라톤, 하이얏트) 등이 있다.

마케팅 Highlight

파리지앵 사로잡은 베이커리 전문 프랜차이즈 파리바게뜨–글로벌 종합식품기업을 추구하는 국내 최대 프랜차이징 기업 SPC

프랑스 파리1지구에 있는 샤틀레역. 파리를 여행하는 사람이라면 한 번쯤 지나게 되는 곳이다. 서쪽으로 루브르박물관, 남쪽으로 퐁뇌프 다리와 노트르담 성당, 동쪽으로 파리시청, 북쪽으로 퐁피두센터 등이 있는 파리의 중심이다. SPC그룹은 이곳에 2014년 7월 파리바게뜨 샤틀레점을 열었다. 파리바게뜨 파리 1호점인 이 매장은 글로벌시장을 공략하고 있는 SPC그룹의 미래를 보여주는 곳이다. 하루 평균 850명의 고객이 바게트 700개, 샌드위치 200개를 사 간다. 국내매장의 평균매출보다 세 배 많은 규모다.

SPC그룹은 2015년 창립 70주년을 맞은 국내 최대 프랜차이즈 회사다. 파리바게뜨 외에 배스킨라빈스, 던킨도너츠, 파스쿠찌, 빚은 등의 프랜차이즈 브랜드를 운영하고 있다. 그 외에도 외식브랜드 라그릴리아, 퀸즈파크, 디퀸즈, 베라피자, 그릭슈바인, 라브리, 스트릿도 운영하고 있다.

주력인 파리바게뜨는 1988년 서울 광화문에 1호점을 시작으로 빠른 속도로 국내 베이커리 시장을 장악했다. 매장에서 빵을 바로 굽는 '베이크 오프' 방식을 국내 최초로 도입한 점이 주효해 사업시작 10년 만인

프랑스 파리매장에서 인기를 끈 '밤크림 코팡'

1997년에 국내 베이커리 시장 1위에 올랐으며, 2015년 말 현재 2위사인 뚜레쥬르보다 매장이 세 배가량 많다.

글로벌 베이커리 시장공략도 활발하다. 2004년 중국을 시작으로 미국, 베트남, 싱가포르, 프랑스에 차례로 매장을 냈다. 중국에서는 상하이와 베이징 위주로 출점해 2012년 100호점을 돌파했다. 미국에도 2002년 현지법인을 설립하고, 2005년 로스앤젤레스(LA)에 1호점을 냈으며 서부의 LA와 동부의 뉴욕을 중심으로 매장을 확대 중이다. 프랑스에서는 2014년 1호점, 2015년 2호점을 내고 사업을 본격화했다. 파리매장은 유럽의 '플래그십 스토어' 역할을 맡고 있다.

SPC는 2015년 그룹창립 70주년 기념식에서 '비전 2030'을 발표했다. 2015년 5조원 매출을 2030년에는 20조원으로 늘리겠다는 것이 주내용인데, 파리바게뜨 해외진출이 매출확대전략의 핵심이다. 허 회장은 "파리바게뜨 등의 해외진출을 확대해 현재 6000여개인 매장을 2030년까지 1만 2000개로 확대할 계획"이라고 말했다. 특히 중국과 미국시장에 주목하고 있는데, 2030년까지 이 두 나라에 2000개의 매장을 낸다는 목표를 세웠다. SPC는 2004년 중국 상하이에 1호점을 낸 뒤 중국전역에서 130개 매장(2015년 11월 현재)을 운영하고 있다. 2014년까지는 직영점 위주로 출점하며 브랜드인지도 주력했으며, 2015년 들어 가맹사업을 본격화하고 있다. 미국에서는 40여개의 직영점을 운영 중이다. 뉴욕 맨해튼에서는 현지 유명 베이커리브랜드 오봉팽과 어깨를 나란히 할 만큼 성장했는데, 2015년부터 가맹사업을 시작해 매장 수를 빠르게 늘려나갈 방침이다.

• 자료원 : 한경, 2015.11.13

(3) 관리적 VMS(Administered VMS)

관리적 VMS는 경로구성원들의 마케팅활동이 소유권이나 계약에 의하지 않으면서 어느 한 경로구성원(경로리더)의 규모와 파워에 의해 조정되는 경로유형이다. 시장점유율이 높은 제조업체들은 중간상들의 자사브랜드에 대한 머천다이징계획에 대한 지원을 하며, 자사브랜드에 대한 진열공간확보, 촉진정책 등과 관련하여 이들로부터 강력한 협조를 얻을 수 있다. 예를 들어 삼성전자, 농심, P&G 등은 점포디스플레이, 진열공간, 판촉, 가격정책 등에 관한 협상에서 유통업체들로부터 유리한 조건을 확보할 수 있다. 또한 이마트, 롯데백화점, 교보문고 등의 대형 소매업체들은 자신들이 판매하는 상품을 공급하는 제조업체들에게 강한 영향력을 행사할 수 있다.

4.3 수평적 마케팅시스템(Horizontal Marketing System)

최근 같은 경로수준에 있는 기업들이 자본, 생산, 마케팅기능 등을 결합하여 각 기업의 경쟁우위를 공유하려는 추세가 있는데, 이를 **수평적 마케팅시스템**이라고 하며, 수평적 마케팅시스템에 의한 마케팅을 공생적 마케팅(symbiotic marketing) 혹은 공동마케팅이라고 한다. 즉, 기업은 자사의 장점과 타사 장점을 결합하여 시너지효과를 얻음으로써 불필요한 과당경쟁과 비효율적인 자원의 사용을 피하려

수평적 마케팅시스템의 예: 제주도 지방개발공사는 삼다수의 생산을, 광동제약은 삼다수의 유통을 맡음으로써 생수시장에서 선도적 브랜드가 되었다.

는 것이다. 수평적 마케팅시스템은 한 기업과 경쟁업체들 간의 협조 또는 비경쟁업체와의 협조에 의해 구축될 수 있다. McDonald's는 Wal-Mart점포에 간이레스토랑을 운영할 수 있는데, McDonald's는 Wal-Mart의 많은 점포방문 고객들로 인해 매출에 도움을 받을 수 있고, Wal-Mart는 시장기를 느낀 쇼핑객들이 McDonald's에서 식사할 수 있는 기회를 제공하여 그들을 계속 점포에 머무르게 할 수 있는 이점을 갖는다.

유통과정에서 기업들 간의 협조체제는 글로벌시장에서 상당한 효과를 거둘 수 있다. 예를 들어, 글로벌판매망을 가지고 있는 Nestlé는 General Mills와 협조체제를 구축하고, 북미 이외의 해외시장에서 General Mills사의 시리얼 브랜드를 공동으로 판매한다. Coca-Cola는 Nestlé와의 합작투자를 통해 세계시장에서 커피(가령, 네스카페), 차(가령, 네스티) 등의 캔음료를 판매하고 있는데, 이는 청량음료의 마케팅과 유통에서 Coke가 갖고 있는 세계시장에서의 경험과 Nestlé가 보유하고 있는 세계적인 유명브랜드인 Nescafé와 Nestea의 이점을 결합한 것이다.

05 물적유통

마케팅조사와 수요예측에 의해 고객의 욕구를 충족시켜줄 수 있는 적절한 수량의 제품을 생산하였다 하더라도 소비자가 원하는 장소에서 원하는 시간에 구입할 수 있도록 하기 위해서는 설계된 유통경로를 따라 제품이 정상적으로 유통되어야 한다. 그러나 자동차의 급격한 증대에 의한 도로의 정체와 다품종 소량생산추세에 의한 운송효율의 저하로 인해 제조업체의 물류비용은 급격하게 증가하고 있다. 이러한 이유로 인해 물류비용의 절감이 원가우위확보의 주요한 원천이 되고 있다. 본절에는 물류의 개념, 영역, 기능 등을 설명하고, 물적유통시스템을 구축하기 위한 관련 의사결정내용들을 논의하기로 한다.

5.1 물적유통(Physical Distribution)의 개념

물적유통관리 또는 로지스틱스(logistics)는 원재료나 부품의 공급자 단계에서부터 생산단계를 거쳐 최종 소비자에게까지 물리적 재화가 전달되는 과정을 관리하는 것으로 볼 수 있다. 미국의 물류관리협회(The Council of Logistics Management)의 정의에 의하면, **물적유통관리** 또는 **로지스틱스**를 "원자재, 재공품, 완제품 및 정보를 발생지점에서 소비지점까지 효율적이고 효과적으로 흐르도록 계획, 실시, 통제하는 과정"으로 정의하고 있으며, 이 정의에는 고객서비스, 수송, 창고 및 보관, 공장 및 위치선정, 재고관리, 주문처리, 유통정보, 조달, 원료취급, 부품 및 서비스지원, 폐품처리, 포장, 반품처리, 수요예측 등을 포함한다. 결국 물적유통관리란 조달, 생산, 판매활동에 수반되는 물적흐름을 효율적으로 관리하는 과정으로 요약된다.

5.2 물적유통의 영역과 기능

앞에서 언급하였듯이 기업의 경영활동을 조달, 생산 및 판매라는 시스템으로 볼 때, 기업전체의 입장에서 물적유통을 원자재의 조달에서부터 생산단계를 거쳐 최종소비자에게 제품이 전달되는 과정으로 이해할 수 있다. 따라서 물적유통의 영역은 조달, 생산, 판매과정에서의 물적흐름을 관리하는, 즉 조달물류, 생산물류, 판매물류를 포함하는 것으로 볼 수 있다(그림 12-5 참조).

조달물류는 제조업체로부터 공급요청을 받은 공급처에서 원자재를 포장하여 제조업체의 자재창고까지 수송 및 배송을 하고, 입고된 원자재를 자재창고에서 보관 및 재고관리를 하는 단계까지를 말한다. **생산물류**는 자재창고에서의 출고로부터 생산공정으로의 운반, 생산공정에서의 하역, 그리고 창고

그림 12-5 물적유통의 영역

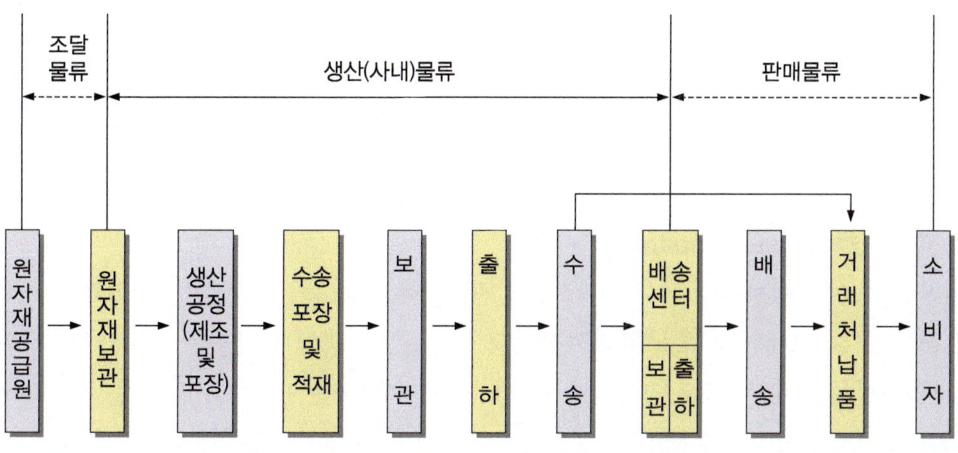

에의 입고까지의 과정을 말한다. 생산물류에서는 운반 및 하역의 자동화와 창고의 자동화가 관리의 초점이 된다. **판매물류**는 제품이 소비자에게로 전달될 때까지의 수송 및 배송활동으로서, 제품창고로부터 제품의 출고, 배송센터까지의 수송, 배송센터로부터 각 대리점이나 고객에게 배송되는 작업 등이 포함된다.

5.3 물적유통관리

기업은 제공하고자 하는 고객서비스 수준을 최소의 총물류비로 달성할 수 있도록 먼저 물적유통관리 목표를 설정하고 이를 달성하기 위한 개별물류활동을 관리해야 한다.

1. 물적유통관리의 목표

물적유통관리의 목표는 크게 고객서비스 향상과 물류비용의 최소화라는 두 가지 상반된 측면을 함께 고려해야 한다. 고객서비스의 향상은 필연적으로 물류비용의 증대를 수반하게 되므로 마케팅관리자는 서비스 향상과 물류비 절감중에서 어느 부분에 더 중점을 둘 것인가를 결정해야 한다. 또한 물류시스템을 구성하는 물류활동들로부터 발생되는 비용을 최소화하는 시스템적 접근이 필요하다.

(1) 고객서비스 목표

제조업체는 물류에 대한 결정을 할 때 먼저 고객이 요구하는 물류서비스 수준을 파악하여 경쟁사보다 나은 물류서비스를 제공해야 한다. 제조업체가 고려해야 할 고객서비스 구성요소는 크게 재고이용가능성, 서비스제공능력, 서비스의 질로 나누어진다. 제조업체는 각 구성요소에 대해 고객이 원하는 서비스수준과 실제 제공되는 서비스수준을 비교하여 보다 나은 고객서비스를 제공할 수 있도록 관리하여야 한다.

■ **재고이용 가능성(inventory availability)**

기업은 충분한 재고를 보유하여 고객이 주문을 할 때 즉시에 공급을 할 수 있어야 한다. 즉, 적정재고 유지를 통한 고객기대의 충족은 고객서비스 제고의 중요한 요소가 된다. 재고이용 가능성은 주문충족률(order-fill rate) 같은 기준을 사용하여 이에 대한 성과를 측정할 수 있다. 주문충족률은 고객의 주문량 중 선적된 것의 비율로 측정된다. 예를 들어, 고객이 100개의 상자를 주문하여 97상자만이 선적되었으면 주문충족률은 97%이다.

■ **서비스 제공능력(service capability)**

서비스 제공능력은 고객서비스의 처리속도, 일관성, 유연성 등을 포함한다. 고객서비스의 속도는 고객이 거래처에 대해 기대하는 주문처리시간이다. 기업은 고객이 기대하는 고객서비스 속도와 주문주기를 구성하는 활동들(주문, 주문처리, 수송, 배달 등)을 수행하는 데 걸리는 총시간을 비교하여 고객서비스 속도를 개선해야 한다. 주문주기 일관성(order-cycle consistency)은 매 주문마다 발생되는 주문주기들이 기업이 목표로 한 주문주기 이행시간과 어느 정도 차이가 나는지를 나타낸다. 물류관리 담당자는 전체 주문주기이행 시간의 일관성을 유지할 수 있도록 주문주기를 구성하는 각 활동의 수행 시간을 잘 관리하여야 한다.

서비스의 유연성(flexibility)은 고객의 특별한 서비스요구에 기업이 대응할 수 있는 능력이다. 예를 들어, 고객에게 중요한 부품을 전담하여 공급하는 특정 배송센터(창고)에서 재고가 소진되었을 때 즉각적으로 다른 배송센터로부터 부품을 공급할 수 있어야 할 것이다.

제조업체는 자사의 서비스 제공속도, 서비스의 일관성, 서비스의 유연성 등을 조사하여, 고객의 요구를 얼마나 잘 충족시키는지를 평가해야 한다.

■ 서비스 질(service quality)

서비스 질은 주문관련 작업들을 오류없이 수행할 수 있는 능력인데, 예를 들면 선적된 제품이 손상없이 고객에게 배달된다거나, invoice가 정확하게 작성되거나, 반품을 신속하게 처리하거나, 예상되지 않은 문제의 발생을 신속하게 해결하는 등을 말한다.

(2) 비용최소화 목표

물적유통관리의 목표 중 다른 한 가지는 물류비용의 최소화이다. 물류비용은 크게 수송관련 비용과 재고관련 비용으로 나눌 수 있다. 문제는 이들 두 물류비용 범주들 간에 상충관계(trade-off)가 발생된다는 것이다. 즉, 소수의 대형창고에 재고량을 집중화하여 재고관련 비용을 절감하면, 분산된 고객들에게 배달하는 데 드는 수송비가 증대된다. 따라서 수송관련 비용과 재고관련 비용을 합한 총물류비용이 최소화되도록 이들간의 상충관계를 조정하는 것이 최선의 해결책이다. 수송관련 비용과 재고관련 비용에 관한 설명을 먼저하고 총비용 최소화 문제를 다루기로 한다.

■ 수송관련 물류비용(Transportation Cost)

수송비는 제조업체와 고객이 지리적으로 다른 곳에 입지했을 때 자연적으로 발생된다. 수송비에 영향을 주는 두 가지 경제요인은 선적제품의 양(size of shipment)과 수송거리이다. 먼저 선적제품의 양은 규모의 경제와 관련되므로 선적제품의 양이 많을수록 목적지까지의 단위당 수송비가 낮아진다. 예를 들어, 5,000Kg의 적재량이 2,500Kg의 적재량보다 같은 거리까지의 단위당 수송비가 저렴하다. 수송비결정의 다른 요인은 수송거리이다. 일반적으로 수송거리가 길수록 단위거리당 수송비는 낮아진다.

요약하면 선적제품의 부피가 크고 수송거리가 멀수록 단위거리 및 단위제품당 수송비가 낮아진다. 따라서 수송비만을 고려했을 때 대용량의 화물은 장거리 수송을 하고 소량선적 화물의 수송거리는 짧게하는 배송시스템을 구축하면, 최소의 수송비를 실현하게 된다. 그러나 수송비와 함께 재고비가 물류비에 미치는 영향도 함께 고려하여야 최소의 총물류비를 실현하게 된다.

■ 재고관련 비용(Inventory Cost)

재고비는 시간과 관련해서 발생되는 비용이다. 모든 기업은 가능한 최소의 재고를 유지하려고 할 것이다. 그러나 제조업체는 고객서비스를 저해하지 않는 한도내에서 최소재고량을 유지하도록 하여야 한다.

재고량결정을 위해 기업은 다음 요인들을 고려해야 한다: ① 재고비관련 항목의 파악, ② 고객서비스 정책의 결정, ③ 재고의 지리적 분산정도의 결정

먼저 재고관련 비용은 크게 재고유지비용(저장, 보험, 재고의 진부화)과 주문관련 비용(주문처리, 기록의 보관)으로 나누어지는데, 판매증대에 의해 빨리 재고를 감소시킬 수 있는 물류시스템을 구축하는 것이 재고비 감소의 관건이 된다. 한편 재고량은 고객서비스 정책과도 밀접한 관련이 있는데, 만약 고객에게 최고의 서비스를 제공하는 것이 기업의 목표라면, 기업은 각 배송센터에 많은 양의 재고를 유지해야 할 것이다. 재고량결정과 관련해서 마지막으로 고려해야 할 요인은 재고의 지리적 분산정도이다. 제조업체는 소수의 배송센터에 재고량을 집중화하여, 최소의 재고비용을 유지하기를 원한다. 그러나 이와 같은 재고비 감소만을 고려한 물류시스템의 구축은 수송비의 증대를 초래하게 된다.

■ 총비용 최소화(Total Cost Minimization)

앞에서 설명한 바와 같이 수송비와 재고비는 상충관계에 있으므로 기업은 고객서비스 목표를 달성하면서 총 물류비용을 최소화하는 물류시스템을 구축해야 하는 것이다. [그림 12-6]은 총 물류비용, 재고비, 수송비 간의 관계를 보여준다. 그림의 종축은 총 물류비용을 나타내며, 횡축은 창고수를 표시한다.

수송비용곡선은 창고수가 늘어남에 따라 수송비가 감소하다가 창고수가 적정수준을 넘어서면 수송비가 다시 증가함을 보여준다. 한편 재고비는 수송비와 완전히 다른 곡선형태를 가진다. 창고의 수가 늘어남에 따라 평균재고비용은 체감률로 증가하게 된다. 즉, 총재고비는 창고수가 계속 늘어남에 따라 완만하게 증가한다. 총 물류비용곡선을 보면 최소의 총 물류비용을 실현하는 물류(배송)시스템은

그림 12-6 총 물류비용 분석

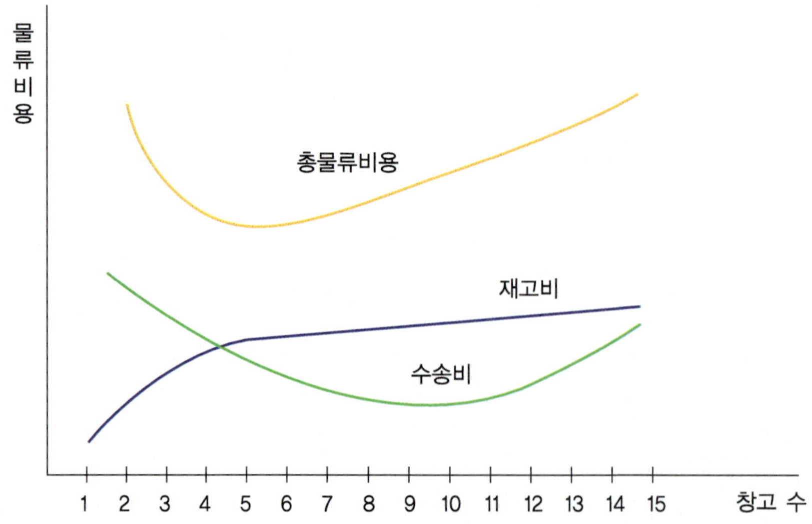

결코 수송비를 최소화하거나 재고비를 최소화하는 지점에서 실현되지 않음을 알 수 있다.

이와 같이 물류비용항목 간의 상충관계를 고려할 때 최근 많은 기업들이 총 물류비용을 최소화하는 통합물류시스템을 구축하려는 노력은 당연한 추세라 할 것이다.

2. 개별 물류활동의 관리

물류활동은 크게 창고관리, 재고관리, 수송관리, 로지스틱정보관리 등으로 나누어지는데 물류관리자는 각 물류활동과 관련한 일상적인 의사결정을 한다.

(1) 창고관리(Warehousing)

생산주기와 소비주기는 서로 일치하지 않는 경우가 많으므로 기업들은 판매가 이루어질 때까지 제품을 보관해야 한다. 예를 들어, LG전자는 1년 내내 에어컨 생산설비를 가동해야 하며 생산된 에어컨을 여름철의 성수기를 대비해 창고에 보관해야 한다. 보관기능은 생산량·생산시점과 소비량·소비시점 간의 차이를 해소시킴으로써 고객이 구매하려는 시점에 원활한 제품공급이 이루어지도록 한다.

기업은 생산된 제품의 보관에 필요한 창고의 수와 유형, 그리고 창고의 입지를 결정해야 한다. 기업은 제품의 보관을 위해 저장창고(storage warehouses) 또는 유통센터(distribution centers)를 이용할 수 있다. **저장창고**는 중장기에 걸쳐 제품을 저장하는 데 그 목적이 있는 반면 **유통센터**는 제품의 저장보다는 제품의 이동을 주 목적으로 하여 설계된다. 유통센터는 그 규모가 크고 자동화된 창고인데, 여러 공장과 부품공급업체로부터 운송된 상품을 수취하고, 주문을 받아 이를 효율적으로 처리하고, 주문된 상품을 고객에게 가능한 한 신속하게 전달하는 데 그 목적을 둔다. 예를 들어, Wal-Mart는 미국내와 해외에 대형유통센터 네트워크를 구축하고 각 점포에 공급되는 상품의 상당부분을 자체 유통센터들 중 하나에서 배송되도록 함으로써 재고관리에 관한 완벽한 통제를 하고 있다. 한 유통센터는 평균적으로 165개의 Wal-Mart 점포들이 매일 필요로 하는 상품들을 공급하며, 백만평방피트 이상의 창고공간을 확보하고 있다. 레이저 스캐너는 11마일에 이르는 컨베이어 벨트를 따라 이동하는 하루 190,000개의 상품박스의 흐름을 지시·통제하며, 1,000명의 작업자들이 하루 500대의 트럭에

상품을 싣거나 내린다. 또다른 예로 미국의 건축자재 및 인테리어용품 전문소매점인 Home Depot(홈디포)는 18개의 고도로 기계화된 물류센터 RDC(Rapid Deployment Centers)를 운영하는데, 이 물류센터는 미 전역의 2,200개 이상의 Home Depot 매장에 매일 필요한 제품을 공급한다. RDC는 제품을 저장하지는 않으며, 공급자로부터 받은 제품을 처리하여 Home Depot 개별매장에 효율적으로 전달하는 "pass-through"센터의 역할을 수행한다. 제품이 센터에 도착해서 다시 매장으로 전달되기까지 최대 72시간이 걸린다. Home Depot는 RDC 물류센터운영을 통해 빠르고 정확하게 각 매장이 필요로 하는 상품을 배달함으로써 고객들이 원하는 제품들을 적시에 확보할 수 있도록 함과 동시에 재고량과 재고비용을 줄일 수 있었다.

최근 들어 창고관리는 급격한 기술변화를 경험하고 있다. 구식의 자재처리방법을 사용하는 다층구조로 된 옛날창고들은 소수의 인력만을 요구하며 컴퓨터로 통제되는 최신의 자재처리시스템을 갖춘 단층구조의 자동화창고로 대체되고 있다. 컴퓨터와 스캐너는 주문을 읽고 리프트트럭, 로봇들로 하여금 주문된 상품을 취합하도록 지시하며, 취합된 상품을 선적도크(docks)로 이동시키고, 송장을 발행하는 작업을 수행한다.

(2) 재고관리(Inventory Management)

재고관리 또한 고객만족에 영향을 주는 요인이다. 재고관리자는 너무 적지도 않고 너무 많지도 않는 즉, 적정수준에서 재고를 유지해야 한다. 너무 적은 재고는 고객이 원하는 시점에 제품을 공급하지 못하는 위험을 수반한다. 이를 해결하기 위해 기업은 상당한 비용이 드는 긴급선적이나 긴급생산을 해야 할 필요도 있을 수 있다. 너무 많은 재고의 유지는 필요이상의 재고유지비와 재고상품의 진부화를 발생시킬 수 있다. 따라서 기업은 과다재고를 유지하는 비용과 이로 인한 매출과 이익의 증가간에 균형이 이루어지도록 재고관리를 해야 할 것이다.

많은 기업들이 적시(just-in-time) 로지스틱스시스템의 도입을 통해 재고량과 이와 관련된 비용을 대폭 줄이고 있다. **적시 로지스틱스시스템**을 채택한 제조업체와 소매업체들은 몇일 분에 불과한 매우 적은 양의 부품 또는 상품재고만을 유지한다. 예를 들어, 적시 로지스틱스시스템을 성공적으로 도입한 Dell 컴퓨터는 단지 5일 분의 재고량만을 유지하는 반면 경쟁업체들은 40일에서 60일에 해당되는 재고량을 유지한다. 새로운 재고는 필요한 시점에 정확히 공급되기 때문에 기존의 재고가 사용될 때까지 재고로 저장될 필요가 없다. 적시시스템이 성공적으로 운영되기 위해서는 정확한 예측과 신속하고, 잦은 빈도의, 유연성 있는 배달체계의 구축을 통해 새로운 재고가 필요한 시점에 바로 공급될 수 있도록 해야 한다. 그러나 적시시스템의 도입은 재고유지비와 재고처리비의 상당한 절감을 실현시킨다.

기업들은 재고관리를 더욱 효율적으로 만드는 새로운 방법을 끊임없이 모색하고 있다. 2장에서 소개한 RFID(전자태그) 또는 "스마트 태그"기술의 도입이 그 한 예이다. 제품에 내장되거나 제품에 함께 포장될 수 있는 조그만 송신칩인 RFID는 현재 제품이 공급체인 상에서 정확히 어디에 위치하고 있는지를 언제나 알 수 있도록 한다. Walmart, P&G, Kraft, IBM, HP 같은 글로벌 초우량기업들은 RFID의 완벽한 구현을 위해 투자를 아끼지 않고 있다 나아가 멀지않은 미래에 재고처리가 완전자동화될지도 모른다. 한 제품이 공급체 인상의 어디에 위치하고 있는지를 항시 정확히 알 수 있는 시대의 도래를 상상해 보라. 또는 재주문시점을 알려주고 공급업체에게 자동으로 주문을 하는 기능을 수행하는 스마트 진열대(smart shelves)의 출현을 상상해 보라. 이러한 상상은 스마트태그의 도입으로 현실화될 수 있다. 기업은 스마트태그기술을 사용하여 수백만 개의 일상제품들에다 지능, 신분증, 인터넷 연결장치 등을 주입시킬 수 있다. 상품들은 서로 커뮤니케이션하거나 소매업체 · 부품공급업체 · 소비자들과 인터넷을 통해 의사소통을 할 수 있는 능력을 갖게 될 수 있다. 이에 따라 글로벌 공급체인은 직접적이고 실시간으로 발생되는 수요와 공급의 네트워크가 될 것이다. 즉 스마트제품(smart products)은 전체공급체인(공급체인은 제품원가의 거의 75%를 발생시킴)의 지능을 갖춘, 그리고 자동화된 체계로 만들 수 있다. 지구상의 어디에 위치한 제품들도 인터넷으로 연결되도록 함으로써 제조업체와 소매업체들은 이를 통해 소비자 트렌드에서부터 도난경보에 이르기까지 수많은 유형의 정보들에 접할 수 있다. 이러한 상황의 실현은 기업들로 하여금 소비자수요를 효과적으로 충족시키면서 동시에 엄청난 비용절감을 실현할 수 있게 만들 것이다.

마케팅 Highlight

과학적 재고/상품공급관리를 통해 매출극대화를 실현한 패스트 패션브랜드 자라

1975년 스페인에 첫 자라매장이 문을 연 뒤 1990년대 이르러 적극적인 글로벌전략으로 유럽지역과 북미지역으로 진출하기에 이르렀다. 현재는 70여 개국에 1600개 이상의 매장을 거느린 명실상부한 글로벌 브랜드다. 자라의 핵심성공요인 중 하나는 저가전략이다. 자라가 저렴한 가격으로 제품을 생산할 수 있는 비결 중 하나는 과학적 유통관리이다.

2006년 자라는 글로벌화를 추구하는 과정에서 새로운 문제점에 직면했다. 당시 브랜드의 글로벌화를 향해 기존 유럽시장을 벗어나 미주와 아시아권을 적극적으로 공략하던 때였다. 전세계 매장 수가 늘어나면서 새로운 문제점이 생겨났다. 당시 자라 본사 물류센터에서는 주 2회 전세계 각 매장으로부터 제품주문을 받았다. 자라 본사에서 전세계 모든 매장과 연결된 IT 네트워크로 신상품정보를 전송하면 각 매장의 매니저는 이 신상품정보와 현재 매장내 재고를 고려해 신상품과 재입고해야 할 기존 제품의 수량을 전송했다. 하지만 이런 방식에는 큰 문제점이 있었다. 인기상품의 경우 매장마다 경쟁적으로 상품을 확보하기 위해 일종의 '유령주문'을 하면서 물량주문에 거품이 발생했다.

프랑스 파리의 자라매장을 담당하는 줄리안 라셀링은 이런 문제점을 다음과 같이 말했다. "… 한달 전, 신상품으로 나온 재킷 20벌을 본사에 주문했지요. 하루 만에 다 팔렸습니다. 그래서 다음 번 주문할 땐 150벌을 주문했습니다. 이들 재킷도 사흘만에 다 팔렸죠. 그래서 다시 200벌을 주문했어요. 그런데 본사에서 보내온 물량은 100벌밖에 안되더군요. 다시 추가물량을 주문했는데 이미 본사에서도 재고가 바닥나서 없다더군요."

인기상품은 각 점포가 서로 경쟁적으로 주문한다. 그런데 본사의 재고는 한정돼 있다. 라셀링처럼 주문한 물량만큼 물량을 공급받지 못할 수도 있다. 매장 매니저는 실제 필요한 물량보다 더 부풀려 물량을 주문해 최대한 많은 물량을 확보하려 했다. 이게 바로 유령주문이다. 모든 매장이 주문물량 부풀리기를 한꺼번에 시도하면 실제 소비자가 필요한 물량보다 더 많은 상품이 만들어지고 전체 유통망에 거품이 발생한다. 만일 본사에서 이러한 유령주문을 제대로 파악하지 못하고 실제시장의 요구로 판단하게 되면 너무 많은 물량을 제조할 것이고, 이는 결국 모든 점포의 재고부담으로 돌아간다.

자라의 글로벌 팽창전략으로 매장 수가 급속히 늘어나면서 전세계 모든 지역의 실제수요를 정확히 판단하는 데도 한계에 이르게 됐다. 실제 수요를 매장 매니저의 경험이나 판단에 의지하는 것도 무리였다. 또 모든 매장을 직접 관리하는 자라로서는 매장마다 서로 경쟁적으로 유령주문을 하는 상황에 종지부를 찍을 조치가 필요했다. 여기에 꺼내든 카드가 바로 MIT공대와 협력한 적정 재고량 산출방식이었다.

당시 MIT 경영과학과 교수로 재직 중이던 제레미 갤리언(Geremie Gallien) 박사는 '수학의 최적화' 방식을 유통에 응용하는 것에 대해 연구 중이었다. 수학에서 최적화란 주어진 자원을 최대한 적절히 이용해 최대의 목적을 달성하는 방식이다. 이는 우주왕복선의 제어기술에서부터 금융포트폴리오 결정, 반도체생산과 같은 첨단산업의 생산량 결정에 이르기까지 다양하게 응용되는 수학적 방식이다. 그러나 이런 방식을 패션산업에 응용한다는 생각은 갤리언 교수 전에는 상상하지 못했다.

갤리언 교수가 자라에 수학의 최적화 방식을 응용하겠다고 생각한 것은 두 가지 이유에서였다. 첫 번째 이유는 앞서 설명한 것처럼 자라의 재고분배 문제가 수학의 최적화 문제와 정확히 일치한다는 점이었다. 자라에서 제한된 자원은 현재 본사창고에 있는 특정상품의 수다. 이 한정된 상품을 전세계 매장에 적절하게 분배해 최대의 매출을 올리는 것이 최적화 문제의 유형과 정확히 궤를 이뤘다. 갤리언 교수가 자라에 매력을 느낀 두 번째 이유는 자라가 다른 패션업체에 비해 발전된 IT시스템으로 본사가 전 매장을 관리하는 중앙집중시스템으로 운영되고 있다는 점이다. 수학적인 방식을 적용하기 위한 필요조건은 데이터다. 자라는 현재 매장에 재고가 얼마나 있는지, 각 매장의 과거매출은 얼마나 됐는지 등 수학적 방식을 적용하기에 손색없는 많은 데이터를 구비하고 있었다. 또 본사가 모든 매장을 관리하기 때문에 중앙집중식의 의사결정이 가능했다.

갤리언 교수는 우선 각 매장에서 독립적으로 이뤄진 상품주문을 본사가 직접 관리하는 방식을 도입하자고 제안했다. 그리고 매장별 판매와 재고 데이터를 바탕으로 각 매장의 최대매출이 아닌, 전세계 모든 매장의 매출의 합을 최대화할 수 있는 분배알고리즘을 개발했다. 개발과정에서 갤리언 교수는 각 매장의 재고 수와 매출의 다음과 같은 흥미로운 상관관계를 파악했다.

[그림1] 자라매장의 재고 수와 매출의 상관관계

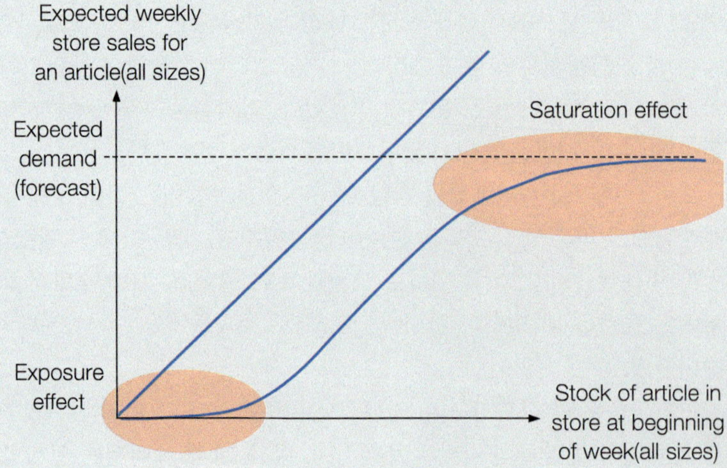

〈그림 1〉의 가로 축은 매장 한 곳에서의 특정상품 재고량 즉, 현재 디스플레이된 수량이다. 세로 축은 이 상품의 판매량이다. 갤리

언 교수는 매장에 비치된 상품의 수와 이 상품의 판매량의 관계를 분석해 두 요인 간 상관관계를 밝혀냈다. 그래프에서 일직선으로 표시된 선은 진열된 상품의 수와 판매된 수가 일치할 때 발생한 상황이다. 예를 들어 상품 100개를 진열해 놓을 경우 100개 상품 모두가 판매로 이어지는 상황이다. 물론 이런 상황은 이상적인 것으로 실제 판매되는 상품은 진열된 상품의 수보다 적다.

그래프에서 우상향 곡선은 실제분석을 통해 재고와 판매의 상관관계를 나타낸 선이다. 이 선에서는 상품이 최소한의 특정량만큼 디스플레이되지 않으면 판매가 미미함을 알 수 있다. 이를 갤리언은 '노출효과(exposure effect)'로 표현했다. 상품이 어느 정도 디스플레이돼야 고객 눈에 띄어 상품이 판매될 수 있다는 증거다. 자라처럼 특정광고를 통해 상품을 소개하지 않고 매장 디스플레이로 상품을 소개할 때 이 노출효과가 상품판매에 많은 영향을 미친다는 것을 알 수 있다. 자라매장에 같은 상품을 한 벽면에 도배하다시피 진열하는 이유도 바로 이 노출효과를 통해 상품판매를 극대화하기 위한 정책이다.

일단 어느 정도의 상품이 노출되면 상품 판매량은 재고, 즉 진열돼 있는 수와 비례한다. 그러나 일정부분까지 증가하다가 더 이상 증가하지 않음을 알 수 있다. 이는 아무리 많은 상품이 노출돼도 판매가 무한정 늘어나진 않는다는 의미다. 이를 '포화현상(saturation effect)'으로 표현했다. 이 지점 이상 상품을 비치해둬 봤자 판매가 지속적으로 늘지는 않는다는 의미로 해석할 수 있다.

이 그래프를 통해 과거 재고분배방식에 오류가 있었음을 파악할 수 있다. 만일 본사가 어느 특정상품에 대해 100개의 재고가 있고, 전세계 100개의 지점에서 이 상품을 원할 때 본사는 각 지점에 각 한 벌씩 공급할 것이다. 그러면 모든 매장에는 한 벌씩만 비치되는데, 낮은 노출효과로 이 상품이 매출로 이어질 확률은 희박하다. 만일 이 상품의 포화현상 지점이 50이라면, 전세계 매장 중 단 두 군데만 선정해 각 50벌씩 공급하면 모든 상품을 전량 판매할 가능성이 있다.

갤리언은 위 분석을 바탕으로 각 매장의 판매데이터와 결합해 각 상품이 매장에 공급될 때 전체 자라의 매출을 극대화할 수 있는 공급량을 산출하는 방식을 개발했다. 자라는 이 방식을 일부매장에만 도입했어도 3~5%의 매출신장을 이루었다고 발표했다.

자라의 성공이면에는 과학적 의사결정이 있다는 사실을 아는 이는 드물다. 신속하고 과학적인 의사결정은 바로 자라가 성공을 거둘 수 있었던 원동력이다.

- 자료원 : 동아비즈니스리뷰, 81호(2011년 5월 15일), 경영학 콘서트, 장영재, 비즈니스북스 2010.
  "Zara: Managing Stores for Fast Fashion", Zeumetp Ton, Elena Corsi, and Vincent Dessain, Harvard Business School Case 9-610-042, January 19, 2010.
  The Fast Fashion Business Model: Overview Based on the Zara Case, Felipe Caro, MIT Sloan School of Business Lecture, 2008.
  Zara Uses Operations Research to Reengineer Its Global Distribution Process, Felipe Caro et al, Interfaces, Vol.40, No.1, January – February, 2010.

(3) 수송관리

기업이 선택할 수 있는 중요한 수송수단으로는 철도, 트럭, 해상운송, 파이프라인, 항공의 다섯 가지가 있으며, 디지털제품을 위한 대안으로 인터넷이 고려될 수 있다.

철도는 널리 사용되어온 수송수단이었으나 전체수송에서 차지하는 비중이 점차 감소하고 있다. 그러나 트럭(육로)수송의 심한 적체현상으로 재활성화될 가능성이 있다. 철도는 석탄, 목재, 농산물 등 부피가 큰 화물을 저렴하게 수송할 수 있다.

트럭은 기업들이 가장 많이 이용하는 수송수단이다. 신속하고 다양한 서비스를 비교적 저렴하게 제공받을 수 있는 이점이 있으며, 대부분의 소비재수송에 트럭이 이용된다. 해상수송은 광물, 원유, 곡물 등을 수송하는 데 경제적이지만 가장 속도가 느린 수송수단이다. 파이프라인은 가스, 원유, 화학물을 장거리수송하는 데 가장 효율적인 수송수단이지만, 일부 제품들만이 파이프라인을 통해 수송된다는 점에서 서비스 제공범위가 매우 제한되어 있다. 항공수송의 가장 큰 이점은 신속한 서비스이지만 단위거리당 가장 비용이 높은 수송수단이다. 따라서 부피가 작지만 가치가 매우 높으며 신속한 고객서비스를 필요로 하는 제품에 가장 적절한 수송수단이다. 〈표 12-2〉는 다섯 가지 수송수단의 상대적 특징을 보여준다.

인터넷은 생산자가 만든 디지털제품을 소비자에게 위성, 케이블, 전화선, 무선신호 등으로 전달한다. 소프트웨어업체, 언론매체, 음반기업, 교육기관 등은 인터넷을 통해 디지털제품을 수송한다.

그러나 최근 화물수송에서의 컨테이너화 추세에 따라 두 가지 이상의 수송수단을 함께 이용하는 **복합수송**(intermodal transportation)을 도입하는 기업들이 늘어나고 있다. 예를 들어, **피기백**(piggy back)은 철도와 트럭을 함께 사용하는 수송방식을 말하며, **피쉬백**(fish back)은 해상수송과 트럭을 함께 사용하는 방식이며, **트레인십**(trainship)은 해상수송과 철도를, **에어트럭**(airtruck)은 항공과 트럭을 결합해 사용하는 것을 나타내는 것이다. 이와 같은 복합수송은 하나의 수송방법으로는 제공할 수 없는 이점을 제공한다. 예를 들어 피기백은 트럭만을 이용했을 때보다 저렴할 뿐만 아니라 좀 더 유연성 있고, 편리하다.

표 12-2 수송수단의 상대적 특성

수송수단의 특성	철 도	트 럭	해상수송	파이프 라인	항 공
속도(speed)	3	2	4	5	1
이용의 용이도(availability)	2	1	4	5	3
신뢰도(dependability)	3	2	4	1	5
수용능력(capability)	2	3	1	5	4
이용빈도(frequency)	2	5	1	3	4
단위당비용(cost per ton/mile)	3	4	2	1	5

*숫자는 각 특성별로 순위를 나타냄

· 자료원 : Donald J. Bowersox, *Logistical Management*, 2nd ed., Macmillan, 1978, p.120

(4) 로지스틱스 정보관리(Logistics Information Management)

기업들은 정보를 기반으로 공급체인을 관리한다. 유통경로상의 거래파트너들은 정보를 공유하고 상호이익이 되는 로지스틱결정을 내리기 위해 상호연계되어 있는 경우가 많다. 로지스틱스 관점에서 볼 때 고객의 주문, 대금청구, 재고수준, 고객관련자료 등과 같은 정보들의 흐름은 경로성과와 밀접하게 관련되어 있다.

정보의 공유와 관리는 우편, 전화, 영업사원, 인터넷, 또는 컴퓨터를 통한 기업간 정보교환시스템인 EDI(electronic data interchange) 등의 다양한 방법에 의해 이루어질 수 있다. 예를 들어, Wal-Mart는 리테일 링크 판매데이터시스템 (Retail Link sales data system)을 통해 100,000여 개에 달하는 공급업체들과 EDI로 연결되기를 요구한다. 신규 공급업체가 EDI를 갖추고 있지 않으면, Wal-Mart는 그들에게 필요한 소프트웨어를 찾고 적용하는 작업을 함께 한다.

어떤 경우에는 기업고객들은 공급업체들 스스로가 주문을 결정하고 배달일정을 계획해 주도록 그들에게 요청한다. 가령, Wal-Mart, Home Depot 등과 같은 대형 소매업체들은 공급업체에 의해 관리되는 재고시스템(VMI system: vender-managed inventory system) 또는 지속적 재고보충시스템(continuous inventory replenishment system)의 도입을 통해 P&G, Black&Decker 등과 같은 주요 상품공급업체들과 긴밀한 협력관계를 구축하고 있다. VMI를 사용함으로써 기업고객은 판매 및 현 재고수준에 관한 실시간 자료를 공급업체와 공유할 수 있다. 이에 따라 상품공급업체들은 재고와 배달관리에 대한 전적인 책임을 진다. 일부 소매업체들은 재고비와 배송비를 공급업체들에게 이전시키는 단계로까지 발전하고 있다. 이러한 시스템의 도입은 구매자와 판매자 간의 긴밀한 협력을 필요로 한다.

마케팅 Highlight

빅 데이터로 주문을 예측함으로써 2시간내 배달을 실현한 쿠팡

오후 1시 경기 고양시에 사는 주부 홍모(31)씨는 기저귀가 떨어지자 소셜커머스 업체 쿠팡의 홈페이지에서 기저귀를 주문했다. 홍씨의 주문정보는 일산 근교에 있는 쿠팡 대형 물류센터 대신 일산 내 배송 거점지인 일명 '캠프'로 전송됐다. 캠프에는 지역고객의 주문을 예측해 수량별 상자포장이 끝난 기저귀가 준비돼 있었다. 캠프에서 출발한 배송직원 쿠팡맨이 홍씨의 현관을 노크한 시각은 오후 2시 30분으로, 홍씨가 구매버튼을 클릭한 지 1시간 반 만이었다. 2015년 상반기부터 쿠팡은 일산지역에 한해 주문 후 2시간 내에 배송을 완료하는 2시간 배송서비스를 운영하고 있는데, 이는 2014년부터 시작한 24시간 내 배송서비스인 로켓배송의 업그레이드 판이다.

쿠팡은 로켓배송실시 후 1년 만에 연매출액이 1464억원에서 3485억원으로 배 이상 뛰며 업계 1위를 굳혔다. 허준 쿠팡 홍보팀장은 "2시간 배송서비스를 전국으로 확대할 예정"이라고 말했다. 쿠팡이 '주문 후 2시간 내 배달'을 장담하는 이유가 무엇일까.

쿠팡이 만 하루 내에 배송할 수 있는 것은 고객이 주문하기 전에 자체 물류센터에 미리 물품을 사놓는 직매입 방식에 있다. 업계의 기존관행은 별도의 택배업체가 상품 판매자 창고에 가서 물건을 받아 택배업체의 물류센터·거점지를 거쳐 고객에게 가져다주는 식이었다. 쿠팡은 자체 물류센터에서 캠프를 거쳐 고객에게 바로 향한다. 기저귀·분유·생수 등 빠른 배송이 중요한 일부 생필품은 캠프에 포장 완료된 물품을 미리 쌓아둬 소요시간을 더 단축한다. 허 팀장은 "빅 데이터를 활용해 수량별로 주문을 예측하기 때문에 가능한 일"이라고 설명했다.

고객주문정보는 보통 경기·대구 등 전국 14곳에 퍼져있는 대형 물류센터로 전송되고, 이곳에서 매일 자정쯤까지 주문받은 물품들을 직원들이 새벽내내 포장한다. 물류센터 크기는 평균 축구장 5.3개(약 3만 9190㎡)만 하다. 이곳에서 몇 시간 만에 작업을 마치기 위해 주문이 많은 물건은 포장 작업장 가까이 이동시킨다. 업계 2위 티몬의 물류센터 총면적은 3만6400㎡로 쿠팡의 15분의 1 수준이다.

물류센터에서 배송상자를 각각 1400여개씩 담고 출발한 대형트럭은 전국 수십군데에 퍼져있는 캠프로 흩어진다. 캠프소속 직원들은 대형트럭에서 상자를 꺼내 쿠팡맨이 탈 1t짜리 트럭에 100~120개씩 분배해 싣는다. 여기에는 약속된 기호체계가 있다. 예를 들어 물품상자의 송장(送狀)에 알파벳 'A'가 인쇄돼 있으면 배송지 위치를 고려할 때 이 상자를 먼저 배송하는 게 효율적이라는 뜻이다. 'A상자'들은 트럭화물칸 문에서 가장 가까운 곳에 싣는다. 그다음 B, C, D 의 알파벳 순(順)으로 각각 맞춰 싣는다. 쿠팡맨은 연봉 4000여만원 정규직이다. 고객평가가 좋으면 인센티브를 한 달에 수십만원씩 받는다. 쿠팡맨들은 오전 8시 배송 거점지 '캠프'로 출근하면 아침체조로 몸을 푼다. 그 뒤 배송트럭 안팎에 쌓인 물품 상자들을 트럭에 싣는다. 오전 9시가 되면 전국 수십 곳의 캠프에서 3500여명의 쿠팡맨이 트럭을 타고 출발한다. 인천 계양구 배송을 담당하는 쿠팡맨 최학용(32)씨는 "지입계약을 해서 자기차량으로 돈을 버는 일반 택배원과 다르게 쿠팡맨은 회사에서 차량을 주고 정비까지 책임져줘 오직 배송에만 집중할 수 있다"며 "고용이 안정돼 있는 것도 큰 장점"이라고 말했다.

경쟁업체들은 쿠팡의 시도에 대해 "초기 투자비용이 커 작년에만 1200억원 적자가 난 것으로 알고 있는데 지속가능할지는 의문"이라고 했다. 쿠팡측은 이에 대해 "2017년까지 1조 5000억원을 추가 투입해 물류센터를 21곳, 쿠팡맨을 1만 5000명까지 늘려서 시장입지를 확실히 다질 것"이고 말했다.

• 자료원 : 조선일보, 2015.11.28

소비자가 주문한 물건을 미국 '구글 익스프레스' 직원이 집까지 배달해주는 모습. 구글은 15달러 이상 상품을 주문하면 다음 날까지 제품을 배송해주는 구글 익스프레스 서비스를 내놓는 등 고객이 원하는 물품 등을 원하는 시간에 즉각 제공하는 '온디맨드' 서비스가 미국에서 확산되고 있다. 쿠팡맨도 이와 유사한 개념이다.

5.4 최근의 로지스틱스 추세: 통합적 로지스틱스 관리와 제3자 로지스틱스

(1) 통합적 로지스틱스 관리

최근 들어 통합적 로지스틱스 관리라는 개념을 도입하는 기업들이 늘어나고 있다. **통합적 로지스틱스 관리**는 기업내 모든 구성원들과 마케팅채널을 구성하는 모든 기업들의 팀워크(teamwork)를 통해 보다 나은 고객서비스와 유통비용절감을 실현하려는 노력을 말한다. 기업내부의 여러 기능부서들은 기업자체의 로지스틱스 성과를 최대화하기 위해 합심해야 한다. 또한 기업은 전체유통시스템의 성과를 극대화하기 위해 자체 로지스틱스 시스템과 공급업체·고객의 것을 통합해야 한다.

■ 기업내부 관련부서들 간의 팀워크(cross-functional teamwork)

대부분의 기업에서 다양한 로지스틱스 활동들에 대한 책임은 마케팅, 영업, 재무, 생산, 구매 등 서로 다른 기능부서들에 분산되어 있다. 이에 따라 각 기능부서는 다른 기능부서의 활동을 별로 고려하지 않고 자신들의 로지스틱스 성과를 최적화하는 데 주력을 하는 것이 일반적이다. 그러나 수송, 재고, 창고관리, 주문처리 등의 로지스틱 활동들은 상호연계되어 있다. 예를 들어, 낮은 재고수준은 재고유지비를 줄일 수 있지만 고객서비스 수준의 저하와 품절·특별생산·값비싼 긴급선적 등으로 인한 비용상승을 발생시킬 수 있다. 이와 같이 물적 유통활동들은 서로 상충관계(trade-offs)를 가지기 때문에 서로 다른 기능부서들이 내리는 결정들은 우수한 전체 로지스틱스 성과를 실현하기 위해 상호조정되어야 한다.

통합적 공급체인 관리는 기업 내의 모든 로지스틱스 결정들 간에 조화를 이루도록 하는 데 그 목적이 있다. 기능부서들 간의 긴밀한 협조체제는 몇 가지 방법으로 실현될 수 있다. 한 방법은 서로 다른 물류활동을 책임지고 있는 관리자들로 구성된 로지스틱스 위원회를 공식기구로 도입하는 것이다. 다른 방법은 각 기능부서의 로지스틱스활동들을 조정하는 경영자를 조직체계상에 도입하는 것이다. 예를 들어, P&G는 공급체인 관리자(supply chain managers)의 도입을 통해 각 제품범주에서 발생되는 모든 공급체인활동들을 관리하도록 한다. 많은 기업들이 여러 기능부서들을 총괄하는 로지스틱스 임원을 갖고 있다. 또 다른 방법은 Oracle 등과 같은 소프트웨어 개발업체들이 판매하는 정교한 공급체인관리시스템을 도입하는 것이다.

기업이 명심해야 할 사실은 적절한 비용으로 높은 고객만족을 실현하기 위해 로지스틱스 및 마케팅 활동들을 조정해야 한다는 것이다.

■ 기업 외부채널 구성원들과의 로지스틱스 파트너십 구축

기업들은 자체로지스틱스를 향상시키는 노력뿐 아니라 전체 유통흐름을 향상시키기 위해 다른 채널구성원들과 협력체제를 구축하는 노력도 함께 추구해야 한다. 유통경로의 구성원들은 고객만족과 고객가치를 전달하는 과정에서 서로 밀접하게 연계되어 있다. 한 기업의 유통체계는 다른 기업의 공급체계에 해당된다. 따라서 유통경로의 각 구성원들의 성공은 전체 공급체인의 성과에 달려 있다. 예를 들어, Wal-Mart는 자신이 속해있는 전체 공급체인(수천 개의 상품공급업체, 운송업체, 창고, 유통서비스 제공업체로 구성됨)이 최고의 효율성을 실현할 수 있어야만 할인점 시장에서 최저가격을 실현할 수 있을 것이다.

일부 현명한 기업들은 고객서비스의 향상과 유통비절감을 위해 자체 로지스틱전략을 조정할 뿐 아니라 공급업체 및 고객들과 강한 파트너십을 형성한다. 미국의 경우 많은 기업들이 기업내 기능부서들의 활동과 기업들 간의 거래활동을 조정하는 팀조직 체제(cross-functional, cross-company teams)를 도입하고 있다. 예를 들어, P&G는 미국 Arkansas주에 위치한 Wal-Mart 본사에서 근무하는 100명 정도의 파견사원들을 갖고 있다. P&G의 파견사원들은 유통시스템에서 발생되는 비용들을 절감시키는 방법들을 찾기위해 Wal-Mart의 관련부서와 공동작업을 수행한다. 이러한 공동작업은 P&G와 Wal-Mart 모두에게 혜택을 줄 뿐 아니라 최종고객들에게도 혜택을 제공한다.

다른 기업들은 프로젝트의 공유를 통해 파트너십을 형성하기도 한다. 예를 들어, 많은 대형 소매업체들이 점포내 마케팅프로그램의 개발·실시와 관련하여 상품공급업체들과 긴밀한 공동작업을 수행한다. 미국의 건축자재 및 인테리어도구 전문점 Home Depot는 주요 상품공급업체들이 새로운 머천다이징 프로그램의 효과를 테스트하기 위한 장소로서 자신의 점포를 활용하도록 허용한다. 공급업체들은 Home Depot의 점포에 머물면서 자사제품이 어떻게 팔리는지를 관찰한다. 이러한 조사결과를 토대로 Home Depot와 그 점포의 고객에게 맞도록 조정된 머천다이징 프로그램을 개발한다. 다른 예로 어린이용 도서인 Little Golden Books를 출판한 Western Publishing Group은 Toys"R"Us와 파트너십을 형성했다. Western출판사와 초대형 장난감전문 소매업체는 각 Toys"R"Us 점포내에 Books"R"Us라는 미니서점을 도입하기 위해 각자의 마케팅전략을 조정하였다. Toys"R"Us는 입지, 공간, 고객들을 제공하였고, Western출판사는 Books"R"Us 프로그램의 실행을 위한 서적공급과 관련 고객서비스를 제공하였다. 공급업체와 기업고객들은 이와 같은 파트너십 구축을 통해 상호이익을 얻을 수 있다.

요점은 모든 공급체인 구성원들이 최종소비자들을 위해 합심해야 한다는 것이다. 즉 부품공급업체, 제조업체, 도매상, 소매상 모두가 협력함으로써 최종고객에게 가치를 제공하는 방식과 이러한 가

로지스틱스 파트너십 구축의 예: Toys"R"Us는 Western 출판사와의 파트너십을 통해 각 점포내에 Books"R"Us라는 미니서점을 도입하였다.

치를 포장하는 방식에서 차별화할 수 있어야 한다.

(2) 제3자 로지스틱스(Third-Party Logistics)

대부분의 기업들은 스스로 로지스틱스기능을 수행한다. 그러나 자체 로지스틱스 활동의 일부 또는 전부를 UPS Worldwide Logistics, Fedex Logistics, Ryder system, Emory Global Logistic 등의 제3자 로지스틱스(third-party logistics: 3PL) 제공자(providers)에게 아웃소싱을 주는 기업들이 늘어나고 있다. 이와 같은 통합물류기업들은 기업고객의 상품이 최종시장에 도달하는 데 필요한 물류활동의 일부 또는 전부를 수행한다. 예를 들어, Emory의 Global Logistics 사업부서는 기업고객들에게 공급체인관리, 고객화된 정보기술, 재고관리, 창고기능수행, 수송관리, 고객서비스, 화물감사와 통제 등과 같은 여러 로지스틱스 활동 등에 대한 통합서비스를 제공한다. Emory 웹사이트는 자사의 전문인력들이 원자재의 조달에서부터 완성품을 점포에 전달하는 활동에 이르기까지 기업고객의 전체 공급체인을 설계하고 관리할 능력을 갖고 있다고 자신의 기업을 소개한다.

마케팅 Highlight

소비자와의 접점이라는 강점을 바탕으로 사업영역을 확대하는 택배업계

택배업계가 유사업종은 물론이고 이종(異種)산업까지 진출하며 사업영역을 확대하고 있다. 퀵서비스와 이삿짐 운송에 뛰어드는가 하면 해외에서는 제품을 직접 제조까지 하기 시작했다. 택배업체들이 소비자와의 접점이라는 강점을 바탕으로 융합의 시대에 상거래 시장의 주도권을 쥘 것이란 전망이 나온다.

2016년 4월 현대로지스틱스는 오토바이 퀵서비스와 이삿짐 서비스시장에 뛰어들었다. 카카오택시처럼 모바일 인터넷을 이용해 소비자와 전국의 오토바이·화물차 기사를 직접 연결하는 방식이다. 기존의 퀵서비스 시장이나 용달차를 이용한 이사짐 운송시장은 다수(多數)의 군소 중개업체들이 개인사업자인 오토바이나 용달차 차주들을 대신해 소비자들을 연결해주고 수수료를 받는다. 현대로지스틱스는 이러한 중간과정없이, 소비자가 스마트폰 앱(응용프로그램)에 입력한 배송희망 물건과 목적지, 원하는 가격 등의 정보를 실시간으로 오토바이·화물차 기사들의 휴대폰에 직접 전송하면 그 조건에 서비스를 제공할 기사를 찾아주겠다는 것이다. 현대로지스틱스 관계자는 "일단 무(無)수수료로 이용자를 늘린 뒤, 광고나 수수료 등을 붙이는 방안을 검토할 것이다. 수수료를 받더라도 현행 중개업체들이 받는 10~20%보다는 훨씬 낮은 수준이 될 것"이라고 했다.

CJ대한통운은 2015년 5월 CJ스카이도어(SkyDoor)라는 이름의 택배드론을 자체개발하고 강원 영월, 전북 전주에서 시험했는데, 최대 3kg 무게의 화물을 옮길 수 있고, 초속 18m로 비행한다. 권구포 CJ대한통운 종합물류연구원 미래기술연구팀장은 "규제문제 등으로 당장 상용화는 어렵겠지만 시범테스트와 연구·개발을 통해 미래를 준비하는 것"이라고 말했다.

미국의 택배회사 UPS는 3D 프린팅기법을 물류사업에 접목해 제조업에 진출했다. 앨런 앰링 UPS 부회장은 2016년 1월 미국 라스베이거스에서 열린 전자전시회 'CES 2016' 현장에서 가진 현지언론과 인터뷰

2015년 5월부터 CJ대한통운이 시험 중인 택배 드론(무인항공기)인 CJ스카이도어. 이 드론은 최대 3㎏의 화물을 옮길 수 있고 최장 비행시간은 70분이다.

에서 "맞춤형 골프채 전문회사인 흡킨스골프와 손잡고 3D 프린팅을 통한 협업을 진행 중"이라고 밝혔다. 협업방식은 이렇다. 소비자가 온라인으로 흡킨스골프에 맞춤형 골프채를 주문하면, 흡킨스골프가 UPS에 제품 설계도를 전송한다. 그러면 UPS는 소비자와 가장 가까운 지점에 설치된 3D 프린터에 이 설계도와 함께 흡킨스골프로부터 사전(事前)에 공급받은 재료를 투입해, 제품을 만들어내고 소비자에게 배송한다. UPS는 이런 형태의 사업을 본격적으로 확대 진행하기 위해 켄터키주(州) 루이스빌에 100대의 3D 프린터를 갖춘 자회사 클라우드DDM도 설립했다.

이러한 흐름에 대해 전문가들은 소비자와의 접점(接點)에 위치한 물류업체가 상거래의 주도권을 가져오는 과정이라고 설명했다. 과거엔 상품에 종속된 '부가 서비스 제공자'에 불과했던 물류·배송업체들이 IT(정보기술)의 발달에 힘입어 사업영역을 혁신적으로 확대해 나가고 있다. 그리고 상거래의 패러다임 중심축은 상품의 품질에서 마케팅으로 넘어왔고, 그 과정에서 과거 제조업이 갖고 있던 주도권이 유통업체로 넘어왔다. 그리고 그 주도권이 이제 배송, 즉 소비자 최접점에 자리 잡은 물류업체로 넘어왔다. 한 컨설팅 대표는 "제조업, 유통업, 물류업의 고전적인 경계가 허물어지는 가운데 새로운 상거래 패러다임의 주도권을 장악하기 위한 유통업체와 택배업체의 소리 없는 전쟁이 시작된 것이다. 유통업계에서도 쿠팡처럼 물류의 영역으로 밀고 들어오는 업체가 나오고 있다. 실시간이 특징인 모바일 인터넷시대에는 유통업체든 택배업체든 소비자의 요구를 최단시간 안에 정확하게 만족시켜주는 쪽이 승자가 될 텐데, 아무래도 소비자와 직접 맞닿은 택배업체의 힘이 만만치 않다"고 말한다.

• 자료원 : 조선경제, 2016.3.21

기업들이 제3자 로지스틱스 회사를 활용하는 이유는 다음과 같다. 첫째, 제품을 최종시장에 전달하는 기능을 전문적으로 수행하기 때문에 제3자 로지스틱 기업은 상대적으로 저렴한 비용으로 그 과업을 효율적으로 수행할 수 있다. 한 연구에 따르면 로지스틱스 활동의 아웃소싱이 15~30%의 원가절감을 실현하는 것으로 나타난다. 둘째, 로지스틱스의 아웃소싱은 기업들로 하여금 핵심사업에 더 전력을 하게 만든다. 셋째, 제3자 로지스틱스 제공자들이 복잡해지는 물류환경을 더 잘 이해한다. 통합 로지스틱스 기업의 이러한 이점은 글로벌시장으로 그 범위를 확장하려는 기업들에게 특히 도움이 될 수 있다. 예를 들어, 전 유럽에 자사제품을 공급하려는 기업들은 패키징기준, 트럭의 크기와 중량의 제한, 소음규제, 배기오염 규제 등 로지스틱스에 영향을 미치는 수많은 환경적 제약요인들을 해결해야 한다. 따라서 로지스틱스 활동의 아웃소싱을 통해, 기업은 자체 유통시스템의 구축에 따른 비용, 시간지체, 실패위험 등의 발생을 피하면서 완벽한 전체 유럽유통시스템을 실현할 수 있다.

최근 들어 국내에서 삼성SDS, 현대글로비스, CJ대한통운 등이 4자물류사업으로 영역을 확대하고 있다. 4자물류란 제조업체나 유통업체 등의 화주기업들로부터 아웃소싱을 받아 물류서비스를 제공하는 전문 물류업체(3PL)가 자사가 부족한 부분을 보완해 줄 수 있는 정보통신사업자, 전문컨설팅업체, 다른 물류사업자 등과 제휴를 맺고 가상조직을 형성해 공급사슬 상의 모든 물류기능에 대한 토털솔루션을 제공하는 것을 말한다. 3자물류가 물류기업의 전문적인 물류서비스를 통해 화주의 물류비용을 절감하는데 초점을 맞췄다면, 4자물류는 비용절감을 넘어서 화주기업의 물류업무 프로세스에 혁신을 가져다 줄 수 있다. 미국과 유럽에서는 현재 3자물류보다 한단계 더 진보된 4자물류가 등장하기 시작했는데, 일례로 영국에선 3대 의약품업계, 3대 전문물류업체 그리고 업무관리를 담당할 공급연쇄관리 컨설팅회사가 합작으로 4자물류를 추진하고 있다. 국내에선 삼성SDS를 선두로 CJ대한통운, 현대글로비스 등 물류대기업들이 4자물류 사업에 진출하고 있다.

12 참고문헌

- 안광호 · 한상린 · 조재운, 유통원론, 학현사, 2014.
- 임영균 · 안광호 · 김상용, 유통관리, 학현사, 2014.
- Philip Kotler, 안광호, Gary Armstrong, 마케팅 입문, Pearson, 2013.
- Martin Christopher, Logistics and Supply Chain Management, Pitman Publishing, 1992.
- Philip Kotler and Gary Armstrong, Principles of Marketing, Englewood Cliffs, NJ : Prentice-Hall, 1994.
- Louis W. Stern and Adel I. El-Ansary, Marketing Channels, 4th ed., Englewood Cliffs, NJ : Prentice-Hall, 1992.

12 생각해볼 문제

1. 경로커버리지 전략에는 어떤 것이 있으며, 각 전략을 선택하는 데 있어 고려되어야 할 요인은 무엇인가?

2. 제조업체는 고객들과 직접 거래하거나 혹은 제품의 유통과정에 많은 유형의 중간상들을 참여시킬 수 있다. 경로길이에 영향을 미치는 요인들을 제시하고, 이들이 기업의 경로길이 결정에 어떠한 영향을 미치는지를 설명해 보시오.

3. 경로구성원들 간의 갈등은 경로성과에 부정적인 영향을 미친다는 주장에 대해 토의해 보고, 경로갈등을 해결하기 위한 방안에 대해 생각해 보시오.

4. 수직적 마케팅시스템이 성장하게 된 배경에 대해 설명하고, 수직적 마케팅시스템의 유형과 그 특징에 대해 논의해 보시오.

5. 도매상 후원의 자발적 연쇄점과 소매상 협동조합을 정의하고, 이들이 등장하게 된 배경과 도매상 후원의 연쇄점이 소매상 협동조합보다 유리하다는 주장에 대해 생각해 보시오.

6. 물류관리의 목표에 대해 설명하고, 최근 들어 통합물류시스템 도입에 대한 관심이 증가되고 있는 이유에 대해 논의해 보시오.

제4부

제13장
마케팅 커뮤니케이션 과정과 광고

01 촉진믹스(마케팅커뮤니케이션 믹스)
02 커뮤니케이션 과정모형
03 디지털시대의 마케팅 커뮤니케이션 모형과 통합적 마케팅커뮤니케이션
04 광고관리

학습목표

1. 고객가치를 전달하기 위한 다섯 가지 주요 촉진도구들을 소개하고 기업과 소비자 간에 메시지를 주고 받는 마케팅커뮤니케이션 과정을 이해한다.
2. 디지털시대에 마케팅커뮤니케이션 환경이 어떻게 변화하고 있으며, 통합적 마케팅커뮤니케이션이 왜 필요한지에 대해 살펴본다.
3. 광고 캠페인을 개발하는데 관련된 주요 의사결정들을 설명한다.

주요개념에 대한 사전학습

기업은 탁월한 고객가치를 만들어 내는 것에서 한걸음 더 나아가 표적고객들에게 그 가치를 분명하고 설득적으로 전달해야 한다. 이 장에서는 브랜드가치를 고객들에게 알리는 노력인 마케팅커뮤니케이션 과정을 소개하고 이러한 커뮤니케이션과정에 사용되는 주요 촉진도구들에 대해 설명한다. 그리고 주요 촉진도구 중 하나인 광고에 대해 자세하게 살펴본다. 다음 장에서는 또다른 주요 촉진믹스도구인 판매촉진, PR, 그리고 인적판매를 다루게 될 것이다.

우리는 '광고가 브랜드간 차이를 만들어내는가?'라는 본질적인 질문을 독자들에게 던져 본다. 코카콜라는 그렇게 생각하고 있다. 오랜 기간에 걸쳐 수행된 코카콜라 광고캠페인들이 경쟁이 치열한 청량음료시장에서 강력한 브랜드파워를 구축하는데 얼마나 도움이 되었는지를 다음 사례를 통해 살펴보기로 한다.

도입사례

세계사와 함께한 코카콜라 광고캠페인과 슬로건: 130년 동안 제품이 아니라 감성을 마셔온 코카콜라 소비자들

'마시자 코카콜라(Drink Coca-Cola).'

1886년 코카콜라가 처음 선을 보였을 때 내걸었던 이 슬로건은 이후 130년간 끊임없이 변해 왔다. 코카콜라의 마케팅은 제품자체를 설명하기보다 동시대 소비자들이 공감할 수 있는 브랜드메시지를 전달하고 감성을 자극하는 문구를 사용하는 게 특징이다. 그래서 '현대 마케팅의 교과서'라고 불린다. 미국 내 금주령, 세계대전, 오일쇼크, 냉전시대 등 사회·경제적으로 격변했던 세계사는 고스란히 코카콜라의 슬로건에 담겨 있다.

미국 애틀랜타에서 약국을 경영하던 존 팸버턴은 농장주가 흑인노동자들에게 코카나무잎과 콜라나무열매를 먹이는 것에서 힌트를 얻어 소화제를 만들어 팔았는데, 이게 코카콜라의 시작이다. 적당량을 섭취하면 기분이 좋아지고 피로가 풀린다는 점 때문에 코카나무잎은 두통과 위장병, 피로해소를 위해 약용음료로 판매됐다. 다양한 시럽에 탄산을 넣어 판매하던 소다 파운틴(soda fountain)이 유행하자 팸버턴도 이 음료에 탄산을 함유해 팔았다.

당시 미국은 식민지시절 급증한 술 소비량을 줄이기 위해 정치인과 종교인을 중심으로 금주운동이 벌어지고 있었다. 1851년 메인 주가 미국 최초로 금주법을 시행했고, 18년 후인 1869년에는 금주당이 창당됐다. 1886년 4월 코카콜라가 나올 무렵에는 미국전역이 금주법문제로 떠들썩했다. 코카콜라는 '금주용 음료'라는 점을 강조했다. 마침 3개월 뒤 애틀랜타가 속한 조지아 주에서도 금주법이 통과됐다. 코카

명품 패션브랜드 샤넬의 크리에이티브 디렉터인 카를 라거펠트는 2010년과 2011년 두 번에 걸쳐 한정판 코카콜라 디자인을 내놨다.
사진은 2011년 선보인 '코카콜라라이트' 한정판이다.

콜라가 크게 주목을 받게 됐다. 코카콜라는 1906년에 '위대한 비알코올 음료(The Great National Temperance Beverage)'라는 슬로건을 내걸었다. 코카콜라가 술을 대신할 수 있다는 메시지를 담은 것이다. 1920년에 금주령이 미국전역으로 확산되자 코카콜라는 비약적으로 성장하게 됐다.

1929년 선보인 슬로건 '상쾌한 이 순간(The Pause that Refreshes)'은 고단한 삶에 지쳐 휴식을 바라는 소비자들의 마음을 파고들었다. 힘든 일상 속에서도 코카콜라와 함께 잠깐 휴식을 갖자는 뜻이었다. 같은 해 10월 24일 뉴욕 주식시장의 대폭락과 함께 세계 대공황이 시작됐다. 코카콜라는 광고에 '힘들 땐 코카콜라와 함께(When it's hard to get started with Coca-Cola)'라는 문구를 넣었다. 어려운 경제상황을 함께 이겨내자는 내용을 담아 소비자의 감성을 자극한 것이다. 또 코카콜라 한 잔(170mL)의 가격을 5센트로 유지해 '차가운 현실에서 눈 돌리게 해주는 즐겁고 저렴한 수단'이라는 인식을 갖게 했다.

1939년, 제2차 세계대전이 일어났는데, 코카콜라의 광고문구도 '코카콜라 우리가 함께 가요(Coca-Cola Goes Along)'로 수정됐다. 험난한 전쟁터에 갈 때도 코카콜라가 함께한다는 의미를 강조해 군인들에게 큰 호응을 얻었다. 군인들의 코카콜라 사랑을 애국심과 연결해 광고하면서 코카콜라를 미국의 상징으로 만드는 데도 크게 기여했다. 1941년 일본은 미국함대가 있는 진주만을 폭격했다. 미국국민은 분노했다. 이 사건이후에 미국은 참전을 선언했다. 이에 맞추어 코카콜라의 '애국심 마케팅'이 이어졌다. 당시 코카콜라의 '최고경영자(CEO)였던 로버트 우드퍼프는 "회사의 부담이 크더라도 군인들이 전쟁터 어디서나 5센트로 코카콜라를 마실 수 있게 하겠다"고 선언했다. 이어 미군이 배치되는 모든 전장에 1병당 5센트에 코카콜라를 공급했다. 코카콜라 가격은 제2차 세계대전

2016년 새로 발표된 코카콜라의 슬로건(왼쪽)은 콜라의 짜릿한 맛 덕분에 소소한 일상이 특별해진다는 뜻을 담고 있다. 1929년 대공황 당시 발표된 광고(가운데)에는 어려운 경제상황을 함께 이겨내자는 내용이, 1950년대 자동차 전성시대에는 고속도로 자판기에서도 코카콜라를 찾을 수 있다는 메시지가 담겼다.

이 끝나는 1945년까지 유지됐고 이를 위해 전쟁기간 10개의 해외공장이 세워져 50억 병의 코카콜라가 만들어졌다. 세계대전을 계기로 전 세계인은 코카콜라를 맛보게 됐다.

제2차 세계대전이 끝나고 1940년대에는 자동차 전성시대를 맞았다. 미국 아이젠하워 대통령은 각 주를 연결하는 고속도로를 건설하는 등 대대적으로 도로망을 정비했다. 1949년 선보인 '코카콜라, 어디서든 찾을 수 있어요(Along the highway to Anywhere)'는 고속도로 자판기에서도 찾을 수 있는 음료가 됐다는 뜻의 슬로건이다.

1969년 닉슨 독트린이 나오면서 냉전은 해빙기로 접어들었다. 2년 후인 1971년 코카콜라는 '세계는 하나'라는 메시지를 담은 광고를 내보낸다. 다양한 인종이 이탈리아 로마인근의 언덕 위에서 한 손에 콜라병을 들고 "온 세상에 코카콜라를 사주고 싶어요(I'd like to buy the world a Coke)"라고 노래하는 '힐탑(hilltop)' 광고가 선보였다. 이 광고가 유명해지면서 당시 코카콜라의 '오직 그것뿐(It's the real thing)'이란 슬로건보다 노래가사가 더 널리 알려졌다. 광고 속 음악은 베트남전의 늪에 빠져 있던 미국의 반전열기와 맞물려 평화와 화합을 호소하는 이들의 주제가가 되기도 했다.

1973년 오일쇼크가 닥치면서 미국의 경제상황도 어려워졌다. 1976년에는 '즐거움을 더해주는 그 순간엔 코카콜라(Coke Adds Life)'가, 2차 오일쇼크가 일어난 1979년에는 '코카콜라와 함께 웃어요(Have a Coke and a Smile)' 슬로건이 등장했다. 경제적으로 어려워도 즐겁게 지내자는 메시지와 함께 코카콜라가 일상에 작은 기쁨을 준다는 의미를 담았다.

세계경제가 글로벌 금융위기로 고전하던 2009년부터 코카콜라는 '행복을 여세요(Open Happiness)'라는 슬로건으로 긍정과 희망의 메시지를 전달했다. 2016년 1월에는 7년 만에 '이 맛, 이 느낌(Taste the Feeling)'이라는 새로운 문구를 선보이면서 콜라 본연의 짜릿하고 시원한 맛 덕분에 소소한 일상이 특별해진다는 메시지를 담았다.

코카콜라 병은 늘씬하고 아름다운 곡선디자인 때문에 여성의 몸매에서 착안했다는 설이 가장 많이 알려져 있다. 하지만 실제로는 1915년 인디애나 루트 유리공장의 디자이너인 알렉산더 새뮤얼슨과 얼 알 딘이 코코아 열매를 본떠 고안했다. 밋밋한 직선의 다른 음료와 구분될 수 있게 코코아 열매의 세로 선을 사용한 것으로 알려져 있다.

코카콜라는 시기별로 한정판 패키지를 내놓거나 예술가들과 합작해 새로운 패키지를 만들기도 한다. 2010년에는 코카콜라 병 탄생 100주년을 기념해 1920년부터 10년 단위로 대표적인 광고캠페인과 캐릭터를 엄선해 10개의 패키지에 담았다. 1942년 코카콜라 광고에 처음 등장했던 '스프라이트 보이'와 1993년 등장한 북극곰 등 익숙한 캐릭터가 다시 얼굴을 보였다. 세계적인 팝아티스트 앤디 워홀을 비롯해 명품 패션브랜드 샤넬의 수장인 카를 라거펠트, 장폴 고티에, 겐조 다카다, 로베르토 카발리 등 세계적인 패션 디자이너도 코카콜라 병 디자인에 참여했다. 2012년 6월에는 장폴 고티에가 코르셋과 스트라이프 패턴을 접목시킨 '나이트 앤드 데이(Night &Day)' 한정판이 선보였고 2011년에는 카를 라거펠트의 '코카콜라 라이트' 한정판이 나왔다. 2015년에는 코카콜라 병의 100주년을 맞아 기념디자인을 내놓고 크리스마스에는 산타클로스가 그려진 한정판을 선보여 끊임없이 새로운 모습으로 소비자를 만나고 있다.

• 자료원 : 동아일보, 2016.4.27

기업의 마케팅노력은 질 좋은 제품의 개발, 소비자가 원하는 가격, 고객이 쉽게 이용할 수 있는 유통경로만으로는 충분하지 않다. 설정된 마케팅목표를 달성하기 위해서는 자사제품을 알리고 구매하도록 설득하는 노력인 촉진(마케팅커뮤니케이션)활동이 뒷받침되어야 한다.

01 촉진믹스(마케팅커뮤니케이션 믹스)

마케팅커뮤니케이션 믹스(marketing communication mix) 또는 **촉진믹스**(promotion mix)는 고객가치를 설득력 있게 커뮤니케이션하고 고객관계를 구축하기 위해 사용되는 광고, 공중관계, 인적판매, 판매촉진, 그리고 다이렉트 마케팅 같은 촉진도구들의 조합을 말한다. 다섯 가지 주요 촉진도구들에 대한 정의는 다음과 같다.

- **광고**(advertising) : 공개된 후원자가 비용을 지불하고 아이디어, 재화, 서비스를 비인적 방식으로 제시하고 촉진하는 것
- **판매촉진**(sales promotion) : 제품이나 서비스의 판매를 촉진시키기 위해 단기적으로 제공하는 인센티브
- **인적판매**(personal selling) : 매출을 일으키고 고객관계를 구축하기 위해 회사의 영업사원에 의해 이루어지는 대면 프레젠테이션
- **공중관계**(public relations:PR) : 공정적 퍼블리시티의 창출, 좋은 기업이미지 구축, 그리고 부정적 루머, 이야기, 이벤트에 대한 대처 등을 통해 다양한 공중들과 좋은 관계를 유지하는 활동
- **다이렉트 마케팅**(direct marketing) : 즉각적인 반응을 이끌어내고 지속적인 고객관계를 만들어 나가기 위해 신중하게 선정된 개별고객들과 직접적인 접속을 시도하는 활동

그림 13-1 촉진믹스

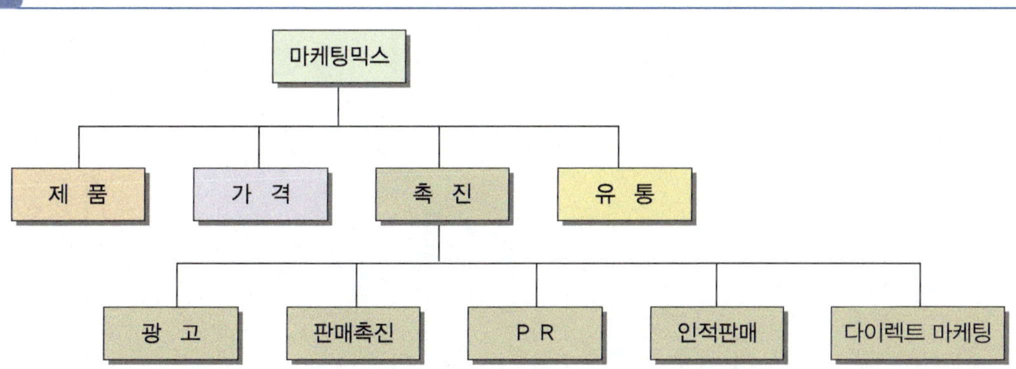

위에서 설명한 각 촉진믹스 유형은 고객들과 의사소통하기 위해 사용되는 여러 가지 구체적인 촉진도구들을 포함한다. 예를 들어, 광고는 방송, 인쇄, 인터넷, 옥외, 그리고 다른 매체들을 포함한다. 판매촉진은 할인, 쿠폰, 진열, 그리고 실연 등을 포함한다. 인적판매는 판매설명회, 트레이드쇼, 영업사원 인센티브 프로그램 등을, 공중관계는 보도자료(press releases), 후원, 특별이벤트, 그리고 웹페이지 등을 포함한다. 그리고 다이렉트 마케팅은 카탈로그, 텔레마케팅, 키오스크, 인터넷, 모바일마케팅 등을 포함한다.

나아가 마케팅커뮤니케이션은 위에서 언급한 촉진도구 그 이상의 것을 포함한다. 제품디자인, 가격, 패키지의 모양과 색상, 제품을 판매하는 매장 등도 구매자에게 무엇인가를 전달한다. 따라서 최대의 커뮤니케이션 효과를 얻기 위해 마케터는 촉진도구뿐 아니라 제품, 가격, 유통을 포함한 모든 마케팅믹스를 조정해야 한다.

좋은 마케팅커뮤니케이션 프로그램의 개발은 소비자의 설득적 메시지에 대한 소비자 지각과정인 커뮤니케이션 과정을 이해하는 것에서 출발한다.

02 커뮤니케이션 과정모형(Communication Process Model)

커뮤니케이션이란 발신자와 수신자 간에 메시지를 주고 받는 과정이다. 마케터는 효과적으로 메시지를 전달하기 위해 커뮤니케이션이 어떻게 이루어지는지를 이해할 필요가 있다. 커뮤니케이션 과정

그림 13-2 커뮤니케이션 과정모형

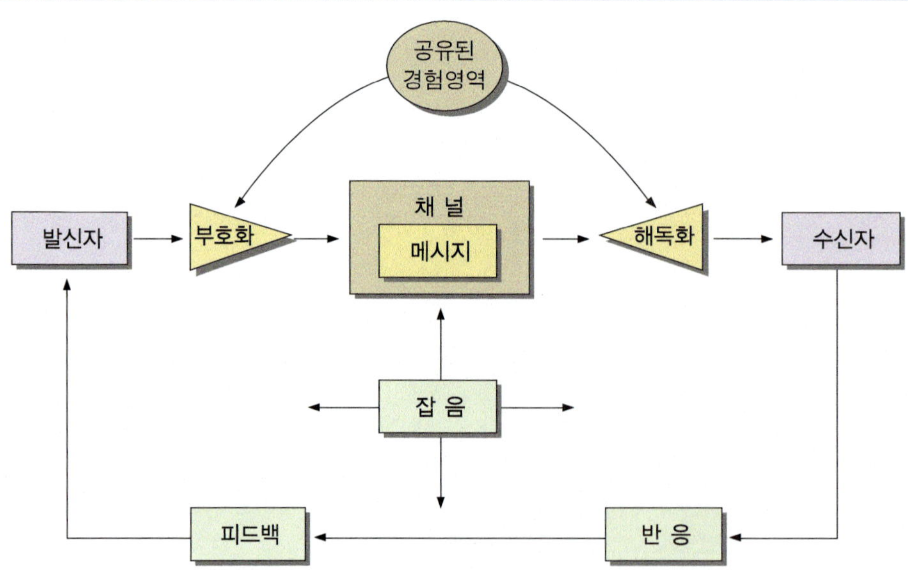

은 [그림 13-1]에서 볼 수 있듯이 9개의 요소로 구성된다.

먼저 커뮤니케이션의 참여자로서, 정보의 발신자(sender)와 수신자(receiver)가 있다. 발신자가 보내는 메시지(message)는 커뮤니케이션 채널(channel)을 통하여 수신자에게 전달된다. 그리고 커뮤니케이션 참여자들은 메시지를 주고 받는 과정에서 ① 발신자가 자신의 전달의도를 상징적인 형태로 표현하는 부호화(encoding), ② 부호화된 메시지를 수신자가 자신의 경험에 근거하여 이해하는 해독화(decoding), ③ 해석된 메시지를 토대로 수신자가 보이는 반응(response), ④ 이러한 반응이 발신자에게 전달되는 피드백(feedback)이 수반된다.

커뮤니케이션 과정의 또 다른 구성요소인 잡음(noise)은 커뮤니케이션 과정에서 발신자의 의도와 관계없이 발생하여 효과적인 메시지전달을 방해하는 요소들을 말한다. 예를 들어, 인기 TV드라마나 개그콘서트의 특정 내용을 광고물에 이용한 패러디 광고(parody advertising)에 노출된 수신자가 그 프로그램을 시청한 적이 없어 기업(발신자)의 의도와 다르게 광고메시지를 이해하는 경우가 이에 해당된다.

메시지가 효과적이기 위해서는 발신자의 부호화 과정은 수신자의 해석과정과 조화를 이루어야 한다. 가장 좋은 메시지는 수신자에게 익숙한 단어와 상징들로 구성된 것이다. 발신자의 경험영역과 수신자의 경험영역이 더 많이 중복될수록 메시지는 더 효과적일 가능성이 높다. 그러나 마케팅커뮤니케이션 담당자의 경험영역과 소비자의 경험영역은 서로 다를 수 있다. 예를 들어, 표적청중과 다른 사회경제적 배경을 가진 광고 카피라이터가 부유한 사업가와 같은 다른 계층의 고객을 위해 광고를 만들어야 할지 모른다. 그러나 마케팅커뮤니케이터는 효과적인 커뮤니케이션이 이루어질 수 있도록 고객의 경험영역을 이해해야 한다.

커뮤니케이션 과정모형은 좋은 커뮤니케이션이 이루어지기 위해 요구되는 주요요인이 무엇인지를 보여준다. 발신자는 그들이 도달하기를 원하는 표적청중이 누구인지와 그들로부터 기대하는 반응이 무엇인지를 알아야 한다. 그리고 표적청중이 메시지를 어떻게 해석하는지를 감안하여 메시지를 부호화해야 한다. 그들은 표적청중에게 도달될 미디어를 통해 메시지를 보내야 하고, 메시지에 대한 청중의 반응을 평가할 수 있는 피드백채널을 개발해야 한다.

다음에서는 각 구성요소에 대하여 자세히 살펴보기로 한다.

2.1 발신자와 부호화

발신자는 커뮤니케이션 과정에서 메시지를 전달하는 주체를 말하는데, **정보원천**(source)이라고도 한다. 발신자는 커뮤니케이션의 대상이 되는 제품이나 서비스의 제공자인 기업, 판매원 혹은 광고에 등장하는 광고모델(spokesperson)이 될 수 있다. 광고모델 같은 발신자의 특성은 수신자의 해독화와 반응 등 커뮤니케이션 효과에 영향을 미친다. 따라서 기업은 수신자인 목표청중(target audience)의 특성, 그리고 제품이나 서비스의 특성에 어울리는 특성을 가진 광고모델을 선정할 필요가 있다. 이에 대해서는 광고모델의 특성에서 자세히 살펴보기로 한다.

심볼에 의한 부호화를 이용한 광고: 아우디 승용차광고는 비누와 바나나껍질 등의 심볼을 이용해 아우디승용차가 미끄럼 방지기능이 우수하다는 메시지를 전달한다.

부호화란 발신자가 전달하려고 하는 내용을 단어, 상징, 그림 등을 이용하여 상징적인 형태로 표현하는 것을 말한다. 유명한 마케팅 전문가인 알 리스(Al Ries)와 잭 트라우트(Jack Trout)는 집중의 법칙(The Law of Focus)을 제안하면서 잠재고객의 기억 속에 핵심개념을 한 단어로 심어야 한다고 주장했다.[1] 가령, 천연조미료 다시다는 고객의 기억 속에 '고향의 맛'이라는 핵심개념을 확실하게 심어주려고 했다. 정보의 홍수 속에 살아가는 소비자들이 장황하고 긴 메시지를 받아들이도록 유도하는 것은 어려운 일이다. 그러므로 기업은 부호화 과정에서 제품의 핵심개념을 강렬하면서 상징적으로 표현하는 노력을 해야 한다. 비누와 바나나껍질이라는 심볼을 이용하여 4륜구동의 미끄러짐 방지기능을 잘 부각시키고 있는 아우디 승용차광고는 효과적인 부호화의 예이다.

2.2 메시지

사람들의 뇌리에 박힐 강력한 메시지를 만들어 내는 것은 마케터들이 바라는 것이다. 정치권에서 자주 언급되는 "권력이 혀끝에서 나온다"는 말은 바로 효과적인 메시지의 강력한 힘을 시사하는 것이다.

메시지는 부호화되어 수신자에게 전달되는 정보를 말하는데, 언어적/비언어적, 시각적/청각적 수단의 결합을 통해 개발된다. 시각적/청각적 수단을 동원한 시즐(sizzle)광고는 비언어적 메시지에 기반한 광고물의 예이다. 가령, '후루룩- 후루룩- 하아-' 하며 국수 마시는 장면을 보여주는 국수광고나, '치익-' 하는 맥주병 따는 소리와 흘러넘치는 흰 거품을 보여주는 맥주광고는 시즐광고에 해당한다.

발신자인 기업은 수신자인 표적청중의 긍정적 반응을 이끌어 내기 위해 효과적인 메시지를 개발해야 한다. 이상적인 메시지는 주의를 끌고(Attention), 관심을 지속시키고(Interest), 욕망을 자극하고(Desire), 행동을 유도하는(Action)(AIDA 모형으로 불리어짐) 것이어야 한다. 실제로 기업이 소비자들을 제품에 대한 인지에서부터 구매까지 모든 반응과정을 한번에 거치게 하는 메시지를 개발하는 것이

1) Al Ries and Jack Trout, The 22 Immutable Laws of Marketing, Harper Collins Publishers, New York, 1993.

시즐(sizzle) 광고는 비언어적 수단을 사용해 광고메시지를 개발한다.

어렵지만, AIDA모형은 좋은 메시지가 갖추어야 할 바람직한 특징이 무엇인지를 이해하는데 도움을 준다.

마케터는 커뮤니케이션 목표, 사용할 매체의 특성을 고려하여 메시지를 개발하여야 한다. 가령, 브랜드인지도를 높이는 것이 커뮤니케이션 목표라면 브랜드명이 부각되어야 하며, 브랜드 성능에 대한 믿음을 구축하는 것이 커뮤니케이션 목표라면 구체적인 제품속성의 우수성을 강조해야 한다. 또한 같은 커뮤니케이션 목표를 달성하기 위해 메시지를 개발하더라도 방송매체 혹은 인쇄매체인지에 따라 그 내용이나 전달되는 방식이 달라야 한다. 인쇄광고를 이용할 경우 마케터는 소비자의 눈길을 끄는 헤드라인, 카피(본문), 그림(illustration), 그리고 색상을 개발해야 한다. 예를 들어, 색상은 브랜드에 대한 인지도를 높이는 데 도움을 줄 수 있다. 한 조사연구에 의하면 색상이 브랜드 인지도를 80%까지 높일 수 있다고 제안하는데, 오뚜기(노랑), McDoanld's(노랑과 빨강), 삼성전자(파랑), Coca-Cola(빨강과 흰색) 등을 생각하면 이해가 될 것이다. 만약 라디오광고를 통해 메시지를 전달한다면, 커뮤니케이션 담당자는 메시지전달에 효과적인 단어, 소리, 음성을 선정해야 한다. 은행서비스를 촉진하기 위해 라디오광고에서 사용되는 소리는 식품을 촉진하기 위해 라디오광고에서 사용되는 것과 달라야 한다.

만일 메시지가 TV광고를 통해 또는 직접 대면을 통해 전달된다면, 메시지를 전달하는 사람의 얼굴 표정, 제스처, 의상, 자세, 헤어스타일 등 신체언어(body language)를 추가적으로 고려해 메시지를 개발해야 한다. 만약 제품이나 패키지를 통해 메시지를 전달한다면, 커뮤니케이션 담당자는 질감, 향기, 색상, 크기 및 모양 등에 신경을 써야 한다.

마케팅 Highlight

시각적 메시지가 창출하는 긍정적 효과 : 혀 보다 눈이 먼저 맛본다는 것을 고려한 제품광고

최근 한 음식 배달업체가 프랑스 화가 마네의 그림 '풀밭 위의 식사'에 치킨을 먹는 남자를 교묘하게 끼워 넣은 광고로 눈길을 끌었다. 명화(名畵) 속의 치킨을 보고 더 군침이 도는 것은 왜일까. 심리학자들은 '보기 좋은 떡이 먹기도 좋다'는 속담으로 이유를 설명한다. 음식 맛은 미각(味覺)보다 먼저 시각(視覺)으로 판단되기 때문에 눈이 혀보다 먼저 맛을 느낀다는 것이다.

영국 옥스퍼드대 심리학과 찰스 스펜스(Spence) 교수는 명화에 음식을 끼워 넣는 데서 한 걸음 더 나아가 아예 음식재료를 갖고 명화를 재현했다. 전문 요리사를 시켜 화가 칸딘스키가 그린 추상화와 모양이 똑같은 샐러드를 만들어 실험에 쓴 것이다. 멀리서 보면 어느 쪽이 그림인지, 샐러드인지 구별하기 어려울 정도로 닮았다. 연구진은 명화를 본뜬 샐러드와 일반 샐러드, 그리고 재료를 섞지 않고 하나하나 줄에 맞춰 배치한 샐러드를 각각 60명에게 제시하고 맛을 평가하도록 했다. 맛을 보기 전과 후의 점수는 모두 칸딘스키 그림을 본뜬 샐러드가 가장 높았다. 평가자들은 다른 샐러드의 두 배나 비싼 돈을 낼 용의가 있다고 답했다.

사실 세 가지 샐러드는 재료나 소스가 모두 같았다. 평가자들도 각각의 샐러드에서 단맛, 신맛, 짠맛, 쓴맛 네 가지는 모두 같다고 답했다. 하지만 전체적인 맛은 추상화 모양 샐러드가 가장 좋다고 느꼈다.

칸딘스키의 추상화 '201번'(왼쪽)과 이를 모방한 샐러드(오른쪽). 사람들은 명화를 본떠서 꾸민 음식이 재료를 기하학적으로 배치한 샐러드나 일반적인 샐러드(왼쪽 작은 사진)보다 더 맛있다고 평가했다.

• 자료원 : 조선경제, 2014.7.7

2.3 커뮤니케이션 채널

마케터는 메시지를 전달할 커뮤니케이션 채널을 선정해야 하는데, 크게 커뮤니케이션 채널은 대면적 커뮤니케이션 채널과 비대면적 커뮤니케이션 채널의 두가지 유형으로 나누어진다.

대면적 커뮤니케이션 채널(personal communication channel)에서는 두 명 또는 그 이상의 사람들이 서로 직접 의사소통한다. 이들은 대면을 통해, 전화상으로, 우편이나 이메일을 통해 또는 인터넷채팅을 통해 의사소통한다. 대면적 커뮤니케이션 채널은 사적인 의사전달과 피드백이 가능하기 때문에 효과적이다.

어떤 대면적 커뮤니케이션 채널은 회사에 의해 직접 통제된다. 예를 들어, 거래처와 접촉하는 영업사원은 기업에 의해 통제된다. 그러나 제품에 대한 대면적 커뮤니케이션은 회사에 의해 직접 통제되지 않는 채널을 통해 구매자에게 도달될 수 있다. 이러한 채널은 구매자에게 의견을 표시하는 독립적인 전문가(브랜드옹호 소비자, 블로그 같은 온라인 구매가이드 등)를 포함한다. 또는 이러한 채널은 표적구매자와 말을 나누는 이웃, 친구, 가족 구성원, 동료들일 수도 있다. 구전을 통한 영향력 행사(word-of-mouth influence)로 알려져 있는 이 채널은 많은 제품영역에서 무시하지 못할 영향을 미친다.

대면적 커뮤니케이션은 가격이 비싸고, 지각된 위험수준이 높고, 가시성이 높은 제품의 경우 보다 중요하다. 요즈음 들어 기존 사용자들이 제품에 대하여 이야기하는 것을 들어보기 전에 값비싼 제품을 사는 사람은 거의 없으며, 동료나 친구의 추천이 구매에 큰 영향을 미친다. 가령, 고객리뷰는 Amazon의 주요 성공요인이다. 상당수 고객들이 다른 고객들의 서평이나 '이 책을 산 사람들이 구매한 또 다른 책들'이란 섹션을 보고 Amazon에서 책을 구입한다.

기업은 긍정적인 소비자반응을 이끌어내기 위해 대면적 커뮤니케이션 채널을 활용할 수 있다. 예를 들어, 기업은 자사브랜드에 대한 의견선도자(opinion leader: 주변 사람들이 의견을 구하는 사람)를 창출할 수 있는데, 이는 영향력 행사자에게 매력적인 조건으로 제품을 공급하거나 혹은 그들을 교육시켜 다른 사람들에게 정보를 제공할 수 있게 함으로써 이루어진다. 버즈마케팅(buzz marketing)은 의견선도자들을 양성해 이들로 하여금 제품이나 서비스에 대한 정보를 온라인 커뮤니티 내 다른 사람들에게 퍼트리게 만든다. P&G는 신제품을 출시할 때 버즈마케팅을 효과적으로 활용한다. P&G는 50만명의 엄마로 구성된 Vocalpoint라는 대규모 버즈 마케팅 도구를 만들어냈다. Vocalpoint는 마당발 엄마(connectors)를 고용하는데, 그들은 방대한 친구 네트워크를 갖고 있고, 수다에 위한 선천적인 재능을 갖고 있는 사람이다. 그들은 P&G 브랜드제품에 대한 구전을 만들어낸다.

비대면적 커뮤니케이션 채널(non-personal communication channel)은 개인적인 접촉이나 피드백이 없이 메시지가 전달되는 커뮤니케이션 도구이다. 이에는 주요 미디어, 분위기(atmospheres), 이벤트 등이 포함된다. 주요 미디어는 인쇄매체(신문, 잡지, 직접우편), 방송매체(라디오, TV), 전시미디어(옥외광고, 사인, 포스터), 그리고 온라인미디어(이메일, 기업웹사이트, 온라인 소셜 네트워크)를 포함한다. 분위기는 제품구매의도를 창출하거나 혹은 강화시키려는 의도로 기획된 환경을 말한다. 따라서 변호사 사무실과 은행은 고객들이 신뢰감을 갖거나 높은 서비스품질을 제공할 것으로 지각할 수 있도록 설계된다. 이벤트는 표적청중에게 메시지를 전달하기 위해 연출된 행사이다. 예를 들어, 공중관계를 담당하는 부서는 기자회견, 개점행사, 쇼와 전시, 행사투어(public tour), 기타 이벤트를 준비한다.

비대면적 커뮤니케이션은 소비자들의 태도형성과 구매에 직접적인 영향을 미칠 수 있다. 뿐만 아니라 매스미디어를 통한 메시지전달은 종종 사람들 간의 커뮤니케이션을 유도함으로써 간접적으로 구매자에게 영향을 미치기도 한다. 메시지는 처음에 TV, 잡지, 기타 대중미디어를 통해 의견선도자(opinion leader)에게 전달된 다음, 다시 의견선도자로부터 다른 사람에게로 전달될 수 있다. 따라서 의견선도자는 대중미디어와 청중 사이에 위치함으로써 미디어에 덜 노출되는 사람들에게 메시지를 전달하는 역할을 수행한다. 흥미롭게도 마케터들은 종종 소비자추천이나 구전을 통한 증언(word-of-mouse testimonial) 등을 광고물과 다른 촉진활동에 삽입함으로써 대면적 커뮤니케이션을 대체하거나 혹은 이를 활성화시키기 위해 비대면적 커뮤니케이션 채널을 활용한다.

2.4 수신자와 해독화

수신자는 발신자가 메시지를 전달하려고 하는 대상으로서, 표적청중(target audience)을 말한다. 표적청중은 표적고객과는 다른 개념인데, 전자는 커뮤니케이션의 대상을, 그리고 후자는 자사제품의 구매를 설득할 대상을 말한다. 대체로 표적고객은 표적청중과 일치하지만, 때로는 일치하지 않을 수 있다. 예를 들어, 고가의 사치품인 경우 표적고객과 표적청중이 일치하지 않을 수 있다. 마케터는 구매력을 가진 고소득층을 표적고객으로 삼지만 많은 사람들에게 그 제품의 가치를 인식시키기 위해 일반소비자들을 표적청중으로 하여 광고를 수행할 수 있다. BMW와 같이 고급승용차 광고를 일간지에 게재하는 경우가 한 예이다.

해독화는 수신자가 발신자로부터 전달된 메시지에 의미를 부여하고 이를 해석하는 과정이다. 커뮤니케이션이 성공을 거두기 위한 필요조건 중 하나는 발신자가 의도한 대로 수신자가 메시지를 해석하는 것이다. 수신자의 해독화와 발신자의 부호화가 서로 일치하기 위해서는 발신자와 수신자의 경험영역 간에 공감대(common ground)가 존재해야 한다. 예를 들어, 라디오광고에서 영어식 발음으로 브랜드명을 표현할 경우 영어의 청취능력이 떨어지는 표적청중은 어떤 브랜드광고인지 모를 수 있다. 그리고 상징(symbol)을 이용해 메시지를 개발할 경우 기업은 소비자들이 상징의 의미를 잘 알고 있는지 확인할 필요가 있다. 예컨대, 기린이 청력이 뛰어난 동물이라는 것을 모르는 소비자에게 기린을 심볼로 이용하여 승용차의 정숙성을 알리고자 한다면, 그 커뮤니케이션 메시지는 실패할 가능성이 높을 것이다.

2.5 잡음(Noise)

잡음은 효과적인 커뮤니케이션을 방해하는 모든 요인을 말한다. 커뮤니케이션 과정에는 마케터가 예상하지 못하는 상당한 양의 잡음이 존재하는데, 수신자(표적청중)는 다음과 같은 이유로 인해 기업이 의도한 대로 메시지를 받아들이지 못할 수 있다.

(1) 선택적 주의(selective attention)

소비자들은 수많은 메시지들 중 두드러져 보이거나 관심영역과 일치하는 일부 메시지에만 주의를 기울인다.

(2) 선택적 왜곡(selective distortion)

소비자는 자신이 원하는 메시지만을 듣거나 보기 위해 노출된 메시지를 주관적으로 해석할 수 있다. 소비자는 기존 신념체계 및 태도를 유지하기 위해 이와 일치하는 메시지만을 받아들이려고 하는 경향이 있다. 이에 따라 기존 신념체계와 태도를 유지하기 위해 메시지에 없는 내용들을 새로이 추가하거나 메시지의 일부를 누락시켜 받아들인다. 마케터는 선택적 왜곡을 극복하기 위해 간단하고 명확하면서 관심을 불러일으키는 메시지를 제공해야 한다.

(3) 선택적 회상(selective recall)

소비자들은 처리된 메시지들 가운데 일부만을 기억에 저장한다. 제공된 메시지가 소비자의 기억에 영구히 저장되고 필요할 경우에 인출되기 위해서는 메시지처리과정에서 충분한 양의 리허설(rehearsal)이 이루어져야 하는데, 리허설이란 소비자가 제공된 메시지에 대해 마음속으로 반복연습하는 것을 말한다.

2.6 반응(Response)

마케터는 수신자인 표적청중들로부터 기대하는 반응을 결정해야 한다. 많은 경우 기업은 즉각적인 구매반응을 원할 것이다. 그러나 구매는 단계적인 의사결정과정을 거친 후에야 이루어진다. 따라서 마케팅커뮤니케이션 담당자는 표적청중이 지금 의사결정과정에서 어디에 위치하고 있고, 어떤 단계로 이동시켜야 할지를 알 필요가 있다. 표적청중은 최종적으로 구매에 도달하기 위해 여섯 단계의 **구매준비단계**(buyer-readiness stage)를 거치는데, 이 단계는 인지(awareness), 지식(knowledge), 호감(liking), 선호(preference), 확신(conviction), 그리고 구매(purchase)로 구성된다(그림 13-2 참조).

표적시장 고객들은 자사제품을 전혀 모르거나, 자사제품의 이름정도만을 알거나, 또는 자사제품의 특징에 대해 조금 알고 있을 수 있다. 따라서 마케팅커뮤니케이션 담당자는 먼저 자사제품에 대한 인

그림13-2 구매준비단계

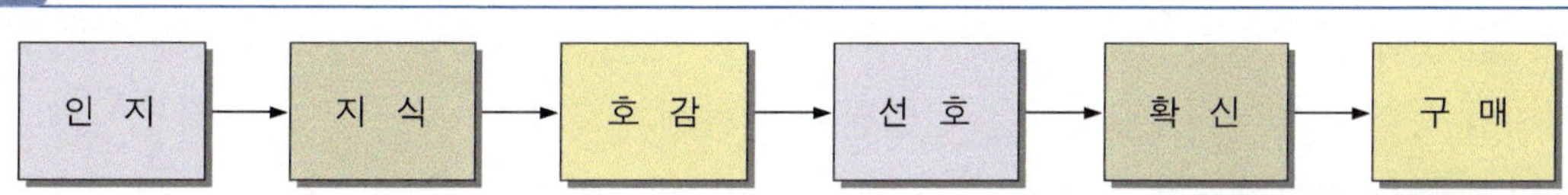

제품지식 형성에 도움을 주기 위한 테팔 프라이팬 광고물

지와 지식을 구축해야 한다.

만약 표적고객들이 자사제품에 대하여 잘 알고 있다면, 다음으로 그들은 자사제품에 대해 어떻게 느끼고 있을까? 가망고객들이 쏘렌토 신모델의 특징에 대해 이미 알고 있다면, 기아의 마케터는 그 다음 단계로 소비자들이 신차에 대해 좋은 감정을 갖도록 하고 싶을 것이다. 이 단계는 호감(SUV에 대한 긍정적인 감정), 선호(다른 차 대신 쏘렌토를 더 좋아함), 그리고 확신(쏘렌토가 자신에게 최고의 차라고 믿음)을 포함한다.

기아자동차의 쏘렌토 마케터는 쏘렌토에 대한 긍정적 감정과 확신을 창출하기 위해 촉진도구들의 조합을 사용할 수 있다. 가령 초기광고는 성능에 대한 기대감과 브랜드와의 정서적 관계를 구축하는데 도움을 주는데 초점을 맞춘다. 인쇄광고와 디지털광고는 쏘렌토의 디자인과 주요특성을 자세히 설명한다. 보도자료와 다른 공중관계 활동들은 제품에 대한 구전이 확산되는데 도움을 주는데 역점을 둔다. 웹사이트는 잠재구매자들에게 기술적인 사양, 제품특성과 옵션, 안전도 평가결과, 가격에 대한 정보를 제공한다. 그리고 딜러들은 구매자들에게 옵션, 가격 대비 가치, 그리고 판매 후 서비스에 대해 설명한다.

마지막으로, 표적시장의 일부소비자들은 자사제품에 대해 확신을 갖고 있지만, 아직 구매할 준비가 되어 있지 않을 수 있다. 쏘렌토 잠재구매자들은 더 많은 정보탐색을 하기위해 혹은 경기가 좋아질 때까지 등의 이유로 구매를 연기하기로 결정할 수 있다. 커뮤니케이션 담당자는 이러한 소비자들이 마지막 단계, 즉 구매에 도달하도록 유도해야 한다. 이를 위한 촉진활동에는 특별촉진가격, 리베이트 또는 프리미엄 등이 포함된다. 딜러들은 선별된 고객들에게 전화를 하거나 편지를 쓰거나 이메일을 보내 그들이 쇼룸을 방문하도록 초대할 수 있다. 쏘렌토 웹사이트는 지역별 기아매장에서 시험운전을 신청하기만 하면 2,5000원 상당의 상품권을 제공한다.

물론 마케팅커뮤니케이션만으로 쏘렌토에 대한 긍정적인 감정과 구매를 만들어 낼 수 있는 것은 아니다. 승용차자체가 고객에게 우월한 가치를 제공해야 한다. 탁월한 마케팅커뮤니케이션은 품질이 떨어지는 제품의 사망을 가속화시킬 수 있다. 더 빨리 잠재구매자들이 형편없는 제품에 대해 알게 될수록, 그들은 더 빨리 제품의 결함을 인지하게 된다. 따라서 좋은 마케팅커뮤니케이션은 말과 행동의 일치를 요구한다.

메시지에 대해 소비자가 보이는 단계적 반응이 주는 마케팅 시사점은 기업이 커뮤니케이션 목표를 설정하고 이를 토대로 커뮤니케이션 효과를 측정하는 데 유용한 지침이 될 수 있다는 것이다. 가령, 기업은 커뮤니케이션의 목표를 인지단계에 영향을 미치는 것(가령, 브랜드인지도 구축)으로 설정하고, 커뮤니케이션 활동전과 후에 브랜드인지도에서 변화가 있었는지를 조사해 커뮤니케이션 효과를 측정할 수 있다.

2.7 피드백(Feedback)

발신자는 발신자의 반응을 수집해야 하는데, 이를 피드백이라고 한다. 메시지를 수신자인 표적청중에게 전달한 다음, 기업은 메시지가 표적청중에 미친 효과를 조사해야 한다. 이러한 효과조사에는 표적청중들이 메지지를 기억하는지, 이를 몇번이나 보았는지, 어떤 점을 기억하고 있는지, 메시지에 대하여 어떻게 느끼고 있는지, 그리고 제품과 회사에 대한 이전 태도와 현재의 태도를 물어보는 것을 포함한다. 마케팅커뮤니케이션 담당자는 또한 얼마나 많은 사람들이 제품을 구매했는지, 그 제품에 대해 얼마나 많은 사람들에게 이야기했는지, 그 제품을 취급하는 매장을 방문했는지 등과 같은 메시지로 인해 유발된 행동도 측정해야 한다.

마케팅커뮤니케이션 활동에 대한 피드백정보는 촉진프로그램을 변경하는 데 도움을 줄 수 있다. 예를 들어, 롯데백화점이 지역소비자들에게 취급상품과 판촉이벤트를 알리는 케이블TV 광고와 신문광고를 실시했다고 하자. 이러한 마케팅커뮤니케이션 활동의 효과를 점검하기 위해 피드백 조사를 실시한 결과 응답자의 80%가 광고를 보았다고 기억하고 광고에서 언급한 상품과 세일을 인지하고 있는 것으로 나타났다. 이들 중 60%가 지난 한 달간 롯데백화점 매장을 방문한 경험이 있지만, 20%만이 판촉이벤트에 만족했다. 이러한 조사결과는 광고에 대한 인지도를 창출하기는 했지만, 판촉이벤트가 소비자들이 기대하는 만족을 주지 못했다는 것을 시사한다. 따라서 롯데백화점은 마케팅커뮤니케이션 프로그램을 계속 유지하면서 판촉할 제품과 판촉수단의 변경을 통해 판촉이벤트 프로그램을 개선할 필요가 있다.

마케터는 피드백 정보를 통해 커뮤니케이션활동의 성과를 평가하며, 그 결과를 차기의 커뮤니케이션전략을 수립하는데 기초자료로 활용한다. 커뮤니케이션 활동에 대한 평가에서 마케터가 유의해야 할 점은 성과평가가 커뮤니케이션 목표에 근거하여 이루어져야 한다는 것이다. 많은 기업이 마케팅커뮤니케이션의 목표를 브랜드인지도 제고로 설정하고 매출이나 시장점유율 같은 시장성과 지표를 토대로 커뮤니케이션 성과를 평가하는 오류를 범한다.

03 디지털시대의 마케팅 커뮤니케이션 모형과 통합적 마케팅커뮤니케이션

과거 오랜동안 마케터들은 다수의 고객들에게 표준화된 제품을 판매하는 대량마케팅을 수행해왔다. 그 과정에서 그들은 대량마케팅전략을 지원하는데 효과적인 대중매체 커뮤니케이션 기법들을 개발해 왔다. 많은 대기업들은 지금도 한 가지 광고로 수백만명 이상의 고객들에게 도달하기 위해 TV, 잡지 또는 다른 매스미디어 광고에 연 수십에서 수백억원을 투자한다. 그러나 오늘날 마케팅관리자들은 새로운 마케팅커뮤니케이션 현실에 직면하고 있다. 급변하는 마케팅커뮤니케이션 환경은 마케터들에게 기회와 위협을 동시에 가져다 준다.

3.1 디지털시대의 새로운 마케팅 커뮤니케이션 모형

최근 마케팅커뮤니케이션 환경에서 다음과 같은 변화가 일어나고 있다. 첫째, 소비자들이 수동적 정보수용자에서 능동적 정보창출자로 변하고 있다. 디지털 및 무선시대에서 소비자들은 더 좋은 정보를 갖추고 커뮤니케이션 과정에서 더 많은 파워를 갖게 되었다. 소비자들은 기업들이 제공하는 정보에만 의존하지 않고 스스로 정보를 찾기 위해 인터넷과 다른 디지털기술들을 이용할 수 있다. 더 나아가 소비자들은 다른 소비자들과 브랜드관련 정보들을 교환하거나 스스로 마케팅 메시지를 만들어 온라인상에 확산시킬 수 있게 되었다. 둘째, 기업이 추구하는 마케팅전략이 대량마케팅에서 마이크로마케팅으로 변하고 있다. 대중시장이 갈수록 분화됨에 따라 마케터들은 더 이상 대량마케팅(mass marketing)에 의존하지 않고 있다. 그들은 보다 좁게 정의된 소규모 시장(micromarkets)의 고객들과 더 긴밀한 관계를 구축하기 위해 표적화된 마케팅프로그램을 개발하는 방향으로 전환하고 있다. 정보기술의 엄청난 발전은 세분화 마케팅으로의 전환을 가속화시키고 있는데, 이제 마케터들은 고객에 관한 세세한 정보를 모을 수 있고, 빅 데이터분석을 통해 고객의 욕구를 보다 면밀하게 검토할 수 있으며, 좁게 정의된 표적고객집단에 맞추어 가치를 제안할 수 있다.

마지막으로, 커뮤니케이션 기술의 엄청난 발전은 기업이 고객들과 의사소통하는 방식에서 큰 변화를 가져다 주고 있다. 디지털시대는 스마트폰에서부터 이메일, 브랜드웹사이트, 소셜 네트워크, 블로그, 위성 및 케이블 TV시스템에 이르기까지 새로운 정보 및 커뮤니케이션 도구들을 양산하고 있다. 이러한 수많은 정보/커뮤니케이션 도구들의 등장은 마케팅커뮤니케이션 활동에 큰 영향을 미쳤다. 대량마케팅이 대중매체 커뮤니케이션 시대를 열었듯이, 다양한 디지털미디어들의 등장은 새로운 마케팅커뮤니케이션 모형을 출현시켰다.

네트워크 TV, 잡지, 신문, 그리고 다른 매스미디어들이 여전히 중요한 커뮤니케이션 도구로 남아 있지만, 이들의 지배력은 감소하고 있다. 이제 기업들은 매스미디어(broadcasting)의 비중을 줄이고 전문화된 미디어(narrowcasting)의 비중을 늘리고 있다. 마케터들은 보다 개별화되고 상호작용적인 마케팅메시지를 개발해 보다 작은 규모의 고객세분시장에 도달하기 위해 전문화되고 매우 표적화된 미디어들을 매체대안으로 추가하고 있다. 기업이 고려할 수 있는 새로운 미디어는 전문케이블 TV채널, 온라인 동영상에서부터 이메일, 블로그, 온라인 소셜 네트워크 등에 이르기까지 광범위하다.

많은 광고산업 전문가들은 기존의 대중매체기반 커뮤니케이션 모형은 결국 진부화된 모형이 될 것으로 예측한다. 대중매체 비용이 상승하고, 이를 이용하는 청중의 수가 줄어들고, 광고혼잡 상태가 증가하며, 시청자들은 원하지 않는 TV광고물을 건너 뛸 수 있도록 하는 비디오 스트리밍이나 DVR 같은 기술을 이용해 메시지노출을 통제할 수 있게 되었다. 그결과 마케터들은 마케팅예산의 많은 부분을 30초짜리 TV광고와 대중잡지 광고 같은 주요 대중매체 대신 디지털미디어에 할애하고 있다. TV가 여전히 주요 광고매체로 자리잡고 있지만, 인터넷이나 다른 디지털미디어에 대한 광고비 지출이 빠르게 늘어남에 따라 주요 네트워크 TV에 대한 광고비 지출이 정체상태에 이르고, 잡지, 신문, 광고에 대한 광고비 지출은 상당히 감소했다.

디지털에 기반한 새로운 마케팅커뮤니케이션 세계가 등장함에 따라, 마케터들은 고객들의 주의를 끌어 강제로 메시지를 주입시키는 과거 커뮤니케이션 방식을 사용하는 대신 보다 규모가 작은 소비자들을 대상으로 상호작용적이고 그들의 관여수준을 높이는 커뮤니케이션 방식을 도입하고 있다. 가령, 요즈음의 TV시청 관행에 대해 한번 생각해 보라. 소비자들은 자신이 원하는 프로그램을 TV뿐 아니라 랩탑, 스마트폰 등을 통해 시청할 수 있다. 그리고 그들은 원하는 시간과 장소에서 프로그램을 광고와 함께 혹은 광고없이 시청할 수 있다. 또한 어떤 프로그램, 광고물, 그리고 동영상은 인터넷에서만 시청될 수 있도록 제작되고 있다.

디지털시대에 들어서 이제 마케터는 마케팅커뮤니케이션 캠페인을 설계함에 있어 폭넓은 촉진도구와 미디어 중에서 선택할 수 있다. 신규 소비용품 브랜드의 인지도를 구축하고 기존 브랜드를 계속 기억시키도록 하는데 있어 신문, TV, 잡지 등 전통적 미디어들이 여전히 중요한 역할을 한다. 나아가 디지털미디어는 상대적으로 유연성이 높고 타겟고객에 맞추어 개인화된 커뮤니케이션을 할 수 있게 한다. 디지털시대의 새로운 마케팅커뮤니케이션 모형은 전통적 매스미디어와 보다 생동감 있고 타겟고객에 맞추어 개인화될 수 있는 여러 디지털미디어를 적절히 결합한 형태가 될 것이다. 이러한 상황에서 마케터가 직면한 도전적 과제는 일관성 있고 통일된 브랜드메시지를 전달하기 위해 여러 촉진도구, 전통적 매스미디어, 디지털미디어를 통합하는 것이다. 전통적 매스미디어 혹은 디지털미디어 중 어느 것을 사용하든 핵심은 브랜드메시지를 가장 잘 커뮤니케이션 하고 고객의 브랜드경험을 강화시켜 주는 미디어조합을 찾아내는 것이다.

3.2 통합적 마케팅 커뮤니케이션 도입의 필요성

오늘날 소비자들은 광범위한 정보원천들로부터 제공되는 상업적 메시지에 둘러 쌓여 있다. 서로 다른 원천들로부터 나오는 상충되는 메시지는 기업이미지, 브랜드포지션, 그리고 고객관계를 혼란스럽게 만드는 결과를 낳을 수 있다.

기업들이 다양한 커뮤니케이션 채널들을 통합하는데 실패하는 일은 빈번하게 발생하며, 그 결과 소비자들에게 전달되는 메시지들은 뒤범벅이 된다. 가령, 매스미디어 광고들은 고품격 브랜드이미지를 이야기하고, 가격판촉행사는 가격이 저렴하다는 시그널을 보내고, 제품포장의 라벨은 제품의 실용적 혜택에 관한 정보를 전달한다. 나아가 회사의 웹사이트, 이메일, 페이스북 페이지, 유튜브에 올린 동영상은 또 다른 어떤 것(가령, 고객관계 지향적 메시지)을 전달한다. 나아가 이러한 커뮤니케이션 활동들은 종종 회사내 서로 다른 부서들에 의해 수행된다. 광고메시지는 광고부서 또는 광고대행사에서 기획되고 실행에 옮겨지고, 인적판매 커뮤니케이션은 영업관리팀에서 개발된다. 공중관계, 판매촉진 이벤트, 온라인마케팅, 그리고 다른 마케팅커뮤니케이션 유형들은 또 다른 담당자들이 책임진다. 문제는 소비자들이 이들을 구분하지 않고 한 회사의 커뮤니케이션 활동으로 받아들인다는 것이다. 서로 다른 부서에서 만들어진 마케팅커뮤니케이션들이 뒤섞여 소비자들에게 전달됨에 따라 그들은 일관성 있고 명확한 브랜드 이미지를 갖지 못하게 된다.

이에 따라 오늘날 통합적 마케팅커뮤니케이션(integrated marketing communication: IMC) 개념을 중요하게 생각하고 마케팅프로그램 개발에 이러한 개념을 반영하려고 하는 기업이 늘어나고 있다. **통합적 마케팅커뮤니케이션**은 표적청중을 선정하고 기업이 원하는 표적청중의 반응을 얻기 위해 잘 조정된 촉진프로그램을 개발하는 것을 말한다. 기업들은 마케팅커뮤니케이션을 실행함에 있어 지나치게

그림 13-3 통합적 마케팅커뮤니케이션

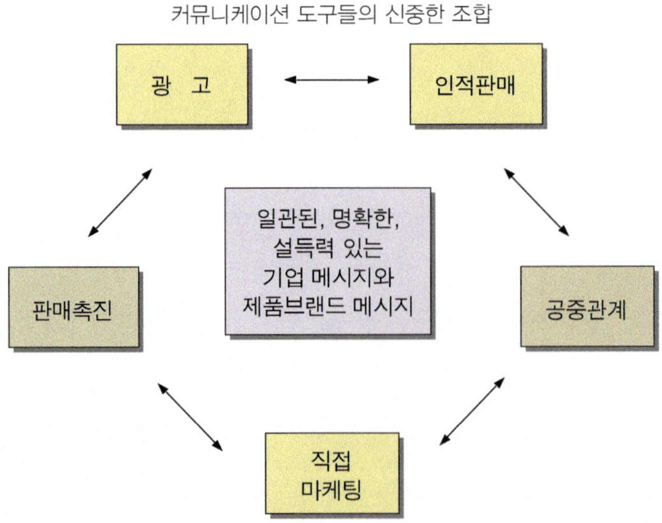

표적시장에서의 즉각적인 브랜드인지, 이미지 또는 선호도 형성에 초점을 맞추는 경향이 있다. 그러나 이러한 커뮤니케이션 접근방식은 지나치게 근시안적이다. 따라서 오늘날 마케터들은 장기간에 걸쳐 고객관계를 관리하는 과정으로 커뮤니케이션의 관점을 바꾸고 있다. IMC는 기업과 그 기업의 제품들이 고객과 사회가 당면한 문제를 해결하는데 어떻게 도움을 줄 수 있는지를 보여줌으로써 강력한 고객관계를 구축하는데 그 목표를 두어야 한다. [그림 13-3]에 제시되었듯이 이 개념을 토대로 기업은 분명하고, 일관성 있고, 설득력 있는 브랜드메시지를 전달하기 위해 다양한 커뮤니케이 션채널 대안들을 신중하게 통합한다.

IMC를 추구하는 기업은 고객이 기업과 제품브랜드에 노출되는 모든 접점들(contact points)을 고려해 마케팅커뮤니케이션 프로그램을 개발해야 한다. 따라서 마케터는 표적고객들이 기업 및 자사브랜드와 만날 수 있는 모든 가능한 접점들을 검토하는 것에서부터 시작해야 한다. 예를 들어, 주방용품을 구매하려는 소비자는 다른 사람들과 이야기 하고, TV광고를 보고, 신문과 잡지의 기사와 광고를 읽고, 여러 웹사이트를 방문하고, 그리고 하나 혹은 그 이상의 매장에서 주방용품을 둘러볼 수 있다. TV광고, 신문광고, 매장디스플레이, 옥외전광판 등 각각의 브랜드접점(brand contact)은 고객에게 긍정적, 부정적 혹은 중립적 메시지를 전달할 것이다. 마케터는 일관성 있고 긍정적인 메시지를 전달할 수 있도록 각 브랜드접점들을 신중하게 선택/결합해야 한다. 동서식품은 프리미엄 인스턴트 커피브랜드 카누(Kanu)를 출시하면서 타겟층으로 삼은 트렌디한 삶을 추구하는 젊은 소비자들이 많이 모이는 서울 가로수길에 임시매장인 팝업스토어(pop-up store)를 설치해 타겟고객들의 브랜드접점으로 활용했다.

IMC는 회사의 모든 메시지들과 이미지들을 묶어 준다. 기업이 실행하는 TV광고와 인쇄광고, 이메일과 인적 판매커뮤니케이션은 서로 동일한 메시지, 모습, 그리고 느낌을 가져야 한다. 그리고 PR자료들도 웹 사이트, 온라인 소셜 네트워크, 혹은 모바일 마케팅과 동일한 이미지를 전달해야 한다. 서로 다른 미디어들은 소비자들의 관심을 끌고, 그들에게 정보를 제공하고, 설득하는데 있어 차별적 역

기업은 다양한 고객접점을 활용해 브랜드마케팅커뮤니케이션 활동을 수행한다. 동서식품은 프리미엄 인스턴트커피 브랜드인 카누(Kanu)를 출시하면서 고객의 제품에 대한 가치체험이 중요하다는 판단하에 트렌디한 삶을 추구하는 젊은 층들이 많이 찾는 서울 강남 가로수길에 팝업스토어(Pop-up Store)를 열었다.

할을 수행하는데, 이러한 역할들은 전반적인 마케팅커뮤니케이션 계획하에 신중하게 조정되어야 한다. 통합적 마케팅커뮤니케이션 노력의 성공적 예로 프리미엄 아이스크림 제조업체 하겐다즈를 들 수 있다. 하겐다즈는 '하겐다즈는 꿀벌을 사랑합니다(Hagen-Daz loves honey bees)' 마케팅커뮤니케이션 캠페인을 도입했다. 이 캠페인은 브랜드와 고객 모두에게 주요한 이슈에 초점을 맞추고 있는데, 이는 바로 꿀벌개체의 생존을 위협하는 원인을 알 수 없는 벌집붕괴현상이었다. 꿀벌은 우리가 먹는 자연식품의 $\frac{1}{3}$과 하겐다즈 아이스크림에 사용되는 천연향의 40퍼센트 가량에 수분(受粉: 가루받이)한다. 따라서 '하겐다즈는 꿀벌을 사랑합니다'라는 광고메시지는 이 제품브랜드에게 적절한 것이었다. 그러나 꿀벌을 돕겠다는 메시지보다 더 중요한 것은 하겐다즈가 이러한 메시지를 전달하는 방식이었다. 하겐다즈는 단순히 광고물을 개발/집행하는 것에서 한걸음 더 나아가, 공익적 주제와 조화되도록 다양한 미디어대안을 잘 결합시킨 통합적 마케팅커뮤니케이션 캠페인을 개발했다. 이 캠페인은 방송광고와 인쇄광고를 통해 "꿀벌들이 죽어가고 있고, 우리는 자연성분 중 많은 것을 그들로부터 얻는다. 이들을 살려내자"라고 호소하면서 광고에 노출된 청중들로 하여금 helpthehoneybees.com 웹사이트를 방문하도록 유도했다. 웹사이트를 방문한 청중들은 문제의 심각성과 이를 해결하기 위해 도울 수 있는 방법 등을 배우게 된다. 웹사이트는 '꿀벌이 없는 세상을 상상해 보세요'라는 헤드라인을 보여주고 벌집붕괴 현상을 설명한다. 그리고 하겐다즈 아이스크림 한통을 구매해(구매액의 일정부분이 기부금으로 사용됨) 꿀벌을 살리고 꿀벌이 좋아하는 정원을 가꾸도록 제안한다. 꿀벌에 관한 더 많은 구전을 만들기 위해 하겐다즈는 전국에 있는 지역농부들에게 Vanilla Honey Bee 아이스크림과 야생화 씨앗의 무료샘플을 배포했고, 지역커뮤니티 그룹과 학교에서 진행되는 프로젝트와 기금모금에도 후원을 했다. 이 캠페인은 또한 트위터, 페이스북 등 소셜 네트워크도 활용했다. 다양한 커뮤니케이션 도구들을 조화롭게 잘 결합한 이 캠페인은 하겐다즈의 차별적인 브랜드메시지를 성공적으로 전달했으며, 브랜드인지도, 브랜드이미지, 그리고 매출을 상당히 증가시켰다.

3.3 구체적인 촉진믹스의 결정

회사가 직면하는 어려운 마케팅의사결정들 중 하나는 광고와 판촉 등에 얼마나 많은 비용을 지출할 것인가이다. 백화점업계의 거물인 John Wanamaker는 "나는 광고비의 반은 낭비되고 있는 것을 알지만, 어떤 것이 낭비되는지를 모른다. 나는 광고를 위해 2백만불을 썼지만, 예산의 반이면 충분했는지 또는 두배는 너무 많은 것인지 모르겠다."고 말한 바 있다. 따라서 산업이나 기업에 따라 촉진예산 규모가 매우 다르다는 것은 놀랄 일이 아니다.

통합적 마케팅커뮤니케이션 개념은 기업이 여러 촉진도구들을 신중하여 결합해 조화된 촉진믹스로 만들어야 한다고 제안한다. 그러나 기업은 어떤 촉진도구믹스를 사용해야 할까? 예를 들어, LG생활건강과 아모레퍼시픽은 소비자 광고에 많은 예산을 지출하는 반면, 코리아나 화장품과 웅진코웨이 화장품 등은 촉진예산의 상당부분을 인적판매와 직접마케팅에 지출한다.

그림 13-4 **푸시촉진전략과 풀촉진전략**

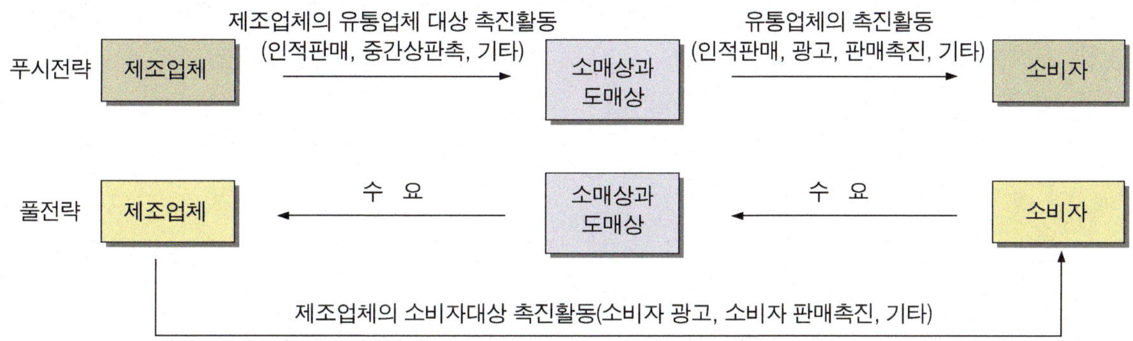

마케터들은 푸시촉진(push promotion) 또는 풀촉진(pull promotion)이라는 두 가지 기본적인 촉진믹스전략 중에서 하나를 선택할 수 있다. [그림 13-4]는 두 전략을 비교해 보여준다. 어떤 촉진도구에 더 큰 비중을 두어 촉진예산을 할당할 것인지는 푸시 또는 풀전략에 따라 달라진다. **푸시전략**은 마케팅채널을 통해 최종 소비자들에게 제품을 밀어내는 것이다. 푸시전략을 추구하는 생산자는 유통경로구성원들이 자사제품을 취급하고 최종 소비자들에게 이를 촉진하도록 유도하기 위해, 마케팅커뮤니케이션 활동(주로 인적판매와 중간상 판촉)을 주로 유통경로구성원들을 대상으로 수행한다. 예를 들어 중소 제약회사들은 TV광고 등을 통해 최종 소비자들에게 자사제품을 촉진하는데 마케팅노력을 기울이는 대신 영업사원을 이용해 약국 등이 자사제품을 소비자들에 적극적으로 판매하도록 유도한다.

풀전략을 사용하는 생산자는 소비자들의 제품구매를 유도하기 위해 마케팅커뮤니케이션 활동(광고와 소비자판촉)을 주로 최종소비자들을 겨냥하여 수행한다. 예를 들어, 남양 프렌치카페 커피믹스는 타겟 소비자들의 브랜드선호를 창출하고 매장에서 자사브랜드 구매를 유도하기 위해 TV광고 및 인쇄광고, 브랜드웹사이트, 다양한 소비자판촉을 집중적으로 실시했다. 만일 풀전략이 효과적이면, 소비자들은 소매상들에게 그 브랜드를 요구하고, 그에 따라 소매상들은 다시 생산자인 남양유업에게 프렌치카페 커피믹스를 주문할 것이다. 따라서 풀전략이 사용되면, 소비자수요가 유통경로를 따라 제품이 이동하도록 끌어당긴다.

일부 산업재 회사들은 푸시전략만 사용하고, 일부 직접 마케팅회사는 풀전략만 사용한다. 그러나 대부분의 대기업들은 이 두 전략을 적절히 조합하여 사용한다. 예를 들어, 남양유업은 브랜드선호를 창출하고 자사제품을 취급하는 점포로 고객을 끌어들이기 위해 매스미디어 광고와 소비자판촉을 사용함과 동시에, 유통경로를 통하여 제품을 밀어내기 위하여(즉, 구매시점에 자사제품이 매장진열대에 충분히 진열되도록 하기 위해) 자사 및 유통업체의 판매사원과 중간상판촉을 사용했다. 최근 들어 소비재 기업들은 단기적인 마케팅성과를 높이기 위해 촉진믹스를 구성함에 있어 푸시전략의 비중을 높이고 풀전략의 비중을 낮추고 있다. 이러한 추세는 그동안 구축해온 브랜드자산을 희생시키고 단기적인 매출만을 증가시키는 결과를 초래할 수 있다.

회사들은 촉진믹스전략을 설계할 때, 제품과 시장의 유형, 제품수명주기를 포함한 많은 요인들을 고려해야 한다. 예를 들어, 서로 다른 촉진도구들의 상대적 중요성은 소비재 시장 혹은 산업재 시장이냐에 따라 다르다. BtoC(business to consumer) 회사들은 통상적으로 풀전략을 더 많이 사용하는데, 광고, 판매촉진, 인적판매, 공중관계의 순으로 촉진예산을 사용한다. 반면, BtoB(business to business) 회사들은 푸시전략을 많이 사용하는데, 인적판매에 가장 많은 촉진예산을 쓰고, 이어서 판매촉진, 광고, 그리고 공중관계의 순으로 자금을 쓴다. 제품이 고가이거나 위험을 수반하는 경우 또는 구매자들의 수가 작고 그 규모가 큰 경우에도, 인적판매가 많이 사용된다. 각 촉진도구들의 효과는 또한 제품수명주기에 따라 다르다. 도입기에는 광고와 공중관계가 높은 브랜드인지도를 확보하는데 적합하고, 판매촉진은 제품의 조기구매를 촉진하는데 유용하다. 인적판매는 유통경로구성원들이 자사제품을 취급하도록 유도하기 위해 사용된다. 성장기엔 많은 인센티브를 제공하지 않더라도 소비자들이 구매하기 때문에 판매촉진의 비중이 감소되는 반면, 광고와 공중관계의 높은 영향력은 지속된다. 경쟁이 치열한 성숙기엔 판매촉진이 다시 광고에 비해 상대적으로 중요해진다. 구매자들은 제품을 이미 잘 알고 있기 때문에, 광고는 단지 소비자들로 하여금 자사제품을 상기시키기 위해 필요하다. 쇠퇴기엔 제품에 대한 최소한의 상기수준을 유지하기 위해 광고가 필요하며, 공중관계는 활용되지 않고, 인적판매에 사용되는 촉진예산도 가능한 한 줄인다. 그러나 판매촉진은 판매를 유지하기 위해 적극적으로 수행될 수 있다.

04 광고관리(Advertising Management)

4.1 광고의 개념과 역할

광고(advertising)는 메시지를 전달하는 주체(광고주)가 자신의 비용을 들여 비인적매체를 이용하여 제품, 서비스, 아이디어 등이 구매되도록 정보를 제공하는 등의 촉진활동으로 정의될 수 있다. 대중매체 광고는 정보의 대량전달성, 즉 짧은 시간에 많은 사람들에게 정보를 전달할 수 있다는 특징때문에 많은 기업들이 선호하는 촉진수단이다. 이러한 대량전달성으로 인해 상대적으로 비용이 저렴하다는 점도 광고가 갖는 또 다른 장점이다.

그러나 기업들의 경쟁적인 광고활동으로 인한 광고혼잡 현상과 소비자의 정보선택성은 제품정보제공과 긍정적인 브랜드태도 형성 등의 광고목표를 달성하는 데 장애가 되고 있다. 또한 대중매체광고에 대한 소비자의 관여수준이 낮아 소비자들은 광고에 대해 주의를 기울이지 않고 제품정보를 깊이 있게 처리하지 않는다. 그리고 광고메시지에 대한 낮은 신뢰도도 광고가 갖는 또다른 단점이다. 제3장 소비자행동분석에서도 언급되었듯이 광고는 직접적인 사용경험, 친지 등의 주변사람으로부터의 구전정보, 그리고 정부나 언론과 같은 중립적인 원천에 비해 상대적으로 신뢰성이 낮은 정보원천이다. 따라서 광고만을 통해 소비자의 구매를 설득하는 데는 한계가 있다.

이러한 장점과 한계를 갖고 있는 광고는 특정제품이나 서비스의 인지도를 높이는 것에서부터 제품 속성에 관한 정보의 제공을 통해 제품관련 지식을 형성하도록 하는 정보전달의 역할, 나아가서는 긍정적인 태도와 구매의도가 형성되도록 하는 설득의 역할을 수행한다. 예를 들어, 신제품의 출시 등을 알리는 고지광고는 정보전달의 역할을 수행하며, 체인점 모집광고와 같이 직접적인 주문이나 문의를 유도하는 직접 반응광고(direct response advertising)는 설득적 기능을 수행한다.

효과적이고 효율적인 광고를 개발/집행하기 위해 마케터는 앞서 설명한 커뮤니케이션 과정을 잘 이해해야 한다.

4.2 광고전략의 수립과정

마케팅관리자는 광고전략을 수립할 때 다음과 같은 네 가지 의사결정을 내려야 한다(그림 13-5 참조) – 광고목표의 설정, 광고예산의 결정, 광고개발과 실행(메시지관련 의사결정과 미디어관련 의사결정), 그리고 광고캠페인의 평가.

(1) 광고목표(advertising objective)의 설정

광고전략 수립과정의 첫 번째 단계는 광고목표를 설정하는 것이다. 광고목표의 설정은 마케팅전략 수립단계에서 결정된 표적시장선정, 제품포지셔닝, 마케팅믹스 프로그램을 기반으로 이루어지는데, 이들은 광고가 전체 마케팅프로그램에서 수행해야 할 역할을 정의한다. 광고목표는 표적청중에게 고객가치를 잘 전달함으로써 자사제품 – 고객사이의 관계를 구축하는데 도움을 주는데 있다.

광고목표는 크게 매출이나 시장점유율 증대 같은 시장성과를 높이는 것과 높은 브랜드인지도, 긍정적 브랜드태도, 브랜드선호도 구축 등 커뮤니케이션 효과를 창출하는 것으로 나눌 수 있다. 매출목표

그림13-5 광고전략과 관련된 주요 의사결정

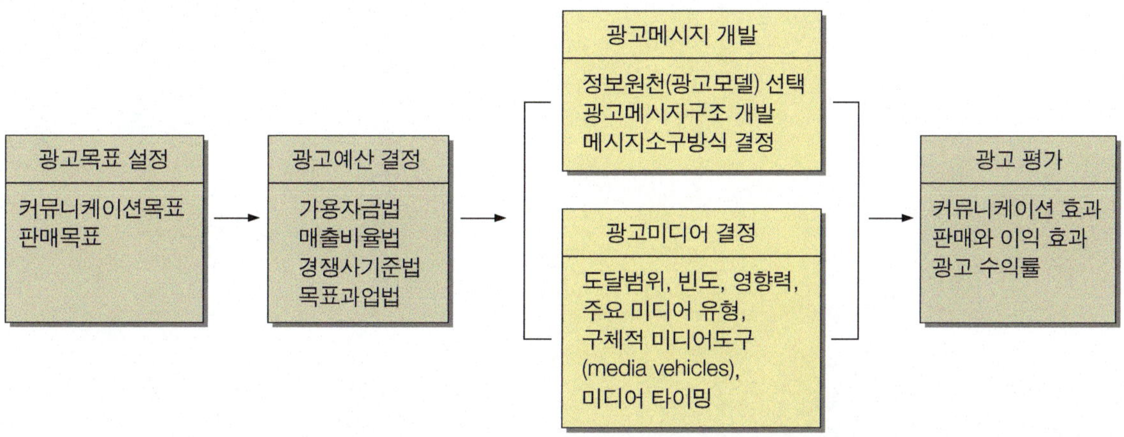

와 커뮤니케이션 목표 중 어느 것을 광고목표로 사용할 것인가의 문제는 오랫동안 논란의 대상이 되어왔다. 광고의 궁극적 목적이 소비자들로 하여금 자사제품이나 서비스를 구매하도록 유도하는 것으로 본다면 시장성과를 높이는 것이 바람직한 광고목표일 수 있다. 그러나 매출증대와 같은 시장성과 지표는 광고의 궁극적 지향점이고 측정하기 쉽고 객관적이라는 점에서 유용한 광고목표이기는 하지만, 다음과 같은 한계가 있다.

첫째, 다른 마케팅활동이 매출에 미치는 효과를 제외한 광고만의 순수한 매출효과를 측정하는 것이 어렵다.

둘째, 광고가 매출에 미치는 효과는 곧바로 나타나지 않는다. 냉장고, TV같은 고관여 제품의 경우에는 광고를 통한 브랜드인지와 선호가 형성된 후 구매까지 이르는데 상당한 기간이 경과될 수 있다.

셋째, 광고의 효과는 그 광고가 집행된 시기에만 국한되지 않고 장기간에 걸쳐서 유지되는 이월효과(carryover effect)를 갖는다. 따라서 광고가 집행된 해당기간의 순수한 매출효과를 분리한다는 것은 쉽지 않다.

넷째, 매출목표는 광고전략수립을 위한 유용한 길잡이가 되지 못한다. 매출은 광고를 통해 얻게될 최종적인 결과만을 나타내므로 구체적인 광고크리에이티브 개발이나 매체선정에 유용한 지침을 제공하지 못한다.

앞에서 설명한 반응계층모형을 통해 살펴보았듯이 광고의 역할이 구매에 이르기까지 소비자가 거치는 심리적 과정(psychological process)에 영향을 미치는 것이라고 본다면, 커뮤니케이션 목표가 광고효과를 측정하는데 더 유용한 광고목표이다. 특히 광고 이외의 촉진믹스 요소(판매촉진, 인적판매, PR)와 기타 마케팅믹스 요소(제품, 가격, 유통)도 매출에 영향을 미치므로 매출증대에 대한 기여보다는 커뮤니케이션 효과의 창출을 광고목표로 삼는 것이 보다 합리적일 수 있다. 따라서 본서는 광고목표

설득형 광고의 예: 남양유업은 아기전문 회사이기 때문에 아기건강에 좋은 유제품을 생산한다고 엄마에게 설득한다.

그림13-6 **반응계층모형에 기반한 커뮤니케이션목표**

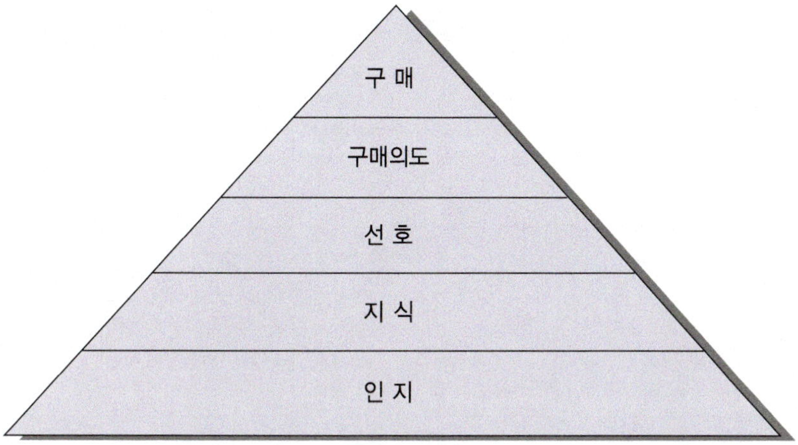

(advertising objective)를 특정의 표적청중에게 주어진 기간 동안 성취해야 할 구체적인 커뮤니케이션 과업으로 정의한다.

커뮤니케이션 과업관점에서 광고목표를 정하면, 광고의 주요역할은 즉각적인 구매행동의 유발보다는 브랜드에 대한 인지와 지식형성, 호의적 브랜드태도의 형성, 그리고 구매의도창출 등 단계적인 소비자반응을 창출하는데 있다. 앞에서 설명한 반응계층모형(response hierarchy model)은 커뮤니케이션 목표를 광고목표로 삼는 것의 이론적 토대가 된다. 예를 들어, 커뮤니케이션 목표의 관점에서 신제품에 대한 광고목표를 수립하는 상황을 생각해 보자. 광고캠페인의 첫 번째 목표는 브랜드에 대한 인지(awareness)를 형성/제고하는 것이고, 그 다음 단계는 제품속성에 대한 정보를 잘 전달하여 제품지식을 형성하는 것이 될 것이다. 그 다음 단계는 이를 토대로 긍정적인 브랜드태도를 형성하도록 고객을 설득하는 것이고 마지막으로 자사제품에 대한 구매의도가 창출되도록 하는 것이다. 이를 도식화하면 [그림 13-6]과 같다.

한편 광고목표는 광고가 수행해야할 주요역할에 따라 정보전달형, 설득형, 상기형으로 구분될 수 있다. 〈표 13-1〉은 세 가지 광고목표유형이 추구하는 구체적인 하위목표들을 정리한 것이다.

정보전달형 광고(informative advertising)는 새로운 제품군을 소개할 때 가장 많이 사용된다. 이 경우 목표는 일차적 수요(primary demand)를 만드는데 있다. 따라서 OLED TV의 초기생산자들은 먼저 소비자들에게 신제품의 높은 화상품질과 화면 사이즈 등의 혜택을 알려야 한다. **설득형 광고**(persuasive advertising)는 경쟁이 치열해 질수록 더 중요해진다. 여기서 회사의 목표는 경쟁제품이 아니라 자사제품을 선호하는 선택적 수요(selective demand)를 확보하는데 있다. 예를 들어, OLED TV시장이 일단 형성되었다면, 삼성전자는 소비자들에게 자사 브랜드가 다른 경쟁브랜드들에 비해 가격대비 최고의 품질을 제공한다는 것을 설득하려 할 것이다.

어떤 설득형 광고는 비교광고의 형태를 띠기도 하는데, 비교광고(comparative advertising)는 한 브랜드를 다른 경쟁브랜드와 직접적으로 또는 간접적으로 비교하는 것이다. 비교광고는 청량음료, 맥

표 13-1 구체적인 광고목표에 기반한 광고유형

정보전달형 광고	
· 고객가치의 전달 · 브랜드이미지와 기업이미지 구축 · 시장에 신제품 소개 · 제품기능에 대한 설명 · 제품의 새로운 용도 제안	· 가격변동에 관한 정보 제공 · 이용가능한 서비스와 고객지원 정보제공 · 그릇된 인상을 바로잡음
설득형 광고	
· 브랜드 선호도 구축 · 자사 브랜드로의 전환 유도 · 제품속성에 관한 소비자 지각의 변화	· 소비자가 지금 구매하도록 설득함 · 소비자가 구매권유 전화를 받도록 유도함 · 소비자가 다른 사람들에게 브랜드에 대해 이야기하도록 설득함
상기형 광고	
· 고객관계 유지 · 고객에게 가까운 미래에 자사제품이 필요할지 모른다고 상기시켜 줌	· 소비자에게 제품을 살 수 있는 장소를 상기시킴 · 비수기에도 소비자가 자사브랜드를 인지하도록 함

주, 진통제에서 컴퓨터, 스마트폰, 자동차대여, 신용카드에 이르기까지 여러 제품에서 사용되고 있으며, 주로 후발브랜드에 의해 많이 활용된다. 예를 들어, 고전적인 비교광고 캠페인에서, 렌트카 업체 Avis는 자신을 시장선도자인 Hertz에 비교하여 "우리는 (업계 2위이기 때문에) 더 열심히 한다(We try harder)"고 주장했다. LG전자는 자사 스마트폰 옵티머스G를 미국 애플의 스마트폰 아이폰5와 비교하는 광고를 실시한 적이 있다. 이 비교광고에서는 옵티머스G가 애플로고를 연상시키는 사과 이미지를 쪼개고 지나가는 사진과 함께 옵티머스G가 아이폰5에는 없는 4세대 이동통신기반의 고품질음성통화기능과 초고속 프로세스 등 차별화된 강점을 가지며, 미국 소비자기관 컨슈머리포트 평가에서 1위를 차지했다는 내용을 소개함으로써 자사제품이 더 우월하다는 메시지를 전달하고 있다. 비교광고의 다른 예로 던킨 도너츠는 자사커피와 스타벅스 커피를 비교하는 광고캠페인을 전개했다. 그 광고

비교광고의 예: LG전자는 자사 스마트폰 옵티머스G를 미국 애플의 스마트폰 아이폰5와 비교하는 광고를 선보였다. 이 광고에서 옵티머스G는 애플로고를 연상시키는 사과(apple) 이미지를 쪼개고 지나가는 사진과 함께 자사제품이 더 우월하다는 내용을 담았다

상기형 광고의 예: 인기 영화배우 송강호와 유해진이 광고모델로 출연한 신라면 광고는 "라면은 역시 신라면이네~"라는 메시지와 소비자들에게 오랜동안 친숙한 노랫말인 "사나이 울리는 농심~ 신~라면!" 징글을 사용함으로써 높은 브랜드인지도와 시장선도적 지위를 유지하려고 한다.

는 전국적으로 진행된 커피맛에 관한 블라인드 테스트에서 더 많은 미국인들이 스타벅스보다 던킨 도너츠 커피를 선호했다는 것을 보여준다. 그러나 광고주들은 신중하게 비교광고를 사용해야 한다. 비교광고는 경쟁사의 공격적인 대응을 가져와 소모적인 광고전쟁을 불러일으킬 수 있기 때문이다. 그리고 화가 난 경쟁사들은 거짓광고에 대한 소송을 제기하기도 한다.

상기형 광고(reminder advertising)는 성숙기 제품에서 많이 사용되며, 고객관계를 유지시키고, 고객들이 자사제품을 계속 생각하도록 만드는데 도움을 준다. 이미 높은 브랜드인지도를 구축한 코카콜라, 카스맥주, 하이트맥주, 신라면 등이 TV광고를 계속 실시하는 것은 소비자에게 제품정보를 제공하고 단기적으로 소비자구매를 설득하는데 목적이 있기보다는 구축된 자사브랜드와의 호의적 관계를 계속 유지하는데 그 목적이 있다.

정보전달형 광고의 예: 설화수 광고는 설화수 화장품이 주름제거에 탁월한 한방성분을 갖고 있다는 정보를 표적고객들에게 전달하려고 한다.

요약하면, 커뮤니케이션 과업의 관점에서 본 광고의 목표는 구매과정단계를 따라서 소비자들을 이동시키는 역할을 수행하는 것이다. 때에 따라 어떤 광고는 소비자들의 즉각적인 구매를 유도하도록 설계되기도 한다. 예를 들어, 직접 반응TV광고는 고객들에게 서둘러 전화를 걸어 주문하라고 촉구하고, 주말세일을 알리는 이마트 신문삽입광고는 매장방문을 유도한다. 그러나 대다수 광고들은 장기적인 고객관계를 구축하거나 강화하는데 주로 초점을 맞춘다. 예를 들어, 잘 알려진 운동선수가 "Just do it"이라고 이야기하는 Nike TV광고는 즉각적인 판매를 유도하려 하기보다는 고객들이 Nike브랜드에 대해 생각하고 느끼는 방식을 긍정적인 방향으로 변화시키는데 그 목적이 있다.

(2) 광고예산의 결정

광고목표를 결정하면, 마케터는 그 다음 단계로 제품별 광고예산을 책정한다. 광고예산의 규모는 산업에 따라서 혹은 경쟁상황과 같은 시장상황에 따라서 다르다. 예를 들어, 식음료, 약품, 화장품 등은 광고탄력성(광고비 지출이 1% 변화할 때 매출의 변화율)이 큰 제품군으로서 매출에서 광고비가 차지하는 비중이 높으며, 국내이동통신시장이나 스마트폰 시장 등은 치열한 경쟁상황으로 인하여 많은 광고가 집행되고 있다. 또한 개별기업의 재무상태나 경영자의 경영방침 등 기업여건에 따라서도 광고예산은 매년 달라진다.

마케터는 적정규모의 광고예산을 책정해야 하는데, 광고예산이 너무 낮게 책정되면 기대한 광고목표를 실현할 수 없으며(즉, 광고효과가 발생되지 않으며), 과다한 광고비의 지출은 이익을 감소시킨다. 이러한 중요성에도 불구하고 기업들이 최적의 광고예산을 결정하기는 쉽지 않다. 광고예산결정의 어려움은 광고비와 매출 간의 관계를 객관적으로 규명하기 어렵다는 사실에 기인한다. 이하에서는 기업들이 실제로 많이 사용하는 광고예산결정방법(ad budgeting methods)을 살펴보기로 한다.

많은 기업들은 실무적 경험을 통해 개발된 광고예산책정방법을 주로 이용하는데, 가용자금법(affordable method), 임의할당법(arbitrary allocation), 매출비율법(percentage of sales), 경쟁사기준법(competitive parity), 목표과업법(objective and task method) 등이 대표적이다.

- **가용자금법** : 가용자금법이란 기업이 보다 중요하다고 판단하는 경영활동에 우선적으로 예산을 배정하고 여유자금의 범위 내에서 광고예산을 책정하는 방법을 말한다. 이 방법은 재정적으로 기업에 부담을 주지 않는다는 장점을 가지고 있지만, 광고예산을 책정하는 데 있어 논리적 근거가 없다는 문제점을 갖기 때문에 광고예산이 매우 낮게 책정되거나 필요 이상으로 높게 책정될 수 있다. 이 방법은 소규모 기업에서 많이 사용되지만 때로는 마케팅지향적이지 않은 대기업에서도 사용된다.
- **임의할당법** : 임의할당법은 단순히 경영자의 느낌이나 판단에 근거하여 광고예산을 책정하는 방식이다. 이 방법은 가용자금법과 마찬가지로 예산정책에 대한 논리적 근거가 부족하다는 점에서 불합리한 광고예산 결정방법이다.
- **매출액비율법** : 매출액비율법은 광고예산의 수립방법 중 가장 많이 사용되는 것으로서 전년도 매

출액이나 내년도 예상매출액에 일정비율(광고비의 매출액 점유비율)을 곱하여 광고예산으로 책정한다. 매출액비율법은 다음과 같은 장점을 갖는다. 첫째, 방법자체가 단순하여 실행하기가 쉽다. 둘째, 기업의 매출이 급변하지 않으면 비교적 안정적으로 광고예산을 집행할 수 있다. 셋째, 매출액의 일정비율만을 광고예산으로 집행하므로 재무적 안정성을 유지할 수 있다.

그러나 매출액비율법은 다음과 같은 한계를 가지고 있다. 첫째, 광고와 매출 사이의 인과관계가 뒤바뀌었다는 문제점을 갖는다. 즉, 광고비가 매출에 영향을 미치는 것이 아니라 매출에 의해서 광고비가 책정된다는 것은 비논리적이다. 매출액비율법에 따르면 광고비를 늘려 매출증대를 추구하는 것이 아니라 매출이 늘어나면 광고예산을 증액하는 방식으로 비합리적인 의사결정을 내리게 되는 것이다. 둘째, 광고비의 매출점유율은 업계의 표준비율이나 개별기업이 내부적으로 과거부터 적용해온 비율을 이용하기 때문에 시장경쟁상황이나 마케팅전략의 변화 등에 따른 광고예산의 탄력적 운용이 어렵다.

매출액비율법이 갖는 이러한 문제점들은 광고예산책정에 문제를 야기한다. 예를 들어, 충성고객들이 주 구매자이면서 이들의 매출이 크거나 이미 시장기반이 확보된 브랜드의 경우에 매출액비율법은 과다한 광고예산집행을 초래하며 반대로 현재의 매출은 작지만 성장가능성이 있는 브랜드는 낮게 책정된 광고예산으로 인하여 시장기회를 잃을 수도 있다. 또한 경쟁사의 강화된 마케팅활동에 의해 매출이 감소할 때 해당기업의 광고비는 더욱 낮게 책정되어서 회복할 수 없는 상황에 빠질 수도 있다. 이러한 문제점을 극복하기 위하여 매출액비율법을 사용하는 많은 기업들은 경쟁사기준법을 병행하여 사용하기도 한다.

- **경쟁사기준법** : 경쟁사기준법은 경쟁사의 광고예산에 근거하여 자사의 광고예산을 책정하는 방법이다. 이 방법은 경쟁사와 비슷한 수준에서 광고비가 책정되어 지나친 광고전쟁을 피하면서 시장의 안정을 가져올 수 있지만, 기업의 고유한 특성들이 고려되지 않고 처해있는 마케팅환경이 기업마다 다를 수 있다는 점이 감안되지 않는다는 단점이 있다. 또한 경쟁사의 광고예산도 과거의 집행자료에 근거할 수밖에 없다는 점도 또 다른 한계이다.
- **목표과업법** : 목표과업법은 광고가 달성하여야 하는 목표를 먼저 설정하고 이를 성취하기 위한 광고활동을 결정한 다음 각 활동에 소요되는 비용을 산출하여 이들의 총합으로 광고예산을 책정하는 것이다. 예를 들어, 표적시장에서의 자사브랜드의 인지율을 10% 증대시키는 것이 광고목표라고 하자. 이를 달성하기 위해서 표적고객이 주로 시청하는 TV프로의 시청률을 살펴보고 잡지들에 대한 구독률 등을 고려하여 광고매체를 선정하고, 몇회 정도의 노출이 필요한가를 판단하여 매체집행 비용을 산출하여 광고예산을 책정하는 경우가 이에 해당된다. 목표과업의 장점은 광고예산을 광고목표 및 광고전략과 연계시켜 결정한다는 것이다. 그러나 광고목표달성에 필요한 구체적인 광고과업과 각 과업별 소요비용을 정확히 산출하는 것이 현실적으로 쉽지 않다.

마케팅 Highlight

프리미엄 제품광고에 광고예산을 더 많이 할당하는 LG전자

2016년 7월 LG전자 올레드TV 마케팅팀이 준비한 '오로라 마케팅'의 티저(예고) 광고영상 조회수가 공개 보름 만에 1000만뷰를 돌파했다. LG전자 마케팅팀은 아이슬란드에서 약 3만 5000㎞를 여행하며 아름다운 오로라를 담아냈고, 아이슬란드에서 올레드TV를 통해 이 영상을 처음으로 공개했다.

LG전자의 마케팅커뮤니케이션 전략과 예산배분방식이 달라졌다. 여기저기 흩어져 있는 마케팅예산을 프리미엄 제품에 집중하고, 소비자와 젊은 직원들의 의견을 최고경영진이 경청한 결과이다. 2015년 LG전자는 올레드TV 광고에서 "백라이트없이 자발광을 해서 TV를 얇게 만들 수 있다"는 OLED(유기발광다이오드)에 대한 기술적 설명을 넣는 등 제품속성의 우수성만을 강조하는 이성적 소구방식을 사용했다. 소비자들은 "광고를 찍으랬더니 공학교과서를 만들었다"는 부정적 반응을 보였다. 그리고 광고에 타사 제품의 이름을 넣거나, 경쟁사를 직접적으로 폄훼하는 내용도 있었다. 이에 따라 'LG 마케팅 잔혹사'라는 글이 소셜 네트워크 서비스(SNS)에서 유행처럼 퍼졌다.

2016년 들어 LG전자는 마케팅커뮤니케이션 전략과 전체 촉진예산의 배분방식을 바꾸었다. 올레드TV 마케팅팀은 세계에서 초당 광고단가가 가장 비싼 슈퍼볼(미국 미식축구 결승전)에 광고를 내보냈고 하반기에는 100억원 이상을 투자해 오로라를 콘셉트로 한 대작 다큐멘터리를 찍었다. 특히 애플 아이폰의 '밴드게이트(아이폰이 휘어지는 현상)'를 폭로한 유명정보기술(IT) 블로거 '언박스테라피'와 협업한 것이 업계의 주목을 받았다. "기술적으로 비판받을 만한 부분이 있으면 비판받겠다"는 각오였다.

TV뿐 아니다. 무선청소기는 세계 암벽등반 챔피언 시에라 블레어 코일과 손을 잡았다. 무선청소기 흡입력만으로 33층 고층빌딩을 오르는 데 성공했다. 세탁기는 카드쌓기 세계기록 보유자인 브라이언 버그와 협업해 작동 중인 세탁기 위에 3.3m 카드 탑을 쌓았다. "최고의 전문가에게 제품성능을 인정받기 위한 시도"이다.

마케팅커뮤니케이션 전략에서 이 같은 변화가 일어난 것은 다음과 같은 두 가지 요인때문이다. 첫째는

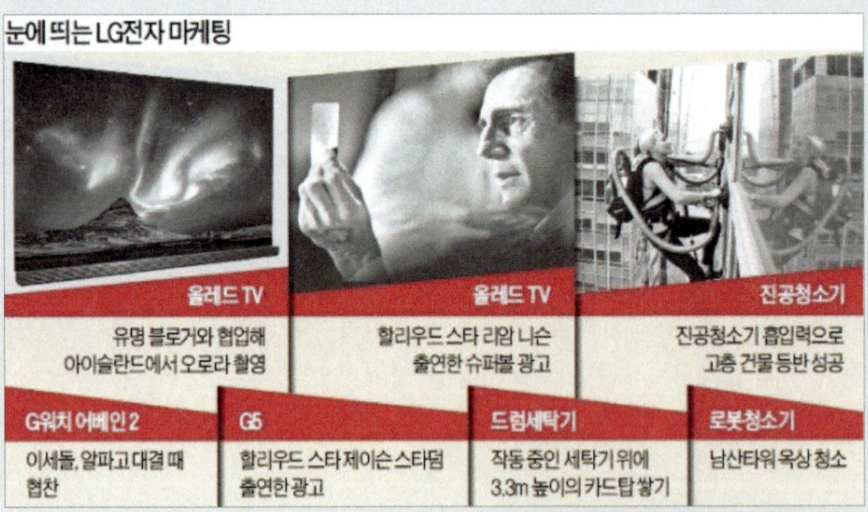

마케팅커뮤니케이션 예산사용 원칙의 변화다. LG전자 마케팅 고위관계자는 "과거 여러 제품에 분산한 마케팅커뮤니케이션 예산을 프리미엄 제품에 집중하고 있다"고 말했다. 프리미엄 제품에 대한 마케팅커뮤니케이션 강화를 통해 브랜드이미지를 높이면 중저가 제품도 자연히 잘 팔릴 것이라는 판단이다. 이 때문에 슈퍼볼 광고나 '오로라 마케팅커뮤니케이션' 같은 대작을 만드는 게 가능해졌다. 둘째는 네티즌의 질책을 반영한 것이다. 회사측이 네티즌의 비판을 받아들인 뒤부터 젊은 마케터의 실험적 시도를 존중하고 있다. LG전자 관계자는 "언박스테라피 등 인터넷 스타들과의 협업은 모두 마케팅실무자가 제안한 것"이라고 말했다.

• 자료원 : 한경, 2016.7.7

(3) 광고메시지(광고캠페인) 개발

광고예산이 책정되면 구체적인 광고 실행계획에 들어간다. 광고실행은 광고물의 제작과 광고매체 집행으로 구성된다. 광고물의 개발은 크리에이티브(creative)팀에 의해 이루어지며, 광고가 잠재고객의 시선을 끌고 이들에게 강하게 다가가려면 창의성(creativity)이 요구된다.

이하에서는 광고물을 개발하는 데 고려되어야 할 요소들인 광고모델의 결정, 메시지구조의 결정, 광고메시지 소구방식 등에 대해 살펴보기로 한다.

■ 정보원천으로서의 광고모델(Endorser)

스포츠 스타와 스타 연예인들이 광고모델로서 갖는 영향력은 잘 알려져 있으며, 실제로 많은 국내 광고주들은 유명인(celebrity)을 광고모델로 선호한다. 유명인모델은 광고에 대한 주의유발의 정도가 높고 호의적인 브랜드태도형성에 도움을 주지만, 이들에 대한 광고주들의 맹목적인 선호는 겹치기 광고출연에 대한 소비자들의 식상함과 광고모델의 이미지와 제품 간의 부조화로 인한 부정적인 소비자 반응 등을 초래할 수 있다. 따라서 기업은 광고모델의 특성이 자사제품의 특성이나 이미지와 조화를 이루는지를 고려하여 광고모델을 선정해야 한다.

정보원천으로서의 광고모델이 가져야 할 바람직한 특성으로는 신뢰성과 매력성을 들 수 있다.

① 정보원천의 신뢰성(source credibility)

정보원천의 신뢰성은 그 정보원천의 전문성(expertise)과 진실성(trustworthiness)에서 비롯된다. 전문성은 메시지전달자가 광고되는 제품이나 서비스와 관련하여 가지고 있는 지식이나 경험의 정도를 말하며, 진실성은 메시지 전달자가 얼마나 객관적이고 정직한지에 대한 소비자의 인식을 말한다. 소비자는 메시지 전달자가 광고되는 제품과 관련하여 충분한 지식을 가지고 있거나 혹은 객관적이고 정직한 의견을 전달한다고 지각하면, 그 정보원천을 신뢰할 만 사람으로 판단해 그가 전달하는 메시지를 받아들일 가능성이 높아진다. 예를 들어, 치과의사가 칫솔이나 무설탕껌의 광고모델로, 유명한 소설가가 만년필 광고모델로 등장하는 경우는 광고모델의 전문성에 기반해 메시지 수용가능성을 높이는 것이다. 그리고 기업의 사장이나 은행의 은행장, 광고제품을 사용한 경험이 있는 일반소비자 등이 직접 출연하는 광고는 광고모델의 진실성에 기반해 메시지 수용가능성을 높이려는 시도이다.

신뢰도가 높은 정보원천에 의해 제공되는 메시지는 수용될 가능성이 높지만 모든 소비자가 항상 그러한 것은 아니다. 예를 들어, 광고된 제품에 대한 수신자의 기존 태도가 부정적인 경우는 그 반대의 경우에 비해 정보원천의 신뢰성이 메시지수용에 미치는 효과가 상대적으로 낮다.

② 정보원천의 매력성(source attractiveness)

정보원천의 매력성을 결정하는 요인으로는 유사성(similarity), 친숙성(familiarity) 그리고 호감성(likability) 등이 있다.[2] 유사성은 소비자가 정보원천을 자신과 비슷하다고 생각하는 정도를 말한다. 친숙성은 정보원천에 낯이익은 정도를, 그리고 호감성은 정보원천에 대하여 갖는 호감의 정도를 말한다. 여기서 호감성은 정보원천의 신체적 매력도 포함하는 개념이다.

유명연예인은 매력적인 정보원천의 대표적인 예이다. 기업들이 유명연예인을 광고모델로 기용하는 빅 모델전략을 사용해 효과를 거두는 경우를 종종 볼 수 있는데, 이는 소비자들이 자신이 좋아하는 유명연예인들이 애용하는 제품을 같이 사용함으로써 그들과 같아질 수 있다는 동기(identification)에 기인하였다고 볼 수 있다. 영화나 TV 스타, 유명가수, 운동선수와 같은 유명인(celebrity) 광고모델은 소비자의 시선을 끄는 힘이 강하고 광고되는 제품에 호의적인 태도를 형성하는데 도움을 주지만, 소비자의 주의가 제품이 아닌 유명인 자체에 집중되거나, 유명인이 여러 광고에 중복출연해 자사브랜드의 정체성(identity)이 상실되거나 스캔들로 인한 신뢰성상실로 광고제품 이미지에 부정적 영향을 미치는 등의 위험을 야기할 수 있다.

한편 정보원천의 매력성차원 중에서 유사성과 친숙성도 광고모델 선정시 흔히 고려되는 정보원천의 특징이다. 예를 들어, 증언식 광고(testimonial advertising)나 일상생활의 일면을 보여주는 형태의

영화나 TV스타, 유명가수, 운동선수와 같은 유명인(celebrity) 광고모델은 소비자의 시선을 끄는 힘이 강하고 광고되는 제품에 호의적인 태도를 형성하는데 도움을 준다.

2) H.C Triandis, Attitudes and Attitude Change, New York, John Wiley & Sons, 1971.

광고(slice-of-life advertising)에서는 소비자가 자신과 유사하다고 느끼는 정보원천에 더 매력을 느끼기 때문에 일반인이 주로 등장한다. 또한 몰래카메라(hidden camera)를 이용한 광고에서도 정보원천의 신뢰도를 높이기 위하여 유명인이 아닌 일반인이 주로 등장하는 것도 비슷한 맥락에서 이해될 수 있다.

결론적으로 정보원천으로서의 광고모델은 광고제품의 특성 및 표적소비자의 특징과 조화될(match up) 경우에 효과를 거둘 수 있다. 단순히 육체적으로 매력적인 장식용 광고모델(decorative model)은 광고에 대한 주의유발이나 재인(recognition) 등에는 긍정적 영향을 줄 수 있지만 광고메시지의 회상에는 별로 도움이 되지 않을 수 있다.

■ 메시지구조(Message Structure)

메시지구조는 전달할 메시지를 어떻게 구성하느냐에 관한 문제로서, 핵심내용의 제시순서, 결론도출여부, 메시지의 주장측면, 언어적 비언어적 메시지 등을 고려하여 결정한다.

① 핵심내용의 제시순서(order of presentation)

광고메시지의 핵심내용을 광고물의 어디에 제시하느냐에 따라 효과가 달라지는데, 처음에 제시하는 것과 마지막에 제시하는 것이 중간에 위치시키는 것에 비해 효과적이다. 즉, 첫인상과 같이 처음에 제시된 정보가 상대적으로 큰 주목을 받을 수 있기 때문에, 그리고 나중에 제시된 정보는 가장 최근에 노출되어 기억에 더 잘 남기 때문에 효과적인 것이다.

메시지의 핵심내용을 어디에 두느냐는 광고되는 제품에 대해 고객이 갖고있는 기존의 태도와 관여수준에 영향을 받는다. 만일 고객이 광고제품에 대해 부정적인 태도를 가지고 있다면 핵심메시지를 처음에 제시하는 것이 보다 효과적이다. 왜냐하면 처음에 제시함으로써 소비자가 광고제품에 대해 부정적인 생각을 떠올릴 가능성(이를 반박주장이라고 함)을 사전에 줄일 수 있기 때문이다. 반면에 표적청중이 광고되는 제품에 대해서 호의적인 태도를 갖고 있을 경우에는 핵심내용을 마지막에 두는 것이 극적효과를 거둘 수 있어 효과적이다. 그리고 소비자가 광고되는 제품에 높게 관여되어 있다면(관심을 가지고 있다면) 핵심내용을 마지막에 두는 것이 효과적인데, 소비자가 광고메시지를 처리할 동기부여가 충분히 되어 있기 때문이다.

② 결론도출 여부(conclusion drawing)

메시지가 표적청중에게 명확한 결론을 제시할 것인지 아니면 스스로 결론을 내리도록 할 것인지에 대한 문제이다. 일반적으로 명확한 결론을 제시하는 것이 소비자의 이해를 쉽게 할 수 있다는 점에서 보다 효과적이다. 그러나 표적청중의 특징, 제품유형, 광고목적의 장·단기성 등에 따라 달라질 수 있다. 예를 들어, 표적청중의 교육수준이 높을수록 스스로 결론을 내리도록 하는 것이 더욱 효과적이며, 제품이 복잡하면 표적청중의 교육수준이 높더라도 결론을 제시하는 것이 효과적이며, 정치광고(political advertising)와 같이 목적이 즉각적인 행동의 유발이라면 명확한 결론의 제시가, 그리고 세련됨이라는 브랜드이미지형성 같은 장기적인 효과의 달성이 목적이라면 스스로 결론을 내리도록 유도하는 것이 효과적인 것으로 알려져 있다.

작지만 단단하다는 양면적 메시지를 유머러스하게 소구하는 광고

③ 메시지의 주장측면(message sidedness)

메시지의 주장측면은 메시지구성에서 긍정적인 측면만을 전달하느냐 긍정적·부정적 측면을 모두 포함하느냐와 관련된 결정이다. 긍정적 측면만을 전달하는 것을 일면적 메시지(one-sided message)라 하고, 장점과 단점 모두를 제시하는 것을 양면적 메시지(two-sided message)라 한다. 대부분의 광고는 일면적 메시지를 사용하지만 상황에 따라서는 양면적 메시지가 더 효과적일 수 있다. 예를 들어, 자동차 렌트회사인 AVIS는 "우리는 2등입니다. 그래서 더 열심히 노력합니다(We are No.2, we try harder)"라는 메시지를 이용하여 시장선도자인 Hertz보다 더 열심히 노력한다는 것을 효과적으로 전달하였다.

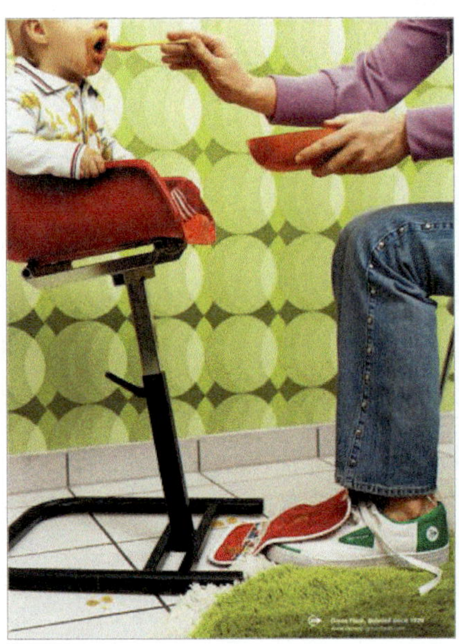

시각적 메시지만으로 제품정보를 전달하는 광고의 예

양면적 메시지는 광고되는 제품의 긍정적인 측면을 강조하고 부각시키기 위해 부정적 측면을 활용할 때 효과적이다. 예를 들어, 기업은 자사제품이 다소 비싸다는 것을 인정하면서 품질이 매우 우수하기 때문에 장기적 구입가격 이상의 혜택을 누릴 수 있다고 주장할 수 있다. 중요한 것은 표적고객에게 있어 긍정적인 제품속성(가령, 우수한 제품품질)이 부정적인 속성(비싼 가격)에 비해 더 중요해야 한다는 사실이다. 또한 부정적인 정보의 제시가 소비자로 하여금 정보원천(광고주)의 정직성에 대한 신뢰를 높여서 전체적인 메시지에 대한 신뢰를 높여줄 수 있어야 한다.

④ 비언어적 메시지(nonverbal message)

비언어적(시각적 · 청각적) 메시지도 광고물의 중요한 요소이다. 일반적으로 소비자가 언어적 정보를 처리할 때 관련된 시각적 정보를 제공하면 정보처리가 보다 효과적으로 이루어진다. 또한 특정의 제품정보는 언어적 메시지보다 시각적 정보를 이용하여 제시하는 것이 더 설득적이다. 예를 들어, 스키리조트의 전경을 화면 가득히 보여 주는것이 어떠한 언어적 표현보다 겨울레저를 위한 매력적인 장소임을 강렬하게 전달할 수 있으며, 햄버거에 들어가는 야채(상추, 토마토 등)의 싱싱함도 언어적 정보보다는 시각적 정보가 훨씬 효과적으로 전달한다.

광고에서 청각적 정보도 매우 유용하게 이용된다. 배경음악에 의해 창출되는 소비자의 긍정적 감정이 광고되는 제품으로 전이되어 소비자의 호의적 브랜드태도형성에 영향을 미친다. 맥주나 청량음료의 라디오광고에서 시원함을 전달하기 위하여 병뚜껑을 따는 소리를 이용하는 것은 이미 소비자에게 학습되어있는 청각정보를 유발하는 경우이다. 그리고, 첩보영화의 한 장면과 같이 구형타자기가 한자한자 글자를 치는 소리와 함께 정보가 제시되는 기법도 이미 학습된 시각적 · 청각적 정보를 기억 속에서 불러내어 광고물에 대한 주의를 유발하고 중요한 제품정보가 제시되는 듯한 느낌을 갖도록 하는 것의 한 예이다.

비언어적 메시지는 언어적 메시지의 효과를 강화하기 위하여 또는 그 자체로서 특정의 제품정보를 전달하는 도구로서 효과적으로 사용될 수 있다. 그러나 비언어적 메시지는 언어적 메시지에 비하여 발신자가 갖는 통제력이 떨어지기 때문에 의도한 바와 다르게 정보처리될 수 있다. 특히 발신자와 수신자 사이의 공통영역이 없을 경우 수신자는 발신자가 의도하지 않는 방향으로 광고메시지를 해석할 가능성이 높기 때문에 주의가 요구된다.

■ 메시지 소구(Message Appeal)

이는 전달할 메시지를 어떻게 제시하느냐의 문제이다. 광고에서 메시지의 소구방법은 메시지의 내용 못지 않게 중요한 의미를 가진다. 메시지의 소구유형은 크게 브랜드명과 제품속성의 차별점을 기억하도록 하는데 초점을 맞추는 **이성적 소구**(rational appeal)와 정서적 반응을 이끌어내는데 초점을 맞추는 **감성적 소구**(emotional appeal)로 구분된다. 실무에서 자주 사용하는 메시지 소구방식에는 비교광고, 유머소구, 공포소구 등이 있다.

① 비교광고(comparative advertising)

비교광고는 직접 비교광고와 간접 비교광고로 구분된다. **직접 비교광고**는 경쟁브랜드를 직접적으로 거명하여 특정의 제품속성에서 자사브랜드와 비교하는 광고를 말하며, **간접 비교광고**는 비교되는 브랜드의 이름이 구체적으로 제시되지 않는 방식이다. 예를 들어, 펩시콜라가 맛에서 어떤 브랜드가 더 나은지를 코카콜라와 직접 비교하는 것은 직접 비교광고의 예이고, "어떤 음료를 마실 것인가?"라는 메시지를 활용한 칠성사이다 광고는 간접 비교광고의 한 예이다. 비교광고는 후발브랜드가 기존 브랜드와의 비교를 통해, 혹은 시장점유율이 낮은 브랜드가 시장선도브랜드와의 비교를 통해 자사브랜드의 차별성을 부각시킴으로써 소비자의 고려브랜드군(consideration set)에 들어가도록 하는데 효과적이다. 따라서 시장선도브랜드는 일반적으로 비교광고를 잘 사용하지 않는다.

② 유머소구(humor appeal)

유머소구는 소비자의 주의를 유발하는 데 효과적이고 유머에 접한 소비자의 긍정적인 무드가 광고 자체에 대한 태도, 나아가 광고되는 제품에 대한 태도에 긍정적인 영향을 미치기 때문에 자주 사용되는 메시지 전달방식이다.

그러나 유머소구는 다음과 같은 한계를 갖고 있기 때문에 주의하여 사용하여야 한다. 첫째, 우습다고(humorous) 기획된 것이 우스꽝스러운(silly) 것으로 끝날 가능성이 있다. 또한 유머러스한 광고는 발신자와 수신자 사이의 공감대 형성이 필수적이다. 왜냐하면 재미있게 느껴지는 내용이 연령에 따라 또는 성별이나 교육수준에 따라 다를 수 있기 때문이다. 둘째, 유머소구는 지속적이지 못하다. 이는, 아무리 재미있는 것도 반복해서 접하면 더 이상 재미있지 않기 때문이다. 이러한 이유로 유머러스한 소구방법을 활용한 광고캠페인은 수시로 그 내용을 바꾸어 줘야하는데, 이것이 광고제작에 상당한 부

유머광고의 예: 잘 숨어 있다고 생각하고 도둑이 웃는 순간 트리덴트 화이트를 씹은 덕택에 하얘진 치아가 드러난다는 유머러스한 내용을 담고 있다.

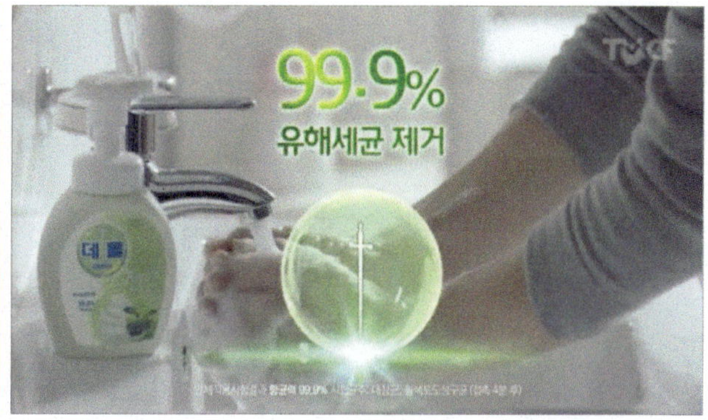

공포소구 광고의 예

담이 될 수 있다. 셋째, 유머소구는 소비자들의 주의를 광고되는 제품이 아니라 유머자체에 집중시킬 수 있다. 즉, 광고된 제품브랜드는 기억에 남지 않고 유머만 남을 수 있다는 것이다. 따라서 유머의 내용이 광고되는 제품과 관련된 것이어야 효과적인 광고가 될 가능성이 높다.

③ 공포소구(fear appeal)

공포소구는 자사제품을 통해 소비자가 얻을 수 있는 편익(benefits)을 제시하는 것이 아니라 소비자가 어떤 행동을 취하지 않음으로써 발생할 수 있는 위험을 알려서 광고된 제품의 구매를 설득하는 소구방법이다. 금연캠페인에서 흡연의 해악을 알리는 메시지를 사용하거나 비듬용샴푸를 사용하지 않아서 짙은색 옷에 하얗게 비듬이 앉은 모습을 보여주는 것 등이 한 예이다. 공포소구에서 고려해야 하는 요인중의 하나는 위협의 수준이다. 위협의 정도와 메시지 효과간에는 역U형의 관계를 갖는데, 위협의 정도가 증가할수록 효과적이지만 어느 수준을 넘어서면 오히려 효과가 감소할 수 있다는 것이다. 따라서 마케터는 공포소구를 활용하는 데 있어 소비자에게 동기부여가 되는 적정수준의 위협수준을 찾기위한 노력을 기울여야 한다.

공포소구가 효과적이기 위해서는 공포수준의 적절성뿐 아니라 다음의 요소를 추가적으로 고려해야 한다. 먼저 그러한 위험이 소비자에게 닥칠 수 있다는 가능성이 제시되어야 한다. 다음으로 위험이 닥쳤을 때 어떠한 부정적인 결과가 초래될 수 있는지를 알려줘야 하며, 끝으로 그러한 위협으로부터 벗어날 수 있는 해결책이 제시되어야 한다. 예를 들어, 항균처리 침대에 대한 공포소구 광고는 소비자가 현재 사용하고 있는 일반 매트리스에 얼마나 많은 곰팡이와 각종 세균이 존재하고 있는지를 제시하고, 이들이 얼마나 건강을 해롭게 하는지를 보여준 다음 항균처리를 한 자사브랜드가 그러한 위협으로부터 벗어나게 해주는 최적의 대안임을 강조해야 효과를 거둘 수 있다.

(4) 미디어전략(Media Strategy) : 미디어계획의 수립과 집행

아무리 크리에이티브팀이 광고컨셉을 토대로 창의적인 광고물을 제작하더라도 표적청중이 광고물에 충분한 노출(exposure)이 이루어지도록 효과적인 미디어전략을 개발/실행하지 않으면 소기의 광고효과를 거둘 수 없다.

광고미디어에 대한 주요의사결정에는 ① 도달범위(reach), 도달횟수(frequency), 그리고 임팩트(impact)에 대한 결정, ②주요 미디어유형(media types) 선정, ③ 구체적인 미디어수단 혹은 도구(media vehicles) 선정, ④ 미디어타이밍(매체스케줄링)결정 등이 포함된다.

■ 도달범위, 도달횟수 및 임팩트의 결정

광고미디어를 선정하기 위해, 마케터는 먼저 광고목표를 달성하는데 필요한 도달범위와 도달횟수를 결정해야 한다. 도달범위와 도달빈도는 특정의 광고가 얼마나 많은 사람에게 얼마나 반복적으로 노출되었는가를 측정하는 지표이다. **도달범위**(reach)는 주어진 기간동안 표적청중 가운데 광고캠페인에 노출되는 사람들의 비율이다. 예를 들어, 광고주가 광고캠페인 시작 후 3개월 동안 표적시장의 70%에게 메시지를 노출시키고자 할 수 있다. **도달횟수**(frequency)는 표적시장내 사람들이 메시지에 노출되는 평균횟수이다. 예를 들어, 광고주는 3번의 평균도달 횟수를 원할 수 있다. 도달범위는 특정 광고에 노출된 청중의 수를 말하지만, 광고의 노출률을 정확히 측정하는 것이 어렵기 때문에 실무적으로는 TV의 시청률이나 신문의 구독률(실질적으로는 발행부수) 등을 이용하여 도달범위를 추정한다. 도달빈도는 방송매체의 경우에는 일정기간 동안 방영한 광고횟수로, 인쇄광고는 광고게재 빈도 등을 이용하여 추정된다.

광고주는 특정수준의 도달범위(가령, 목표시장의 70%)와 특정의 평균도달횟수(가령, 3회의 평균도달횟수)를 함께 원할 수 있다. 광고효과를 거두기 위해서는 도달범위와 도달횟수 모두를 높이는 것이 바람직하다. 문제는 한정된 광고예산으로 도달범위와 도달빈도를 동시에 증대시키기 어렵다는 것이다. 왜냐하면 도달범위를 확대하려면 시청자가 중복되지 않는 여러 매체의 프로그램에서 광고를 실행해야 하는 반면, 도달빈도를 증가시키려면 특정매체의 프로그램에서 반복적으로 광고를 해야하기 때문이다. 따라서 마케터는 주어진 광고예산 범위내에서 도달범위와 도달빈도 중 어느 것에 더 치중해 매체를 선정할 지를 결정해야 한다. 예를 들어, 광고목표가 브랜드인지도 증대인 경우와 구매의도형성인 경우를 비교하면 후자의 경우가 청중을 설득하는 데 필요한 광고노출빈도가 더 커야할 것이다. 따라서 구매의도형성이 목적인 광고의 경우에는 도달빈도(청중 1인당 더 많은 빈도의 광고노출)에 더 많은 비중이 주어지는 매체계획을 수립해야 한다.

광고주들은 매체계획을 수립할 때 **총 접촉률**(GRP : Gross Rating Points)이라는 개념을 활용한다. 이는 도달범위에 도달빈도를 곱한 값으로, 특정 광고캠페인에 노출된 청중들의 총 접촉빈도수를 의미한다.

> 총 접촉률(GRP) = 도달범위×도달빈도

예컨대, 광고캠페인이 5번 집행되었을 때 소비자가 광고메시지에 노출될 빈도는 0번에서부터 5번까지 나타날 수 있다. 이 때, 0, 1, 2, 3, 4 그리고 5회 광고메시지에 노출된 소비자의 비율이 각각 20%, 30%, 30%, 12%, 6%, 2%로 나타났을 경우, 도달범위는 80%(30%+30%+12%+6%+2%)가 되며 총접촉률은 1×30, 2×30, 3×12, 4×6, 5×2의 합으로써 160이다. 따라서 평균도달빈도는 2회

(160/80)이다.

광고주는 또한 미디어 영향력(impact)도 결정해야 하는데, 이는 특정 미디어를 통해 노출되는 메시지의 질적가치이다. 예를 들어, 한 잡지(예: 월간조선)에 실린 동일한 메시지는 다른 잡지(예: 여성중앙)에 비해 더 신뢰성이 있을 수 있다. 증거를 보여줄 필요가 있는 제품을 위해서는 TV광고가 라디오광고보다 영향력에서 더 효과적일 수 있다. 왜냐하면 TV는 시각과 청각을 모두 활용할 수 있기 때문이다. 소비자들이 디자인이나 제품특성들에 대해 자신들의 아이디어를 제공하는 제품들은 직접 우편보다 웹사이트가 더 효과적일 수 있다.

일반적으로 광고주는 단순히 청중들에게 도달하는 것보다 고객들을 참여시킬 수 있는 매체를 선호한다. 매체유형에 상관없이 그 미디어에서 방영되는 광고물이 표적청중들과 얼마나 관련성이 있는지가 얼마나 많은 사람들에게 도달되는가 보다 훨씬 더 중요하다고 생각하기 때문이다. 이에 따라 조사회사 Neilsen은 최근 들어 시청자가 TV매체에 몰입하는 수준(media engagement)을 측정하기 시작했는데, 문제는 대부분의 매체에서 이러한 측정자료를 얻기가 힘들다는 것이다. 전통적으로 사용되어 온 매체노출 측정지표는 시청률, 구독률, 청취자수, 클릭률 등과 같은 것들이다. 그러나 소비자의 매체몰입은 소비자내부에서 일어난다. TV앞에 앉아 특정프로그램을 시청하는 사람들이 눈동자를 반짝이며 그 프로그램에 얼마나 몰입하는지를 측정하지 않고 단순히 그 프로그램을 시청하는 사람들의 눈동자만을 세는 것만으로는 충분하지 않다. 마케터들은 보다 광범위한 고객-브랜드관계의 일부분으로서 고객들이 자사광고물 및 브랜드아이디어와 어떻게 연결되어 있는지 알 필요가 있다. 몰입된 소비자(engaged consumers)는 브랜드메시지에 따라 행동하고 브랜드메시지를 다른 사람들과 공유할 가능성이 높다. 따라서 코카콜라 같은 기업들은 단순히 특정매체에 게재된 광고물에 대한 소비자 주목수준(consumer impressions), 즉, 얼마나 많은 사람들이 광고물을 보거나, 듣거나, 읽었는지를 측정하기 보다는 코멘트, 좋고 싫음, 사진 혹은 동영상올리기, 자신의 네트워크에 연결된 친구들에게 컨텐츠보내기 등과 같은 소비자 표현의 수준(consumer expression)도 추적하고 있다. 오늘날 광고주에 비해 파워가 세진 소비자들은 종종 기업보다 브랜드메시지를 더 많이 만들어 낸다. 소비자의 몰입수준을 높여줌으로써 기업은 특정 미디어에 비용을 지불하고 광고를 게재하는 대신 YouTube 클립, Groupons, 트위터 등을 통한 온라인 구전이라는 무료미디어를 얻을 수 있다. 예를 들어 YouTube 상에서 코카콜라와 관련된 컨텐츠 중 일부는 코카콜라에 의해 만들어지지만, 나머지 대다수의 컨텐츠는 몰입된 소비자들에 의해 무료로 창출된 것이다.

■ 주요 매체유형의 선정

주요 광고매체 유형은 TV, 라디오 같은 방송매체, 인쇄매체, 옥외매체, 교통매체 등의 전통적인 매체와 인터넷과 스마트폰 등 디지털미디어로 구분된다.

TV가 광고매체로서 가지는 가장 큰 특징은 시각적 요소와 청각적 요소를 동시에 활용할 수 있다는 것이다. 또한 신문이나 잡지 등의 인쇄매체와 달리 소비자에게 강제적 노출이 가능하다는 것도 TV가 갖는 장점이다. 물론 광고혼잡 현상(advertising clutter)으로 인해 많은 TV광고가 소비자의 선택적 정보처리에 의해 주의조차 유발하지 못하고 사라지고 있기는 하지만, 기타 매체유형에 비해서는 상대적으로 소비자의 자발적 노출에 의존하는 정도가 낮다. 그러나 TV는 광고비가 비싸고 특정의 소비자 집단에게만 선별적으로 노출되도록 하는 표적청중 선별성(selectivity)이 낮으며 상황변화에 따라 광고물의 변경을 가능하게 하는 적응성(flexibility)이 낮다는 단점을 갖고 있다. 이러한 공중파 TV의 한계는 영화채널, 바둑채널, 골프채널 등 케이블 TV의 활성화에 따라 어느 정도 개선되고 있다.

라디오는 TV보다 오랜 역사를 갖는 광고매체이다. TV가 광고매체로 등장하면서 경쟁력을 많이 상실했지만 차에서 보내는 시간이 늘어나는 등 상황변화에 따라 광고매체로서의 기능을 다시 찾아가고 있다. 라디오광고는 광고비용이 저렴하고 표적청중에 대한 선별성에서 TV보다 우월하다. 즉, 라디오는 프로그램마다, 그리고 방송국별로 청중의 특성이 차별화되어 있다. 또한 라디오광고는 쉽게 변경할 수 있는 등 적응성에서 장점을 갖는다. 그러나 라디오는 청중의 분포가 제한적이고 청각효과만을 이용하기 때문에 크리에이티브개발에서 한계를 갖는다.

신문은 전통적으로 광고비중이 매우 큰 매체였지만, 최근 들어 젊은 세대들이 스마트폰 등 디지털 매체를 이용해 정보탐색을 하는 추세를 보임에 따라 광고매체로서의 비중이 빠르게 감소하고 있다. 신문은 신뢰도가 높은 매체이기 때문에 제품정보를 전달하는데 초점을 맞추는 이성적 광고소구에 적합하다. 그러나 구독자의 선별성이 낮고 광고노출의 수명이 짧으며 인쇄의 질이 낮아서 효과적인 광고크리에이티브 개발에 한계를 갖는다.

최근 들어 온라인매체의 폭발적 성장과 함께 케이블 TV와 위성TV시스템들도 크게 성장하고 있다. 이들은 스포츠, 뉴스, 예술, 집수리와 정원가꾸기, 요리, 여행, 역사 등과 같이 특정 주제를 전문적으로 다루는 프로그램을 운영한다. 광고주들은 무차별적인 산발탄 방식(shotgun)을 사용하는 네트워크 방송(broadcasting) 대신 특정 세분시장을 대상으로 소총(rifle in)을 겨누는 케이블TV와 같은 유선방송(narrowcasting)의 이점을 활용할 수 있다.

광고주들은 다양한 매체유형들 중에서 선택할 수 있지만, 각 매체유형은 장점과 단점을 갖고 있다. 매체기획관리자들은 광고메시지를 표적고객에게 효과적이고 효율적으로 전달할 수 있는 매체유형를 선택하기 원한다. 따라서 각 매체의 영향력(impact), 메시지 효과성, 그리고 비용을 고려해야 한다.

그리고 광고주는 어떤 매체유형 믹스가 최적인지를 정기적으로 재검토해야 한다. 오랫 동안 TV와 잡지는 광고주의 매체믹스에서 우위를 점해 왔고, 상대적으로 다른 매체들은 무시되어 왔다. 그러나 최근 들어 매체믹스가 변화되고 있다. TV, 신문, 잡지 등 대중매체의 비용이 상승하고 이를 이용하는 청중이 줄어들고 있으며, 새로운 디지털미디어가 등장함에 따라, 광고주들은 고객들에게 도달할 새로운 매체믹스를 추구하고 있다. 그들은 전통적인 대중매체를 보완하기 위해 보다 전문화되고 표적화 수준이 높은 매체들을 추가하고 있는데, 이들은 비용이 저렴하고, 표적청중에 효과적으로 도달할 수 있으며, 고객들의 몰입을 이끌어낼 수 있다.

보다 저렴한 비용으로 더욱더 표적화된 방식으로 고객에게 접근할 방법을 찾기위해 노력한 결과, 광고주들은 다양한 매체대안들을 활용하기 시작했다. 요즈음 어디에서 무엇을 하던, 소비자들은 새로운 유형의 광고들을 접할 수 있다. 가령, 매장에서 쇼핑을 하는 동안 쇼핑카트에 부착된 광고판에서

표 13-2 주요 매체유형의 특징

미디어	장 점	단 점
T V	우수한 대량시장 커버리지; 단위노출당 적은 비용; 시각, 청각 및 동작의 결합; 오감에 호소	높은 절대비용; 높은 광고혼잡; 짧은 시간동안의 노출; 낮은 청중선별력
신 문	유연성, 적시성; 지역시장 커버리지; 폭넓은 수용성; 높은 신뢰성	짧은 수명; 낮은 재생품질; 낮은 독자회람 가능성
직접우편	높은 청중선별력; 유연성; 동일 미디어 내에서 광고경쟁이 없음; 개별화가 가능함	상대적으로 높은 단위노출당 비용; 스팸메일 이미지
잡 지	높은 지리적 및 인구통계학적 선별력; 신뢰와 권위; 고품질의 재생; 긴 수명과 우수한 독자회람가능성	광고구매시점과 광고게재시점 간의 긴 간격; 높은 비용; 게재위치가 보장되지 않음
라디오	우수한 지역적 수용성; 높은 지리적 및 인구통계학적 선별력; 낮은 비용	청각으로 제한됨, 짧은 노출기간; 낮은 주의 유발력; 분화된(fragmented) 청중
옥 외	유연성; 높은 반복노출; 낮은 비용; 낮은 메시지경쟁; 위치 선택가능성의 우수성	낮은 청중선별력; 크리에이티브의 제한
인터넷	높은 청중선별력; 적은 비용; 즉시성; 상호작용 가능성	인구통계학적 측면에서의 청중불균형; 상대적으로 작은 영향력(impact); 청중이 노출을 통제함

Pampers 기저귀를 할인가격으로 구매하라는 광고에 노출되고, 길거리에서는 쓰레기차에 부착된 Glad 쓰레기봉투 광고를 보게 된다. 야구장 전광판은 카스맥주 광고를 보여주고 GPS 위치추적기와 연결된 택시와 버스들은 해당지역의 매장이나 식당을 선전하는 광고물을 계속 보여준다. 마케터 입장에서 보면 이러한 매체들은 광고비용을 절약시켜주고, 선정된 표적고객이 거주하고, 쇼핑하고, 일하고, 노는 곳에서 그들과 접촉할 수 있게 해 준다. 혁신적인 마케터들은 소비자가 머무는 모든 장소를 공략하고 있다.

코카콜라 슈퍼볼광고 : 코카콜라 슈퍼볼광고는 소셜 네트워크서비스(SNS) 또는 앱과 상호작용이 이루어지도록 제작됐다.

마케팅 Highlight

현대車의 쌍방향 전광판 광고– 글로벌기업들의 홍보격전지로 자리잡은 뉴욕 타임스스퀘어 전광판

현대자동차가 미국 뉴욕 타임스스퀘어에서 선보인 최첨단 쌍방향 옥외광고판에 현지연인들이 남긴 사랑의 메시지가 소개되고 있다. 현대차는 소비자들이 현대차 브랜드를 유쾌하게 경험할 수 있도록 하기 위해 쌍방향 광고를 선보였다.

현대자동차가 2014년 8월 세계 최고 번화가로 꼽히는 뉴욕 맨해튼의 타임스스퀘어에서 쌍방향의 소통형 옥외광고를 선보였다. 삼성전자와 LG전자도 이곳에서 활발한 마케팅커뮤니케이션을 펼치고 있어 한국 대표기업들의 미국 타임스스퀘어 옥외광고경쟁이 뜨거워지고 있다. 현대차는 최첨단 인터랙티브(쌍방향) 옥외광고(billboard advertising)를 통해 일방적인 제품소개에서 벗어나 소비자들이 광고판을 통해 개개인의 메시지를 전달하고 이 과정에서 기업이미지를 각인시킬 수 있도록 했다. 정명채 현대차 브랜드전략실장은 "첨단 광고기법을 통해 뉴욕을 방문하는 전 세계 소비자들이 현대자동차 브랜드를 유쾌하게 경험할 수 있는 기회를 제공하기 위한 것"이라고 말했다.

뉴욕 맨해튼에서도 가장 중심에 있는 타임스스퀘어는 하루 31만 2000명, 연간 1억명 이상이 오가는 최고의 번화가로 코카콜라, 푸르덴셜 등 글로벌기업들의 광고경연장으로 유명하다. 5분 이상 광고에 집중하는 통행객 비율이 60%를 웃돌고, 자신의 모습을 찍은 사진 등을 소셜 네트워크서비스(SNS)에 올리는 비율도 57%에 달할 만큼 광고효과가 높다. 이 때문에 타임스스퀘어 동서남북에 자리잡은 빌딩에는 모두 230개의 광고판이 설치돼 있으며 연간 광고비 총액은 6억달러에 달한다.

인터랙티브 형식의 광고를 보여준 현대차 쌍방향 전광판은 관광객들이 화면에 자신의 연인이름을 띄어 프러포즈할 기회를 제공하고 얼굴인식 카메라를 이용해 찍은 테마사진을 광고판을 통해 보여줌으로써 그들에게 색다른 재미를 제공한다. 현대차가 이번에 선보인 광고는 삼면형태의 옥외광고판에 거주하는 가상인물 '미스터 브릴리언트'가 관광객과 다양한 방식으로 소통하며 색다른 재미를 주는 방식으로 짜여졌다. 관광객이 스마트폰으로 미스터 브릴리언트에 접속한 뒤 모바일 홈페이지를 통해 연인의 이름을 쓰면 광고판을 통해 프러포즈를 할 수 있고, 친구나 가족에게 우정이나 감사의 메시지를 전달할 수도 있다.

삼성전자와 LG전자 역시 타임스스퀘어의 단골 광고주로, 제품광고와 기업이미지 광고 외에 관광객의 눈길을 사로잡기 위한 다양한 마케팅의 장으로 활용하고 있다. 1992년부터 20년 넘게 같은 자리에서 광고판을 운영하는 LG전자는 2014년 5월 미국 어머니의 날(5월 둘째주 일요일)에 맞춰 미 전역의 어머니 1000명으로부터 자녀 양육비결과 스트레스 해소법 등을 SNS로 접수해 광고판에 소개했다. LG는 당시 전광판에 사연이 소개되는 장면을 촬영한 뒤 사연을 보낸 어머니들에게 보내주는 이벤트를 벌여 인기를 끌었다.

• 자료원 : 한국경제, 2014.8.16

매체유형선정에 영향을 미치는 또 다른 주요추세는 한 번에 하나 이상의 미디어를 동시에 사용하는 사람들, 즉 다매체사용자들(media multitaskers)의 증가이다. 예를 들어, TV를 보면서 스마트폰으로 Facebook에 글을 올리고, 친구에게 문자메시지를 보내고, Google에서 제품정보를 계속 탐색하는 사람을 주위에서 보는 것은 이제 흔한 일이 되었다. 대다수 다매체 사용자들은 TV보다는 인터넷에 주로 집중하며, 온라인에서 보고 있는 것들은 그들이 시청하는 TV프로그램이나 광고물과 전혀 관련이 없다. 다매체사용의 증가추세에도 불구하고 TV는 여전히 효과적인 광고매체이다. 그러나 이러한 매체소비양상의 변화에 맞추어 기업도 TV광고에 대한 접근방식을 달리해야 한다. 즉, TV광고를 단순히 거실에 놓인 TV(브라운관)를 통해 내보내지는 광고물이라는 시각에서 벗어나 다양한 매체와의 접점이라는 보다 광범위한 관점에서 바라보아야 한다는 것이다. 현대소비자들은 하루일과 중 대부분의 시간을 스마트폰과 함께 한다. 이들은 TV앞에 앉아 있더라도 한 손에는 휴대폰을, 그리고 다른 한 손에는 아이패드를 보며 다양한 매체를 동시에 소비한다. 이와 같은 변화된 매체소비양식에 따라 기업은 TV광고를 개발할 때 기존의 TV매체뿐 아니라 유튜브 영상광고, 옥외영상광고, IPTV광고, 매장내 영상광고 등 다른 영상매체도 고려해야 한다. 요즘 소비자들은 TV광고를 보는 도중에 손에 쥐고 있는 스마트폰이나 태블릿 PC로 TV광고에 대한 자신의 생각을 트윗하거나 TV광고가 흥미가 있으면 검색을 하는 경우가 흔하기 때문이다. 기업은 TV광고를 집행하면서 소셜 미디어와 검색미디어를 통해서도 소비자들과 쌍방향 커뮤니케이션을 해야만 가장 효과적이면서 효율적인 브랜드노출과 브랜드 고객관계형성을 실현할 수 있다.

따라서 매체기획자들은 광고에 사용할 매체유형을 선정할 때, 청중들의 이러한 매체상호작용을 고려해야 한다. 청중들의 매체사용습관의 큰 변화에 맞추어 최근 TV광고제작기법도 변하고 있는데, 시청자들이 TV에 집중하지 않을 때 관심을 끌어들이기 위해 세컨드 스크린을 활용하는 것이 그 사례이다. 미국 최대스포츠 이벤트인 미식프로축구결승전 슈퍼볼(Super Bowl)경기 중 방영되는 광고들이 이러한 TV광고 제작방식의 변화를 잘 보여주고 있는데, 슈퍼볼광고의 대다수가 소셜 네트워크서비스(SNS) 또는 앱과 상호작용이 이루어지도록 제작되고 있다. 가령, 코카콜라의 '북극곰과 함께 하는 슈퍼볼' 광고캠페인이 그 한 예이다. 코카콜라는 슈퍼볼 경기흐름에 맞춰 북극곰 캐릭터의 다양한 동작과 감정을 담은 동영상을 사전에 몇 십편 사전제작해 두었다. 슈퍼볼 경기중계에 북극곰이 등장하는 TV광고를 내보낸 뒤 트위터와 페이스북 등 SNS를 통해 북극곰과 커뮤니케이션이 가능하도록 했다. 코카콜라상징인 북극곰은 경기흐름에 따라 실시간으로 감정을 표현했다. 전세계 시청자들은 북극곰의 동작을 보면서 경기내용에 대해 실시간으로 글을 주고 받을 수 있도록 만들었다. 슈퍼볼게임내내 시청자들이 코카콜라 브랜드와 즐거운 감정을 공유할 수 있도록 한 것이다.

■ 특정 매체도구(media vehicles)의 선정

매체기획자는 이제 최선의 매체도구를 선정해야 하는데, 매체도구는 매체유형내의 구체적 매체를 말한다. 예를 들어, TV 도구에는 SBS 8시뉴스, 개그콘서트 등이 있고, 잡지도구에는 월간조선, 신동아, 뉴스위크, 보그, 여성중앙 등이 있다.

매체기획자들은 매체도구별로 1000명에게 도달하는데 드는 비용을 계산해야 한다. 예를 들어, 전면 4색 칼라광고를 Newsweek 전국판에 게재하려면 16,800,000원이 소요되고, 이 잡지의 구독자 수는 15만명이다. 따라서 1000명에게 이 광고가 도달되는데 드는 비용은 112,000원 된다. 같은 광고가 Business Week에 게재되는데 13,950,000원밖에 소요되지 않을 수 있지만 90,000명에게만 도달되어 1000명 노출당비용은 155,000원이 될 수 있다. 매체기획자는 각 잡지의 1000명 노출당비용을 평가하고 표적고객에게 도달하는 비용이 상대적으로 적은 잡지를 선호하게 된다.

매체기획자는 또한 각 미디어별로 광고제작비용도 고려해야 한다. 신문광고는 제작비용이 별로 들지않는 반면 TV광고는 제작하는데 많은 비용이 든다. 온라인광고는 제작하는데 비용이 적게 들지만, 웹전용 동영상이나 광고시리즈를 만들면 비용은 증가할 수 있다. 소비자가 제작한 Frito-Lay의 Dotoris(칩제품) 슈퍼볼광고는 만드는데 12.79달러가 들었는데, 비용의 대부분이 광고에서 사용된 Dotoris 가방에 지출되었다. 이는 전문적인 광고제작자들에게 하나의 교훈이 될 수 있다.

구체적인 매체도구를 선정함에 있어 매체기획자는 매체비용과 매체효과성 관련요인들 간에 균형을 유지해야 한다. 첫째, 기획자는 각 매체도구의 청중수준(audience quality)을 평가해야 한다. 예를 들어, Huggies 1회용 기저귀 광고의 경우 B&B HOUSE(임신, 출산, 육아전문지)의 노출가치는 매우 높은 반면, Gentlemen's Quarterly(GQ: 남성전문잡지)는 노출가치가 낮다. 둘째, 매체기획자는 청중의 몰입수준(audience engagement)을 고려해야 한다. 예를 들어, 일반적으로 Vogue 잡지의 구독자들은 Newsweek 구독자보다 광고에 더 많은 주의를 기울인다. 셋째, 매체기획자는 매체도구들의 편집수준(editorial quality)을 평가해야 한다. Time이나 매일경제신문은 경제관련 컨텐츠에서 일간스포츠에 비해 신뢰할 만하고 권위가 있다.

■ 매체타이밍의 결정

광고주는 매체전략의 일환으로 광고에 대한 연간 일정계획(스케줄링)을 결정해야 한다. 제품의 매출이 12월에 피크에 이르고, 3월에 떨어진다고 가정해 보자. 회사는 계절적 패턴에 따라 또는 계절적 패턴과는 반대방향으로 광고량을 조절하거나 혹은 연간 동일하게 할 수 있다. 예를 들어, 현대자동차 쏘나타는 연간 고르게 광고비를 지출하는 반면 LG에어컨 휘센은 여름전후에 집중적으로 광고를 하고, P&G의 Vicks NyQuil(종합감기약)은 겨울이나 감기시즌에 주로 광고를 실시한다. 그리고 Hallmark는 발렌타인데이나 크리스마스 등 주요 축제일전에 카드를 광고한다.

광고주는 광고의 스케줄링패턴을 선택해야 하는데, 크게 지속형 스케줄링과 맥박형스케줄링으로 나눌 수 있다. **지속형**(continuity)은 주어진 기간 동안 동일하게 광고비를 배분하는 것을 말한다. **맥박형**(pulsing)은 주어진 기간 동안 균등하지 않게 광고비를 배분하는 것이다. 따라서 52개의 광고를 매주 하나씩 집행하는 지속형 전략을 선택할 수도 있고 몇 번에 나누어 집중적으로 집행하는 맥박형전략을 선택할 수도 있다. 맥박형 광고스케줄링을 이용하는 배경은 브랜드인지도를 구축하기 위해 짧은 기간 동안 광고를 집중적으로 집행함으로써 그 효과가 다음 기간에 이월될 수 있도록 하는 것이다. 맥박형 광고스케줄링 전략을 선호하는 마케터는 적은 비용으로 지속형 스케줄링과 동일한 효과를 얻을 수 있다고 생각한다. 그러나 다른 매체기획자들은 맥박형 스케줄링이 최소한의 브랜드인지도를 확보할 수 있지만, 광고커뮤니케이션의 깊이를 희생시킨다고 생각한다.

(5) 광고효과의 측정

광고가 집행되면 광고관리자는 그 효과를 측정해 집행된 광고프로그램을 평가하고 미래의 광고의사결정을 위한 기초자료로 활용해야 한다. 광고의 효과성(advertising effectiveness)과 광고투자에 대한 수익률은 특히 경제적 불황인 시기에 주요 이슈가 되고 있다. 경제불황기에 조금이라도 더 지출을 줄이기 위해 고심하는 상황에서 최고경영자들은 마케팅관리자들에게 "우리가 광고에 적정금액을 쓰고 있는지를 어떻게 알 수 있는가?"와 "광고비투자를 통해 얻는 수익률은 얼마인가?"를 질문하고 이에 대한 적절한 답을 기대한다.

광고주들은 커뮤니케이션 효과와 매출 및 이익증대효과라는 두 가지 유형의 광고효과를 정기적으로 측정해야 한다. 광고효과는 측정의 시점에 따라 사전측정과 사후측정으로 구분된다. 사전측정이란 개발중인 광고물이 소기의 광고목표를 달성할 수 있겠는지를 집행하기 전에 점검하는 것을 말하고, 사후측정은 광고캠페인을 집행한 후에 그 결과를 평가하는 것이다.

광고주는 특정광고나 광고캠페인의 커뮤니케이션 효과를 측정함으로써 광고물과 광고미디어가 광고메시지를 잘 전달하고 있는지를 확인할 수 있다. 각 광고물들은 광고집행 전후에 평가될 수 있다. 광고가 집행되기 전에, 광고주는 이를 소비자에게 보여주고, 그들이 이 광고를 얼마나 좋아하는지를 물어보거나 메시지 회상 혹은 브랜드 태도변화를 측정할 수 있다. 그리고 광고가 집행된 후, 광고주는 광고가 소비자의 광고메시지 회상 혹은 브랜드인지도, 브랜드지식, 그리고 브랜드선호도에 어떤 영향을 미쳤는지를 측정할 수 있다. 개별광고물 집행 전후에 이루어지는 커뮤니케이션 효과측정은 전체 광고캠페인에 대해서도 이루어질 수 있다.

광고주들은 광고물들과 광고캠페인의 커뮤니케이션 효과에 대해서는 비교적 잘 측정해 왔다. 그러나 광고가 매출 및 이익에 미치는 효과는 상대적으로 측정하기가 더 어렵다. 예를 들어, 브랜드인지도를 20% 올려주고 브랜드선호도를 10% 올려준 광고캠페인이 어느 정도의 매출과 이익을 가져다 주었는지를 측정하기란 쉽지 않다. 매출과 이익은 광고 이외에 제품특성, 가격, 구입용이성 등과 같은 여러 마케팅믹스 요인들에 의해 영향을 받기 때문이다. 광고가 매출 및 이익에 미치는 효과를 측정하는 한 가지 방법은 과거의 매출 및 이익자료와 과거의 광고비를 비교하는 것이다. 다른 방법은 실험을 통해 매출효과를 측정하는 것이다. 예를 들어, 서로 다른 광고비 지출수준의 효과를 비교하기 위해, 코카콜라는 시장에 따라 광고비를 달리 한 후, 그에 따른 매출 및 이익의 차이를 측정했다. 기업은 광고비지출 이외에 광고물 혹은 미디어를 달리한, 보다 복잡한 실험을 설계할 수 있다.

그러나 많은 요인들(일부는 통제가능하고 일부는 통제불가능함)이 광고효과에 영향을 미치기 때문에, 광고비 지출의 효과를 정확히 측정하는 것은 아직까지 해결하지 못한 과제로 남아 있다. 예를 들어, 대형광고주들은 슈퍼볼(프로미식축구결승전) TV광고에 많은 비용을 지출하는 것이 충분한 투자가치가 있는 것으로 인식하지만 실제로 이를 측정하거나 증명하지 못하고 있다. 다양한 시도를 하고 있지만 여전히 마케터들은 광고에 대한 소비자반응과 매출 및 이익 간의 관계를 측정하는 완전한 계량모델을 갖고 있지 않다. 따라서 마케터들은 광고성과를 평가할 때 종종 계량적 분석과 주관적 판단에 함께 의존한다.

4.3 광고조직

우리나라에서 광고를 많이 하는 기업은 주로 전자, 통신, 화장품, 자동차, 식품 등의 업종에 속해 있다. 그러나 매출액에 대비한 광고비를 본다면 전자회사나 자동차회사들 보다는 아모레퍼시픽, LG 생활건강 같은 화장품/생활용품 회사와 남양유업, 농심, 오뚜기 등의 식품회사들의 매출액 대비 광고비의 비율(advertising/sales ratio)이 더 높다고 할 수 있다.

기업마다 광고업무를 수행하는 방법에서 차이를 보인다. 소규모 회사에서는 영업부서의 직원이 광고업무를 취급하기도 한다. 대규모 회사들은 마케팅 혹은 광고부서를 운영하는데, 이 부서의 임무는 담당직원으로 하여금 광고예산을 설정하고, 광고회사와 함께 일하며, 광고회사에 의하여 수행되지 않은 광고관련 일들을 취급하는 것이다. 대부분의 대기업들은 외부의 광고회사를 이용하는데, 이는 그들이 여러 가지 장점을 갖기 때문이다.

일반적으로 광고의 개발과 광고캠페인의 관리는 광고회사(advertising agency)가 주도적인 역할을 수행한다. 대규모 광고회사들은 광고주를 위해 광고캠페인의 모든 단계(마케팅전략의 기획, 광고캠페인의 개발, 광고의 제작, 매체기획, 그리고 광고캠페인의 평가 등)를 처리할 수 있는 전문인력과 풍부한 자원을 갖추고 있다. 광고회사는 대개 4개의 주요부서로 이루어지는데, 광고의 제작을 담당하는 크리에이티브팀(creative team), 매체의 선정과 매체계획을 담당하는 매체팀(media team), 표적고객의 특성과 욕구를 연구하는 조사팀(research team), 대행업체의 영업활동을 담당하는 영업팀(business team)이 그것이다. 광고회사는 광고주로부터 위임을 받아서 광고와 관련된 제반업무를 대행해 주는데, 상당히 유능한 자체광고팀을 갖고 있는 광고주들조차 광고회사를 활용하고 있다. 그 이유는 광고회사가 광고관련 제반업무를 광고주보다 더 효과적으로 처리할 수 있는 다양한 전문가 집단을 확보하고 있을 뿐만 아니라 다양한 광고주들과 일하고 다양한 상황에서 광고업무를 처리한 풍부한 경험과 함께 광고주의 문제점을 해결하는데 있어 외부인의 관점을 제공하기 때문이다. 그리고 광고회사는 매체비용의 일부를 수수료로 받아 그것을 주된 수입원으로 삼고있기 때문에 광고주들이 직접 광고관련 제반업무를 수행하는 것보다 광고회사를 활용하는 것이 비용상으로 더 저렴할 수 있기 때문이다. 우리나라에는 제일기획, 이노션, HS애드 등의 대형광고회사를 포함해 약 2백 개에 이르는 광고회사가 영업을 하고 있다. 최근 들어 사람들의 매체이용습관이 대중매체에서 디지털매체로 급격하게 이동함에 따라 대중매체에 기반한 광고캠페인의 기획과 제작에 주력해왔던 광고회사들이 종합컨설팅 회사로 재포지셔닝하는 등 전략적 변신을 추구하고 있다.

마케팅 Highlight

디지털시대에 들어서 종합컨설팅사로 변신하는 광고회사

현대오일뱅크는 사업다각화를 위해 엔진오일시장에 진출하기로 했다. 연구개발을 통해 제품을 개발했지만 이름이 마땅치 않았다. 현대오일뱅크는 네이밍을 광고회사 이노션에 의뢰했다. 이노션과 현대오일뱅크는 논의 결과 엔진오일 제품명을 엑시티어(XTeer)로 결정했다. 일류를 뜻하는 탑티어를 넘어선다는 의미였다. 여기서 그치지 않았다. 이노션은 신제품의 패키징 디자인을 위한 아이디어를 냈다. 신제품의 마케팅전략, 브랜드네이밍, 포장 등을 위한 마케팅컨설팅 서비스를 제공한 것이다.

제일기획과 TBWA도 자신들을 각각 마케팅 솔루션 회사와 브랜드 솔루션 회사라고 소개한다. 단순히 광고 아이디어만 제시하는 것이 아니라 브랜드마케팅과 관련된 모든 솔루션을 제공한다는 얘기다. 광고제작과 홍보를 주로 취급하던 광고회사들이 제품전략과 이벤트마케팅에 대한 종합컨설팅으로 영역을 넓혀가고 있다.

BWA코리아는 한국오츠카제약의 남성 화장품 브랜드 우르오스의 마케팅전략을 처음부터 끝까지 함께 짰다. 2013년 TBWA는 남성들의 생활습관부터 조사했다. 한국남성의 평균 샤워시간은 15분미만, 평균 화장품 보유개수는 두 개였다. 남성들에게 화장품을 바르는 것은 '귀찮은 일'이라는 게 핵심 아이디어가 됐다. 2014년 '남자를 바꾸려 하지 말고 화장품을 바꿔라'는 캠페인 슬로건을 내세웠다. 우르오스를 '복잡한 기존 화장품과 달리 한 번에 바를 수 있는 올인원 제품'으로 포지셔닝했다. 소비자의 반응은 좋았다. 우르오스는 2014년, 2015년 2년 연속 매출이 250%씩 증가했고, 드럭스토어 올리브영과 왓슨스에서 남성 화장품 중 가장 인기있는 제품으로 꼽혔다.

동서식품은 지난 4월 6일부터 두 달간 서울 성수동에서 북카페 '모카책방'을 운영했다. 책방에 책 7000권을 비치하고 맥심 모카골드를 무료로 제공해 방문객이 책과 함께 커피를 즐길 수 있도록 했다. 책방 2층에는 낭독의 테이블을 설치해 매일 2~3회 방문객과 시, 소설, 에세이 등의 작품 낭독회를 열었다. 모카책방에는 두 달 동안 총 5만 6000여명이 방문했다. 이 행사는 제일기획이 기획했다. 제일기획은 북카페 디자인부터 설치, 운영 등을 모두 맡았다.

광고업계에 이런 변화가 생긴 건 소셜 네트워크서비스(SNS)의 등장이 주요한 원인으로 꼽힌다. 광고주

들은 광고업체를 거치지 않고 페이스북 등 디지털매체와 직접 거래할 수 있게 됐다. 여기에 정보기술(IT) 업체와 컨설팅업체들까지 광고시장에 뛰어들며 경쟁은 더 치열해졌다. 업종 간 장벽이 허물어지면서 경쟁에서 살아남기 위해 광고업체들이 광고주의 문제를 직접 해결해주기 시작했다는 설명이다. 업종의 경계가 무너졌다.

이상규 TBWA코리아 수석국장은 "광고업체들은 단순히 아이디어만 제시하는 게 아니라 광고가 매출을 늘려준다는 것을 보여줘야 한다. 컨설팅에서 전략실행까지 모두 해결하려고 나서는 이유가 여기에 있다"고 말했다. 디지털매체가 등장하면서 광고주의 시각도 변했다. 김정아 이노션 총괄크리에이티브디렉터(ECD)는 "예전에는 기업이 결정한 제품특성을 소비자에게 잘 전달하면 된다고 생각하는 광고주가 많았지만 지금은 소비자가 원하는 가치를 분석해 제품을 내놓기 때문에 기업이 광고회사에 자문하는 일이 많아졌다"고 말했다.

한국의 1위 광고회사 제일기획은 광고주의 광고를 제작해 매체에 내보내는 광고회사의 전통적인 사업 영역을 넘어 새로운 성장동력을 찾으려고 한다. 이의 일환으로 2015년 제일기획은 캐릭터 사업에 진출했다. 제일기획은 캐릭터 제작 전문업체 부즈클럽과 제휴해 신규 캐릭터 '아둥가'의 라이선스 사업을 시작했는데, 부즈클럽은 캐릭터 제작을, 제일기획은 마케팅과 상품화를 맡고 수익을 나누는 방식이다. 부즈클럽은 뿌까, 캐니멀 같은 인기 캐릭터를 만든 회사다. 새 캐릭터 아둥가는 정글에서 탈출한 고릴라로, 한국에 정착해 힙합스타가 된다는 성공 스토리를 담고 있다.

• 자료원: 한국경제, 2016.6.22

13 참고문헌

- Philip Kotler, 안광호, Gary Armstrong, 마케팅 입문, Pearson, 2013.
- 안광호, 유창조, 이유재, 광고관리, 3판, 학현사, 2014.
- George E. Belch and Michael A. Belch, Introduction to Advertising and Promotion, 9 ed., Irwin, 2011
- Solomon Dutka, DAGMA, 2nd ed.(First Edition by Russell Colley), NTC Business Books, 1995.
- Larry Percy and John R. Rossiter, Advertising Strategy, Praeger, 1980.
- Don E. Shultz, Stanley I. Tannenbaum, Robert F. Lauterborn, The New Marketing Paradigm : Integrated Marketing Communications, NTC Publishing Group, 1996.

13 생각해볼 문제

1. 마케팅커뮤니케이션 과정에 대하여 설명하시오.

2. 마케팅메시지에 노출된 수신자가 보이는 반응과정에 대한 모형 중 반응계층모형을 설명하고 이 모형의 광고시사점에 대하여 설명하시오.

3. 광고전략의 수립에서 광고목표의 의미와 역할에 대하여 설명하시오.

4. 광고목표의 설정기준으로서 매출목표와 커뮤니케이션 목표를 비교설명하시오.

그리고 어떤 광고목표가 바람직한 지와 그 이유는 무엇인지 토의해 보자.

5. 전통적 매체와 디지털미디어의 유형을 제시하고 특정제품을 선정해 광고캠페인을 전개함에 있어 두 유형의 매체를 어떻게 통합적으로 사용해야 하는지 토의해 보자.

6. 매체선정의 기준이 되는 도달범위와 도달빈도를 설명하고, 각 기준이 상대적으로 더 중요할 수 있는 상황에 대해 생각해 보자.

제4부

제14장

판매촉진·PR·인적판매

01 판매촉진
02 공중관계
03 인적판매

학습목표

1. 판매촉진의 목표와 주요 판매촉진 도구들을 설명하고, 판촉캠페인이 개발되는 과정에 대해 살펴본다.
2. 다양한 공중들과 우호적인 관계를 구축하기 위해 공중관계(public relation: PR)를 어떻게 관리하는지 살펴본다.
3. 고객가치를 창출하고 고객관계를 구축함에 있어 영업사원의 역할을 설명한다.
4. 영업관리에서 주요 의사결정들을 제시하고 이에 대해 설명한다.
5. 인적판매과정을 살펴보고 인적판매에서 고객솔루션과 고객관계 지향성이 왜 중요한지에 대해 설명한다.

주요개념에 대한 사전학습

13장에서 촉진믹스의 한 요소인 광고에 대해 학습했다. 이 장에서는 또 다른 촉진믹스 요소들인 판매촉진, PR, 인적판매에 대해 살펴볼 것이다.

여러분에게 영업사원하면 어떤 이미지가 떠오르는지를 질문하면, 아마도 원하지 않는 상품을 사도록 설득하는, 화술이 뛰어난 사람을 연상할 것이다. 그러나 고객지향적 마케팅을 추구하는 대다수 기업의 영업사원들은 고객들의 욕구를 충족시키는데 도움을 주고 수익성 있는 고객관계를 구축하기 위해 노력한다. 야쿠르트 아줌마를 기반으로 고객지향적 영업활동을 벌이고 있는 야쿠르트 사례를 읽으면서 영업사원인 야쿠르트 아줌마가 야쿠르트의 고객가치창출과 고객관계형성을 위한 야쿠르트의 마케팅노력, 그리고 고객충성도 구축에 어떤 기여를 하는지를 생각해 보자.

도입사례

야쿠르트 콜드브루의 인기비결-
영업사원인 야쿠르트 아줌마를 통해서만 구할 수 있는
희소성과 앱에 기반한 신속한 고객욕구 충족과 고객관계 구축

여의도에 있는 A증권사 애널리스트 이모씨는 휴대폰에 '야쿠르트 아줌마' 전화번호를 저장해 놓았다. 3일 오전 8시 30분 오전회의를 마친 후 아주머니에게 문자를 보냈다. '○○증권 9층 이○○인데요. 콜드브루 아메리카노 한 잔 부탁드려요.' 이 증권사 담당 '야쿠르트 아줌마'인 박은주(50)씨는 이씨의 문자를 받은 지 약 15분 후에 커피 한 잔을 책상으로 가져다줬다. 가격은 비슷한 스타벅스 콜드브루의 절반도 안 되는 2000원이다. 박씨는 "이쪽(증권사)사람들 보면 초 단위로 시간을 쪼개서 온종일 일만 하더라. 피곤한 젊은이들 정신바짝들게 커피가져다주는 게 나의 일"이라며 웃었다.

영업사원인 '야쿠르트 아줌마'가 배달해주는 콜드브루 커피가 여의도 증권가를 접수했다. 최신유행에 민감해 커피 한 잔도 허투루 마시지 않는 여의도 증권맨들이 정(情), 이모님같은 푸근한 단어와 어울리는 아줌마표 커피에 빠진 것이다. 콜드브루 커피는 찬물 또는 상온의 물을 이용해 우려낸 커피를 말한다. 한국야쿠르트의 콜드브루 커피(공식이름 '콜드브루 바이 바빈스키')는 2016년 3월 출시됐다. 야쿠르트는 인구·수요 등을 감안해 지역별 여성판매원 수를 정하는데, 여의도의 콜드브루 1인당 판매량은 전체평균(판매원 1인당 6.9병)의 약 4배 수준인 27병 정도다. 여의도 증권가가 밀집한 동(東)여의도에선 아주머니 영업사원 23명이 활동 중이다. 박은주 '아줌마'는 콜드브루의 인기요인을 "가격이 이쁘잖아"라는 한 문장으로 설명했다. 하지만 편의점에도 1000원대 커피가 많아, 저렴한 가격만으로 여의도에서의 높은 인기를 설명하긴 부족해 보였다. '장(腸) 운동에 좋은 음료' 이미지가 강했던 야쿠르트가 가장 트렌디한 커피로 변신할 수 있었던 이유를 콜드브루를 자주 사 먹는다는 증권맨들에게 물었더니, 이들은 가장 큰 이유로 제춤의 희소성과 영업사원 접근성의 편리함을 꼽았다.

영업사원인 야쿠르트 아줌마가 직접 배달해주는 한국야쿠르트의 콜드브루가 분초를 다투며 일하는 여의도 증권맨들에게 큰 인기를 끌고 있다.

'야쿠르트 아줌마'의 위치를 확인하고 전화연결을 할 수 있는 앱

야쿠르트 콜드브루는 다른 캔커피와 달리 편의점에선 판매하지 않는다. 신선한 커피를 위해 유통기한을 커피를 볶고나서 4~10일로 제한하는데, 유통구조상 이런 조건에 편의점은 잘 맞지 않는다. 이에 따라 야쿠르트는 '신선한 커피는 야쿠르트 아줌마를 만나야 획득할 수 있다'는 영업 전략를 구축했다. 경기도 분당에 사는 B증권사 마케팅 담당 김모씨는 "며칠 전 아내에게 '여의도에 야쿠르트 아주머니들 많잖아. 주변에 콜드브루 커피보이면 좀 사다 줘'라는 문자를 받았다"며 "야쿠르트 아줌마한테만 구할 수 있는 커피라는 희소성 때문인지 아주머니를 보면 일단 구매를 하게 된다"고 말했다.

배달 및 야쿠르트 아줌마 접선방식의 진화도 성공요인 중 하나다. 야쿠르트 아줌마의 가장 큰 강점은 책상앞까지 배달을 해준다는 점이지만, 어디에 아줌마가 있는지를 파악하기가 쉽지는 않았다. 그런데 야쿠르트가 만든 스마트폰 앱을 설치하고 '아줌마 찾기'를 활용하면 가장 가까이 있는 아주머니를 찾을 수 있다. 아주머니의 상세정보를 통해 휴대폰 연결도 가능하다. 날마다 피 말리는 전쟁을 치르는 증권가라 '영업사원인 이모님의 온기(溫氣)'가 더 먹힌다는 분석도 나온다. C증권사 채권트레이더 김모씨는 "요즘 젊은이들 사이엔 윤리적 소비에 대한 인식이 확산하고 있는데, 어린시절 야쿠르트 배달을 해주던 아주머니의 추억이 겹쳐 '이왕이면 대기업 커피말고 이모님 커피마시자'라는 생각이 드는 것이 사실"이라고 말했다.

• 자료원 : 조선경제, 2016.8.4

촉진믹스의 한 요소로서 광고가 차지하는 비중과 역할은 매우 크지만, 판매촉진이나 PR, 그리고 인적판매와 같은 다른 촉진활동이 촉진믹스에 차지하는 비중이 갈수록 증대되는 경향을 보이고 있다. 예를 들어, 여러 소비재시장에서 가격할인이나 경품제공 등과 같은 판매촉진(sales promotion) 예산이 광고예산보다 큰 것으로 나타나고, 많은 기업들이 기업이미지를 장기적이고 전략적으로 관리함에 있어 PR활동을 주요수단으로 인식하게 되었다. 그리고 산업재, 화장품, 보험상품 같은 산업의 경우에는 인적판매가 촉진에서 차지하는 비중이 매우 높다.

13장에서 촉진믹스의 한 요소인 광고에 대해 배웠다. 이 장에서는 판매촉진, 공중관계(PR), 인적판매 등 다른 촉진믹스 요소들을 살펴볼 것이다. 판매촉진은 제품이나 서비스의 구매를 조장하기 위해 제공되는 단기적인 인센티브들이다. 공중관계는 소비자들과 일반공중들로부터 미디어, 투자자, 기부자, 정부공공기관에 이르기까지 다양한 회사관계자들과 우호적인 관계를 구축하기 위한 수단이다. 인적판매는 대면적 접촉을 이용하는 마케팅커뮤니케이션 도구로서, 영업사원은 고객 및 가망고객들과의 상호작용을 통해 관계를 구축하고 판매를 유도한다. 모든 촉진도구들은 전반적인 통합적 마케팅커뮤니케이션 프로그램과 연계되어 사용되어야 한다. 이 장에서는 판매촉진, 공중관계, 인적판매를 별개로 설명하지만, 이들은 브랜드포지션과 조화되도록 광고 등 다른 촉진믹스 요소와 신중하게 통합되어야 한다는 것을 기억하기 바란다.

01 판매촉진(Sales Promotion)

1.1 판매촉진의 의의

판매촉진 혹은 **판촉**(sales promotion)은 소비자들이 자사제품을 즉각적으로 구매하도록 유도하기 위해 제공되는 다양한 인센티브들을 말한다. 판매촉진의 예는 우리주변에 널려 있다. 당신이 애독하는 잡지나 신문은 강력하면서 즉각적인 소비자반응을 자극하는 판촉물로 가득채워져 있다. 가령, 동네 롯데슈퍼는 진열대 입구에 정상가 23,990원짜리 CJ 비트세제를 59%할인해 9,900원에, 그리고 1.5리터 칠성사이다 2병과 펩시콜라 1병을 묶어 3,900원에 판매한다는 사인물을 부착해 고객의 충동구매를 자극한다. 판매촉진은 단기적인 매출증대를 위해 수행된다는 점에서 기타 촉진활동들과 구별된다. 예컨대, 광고가 주로 브랜드인지도 구축과 브랜드이미지 창출, 그리고 긍정적인 브랜드태도형성 등에 영향을 미치기 위해 수행되는 반면, 가격할인이나 경품제공 같은 판매촉진은 구매를 직접적으로 유도하기 위해 수행된다. 광고가 제품이나 서비스를 사야할 이유를 제시한다면, 판매촉진은 지금 사야할 이유를 제안하는 것이다. 그러나 인적판매와 광고는 종종 다른 촉진도구인 판매촉진과 긴밀하게 보조를 맞추어 수행된다.

■ 판매촉진의 급속한 성장

판매촉진은 제조업체, 유통업체, 비영리단체 등 대부분의 조직체들에 의해 사용되며, 최종고객(소비자 판촉), 소매상과 도매상(중간상 판촉), 기업고객(사업체 판촉), 그리고 영업사원들(영업사원 판촉)을 표적으로 삼는다.

근래에 와서 판매촉진 예산의 절대액과 촉진믹스에서 차지하는 상대적인 비중이 지속적으로 증가하는 추세이다. 다음과 같은 요인들이 판매촉진의 급속한 성장에 영향을 주었는데, 특히 소비용품 시장에서 그러하다. 첫째, 각 기업의 제품관리자들은 과거에 비해 매출을 증가시켜야 한다는 압박감을 더 많이 느끼고 있으며 판촉을 단기적 매출을 높이는데 효과적인 도구로 생각한다. 둘째, 기업간 경쟁이 갈수록 치열해지고, 경쟁브랜드 간에 성능이나 품질에서 차별화가 이루어지지 않고 있다. 이에 따라 경쟁사들은 자사 제공물을 차별화하고 자사제품구매를 설득하기 위해 판매촉진을 더 많이 사용하고 있다. 셋째, 광고비용의 증가, 매체혼잡의 증대, 그리고 법적 규제 등으로 인해 광고의 효율성이 계속 감소하고 있다. 마지막으로 소비자들이 갈수록 판촉에 더 민감해지고(deal oriented), 이에 따라 대규모 소매상들은 제조업체에게 더 많은 가격할인(deal)을 요구하고 있다. 경제적 불황으로 인해 소비자들은 더 낮은 가격과 더 강력한 가격촉진을 요구하고 있다. 판매촉진은 보다 근검절약해진 오늘날의 소비자들을 끌어들이는데 도움을 줄 수 있다.

그러나 판매촉진 이용의 큰 증가는 광고혼잡과 유사한 판촉혼잡(promotion clutter) 상태를 초래하고 있다. 넘쳐나는 판촉활동으로 인해 특정기업의 판촉이 즉각적인 구매를 자극할 능력이 갈수록 약화되고 있는 것이다. 제조업체들은 이러한 판촉혼잡을 극복할 방안을 강구하고 있는데, 인상적인 구매시점진열, 인터넷이나 모바일폰 같은 상호작용 미디어를 통한 판촉물제공 등이 그 예이다.

판매촉진 프로그램을 개발함에 있어, 기업은 먼저 판매촉진 목표를 세운 다음, 이를 달성하는데 가장 적절한 도구들을 선택한다.

■ 판매촉진 목표

판매촉진 목표는 그 대상에 따라 매우 다양하다. 판매자들은 빠른 시간내에 소비자 구매가 이루어지도록 하기 위해 또는 고객의 브랜드 관여수준을 강화시키기 위해 소비자를 대상으로 수행하는 판촉활동인 **소비자 판촉**(consumer promotion)을 사용할 수 있다. 그리고 중간상을 대상으로 수행하는 판촉활동인 **중간상 판촉**(trade promotion)의 목표는 소매상들이 자사의 신제품을 취급하고, 더 많은 재고를 유지하고, 앞당겨 구매하고, 우리회사의 제품을 적극적으로 촉진하고 자사제품에 더 넓은 진열공간을 할애하도록 유도하는데 있다. **사업체 판촉**(business promotions)은 기업고객의 관심을 유발시키고, 자사제품구매를 자극하고, 기업고객에게 보상을 제공하고, 기업고객의 영업사원에게 판매동기를 부여할 목적으로 실시된다. 자사 영업사원을 대상으로 실시하는 판촉활동인 **영업사원 판촉**(sales force promotion)의 목표는 기존 제품 및 신제품을 더 많이 판매하도록 자사 영업사원을 독려하거나 그들로 하여금 신규 거래처를 개발하도록 유도하는데 있다.

판매촉진은 광고, 인적판매 또는 다른 촉진믹스 도구들과 함께 사용되는 것이 일반적이다. 대체로

Starbucks는 고객의 브랜드충성도를 구축하기 위해 Starbucks Card Rewards 프로그램을 실시했다.

소비자 판촉은 광고를 통해 소비자들에게 알려지며, 소비자를 흥분시키고 끌어당기는 힘을 광고물에 추가할 수 있다. 중간상 판촉과 영업사원 판촉은 회사의 인적판매과정을 지원한다.

경기가 어려워지면, 기업들은 소비자 지출을 자극하기 위해 상당한 가격할인을 실시하려는 유혹을 받는다. 그러나 바람직한 판매촉진은 단순히 단기적인 매출증대나 경쟁사 고객의 일시적인 브랜드전환을 만들어 내기보다는 제품포지션을 강화하고 장기적인 고객관계를 구축하는데 도움을 주어야 한다. 잘 설계된 판촉도구들은 단기적인 소비자 흥분유발과 장기적인 소비자관계구축을 함께 실현할 수 있다. 따라서 마케터들은 단기적 효과만을 내는 가격할인 판촉보다는 브랜드자산을 구축하는데 기여하는 판촉들을 사용해야 한다.

최근 많은 기업들이 도입하고 있는 "우량고객우대 마케팅프로그램(frequency marketing program)"과 충성고객우대 VIP카드(loyalty card) 등이 좋은 사례들이다. 여러 호텔, 슈퍼마켓, 항공사들은 고객들(숙박객/구매자/승객)이 자사상품을 계속 이용하도록 하기 위해 보상을 제공하는 고객충성 프로그램을 운영하고 있다. 이제 모든 유형의 기업들이 보상(reward)프로그램을 제공한다. 이러한 판촉프로그램은 가격할인보다는 부가가치제공을 통해 충성도를 구축할 수 있다. Starbucks가 그 한 예이다. Starbucks는 최근의 경기하락과 패스트푸드 경쟁업체에 의한 보다 저렴한 고급커피출시로 인해 매출감소를 겪었다. Starbucks는 커피가격을 인하하거나 혹은 판촉을 통한 가격할인을 선택할 수 있었다. 그러나 가격할인은 장기적으로 Starbucks가 추구하는 프리미엄 브랜드포지셔닝에 부정적 영향을 줄 수 있다. 따라서 Starbucks는 그대신 가격을 조금 인하하고 왜 자사커피가 더 비싼 가격을 받을만한지에 대해 고객에게 이야기하는 광고를 실시했다. '가격이 저렴한 커피제품에 유의하세요. 싼 가격은 이유가 있습니다(It comes with a price)'라는 헤드라인과 함께 공정무역 원두의 구매, 주 20시간 이상 근무하는 종업원들에 대한 헬스케어제공 등 Starbucks가 경쟁사들과 다른 점을 담은 광고메시지를 제시했다. 이와 함께 고객의 브랜드충성도를 구축하기 위해 Starbucks Card Rewards프로그램을 실시했다. Dunkin' Donuts, McDonald's 같은 상대적으로 가격이 저렴한 경쟁브랜드들과 싸우기 위해, 그리고 충성고객의 충성도를 유지하기 위해 Starbucks는 보상카드를 도입했다. 카드소지자는 무료커피리필, 아이폰을 이용한 대금지불, 하루 2시간까지 Wi-Fi 무료이용, 1파운드짜리 원두커피구매 시 커피한잔 무료제공 등의 다양한 혜택을 제공받았다. 이러한 특전은 상당한 가격인하나 가격판촉활동 없이 고객가치를 증가시켰다.

1.2 주요 판매촉진 도구들

마케터는 판매촉진 목표를 달성하기 위해 다양한 판촉도구들을 사용할 수 있다. 다음에서는 소비자, 중간상, 그리고 사업체 판촉도구에 대해 설명하기로 한다.

■ 소비자 판촉도구들

소비자 판촉(consumer promotion)에 사용되는 도구는 샘플, 쿠폰, 현금환불, 프리미엄, 구매시점 진열에서 콘테스트, 추첨, 이벤트후원에 이르기까지 매우 다양하다.

샘플(samples)은 제품을 시험적으로 사용할 수 있는 정도의 양을 제공하는 것이다. 샘플링은 신제품을 소개하거나 기존 제품에 대한 새로운 자극을 만들어 내는데 가장 효과적인(그러나 가장 비용이 많이 드는) 방법이다. 어떤 샘플들은 무료로 제공되지만 샘플을 만드는데 들어간 비용을 일부 상쇄하기 위해 약간의 비용을 고객에게 부담시키기도 한다. 샘플은 우편으로 보내지거나, 매장에서 배포되거나, 다른 제품에 부착되거나, 혹은 광고나 이메일에 포함될 수 있다. 때때로 서로 다른 제품과 서비스를 함께 촉진하기 위해 몇 가지 샘플들을 결합한 샘플패키지(sample package)를 사용할 수 있다. 제품에 따라 샘플링은 매우 강력한 판촉도구가 될 수 있다.

쿠폰(coupon)은 명시된 제품을 구매할 때 구매자들에게 할인을 제공해 준다는 증빙서이다. 대부분의 소비자들은 쿠폰을 좋아한다. 쿠폰은 신제품에 대한 초기구매를 촉진하거나 또는 성숙기에 들어선 브랜드의 판매를 자극할 수 있다. 그러나 쿠폰혼잡으로 인해 쿠폰상환률은 최근 몇 년간 감소해 왔다. 따라서 대다수 주요 소비재 회사들은 과거에 비해 쿠폰을 적게 발행하고 쿠폰이 제공될 표적고객을 선별하는데 보다 신중을 기하고 있다.

마케터들은 또한 쿠폰을 나누어줄 새로운 방안을 개발하고 있는데, 슈퍼마켓 진열대의 자동발급기, 전자판매시점 쿠폰프린터, 온라인/모바일 쿠폰프로그램 등이 그 예이다. 예를 들어, NHN은 지역 소

NHN은 지역 소상공인을 위해 개발한 판촉마케팅 플랫폼인 네이버쿠폰(coupon.naver.com)은 지역 소상공인들이 온라인으로 이용자들에게 점포위치와 혜택정보를 제공할 수 있도록 지원한다. 지역 소상공인들은 디지털쿠폰을 발행하고 이를 네이버 지도 등 NHN서비스에 무상으로 노출시킬 수 있다.

상공인을 위한 판촉마케팅 플랫폼인 네이버쿠폰을 개발했다. 네이버쿠폰(coupon.naver.com)은 지역 소상공인들이 홈페이지 관리, 광고, 마케팅비용에 대한 부담없이 온라인으로 이용자들에게 점포위치와 혜택정보를 제공할 수 있도록 지원한다. 지역 소상공인들은 모바일 이용자들에게 제공하고자 하는 혜택을 디지털쿠폰형태로 발행하고 이를 네이버지도 등 NHN서비스에 무상으로 노출시킬 수 있다.

최근 모바일쿠폰은 위치기반서비스(LBS), 소셜 네트워크서비스(SNS) 등과 결합함으로써 모바일쿠폰 서비스가 더욱 진화하고 있다. 모바일쿠폰이 위치기반서비스(LBS), 소셜 네트워크서비스(SNS)같은 다양한 서비스와 결합함으로써 단독으로는 발행하기 어려운 쿠폰을 구글 등 소셜 네트워크서비스가 대신 배포해 주고, 개인맞춤형 쿠폰발송도 가능해졌다. 제품이나 서비스를 구매할 때 할인을 받거나, 지불한 금액일부를 전자티켓 형태로 전송받아 사용하는 모바일쿠폰은 국내통신사들이 2006년 처음 도입했지만 초기에는 크게 각광받지 못했다. 하지만 모바일쿠폰이 다양한 플랫폼과 연계되면서 모바일쿠폰의 사용빈도가 빠르게 늘어가고 있다. 즉, 독자서비스 형태로 운영돼 왔던 모바일쿠폰이 최근 들어 SNS, 지도, 검색서비스와 결합하는 방향으로 진화하고, 특히 사용자들에게 개인화된 쿠폰을 제공하기 위한 각종 제휴가 활발하게 이루어짐에 따라 사용빈도가 크게 증가한 것이다. 대표적인 사례가 구글이다. 구글은 고객별로 적합한 쿠폰을 제공할 수 있는 디지털쿠폰솔루션인 재버스를 개발했는데, 고객들은 이를 이용해 직접 소매점의 웹사이트에 방문한 후 할인쿠폰을 다운받아 저장할 수 있다. 페이스북도 기존 플랫폼의 강점을 활용한 모바일쿠폰서비스를 시작했는데, 페이스북에 가입한 뒤 기업페이지를 만들어 400명 이상 구독자를 가입시킨 사업자가 대상이다. 페이스북을 쓰는 스마트폰 사용자가 이 업소가까이 있으면 관련정보가 뜨고 할인쿠폰을 받을 수 있다. 쿠폰을 쓴 사람은 페이스북에 관련자료가 남아 친구들에게 자동으로 홍보된다.

현금환불(cash refunds) 혹은 **리베이트**(rebates)는 가격할인이 상품을 구매한 시점이 아니라 구매가 이루어진 후에 제공된다는 점을 제외하면 쿠폰과 유사하다. 소비자가 제조회사에게 구매관련 증빙서류를 보내면, 회사는 우편으로 구매한 금액의 일부를 반환해 준다. 2017년 LG전자는 그룹창립 70주년을 기념해 대규모 판촉행사를 실시했는데, 이의 일환으로 행사기간 동안 올레드 TV, 디오스냉장고, 트윈워시세탁기, 휘센에어컨, 그램 PC 등을 구입한 고객들에는 품목당 1000명에 한해 최대 30만원의 현금을 되돌려 주었다.

가격할인 패키지(price packs) 또는 **가격할인판촉**(cents-off deals)은 소비자들에게 제품의 정상가격에서 할인을 제공한다. 제조회사는 라벨이나 패키지에 직접 할인된 가격을 표시한다. 가격패키지는 한 제품을 할인된 가격으로 판매하거나(예: 제품하나의 가격에 두 개를 주는 것) 또는 관련된 제품(예: 치약과 칫솔)을 묶어서 가격을 할인할 수 있다. 가격할인 패키지는 단기적으로 매출을 증대시키는데 있어 쿠폰보다 훨씬 더 효과적일 수 있다.

일반적으로 국내 주요유통·제조기업들은 제품재고를 처리하고 목표매출을 달성하기 위해 12월 한 달 동안 대규모 가격할인행사를 실시한다. 대형마트들은 의류·생활용품을 중심으로 초대형 할인판매에 나선다. 가령, 이마트가 12월에 겨울의류 500여종을 최대 30% 할인해 주는 '겨울의류 창고대방출전'을 열거나 홈 플러스가 일정품목들에 대해 최대 50%의 할인이벤트를 실시하는 것이 그 한 예이다.

마케팅 Highlight

고객들이 위치한 곳에서 곧바로 구매를 자극할 수 있는 디지털쿠폰

많은 사람들에게 셀폰이 필수품이 됨에 따라 셀폰을 마케팅메시지 전달을 위한 주요수단으로 생각하는 사업체들이 늘어나고 있다. 모바일 마케팅의 목적이 브랜드구축, 비즈니스 진작, 혹은 충성도에 대한 보상 그 어떤 것이든, 셀폰의 강점인 즉시성을 살린 모바일 마케팅을 활용하는 사업체가 늘어나고 있는 것이다.

소매업체의 모바일 마케팅 메시지는 몇 개의 숫자로 된 코드를 가진 텍스트 메시지를 포함할 수 있는데, 고객들이 이 숫자코드를 전화로 누르면 판촉물, 바코드화된 디지털쿠폰, 웹사이트 링크, 디스플레이 광고물 등을 제공받는다. 그러나 여전히 쿠폰은 모든 사람들을 위한 것은 아니다. 어떤 소비자들은 셀폰에 마케팅메시지가 전달되는 것을 원하지 않는다. 그러므로 모바일 마케팅을 사용하는 기업들은 접근을 허용한 소비자들에게도 지나치게 접근하지 않도록 유의해야 하며, 따라서 퍼미션기반 스페셜오퍼가 관행이 되고 있다.

많은 기업들이 인쇄된 쿠폰과 이메일로 전송되는 쿠폰 등을 모두 고려하지만, 최근 디지털쿠폰의 활용 빈도가 빠르게 증가하고 있다. 미국의 경우 Coupons.com, Groupon, Cellfire 등 온라인쿠폰 사이트가 계속 늘어나고 있으며 소비자들은 온라인쿠폰을 찾아 모바일 기기에 이를 다운로드 받은 후 집에서 이를 출력하거나 혹은 추후에 점포에서 쿠폰상환을 하기 위해 점포충성도 카드에 이를 옮겨놓는다. 예를 들어, Cellfire(www.cellfire.com)는 자사 무료서비스에 가입한 전국 소비자들의 셀폰에 디지털쿠폰을 유통시킨다. 쿠폰을 이용하려는 사용자들은 단순히 저장된 쿠폰리스트를 불러내 그들이 원하는 쿠폰을 탐색해 'use now' 버튼을 누른 후 점포 계산대에서 디지털쿠폰을 보여주면 된다. 디지털쿠폰은 소비자와 마케터 모두에게 이득이 된다. 소비자들은 종이쿠폰을 찾아 오려내거나 웹쿠폰을 인쇄해 점포에 들를 때 이를 갖고 갈 필요가 없다. 그들은 항상 셀폰쿠폰을 갖고 다니기 때문이다. 마케터에게 모바일쿠폰은 보다 정확한 타깃팅을 가능하게 하고 종이쿠폰을 인쇄/유통시키는 비용을 없앨 수 있다. 종이쿠폰의 평균회수율이 1% 미만인 반면 디지털쿠폰의 회수율은 20%에 이를 만큼 엄청나게 높다. 따라서 적절히 사용될 경우 모바일쿠폰은 비용을 절감시키고 보다 즉각적이고 효과적일 수 있다.

한국의 경우에도 경제활동과 소비패턴이 스마트폰 중심으로 변화됨에 따라 모바일쿠폰을 활용한 프로모션을 실시하는 브랜드들이 갈수록 늘어나고 있다.

특히 스마트폰 사용자 주변의 식당이나 미용실, 꽃가게 등 지역업소들이 위치정보와 판촉정보를 제공하는 서비스가 빠른 속도로 증가하고 있다. NHN, SK플래닛 등 국내기업은 물론 애플과 페이스북 등 외국 정보기술(IT) 회사까지 스마트폰의 위치정보서비스(LBS)를 기반으로 한 지역정보 제공사업에 지출하고 있다. SK플래닛은 스마트폰 위치정보를 이용하는 앱과 광고주를 연결해주는

전국 백화점 및 대리점 매장에서 사용가능한 모바일쿠폰 프로모션을 실시한 패션업체 르샵

방식으로 모바일쿠폰 서비스를 제공했다. 지역정보를 직접 제공하기보다 위치기반 모바일 광고 플랫폼을 만들겠다는 전략이다. SK플래닛은 하이데어, 스쿨톡 등 LBS기반 인기 앱에 할인쿠폰을 발행할 수 있는 솔루션을 제공하며, 요식업 프랜차이즈와 소셜 커머스업체 등이 이 서비스에 참여했다. 페이스북은 자영업자가 직접 쿠폰을 발행할 수 있는 '페이스북 오퍼' 국내서비스를 시작했다. 페이스북에 가입한 뒤 기업 페이지를 만들어 400명 이상 구독자를 가입시킨 사업자가 대상이다. 페이스북을 쓰는 스마트폰 사용자가 이 업소 가까이에 있으면 관련정보가 뜨고 할인쿠폰도 받을 수 있다. 쿠폰을 사용한 사람은 페이스북에 관련 자료가 남아 페이스북 친구들에게 자동으로 홍보되는 부수효과도 있다.

스마트폰 이용자 위치와 할인쿠폰을 결합한 지역정보 제공사업은 자영업자들이 차지하고 있는 골목상권에 상당한 영향을 미칠 것으로 예상된다. 인접거리에 있는 소비자를 대상으로 구체적인 정보와 할인혜택을 제공하기 때문이다. 한편에서는 이 서비스가 활성화될수록 지역 자영업자들의 모바일쿠폰 의존도가 높아지고 수수료부담도 커지는 부작용이 나타날 수 있다고 우려한다. 스마트폰이 대중화되면서 위치정보 서비스를 얼마나 잘 활용하느냐가 지역 소상공인의 매출과 수익에 큰 영향을 미칠 것이다.

• 자료원 : 한국경제, 2012.11.29; 2012.10.22

프리미엄(premiums)은 제품의 구매를 유도하기 위한 인센티브로 무료 혹은 낮은 비용으로 제공되는 상품(예: 어린이용 제품에 포함된 장난감에서 DVD에 이르기까지 다양함)이다. 프리미엄은 패키지안에 포함되거나(in-pack), 패키지밖에 따로 준비되거나(on-pack) 또는 우편으로 전달될 수도 있다. 예를 들어, McDonald's는 Happy Meals 구매자에게 영화 Avatar, My Little Pony, Kung Fu Panda 등에 등장하는 캐릭터장난감 같은 다양한 프리미엄을 제공해 왔다. McDonald's는 Happy Meals을 좋아하는 어린 소비자들의 취향을 정확히 파악하고 그들이 즐거워할 수 있는 경험을 제공하는 판촉활동을 수행한 것이다. 한국 맥도날드는 종종 '슈퍼마리오' 인형 등 한정품 프리미엄 제품을 제공하는 판촉행사를 실시함으로써 어린이 및 성인고객으로부터 큰 호응을 얻었다. 2014년 말 창립 60주년을 기념해 제일모직은 삼성전자와 제휴해 '한국형 블랙프라이데이' 판촉프로그램을 도입했다. 제일모직은

서울 이마트 영등포점에서 소비자가 동서식품과 남양유업 간에 치열한 판촉경쟁이 펼쳐지고 있는 커피믹스 코너에서 제품을 고르고 있다.

프리미엄의 예: 맥도날드가 증정한 슈퍼마리오 토이와 던킨도너츠가 증정한 플라잉 재키

12월 첫째주 금요일을 '슈퍼프라이데이'로 정하고, 제일모직 양복을 구매하면 삼성전자 TV를 주는 식의 대규모 사은(프리미엄)판촉행사를 실시했다. 제일모직은 브랜드에 따라 사은품증정기준을 다르게 했는데(가령, 빈폴은 70만원 이상, 갤럭시·로가디스·빨질레리·엠비오같은 남성복은 80만원 이상), 사은품(프리미엄 상품)은 삼성전자 32인치 LED TV(1000대), 아가사랑 소형세탁기(1만대), 모션싱크 청소기(1만 1000대) 중에서 선착순으로 고를 수 있도록 했다. 이와 유사하게 2017년 LG전자도 그룹창립 70주년을 기념한 대규모 판촉행사의 일환으로 TV, 냉장고, 김치냉장고, 세탁기, 에어컨, 건조기, 전기레인지 가운데 3개 제품 이상을 구입한 고객에게 싸이킹 청소기를 무료로 증정했다.

광고용 판촉물(advertising specialties) 혹은 **판촉용 제품**(promotional products)은 광고주의 이름, 로고, 혹은 메시지를 담아 고객들에게 선물로 주는 유용한 물건들이다. 전형적인 아이템에는 티셔츠 및 기타 의상들, 볼펜, 커피 머그잔, 캘린더, 열쇠고리, 마우스 패드, 성냥, 휴대용 가방, 골프공, 모자 등이 있다. 이러한 품목들은 브랜드인지도를 높이는데 매우 효과적일 수 있다. 좋은 광고판촉물들은 몇 달 동안 고객의 곁에 머물면서 의식하지 못한 상태에서 브랜드명이 그들의 기억에 각인된다.

구매시점 판촉(point-of-purchase promotions)은 구매하는 시점에 고객들에게 제공하는 특별진열이나 시연을 포함한다. 최근 방문한 이마트, GS슈퍼마켓, 7-Eleven을 생각해 보자. 여러분은 매장통로에 설치된 특별진열대, 촉진용사인, 또는 음식의 무료시식을 권하는 사람을 보았을 것이다. 그러나 많은 소매상들은 협력제조업체들이 제공하는 이와 같은 판촉용진열대, 사인, 포스터를 다루는 것을 좋아하지 않는다. 이에 대응해 제조회사들은 더 좋은 POP용품을 제공하려 노력하는데, 제조업체들은 이들을 점포내에 설치해 TV, 인쇄, 온라인광고에 포함된 메시지와 연계시키려고 노력한다.

콘테스트, 추첨, 게임은 소비자들에게 운이나 약간의 추가적 노력에 의해 현금, 여행, 상품 등과 같이 무엇인가를 받을 수 있는 기회를 제공한다. **콘테스트**(contest)는 소비자들에게 신청서(징글, 퀴즈문제에 대한 추측, 제안 등)를 제출할 것을 요구하고, 심사단이 신청서를 평가하여 가장 우수한 것을 선정한다, **추첨**(sweepstakes)은 소비자들로부터 이름을 받아 상금을 주기위한 추첨을 한다. **게임**(game)은 소비자들이 상품을 구매할 때마다 그들에게 판촉물을 제공받을 수 있는 무엇(예: 빙고숫자, 누락된 글자 등)인가를 주는데, 이들은 상금을 타는데 도움이 될 수도 또는 되지 않을 수도 있다. 가령, 2017년 3월 LG전자는 그룹창립 70주년을 기념하는 판촉행사의 일환으로 전국 주요 가전매장에서 LG전자 가

페이스북 서비스를 개설하면서 콘테스트 같은 판촉행사를 실시한 산토리 맥주

전제품에 부착된 '70주년 엠블럼' 이미지를 촬영한 후 이벤트페이지에 올리고 SNS에 공유한 고객가운데 추첨을 통해 올레드 TV(7명), 퓨리케어 360도 공기청정기(70명), 영화관람권(700명), 음료쿠폰(7000명) 등 총 7777개의 경품을 제공했다.

마지막으로 마케터는 **이벤트마케팅**(event marketing) 혹은 **이벤트후원**(event sponsorship)을 통해 브랜드를 촉진시킬 수 있다. 기업은 자체적으로 브랜드마케팅 이벤트를 개발하거나 혹은 다른 사람들에 의해 개발된 이벤트에 단독 혹은 공동후원자로 참여할 수 있다. 이벤트는 브랜드투어, 페스티벌, 재회(reunion), 마라톤, 콘서트, 혹은 다른 후원행사 등을 포함한다. 이벤트마케팅은 그 규모가 크고 가장 빠르게 성장하는 판촉영역이다. 삼성전자는 2009년 이후 스마트폰 등 신제품에 대한 론칭쇼(이벤트마케팅) '삼성 모바일 언팩(Samsung Mobile Unpacked)'을 통해 짧은 기간 동안 글로벌브랜드인지도를 구축했다.

이벤트마케팅은 비용이 많이 드는 TV광고에 비해 상대적으로 비용이 적게 드는 대안일 수 있다.

이벤트마케팅 가운데 대표적인 것이 스포츠이다. 현대·기아차는 브라질 월드컵에서 쓰일 공식의전 운영차량으로 에쿠스와 K7 등 승용차와 승합차 1700여대를 대회조직위원회에 제공했다.

효과적인 이벤트마케팅은 해당 이벤트와 후원기업을 브랜드 가치제안과 연결시켜 준다. 이벤트마케팅 가운데 대표적인 것이 스포츠후원이다. 가령, Nissan자동차는 LEAF 전기차의 브랜드인지도를 구축하는데 도움을 받기 위해 8일 동안 800마일을 주파하는 자전거경기인 Amgen Tour of California의 공식후원 승용차로서 2년간 이 대회를 후원했다. 이 대회기간 중 Nissan은 40대의 LEAF전기차를 참가선수 코스안내용, 의료용, VIP용 차량으로 제공했다. 건강한 라이프스타일을 지향하는 사람들을 위한 스포츠 이벤트를 후원하는 것은 공해를 전혀 유발하지 않는 100% 전기차를 추구하는 LEAF의 브랜드포지션과 잘 들어맞았다. 이 스포츠 이벤트후원과 함께 Nissan은 Nissan LEAF Drive Electric Tour라는 자체 전국 이벤트를 개최했다. 이 이벤트는 미국 주요도시의 거리에서 개최되었는데, 가망구매자들에게 혁신적 승용차에 대해 배우고 시운전해 볼 기회를 제공했다. 기업들이 적극적으로 이벤트마케팅을 전개하는 대표적인 스포츠영역 중 하나가 월드컵이다. 국제축구연맹(FIFA)과의 계약에 따라 204개국 250개 채널을 통해 생중계되는 월드컵무대에서 기업들은 자사 브랜드를 알리기 위해 경쟁한다. 월드컵공식파트너 기업인 현대·기아자동차, 아디다스, 코카콜라, 에미레이트항공, 비자카드, 소니 등은 국제축구연맹(FIFA) 공식파트너 권리를 갖고 마케팅활동을 벌인다. 이들은 FIFA는 물론 FIFA와 관련된 사업에서 독점적 마케팅권한을 갖는다. 마케팅권리에 대한 대가로 이들이 매년 FIFA에 지급하는 금액은 3억 7000만달러(약 3800억원)에 달한다. 이들이 천문학적인 금액을 내는 이유는 그만큼 수익이 보장되기 때문이다. 가령, 1999년부터 계속 월드컵공식파트너 계약을 맺어온 현

사은품의 예: 사은품(premium)은 충동구매를 유발할 만큼의 가치를 제공할 수 있어야만 효과적이다. 따라서 판촉도구로서의 사은품의 효과는 그 독특함과 유인가치에 달려 있다.

가격할인 판촉(cents-off deals)의 예: 버거킹은 소비자들에게 프리미엄 와퍼햄버거를 정상가격에서 할인된 가격으로 제공하는 판촉행사를 실시했다.

대 · 기아차는 FIFA와의 공식파트너십 계약을 2022년까지 연장하며 월드컵특수를 기반으로 글로벌 브랜드인지도 및 브랜드이미지 강화를 기대하고 있다.

■ 중간상 판촉도구

제조회사들은 최종고객들에 비해 소매상이나 도매상들에게 더 많은 판촉비용을 사용한다. **중간상 판촉**(trade promotion)은 재판매업자들이 자사제품을 취급하고, 진열공간을 제공하고, 소매광고를 통하여 자사제품을 촉진하고, 자사제품을 고객에게 적극적으로 판매하도록 유도하기 위해 실시된다. 넘쳐나는 신제품으로 인해 갈수록 소매점포의 진열공간이 부족하기 때문에, 제조회사들은 자사제품을 위한 진열공간을 확보/유지하기 위해 소매상이나 도매상에게 가격할인제공, 공제, 반품의 보장, 무료제품제공 등의 판촉활동을 수행한다.

제조업체들은 중간상 판촉을 수행하기 위해 여러 가지 중간상 판촉도구들을 사용한다. 제조업체는 콘테스트, 프리미엄, 진열 등과 같이 소비자를 대상으로 사용되는 판촉도구들을 중간상판촉으로 사용할 수 있다. 지정된 기간 동안 구매한 상품에 대해 정가에서 일정비율을 할인해 줄 수 있다(가격할인(price-off), 송장가격할인(off-invoice) 또는 정가할인(off-list)으로 불림). 제조회사는 또한 소매상이 자사제품을 부각시켜 주는 소매마케팅을 수행한 보상으로 공제(거래건 당 일정비율을 할인해 줌)를 제공할 수 있는데, 소매상이 자사제품을 광고해 준 대가로 보상을 제공하는 광고공제(advertising allowance)와 소매상이 특별진열을 제공해 준 것에 대해 보상해 주는 진열공제 등이 이에 해당한다.

제조업체는 특정수량을 구매하거나 또는 특정유형의 자사제품을 부각시켜준 유통업체에게 무료제품(무료로 상품을 추가 제공함)을 제공할 수도 있다. 제조회사는 딜러 혹은 딜러의 영업사원들에게 현금이나 선물 등과 같은 푸시지원금(push money)을 제공할 수 있다. 제조회사는 소매상에게 회사의 이름이 새겨진 광고판촉물(specialty advertising items : 펜, 캘린더, 성냥, 메모패드, 휴대용백 등)을 무료로 제공할 수 있다.

■ 사업체 판촉도구

기업들은 사업체 고객들을 대상으로 한 판촉활동에도 많은 비용을 지출한다. **사업체 판촉**(business promotion)은 기업고객들을 대상으로 사전에 거래를 조성시키고 자사제품 구매를 자극하거나, 그들에게 보상을 제공하고, 기업고객의 영업사원에게 판매동기를 부여하기 위해 사용된다. 사업체 판촉은 소비자 판촉이나 중간상 판촉을 위해 사용되는 도구들 중 대부분을 포함한다. 이하에서는 또 다른 주요 사업체 판촉도구인 켄벤션 및 트레이드 쇼와 판매콘테스트에 대해 자세히 살펴보기로 한다.

많은 기업과 협회(trade associations)들은 그들의 제품을 촉진하기 위해 **컨벤션 및 트레이드 쇼**를 개최한다. 기업고객들에게 제품을 판매하는 회사들은 트레이드 쇼(전시회)에서 자사제품을 보여준다. 컨벤션을 통해 판매업자들은 새로운 판매기회를 찾고, 고객과 접촉하고, 신제품을 소개하고, 새로운 고객을 만나고, 기존 고객에게 더 많이 판매하며, 간행물과 시청각 자료를 이용해 고객을 교육시킬 수 있는 기회를 확보할 수 있다. 또한 트레이드 쇼는 회사로 하여금 영업사원을 통해 접촉하기 어려운 가망고객들을 만나는데 도움을 준다.

어떤 트레이드 쇼는 규모가 매우 크다. 예를 들어 MWC(Mobile World Congress ; 모바일월드콩그레스)는 세계이동통신사업자협회(GSMA)가 매년 2월 스페인 바르셀로나에서 개최하는 세계 최대의 모바일산업전시회인데, MWC에는 전 세계 통신사·휴대폰제조사·장비업체 등이 참가한다. 세계 최대의 전자제품전시회인 'CES(Consumer Electronics Show)'가 열리는 미국 라스베이거스 컨벤션센터에는 전 세계 전자제품dml 제조업체들이 참가한다. 축구장 30개 정도에 해당하는 면적 22만㎡(약 6만 6000평)의 전시장에 올해 판매할 신제품들을 진열한다. 1월 6~9일 열린 'CES 2016'에는 삼성전자·LG전자·소니·파나소닉·인텔·퀄컴·화웨이 등 4100여 개 전자회사가 참가했다. 신제품을 구경하기 위해 17만명이 넘는 바이어(Buyer·물건을 대량으로 구매해 판매하는 유통점이나 판매상)와 관람객이 모여들었다

판매콘테스트(sales contest)는 특정기간 동안 판매성과를 높이기 위한 동기를 부여하기 위해 영업사원이나 딜러들 간에 벌어지는 경연을 말한다. 판매콘테스트는 포상여행, 현금공여, 혹은 다른 형태의 포상 등을 통해 우수한 성과를 낸 사람들에게 동기를 부여하고 이를 인정해 준다. 판매콘테스트는 측정가능하고 달성가능한 목표(예: 신규 거래처의 확보, 거래가 끊긴 고객과의 재거래유도, 혹은 거래처 수익성의 증가 등)와 연계될 때 가장 효과적이다.

1.3 판매촉진의 효과와 한계

■ 판매촉진의 효과

판매촉진은 즉각적인 매출의 증대를 주목적으로 한다. 따라서 판매촉진의 효과는 [그림 14-1]과 같이 판매촉진활동 중에 매출의 증가로 나타난다. 그러나 일반적으로 판매촉진이 끝난 직후에는 오히려 판촉실시전보다 낮은 매출수준을 보이다가 일정시간이 경과하면서 판촉실시전의 매출수준(A)으로 회복하거나 그보다 증대된 수준(B)을 유지한다. 예를 들어, 백화점의 판촉활동에 의한 매출의 변화를 살펴보면, 바겐세일기간 중에 매출이 증가하고 세일기간이 끝난 직후에는 오히려 매출이 감소하며 일정시간이 지난후에 평소의 매출수준으로 회복되는 것이 일반적인 현상이다.

판매촉진에 의한 매출증대는 크게 **브랜드전환**(brand switching)과 **구매가속화**(purchase acceleration) 등의 요인에 의해 발생된다. 브랜드전환이란 판매촉진이 없었다면 다른 브랜드를 구매하였을 소비자가 판매촉진이 실행중인 브랜드를 구매하게 되는 것이다. 예를 들어, 테이스터스 초이스커피를 구매하려던 소비자가 맥심커피의 머그잔을 주는 판매촉진 때문에 맥심브랜드를 구매하게 되는 경우이다. 이러한 브랜드전환은 제품품질수준의 표준화에 따라 특정브랜드에 대한 고객충성도가 감소하면서 많은 제품군에서 흔히 발생한다.[1] 브랜드전환은 브랜드들 사이에 비대칭적으로 발생한다. 다시 말해서 프리미엄 브랜드가 판매촉진을 실행하여 중·저가 브랜드의 매출을 잠식하는 것이 중·저가 브랜드의 판매촉진이 프리미엄 브랜드의 매출을 잠식하는 것보다 훨씬 크다는 것이다. 예를

1) Robert C. Blattberg and Scott A. Neslin, Sales Promotion Concepts, Methods, and Strategies, Prentice Hall, New Jersey, 1990.

그림14-1 **판매촉진의 효과**

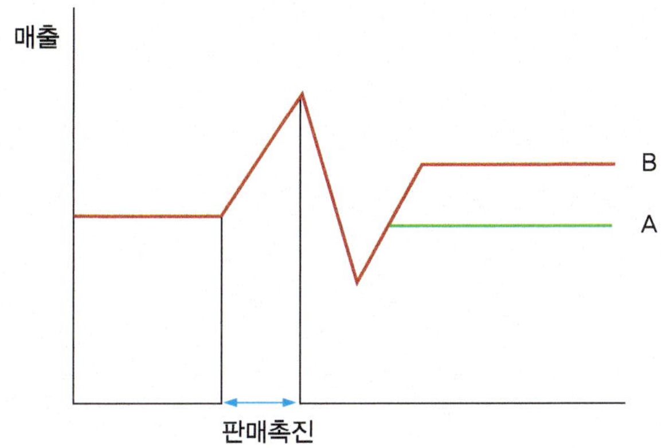

들어, 유명브랜드 의류가 판매촉진을 실행하면 중·저가 의류를 구매하던 소비자가 유명브랜드의 의류를 구매할 가능성이 높지만 유명브랜드를 구매하려던 소비자가 판매촉진 때문에 중·저가 의류를 구매할 가능성은 상대적으로 낮다. 판매촉진에 따른 구매가속화는 두 가지 유형으로 나타난다. 그 하나는 평소 구매량보다 많은 양을 한꺼번에 구매하는 **재고쌓기**(stockpiling)현상이다. 보너스 팩(bonus pack)과 같은 판매촉진은 소비자로 하여금 평소의 구매량보다 많은 양의 구매를 발생시킨다. 다른 하나는 **구매시점의 앞당김**(forward buying) 현상이다. 예를 들어, 집에 커피가 아직은 남아 있지만 선호하는 브랜드가 판매촉진중이면 소비자는 그 기회에 미리 구매를 하기도 한다.

[그림 14-1]에 제시되었듯이 판매촉진직후에는 오히려 매출이 감소하는 현상이 나타나는데, 이러한 매출감소의 원인은 앞에서 설명한 구매의 가속화 때문이다. 즉, 재고쌓기와 구매시점의 앞당김현상으로 해당제품군에 대한 구매가 미리 이루어졌기 때문에 당분간은 수요가 줄어들기 때문이다. 백화점의 바겐세일 등에서 이러한 현상은 쉽게 발견된다. 그러나 식·음료와 같이 판매촉진에 의해서 사용량자체가 늘어날 수 있는 제품군의 경우에는 일반적인 경우보다 빨리 판매촉진실시 이전의 판매수준으로 회복되기도 한다.

판매촉진이 매출에 미치는 긍정적 효과는 그 지속성에서 한계가 있다. 판매촉진은 즉각적인 매출증대를 목적으로 일시적으로 제공되는 추가적인 인센티브이기 때문이다. 따라서 판매촉진 기간이 끝나면 이러한 인센티브도 함께 사라져 소비자의 구매욕구를 더 이상 자극하지 못하게 된다. 이러한 점에서 마케팅관리자는 판매촉진 프로그램을 개발함에 있어 **소비자프랜차이즈 지향적 판매촉진**(consumer-franchise building sales promotions)과 **비 소비자프랜차이즈 지향적 판매촉진**(nonfranchise-building sales promotions)을 구분해 관리할 필요가 있다. 소비자프랜차이즈 지향적 판매촉진은 상용고객우대제도(frequent flyer programs)와 같이 소비자로 하여금 일시적인 구매가 아니라 반복적인 구매를 유도하는 판매촉진활동인 반면 쿠폰, 가격할인 같은 비 소비자프랜차이즈 지향적 판매촉진은 즉각적인 판매증대만을 목적으로 제공되는 인센티브들이다. 판매촉진효과의 지속성과 브랜드이미지 구축 등을 고려할 때 소비자프랜차이즈 지향적 판매촉진이 더 바람직하다. 예컨대, 과거 대다수 주유소들이 장갑, 화장지 등을 제공하는 비 소비자프랜차이즈 지향적 판매촉진을 주로 수행했지만, 최근 들어 정유회사와 주유소는 포인트제도에 기반한 소비자프랜차이즈 지향적 판촉을 도입하고 있다.

■ 판매촉진의 한계

판매촉진이 마케팅커뮤니케이션 활동에서 차지하는 비중이 갈수록 증가하고 있지만, 매출증대만을 고려해 맹목적으로 사용하는 것은 기업에게 부정적인 결과를 초래할 수 있다. 판매촉진의 지나친 활용이 갖는 문제점은 구축된 브랜드자산에 부정적인 영향을 미친다는 것이다. 브랜드자산이란 소비자가 특정브랜드에 대해 호의적인 태도와 강한 애착을 갖기 때문에 발생하는 무형의 자산이다. 판매촉진에 대해 비판적인 시각을 가진 사람들은 판매촉진이 추가적인 인센티브 제공을 통해 제품을 구매하도록 만들기 때문에 호의적인 혹은 고급브랜드 이미지형성 같은 브랜드자산구축을 방해한다고 주장한다. 이러한 한계를 극복하기 위한 방안 중 하나는 소비자프랜차이즈 지향적 판매촉진 기법의 활용이다.

판매촉진의 빈번한 사용이 가져올 수 있는 또다른 문제점은 소비자의 가격민감성 증가이다. 즉, 가격할인을 동반하는 판매촉진 기법들의 빈번한 사용은 소비자들로 하여금 가격을 기준으로 구매를 결정하도록 만든다. 예를 들어, 백화점에서 바겐세일을 너무 자주 실시하면 많은 소비자들이 구매를 바겐세일 기간에만 집중적으로 하게 된다. 이러한 현상이 나타나는 것은 소비자의 가격민감성이 증대되었기 때문이다. 따라서 마케터는 판매촉진관리에 있어서 가격할인의 크기와 빈도를 적절하게 조절해야 한다.

특히, 중간상 판매촉진은 가장 큰 비판의 대상이 되어 왔다. 중간상에게 제공되는 각종 지원금이나 수량할인 등의 혜택이 소비자에게 돌아가는 것이 아니라 중간상들의 수익성 제고에 국한되기 때문이다. 이러한 한계에도 불구하고 중간상 판매촉진이 지속적으로 증가하는 것은 이마트, 홈플러스같은 대형 유통업체의 교섭력이 점점 더 커지고 있기 때문이다. 많은 기업이 판매촉진을 사용하는 또 하나의 원인은 "경쟁사가 하기 때문에 나도 어쩔 수 없이 한다"는 죄수의 딜레마(prisoner's dilemma) 현상이다. 즉, 다수의 기업들은 판매촉진이 마진을 줄이기 때문에 될 수 있으면 사용하지 않으려 하지만 경쟁사가 실행하여 자사의 소비자를 빼앗아 가면 이러한 상황을 반전시키기 위하여 때로는 더 큰 인센티브를 제공하는 판매촉진을 실행하게 되고 경쟁사가 다시 이에 대응하는 방식의 악순환이 반복되는 것이다.

1.4 판매촉진 프로그램의 개발과 실행

마케터들은 판매촉진 프로그램을 설계함에 있어 사용될 판촉유형을 선정하는 것 외에도 몇 가지 의사결정을 내려야 한다. 먼저, 마케터는 더 많은 소비자구매를 유도하기 위해 제공될 인센티브의 크기를 결정해야 한다. 판촉이 성공을 거두기 위해서는 최소한의 인센티브는 필수적이고, 더 많은 인센티브는 더 많은 판매량을 이끌어낼 수 있다. 다음으로 판촉에 참여할 수 있는 조건을 결정해야 한다. 인센티브는 모든 사람에게 제공될 수도 있고, 또는 선별된 그룹에게만 제공될 수도 있다.

그리고 마케터는 판촉프로그램을 어떻게 촉진시키고 유통시킬 것인지를 결정해야 한다. 가령, 2,000원짜리 쿠폰을 패키지에 포함시키거나 매장에서, 인터넷을 통해, 또는 광고물 전단지를 이용해 배포할 수 있다. 어떤 판촉매체를 통해 유통시킬 것인지에 따라 도달범위와 비용수준이 달라진다. 마케터들은 판촉프로그램을 실행함에 있어 복수의 판촉매체를 결합해 사용한다. 판촉의 기간(length of promotion)도 중요하다. 만일 판매촉진 기간이 너무 짧으면, 많은 가망고객들이 이 프로그램을 접하지 못해 구매하지 않을 수 있다. 만일 판촉기간이 너무 길면, 이 프로그램은 고객들의 즉각적인 행동을 유도할 수 있는 힘을 잃어버릴 수 있다.

마지막으로 판촉프로그램에 대한 평가는 향후 판촉프로그램을 개선하는 데 중요하다. 많은 마케터들이 마케팅활동에 대한 투자수익률을 평가하려고 하는 것처럼, 판매촉진에 대한 투자수익률을 측정하기 위해서도 노력해야 한다. 가장 일반적인 평가방법은 판매촉진 실행 전, 중, 후의 매출을 비교하는 것이다. 마케터들은 스스로에게 다음과 같은 질문을 해야 한다: 이 판촉프로그램은 새로운 고객을 유치했는가? 또는 기존 고객으로부터 더 많은 구매를 유도했는가? 이러한 신규고객확보와 기존 고객의 구매증대를 계속 유지할 수 있는가? 판촉을 통해 얻은 장기적 고객관계와 매출증대가 투입된 비용을 정당화 시키는가?

판매촉진이 전체 촉진믹스에서 중요한 역할을 하고 있는 것은 분명하다. 이를 잘 사용하기 위해 마케터는 판매촉진 목표를 정의하고, 가장 우수한 판촉도구들을 선정하고, 판매촉진 프로그램을 설계하고, 이를 실행에 옮기며, 그 결과를 평가해야 한다. 더 나아가 판매촉진은 전반적인 통합적 마케팅커뮤니케이션 프로그램 내에서 다른 촉진믹스 도구들과 신중하게 조정되어야 한다.

02 공중관계(PR: Public Relations)

2.1 공중관계의 정의와 역할

또 다른 주요 촉진도구 중 하나는 공중관계이다. 공중관계(public relation) 혹은 PR은 다양한 공중들과 우호적인 관계(goodwill)를 구축하기 위해 수행되는 촉진활동이다. PR이라는 용어는 다양한 상황에서 사용되고 있다. 예를 들어, 자기자랑이 심한 사람을 일컬어 "자기PR이 심하다"라고도 하며, 중국집에서 성냥 등 판촉물을 주택가에 전달하는 활동을 가리켜 "PR 나간다"라는 표현을 쓰고 있다. 심지어 PR은 "피할것은 피하고 알릴것은 알리는 행위"라고 시사적으로 정의되기도 한다.

전통적으로 PR은 특정제품을 촉진시키거나 구매행동에 직접적인 영향을 미치기 위해 수행되기 보다는 기업전반에 대한 호의구축을 목적으로 실시되어 왔다. 따라서 기업의 PR활동은 마케팅부서와는 독립된 PR부서에 의해서 실행되어 왔다.

그러나 최근 들어 많은 마케팅지향적 기업들이 PR을 통합적 마케팅프로그램(integrated marketing program)의 한 구성요소로서 관리하고 있는데, 마케팅목표를 지원하기 위하여 설계된 기업의 PR활동을 **마케팅PR**(MPR : marketing public relations)이라고 부르기도 한다. PR활동이 광고, 판매촉진, 인적판매 등의 다른 촉진믹스 요소와 통합되어 수행되면, 호의구축이라는 본질적인 목표 이외에도 브랜드인지도 제고, 브랜드에 대한 호의적인 태도형성, 그리고 구매행동의 촉진 등 커뮤니케이션 과정의 각 단계에 긍정적인 영향을 미칠 수 있다.

PR(공중관계) 부서는 다음과 같은 기능을 수행한다.

- **언론관계** : 사람, 제품 혹은 서비스에 대한 주의를 끌어내기 위해 뉴스미디어에 기사성이 있는 정보를 개발하여 제공하는 것
- **제품퍼블리시티**(publicity) : 특정제품에 관한 정보를 발표하는 것
- **커뮤니티관계**(public affairs) : 전국적인 또는 지역적인 커뮤니티 관계를 구축하고 유지하는 것
- **로비활동** : 입법과 규제에 영향을 미치기 위하여 입법관계자나 정부관료와의 관계를 구축하고 유지하는 것. 정부의 규제나 공공기관의 평가가 제품의 생산비용이나 시장성공에 결정적 요소가 될 수 있는데, 미니버스 형태의 레저용차(recreational vehicle)가 고속도로에서 버스전용 차선을 이용할 수 있는 경우와 그렇지 않은 경우의 제품수요를 생각해 보면 쉽게 이해될 수 있다.
- **투자자관계** : 주주나 금융계 종사자들과 관계를 유지하는 것. 미국 등지에서는 오래전부터 주주와 투자자들을 대상으로 한 PR이 실시되어 왔으며, 이를 특별히 IR(Investors Relations)이라고 한다. 주주와 투자자를 대상으로 한 PR활동은 기업에 대한 재무적 평가와 주가에 영향을 미칠 수 있는데, 기업의 연간 기업보고서나 투자설명회 등이 IR의 주요 수단으로 이용된다.
- **후원조성**(development) : 재정적 또는 자발적 지지를 얻기 위해 기부자 혹은 비영리단체의 회원들과 협력하는 것

호의적 기업이미지를 구축하기 위해 기업이 PR의 일환으로 수행하는 공공캠페인

공중관계는 제품, 사람, 장소, 아이디어, 활동, 조직 또는 국가를 촉진시키기 위해 사용된다. 기업들은 소비자, 투자자, 미디어, 그리고 커뮤니티와 우호적인 관계를 구축하기 위해 공중관계를 사용한다. 조합은 계란, 사과, 우유, 감자 등과 같은 상품에 대한 관심을 재구축하기 위하여 공중관계를 사용해 왔다. 예를 들어, 수염에 우유가 묻어 있는 유명인사들을 광고모델로 등장시켰던 미국유가공협회의 "Got Milk" PR 캠페인은 지속적으로 감소되고 있던 우유소비량을 회복시키는데 기여했다.

기업들은 문화, 스포츠 등 다양한 PR 및 마케팅커뮤니케이션 플랫폼을 만들어 기업의 홍보활동에 활용하고 있다. 나이키는 휴먼 레이스, 우먼스 레이스 같은 달리기 대회를 기본으로 해 전 세계적으로 홍보플랫폼을 정착시켰다. 또 삼성카드는 이태원의 새로운 문화공연장인 블루 스퀘어(Blue Square)의 네이밍 스폰서(naming sponsor)로 참여해 삼성카드홀을 만들고, 이를 각종 공연에 고객을 초청하는 홍보수단으로 활용하고 있다. 현대카드는 슈퍼콘서트 시리즈를 통해 비욘세, 레이디 가가, 일 디보 등 유명뮤지션을 초청한 것은 물론 김연아 아이스쇼, 손연제 체조쇼, 나달-페더러 테니스경기 등 스포츠분야 정상급 선수들 간의 슈퍼매치를 시리즈로 개최해 오고 있다. 동아제약 박카스 국토대장정(1998년), 글로벌 챌린저(1995년)도 장기적으로 전개된 기업이미지 홍보캠페인 성격의 PR 플랫폼 사례라고 할 수 있다.

이처럼 홍보나 마케팅커뮤니케이션 활동의 기반이 될 홍보플랫폼은 한번 구축해 놓으면 이를 기반

삼성전자는 Unpacked 플랫폼을 활용해 글로벌 신제품 론칭 행사를 실시한다

으로 유사한 성격의 홍보활동들 지속적으로 벌일 수 있어 긍정적 기업이미지를 강화시키고 마케팅커뮤니케이션 활동을 일관성 있게 지속시킬 수 있는 역할을 한다. 따라서 일회성 이벤트나 홍보프로그램보다는 장기적인 관점에서 관련 홍보활동들을 함께 수행할 수 있는 홍보플랫폼을 개발하는 것은 마케팅커뮤니케이션 캠페인의 전략적 수단으로 효과적이다. 삼성전자의 스마트폰 신제품론칭을 위한 홍보플랫폼 'Samsung Mobile Unpacked' 가 그 한 예이다. 삼성전자는 핸드폰시장의 글로벌 선도자로 부상하면서 연간 수십종씩 출시되는 핸드폰의 론칭을 위한 홍보행사를 조정할 필요성을 느꼈다. 글로벌전략에 기반해 출시되는 핸드폰이 있는가 하면, 로컬시장의 성격에 맞추어 각국 단위의 출시행사만으로 충분한 것도 있다. 따라서 본사차원에서 글로벌역량을 투입해 출시할 필요성이 있는 스마트폰 제품에 대한 마케팅커뮤니케이션 및 홍보활동을 집중적으로 하기 위해 Samsung Mobile Unpacked(이하 Unpacked)와 Samsung Mobile Live(이하 SML)라는 신제품론칭을 위한 홍보플랫폼을 개발했다. Unpacked라는 단어는 '제품을 사서 박스를 푼다'는 의미로 새로운 제품을 꺼내보는 즐거움을 반영한다. 따라서 Unpacked는 갤럭시 노트, 갤럭시 S 등 삼성의 플래그십 제품을 론칭하는데 활용될 마케팅커뮤니케이션/홍보플랫폼이다. 또 SML은 신제품론칭 후 소비자들이 새로운 핸드폰을 경험해 볼 수 있도록 주요도심이나 백화점, 쇼핑몰 이벤트 공간 등에 마련된 핸드폰전시 체험공간이다. Unpacked 플랫폼을 활용한 글로벌 신제품 론칭행사는 본사에서 주도하며 전 세계 주요 언론사, 딜러들을 모두 초청한다. 또 론칭행사 자체의 화제성을 유발하기 위해 대형영상, 4면영상, 홀로그램, 제스처 센싱(Gesture Sensing) 등 다양한 커뮤니케이션 기법을 활용하기도 한다. 그리고 사전티저(teaser), 기자회견, 제품전시 등의 홍보수단들도 통합적으로 함께 사용된다. 이같은 글로벌마케팅커뮤니케이션/홍보플랫폼은 글로벌 신제품론칭을 위한 홍보활동의 설계와 실행방식에서 일관성을 유지할 수 있게 한다.

국가들도 더 많은 관광객, 외국 투자자, 그리고 국제적 후원을 이끌어내기 위해 공중관계를 사용한다. 뉴욕 시는 "I love New York!"이라는 도시 PR 및 마케팅커뮤니케이션 캠페인을 도입함으로써 지저분하고 범죄가 들끓는 도시라는 부정적 이미지를 개선했고, 그 결과 수천만명의 관광객을 끌어들일 수 있었다. 최근 싱가포르는 호텔·쇼핑몰·카지노를 결합한 복합리조트를 개발하고 이에 대한 적극적인 홍보활동을 전개해 많은 관광객을 새로 끌어 들이는데 성공했다. 55층 빌딩 3개를 연결한 마리나 베이 샌즈호텔은 1만 5000명을 수용할 수 있는 초대형 카지노운영을 통해 엄청난 수입을 창출하고 있다. 마약과 도박이 없던 청정도시 싱가포르는 관광산업이 정체되자 타개책으로 2010년 휴양·비즈니스·국제회의·카지노 등을 아우러는 복합리조트 호텔을 지어 부활을 시도했다. 호텔, 컨벤션센터, 쇼핑몰, 레스토랑, 카지노가 결합된 복합리조트 마리나 베이 샌즈는 최고 52도까지 기울어진 모습으로 현대판 '피사의 사탑'으로 불리며 싱가포르의 랜드마크가 됐다. 마리나 베이 샌즈가 완성되기 전인 2009년 글로벌 금융위기의 여파로 싱가포르는 −2% 경제성장률을 기록했다. 그러나 2010년 센토사 섬과 마리나 베이지역에 복합 리조트가 차례로 개장함에 따라 역대 최고인 14.7%의 경제성장률을 달성했다.

싱가포르는 호텔, 카지노, 쇼핑몰, 박물관 등이 망라된 복합리조트 싱가포르 마리나 베이 샌즈호텔을 유치하고 이를 적극적으로 홍보함으로써 세계각지의 관광객을 끌어들이고 있다.

2.2 공중관계의 효과

공중관계는 광고보다 훨씬 저렴한 비용으로 여러 이해관계자들의 브랜드인지도를 구축/증대하는데 영향을 미칠 수 있다. 공중관계를 잘 활용하면 기업은 비용을 별로 지불하지 않고 미디어의 지면이나 시간을 확보할 수 있다. 대신 기업은 PR담당자가 기업 혹은 자사제품 관련정보를 개발해 유통시키고 이벤트를 관리하는데 드는 비용만을 지출한다. 만일 회사가 재미있는 이야기나 이벤트를 개발할 수 있다면, 여러 미디어가 이를 기사로 활용할 것이고, 그 결과 수십억원 이상을 지출한 광고와 동일한 효과를 무료로 얻을 수 있다. 그리고 미디어들이 실은 자사관련 기사들은 광고보다 더 신뢰성이 높다.

잘 개발된 공중관계는 때때로 극적인 마케팅커뮤니케이션 효과를 거둘 수 있다. 애플의 iPad런칭은 가장 성공적인 신제품출시 중의 하나이다. iPad 런칭 당시 애플은 사전 출시광고를 실시하는 대신 PR을 적극적으로 활용했다. 회사는 사전평가를 유도하기 위해 iPad를 배포하고, 온라인 및 오프라인을 통해 iPad를 소개하는 토막뉴스를 제공하고, 팬들에게 수천 개의 iPad 앱을 온라인에서 살펴볼 기회를 제공하는 등의 홍보활동을 벌임으로써 제품시판 몇 달 전부터 구전을 만들어 냈다. 제품을 시판하는 시점에 회사는 TV시트콤 Modern Family, TV토크쇼, 이벤트를 통해 iPad를 소개함으로써 그 열기를 고조시켰다. 이러한 공중관계만으로도 iPad 런칭은 극도의 소비자 흥분감, 미디어취재열기, 그리고 시판당일 소매점밖에 늘어선 긴줄 등을 만들어냈다.

공중관계의 잠재적 장점에도 불구하고 공중관계는 때때로 마케팅의 의붓자식으로 취급되어 왔다. 왜냐하면 대다수 기업들이 공중관계를 제한적이고 산발적으로 활용해왔기 때문이다. 홍보실 같은 공중관계부서는 통상적으로 회사의 본사에 위치하거나 혹은 PR대행사에 의해 공중관계가 관리된다. 공중관계 담당자는 주주, 종업원, 입법관계자, 언론 등 다양한 이해관계자들과 접촉하느라 매우 바쁘기 때문에 제품마케팅 목표를 지원하기 위한 마케팅 PR프로그램의 개발을 무시하거나 소홀히 할 수 있다. 나아가 마케팅관리자와 공중관계 책임자는 공중관계의 역할에 대해 동일한 생각을 갖는 것은 아

아모레퍼시픽은 유방건강에 관한 유용한 정보를 제공하고, 조기검진의 중요성을 알리기 위해 매년 핑크리본 사랑마라톤 대회를 개최하고 있다.

니다. 상당수의 공중관계 담당자들은 자신의 임무를 이해관계자들과의 의사소통으로 생각하는 반면 마케팅관리자들은 광고와 공중관계가 브랜드구축, 매출과 이익, 그리고 고객관계에 어떤 영향을 미칠 것인지에 더 많은 관심을 두는 경향이 있다.

그러나 이러한 상황은 변하고 있다. 여전히 공중관계가 회사의 전체 마케팅예산 중에서 작은 비중을 차지하고 있지만, PR은 브랜드를 구축하는데 강력한 마케팅커뮤니케이션 도구가 될 수 있다. 그리고 디지털시대에 들어서 광고와 PR의 구분이 갈수록 흐려지고 있다. 예를 들어, 브랜드 웹사이트, 블로그, 온라인 소셜 네트워크, 온라인 브랜드동영상은 광고활동일까 혹은 공중관계활동일까? 아마 두 가지 다일 것이다. 핵심은 브랜드와 고객관계를 구축하는데 도움을 주기 위해 광고와 공중관계는 통합적 마케팅커뮤니케이션 프로그램 안에서 서로 조화를 이루어야 한다는 것이다. 아모레퍼시픽의 핑크리본 홍보캠페인이 그 한 예이다. 아모레페시픽은 여성이 건강한 세상을 만들기 위한 홍보활동인 핑크리본 캠페인을 광고 및 판촉과 결합시키는 통합적 마케팅커뮤니케이션을 통해 고객관계와 긍정적 기업이미지를 구축하는데 성공했다. 아모레퍼시픽은 2000년 설립기금 전액을 출자하여 국내 최초 유방건강 비영리 공익재단인 한국유방건강재단을 설립하고 유방건강의식향상을 위한 핑크리본 캠페인을 전개하고 있다. 여성의 유방건강이라는 주제 아래 이루어지는 다양한 활동을 통해 10대부터 80대까지 전 세대를 아우르는 여성들이 자기 몸에 대한 관심과 건강을 돌보는 습관을 형성하는데 기여하기 위해 노력하고 있다. 또한 여성의 동반자인 남성과 가족에게도 여성건강의 소중함을 알리고 관심을 유도하는 활동을 펼쳐왔다. 이를 위해 일방적인 메시지전달이 아닌 대중 스스로의 참여를 유도하는 캠페인을 펼치고 있는데, 핑크리본 사랑마라톤이 그 한 예이다. 아모레퍼시픽 핑크리본 캠페인의 대표적인 프로그램인 '핑크리본 사랑마라톤'은 매년 개최되고 있다. 이 대회는 유방건강에 관한 유용한 정보를 제공하고, 조기검진의 중요성을 알리기 위한 목적으로 개최되고 있으며, 서울, 부산, 대전, 대구, 광주 5개 도시에서 연중 릴레이로 개최된다. 마라톤에 이어 10월 한 달 간 헤라, 아리따움 등 각 브랜드매장을 통해 핑크리본 캠페인을 함께 진행한다. 가령, 헤라는 핑크리본 에디션제품을 기획, 판매해 수익금의 3%를 한국유방재단에 기부한다. 그리고 아모레퍼시픽 핑크리본 캠페인의 일반인 홍보대사 "핑크 제너레이션(Pink Generation)"은 자기긍정과 사랑이라는 핑크리본의 의미를 알리는 데 핵심적인 역할을 수행한다. 이들은 홍보대사로서의 기본소양을 쌓기 위해 한국유방건강재단이 후원하는 유방자가 검진교육과정을 수료하고 명예강사로 임명되며 한해 동안 곳곳에 핑크리본의 메시지를 전하기 위해 다양한 캠페인미션에 도전하고 각자 속한 공간에서 자신만의 방식으로 핑크리본을 알리는 역할을 수행한다.

2.3 주요 공중관계 도구들

공중관계는 다양한 도구들을 사용한다. 가장 중요한 도구들 중 하나가 언론보도(press release)이다. 기업의 PR담당자는 회사, 제품 혹은 사람들에 대한 호의적인 기사거리를 찾거나 만들어 언론기관에 제공한다. 뉴스거리는 자연스럽게 생기기도 하고, PR 담당자가 뉴스거리를 만들기 위한 이벤트나 활동을 개발하기도 한다. 소비자들은 언론매체에 기사화된 기업정보에 대해 높은 신뢰도를 부여하기 때문에 PR효과가 크다. 기자나 뉴스담당자가 자사에 대한 정보를 기사로 채택하도록 하기 위해서는 그 정보에 대해 표적청중과 뉴스담당자의 흥미를 끌 수 있는 정보이어야 하며 정보의 전달방법(press kit 등)도 경쟁사와 차별화 되어야 한다.

자주 활용되는 또 다른 PR도구는 공중들에게 도달하고 그들의 관심을 끌기위해 고안되는 특별이벤트인데, 회견, 개막행사, 불꽃놀이, 레이저쇼, 풍선기구설치, 매체설명회, 교육프로그램 등이 이에 해당한다. 가령, 기업은 획기적인 신제품/신기술의 개발 혹은 기업간 인수/합병 및 전략적 제휴 등을 알리기 위해서 회견(press conference)을 이용한다. 기업은 기업이나 제품에 대한 공중의 주의를 끌 수 있는 특별이벤트를 개최할 수 있는데, 자동차회사에서 실행하는 신차출시 기념회나 투자자를 대상으로 하는 투자설명회 등이 이에 해당된다. 기업은 특별이벤트를 직접 기획하지 않고 후원하는 방법을 활용하기도 하는데, 전람회, 음악회, 운동경기 등의 후원이 이에 해당한다.

공중관계 담당자들은 표적시장에 도달하고 이들에게 긍정적인 영향을 미치기 위한 회사관련 자료(written materials)도 준비한다. 이러한 자료에는 연례보고서, 안내책자, 기사, 회사 뉴스레터와 잡지 등이 포함된다. DVDs, 온라인 동영상 등과 같은 시청각자료(audivisual materials)를 커뮤니케이션 도구로 활용하는 빈도가 최근 들어 늘어나고 있다. CI(기업아이덴티티) 자료들도 공중이 즉각적으로 기업아이덴티티를 인지하는데 도움을 준다. 로고, 문구류, 안내책자, 사인(간판), 명함, 빌딩, 직원 유니폼, 회사의 차와 트럭 등과 같은 CI요소들이 매력적이고 독특하고 기억될 수 있다면, 모두 유용한 마케팅도구가 될 수 있다. 마지막으로 기업들은 공중서비스 활동(public service activities)에 자금과 시간을 기부함으로써 공중과의 우호적인 관계(public goodwill)를 증진시킬 수 있다.

최근 들어 웹은 갈수록 중요한 PR 채널이 되고 있다. YouTube, 페이스 북, 트위터와 같은 소셜 네트워크, 웹사이트, 블로그 등은 더 많은 사람들에게 도달될 수 있는 새로운 커뮤니케이션 방식을 제공하고 있다. 공중관계의 주요강점인 이야기를 전하고 사람들 간에 대화를 촉발시키는 능력은 소셜

마케팅 Highlight

영국을 대표하는 테이트 모던미술관의 후원을 통해 인간중심 브랜드철학을 홍보한 제네시스

2015년 11월 영국 런던 템스강변에 자리잡고 있는 영국을 대표하는 현대 미술관 테이트 모던 미술관에서는 현대자동차 후원으로 다양한 전시회가 열리고 있었다. 가장 대표적인 전시회는 멕시코 출신 설치미술가 아브라함 크루즈비예가스의 '빈 공간(Empty Lot·사진)'. 런던 각 지역의 공원과 정원에서 옮겨온 23t의 흙과 퇴비를 삼각형 모양의 화분 240여개에 나눠 기하학적 구조로 배치한 설치미술이다. 크루즈비예가스는 2012년 광주비엔날레에 참가했으며 양현미술상을 받아 국내에도 이름이 알려진 미술가다. 테이트모던의 전시를 총괄하는 빈터 아킴 이사는 "현재 화분엔 흙만 담겨 있는 것처럼 보이지만 안에서는 식물이 자라고 있다"며 "작가는 빈 공간에서도 뭔가 피어날 수 있다는 희망과 가능성을 얘기하고 있다"고 설명했다. 현대차는 2025년까지 테이트모던을 장기후원하는 계약을 2014년 1월 체결했다. 한국이 낳은 비디오아트 선구자인 고(故) 백남준 선생의 작품이 전시되고 있는 것도 현대차 후원이 있었기 때문에 가능했다.

현대차는 2013년부터 세계 각지에서 진행하고 있는 문화예술후원 사업이 고급차 브랜드인 제네시스의 인간 중심 브랜드철학을 형성하는 데 큰 도움이 되었다고 전했다. 여러 문화사업후원을 통해 단순히 이동수단으로서의 자동차가 아니라 세계 각지의 사람을 연결하는 문화를 조성하게 되었다는 것이다. 현대차는 2013년 11월 한국의 국립현대미술관과도 10년 장기후원계약을 맺고 2023년까지 총 120억원을 후원하기로 했다. 2014년에는 파격적인 퍼포먼스로 주목받고 있는 이불작가의 전시회를 열었다. 또 2015년 3월엔 미국 서부 최대 미술관인 LA카운티미술관과 10년 후원협약을 체결했다. 현대차 브랜드 커뮤니케이션팀 담당자는 "제네시스는 기술적인 측면뿐 아니라 감성적인 측면에서도 명차의 기반을 다져나가고 있다"고 말했다.

• 자료원 : 한경, 2015.11.20

강남스타일에 대한 체계적 마케팅 커뮤니케이션으로 단기간 내에 글로벌스타가 된 가수 싸이

미디어의 본질과 잘 들어맞는다. 가수 싸이의 강남스타일 노래가 글로벌 음악시장에서 큰 성공을 거두는데 기여한 요인들 중 하나는 언론보도 등을 활용한 효과적 PR활동이다. 강남스타일 동영상의 유튜브열풍을 진원지로 CNN은 싸이를 뉴스로 다루기 시작했고, 타임지에 기사화되면서 '이 주일의 어휘 (Vocabulary of the Week)'로 강남스타일이 선정되기도 했다. 또 LA타임즈, 뉴욕타임즈 등 언론들이 보도를 하기 시작했고, 다저스 스타디움에 나타난 장면이 언론에 공개되기도 했다. 몇몇 매체가 지속적으로 싸이에 주목했지만 이를 결정적으로 미국내 확산시키는 역할을 한 것은 싸이가 세계적 팝스타 저스틴 비버를 발굴한 스쿠터 브라운과 계약을 하면서부터다. 스쿠터 브라운의 PR노력으로 MTV 시상식 출연, NBC 엘렌 드제너러스 쇼의 브리티니 스피어스편 출연, 엘렌쇼 단독 게스트 출연, NBC 투데이 공연 등 미국의 전국 네트워크방송에 싸이가 적극적으로 출연하면서 미국 내 차트순위나 인기도가 급상승했다. 이는 미국 이외의 나라들로 확산되는 결정적 계기가 되기도 했다. 특히 NBC 엘렌쇼 브리티니 스피어스편에 초대된 싸이는 스피어스에게 강남스타일 말춤을 가르쳤다. 그때 MC 엘렌은 춤출때 스피어스가 하이힐을 벗어야 되는 거 아니냐며 빨강색 계통 정장차림에 대해 걱정하자 싸이는 "(춤출때) 정신자세는 옷은 부티나게 입되 춤은 싼티나게 추는 것이다(The mindset of this dance is: Dress classy and dance cheesy.)"라고 했다. 이 말은 브리티니가 출연한 쇼의 최고의 명언으로 뽑혔고, 쇼자체도 3%로 역대 최고시청률을 기록했다고 한다. 더구나 이후에 있은 같은 방송사 NBC의 투데이쇼(Today Show)도 싸이특집을 준비하면서 이 어록을 따와 'Dress Classy.Dance Cheesy'라고 홍보문구를 내세웠다.

회사의 웹사이트는 그 자체로 좋은 공중관계 수단이 될 수 있다. 소비자와 다른 공중들은 정보와 오락을 얻기위해 사이트를 방문한다. 웹사이트는 또한 위기상황에 대처하는데 유용한 도구가 될 수 있다. 예를 들어, 코카콜라가 소유하고 있는 자회사 Odwalla가 판매하던 사과주스 병들 중 일부가 E. coli 박테리아를 함유하고 있다는 것이 발견되었을 때, Odwalla은 곧바로 제품을 리콜하기 시작했다. Odwalla는 3시간만에 웹사이트를 구축하고, 사이트에 이러한 위기의 발생과 Odwalla의 대응에 관

마케팅 Highlight

소셜 네트워크, 웹사이트, 블로그 등을 PR채널로 활용한 바이럴마케팅을 통해 소비자가 스스로 찾는 브랜드를 만들려고 하는 삼성전자

삼성 모바일 US가 리트윗한 보스턴 레드삭스의 유명 프로야구 선수 데이비드 오티스와 오바마 대통령의 셀카 사진.

미국 프로야구 보스턴 레드삭스의 강타자 데이비드 오티스가 백악관에서 버락 오바마 대통령과 찍은 셀카(셀프카메라)가 예기치 않은 파장을 일으키면서 삼성전자의 마케팅기법이 주목받고 있다. 앞서 오티스가 삼성 갤럭시노트3 스마트폰으로 셀카를 찍어 트위터에 올린 데 대해 백악관측은 "대통령의 이미지가 상업적인 목적에 사용되는 것에 반대한다"며 법적 조치를 검토하고 있다고 밝혔다. 오티스는 삼성과 광고계약을 맺은 상태였기 때문이다. 그러나 이같은 소동은 삼성제품을 더 많이 노출하는 긍정적 마케팅효과를 내고 있다. 연예인과 스포츠스타 등 유명인사와 소셜 네트워크 서비스(SNS)를 활용한 삼성전자의 마케팅커뮤니케이션 활동이 큰 효과를 본 것은 이번이 처음은 아니다. 2014년 3월 아카데미상 시상식 때 사회자인 엘렌 드제너러스가 배우들과 찍은 셀카는 '가장 많이 리트윗(재전송)한 트윗'으로 기록됐다. 드제너러스 역시 삼성과 후원계약을 맺고 있었다.

삼성은 갤럭시S 시리즈가 세계적인 히트상품으로 떠오른 2012년 무렵부터 새로운 마케팅커뮤니케이션 전략을 마련했는데, 글로벌마케팅실이 주도한 새 마케팅커뮤니케이션 전략의 3대 키워드는 '유명인이 쓰는 제품으로, SNS를 파고들어라, 체험하게 만들라'로 요약된다.

삼성전자가 2014년 4월 브라질 상파울루 'JK 이과테미 몰'에서 세계적인 패션디자이너 페드로 로렌소와 함께 개최한 '갤럭시S5 기어 핏 패션쇼'.

(1) 유명인이 쓰는 제품

삼성전자는 세계적인 배우와 스포츠스타, 모델들에게 신제품을 선물하고 그 제품을 쓰는 장면을 반복노출하고 있다. 오티스(프로 야구선수), 드제너러스(TV 토크쇼 진행자) 외에 농구의 르브론 제임스, 축구의 데이비드 베컴 등도 갤럭시 제품을 쓰고 있다. 2014년 초 열린 러시아 소치 동계올림픽 때 모든 선수에게 갤럭시노트3를 무료로 나눠준 것이나 세계 4대 패션 이벤트인 뉴욕·런던·밀라노·파리 패션위크에서 모델들에게 갤럭시노트와 기어 등을 착용하도록 한 것도 유명인을 활용한 홍보전략에 따른 것이다. 또 2014년 6월 브라질 월드컵 경기가 시작되기 전에 삼성은 축구선수 호날두와 메시, 루니 등과 계약을 맺고 이들이 외계인과 가상 축구경기를 벌인다는 내용의 '갤럭시11' 캠페인을 진행했다. 이 캠페인에 노출된 소비자는 화려한 라인업에 눈을 뗄 수 없다. 리오넬 메시(아르헨티나), 크리스티아누 호날두(포르투갈), 이케르 카시야스(스페인), 이청용(대한민국) 등 축구스타들로 구성된 대표팀이 지구를 정복하려는 외계인과 시합을 벌인다는 스토리를 담았기 때문이다. 이 광고는 미국 마케팅전문매체 애드위크가 세계 베스트 비디오로 꼽았고 미국 뉴스채널 CNN이 '월드컵 광고베스트 6'로 선정하기도 했다. 삼성전자가 유튜브에 선보인 '갤럭시11' 광고영상은 페이스북, 트위터 등 SNS를 타고 확산되면서 세계적으로 뜨거운 반응을 얻었다. 이 광고는 2014년 5월 14일 삼성 모바일 공식 유튜브채널에 공개된 이후 한달 반만에 5460만건 이상의 조회 수를 기록했다.

(2) SNS를 파고든다

삼성전자는 블로그와 트위터, 페이스북, 유튜브 등 SNS를 집중적으로 파고들고 있다. 유명인뿐 아니라 주변사람이 제품을 써본 체험을 SNS를 통해 전파하게 해 주변인들도 '써보고 싶다'는 생각을 갖게 만드는 것이다. 이른바 바이럴 마케팅(viral marketing)을 활용하고 있다. 소셜 미디어 순위를 매기는 미국 스타카운트에 따르면 삼성전자는 2013년 월트디즈니와 코카콜라, 구글 등을 제치고 가장 인기있는 소셜미디어브랜드 1위에 올랐다.

(3) 체험하게 만든다

삼성전자는 '쓰고 싶다'는 생각을 불러일으킨 뒤 소비자들이 실제제품을 써볼 수 있도록 하는 체험형 매장을 확대하고 있다. 2012년 5월 런던올림픽 때 처음 등장한 '삼성 익스피리언스 스토어'는 소비자가 스마트폰과 태블릿PC, TV 등을 만져보고 구매할 수 있는 매장이다. 미국에서는 양판점 베스트바이에 아예 '삼성 익스피리언스 숍'이란 이름으로 입점했다. 소비패턴이 경험중심으로 바뀌고 있는 점을 반영했다. 삼성전자는 이런 마케팅커뮤니케이션 활동을 통해 소비자가 스스로 찾는 '열망하는 브랜드(aspirational brand)'를 만들려고 한다.

• 자료원 : 한경, 2014.4.8

한 정보를 올려놓았다. 회사내 담당자들은 Odwalla에 대해 이야기하는 뉴스그룹을 찾기 위해 인터넷을 샅샅이 뒤졌으며 이들을 회사 사이트와 링크시켰다. 이메일마케팅, 블로그, 온라인채팅을 통한 정보확산이 손쉬워지는 시기에, 디지털미디어를 활용한 공중관계는 비즈니스활동의 중요한 부분이 되어가고 있다.

다른 촉진도구들과 마찬가지로 마케터는 체계적인 공중관계 프로그램을 개발/실행해야 한다. 공중관계관리자는 PR목표를 세우고, PR목표를 실현하는데 효과적인 PR메시지와 도구들을 선택한 다음, PR계획을 실행에 옮기고, 그 결과를 평가해야 한다. 그리고 회사의 공중관계는 전반적인 통합적 마케팅커뮤니케이션의 구성요소인 다른 촉진활동들과 잘 조화를 이루어야 한다.

03 인적판매(Personal Selling)

어떤 사람이 여러분에게 영업사원에 대하여 어떤 이미지가 떠오르는지를 질문하면, 아마도 원하지 않는 상품을 사게하는, 화술이 능숙한 사람을 생각할 것이다. 그러나 경쟁이 치열한 오늘날의 마케팅환경에서 이러한 고정관념은 더 이상 영업사원의 실상에 맞지 않는다. 그들은 고객들의 욕구를 충족시키고 다양한 방식으로 그들에게 도움을 줌으로써 기업의 마케팅성과에 공헌한다. 대부분의 회사에서 인적판매는 수익성 있는 고객관계를 구축하는데 중요한 역할을 한다. 고객지향적 영업방식을 습득하기 위해 최근 명품브랜드 매장의 접객노하우를 배우는 영업교육을 실시하고 있는 현대자동차 영업사원이 한 예이다.

기업들은 기업고객 그리고 최종고객에게 제품과 서비스를 판매하기 위해 영업사원을 이용한다. 그러나 영업활동은 기업 이외의 다른 유형의 조직체에서도 수행된다. 예를 들어, 대학들은 신입생을 모집하기 위해 모집전담직원을 고용하고, 교회는 새로운 신자를 끌어들이기 위하여 신도위원회를 활용한다. 박물관과 예술관련 기관들은 기부자를 확보하고 기금을 모으기 위하여 모금전문가를 고용한다. 이하에서는 인적판매의 역할, 영업사원관리를 위한 의사결정, 인적판매과정 등에 대해 자세히 살펴보기로 한다.

마케팅 Highlight

최상위 1% 고객을 잡기 위해 명품브랜드 매장의 접객 노하우를 배우는 현대차 영업사원들

현대자동차 소속 우수판매사원 20여 명은 2012년 12월 초 국내 최고급 호텔 중 하나인 서울 광장동 W서울워커힐호텔에서 투숙해 스파를 비롯한 호텔내 각종 편의시설을 체험했다. 호텔에 머무르는 동안 서울 청담동에 위치한 고급 헤어숍 등도 방문해 최상위 서비스를 경험했다. 물론 여기에 드는 비용은 모두 회사 측이 지불했다. 눈에 띄는 점은 우수영업사원에 대한 포상목적이 아니라 교육의 일부였다는 점이다.

현대자동차그룹의 영사원들이 '럭셔리 문화' 배우기에 적극 나서고 있다. 국내시장에서 빠르게 점유율을 넓혀가는 수입차 브랜드에 대응하기 위해 최상위층 소비자들과 동일한 서비스를 경험하고, 이들의 눈높이를 이해하기 위한 노력의 일환이다. 이는 하드웨어(자동차)는 잘 만들지만 콘텐CM 경쟁력이 상대적으로 약해 고급차 구매자들을 효과적으로 잡지 못한다는 판단에 따른 것이다. 현대차그룹이 임직원 교육을 위해 일부 명품브랜드 최고경영자(CEO) 등을 서울 양재동 사옥으로 초대해 사원대상 강의를 한 적은 있지만, 직접 직원들을 럭셔리 매장으로 보내 이를 체험하고 관련교육을 받도록 한 것은 이례적이다. 현대차 관계자는 "최근 내수의 중요성이 커지면서 국내 소비자를 더 이상 수입차에 빼앗기지 않는 게 올해 주요 경영목표 중 하나가 됐다"고 말했다.

럭셔리 교육은 현대차그룹 정의선(43) 부회장이 주도했다. 정 부회장은 "고객에게 차를 팔려면 이들이 뭘 입고 무슨 생각을 하는지 먼저 고민해봐야 한다"고 주문해 왔다. 실제경험을 추구하는 정 부회장의 생각에 따라 럭셔리 문화에 대한 교육은 주입식이 아닌 철저히 체험형 교육위주로 진행된다. W서울워커힐호텔 같은 초고가 호텔에 투숙하는 것은 물론 루이뷔통 · 까르띠에 · 에르메스 등 주요 명품매장을 방문해 판매노하우와 VVIP(극소수의 상위층) 고객들의 소비패턴에 대한 브리핑을 받기도 한다. 교육프로그램 중에는 경쟁자격인 수입차 매장을 미스터리 쇼퍼(shopper)로 방문해 직접 서비스를 평가하는 기회도 있다. 현대자동차 관계자는 "수입차매장을 방문했더니 차에 대해 설명할 때 백화점 구두매장처럼 영업사원들이 무릎을 굽힌다든가, 매장밖까지 배웅하는 섬세한 서비스에 놀랐다"며 "수입차 브랜드를 무조건 경

현대자동차 영업사원들이 서울 청담동 까르띠에 메종 부티크를 방문해 명품 브랜드인 까르띠에의 접객노하우를 체험하고 있다.

쟁자로 여기고 시기할 게 아니라 그들의 영업 노하우를 배울 수 있는 기회를 정식으로 만드는 방안도 검토 중"이라고 밝혔다.

2012년 중순부터는 럭셔리문화를 배우는 것 못지 않게 기아자동차 영업사원들을 대상으로 한 현대차측 영업사원들의 판매 노하우 전수교육도 꾸준히 이뤄지고 있다. K9을 비롯해 기아차가 내놓은 럭셔리 세단들의 판매가 기대에 미치지 못하는 배경에는 기아차 영업사원들이 고급차를 팔아본 경험이 적다는 내부판단이 있어서다. 실제 기아차의 경우 그간 K5를 비롯한 중형차 이하의 차급이 주력상품으로 판매되어 왔다. 이런 최상위층 대상 영업마케팅 경험의 부재는 실적과 직결된다. 기아차가 2012년 5000억원이 넘는 개발비를 들여 출시한 K9의 경우 2013년 1월 판매대수는 500대에 그쳤다. 올 들어 차급에 따라 최대 291만원까지 자동차 값을 낮췄음에도 당초 월 판매목표치의 3분의 1에 그치는 실적이다. 이런 약점들을 만회하기 위해 현대차그룹측은 영업사원 중 그랜저급 이상 판매우수사원들을 골라 이들로 하여금 기아차에 판매노하우를 전수하도록 하고 있다.

단골마케팅도 강화하고 있다. 최근 영업용차량(개인택시) 반복구매자를 위한 혜택을 내놓은 것이나 제네시스, 에쿠스 보유자 중 연이어 현대차를 구입한 이에게 최대 3%까지 차량할인쿠폰 등을 제공하도록 한 것이 대표적이다. 현대차 관계자는 "미국의 대표 오토바이 제조기업인 할리 데이비슨이 경영위기에서 벗어난 원동력에는 결국 이를 아끼는 단골소비자의 힘이 있었던 것처럼 우리도 앞으론 확실히 국내소비자를 챙길 것"이라고 말했다.

• 자료원 : 중앙일보, 2013.2.5

3.1 인적판매의 본질

인적판매(personal selling)활동을 수행하는 영업사원은 가장 오래된 직업중의 하나이다. 사람들은 영업사원에 대해 고정관념을 갖고 있는데, 이들 중 일부는 부정적인 것이다. 영업사원하면 상품구매를 강요하고 상품을 팔기위해 끊임없이 떠들어 대는 사람을 떠올린다. 사람들에게 '세일즈맨'하면 떠오르는 단어를 조사해 보면 '강요하는, 가식적으로 상냥한, 외향적인, 넉살좋은, 거짓된, 교묘하게 속이는' 같은 단어가 가장 많이 언급된다고 한다. 그러나 대다수 영업사원은 이와 같은 부정적인 고정관념과 거리가 멀다. 대부분의 영업사원은 고객을 위해 가치를 부가하고 장기적 고객관계를 유지하기 위해 노력하는, 잘 교육을 받고 잘 훈련된 전문가들이다. 그들은 고객의 이야기를 경청하고, 고객욕구를 평가하고, 고객문제를 해결하기 위해 노력을 한다. 가령, GE의 디젤기관차 사업을 생각해보자. 200만달러짜리 첨단기관차를 판매하기 위해서는 능수능란한 말솜씨와 따뜻한 미소 그 이상의 노력이 요구된다. 따라서 GE영업사원은 기업내 전문가들로 구성된 팀을 지휘하는데, 이들 모두는 대형고객의 욕구를 충족시킬 방안을 찾는데 헌신한다. 첫 번째 판매제안에서부터 판매가 성사될 때까지 수년의 시간이 걸릴 수 있다. GE의 영업사원들이 직면한 도전적 과제는 탁월한 성능의 제품과 고객과의 긴밀한 협업을 기반으로 하루 이틀, 나아가 수년에 걸쳐 그들과 파트너십을 구축함으로써 거래를 이

인적판매는 대인간 상호작용적이 이루어지는 촉진믹스도구이다. 회사의 영업사원은 고객과의 개인적인 상호작용을 통해 고객가치를 창출하고 의사소통한다.

끌어내는 것이다.

영업사원(salesperson)은 다양한 범위의 직위를 포함한다. 한 극단적인 경우 영업사원은 카운터뒤에 서있는 백화점판매사원과 같이 단순한 주문수주자(order taker)일 수 있다. 다른 극단적인 경우는 주문창출자(order getter)인데, 이는 가전기기, 산업장비, 항공기, 보험, 정보기술 서비스 등과 같이 제품과 서비스를 판매하기 위해 창의적인 영업기술과 관계구축 노력이 요구되는 직위이다.

3.2 인적판매의 역할

인적판매는 대면적인 촉진믹스 도구로서, 고객과 영업사원 간의 양 방향적이고 개인적인 의사소통을 수반한다. 이러한 의사소통은 직접 대면을 통해, 전화, 비디오, 웹 콘퍼런스를 통해, 또는 다른 의사소통수단을 통해 이루어진다. 인적판매를 수행하는 영업사원은 고객의 문제를 제대로 파악하기 위해 다양한 방법으로 고객을 탐색하고, 이를 바탕으로 각 고객의 개별적 욕구에 맞추어 마케팅 제공물이나 설명회 방식을 변경한다.

인적판매의 역할은 기업에 따라 다르다. 어떤 기업은 영업사원 없이 온라인이나 카탈로그를 통해서만 판매하는 경우도 있고, 제조업체 대리인, 판매대리인(sales agents), 또는 브로커를 통해서 판매하는 경우도 있다. 그러나 대다수 회사들에게 있어 영업사원은 판매과정에서 중요한 역할을 수행한다. IBM이나 두산중공업과 같이 산업용제품이나 서비스를 판매하는 회사의 경우 영업사원은 기업고객과 직접 만나 영업활동을 수행한다. CJ제일제당, LG생활건강, 나이키와 같은 소비재회사의 경우 영업사원은 자사제품을 취급하는 도소매 업체들이 자사제품을 취급하고 적극적으로 판매하도록 설득/지원하는 임무를 수행한다. 이들은 도매상과 중간상의 자사제품에 대한 적극적 지원을 이끌어내기 위하여 노력하고, 그들이 자사제품을 보다 효과적으로 판매할 수 있는 방안을 찾는데 도움을 준다.

영업사원은 회사와 고객사이에서 중요한 연결고리역할을 한다. 많은 경우 영업사원은 구매자와 판매자 모두의 이익을 위해 활동한다. 그들은 새로운 고객을 발굴하고, 자사제품에 대해 설명하고, 고객의 이의제기에 답해 주고, 가격과 조건을 협상하고, 그리고 계약을 종결시키는 일련의 과정을 통하여 제품판매를 성사시킨다. 제품판매를 성사시키기 위해 노력하는 것 이외에 영업사원은 고객에게 서비스를 제공하고, 시장조사와 인텔리전스(일상적인 마케팅정보수집)업무를 수행한다. 이와 동시에 영업사원은 거래고객의 대변인 역할도 수행하는데, 그는 회사 내에서 고객의 관심사를 대변하고 구매자-판매자관계를 관리한다. 영업사원은 자사의 제품과 활동에 대한 고객의 관심사를 파악하여, 이를 해당 내부직원들에게 전달해 준다. 이들은 고객의 욕구를 파악하고, 더 큰 고객가치를 개발하기 위해 회사내 마케팅부서 및 다른 관련부서의 직원들과 함께 일한다.

사실 많은 고객들에게 있어 영업사원은 바로 기업이다. 즉 영업사원은 고객들이 그 기업에 대해 눈으로 직접 확인할 수 있는 대상이다. 따라서 고객들은 영업사원들이 판매하는 기업과 제품뿐 아니라 영업사원에 대해 충성도를 보일 수 있다. 영업사원과 고객간의 강력한 관계구축은 기업/제품과의 강력한 관계구축을 이끌어낼 것이다. 역으로 형편없는 영업사원-고객관계구축은 기업 및 제품과의 관계구축을 형편없게 만들 것이다. 따라서 영업사원은 그 무엇보다 고객솔루션에 초점을 맞추어야 한다. 사실 고객솔루션에 역점을 두는 것은 영업사원뿐 아니라 조직전체가 염두에 두어야 하는 것이다. 최근 포스코가 고객솔루션에 토대를 둔 영업 및 마케팅활동을 강화하기로 한 것이 한 예이다. 2014년 들어 글로벌 철강수요급감과 공급과잉으로 어려움을 겪고 있는 포스코는 무리한 사업다각화 및 투자를 줄이고 주력사업인 철강, 에너지, 소재분야의 경쟁력을 높이는데 집중하기로 했다. 포스코는 철강사업 경쟁력강화의 일환으로 고객솔루션 기반마케팅을 도입했는데, 이는 기술과 영업지원을 통해 고객이 필요로 하는 솔루션을 제공하는 것을 말한다. 가령, 용접, 가공이 어려운 고부가가치 철강을 파는 경우 용접/가공기술을 같이 제공하는 것이 이에 해당한다. 이를 위해 포스코는 2014년 3월 조직개편을 통해 기술/연구인력을 마케팅조직에 전진배치한 철강솔루션 센터를 설치했다. 그리고 국내외 주요거점에 기술서비스 센터를 구축해 솔루션 제공을 원하는 고객사의 요구에 즉시 대응했다. 실제로 권오준 포스코회장은 현대중공업, 삼성중공업, 대우해양해양 등 조선사를 방문해 생산현장을 둘러보고 상생 협력방안을 논의하는 등 솔루션마케팅을 직접 수행했다.

영업사원이 고객솔루션 개발을 통해 고객가치를 창출하기 위해서는 마케팅부서와의 긴밀한 협력이 무엇보다 중요하다. 그러나 불행하게도 일부기업들은 여전히 마케팅과 영업을 서로 다른 별개의 기능으로 취급한다. 이러한 일이 일어나면, 마케팅과 영업기능은 분리되어 서로 조화를 이루지 못하는 경우가 종종 발생한다. 일이 잘못되면, 마케터들(마케팅기획자, 브랜드관리자, 마케팅조사원)은 영업사원이 잘 기획된 전략을 서투르게 집행했다고 비난한다. 영업팀은 역으로 마케터들이 고객들과 시장현장에 대해 잘 이해하지 못한다고 비난한다. 요약하면, 두 집단 모두 상대방의 공헌에 대해 충분한 가치를 부여하지 않는다. 이러한 갈등이 해소되지 않으면, 마케팅과 영업의 단절은 고객관계와 기업성과에 부정적 영향을 미칠 수 있다.

기업은 마케팅과 영업이 긴밀하게 함께 일할 수 있도록 돕기 위해 여러 가지 조치를 취할 수 있다. 기업은 기본적인 수준에서, 마케팅-영업공동회의를 마련하거나 언제 누구와 만나 의사소통해야 하는지를 문서화함으로써 이 두 집단 사이의 의사소통을 증가시킬 수 있다. 이러한 조치는 영업사원과 마케터가 함께 일할 기회를 만들어줄 수 있다. 브랜드관리자와 시장조사자는 영업사원의 거래처 방문에 동행하거나 영업계획회의에 참석할 수 있다. 그 반대로 영업사원도 마케팅 계획회의에 참석해 현장에서 습득한 고객지식을 마케터들과 공유할 수 있다. 기업은 또한 영업팀과 마케팅팀을 위한 공동목표와 공동보상시스템을 만들거나 마케팅-영업관계 관리자(marketing-sales liaisons)를 지명할 수 있다. 마케팅부서의 직원 중에서 선정된 마케팅-영업관계 관리자는 영업사원과 함께 지내면서 마케팅팀과 영업팀의 프로그램과 노력을 조정하는 것을 돕는다.

마케팅 Highlight

P&G에게 영업은 단순히 판매실현이 아니라 고객 비즈니스 개발이다.

오랜동안 Procter & Gamble은 전문가들로부터 탁월한 마케팅기업으로 인정받아 왔다. 전문가들은 P&G의 핵심경쟁력으로 시장선도적 지위를 유지하고 있는 소비재 브랜드들 혹은 세계에서 가장 광고를 많이 하는 기업 등을 지적한다. 실제로 미국가구 중 99%가 P&G의 파워브랜드들 중 최소 하나 정도는 가지고 있으며, 많은 가정에서 10개 이상의 P&G제품을 사용하고 있다. 그러나 P&G의 또 다른 핵심경쟁력은 최고의, 그리고 고객지향적인 영업사원을 보유하고 있는 것이다.

P&G의 영업력은 오랜기간 동안 미국에서 최고로 간주되어 왔다. 영업사원의 선발, 훈련, 관리에서 P&G는 업계표준이 되고 있다. 이 회사는 전세계에 걸쳐 5,000명 이상의 막강한 영업사원을 갖고 있지만 영업활동을 판매실현(sales)이 아니라 고객 비즈니스개발(Customer Business Development; CBD)이라고 부른다. 그리고 P&G 영업관리자는 판매사원(salespeople)이 아니라 'CBD 관리자' 혹은 'CBD 어카운트(거래고객) 책임자(account executives)'이다.

P&G는 고객이 잘 되지 않으면 자사도 잘 될 수 없음을 이해하고 있다. 따라서 자사의 사업을 키우기 위해 P&G는 먼저 자사브랜드를 최종소비자들에게 판매하는 소매업체의 사업을 키워야 한다. 그리고 P&G에서 고객의 성장을 돕는 책임을 지는 주요부서는 영업부서이다. 단순히 도소매 고객들에게 자사제품을 판매하는 것이 아니라 CBD관리자는 고객들과 전략적인 파트너관계를 형성해 P&G의 여러 제품범주에 걸쳐 그들의 사업을 개발하는데 도움을 준다. 한 CBD관리자는 고객기업과 서로 파트너관계를 형성함으로써 P&G와 고객기업들이 동반성장하는데 도움을 주는 윈-윈관계를 만든다. Walgreens, Walmart, Dollar General 등 대다수의 P&G고객들은 수 천개의 점포에서 수십억 달러 이상의 수익을 창출하는, 복잡하고 대규모의 비즈니스를 영위한다. 이러한 고객들과 함께 일하고 그들에게 제품을 판매하는 것은 한

사람의 영업사원이나 영업팀에 의해 성취하기 어려운 매우 복잡한 과업일 수 있다. 따라서 P&G는 대형 거래처(customer account) 각각에 대해 전담 CBD팀을 배정한다. 각 CBD팀은 영업사원뿐 아니라 소매수준에서 P&G의 소비용품 브랜드를 판매하는 것과 관련된 모든 업무들을 지원하는 전문가들로 구성된다.

CBD팀은 거래고객에 따라 그 규모가 달라진다. 가령, P&G의 가장 큰 고객인 Walmart(P&G매출의 20%를 차지함)에 대해서는 350명 정도의 인력을 CBD팀에 할당한다. 이에 반해 Dollar General을 전담하는 CBD팀의 인력은 30명 정도이다. 그 규모에 상관없이 모든 CBD팀은 완벽하고 다기능적인 고객서비스 전문가들로 이루어진다. 각 팀은 CBD매니저와 몇 명의 CBD 어카운트 담당자(각 담당자는 특정 P&G 제품범주를 책임짐), 그리고 마케팅전략, 제품개발, 운영, 정보시스템, 로지스틱스, 재무, 인적자원 등을 지원하는 전문가들을 포함한다. 대형고객과의 거래를 효과적으로 수행하기 위해 P&G 영업사원들은 스마트하고, 잘 훈련되어 있으며, 전략에 토대를 두고 활동한다. 영업사원들은 상위수준의 지위를 가진 담당상품 바이어들을 일상적으로 관리해야 하는데, 그들은 연간 수 억달러 정도의 P&G 및 경쟁사 브랜드를 구매하는 책임을 맡고 있다. 영업사원은 바이어들과 강력한 거래관계를 형성하기 위해 친절한 미소를 짓고 자주 접촉하는 것 이상의 노력을 기울여야 한다. 그러나 개별 P&G영업사원들은 모든 것을 잘 알 수 없으며, CBD 영업구조덕분에 그럴 필요도 없다. 그 대신 전담 CBD팀의 한 구성원으로서 P&G영업사원은 때에 따라 매우 도전적인 고객문제를 해결하는데 필요한 모든 자원들을 이용한다. 만약 거래고객이 가사용품 전담 영업사원에게 점포내 판촉과 관련해 P&G의 도움이 필요하다고 말하면, 그는 곧바로 어떤 종류의 판촉활동을 해야 할지에 대해 팀내 마케팅전문가와 이야기를 나누고 해결책을 제시한다.

CBD는 쇼핑객의 가치와 만족을 창출하고 점포수준에서 수익성 있는 매출을 실현할 전략들을 함께 찾아내기 위해 고객들과 파트너관계를 구축한다. Tide, Pampers, Gillette, 혹은 다른 P&G 브랜드들을 점포진열대에서 소비자의 쇼핑카트에 담겨지도록 만들어 이익을 내는 방법에 관한한, P&G매니저와 팀 구성원들은 종종 자신들이 자문을 해주는 소매업체바이어 보다 더 많은 것을 안다. 사실 P&G의 소매파트너들은 진열대에 진열된 P&G브랜드 뿐 아니라 경쟁브랜드를 포함한 전체 제품범주들을 관리하는데 도움을 받기 위해 종종 CBD팀에 의존한다.

CBD팀의 주요목적은 소매점 고객들이 각 제품범주에서 높은 매출을 얻도록 도움을 주는 것이다. 때에 따라 분석결과가 고객을 위한 최선의 해결방안이 경쟁사의 제품을 더 많이 취급하는 것으로 나타날 수 있는데, P&G는 이를 긍정적으로 받아들인다. P&G는 소매업체에게 최선의 상황을 만들어 내는 것이 더 많은 고객방문을 이끌어내고, 이는 다시 동일 제품범주 내의 다른 P&G 제품들에 대한 매출을 증가시킨다는 것을 알고 있다. 대부분의 P&G브랜드들이 시장점유율에서 선도자이기 때문에 P&G는 경쟁사에 비해 늘어난 고객방문으로부터 더 많은 혜택을 받는다. 즉 소매업체고객에게 최선의 것이 P&G에게도 최선인 것이다.

또한 정직하고 솔직한 거래는 장기적 고객관계를 구축하는데 도움을 준다. P&G영업사원은 소매업체 파트너들에게 신뢰할 수 있는 자문담당자이며, 그들은 이러한 지위를 유지하기 위해 열심히 일한다. 마지막으로 P&G는 거래 소매업체와의 협업(collaboration)을 통해 소매업체의 판촉프로그램을 적극적으로 지원한다.

P&G에게 있어 CBD는 판매 그 이상의 것이다. 이는 거래고객과의 전략적 파트너로서 일하고 서로에게 도움이 되는 비즈니스를 구축할 기회를 창출하는데 초점을 맞춤으로써 우리의 사업을 키워나가는, P&G

고유의 접근방식이다. 모든 고객사들이 자신들의 사업을 향상시키길 원하며, 그들이 가장 큰 기회를 찾는데 도움을 주는 것이 우리의 역할이다.'

따라서 P&G영업사원은 일부 사람들이 영업활동에 대해 생각할 때 떠올리는 고정관념인 '열심히 악수를 청하는 아첨꾼'이 아니다. 사실 그들은 영업사원으로 불리지도 않는다. 그들은 고객비즈니스 개발매니저이다. 그들은 역량을 갖고 있고, 잘 교육을 받고, 잘 훈련된 영업전문가로서 고객이 성공하는데 도움이 되는 모든 일을 한다. 그들은 좋은 영업활동이란 고객의 문제를 해결하기 위해 함께 일을 하는 것임을 알고 있다. 그들은 고객이 성공해야 자신들도 성공할 수 있음을 안다.

3.3 영업관리(sales force management)

영업관리는 영업활동을 분석, 기획, 실행, 그리고 통제하는 과정으로 정의된다. 이는 영업전략과 영업구조의 설계, 영업사원의 모집, 선발, 훈련, 보상, 감독, 그리고 평가를 포함한다. 영업관리에서 주요 의사결정은 [그림 14-2]에 정리되어 있다.

(1) 영업전략과 영업구조의 설계

마케팅관리자들은 영업전략과 영업구조와 관련된 몇 가지 의사결정문제에 직면한다. 영업사원과 그들이 수행해야할 과업들을 어떻게 구성해야 할까? 영업사원의 규모는 어느 정도 되어야 할까? 영업사원은 혼자서 판매해야할까 아니면 다른 사람들과 함께 팀으로 일해야할까? 그들은 현장을 방문해 판매해야할까 아니면 전화나 웹을 통해 판매해야할까? 이하에서는 이러한 이슈들에 대해 자세히 살펴보기로 한다.

■ 영업구조

기업은 다양한 방식으로 영업구조를 설계할 수 있다. 만일 회사가 한 가지 제품라인만을 갖고 여러 곳에 위치하고 있는 고객들로 구성된 특정산업을 대상으로 판매하는 경우, 회사는 지역별 영업조직구조를 사용하면 된다. 그러나 많은 제품들을 여러 유형의 고객들에게 판매할 경우, 회사는 제품별 영업구조, 고객별 영업구조 또는 이들을 결합한 영업조직구조 등을 고려할 수 있다.

지역별 영업조직(territorial sales force structure)은 영업사원을 각 판매지역에 전속적으로 할당하고, 그 지역에 있는 모든 고객들에게 회사의 모든 제품이나 서비스를 판매하는 형태이다. 이 조직은 각 영

그림 14-2 영업관리의 주요 단계들

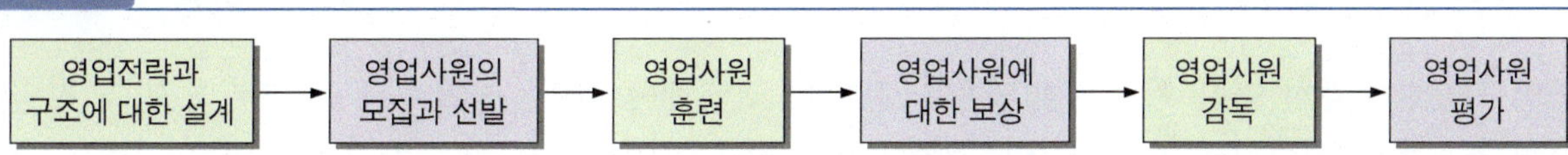

업사원의 임무와 책임을 명확하게 규정해 주며, 해당지역 고객과의 관계를 개발하려는 영업사원욕구를 증가시켜 판매효율성을 개선시켜 준다. 그리고 각 영업사원은 할당된 지역내에서 영업활동을 하기 때문에 여행경비가 상대적으로 적게 든다.

취급하는 제품의 수가 많고 그 제품이 복잡한 경우, 기업은 특정 제품라인만을 전담해서 판매하는 영업사원들로 구성된 **제품별 영업조직 구조**(product sales force structure)를 채택한다. 예를 들어, GE의 주요사업들은 각각 여러 제품/서비스부서(divisions)들로 구성되며, 각 제품/서비스부서는 서로 다른 영업사원을 갖고 있다. 가령, GE Infrastructure사업은 항공, 에너지, 운송, 수자원처리 관련 제품과 기술을 거느리고 있으며, 각 제품영역별로 서로 다른 영업사원을 갖고 있다. 그리고 GE Healthcare 사업내에도 진단이미징, 생명과학, 통합IT 관련제품과 서비스를 각각 담당하는 영업사원들을 고용한다. GE와 같이 대규모 복합기업은 다양한 제품/서비스 포트폴리오를 담당하는 수 십개의 독립된 영업조직을 갖고 있다. 만약 한 대형고객이 자사의 서로 다른 제품들을 구매한다면 제품별 영업조직은 문제가 될 수 있다. 가령 같은 시간대에 GE내 서로 다른 영업조직의 영업사원들이 동일의 대형헬스케어 고객을 동시에 방문하는 일이 발생할 수 있다. 이로 인해 발생되는 비용은 개별제품에 대한 더 나은 제품지식과 그 제품에 더많이 신경을 쓰게 됨으로 인해 얻게 될 편익과 비교되어야 한다.

고객별 영업조직(customer sales force structure) 혹은 시장별 영업조직은 고객별 혹은 업종별(산업별)로 영업사원을 구성하는 것이다. 기업은 서로 다른 산업별로 주요 거래처 혹은 일반거래처를 담당할 별개의 영업조직을 구성해 기존 고객유지 혹은 신규고객확보 등의 역할을 부여할 수 있다. 많은 회사들이 규모가 큰 산업재 고객의 욕구를 충족시키기 위해 특별전담 영업조직을 갖추기도 한다. 예를 들어, 삼성전자 같은 내구재 생산기업은 롯데하이마트, 신세계백화점, 이마트 등과 같은 대형 소매고객을 각각 전담하는 별개의 영업팀을 도입한다. 각각의 영업팀은 대형 소매업체 고객의 구매팀과 협력해 일한다.

회사가 광범위한 지역에 걸쳐 다양한 고객유형들에게 다양한 제품을 판매하는 경우, 종종 몇 가지 유형의 영업조직을 결합한 **복합영업조직**(complex sales force structure)을 채택한다. 영업사원들은 담당고객과 지역별로, 담당제품과 지역별로, 담당제품과 고객별로, 또는 담당제품, 고객, 지역별로 전담해 영업활동을 수행할 수 있다.

한 가지 영업조직 구조가 모든 회사들과 상황에 최선이 될 수 없다. 각 회사는 고객들의 욕구를 가장 잘 맞출 수 있고 회사의 전반적 마케팅전략에 적합한 영업조직구조를 선택해야 한다. 좋은 영업조직구조가 마케팅활동의 성공과 실패를 좌우하므로 기업은 정기적으로 영업조직을 점검하여 회사와 고객들의 욕구를 잘 맞추고 있는지를 확인해야 한다. 시간이 지나가면서 영업조직은 필요이상으로 복잡해지고, 효율성이 떨어지며, 고객의 욕구에 신속히 반응하지 못할 수 있기 때문이다.

■ 영업사원의 규모

영업구조를 설계한 다음 기업은 영업사원 규모를 결정해야 한다. 영업사원 규모는 몇 명의 직원에서부터 수만명에 이르기까지 다양하다. 영업사원은 회사내에서 가장 생산적이면서 가장 값비싼 자산

가운데 하나이다. 따라서 영업사원의 수를 늘리면 매출과 비용이 함께 올라가게 된다.

많은 기업들이 영업사원의 규모를 정하기 위해 **작업량 접근방식**(workload approach) 같은 모형을 이용한다. 이 방식을 이용할 경우 기업은 먼저 거래처를 유지하는데 필요한 업무량과 관련된 요인들(거래처 규모, 거래처 명성, 또는 기타 요인들)에 따라 거래처들을 몇 개의 집단으로 구분한다. 그 다음 회사는 각 거래처 집단별로 바람직한 방문회수를 바탕으로 필요한 영업사원의 수를 정한다.

예를 들어, 회사는 다음과 같은 과정을 통해 영업사원 규모를 결정할 수 있다. 우리회사가 1,000개의 A형 거래처와 2,000개의 B형 거래처를 갖고 있다고 가정하자. A형 거래처는 매년 36번의 방문을 필요로 하고, B형 거래처는 매년 12번의 방문을 필요로 한다. 이 경우 영업사원의 작업량(workload)은 60,000번(1000×36+2000×12)이 된다. 한 명의 영업사원이 한 해에 평균 1,000번정도 거래처를 방문할 수 있다면, 우리회사는 60(60,000/1000)명 정도의 영업사원을 확보해야 한다.

(2) 영업사원의 모집과 선발

영업조직 운영의 핵심은 좋은 영업사원의 모집과 선발에 있다. 평균적인 영업사원과 최고 영업사원의 성과차이는 엄청나다. 전형적인 영업조직에서 영업사원의 상위 30%가 매출의 60%를 담당한다. 따라서 신중한 영업사원 선발을 통해 기업은 영업성과를 상당히 높일 수 있다. 잘못된 영업사원선발은 영업성과에서의 차이를 초래할 뿐만 아니라, 이직에 따른 기업손실을 초래한다. 한 영업사원이 회사를 그만두면, 새로운 영업사원을 선발하고 훈련시키는데 들어가는 비용(영업사원 이직에 따른 매출상실로 인한 기회비용도 추가되어야 함)은 상당히 높을 수 있다. 또한 새로운 영업사원으로 구성된 영업조직은 생산성이 낮고, 이직은 주요 고객과의 거래관계에 악영향을 미친다.

우수한 영업사원은 스스로 동기부여가 된다. 즉, 그들은 남보다 뛰어나고자 하는 끊임없는 욕망을 갖고 있다. 일부 영업사원들은 돈, 인정에 대한 욕구, 또는 경쟁에서 이기는데서 오는 만족감에 의해 동기부여 된다. 그리고 탁월한 영업사원은 주어진 과업을 완수하는데 필요한 기술과 지식을 갖추고 있다. 그리고 그 무엇보다 중요한 것은 최고의 영업사원은 탁월한 고객문제 해결자이며 관계구축자라는 것이다. 영업담당 임원들에게 최고의 영업사원이 갖추어야 할 조건을 들라고 하면, '훌륭한 경청자, 남들과 공감하는, 참을성이 있는, 배려하는, 잘 반응하는' 등의 항목을 언급할 것이다. 최고의 영업사원은 자신을 구매자의 입장에 놓고 고객의 눈으로 세상을 볼 수 있다. 그들은 단지 호감을 얻기를 원하는 것이 아니라 고객들에게 부가가치를 제공하기를 원한다.

신입사원을 모집할 때, 기업은 해당산업에서 성공적인 영업사원에게 요구되는 특성들(traits)을 파악하기 위해 영업업무 자체와 가장 성공을 거둔 영업사원들의 공통특징을 분석해야 한다. 그리고 난 후 이를 토대로 올바른 영업사원을 모집해야 한다. 인적자원부서는 기존 영업사원의 추천을 통해 명단을 얻거나, 취업중개회사에 의뢰하거나, 사원모집 광고와 웹 사이트탐색을 통해, 또는 대학취업센터를 통해 지원자를 찾는다. 또 다른 모집원천은 다른 기업의 우수한 영업사원들을 스카우트 하는 것이다. 이미 검증된 영업사원은 많은 훈련을 시킬필요가 없고, 당장 효율적으로 일할 수 있다.

회사는 모집활동을 통해 많은 지원자를 모으고 이들 중에서 가장 우수한 사람을 선발해야 한다. 선발과정은 비공식적 인터뷰에서부터 상당한 시간이 소요되는 공식적인 테스트와 인터뷰를 거치는 경우에 이르기까지 다양하다. 많은 기업들이 영업사원 지원자들에게 공식적인 테스트를 실시한다. 일반적으로 테스트는 영업적성, 분석적 및 조직적 기술, 성격, 그리고 기타 특징들을 측정한다. 그러나 시험성적은 개인적 특징, 추천인, 과거근무경력, 면접자의 평가 등을 포함한 다양한 지원자정보들 중 하나에 불과하다.

(3) 영업사원의 훈련

새로운 영업사원에 대한 교육과 훈련은 몇 주, 몇 달, 또는 1년이 넘게 걸릴 수 있다. 신입사원 교육이 끝난 후, 대부분의 회사들은 그 사원이 근무하는 동안 세미나, 영업회의, 인터넷 e-learning을 통해 지속적인 훈련프로그램을 제공한다. 일반적으로 영업사원훈련은 사원교육예산 중에서 가장 큰 비중을 차지한다. 영업사원 훈련에 많은 비용이 들 수 있지만, 상당한 보상을 낳게 할 수 있다. 푸르덴셜생명은 영업사원인 보험설계사들의 커리어관리를 위해 다양한 교육훈련 프로그램을 제공한다. 그 한 예가 사내모임인 포커스세션(focus session)이다. 포커스세션은 영업실적이 뛰어난 설계사가 강사로 나와 동료 설계사들을 상대로 비장의 세일즈 노하우(sales know-how)를 전수하는 프로그램이다. 포커스세션 도입으로 영업노하우 전수속도(速度)가 빨라진 푸르덴셜생명은 연봉 1억원 이상 고소득 설계사가 상당히 늘었다.

기업이 영업사원 훈련프로그램을 도입하는 목적은 다음과 같다. 첫째, 영업사원은 고객, 그리고 이들과 관계를 구축하는 방법에 대해 알 필요가 있다. 그래서 훈련프로그램은 영업사원들에게 고객 및 욕구의 유형, 구매동기, 구매습관 등을 가르쳐 주어야 한다. 또한 그들에게 효과적으로 판매하는 방법과 판매과정에서 알아야 할 기본원칙 등도 교육시켜야 한다. 영업사원은 우리회사, 자사제품, 경쟁사에 대해 알 필요가 있다. 따라서 효과적인 훈련프로그램은 영업사원들에게 회사의 목표, 조직구조, 제품, 그리고 주요 경쟁사의 전략 등에 대해 교육을 시킨다.

최근 들어 많은 기업들이 훈련비용을 절약하고 보다 효율적으로 훈련을 진행하기 위해 기존의 훈련프로그램에 추가하여 웹 기반의 e-learning 프로그램을 제공하고 있다. 온라인교육은 단순한 텍스트 기반 제품교육, 판매기술을 쌓기위한 인터넷기반 영업연습에서부터 고객방문현장에서 일어나는 일들을 재생시킨 정교한 영업시뮬레이션에 이르기까지 다양하다. 현장교육 대비 온라인훈련은 여행 및 기타 훈련경비를 절감시킬 수 있고 영업사원의 영업활동 시간을 덜 빼앗을 수 있다. 또한 온라인훈련은 영업사원의 요구에 따라 훈련을 제공할 수 있으므로, 영업사원들은 원하는 시간과 장소에서 필요한 만큼만 훈련을 받을 수 있다. 대부분의 e-learning은 웹기반이지만, 이제 많은 기업들이 스마트폰 등 거의 모든 디지털기기를 통해 장소에 상관없이 영업사원이 요구하는 시점에 훈련을 제공한다. 2012년 리베이트금지법의 도입으로 리베이트 제공이 여의치 않게 됨에따라 국내제약사들은 온라인 실시간 제품설명, 영업사원 교육강화, 소규모 학술모임개최 등 다양한 영업방식을 도입하고 있다. 한국릴리가 실시중인 온라인 디테일링(e-Detailing) 프로그램은 의사와 영업사원 간의 대면접촉이 필요없어 리베이트 제공을 원천적으로 차단할 수 있는 장점이 있다. 이 프로그램은 의사가 편한 시간에 회

마케팅 Highlight

60개 이상의 자기계발 훈련프로그램을 사원들에게 제공해 이직률을 절반으로 낮추는데 성공한 영국 해러즈백화점

유럽 최대규모를 자랑하는 영국 해러즈백화점은 유럽 왕실과 세계 최고위층을 고객으로 둔 최고급 백화점이다. 그러나 백화점에 수많은 고객들이 드나드는 동안 매장 뒤편에서는 수많은 직원들이 떠날 채비를 하고 있었다. 2006년 해러즈백화점의 이직률은 51.4%에 달했다. 1년간 백화점에서 근무했던 2명 중 1명이 직장을 떠난 것이다. 떠나는 직원이 늘어나다 보니 새로운 직원을 고용하는 비용도 자연스레 증가했다. 세계의 유명 VIP를 상대하던 유망한 직원들이 백화점을 떠나다 보니 점점 해러즈의 명성에도 금이 가기 시작했다. 전통적으로 해러즈백화점처럼 유통업체에서 근무하는 직원들은 낮은 기술력과 긴 근무시간, 낮은 급료와 부족한 승진기회에 시달리는 것처럼 인식되기 마련이다. 직원들이 이러한 외부의 편견 속에서 자긍심을 갖고 일하기란 쉽지 않았다. 해러즈는 훌륭한 직원들을 놓치지 않기 위한 특단의 대책이 필요했다.

해러즈는 우선 자신들의 직원 교육프로그램을 면밀히 살펴보기 시작했다. 백화점 측은 자신들의 교육프로그램은 훈련(training)과 개발(development)로 분리해서 인식해야 된다는 점을 깨달았다. 해러즈만의 영업기술 노하우를 가르쳐주는 해러즈 영업아카데미(Harrods the Sales Academy)는 훈련에 가까웠다. 직원들은 훈련 속에서 왜 자신이 해러즈에서 오래 근무해야 하는지 생각하기 힘들었다. 직원 개개인에게 동기와 도전의식을 부여해줄 만한 자기계발 프로그램이 절대적으로 부족했던 것이다. 해러즈는 직원들에게 동기를 부여해 줄 개발프로그램을 함께 강화해나가기로 했다. 새롭게 입사한 신입사원들을 대상으로 자신의 백화점과 유통업에 대한 편견을 깨뜨려줄 프로그램도 만들었다. 바로 해러즈 웰컴(Harrods Welcome) 프로그램이다. 해러즈는 신입사원들을 위한 이 3일 단기간 코스를 통해 1853년 설립 당시부터 내려온 회사의 전통과 핵심가치를 전수하며 자긍심을 심어주기 위해 노력했다. 또한 신입사원들을 교육할 때 매장(shop)이란 단어 대신 극장(your theatre)이란 단어를 사용했다. 신입사원들을 각 층마다 존재하는 자신들의 극장으로 내려보내 영업기술을 가르치고 고객응대에 자신감을 가질 수 있도록 북돋았다. 해러즈는 차세대 관리자프로그램(Next Generation Managers)부터 바잉 아카데미까지 총 60개에 달하는 자기계발 프로그램을 마련했다. 또한 매장판매직원부터 임원들까지 백화점에서 근무하는 모든 직원들에게 해당 프로그램들을 개방했다.

해러즈는 백화점의 주수익을 담당하는 패션부문에 대한 이해도를 강화하기 위해 해러즈 패션프로그램을 신설했다. 회사 측은 런던 칼리지 오브 패션(LCF · London College of Fashion)과 파트너십을 맺고 직원들이 의류디자인부터 유통과정까지 패션의 모든 과정을 이해할 수 있도록 했다. 또한 세계 4대 패션쇼로 꼽히는 런던패션위크 연수를 통해 패션을 이해하는 것을 넘어서 열정과 흥미를 갖도록 만들었다. 2009년에는 영국 앵글리아 러스킨 대학교와 제휴를 맺고 영국 최초로 백화점 영업과 관련한 학위를 딸 수 있는 프로그램을 신설했다. 또한 성장 잠재력이 있는 매니저 10명을 뽑아 옥스퍼드대 서머스쿨에 보냈다. 고등학교 졸업자, 대학재학생, 대학졸업생과 휴학생들을 대상으로 맞춤형 인턴십, 학위취득 프로그램을 만들어 향후 해러즈에서 일할 예비인력을 확보하는 데도 노력을 기울였다. 1~3개월 또는 휴학 중이라도 일정 조건만 갖추면 누구나 해러즈에서 일할 수 있게 한 것이다. 개인 또는 그룹별 멘토링 시스템도 운영했다. 멘토는 멘티들이 자신이 흥미를 갖고 있는 분야를 조사하기 위해 잠시 매장을 비우겠다고 하면 흔쾌히 그러도록 지원했다.

높은 이직률에 대응하기 위해 직원채용도 탄력적으로 운영했다. 해러즈 인력채용 홈페이지(harrodscareers.com)에 접속하면 누구나 어느 직종에 몇 명의 인력이 필요한지 확인할 수 있다. 가령, 특정일 현재 영국매장에 25명의 영업인력을 포함해 9명의 상품기획자, 8명의 주방장, 3명의 디자이너, 5명의 프로젝트 매니저 등 총 83명의 일자리가 공석이라고 올려 놓는다. 현재 근무하고 있는 직원들을 유지하기 위한 노력도 병행했다. 물건이 팔릴 때마다 1%의 수수료를, 회사 유니폼 비용의 절반을 회사에서 지급했다. 또한 최대 33%의 직원할인과 백화점 인근 나이츠브리지(Knightsbridge) 쇼핑센터를 이용할 때 할인혜택을 제공했다. 조건부 연금에 매년 여행을 위한 비용까지 대출해줬다.

해러즈는 이러한 각고의 노력끝에 이직률을 2006년 51.4%에서 2011년 11월 25%로 절반 이상 낮추는 데 성공했다. 해러즈 직원들은 자기계발기회뿐 아니라 자신들이 럭셔리 유통부문에서 세계 최고권위를 가진 전문가라는 자신감을 갖게 됐다. 해러즈는 직원들에게 다양한 자기계발기회를 제공함으로써 유통업에 대한 편견에 맞섬과 동시에 충성심 높은 직원들을 확보하게 된 것이다.

• 자료원 : 매일경제, 2012.12.29

사의 제품담당자와 온라인상에서 만나 자세한 설명을 들을 수 있도록 한다. 한국릴리의 온라인디테일링 직원은 제품효능을 나타내는 임상시험 그래프 등의 영상자료를 의사와 함께 보면서 채팅을 하듯이 설명한다. 이같은 새로운 영업방식에 대해 의사들도 긍정적인 반응을 보인다.

(4) 영업사원에 대한 보상

좋은 영업사원을 유치하기 위해 회사는 매력적인 보상계획(compensation plan)을 갖고 있어야 한다. 보상은 고정급여, 변동급여, 경비, 그리고 복리후생비 등의 요소로 구성된다. 일반적으로 봉급(salary)이라고 불리는 고정급여는 영업사원에게 안정적인 수입을 제공한다. 변동급여는 판매성과에 근거하여 지급하는 수수료(commissions)나 보너스로서 영업사원의 더 많은 노력과 성공에 대해 보상하는 것이다.

관리자는 각각의 영업업무에 대해 보상구성요소들을 어떻게 조합하는 것이 합당한지를 결정해야 한다. 고정급여와 변동급여를 다르게 조합함으로써 회사는 네 가지 형태의 보상계획을 세울 수 있는데, 순수한 봉급방식(straight salary), 순수한 수수료방식(straight commission), 봉급과 보너스 결합방식(salary plus bonus), 봉급과 수수료 결합방식(salary plus commission)이 그것이다. 영업사원 보상에 대한 한 연구보고서에 따르면, 많은 기업들이 기본봉급과 인센티브의 조합을 사용하고 있다. 그러나 최근 들어 판매량에 따라 수수료를 챙겨주는 세일즈업계의 관행이 효과적인지에 대한 논쟁이 있다. 미국의 반도체회사 마이크로칩 테크놀로지는 업계의 관행대로 60% 기본급여에 40% 판매수수료를 영업사원들에게 지급했다. 그러나 자신의 이익을 위해 꼼수를 부리는 사례들이 생겼고, 협력해야 할 직원들이 서로 경쟁해 회사 전체에는 안 좋은 영향을 준다는 사실을 알게 됐다. 그래서 이 제도를 전격 폐지하고 기본급여를 90%로 늘리고, 회사 영업이익에 비례해 10% 성과급을 다 같이 주는 방식으로 바꾸었다. 그결과, 매출이 증가하고 이직률이 감소했다고 한다.

영업사원 보상계획은 영업사원에게 동기를 부여하고, 그들의 활동을 기업이 원하는 방향으로 유도할 수 있다. 보상은 영업사원으로 하여금 전반적인 영업목표와 마케팅목표에 부응하는 활동을 하도록 유도해야 한다. 예를 들어, 만약 회사의 전략이 신규사업을 인수하고 빠르게 성장하고 시장점유율을 증대시키는 것이라면, 보상계획은 수수료부분을 늘리고 신규거래처 확보에 대해 보너스를 제공함으로써 영업사원의 높은 판매성과와 신규거래처 개발을 장려할 수 있다. 반면, 목표가 기존 거래처의 수익성을 극대화하는 것이라면, 보상계획은 기본급의 비중을 늘리고, 기존 거래처의 매출과 고객만족에 따라 추가적인 인센티브를 영업사원에게 제공하는 형태를 띨 수 있다.

실제로 점점 더 많은 회사들이 높은 수수료를 제공하는 보상방식을 포기하고 있다. 이러한 보상계획은 영업사원으로 하여금 단기적인 이익을 추구하게 만들기 때문이다. 계약을 성사시키기 위해 거래처를 너무 밀어붙이면 고객관계가 손상될 수 있음을 우려하기 때문에 기업들은 고객과의 관계를 구축하고 고객의 장기적인 가치를 높여 주는 영업사원에게 더 많이 보상해 주는 보상계획을 개발하고 있다. 최근 경제적 불황에 직면해 일부기업들은 판매실적에 대한 보상액을 줄임으로써 비용을 절감하려고 한다. 그러나 영업사원보상을 삭감하는 것은 가능한 한 움직이지 말라는 것을 뜻한다. 만약 기업이 영업사원에 대한 보상비용을 줄여야 한다면, 획일적 비용삭감보다 나은 전략은 우수한 영업사원의 보상금액은 유지하고 실적이 나쁜 영업사원의 보상금을 낮추거나 그 사원을 정리하는 것이다.

(5) 영업사원에 대한 감독과 동기부여

신규 영업사원들은 판매구역할당, 보상 및 훈련뿐 아니라 감독(supervision)과 동기부여도 필요하다. 감독의 목적은 영업사원들이 올바른 방식으로 올바른 일을 함으로써 자신의 임무를 현명하게 수행할 수 있도록(work smart) 도와주는 것이다. 그리고 동기부여의 목적은 영업사원들이 영업목표를 달성하기 위해 열심히 일하도록(word hard) 격려하는 것이다. 만일 영업사원이 현명하게 일하고 열심히 일하면, 그들은 그들 자신뿐만 아니라 회사의 이익을 위해 자신의 역량을 최대로 발휘하게 될 것이다.

■ 영업사원에 대한 감독

어느 정도 세심하게 영업사원들을 감독해야 하는지는 회사에 따라 다르다. 많은 회사들은 영업사원들이 표적고객을 파악하고 방문목적을 세울 수 있도록 도와준다. 또한 어떤 회사들은 신규고객을 개발하기 위해 얼마나 많은 시간을 사용하고 어떤 영업활동들에 시간상 우선순위를 두어야 하는지를 정해준다. 이를 위한 지원도구 중 하나는 영업사원으로 하여금 어떤 고객과 가망고객을 방문하고 어떤 활동을 수행해야 할지를 보여주는 주간, 월간 또는 연간 방문계획표(callplan)를 작성하게 하는 것이다. 다른 도구는 시간과 임무수행에 관한 분석(time-and-duty analysis)이다. 영업활동에 소요되는 시간 이외에 영업사원은 출장, 고객과의 면담을 위한 대기, 중간휴식, 행정적 잡무를 위해서도 시간을 소비한다.

기업들은 항상 영업사원들이 판매 이외의 활동에 투입하는 시간을 절약하기 위한 방안을 모색한다. 기업은 영업사원의 시간을 절약시켜 주기위해 서류작성/보관 등의 행정업무를 단순화시키고, 보다 나은 방문일정(routing)계획을 개발하고, 더 많은 양질의 고객정보를 제공하고, 출장대신 전화, 이메일 또는 온라인 동영상 컨퍼런스를 이용하는 것 등의 다양한 방안을 도입하고 있다. 국민은행은 현장 중심형 업무체계를 구축하기로 하면서 영업점 직원들이 영업에만 집중할 수 있도록 불필요한 업무를 대대적으로 줄였다. 이에 따라 2015년 들어 영업점업무의 60% 이상을 축소했다. 예를 들어 현실과 동떨어진 오래된 업무규정과 지침, 각종 제도를 과감하게 없앴다. 각종 장표, 전산처리 업무도 최대한 후선으로 배치해 영업점에서는 소비자에게만 집중할 수 있는 영업환경도 조성했다. 또 각종 매뉴얼은 영업점 직원들 중심이 아니라 사용자 중심으로 재정비했다.

많은 기업들이 **영업자동화시스템**(sales force automation system)을 도입하고 있는데, 이 시스템은 영업사원이 언제 어디에서건 보다 효과적으로 일을 수행할 수 있도록 컴퓨터와 디지털기기를 이용하여 영업업무를 처리하는 것이다. 회사들은 영업사원들에게 최신장비(예: 랩탑, 태블릿, 스마트 폰, 동영상 콘퍼런스를 위한 웹 카메라, 무선 웹 연결장치, 관계관리용 소프트웨어 등)를 제공하고 있다. 이러한 첨단장비로 무장된 영업사원들은 보다 효과적이고 효율적으로 기존 고객 및 가망고객에 관한 정보를 파악하고, 매출에 대한 분석과 예측을 하며, 영업방문을 계획하고, 설명회를 준비하고, 판매 및 비용보고서를 작성하고, 거래처관계를 관리할 수 있게 되었다. 그 결과로 영업사원들은 보다 나은 시간관리, 향상된 고객서비스, 더 낮아진 영업비용, 그리고 더 높은 영업성과 등을 실현할 수 있게 되었다.

■ 영업사원을 지원하기 위한 새로운 영업기술 도구–인터넷

아마도 가장 빨리 성장하는 영업기술 도구는 인터넷일 것이다. 인터넷은 영업활동을 수행하고, 고객들과 상호작용하고, 이들에게 서비스를 제공하는 데 있어 엄청난 잠재력을 갖고 있다. 어떤 전문가들은 인터넷활용이 일대일 대면 영업방식을 사라지게 만들 것이라고 예측하기도 하는데, 궁극적으로 웹사이트, 온라인 소셜 네트워킹, 모바일 앱, 기타 고객과의 직접적인 접촉을 가능하게 하는 디지털기기 등이 영업사원을 대체할 것으로 믿기 때문이다. 현재 영업조직은 영업사원훈련, 영업회의 개최, 거래고객에 대한 서비스관리, 나아가 고객과의 실시간 영업상담 등을 위해 인터넷기반 영업관리 방식들을 활용함으로써 영업관리의 효과성을 강화시키고 시간과 비용을 절감하고 있다.

인터넷기반 기술들은 영업사원들에게 상당한 편익을 제공할 수 있다. 이들은 영업사원의 귀한 시간을 낭비하지 않게 만들고, 여행비용을 절감시켜주고, 거래처에 대한 영업활동과 서비스제공을 위한 새로운 도구를 제공한다. 2000년대 들어 고객구매패턴은 변화를 보였다. 오늘날의 디지털시대에서 고객들은 영업사원 못지 않게 기업의 제품에 대해 잘 알 수 있게 되었다. 이는 브로셔와 제품가격만이 영업사원으로부터 얻을 수 있었던 과거에 비해 고객들이 판매과정을 더 많이 통제할 수 있게 한다. 디지털기반 새로운 영업기술들은 이러한 구매과정 변화를 인식하고 이를 활용함으로써 인터넷시대에 맞춰 고객과 접속할 새로운 방안을 창출할 수 있도록 한다. 가령, 영업조직은 이제 온라인 데이터베이스와 LinkedIn 등의 네트워킹 사이트로부터 유망고객 리스트를 만들 수 있다. 그들은 유망고객들이 웹사이트를 방문할 때 영업팀과의 채팅을 통해 대화를 이끌어 낸다. 그들은 제품 및 서비스에 대해 고객과 실시간 대화를 나누기 위해 GoToMeeting 같은 웹 회의용 도구를 사용한다. 또한 온라인고객 커뮤니티에서부터 webinars, Twitter, Facebook, YouTube에 이르기까지 소셜 네트워크 미디어를 적극적으로 활용한다. 금속절삭과 공작기계 분야의 선도적 제조업체인 Makino는 다양한 소셜 미디어의 활용을 통해 고객에게 정보를 제공하고 고객관계를 강화하려는 영업사원의 노력을 보완한다. 가령, 이 회사는 Twitter, Facebook, YouTube 등을 활용해 고객과 유망고객에게 최신의 Makino 혁신제품과 이벤트에 관한 정보를 제공하고 자사의 기계제품이 작동하는 과정을 생동감 있게 보여준다.

디지털기술은 고객관계를 구축하고, 영업을 보다 더 효율적, 원가대비 효과적, 그리고 보다 더 생

마케팅 Highlight

온라인 방문판매 사업의 도입을 통해 기존의 오프라인 기반 방문판매방식을 보완/강화하려고 하는 웅진

웅진그룹이 새로운 방식의 온라인 방문판매 사업을 준비 중이다. 방문판매원이 집집마다 일일이 다니면서 물건을 파는 게 아니라, 온라인 판매 사이트에 들어오게끔 유도만 하고 실제판매는 사이트에서 이뤄지게 하는 방식이다. 웅진은 사이트 방문자에게 혜택을 줘 소비자를 끌어모을 계획이다. 이용자 확보를 위해 인센티브를 준다는 점은 미국의 결제서비스 페이팔과 비슷하다. 페이팔은 사업 초기 '공짜 결제금액 제공'이란 혜택을 줬다. 이 결제서비스를 이용하는 사람들에게 페이팔은 수십 달러의 돈을 무상으로 줬다. 아무리 해도 사용자가 늘지 않자 파격적인 조건을 내걸었다. 그랬더니 입소문을 타고 사용자가 몰려들었다. 페이팔의 결제서비스가 편하다는 점이 부각되자 이용자가 눈덩이처럼 불었다. 지난해 페이팔을 통해 결제된 금액은 2030억달러(약 240조원)에 이르렀다.

웅진그룹도 사이트 방문자에게 상당한 금액의 상품을 지급할 예정이다. 이렇게 하면 방문판매원이 굳이 상품이나 사이트를 홍보하지 않아도 알아서 사용자들이 몰려온다는 게 웅진의 판단이다. 단순히 물건만 파는 게 아니라 방문자들의 관심을 끌 수 있는 부가서비스도 마련할 예정이다. '사이트 방문자가 점점 빠져들 수 있는 콘텐츠를 갖추겠다'는 것이다. 여기서 구매가 일어나면 사이트를 추천한 방문판매원이 판매수수료를 받아간다. 웅진그룹에서 화장품 및 건강기능식품 판매사업을 하는 웅진투투럽이 이 사업을 이끌어갈 전망이다. 이 회사의 방문판매원 네트워크를 활용할 수 있기 때문이다. 지금은 외국 화장품 브랜드를 판매하는 데 주력하고 있지만 향후 다른 품목으로 영역을 더 넓혀갈 예정이다.

웅진이 새로운 형태의 방문판매 서비스를 검토 중인 것은 기존 판매방식으론 사업을 키우는 데 한계가 있다는 판단 때문이다. 집안에 방문판매원을 들이는 것을 소비자가 점점 껄끄러워하고, 방문판매원을 모집하는 것도 힘들어져서다. 대신 소수의 방문판매원 조직과 잘 갖춰진 온라인 쇼핑몰이 있으면 더욱 강력한 서비스가 나올 것으로 기대하고 있다.

• 자료원 : 한경, 2015.8.25

산적으로 만들 수 있게 하는 즉시성 정보를 제공한다. 디지털기술은 최고의 영업사원이 항상 했던 일을 더 잘, 더 빠르게, 더 저렴하게 수행할 수 있게 한다.

그러나 디지털기술은 단점도 갖고 있다. 이들은 저렴하지 않다. 그리고 이러한 시스템은 기술수준이 낮은 영업사원이나 고객에게 위협적일 수 있다. 나아가 웹을 통해 제시하거나 가르칠 수 없는 어떤 것, 즉 개인적인 상호작용을 제공할 수 없다. 이런 이유로 인해 일부 하이테크 전문가들은 훈련, 영업회의, 고객에 대한 사전판매제안 등을 보완하는데 웹기술을 사용하되, 판매가 종결될 시점이 가까울 경우에는 과거에 했던 대면미팅을 활용하는 것이 바람직하다고 영업담당 임원들에게 권고한다.

(6) 영업사원에 대한 동기부여

영업관리자는 영업사원의 활동을 지도해야 할뿐 아니라 이들에게 동기도 부여해야 한다. 영업은 그들에게 많은 갈등을 불러일으킬 수도 있다. 영업사원은 때때로 혼자 일해야 하고, 집을 떠나 출장을 다녀야 한다. 그들은 매우 적극적인 경쟁사 영업사원들과 경쟁해야하고 까다로운 고객을 만나야 한다. 따라서 관리자는 영업사원들이 최선을 다해 일하도록 만들기 위해 그들을 격려해야 한다.

관리자는 조직분위기 조성, 판매할당량, 긍정적 인센티브 등을 이용하여 영업사원의 사기 및 성과를 높일 수 있다. 조직분위기는 영업사원이 우수한 성과실현의 기회, 가치 및 보상에 대해 갖는 느낌을 의미한다. 어떤 회사들은 영업사원들을 별로 중요하지 않게 취급하는데, 이는 영업성과를 떨어뜨릴 것이다. 어떤 회사들은 영업사원을 매우 중요한 공헌자로 간주하고 소득과 승진에 있어 무한의 기회를 제공한다. 예상할 수 있듯이 이런 회사들은 영업사원들의 우수한 성과와 낮은 이직률을 향유한다.

많은 회사들이 판매할당량(sales quota: 영업사원이 판매해야할 양과 각 제품별로 할당되어야 할 판매량)을 책정함으로써 영업사원에게 동기부여를 제공한다. 수수료는 영업사원이 판매할당량을 얼마나 잘 완수하느냐와 관계가 있다. 회사들은 또한 영업사원을 더 노력하게 만들기 위해 다양한 긍정적 인센티브를 사용한다. 영업미팅은 영업사원에게 사회적 교류시간, 일상적인 일로부터의 휴식, 회사사람들을 만나 이야기를 나눌기회, 기분을 전환하고 회사에 대한 소속감을 확인할 수 있든 기회 등을 제공한다. 기업들은 또한 영업사원이 통상적으로 기대되는 것보다 더 노력하도록 하기 위해 판매경진대회(sales contests)를 후원하기도 한다. 다른 인센티브에는 상장, 상품 또는 현금보상, 포상휴가, 이익공유제도 등이 있다.

(7) 영업사원 및 영업사원 성과에 대한 평가

우리는 지금까지 영업사원이 어떤 일을 해야 하고 이들을 어떻게 동기부여 시킬 수 있는지를 설명했다. 영업관리과정은 좋은 피드백을 필요로 한다. 좋은 피드백이란 영업사원의 성과를 평가하기 위해 그들에 대한 정보를 정규적으로 수집하는 것을 의미한다.

관리자는 여러 가지 방법으로 영업사원에 대한 정보를 수집한다. 가장 중요한 정보원천은 판매실적보고서(sales reports)로서, 이에는 주간 및 월간 활동계획과 할당지역에 대한 장기적 마케팅계획이 포함된다. 또한 영업사원은 방문보고서(call reports)에서 자신이 완료한 영업활동을 작성하고, 부분적으로 또는 전액을 환불받기위한 비용보고서(expense reports)를 제출한다. 회사는 또한 영업사원에게 할당된 지역의 판매와 이익성과를 점검할 수 있다. 그리고 개인적 관찰, 고객설문조사, 다른 영업사원들과의 대화를 통해 추가적인 정보를 수집한다.

다양한 영업사원 보고서들과 기타 정보를 이용해 영업관리자는 영업사원을 평가한다. 그는 업무를 계획하고 계획된 업무를 수행하는 영업사원의 능력을 평가한다. 공식적인 영업성과평가는 영업관리자로 하여금 영업사원의 성과를 판단하기 위한 명확한 기준을 개발하고 이에 대해 그들과 의사소통을 하도록 만든다. 이러한 평가는 또한 영업사원들에게 건설적인 피드백을 제공하고, 이들이 업무를 잘 수행할 수 있도록 동기부여를 제공한다.

보다 넓은 의미에서 관리자는 총체적인 영업성과를 평가해야 한다. 영업사원이 고객관계, 판매, 그리고 이익목표를 달성하고 있는가? 이들은 마케팅부서 및 기업 내 다른 부서들과 잘 협동하여 일하고 있는가? 이들은 결과에 적합하게 비용을 쓰고 있는가? 다른 마케팅활동들과 마찬가지로 기업은 영업사원에 대한 투자수익률을 측정하기 원한다.

3.4 인적판매과정

지금까지 영업활동을 계획하고 관리하는 과정에 대해 살펴보았다. 다음에서는 인적판매과정에 대해 설명하기로 한다. 판매과정은 영업사원들이 수행해야 할 몇 가지 단계로 구성된다. 각 단계는 신규고객을 유치하고 그들로부터 주문을 획득하려는 목표를 실현하는데 역점을 두고 있다. 그러나 대다수 영업사원들은 기존 거래처를 유지하고 장기적인 고객관계를 구축하는데 많은 시간을 사용한다.

■ 판매과정의 단계

[그림 14-3]에서 볼 수 있듯이 판매과정(selling process)은 가망고객의 발견 및 평가, 사전접촉, 접근, 설명과 시연, 이의처리, 계약, 후속조치 등의 7단계로 구성된다.

■ 가망고객의 발견 및 평가(prospecting and qualifying)

판매과정의 첫 번째 단계는 가망고객을 발견하는 것으로, 고객이 될 가능성이 있는 사람을 찾아내는

그림 14-3 판매과정의 주요단계

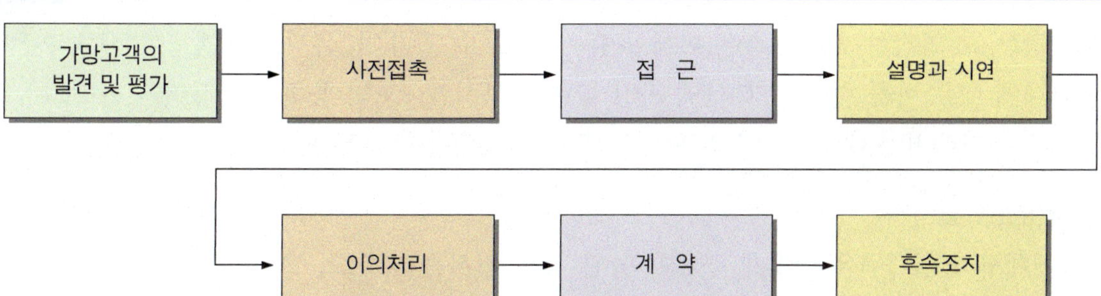

것이다. 가능성이 있는 고객을 접촉하는 것은 판매성공의 결정적 요인이 된다. 영업사원은 고객이 될 잠재력을 가진 모든 사람들을 찾아다니기 보다는 우리기업의 가치제안에 대해 긍정적 반응을 보일 가능성이 높은 사람, 즉 우리기업이 잘 섬길 수 있고 이익을 얻을 수 있는 사람들과 접촉하기를 원한다. 만약 영업사원이 우리회사의 가치제안에 대해 반응하지 않고 접촉하는데 많은 비용이 들고 만족시키기 어려운 사람들을 고객으로 만들려고 한다면, 시간과 비용을 낭비하는 결과를 초래할 것이다.

영업사원은 종종 약간의 매출밖에 얻지 못하더라도 많은 가망고객들을 접촉해야 한다. 회사가 영업사원을 지원하기 위해 잠재고객을 대상으로 한 사전적 마케팅노력(leads)을 제공한다고 할지라도, 영업사원은 스스로 가망고객들을 찾을 수 있는 기술을 갖추어야 한다. 가망고객을 찾는데 가장 좋은 정보원은 추천이다. 영업사원들은 기존 고객들에게 다른 사람들을 추천해 달라고 요청하거나 공급업체, 딜러, 경쟁관계가 아닌 다른 영업사원, 웹, 그리고 소셜 네트워크 등과 같은 정보원을 개발할 수 있다. 그들은 또한 전화번호부나 인터넷에서 가망고객을 찾아 전화나 이메일을 통해 첫 접촉을 시작할 수 있다. 혹은 영업사원은 사전통보없이 사무실을 방문할 수도 있다(즉석(무단)방문(cold calling)이라 불리는 영업관행).

영업사원은 또한 가망고객들 중에서 고객이 될 가능성이 높은 고객과 가능성이 없는 고객을 구별하는 방법을 알아야 한다. 가망고객들의 적격여부는 재정적 능력, 사업의 규모, 특별한 욕구, 입지, 성장가능성에 근거해 평가될 수 있다.

■ 사전접촉(preapproach)

영업사원은 가망고객을 방문하기 전에 조직적 특성(무엇을 원하고 누가 구매에 관여하는가 등)과 그 조직 내의 담당구매자(그들의 특징과 구매스타일 등)에 대해 가능한 한 많은 정보를 습득해야 하는데, 이 단계를 사전접촉이라고 한다. 매출실현은 철저한 준비에서 시작되며, 성공적인 매출은 가망고객의 사무실에 발을 들여놓기 훨씬 전에 시작된다. 사전접촉은 철저한 조사와 준비로부터 시작된다. 영업사원은 가망고객이 될 만한 회사에 대해 학습하기 위해 그 회사의 대표산업, 온라인 정보원천, 지인, 기타정보원들을 참고할 수 있다. 그런 다음 영업사원은 수집된 조사결과를 활용해 고객전략을 세워야 한다.

영업사원은 방문목표(call objectives)를 설정해야 하는데, 이에는 자격요건을 갖춘 가망고객을 찾는 것, 고객정보를 수집하는 것, 혹은 곧바로 매출을 성사시키는 것 등이 있을 수 있다. 사전접촉단계에서 영업사원이 수행해야 할 또 다른 과업은 유망고객에 대한 최선의 접근방식을 결정하는 것인데, 이에는 직접방문, 전화접촉, 편지, 혹은 이메일 등이 있을 수 있다. 많은 가망고객들이 하루 혹은 주중 특정 시간대에 매우 바쁠 수 있기 때문에 가장 좋은 방문시간대도 신중히 고려되어야 한다. 마지막으로 영업사원은 거래처에 대한 전반적인 판매전략에 대해 생각해야 한다.

■ 접촉(approach)

접촉단계에서 영업사원은 어떻게 구매자와 만나고, 인사를 나누고, 그리고 처음부터 좋은 관계를 형성할 수 있을지를 알아야 한다. 접촉단계는 영업사원의 방문, 대화의 도입부, 추후언급 등을 포함한다. 대화의 도입부(opening lines)는 처음부터 고객의 호감을 살 수 있도록 긍정적인 내용이어야 한다. 서두에 이어 영업사원은 고객의 욕구를 더 잘 이해하기 위하여 몇가지 핵심질문을 하거나 구매자의 주의와 호기심을 끌기위해 진열품이나 샘플을 보여준다. 판매과정의 모든 단계에서 고객에 대한 경청은 매우 중요하다.

■ **설명(발표)과 시연**(presentation and demonstration)

판매과정의 설명단계에서 영업사원들은 구매자에게 가치있는 이야기를 해주어야 하는데, 이는 자사의 제공물이 고객의 문제를 어떻게 해결해 주는지를 보여주는 것이다. 고객솔루션에 기반한 접근방식은 과거에 흔히 사용했던 강압적 판매방식(hard sell)이나 아첨식 고객접근에 비해 관계마케팅에 초점을 맞추는 최근의 추세에 더 잘 맞는다. 영업사원은 판매활동에 역점을 두지말고 고객을 돕는데서 시작해야 한다. 영업사원의 목표는 고객에게 가장 혜택이 되는 것을 판매하는 것이어야 한다. 오늘날 구매자들은 웃음이 아니라 해결책을, 그리고 말로 떠들어대는 것보다는 결과를 원한다. 나아가 그들은 단순히 제품만을 원하는 것이 아니라 자사제품이 그들의 비즈니스에 어떤 부가가치를 제공하는지 알고 싶어 한다. 구매자들은 자신들의 관심사에 귀 기울이고, 그들의 욕구를 이해하고, 올바른 제품과 서비스로 대응하는 영업사원을 원한다.

그러나 영업사원이 고객솔루션을 설명하기 위해서는 그 이전에 고객에게 제안할 솔루션을 개발해야 한다. 솔루션기반 고객접근방식은 훌륭한 경청과 문제해결 기술을 필요로 한다. 구매자들이 가장 싫어하는 영업사원 특성에는 '강압적인, 시간을 맞추지 못하는, 기만적인, 준비가 되어 있지 않은, 비체계적인, 혹은 지나치게 수다스러운' 등이 포함된다. 그들이 가장 좋아하는 영업사원 특성에는 '훌륭한 경청, 공감적인, 정직한, 기댈만한, 철저한, 최종 마무리를 잘 하는' 등이 포함된다. 위대한 영업사원은 판매하는 방법에 대해 잘 알지만, 그 보다 더 중요한 것은 경청하고 강한 고객관계를 구축하는 방법을 안다는 것이다. LG화학은 기업고객들과의 긴밀한 협업을 통해 솔루션(고품질 원료와 공정노하우 등)을 개발/제공함으로써 글로벌 화학기업이 되었다. LG화학에서 폴리염화비닐(PVC)을 구매해 건

LG화학은 고객기업들과의 긴밀한 협업을 통해 솔루션을 개발/제공함으로써 글로벌 화학기업이 되었다.

축자재를 생산하는 한 중소업체는 건축경기침체로 매출이 목표에 한참 못 미치는 어려움을 겪으면서 제품개발과 관련해 LG화학의 지원을 요청했다. LG화학은 이 고객이 당면한 문제를 해결해 주기 위해 솔루션프로젝트를 가동했다. 영업부서뿐 아니라 생산, 연구·개발(R&D), 공무담당자들까지 모여 머리를 맞댔다. 5개월만에 외부 자연환경에서 1만시간 이상 견디는 고내후성(햇볕 등에 견디는 성질) 데코시트 등 프리미엄제품을 개발했다. 거래회사가 생산·판매할 미래 전략제품을 제안한 것이다. 이 덕분에 이 회사는 고급제품 시장인 유럽에도 진출했고, 이로 인해 LG화학의 PVC 판매량도 증가했다.

마지막으로 영업사원은 설명(발표)방법에 대한 계획을 세워야 한다. 효과적인 발표가 이루어지기 위해서는 훌륭한 대인 커뮤니케이션 기술이 필요하다. 그러나 디지털시대에 들어서 영업사원들은 다양한 디지털기기를 활용한 영업발표회를 할 수 있어야 한다. 정보과부하 상태에 놓인 오늘날의 고객들은 보다 풍부한 영업발표회를 요구한다. 나아가 영업사원은 고객에게 발표하는 동안 셀폰, 텍스트메시지, 기타 모바일 디지털기기 등 여러 가지 주의분산요소에 의해 방해를 받는다. 영업사원은 보다 더 고객의 관심을 끌고 설득력이 있는 방식으로 메시지를 전달해야 한다. 따라서 오늘날의 영업사원은 단지 한 사람이나 소수의 사람을 대상으로 멀티미디어 기반의 완벽한 발표가 가능할 수 있도록 첨단프레젠테이션 기술을 사용하고 있다. 손으로 차트를 넘기던 과거의 발표방식은 정교한 발표용 소프트웨어, 온라인발표기술, 인터렉티브 전자칠판, 휴대용컴퓨터, 디지털프로젝터로 대체되고 있다.

■ 이의처리(handling objection)

고객들은 영업설명회가 진행되는 동안 또는 주문을 할 때 거의 항상 반대의견(이의)을 제기한다. 고객의 문제제기는 논리적이거나 혹은 감정적 일 수도 있다. 때론 고객이 반대의견을 말하지 않을 경우도 있다. 반대의견(이의)을 처리함에 있어 영업사원은 긍정적인 접근방식을 사용해야 한다. 그는 드러나지 않는 반대의견을 찾아내야 하고, 고객이 반대의견을 명확히 밝히도록 요청하고, 반대의견을 더 많은 정보를 제공할 수 있는 기회로 삼고, 그 반대의견을 구매해야 하는 이유로 반전시켜야 한다. 모든 영업사원은 구매자의 이의를 처리하는 기술에 대한 훈련이 필요하다.

■ 계약(closing)

가망고객의 이의를 잘 처리한 다음, 영업사원은 판매를 종결시키려고 한다. 그러나 판매계약을 깔끔하게 마무리하지 못하는 영업사원도 있다. 그들은 자신감이 결여되거나 주문을 요청하는 것에 대해 미안함을 느끼거나 혹은 판매를 종결시킬 최적의 시점을 포착하지 못할 수 있다. 영업사원들은 구매자로부터 판매종결의 시그널(구매자의 신체동작, 코멘트, 질문 등)을 인지하는 방법을 알아야 한다. 예를 들어 판매제안을 마무리 짓기위해 구매자가 앞으로 다가앉으면서 고개를 끄덕이거나 혹은 가격 및 신용조건에 대해 질문할 수 있다.

영업사원은 몇 가지 판매종결 기법들 중 하나를 사용할 수 있다. 그들은 주문을 요청하거나, 합의사항들을 점검하거나, 주문서 작성을 도와주겠다고 제안하거나, 구매자가 어떤 모델을 원하는지 물어보거나, 혹은 지금주문이 이루어지지 않으면 구매자는 기회를 잃어버릴 수 있다고 알려 줄 수 있다. 영업사원은 구매자에게 계약을 해야 할 특별한 이유(예: 낮은 가격, 추가비용없이 여분의 제공 등)를 제안할 수도 있다.

■ 후속조치(follow-up)

판매과정의 마지막 단계는 후속조치로서, 이는 고객만족을 확실하게 하고 지속적인 거래관계를 원한다면 꼭 필요한 단계이다. 계약이 이루어지면 곧바로 영업사원은 배달시기, 구매조건, 기타 사항 등과 같은 세세한 것들을 모두 완벽하게 마무리 지어야 한다. 첫 번째 주문이 접수된 다음 영업사원은 적절한 설치, 교육, 서비스 등이 이루어 졌는지를 확인하기 위한 후속방문을 계획해야 한다. 영업사원은 후속방문을 통해 어떤 문제를 발견하고 자신이 구매자에게 신경을 쓰고 있음을 확실하게 인식시켜주고, 판매후에 구매자가 갖게 될 염려를 줄일 수 있다.

앞에서 설명한 판매과정의 단계들은 거래지향적이다(transaction oriented). 즉 각 단계의 목적은 영업사원이 고객과의 판매계약을 잘 마무리 지을 수 있도록 도와주는 것이다. 그러나 대부분의 경우 기업은 판매만을 추구하는 것은 아니다. 기업은 타겟으로 설정된 주요고객들을 확보하고 계속 유지하기를 원한다. 기업은 오랜 기간 동안 서로에게 이득이 되는 관계가 유지되도록 고객을 잘 모시기를 원한다. 영업사원은 이러한 고객관계를 구축하는데 중요한 역할을 수행한다. 따라서 판매과정은 수익성이 있는 고객관계를 구축하고 유지하는 관점에서 이해되어야 한다.

성공적인 영업조직이 되기 위해서는 단지 좋은 제품을 만들고 영업사원이 많은 계약을 성사시킬 수 있도록 지도하는 것 그 이상의 노력이 요구된다. 기업들은 **가치중심 영업활동**(value selling)을 수행해야 하는데, 이는 고객에게 탁월한 가치를 증명/전달하고, 그 대가로 고객과 기업 모두가 공평하다고 생각하는 수익률을 얻는 것이다. 불행하게도 어려운 경제하에서 판매를 성사시키는데만 급급한 영업사원들은 종종 가치를 판매하기 보다는 가격할인이라는 보다 쉬운방식을 선택한다. 영업관리자의 도전적 과제는 영업사원들로 하여금 가격할인에 의존하게 만드는 것에서부터 고객을 위해 가치를 판매한다는 자세를 갖는 것으로 전환시키는 것이다.

14 참고문헌

- 안광호, 유창조, 김동훈, 촉진관리 3판, 학현사, 2013.
- Philip Kotler, 안광호, Gary Armstrong, 마케팅 입문, Pearson, 2013.
- Robert C. Blattberg and Scott A. Neslin, Sales Promotion : Concepts Methods and Strategies, Prentice-Hall, 1990.
- Don E. Shultz, William A. Robinson and Lisa A. Petrison, Sales Promotion Essentials, 3nd ed., NTC Business Books, 1998.

14 생각해볼 문제

1. 판매촉진의 목표와 효과에 대하여 설명하시오.

2. 소비자 판매촉진에 활용되는 도구들을 제시하고, LG전자 가전사업부의 마케팅관리자라고 가정하고 판촉캠페인에서 여러 판촉도구들을 어떻게 활용할 지에 대해 토의해 보자.

3. PR활동의 대상이 되는 이해관계자 집단에 대하여 설명하시오.

4. PR의 주요한 수단에는 어떠한 것들이 있는가?

5. 특정 소비용품이나 산업용품을 선정해 이를 토대로 인적판매가 이루어지는 과정에 대하여 설명하시오.

찾아보기

국문색인

ㄱ

가격할인판촉 559
가격할인 패키지 559
가치마케팅 52
가치전달 네트워크 34, 462
가치중심 영업활동 601
가치중심적 가격결정방법 395
간접 비교광고 536
감성적 소구 535
개별/공동브랜드 전략 306
개별브랜드 290
개별브랜드 전략 305
개성 96
개인마케팅 210
거시적 환경 44
게임 562
경로(시장)커버리지 466
경로갈등 470
경험곡선효과 383
계약형 VMS 475
계획 22
고객관계관리 29
고객관여 마케팅 33
고객만족 30
고객별 영업조직 588
고객전도사 30
고정비 388
공공정책 58
공동브랜드 290
공동브랜드 전략 297
공유가치 27
과점적 경쟁 391
관습가격 401
관여도 74
관찰조사 123
광고용판촉물 562
교환 21
구매 후 행동 80
구매가속화 566
구매센터 108
구매시점의 앞당김 567
구매시점 판촉 562
구매의사결정 80
구매준비단계 513
구체적 욕구 12
금송아지 162, 380
긍정적 강화 100
기업브랜드 290
기업수준의 전략계획수립 150
기업형 VMS 475

ㄴ

내부마케팅 274
내적탐색 76
노출 81

ㄷ

다각화전략 167
다단계판매방식 443
단계별 시장확대전략 368
단기기억 83
단서 100
단수가격정책 401
단순재구매 106
대량개별 고객화 212
대량마케팅 208
대리인 453
대면적 커뮤니케이션 채널 511
대안평가 77
대의명분 마케팅 61
대형 전문할인점 429
도달범위 538
도달횟수 538
독점적 경쟁 391
동기 100
동기조사 98

동인 100
디자인경영 249

ㄹ

라이프스타일 94, 196
라인길이축소 263
로지스틱스 481
리베이트 559

ㅁ

마케팅 10
마케팅 근시안 18
마케팅 인텔리전스 136
마케팅PR 570
마케팅개념 24
마케팅관리 21
마케팅믹스 22, 176
마케팅전략 22
마케팅정보시스템 135
마케팅조사 117
마케팅커뮤니케이션 믹스 505
마케팅환경 43
맥박형 544
메시지 508
모방신제품 329
모방전략 370
모의시험시장법 346
무상표품 292
무작위추출방법 133
문제아 162
물적유통관리 481
미니시장시험법 346
미시마케팅 210
미시적 환경 44

ㅂ

발신자 507
버즈마케팅 87
변동비 388
복수브랜드 전략 305
복합브랜드 296
복합수송 490
복합영업조직 588
본원적 욕구 12
부호화 508
브랜드 289
브랜드 가치제안 216
브랜드 계층구조 290
브랜드 수식어 290
브랜드 재포지셔닝전략 363
브랜드 홍보대사 프로그램 87
브랜드 확장전략 302
브랜드개성 96
브랜드경험 16
브랜드마크 289
브랜드명 289
브랜드인지도 316
브랜드자산 312
브랜드재인 316
브랜드전환 566
브랜드충성도 202
브랜드회상 317
브로커 453
비 소비자프랜차이즈 지향적 판매촉진 567
비대면적 커뮤니케이션 채널 511
비영리 마케팅 11
비차별적 마케팅 208
비탐색재 23
비확률 표본추출방법 132

ㅅ

사명문 151
사업체 판촉 565, 556
사업포트폴리오 분석 158
사이코그래픽(심리묘사적) 세분화 196
사전시험시장법 346
사회계층 86, 196
사회적 마케팅개념 25
사회적 욕구 99
산업(시장)성장률 160
산업재 241
산업재 구매과정 101
산업재 구매자행동 101
산업재 마케팅 11
상권 448
상기형 광고 527
상대적 시장점유율 160
상용고객우대 마케팅프로그램 31
상향 라인확장 299
상향 확대전략 261
상호작용 마케팅 275
상황적 관여도 74
샘플 558
생리적 욕구 99
생산개념 23
생산물류 481
생활양식 196
서베이(survey) 조사법 126
서비스 마케팅 11
서비스 무형성 269
서비스 변동성 271
서비스 비분리성 270
서비스 소멸성 271
서비스-이익연쇄 272
서비스회복 278
서비스회사후원 소매상 프랜차이즈시스템 478
선매품 242
선반도매상 452

선택적 보유 100
선택적 왜곡 99
선택적 유통 466
선택적 주의 82, 99
설득형 광고 525
성격 96
성능품질 247
성장-점유모형 159
세분시장 174
세분화 마케팅 208
셀프서비스 소매상 418
소매상 416
소모품과 서비스 243
소비자 사회화 92
소비자 판촉 556
소비자 패널 128
소비자프랜차이즈 지향적 판매촉진 567
소비재 241
소비재 마케팅 11
손익분기분석 389
손익분기점 389
솔루션판매 107
수요 13
수요곡선 385
수요의 가격탄력성 385
수용과정 349
수정재구매 107
수직적 갈등 470
수직적 라인확장전략 299
수직적 마케팅시스템 474
수평적 갈등 470
수평적 라인확장전략 298
수평적 마케팅시스템 479
순기능적 갈등 471
순차적 제품개발 348
슈퍼센터 428
시스템판매 107
시장 14
시장개발전략 167
시장개척자 364
시장세분화 174, 185, 186
시장제공물 10, 16
시장침투 가격전략 404
시장침투전략 165, 368
시장표적화 175
시장확대전략 362, 363
시험시장 124
신규구매 107
신념 100
실행 22
CLT(Central Location Test)조사 123

ㅇ

아웃바운드 텔레마케팅 439
안전욕구 99
양면확대전략 263
에어트럭 490
HUT(home usage test)조사 124
역기능적 갈등 471
연속성장형 354
열망 87
영리마케팅 11
영업사원 판촉 556
영업자동화시스템 594
영향력 행사자 87
온라인 소셜 네트워크 89
옴니채널 441
완전기능 도매상 452
완전서비스 소매상 418
외적탐색 76
욕구의 인식 76
우연적 노출 81
우회전략 370
원가우위전략 170
원자재와 부품 243
유보가격 387
유통경로 411
유통센터 485
유통업체 브랜드 294
유통집중도 466
유형제품 241
의견선도자 87
의도적 노출 81
2차자료 118
이벤트마케팅 563
이벤트후원 563
이상적 집단 87
이성적 소구 535
이해 82
인구통계적 세분화 190
인바운드 텔레마케팅 439
인지부조화 80
인포머셜 439
1차자료 118

ㅈ

자본재 243
자아개념 97
자아실현욕구 99
자아이미지 97
작업량 접근방식 589
장기기억 83
재고쌓기 567
저장창고 485
적시 로지스틱스시스템 486
적합성 품질 247
전략사업부 158
전략적 시장계획 150
전문품 242
전방거래파트너 462

전사적 품질관리 246
전속적 유통 466
전통적 시험시장법 345
정보원천 507
정보전달형 광고 525
정보처리과정 81
정보탐색 76
제조업체 브랜드 294
제조업체 상설할인매장 434
제조업체후원 도매상
프랜차이즈시스템 477
제조업체후원 소매상
프랜차이즈시스템 477
제품/시장 확장매트릭스 165
제품가치분석 109
제품개념 23
제품개발전략 167
제품계열별 공동브랜드 전략 306
제품라인 255
제품라인 길이 255
제품라인 충원전략 257
제품라인 확대전략 260
제품믹스 264
제품믹스 길이 265
제품믹스 깊이 265
제품믹스 넓이 264
제품믹스 일관성 265
제품별 영업조직구조 588
제품수정 329
제품아이디어 339
제품재포지셔닝 329
제품추가 329
제품컨셉 339
제품특성분석 337
제품포지셔닝 216
제품포지션 175, 216
제품포트폴리오 264
제품확장 329
조달물류 481
존경욕구 99
주기-재주기형 354
주의 82
준거가격 387
준거집단 87
중간상 판촉 556, 565
증거관리 269
지각 99
지각된 고객가치 29
지각적 조직화 82
지각적 해석 82
지리적 세분화 188
지속적 관여도 74
지속형 544
지역별 영업조직 587
직송도매상 452
직접 마케팅경로 412
직접 비교광고 536
직접반응 텔레비전 광고 439
집중적 마케팅 209
집중적 유통 466
집중화전략 172

ㅊ

차별적 마케팅 208
차별화 176
차별화전략 170
초기 고가격전략 404
촉진믹스 505
총 접촉률 538
최초회상 브랜드 317
추첨 562

ㅋ

카테고리 킬러 429
컨벤션 및 트레이드 쇼 565
콘테스트 562
쿠폰 558
크라우드소싱 337
클럽마케팅 프로그램 31

ㅌ

태도 101
통제 22
통제시험시장법 346
통합적 로지스틱스 관리 493
통합적 마케팅커뮤니케이션 518
트럭도매상 452
트레인십 490
틈새시장 마케팅 209
팀 기반의 신제품개발방식 348

ㅍ

파트너 관계관리 33
판단 표본추출방법 133
판매개념 23
판매물류 482
판매촉진 555
판매콘테스트 566
판촉 555
판촉용제품 562
패키징 250
편의품 242
편익(혜택)세분화 200
포지셔닝 175, 185
표본프레임 132
표적시장 마케팅 185
표적시장 선정 185
표적집단면접법 122
푸시전략 521
풀전략 521
프랜차이즈 조직 476

프리미엄 561
피기백 490
피쉬백 490

ㅎ

하위문화 84
하이퍼마켓 428
하향라인확장 299
하향확대전략 260
학습 100
한정기능 도매상 452
한정서비스 소매상 418
할당 표본추출방법 133
할인점 431
해독화 512
해석적 소비자조사 99
핵심제품 239
행동적 세분화 199
혁신제품 328
현금판매 도매상 452
현금환불 559
홈쇼핑 439
확률표본추출방법 132
확장제품 241
환경의 지속가능성 55
환기브랜드군 77
회원제 도매클럽 435
회원집단 87
후발기업 364
후방거래파트너 462

영문색인

A

Administered VMS 479
adoption process 349
advertising 522
advertising agency 546
airtruck 490
alternative evaluation 77
aspiration group 87
attention 82
attitude 101
augmented product 241

B

BCG(Boston Consulting Group) 159
behavioral segmentation 199
benefit segmentation 200
brand 289
Brand Associations 319
brand awarness 316
brand equity 312
brand extension strategy 302
brand hierarchy 290
brand loyalty 202
brand mark 289
brand modifier 290
brand name 289
brand personality 96
brand recall 317
brand recognition 316
brand value proposition 216
break-even analysis 389
break-even point 389
business buyer behavior 101
business buying process 101
business portfolio analysis 158
business promotion 565
business promotions 556
buzz marketing 87

C

cash refunds 559
cash-and-carry wholesaler 452
category killer 429
cause-related marketing 61
cents-off deals 559
channel conflict 470
channels of distribution 411
CLT(Central Location Test) 123
club marketing program 31
co-branding 296
cognitive dissonance 80
comparative advertising 525, 536
concentrated marketing 209
consumer goods marketing 11
consumer promotion 556
consumer socialization 92
contest 562
Contractual VMS 475
controlled test market 346
convenience goods 242
Convenience Store 424
Conventional Marketing Channel 473
core product 239
Corporate VMS 475
corporate-level strategic planning 150
Cost-Based Pricing 392
cost-leadership strategy 170
coupon 558
CRM; customer relationship management 29
crowdsourcing 337
cues 100
Culture 83
customer evangelists 30
customer perceived value 29
customer satisfaction 30

D

Demands 13
demographic segmentation 190
Department Store 420
design 247
differentiated marketing 208
differentiation 176
differentiation strategy 170
Direct Marketing 438
Direct Selling 443
direct-marketing channel 412
Discount Store 431
distribution centers 485
distributor brand 294
diversification strategy 167
downstream partner 462
drive 100
drop shipper 452
Drug Store 426

E

emotional appeal 535
enduring involvement 74
environmental sustainability 55
event marketing 563
evoked set 77
exchange 21
exclusive distribution 466
experience curve 383
exposure 81

F

Factory Outlet 434
Family 91
family brand 290
family brand strategy 297
fear appeal 537
FGI : Focus Group Interview 122
fish back 490
fixed cost 388
focus strategy 172
Franchise Organization 476
frequency marketing program 31

G

gender segmentation 194
generic brand 292
generic strategy 170
geographic segmentation 188
Gross Rating Points 538
Groups 87
GRP 538

H

home shopping 439
Horizontal Marketing System 479
humor appeal 536
HUT(home usage test) 124

I

Idea Generation 333
Idea Screening 337
IMC 518
income segmentation 194
individual brand strategy 305
individual marketing 210
industrial goods marketing 11
information processing 81
information search 76
informative advertising 525
informercial 439
integrated marketing communication 518
intensive distribution 466
interactive marketing 275
internal marketing 274
Internet Survey 128
interpretive consumer research 99
involvement 74

J

judgement sampling 133

L

Learning 100
lifestyle 94, 196
Line Extension strategy 298
line-retrenchment 263
logistics 481

M

macro environment 44
Mail Survey 128
manufacturer brand 294
market development strategy 167
market follower 364
market offering 10
market penetration strategy 165
market pioneer 364
market segment 174
market segmentation 174, 186
market targeting 175
marketing communication mix 505
Marketing Concept 24
marketing environment 43
marketing information system: MIS 135
Marketing Intelligence System 136
marketing mix 176
marketing research 117
marketing strategy 173
Markets 14
mass customization 212
mass-marketing 208
MDSS : Marketing Decision Support System 138
Membership Wholesale Club 435
memory 83
micro environment 44
micro marketing 210
mini-market test 346
mission statement 151
modified rebuy 107
monopolistic competition 391
Motivation 97

N

national brand 294
need recognition 76
needs 12

niche marketing 209
nonprobability sampling 132

O

occasion segmentation 199
odd-pricing 401
oligopolistic competition 391
one-sided message 534
on-line marketing 440
online social networks 89
open-innovation 337
opinion leaders 87

P

Packaging 250
panel 128
partner relationship management 33
perception 99
Personal Interview 127
Personal Selling 580
personality 96
persuasive advertising 525
Physical Distribution 481
piggy back 490
PLC ; product life cycle 352
point-of-purchase promotions 562
positioning 175
positioning statement 227
postpurchase behavior 80
PR 569
premiums 561
pre-test markets 346
price packs 559
private brand 294
private label 294
probability sampling 132
problem recognition 76
Product Concept 23, 339
product development strategy 167
product line 255
product line filling 257
product line length 255
product line stretching 260
product mix 264
product mix depth 265
product mix length 265
product mix width 264
product portfolio 264
product position 175, 216
product positioning 216
product quality 246
product/market expansion grid 165
Production Concept 23
promotion mix 505
psychographic segmentation 196
psychological pricing 401
Public Relations 569
pull promotion 521
push promotion 521

Q

quota sampling 133

R

random sampling 133
rational appeal 535
rebates 559
reference group 87
reference price 387
reminder advertising 527
reservation price 387
retailer 416
Retailer Cooperative 476

S

sales force management 587
sales promotion 555
sample frame 132
samples 558
SBU:Strategic Business Unit 158
segmented marketing 208
selective distribution 466
self-concept 97
self-image 97
Selling Concept 23
service marketing 11
service recovery 278
service-profit chain 272
shared value 27
shopping goods 242
simulated test markets 346
situational involvement 74
Social Class 86
Social Networks 87
Societal Marketing Concept 25
solutions selling 107
source attractiveness 532
source credibility 531
specialty goods 242
Specialty Store 418
straight rebuy 106
Subculture 83
Supermarket 422
Superstore 428
survey 126
sweepstakes 562
system selling 107

T

tangible product 241

target marketing 185
Target Profit Pricing 394
Telephone Interview 127
test market 124
Test Marketing 344
Third-Party Logistics 495
TQM : Total Quality Management 246
trade area 448
trade promotion 556, 565
trainship 490
truck jobber 452
two-sided message 534

U

undifferentiated marketing 208
upstream partner 461
usage rate 200

V

value delivering network 462
value delivery network 34
value marketing 52
value selling 601
value-based pricing 395
variable cost 388
VMS : Vertical Marketing System 474

W

wants 12
Wholesale-sponsored Voluntary Chain 475

[저 자 소 개]

안광호 교수는 현재 인하대학교 경영학과 정교수로 재직하고 있다. 그는 한국 외국어대학교 무역학과를 졸업하고 서울대 대학원 경영학과에서 석사과정을 수료한 다음 미국 NYU(New York University)에서 마케팅을 전공하여 경영학 석사와 박사학위(Ph. D.)를 취득했다. 그의 관심분야는 소비자행동, 브랜드관리, 마케팅 커뮤니케이션, 마케팅전략 등이며, 이러한 관심분야에서 활발한 연구 및 저술활동을 하고 있다. 그는 Journal of International Retailing, Management Decision, International Journal of Contemporary Hospitality Management, The International Journal of Human Resource Management, 『마케팅연구』, 『한국마케팅 저널』 『소비자학 연구』, 『경영학연구』, 『마케팅관리연구』, 『광고학연구』 등 국내외 유명학술지에 100편 이상의 논문을 발표하였으며, 『마케팅원론』, 『마케팅-관리적 접근』, 『소비자행동』, 『마케팅조사원론』, 『유통관리』, 『유통원론』, 『광고관리』, 『촉진관리』, 『전략적 브랜드관리』, 『마케팅전략』, 『사회과학조사방법론』, 『패션마케팅』, 『서비스마케팅』 등의 마케팅관련 저서와 『브랜드파워』, 『브랜드의 힘을 읽는다』, 『SHOW』, 『정서 마케팅』, 『정서지배 소비자행동』, 『행동경제학 관점에서 본 소비자 의사결정』,『행동적 의사결정론』 등의 단행본을 출판하고 2017년 『미라클 경영』의 공동저자로 참여하였다. 2013년에는 경영학 분야의 세계적 석학인 Kotler 교수와의 공동 저술작업을 통해 글로벌 베스트셀러 대학교재인 『마케팅 입문(Marketing: An Introduction)』 한국어 판을 출간했다.

한국마케팅학회 학회장, 한국광고학회 학회장, 한국소비자학회 학술지 『소비자학 연구』의 편집위원장과 한국광고학회 학술지 『광고학 연구』의 편집위원장을 역임하였으며, 한국마케팅학회, 한국소비자학회, 한국경영학회. 한국소비문화학회, 한국마케팅관리학회, 한국광고학회의 부회장 및 상임이사를 역임하였다. 2001년 한국소비자학회 최우수 논문상을, 2009년 한국경제신문 학술자상을 수상했다. 그리고 2012년 한국조사연구학회 한국갤럽학술논문상을, 2013년 한국광고학회 제일기획 학술상과 동아일보 '2013 한국의 최고경영인상'에서 한국의 최고경영학자상을 수상했다. 그는 인하대학교에서 2003년 우수연구업적 교수상을 수상하기도 하였다.

평소 영화·공연관람과 와인을 즐기며, 에릭 클랩튼과 빌리 조엘, 그리고 故 이영훈님의 음악을 즐겨 듣는다. 방학이면 낯선 이국땅에서 배낭여행을 즐기며 잠시 일상에서 벗어난 시간을 갖곤 한다.

고객지향적 마케팅

2017년 7월 10일 1쇄 발행
2020년 3월 10일 3쇄 발행

저 자 안 광 호
발행인 류 재 식·박 용 범
발행처 도서출판 북 넷

서울시 용산구 효창동 5-3 대신빌딩 2층
등 록 2010년 6월 7일(제2010-000069호)
전 화 (02) 395-2341
팩 스 (02) 395-2303

정가 35,000원

ISBN 979-11-86947-15-9(93320)　　e-mail : book2341@naver.com